本书的完成得到国家社科基金项目"秦封泥分期与秦职官郡县重构研究"（14BZS017）、国家社科基金重大项目"秦统一及其历史意义再研究（14ZDB028）的支持

中国社会科学院创新工程学术出版资助项目

秦汉帝国南缘的面相

以考古视角的审视

（上册）

刘瑞 著

中国社会科学出版社

审图号:GS(2018)6879 号

图书在版编目(CIP)数据

秦汉帝国南缘的面相:以考古视角的审视:全二册/刘瑞著. —北京:
中国社会科学出版社,2019.1 (2019.12 重印)
ISBN 978 - 7 - 5203 - 3291 - 0

Ⅰ.①秦… Ⅱ.①刘… Ⅲ.①秦汉考古—研究 Ⅳ.①K871.414

中国版本图书馆 CIP 数据核字(2018)第 227626 号

出 版 人	赵剑英	
责任编辑	郭 鹏 樊娇凤 巴 哲	
责任校对	刘 俊 郭 鹏	
责任印制	李寡寡	

出 版	中国社会科学出版社	
社 址	北京鼓楼西大街甲 158 号	
邮 编	100720	
网 址	http://www.csspw.cn	
发 行 部	010 - 84083685	
门 市 部	010 - 84029450	
经 销	新华书店及其他书店	

印刷装订	北京君升印刷有限公司	
版 次	2019 年 1 月第 1 版	
印 次	2019 年 12 月第 2 次印刷	

开 本	880×1230 1/16	
印 张	69.25	
字 数	1678 千字	
定 价	399.00 元(全二册)	

献给我敬爱的奶奶王秀峰（1927—2011）

序　一

在中国，由于历史学的发达，其各个侧面与分支都有着长远的研究史，其中政治史的研究尤受重视。因行政区划变迁过程与政治制度的演变密切相关，于是对行政区划变迁研究的成果也相对丰富。与传统政区沿革研究着重于政区历时变化不同，20 世纪 80 年代出现的历史政区地理研究开始强调共时的政区结构。连续性的共时的历史政区地理研究，比过去以一个朝代为尺度的政区沿革史研究更加细密。但这一学术领域的研究当然不该只停留于复原政区的历史原貌，而应进一步作行政区划历史变迁的规律性探索与理论性提高，于是从历史政区地理的思考提升到历史政治地理的思考在 20 世纪 90 年代以后逐渐形成。

政治与地理的关系，无论在中国、在外国都早就被注意。政治地理学在西方成为一门专门的学科时间不过百来年。中国学者很早就注意到西方政治地理学理论，20 世纪初已有留日学生通过日本学者的介绍了解了西方政治地理，随后有学者直接由西文翻译政治地理著作。在近代，因为中国失去了政治大国地位，无论政治学家或政治地理学家的产生都没有必需的基础，政治地理学也就始终没有得到充分发展，更未产生自己的政治地理学家。

在中国古代，历代统治者对于如何从地理角度处理与周边国家关系，在分裂时期如何运用政治地理原则与对峙政权相处，都有一系列理论与实践这很值得我们重视。尤其在行政区域的分划方面，历代中央政府都花了很大力气进行实践，每一代都对前一代的做法有沿有革，积累了大量政区变迁与政治过程之间关系的资料，这实际上就已成为地方尺度政治地理研究的实证基础。

早在两千五百年前，中央集权的国家体制已在中国逐渐形成，如何处理好中央与地方关系以保证国家和政权的长期稳定，如何有效进行行政管理以保证国家财政收入及民生需要，就成为中国历朝政府要去面对的两个重要问题。历代政治家们殚精竭虑，力图寻求最合适的途径予以解决，传世的浩瀚典籍保存了解决这两方面问题的具体操作记录——如就边疆地区与少数民族地区的管理方法而言，秦代的道、汉代的初郡、唐代的羁縻府州、元代的宣政院辖地、明代的实土卫所与羁縻卫所等等记载，说明了其行政制度都明显与正式的郡县有所差异。

虽然中国古代对政治与地理关系特别重视，但这方面的内容却似乎未曾得到学者认真探讨。当前的政治史研究多半是从政治思想或政治制度着眼；而政治思想从来不包括政治地理思想，政治制度则常常忽视地方制度。研究政治史重视的只是人与人之间的关系，并不重视人与人及人与地同时存在的交叉的关系，或者说三角关系。现代历史学家们也未能从政治地理角度分析一些重大事件的发生原因和长远影响，一直停留在简单的"进步"或"倒退"的思维之中，使事件的诠释始终不得要领。因此，利用中国历史文献（无论是传世或出土文献）和考古资料来建构中国历史政治地理的框架，就成为一个应该引起地理学、历史学与政治学界，尤其是历史地理学界重视的问题。大致而言，中国历史政治地理学可从三方面着眼：思想家对于理想政治制度中地理因素的阐述、历史学家或地理学家将地理要素作为政治体制一个组成部分的观点、政治家利用地理因素解决政治问题的具体操作过程。

理论的建立自然有赖于实证研究的充实。在中国大一统局面形成的秦汉时期，其留存至今的文献数量远不能与后世相比。而要了解统一帝国建立之初和起始阶段的政治家们如何维持不同区域的政治稳定、如何处理前述两个具有特殊意义的问题，就需要在传世文献梳理之外进行新的探索。刘瑞于2010年完成答辩的这本博士论文，就是他从考古学的角度来分析秦汉时期华南地区（简称秦汉华南）政治治理过程的重要成果。

以空间而言，秦汉时期的华南地区在大一统的秦汉王朝疆域内毕竟处于边缘的位置，这里虽然一直是中国区域历史研究的重要组成部分，但以往由于相关的传世文献较少及学科关注重心多在中原和北方，这一地区的研究成果并不显著。在这种情况下，要深入揭示秦汉时期华南地区的政治地理面貌，考古资料就显得尤为重要。

刘瑞在来复旦大学随我攻读博士学位之前，曾长期在广州从事南越国宫署遗址的考古发掘和资料整理工作，而在到广州之前他更长期在秦汉首都所在的西安、洛阳求学并参与发掘工作。他在刚入学不久后就向我提出，要以华南为空间，对自己熟稔的以南越国为中心的华南秦汉考古资料进行一次全面的整理，通过考古学、历史学和历史地理学等学科的方法来复原文献语焉不详的秦汉华南区域发展过程。

用一个区域的文物考古资料来研究历史文化的问题，第一的难题当然是能否搜齐资料。为了完成自己的宏愿，刘瑞把原本想要解决广东这样一个相对不大的区域在秦汉如何发展的问题，扩展到将福建、江西、湖南、广西等相邻省区的早期发展纳入自己的视野当中。他坚持"穷根究底"的原则，系统收集了60年来散见于各种期刊、方志、报告、图录的所有相关的出土和传世资料。除了大家熟知的考古报告、简报外，还充分利用复旦大学图书馆丰富的地方志馆藏，对1949年以后特别是改革开放以后各地出版的大量新方志进行了全面查阅，将过去不被重视甚至被忽视的仅见于方志的秦汉考古资料，进行了全面搜集和利用，使得其研究无论在文化遗存数量还是在遗存的分布空间上——仅以资料完整性而言——就达到了空前的规模。这样，他的论文就不仅避免了以往"择要"选取资料研究的局限，增强了论据和结论的可靠，还证明了不仅全面收集资料完全可行而且散见资料更大有用处的道理，从而将实际的研究上升到方法论层面，为通过考古学研究历史时期问题提供了新模式，为相关学科运用考古文物资料提供了新范式。

对一项研究而言，资料的收集虽然辛苦，但是否能做出有益的结论，关键还是用什么方法来整理和分析资料。面对空间跨度大、遗存数量多、遗存与文献结合难的一系列难点，刘瑞下了超乎寻常的功夫，在尊重以往学术成果的基础上，在短短两年多的时间内不仅建立起新的考古编年，更建立起完整、详尽和准确的秦汉华南考古地理信息系统，使得海量的资料有了快速整合的有效平台。对大量秦汉考古资料开展全面、准确、科学的整理和多方面分析，形成该论文显著的优点之一。

就一般意义而言，绝对稳定的政治权力在现实生活中并不存在，稳定与均衡始终只是相对意义上的概念，历史上经常存在着打破稳定与均衡的各种因素。对地处秦汉帝国边缘的华南地区而言，四百多年间的历史过程相当复杂，并非像某些研究者所简单认为的那样，在秦皇、汉武一统之后，该区域就得到普遍快速的发展。在传世文献中，秦汉之际，特别是在汉初数十年时间里，都显示出当时存在着一系列复杂而影响深远的政治运作，其中多有以地理方式处理政治难题的实例，是一种典型的政治地理的手段。因而在传世文献记载之外，我们希望能有更多的考古资料来验证与丰富相关的认识。

刘瑞将各地发现的所有考古资料，"复原到"秦汉当时的郡国体系中，展示了华南社会发展多层面的全景式画卷，这是一种创造性的工作。他根据考古发现地点在秦汉时期的不同性质，将其分别归类到郡国治、县治、准郡国治、准县治以及其他地点的五级不同行政级别之下，然后在此基础上对数千座秦汉时期墓葬遗物进行条理化分析、类比，探讨同一郡国内不同地点在同一时期的发展差异与不同时期的发展变化，探讨不同郡国在同一时期的发展差异和不同时期的发展变化，寻找各种现象的分布区和不同的发展阶段，并着力探索形成差异的各种原因。他的这一研究突破前人窠臼，建立在对60年来积累的庞大的资料全面整理的基础之上，因此他以秦汉郡国为基础进行的对文献和考古资料的整合，对秦汉时期华南郡国发展情况及其相互关系的研究，对秦汉华南地区社会发展进程的表现及差异化探索，尤其是对各地社会文化情况及社会生活发展程度等问题的分析，就体现出相当的学术价值，其结论可信且富有启发性，对学科的发展及中华民族形成研究具有重要的学术意义。

值得特别指出的是，刘瑞的论文完成于2010年，他收集资料截止于2009年6月，但在近10年后的今天来看，他当时在过去60年考古资料积累基础上开展的长时段、大区域、精细化、全数据分析而得出的相关结论，经受住了时间的考验，或许可以说，他所获得的对华南地区秦汉时期社会发展进程的相关认识，具备了理论方法的创新和一定的前瞻性，填补了学术领域的许多空白。

刘瑞的研究方法不仅可应用于秦汉华南，也应该可以应用于其他朝代的不同区域。过去很多被认为已"题无剩意"的区域、历史、文化研究题目，如果采用新思维与新方法，相信会有进一步拓展的可能，这无疑对学术研究是一件极有意义的好事。其更重要的意义当在于此。

周振鹤

2018 年 8 月

序　　二

　　20 世纪 90 年代后期，刘瑞从西北大学硕士研究生毕业分配到中国社会科学院考古研究所，他的专业是秦汉考古与秦汉历史，我与他的专业基本相近，因此我对他的学术研究倍加关注。刘瑞到中国社会科学院考古研究所后曾报考过我的博士研究生，只是因为外语考试而没有使这一"两厢情愿"的事情成为现实。那些年中国社会科学院研究生院博士生的外语考试对于考生来说实在太难，难的几乎完不成博士研究生的招生任务，不少十分优秀的考生被拒之门外。后来刘瑞考取了复旦大学的在职博士研究生。因为有这样一段情节，我也一直把他当成自己的学生，每每看到他的一部又一部的新著出版、一篇又一篇的论文发表，我由衷感到高兴！考虑到西安地区之于秦汉考古学的"权重"，以及中国社会科学院考古研究所今后在西安地区的学术发展与学科创新点、增长点，我和李毓芳极力促成他投入西安地区的秦汉考古发掘与研究工作。几年前，中国社会科学院考古研究所领导任命他为阿房宫与上林苑考古队队长，他在不长的时间里，取得了西安地区秦汉考古的多项重要学术成果。

　　去年在阿房宫与上林苑考古队出差时，刘瑞与我谈及他几年前的博士论文即将出版。我知道这篇博士论文已经有好长时间了，那是复旦大学研究生院将此论文寄我进行通讯评审的时候，我看到在我书桌上的近 80 万字的刘瑞博士论文，大吃一惊。我参加答辩与评审的博士论文数量应该很多了，但这是见到的博士论文体量最大的！刘瑞作为一名在职博士研究生，在短短的 3 年期间（实际上真正撰写论文的时间不足 2 年），能够写出如此有见地、有份量的著作，其内容又是基本属于这一学术研究领域的空白，实在令我深感自豪、钦佩与羡慕！我自豪的是我们单位有这样一位业务出类拔萃的年轻学者，我钦佩的是他在科学研究事业上的刻苦精神，我羡慕的是他在这样年轻的时候就取得了如此丰硕学术成果！这些话我从来没有与他讲过，不过我在不少场合与考古学界、历史学界的朋友们经常情不自禁谈到上述看法。

　　刘瑞的博士论文题目是《秦汉华南社会进程研究——从考古视角出发》，在考古学界是一个很少有人涉及的学术研究领域，但这又是秦汉考古与秦汉史研究中极为重要的问题。作为现代学术意义上的"国家"，历史上的秦汉时代是中华民族基本形成，国家区域范围与国民构成基本确定的时代。在这一历史发展过程中，华南地区的秦汉时代考古与历史研究尤为令人关注。相对"西南夷""西域"等地，华南地区最早进入秦汉王朝国家版图。由于中国国家地理环境的特点，历史上的中国政治中心一直在"北方"。历史上的王朝更迭、农民起义、军事战争主要战场等，主要发生在"北方"（尤其是国家都城附近），社会动乱与连年战争，造成一次又一次的中原社会文化精英与广大民众的"南迁"，这些人后代也就是我们现在所说的"客家人"。华南地区是中国客家人最为集中的地区，因而也是保存中国古代历史文化最为重要的地区。可以说华南地区实际上成为近两千年来中国国家的"大后方"、中华民族历史文化的重要"基因库"。研究秦汉时代华南地区的考古学文化，无疑将使我们深化了解华南地区社会历史发展进程，揭示其后华南地区传承、发展中华民族文化的历史原因。刘瑞的这篇博士论文选题的学术意义是十分突出的，可以说他开拓了这方面研究新领域。

在刘瑞的研究中，我们还可以看到另一个特点，即以多学科结合研究的新方法，选取多维度的视角，呈现给学术界一幅秦汉时代华南地区的全息历史画卷。

刘瑞的博士论文，在出版时改名为《秦汉帝国南缘的面相——以考古视角的审视》。作为一部历史时期考古学专著，全书的框架设计颇具特色。它很好地处理了历史文献与考古资料的关系，用大量历史文献研究成果论证了秦汉时代华南地区的时空内涵，而"时空"问题是一切科学研究的"基石"。在华南地区大范围空间的考古资料中，以信息保存相对完整的墓葬资料最为突出，对此，该书进行了科学梳理与分类。该书在墓葬资料分类研究中，又以墓葬形制与出土遗物为核心内容。墓葬形制中以土坑墓、砖室墓与石室墓为重点，墓葬遗物则以铜、铁、陶、石、金银等器物质地为基本内容。这样既反映了墓葬的主要内容，又籍此揭示出墓葬所传达出来的区域特色、时代特征、墓主等级、社会发展状况等丰富多彩的历史内容，客观地揭示出华南地区秦汉时代的历史发展进程。

本书内容庞大，资料众多，为此作者系统整理了十分丰富的参考文献资料附于书后。大量考古资料的附表、简目与相关编年，使本书极大地增色，更方便了相关研究者与广大读者。

基于以上所说，可以预言《秦汉帝国南缘的面相——以考古视角的审视》一书，将成为在今后相当长时间内秦汉华南地区考古研究的重要著作。

在《秦汉帝国南缘的面相——以考古视角的审视》付梓之际，我预祝刘瑞在今后考古研究中撰写出更多的佳作！

刘庆柱

2016 年 6 月 2 日

目 录

上 册

正文插图目录

正文插表目录

附图目录

附录一附表 A、附表 B 目录

绪　论

第一节　研究范围

本书研究的文献时间范围，上起秦帝国建立的秦始皇二十六年（公元前 221 年），下止东汉帝国灭亡的汉献帝建安二十五年（公元 220 年），前后约 440 年左右。

由于绝大多数的考古资料，不仅难以开展以年为纪的精确断代，且难以与文献时间一一吻合，因此本书所用考古资料的时代，在整体以前述文献时间为范围的基础上，将可能适当上延至秦始皇二十六年前的战国晚期，下延至东汉灭亡之后的三国初期。

本书研究的华南范围，包括今湖南、江西、福建、广东、广西、海南、香港、澳门 8 个行政区域。① 大体为汉初之外诸侯南越国、闽越国以及内诸侯长沙国地区，也就是汉中期以后的长沙郡、会稽郡南部、武陵郡东部以及零陵、桂阳、豫章诸郡与南海、苍梧、郁林、合浦、珠崖、儋耳诸郡（附图○·1·1）②，分别为汉代交趾刺史部以及荆州刺史部、扬州刺史部南部。由于这些地区大部分属于秦汉王朝的统治边缘或域外地区，位于秦汉统治中心的南方，故以"华南"称之。③

秦汉是中国多民族统一国家的开始和发展时期，汉代是形成以"汉"为名的民族共同体"汉族"文化（或"汉"文化）的奠基与发展时期。在本书研究的时空范围内，在先秦时期大体曾分布过楚、闽越、南越、瓯越、巴蜀等区域文化，后来又在中央一统的政治环境下，不断发生秦汉中原及其他地区文化对本地文化的传播与影响。该区域内不同地区各远古发展而来的区域文化，在与秦汉中原等地文化的不断融合中，形成了丰富多彩的秦汉文化景观。

由于传世文献对秦汉华南的记载一直甚少，因此本书在梳理相关文献记载的基础上，将主

---

① 因缺乏资料，中国台湾以及当时归属秦汉政权统治的越南等地区暂不涉及。

② 本书地图均在国家测绘局 1∶400 万电子地图基础上绘制。

"省界""省会""城市""县城"等均指今日行政区划，不另加"今"字；"郡国界""郡国治""县治"时代为秦汉，分别以"西汉""东汉"加以区别。

图中"郡国界""郡国治""县治"据《中国历史地图集》第二册绘制，郡国名、县名等历史地名以地图集为准。地图集若无，则以今日简称标注，如福建武夷山崇安城村汉城遗址，简称"城村汉城"。

图中省界、国界、河流、海岸线等内容的走向、名称均以 1∶400 万电子地图自动形成。

图中各遗存点位置，均据刊布资料所介绍的实际位置，在电子地图上完成定点。

各图指北针仅标示地图方向，不指示实际方向。

③ 自然地理上"华南"指秦岭—淮河一线以南。在传统上中国的七大地理分区中，"华南"指南岭以南区域，本书将讨论的湖南、江西则分属华中、华东，不在"华南"之内。本书为充分探讨南岭南北不同区域内的考古学文化间关系，为了将岭南地区的发展置于更大时空中加以讨论，故将湖南、江西两省列入文中。此处言"华南"，主要是以汉代言，两者均位于首都长安之南，故名"华南"。

要以 60 年来华南诸地已发表的考古资料为基础，参考传世文献及前人研究成果，探寻在秦汉不同阶段中华南各地考古学文化的地区差异，对秦汉时期华南各地的社会发展进程、原因及其影响提出自己的见解。

第二节   秦汉华南考古的发现与研究

一   秦汉华南考古的历程与成就

1949 年前中国的考古工作，主要针对史前与商周时期遗存[①]，有限的汉墓发掘多由日本人在东北开展[②]。虽有秦汉遗址、墓葬、遗物被偶然发现，但基本未经科学发掘。以秦汉华南考古言，该时期的工作无疑还是一片空白（附图〇·2·1）。

在 1949 年前有限的秦汉华南考古发现中，最引人注目的，可能应数广州龟岗木椁墓及长沙系列西汉墓被盗后文物资料的陆续发表。[③] 此外，江西、广西等地偶尔也会有汉代遗物发现的消息被报道出来，引起人们的关注。[④] 受各种条件的限制，一些曾酝酿过的考古项目，多数都未能开展。[⑤] 因此在这种情况下，1949 年前大多数学者所开展的秦汉华南考古学研究工作[⑥]，基本只能集中于对相关文物的文字内容，进行传统的金石学、历史学研究[⑦]。1949 年前秦汉考古资料的不足[⑧]，造成了秦汉华南考古学文化的研究长期处于空白状态。

1949 年中华人民共和国的建立，彻底改变了上述局面。

随着 1949 年后各地经济建设的蓬勃开展，政府对文物考古工作十分重视，在不断高涨的基本建设中，大量的秦汉墓葬、遗址被相继发掘出来。这样，在日益丰富的秦汉考古资料的推动下，相关考古研究工作蓬勃开展。

60 年来秦汉华南考古的研究工作，可大体分为以下 5 个阶段：

第一阶段，1949—1965 年，为秦汉华南考古的"奠基期"。该时期内，华南各地秦汉考古工作全面展开，主要的发掘地点首先为当时经济建设任务最为集中的省会城市，如长沙、广州、南昌等地；其次为一些大的区域中心城市，如贵县、常德、衡阳等地。同时随着骨干公路、铁

---

① 北京大学考古学资料室：《中国考古学文献目录 1900—1949》，文物出版社 1991 年版。

② 东亚考古学会：《牧羊城》，东亚考古学会 1931 年版；《南山里》，东亚考古学会 1933 年版；《营城子》，东亚考古学会 1934 年版；《阳高古城堡》，东方考古学会 1990 年版；八木奘三郎：《满洲考古学》，1944 年版。均转引自高崇文、赵化成《秦汉考古》，文物出版社 2002 年版，第 122 页。

③ 谭镳：《拟上朱庆澜省长保存汉初木刻字书》，许衍董编《广东文征续编》第 1 册，香港中文大学出版部 1988 年版，第 261 页。商承祚：《中国长沙古物指南》，《说文月刊》1944 年第 4 期，第 29—34 页。蒋玄怡：《长沙古物出土记》，《申报》1948 年 7 月 6、8、12 日。

④ 《赣垣发现汉代两古迹》，《史学杂志》1925 年 2 月。蔡敬襄：《南昌出土之古镜与汉砖》，《国闻月报》1935 年第 27 期补白、图三。《赣西发现汉晋古墓》，《燕京学报》1946 年 12 月，第 231 页。

⑤ 蔡寒琼、谈月色：《发掘东山猫儿冈汉冢报告》，《考古学杂志》1932 年第 1 期，第 93—96 页。

⑥ 汪宗衍：《西汉黄肠木刻考》，《中山大学语言历史学研究周刊》1928 年第 4 期，第 32—33 页。蔡宁：《广东古代木刻文字录存》，《考古学杂志》1932 年第 1 期，第 55—63 页。张子祺：《广州龟岗出土木刻文字新释》，《文物周刊》1947 年第 5 期，第 33 页，图版三。关寸屮：《广东东山古冢中大木考》，《艺观》1929 年第 2 期，第 65 页。胡肇椿：《杯之比较研究》，《考古学杂志》1931 年第 1 期，第 80—87 页。曾传辂：《广州龟岗汉冢之研究》，《中山大学文史学研究所月刊》1933 年第 5 期，第 39—44 页。

⑦ 杨树达：《汉代丧葬制度考》，《清华学报》1932 年第 1 期，第 13—149 页。劳干：《论汉代之陆运与水运》，《中央研究院历史语言研究所集刊》，1948 年 16 分册，第 69—91 页。

⑧ 其实不仅仅是华南地区，就全国而言，在 1949 年前出版的考古报告中，也仅有极少的内容与秦汉有关，如太原山西公立图书馆、美国华盛顿福利尔艺术陈列馆：《山西万泉县阎子疙瘩即汉汾阴后土祠遗址之发掘》，1932 年版。

路道路网的快速建设，许多原来较为偏远的地区，也开始偶尔有秦汉墓葬、遗物发现的消息相继传出（附图〇·2·2）。①

该阶段的发掘对象，除极少数秦代墓葬外，汉代墓葬无疑是最为主要的内容。而秦汉遗址，除崇安汉城外，在其他地区基本阙如。该阶段中所发掘的墓葬，除长沙、广州等少数地区外，绝大部分都属中小型墓葬，大型墓如诸侯王、列侯墓葬几乎空白。

在发掘资料积累的同时，考古研究也取得很大的成果。其中最为主要的成就，应属地区性秦汉考古资料编年的初步确立。随着北方地区 1956《沂南古画像石墓发掘报告》②、1957《望都二号汉墓》③、1959《洛阳烧沟汉墓》④ 乃至中华人民共和国成立前发掘资料的整理出版⑤，华南长沙、广州、南昌、贵县各地的考古资料在初步整理后相继发表。于是，在《长沙发掘报告》⑥ 和一系列如广州汉墓资料的陆续公布后，与全国（无论是在秦汉统治核心的关中和中原，还是在秦汉统治周边地区）都相继初步建立起各地编年一样，秦汉华南考古的编年在该时期也初步建立了起来。其中虽代表广州地区汉墓编年的《广州汉墓》⑦ 在 1981 年才得以印行，但实际该报告的书稿早已完成，广州地区汉墓编年的确立至迟于 20 世纪 60 年代。

因考古工作量的持续增多和考古人员数量较少等各方面原因的限制，该时期发掘的大量考古资料，实际上多数未能如长沙、广州一样得到集中的整理与出版。无论是南昌、贵县、衡阳、常德，还是在《长沙发掘报告》之后的其他长沙汉墓，都再未能通过一部专题考古报告的出版而进行系统整理。这些地区发现的大量考古资料，除少数曾以简报甚至简讯的形式有所公布外，更多的是没有任何消息传出。于是相关地区的秦汉考古编年，也就未能与其他地区一样顺利地建立起来。

而与此相应的是，在很长一段时间内，这些地区往往只能参照洛阳、广州、长沙等地区已经建立的洛阳烧沟、广州、长沙的秦汉考古编年，来确定当地的考古资料年代。而洛阳烧沟汉墓的编年更几乎成为包括华南在内的全国汉墓编年。虽然因不断有半两钱、五铢钱、文字纪年等一系列确切断代资料的校正，各地比附如洛阳烧沟汉墓编年后对当地墓葬时代的认识与实际情况应相差不远，但过分参照烧沟或广州、长沙编年的做法，却无疑造成了在长时期内，各地汉墓资料的时代与洛阳空前的"一致"，"人为"造成华南各地与洛阳、广州、长沙几近一致的文化均质，导致单从该时期乃至之后长时期内的考古资料看，秦汉各阶段当地的文化发展几乎与洛阳、广州、长沙地区一致，很少能较多地看出各地文化在落后交通条件下因空间距离而造成文化传播滞后等等的文化差异。

《长沙发掘报告》是中华人民共和国成立后华南地区首次出版的中小型汉墓发掘报告，它开创的汉墓整理的基本模式，对华南乃至全国汉墓资料的整理具有奠基性意义。但由于当时一切的工作几乎都是白手起家，从无资料可循的状态开始，因此该报告最后所提供的汉墓编年，就仅分为西汉前期、西汉后期、东汉三个阶段，与之后不久出版的《洛阳烧沟汉墓》的更精确编年相比，明显要"粗疏"了许多。在这种情况下，比照它而断代的其他华南地区墓葬，自然也就难以"精细"。

由于该时期考古发掘和考古编年工作，占据了考古工作者的大部分精力，所以从资料出发而开展的进一步研究工作，也就相应有限。由历史学家利用出土秦汉文字等资料所开展的史学

① 中国社会科学院考古研究所图书资料室：《中国考古学文献目录 1949—1966》，文物出版社 1978 年版。
② 南京博物院、山东省文物管理处：《沂南古画象石墓发掘报告》，文化部文物管理局 1956 年版。
③ 河北省文物局文物工作队：《望都二号汉墓》，文物出版社 1959 年版。
④ 洛阳区考古发掘队：《洛阳烧沟汉墓》，科学出版社 1959 年版。
⑤ 苏秉琦：《斗鸡台沟东区墓葬图说》，中国科学院 1954 年版。
⑥ 中国科学院考古研究所：《长沙发掘报告》，科学出版社 1957 年版。
⑦ 广州市文物管理委员会：《广州汉墓》，文物出版社 1981 年版。

研究，在该时期中依然占据了相关研究的主流。① 仅少数的学者曾对遗址、墓葬、遗物的有关问题，进行过一定的总结与分析。②

第二阶段，1966—1971 年，为秦汉华南考古发掘与研究的"空白期"。虽在全国范围内，偶尔会有一些非常重要的秦汉考古资料被发现③，但随着 1966 年 5 月"文化大革命"的开始，不仅原来热火朝天的秦汉华南考古和研究工作完全停止，而且已有资料的整理工作也无法持续，前述《广州汉墓》就在这种情况下被迫束之高阁，难以出版。相应的，有关的考古研究工作，自然也被迫停了下来（附图〇·2·3）。

第三阶段，1972—1981 年，为秦汉华南考古的"恢复期"。随着 1972 年后一系列国家政策的调整，以在故宫举办的"文化大革命"中出土文物展为契机，《文物》《考古》《考古学报》等考古专业杂志在 1972 年全面复刊，秦汉华南的考古发掘与资料整理工作逐渐启动。各地田野考古发掘和研究逐步迎来了"科学的春天"（附图〇·2·4）。

在该阶段内，秦汉华南地区最主要的考古发现，无疑应属长沙马王堆长沙国轪侯家族墓④、陡壁山长沙王墓⑤、咸嘉湖扇子山畜俑坑⑥、象鼻嘴长沙王墓⑦等西汉诸侯王、列侯墓葬的集中发现。此外，如合浦望牛岭 M1⑧、贵县罗泊湾 M1⑨、贵县金钟 M1⑩ 等汉墓，同样以其巨大的墓葬规模、丰富的随葬品，成为学术界关注的重点对象。此外，广州秦汉造船遗址⑪、梧州富民坊陶窑⑫、高要茅岗建筑遗址⑬、北流铜石岭冶铜遗址⑭等各类性质遗址的不断发现，预示着秦汉华南遗址发掘

---

① 陈直：《广州汉墓群西汉前期陶器文字汇考》，《学术研究》1964 年第 2 期，第 145—148 页；《两汉经济史料论丛》，陕西人民出版社 1958 年版。

② 王仲殊：《汉代物质文化略说》，《考古通讯》1956 年第 1 期，第 57—76 页。《空心砖汉墓》，《文物参考资料》1953 年第 1 期，第 95—106 页。黎金：《广州的两汉墓葬》，《文物》1961 年第 2 期，第 47—53 页。高至喜：《湖南古代墓葬概况》，《文物》1960 年第 3 期，第 33—37 页。《湖南的文物工作》，《文物》1960 年第 3 期，第 77—78 页。黄展岳：《近年出土的战国两汉铁器》，《考古学报》1957 年第 3 期，第 93—108 页。黄增庆：《广西出土铜鼓初探》，《考古》1964 年第 11 期，第 578—588 页。何纪生：《略述中国古代铜鼓的分布区域》，《考古》1965 年第 1 期，第 29—39 页。童恩正：《略谈云南祥云大波那木椁铜棺墓的族属》，《考古》1966 年第 9 期，第 46—48 页。陈直：《福建崇安城村汉城遗址时代的推测》，《考古》1961 年第 4 期，第 219—221 页。《广州汉墓群西汉前期陶器文字汇考》，《学术研究》1964 年第 2 期，第 79—81 页。胡肇椿、张维持：《广州出土的汉代黑奴俑》，《中山大学学报（社会科学）》1961 年第 2 期，第 84—87 页。

③ 如 1968 年河北满城中山靖王刘胜墓及王后窦绾墓发掘、1969 年河北定县北陵头中山穆王刘畅夫妻墓、1970 年江苏徐州土山彭城王或王后墓等等。

④ 湖南省博物馆、中国科学院考古研究所、文物编辑委员会：《长沙马王堆一号汉墓发掘简报》，文物出版社 1972 年版。考古编辑部：《关于长沙马王堆一号汉墓的座谈纪要》，《考古》1972 年第 5 期，第 37—42 页。湖南省博物馆、中国科学院考古研究所：《长沙马王堆一号汉墓》，文物出版社 1973 年版。

⑤ 长沙市文物局文物组：《长沙咸家湖西汉曹𡢁墓》，《文物》1979 年第 3 期，第 1—16 页。

⑥ 单先进：《湖南长沙咸嘉湖扇子山畜俑坑》，《农业考古》2001 年第 1 期，第 283—284 页。

⑦ 湖南省博物馆：《长沙象鼻嘴一号西汉墓》，《考古学报》1981 年第 1 期，第 111—130 页。

⑧ 广西壮族自治区文物考古写作小组：《广西合浦西汉木椁墓》，《考古》1972 年第 5 期，第 20—30 页。

⑨ 广西壮族自治区文物工作队：《广西贵县罗泊湾一号墓发掘简报》，《文物》1978 年第 9 期，第 25—42 页。

⑩ 广西壮族自治区文物工作队、广西贺县文物管理所：《广西贺县金钟一号汉墓》，《考古》1986 年第 3 期，第 221—229 页。

⑪ 广州市文物管理处、中山大学考古专业 75 届工农兵学员：《广州秦汉造船工场遗址试掘》，《文物》1977 年第 4 期，第 1—17 页。

⑫ 梧州市博物馆、李乃贤：《广西梧州富民坊汉代印纹陶窑址发掘》，《中国古代窑址调查发掘报告集》，文物出版社 1984 年版，第 174—178 页。

⑬ 广东省博物馆、杨豪、杨耀林：《广东高要县茅岗水上木构建筑遗址》，《文物》1983 年第 12 期，第 31—46 页。杨豪：《茅岗遗址远古居民族属考》，《文物》1983 年第 12 期，第 47—49 页。高要县地方志编纂委员会：《高要县志》，广东人民出版社 1996 年版，第 729 页。

⑭ 广西壮族自治区文物工作队：《广西北流铜石岭汉代冶铜遗址的试掘》，《考古》1985 年第 5 期，第 404—410 转 404 页。

时代的逐步到来。在大量重要考古发现的带动下，华南各地停顿多年的考古工作重新启动。如长沙桐梓坡[①]、广州淘金坑[②]、平乐银山岭[③]、徐闻华丰、红坎村[④]、昭平乐群、风清村[⑤]、资兴旧市、木根桥[⑥]等地，都相继发掘了大量的中小型墓葬。

在该时期内，由于诸侯王、列侯墓葬不断发现的推动，对诸侯王、列侯墓研究，特别是以马王堆汉墓研究的全面开展为契机，一系列过去在秦汉考古中很少涉及的问题，如棺椁制度[⑦]、棺饰[⑧]、漆画[⑨]、随葬俑[⑩]等等，都被学者持续关注，而与其相关的历史地理等问题也有了更深入的探讨[⑪]。以俞伟超《汉代诸侯王与列侯墓葬的形制分析——兼论"周制""汉制"与"晋制"的三阶段性》的发表[⑫]为标志，学术界在墓葬编年之后，开始对墓葬演变中更深层的问题展开研究。

该时期秦汉华南考古一个非常重要但也同样遭到不断质疑的成果，就是伴随着广西平乐银山岭战国、汉墓发掘资料的出版，首次建立起广西战国、汉墓的编年。由于在该编年中，许多相同的文化因素在广州被认定为西汉早期，而银山岭报告划入战国中晚期，于是在两广汉墓编年之间自然出现了重大的抵牾。[⑬]从学术发展的角度讲，这种注意本地发展序列、独立开展本地编年的做法，是华南地区开始跳出洛阳烧沟汉墓编年框架的重要标志，具有着非常重要的学术价值。但由于其所完成的编年，并没有关注周边地区相关文化因素的断代考虑，因此势必会造成相邻地区考古编年的衔接困难。虽然近年该问题已得到学者的持续关注，但至今依然尚未完全解决。[⑭]

第四阶段：1982—1991年，为秦汉华南考古快速发展期。随着"十二大"召开后改革开放政策的制定与实施，华南各地出现了远超以往的基本建设高潮，而配合基本建设开展的考古发掘任务在短时间内快速增长，发掘和研究都在不断推进。秦汉华南考古在中国考古学的"黄金时代"中

① 长沙市文物工作队：《长沙西郊桐梓坡汉墓》，《考古学报》1986年第1期，第61—93页。

② 广州市文物管理处：《广州淘金坑的西汉墓》，《考古学报》1974年第1期，第145—172页。

③ 广西壮族自治区文物工作队：《平乐银山岭战国墓》，《考古学报》1978年第2期，第211—251页。广西壮族自治区文物工作队：《平乐银山岭汉墓》，《考古学报》1978年第4期，第467—495页。

④ 广东省博物馆：《广东徐闻东汉墓》，《考古》1977年第4期，第268—277页。另据《徐闻县志》记载，从1973—1982年，先后两次清理汉墓90座。参见徐闻县志编纂委员会《徐闻县志》，广东人民出版社2000年版，第694页。

⑤ 广西壮族自治区博物馆、昭平县文物管理所：《广西昭平东汉墓》，《考古学报》1989年第2期，第213—229页。

⑥ 湖南省博物馆、湖南省文物考古研究所：《湖南资兴西汉墓》，《考古学报》1995年第4期，第453—502页。傅举有：《湖南资兴新莽墓中发现大布黄千铁钱》，《文物》1981年第10期，第92页。

⑦ 史为：《长沙马王堆一号汉墓的棺椁制度》，《考古》1972年第6期，第48—52页。俞伟超：《马王堆一号汉墓棺制的推定》，《湖南考古集刊（1）》，岳麓书社1982年版，第111—115页。

⑧ 于省吾：《关于长沙马王堆一号汉墓内棺棺饰的解说》，《考古》1973年第2期，第126—127页。

⑨ 孙作云：《马王堆一号汉墓漆棺画考释》，《考古》1973年第4期，第247—254页。

⑩ 高明：《长沙马王堆一号汉墓"冠人"俑》，《考古》1973年第4期，第255—257页。张明华：《长沙马王堆汉墓桃人考》，《文史》第7辑，中华书局1979年版，第96页。

⑪ 黄盛璋、钮仲勋：《有关长沙马王堆汉墓的历史地理问题》，《文物》1972年第9期，第22—29页。周振鹤：《西汉长沙国封域变迁考》，《文物集刊（2）》1980年，第179页。广东省博物馆：《广东徐闻东汉墓——兼论汉代徐闻的地理位置和海上交通》，《考古》1977年第4期，第268—277页。

⑫ 俞伟超：《汉代诸侯王与列侯墓葬的形制分析——兼论"周制"、"汉制"与"晋制"的三阶段性》，《中国考古学会第一次年会论文集1979》，文物出版社1980年版，第332—337页；《先秦两汉考古学论文集》，文物出版社1985年版，第117—124页。

⑬ 广州市文物管理委员会、广州市博物馆：《广州汉墓》，文物出版社1981年版，第472页。黄展岳：《论两广出土的先秦青铜器》，《考古学报》1986年第4期，第409—435页。

⑭ 熊昭明：《广西的汉代城址与初步认识》，《汉长安城考古与汉文化》，科学出版社2008年版，第225—232页。

快速前进（附图〇·2·5）。

在该阶段内，不仅有广州象岗南越王墓①、永州鹞子山刘彊墓②等诸侯王、列侯墓的发现，中小型墓葬的发掘更"全面开花"。如深圳红花园③、兴安石马坪④、溆浦县大江坪⑤、耒阳城郊⑥、攸县网岭镇⑦、常德樟树山⑧、衡阳赤石乡⑨、宜春下浦⑩、广州柳园岗⑪、合浦风门岭、望牛岭⑫、合浦文昌塔⑬、封开利羊墩⑭、乐昌对面山⑮等等的发现，让人目不暇接。此外，崇安城村闽越建筑遗址⑯、广州中山五路南越建筑遗址⑰、徐闻二桥、仕尾汉代遗址⑱所发掘出建筑的规模之大、等级之高，都显示出该地区秦汉时期建筑文化的高度发达。随着第二次全国文物普查工作和文物保护工作的全面开展，大量秦汉时期的遗迹、墓葬、遗物被逐步发现、发掘，大大丰富了我们对华南地区社会发展程度的认识。

在该阶段中，不仅有"文化大革命"后开始重新修订的《广州汉墓》得以出版，而且《广西贵县罗泊湾汉墓》也在墓葬发掘多年后印行。⑲随着南越王墓发掘简报、罗泊湾汉墓发掘报告的出版，有关研究成为本阶段中最引人注目的研究方向。⑳而第二次全国文物普查的成果，除在

---

①　广州象岗汉墓发掘队：《西汉南越王墓发掘初步报告》，《考古》1984年第3期，第222—230页。广州市文物管理委员会、中国社会科学院考古研究所、广东省博物馆：《西汉南越王墓》，文物出版社1991年版。黄展岳：《广州市象岗山西汉南越王墓》，《中国考古学年鉴1984》，文物出版社1984年版，第149—150页。

②　零陵地区文物工作队：《湖南永州市鹞子山西汉"刘彊"墓》，《考古》1990年第11期，第1002—1011页。

③　广东省博物馆、深圳博物馆：《深圳市南头红花园汉墓发掘简报》，《文物》1990年第11期，第29—38页。

④　广西壮族自治区文物工作队、兴安县博物馆：《兴安石马坪汉墓》，《广西考古文集》，文物出版社2004年版，第238—258页。蒋廷瑜：《兴安县石马坪、界首汉晋墓群》，《中国考古学年鉴1984》，文物出版社1984年版，第152—153页。

⑤　溆浦县文化局：《溆浦江口战国西汉墓》，《湖南考古辑刊（3）》，岳麓书社1986年版，第112—121页。

⑥　熊传新、冯玉辉：《耒阳市城郊春秋至元代墓葬》，《中国考古学年鉴1985》，文物出版社1985年版，第199页。

⑦　郑之日：《攸县网岭镇东周、两汉墓葬》，《中国考古学年鉴1986》，文物出版社1988年版，第177—178页。

⑧　刘廉银：《常德县岗市樟树山战国西汉墓群》，《中国考古学年鉴1987》，文物出版社1988年版，第219页。

⑨　冯玉辉：《衡阳县赤石乡东周两汉墓》，《中国考古学年鉴1987》，文物出版社1988年版，第216页。

⑩　江西省文物考古研究所、宜春市博物馆：《江西宜春下埠坝上古墓群发掘报告》，《江西文物》1991年第2期，第1—27页。李科友：《宜春市下浦古墓群》，《中国考古学年鉴1989》，文物出版社1990年版，第168页。

⑪　黄淼章：《广州瑶台柳园岗西汉墓发掘记要》，《广州考古五十年文选》，广州出版社2003年版，第538—551页。

⑫　黄启善：《合浦县风门岭、望牛岭汉墓》，《中国考古学年鉴1986》，文物出版社1988年版，第190—191页。

⑬　韦仁义：《合浦县文昌塔岭汉墓》，《中国考古学年鉴1988》，文物出版社1989年版，第227页。梁旭达：《合浦县文昌塔汉墓群》，《中国考古学年鉴1989》，文物出版社1990年版，第237页。

⑭　杨式挺、崔勇、邓增魁：《广东封开利羊墩墓葬群发掘简报》，《南方文物》1995年第3期，第1—16页。崔勇、吴海贵：《封开县利羊墩战国至西汉早期墓葬群》，《中国考古学年鉴1989》，文物出版社1990年版，第229页。

⑮　广东省文物考古研究所、乐昌市博物馆、韶关市博物馆：《广东乐昌市对面山东周秦汉墓》，《考古》2000年第6期，第37—61页。

⑯　福建博物院、福建闽越王城博物馆：《武夷山城村汉城遗址发掘报告（1980—1996）》，福建人民出版社2004年版，第5页。

⑰　全洪：《广州市中山五路南越国建筑遗迹清理简报》，《广州考古五十年文选》，广州出版社2003年版，第366—373页。

⑱　邱立诚、尚杰：《徐闻县汉唐遗址调查记》，《广东文博》1990年第1期，第12—15页。邱立诚、尚杰：《徐闻县五里乡汉至唐宋时期遗址》，《中国考古学年鉴1991》，文物出版社1992年版，第258—259页。徐闻县志编纂委员会：《徐闻县志》，广东人民出版社2000年版，第690—691页。

⑲　广西壮族自治区博物馆：《广西贵县罗泊湾汉墓》，文物出版社1988年版。

⑳　麦英豪：《广州象岗南越王墓墓主、葬制、人殉诸问题刍议》，《广州研究》1984年第4期，第68—72页。黄展岳：《从南越王墓看南越王国》，《文史知识》1984年第4期，第100页。麦英豪、黎金：《广州南越王墓墓主考》，《考古与文物》1986年第6期，第83—97页。麦英豪：《象岗南越王墓反映的诸问题》，《岭南文史》1987年第2期，第20—36页。彭书琳：《广西贵县罗泊湾西汉墓殉人人骨》，《考古》1986年第6期，第563—570页。蓝日勇：《试论罗泊湾一号墓墓主身份及族属》，《广西民族研究》1986年第2期，第57—64页。蒋廷瑜：《贵县罗泊湾汉墓墓主族属的再分析》，《学术论坛》1987年第1期，第55—59页。

各级杂志逐渐公布之外，还以不同的形式集结刊行。① 铜鼓②、铭文③、印章④、钱币⑤、铜镜⑥等遗物的研究持续高涨，海上丝绸之路的研究慢慢升温⑦，华南各地区考古学文化间关系的研究逐渐出现⑧。而因华南乃是文献中百越、楚等民族的所在，因此有关民族研究的工作也不断开展。⑨ 此外，根据考古资料对秦汉当地社会，如番禺⑩、西林⑪等地的讨论文章逐渐出现。

在不断发表的考古资料中，原有的考古编年得到进一步精确，如在长沙桐梓坡汉墓报告的分期中，就将过去概称为"西汉早期"的分期，进一步明确为秦末汉初、汉初至文景之际、文景至元狩五年等阶段⑫，大大提高了研究结果的精确程度⑬。在一系列类似研究的推动下，秦汉华南各地的考古编年逐渐"精确"。

该阶段，在学者对汉代墓葬开展的一系列综合性研究成果中，最为突出的一项，当数蒲慕洲先生在 1989 年完成并于 1993 年出版的《墓葬与生死》。在该书中，蒲慕洲先生对截止至1987 年的全国已报道的汉代墓葬资料，利用专门开发的电脑软件进行了全面整理。在检讨传统文献中有关墓葬制度的记载后，讨论了自新石器以来至战国末年为止的中国墓葬形制的演变大势，对两汉流行的各类型墓葬作了一一分析，并以竖穴木椁墓和砖室墓为对象，分析了其在两汉各时代和各地区的分布、等级和演变。在分析随葬品的有关情况后，分别对汉代墓葬制度中的薄葬、厚葬问题进行了系统论述。⑭ 此书是截至当时为止最全面且系统分析汉代墓葬资料的专题著作。

第五阶段，1992—现在，为秦汉华南考古的全面发展期。1992 年邓小平"南巡讲话"，

① 国家文物局：《中国文物地图集·广东分册》，广东省地图出版社 1989 年版。广东省文物管理委员会、广东省博物馆：《广东文物普查成果图录：出土文物部分》，广东科技出版社 1990 年版。

② 中国古代铜鼓研究会：《中国古代铜鼓》，文物出版社 1988 年版。蒋廷瑜：《铜鼓艺术研究》，广西人民出版社 1988 年版。汪宁生：《铜鼓与南方民族》，吉林教育出版社 1989 年版。中国古代铜鼓研究会：《中国铜鼓研究会第二次学术讨论会论文集》，文物出版社 1986 年版。姚舜安、万辅彬、蒋廷瑜：《北流型铜鼓探秘》，广西人民出版社 1990 年版。

③ 李光军：《两广出土西汉器物铭文官名考》，《文博》1987 年第 3 期，第 32—38 页。梁庭望：《壮族铜鼓与东南亚铜鼓造型及纹饰之比较研究》，《中央民族学院学报》1989 年第 5 期，第 50—55 页。

④ 黄展岳：《南越"文帝"金印小考》，《广东文博》1984 年第 1 期，第 28 页。余天炽：《广州南越王墓印文释》，《学术论坛》1985 年第 3 期，第 39 页。余勤文：《南越"文帝行玺"金印钮式小考》，《广州文博》1985 年第 3 期，第 38—41 页。[日] 梶山胜：《关于西汉南越王墓出土金印"文帝行玺"的考察》，《广州文博》1986 年第 1、2 期，第 186—192 页。陈高卫：《西汉"朱庐执刲"银印小考》，《人民日报》1985 年 4 月 28 日。

⑤ 周世荣：《长沙衡阳出土西汉货币研究》，《陕西金融》1985 年增刊。李炳震：《湘潭新莽钱币及其相关问题》，《陕西金融》1990 年增刊，第 25—29 页。

⑥ 周世荣：《湖南出土汉代铜镜文字研究》，《古文字研究 14》1986 年，第 69—175 页。于凤芝：《广西出土古代铜镜选介》，《文物》1990 年第 1 期，第 34—38 页。

⑦ 黄展岳：《广州汉代考古与海交史研究》，《海交史研究》1989 年第 2 期，第 67—69 页。

⑧ 高崇文：《西汉长沙王墓和南越王墓葬制初探》，《考古》1988 年第 4 期，第 342—347 页。杨琮：《论西汉东、西两越考古学文化的关系》，《东南文化》1990 年第 5 期，第 176—181 页。

⑨ 中国百越民族史研究会：《百越史研究》，贵州人民出版社 1987 年版。中国百越民族研究会、云南省民族事务委员会：《百越史论集》，云南民族出版社 1989 年版。中国百越民族研究会：《百越民族研究》，江西教育出版社 1990 年版。楚文化研究会：《楚文化研究论文集》，荆楚书社 1987 年版。河南省考古学会：《楚文化研究论文集》，中州书画社 1983 年版。湖南省楚史研究会：《楚史与楚文化研究》，求索杂志社 1987 年版。

⑩ 麦英豪：《汉代的番禺：广州考古举要》，《穗港汉墓出土文物》，香港中文大学文物馆 1983 年版，后收入广州市文物考古研究所《广州文物考古集·广州考古五十年文选》，广州出版社 2003 年版，第 35—52 页。

⑪ 蒋廷瑜：《西林铜鼓与汉代句町国》，《考古》1982 年第 2 期，第 198—203 页。

⑫ 长沙市文物工作队：《长沙西郊桐梓坡汉墓》，《考古学报》1986 年第 1 期，第 61—93 页。

⑬ 宋少华：《试论长江西汉中小型墓葬的分期》，《湖南考古辑刊 2》，岳麓书社 1984 年版，第 191—197 页。

⑭ 蒲慕洲：《墓葬与生死——中国古代宗教之省思》，中华书局 2008 年版。

掀起了全国范围内新一轮改革开放的高潮。而位于改革前哨的华南地区，考古事业更在新的建设高潮中快速发展。"编年"不再是主要任务，深层次的考古学文化研究快速开展（附图○·2·6）。

在该阶段中，长沙望城古坟垸"渔阳"墓①、长沙风篷岭长沙王后墓②、沅陵虎溪山 M1③、永州鹞子岭 M2④ 等诸侯王、列侯墓不断被发现。而伴随着城市、公路、铁路及大量各项基本建设的开展，华南各地秦汉墓葬、遗址、遗物的发现更层出不穷。该阶段中，秦汉墓葬的发掘数量不仅更多，而且分布的地域更加广泛，如津市肖家湖⑤、平江牛形山⑥、洪江电站淹没区⑦、邵东千家丛山⑧、永州羊角井至马家⑨、保靖县清水坪⑩、陵水福湾⑪、北海盘子岭⑫、武夷山汉城⑬、番禺市桥⑭等等，举不胜举。

在墓葬被大量发掘的同时，秦汉时期的遗址特别是秦汉城市遗址的调查与发掘快速开展。如泰和白口⑮、东方荣村⑯、琼山博抚⑰、兴安七里圩⑱、阳春榕树头村、荔枝村⑲、澄海龟山⑳、五华狮雄山㉑、湘西里耶㉒、福州新店㉓、福州屏山、冶山路㉔、广州中山四路南越国宫署㉕等等

① 宋少华、李鄂权：《西汉长沙王室墓》，《中国考古学年鉴1994》，文物出版社1997年版，第247—249页。
② 长沙市文物考古研究所、望城县文物管理局：《湖南望城风篷岭汉墓发掘简报》，《文物》2007年第12期，第21—41页。
③ 湖南省文物考古研究所、怀化市文物处、沅陵县博物馆：《沅陵虎溪山一号汉墓发掘简报》，《文物》2003年第1期，第36—55页。
④ 贺刚、王凤元：《零陵永州鹞子岭一号西汉墓》，《中国考古学年鉴1993》，文物出版社1995年版，第214—215页。
⑤ 谭远辉：《津市市肖家湖两汉墓葬》，《中国考古学年鉴1993》，文物出版社1995年版，第215—216页。
⑥ 郭胜斌、欧继凡：《平江牛形山边山古墓群》，《中国考古学年鉴1997》，文物出版社1999年版，第204页。
⑦ 张春龙：《洪江市小江村汉墓群》，《中国考古学年鉴2000》，文物出版社2002年版，第223页。
⑧ 胡建军：《邵东县千家丛山两汉墓群》，《中国考古学年鉴2001》，文物出版社2002年版，第231页。
⑨ 周能：《永州羊角井至马家汉墓群》，《中国考古学年鉴2002》，文物出版社2003年版，第297页。
⑩ 湖南省文物考古研究所：《里耶发掘报告》，岳麓书社2007年版；《保靖县清水坪西汉墓》，《中国考古学年鉴2004》，文物出版社2005年版，第287页。
⑪ 郝思德、王大新：《陵水县福湾开发区新石器时代遗址及汉唐墓葬》，《中国考古学年鉴1995》，文物出版社1997年版，第209页。
⑫ 广西壮族自治区文物工作队：《广西北海市盘子岭东汉墓》，《考古》1998年第11期，第48—59页。
⑬ 林连芝：《武夷山闽越王城遗址墓葬考古新收获》，《福建文博》2005年第3期，第13—18页。
⑭ 广州市文物考古研究所、广州市番禺区文管会办公室：《番禺汉墓》，科学出版社2006年版。
⑮ 徐长青、于江安、肖用桁：《江西泰和白口汉城勘察记》，《南方文物》2003年第1期，第2—4页。肖用桁：《白口汉城探源—庐陵文化起源之谜》，《南方文物》2004年第1期，第81—83页。
⑯ 海南省文物考古研究所：《海南东方市荣村遗址试掘简报》，《考古》2003年第4期，第12—23页。
⑰ 郝思德、王大新：《琼山市博抚村汉代城址》，《中国考古学年鉴1996》，文物出版社1998年版，第220—221页。
⑱ 广西壮族自治区文物工作队、兴安县博物馆：《广西兴安县秦城遗址七里圩王城城址的勘探与发掘》，《考古》1998年第11期，第34—47页。
⑲ 刘成基、崔勇：《阳春市春城镇汉代遗址》，《中国考古学年鉴2002》，文物出版社2003年版，第300页。
⑳ 广东省文物考古研究所、澄海市博物馆、汕头市文物管理委员会：《广东澄海龟山汉代建筑遗址》，《文物》2004年第2期，第27—39页。
㉑ 广东省文物考古研究所、广东省博物馆、五华县博物馆：《广东五华狮雄山汉代建筑遗址》，《文物》1991年第11期，第27—37页。
㉒ 湖南省文物考古研究所：《里耶发掘报告》，岳麓书社2007年版。
㉓ 福建省博物馆、福建省昙石山遗址博物馆、福州市晋安区文管会：《福建福州市新店古城发掘简报》，《考古》2001年第3期，第13—25页。福建博物院、福州市文物考古工作队：《福州冶山路财政厅工地发掘简报》，《福建文博》2005年增刊，第1—12页。
㉔ 福建省博物馆、福建省昙石山遗址博物馆、福州市晋安区文管会：《福建福州市新店古城发掘简报》，《考古》2001年第3期，第13—25页。
㉕ 南越王宫博物馆筹建处、广州市文物考古研究所：《南越宫苑遗址1995—1997年考古发掘报告》，文物出版社2008年版。

遗址的发掘不断取得重要成果。在系列的遗址考古中，不仅有各地秦汉政治中心的持续发掘，更有地区性中心城址的考古调查和发掘，遗址的考古发掘工作在全面推进。

该时期秦汉华南考古的另外一项重要发现，当属各地秦汉简牍的相继出土。如长沙东牌楼 J7 出土东汉木简①、里耶 J1 出土秦代简牍②、广州南越国宫署 J264 出土南越国木简③等等。随着这些秦汉"档案"文字资料的不断发表，秦汉华南考古研究的许多问题，开始逐步跳出了传世文献不足的桎梏，进入到当世考古发现的文献之中寻找答案。④

与此同时，考古发掘报告也源源不断的出版，如《番禺汉墓》⑤《揭阳考古》⑥《合浦风门岭汉墓 2003—2005 年发掘报告》⑦《南越宫苑遗址 1995—1997 年考古发掘报告》⑧《武夷山城村汉城遗址发掘报告（1980—1996）》⑨等等。而代表第二次全国文物普查成果的《中国文物地图集》中的华南诸省分册，也相继出版⑩。

该时期秦汉华南考古研究的深度和广度都远超以前。在华南各地已建立编年的基础上，秦汉墓葬的研究得到进一步深入。学者对广西⑪、长沙⑫、湘西北⑬乃至湖南、两广⑭等不同地区的墓葬编年与演变关系开展了深入探讨。同时还从考古资料入手，对秦汉社会发展的有关问题，如社会性质⑮、社会风貌⑯、南越国⑰、闽越国⑱、长沙国、汉文化的发展⑲等等进行讨论。

① 长沙市文物考古研究所、中国文物研究所：《长沙东牌楼东汉简牍》，文物出版社 2006 年版。
② 湖南省文物考古研究所：《里耶发掘报告》，岳麓书社 2007 年版。
③ 广州市文物考古研究所、中国社会科学院考古研究所、南越王宫博物馆筹建处：《广州市南越国宫署遗址西汉木简发掘简报》，《考古》2006 年第 3 期，第 3—13 页。
④ 中国社会科学院考古研究所、中国社会科学院历史研究所、湖南省文物考古研究所：《里耶古城·秦简与秦文化研究——中国里耶古城·秦简与秦文化国际学术研讨会论文集》，科学出版社 2009 年版。
⑤ 广州市文物考古研究所、广州市番禺区文管会办公室：《番禺汉墓》，科学出版社 2006 年版。
⑥ 揭阳考古队、揭阳市文化广电新闻出版局：《揭东县华美沙丘遗址调查报告》，《揭阳考古（2003—2005）》，科学出版社 2005 年版，第 181—189 页。
⑦ 广西壮族自治区文物工作队、合浦县博物馆：《合浦风门岭汉墓 2003—2005 发掘报告》，科学出版社 2006 年版。
⑧ 南越王宫博物馆筹建处、广州市文物考古研究所：《南越宫苑遗址 1995—1997 年考古发掘报告》，文物出版社 2008 年版。
⑨ 福建博物院、福建闽越王城博物馆：《武夷山城村汉城遗址发掘报告（1980—1996）》，福建人民出版社 2004 年版。
⑩ 国家文物局：《中国文物地图集·湖南分册》，湖南地图出版社 1997 年版；《中国文物地图集·福建分册》，福建省地图出版社 2007 年版。
⑪ 蓝日勇：《广西战国至汉初越人墓葬的发展与演变》，《广西壮族自治区博物馆建馆六十周年论文集》，广西民族出版社 1993 年版，第 105—110 页。陈义：《广西汉墓形制初探》，《四川大学考古专业创建三十五周年纪念文集》，四川大学出版社 1998 年版，第 286—300 页。李龙章：《广西右江流域战国秦汉青铜器研究》，《考古学报》2004 年第 3 期，第 271—294 页。
⑫ 宋少华：《西汉长沙国（临湘）中小型墓葬分期概论》，湖南省文物事业管理局《考古耕耘录——湖南中青年考古学者论文选集》，岳麓书社 1999 年版，第 257—287 页。黎石生：《西汉长沙国王侯墓地及其相关问题》，湖南省文物事业管理局《考古耕耘录——湖南中青年考古学者论文选集》，岳麓书社 1999 年版，第 247—256 页。
⑬ 谭远辉：《湘西北地区西汉墓葬概论》，湖南省文物事业管理局《考古耕耘录——湖南中青年考古学者论文选集》，岳麓书社 1999 年版，第 288—296 页。
⑭ 李龙章：《湖南两广青铜时代越墓研究》，《考古学报》1995 年第 3 期，第 275—312 页；《南越王墓出土陶器与两广战国秦汉遗存年代序列》，广东省文物考古研究所、广州市文物考古研究所、深圳博物馆《华南考古 1》，文物出版社 2004 年版，第 100—112 页。
⑮ 何乃汉：《试论秦汉时期广西的社会性质》，广西壮族自治区博物馆《广西壮族自治区博物馆建馆六十周年论文集》，广西民族出版社 1993 年版，第 149—153 页。
⑯ 麦英豪：《考古发现与广州的古代史》，广州博物馆《镇海楼论稿》，岭南美术出版社 1999 年版。
⑰ 中国秦汉史研究会、中山大学历史系、西汉南越王博物馆：《南越国史迹研讨会论文选集》，文物出版社 2005 年版。
⑱ 梅华全：《汉代闽越考古及相关问题的研究》，汉代考古与汉文化国际学术研讨会论文集编委会《汉代考古与汉文化国际学术研讨会论文集》，齐鲁书社 2006 年版，第 462—470 页。
⑲ 朱海仁：《岭南汉文化发展的阶段性与地域性》，汉代考古与汉文化国际学术研讨会论文集编委会《汉代考古与汉文化国际学术研讨会论文集》，齐鲁书社 2006 年版，第 455—461 页。

秦汉华南城市的研究也逐步兴起①，海上丝绸之路②、各区域间文化交流研究越来越引起学者的持续关注③。在宏观研究之外，较为微观的遗物研究继续高涨，如在陶器④、铜器⑤、铁器⑥、动物纹牌饰⑦、玉器、建筑材料⑧、陶文⑨等等方面都多有佳作。

2000年之后，在开设考古专业的有关高校中，开始不断有博士、硕士论文以秦汉华南考古的某一方面进行选题研究。如2001年武汉大学吴升仁《湖南楚汉之际的墓葬研究》、2007年北京大学曾昭明《岭南地区东周至西汉墓葬研究》、2009吉林大学余静《中国南方地区两汉墓葬研究》等等。虽然目前该类研究的数量还相对较少，但如此集中而系统的墓葬研究成果，已使得很多问题得到了较为深入的探讨和解决，研究成果相当可观。

2003年，黄晓芬先生出版了专著《汉墓的考古学研究》⑩，详细讨论了汉墓的各种类型，并对各类型墓葬的源流和演变做了全面介绍与讨论，是一部非常重要的汉墓研究成果。虽该书乃是对整个汉墓制度研究而形成的综合研究，但在其分析过程中，不少内容涉及了本书研究的华南汉墓资料，并对若干汉墓资料及发展情况提出了宝贵意见，推进了华南汉墓的研究。

二　秦汉华南考古研究所存在的问题及不足

在不断取得丰硕成果的同时，秦汉华南考古的发现与研究，也或多或少地存在着一些明显的问题及不足：

第一，考古编年有待继续细化。

虽然大量学者不断开展"精确化"的编年工作，秦汉华南各地的考古编年也在不断完善，但一些关键问题，如两广地区西汉早期墓葬编年衔接，广州、长沙编年衔接，各地原比照长沙、广州所建编年的修订等等问题都尚待一一解决。而在此之外，对原有编年——如广州汉墓已建

---

① 熊昭明：《广西的汉代城址与初步认识》，中国社会科学院考古研究所、陕西省考古研究院、西安市文物保护考古所《汉长安城与汉文化》，科学出版社2008年版，第225—232页。曹峻：《百越都城海洋性的探讨》，《东南考古研究（3）》，厦门大学出版社2003年版，第224—242页。

② 全洪：《广州出土海上丝绸之路遗物源流初探》，广东省文物考古研究所、广州市文物考古研究所、深圳博物馆《华南考古1》，文物出版社2004年版，第138—146页。范丹丹：《广东西汉南越王墓内涵的文化因素分析》，《东南考古研究（3）》，厦门大学出版社2003年版，第208—215页。

③ 郑君雷：《汉代东汉沿海与辽东半岛和西北海路交流的几个考古学例证》，汉代考古与汉文化国际学术研讨会论文集编委会《汉代考古与汉文化国际学术研讨会论文集》，齐鲁书社2006年版，第449—454页。杨哲峰：《北方地区汉墓出土的南方类型陶瓷器——关于汉代南北之间物质文化交流的考察之一》，中国社会科学院考古研究所、陕西省考古研究院、西安市文物保护考古所《汉长安城与汉文化》，科学出版社2008年版，第507—542页。

④ 朱海仁：《岭南汉墓仿铜陶礼器的考察》，广州市文物考古研究所、深圳博物馆《华南考古1》，文物出版社2004年版，第113—121页。

⑤ 李龙章：《广州南越工墓出上青铜容器研究》，《考古》1996年第10期，第54—65页。中国古代铜鼓研究会：《铜鼓与青铜文化的新探索》，广西民族出版社1993年版。铜鼓与青铜文化的再探索编辑组：《铜鼓与青铜文化的再探索》，民族艺术出版社1997年版。

⑥ 黄展岳：《南越国出土铁器的初步考察》，《考古》1996年第3期，第51—61页。

⑦ 黄展岳：《关于两广出土北方动物纹牌饰问题》，《考古与文物》1996年第2期，第55—60页。

⑧ 李灶新：《南越国宫署遗址2000年发掘出土瓦当初探》，广州市文物考古研究所、深圳博物馆《华南考古1》，文物出版社2004年版，第122—137页。胡建：《南越国宫署遗址陶质建筑材料的地域特色分析》，中国社会科学院考古研究所、陕西省考古研究院、西安市文物保护考古所《汉长安城与汉文化》，科学出版社2008年版，第380—399页。杨勇：《广州南越国宫署遗址出土的几何印纹铺砖初步研究》，中国社会科学院考古研究所、陕西省考古研究院、西安市文物保护考古所《汉长安城与汉文化》，科学出版社2008年版，第400—419页。

⑨ 刘钊：《东南地区出土汉代陶玺石刻文字分析》，《东南考古研究（3）》，厦门大学出版社2003年版，第216—223页。

⑩ 黄晓芬：《汉墓的考古学研究》，岳麓书社2003年版。

编年的"更新"与细化工作，对一些过去已"定时代"的墓葬、遗址如何在新资料发表后开展重新断代，也成为一个迫切需要解决的问题。比如说，根据发掘报告，里耶秦代简牍的埋藏年代当不晚于西汉早期，而并非过去各种介绍中所认为的嬴秦灭亡之时，而这又直接关系到如何判断三万六千余枚秦代简牍的埋藏原因、有关档案处理制度的重要问题。① 相关编年的不断修订和完善，将使我们对许多重要的问题有一个新的认识。

第二，相关地区考古资料差异很大。

从数量上看，目前湖南、广东、广西等省的秦汉考古资料较多，而福建、江西、海南等省明显较少。虽然该现象本身就是秦汉时相关地区社会发展不平衡的具体表现，但通过对历年《中国考古学年鉴》、新修地方志等资料的检索和收集，可以发现，这种情况同时也应与相关地区大量考古发掘资料积压、急需整理有一定关系，并与相关地区在较长时间内的主动性学术调查或发掘目的的差异有直接关系。提高各地区考古资料的公布速度，开展跨省区秦汉考古的研究迫在眉睫。

第三，相关地区城市考古进展不同。

墓葬是人去世后的归宿，而城市等遗址是生人的活动空间。只有当墓葬、城市等遗址资料相结合后，才能尽可能地反映出当时社会的具体情况。

60 年来，华南已发现、发掘了不少的秦汉遗址，但与庞大的墓葬资料相比，遗址资料的公布就显得是那么"微不足道"。目前除南越国番禺、闽越国崇安汉城等少数遗址的考古资料得到较为充分地公布外，像如长沙国临湘乃至其他诸郡、县治所等等，几乎未开展系统城市考古发掘。② 在这种情况下，考古资料中有丧者归所而无生者居地的不平衡现象，严重限制了考古研究工作的深入。而其直接后果，就是在很长时间里，研究者只能非常无奈的将墓葬与遗址分开讨论，不管是编年的判定，还是遗物的分析、综合研究，多数都只能单论墓葬，或单论遗址，"两不相见"，其片面性也就在所难免。此外，在既有墓葬研究中，只重视大墓或只重视中小型墓的情况也在不同研究者中同时存在，仅有少数学者曾将两者开展联合考察。

第四，已有研究多属"择要而为"，很少开展秦汉华南各地区考古学文化因素的综合分析。

也许是因为 60 年来秦汉华南考古资料的积累甚巨，且分散出现在各种期刊、报告、论文集、地方志、年鉴、图录等等形式的"海量"出版物中，收集资料困难而耗时耗力，因此除一些具体器物的研究外，目前大部分的秦汉华南区域考古研究，均采取择要的方式，选择某些典型墓葬、典型器物、典型时代开展"综合"研究。

如在目前对汉代华南地区考古资料讨论最为全面、研究也最为深入的余静博士的《中国南方地区两汉墓葬研究》论文中③，其所讨论的"南方汉墓"也同样"择要"的仅指汉纪年之内的"汉式"墓葬，而两汉时南方地区的土著墓葬、诸侯王及列侯墓葬均不涉及④。其用以研究的

---

① 刘瑞：《里耶古城 J1 埋藏过程试探》，中国社会科学院考古研究所、中国社会科学院历史研究所、湖南省文物考古研究所《里耶古城·秦简与秦文化研究——中国里耶古城·秦简与秦文化国际学术研讨会论文集》，科学出版社 2009 年版，第 84—97 页。

② 在长沙的秦汉考古工作中，虽清理了大量的秦汉墓葬、数量众多的秦汉简牍，还清理出数量不等的汉代水井，但这些水井多是在已经下挖不少的建筑基坑中发掘，缺失了与其相关的同时期建筑遗迹，无法清晰显示当时的城市情况，实为遗憾。

③ 余静：《中国南方地区两汉墓葬研究》，吉林大学博士学位论文，2009 年。

④ 同上书，第 1 页。

资料，也仅为作者认为的"可进行再研究的报告、简报"①，其他散见于各种简讯、方志中的考古资料同样不予采纳。这样一来，其最后完成的"以中国南方地区两汉时期的普通墓葬作为切入点，进行两汉墓葬的综合研究"工作②，自然无法全面、完整的反映当时社会的全面而真实的情况。对"代表性"的墓葬和器物，是否真能"代表"当时考古学文化的发展，长期以来极少有人探究与分析。

目前开展的一些综合研究，多数进行的是"类型学研究"——"择要"的将各地出土的"数种"器物按类型学的方法，在原报告、简报之外进行重新分类，然后列表分析，很少深入分析各类器物分布范围和分布时间。而由于极少有人具体探讨各文化因素在不同地区间的分布规律，因此有关考古学文化的传播、起源、景观等等问题，也就很少能有较为深入的探讨，造成相关考古学文化因素研究，几乎演变成一种以"公式化"的"分型、分式"为目的和结果的"类型学研究"。

"择要"选择数种各地均出现的文化因素——如某种陶器、铜器等等的做法，无疑使相当多出土较少、分布零散的器物或文化因素，几乎从未出现在综合性研究之中，被"主动"地忽略。择要的"综合研究"，虽可相对快捷的完成既定的研究任务，但该做法的局限也相当明显——"管中窥豹""盲人摸象"般的研究很难深入揭示考古学文化的相关情况。

众所周知，考古学资料本身均具有一定的局限性，而如再在其上加上今人的"择要"，虽然或许会"碰巧"的解决很多重要的问题，但更可能造成的，是扩大其本身存在的局限，使相关考古学文化研究出现一种"变态"化认识，无法接近或恢复到当时社会的"真实"面貌。

第五，相关研究较少关注考古学文化背后的自然、政治、经济、交通等因素。

秦汉时代，基于政治统治的需要，郡县制或郡国制成为区域统治与治理的基本制度。因此利用考古资料，开展秦汉郡县制等的相关分析，也就自然成为秦汉考古的重要任务。20世纪50年代，佟柱臣先生曾根据东北地区调查、发掘的墓葬、遗址等考古资料，对东北郡县治所及疆域等问题，开展了非常重要的学术探索。③而多年以来，俞伟超、徐苹芳、郑君雷等先生更先后分析了汉代地理分区与考古学文化之间的关系，对汉代墓葬的分区问题进行了从理论到实践的探索和尝试，并对历史时期文化分期的考古学研究提出了先验性的讨论。如徐苹芳先生指出，"中国历史考古学的分区与中国古代文献上的人文地理分期是有极密切的关系……在研究中国历史时期考古分区时，一定要考虑到当时人们对地理分区的意见"。而郑君雷先生更明确提出了"西汉墓幽州分布区"概念，指出，该范围基本与西汉幽州刺史部比较稳定的部分相重合，大体上也就是历史上人文地理概念中的"幽辽渤燕"④，显示出汉代地理分区与考古学文化之间的密切关系，显示出在历史时期的考古中，文献记载与考古所获密不可分。

虽然不断有学者从实践到理论倡导，但长期以来多数学者的研究重点，依然停留在"类型学"的重新划分和编年精细化，很少如史前或商周时期的考古学研究一样，分析其背后的相关自然地理等因素对考古学文化的作用；很少考虑在历史时期考古学文化中，政治、经济、交通

① 余静：《中国南方地区两汉墓葬研究》，吉林大学博士学位论文，2009年，第14页。
② 同上书，第1页。
③ 佟柱臣：《考古学上汉代及汉代以前的东北疆域》，《考古学报》1956年第1期，第29—42页。
④ 俞伟超：《考古学上的汉文化问题》，《古史的考古学探索》，文物出版社2002年版，第180—190页。徐苹芳：《中国历史考古学分区问题的思考》，《考古》2000年第7期，第81—87页。郑君雷：《论"西汉墓幽州分布区"》，《考古与文物》2005年第6期，第47—53页。

等等因素对考古学文化的影响。因此，目前华南区域的考古分区研究，就多限于一地，并以现行的行政区域展开——或广东、或湖南，很少考虑古代行政区域、民族分布等因素对考古学文化的影响。在忽视古今行政区域变迁的情况下，自然难以揭示历史时期考古学文化因子与政治、经济、交通等等因素间的互动关系。

由于更多的研究是以今天某一行政区域展开，很少开展跨区分析，因此也就很少有较充分地分析同一文化因子在其他区域的时空分布研究。可以说，各区域考古学文化互动研究还存在很大空间需要学者持续拓展。

目前，尚未开展文化边缘与文化因子的传播研究，对该文化区域及相关文化因子的了解也难以深刻，各区域文化分层的研究更几乎阙如。与此同时，已有的研究多是将文献记载的民族与考古资料进行简单对比，而民族考古的分析相对较少，文献与考古资料的结合也多需改进。同时，目前还很少开展秦汉华南郡国区划与考古学文化间关系的研究，移民与区域考古文化间关系的探讨更属空白。

第六，旧有研究的不断更新。

迄今为止，学者对秦汉华南考古资料已开展了大量系统的研究，取得了很多重要的科研成果，为今后研究奠定了坚实的学科基础。而随着时间的发展、资料的积累、研究技术的进步、研究方法的改进、研究思路的拓展，大量过去已开展过的综合研究成果，都需要在新资料、新手段、新思路层出不穷的情况下，进行不断修正与更新。

如以前述，蒲慕洲先生《墓葬与生死》专著，在1989年虽根据三千余座汉代墓葬资料，对汉代墓葬的发展大势进行了细致而深入的分析，取得了一系列重要且中肯的学术认识，但由于当时的研究对象为全国发现的汉墓资料，而如其所言"当时电子计算机的性能和今天相比可说在婴儿期"，因此，从本书研究的华南地区中的汉代墓葬资料看，在更大量的中原等地区汉墓资料的"冲击"下，其对华南地区汉墓的分析也就难免出现一些不够深入的地方。由于其研究资料的截止时间为1987年，距今已有20余年，在这20余年中积累起了大量的汉墓资料（其当时所录入的全国汉墓资料为3000座，而本书在建立数据库过程中收集的华南6省区秦汉墓葬的数量已达3400座左右），需要对相应的内容进行补充、完善和修改。如其在中华书局新版序言中所讲，现在完全可以在资料数据库建设和GPS墓葬定位等方面，"有更深入、更细致的改进……（并）得到许多新的了解"。[①]

如前所言，该书的分析地域，或是在今天行政区域上简略分为南部地方、北部地方、东北地方、塞北地方、西部地方，或者就是如其在进行墓葬方向等大量分析时所采取的，"依从先秦以来之文化地理区，分为中原（山东、河南、河北）、秦（山西、陕西、甘肃）、楚（湖南、湖北、广东、安徽、江西）三大区"，而"其他不在此三区内之墓葬暂时不讨论"。不仅未提及汉代施行的郡国分区，也未能包括诸如广西、江苏、福建、浙江、四川等等今日政区范围内的汉代墓葬。因此，是否"先秦以来之文化地理"就与两汉文化地理完全一致，可以借先秦而言两汉，而且在失去广西、福建、浙江、四川、江苏以及西南等汉代"边缘"后的结论，能在多大程度上稳固成立，均需进行必要的验证与修订。

---

①　蒲慕洲：《墓葬与生死：中国古代宗教之反思》，中华书局2008年版。

　　蒲慕洲先生的这部第一次全面运用计算机技术而开展的全国范围内汉墓研究的优秀著作，在宏观上利用了大量的表格和运算，为我们提供了许许多多的成熟结论。因此在 2008 年中华书局版的序中，蒲慕洲先生自豪地指出，直至今日，"这 3000 座墓葬所呈现的汉代墓葬发展的基本大势应该仍有一定的说服力"。但是不容回避的是，该书为我们更多提供的是一个个漂亮的表格和甚具内涵的代码，至于其完成这些运算所需的 3000 座汉墓的具体组成，以及在不同运算中究竟哪些汉墓参与了运算，却未向读者提供多少有效的信息。

　　由于缺失了一份其完成各类工作的基本资料的基本目录，于是，当一位读者若对其中的某一结论有所疑问，并想动手按照其同样的方法进行再次验算时（对一项科学工作而言，不仅可溯性研究非常必要，而且能否开展可溯性研究往往还是认定一项研究成果是否具有真实的重要指标），那必然会因为该书未能提供必要的基础资料，而使得如是想法变得毫无可能（该书参考资料中简略提供的考古资料来源页码，无助于帮助读者完成这样工作）。而由于不同时期、不同作者所形成的各种考古资料，其时代判定大多存在一定分歧，因此对一项全国范围的研究而言，"统一"时代的工作就变得无比重要。在该书中，作者未对此进行过必要的叙述和简要论证。因此，即使我们费时费力从其参考资料提供的考古资料来源页码中，努力且万幸地"复原"了 3000 座汉墓组成，我们也会因不清楚作者如何处理这些纷杂"时代"而再次停步。

　　从目前所见到的相关资料看，在不同时代、不同作者发表的考古资料中，或多或少都存在着一定的"编辑错误"——诸如在墓葬数量、墓葬规格、器物种类、器物数量等等方面，有的正文记述、墓葬登记表、墓葬平面图等在文、表、图上轻重不一及前后不一致。[①] 而若要开展大范围的，诸如随葬器物数量等等内容的科学统计，就必然需要对上述问题进行一一核对，使原来前后不一的相关数据，在作者提供的某种原因下"统一"起来。从该书看，作者同样未能对此进行必要的叙述和论证。即使我们"复原"了作者用以研究的 3000 座汉墓的组成，却不知道作者原来如何处理这些"错漏百出"的数据资料，那必然使任何一项回溯性研究依然举步不前。

　　因此，提供必要的基础资料和工作源，使读者可以开展可溯性验证研究，就必然是我们今天及今后在开展研究时所必须面对的一项基本且重要的问题。而这，也正是笔者不厌其烦在书后占用大量页码，将本次研究中所用的相关考古资料，分门别类罗列的主要考虑。

---

　　① 如在广东广宁龙嘴岗战国墓简报中：陶碗，Ⅰ式正文 5 件，登记表 4 件；Ⅱ式正文 2 件，登记表 3 件；Ⅵ式正文 1 件，出 M11，登记表无。铜镞，Ⅰ式正文 10 件，登记表 5 件；Ⅱ式正文 1 件，登记表 3 件；Ⅲ式正文 2 件，登记表 5 件。铜钺，Ⅰ式正文 3 件，登记表 4 件；铜斧，Ⅰ式正文 12 件，登记表 11 件；Ⅱ式正文 9 件，登记表 7 件；Ⅲ式正文 2 件，登记表 3 件。铜削刀，Ⅰ型正文 7 件，登记表 6 件；Ⅱ型正文 26 件，登记表 25 件。据表录入。铜刮刀，Ⅰ型正文 33 件，登记表 34 件；Ⅱ型正文 7 件，登记表 8 件。　又如在《广州汉墓》报告中：M1097、M1099 出连弧纹镜，第 150 页正文介绍为羽状纹地，而第 156 页铜镜登记表登记为圆涡纹地。M4026，墓葬登记表铜镜为"（Ⅺ3）"，正文Ⅺ铜镜不分式，不存在第 3 式，因此登记表有误。而据东汉前期铜镜登记表，其当为"ⅩⅤ3"型。M4014，墓葬登记表铜镜为"（ⅩⅡ1、2）"，而正文为ⅩⅢ1、2。M4037，墓葬登记表铜镜为"（ⅩⅣ）"，正文铜镜登记表为"ⅩⅤ"，据正文叙述，当以ⅩⅣ为正。此外 M4013：丙 11、M4021：1、M4035：11、M4005：16、M4003：3 共 5 面铜镜，在铜镜登记表中均为"ⅩⅤ"，俱误。M5018，墓葬登记表铜镜为"铜镜（篑）"，铜镜登记表为规矩四灵镜。M5001，墓葬登记表铜镜为"（ⅩⅣ1）"、铜镜登记表为"ⅩⅤ1"，而据正文，当为"ⅩⅥ1"。M5078，墓葬登记表有铜镜、五铢钱、金指环，而据正文，铜镜、五铢钱、金指环均出自 M5079，登记表误。在本书资料整理中，一般以登记表为准。如无登记表，以正文描述为准。在正文与墓葬平面图不一时，据具体情况确定。因此类错误见于大多数的考古报告、简报，数量甚多，限于篇幅，本书不再专门一一尽数介绍，见书后附录。

第三节　秦汉华南的历史文化地理学与历史学研究①

人类是自然的产物，文化是由人创造的。在历史地理学传统和丰富的历史文献支持下，在谭其骧先生的大力推进下②，中国历史文化地理学的研究不断取得丰硕成果③，日渐成为"中国地理中最有希望、最繁荣的一支"④。

一　秦汉区域文化研究的成就

秦、汉是前后相继的大一统中央集权帝国。在传世文献支持下，秦汉华南区域文化地理与区域史的研究，在以下两个方面取得了若干重要的成果。

首先，区域文化地理研究。大体开始于 20 世纪 80 年代中后期。其中首部著作为 1991 年出版的卢云《汉晋文化地理》⑤，而后 1997、1998 年相继出版了周振鹤《中国历史文化区域研究》⑥、王子今《秦汉区域文化研究》⑦，2007 年新出版了雷虹霁《秦汉历史地理与文化分区研究》⑧。前三部著作的出版时间虽有间隔，但从作者之前已发表的单篇论文情况看，其开始研究的时间大体都在 20 世纪 80 年代中期，前后相差不多。

在这些著作中，《汉晋文化地理》是卢云系列文化地理研究的总成。包括之前已单篇发表的《西汉时期的文化区域与文化重心》《东汉时期的文化区域与文化重心》《区域控制与区域发展：论秦汉时期的政治中心、文化重心及其相互关系》《秦汉时代滨海地区的方士文化》《文化区：

---

① 严格地讲，在学科分类中，历史文化地理学无疑是自然科学"地理学"分支学科"历史地理学"的子学科。但由于各种原因，在实际教学与行政管理中，历史文化地理学又往往被归属于"历史学"。而此处历史文化地理学与历史学的并列，主要是基于下文中对现有研究成果研究内容与研究方法的区分，与实际的学科分类无涉。

② 谭其骧：《中国文化的时代差异与地区差异》，复旦大学历史系《中国传统文化的再估计》，上海人民出版社 1987 年版；《历史人文地理研究发凡与举例》，《历史地理》第 10 辑，上海人民出版社 1992 年版，第 19—32 页；《积极开展历史人文地理研究》，《长水粹编》，河北教育出版社 2002 年版，第 358—366 页。

③ 既有全国通史性研究，如周振鹤、游汝杰《方言与中国文化》、周振鹤《中国历史文化区域研究》《中国历史文化区域研究》《中国地方行政制度史》《中国行政区划通史》、葛剑雄《中国移民史》《中国人口史》、刘君德、靳润成、周克瑜《中国政区地理》、邹逸麟《中国历史人文地理》、张善余《中国人口地理》、王恩涌《中国政治地理》等等；也有全国断代研究，如葛剑雄《西汉人口地理》、周振鹤《西汉政区地理》、卢云《汉晋文化地理》、宋新潮《殷商文化区域研究》、王子今《秦汉区域文化研究》、雷虹霁《秦汉历史地理与文化分区研究》等等；还有以省或更小行政区为范围开展的研究，如司徒尚纪《广东文化地理》、张伟然《湖南历史文化地理研究》《湖北历史文化地理研究》、张晓红《文化区域的分异与整合——陕西历史文化地理研究》、林拓《文化的地理过程分析——福建文化的地域性考察》、薛正昌《宁夏历史文化地理》、周晓光《徽州传统学术文化地理研究》；更有以跨省大区或某一流域、民族、宗教等等为题进行的研究，如司徒尚纪《岭南历史人文地理——广府、客家、福佬民系比较研究》、蓝勇《西南历史文化地理》、鲁西奇《区域历史地理学研究：对象与方法——汉水流域的个案考察》、张力仁《文化交流与空间整合——河西走廊文化地理研究》、许桂灵《中国泛珠三角区域的历史地理回归》、晏昌贵《丹江口水库区域历史地理研究》、黄绍文《诺玛阿美到哀牢山——哈尼族文化地理研究》、介永强《西北佛教历史文化地理研究》等等。

④ 谭其骧、葛剑雄：《中国历史地理研究的新进展》，华林甫《中国历史地理学五十年》，学苑出版社 2002 年版，第 141—149 页。

⑤ 卢云：《汉晋文化地理》，陕西人民出版社 1991 年版。

⑥ 周振鹤主著：《中国历史文化区域研究》，复旦大学出版社 1997 年版。

⑦ 王子今：《秦汉区域文化研究》，四川人民出版社 1998 年版。

⑧ 雷虹霁：《秦汉历史地理与文化分区研究》，中央民族大学出版社 2007 年版。

中国历史发展的空间透视》等论文。① 在该书中，卢云先生分别从学术、宗教、婚姻、俗乐等方面，对汉晋文化区域及变迁的情况进行了深入分析。不仅将宗教文化、婚姻文化、音乐文化引入历史地理学研究范围②，从全新角度诠释、分析了汉晋时期地域文化的分布与传播，而且总结了一系列开展历史文化地理研究的有效方法，对区域文化地理研究有着启拓新向、发凡起例之功。

《中国历史文化区域研究》是周振鹤先生主持国家"七五"社会科学基金和"八五"自然科学基金的成果。其内容是周振鹤先生对之前《秦汉宗教地理略说》《从北到南与自东徂西——中国文化地域差异的考察》《秦汉风俗地理区划浅谈》《从"九州异俗"到"六合同风"：两汉风俗区划的变迁》③ 等论著内容的综合和升华，而其他如《清代陕西风俗的地域差异》《中国时期郡望郡姓的地理分布》《南北朝时期的佛教文化区域》《明代云南区域文化地理》等内容，分别由专精于此的学者分别论述。该书将现代文化地理学理论与传统历史文化地理研究结合起来，选取典型事例，论述具体入微，是历史文化地理研究的优秀范本，大大推进了历史文化地理研究的整体发展。

《秦汉区域文化研究》是王子今先生1992年立项国家社会科学基金项目的最终成果。在该书上编中分别讨论了12个文化区的人文社会面貌和民俗文化构成，中编分析了秦汉文化总体面貌形成各因素中若干表现出区域文化特色的因素，下编探讨了秦汉各区域文化发展情况的政策背景。该书中的有关内容曾以论文形式先期发表过，在收入此书时又进行了补充与发展。王子今先生既详尽占有史料，又积极注重考古发现，其考察问题的角度和解决问题的方式都与前述著作有所不同，是历史学、历史文化地理学、考古学相结合的成功案例。

《秦汉历史地理与文化分区》是雷虹霁先生在博士论文基础上修改而成的专著。其以《史记》《汉书》《方言》为资料，提出秦汉时期存在15个经济区、25个风俗区、12个方言区，并提出西汉前期7区、西汉后期9区的考古学文化分区，探讨了秦汉文化区域形成的因素、秦汉文化形成和发展的时间和空间关系、历史传统与文化分区、行政区划与文化分区间关系等等问题。"除尽可能吸取历史学有关成果外，能大量参考考古学、民族学、文化人类学、语言学的观点和材料，导出有重要意义的推论。"④ 但与前述三著均有前期研究的浓厚、学界好评如潮不同，该书在出版之后不久即遭公开质疑。⑤

---

① 卢云：《西汉时期的文化区域与文化重心：《历史地理》第5辑，上海人民出版社1987年版，第152—175页；《东汉时期的文化区域与文化重心》，《中国文化研究集刊》第4辑，复旦大学出版社1987年版，第155—187页；《区域控制与区域发展：论秦汉时期的政治中心、文化重心及其相互关系》，《福建论坛》1987年第4期，第19—24页；《秦汉时代滨海地区的方士文化》，《文史知识》1989年第4期，第95—101页；《文化区：中国历史发展的空间透视》，《历史地理》第9辑，上海人民出版社，第91—92页。

② 谭其骧：《汉晋文化地理》序，卢云《汉晋文化地理》，陕西人民出版社1991年版，序3页。

③ 周振鹤：《秦汉宗教地理略说》，《中国文化研究集刊》第3期，复旦大学出版社1986年版，第56—88页；《从北到南与自东徂西——中国文化地域差异的考察》，《复旦大学学报》1988年第6期，第89—94页；《秦汉风俗地理区划浅谈》，《历史地理》第13辑，第55—67页；《从"九州异俗"到"六合同风"：两汉风俗区划的变迁》，《中国文化研究》1997年第4期，第60—68页。

④ 陈连开：《秦汉历史地理与文化分区研究》序，雷虹霁《秦汉历史地理与文化分区研究》，中央民族大学出版社2007年版，序第4页。

⑤ 梁志平：《综合研究中的创新问题——读〈秦汉历史地理与文化分区研究〉》，《中国历史地理论丛》2009年第4期，第152—159页。刘瑞：《读〈秦汉历史地理与文化分区研究〉》，《中国史研究》2010年第2期，第161—170页。

除上述 4 部专著外，有关秦汉区域研究成果，主要都是一些单篇论文。①

其次，历史学研究。汉行郡国并行制，在两汉帝国内存在着受封的诸侯王国。在两汉帝国长短不同的时间内，周边存在过一定的地方政权，它们或与中央政权对抗，或接受中央政权册封，时服时叛。这些汉王朝统治内外的诸侯国或政权的历史与文化，都是秦汉区域史研究的重要内容。多年来出版的大量秦汉史、地方史或国别史专著均与其有关。如《秦汉史》②《古南越国史》③《南越国史》④《闽越国文化》⑤《闽越文化研究》⑥《长沙国研究》⑦ 等等。这些著作虽多数属于传统的史学作品，但它们的出版，依然在很大程度上推进了各地秦汉区域文化的研究。

在上述成果之外，经各地学者的不断努力，多年来还出版了大量以省、市为区域的地方类《通史》《简史》，如《江西通史》《广东通史》《福建通史》《广西通史》《湖南通史》《海南史志》等等。在这些著作中，也多有专章甚至单卷对当地秦汉时期的文化发展进行介绍。它们不仅推进了各地的秦汉史研究，而且在秦汉区域文化的研究中，与地区史、国别史一起，成为历史文化地理专题研究之外的重要补充。

二 秦汉华南区域文化研究的不足

在秦汉区域文化研究取得前述大量成果的同时，就华南地区而言，已有研究的不足同样明显。

首先，有关秦汉华南区域文化研究甚为薄弱。目前，无论是秦汉史，还是秦汉区域文化的研究，多数都集中在中原和北方。有关秦汉区域文化和秦汉史的全国性著作的研究重点，也几乎均以中原和北方为主，对华南等周边的区域文化，甚少讨论。如在《中国历史文化区域研究》《汉晋文化地理》中，除有少数章节涉及到华南外，其所开展的大多数讨论均不及此；在《秦汉区域文化研究》中，虽开展讨论的江南、南越等地区与本书的华南有较大交集，但相关讨论多据文献，结题较早，近年若干重要的发现无法体现；在《秦汉历史地理与文化分区研究》中，其分析重点乃是汉文化内的区域分区，对处于汉文化边缘和周边的华南，更基本未加讨论。

在通史性的《广东文化地理》《湖南文化地理》及《中国泛珠三角区域的历史地理回归》

① 如王健：《区域文化研究的理论与实践论稿——"汉代徐州区域文化研究"课题的方法论思考》，《徐州师范大学学报》2002 年第 3 期，第 112—115 页。王永平：《两汉时期江南士人行迹述略》，《中国史研究》1997 年第 4 期，第 39—49 页。邹文玲：《区域文化研究中应注意的两个问题——〈两汉时期江南士人行迹述略〉一文谈起》，《文史杂志》1998 年第 5 期，第 32—34 页。王永平：《论先秦两汉时期的南北文化交流》，《江海学刊》2000 年第 2 期，第 117—124 页。王子今：《秦汉区域地理学的"大关中"概念》，《人文杂志》2003 年第 1 期，第 86—91 页。刘跃进、刘晓梅：《秦汉区域文化的划分及其意义》，《淮阴师范学院学报》2006 年第 2 期，第 517—524 页。叶岗：《中国文化的地域性发生之特征》，《社会科学战线》2006 年第 4 期，第 153—158 页。王绍东：《论秦汉时期内蒙古地区的历史地位与多元文化》，《内蒙古大学学报（人文社会科学版）》2007 年第 4 期，第 23—28 页。
② 吕思勉：《秦汉史》，开明书店 1947 年版。李源澄：《秦汉史》，商务印书馆 1947 年版。翦伯赞：《秦汉史》，北京大学出版社 1983 年版。林剑鸣：《秦汉史》，上海人民出版社 1989 年版。钱穆：《秦汉史》，生活·读书·新知三联书店 2004 年版。崔瑞德、鲁惟一：《剑桥中国秦汉史》，中国社会科学出版社 1992 年版。白寿彝、高敏、安作璋：《中国通史·秦汉时期》，上海人民出版社 1995 年版。田昌五：《秦汉史》，人民出版社 2008 年版。何兹全：《秦汉史略》，上海人民出版社 1955 年版。杨冀骧：《秦汉史纲要》，上海人民出版社 1957 年版。
③ 余天炽、梁旭达、覃圣敏、蓝日勇、覃彩銮：《古南越国史》，广西人民出版社 1987 年版。
④ 张荣芳、黄淼章：《南越国史》，广东人民出版社 1995 年版。
⑤ 杨琮：《闽越国文化》，福建人民出版社 1998 年版。
⑥ 福建省炎黄文化研究会：《闽越文化研究》，海峡文艺出版社 2002 年版。
⑦ 罗尔康：《长沙国研究》，湖南人民出版社 1998 年版。

等等的华南历史文化地理研究专著中，也仅有个别章节涉及秦汉，论述并不深入；在集中探讨岭南地区早期历史地理的廖幼华的《历史地理学的应用——岭南地区早期发展之探讨》中①，虽综合运用历史文化地理学方法，将岭南分为东部和西部，分别探讨了交通路线与开发特征、郡县分布与开发过程，但一来其并非专门的历史文化地理研究成果，二来其所用的资料基本为传世文献，三来其研究时间从秦汉直至唐宋，为岭南"前半叶"研究，其中关于秦汉部分的讨论依然不多。此外，在有关华南各省的通史著作中，在前述国别史、地方史专著中，有关秦汉阶段的讨论多数又受论述资料的限制，对当地秦汉文化发展的讨论相对甚浅。

其次，有关秦汉华南区域的考古资料运用不足。不管是专门的历史文化地理研究，还是历史学的地区史、国别史、通史研究，其所依据的资料，虽有如《秦汉区域文化研究》，广东、江西等地通史，《南越国史》《闽越国文化》等较多甚至大量采用考古资料的情况，但更多的依然主要采自传世文献。在大多数情况下，不少著作中虽有时采用一些考古资料，但更多是把文物作为插图来进行点缀与美化，并未藉此而开展全面的考古资料的整理与分析。在传世文献资料详今略古的客观条件下，各论著对秦汉华南相关区域文化的研究，自然难以深入。

再次，相关时代分别比较含混。由于资料限制，已有的研究多数未能对秦汉华南地区进行较精确的时期划分，常常混言为秦汉，或概言为秦、汉、两汉。在研究对象的时代上，极少开展较为精确的时代判定，多含混而不清。与此相应，其所论述的秦汉华南区域文化发展、扩散等情况，不仅讨论甚少，而且在失去时间的精确度后也就很难深入。因此，多数研究也就只能以文化均质为前提，未进行区域文化中心与边缘的层次分析，也未开展各区域文化分层、本区域及不同区域间各层文化间的互动分析、秦汉郡国政治区划与区域文化发展的关系分析，更很少论及具体政治事件、政治人物、经济政策、重要生产资料变化等等对区域史及区域文化发展的影响。在自然地理、气候等外在因素对区域史及区域文化发展所起的作用上，现有的研究成果也多有不足。

最后，相关研究精度、角度尚待开拓。不管是已有的专门的历史文化地理研究著作、各地通史成果，还是蔚为大观的百卷本《中国文化通史》，虽有不少章节、单卷分析到秦汉华南的区域文化，但在"全"与"精"间多难两顾。多数成果一般都是采取典型地区、典型文化的代表性分析，对其他内容只能约略述及，在深度与广度上均明显较弱。从研究的角度看，目前学者虽或多或少分析了秦汉华南的区域文化发展，但几乎未开展专门的区域文化景观复原、文化重心区确认、文化扩散、文化起源地等等历史文化地理学分析。秦汉华南历史文化地理研究，存在着很大空白之处，需要进一步开拓。

在蓬勃发展的历史学、历史文化地理学的研究中，不仅秦汉华南的相关研究成果相当有限，而且已有研究多有不足，存在不少学术研究的空白。如何运用考古资料，对秦汉华南地区，开展如谭其骧先生1988年提出的"把各个时期各个地区的文化面貌理清楚，把文化区域变迁搞明白"的研究目标②，就成为我们所面临的一个重要课题。

当前，一是秦汉华南研究甚为薄弱，二是高蒙河先生的《长江下游考古地理》又将历史地理研究的时限和资料大幅提前到史前时期，三是考古学区域研究重点向秦汉时期延伸，考古学、

---

① 廖幼华：《历史地理学的应用——岭南地区早期发展之研究》，文津出版社2004年版。
② 谭其骧：《汉晋文化地理》序，卢云《汉晋文化地理》，陕西人民出版社1991年版，序第4页。

历史文化地理学研究交集越来越大。那么，基于秦汉华南考古资料，开展秦汉华南社会进程研究，已不再是飘渺虚幻的空中楼阁。

第四节　秦汉华南区域研究的目的、内容与方法

一　研究目的

现在，我们已经基本明确，秦汉时期的中心地域、周边地区，均存在和发展着不同的区域文化。一方面它们在秦汉王朝的统一版图内继续存在并发展，另一方面它们在大一统政治环境和日益加深的相互交流下，加速与周围区域文化融合。秦汉时期各区域文化的发展、传播和融合，既保持了地域传统，又显示出鲜明的时代特点，以及地域性和时代性共存。而这统一局面如何形成、各地区传统风格如何彼此影响，均为现存文献材料难以探讨的问题。① 在已积累大量考古资料的情况下，选择一定地区，对其在秦汉时期的具体发展情况，开展系统的区域考古研究，就成为目前行之有效的解决之途。于是，笔者希望可以通过一段时间的集中工作，来大体完成以下几项任务。

第一，系统收集 60 年来秦汉华南考古资料，建立起秦汉华南考古学地理信息系统。

第二，分析华南区域内的各种出土资料，修订已有编年，确定不同郡国范围内考古学文化的差异、原因及影响。结合文献记载，开展秦汉华南诸郡国考古学资料研究。

第三，分析历史时期自然地理、行政区域、行政事件与考古学文化发展之间的关系，探索秦汉华南自然区域、行政区域对文化发展所起的作用、作用的方式及影响；通过开展跨自然区域、跨行政区域的考古学文化研究，探寻历史时期考古学研究的新路径。

二　研究内容

第一，据考古资料和文献记载，参考现有研究成果，在现有条件下对有疑问的考古编年进行适当修订。

第二，对各地区已有考古遗存的相关要素，如墓葬形制、规格、方向、墓葬结构进行分析，对出土的各类生产资料（铁器、铜器）、生活用品（陶器等）、奢侈品（金银器）等的数量、种类、特点、分布及流通情况开展研究。

第三，运用 GIS 的内在功能，对相关数据进行综合分析、模拟和集成，选定特定区域和主题进行距离、位置和人地关系分析，为区域考古学文化研究提供的全面资料和数据支持，对秦汉华南考古遗存的空间配置进行归纳，确定各时期考古学文化因素的分布范围、传播途径和相互关系。

第四，开展各区域秦汉考古学文化特点归纳和文化分层，确定不同时期、不同区域考古学文化的中心与边缘，按时空范围、文化层次开展区域内、外的分类比较和叠加分析。通过考古遗存分析，开展本区域移民研究。分析同一时期不同地点、同一地点不同时期、同一阶层不同时期和不同地点考古学文化的发展差异、原因及影响；分析区域考古学文化发展的历时性与共时性、传播性与继承性差异。

---

① 蒲慕洲：《墓葬与生死——中国古代宗教之省思》，中华书局 2008 年版，第 5 页。

第五，根据考古学研究的结果，研究秦汉王朝对华南各郡国统一治理的表现和影响、郡县治所等政治中心的分布情况、分析闽越、南越、长沙等地区与秦汉其他郡国间关系、分析汉武帝统一前后华南地区发展差异的形成及原因。

第六，探讨秦汉华南各地的具体社会进程，揭示在考古学文化背后的发展差异及原因；开展中央政治、经济、民族政策对考古学文化发展影响的研究。

三 研究方法

第一，全面收集、整理秦汉华南文献记载和已发表的各类考古学、历史学、历史文化地理学资料与研究成果。利用 GIS 软件和图像处理软件，建立基于较精确时空关系的秦汉华南考古数据库，构建秦汉华南考古学地理信息系统。

第二，根据考古资料的不同，开展秦汉华南各类墓葬形制、出土遗物的考古学研究。根据相关研究结果，结合文献记载，在考古学调查基础上，运用考古学、历史学、历史文化地理学、文献学等学科方法，将秦汉华南置于变化中的政治、经济与社会背景内，放在有差异性的地理、人文环境中，开展秦汉华南地区社会发展进程的综合分析。

在目前发现的各类秦汉考古资料中，墓葬资料占据了绝大多数，因此本书的研究重点，就只能以墓葬资料的分析为主。而墓葬群、遗址、窖藏、发现点、收藏等类的考古资料，由于所公布资料往往有限，因此对这些资料将主要开展空间分布分析，完善和校正从墓葬资料所得出的认识——因资料有限，难如墓葬资料一样，对其开展等同深度的系列探讨。

在各地发现的墓葬资料中，因腐朽等诸多原因，墓葬棺椁结构、墓主尸骨多数保存不善或没有保存，因此本书对墓葬的分析，就只能以保存相对较好的墓葬形制展开探究，对其他如棺椁结构、葬式、敛服形式等内容，均未能涉及。

因大部分墓葬均遭受过多寡不等的盗掘，墓葬中发现的随葬品并不完整，而今天研究时绝大多数的器物又无法目验原物，难以开展全面的器形分析，故本书对各地墓葬出土随葬品的分析，就与蒲慕洲先生一样，"仅能就各报告中所提及之器物名称做一初步之分类整理。于个别器物之造形、做工、质地之精粗，乃至于地方传统与变化等考古器物学上之问题，均无法涉及"。[①]本书对遗物的分析，将主要以各地出土不同器类的时空分布为重点，而目前考古研究中多所开展的器物分型定式、器形演变等研究，暂且阙如。

第三，考虑到在历史时期的考古学文化研究中，单纯以自然区域、今天的行政区域开展分析存在一定局限，而文化区划界定又是本书希冀达到的研究目的之一，难以进行先期性的"区域"分别。因此在全书中，在对考古资料进行相关研究时，就均以今地名开展分析[②]；之后按秦汉郡国范围开展系统分析[③]，郡国为本书分析的基本单位。在分析中，将根据历史文化地理学研究的有关成果，对相关考古资料的出土地点的今地名，进行古地名对应，分为"郡国治"和

---

① 蒲慕洲：《墓葬与生死：中国古代宗教之省思》，中华书局 2008 年版，第 139 页。

② 今地名有时会出现改变，如大庸改名为张家界、贵县改名为贵港等等，为避免因一地多名而出现统计误差，在介绍考古资料时以原始资料中的地名为准，保持与原始资料的一致性，以利学者核查。而在具体的分析论述中，一般以其中较早的地名为准。而对于一些因行政隶属关系的变化而发生的名称改变，如顺德县后为佛山市顺德区，在介绍考古资料时以原始资料中的地名为准，在分析论述中根据具体情况对其进行名称的一致性处理。

③ 秦与西汉时期行政区划变迁极为复杂，本书所用历史地图，不可能根据不同时期逐幅自创，故均以谭其骧主编《中国历史地图集》（中国地图出版社 1996 年版）西汉时期地图为准，该图所体现的是西汉末年元延绥和之际的政区实态。

"县治"。① 对在郡国治、县治等地点之外的发现点，据其与郡国治、县治等城市的关系，分别称"近郡国治"（靠近郡国治所）"近县治"（靠近县治）"其他地点"（离郡国治、县治等古代城市均有较大距离）。在将相关考古资料复原入汉代行政区后，再据文献资料，以秦汉时期的行政区域进行相关考古学文化的区域分析，探索秦汉华南地区的自然区域、行政区域与考古学区域文化间的相互关系。

第五节　研究资料

一　文献资料

本书以散布于前四史、新旧方志及相关文集的内容为基本文献资料，以发表于各种专著、论文集、杂志、报刊的历年研究成果为最重要的研究参考。

二　考古资料

为了克服和避免前述"择要性"选择考古资料带来的研究局限，本书将尽可能的"穷尽性"收集下列两类秦汉华南考古资料。②

第一类，主动性发掘或抢救性清理所获得的遗址、墓葬资料。

第二类，各地文物调查、收集的遗址、墓葬资料；各地博物馆、文化馆等机构中历年收藏的各类秦汉文物资料。

在两类资料中，虽然第二类资料无论在数量，还是在内容的详细程度上都无法与第一类资料相比拟，但从 GIS 建库情况看，它却在秦汉华南考古学文化的空间分布上为我们尽可能多地填充了各地第一类资料之间的大量空白，能更加充分地显示出秦汉华南人群、秦汉华南考古学文化在不同时期的空间分布差异，同样具有重要的学术价值。

三　考古资料的局限性

必须指出，在几乎尽人皆知的文献资料的不足外，考古资料同样具有许多难以回避和无法在短时间内解决的学科局限性。③

在基于文物考古工作的多寡、工作程度的精粗、资料发表的快慢等等方面原因的影响下，华南各地的秦汉考古资料存在着以下若干方面的不平衡。

第一，以发现地点言，湖南、广东、广西考古资料相对较多，而江西、福建、海南考古资料明显较少；各地省会及大城市考古资料数量集中，而中小型城市及边远地区考古资料明显较

---

① "县治"含"侯国治"。之所以按照城市的政治地位进行层次划分的标准，主要是考虑到中国古代城市所具有的与生俱来的政治性，以及由之在成为经济中心后对相应区域经济所产生的严密的控制性。城市社会发展程度的高低，往往与其在社会政治中的等级高低密切相关，两者有着甚为紧密的关联。因此本书就以郡国治、县治为基础，将考古学遗存的发现地点，分为 5 个层次：郡国治、近郡国治、县治、近县治、其他地点。学者对中国古代城市政治性的论述已有很多，如"城市在当时是君主及各级官僚机构的所在地，因而自然在封建经济结构中占有重要的地位……是赋税钱粮的集中之地和转运枢纽"，城市"成为各个方面的中心，其根本原因还在于它首先是一个政治权力中心，而政治又居于领导百行百业的地位"。而"政治性的中国城市还是古代中国经济发展具有了更大的不稳定性，这主要表现在中国城市的兴衰与政治密切相关上面"。刘泽华、王茂和、王兰仲：《专制权力与中国社会》，天津古籍出版社 2005 年版，第 173—201 页。

② 本书所用考古资料，尤其是相关绘图资料，均采用原图，未再加工。

③ 张忠培：《浅谈考古学的局限性》，《故宫博物院院刊》1999 年第 2 期，第 67—69 页。

少；沿重点交通线地区考古资料多，而高原、山区等偏僻地区考古资料明显较少。

第二，以资料公布程度言，发掘报告的可用性最高但数量最少①，简报可用性较低但数量最多，文物调查、征集资料对了解文化分布的作用甚强但可用性甚低（其时代多数仅据地面踏查和零星采集遗物而判定，其准确性多数较低）且数量相对较少；而20世纪50、60年代甚至70、80、90年代发掘、调查所获的考古资料，数量虽多，但不仅大量资料未曾公布，且已公布资料多数限于体例及各种原因，可用性明显偏低（多缺少遗址、墓葬的分布平面图、未提供墓葬登记表、多为择要式发表）。

第三，以资料性质言，发掘资料明显较多，文物调查、征集资料相对较少；在发掘资料中，墓葬资料所占比例最重，遗址资料明显偏少；在文物调查、征集资料中，铜器、陶器资料明显最多，而石器、铁器等资料数量甚少。

第四，以资料时代言，秦代资料极少，西汉资料较多，东汉资料相对较少；发掘报告、简报多数对考古遗存的断代较为精细，而文物考古调查、征集所得秦汉遗存的时代较为含混，一般仅言为西汉、东汉，或概言为两汉、汉代。这样，在多数相关资料仅有文字描述的情况下，在使用这些资料的过程中，我们自然难对其开展进一步细化分期的工作。

上述考古资料的不足，首先与各地秦汉文化的发展有直接关联。如现在的若干大城市和交通线乃自秦汉延续而来，因此在这些地点自然会发现大量的秦汉遗存，而那些在今天依然尚为偏僻的高原、山区等地，在秦汉时期的开发自然相对更低，在发现遗存的数量上自当明显偏少。其次与考古工作的偶然性有直接关联。如在短时间内因某些大型水库、道路、城市基建工程的陆续开展，使相关地区的秦汉遗存能被集中的发掘出来——比如湘西龙山里耶秦代木牍的出土，而其他可能蕴含了秦汉遗存的地点，尚待各种机会进行一一揭示。最后也与各地考古资料的整理快慢有所关联。如广州、长沙、资兴、耒阳等地的考古资料多数能在较快整理后印行发掘报告，而贵县、南昌、福州、衡阳、常德等地考古资料的整理速度相对较慢，致使这些地区发掘报告的数量甚少。又如广东、湖南、福建在文物普查完成后已陆续出版文物地图集等相应资料，而江西、广西、海南至今阙如未见，使我们难以据之深入了解三省区秦汉遗存的分布。

第五，对区域移民及文化传播而言，古代人骨骼资料所反映的人种信息无疑具有非常重要的价值。但因华南地区多为酸性红壤，不利于骨骼保存，在迄今为止的绝大多数秦汉华南考古发掘中，墓中骨骼大都已分解殆尽，而极少数保存下来的骨骼也基本以骨粉、骨渣形态存在（如广州象岗南越文王墓），暂无法开展各种现代科学技术支撑的人种学研究。

由于各种原因，上述资料的不足均非短时间可以解决，必然造成今天相关问题研究的难以深入，甚至可能造成一些南辕北辙的理解性错误。如何全面收集考古资料、完整且正确地了解资料背后的有关信息，就成为开展本研究所必须时刻面对的首要问题。

四　考古资料的收集和录入

蒲慕洲先生在1989年完成的第一次全国汉墓计算机系统录入，曾就"资料取舍""资料正确性的问题""资料之登录问题""资料的运用"等问题开展过系统分析，并建立了一系列录入

---

① 可用性，指考古资料具有准确定点、完整而准确的规格数据、准确而一致的形制描述、清晰而准确的图纸、照片，可以使学者在原资料发表之后进行验证性或回溯性研究的程度。

的标准和使用方法，是本书开展秦汉华南考古资料系统研究时的重要参考。与其相似，本书也同样存在着上述的几个问题。

第一，资料取舍。

60 年来所积累的秦汉华南考古资料，内容庞杂而凌乱，详略差异极大。因此需要在数据库的建设中进行适当处理。对此本书采取以下两原则开展资料收集和数据库建设。

全面性。如前所言，全面收集 60 年来各地集中、零散发现的两类秦汉考古资料的文字、图像、空间信息——但由于考古信息公布的滞后性，本书收录资料大体截止到 2009 年 6 月。

层次性。据收集资料的详略程度和本身性质，将其区分为墓葬、墓葬群、遗址、窖藏、出土点①、收藏点②6 类，然后据各自的不同特点，进行资料的采集和录入。

第二，资料的正确性问题。

与蒲慕洲先生一样，由于本研究所使用的资料完全为 60 年来积累刊行的考古资料，除极少数作者亲身参与的考古资料、多年来利用各种机会所见的考古资料外，绝大多数考古资料均无法一一面对原物，"使用考古材料而不能亲见考古实物，固为一大缺憾"。但考虑到考古资料本身往往一经发掘，除极少能在原地得到保护而使后人有机会参观外，绝大多数在发掘后只能以考古报告的形式传世。"因此，除非报告中有明显矛盾错误，或者后来修正，使用报告者必须假定报告中所提供之资料的正确。盖非如此一套初步的数据均不可得，而当资料数目庞大时，细微的统计上的误差当不至于对整体结论产生重大的影响"。③忠实而审慎的梳理原始资料，是保证书中考古资料准确性的前提。④

第三，资料的录入问题。

与蒲慕洲先生在研究前尚需专门设计电脑软件不同，随着计算机技术的高度发展，我们已有很多行之有效的地理信息系统软件，可以使今天的研究事半功倍。

在本书开始写作之前，在中国社会科学院考古研究所刘建国研究员的指导和技术支持下，笔者利用 ArcView 软件，根据各种考古资料的既有空间信息，建立起秦汉华南考古资料的地理信息系统。然后在该系统内根据前述墓葬、墓葬群、遗址、窖藏、出土点、收藏点 6 类考古资料的不同性质，分别进行了相关特征的资料录入。利用该软件及 Excel 等相关软件自带的统计、分析和图表化功能，从事各种类别资料的统计、分析和查询工作。

由于 60 年来所积累的考古资料乃是由不同学科背景的专业人员在不同的历史时期完成的，由于各个时代有着不同的考古资料整理思想、报道理念、编辑方式，因此各项资料无论在资料术语、年代断定、器物名称、分类，还是在资料公布的详尽程度上都千差万别，给本研究数据库的建立造成很大困难。再由于绝大多数考古资料在今天已无法一一核对进行修改，因此在本

---

①　指在墓葬、遗址、窖藏之外零星发现遗物的出土地点。由于资料公布多数较为简略，而这些发现点所发现的遗物多数是偶然发现，事后也多数未经考古调查，因此不排除其出自墓葬、遗址、窖藏的可能。但由于原始资料并未指出其本为墓葬、遗址或窖藏，因此只能将其单列一类进行收集、录入和统计。该类资料虽然数量较少，但对于我们了解相关文化现象的时空分布，却有着重要的参考价值。

②　指各资料中介绍的，各地博物馆所收藏的未指明出土地点等来源情况的遗物。

③　蒲慕洲：《墓葬与生死：中国古代宗教之省思》，中华书局 2008 年版，第 9 页。

④　在收录资料的整理和录入过程中，的确发现在一定的考古资料中，存在着报告描述前后不一、文字图版介绍不一等等的矛盾情况，对此在忠实原始资料的基础上，需要在如墓葬或遗址登记表、墓葬或遗址平剖面图、文字描述、图像资料间进行审慎的抉择（见本书附录四）。

研究数据库录入时，就只能尽可能按本系统内在设定的统一标准，对差别性资料进行适当调整。对那些原来未报道的内容或项目（如很多资料未报道墓葬的长宽、方向等等的内容），在录入时就只能阙如。此外，对一些已经发掘的考古资料，因其未曾整理或出版考古报告，因此只能先利用已有资料完成空间定点，更多内容则只能有待于正式发表后加以补录。

第四，资料的运用。

李开元先生指出，"对于古代史研究者来说，原始史料中数字的缺乏和残缺数字的信用度有限，是很难克服的两大困境。因此，根据信用度有限的数字作机械性的推断，是不得已而采用的方法，只是有胜于无而已……由于史料有限，在作百分比计算和变动图像时，其可靠性不高，解释的余地也相当大，其实也只是一种有胜于无的选取……至少对于古代史研究而言，数字和变动图像之使用，只能是考证论述的一种参考和辅助。同时，受论题之限制，决不可勉强为之"①，其言甚确。这样，在我们无法对传统文献中有关数字保持不疑态度的情况下，多年来所积累的考古资料就成为检验和补充文献内容的最主要资料。

最早对两汉墓葬进行全面数据分析的蒲慕洲先生也曾明确指出，"研究虽然借电脑之助而从事一部分资料之分析，但无意造成一种印象，认为本研究之统计分析有如自然科学那样的精密……不论中外历史的研究中，任何有关近代以前的统计数字多半建立在极少数量的资料之上"，而"相当大部分之墓葬之发掘乃是因为现代工程施工时遇到的，并没有事前之计划。因而在使用这批资料时，某类型墓葬数量之多寡本身并不具有太大之比较性意义……因此如何恰当地运用这批资料实为本研究之基本问题"。"比较可靠的比较法为'内部比较'……当引用到有关统计数字的资料时，均应遵守此一原则，数字本身不一定具有意义，唯有经过比较之后时能透露某些信息"。②蒲慕洲先生提出如何处理考古数据的这一行之有效的原则，自应在本书所收集秦汉华南时期五千余处墓葬、遗址等考古资料的分析中，得到继续贯彻。

此外，由于大多数考古发掘工作都是基于基本建设工程而开展，因此"每一地区发掘出来，见于报告，且可供单独登录之墓葬数值本身，并不能说明该地区在某一时代中墓葬之多寡"，但"由于每一地区所现有之墓葬数，可以被视为是'任意取样'"，因此"其中包括之竖穴墓之比例应该有可能接近实际情况"。③即，某地已发现的墓葬数量肯定并非当地实有墓葬之量，但该地已发现各类墓葬之间的比例关系，却由于"任意取样"的关系，应较接近于当时各类墓葬的实际比例。因此对墓葬等相关资料间的比例分析，自然就成为本书的一项重要内容④。

当然，基于本书在写作前已完成了华南地理信息系统的建立，而除目前最大量的墓葬资料外，本系统还广泛收集了蒲慕洲先生开展前述研究时尚未收录的墓葬群、遗址、窖藏、出土点、收藏等考古信息，因此也就可以从更大程度上，在秦汉华南时空中，利用这些与墓葬资料直接或间接相关的考古资料，尽可能多地调适因墓葬资料代表性不足而造成的统计和分析误差，使相关结论能更少出现因资料原因致使结果南辕北辙的错误。

① 李开元：《汉帝国的建立与刘邦集团》，生活·读书·新知三联书店2000年版，第13页。
② 蒲慕洲：《墓葬与生死：中国古代宗教之省思》，中华书局2008年版，第10页。
③ 同上书，第86页。
④ 当然，开展比例研究，首先需要一定的基础数值，然后才能得出诸如百分比之类的比例结果。也就是说，所谓的比例研究，也仅仅只是数值比较的转换形式。因此，在本书中，除特定需求外，大多数情况下的统计结果，都直接以基础数值的面目出现，而没有再行转换为百分比。事实上，不通过转换百分比的方式，我们依然可以从相关数值的量值大小、演变趋势的走向高低，直接了解到相关对象的有关信息。

第六节 考古资料的编年调整

如前所言，60 年来积累了大量秦汉华南考古资料，因学科的发展，对于一些早期发表资料的考古学年代，当相关资料积累和认识提高后，存在着进行进一步调整的可能。同时，一些考古资料的年代，也存在着不同研究者间的认识差异，亦需要对其进行必要的分析与探讨。年代学是考古学研究的基础，因此，在后文开展分析之前，我们首先需对目前有争议的一些考古资料的年代，进行必要的讨论与调整。

如前所言，各地考古资料的出土、整理与发表，是由不同学术背景的专业人员在不同时期完成的，因此，在现有考古资料的分期中，就存在着较大的差异。如《广州汉墓》中的两汉墓葬分为 5 期 6 段，而《长沙发掘报告》仅分 3 期；又如 1957 年出版《长沙发掘报告》时东汉墓尚不分期，而到 20 世纪 90 年代后的东汉墓葬，不少已分早、中、晚三期。此外，由于不同学者的认识差异，一些看似一致的墓葬时代，如西汉中期、东汉早期、东汉晚期等等的时间范围，多数在该时期范围上有一定分歧，于是造成很多名义"同期"而事实"不同期"情况。在这种情况下，为后文分析便利，就首先需要对这些据不同分期标准而断代的考古资料，以一个较统一的时代标准，来进行一次较大范围的重新断代。

有鉴于此，我们首先需要一个基本稳定的时间范围，然后在此基础上开展相关考古资料的年代判定与调整。在结合文献记载、出土文物及学者研究基础上，笔者将秦汉华南地区的社会发展进程，大体分前后 8 期：

第一期，西汉初期，大体从秦代统治当地开始，至汉文帝前元四年（公元前 176 年）四铢半两铸造之前。相当于秦、汉高祖、汉惠帝、汉文帝前期，前后约 40 余年。以秦半两、汉初半两的出土为明显标志。目前华南地区已发布的"秦墓"和"秦代"遗址，多数纳入此一时期内进行分析。①

第二期，西汉早期，大体从汉文帝前元五年（公元前 175 年）铸行四铢半两开始，至汉武帝元狩四年（公元前 119 年）五铢钱铸行结束，相当于汉文帝后期、汉景帝及汉武帝前期，前后约 56 年左右。以汉文帝半两的出土为明显标志。

第三期，西汉中期，大体从汉武帝元狩五年（公元前 118 年）开始，至汉昭帝元平元年（公元前 74 年）结束，相当于武帝中后期、汉昭帝时期，前后约 44 年左右。其中广东、广西、福建等地区的西汉中期从汉武帝元封元年（公元前 110 年）开始（元鼎六年灭南越，元封元年灭闽越），前后约 36 年左右。以上林三官五铢的出土为明显标志。

第四期，西汉晚期，大体从汉宣帝本始元年（公元前 73 年）开始，至孺子婴居摄三年（公元 8 年），前后约 81 年左右。以西汉宣元五铢钱的出土为明显标志。

第五期，新莽至东汉初期，大体从新莽始建国元年（公元 9 年）开始，至光武帝建武元年（公元 25 年）结束，前后约 16 年左右。以新莽各类货币的出土为明显标志。

第六期，东汉早期，大体从东汉光武帝建立东汉开始（公元 25 年），至建武十六年（公元

---

① 目前不仅秦代华南墓葬、遗址的发现数量极少，而且即使一些已公布秦代遗址资料的年代判定也存在较大疑问，因此考虑到秦本身的国祚甚短，而其在华南的统治时间更是不长，所以本书将秦纳入到西汉初期加以分析，不另外分出。

40 年）为止，前后约 15 年左右。以各种新莽钱币与西汉五铢的杂出为明显标志。

第七期，东汉中期，大体从汉光武帝建武十六年（公元 40 年）铸行五铢钱开始，至汉灵帝中平二年（公元 185 年），前后约 136 年左右。以东汉五铢的出土为明显标志。

第八期，东汉晚期，大体从汉灵帝中平三年（公元 186 年）铸行四出五铢开始，至汉献帝延康元年（公元 220 年）东汉灭亡为止，前后约 35 年左右。以各种剪郭五铢等东汉后期五铢钱的出土为明显标志。

从上述编年看，西汉分为 4 期，东汉仅有 3 期，且各期时代范围存在明显差异。造成这种编年范围明显长短不一的原因，与各段断代"标准器"多寡、现有研究程度深浅直接相关。[1]

就西汉而言，西汉早中期的钱币有文帝四铢半两、武帝三官五铢，它们不仅特征明显，且分布地域较为广泛，是较准确的断代器物。由于《洛阳烧沟汉墓》的出版和学者研究，使我们对西汉晚期宣元五铢的认识也较为深入，因此，据其对西汉晚期遗存也可进行较为明确的断代。[2] 此外，新莽钱币的时代特征非常明确，参照其他出土器物，也就可以成为区分西汉晚期与新莽时代的主要标准。在这种情况下西汉编年中各期的范围大体确定。

东汉一代，200 年间大规模的钱币改制甚为少见，学者对东汉华南墓葬、钱币及其他器物的研究也明显偏少，"造成"东汉考古中断代"标准器"稀缺，使今天不仅难以进一步细化东汉的考古学编年，且各期长短更相当悬殊。同样由于"标准器"缺失和研究的薄弱，使本书虽提出上述东汉 3 期的年代范围，却难以严格据此对相关东汉遗存的时代开展一一重订。

需要指出的是，如出土有明确纪年之物，可使我们对相关墓葬进行重新编年，在多数情况下，本书有关东汉遗存的时代认识，基本还是延续了原考古资料的时代判定，未能尽据前述几期的时代范围加以较多新订。各地、各时代不同学者，在大多数考古报告和简报等刊布的资料中，多数未介绍其所持东汉早、中、晚等时期的时间观点，因此也就必然存在不同地区、不同学者所介绍的遗存在刊布资料字面上断代相同而实际却有时间交叉的情况（如 A 学者提出的"东汉早期"可能会延伸到 B 学者提出的"东汉中期"之中），难以一致。因此本书据之而开展的相关遗存分析，必然存在一些难以完善，甚至偏颇的可能。对此均需在今后当相关资料进一步积累和研究工作逐渐深化后修订和完善。

本书开展的编年调整，主要有以下数批。[3]

一　米字纹陶类型遗存的时代分歧与调整

米字纹陶是岭南地区曾广泛分布的一种特定陶器，其显著特征是在陶器的外部拍印近似米

---

① 需要强调指出的是，考古资料的分期与历史的编年并不相同，在本书中虽然界定了每一期前后绝对的历史年代，但实际上有关考古资料的分期却无法如此精确而"非此即彼"。虽有着钱币、文字等资料不断帮助考古分期的细化，但除非有特别明确文字材料的发现，考古遗存的时间均难以确定精确在某个历史编年的纪"年"之中。因此，本书在这里提出了新的分期意见，且在资料的整理中，将有关资料按如是编年进行梳理，但实际上受资料和目前研究状况的限制，无论编年还是对资料的认识，仍存在着进一步细化的必要。对于 440 年的秦汉历史编年而言，本书仅将考古遗存分为前后不等的 8 期，每期有较长的时间范围，因此一些受各种因素制约而形成的编年"不精确"，在本书以大范围时空分析为主的研究中，就会影响较小，故本书乃以 8 期为时间框架进行分析。当然，对于任何学科而言，科学研究都是一个不断精细和深入的过程，在任何一个研究时期中，均不能因各种问题的存在而"畏惧不前"，这样学科才能不断在探索与否定中前进——这也是本书明知如是分期肯定存在不足而依然继续采用的另一个原因。

② 蒋若是：《秦汉钱币研究》，中华书局 1997 年版。

③ 一些以简报和通讯等形式发表的零散资料的时代改定，限于篇幅，不能在此一一具文详述。

字的整齐花纹。而所谓的米字纹，大体包括拍印的方格米字纹、方格交叉对角线纹、重方格交叉对角线纹、方格十字纹、三角格纹等多种类型。对于出土该类陶器的遗址、墓葬的年代，学术界长期存在较大的认识差异。在广西平乐银山岭110座"战国"墓葬和广东广宁铜鼓岗墓葬的发掘报告中，均将其判定为战国晚期。而麦英豪、黄展岳先生认为其时代应为南越国早期。①

20世纪90年代后期，广东省考古研究所通过对广东博罗银岗遗址的发掘，不仅从地层上确定了以夔纹陶为代表遗存早于以米字纹陶为代表遗存的相对关系，而且还将以米字纹陶为代表的银岗二期的时代确定为"战国时期"②，同时认为其"延续的时间可至战国晚期，其文化面貌与广东地区西汉早期遗存之间没有大的缺环"③。

对此，李龙章先生认为，银岗二期文化"内涵其实也存在不少较晚的因素"，其中有"重圈纹陶璧、交错细方格纹板瓦、细方格纹筒瓦、十字卷云纹瓦当这些典型的秦汉式器物"，而该期中较多出土的铁器，也"只能证明其时代晚于战国时期"，认为其与过去判定为战国时期的广西平乐银山岭、广东揭阳面头岭四组二至四段、广东深圳屋背岭、广西贺州高屋背岭等多处墓葬时代均应在秦汉时期，认为"岭南地区迄今所见的米字纹陶遗存大多数都不属于战国时期，除广东增城西瓜岭等一部分遗存或墓葬时间可以早到战国末期外，大多数遗存和墓葬应处秦或西汉早期"④，并相应对一系列遗址、墓葬的时代做了重新的判断⑤。

余静先生认为广东铜鼓岗墓群原判定的战国时代无误，还对黄展岳、李龙章等先生关于米字纹陶遗存时代的认识基本认同。⑥

笔者认为，如简报所言，从银岗遗址的发掘看，银岗两期文化面貌之间并不相同，"尤其表现在陶器器类、器形、纹饰等方面的差异性上"。简报认为造成这种差异的原因，是"银岗遗址作为一个大型制陶工场遗址，在Ⅱ区发现属于银岗二期的陶器种类、数量远远超过一期，说明这一时期生产规模的急剧扩大；也可能预示着银岗一期这里并非遗址的中心区域，即两期文化形制发生了嬗变，进而导致文化面貌的不同"。⑦ 但从银岗二期中出现了大量来自外地的铁器、若干包括瓦当等本地原本不存器类的情况看，银岗一期、二期文化间所存在的诸种不同，可能并非如简报所言是该文化在前后发展中水到渠成式的自然"嬗变"，而更可能的是外来文化强势介入后的直接影响。这种被动式的"改变"，与简报所认为的遗址中心区域的分布关系较小。当然，如果这种遗址中心区分布的差异如确实存在，那从银岗一期、二期遗存的文化差异看，中心区的变动可能正是文化"改变"的结果而非原因。即，是文化的改变造成了中心区的变动，而并非中心区的改变造成了文化内涵"改变"。

而如黄展岳先生言，外来文化的进入与五岭通道的开拓有关，从湖南及岭南历史的发展情况看，这种大量外来势力的强势进入明显应与楚无关。多年来的考古资料表明，楚从洞庭湖地区挺进到五岭之北的时间，已到战国晚期，但并未能继续向南挺进岭南。而之后岭南外来势力的大规模进入，明显应由统一全国的秦军完成。银岗二期中所出现的大量铁器、瓦当等外来文

① 相关研究概述见李龙章《岭南地区出土青铜器研究》，文物出版社2006年版，第238页。
② 广东省文物考古研究所：《广东博罗银岗遗址发掘简报》，《文物》1998年第7期，第17—30页。
③ 广东省文物考古研究所：《广东博罗银岗遗址第二次发掘》，《文物》2000年第6期，第4—16页。
④ 李龙章：《岭南地区出土青铜器研究》，文物出版社2006年版，第243—251页。
⑤ 相关研究概述见李龙章《岭南地区出土青铜器研究》，文物出版社2006年版，第261—275页。
⑥ 余静：《中国南方地区两汉墓葬研究》，吉林大学博士学位论文2009年，第98—103页。
⑦ 广东省文物考古研究所：《广东博罗银岗遗址第二次发掘》，《文物》2000年第6期，第4—16页。

化因素，应与秦军统一岭南的进程有较直接关系。

　　而最初判定银岗二期为战国时代的根据，除其与当时已认为是战国时期的广东增城西瓜岭、广东始兴白石坪等具有一致性外，更主要的是因为其文化特征，"明显有别于广州地区西汉早期墓葬、五华狮雄山西汉早期遗存"，而同时"在陶器器形、纹饰方面又表现出某些相同的因素"。但如后文将提到的，原所认识的大部分的广州西汉早期墓葬，另外包括南越国宫署遗址、五华狮雄山遗址在内的南越国建筑遗存的时间，实际上都在汉文帝前元五年之后。这个时间与秦军南下的时间，自然存在不短的间隔。而这段时间的存在，也正是银岗二期与一系列"西汉早期"墓葬、遗存在文化内涵上有所差异的重要原因。即，银岗二期的时代应大体从秦军南下岭南开始，其下接原判定的"西汉早期"遗存，大体为秦代及西汉初期，而非战国时期。

　　因此，与银岗二期遗存有着相似内涵的有关遗存，如广东增城西瓜岭、广东始兴白石坪、广东肇庆松山、广东广宁铜鼓岗、广东广宁龙嘴岗、广东德庆落雁山、广东四会高地园、广东罗定南门垌 M2、广东龙门黄岗岭、广东封开利羊墩三期、广东揭阳面头岭第四组、广东始兴旱头岭、广东深圳尾背岭、广东贺州高屋背岭等一系列遗存的时代，都应如黄展岳、李龙章、余静等先生言，大体在秦代至西汉初期，即本书所确定的"西汉初期"。

二　《广州汉墓》的编年调整

　　经"文化大革命"耽搁而最终于 1981 年出版的《广州汉墓》，是广州地区 1953—1960 年发掘两汉墓葬资料的整理结晶，其所构建的广州两汉墓葬的年代标尺，长期以来一直是广州乃至岭南地区汉墓研究的最重要基础。

　　该报告将发掘的西汉前期 182 座墓葬分前后两段，第一段上限为秦占领岭南（公元前 219年），下限"为文景期间，即赵氏南越王国的前期阶段"；第二段"文景之间到汉武帝元鼎六年，相当于南越王国的后期"。在当地西汉前期 108 年的历史中，大体每段约 50 年左右。[①] 其区别西汉前期和西汉中期的标志，主要是五铢钱的有无和陶礼器的大量使用。从时间看，《广州汉墓》所定西汉前期墓的时间，基本上与南越国的统治时间相当。因此广州西汉前期墓葬前、后两段的划分，就自然而然的成为了南越国墓葬的分期标尺。

　　1983 年广州象岗发掘出文献记载的南越文王墓，是一座具有明确历史时代的重要墓葬，因此其就成为一座可以据之重新考量《广州汉墓》中西汉前期墓葬分期的重要资料。在进行了一系列慎重思考后，李龙章先生指出，"广州汉墓前期墓第一段的时间，按南越王墓出土器物衡量，到不了'上限在秦始皇二十八年，下限到文景期间'。又因为广州汉墓前期第二段的器物均晚于南越王墓所出，故此第二段的实际年代理应处在南越国末期甚至更晚"。[②] 结合广州"秦汉造船工场"遗址资料，李龙章先生进一步指出"广州汉墓前期一段墓葬的时间基本上早不过汉文帝晚期，晚起码与南越王墓的时间相当"。即，南越王墓的时间与广州汉墓前期墓葬第一段相当。[③] 对此，余静先生根据广州汉墓与南越国墓出土器物的形制比较，认为"南越王墓的年代应

---

　　① 广州市文物管理委员会：《广州汉墓》，文物出版社 1981 年版，第 462 页。

　　② 李龙章：《南越王墓出土陶器与两广战国秦汉遗存年代序列》，《华南考古 1》，文物出版社 2004 年版，第 100—112、107 页。

　　③ 同上书，第 100—112、108 页。

该是与广州汉墓前期墓葬第二段时间相当"①，不同意李龙章先生的意见。

对此，笔者认为，从广州"秦汉造船工场"的发掘资料看，其第 10 层为灰黑色粘土层，无文化遗物；第 9 层为"船场遗址"，之上堆积板瓦、筒瓦和少数米字纹陶片；第 8 层为灰土层，出土较多瓦片、陶片；之上第 7C 层为较纯净的红黄色亚粘土层。其中第 8、第 9 层出土陶片、瓦片，均与之后在周边发掘的南越国御苑遗址出土物一致，且"秦汉造船工场"和御苑遗址中均出土有文帝四铢半两②，因此确应如李龙章先生所言，广州汉墓中前期墓葬第一段的时间上限，不早于汉文帝前元四年。但广州汉墓前期的下限时间，当如余静所言，不会晚于元鼎六年之后。即，广州汉墓中西汉前期墓葬的上限不早于汉文帝前元四年，下限不晚于元鼎六年。也就是说，《广州汉墓》中西汉前期墓葬的时代，应基本与本书所定第二期"西汉早期"相当。

在《广州汉墓》"西汉后期"墓葬的 32 座墓葬中，M3002、M3029 出土大泉五十，已晚至新莽时期，在本书所出第五期的时代范围之内。而在"东汉前期"的 41 座墓葬中，M4002、M4006、M4013、M4015、M4016、M4024、M4028 这 7 座墓均出土大泉五十，且这些墓中还出土有西汉后期即已流行的规矩纹铜镜，在时代上明显早于出土东汉五铢的 M4021、M4023 等墓葬，因此虽王莽货币常见于东汉墓葬中，但从钱币流通学的趋势看，集中出土大泉五十等新莽货币，且出土西汉后期流行铜镜的墓葬时代，应与新莽时代不会相距太远，所以笔者倾向性地认为它们应归入到本书的第五期中。

《广州汉墓》"东汉前期"墓葬中的其他墓葬，虽在铜镜、陶器等方面与上述 7 座墓葬有较多一致性，但由于没有大泉五十等更确切时代判定物的发现，暂时只能以原报告时代判定为准。由于《广州汉墓》"东汉前期"墓葬的下限为东汉建武时代，与前述第六期"东汉早期"相当，因此在将前述 7 座墓葬划归入第五期"新莽至东汉初期"后，其余原定为"东汉前期"的墓葬，统一按"东汉早期"进行登记分析。

《广州汉墓》"东汉后期"墓葬的上限以建初为界，下限至汉末。因其中 M5032、M5071 出土了 Ⅳ 型五铢或剪郭五铢，M5080 出土了与传世东汉熹平元年位至三公铜镜相似铜镜，而从学者已有的研究看，这些五铢钱和铜镜都应是东汉晚期甚至末期遗物，故而笔者将其纳入本书第八期"东汉晚期"进行登记管理。而其他原定"东汉后期"的墓葬，由于缺少进一步确定时代的资料，只能暂时纳入第七期"东汉中期"进行登记和分析。

三 广西平乐银山岭战国、西汉墓及相关墓葬的编年调整

1974 年，广西平乐银山岭清理战国、两汉墓葬 168 座，其中的 110 座竖穴土坑墓，整理者认为它们的时代应为战国晚期，上限有的可到战国中期，而下限很可能到秦或西汉初。③ 在资料

---

① 余静：《中国南方地区两汉墓葬研究》，吉林大学博士学位论文 2009 年，第 98 页。

② 广州市文物管理处、中山大学考古专业 75 届工农兵学员：《广州秦汉造船工场遗址试掘》，《文物》1977 年第 4 期，第 1—17 页。广州市文物考古研究所、南越王宫博物馆筹办公室：《广州南越国宫署遗址 1995—1997 年发掘简报》，《文物》2000 年第 9 期，第 4—24 页。南越王宫博物馆筹建处、广州市文物考古研究所：《南越宫苑遗址 1995—1997 年考古发掘报告》，文物出版社 2008 年版。中国社会科学院考古研究所、广州市文物考古研究所、南越王宫博物馆筹建处：《广州南越国宫署遗址 2000 年发掘报告》，《考古学报》2002 年第 2 期，第 235—259 页。广州市文物考古研究所、中国社会科学院考古研究所、南越王宫博物馆筹建处：《广州市南越国宫署遗址西汉木简发掘简报》，《考古》2006 年第 3 期，第 3—13 页。广州市文物考古研究所、中国社会科学院考古研究所、南越王宫博物馆筹建处：《广州市南越国宫署遗址 2003 年发掘简报》，《考古》2007 年第 3 期，第 15—31 页。

③ 广西壮族自治区文物工作队：《平乐银山岭战国墓》，《考古学报》1978 年第 2 期，第 211—251 页。

发表后不久，麦英豪等先生即将其作为南越国时期土著的瓯越人墓葬进行了分析[①]，认为"原报告推定的时代（战国中、晚期）偏早了，似应定为西汉早期"[②]，后麦英豪先生进一步指出，其"断代的主要偏差在于判定这墓群的相对年代没有把握住最能反映年代特征和文化面貌的陶器，而且忽视了这墓群中出土的陶器，与两广境内已发现的大量南越早期墓的陶器完全相同这个最重要的关键。相反，却把个别墓中出土的铜剑、短剑、戈及若干铁斧、锄与湖南的楚墓、河南郑韩故城、汲县山彪镇战国墓出土的类似器形相互比较作为判断年代的依据，完全忽略了晚期墓中保存有较早的器物（尤其是铜器）是常有的事，把主次颠倒了，以致造成失误"[③]。1986年，黄展岳先生在对两广先秦青铜器开展专项研究时，曾就该批墓葬的时代问题做深入考察。提出在这些墓葬中，无论从出土的陶器形制、纹饰、刻划符号，还是从出土铁器等情况，以及它们与该墓地发现的西汉墓葬位于同一墓地的情况，原报告认为当属战国晚期的这批墓葬，都应"同属于南越王宫早期"[④]。对此，李龙章、余静等先后著文加以肯定[⑤]，其说可从。

根据黄展岳先生分析，并从其未出土文帝半两铜钱的情况判断，广西平乐银山岭"战国墓"的时代，就当大体位于本书所定"西汉初期"的时间范围之内。

在该墓地中，同时还发掘汉墓45座，整理者将其分为三期。其中西汉前期13座、西汉后期20座、东汉前期12座。[⑥]从其所定西汉前期墓葬中出土文帝四铢半两看，该报告所定"西汉前期"应相当于《广州汉墓》"西汉前期"第二段，即本书所定"西汉早期"。

需要指出的是，该报告虽在结语中将墓地发现的西汉墓葬分前后二期，但未能如《广州汉墓》一样，对这些墓葬进行西汉中期和西汉晚期的分别。而从其在西汉后期墓葬的论述中，事实上却依然进行了西汉中、晚期的墓葬区别。如其在西汉后期墓葬的分析中，就将出土陶器分为以陶釜为主和以陶鼎、陶碗（盆）、陶罐为主两类，而其中陶釜为主的9座墓葬，由于M97出土了昭宣五铢铜钱，因此其他在墓葬形制及陶釜等方面基本一致的8座墓葬，自然应大体同属本书所定"西汉中期"。而以陶鼎、陶碗、陶罐为主的11座带墓道土坑木椁墓时代，如报告言，明显具有西汉晚期特点，与本书所定"西汉晚期"时代大体相当。从M148出土货布、大泉五十等王莽铜钱，M117形制为砖木合构，均具新莽或东汉初期墓葬的特点看，它们当属本书所定"新莽至东汉初期"。而其所定的其他7座东汉前期墓葬，大体与本书"东汉早期"的时代相当。

在对广西平乐银山岭"战国墓"时代进行如是重订后，广西地区许多与平乐银山岭"战国墓"有着相似文化内涵的遗存，如武鸣安等秧遗存的时代，都应与其相似，当属本书所定"西汉初期"。广西岑溪花果山等遗存，由于出土瓮、罐、盒、瓿、碗等西汉早期的常见器形，除米字纹外，还有弦纹、水波纹及戳印，因此在时代上就应为"西汉早期"。广西田东锅盖岭所发现

---

①　广州市文物管理委员会：《广州汉墓》，文物出版社1981年版，第458页。

②　同上书，第472页注2。

③　广州市文物博物馆学会"南越史研究小组"：《考古发现的"广州最早"例举（上）》《广州文博》（肆），文物出版社2011年版，第35页，麦英豪执笔。

④　黄展岳：《论两广出土的先秦青铜器》，《考古学报》1986年第4期，第409—433页。

⑤　李龙章：《南越王墓出土陶器与两广战国秦汉遗存年代序列》，《华南考古1》，文物出版社2004年版，第100—112页。李龙章：《两广地区米字纹陶类型遗存和广州汉墓的年代》，《考古》2006年第4期，第71—80页。李龙章：《岭南地区出土青铜器研究》，文物出版社2006年版。余静：《中国南方地区两汉墓葬研究》，吉林大学博士学位论文2009年，第102—103页。

⑥　广西壮族自治区文物工作队：《平乐银山岭汉墓》，《考古学报》1978年第4期，第467—495页。

的墓葬，当属"西汉中期"。①

四　其他墓葬的编年调整

现有的一些资料，特别是新修的地方志资料，对许多砖室墓葬，如江西萍乡河洲汉墓②、广东廉江85德耀汉墓③、广东连平新龙汉墓、广东连平黄潭寺汉墓④等等的墓葬，仅判定为"汉代"。而从大量正式发掘且已报道的华南砖室墓的资料情况看，砖室墓在华南最早出现时间应在新莽至东汉初期，因此这些资料中的"汉代"，均调整为"东汉"。

在现有资料中，除正式考古报告和简报已作出较为细致的断代之外，还有不少考古资料在报道时仅简单的将其断代为"西汉""东汉""汉代""两汉"。对于这些明显"粗略"的时代判定，如其原始资料中提供了较为丰富的断代信息，本书将根据具体情况，对其进行重新断代并纳入到本书所定的八期范围之内。而如果原始资料未能提供足够进行重新分期的资料，笔者在录入和分析中，将继续延续原有的断代认识，以待今后资料完善后再进行重新断代。

---

① 李龙章：《岭南地区出土青铜器研究》，文物出版社2006年版，第261—275页。

② 湘东区地方志编纂委员会：《湘东区志（1971—2002）》，方志出版社2007年版，第949页。萍乡市地方志编纂委员会：《萍乡市志》，方志出版社1996年版，第1054页。

③ 廉江市地方志编纂委员会：《廉江县志》，广东人民出版社1995年版，第653页。

④ 连平县地方志编纂委员会：《连平县志》，中华书局2001年版，第505—506页。

第一章 文献中秦汉时期的"华南"

本书研究的"华南",大体位于北纬 18°—30°、东经 104°—120°之间,陆地面积约 95.02 万平方公里左右①,北回归线在中部偏南东西穿过,境内大部分地区为亚热带和热带气候,南侧有漫长的海岸线接受来自海洋的恩惠。

在文献中,华南诸郡国为楚、越、蛮、汉等族的聚居之地。②《史记·货殖列传》云:

> 衡山、九江、江南、豫章、长沙,是南楚也,其俗大类西楚。郢之后徙寿春,亦一都会也。而合肥受南北潮,皮革、鲍、木输会也。与闽中、干越杂俗,故南楚好辞,巧说少信。江南卑湿,丈夫早夭。多竹木。豫章出黄金,长沙出连、锡,然堇堇物之所有,取之不足以更费。九疑、苍梧以南至儋耳者,与江南大同俗,而杨越多焉。番禺亦其一都会也,

---

① 广西陆地面积 23.67 万平方公里,见广西壮族自治区地方志编纂委员会《广西通志·自然地理志》,广西人民出版社 1994 年版。江西省面积 16.69 万平方公里,见江西省地方志编纂委员会《江西省志·自然地理志》,方志出版社 2003 年版。广东省面积 17.81 万平方公里,见广东省地方志编纂文员会《广东省志·总述》,广东人民出版 2004 年版。湖南省面积 21.18 万多平方公里,见湖南省地方志编纂文员会《湖南省志·农林水利志》,中国文史出版社 1990 年版。福建省面积 12.14 万多平方公里,见福建省地方志编纂委员会《福建省志·地理志》,福建教育出版社 2001 年版。海南省陆地面积 3.53 万平方公里,见海南省地方志编纂委员会《海南省志·土地志》,南海出版公司 2007 年版。

② 《后汉书·南蛮传》:"合浦蛮汉数千人攻苍梧郡"中"蛮汉"连称。从当时合浦郡久已为汉郡的情况看,当地之"蛮"均应属汉朝之民,也理应称为"汉"。但从文献又将其与"汉"并列的情况看,其所言之"汉"大体都应是那些来自北方的外来人口,当然,也不排除那些接受了当地郡县管理并"汉"化的土著。因此有鉴于此,本书中若单言"汉"人,均取《南蛮传》之意。也就是说,如果将与其同时存在的越、楚、蛮作为"民族"看待的话,那么在文献中与其并列出现的"汉",大体上也应是一个与其不同的"民族"。当然,对"民族"概念,学者尚有较多争论(马戎:《民族与社会发展》,民族出版社 2001 年版。金炳镐:《中国民族理论研究二十年》,中国民族大学出版社 2000 年版),将越、楚、蛮称为土著,而将来自北方之人概称为"北人",也许更为合适。当然,在文献中还出现了"中国人"的称谓。如《汉书·地理志》:"自初为郡县,吏卒中国人多侵陵之,故率数岁壹反",《汉书·匈奴传》:"中国人亡入匈奴者,乌孙亡降匈奴者,西域诸国佩中国印绶降匈奴者,乌桓降匈奴者,皆不得受",《汉书·南粤传》:"南北东西数千里,颇有中国人相辅,此亦一州之主""王年少,太后中国人",《汉书·陆贾传》:"贾因说佗曰:足下中国人,亲戚昆弟坟墓在真定"。从其内容看,文中的"中国人"大体均应指来自中原或北方之人,与当地土著相对。由于使用"中国人"的称谓很容易与今日的"中国人"发生混淆,因此此处不用该称。大体上,汉人的称谓可能到南北朝之时才被真正赋予了"汉族"之意。见周伟洲《周人、秦人、汉人和汉族》,《民族研究》1995 年第 2 期,第 11—18 页。徐杰舜《从秦人、汉人、唐人到汉族族称的确定》,《广西民族学院学报(哲学社会科学版)》1995 年第 2 期,第 2—6 页。目前,对汉族形成情况的研究,学者已有大量的研究,综述更有多篇,如陈连开《20 世纪汉民族研究概述》,《西南民族学院学报》1998 年第 6 期,第 1—9 页。胡阳全《近二十年国内汉民族研究综述》,《广西右江民族师专学报》2000 年第 6 期,第 8—13 页。陈礼贤《近二十年中国汉民族起源、形成研究综述(一)》,《广西右江民族师专学报》2001 年第 4 期,第 13—19 页。陈礼贤《近二十年中国汉民族起源、形成研究综述(二)》,《广西右江民族师专学报》2002 年第 1 期,第 5—11 页。陈礼贤《近二十年中国汉民族起源、形成研究综述(三)》,《广西右江民族师专学报》2002 年第 2 期,第 8—16 页。限于篇幅,本书不讨论华南诸郡国内具体的民族构成;除后文对墓葬的有关分析外,不开展考古资料与秦汉民族的分析。文中有关民族的称谓,基本上均以传世文献为准。

珠玑、犀、玳瑁、果、布之凑。①

《汉书·地理志》也载：

> 粤地，牵牛、婺女之分野也。今之苍梧、郁林、合浦、交趾、九真、南海、日南，皆粤分也。其……文身断发，以避蛟龙之害。后二十世，至句践称王……后五世为楚所灭，子孙分散，君服于楚。后十世，至闽君摇，佐诸侯平秦。汉兴，复立摇为越王。是时，秦南海尉赵佗亦自王，传国至武帝时，尽灭以为郡云。②

因"自交趾至会稽七八千里，百越杂处，各有种姓"③，故秦始皇有"南取百越之地"，吴芮有"率百越佐诸侯"、赵佗有"和辑百越"、汉武帝有"南诛百越，北讨强胡"之说。据学者研究，本书研究范围内存在着南越、闽越、西瓯、骆越、山越等大量具有相同或相近语言、同一经济生活、相似衣食住等生活方式、文身断发等共有风俗、一样崇拜鬼神和迷信鸡卜等信仰的越人。④

而在湖南等地区，还有着被称为"南蛮"的土著。《后汉书·南蛮传》载：

> 织绩木皮，染以草实，好五色衣服，制裁皆有尾形……衣裳班兰，语言侏离，好入山壑，不乐平旷。帝顺其意，赐以名山广泽。其后滋蔓，号曰蛮夷。外痴内黠，安土重旧。以先父有功，母帝之女，田作贾贩，无关梁符传，租税之赋。有邑君长，皆赐印绶，冠用獭皮。名渠帅曰精夫，相呼为姎徒。今长沙武陵蛮是也……平王东迁，蛮遂侵暴上国……至楚武王时，蛮与罗子共败楚师，杀其将屈瑕。庄王初立，民饥兵弱，复为所寇。楚师既振，然后乃服，自是遂属于楚。鄢陵之役，蛮与恭王合兵击晋。及吴起相悼王，南并蛮越，遂有洞庭、苍梧。秦昭王使白起伐楚，略取蛮夷，始置黔中郡。汉兴，改为武陵。⑤

从《史记·秦始皇本纪》等文献及里耶秦代简牍文书⑥可以看出，随着秦汉王朝对南方统治的开始，大量北方人士不断主动或被动的进入华南，并与在广大的华南地域内楚、越、蛮等不同来源的人群，共同发展、共同创造着当地的历史与文化。

《史记·货殖列传》指出：

> 楚越之地，地广人希，饭稻羹鱼，或火耕而水耨，果隋蠃蛤，不待贾而足，地埶饶食，无饥馑之患，以故呰窳偷生，无积聚而多贫。是故江淮以南，无冻饿之人，亦无千金之家。

---

① （汉）司马迁：《史记》，中华书局 1994 年版，下同，不再详注。
② （汉）班固：《汉书》，中华书局 1992 年版，下同，不再详注。
③ 《汉书·地理志》臣瓒注。
④ 胡绍华：《中国南方民族发展史》，民族出版社 2004 年版，第 292—297 页。
⑤ （宋）范晔：《后汉书》，中华书局 1995 年版，下同，不再详注。
⑥ 湖南省文物考古研究所：《里耶发掘报告》，岳麓书社 2007 年版（此据版权页，该书英文书名页标记为 2006 年）。

当时，在"卑湿，丈夫早夭"、地广人稀的江南地区①，农业尚处于粗耕阶段，生产手段较为落后，渔猎采集在经济生活中仍占有相当比重。在司马迁看来，这一地区虽矿产、林产丰饶，然尚待开发，与黄河中下游华夏文明中心区域相比，经济、文化均表现出明显差距。

直到西汉末年，"荆、杨之民率依阻山泽，以鱼采为业"②，与中原的先进农耕区间仍有相当差距③，然而这种情况在东汉已大为改观。东汉中期，不仅南方很多郡的租赋已可北调中原，而且南方地区还成为救灾移民的迁入之地（详见后文）。而据《三国志·吴书·鲁肃传》注引《吴书》载，"后雄杰并起，中州扰乱，肃乃命其属曰：'中国失纲，寇贼横暴，淮、泗间非遗种之地。吾闻江东沃野万里，民富兵强，可以避害，宁肯相随俱至乐土，以观时变乎？'"从秦和西汉时期"卑湿贫国"发展为东汉末年前后"沃野万里，民富兵强"的"乐土"④，在三国各方不断的征伐战争中，或被多方力争，或成为稳固的后方基地，其农耕业的发展水平和经济实力，与江北相比已逐渐居于优势地位⑤。

那么，在秦汉四百余年中华南社会发展情况的这种巨大变化，大体发生于何时，如何发生，又为何发生？在诸郡国中，这种变化是仅在一郡、二郡，还是在多数，甚至全部郡国均有？各郡国在四百余年间的社会发展有何差异，相互间有无关系，又关系如何？

本章拟根据传世文献中与华南诸郡国有关的记载，基于秦汉时段从疆域与属县、"初郡制度"、县数户数与口数、移民、反叛、宝玩与志怪、流放之地等等角度开展分析，进行文献学式的华南社会发展情况的基本研究。而在之前，我们需首先约略的了解一下华南的自然地理与人文传统。

第一节　自然地理与人文传统

通过南岭、武夷山、罗霄山脉等山脉的自然分割，华南大体存在着四个较为独立的自然单元，北部西侧的湖南在汉属荆州刺史部，北部东侧的江西、南部东侧的福建两者共属会稽刺史部，南部的广东、广西属交州刺史部。从考古资料看，不仅不同刺史部的范围与自然单元有着较高契合，而且秦汉郡国的设置情况也大体符合各地远古而来的人文传统。

---

① 吴宏岐：《释〈史记·货殖列传〉中所谓的"江南"》，《中国历史地理论丛》1997年第4期，第172转188页。其指出，"'江南'实即'江、淮以南'之简称，指的就是'楚、越之地'，是尽包三楚和'杨越多焉'的岭南地区在内"。

② 《汉书·王莽传》。

③ 王子今：《秦汉区域文化研究》，四川人民出版社1998年版，第95—99页。其指出，司马迁所处时代的中原人地理观念中的"江南"，"大致包括长江中下游南岸地区"。周振鹤：《释"江南"》，《中华文史论丛（49）》，上海古籍出版社1992年版，其指出，"江南的概念大于江东，说江南可以概江东"。

④ 鲁肃所言的江东，大体指长江以南，狭义的话与本书研究华南的范围在豫章郡、会稽郡南部存在交集。《后汉书·献帝记》"孙策遂据江东"注引《吴志》曰："孙策既破繇，遂度兵据会稽，策自领会稽太守。"而在一些文献中，长沙郡有时也被包括在广义江东之内。如《三国志·吴书·濮阳兴传》："父逸，汉末避乱江东，官至长沙太守。"有时其范围更大，如《三国志·吴书·诸葛亮传》："亮说权曰：海内大乱，将军起兵据有江东，刘豫州亦收众汉南，与曹操并争天下"，《三国志·魏书·郭嘉传》："孙策转斗千里，尽有江东"，《三国志·吴书·周瑜传》："兼仗父兄之烈，割据江东，地方数千里"，大体上将包括狭义江东在内的整个吴的属地都概称为江东。黄锡之：《释"江东"》，《苏州大学学报（哲学社会科学版）》1983年第3期，第111—112页。

⑤ 王子今：《秦汉区域文化研究》，四川人民出版社1998年版，第103页。

一 湖南地区

在汉代归属于荆州刺史部的湖南地区，位于南岭以北，东南西三面环山，中部、北部低平，整体呈向北开放的盆地，东有幕阜山、罗霄山与江西相隔，海拔在500—1000米左右，多为东北—西南走向；南部以南岭与广东、广西分界，海拔在1000米以上，东西延伸，之间盆地较多，而其间的谷地向来为南北交通的要道；西侧武陵、雪峰山脉逶迤于重庆、贵州之间。境内水系主要有湘、资、沅、澧四水及接纳四水汇聚的洞庭湖，流域面积占全省面积九成左右。其中雪峰山从城步绵延至益阳，不仅是资、沅两水的分水岭和境内东西的自然分界线，也是秦汉时期武陵郡与其他郡国的政区分界，其中沅澧流域在秦汉仅设一郡，湘资流域秦设一郡，汉在下游设长沙国，上游后分设桂阳郡、零陵郡两郡，政区的分设表现出明显的流域特征。[①] 从考古资料看，这种按流域分区的做法有着悠久的文化背景。

目前，湖南境内的新石器时代文化可大体分四个区域：洞庭湖沿岸澧水流域和沅水流域、湘江和资水中下游、沅水中上游、资水上游。其中洞庭湖西北岸地区文化编年最为清晰，从距今9000年开始，先后经历彭头山文化、皂市下层文化、汤家岗文化、大溪文化、屈家岭文化、石家河文化等阶段，在商文化南下后，该地区原始文化解体。洞庭湖西北岸史前文化在湖南全境起着主导作用，强烈的影响着其他地区。因此，其他地区的考古学文化序列经历了与其相似的几个发展阶段。在距今5000—6000年阶段，长江中游文化通过沅水、西江通道，影响到岭南乃至珠江三角洲地区。而到了新石器时代末期，珠江流域的古文化又显示出向北扩张的趋势。

湖南是南方商代和西周早期铜器出土最多的地区，而湘江下游更是湖南出土商周青铜器最多的地区，绝大多数为殷墟三期以后遗物。此外少部分出自资水流域，几乎均为中原器形，学者普遍认为它们是商王朝在与岭南地区商贸过程中流入本地。湘江下游出土的铜器，一部分明显是中原制造后传入，而发现众多的铜铙，不排除铸造于本地的可能，但其技术应是自赣西北传入，在接受中原器形的基础上，南下商人、商族及其后裔在融入南方民族的部分因素后的再创造。在湘江下游一系列遗址的发掘中，发现了多种文化共存的现象，学者认为这是晚商时期本地土著因素在商文化退潮后的复活与回归，是苗蛮集团的创造；也有学者认为这些都是湘江流域本地越民族系统的文化。而通过对湖南境内发掘的五六千座楚墓的资料整理，湖南楚墓分期及相关研究已取得丰硕成果。多数学者认为，楚人进入澧水流域的时间约在西周中晚期，到春秋中晚期楚人已占据洞庭之野。而长沙、常德及沅水中下游楚墓出现于春秋晚期，湘中楚墓出现于春秋战国之交，湘南晚到战国中晚期，此时楚应已囊括湖南全境。

从新石器时代以来的湖南境内的文化发展看，在雪峰山东西两侧的湘资、沅澧流域中，一直存在着较大的文化差异，因此秦时以其为洞庭、苍梧两郡，汉代以其为武陵郡与长沙国、零陵郡的分界，就不仅与自然地理吻合[②]，也是对长期以来在不同自然地理环境下所形成文化传统的尊重。

其中，沅澧中下游是中原文化进入最早且影响最为强烈的地区，不仅在境内最早形成了自

---

① 张伟然：《湖南历史文化地理研究》，复旦大学出版社1995年版，第2—3页。

② 张伟然先生指出，"西部的沅澧流域在地貌上属云贵高原，东部的湘资流域，大部分属江南丘陵，仅二水上游属南岭山地。这样的地貌结构，势必使得湘资流域、沅澧流域两大部分各自内部经济文化交流较为便利，而彼此之间的往来相对困难，也就形成文化区域东西两分的机制"。同上书，第197—198页。

成体系的古代文化，而且沅水上游还成为史前沟通长江流域与珠江流域古文化的主要通道。沅
澧流域在湖南的古文化中发展程度往往最高，一方面受商文化影响，另一方面又与强大的商文
化对抗，极可能为文献所称的荆蛮，与夏商时期开始大量南下的华夏族不断融合，共同成为楚
文化的创造者。相较于沅澧中下游的持续发展而言，湘资下游虽商文化进入时间甚早，但可能
仅是时间不长的军事占领，在很多遗址中都存在着商式陶器和商文化因素递减与本地器物逐渐
增多的现象。到商代晚期遗址中，大量发现本地特有的器物，给人以商文化退潮的强烈感觉，
其区域文化的发展程度明显不及沅澧下游。从目前的考古资料看，湘资流域中游、上游的古文
化发展程度以及与外来文化交流的程度，均远低于前述两地。而目前已揭示出的楚文化传播情
况，明显存在着由北而南逐步推进的过程，因此在湘资流域的古文化发展中，下游地区文化的
发展要明显高于中上游地区。①

　　秦始皇南下的灵渠开凿可能只是沅水流域自古以来南北交通的自然延续，武陵郡在西汉时
期长期保持华南发展程度最高的情况，此二事皆有必然的自然与历史基础。长沙国在西汉时期
的发展虽低于武陵郡但高于桂阳郡、零陵郡的格局，也有着其自然与历史的渊源。不同的自然
地理条件，差异的人文传统，成为了秦汉时期诸郡国发展进程的重要基础。

二　江西地区

　　江西地区东、南、西三面环山，北临长江。地势由外向里、由南向北倾斜，形成朝向长江
的盆地。主要山脉分布周围，是天然地界与分水岭。东北为东北—西南走向的怀玉山，海拔
1000 米左右；东南为武夷山，山脉间横切山地形成南北相通的隘口；大庾岭和九连山位于南部，
属南岭分支，大体呈东北—西南走向，山体破碎，与广东分割，海拔 1000 米左右，是赣江与北
江、东江流域的分水岭，扼江西、广东交界的梅关，自古为南北通道和军事要隘；罗霄山在西
侧将赣湘分割，海拔 1000 米以上；西北幕阜山、九岭山南北平行均为东北—西南走向，海拔
1000—1500 米左右，幕阜山位于北侧为湘鄂赣交界，九岭山居南，为修水、锦江分水岭。江西
中南为丘陵地形，低山、丘陵、岗阜和盆地交错分布，海拔 200—600 米，较大盆地有吉泰盆地、
赣州盆地、信丰盆地、兴国盆地、瑞金盆地、南丰盆地、弋阳盆地等等，海拔 50—200 米。北部
为鄱阳湖平原，平原外侧为海拔 50—100 米的低矮丘陵。境内有赣、抚、信、饶、修等五大河
流，大部分依地势向北、中汇入鄱阳湖，再北流长江。②

　　考古资料表明，江西境内新石器晚期遗存主要分布于鄱阳湖四周、赣江及其支流。其中新
余拾年山是江西新石器晚期最典型的遗址，其二、三期文化相互关联紧密，小型火烧壁墓在湖
南湘乡岱子坪、广东石峡、封开墓地都有分布，说明在该时期，湘南和赣江、北江、珠江流域
一带可能已是一个大的原始文化区域。而靖安郑家坳新石器时代墓地的发现，成为薛家岗类型
文化进入赣鄱地区的证明。总体上，江西新石器时代晚期文化遗存均分布在鄱阳湖平原和赣江
流域的丘陵盆地，居址多为台地，遗址面积在 1 万平方米以上，原始农业已较为发达。

---

　　① 何介钧：《华南商周时期古文化的分区探索》，《湖南考古辑刊 2》，岳麓书社 1984 年版，第 120—127 页；《湖南商时
期古文化研究》，《湖南先秦考古学研究》，岳麓书社 1996 年版，第 135—157 页；《湖南考古的世纪回眸》，《考古》2001 年第
4 期，第 3—12 页。国家文物局：《中国文物地图集·湖南分册》前言，湖南地图出版社 1997 版。湖南省地方志编纂委员会：
《湖南省志·文物志》前言，湖南出版社，1995 年版。本节对湖南考古的分析，综合自上述文献。
　　② 《江西省自然地理志》编纂委员会：《江西省自然地理志》，方志出版社 2003 年版。

到商时期，境内相关文化遗存的分布甚广。商早期遗存目前仅在赣北九江地区有所发现，与二里岗下层早商文化相似。商代中晚期文化遗存，大体分两区，分别是赣东北及赣东区、赣北鄱阳湖周围及赣江中下游区，其中第一区的范围较小，为土著商文化，第二区以赣中樟树市吴城遗址为代表，是江南最大的商代城邑，有方形城垣，周有城壕，其内还可分为居住区、墓葬区、铸铜区、窑区和祭祀区。而新干大洋洲青铜器、玉器、陶瓷器的发现，还显示出当地既有中原文化因素，又有本地文化特色。江西境内西周考古的工作较少，从现有的两周考古看，境内主体文化为越文化，贵溪崖墓为典型遗存。多数学者认为贵溪崖墓的主人为干越人，与越文化关系密切。从地理位置看，江西接近越国都城所在的浙江，处于楚越文化的交错地带，文化属性复杂。总体上讲，江西的吴越文化因素甚为浓厚，更以越文化居多，楚文化遗物发现极少，仅赣西高安郭家山有楚式陶器组合发现，与邻境湖南、湖北、安徽发现大量春秋战国楚墓迥异。除可能因考古工作较少造成外，很可能与当时楚势力尚未大规模进入而仅及赣西有关。①

江西在自然地理上自成单元，古文化大体以赣江流域为主，以越文化为主。这一情况，应是其在秦汉长期自成一郡的自然基础与人文因素。

三 两广地区

广西地区、广东地区位于南岭之南地区，俗称岭南，是华南较为独立的地理单元。在秦汉郡国中，桂阳郡南部为粤北地区，合浦郡位于粤西南和桂东南，郁林郡大体位于桂西和桂中，零陵郡南部为桂北地区，苍梧郡的大部分位于粤西、桂东地区。与前述湖南、江西地区的情况一样，岭南地区也有着相应的自然基础与人文因素。

从自然地理看，广西西北为云贵高原边缘，东北为南岭山地，东南及南部为云开大山、六万大山、十万大山，南临北部湾。地势由西北向东南倾斜，岭谷相间，四周多被山地高原环绕，呈盆地状，有"广西盆地"之称，其边缘缺口与周边相通，在桂东北、桂东、桂南沿江有大片谷地。境内驾桥岭、大瑶山、莲花山、镇龙山、大明山、都阳山构成弧形山脉（广西弧）。在大山之间，河流两侧有面积较小，为数不多的盆地和平原，如桂林盆地、柳州盆地、南宁盆地、龙州盆地、宾阳平原、右江河谷平原、合浦平原等，形成大小盆地相间的地貌结构。越城岭——猫儿山与海洋山间的湘桂走廊是南北交通的重要通道。境内河流多沿地势倾斜，从西北流向东南，形成红水河—西江为干流横贯中部、支流分布两侧的枝状水系，河流以山地型为主，水量虽丰富，但季节变化很大。②

从考古遗存看，广西的新石器文化虽整体的类型及发展序列还不十分清楚，但局部框架已经形成。研究表明，宝积岩、庙岩、甑皮岩及大岩遗址可能构成了桂北史前文化的基本发展序列，而桂中新石器时代文化与桂北及桂南的新石器文化均有联系但自成特色。桂南地区的新石器时代遗址的分布及文化特征比较清楚。调查表明，在以南宁地区为中心的左江、右江及其支流附近有较多贝丘遗址存在，桂东贵港、桂平及桂中柳江流域的象州也有零星分布。该类贝丘遗址，是广西原始文化中具有自身特征的一种文化类型。此外，桂南的以石铲为主要特征的新石器时代晚期文化，主要位于江河湖泊的低矮坡岸上，在粤西、海南及越南的广

---

① 综合自江西省文物考古研究所《江西考古的世纪回顾与思考》，《考古》2000年第12期，第24—34页。
② 广西站自治州区地方志编组委员会：《广西通志·自然地理志》，广西人民出版社1994年版。

宁也有发现，以桂南最为密集。总体而言，桂南贝丘遗址与大石铲遗址的分布范围大致相同，但有较大差异，是不同的新石器时代文化。桂东地区的新石器时代文化以浔江、郁江流域的桂平、贵港较为集中，其文化与广东新石器时代同期文化有较为密切的关系。而桂西地区的文化与云贵高原有一定联系。桂东南沿海地区出土的有肩石器，与桂南、桂西新石器文化有共同因素。战国广西考古的主要收获是对武鸣、田东、贺州、岑溪等地一系列墓葬的清理。从清理情况看，桂北战国墓葬以陶器随葬为主，具有较多楚文化因素。武鸣等秧山战国墓葬显示出与桂北、桂东北战国墓葬的不同，学者推测其墓主为骆越之人。而桂西战国墓葬，如田东盖岭战国墓葬与云南晋宁石寨山及江川李家山滇族墓葬有一定联系。①

广东的自然地势为北高南低，南岭雄居北部，为珠江与长江的分水岭。全境大体分为四区：粤北山地，包括大庾岭、骑田岭、滑石山和瑶山等南岭山脉，多山地、丘陵；粤西山地台地，指珠江三角洲以西的广大地区及雷州半岛，有云开大山及云雾山，多东北——西南向低山、丘陵，海拔多在1000米以下，山间多盆地，有较大片的石灰岩分布；粤东山地丘陵，由中、低山岭组成，自西向东为青云山、九连山、罗浮山和莲花山，山间多小盆地，沿海有狭窄冲积平原；珠江三角洲，以西江高要、北江清远、东江惠州为顶点，河网密布，农业发达；此外，潮汕平原次之，高要、清远、杨村和惠阳等冲积平原面积也甚为不小。广东境内河流众多，主要有珠江、韩江、鉴江、潭江、榕江、连江等等，珠江由西江、北江、东江汇流，是中国第四大河流。

通过对考古遗存的分析可知，在目前广东境内的新石器晚期文化中，粤北、粤东、粤西、珠江三角洲地区的文化已各成系统，相互之间既有很强的地域性，又有很多相同或相似的因素，同时与广西的石器时代文化的联系也较为紧密。不同区域的文化既有区别又有联系，构成了两广地区新石器时代晚期的文化景观，其中石峡遗址的四期文化，不仅代表了粤北地区新石器时代到青铜时代的基本序列，而且也成为广东史前研究的可靠标尺，说明石峡文化已与长江中下游地区文化有密切关系。几何形印纹陶的繁盛是广东地区商周文化的显著特点。总体而言，虽然该时期文化的发展还相当复杂，但文化地域性特征已显著减弱，相同因素不断增加，位于粤东梅江、韩江、东江流域的浮滨文化，是当地商周时期青铜文化的典型遗存。研究表明，在东江、北江、西江和珠江三角洲、梅江、韩江流域有较多分布的夔纹陶的时代，相当于春秋时期，最晚不晚于战国早期。而米字纹陶除夔纹陶的分布地域外，在粤西地区也有分布，米字纹陶的兴起取代了夔纹陶。② 根据与米字纹陶同出的铁器等其他遗物，米字纹陶的时代约大体已到西汉初期。

四　福建地区

福建地区的地势大体自西北向东南呈阶梯形三阶降落。其中武夷山脉北高南低，位于西部，通过分水关、大岭隘和仙霞岭等山口关隘与邻境相通；中部山脉由闽江、九龙江分为三节，闽江干流以北为鹫峰山，闽江九龙江之间为戴云山，九龙江之南为博平岭，两列山脉向周围延伸

① 综合自陈远璋《广西考古的世纪回顾与展望》，《考古》2003年第10期，第7—21页。蒋廷瑜《广西考古四十年概述》，《考古》1998年第11期，第1—10页。王克荣《建国以来广西文物考古工作的主要收获》，《文物》1978年第9期，第8—13页。广西壮族自治区博物馆、蓝日勇《建国以来广西的考古发现与研究1》，《广西文物》1991年第1期，第40—51页。

② 综合自广东省文物考古研究所《广东考古世纪回顾》，《考古》2000年第6期，第1—10页。广东省地方志编纂委员会《广东省志·文物志》，广东人民出版社2007年版。国家文物局《中国文物地图集·广东分册》前言，广东省地图出版社1989年版。李岩《广东早期青铜时代遗存述略》，《考古》2001年第3期，第57—65页。

出支脉，形成纵横交错的峰岭；东南戴云山向东为山地丘陵，海拔多在500米以下，夹杂较多的峡谷急流，地形破碎。沿海地区，分布着不同高度的海滨阶地、海蚀平台及冲积、海积平原，其中福州平原、莆田平原、泉州平原、漳州平原是今天最主要的经济区。福建境内河流众多，其中闽江、九龙江、晋江、汀江为最主要的四条河流。除汀江外，各河流均发源于西部山地，一般的河流走向与山脉较为垂直，支流与山脉平行，水系网状分布较为明显。在河流沿岸的河谷地区宜于农垦，是非常重要的农业区。

福建境内的新石器考古发现，大体分东部沿海和西部内陆山区两大序列，与闽中大山为界的自然地理区域基本吻合。东部沿海存在三个基本传承的文化发展序列，即约为新石器时代中期偏晚的壳头山文化—新石器时代晚期的昙石山文化—新石器时代末期的黄瓜山类型文化。内陆地区，以浦城牛鼻山和邵武斗米山遗址最为典型，显示着闽北地区自身的文化发展序列，即牛鼻山文化—马岭类型文化。西部地区的考古学文化较多的与内陆相似，而沿海具有更加浓厚的地域特色，两者之间既有联系又各具特色。而到青铜时代，境内大体存在着闽北、闽南、闽江下游三种各具特色的青铜文化，有着不同的文化渊源。其中闽南地区的文化与粤东浮滨类型相似，属同一类型的文化。三种青铜文化间的联系较为明显，共同构成了福建先秦时期的文化框架。从考古学遗存看，福建地区的史前文化，在早期有着显著的区域性特点，自身传承较为清晰，但到新石器时代末期以后，已明显显示出外来文化的强烈影响，外来文化因素自北而南对土著文化的影响逐步加强。[①]

五　海南地区

海南地区，主要是指海南岛，它是中国第二大岛，大体成东北——西南向，长约300余公里，宽约180公里，岛内地形以南渡江中游为界，以北与雷州半岛相仿，为台地和火山风光，北部沿海平原为海南地区最大的农业生产地区，南渡江中游以南以五指山等山脉为中心，丘陵、台地、平原围绕其外。由于海岛地形为山地、丘陵、台地、平原组成的环形梯级，河流又多数源于中部山区，因此呈辐射状流向周边海域，其中南渡江、昌化江、万泉河为三大河流。

海南地区新石器时代遗存主要发现于南半部地区，分布甚为稀疏，堆积较薄而简单。其中新石器时代早期的遗址在东方、乐东等地有少量发现，与广东潮安石尾山、广西防城业菩山、广西防城马兰嘴等地文化特征相似。新石器时代中期多为沙丘遗址，山坡遗址较少，境内各地文化面貌较为一致，与两广地区同期遗址关系密切，俱为渔猎、采集为主。新石器时代晚期遗存多位于台地和山坡，分布于昌化江、南渡河、陵水河、万泉河等江河及其支流的两岸阶地和岗坡，文化面貌同两广以大石铲为特征的同期遗址基本相同。从现有遗存看，在海南地区史前文化的形成和发展中，虽各阶段仍有一定的早晚差别，但明显受到华南大陆特别是岭南两广文化的不同影响，体现出某些文化特色。总体上，海南地区史前文化的发展较为缓慢，各阶段文化间存在缺环，年代序列并不连续，缺乏自身演变、文化连续性和继承性，显示着文化渐变中滞后的特点。其新石器晚期文化中的某些文化因素，甚至延续到秦汉时期才逐渐消失。[②]

---

① 综合自福建省博物院《福建考古的回顾与思考》，《考古》2003年第12期，第7—18页。福建省地方志编纂委员会：《福建省志·文物志》，方志出版社2002年版。

② 郝思德、王大新：《海南考古的回顾与展望》，《考古》2003年第4期，第3—4页。

第二节　诸郡国的疆域、属县与交通

秦行郡县制，汉施行郡国并行制，汉武帝又设刺史部。《汉书·地理志》："汉兴，因秦制度，崇恩德，行简易，以抚海内。至武帝攘却胡、越，开地斥境，南置交趾，北置朔方之州……凡十三（郡）[部]，置刺史。"本书所研究的华南，分属交趾刺史部、荆州刺史部与扬州刺史部。

一　疆域与属县

（一）交趾刺史部

本书研究范围内的广东、广西、海南等三个省区，地处南岭之南（习称岭南）。海南全省，广东、广西两省区大部在汉代属交趾刺史部，仅北部边缘属荆州刺史部。[①]

1. 文献中的秦汉岭南诸郡国[②]

《晋书·地理志》对交趾刺史部有简要概述，约略记述了岭南地区在秦汉四百余年间的发展梗概：

> 交州。案禹贡扬州之域，是为南越之土。秦始皇既略定扬越，以谪戍卒五十万人守五岭。自北徂南，入越之道，必由岭峤，时有五处，故曰五岭。后使任嚣、赵他攻越，略取陆梁地，遂定南越，以为桂林、南海、象等三郡，非三十六郡之限，乃置南海尉以典之，所谓东南一尉也。

> 汉初，以岭南三郡及长沙、豫章封吴芮为长沙王。十一年，以南武侯织为南海王。陆贾使还，拜赵他为南越王，割长沙之南三郡以封之。武帝元鼎六年，讨平吕嘉，以其地为南海、苍梧、郁林、合浦、日南、九真、交趾七郡，盖秦时三郡之地。元封中，又置儋耳、珠崖二郡，置交趾刺史以督之。昭帝始元五年，罢儋耳并珠崖。元帝初元三年，又罢珠崖郡。

> 后汉马援平定交部，始调立城郭置井邑。顺帝永和九年，交趾太守周敞求立为州，朝议不许，即拜敞为交趾刺史。桓帝分立高兴郡，灵帝改曰高凉。建安八年，张津为刺史，士燮为交趾太守，共表立为州，乃拜津为交州牧。十五年，移居番禺。诏以边州使持节，郡给鼓吹，以重城镇，加以九锡六佾之舞。[③]

广东、广西、海南三省区的文献历史，大体开始于秦始皇在岭南始设的桂林郡、南海郡、象郡等三个郡。[④] 即《史记·秦始皇本记》所载"三十三年（公元前214年），发诸尝逋亡人、

---

① 属荆州刺史部的地区，在后文荆州刺史部的章节中介绍。

② 由于华南诸郡国不仅不同时期的政区或多或少存在变化，而且名称也偶有变更，为分析之便，本书中均以西汉晚期郡国名称称谓，不按不同时期的情况分别。如合浦郡、零陵郡、苍梧郡、郁林郡等在西汉中期之前尚不存在，闽越国在西汉中期之后也不存在，但为分析和统计之便，在西汉初期、西汉早期的分析中亦有合浦郡、零陵郡等郡的名称，而在西汉中期之后继续出现闽越国名称。在这些情况中，如是名称仅具有空间概念，而不具有任何实际的行政意义。

③ （唐）房玄龄：《晋书》，中华书局1974年版，下同。

④ 现在还没有证据能够表明，海南岛在秦代已归属中央王朝管辖。

赘婿、贾人略取陆梁地，为桂林、象郡、南海，以适遣戍"，及《后汉书·南蛮传》所载"秦并天下，威服蛮夷，始开领外，置南海、桂林、象郡"。

而随着秦王朝二世之亡（公元前 207 年），短暂统一于中央王朝不到 10 年的岭南地区，很快就被纳入秦南遣之将赵佗所建的南越国统治之下。① 《史记·南越列传》载：

> 南越王尉佗者，真定人也，姓赵氏。秦时已并天下，略定杨越，置桂林、南海、象郡，以谪徙民，与越杂处十三岁。佗，秦时用为南海龙川令。至二世时，南海尉任嚣病且死，召龙川令赵佗语曰："闻陈胜等作乱，秦为无道，天下苦之，项羽、刘季、陈胜、吴广等州郡各共兴军聚众，虎争天下，中国扰乱，未知所安，豪杰畔秦相立。南海僻远，吾恐盗兵侵地至此，吾欲兴兵绝新道，自备，待诸侯变，会病甚。且番禺负山险，阻南海，东西数千里，颇有中国人相辅，此亦一州之主也，可以立国。郡中长吏无足与言者，故召公告之。"即被佗书，行南海尉事。嚣死，佗即移檄告横浦、阳山、湟溪关曰："盗兵且至，急绝道聚兵自守！"因稍以法诛秦所置长吏，以其党为假守。秦已破灭，佗即击并桂林、象郡，自立为南越武王。

据《史记·南越列传》，汉高祖十一年（公元前 196 年），刘邦"遣陆贾因立佗为南越王，与剖符通使，和辑百越，毋为南边患害，与长沙接境"。② 这样，汉王朝被迫接受了南越自立的现实。③ 此后，到高后时，因汉"禁南越关市铁器"，于是"佗乃自尊号为南越武帝，发兵攻长沙边邑，败数县而去焉。高后遣将军隆虑侯灶往击之。会暑湿，士卒大疫，兵不能踰岭。岁余，高后崩，即罢兵。佗因此以兵威边，财物赂遗闽越、西瓯、骆，役属焉，东西万余里。迺乘黄屋左纛，称制，与中国侔"，汉越走向对立。不过文帝即位后，不久即派陆贾再次南使，赵佗于是允"去帝制黄屋左纛"，不过"其居国窃如故号名，其使天子，称王朝命如诸侯"。

据学者研究，秦南海、桂林、象郡等三郡大体就是南越国的基本统治范围。它东与闽越相接，抵今福建西部安定、平和、漳浦一带；北以南岭为界与长沙国分割；西与夜郎国、毋敛、

---

① 南越国建立的时间，史汉无载。张荣芳、黄淼章先生据"自尉佗初王后，五世九十三岁而国亡"，由南越国灭亡的公元前 111 年，上推 93 年，确定南越国建立于公元前 204 年，即汉高祖三年。见张荣芳、黄淼章《南越国史》，广东人民出版社 2008 年版，第 74 页。从两位先生推定的南越国建立时间为公元前 204 年看，其在计算 93 年时，当不含公元前 111 年，以公元前 112 年为南越国的灭亡时间。在文献中仅记载南越国灭亡于"元鼎六年冬"，未指出在当年的具体几月。从汉代的历法情况看，当时以十月为岁首，冬为一年的第一个季节（顺序为冬、春、夏、秋），因此"元鼎六年冬"自应在公元前 112 年之内。此外，据《汉书·武帝纪》，元鼎六年"春，至汲新中乡，得吕嘉首，以为获嘉县"，从其"春"看，擒获吕嘉的时间，应在公元前 111 年。而在此之前，汉武帝"行东，将幸缑氏，至左邑桐乡，闻南越破，以为闻喜县"，均系于"元鼎六年冬"，所以南越国的灭亡时间也就应在公元前 112 年无疑。但是，虽从文献看，汉代历法中冬、春、夏、秋具体长度均为 3 个月，但其具体的时间起点，却与公元纪年存在一定的差异。因此"元鼎六年冬"也就有了进入到公元前 111 年的可能。而从抓获吕嘉肯定在元鼎六年春（公元前 111 年），而其与南越国灭亡的时间又不会相隔太久的情况看，南越国灭亡的时间同样可能在公元前 111 年之内。因此由于历法本身的问题，南越国建立的时间，也就有了公元前 204 年和公元前 203 年的两种选择。

② 《汉书·高帝纪》："五月，诏曰：'粤人之俗，好相攻击，前时秦徙中县之民南方三郡，使与百粤杂处。会天下诛秦，南海尉它居南方长治之，甚有文理，中县人以故不耗减，粤人相攻击之俗益止，俱赖其力。今立它为南粤王。'使陆贾即授玺绶。它稽首称臣。"

③ 汉高祖在此前及此后还进行了将岭南先封于长沙王，或封于南海王的等不成功的无谓努力。《汉书·高帝纪》："（十二年）（公元前 195 年）诏曰：南武侯织亦粤之世也，立以为南海王。"注，文颖曰："高祖五年，以象郡、桂林、南海、长沙立吴芮为长沙王。象郡、桂林、南海属尉佗，佗未降，遥虚夺以封芮耳。后佗降汉，十一年，更立佗为南越王，自此王三郡。芮唯得长沙、桂林、零陵耳。今复封织为南海王，复遥夺佗一郡，织未得王之。"

句町边界大体在广西环江、河池、东兰、巴马、百色、德保一带。①

赵佗于建元四年（公元前137年）去世。之后南越国又有二世赵眜、三世婴齐、四世兴。至赵兴时，汉武帝讽喻南越内属，"比内诸侯"，遭丞相吕嘉等反对，"乃与其弟将卒攻杀王、太后及汉使者。遣人告苍梧秦王及其诸郡县，立明王长男越妻子术阳侯建德为王。"并"以兵击千秋等，遂灭之。使人函封汉使者节置塞上，好为谩辞谢罪，发兵守要害处"。汉武帝于是分兵五路，于元鼎六年冬（公元111年）将南越灭亡，"遂为九郡"。② 这样，岭南地区就在南越国建立的93年后，再次回到了中央政权的统一管辖之下。而汉武帝在岭南所设的南海、合浦、苍梧、郁林、珠崖、儋耳、日南、九真、交趾、象郡十郡③，除日南、九真、交趾3个郡位于越南，不在本书研究范围内外，其余7个郡均在本书分析之列。其中南海郡大多位于今广东境内，东侧有部分位于今福建境内，苍梧郡、合浦郡地跨今广东、广西二省区。珠崖郡、儋耳郡位于今海南省境内，象郡大多位于今广西境内，郁林郡大多位于今广西境内，北侧有部分地区伸入今贵州境内。

据文献记载，本书所研究的岭南七郡在设立后不久，即于昭帝始元五年（公元前82年）罢儋耳郡④，并属于珠崖。到昭帝元凤五年（公元前76年）又罢象郡⑤。至元帝初元三年（公元前46年），更在贾捐之建议下，乃罢珠崖。⑥ 于是，岭南七郡三变而为四郡。

2. 秦汉岭南诸郡国的辖境与属县

岭南诸郡国的辖境和属县，在《汉书·地理志》《续汉书·郡国志》中有较为详细记载。为了后文分析方便，在此需先将有关内容引录如下⑦：

南海郡：

> （西汉）南海郡，秦置。秦败，尉佗王此地。武帝元鼎六年开。属交州。户万九千六百一十三，口九万四千二百五十三。有圃羞官。县六：番禺，尉佗都，有盐官；博罗；中宿，有洭浦官；龙川；四会；揭阳，莽曰南海亭（《汉书·地理志》，下称《汉志》）。

---

① 张荣芳、黄淼章：《南越国史》，广东人民出版社2008年版，第95页。

② 《汉书·贾捐之传》："更起营塞，制南海以为八郡"。东汉时称为七郡，《后汉书·窦融列传》："今之议者，必有任嚣效尉佗制七郡之计。"《后汉书·马援列传》："昔伏波将军路博德开置七郡，裁封数百户。"东汉所谓七郡，乃指交州苍梧、郁林、合浦、交趾、九真、南海、日南7个郡。

③ 象郡之说，见周振鹤《西汉政区地理》，人民出版社1987年版，第181—203页。史汉记述的南越国灭亡之后的处置情况，有着明显不同。《史记·南越列传》仅为"南越已平矣，遂为九郡"，而《汉书·南粤传》具体为"南粤已平，遂以其地为儋耳、珠崖、南海、苍梧、郁林、合浦、交趾、九真、日南九郡"，罗列了9个郡名目。从《班马同异》看，《汉书·南粤传》的有关内容应属班固对《史记》内容的补充。而在《汉书》中，与南越有关的"九郡"称谓还出现过2次，如《汉书·五行志》："四将军众十万征南越，开九郡。"《汉书·苏武传》："南越杀汉使者，屠为九郡。"均与《史记》的内容相同。而从下文对"初郡十七"的分析看，在"初郡"中并不含南海郡，因此在"九郡"中也不当有南海郡。即，《史记》所言"遂为九郡"应有象郡而无南海郡。这与我们从南越木简中所看到的，在南越国统治期间已设南海郡的情况一致。即汉武帝灭亡南越国之后的南海郡，是对南越国南海郡的延续，而非新建，因此非"初郡"。而汉武帝所新建的九郡，应是在南越国南海郡之西。南越木简，见广州市文物考古研究所、中国社会科学院考古研究所、南越王宫博物馆筹建处《广州市南越国宫署遗址西汉木简发掘简报》，《考古》2006年第3期，第1—13页。

④ 《汉书·昭帝记》："（五年）罢儋耳、真番郡。"

⑤ 《汉书·昭帝记》："秋，罢象郡，分属郁林、牂柯。"

⑥ 《汉书·元帝记》："（三年），珠厓郡山南县反，博谋群臣。待诏贾捐之以为宜弃珠厓，救民饥馑，乃罢珠厓。"《汉书·贾捐之传》："初，武帝征南越，元封元年立儋耳、珠厓郡，皆在南方海中洲居，广袤可千里，合十六县，户二万三千余。其民暴恶，自以阻绝，数犯吏禁，吏亦酷之，率数年一反，杀吏，汉辄发兵击定之。自初为郡至昭帝始元元年，二十余年间，凡六反叛。至其五年，罢儋耳郡并属珠厓。至宣帝神爵三年，珠厓三县复反。反后七年，甘露元年，九县反，辄发兵击定之。元帝初元元年，珠厓又反，发兵击之。诸县更叛，连年不定……珠厓由是罢。"

⑦ 下文荆州刺史部、扬州刺史部亦全文征引会稽郡之外的各郡属县。

（东汉）南海郡，武帝置。雒阳南七千一百里。七城，户七万一千四百七十七，口二十五万二百八十二。番禺；博罗；中宿；龙川；四会；揭阳；增城，有劳领山（《续汉书·郡国志》，下称《郡国志》）。

合浦郡：

（西汉）合浦郡，武帝元鼎六年开。莽曰桓合。属交州。户万五千三百九十八，口七万八千九百八十。县五：徐闻；高凉；合浦，有关。莽曰桓亭；临允，牢水北入高要入郁，过郡三，行五百三十里。莽曰大允；朱卢，都尉治（《汉志》）。

（东汉）合浦郡，武帝置。雒阳南九千一百九十一里。五城，户二万三千一百二十一，口八万六千六百一十七。合浦；徐闻；高凉；临元；朱崖（《郡国志》）。

苍梧郡：

（西汉）苍梧郡，武帝元鼎六年开。莽曰新广。属交州。有离水关。户二万四千三百七十九，口十四万六千一百六十。县十：广信，莽曰广信亭；谢沐，有关；高要，有盐官；封阳；临贺，莽曰大贺；端溪；冯乘；富川；荔蒲，有荔平关；猛陵；龙山，合水所出，南至布山入海，莽曰猛陆（《汉志》）。

（东汉）苍梧郡，武帝置。雒阳南六千四百一十里。十一城，户十一万一千三百九十五，口四十六万六千九百七十五。广信；谢沐；高要；封阳；临贺；端溪；冯乘；富川；荔浦；猛陵；郭平（《郡国志》）。

郁林郡：

（西汉）郁林郡，故秦桂林郡，属尉佗。武帝元鼎六年开，更名。有小溪川水七，并行三千一百一十里。莽曰郁平。属交州。户万二千四百一十五，口七万一千一百六十二。县十二：布山；安广；阿林；广郁，郁水首受夜郎豚水，东至四会入海，过郡四，行四千三十里；中留；桂林；潭中，莽曰中潭；临尘，朱涯水入领方。又有斤（员）[南] 水。又有侵离水，行七百里。莽曰监尘；定周，[周] 水首受无敛，东入潭，行七百九十里；增食；欢水首受牂柯东界，入朱涯水，行五百七十里；领方；斤（员）[南] 水入郁，又有墙水。都尉治；雍鸡，有关（《汉志》）。

（东汉）郁林郡，秦桂林郡，武帝更名。雒阳南六千五百里。十一城。布山；安广；阿林；广郁；中溜；桂林；潭中；临尘；定周；增食；领方（《郡国志》）。

周振鹤先生指出，当郁林郡初设之时，领有布山、阿林、桂林、中留、定周、潭中等7个县。昭帝元凤五年（公元前76年），除象郡毋敛县属牂柯郡外，原象郡之地皆属郁林。[①]

---

① 周振鹤：《西汉政区地理》，人民出版社 1987 年版，第 203 页。

象郡：

《汉志》未载。周振鹤先生指出，其南界和西界南段当和《汉志》郁林郡同，与合浦、交趾、牂柯 3 个郡为邻；西界北端包括《汉志》牂柯郡毋敛县在内；北界即毋敛县北界，东界当在今广西大明山—都阳山一线。郡国治临尘位于今崇左。武帝元鼎六年之后，镡成县分属武陵郡。[①]

儋耳郡、珠崖郡：

《汉志》《郡国志》对二郡均无记载。《汉书·武帝记》注：

> 应劭曰："二郡在大海中崖岸之边。出真珠，故曰珠崖。儋耳者，种大耳。渠率自谓王者耳尤缓，下肩三寸。"张晏曰："《异物志》二郡在海中，东西千里，南北五百里。珠崖，言珠若崖矣。"臣瓒曰："《茂陵书》珠崖郡国治瞫都，去长安七千三百一十四里。儋耳去长安七千三百六十八里，领县五。"

而据《汉书·贾捐之传》载：

> 初，武帝征南越，元封元年立儋耳、珠崖郡，皆在南方海中洲居，广袤可千里，合十六县，户二万三千余。

据此，如《茂陵书》所言儋耳郡领县有 5 个不误，珠崖郡当有县 11 个，与前述岭南各汉郡相比，珠崖郡属县的数量明显甚多。周振鹤先生指出，除珠崖郡郡治瞫都、儋耳郡郡治儋耳外，目前仅知的二郡属县有山南县，此县初元三年之前属珠崖郡，昭帝始元五年以前不知所属。而在《太平寰宇记》卷 169 及《舆地纪胜》引《元和郡县志》中，两郡还有 6 个县之名，但均不见于《元和志》之前载籍。[②]

东汉时期，南海、苍梧、郁林等郡，除属县数量有变外，郡境无所变化。其中南海郡东汉增置增城，乃析自番禺。苍梧郡增置鄣平，郁林郡在东汉初期省并雍鸡县，合浦郡东汉末仅有合浦、徐闻、朱崖、临元 4 个县。[③]

（二）荆州刺史部

本书研究范围内的湖南，地处南岭北侧，位于荆州刺史部南部。在湖南境内，大体有长沙

① 周振鹤：《西汉政区地理》，人民出版社 1987 年版，第 202—203 页。蒙文通先生指出，秦象郡不会南至日南，并力辨《汉书》"日南郡故秦象郡"之误，又据《汉书·贾捐之传》秦"地南不过闽越，北不过太原"，指出秦南境应在珠崖之北，象郡不当更在汉之日南。见蒙文通《"秦象郡为汉日南郡"辨》，蒙文通《越史丛考》，人民出版社 1983 年版，第 58—62 页。学者关于象郡的讨论甚多，综述已有多篇：如王妙发《关于秦代象郡地望问题的讨论》，复旦大学中国历史地理研究所《历史地理研究》第一辑，复旦大学出版社 1986 年版，第 267—278 页。林明华《象郡位置诸说述要》，《东南亚研究》1989 年第 3 期，第 86—90 页。敬轩《本世纪来关于秦汉古象郡的争论》，《中国史研究动态》1995 年第 4 期，第 9—12 页。木子《关于古象郡地望问题争论的补述》，《中国史研究动态》1995 年第 9 期，第 19—21 页。而在上述综述文章之后，不少学者还发表了关于象郡的研究成果。如万竟君《秦汉象郡问题的再讨论》，《东南亚纵横》1995 年第 4 期，第 1—5 页。钱宗范《秦汉象郡位置新释》，《广西社会科学》1999 年第 2 期，第 85—87 页。均认为汉武帝时设有象郡，《汉书·昭帝记》之记载不误。
② 周振鹤：《西汉政区地理》，人民出版社 1987 年版，第 204 页。
③ 李晓杰：《东汉政区地理》，山东教育出版社 1999 年版，第 213—216 页。

国大部、武陵郡东部以及桂阳郡、零陵郡等两郡的北部。①

据文献记载，湖南境内原为百越故地。而据考古资料，多数学者认为，楚人最迟进入澧水流域的时间在西周中晚期，到春秋中晚期，楚人已占据洞庭之野。而长沙、常德及沅水中下游楚墓出现于春秋晚期，湘中楚墓出现于春秋战国之交，湘南晚到战国中晚期，此时楚应已囊括湖南全境。而在湘西地区有着较为浓厚的巴文化因素。②

秦对湖南的统治，始于秦人灭楚。《史记·楚世家》："（秦始皇二十四年）（公元前223年）秦将王翦、蒙武遂破楚国，虏楚王负刍，灭楚名为（楚）郡云。"《史记·王翦列传》："翦因举兵追之，令壮士击，大破荆军。至蕲南，杀其将军项燕，荆兵遂败走。秦因乘胜略定荆地城邑。岁余，虏荆王负刍，竟平荆地为郡县。因南征百越之君。"③ 秦人灭楚后在湖南所设之郡，文献载为黔中、长沙。而2002年里耶秦代简牍中却出现苍梧、洞庭之名，无长沙、黔中之名。对此，周振鹤先生指出，文献所载"长沙与黔中二郡实际上并不存在，应以洞庭、苍梧两郡取代之。"④层出不穷的秦代简牍，使我们不断的触摸到当时的真实历史。

《晋书·地理志》对荆州刺史部有简要概述：

> 荆州。案《禹贡》荆及衡阳之地，舜置十二牧，其一也。《周礼》："正南曰荆州。"《春秋元命包》云："轸星散为荆州。"荆，强也，言其气躁强。亦曰警也，言南蛮数为寇逆，其人有道后服，无道先强，常警备也。又云取名于荆山。六国时，其地为楚。及秦，取楚鄢郢为南郡，又取巫中地为黔中郡，以楚之汉北立南阳郡，灭楚之后，分黔中为长沙郡。汉高祖分长沙为桂阳郡，改黔中为武陵郡，分南郡为江夏郡。武帝又分长沙为零陵郡。及置十三州，因旧名为荆州，统南郡、南阳、零陵、桂阳、武陵、长沙、江夏七郡。

《汉志》《郡国志》对荆州刺史部南部的诸郡国均有较详细记载：
长沙国：

> （西汉）长沙国，秦郡，高帝五年为国。莽曰填蛮。属荆州。户四万三千四百七十，口二十三万五千八百二十五。县十三：临湘，莽曰抚睦；罗；连道；益阳，湘山在北；下隽，莽曰闰隽；（收）[攸]；酃；承阳；湘南，禹贡衡山在东南，荆州山；昭陵；茶陵，泥水西入湘，行七百里，莽曰庐乡；容陵；安成，庐水东至庐陵入湖汉，莽曰思成（《汉志》）。

① 桂阳郡、零陵郡虽跨南岭进入广东、广西，但二郡均属荆州刺史部所辖，故在此介绍。

② 何介钧：《湖南考古的世纪回眸》，《考古》2001年第4期，第3—12页。国家文物局：《中国文物地图集·湖南分册》，湖南地图出版社1997年版。湖南省地方志编纂委员会：《湖南省志·文物志》，湖南出版社1995年版。

③ 《史记·秦始皇本纪》："荆王献青阳以西，已而畔约，击我南郡，故发兵诛，得其王，遂定其荆地。"《集解》《汉书·邹阳传》曰："越水长沙，还舟青阳。"张晏曰："青阳，地名。"苏林曰："青阳，长沙县是也。"

④ 周振鹤：《秦代洞庭、苍梧两郡刍想》，《复旦学报》2005年第5期，第63—67页。目前，很多学者已就这个问题开展了讨论。略举之，如，陈伟《秦苍梧洞庭二郡刍论》，《历史研究》2003年第5期，第168—172页。赵炳清《秦洞庭郡略论》，《江汉考古》2005年第2期，第74—78转81页。钟炜《楚秦黔中郡与洞庭郡关系初探》，《湖北大学学报》2005年第4期，第442—445页。赵炳清《秦代无长沙、黔中二郡略论——兼与陈伟、王焕林先生商榷》，《中国历史地理论丛》2005年第4期，第66—70页。辛德勇《秦始皇三十六郡新考（上）》，《文史》2006年第1期，第21—66页。辛德勇《秦始皇三十六郡新考（下）》，《文史》2006年第2期，第77—106页。钟炜《洞庭与苍梧郡新探》，《南方论坛》2006年第10期，第87—88页。蔡万进《秦"所取荆新地"与苍梧郡设置》，《郑州大学学报（哲学社会科学版）》2008年第5期，第103—105页。钟炜、晏昌贵《楚秦洞庭苍梧及源流演变》，《江汉考古》2008年第2期，第92—100页。

（东汉）长沙郡，秦置。雒阳南二千八百里。十三城，户二十五万五千八百五十四，口百五万九千三百七十二。临湘；攸；茶陵；安城；鄜；湘南，侯国。衡山在东南；连道；昭陵；益阳；下隽；罗；醴陵；容陵（《郡国志》）。

武陵郡：

（西汉）武陵郡，高帝置。莽曰建平。属荆州。户三万四千一百七十七，口十八万五千七百五十八。县十三：索，渐水东入沅；孱陵，莽曰孱陆；临沅，莽曰监元；沅陵，莽曰沅陆；镡成，康谷水南入海。玉山，潭水所出，东至阿林入郁，过郡二，行七百二十里。无阳，无水首受故且兰，南入沅，八百九十里；迁陵，莽曰迁陆；辰阳，三山谷，辰水所出，南入沅，七百五十里。莽曰会亭；酉阳；义陵，鄜梁山，序水所出，西入沅。莽曰建平；很山；零阳，充。酉原山，酉水所出，南至沅陆入沅，行千二百里。历山，澧水所出，东至下隽入沅，过郡二，行一千二百里（《汉志》）。

（东汉）武陵郡，秦昭王置，名黔中郡，高帝五年更名。雒阳南二千一百里。十二城，户四万六千六百七十二，口二十五万九百一十三。临沅；汉寿，故索，阳嘉三年更名，刺史治；孱陵；零阳；充；沅陵，先有壶头山；辰阳；酉阳；迁陵；镡成；沅南，建武二十六年置；作唐（《郡国志》）。

桂阳郡：

（西汉）桂阳郡，高帝置。莽曰南平。属荆州。户二万八千一百一十九，口十五万六千四百八十八。有金官。县十一：郴，耒山，耒山所出，西南至湘南入湖。项羽所立义帝都此。莽曰宣风；临武，秦水东南至浈阳入汇，行七百里。莽曰大武；便，莽曰便屏；南平；耒阳，（春）［舂］山，（春）［舂］水所出，北至鄜入湖，过郡二，行七百八十里。莽曰南平亭；桂阳，汇水南至四会入郁（林），过郡二，行九百里；阳山，侯国；曲江，莽曰除虏；含洭；浈阳，莽曰基武；阴山，侯国（《汉志》）。

（东汉）桂阳郡，高帝置。上领山。在雒阳南三千九百里。十一城，户十三万五千二十九，口五十万一千四百三。郴，有客岭山；便；耒阳，有铁；阴山；南平；临武；桂阳；含洭；浈阳，有笔领山；曲江；汉宁，永和元年置（《郡国志》）。

零陵郡：

（西汉）零陵郡，武帝元鼎六年置。莽曰九疑。属荆州。户二万一千九十二，口十三万九千三百七十八。县十：零陵，阳海山，湘水所出，北至鄜入江，过郡二，行二千五百三十里。又有离水，东南至广信入郁林，行九百八十里；营道，九疑山在南。莽曰九疑亭；始安；夫夷；营浦；都梁，侯国。路山，资水所出，东北至益阳入沅，过郡二，行千八百里；泠道，莽曰泠陵；泉陵，侯国。莽曰溥闰；洮阳，莽曰洮治；钟武，莽曰钟桓（《汉志》）。

（东汉）零陵郡，武帝置。雒阳南三千三百里。十三城，户二十一万二千二百八十四，口百万一千五百七十八。泉陵；零陵，阳朔山，湘水出；营道，南有九疑山；营浦；泠道；洮阳；都梁，有路山；夫夷①，侯国（故属长沙）；始安，侯国，重安，侯国，故钟武，永建三年更名；湘乡；昭阳，侯国；烝阳，侯国，故属长沙（《郡国志》）。

周振鹤、李晓杰先生已对荆州刺史部南部诸郡国的沿革有成熟讨论。

长沙国：

汉高祖五年（公元前202年），刘邦"以长沙、豫章、象郡、桂林、南海立番君芮为长沙王"。②虽然因桂林、南海、象郡当时均属赵佗，豫章郡刘邦又封于淮南王黥布（"剖符为淮南王，都六，九江、庐江、衡山、豫章郡皆属布"），因此吴芮长沙国应仅有长沙一郡。不过当时吴氏长沙国所辖的长沙郡范围却依然广大，《汉书·诸侯王表·序》言"波汉之阳，亘九嶷，为长沙"。此后，如周振鹤先生所言，在高祖某年，分长沙郡南部数县设桂阳郡，于是"长沙无南边郡"，不过桂阳郡仍系于长沙国之内。③到了文帝后元五年，长沙国传国五世，因无后而国除，其地遂分为长沙、桂阳、武陵三郡。

景帝前元二年（公元前155年），景帝封子刘发为长沙王，此后传国八世，至王莽居摄二年（公元7年）被废，是为刘氏长沙国，此时其疆域已大为缩小④，而在汉人眼中还环境恶劣——"卑湿贫国"。⑤周振鹤先生指出，文帝后元七年（公元前157年）至武帝元光六年（公元前129年）之间的长沙国领域，东至建成—安城，北至州陵—高陵，南至洮阳—便县，西至临沅—都梁，面积较《汉志》大了一倍有余。⑥

西汉末年，长沙国的临湘、昭阳、烝阳三个王子侯国别属零陵郡。建武十三年（公元37年）之后，长沙除国为郡。⑦东汉长沙郡复置醴陵县，东汉后期增置汉昌县，汉末增置刘阳、临烝二县。东汉长沙郡所增置的三县，均在原郡境内变动。东汉末年，昭陵县别属零陵郡。建安十五年（公元210年），长沙郡析置汉昌郡，建安二十四年（公元219年）汉昌郡废，长沙郡领县15个。⑧

桂阳郡、零陵郡：

周振鹤先生指出，高帝五年或稍后，分长沙郡南部边县设桂阳郡。文帝后元七年，当长沙王无后而国除时，桂阳郡属汉。武帝元光六年—元朔五年（公元前124年），桂阳郡得长沙王子

① 《后汉书·第五伦传》作"扶夷"。

② 《汉书·高帝纪》。周振鹤先生指出，豫章郡或为武陵郡之讹。见周振鹤《西汉政区地理》，人民出版社1987年版，第119页。

③ 《史记·吴王濞列传》："越直长沙者，因王子定长沙以北"《集解》如淳曰："南越直长沙者，因王子定也。"《索隐》案："谓南越之地与长沙地相接。值者，因长沙王子以定长沙以北也。"

④ 《史记·五宗世家》《索隐述赞》："景十三子，五宗亲睦……长沙地小"。

⑤ 《史记·五宗世家》："长沙定王发，发之母唐姬，故程姬侍者……以孝景前二年用皇子为长沙王。以其母微，无宠，故王卑湿贫国。"《汉书·贾谊传》："贾生既辞往行，闻长沙卑湿，自以寿不得长，又以适去，意不自得。"

⑥ 周振鹤：《西汉政区地理》，人民出版社1987年版，第119—127页。而罗庆康先生据《史记·五宗世家》《集解》应劭云景帝后二年，"帝以武陵、零陵、桂阳属焉"，复原出的长沙国疆域更大，"包括了整个湖南及湖北、江西、广东、广西、贵州的一部分"。见罗庆康《长沙国研究》，湖南人民出版社1998年版，第45—50页。对应劭此言，周振鹤先生已指出"甚为荒唐，其一，零陵郡时尚未分置；其二，汉代诸王益封，至多数县，绝无益郡之理，何况刘发'无宠'"。如周先生所言，零陵郡乃置于武帝元鼎六年，因此应劭所言自当不确。故前引之文据其所定的刘氏长沙国疆域，自然也就难以成立。

⑦ 《后汉书·光武帝纪》："（建武十三年）（公元37年）丙辰，诏曰：'长沙王兴、真定王得、河间王郡、中山王茂，皆袭爵为王，不应经义。其以兴为临湘侯……'"

⑧ 李晓杰：《东汉政区地理》，山东教育出版社1999年版，第213页。

侯国七个：容陵、攸、茶陵、夫夷、都梁、洮阳、泉陵。元鼎六年（公元前111年），南越平，桂阳郡增加曲江、浈阳、阳山、含洭、始安等县①，分泉陵—泠道以西置零陵郡。宣帝元康元年（公元前65年），零陵郡地钟武，遂有《汉志》十县之地。宣帝中桂阳郡又得长沙削县耒阳、便县。而根据汉代削县之制，容陵、攸、茶陵也应属桂阳。故汉初至武帝元光六年间，桂阳郡当有郴县、临武、桂阳、南平、泠道、营道、营浦、零陵等县的范围。②

东汉时期，桂阳郡内的阳山县与含洭县合并。顺帝永和元年（公元136年）析置汉宁一县。

在西汉末年，湘乡于建平四年（公元前3年）、昭阳、烝阳于元始五年（公元5年）划属零陵郡。东汉顺帝永建三年（公元128年）零陵郡属县钟武更名为重安。东汉末年，零陵郡属县中增置观阳、昭陵二县。③

武陵郡：

周振鹤先生指出，高祖五年，割秦黔中郡（即里耶秦代简牍中的洞庭郡）分属南郡和巴郡，余地置武陵郡，封于吴芮长沙国。文帝后元七年，长沙国除，武陵郡属汉。武帝元鼎六年，得南越地镡成县。宣帝时，得长沙国削县临沅、索县、孱陵。汉五年至武帝元鼎六年之间的武陵郡，相当于《汉志》的很山、零阳、充县、酉阳、迁陵、阮里、辰阳、义陵、无阳等县范围。④

东汉武陵郡的变化主要有二：第一，郡治由西汉义陵迁至东汉临沅；第二，郡境北端变化较大。光武帝建武二十六年（公元50年），增置沅南县。最晚到章帝建初三年（公元78年），分孱陵置作唐县。约在建初四年（公元79年），很山别属江陵国。顺帝阳嘉三年（公元134年），索县改名汉寿。建安十三年（公元208年）后，作唐、孱陵二县别属南郡。大体上武陵郡所领县皆沿沅、澧二水分布，其开发沿江而进行。从义陵、无阳均位于沅水上游，东汉皆废看，东汉二地的开发暂时衰退，而武陵郡开发的重点应在郡内北部。⑤

（三）扬州刺史部

本书研究范围内的江西、福建两省，在汉属扬州刺史部所辖，分属豫章郡和会稽郡。

1. 闽越国的短暂历史

据文献记载，自秦代开始，中原政权对南方的影响逐渐扩展到闽中，闽越族一度被秦朝统治。而在秦末的反秦斗争中，闽越也参与其中。汉初，刘邦立无诸为闽越王。⑥

在吴王刘濞所领导的"七国之乱"中，闽越王不从其乱，未受影响。"后数世，至孝景三年，吴王濞反，欲从闽越，闽越未肯行"。但由于吴王之子逃到闽越，怨恨东瓯于丹徒杀死吴

---

① 《后汉书·循吏列传》："先是含洭、浈阳、曲江三县，越之故地，武帝平之，内属桂阳。"

② 周振鹤：《西汉政区地理》，人民出版社1987年版，第127—128页。此外，由于马王堆汉墓帛书的出土，很多学者对其中出现的古代城市进行了考订，如，周世荣《马王堆三号汉墓地形图古城邑的调查》，《湖南考古辑刊2》，岳麓书社1984年版，第81—86页。张修桂《马王堆〈地形图〉绘制特点、岭南水系和若干县址研究》，《历史地理》第五辑，上海人民出版社1987年版，第130—145页。王子今《马王堆古地图交通史料研究》，《江汉考古》1992年第4期，第65—70转49页。

③ 李晓杰：《东汉政区地理》，山东教育出版社1999年版，第208—210页。

④ 周振鹤：《西汉政区地理》，人民出版社1987年版，第128页。

⑤ 李晓杰：《东汉政区地理》，山东教育出版社1999年版，第210—211页。

⑥ 《史记·东越列传》："闽越王无诸及越东海王摇者，其先皆越王句践之后也，姓驺氏。秦已并天下，皆废为君长，以其地为闽中郡。及诸侯畔秦，无诸、摇率越归鄱阳令吴芮，所谓鄱君者也，从诸侯灭秦。当是之时，项籍主命，弗王，以故不附楚。汉击项籍，无诸、摇率越人佐汉。汉五年，复立无诸为闽越王，王闽中故地，都东冶。孝惠三年，举高帝时越功，曰闽君摇功多，其民便附，乃立摇为东海王，都东瓯，世俗号为东瓯王。"《汉书·高帝纪》："（高祖五年）（公元前202年）诸侯伐秦，亡诸身帅闽中兵以佐灭秦，项羽废而弗立。今以为闽粤王，王闽中地，勿使失职。"东瓯位于今浙江南部温州一带，不在本书研究范围之中。

王，鼓动闽越进攻东瓯，二越大战。后在汉王朝出兵的情况下，闽越退兵，东瓯内迁。[1] 此后余善窃号为王，汉王朝不愿兴兵，"因立余善为东越王，与繇王并处"。

至元鼎五年（公元前 112 年），"南越反，东越王余善上书，请以卒八千人从楼船将军击吕嘉等。兵至揭阳……持两端，阴使南越。及汉破番禺，不至"。因此"楼船将军杨仆使使上书，愿便引兵击东越。上曰：士卒劳倦，不许，罢兵。令诸校屯豫章梅岭待命"。至元鼎六年秋（公元前 111 年），"余善闻楼船请诛之，汉兵临境，且往，乃遂反，发兵距汉道……刻'武帝'玺自立"。于是汉武帝派遣"横海将军韩说出句章，浮海从东方往；楼船将军杨仆出武林；中尉王温舒出梅岭；越侯为戈船、下濑将军，出若邪、白沙。元封元年冬，咸入东越。"于是，在汉军压境之下，越衍侯吴阳、建成侯敖、繇王居股等"杀余善，以其众降横海将军"，此后"天子曰：东越狭多阻，闽越悍，数反覆。诏军吏皆将其民徙处江淮间。东越地遂虚"。[2] 这样，在闽越国灭亡之后，汉王朝不仅未在其地开展如南越国灭亡后的广设郡县，反因进行了直接的人口外迁而使其地"遂虚"。这样，在汉王朝的统治下，原属于闽越国的地区就虽属于会稽郡管辖，但仅设有 1 县：

（西汉）会稽郡，秦置。高帝六年为荆国，十二年更名吴。景帝四年属江都。属扬州……冶（《汉志》）。

（东汉）会稽郡秦置。本治吴，立郡吴，乃移山阴。雒阳东三千八百里。十四城，户十二万三千九十，口四十八万一千一百九十六……章安，故（治）［冶］，闽越地，光武更名（《郡国志》）。

会稽郡由之而为汉末百三郡国之冠。[3] 李晓杰先生已指出，今传《郡国志》此节有误，当为"章安。东冶，故冶，闽越地，光武更名"。即，东汉时福建境内设东冶，非章安县。[4] 而直至三国孙吴，才在福建境内设郡，辖县数目始有增加。[5]

2. 豫章郡的辖境与属县

豫章郡在秦为九江郡，文献中的集中记载见于《汉志》《郡国志》：

（西汉）豫章郡，高帝置。莽曰九江。属扬州。户六万七千四百六十二，口三十五万一千九百六十五。县十八：南昌，莽曰宜善；庐陵，莽曰桓亭；彭泽，禹贡彭蠡泽在西；鄱阳，武阳乡右十余里有黄金采。鄱水西入湖汉。莽曰乡亭；历陵，傅阳山、傅阳川在南，古文以为傅浅原。莽曰蒲亭；余汗，余水在北，至鄡阳入湖汉。莽曰治干；柴桑，

① 《史记·东越列传》："吴王子子驹亡走闽越，怨东瓯杀其父，常劝闽越击东瓯。至建元三年，闽越发兵围东瓯。东瓯食尽，困，且降，乃使人告急天子……乃遣庄助以节发兵会稽。会稽太守欲距不为发兵，助乃斩一司马，谕意指，遂发兵浮海救东瓯。未至，闽越引兵而去。"

② 有关闽越国史的著作，主要有，杨琮《闽越国文化》，福建人民出版社 1998 年版。福建省炎黄文化研究会、福建省文化厅《闽越文化研究》，海峡文艺出版社 2002 年版。吴春明《中国东南土著民族历史与文化的考古学观察》，厦门大学出版社 1999 年版。吴绵吉《中国东南民族考古文选》，中国考古艺术研究中心 2007 年版。朱维幹《福建史稿·上》，福建教育出版社 1984 年版。

③ 周振鹤：《西汉政区地理》，人民出版社 1987 年版，第 40 页。

④ 李晓杰：《东汉政区地理》，山东教育出版社 1999 年版，第 232 页。

⑤ 《晋书·地理志》："建安郡故秦闽中郡，汉高帝五年以立闽越王。及武帝灭之，徙其人，名为东冶，又更名东城。后汉改为候官都尉，及吴置建安郡。统县七，户四千三百。建安 吴兴 东平 建阳 将乐 邵武 延平。"

莽曰九江亭；艾，脩水东北至彭泽入湖汉，行六百六十里。莽曰治翰；赣，豫章水出西南，北入大江；新淦，都尉治。莽曰偶亭；南城，盱水西北至南昌入湖汉；建成，蜀水东至南昌入湖汉。莽曰多聚；宜春，南水东至新淦入湖汉。莽曰脩晓；海昏，莽曰宜生；雩都，湖汉水东至彭泽入江，行千九百八十里；鄡阳，莽曰豫章；南野，彭水东入湖汉；安平，侯国。莽曰安宁（《汉志》）。

（东汉）豫章郡高帝置。雒阳南二千七百里。二十一城，户四十万六千四百九十六，口百六十六万八千九百六。南昌；建城；新淦；宜春；庐陵；赣，有豫章水；雩都；南野，有台领山；南城；鄱阳，有鄱水。黄金采；历陵，有傅易山；余汗；鄡阳；彭泽，彭蠡泽在西；柴桑；艾；海昏，侯国；平都，侯国，故安平；石阳；临汝，永元八年置；建昌，永元十六年分海昏置（《郡国志》）。

秦代九江郡内属县的设置情况，学者已有探讨，如《中国历史地图集》标示九江郡内有"番阳""庐陵"两县。许怀林1998年提出，"秦时江西境内的县治，承前的是番、艾，新立的可能还有馀汗、南埜（即野）、庐陵、安平、新淦。但是有疑点未能解决"。[1] 此后，陈文华、陈荣华《江西通史》基本沿用其说，认为秦至少设番、艾两县，但对余汗、南野、庐陵等县回避不论。[2] 肖华忠认为秦代已设10个县，分别为艾、鄱阳、彭泽、余汗、庐陵、安平、新淦、宜春、赣县、南埜。[3] 卢星、许智范、温乐平认为，在秦统一百越（公元前214年）之前，九江郡的南境只限于赣中以北，设县数只有2—4个，除番、艾易定外，余汗、南埜文献无直接记载，难以确定。而赣东、赣南等越人活动区域仍以军事据点为主，赣中以南的大部分地区尚处于"无政府"状态，严密的政区管理尚未建立。[4]

豫章郡在西汉时期辖境和属县的变化，周振鹤、李晓杰先生对其已有研究。周振鹤先生指出，文帝十六年（公元前164年），以庐江郡、豫章郡置庐江国。景帝四年，庐江国除，两地属汉。从时间上看，汉初豫章郡位于庐江郡之南，而庐江郡有《汉志》豫章郡北部濒江之地，鄱阳为郡国治，余干为境内属县。武帝元狩二年（公元前121年）废江南庐江郡，其地分属鄡郡和豫章郡，此后豫章郡遂有《汉志》所言规模，直至汉末。[5] 王安春进一步指出，汉初豫章郡的属县的分布稀疏，多邻近水域，军事地位普遍重要，呈区域的不平衡发展状态。[6]

李晓杰先生指出，东汉前期豫章郡无大变化，直到和帝永元间，增置数县。其中，永元八年（公元96年）增置临汝县，永元九年（公元97年）增置石阳县，永元十六年（公元104年）分海昏县置建昌县，达到前述《郡国志》所言规模。此后灵帝中平中（公元184—189年），析置上蔡、永修、新吴、西安、汉平、乐平（乐安）6个县。献帝初平二年（公元191年）析置南安县，献帝初年析置葛阳县。此外，献帝时，豫章先后分置庐陵、彭泽、鄱阳三郡，并析置数县。至建安末，豫章郡有属县18个，郡境大为缩小。[7]

① 许怀林：《江西史稿》，江西高校出版社1998年版，第21页。
② 陈文华、陈荣华：《江西通史》，江西人民出版社1999年版，第95页。
③ 肖华忠：《秦代江西开发及其县置之蠡测》，《秦汉史论丛》第六辑，江西教育出版社1994年版，第146—155页。
④ 卢星、许智范、温乐平：《江西通史·秦汉卷》，江西人民出版社2008年版，第6—8页。
⑤ 周振鹤：《西汉政区地理》，人民出版社1987年版，第48—53页。
⑥ 王安春：《汉初豫章郡所辖十八县的分布特点及原因》，《江西广播电视大学学报》2001年第1期，第49—50页。
⑦ 李晓杰：《东汉政区地理》，山东教育出版社1999年版，第238—244页。

3. 南海国

汉初曾封南海王。《汉书·高帝纪》"（高祖十二年）（公元前195年）诏曰：南武侯织亦粤之世也，立以为南海王。"文颖注指出："高祖五年，以象郡、桂林、南海、长沙立吴芮为长沙王。象郡、桂林、南海属尉佗，佗未降，遥虚夺以封芮耳。后佗降汉，十一年，更立佗为南越王，自此王三郡。芮唯得长沙、桂林、零陵耳。今复封织为南海王，复遥夺佗一郡，织未得王之。"认为南海王只是名义上之南海王，未管辖其地。而从南海王后来举兵谋反，即《汉书·严助传》之"前时南海王反，陛下先臣使将军间忌将兵击之，以其军降，处之上淦"的情况看，南海王原封地自当在上淦之外。

南海国之所在文献未载，全祖望认为当在清代的汀州、潮州、赣州之间，周振鹤先生据此指出，汀、潮、赣之间于汉初即闽越国、南越国与淮南国之间，于汉末即会稽郡、南海郡与豫章郡之间，当今闽越赣三省之间。①

蒙文通先生曾指出，"《汉书·地理志》南海郡有揭阳县，莽曰南海亭，亭名南海，地望正合，宜即故南海王国也"。②饶宗颐先生以为此说"甚有说服力"，并指出，"浮滨文化遗存分布于粤东与闽西，恰巧是闽南方言的区域，要寻找汉初南海王国的所在，此中正可透露出一点信息"，而"南海王国亡之后，揭阳县一度确属于闽越王"。因此，"南海王织所封本在揭阳县境，由于屡次反叛，其地后来遂为闽越所奄有"。③如是，南海国的位置，当处于赣南、闽西、粤东地区，与全祖望之所甚合。也就是相当于过去认为是南越国所属的南海郡的东部、汉王朝统辖下的豫章郡南部、原认为是闽越国统治地区的西部。不仅目前学者所考订认为的南越国的东界应西移，且揭阳县在南越国时期也应为南海国而非南越国所有。④若是，《汉书·高帝纪》诏以南海封南武侯织的内容，就并非"遥封"，而是高祖以秦南海郡的一部分封于南武侯织。当然，从当时汉王朝的军事行动并未涉及于此，此地之前未被汉王朝管辖的情况看，这里原本可能一直就由南武侯织所管辖，即诏书承认的"南武侯织亦粤之世也"，汉高祖和汉王朝此时不过是像对南越国赵佗、闽越王无诸的分封一样，对一种既成事实的承认罢了。

蒙文通先生还指出，南海国在"文帝时已迁之上淦（《舆地纪胜》卷三四谓上淦即临江军之新淦县），其在故淮南国之庐江界中无疑也"。《汉书·淮南王传》所载的"南海民处庐江界中者反，淮南吏卒击之"，是"处庐江界中"的"南海民"反，由此可定，南海国原不应在庐江界中。而从庐江西为长沙国，东为会稽郡的情况看，南海国原来所处的位置也就只能位于庐江之南。而从"南海王织上书献璧帛皇帝，忌擅燔其书，不以闻"的记载看，淮南王既然能截留南海王的贡物和上书，那迁到上淦之后的南海王，很可能已受淮南王挟制。因此，当南海民反时，才会发生不由南海王镇压，反而由"淮南吏卒击之"的情况，而且其行为更还得到天子"遣使者赉帛五十匹，以赐吏卒劳苦者"的奖励，表明此时的南海国大体上已成"国下之国"。而从《汉书·严助传》所载的"以其军降，处之上淦。后复反，会天暑多雨，楼船卒水居击棹"

---

①　周振鹤：《西汉政区地理》，人民出版社1987年版，第39—40页。

②　蒙文通：《越史丛考》，人民出版社1983年版，第42—43页。

③　饶宗颐：《从浮滨遗物论其周遭史地与南海国的问题》，原载《潮学3》，转引自贺益明《揭阳县志（1986—1991）续编》，广东经济出版社2005年版，第531—535页。

④　潘蒨早已指出，南海国"织既称南海王，以摇之东海观之，织国必达于南海，而不必圉于豫章……当时之南海国，实跨有江西福建两省而达于海"，"织所据地，在今江西之东南以迄福建之西南，介于闽越与南越之间……南海国之北，与淮南国交境。"潘蒨：《汉南海王织考》，《文史汇刊》第一卷第三期，第123—133页。

的情况看，南海王迁徙到上淦后，不仅有楼船卒镇压之"复反"，还有淮南卒镇压之"反"，依然反叛不断。

据《汉书·南粤传》："粤揭阳令史定降汉，为安道侯"的记载，揭阳在南越国灭亡前当属南越国所有。这与"元鼎五年，南粤反，余善上书请以卒八（十）［千］从楼船击吕嘉等。兵至揭阳，以海风波为解，不行，持两端，阴使南粤"记载中所显示出的，揭阳为南越最东方之地的情况正相吻合。即，余善之兵虽至揭阳，但并未进攻揭阳，因此才有"不行，持两端"之说。当然，可能正是由于至此方有南越之人，故才出现对余善"阴使南粤"的指责。从上述几件事的时间前后看，大体是南海国在文帝时内迁到上淦后，揭阳从南海国"转手"到南越国统治之下，南越国于是"完整"地拥有了南海郡之地。①

二　交通

交通系统的完备程度决定古代国家的领土规模、防御能力和行政效能。交通系统是统一国家维持生存的首要条件。社会生产的发展也以交通发达程度为必要条件。生产技术的革新、生产工具的发明以及生产组织管理方式的进步，通过交通条件可以成千、成万倍地扩大影响，从而推动整个社会的进步。从社会史、文化史的角度来看，交通网的布局、密度及其通行效率，决定了文化圈的范围和规模，甚至交通的速度也对社会生产和生活的节奏有着重要的影响。②

（一）文献记载

华南诸郡国的交通情况，在文献中记载甚少，大体情况如下：

第一，秦占岭南后，南岭设有关。如《汉书·南粤传》有"横浦、阳山、湟溪关"，南越国时一直延续，故有"高后时，有司请禁粤关市铁器"之举。

第二，岭南、岭北的交通甚为不便。秦时为了占领岭南，于是开凿灵渠，以利军粮供应，《汉书·严助传》："使尉屠睢将楼船之士攻越，使监禄凿渠运粮，深入越地。"③ 在南越国于岭南立国后，其状况未变。据《汉书·南粤传》，"高后遣将军隆虑侯灶击之，会暑湿，士卒大疫，兵不能隃领"，南北依然甚为不便。因此，在汉王朝计划进攻南越国时，唐蒙提出"今以长沙、豫章往，水道多绝，难行。窃闻夜郎所有精兵，可得十余万，浮船牂柯江，出其不意"。④ 而《汉书·南粤传》等文献所载"卫尉路博德为伏波将军，出桂阳，下湟水；主爵都尉杨仆为楼船将军，出豫章，下横浦；故归义粤侯二人为戈船、下濑将军，出零陵，或下离水，或抵苍梧；使驰义侯因巴蜀罪人，发夜郎兵，下牂柯江"的交通线中，多属秦时已有。⑤

当汉王朝灭亡南越国，在岭南广设郡县后，这种情况也长期未变。直到东汉中期，岭南汉郡的贡献之物，均要从海路转运至京师洛阳。《后汉书·虞延传》："建初八年，代郑众为大司

① 邱立诚先生也认为："揭阳县的建置很可能是在南越国后段，这才与史定担任揭阳令的时间相吻合。"见邱立诚《有关南越国史迹的几项考古发现》，《中国古都研究》（第二十三辑），三秦出版社 2008 年版，第 80—91 页。不过潘眆先生认为："南海王终厉王之世，尚复存在，未为淮南国所灭。严助所云之闽越三王，南海自当其一。汉破闽越，尽从其民于江淮之间，而虚其地。南海国之覆灭，当在武帝元封元年也。""越族诸国，遂为汉所尽灭矣。"潘眆：《汉南海王织考》，《文史汇刊》第一卷第三期，第 133 页。
② 王子今：《秦汉交通史稿》，中共中央党校出版社 1994 年版，第 4 页。
③ 《史记·平津侯主父传》已有类似记载。
④ 《史记·西南夷传》。
⑤ 王子今：《秦汉交通史稿》，中共中央党校出版社 1994 年版，第 168—171 页。

农。旧交趾七郡贡献转运,皆从东冶泛海而至,风波艰阻,沉溺相系。弘奏开零陵、桂阳峤道,于是夷通,至今遂为常路。"直到此时开通"零陵、桂阳峤道",南北交通才有所顺达。

第三,《后汉书·窦融传》有记载。"永元十年,梁棠兄弟徙九真还,路由长沙,逼瓖令自杀",看来从九真郡到洛阳的南北交通中,有一条道路经由长沙。

第四,在文献中载有郡国治至都城的距离。《汉书·高帝纪》注引《茂陵书》:"象郡国治临尘,去长安万七千五百里。"《后汉书·文苑列传》注引《茂陵书》:"珠崖郡都郎暳,去长安七千三百里。"

《续汉书·郡国志》云:

> （武陵郡）雒阳南二千一百里。
> （长沙郡）雒阳南二千八百里。
> （豫章郡）雒阳南二千七百里。
> （零陵郡）雒阳南三千三百里。
> （桂阳郡）雒阳南三千九百里。
> （南海郡）雒阳南七千一百里。
> （苍梧郡）雒阳南六千四百一十里。
> （郁林郡）雒阳南六千五百里。
> （合浦郡）雒阳南九千一百九十一里。

《郡国志》"广信"注引《汉官》,"刺史治,去雒阳九千里";"汉寿"注引《汉官仪》,"去雒阳三千里"。

目前未见西汉长安到华南郡国的里程记载,因此《茂陵书》内容究竟是否正确还难以确定,但从珠崖郡与儋耳郡均位于海南岛,而儋耳郡距京城有"万七千五百里",而珠崖郡仅有"七千三百里"的情况分析,起码在珠崖郡的记述中当有"万"字佚失。而从《郡国志》记载中位于华南北部的武陵郡、长沙郡、豫章郡距离京城在"二千多里",位于长沙国、武陵郡南侧的桂阳郡、零陵郡在"三千余里"左右,苍梧郡、郁林郡位于岭南,为"六千余里",合浦郡位置最南,里程有"九千多里",南海郡有"七千余里",各地的里程基本呈由北而南递增的情况看,文献所载的里程应大体较为可信。因此张森楷《校勘记》认为《续汉书》苍梧郡、郁林郡里程有误,"苍梧去雒阳较南海远,上南海云七千一百里,此只六千余里,殊非事实,且郡首县广信,是广信即郡治也,广信下注云去雒阳九千里,非六千余里矣。六字疑误。下郁林同"的意见,就可暂时存疑。[①] 因为,虽合浦郡里程达"九千余里",在华南诸郡中确显突兀,可能确有传抄误写,但我们实际也无法排除,当时从苍梧郡郡国治广信南下至合浦之间,是否需来回迂曲转折,致使里程加大。同理,南海郡里程较苍梧郡为大,可能是由交通迂回曲折,也可能是采用的路线不同。而《汉官》广信及《郡国志》苍梧郡至雒阳,《汉官仪》汉寿及《郡国志》武陵郡至雒阳,相关距离均相差较大;以《郡国志》诸数据较规律,且从下引苏仙桥西晋木简反映出《郡国志》与木简所载里程相差较小的情况看,《汉官》《汉官仪》数据有误的可能明显较大。

---

① 《续汉书·郡国志》校勘记。

（二）出土简牍记载

出土简牍中，有更详细的交通里程。

里耶古城 J1⑯：52①：

鄢到销百八十四里。

销到江陵二百卅六里。

江陵到屏陵百一十里。

屏陵到索二百九十五里。

索到临沅六十里。

临沅到迁陵九百一十里。

凡四千四百卅四里。

记载了从鄢至江陵，再至迁陵的邮路里程（图一·2·1）。虽然该简牍的上段残缺，但据内

图一·2·1　里耶 J1 出土里程残简

（郑曙斌、张春龙、宋少华、黄朴华：《湖南出土简牍选编》，

岳麓书社 2013 年版，第 140 页）

---

① 湖南省文物考古研究所：《里耶发掘报告》，岳麓书社 2007 年版。

容中由北向南的记录顺序，该记录的起点可能应是当时的首都咸阳。[1]

虎溪山一号墓 M1T：43—99[2]：

廷到长安，道函谷三千二百一十九里，其四百卅二里沅水。

其中"廷"应指县廷或侯国治廷，其记载当时从沅陵经函谷关到长安的路程全长3219里，其中沅水航线432里。

苏仙桥木牍：

新近刊布的郴州苏仙桥出土晋代木牍中，有桂阳郡较详细的里程资料。[3] 其内容主要分以下两类。

第一类内容，与县治间距离有关（图一·2·2）：

便令谈隆

治便。城周匝一里十五步，高一丈五尺。在郡北，去郡一百廿里，去江州一千四百八十里，去京城三千五百一十里。领吏一百六十一人，卒十三人（1—1 木牍）。

晋宁令周系

治晋宁。城周匝一里二百卅步，高一丈五尺。在郡东，去郡一百卅里，去江州一千七百卅里，去京城三千七百里。领吏一百廿五人，卒十二人（1—2 木牍）。

县东界去县八十里，到临武县五十里（1—9 木牍）。

县东界去县卅里，从界到郴县呈乡酒官卅里（1—22 木牍）。

万年亭北到湘东利阳县界十五里（1—27 木牍）。

到耒阳六十二里（1—37 木牍）。

德阳亭南到郴界十里（1—40 木牍）。

县南界去县七十五里，从界到郴县五十里（2—313 木牍）。

县西北梧界去县一百卅三里，从界到耒阳县历亭十二里（2—350 木牍）。

南界水道都邮传去县二百里，南到水界六十里（2—44 木牍）。

第二类内容，邮驿间距离及废置、置吏情况：

迁度亭西到故长连邮廿五里，废无居人（1—4 木牍）。

长连邮西到深浦亭十五里，不在正路，依己卯诏书省（1—6 木牍）。

都邮南到谷邮廿五里，吏黄明士三任主（1—26 木牍）。

都邮北到故佳邮十里，废无居人（1—55 木牍）。

---

① 张春龙、龙京沙：《里耶秦简三枚地名里程木牍略析》，《简帛》第1辑，上海古籍出版社2006年版，第265—274页，三简牍后发表于《里耶发掘报告》。

② 湖南省文物考古研究所、怀化市文物处、沅陵县博物馆：《沅陵虎溪山一号汉墓发掘简报》，《文物》2003年第1期，第36—55页。

③ 湖南省文物考古研究所、郴州市文物处：《湖南郴州苏仙桥遗址发掘简报》，《湖南考古辑刊8》，岳麓书社2009年版，第93—117页。木牍的发现地郴州即桂阳郡属县郴县，其内容大体均应是上计的档案，如其中有"桂阳郡上城邑户口田租绵娟贾布计阶上书"。

图一·2·2   郴州苏仙桥西晋木牍

（郑曙斌、张春龙、宋少华、黄朴华：

《湖南出土简牍选编》，岳麓书社 2013 年版，

第 367 页）

攀德亭到故佳邮六里，废无居人，今置迷桥驿（1—74 木牍）。

长听驿北到故万年亭二里，吏区宽民二人主（1—75 木牍）。

松泊邮南到德阳亭廿五里，吏区浦民二人主（2—166 木牍）。

洛泉邮西北到松亭十五里，不在正路，依己卯诏书省（2—359 木牍）。

谷驿南到故松泊邮十五里，废无居人（2—374 木牍）。

和邮到两桥驿一百廿里，吏李频士四人主（2—384 木牍）。

故谷亭一所，废无居人（2—386 木牍）。

在苏仙桥1—1木牍、1—2木牍中,便、晋宁为桂阳郡属县,其中晋宁为东汉汉宁①,江州为巴郡治所,京城为国都洛阳。这批简牍因有元康、永康、太安等晋惠帝年号,其时间在公元300年前后,但由于此时离东汉灭亡之时不远,且县治、京城均未迁移,因此该两枚木牍所记载的内容,也就是汉代两县至京城的距离,可为我们分析桂阳郡交通所用。

从其内容看,便县在郴县北120里,距京城3510里,桂阳郡郡国治郴县距京城的里程当在3630里左右。此数字与《郡国志》郴县至京城"三千九百里"相差270里,为"三千九百里"的6.9%左右。②推测造成这种差距的原因,除文献传抄有误外,更可能的原因是道路改线(从1—4、1—6、1—55、1—74等木牍的内容看,不少邮驿的荒废应即意味着邮驿所附道路的相应改变③)。

1—9木牍中虽未出现县名,但据其内容,牍中此县的位置当在临武县之西130里,而因在桂阳郡中仅南平县在临武县之西,因此1—9木牍记载内容的对象,当为桂阳郡南平县。即,据此牍可知,在当时的交通网中,南平县县城至该县的东界为80里,临武县县城至临武县的西界为50里,两县城相距130里。

1—22木牍未出现县名,从其内容描述看,其明显应位于郴县之西,而从郴县之西仅有南平、临武二县,而临武县最靠近郴县的情况看,此木牍记载内容的对象当为临武县。即,临武县县城距东界为40里,而东界到郴县呈乡酒官为30里,二者相距70里。目前由于尚不清楚呈乡酒官至郴县郡城的距离,因此还难以确定郴县至临武县城之距,不过在结合1—4木牍后,我们大体可以确定临武县东西应有90里。

1—27木牍未出现万年亭所在县名。利阳县《晋书·地理志》属湘东郡,《晋书·州郡志》载其立于257年废于395年④,《中国历史地图集》未确定具体位置。从木牍内容看,利阳县当位于万年亭所在县的北侧,而从《中国历史地图集》载桂阳郡内耒阳县即为最北,再北即湘东郡界的情况分析,1—27木牍记载内容的对象当为耒阳县。从耒阳县北侧即桂阳郡郡界,又从木牍中耒阳县万年亭之北即为利阳县的县界的情况判断,利阳县应与耒阳县相邻,二者之界应同时为湘东郡与桂阳郡之界。即,虽然我们不知道利阳县南界至利阳县县城的距离,也不知道耒阳县万年亭到耒阳县县城的距离,但从木牍内容中,我们至少可以判断利阳县的位置应紧邻耒阳,位于耒阳之北。

2—313木牍未出现所在县名,从内容描述看,其当位于郴县北侧,与郴县相邻。而郴县北侧即为便县,因此据木牍内容可知,在当时交通网中,郴县县城距郴县北界当为50里,而向北

---

① (梁)沈约:《宋书》,中华书局1974年版,下同,不再详注。《宋书·地理志》:"晋宁令,汉顺帝永和元年立,曰汉宁,吴改曰阳安,晋武帝太康元年改曰晋宁。"

② 木牍中所载:晋宁县距江州1730里,距郴县130里,郴县距江州当为1600里。而1600的距离正为便县1480里加上便县至郴县120里的距离,因此可知从晋宁县到江州的道路,要经过郴县。但从晋宁县在郴县东侧130里,去京城3700里计算,郴县距离京城3570里,不仅少于《郡国治》3900里,且少于前述3630里约60里。造成二者不一的原因,推测可能与晋宁县去京师道路不需通过郴县有关,当然也可能是"近而不进",即从郴县外围而去京师,如同今日许多城市的绕城道路一样。

③ 1—6木牍有"长连邮息道深浦亭十五里,不在正路,依乙卯诏书省",长连邮被认为"不在正路"的情况,明显应是道路改变所致。

④ (唐)房玄龄等:《晋书》,中华书局1974年版,下同,不再详注。《晋书·州郡志》:"湘东太守,吴孙亮太平二年,分长沙东部都尉立。晋世七县,孝武太元二十年,省酃、利阳、新平三县。"

75 里为便县县城，便县与郴县之间相距 125 里，与 1—1 木牍中便县距离郴县 120 的距离仅相差5 里，其原因同样可能是由于道路变化所致。

2—350 木牍未出现所在县名，从内容描述看，该县应位于耒阳东南，与耒阳相邻。由于耒阳东南即为便县，因此其所记对象当为便县。从木牍内容看，便县县城向西北至梧界为 143 里，而此地距耒阳的历亭为 12 里，耒阳县城距离历亭为 165 里。木牍中"梧"字含义不明，未刊布照片，待考，推测很可能是县界所在的具体地名。

1—37、1—40 木牍均未出现所在县名。据 1—40 木牍内容，德阳亭当位于郴县北侧，故从位置判定，其所在之县当为紧邻郴县的便县。1—37 木牍尚难以确定具体属县，但从木牍原有编连，清理时分组揭揜，且 1—37 木牍与 1—40 木牍编号相近的情况推测，其所记之县可能亦为便县或耒阳县。而如为便县，便县至耒阳县之间当为 62 里，但从 2—313 木牍看便县至郴界为 75里，从 2—350 木牍看，郴县县城距北界 143 里，均非 62 里，因此 1—37 木牍的属县就极可能为耒阳县。从木牍中出现县界时均与交通相关，而耒阳北为利阳县，南为便县，其境内交通以南北为主的情况推测，此县界当为耒阳县的北界或南界。即，耒阳县城至北界或南界的距离为 62里。如为南界，耒阳县城至南界 62 里，而耒阳南界也就是便县北界到便县 143 里，耒阳县城至便县为 205 里。如为北界，耒阳县城至北界为 62 里，因万年亭距离耒阳县北界 15 里，因此耒阳县距离万年亭当为 47 里。从 1—40 木牍中德阳亭距郴县北界 10 里，而郴县北界至便县县城 75里，德阳亭距便县县城当为 65 里。

2—166 木牍出现松泊邮和德阳亭，其中松泊邮位于德阳亭北侧，而德阳亭亦见于 1—40 木牍，属便县，因此松泊邮亦当属便县。从其距德阳亭 25 里看，松泊邮距郴界应为 35 里，距便县县城 40 里。

2—374 木牍出现谷驿和松泊邮，谷驿位于松泊邮之北，其当在便县之内。如前，其距郴界当为 50 里，据便县县城为 25 里。

1—26 木牍有都邮，位于谷驿之北 25 里，若谷驿即为谷邮，都邮距郴界 75 里。木牍中未出现都邮的所在地，据《宋书·百官志》："郡官属略如公府，无东西曹，有功曹史，主选举，五官掾，主诸曹事，部县有都邮、门亭长，又有主记史，催督期会，汉制也"，都邮应位于县城之内。从 1—26 木牍中都邮位于郴县北侧的位置分析，此都邮当为便县都邮。从前述 1—40 木牍、2—166 木牍、2—374 木牍、1—26 木牍连缀起来的都邮距郴界间 75 里的距离看，其正与 2—313木牍中所计算的便县县城距郴县县界 75 里完全相同，表明此都邮当即为便县都邮。

1—55 木牍有佳邮，位于都邮北侧 10 里，若其与 1—26 木牍中为同一都邮，此佳邮当在便县境内，距便县都邮 10 里。1—74 木牍有攀德亭，距佳邮 6 里，虽未介绍其在佳邮的哪侧，但从都邮在佳邮南侧推测，攀德亭应在佳邮之北，如是，攀德亭距便县都邮为 16 里。由于 2—350木牍介绍了便县县城至西北梧界的距离，而佳邮、攀德亭又均位于便县的北侧，因此二地很可能即位于便县县城西北至梧界的交通线上。

1—75 木牍有万年亭，而万年亭亦见于 1—27 木牍中，属耒阳县，若其为同一地点，长听驿亦当位于耒阳县内，如是，据利阳县南界 17 里。

1—4 木牍、1—6 木牍中均有长连邮，若二者所记长连邮为一地，迁度亭至深浦亭之间的距离应为 40 里。

这样根据苏仙桥出土的西晋木牍，我们就大体复原出当时桂阳郡内的交通路网：

郴县至便县 120 里（1—1 木牍）或 125 里（2—313 木牍）。

郴县至汉平县 130 里（1—2 木牍）。

南平县治临武县 130 里（1—4 木牍）。

临武县至东界 40 里，东界至郴县呈乡酒官 30 里（1—22 木牍）。

便县县城至西北梧界 143 里，梧界据耒阳县历亭 12 里（2—350 木牍）。

耒阳县万年亭至北侧利阳县南界 15 里（1—27 木牍），万年亭之南 2 里为长听驿（1—75 木牍）。

耒阳县县城至耒阳县的南界或北界 62 里（1—37 木牍）。

郴县北界至便县县城 75 里，至郴县县城 50 里（2—313 木牍）。

郴县北界至便县县城依次有德阳亭、松泊邮、谷驿、都邮，其中郴县北界至德阳亭 10 里（1—40 木牍）、德阳亭至松泊邮 25 里（2—166 木牍）、松泊邮至谷驿 15 里（2—374 木牍）、谷驿至都邮 25 里（1—16 木牍）。

便县县城之北有佳邮，相距 10 里（1—55 木牍），佳邮北侧为攀德亭，相距 6 里（1—74 木牍）。

此外，还有因不明属县而暂时无法纳入路网中的一些里程，如迁度亭至长连邮 25 里（1—4 木牍），长连邮至深浦亭 15 里（1—6 木牍）。南界水道都邮传去县 200 里，南到水界 60 里（2—44 木牍），和邮到两桥驿 120 里（2—384 木牍）。

于是，凭籍出土的简牍资料，我们就第一次见到了郡级交通干道的详细里程。

《二年律令·行书律》简 264，"十里置一邮，南郡江水以南，至索南界，廿里一邮"。陈伟先生指出，"邮路大概主要分布在郡与郡之间的干道上，而以京师为中枢"。[①] 从苏仙桥木牍的发现看，在桂阳郡内邮之间的距离相差较大，其中目前最为明确的郴县北界至便县之间的 75 里中，设立了德阳亭、松泊邮、谷驿、都邮，而在北侧为佳邮、攀德亭，分别间距 25 里、15 里、25 里、10 里、6 里，相差较大。而如仅以邮计，松泊邮至都邮 65 里，都邮至佳邮 10 里，相差更大。其原因即可能与道路的具体情况是否适合等距离置邮有关，也可能与上述邮、驿建于不同时间，很可能不在一条路上（如佳邮废置）有关，至于是否还存在其他原因，目前尚难确定。

从《郡国志》的书写体例与各地出土简牍中的里程记录格式完全一致的情况看，前述《郡国志》相关里程，很可能就应是当时的实际邮程。从其所记载的这些里程出发，我们可约略了解到当时都城到各郡国治之间交通干道的大体走向。[②] 陈梦家先生考证，汉代的 1 里相当于今天

　　① 陈伟：《秦与汉初的文书传递系统》，载中国社会科学院考古研究所、中国社会科学院历史研究所、湖南省文物考古研究所《里耶古城·秦简与秦文化研究——中国里耶古城·秦简与秦文化国际学术研讨会论文集》，科学出版社 2009 年版，第 150—157 页。王子今先生对秦汉邮传等问题开展过全面研究。见王子今《秦汉交通史稿》，中共中央党校出版社 1994 年版，第 455—480 页。

　　② 对里耶出土里程木牍的木牍的研究，除前引张春龙、龙京沙的研究外，还有王子今《秦汉时期湘江洞庭水路邮驿的初步考察——以里耶秦简和张家山汉简为视窗》，《湖南社会科学》2004 年第 5 期，第 136—138 页。钟炜《里耶秦简牍所见历史地理及相关问题》，武汉大学 2004 年硕士学位论文。王文西《读里耶里程简札记》，《船山学刊》2007 年第 3 期，第 129—131 页。而类似的里程简在西北汉简中亦有发现，如，甘肃文物考古研究所等编《居延新简》，文物出版社 1990 年版，第 395—396 页。郝树声《敦煌悬泉里程简地理考述》，《敦煌研究》2000 年第 3 期，第 102—107 页；《敦煌悬泉里程简地理考述（续）》，《敦煌研究》2005 年第 12 期，第 63—68 页。

的 325 米[①]，据此则前述各地点之间交通距离的长短可相应而得。

希望今后能不断发现如里耶简牍、虎溪山汉简、苏仙桥晋代简牍等更多的里程资料，使我们可将各郡国间、各郡国内的主要干线如桂阳郡一样不断缀合起来，不仅能与文献所载进行比对，而且能不断的恢复出当时的交通路网。

第三节　"初郡制度"

秦汉王朝施行郡国并行之制。当统一岭南及西南夷地区后，汉武帝就在新设立的"初郡"地区，采取了一种与以往不同的统治政策。[②]《史记·平准书》载：

> 汉连兵三岁，诛羌，灭南越，番禺以西至蜀南者置"初郡"十七，且以其故俗治，毋赋税。南阳、汉中以往郡，各以地比给"初郡"吏卒奉食币物，传车马被具。而"初郡"时时小反，杀吏，汉发南方吏卒往诛之，间岁万余人，费皆仰给大农。大农以均输调盐铁助赋，故能赡之。然兵所过县，为以訾给毋乏而已，不敢言擅赋法矣。

《汉书·食货志》的记载近同[③]，其他地区依然如旧。

一　"初郡"的范围
（一）"十七初郡"

"初郡"一词，最早见于《史记·平准书》。而"初郡"所指，《平准书》未有具体郡名，晋灼在《汉书·食货志》注中提出，"十七初郡"为：

第一，越地所开九郡（元鼎六年）（公元前 111 年）：南海、苍梧、郁林、合浦、交趾、九真、日南、珠崖、儋耳。

第二，西南夷地所开八郡：牂柯、武都、越巂、零陵（元鼎六年）（公元前 111 年）、沈黎、汶山、犍为（建元六年）（公元前 135 年）、益州（元封二年）（公元前 109 年）。

但如前所言，象郡直至汉昭帝元凤五年（公元前 76 年）始罢，因此从其位于"番禺以西至

---

① 杨宽先生认为汉制 1 里相当于 414 米，见杨宽《中国历代尺度考》，商务印书馆 1955 年版。陈梦家先生则认为当以 325 米为合适。见陈梦家《汉简考述》，《考古学报》1963 年第 1 期，第 77—110 页，106 页。

② 周振鹤先生曾在《西汉县城特殊职能探讨》中对"初郡"进行了简要分析，认为"武帝元鼎年间以后，情况就大不相同，南越、西南夷等大片地区归入西汉版图，这时少数民族的居住地域已不是零散的点，而是大片的面，设道的办法已不适用。因此元鼎六年后武帝在南越、西南夷地区置"初郡"17 个，以为管理少数民族的特别行政区域"。见周振鹤《西汉县城特殊职能探讨》，《周振鹤自选集》，广西师范大学出版社，1999 年版，第 24 页。该文原刊于《历史地理研究 1》，复旦大学出版社 1986 年版，第 91 页。周振鹤先生在相关专著中也对"初郡"进行过分析。如周振鹤《中国地方行政制度志》，上海人民出版社 1998 年版；《中国行政区划通史·总论》，复旦大学出版社 2009 年版。胡绍华先生曾专文研究"初郡制度"。见胡绍华《汉朝"初郡政策"研究》，中央民族大学历史系主编《民族史研究》第一辑，民族出版社 1999 年版，第 75—93 页；《浅析汉朝"初郡政策"的历史作用》，《商丘师范学院学报》2003 年第 6 期，第 10—14 页；《汉朝开创了中央王朝治理南方民族的基本政策》，载胡绍华《中国南方民族历史文化探索》，民族出版社 2005 年版，第 292—308 页。此外，在胡绍华先生所著的《中国南方民族发展史》中对此也有专节论述。见胡绍华《中国南方民族发展史》，民族出版社 2004 年版。

③ "汉连出兵三岁，诛羌，灭两粤，番禺以西至蜀南者置'初郡'十七，且以其故俗治，无赋税，南阳、汉中以往，各以地比给'初郡'吏卒奉食币物，传车马被具。而'初郡'又时时小反，杀吏，汉发南方吏卒往诛之，间岁万余人，费皆仰大农。大农以均输调盐铁助赋，故能澹之。然兵所过县，县以为訾给毋乏而已，不敢言轻赋法矣。"

蜀南者"间的地理位置看，"初郡"中自当有象郡。而这就与晋灼的"十七初郡"产生抵牾。在分析相关文献后，据史汉书例，"初郡"当无南海郡，晋灼之言并不尽确：

第一，"十七初郡"在史汉中有明确的范围，即"番禺以西至蜀南者"。其中"番禺"与"蜀"均不应在"十七初郡"之列[①]，二者在此处的出现是提供"十七初郡"的两侧范围，为"初郡"外界，并非"初郡"（蜀郡设置甚早，自不应在"初郡"之列）。也就是说，"初郡"是番禺（南海郡）以西至蜀郡之南（即"南海郡〈…"初郡"…〉蜀南"），而非从番禺开始至蜀郡南（即并非"南海郡≤…"初郡"…≥蜀南"）。

第二，晋灼"十七初郡"首郡即南海郡，以南海郡为"十七初郡"起点，其乃是将界定"初郡"范围的南海郡包括进去，而未包括蜀郡。他的这种界定，与前引"初郡"范围的记载有着明显抵牾。简言之，晋灼的"初郡"范围是"番禺≤…"初郡"…〉蜀郡"。

第三，在史、汉二书中，"以西至"这样的语例，除此处外，还有不少。如《汉书·匈奴传》："单于欢喜，上书愿保塞上谷以西至敦煌"。若按晋灼分析之例，上谷郡当在"保塞"之列。但从文献看，当时上谷郡已为汉郡，若单于所提"保塞"的范围中有上谷郡在内，其也就有了向汉索要上谷郡的含义在内。而从接到上书后汉君臣争论中均未提及上谷郡的归属看，单于"保塞"要求中并不含上谷郡。

在文献中，若要将范围两侧的界限均包括在内，一般要以"自"来界定。如《汉书·诸侯王表》："天子自有三河、东郡、颍川、南阳，自江陵以西至巴蜀，北自云中至陇西，与京师内史共十五郡"[②]，作为起点的"江陵"（为南郡郡国治，此处代指南郡）和"云中"（云中郡，郡国治云中）就都在十五郡之内。类似记载还有不少，如《汉书·西域传》："自宛以西至安息国，虽颇异言"，又如《史记·大宛列传》："自乌孙以西至安息，以近匈奴"。不仅宛是西域诸国之一，乌孙也近匈奴，因此用"自"将其包括在内。[③] 而如《汉书·匈奴传》："卫青复出云中以西至陇西，击胡之楼烦、白羊王于河南"，云中为汉郡，自然不会在卫青攻打之列。[④]

---

① 番禺此处当代指南海郡，就如今日以北京代指中国。

② 文中文字下的下划线均为作者所加，下同。

③ 此外还有不少记载，如《汉书·翟方进传》："三辅闻翟义起，自茂陵以西至汧二十三县盗贼并发"，茂陵在"二十三县"之中，不过此条记载中的"茂陵"明显不如"宛""乌孙"的性质那样明显可以确定。

④ 除上述记载外，在文献中"以东至"有《史记·秦始皇本纪》"自雍门以东至泾、渭，殿屋复道周阁相属"；《史记·汉兴以来诸侯王年表》"自雁门、太原以东至辽阳，为燕代国"；《史记·货殖列传》"关中自汧、雍以东至河、华，膏壤沃野千里，自虞夏之贡以为上田"；《后汉书·乌桓鲜卑传》"乃自分其地为三部，从右北平以东至辽东，接夫余、濊貊二十余邑为东部，从右北平以西至上谷十余邑为中部，从上谷以西至敦煌、乌孙二十余邑为西部"。"以南至"有《史记·货殖列传》"九疑、苍梧以南至儋耳者，与江南大同俗，而杨越多焉"；正义"今儋州在海中。广州南去京七千余里。言岭南至儋耳之地，与江南大同俗，而杨越之南，越民多焉"，亦认为不含九疑、苍梧在内。"以北至"有《汉书·沟洫志》"自冐以北至徒骇间，相去二百余里，今河虽数移徙，不离此域"；《汉书·灌婴传》"复以中谒者从降下砀，以北至彭城"；《汉书·彭越传》"今取睢阳以北至谷城，皆许以王彭越"。而之前"项王与汉王相距荥阳，越攻下睢阳、外黄十七城"，因此"取""睢阳以北至"的范围应不含睢阳在内。而从《史记·项羽本纪》"君王能自陈以东傅海，尽与韩信；睢阳以北至谷城，以与彭越"，以及《史记·彭越传》"与此两国约：即胜楚，睢阳以北至谷城，皆以王彭相国；从陈以东傅海，与齐王信"看，其均未在"睢阳以北至谷城"前加"自"或"从"，表明分封彭越时，睢阳应不在其列。目前可能的例外见《史记·项羽本纪》，"项王乃立章邯为雍王，王咸阳以西，都废丘……故立司马欣为塞王，王咸阳以东至河，都栎阳"，《汉书·项籍传》也载"三分关中，王秦降将以距塞汉道。乃立章邯为雍王，王咸阳以西。长史司马欣，故栎阳狱吏，尝有德于梁；都尉董翳，本劝章邯降。故立欣为塞王，王咸阳以东至河"，无论雍王还是塞王的分封范围，均未见"自""从"等字。在咸阳不可能两属的情况下，按史汉体例，此处应有脱文，不然咸阳就当空而未封。而据《史记·高祖本纪》"八月，汉王用韩信之计，从故道还，袭雍王章邯。邯迎击汉陈仓，雍兵败，还走；止战好畤，又复败，走废丘。汉王遂定雍地。东至咸阳，引兵围雍王废丘，而遣诸将略定陇西、北地、上郡"的进军路线，咸阳当属雍王所有。因此此属脱文，而非例外。

故从史、汉书例看，"番禺以西至蜀南者"的"十七初郡"中，不应包括作为东侧界限的番禺（南海郡）和西侧界限的蜀郡，南海郡并非"初郡"。而据前文，象郡在空间上位于南海郡之西，因此当在"初郡"之列，正合"十七"之数。

谭其骧先生曾指出，"十七初郡"中当进象郡而退零陵，周振鹤先生亦持此说。① 从以上分析看，按史、汉二书"以西至"等语例，"十七初郡"中当不含南海郡，零陵郡似尚可保留。如是，"十七初郡"当为越地苍梧、合浦、郁林、象郡、交趾、九真、日南、珠崖、儋耳等九郡，西南夷牂柯、武都、越嶲、零陵、沈黎、汶山、犍为、益州等八郡。

（二）"初郡"特指"十七初郡"

虽然确定了"十七初郡"的构成，但是否在此之外还有其他"初郡"？

从字面看，"初郡"大体是与"往郡"相对的一组词汇。"初郡"首先是"新郡"，是在汉武帝时期在新获之地所设的汉郡。但据《汉书·地理志》，在汉武帝及其后帝王在位期间，除了上述 17 个郡外，还设立了不少新郡。如陈留郡、九江郡、山阳郡、临淮郡、武都郡、金城郡、天水郡、武威郡、张掖郡、酒泉郡、敦煌郡、安定郡、西河郡、朔方郡、玄菟郡、乐浪郡等等。因此，单从这些新郡设立的时间和地点看，除陈留、山阳、临淮三郡位于内地，其余大体都分布在西北和东北的新属汉统治地区。因此对汉王朝而言，其也是"初郡"。不过，胡韶华先生已指出，这些郡均不在"初郡"之列。其原因，不仅是史汉文献对"初郡"的数目有明确记载，而且还有指定的空间（"番禺以西至蜀南"），此外设置"初郡"的时间也有界定（"汉连兵三岁"），即公元前 111 至公元前 109 年间。因此，超出此空间、时间范围的汉代新设立的郡，就都不是"初郡"。当时之所以对"初郡"有如此严格的限定和区别，不仅同一定时期内汉开疆拓土的进程有关，而且更包含了汉在某一时期对边疆地区的统治模式在内。因此，只有符合了上述两方面的限制，才能称为"初郡"②。

由于"初郡"不仅有着疆域的概念，还包含了汉对这些边疆地区治理制度的内容在内，与特定的统治方式有关，因此笔者将之称为"初郡制度"。

二　"初郡制度"的内容与变化

汉武帝所创的"初郡制度"主要包括以下四个方面的内容：

第一方面，据前引《汉志》《郡国志》，汉在"初郡"内设置了汉郡所应有的各种职官，如郡级的太守，县道的令、长等职官。这样，随着郡、县等职官的设置，"初郡"从形式上就与其他汉郡之间没有太多差别。当然，从西南夷地区的记载，许多县级政权的管理者均由当地首领担任，并非汉所派遣而来。在这种情况中，汉对这些民族官员多数只是就既成事实的任命而已。

此外，在"初郡"与中央及其他汉郡之间，还设置了必须的邮传系统。③

第二方面，在"初郡"地区"以其故俗治"，按当地旧有风俗和制度进行治理，不因其为汉之属郡，而施行与汉王朝旧郡一致的汉律和制度。这种"以其故俗治"的政策，西汉时期基本

---

① 周振鹤：《西汉县城特殊职能探讨》，《周振鹤自选集》，广西师范大学出版社 1999 年版，第 24 页。周振鹤先生指出，谭其骧先生意见原发表于《中国历史大辞典通讯》，1980 年 11—12 月，笔者未见。
② 《史记索隐》提出"初郡，即西南夷初所置之郡"，不确；又认为"谓之「初」者，后背叛而并废之也"，亦非。
③ 从《后汉书·循吏列传》的记载看，邮传系统的建立经历了一个较长的时间。"吏事往来，辄发民乘船，名曰'传役'。每一吏出，傜及数家，百姓苦之。飒乃凿山通道五百余里，列亭传，置邮驿。于是役省劳息，奸吏杜绝。"可见在此之前，需要民众负担有关劳役。桂阳郡的邮驿设置在东汉卫飒任桂阳太守之时，而之前未有。

上实行不变。而北方移民在当地的不断进入和繁衍，也只不过使其"稍使学书，粗知言语，使驿往来，观见礼化"，直到东汉之前，"初郡"依然"山川长远，习俗不齐，言语同异，重译乃通，民如禽兽，长幼无别，椎结徒跣，贯头左衽，长吏之设，虽有若无"。①很明显，汉武帝在设立初郡时"以其故俗治"的政策，前后承继，具有着长久的政策连贯性。而如《后汉书·马援列传》所载：

> 援将楼船大小二千余艘，战士二万余人，进击九真贼征侧余党都羊等……条奏越律与汉律驳者十余事，与越人申明旧制以约束之，自后骆越奉行马将军故事。

据《后汉书·光武帝记》，此事发生于光武帝建武十九年（公元 43 年）。从其记载看，从"初郡"初设到马援讨伐征侧并取得胜利之时，在 154 年时间里，在九真郡这样的"初郡"地区，都一直按当地自有法律"越律"治理——尽管"越律"与"汉律"存在不少相悖之处（"越律与汉律驳者十余事"）。而马援在当地所做的为后世称道并沿袭的工作，并不是改变这种政策，而仅是重申政策——"与越人申明旧制以约束之"——允许当地继续施行原有越律（"旧制"）不变，对于越律与汉律不同者，仅"条奏"而未加擅改。此后也遵循不变——"自后骆越奉行马将军故事"。"马将军故事"实质就是延续"初郡"设置之初的"以其故俗治"之政策不变。

据文献记载，在进入东汉之后，"以其故俗治"的政策开始不断遭到破坏。《后汉书·南蛮传》载："光武中兴，锡光为交趾，任延守九真，于是教其耕稼，制为冠履，初设媒娉，始知姻娶，建立学校，导之礼义。"地方官员再也不安于"虽有若无"的"无为"状况，开始进行主动的"教化"，不断改变着当地"故俗"。

当然，如锡光、任延等"初设媒娉，始知姻娶，建立学校，导之礼义"的行为，在东汉时期并不仅仅限于"初郡"。在其他非汉武帝所设"初郡"的华南郡国内，这种地方官主导的改变当地习俗的行为不断出现。如《后汉书·卫飒传》记载：

> 建武二年，辟大司徒邓禹府。举能案剧，除侍御史，襄城令。政有名迹，迁桂阳太守。郡与交州接境，颇染其俗，不知礼则。飒下车，修庠序之教，设婚姻之礼。期年间，邦俗从化。

《后汉书·茨充传》也记载：

> 南阳茨充代飒为桂阳，亦善其政，教民种殖桑柘麻纻之属，劝令养蚕织屦，民得利益焉。

因此，从文献记载看，大体在进入东汉后不久，由地方官主导的改变各郡旧有习俗的行动，在华南逐步展开。不过，据《后汉书·许荆传》记载：

---

① 《三国志·吴书·薛综传》，载（晋）陈寿《三国志》，中华书局 1982 年版。下同，不再详注。

和帝时，稍迁桂阳太守。郡滨南州，风俗脆薄，不识学义。荆为设丧纪婚姻制度，使知礼禁。

很明显，直至东汉和帝（公元89—105年）时，当许荆任桂阳太守后，依然需要在桂阳郡内重复前任如卫飒、茨充所作的改变"故俗"的工作。也就是说，在经过多任地方官的主动改变后，这些故俗依然在顽强的延续，而所谓的"邦俗从化"的教化结果，可能并不持久。一旦这些被称为"循吏"的地方官去任，那些"故俗"仍将顽强的"恢复"于当地。此外，如《后汉书·应奉传》载，"永兴元年（公元153年），拜武陵太守。到官慰纳，山等皆悉降散。于是兴学校，举仄陋，政称变俗"，亦是地方官在当地推行"教化"。

第三方面，汉王朝在"初郡"地区"毋赋税"，不向当地百姓征收其他汉郡内民众所必须负担的各种赋税。而由于汉在"初郡"地区不征收赋税，因此为了支持"初郡"的日常开支和发展，汉王朝规定，"南阳、汉中以往郡，各以地比给'初郡'吏卒奉食币物，传车马被具"。①于是在"初郡"不征赋税的背景下，另择内地汉郡（"往郡"）向"初郡"提供一郡官员管理和运营所需的财政支持，使其得以运转和正常发展。而这种"毋赋税"的政策，其实也并不仅仅限于"初郡"之内，在华南的其他一些地区，也依然存在。如《后汉书·卫飒传》就载"民居深山，滨溪谷，习其风土，不出田租"。

与"以其故俗治"的变化一样，进入东汉后"毋赋税"的政策就被不断破坏或放弃。至少到东汉安帝永初七年（公元113年）时，零陵郡中不仅已有租赋，而且租赋还可大量外调。《后汉书·安帝纪》载，"九月，调零陵、桂阳、丹阳、豫章、会稽租米，赈给南阳、广陵、下邳、彭城、山阳、庐江、九江饥民"，汉王朝在零陵郡这种"初郡"内的赋税政策的前后变化，不可谓不小。

当然，这种开始或加重赋税的做法，在华南其他郡国也并不罕见。如《后汉书·卫飒传》载，桂阳郡内原本赋税较少的地方，因"流民稍还，渐成聚邑"，而"使输租赋，同之平民"，聚邑中百姓开始缴纳租赋。《后汉书·南蛮传》载，"顺帝永和元年，武陵太守上书，以蛮夷率服，可比汉人，增其租赋"，征收赋税的范围不断扩大。

"可比汉人，增其租赋"以及各地地方官对当地故俗的主动性改造，事实上成为了东汉华南郡国叛乱不断的重要原因（详后）。

第四方面，在"以其故俗治""毋赋税"的政策下，"初郡"内的军队主要应由归顺的各民族首领掌管。这是因为：

各"初郡"内的民族首领原来都有一定的军队，如《汉书·南粤传》载："戈船、下濑将

---

① 为何选择南阳郡、汉中郡对"初郡"进行财力支持，过去学者未加探究。笔者考虑之所以选择二郡，除了主要是因为二郡设郡甚早，发展较为成熟，有足够力量支持"初郡"发展外，从二郡空间位置和统属关系分析，很可能与汉中郡、南阳郡分别位于益州刺史部和荆州刺史部的最北侧，最靠近当时富庶的关中和中原，且二郡向南交通较为便利等原因有关。当时"初郡"的设置情况是，益州刺史部七郡，荆州刺史部一郡，交趾刺史部九郡。在三刺史部中，益州刺史部最北且富庶者即为汉中郡，荆州刺史部最北且富庶者即为南阳郡，而交趾刺史部除南海郡外均为"初郡"。从南北交通看，汉中郡向南至西南夷的道路较为近捷，而南阳郡向南至交趾刺史部诸郡的交通也较为便利。因此，可能正是从交通便利及在不同刺史部内的统属情况出发，益州刺史部内的"初郡"就由汉中郡负责，而荆州刺史部、交趾刺史部内的"初郡"就由南阳郡负责（是否如此，自需今后更多资料证明）。

军兵及驰义侯所发夜郎兵未下，南粤已平"，其"夜郎兵"即为当地旧有军队。即使首领归顺，且首领有义务派遣军队跟随汉王朝参加战斗，但"夜郎兵"等各民族首领的旧有军队也不会被纳入到汉王朝整个的军队系统之中。

"初郡"设立后，在"以其故俗治"政策下民族首领继续保持旧有军队，因此才发生汉征西南夷参加南越国之战时，"且兰君"拒绝出兵并反叛之事。①

从"初郡""时时小反，杀吏"，需"汉发南方吏卒往诛之"，无法由本郡处理，要近郡调兵镇压的情况看，汉王朝在"初郡"内应无多少直属兵卒。

因此，从"以其故俗治""毋赋税"政策出发，"初郡"百姓即使依然需参加军队，所参加的也应是本民族首领的军队，而不需承担汉郡兵役。而这也应是"初郡"兵卒甚少，在动乱发生后动辄即需其他郡兵卒前去镇压的主要原因。也就是说，在军事上，"初郡"内军队由各民族首领掌管，"初郡"百姓不承担汉郡兵役。

汉在"初郡"地区的军事措施，可能主要是设置都尉②，如西南夷地区犍为郡的汉阳、越巂郡的定筰、牂柯郡的夜郎，南越旧地郁林郡的领方、交趾郡的麊泠、合浦郡的朱卢、九真郡的无切，此外在牂柯郡进桑设置南部都尉。汉王朝通过设立都尉，形成对"初郡"地区的军事控制。

如前述情况一样，在进入东汉后，华南"初郡"或非"初郡"地区的郡兵就被不断征发。如《后汉书·岑彭传》："十一年春（建武十一年）（公元35年），彭与吴汉及诛虏将军刘隆、辅威将军臧宫、骁骑将军刘歆，发南阳、武陵、南郡兵，又发桂阳、零陵、长沙委输棹卒，凡六万余人，骑五千匹，皆会荆门。吴汉以三郡棹卒多费粮谷，欲罢之。"这种情况均不见于西汉时期。而到东汉晚期，这种情况就更为常见。如《后汉书·刘表传》："（建安三年）（公元198年），长沙太守张羡率零陵、桂阳三郡叛表，表遣兵攻围，破羡，平之。"

三 "初郡制度"的后果与影响

从前文看，特别是从"以其故俗治"和"毋赋税"两项"初郡制度"核心内容的执行情况看，汉武帝所创"初郡制度"在西汉时期得以长期维持，但在进入东汉之后，就不断遭到有关郡国地方官的主动"破坏"。大体上，随着这两项核心制度的破坏，在相关郡国内，"初郡制度"随之消失。

西汉"初郡制度"的施行后果，主要有以下四个方面：

第一，各地风俗长期不变。如据《三国志·吴书·薛综传》，直到东汉早期，华南很多地方依然"习俗不齐，言语同异，重译乃通，民如禽兽，长幼无别，椎结徒跣，贯头左衽"，保持着旧有"故俗"。此外在一些非"初郡"的华南郡国内，如从《后汉书·卫飒传》《后汉书·许荆传》《后汉书·南蛮传》的记载看，这种情况也同样存在。

第二，"长吏之设，虽有若无"，西汉在"初郡"等地设置的官吏，大体上如《三国志·吴

---

① "初郡"设立后的记载不多，因此在此处只好采用在"初郡"设置前不久的文献。但从"以其故俗治"的政策看，在"初郡"设置后，这种情况当不会改变。

② 《汉书·百官公卿表》："郡尉，秦官，掌佐守典武职甲卒，秩比二千石。有丞，秩皆六百石。景帝中二年更名都尉。"《汉书·高帝纪》注："孟康曰：尉，郡都尉也。师古曰：本謂之郡尉，至景帝时乃改曰都尉。"都尉是一地负责军事的直接负责人。

书·薛综传》所言的"交趾刺史以镇监之"一样，仅镇监而已。因此由于其"无为而治"，故而在以记述政治人物活动为主的传世文献中，就未能出现西汉时期的各"初郡"官员姓名（《后汉书·南蛮传》有珠崖太守孙幸之名），与东汉时期层出不穷的华南各级官吏人名与事迹的情况形成鲜明对比。

第三，除了儋耳郡和珠崖郡外，其他"初郡"内发生反叛的情况甚为少见，华南郡国的社会发展甚为平稳安定，与东汉诸郡国此起彼伏的反叛形成鲜明对比。

第四，从北方来的汉人与当地土著之间虽有一定的文化交流，但如《三国志·吴书·薛综传》所言，"中国罪人杂居其间，稍使学书，粗知言语，使驿往来，观见礼化"，是一种潜移默化般的缓慢的文化交融，与东汉时期诸郡官吏强化推行的"教化"完全不同。

总体而言，从上述四方面内容看，汉在"初郡"内设置了与其他汉郡大体一样的各种官吏，建设并维护起连通"初郡"与汉中央及其他汉郡之间的邮传系统，当是"初郡"设立后汉王朝在当地所做的最主要工作。设立、委派或派遣官员，建设、完善并维护和其他汉郡一致的、完善的官僚和通讯系统，既是汉王朝对"初郡"进行有效、实质统治的体现，也是对"初郡"加以管理的根本保证，更是"初郡"地区归属汉王朝、划入汉王朝版图的直接外在表现。随着"初郡"的设置，汉王朝版图空前扩大。

"以其故俗治"的政策，使"初郡"在政治上归属汉王朝的前提下，延续并保持了当地旧有政治、法律、文化和经济等方面的习俗、制度，不按汉王朝施行甚久的制度或意愿"积极"变更，"无为而治"。于是，"国家对少数民族地区不仅给优惠政策"，而且还"给切实的帮助"[1]，就使"初郡"可以在统一王朝的财政支持下，按当地民族与区域的特点自由发展。"初郡"既保证了疆域统一，又能延续当地原有的政治、经济与文化传统。虽然在这种政策下，在东汉时期的中原官吏看来，当地"民如禽兽""可谓虫豸，有靦面目"[2]，与中原文化存在巨大差异；但如胡韶华先生所言，其稳定和巩固了中原王朝在南方少数民族地区的统治，减轻了当地民族的负担，缓和了社会矛盾，有利于少数民族地区的社会经济发展，开创了汉朝以后中央王朝对南方民族政策的先河，并为之后各代王朝所继承，使中央王朝对南方民族地区的统治一步步加深，有利于统一多民族国家的形成与发展，具有重要的历史作用。

需要指出的是，胡韶华先生认为，东汉王朝官吏在华南推行的"教化"，"帮助南方少数民族发展生产和文化教育的政策，促进了南方少数民族社会经济、文化的发展，在客观上逐步缩小了南方少数民族与中原汉族之间的差距"。但恰如前文所言，不仅这些"教化"与"以其故俗治"的精神完全违背，而且其大都发生在大量破坏"初郡制度"的东汉时期。主动推行"教化"的行为，与前述在"初郡"地区征收租税破坏"毋赋税"政策的行为一样，均根本上违背了汉武帝制定的"初郡制度"。虽然在当时的中原和今天的很多学者看来，这些行为确实推动了当地社会的经济、文化发展，但其却不仅与"初郡政策"无关，且严重破坏着"初郡制度"。

第四节　华南诸郡国的户数与口数

从"初郡"设置时开始，也就是进入西汉中期以后，华南地区就进入了"初郡时代"。

---

① 费孝通：《中华民族多元一体格局》，中央民族学院出版社 1989 年版，第 1—36 页。
② 《三国志·吴书·薛综传》。

受文献多以"帝王将相"等人物事迹为主开展记述的局限，加之在空间上岭南地区又远离汉王朝的政治中心，在进入"初郡时代"之后——也就是直接受汉王朝统治之后，岭南诸郡国由于没有了南越国等与汉王朝等对立政权的存在，它们就越来越少地出现在文献之中。同时，岭北诸郡国一如既往地延续了较少见诸于文献的"传统"。因此在现有文献中，就不仅没有"初郡制度"对相关地区发展情况的直接记载，同时也缺乏与"初郡"同时的华南其他郡国发展情况的直接介绍。要了解包括"初郡"在内华南诸郡国进入"初郡时代"后的发展情况，需要对零星见于各种文献的相关内容进行必要的整理与分析，之后才能根据具体情况开展专题研究。

散见于文献中的华南诸郡国的相关记载，大体可分为属县数与户数、口数，反叛与镇压，进贡方物，人口迁徙等多个方面，而各方面又多有交叉。其中，属县数、户数与口数，是有关华南诸郡国文献资料中最为"整齐"的内容，集中见于前引《汉志》《郡国志》。

据文献，《汉志》所载人口、属县数量的时间，大体为汉平帝元始二年（公元 2 年）[①]；《郡国志》为顺帝永和五年（公元 140 年）。从二书的记载时间看，第一，我们缺乏"初郡"设置时的人口与属县数量，最早的《汉志》资料也距"初郡"设置有 113 年时间，其虽与"初郡"有关，但也仅是西汉晚期的"初郡"情况[②]；第二，我们亦缺乏东汉晚期的人口与属县数量，《郡国志》相关记载的统计时间约为永和五年，属东汉中期，距东汉灭亡还有 80 年之久，东汉晚期的相关情况不详。[③] 虽有上述不足，使我们难以对"初郡"设置后的情况有更加全面的了解，但从西汉晚期至东汉中期的上述数据，却依然为我们揭示出了华南在"初郡时代"的一些基本情况。[④]

一 属县数、户数与口数

人口、领土和主权是国家构成的三大要素，对人口的登记在中国由来已久。据《周礼》载："司民掌登万民之数。自生齿以上皆书于版，辨其国中，与其都鄙，及其郊野，异其男女，岁登下其死生。"从现有资料看，至少在秦代已经有了一套严密的户口登记制度，每年各郡及属县、

---

① 葛剑雄先生已经指出，"班固在总述户口数时只说是平帝时的情况，并未确指哪一年，仅在京兆尹下注明为元始二年数。考虑到原始资料的残缺以及《汉志》颇有体例不一之处，我们很难断定其他郡国都是用了元始二年的数字，只能说是西汉末期（哀帝、平帝间）人口高峰时的数字"。见葛剑雄《中国人口史》第一卷，复旦大学出版社 2002 年版，第 318 页。此处采用元始二年，仅是为了与"初郡"设立的时间进行计算，下同。由于葛剑雄先生《中国人口史》后出版，因此与《西汉人口地理》中相近的观点和提法，本书多以《中国人口史》为准，不再征引《西汉人口地理》。参见葛剑雄《西汉人口地理》，人民出版社 1986 年版。

② 虽然目前很多学者已经推算出西汉不同时期的人口自然增长率，但是由于华南地区文献记载甚少，发展差异较大，因此难以依据这些自然增长率来推算出西汉中期"初郡"设置之时的人口数量。

③ 虽然东汉记有多个时间的全国总户数、口数，学者也推算出东汉晚期的人口数字及不同时期的人口自然增长率，但同样由于关于华南的文献甚少，各郡国发展差异较大，因此也不好用推算出来的自然增长率去计算东汉晚期的人口数量。

④ "初郡"地区"毋赋税"并不意味着不进行户口登记。作为汉代"上计"中的重要内容，户口登记应该是汉官员在"初郡"地区的一项重要任务。而随着统治力量的稳固和加深，一些地区租赋也开始征收，如前引《后汉书·循吏列传》"流民稍还，渐成聚邑，使输租赋，同之平民"，因此户口统计也自然会日益严密。葛剑雄先生也指出，"尽管他们在赋税上还可以获得全部或部分豁免，但并非不登记户籍，只是开始时可能不太严密，以后随着他们被汉化和定居，逐渐会与正式的编户无异"。见葛剑雄《中国人口史》第一卷，复旦大学出版社 2002 年版，第 395 页。对于户口统计中难以避免的隐瞒和虚报，葛剑雄先生在研究后指出，"隐漏量与虚报量虽不一定完全相等，但两者抵消的结果，户籍人口与实际人口数会非常接近"，因此在没有其他更多资料的情况下，《汉志》的相关记载可以作为基本反映当时实际情况的资料进行使用。见葛剑雄《中国人口史》第一卷，复旦大学出版社 2002 年版，第 395 页。

邑等都会按类登记户口数并上报朝廷。汉代，相关制度不断发展，在《张家山汉墓竹简·二年律令》中就有专门的《户律》作为户口登记的规范。[①] 不幸的是，这些户籍登记的原始资料早在东汉时就已散佚很多，使"《汉书》不仅对西汉初的户口数量毫无提及，就是对几十年前西汉末年的户口数也已语焉不详"。不过虽然没有了具体的户口数资料，但《汉志》还是为我们保留下来基本完整的西汉晚期的各郡国户口数，不仅"是今天研究西汉人口最基本、最重要的数据，也是复原西汉不同阶段以至秦朝人口数据的主要根据"。[②] 对东汉时期而言，目前保存了包括《郡国志》等有关东汉郡国户口等资料在内的数份全国户口数资料，但"找不到那么多地区性的、可以做前后比较的户口数，而见于记载的十来个全国户口数又有一些无法解释的矛盾"，"尽管如此，目前能够用于研究东汉人口数量的基本数据，还只能是见于史籍的户口统计数"。[③] 对本书的研究而言，我们今天所能依据的最主要资料，依然还是《汉志》和《郡国志》。[④]

据《汉志》《郡国志》所载数据，我们可制表如下（表一·4·1）

表一·4·1   《汉志》《郡国志》华南郡国属县数量统计表[⑤]

	西汉晚期（个）	东汉中期（个）	增幅[⑥]（倍）
南海郡	6	7	1.17
合浦郡	5	5	1.00
苍梧郡	10	11	1.10
郁林郡	12	11	0.92

---

① 张家山汉墓整理小组：《张家山汉墓竹简〔二四七号墓〕》，文物出版社 2001 年版。对《户律》学者已有较多研究，如王彦辉《汉代的分户析产》，《中国史研究》2006 年第 4 期，第 19—38 页；《〈二年律令·户律〉与高祖五年诏书的关系》，《湖南大学学报（社会科学版）》2007 年第 1 期，第 8—13 页。晋文、立伟《从〈二年律令·户律〉看汉初立户分户问题》，《中国农史》2008 年第 3 期，第 137—140 页。黄锦前《张家山汉简〈二年律令〉之〈置吏律〉、〈户律〉、〈效律〉、〈傅律〉、〈置后律〉、〈爵律〉校释》，武汉大学 2005 年硕士学位论文。

② 葛剑雄：《中国人口史》第一卷，复旦大学出版社 2002 年版，第 317 页。

③ 同上书，第 399—401 页。

④ 葛剑雄先生指出："对中国历史人口而言，除了个别特殊现象，直到 1953 年第一次全国人口普查之前，都没有完整的、准确的年龄登记或分年龄组统计。"见葛剑雄《中国人口史》第一卷，复旦大学出版社 2002 年版，第 69 页。1993 年，江苏连云港东海县尹湾 6 号墓中出土了西汉成帝永始三年（公元前 14 年）或稍后的东海郡《集簿》，是我们见到的第一份完整的郡级人口统计资料。见连云港市博物馆《江苏东海县尹湾汉墓群发掘简报》《尹湾汉墓简牍释文选》，《文物》1996 年第 8 期，第 26 页。高大伦先生在对其所登记的西汉晚期人口开展研究后指出，"不但《汉志》中的人口数有较多的水分，未能反映出西汉末全国人口的准确状况，连作为考古出土第一手资料《集簿》中的户口统计，从年龄段分布、获流数、性别比，到高年受杖人数都与当时实际情形有较大出入，尤其是少儿和高龄人口数，根本就令人无法相信。在使用这些统计数据时，应该慎之又慎"，认为相关资料存在较多的问题。见高大伦《尹湾汉墓木牍"集簿"中户口统计资料研究》，《历史研究》1998 年第 5 期，第 123 页。而葛剑雄先生对上述问题做了不同的解释。见葛剑雄《中国人口史》第一卷，复旦大学出版社 2002 年版，第 326 页。在如何看待和使用相关资料的问题上，学术界存在着较大的分歧。而推究这种现象产生的原因，主要还应是缺少更多秦汉户籍资料用于比勘分析。这种情况在华南的研究中同样存在。

⑤ 福建境内因仅有会稽郡所辖一县，不入表。珠崖郡、儋耳郡后遭废置，《汉书·地理志》等均未载属县数、户数、口数，无法列入。"增幅"栏的单位为"倍"，下同，不再详注。

鉴于东汉与西汉在疆域上存在一定的差异，因此在表中增加了当时最为繁华的京畿地区情况以利比较。西汉京畿选择京兆尹、左冯翊、右扶风三地，东汉京畿选择河南尹、河内郡、颍川郡三地，县数四舍五入取整数，下同，不再详注。

虽然周振鹤先生复原了象郡的属县数量，李晓杰先生复原了东汉不同时期的属县数量，但由于我们缺乏相应时期与属县数"配套"的口数与户数，因此本书就仅能对在《汉志》《郡国志》中记载资料较齐全的西汉晚期、东汉中期诸郡国开展分析。

在本书中，置于文内的表格为正表，置于附录中的墓葬登记表附表 A，各类统计表位附表 B，分别排序。

⑥ 增幅指增加的幅度，以 1 为标准，大于 1 为增加，小于 1 为减少，下同，不再详注。

续表

	西汉晚期（个）	东汉中期（个）	增幅（倍）
桂阳郡	11	11	1.00
零陵郡	10	13	1.30
武陵郡	13	12	0.92
长沙国	13	13	1.00
豫章郡	18	21	1.17
京畿	19	19	1.00
全国	1587	1180	0.74

第一，西汉晚期诸郡国的属县数，存在明显的地区差异。数量最多的郡国均位于南岭以北，其中豫章郡最多，长沙国次之、武陵郡再次之。其中豫章郡居东，长沙国居中，武陵郡位于西侧。郁林郡、桂阳郡、零陵郡属县数略少于前三郡，其中桂阳郡、零陵郡地跨南岭，郁林郡位于西侧，桂阳郡居东，零陵郡位于中间。苍梧郡、南海郡、合浦郡属县数最少，均位于南岭之南。其中苍梧郡位于西侧，南海郡位于东侧，合浦郡居南。总体上，西汉晚期华南诸郡国的属县数，岭北地区存在着东多西少、北多南少的格局，岭南地区存在着北多南少，西多东少的格局。

第二，东汉中期诸郡的属县数的地区差异同样明显。数量最多的郡国均位于南岭以北，其中豫章郡位于东侧，长沙国、零陵郡、武陵郡依次渐少。郁林郡、桂阳郡、苍梧郡属县数量略少于前述四郡，数量相等。合浦郡数量最少，南海郡次之，均位于南岭之南。总体上依然存在着岭北郡国东多西少、北多南少，岭南郡国西多东少的格局。

第三，从西汉晚期到东汉中期属县数量增长的趋势看，在全国属县数大为降低的情况下（东汉属县数量仅为西汉属县数的74%），华南诸郡国中仅有武陵郡、郁林郡属县数有所降低，与全国"趋势"一致，其他如合浦郡、桂阳郡、长沙郡的属县数与西汉晚期一致，苍梧郡、南海郡、豫章郡、零陵郡的属县数明显增加。整体上，华南9郡国中的多数郡国的属县数"逆势而动"。[①]

而若将9郡国在空间上分为东、中、西三列，属县减少的武陵郡和郁林郡均位于西侧，数量未变的长沙国、桂阳郡、合浦郡分别位于中列北侧、南端，属县数量增加的豫章郡、南海郡均位于东列，苍梧郡、零陵郡位于中列中部。总体上，三列郡国中的西列属县减少，东列属县增加，中列南北减而中间增，位于中间的零陵郡增长最快。

谭其骧先生曾明确指出："县乃历代地方行政区划之基本单位。州郡罢置，分并无常，境界盈缩不恒，县大致与时俱增，置后少有罢并，比较稳定……后世的道、路、行省，初创时皆辖境较广，历久逐渐缩小，略如州郡之比。县历代标准大致相似，虚置滥设者较少。一地方至于创建县治，大致即可以表示该地开发已臻成熟。"[②]

---

① 当然，据东汉属县数量的减少，并不能由之而认为东汉的发展出现倒退。东汉属县数量的减少原因较为复杂：一方面是由于东汉的疆域变化，如东北地区、日南郡南端的疆域变小；二方面是由于县邑合并；三方面是由于一些地区的发展倒退，如前述武陵郡内的属县减少。从全国情况看，属县数量的减少与当时社会发展进退间的关系并不紧密。不过，就具体的郡国而言，县邑的减少与增多，可能主要还是与当地的发展进退有关。除在不排除一些县邑的合并是由于发展倒退所致外，即使是郡境如前述日南郡的郡境减少，主要是汉王朝在当地统治力度减弱，发展势头降低的反映。后文对秦汉各郡国内考古资料的相关分析，也揭示出如是的情况。

② 谭其骧：《浙江省历代行政区域——兼论浙江各地区的开发过程》，载《长水集（上）》，人民出版社1987年版，第403—404页。

从华南诸郡属县数排名的变化看，在 9 郡国中，豫章郡、长沙国、桂阳郡、合浦郡、南海郡、苍梧郡六郡的排序无变化，豫章郡、长沙国均位列第 1、第 2 名，桂阳郡均为第 4 名，其余三郡均倒数第 1—3 名。不过，苍梧郡的排序略有变化，由西汉晚期第 5 名变为东汉中期第 4 名。零陵郡变化最大，西汉晚期仅排名第 5 名，但东汉中期已列第 2 名。武陵郡、郁林郡略有调整，武陵郡由西汉晚期的第 2 名改为东汉中期的第 3 名，郁林郡由第 3 名变为第 4 名。

因此，如以属县数的加减作为一地发展的指标，那很明显，零陵郡发展无疑最快，而武陵郡、郁林郡均应有衰落。这样，华南诸郡国在西汉晚期、东汉中期的属县数，就成为今天了解该时期华南诸郡国发展情况的一项重要资料。

二　户数与口数

据《汉志》《郡国志》所载数据，我们可制表如下（表一·4·2）。

表一·4·2　　　　　　　　《汉志》《郡国志》华南郡国户数、口数统计表

	户数（户）			口数（口）		
	西汉晚期	东汉中期	增幅（倍）	西汉晚期	东汉中期	增幅（倍）
南海郡	19613	71477	3.64	94253	250282	2.66
苍梧郡	24379	111395	4.57	146160	466945	3.19
郁林郡	12415	缺		71162	缺	
合浦郡	15398	23121	1.50	78980	86617	1.10
桂阳郡	28119	135029	4.80	156488	501403	3.20
零陵郡	21092	212284	10.06	139378	1001578	7.19
武陵郡	34177	46672	1.37	185758	250913	1.35
长沙国	43470	255854	5.89	235825	1059372	4.49
豫章郡	67462	406496	6.03	351965	1668906	4.74
京畿	215726.66	210565.33	0.98	812333.33	1082966	1.33
全国	12233062	9698630	0.79	59594978	49150220	0.82

从上表看：

第一，从西汉晚期到东汉中期，在全国户数大为降低（东汉户数为西汉户数的 79%）的情况下，除郁林郡缺失东汉中期户数资料外，华南诸郡国中的户数均出现不同程度增长。其中，武陵郡最低，为 1.37 倍；零陵郡最高，为 10.06 倍。各郡户数平均增长 4.73 倍。

第二，从西汉晚期到东汉中期，在全国口数大为降低（东汉口数为西汉口数的 82%）的情况下，除郁林郡缺失东汉中期口数资料外，华南诸郡国中的口数均出现不同程度增长。其中，合浦郡最低，为 1.10 倍，略低于京畿地区；零陵郡最高，为 7.19 倍。各郡口数平均增长 4.46 倍。可以看出，与属县数较小规模的增长相比，各郡户、口数"逆势"更强。

第三，从户数在各郡国的空间分布看，可知如下四个特点。

首先，关于西汉晚期各郡国。在户数最多的 3 郡中，处于东侧和北侧的豫章郡最多，位于豫章郡西侧的长沙国、武陵郡次之，武陵郡居于最西，均位于南岭之北，各郡户数均多于岭南

诸郡。户数位于第四的桂阳郡地跨南岭。苍梧郡、零陵郡、南海郡、合浦郡、郁林郡五郡中，除零陵郡位置居北但数量较少、苍梧郡居中数量较多外，除北多南少、东多西少外，更存在着以苍梧郡为中心的顺时针减少趋势。在东中西三列郡国中，大体上存在着东列多于中列（南海郡除外）、中列多于西列的情况。而在南岭南北，存在着岭北郡国东多西少、北多南少以及岭南郡国苍梧郡多，顺时针减少的分布格局。

其次，关于东汉中期各郡国。户数最多的豫章郡、长沙国、零陵郡、桂阳郡4郡均位于岭北地区。户数最少的合浦郡位于最南侧，户数次少的武陵郡位于最西侧。苍梧郡户数多于南海郡，在岭南郡国中居于首位。虽有所变化，但格局与西汉晚期基本一样，存在着岭北郡国东多西少、北多南少，岭南郡国苍梧郡多，顺时针减少的分布格局，仅武陵郡是为例外。

再次，从东汉中期与西汉晚期户数的增长比较看，我们可以发现，增长最快的零陵郡、豫章郡、长沙国、桂阳郡或位于南岭以北，或地跨南岭，总体上以岭北为胜。增长最低的武陵郡位于西侧，倒数第2名的合浦郡位于最南。苍梧郡户数增长快于南海郡，在岭南郡国中居于首位。依然存在着北多南少、东多西少的大体格局，仅南海郡、武陵郡较为例外。此外，零陵郡地跨南岭，位于长沙郡之南，增速为最大，其情况也甚为特殊。

最后，从诸郡国中户数排名的变化看，我们可以发现，在9郡国中，豫章郡、长沙国、桂阳郡、苍梧郡、合浦郡5郡的排序无变化，豫章郡、长沙国均位列第1、第2名，桂阳郡、苍梧郡均位列第4、第5名，合浦郡均位列第8名。武陵郡、零陵郡的变化最大，武陵郡从西汉晚期的第3名变为东汉中期的第7名，零陵郡从西汉晚期的第6名变为东汉中期的第3名。南海郡略有调整，由西汉晚期的第7名变为东汉中期的第6名（虽然由于郁林郡缺失数据，使得南海郡依然为倒数第3名）。郁林郡无东汉中期数字，变化情况不详。从户数的变化情况看，武陵郡存在明显的减少之势，零陵郡增长之势甚强，而南海郡在缓慢提升。

第四，从口数在各郡国的分布情况看，可知如下四个特点。

首先，关于西汉晚期各郡国。口数最多的3郡中，位于东侧和北侧的豫章郡最多，而位于豫章郡西侧的长沙国，武陵郡次之，武陵郡位于最西，3郡均位于南岭之北，明显多于岭南诸郡。位于第4名的桂阳郡地跨南岭。数量最少的郁林郡、合浦郡均位于岭南地区。在苍梧郡、零陵郡、南海郡、合浦郡、郁林郡五郡中，除零陵郡位置居北但数量较少、苍梧郡居中数量较多外，大体上存在北多南少、东多西少的格局。岭南郡国存在着以苍梧郡为中心顺时针减少的趋势。在东中西三列郡国中，大体东列口数多于中列（南海郡除外）、中列多于西列。总体上，不仅存在着北多南少，东多西少的趋势，也存在着岭北多于岭南，西列少于中列、东列的分布格局。

其次，关于东汉中期各郡国。口数最多的3郡中豫章郡最多，长沙国次之，零陵郡再次之。3郡均位于南岭之北，明显多于岭南诸郡。位于第4名的桂阳郡地跨南岭。数量最少的合浦郡、南海郡均位于岭南地区。在苍梧郡、南海郡、合浦郡、武陵郡四郡中，除武陵郡位于南岭以北外，大体上依然存在北多南少（武陵郡多于南海郡、合浦郡）、东多西少的格局。岭南郡国依然存在以苍梧郡为中心顺时针减少的趋势。在东中西三列郡国中，大体东列口数多于中列（南海郡除外）、中列多于西列。此外，还有着北多南少，东多西少，岭北多于岭南，岭北东多西少、北多南少，岭南郡国苍梧郡多，顺时针减少的分布格局。

再次，从东汉中期与西汉晚期口数的增长比较看，我们可以发现，增长最快的零陵郡、豫章郡、长沙国、桂阳郡或位于南岭以北，或地跨南岭，总体以岭北为胜。增长最低的合浦郡位于南端，倒数第 2 名的武陵郡位于西侧。苍梧郡口数增长快于南海郡，在岭南居于首位。在东中西三列郡国中，大体东列增长速度快于中列（南海郡除外）、中列多于西列。此外，还有着北多南少，东多西少，岭北多于岭南，岭北东多西少、北多南少，岭南郡国苍梧郡多，顺时针少的分布格局。在华南地区，零陵郡、武陵郡、南海郡的增长情况甚为特殊。

最后，从诸郡国中口数排名的变化看，在 9 郡国中，豫章郡、长沙国、桂阳郡、苍梧郡、南海郡、合浦郡 6 郡的排序无变化，豫章郡、长沙国均位列第 1、第 2 名，桂阳郡、苍梧郡均位列第 4、第 5 名，南海郡、合浦郡均位列第 7、第 8 名。武陵郡、零陵郡的变化最大，武陵郡从西汉晚期的第 3 名变为东汉中期的第 6 名，零陵郡从西汉晚期的第 6 名变为东汉中期的第 3 名。郁林郡无东汉中期数字，变化情况不详。武陵郡存在明显的减少之势，而零陵郡的增长之势非常强盛。

从全国范围看，当时东汉的大多数郡级单位的口数下降，显示出这一阶段年均增长率为负数。出现负数的原因，葛剑雄先生指出乃"是户口的隐漏，而不是实际人口的下降"。而"由于隐漏户口是全国普遍的，所以我们可以这样认为，凡是户口与西汉持平的，实际人口已有一定程度的增加，而户口数大于西汉的，实际人口肯定已有很大程度的增加了"。[①] 因此，从华南诸郡国的上述情况看，其户口数在这段时间内应已有巨大增长。从前述分析看，不管是西汉晚期，还是东汉中期，华南诸郡国的户数与口数，在空间上均存在着东列多于中列、中列又多于西列，岭北多于岭南，岭南诸郡国以苍梧郡顺时针减少的分布格局。此外，还存在着南海郡居东但数量甚少，武陵郡位于岭北但数量较少，零陵郡位于中间但数量甚多的特殊情况。

三　户均口数

据《汉志》《郡国志》所载数据，我们可制表如下（表一·4·3）。

表一·4·3　　　　　《汉志》《郡国志》华南郡国户、口数平均情况统计表

	县均户数（户）			县均口数（口）			户均口数（口）		
	西汉晚期	东汉中期	增幅（倍）	西汉晚期	东汉中期	增幅（倍）	西汉晚期	东汉中期	增幅（倍）
南海郡	3268.83	10211	3.12	15708.83	35754.57	2.28	4.81	3.50	0.73
苍梧郡	4875.80	22279	4.57	29232	93389	3.19	6.00	4.19	0.70
郁林郡	1241.50	缺	不详	7116.2	缺	不详	5.73	缺	不详
合浦郡	1283.17	2101.909	1.64	6581.667	7874.273	1.20	5.13	3.75	0.73
桂阳郡	2556.27	12275.36	4.80	14226.18	45582.09	3.20	5.57	3.71	0.67
零陵郡	2109.20	16329.54	7.74	13937.8	77044.46	5.53	6.61	4.72	0.71
武陵郡	2629.00	3889.333	1.48	14289.08	20909.42	1.46	5.44	5.38	0.99
长沙国	3343.85	19681.08	5.89	18140.38	81490.15	4.49	5.43	4.14	0.76
豫章郡	3747.89	19356.95	5.16	19553.61	79471.71	4.06	5.22	4.11	0.79
京畿	11354.03	10528.27	0.93	42754.39	54148.3	1.27	3.77	5.14	1.37
全国	7708.29	8219.178	1.07	37551.97	41652.73	1.11	4.87	5.07	1.04

---

① 葛剑雄：《中国移民史》第二卷，福建人民出版社 1997 年版，270—271 页。

从上表看：

第一，从西汉晚期到东汉中期，在全国县均户数略有增长的情况下，除郁林郡缺失东汉中期户数资料外，华南诸郡国的户数均出现不同程度的快速增长。其中武陵郡最低，为1.48倍，零陵郡最高，为7.74倍。各县均户数平均增长4.3倍。

第二，从西汉晚期到东汉中期，在全国县均口数略有增长的情况下，除郁林郡缺失东汉中期户数资料外，华南诸郡国中的户数均出现不同程度的快速增长。其中合浦郡最低，为1.2倍，略低于京畿地区，零陵郡最高，为5.53倍。各县均口数平均增长3.17倍。

第三，从西汉晚期到东汉中期，在全国户均口数略有增长（东汉户均口数为西汉户均口数的1.04倍，京畿地区更为西汉时期的1.37倍）的情况下，除郁林郡缺失东汉中期户数资料外，华南诸郡国中的户数均出现不同程度减少。其中西汉晚期华南诸郡户均口数5.55口，东汉中期户均口数4.19口。而武陵郡减少幅度最小，为西汉的0.99倍，桂阳郡减少幅度最大，为西汉的0.67倍。东汉中期各郡户均口数仅为西汉的0.76倍。

从上述情况看，从西汉晚期到东汉中期，在华南地区，一方面是户数、口数的强势增加，诸郡国的户数增长速度均或多或少超过口数的增长速度。另一方面是户均口数的大规模减少。二者共同构成该时期文献中"初郡时代"华南人口发展的基本概况。

此外，据《汉书·严助传》"元封元年立儋耳、珠厓郡，皆在南方海中洲居，广袤可千里，合十六县，户二万三千余"的记载，在海南岛初设二郡时，各县平均有1437.5户，尚高于西汉晚期的郁林郡与合浦郡，这大体与岛上设二郡且高达十六县的数量有一定关系。

第四，从县均户数的空间分布情况看，西汉晚期，苍梧郡最多，豫章郡次之，长沙国再次之，南海郡为第4名，合浦郡最少。总体上，除苍梧郡、南海郡外，依然为岭北多于岭南，北方多于南方，东列最多、西列最少、中列居中。东汉中期，虽苍梧郡依然最多，但长沙国超过豫章郡位列第2名，豫章郡退居第3名，零陵郡第4名，合浦郡依然最少。总体上，除苍梧郡、武陵郡、南海郡外，依然为岭北多于岭南，北方多于南方，东列最多、西列最少、中列居中。从增长情况看，零陵郡最快，长沙国次之，豫章郡第3名，武陵郡最慢。总体上，岭北快于岭南；岭北地区南快北慢，中列快而东、西列慢；岭南地区以苍梧郡最快，其他顺时针减慢。

第五，从县均口数的空间分布情况看，西汉晚期，苍梧郡最多，豫章郡次之，长沙国再次之，南海郡第4名，合浦郡最少。总体上，除苍梧郡、南海郡外，依然为岭北多于岭南，北方多于南方，东列最多、西列最少、中列居中，与县均户数的情况一致。东汉中期，虽苍梧郡依然最多，但长沙国同样超过豫章郡位列第2名，豫章郡退居第3名，零陵郡为第4名，合浦郡依然最少。总体上，除苍梧郡、武陵郡、南海郡外，依然为岭北多于岭南，北方多于南方，东列最多、西列最少、中列居中，与县均户数的情况一致。从增长情况看，零陵郡最快，长沙国次之，豫章郡为第3名，合浦郡最慢。总体上，岭北快于岭南；岭北地区依然是南快北慢，中列快而东、西列慢；岭南地区以苍梧郡最快，其他顺时针减慢，与县均户数的情况基本一致。

第六，从户均口数的空间分布情况看，西汉晚期，苍梧郡最多，豫章郡次之，长沙国再次之，武陵郡第4名，南海郡最少。总体上，除苍梧郡外，地跨南岭者多于南岭南北者，岭北多于岭南，西列多于中列、中列多于东列。东汉中期，武陵郡最多，零陵郡为第2名，苍梧郡退居第3名，南海郡依然最少。总体上，依然西列多于中列、中列多于东列，而除苍梧郡外，岭北多于岭南。从减少情况看，武陵郡最慢，豫章郡次之，长沙郡为第 3 名，桂阳郡最快。总体上，除桂阳郡外，西列最慢，东列次之，中列最快。此外，处于南北侧郡国户均口数增长较慢，而零陵郡、桂阳郡、苍梧郡等居中郡国的增长速度明显较快。

四　武陵郡的户数变化

武陵郡从西汉晚期到东汉中期属县数下降，由第 13 名减为第 12 名，户数由华南第 3 名降至第 7 名，口数也由第 3 名变为第 6 名。无论从哪个方面看，其社会发展出现了较为严重的倒退，与零陵郡的突飞猛进形成鲜明对比。不过，这种情况是从什么时候开始、真实程度到底如何等一系列问题，我们都无法进行进一步分析。幸运的是，随着华南考古事业的发展，秦汉简牍不断发现，其中包含了不少与武陵郡直接相关的户籍登记，于是通过与文献记载的对比，我们可以对文献中记载的武陵郡户数、口数的变化问题，有一个更加全面的认识。

1999 年 6—9 月，湖南省沅陵县城关镇西清理虎溪山一号墓，其中出土有"吴阳"玉印及"黄簿" 241 枚（段），"详细记载了西汉初年沅陵侯国的行政设置、吏员人数、户口人民、田亩赋税、大型牲畜（如耕牛）、经济林木（如梨、梅等）的数量，兵甲船只以及各项的增减和增减的原因，还有道路交通、亭聚、往来长安的路线和水路里程"。[①] 发掘者已经指出，该墓墓主即为文献所载沅陵侯吴阳，去逝于文帝后元六年（公元前 162 年）。从时间看，虎溪山简牍的时间，大体在贾谊策论之后十余年。无论从史籍记载，还是从近年新出土的湖北荆州松柏汉墓简牍的内容看[②]，侯国户口数都会最后体现在所在郡国的户口数中。因此，虽然目前沅陵虎溪山一号墓简牍资料公布有限，但依然可为我们提供有关武陵郡户口数的一些基本信息。

2002 年 5、6 月间，考古工作者在湖南湘西土家族苗族自治州龙山县里耶镇清理了一口埋藏有 37000 余枚简牍的水井（编号 J1)[③]，井内出土简牍的数量远超此前各地发现秦代简牍的总和，举世轰动。在这批简牍中包含了不少有关秦代户籍管理的相关内容。到 2005 年 12 月，更在里耶古城护城濠的十一号坑（K11）中出土户籍简牍 51 枚，引起学者的高度关注。由于龙山位于武陵郡内，而里耶更被考证为迁陵县的所在，因此相继出土的秦汉户籍简牍，就成为目前了解武陵郡户口数变化的最重要的一批资料。

目前，虽然里耶古城 J1 出土的简牍资料公布有限，但其中的户籍简牍资料在张春龙先生的先期整理和公布下，我们已经有了较为全面的认识。从秦代简牍看，迁陵县下辖都乡、启陵乡、贰春乡三个乡，秦始皇三十二年（公元前 215 年）迁陵县登记在册的户数为 55534 户，秦始皇三十五年贰春乡户数为 21300 多户。[④] 张春龙先生认为，在"面积 15461 平方千米"的范围内"秦朝的迁陵县有 5 万多户口自是当然之事"[⑤]，不过，从前文引述的武陵郡西汉晚期、东汉中期

①　湖南省文物考古研究所、怀化市文物处、沅陵县博物馆：《沅陵虎溪山一号汉墓发掘简报》，《文物》2003 年第 1 期，第 36—55 页。张春龙：《沅陵虎溪山汉简选》，《出土文献研究》（九），中华书局 2010 年版，第 46—48 页。

②　荆州博物馆：《湖北荆州纪南松柏汉墓发掘简报》，《文物》2008 年第 4 期，第 24—32 页。

③　湖南省文物考古研究所：《里耶发掘报告》，岳麓书社 2007 年版（此据版权页。该书英文书名页标为 2006 年）。本书有关讨论中所引的考古资料均采自该报告，为行文便，下文简称《报告》，不另出注。

④　张春龙：《里耶秦简所见的户籍和人口管理》，中国社会科学院考古研究所、中国社会科学院历史研究所、湖南省文物考古研究所《里耶古城·秦简与秦文化研究——中国里耶古城·秦简与秦文化国际学术研讨会论文集》，科学出版社 2009 年版，第 188—195 页。

⑤　张春龙先生指出："迁陵、酉阳二县所辖略与今天的湘西土家族苗族自治州相等。今湘西土家族苗族自治州辖七县一市，面积 15461 平方公里。如此，秦朝的迁陵县有 5 万多户口自是当然之事。"同上书，第 195 页。

的户数情况看，简牍反映出的秦代迁陵县户数在我看来却是如此的"不同寻常"。

首先，我们不知道西汉晚期乃至东汉中期的武陵郡迁陵县户数，但以西汉晚期武陵郡的全部户数34177户看，已比秦始皇三十二年迁陵县55534户数少21357户。也就是说，西汉晚期武陵郡的户数，不仅没有超过秦始皇三十二年时迁陵县一县的户数，而且还仅为其户数的61.54%，相差甚巨。而东汉中期的武陵郡户数，即使增长百余年后，依然少于秦始皇三十二年迁陵县8862户。也就是说，秦始皇三十二年仅洞庭郡迁陵县一县户数，就远远超过西汉晚期、东汉中期统计年内武陵郡的全部户数。从前引华南诸郡西汉晚期的户数情况看，秦始皇三十二年迁陵县的户数仅次于豫章郡，超过其他郡国。因此，若将来能复原出秦时洞庭郡的完整户数，其规模不仅远超过西汉、东汉武陵郡户数，而且也必然超过现知的各华南郡国，为诸郡国之首。①

其次，迁陵县下辖三乡，秦始皇三十五年（公元前212年）的贰春乡为21300户，规模甚巨。不仅西汉晚期零陵郡、南海郡、合浦郡、郁林郡的各郡户数均较之低了不少，而且更为郁林郡整郡户数的1.72倍。而据《汉书·贾谊列传》，直到西汉早期，疆域甚大的长沙国的户数也仅为"二万五千户"②，仅大于40年前的贰春乡3700户而已。一乡之户数，居然如是之多，怎能不令人惊讶。当时秦代洞庭郡的户数又将是何等庞大③！

因此，从简牍资料看，我们发现，秦洞庭郡的户数应远远超过西汉晚期武陵郡的户数。从这种情况看，在没有证据表明《汉志》《郡国志》的内容有较大错误前，一个合理的解释就是秦代之后的武陵郡户数不断减少，直至西汉晚期之后可能才有回升。但直到东汉中期，整个武陵郡的户数依然没有超过秦代迁陵县的一县之数。而户数的大量减少，必然意味着生产力的同步减少。因此从秦与西汉晚期的巨大户数差距看，西汉时期武陵郡的社会发展，很可能经历的是一个不断减退的过程。

目前，虎溪山汉简的公布极为有限，还无法得知当时沅陵县的具体户数。在现有公布的资料中，仅提到"泣聚户百卅四，口五百廿一人"，"不更五十九人，其二人免老，一人阮老，十三人罢癃"，使我们可约略了解一些当时的具体情况。如从"泣聚"看，其户均口数为3.88口，远低于前述武陵郡西汉晚期5.44口的规模。从里耶古城护城濠K11所出《迁陵县南阳里户籍》看，其虽登记的是当时家庭的全部成员，且有每个成员的爵位情况，据其可约略推算出户均口数约在4人左右。但其所统计的范围与"泣聚"一样，仅为一个非常小的地域"南阳里"，与前述迁陵县庞大的户数相比，几乎微不足道，且出土的南阳里户籍简牍多有残损，并不完整，难以据其登记的内容对当时迁陵县乃至武陵郡的户均口数情况加以比较分析。因此为何沅陵"泣聚"户均口数如此之低，是特例还是具有普遍意义，均需今后更多简牍资料的发现和解读。

————————

① 当然，这种比较在时间上并不对等，简牍中为秦代的户口数，而文献中为西汉晚期的户口数。

② "臣窃迹前事，大抵强者先反。淮阴王楚最强，最先反；韩信倚胡，又反；贯高因赵资，又反；陈豨兵精，又反；彭越用梁，又反；黥布用淮南，又反；卢绾最弱，最后反。长沙乃在二万五千户耳，功少而最完，势疏而最忠，非独性异人也，亦形势然也。"葛剑雄先生已从一系列证据出发，指出该记载确实且可信，"该地区当时还处于'火耕而水耨'，'地广人稀'，开发程度很低的甚低"。见葛剑雄《中国人口史》第一卷，复旦大学出版社2002年版，第335页。贾谊做此策论的时间在文帝七年（公元前173年），此前其任长沙国太傅。"二万五千户"的户数，可能大体应在其任太傅之时。由于本书所定的西汉初期是从秦代统治当地至汉文帝前元四年（公元前176年）四铢半两铸造之前，且由于没有更详细的户籍资料，因此长沙国"二万五千户"的户数，虽是西汉早期长沙国最早阶段的户数统计，但也可权作为长沙国在西汉初期最末之时的户数进行理解。

③ 当然，这也反衬出长沙国在西汉早期人口的低微。

综上可知，我们还难以确定这个减退的转折点究竟发生于何时，是在西汉晚期《汉志》之前，还是之后？不过，从武陵郡郡治北迁、属县数量减少等情况均发生于东汉初期的情况看①，也许随着郡治迁徙和郡北地区开发的加深，武陵郡缓慢地走出了低谷。但可能也正是由于武陵郡直到东汉初期才开始"复苏"，因此东汉中期的户数、口数在华南地区的排名大为靠后。即，秦代洞庭郡是一个户口数非常巨大的"庞然大物"，因此虽西汉时期武陵郡的户数在不断减少，但由于基数甚大，使得在西汉晚期的统计数字中其排名依然靠前。但一方面是武陵郡的不断减退，另一方面是其他郡国的相继增长，在此消彼长间，武陵郡地位快速降低，于是在东汉中期的统计数字中排名靠后。

五　桂阳郡口数变化

《汉志》《郡国志》均载有桂阳郡的户数、口数，在新刊布的苏仙桥西晋木牍中也有相关的内容②：

> 领户九千七百五十六，口三万二千二百四（2—60 木牍）。
> 领户三千六百卅四，口一万三千五百廿八（2—160 木牍）。

虽两枚木牍均没有出现县名，但依然可以使我们了解到公元 300 年左右桂阳郡内的人口情况，已较东汉中期之后发生了巨大变化：

第一，这两枚木牍的户数合计 13400 户，口数合计 45732 口，平均为 6700 户，22866 口。远低于东汉中期桂阳郡县均户数 12275.36 户、县均口数 45582.09 口。因此若这两枚木牍所记载的对象均为一县的话，与东汉中期的桂阳郡相比，此时桂阳郡属县的户数、口数应都有剧烈减少。

第二，2—60 木牍中户均口数 3.30 口，2—160 木牍中户均口数 3.71 口，平均户均口数 3.41口，低于东汉中期户均口数 3.71 口，少 0.3 口，表明此时桂阳郡内属县的户均口数也持续下降。

第三，据《晋书·地理志》，在大约太康三年左右③，桂阳郡仅有"户一万一千三百"，其领县有 6 个，县均户数 1833 户左右，不仅远低于大约 20 年后的上述两牍，而且更低于前引《郡国志》东汉中期的情况。这两枚木牍的时代晚于东汉中期约 160 年左右，使我们难以确定桂阳郡内户、口的减少和户均口数的降低究竟开始于何时，但从公元 140 年左右《郡国志》、公元282 年左右《晋书·地理志》、公元 300 年左右木牍的内容大体可看出，公元 282 年左右的记录大体为降低的谷底，而后开始快速回升，在 20 年左右的时间里增长 3.66 倍左右，速度甚快。而造成其如此剧烈增长的原因，除可能是《晋书·地理志》统计有误、传抄有误外，也可能是桂阳郡内在 282 年后的短时间内有大批移民涌入，这也与两枚木牍所反映的户均口数甚低的情况基

---

① 李晓杰先生指出，义陵、无阳两县"当在东汉初期省并"。见李晓杰《东汉政区地理》，山东教育出版社 1999 年版，第 211 页。

② 湖南省文物考古研究所、郴州市文物处：《湖南郴州苏仙桥遗址发掘简报》，《湖南考古辑刊 8》，岳麓书社 2009 年版，第 93—117 页。除文中介绍的两枚木牍外，还有一些木牍的内容与户口数量登记有关，但其内容或甚为残缺或仅有某类，无法开展分析，故本书不录。

③ 华林甫：《二十世纪正史地理志研究述评》，《中国地方志》2006 年第 2 期，第 41—49 页。孔祥军：《〈晋书·地理志〉政区断代考》，《书品》2007 年第 3 期。华林甫认为《晋书·地理志》断代在太康三年（公元 282 年），孔祥军认为在太康四年（公元 283 年）。

本相符。也就是说，在东汉中期之后不久，桂阳郡内的户、口数可能就已经开始持续减少，而到西晋太康三年左右，才开始探底回升。

六 小结

第一，"人口的生存和增殖离不开农牧业的发展……人口的规模必然要与农牧业所能提供人类赖以生存的食物数量相适应"①，文献记载揭示出的华南地区口数、户数在西汉晚期到东汉中期的大规模增长，必然意味着这段时间内农业生产取得较大成就，否则无法支撑起快速增长的庞大人口的生存需要。

在不少文献的记载中，直到东汉时期，南方特别是华南的很多地点仍处于较为落后的状态，如东汉元和年间（公元84—86年）长沙郡很多民众冬天还无鞋可穿，建武中桂阳太守茨充教授民众"养蚕织屦"且推广到"江南"的"织屦"，但仍不普及（《后汉书·循吏列传》注引《东观记》）。但从当时华南诸郡属县、户数、口数均普遍增长，且大大快于全国平均量的情况看，从元鼎六年设立"初郡"开始到永和五年《郡国志》统计之时，在前后250年左右的时间里，华南诸郡整体应取得了巨大的发展成就。②

第二，虽户均口数不等于户均人数，但户口数依然是了解当时家庭规模的最主要资料。据文献记载，当时征收赋税的基本单位为户，至迟在商鞅变法时就已规定"民有二男以上不分异者，倍其赋"，缩小每户的规模，增加户数。《张家山汉墓竹简·二年律令·户律》中也有"诸不为户，有田宅，附令人名，及为人名田宅者，皆令以卒戍边二岁，没入田宅县官"的规定。对无户籍但有田宅、把田宅附于别人名下、为他人名田宅等各种情况，均重罚戍边、田宅没收③，表明当时进行了严密的户口控制④。

户均口数的数量高低，在很大程度上反映了当地的统治力度强弱。如《汉志》中交趾刺史部的户均口数为6.37口，荆州为5.38口，为全国的第1、第2名，就均是"正在开发、地广人稀、气候较炎热的地区，而统治者的控制相对最弱"的地区。⑤上表反映出的西汉晚期华南诸郡5.55口的户均口数，不仅高于全国4.87口约0.68口，更高于京畿地区1.78口的情况，就与汉王朝在京畿地区控制力最强，在"初郡"采取"以其故俗治""毋赋税"等政策控制力不高的情况一致。而东汉中期华南诸郡4.09户均口数已较西汉晚期有较大幅度减少的情况，正与前述进入东汉之后不断出现的地方官员推行"教化"、加强控制的记载一致。

第三，与西汉相比，东汉时期全国及京畿地区的户均口数，均较西汉晚期出现明显增加，

---

① 葛剑雄：《中国人口史》第一卷，复旦大学出版社2002年版，第362页。此外葛剑雄先生还指出，"人口的分布与农业的开发程度和粮食产量是基本一致的"。

② 葛剑雄先生在对南方地区部分户均口数与汉末情况比较后指出："东汉期间的户口隐漏现象是普遍存在的，南方的官僚和豪强势力一般不如北方，但南方是开发中地区，人口增长较快，隐漏户口的可能性更大，两种因素相抵消，南方的户口隐漏率未必比北方的低。在这样的条件下，一些郡还有相当高的增长率，那么它们的实际人口增长率应该更高……如果再考虑到外来移民迁入的因素，在一段时间内出现更高的增长率是不足为奇的。"见葛剑雄《中国人口史》第一卷，复旦大学出版社2002年版，第421页。

③ 黎明钊：《张家山〈二年律令·户律〉读札》，许倬云、张忠培《新世纪的考古学——文化、区位、生态的多元互动》，紫荆城出版社2006年版，第546—563页。

④ 葛剑雄先生指出，西汉"实际存在着鼓励、促使以致强制百姓分户的措施和影响力"。见葛剑雄《中国人口史》第一卷，复旦大学出版社2002年版，第360页。

⑤ 葛剑雄：《中国人口史》第一卷，复旦大学出版社2002年版，第361页。

其原因却并非是国家控制力的减弱，而是除"社会的安定、经济的发展、较快的人口自然增殖速度"之外，还"可能主要与东汉时期儒家伦理思想进一步强化、提倡子女归养父母有关。这和'累世同居'的记载较西汉增多的现象是一致的"。[1] 但与其不同的是，在华南各郡国中，户均口数不升反降、户均口数低于全国平均数、户数增长速度均快过口数增长速度，与全国或中原地区存在明显差异，"肯定是人口的机械流动所致"。[2]

学者研究指出，在同时期的荆州、扬州、益州等南方地区，其户均口数的规模均同样不高，"北方区域和南方区域的家庭人口规模竟相差一人多"。其原因，当主要是由于移民的大量进入[3]，"北方人口迁入江南，使南方人口快速增长，而且江南地区户数的增长幅度超过了口数的增长幅度……南迁的移民，可能以年轻夫妇为主的小家庭居多，有的虽是单身却去著籍，这些因素导致了南方户口规模的缩小"[4]。大量外来人口的迁入，一方面意味着南方地区不断得到充足的劳动力和北方成熟生产技术[5]，另一方面也表明当地的土地承载力和农业生产水平在不断提高。该时期南方地区人口的增加，同时与这段时期内的气候温暖，利于农业生产和人口增殖间有一定关系[6]。

从《汉志》《郡国志》关于户数、口数的相关内容，我们可以看出，从西汉晚期到东汉中期华南诸郡国人口数量大为增加，农业生产方面取得了长足进步。[7] 而与此同时，汉王朝对该地区的统治力度也在不断增强，华南与中原王朝核心间的关系越来越密。从诸郡国的属县数、户数、口数变化情况看，零陵郡的发展无疑最快，而武陵郡衰落明显，南海郡在缓慢提高，豫章郡、长沙国均保持前列。在郁林郡东汉中期户数、口数失传的情况下，合浦郡均为最末。华南诸郡国在大体稳定的发展趋势中，衰落与兴盛共存。

第五节　谪戍、流放及其他

在传世文献中，有一些记载与诸郡民众来源及去向有关，其大体分为谪戍、流放及其他三

---

①　袁延胜：《中国人口通史》"东汉卷"，人民出版社2007年版，第242页。

②　葛剑雄：《中国移民史》第二卷，福建人民出版社1997年版，第271页。在比较零陵郡、桂阳郡、武陵郡、长沙郡、丹阳郡、吴郡、豫章郡后指出，当时"吸收外来移民的主要地区是今湖南、江西，而今江苏、安徽南部移民较少"。

③　王子今：《秦汉区域文化研究》，四川人民出版社1998年版，第111页。

④　袁延胜：《中国人口通史》"东汉卷"，人民出版社2007年版，第243页。葛剑雄先生在《中国人口史》第一卷相关章节中未对这种两汉差异开展分析，指出"由于史料有限，无法普遍了解各郡国的具体情况，难以区别究竟是户籍数字的错误，还是当时的确存在此类特殊现象，因此对大多数郡国的数字还无法作出合理的解释"。见葛剑雄《中国人口史》第一卷，复旦大学出版社2002年版，第588页。

⑤　冀朝鼎指出，"一旦有了从北方迁来的带有先进农业技术装备的大量移民，就可以充分利用长江流域无与伦比的肥沃土壤建成一个孙权——他曾迫使黄河流域和成都平原的势力不得不以平等的地位来对待的政权——指导之下的独立王国"。冀朝鼎著、朱诗鳌译：《中国历史上的基本经济区与水利事业的发展》，中国社会科学出版社1981年版，第81页。

⑥　"南方经济在绝对水平上看虽仍很落后，但开发和提高的相对速度快于北方。特别是长江中游的农业经济迅速发展起来了。在这些地方，气温的适度下降，对小米的生产反而形成更好的气候条件。"见赵文林、谢淑君《中国人口史》，人民出版社1991年版，第80页。葛剑雄先生也指出："从西汉中叶至东汉末期是一个温暖的阶段……对当时比较发达的黄河流域的农业生产是有利的，也有利于南方的开发，总的来说也有利于人口的增长。"见葛剑雄《中国人口史》第一卷，复旦大学出版社2002年版，第425页。

⑦　葛剑雄先生指出："南方人口的增加既得益于西汉末年以来中原人的不断内迁，也是南方渐次开发的结果。"见葛剑雄《中国人口史》第一卷，复旦大学出版社2002年版，第422页。虽然葛剑雄先生所指的南方为"淮河、汉水以南"，但华南地区的情况也与其所言正相符合。

类。三类移民均有着较为鲜明的时空特征。①

一　谪戍

据文献记载，秦取岭南之后，以谪戍的名义移民于新置的南海、桂林、象郡三郡。如《史记·秦始皇本纪》载：

> 三十三年（公元前 214 年），发诸尝逋亡人、赘婿、贾人略取陆梁地，为桂林、象郡、南海，以谪遣戍。

《汉书·晁错传》也载：

> 臣闻秦时北攻胡貉，筑塞河上，南攻杨粤，置戍卒焉……杨粤之地少阴多阳，其人疏理，鸟兽希毛，其性能暑。秦之戍卒不能其水土，戍者死于边，输者偾于道。秦民见行，如往弃市，因以谪发之，名曰"谪戍"。先发吏有谪及赘婿、贾人，后以尝有市籍者，又后以大父母、父母尝有市籍者，后入闾，取其左。

这些大规模征发的谪戍之民，与秦始皇派遣的南下军队一起，是秦代在岭南诸郡"集杨越以保南藩"的主要力量。②

因秦代谪戍于新置南海、桂林、象郡三郡的记载较甚约略，故目前无法确定当时究竟在哪郡谪戍，还是三郡均有，各有多少。不过，从秦兵南下要维持当地统治的角度推测，谪戍大体应是三郡均有的。

二　流放

《史记·五帝本纪》云："象以典刑，流宥五刑"，《集解》载马融曰："流，放"。《正义》孔安国云："以流放之法宽五刑也。""流"是一种非常古老的刑罚。《史记·五帝本纪》载："舜宾于四门，乃流四凶族，迁于四裔，以御螭魅，于是四门辟，言毋凶人也"，乃是将四凶流于四裔，以恶制恶，使内"毋凶人"。

"流放"一词，《汉书》中首见于《天文志》，"贺良及党与皆伏诛流放"。从文献看，其与"徙"同意。如《汉书·佞幸传·赞》："一朝帝崩，奸臣擅命，董贤缢死，丁、傅流放"，其所言"丁、傅"即为下引《汉书·五行志》中的"外家丁、傅"。从汉王朝"流放"者的身份看，或贵戚或高官，地位显贵，范围相当狭窄。因此虽蒋廷瑜先生言"徙，即迁徙，是一种处罚罪人的刑制"的认识大体不误①，但具体到"徙合浦"等对象多是高层政治斗争失败者的情况，其"徙"的含义就更多与"流"相近，也就是"流四凶族，迁于四裔，以御螭魅"，将政权认为最恶的"凶族"迁至极远之地，并非一般的"徙"刑，故此以《汉书》"流放"为名。

（一）西汉

在文献中，西汉晚期最主要的流放之地为合浦郡，流放的对象基本上均为政治斗争中落败的高级官员，时间集中于西汉汉成帝时期及之后。如《汉书·五行志》载："（成帝和平三年）（公元前26年）京兆尹王章讼商忠直，言凤颛权，凤诬章以大逆罪，下狱死，妻子徙合浦。"②《汉书·翟方进传》载："（河平中）（公元前28至公元前25年）会浩商捕得伏诛，家属徙合浦。"《汉书·平帝记》载："（元寿二年）（公元前1年）孔乡侯傅晏③、少府董恭等皆免官爵，徙合浦。"④《汉书·五行志》载："平帝即位，王莽用事，追废成帝赵皇后、哀帝傅皇后，皆自杀。外家丁、傅皆免官爵，徙合浦，归故郡。"⑤《汉书·杜周传》云："哀帝崩，王莽秉政，诸前议立庙尊号者皆免，徙合浦。"⑥《汉书·息夫躬传》也载："躬母圣，坐祠灶祝诅上，大逆不道。圣弃市，妻充汉与家属徙合浦。躬同族亲属素所厚者，皆免废锢。哀帝崩，有司奏：'方阳侯宠及右师谭等，皆造作奸谋，罪及王者骨肉，虽蒙赦令，不宜处爵位，在中土。皆免宠等，徙合浦郡。'"《汉书·外戚传》云："哀帝崩，大司徒孔光奏'由前诬告骨肉，立陷人入大辟，为国家结怨于天下，以取秩迁，获爵邑，幸蒙赦令，请免为庶人，徙合浦'云。""卫宝女为中山王后，免后，徙合浦。唯卫后在，王莽篡国，废为家人，后岁余卒，葬孝王旁。"

这些流放的官员，可能还会被限制交往。如《汉书·王莽传》载："又宗舅吕宽家前徙合浦，私与宗通，发觉按验，宗自杀。"而据文献，他们通常只有得到朝廷特批，才可能回归中原。《汉书·傅喜传》载："哀帝崩，平帝即位，王莽用事，免傅氏官爵归故郡，晏将妻子徙合浦。莽白太后，下诏曰……其还喜长安，以故高安侯莫府赐喜，位特进，奉朝请。"《汉书·佞幸传》载："罪至大逆，死狱中。妻子当坐者徙合浦，母若归故郡。红阳侯立就国。将军卿大夫郡守坐长免罢者数十人。莽遂代根为大司马。久之，还长母及子醺于长安。"都是极少从流放地回归之人。

合浦郡之外的地点还为豫章郡。《汉书·武五子传》载："（本始二年）（公元前72年）春，乃下诏曰：'盖闻象有罪，舜封之，骨肉之亲，析而不殊。其封故昌邑王贺为海昏侯，食邑四千户。'侍中卫尉金安上上书言：'贺天之所弃，陛下至仁，复封为列侯。贺嚚顽放废之人，不宜得奉宗庙朝聘之礼。'奏可。贺就国豫章。"其所谓"就国"，与流放相近。

---

① 蒋廷瑜：《略论汉"徙合浦"》，《社会科学家》1998年第1期，第87—90页。蒋廷瑜：《再论汉代罪犯流徙合浦的问题》，吴传钧《海上丝绸之路研究：中国·北海合浦海上丝绸之路始发港理论研讨会论文集》，科学出版社2006年版，第207—213页。

② 亦见《汉书·元后传》。而《汉书·王章传》亦载："成帝立，徵章为谏大夫，迁司隶校尉，大臣贵戚敬惮之……后章仕宦历位，及为京兆……明日问之，章果死。妻子皆徙合浦。"

③ 亦见《汉书·外戚恩泽侯表》《汉书·外戚传》。

④ 类似记载见：《汉书·外戚恩泽侯表》方阳侯孙宠"元寿二年（公元前1年），坐前为奸谗免，徙合浦"。《汉书·五行志》"哀帝时，大司马董贤第门自坏。时贤以私爱居大位，赏赐无度，骄嫚不敬，大失臣道，见戒不改。后贤夫妻自杀，家徙合浦"。

⑤ 此外，《汉书·毌将隆传》："史立时为中太仆，丁玄泰山太守，及尚书令赵昌潜郑崇者为河内太守，皆免官，徙合浦。"

⑥ 《汉书·师丹传》："平帝即位……诸造议冷褒、段犹等皆徙合浦，复免高昌侯宏为庶人。"

（二）东汉

东汉华南的流放之地，主要为合浦郡。① 《后汉书·郅寿传》记载："（和帝永元元年）（公元 89 年）宪征匈奴……寿得减死，论徙合浦。未行，自杀，家属得归乡里。"《后汉书·皇后纪》记载："（和帝永元四年）（公元 92 年）及大将军窦宪被诛，举以宪女婿谋逆，故父子俱下狱死，家属徙合浦。"《后汉书·窦融列传》云："宪等既至，帝乃幸北宫……收捕叠、磊、璜、举，皆下狱诛，家属徙合浦。"

此外，桂阳郡、零陵郡也成为流放迁徙之地。如《后汉书·桓帝纪》载："（建和元年）（公元 147 年）蒜坐贬为尉氏侯，徙桂阳，自杀。"②

从上文对传世文献的梳理情况看，本书研究范围内的流放地点，基本集中于合浦郡一地，桂阳郡、零陵郡偶见于史籍。作为流放地的时间，合浦郡从西汉晚期开始，在东汉时仅见于特定的数年之内。蒋廷瑜先生指出，合浦郡东汉后不再作为流放地的原因，应是到东汉后，合浦已有开发，故流放地点改为合浦更南"更加荒凉僻远"的九真郡和日南郡。③

三 其他

在上述两种外，文献中华南诸郡国的移民还有以下几种：

（一）戍卒④

戍卒在一地的停留有时间的规定，可是，其目的却并非到当地定居，多数情况下戍卒并非移民。⑤ 但在华南某些郡国的特定时期，戍卒却成为事实上的移民群体。其中最集中者，乃秦末派驻岭南的秦军。《淮南子·人间训》载：

> 秦皇挟录图，见其传曰："亡秦者，胡也。"因发卒五十万，使蒙公、杨翁子将，筑修城，西属流沙，北击辽水，东结朝鲜，中国内郡挽车而饷之。又利越之犀角、象齿、翡翠、珠玑，乃使尉屠睢发卒五十万，为五军，一军塞镡城之岭，一军守九疑之塞，一

---

① 其不在本书研究范围内，但地处南方的九真郡、日南郡，应是文献中东汉更重要的流放地点。如《后汉书·梁统列传》载："竦字叔敬，少习孟氏易，弱冠能教授。后坐兄松事，与弟恭俱徙九真。"《后汉书·孝明八王列传》载："有司重奏除畅国，徙九真。"《后汉书·天文志》载："陵乡侯梁松坐怨望飞书诽谤朝廷下狱死，妻子家属徙九真。"

② 《后汉书·宣帝八王传》载："建和元年，甘陵人刘文与南郡妖贼刘鲔交通，讹言清河王当统天下，欲共立蒜。事发觉，文等遂劫清河相谢暠，将至王宫司马门，曰："当立王为天子，暠为公。"暠不听，骂之，文因刺杀暠。于是捕文、鲔诛之。有司因劾奏蒜，坐贬爵为尉氏侯，徙桂阳，自杀。"

③ 蒋廷瑜：《略论汉"徙合浦"》，《社会科学家》1998 年第 1 期，第 87—90 页；《再论汉代罪犯流徙合浦的问题》，吴传钧《海上丝绸之路研究：中国·北海合浦海上丝绸之路始发港理论研讨会论文集》，科学出版社 2006 年版，第 207—213 页。此外，李庆新先生也对有关问题做过专门研究。见李庆新《秦汉时期谪戍、徙迁的实施及其对岭南开发的影响》，中国秦汉史研究会《秦汉史论丛》第七辑，中国社会科学出版社 1998 年版，第 83—99 页。其统计了西汉、新莽时期徙岭南的 18 人均位于合浦郡，东汉 27 人中仅 5 人徙合浦郡（1 人未至）。

④ 需要指出的是，前文所引文献中的谪戍，既以"戍"为名，其到达岭南后就当以戍为业，与戍卒相同。因此这里所言的"戍卒"就与"谪戍"存在着较大交集。而此处之所以将戍卒又从中单列，主要是考虑岭南地区的戍卒，至少从时间上可分为两类，一为早期南下占领岭南并进行统治的任嚣、赵佗等将领及戍卒，二是前述为了稳固在当地的统治，而另行征发而来的"谪戍"之人。此处的戍卒仅指第一类。

⑤ 葛剑雄等先生指出："到外地赴任的官吏、游学或赴考的学者、流动经营的商人、派驻各地的军队、有期流放的罪犯、从事季节性工作的工匠或农民、逃荒或乞讨而短期离乡的灾民等等，尽管其中有些对象不乏数量大而距离远的特点，也不能视为移民。当然，在这些对象中的确包含了一部分真正的移民，因为其中有些人最终在迁入地或流动地定居了。但总的来说，这些人只占少数。更重要的是，他们已不再返回原地，与其他人的性质已完全不同了。"见葛剑雄、曹树基、吴松弟《简明中国移民史》，福建人民出版社 1993 年版，第 4 页。

军处番禺之都，一军守南野之界，一军结余干之水，三年不解甲弛弩，使监禄无以转饷，又以卒凿渠而通粮道，以与越人战，杀西呕君译吁宋。而越人皆入丛薄中，与禽兽处，莫肯为秦虏。相置桀骏以为将，而夜攻秦人，大破之，杀尉屠睢，伏尸流血数十万。乃发適戍以备之。

据此，岭南秦军大体分为两类：第一类为尉屠睢率领的士兵和尉屠睢去世后秦继续派遣南下完成占领的人员①；第二类在完成占领后，秦在三十三年征发而至的適戍之人。《史记·南越列传》载：

南越王尉佗者，真定人也，姓赵氏。秦时已并天下，略定杨越，置桂林、南海、象郡，以谪徙民，与越杂处十三岁。佗，秦时用为南海龙川令……即被佗书，行南海尉事。嚣死，佗即移檄告横浦、阳山、湟溪关曰："盗兵且至，急绝道聚兵自守！"因稍以法诛秦所置长吏，以其党为假守。秦已破灭，佗即击并桂林、象郡，自立为南越武王。

而据《史记·淮南衡山列传》载：

佗知中国劳极，止王不来，使人上书，求女无夫家者三万人，以为士卒衣补。秦皇帝可其万五千人。

这些在南方安家的戍卒，以及任器、赵佗等被秦王朝派遣南下统治岭南的各级将领，之后都由于秦末战乱和赵佗的割据，再也无法返回北方，与大量谪戍之人一起，在当地定居。②

据《史记·南越列传》记载，"明王长男越妻子术阳侯建德"及"其相吕嘉年长矣，相三王，宗族官仕为长吏者七十余人，男尽尚王女，女尽嫁王子兄弟宗室，及苍梧秦王有连"。③ 当时南下无法还归北方的将领、兵卒，很多应与越女婚姻，繁衍不息。

（二）越人

文献中集中的越人移民，大体有五次。

第一，据《汉书·严助传》载："南海王反，陛下先臣使将军间忌将兵击之，以其军降，处之上淦。"将南海王所属的越人内迁上淦。

第二，据《汉书·闽越传》载："于是天子曰'东粤狭多阻，闽粤悍，数反覆'，诏军吏皆

---

① 辛德勇先生已指出："所谓尉屠睢征越，应当就是王翦南征之役，而这次行动的主帅，当然只能是名将王翦。""当初王翦率六十万军队，出征荆楚，《淮南子》此云五十万，或是在平楚过程中有所减损所致。虽说是南征，可五十万军队，分成五路，实际上是分别驻守在与越人相接触的边界上。"见辛德勇《秦始皇三十六郡新考（上）》，《文史》2006年第1期，第21—66页；《秦始皇三十六郡新考（下）》，《文史》2006年第2期，第77—106页。何维鼎认为，《淮南子》"五十万"不可信，认为"屠睢统率过岭的秦兵，最多也不过四、五万"。见何维鼎《秦统一岭南投放了多少兵力》，《华南师范学报社会科学版》1982年第2期，第108—110页。

② 葛剑雄先生指出："为了维持粮食供应，控制交通线，即使在越人的反抗被镇压下去后，其余四支军队也不可能都调入岭南。而进驻番禺的一支在越人的打击下损失惨重，留下的大概不足10万……从西汉时的记载看，中原与岭南的交通还非常困难，加上秦朝在几年后就已覆灭，此后再迁入的人数不会太多。"见葛剑雄《中国移民史》第二卷，福建人民出版社1997年版，第72—73页。

③ 《集解》《汉书音义》曰："苍梧越中王自名为秦王，连亲婚也。"

将其民徙处江淮之间。东粤地遂虚。"汉武帝在灭亡闽越后，将闽越人全部内迁至江淮之间，使其原居地"遂虚"，长期处于无人状态。^① 于此同时，在汉王朝对闽越战争中，投降的越人多被封侯，如《史记·东越列传》载："封繇王居股为东成侯，万户；封建成侯敖为开陵侯；封越衍侯吴阳为北石侯……东越将多军，汉兵至，弃其军降，封为无锡侯。"其封地分别位于九江郡、临淮郡、陈留郡、会稽郡等地，大体上均与其属闽越人分开安置。

第三，南越亡国之后，虽未载有大规模移民，但通过一系列的封侯，越人贵族内迁南阳、河内、东海等郡。^② 据《汉书·景武昭宣元成功臣表》记载，被吕嘉所立的南越王"明王长男越妻子术阳侯建德"^③，在战后"以南越王兄越高昌侯侯"。据《史记·南越列传》记载："苍梧王赵光者，越王同姓，闻汉兵至，及越揭阳令定自定属汉；越桂林监居翁谕瓯骆属汉，皆得为侯。"据《史记·建元以来侯者年表》记载，膫侯毕取"以南越将降侯"；安道侯史定"以南越揭阳令闻汉兵至自定降侯"；随桃侯赵光"以南越苍梧王闻汉兵至降侯"；湘成侯居翁"以南越桂林监闻汉兵破番禺，谕骆越四十余万降侯"；临蔡侯孙都"以故南越郎闻汉兵破番禺，为伏波得南越相吕嘉功侯"；涉都侯喜"以父弃故南海守，汉兵至以城邑降，子侯"。据《汉书·闽越传》记载："瓯骆将左黄同斩西于王，封为下郦侯。"此外据《后汉书·南蛮传》注引《华阳国志》记载："武帝通博南，置不韦县，徙南越相吕嘉子孙宗族资之。因名不韦，以章其先人之恶行也。"

第四，《后汉书·臧宫传》载："十一年（公元35年），将兵至中卢，屯骆越。是时公孙述将田戎、任满与征南大将军岑彭相拒于荆门，彭等战数不利，越人谋畔从蜀。宫兵少，力不能制。会属县送委输车数百乘至，宫夜使锯断城门限。令车声回转出入至旦。越人候伺者闻车声不绝，而门限断，相告以汉兵大至。其渠帅乃奉牛酒以劳军营。宫陈兵大会，击牛酾酒，飨赐慰纳之，越人由是遂安。"注："中卢，县名，属南郡，故城在今襄州阳县南。盖骆越人徙于此，因以为名。"位于中卢的骆越，当是从原来岭南地区迁徙而来。"从既有人众和渠帅，又以骆越名地，当有相当人数"^④，而此次移民的过程为史、汉两书不载。

第五，据《后汉书·南蛮传》载："明年夏四月（公元49年），援破交趾……徙其渠帅三百余口于零陵。"

从文献来看，上述几次大规模的越人移民，均属战争胜利者的汉王朝所施行的处置失败者越人的一种强制手段。^⑤ 无论对移入地还是迁出地的社会发展而言，必定都会带来或轻或重的影响：

影响最严重者，当如南海王所属越人。在迁移之后其再未见于文献，"融化"于江淮之间的汉人当中。而作为其迁出的原居地也再无记载，造成今天对其原居地究竟位于何处难以确定。

---

① 当然，其不可能是完全的迁移。当时应有一定的越人应还留在了当地，"只是由于汉朝的郡县都撤销了，这些人都成了化外之民。到西汉后期'遗人往往渐出，乃以东瓯地为回浦县'……闽越境内在西汉后期也恢复了一个冶县，但直到东汉末年再也没有增加。"见葛剑雄《中国移民史》第二卷，福建人民出版社1997年版，第244页。

② 葛剑雄先生指出："南越境内本来已有较多的汉族移民，加上有赵氏政权长期经营的基础，所以汉武帝于元鼎六年（公元前111年）平南越后没有对越族人口进行大规模的迁移，仅将少数有功的南越降人封侯安置在内地，有罪的南越丞相吕嘉的家属被迁至益州的不韦县。"见葛剑雄《中国移民史》第二卷，福建人民出版社1997年版，第249页。

③ 《汉书·南越传》。

④ 田继周：《秦汉民族史》，四川民族出版社1996年版，第383页。

⑤ 无论闽越、南越还是瓯骆降将，其封侯后都被移民于内地。其封地不仅远离故土，且各地的自然、气候等环境均与原居地存在差异，这种因"封侯"而内迁的行为，对习惯了南方生活的越人而言，多少都具有强迫的性质。

影响次重者，如闽越人。在其迁出后仅受封的降将有所记载，而其他越人同样不见于文献。而作为迁出地的福建，更长时间处于空"虚"之态。不过，相较于南海王所属越人而言，其迁出地在之后由于未迁之民偶有散出，故汉王朝在其地设置一县。然而可能是由于其民甚少，故直至东汉晚期，福建境内依然仅设一县，当地发展长时间内停滞而不前，恰如文献所言之"虚"。

影响略重者，如南越人。文献中仅记载对降将和作为反叛主角的吕嘉族人进行迁徙，其他南越之人未再记载。而正由于没有进行大规模的移民外迁，因此到西汉晚期之时，南海郡内设 6 县，有"户万九千六百一十三，口九万四千二百五十三"，虽在华南诸郡中位列倒数第 2 名，但相较于闽越灭亡后仅有一县的情况言，境内的发展未曾中断，较闽越地域为好。在外迁受封为侯的降将中，即有如赵光、赵建德等祖居中原的汉人，也有毕取等南越之人，在文献中对其封侯之后迁徙的情况，有约略记述。而吕嘉族人在迁入地的情况，虽史籍缺载，但学者在据相关文献资料分析后指出，将吕嘉族人"迁出叛乱中心地区，取得釜底抽薪的作用，有利于南越地区的长期稳定"，而这些越人到达迁入地后，"利用同为'百越'的有利条件，以促进当地民族的改造和西南边疆的开发"，且"加速了两地之间的交通往来"。①

东汉建武二十五年交趾越人的内迁，虽数量较少，但对迁出地而言，由于迁出者均为越人首领——"渠帅"，因此利于东汉王朝在当地统治的顺利进行——"于是领表悉平"。而从这些人再未见诸史籍的情况看，其应与南海王属下越人一样，慢慢融入到当地社会之中。②

（三）其他

第一，由于远离政治中心，朝廷的控制力较弱，岭南于是成为逃避官府迫害或仇人追索的地方。③ 如《后汉书·郅恽传》载："会赦得出，乃与同郡郑敬南遁苍梧。"《后汉书·桓荣传》："初平中（公元 190—193 年），天下乱，避地会稽，遂浮海客交趾，越人化其节，至闾里不争讼。为凶人所诬，遂死于合浦狱。"④《后汉书·窦武传》载："胡腾及令史南阳张敞共逃辅于零陵界，诈云已死，腾以为己子，而使聘娶焉。后举桂阳孝廉。"《后汉书·许劭传》载："及孙策平吴，劭与繇南奔豫章而卒。"

第二，东汉永初元年，中原地区水旱灾害不断，"被灾之郡，百姓凋残，恐非赈给所能胜赡"，官员提出"尤困乏者，徙置荆、扬熟郡，既省转运之费，且令百姓各安其所……太后从之"⑤，将华南一些郡国作为灾区移民的迁入之地。

第三，在战乱之时，成为避难之地。⑥ 如《后汉书·任延传》载："时天下新定，道路未

---

① 王世丽：《从吕凯族属看汉武帝斥地拓疆》，《中国边疆史地研究》1998 年第 2 期，第 1—6 页。杨兆荣：《西汉南越王相吕嘉遗族人滇及其历史影响试探》，《中国史研究》2004 年第 3 期，第 23—33 页。叶永新认为，南越国灭亡后吕嘉子孙被"诛灭殆尽"，"被迁徙到汉西南边境不韦县的说法，缺乏可考的史料依据，无法成立"。见叶永新《南越国丞相吕嘉子孙宗族结局疑案探究》，《广东史志》2002 年第 2 期，第 30—32 页。

② 张雄先生曾论述了越人北徙的大体情况。见张雄《汉初越人北徙及其江淮、沔北苗裔考》，《中南民族学院学报》1986 年第 1 期，第 40—46 页。

③ 葛剑雄：《中国移民史》第二卷，福建人民出版社 1997 年版，第 267 页。

④ 文献中桓荣虽"浮海客交趾"，但从其之后"死于合浦狱"的情况看，桓荣所居的地点，大体当位于合浦，这里的"交趾"可能仅是"交州刺史部"的略称。

⑤ 《后汉书·樊准传》。

⑥ 宋超先生深入讨论了东汉末年北方士人南迁对南方发展的影响。见宋超《东汉末年中原士民迁徙扬荆交三州考：兼论永嘉迁徙前客家先民的早期形态》，《齐鲁学刊》2000 年第 6 期，第 36—44 页。

通，避乱江南者皆未还中土，会稽颇称多士。"《三国志·吴书·士燮传》载："士燮字威彦，苍梧广信人也。其先本鲁国汶阳人，至王莽之乱，避地交州。六世至燮父赐，桓帝时为日南太守。"《三国志·吴书·濮阳兴传》载："濮阳兴字子元，陈留人也。父逸，汉末避乱江东，官至长沙太守。"《三国志·魏书·杜袭传》载："杜袭字子绪，颍川定陵人也。曾祖父安，祖父根，著名前世。袭避乱荆州，刘表待以宾礼……袭遂南适长沙。"

第四，招降而来。如《后汉书·南蛮传》载："灵帝建宁三年（公元170年），郁林太守谷永以恩信招降乌浒人十余万内属，皆受冠带，开置七县。"①

第六节 反叛不断

如果说诸郡国的属县、口数、户数是最整齐的传世资料，那如星火燎原般的各地反叛②，无疑是文献中出现频率最高的事件（在出土简牍中也有反映），这构成后人了解华南社会的重要内容。而如范晔所言，两汉时代的反叛，有着明显的时空特征（详后）。

一 西汉时期

西汉时期华南地区的反叛事件，相对较少。

第一，如前所言，南海国民常有反叛，但被淮南兵卒等镇压。

第二，关于儋耳郡、珠崖郡。《汉书·贾捐之传》有明确记载：

> 初，武帝征南越，元封元年立儋耳、珠崖郡，皆在南方海中洲居，广袤可千里，合十六县，户二万三千余。其民暴恶，自以阻绝，数犯吏禁，吏亦酷之，率数年壹反，杀吏，汉辄发兵击定之。自初为郡至昭帝始元元年，二十余年间，凡六反叛。至其五年，罢儋耳郡并属珠崖。至宣帝神爵三年，珠崖三县复反。反后七年，甘露元年，九县反，辄发兵击定之。元帝初元元年，珠崖又反，发兵击之。诸县更叛，连年不定。

其原因，并非严助所言"其民暴恶"，而是汉郡官员在当地的横征暴敛，"献命岁至""中国贪其珍赂，渐相侵侮"③，"珠崖之废，起于长吏睹其好发，髡取为髢"④。连绵不断的反叛事件，让远离此地的汉中央政府，无论在财政还是在军力上都不堪重负，加上当时关东地区也出

---

① 《后汉书·灵帝纪》载："郁林乌浒民相率内属。"

② "反叛"一词，在史汉中最早见于下引《汉书·严助传》。一般情况下，多单独以"反"或"叛"的情况出现。而从文献所记载的相关内容看，"反"与"叛"的性质一致（如下引《汉书·严助传》中就既有"反"，也有"叛"，还有"反叛"），因此本书没有对其加以区分，均以"反叛"统一称之。

③ 《后汉书·南蛮传》载："汉兴，尉佗自立为南越王，传国五世。至武帝元鼎五年，遂灭之，分置九郡，交趾刺史领焉。其珠崖、儋耳二郡在海洲上，东西千里，南北五百里。其渠帅贵长耳，皆穿而缒之，垂肩三寸。武帝末，珠崖太守会稽孙幸调广幅布献之，蛮不堪役，遂攻郡杀幸。幸子豹合率善人还复破之，自领郡事，讨击余党，连年乃平。豹遣使封还印绶，上书言状，制诏即以豹为珠崖太守。威政大行，献命岁至。中国贪其珍赂，渐相侵侮，故率数岁一反。元帝初元三年，遂罢之。凡立郡六十五岁。"

④ 《三国志·吴书·薛综传》。

现动荡“关东困乏，民难摇动”，于是导致了二郡先后被废。①

在现有文献中，珠崖郡、儋耳郡之外的其他华南诸郡国，在西汉时期甚少出现大规模的反叛事件，社会秩序相对平稳。

第三，关于南海郡。据《汉书·景武昭宣元成功臣表》载，《南越传》记为南越国第五代国王的“明王长男越妻子术阳侯建德”②，归降后封为术阳侯，“以南越王兄越高昌侯侯”，“五年三月壬午封，四年，坐使南海逆不道，诛”。即，赵建德在元鼎五年封侯（公元前112年），在位4年，在元封二年（公元前109年）被诛。

据《汉书·武帝纪》《汉书·南越传》记载，汉灭南越的起兵时间在“元鼎五年秋”，擒获建德的时间可从《南越传》的“吕嘉、建德以夜与其属数百人亡入海。伏波又问降者，知嘉所之，遣人追。故其校司马苏弘得建德，为海常侯；粤郎都稽得嘉”而得知，其应与吕嘉同时被抓。而吕嘉被擒时间，《武帝纪》载为元鼎六年春，因此擒获赵建德也当在公元前111年，肯定不会在之前的元鼎五年三月就被封为侯。③ 因此赵建德受封时间最早不超过公元前111年，而4年之后应在元封三年（公元前108年）。但如前文所言，此时岭南设郡已有4年。

从文献看，“使”的含义虽广，但在与“坐”连用时，绝大多数都是派遣、指使之意。如《汉书·王子侯表》载：“坐使奴杀人。”《汉书·萧何传》载：“坐使奴杀人减死论。”《汉书·鲍宣传》载：“贤父子坐使天子使者将作治第。”偶尔为“出使”或“使者”，如《史记·建元以来侯者年表》浩侯“坐使酒泉矫制害，当死”。而“逆不道”在汉为重罪，后果极为严重。《汉书·景帝记》注引如淳曰：“律，大逆不道，父母妻子同产皆弃市。”《汉书·宣帝纪》载：“使女侍医淳于衍进药杀共哀后，谋毒太子，欲危宗庙。逆乱不道，咸（服）［伏］其辜。”《汉书·成帝记》载：“定陵侯淳于长大逆不道，下狱死。”《汉书·天文志》载：“夜郎王歆大逆不道，牂柯太守立捕杀歆。”《汉书·刘屈传》载：“内者令郭穰告丞相夫人以丞相数有谴，使巫祠社，祝诅主上，有恶言，及与贰师共祷祠，欲令昌邑王为帝。有司奏请案验，罪至大逆不道。有诏载屈氂厨车以徇，要斩东市，妻子枭首华阳街。”《汉书·眭弘传》载：“奏赐、孟妄设祆言惑众，大逆不道，皆伏诛。”《汉书·息夫躬传》载：“躬母圣，坐祠灶祝诅上，大逆不道。圣弃市，妻充汉与家属徙合浦。”从这些“逆不道”事件的起因看，多数均直接针对天子，在元鼎六年（公元前111年）南越国灭亡设郡的4年之后，赵建德所受的罪行就使人很是惊奇。不管这里的“使”是派遣、指使，还是出使、使者，其重点所记载的都是建德指使南海郡或他在南海郡进行了汉王朝所不能容忍的罪行——“逆不道”。而从其本为越人之子，又是南越国亡国之君

---

① 《汉书·贾捐之传》载：“言圣人起则后服，中国衰则先畔，动为国家难，自古而患之久矣，何况乃复其南方万里之蛮乎！骆越之人父子同川而浴，相习以鼻饮，与禽兽无异，本不足郡县置也。颛颛独居 ·海之中，雾露气湿，多毒草虫蛇水土之害，人未见虏，战士自死。又非独珠厓有珠犀玳瑁也，弃之不足惜，不击不损威。”“丞相于定国以为‘前日兴兵击之连年，护军都尉、校尉及丞凡十一人，还者二人，卒士及转输死者万人以上，费用三万万余，尚未能尽降。今关东困乏，民难摇动，捐之议是。’上乃从之。遂下诏曰：‘珠厓虏杀吏民，背畔为逆，今廷议者或言可击，或言可守，或欲弃之，其指各殊。朕日夜惟思议者之言，羞威不行，则欲诛之；狐疑辟难，则守屯田；通于时变，则忧万民。夫万民之饥饿，与远蛮之不讨，危孰大焉？且宗庙之祭，凶年不备，况乎辟不嫌之辱哉！今关东大困，仓库空虚，无以相赡，则又以动兵，非特劳民，凶年随之。其罢珠厓郡。民有慕义欲内属，便处之；不欲，勿强。’珠厓由是罢。”

② 在文献中，赵建德在越时的封侯名称似有不同，如《南越传》为“术阳侯”，而《景武昭宣元成功臣表》为“高昌侯”。不过从史书体例看，《南越传》中出现的“术阳侯”应是汉朝史官以汉之封侯来对其记述，并不意味着他在南越有着两个侯名，或者是为两人。

③ 《史记·南越列传》《集解》引徐广曰：“元鼎四年，以南越王兄越封高昌侯”，时间更提前到公元前113年，亦当不确。

的身份看，这里的"不道"就极可能是反叛——指使、鼓动南海郡内未迁越人反抗汉王朝的统治。

二　东汉时期

从进入东汉之后，华南各郡国的反叛事件史不绝书。从文献记载看，东汉的反叛大体起于光武帝的统治后期，不同时期的反叛事件有着明显的时空特征。

（一）光武帝时期

光武帝时期华南的反叛，以武陵郡最甚[①]，发生于光武帝统治后期。《后汉书·南蛮传》记载：

> 光武中兴，武陵蛮夷特盛。
>
> 十六年（公元40年），交趾女子征侧及其妹征贰反，攻郡……于是九真、日南、合浦蛮里皆应之，凡略六十五城，自立为王。交趾刺史及诸太守仅得自守。光武乃诏长沙、合浦、交趾具车船，修道桥，通障溪，储粮谷。十八年，遣伏波将军马援、楼船将军段志，发长沙、桂阳、零陵、苍梧兵万余人讨之。明年夏四月，援破交趾，斩征侧、征贰等，余皆降散。进击九真贼都阳等，破降之。徙其渠帅三百余口于零陵。于是领表悉平。
>
> 建武二十三年（公元47年），精夫相单程等据其险隘，大寇郡县。遣武威将军刘尚发南郡、长沙、武陵兵万余人，乘船沂沅水入武溪击之……尚军大败，悉为所没。
>
> 二十四年（公元48年），相单程等下攻临沅，遣谒者李嵩、中山太守马成击之，不能克。
>
> 明年春（公元49年），遣伏波将军马援、中郎将刘匡、马武、孙永等，将兵至临沅，击破之。单程等饥困乞降，会援病卒，谒者宗均听悉受降。为置吏司，群蛮遂平。[②]

除交趾的反叛涉及合浦郡外，武陵郡内反叛仅限于本郡之内。两次反叛，各郡内郡兵均难以平叛，东汉政府于是只好广发周边汉郡兵卒，经历多年数任将官才最终平定。"武陵五溪蛮夷"[③]由此拉开向东汉政府不断反叛的序幕。

（二）章帝时期

在马援平叛27年后，章帝建初元年，武陵蛮大规模的反叛重新出现。据《后汉书·章帝纪》记载：

---

① 虽然交趾郡的反叛规模也很大，但由于本书不包括交趾郡、日南郡、九真郡，因此不计入内，不过有的交趾郡反叛会涉及到合浦等郡。

② 《后汉书·光武帝纪》所载的发生事件与《南蛮传》有所不同，为建武二十二年。"（建武二十二年）（公元46年）十二月，武陵蛮叛，寇掠郡县，遣刘尚讨之，战于沅水，尚军败殁。"而此后的过程大体相同："（建武二十四年）（公元48年）秋七月，武陵蛮寇临沅，遣谒者李嵩、中山太守马成讨蛮，不克，于是伏波将军马援率四将军讨之。""（建武二十五年）（公元49年）伏波将军马援等破武陵蛮于临沅。冬十月，叛蛮悉降。"《后汉书·马武传》载："二十五（公元49年），武以中郎将将兵击武陵蛮夷。"《后汉书·宋均传》载："后为谒者。会武陵蛮反，围武威将军刘尚，诏使均乘传发江夏奔命三千人往救之。既至而尚已没。会伏波将军马援至，诏因令均监军，与诸将俱进，贼拒陇不得前。"

③ "武陵五溪蛮夷"见《后汉书·马援列传》。《后汉书》注引郦元注《水经》云："武陵有五溪，谓雄溪、樠溪、西溪、潕溪、辰溪，悉是蛮夷所居，故谓五溪蛮。"

（建初元年）（公元 76 年）二月，武陵澧中蛮叛……十月，武陵郡兵讨叛蛮，破降之。

（建初三年）（公元 78 年）武陵溇中蛮叛。

（建初五年）（公元 80 年）荆、豫诸郡兵讨破武陵溇中叛蛮。

虽然第一次的反叛规模较小，同年即被平叛，但建初三年开始的反叛，直到 3 年后才由经荆州、豫州合兵五千余人平服。① 同样这次反叛也仅限于武陵郡境内。

（三）和帝时期

在章帝时期"溇中蛮叛"16 年后，和帝时期武陵五溪蛮夷的反叛出现两次。《后汉书·和帝纪》记载：

（永元四年）（公元 92 年）武陵零陵澧中蛮叛。

（永元五年）（公元 93 年）是岁，武陵郡兵破叛蛮，降之。②

（永元六年）（公元 94 年）武陵溇中蛮叛，郡兵讨平之。

两次反叛均位于武陵郡内③，规模均较小，持续时间较短，"郡兵"即可"平之"。

（四）安帝时期

在和帝时期"溇中蛮叛"21 年后，武陵五溪蛮夷反叛再次出现。《后汉书·安帝纪》记载：

（元初二年）（公元 115 年）十二月，武陵澧中蛮叛，州郡击破之。

（元初三年）（公元 116 年）正月，苍梧、郁林、合浦蛮夷反叛④，二月，遣侍御史任逴督州郡兵讨之。

赦苍梧、郁林、合浦、南海吏人为贼所迫者。

冬十一月，苍梧、郁林、合浦蛮夷降。

（元初三年）（公元 116 年）五月，武陵蛮复叛，州郡讨破之。

而据《后汉书·南蛮传》记载，《安帝纪》所载的发生在元初三年的苍梧郡等郡反叛，起始于元初二年的苍梧郡：

元初二年（公元 115 年），苍梧蛮夷反叛。明年（公元 116 年），遂招诱郁林、合浦蛮汉数千人攻苍梧郡。

---

① 《后汉书·南蛮传》载："肃宗建初元年，武陵澧中蛮陈从等反叛，入零阳蛮界。其冬，零阳蛮五里精夫为郡击破从，从等皆降。三年冬，溇中蛮覃儿健等复反，攻烧零阳、作唐、屠陵界中。明年春，发荆州七郡及汝南、颍川（施）［弛］刑徒吏士五千余人，拒守零阳，募充中五里蛮精夫不叛者四千人，击溇中贼。五年春，覃儿健等请降，不许。郡因进兵与战于宏下，大破之，斩儿健首，余皆弃营走还溇中，复遣乞降，乃受之。于是罢武陵屯兵，赏赐各有差。"

② 《后汉书·南蛮传》载："和帝永元四年冬，溇中、澧中蛮潭戎等反，燔烧邮亭，杀略吏民，郡兵击破降之。"

③ 中华书局《后汉书》校勘记指出，永元四年记载中的"'零陵'当作'零阳'，即武陵郡属县。后汉武陵郡国治当今常德府武陵县，西与澧州接壤，零阳县治即今澧州慈利县东境，澧中蛮即澧水之蛮，并属武陵，故纪并举。若零陵郡之蛮，相距甚远，不当与澧中蛮错举。"

④ 《后汉书·五行志》载："元初元年三月己卯，日南地坼，长百八十二里。其后三年正月，苍梧、郁林、合浦盗贼群起，劫略吏民。"

此外，在元初三年（公元 116 年），零陵郡也有反叛：

> 零陵蛮羊孙、陈汤等千余人，著赤帻，称将军，烧官寺，抄掠百姓。州郡募善蛮讨平之。

虽然安帝时期的反叛仅持续两年，且仅"郡兵"或"善蛮"即可平叛①，但一个明显的变化，就是在原来不断反叛的武陵郡外，华南其他郡国如苍梧郡、郁林郡、合浦郡等都开始加入反叛者的行列，而反叛者也从原来以"蛮"为主，变为"蛮汉"均有，苍梧郡还成为反叛的重要源头。

（五）顺帝时期

在安帝时期两地反叛的 21 年后，反叛再次发生。据《后汉书·朱俊传》记载：

> （光和元年）（公元 136 之前）交趾贼梁龙等万余人，与南海太守孔芝反叛，攻破郡县。光和元年，即拜俊交趾刺史，令过本郡简募家兵及所调，合五千人，分从两道而入……既而与七郡兵俱进逼之，遂斩梁龙，降者数万人，旬月尽定。

而《后汉书·顺帝纪》记载：

> （永和二年）（公元 137 年）二年春正月，武陵蛮叛，围充县，又寇夷道。②

梁龙与南海太守孔芝在光和元年之前的反叛，是首次官、民联合反叛。③ 永和二年的反叛，虽因文献未载平叛时间难以估计反叛规模，但其进攻南郡夷道的情况，却成为武陵蛮第一次见诸于史载的跨郡反叛。

（六）桓帝时期

顺帝永和二年，武陵蛮反叛被平 14 年后，反叛再次发生。《后汉书·孝桓帝纪》记载：

> （元嘉元年）（公元 151 年）秋七月，武陵蛮叛。
> （永兴元年）（公元 153 年）是岁，武陵太守应奉招诱叛蛮，降之。④
> （永寿三年）（公元 157 年）长沙蛮叛，寇益阳。

---

① 《后汉书·南蛮传》载："安帝元初二年，澧中蛮以郡县徭税失平，怀怨恨，遂结充中诸种二千余人，攻城杀长吏。州郡募五里蛮六亭兵追击破之，皆散降。赐五里、六亭渠帅金帛各有差。"

② 《后汉书·南蛮传》载："明年春，蛮二万人围充城，八千人寇夷道。遣武陵太守李进讨破之，斩首数百级，余皆降服。"

③ 《后汉书·南蛮传》载："永和二年，日南、象林徼外蛮夷区怜等数千人攻象林县，烧城寺，杀长吏。交趾刺史樊演发交趾、九真二郡兵万余人救之。兵士惮远役，遂反，攻其府"，也是一次官兵为主的反叛。

④ 《后汉书·南蛮传》载："桓帝元嘉元年秋，武陵蛮詹山等四千余人反叛，拘执县令，屯结深山。至永兴元年，太守应奉以恩信招诱皆悉降散。"《后汉书·应奉传》载："先是，武陵蛮詹山等四千余人反叛，执县令，屯结连年。诏下公卿议，四府举奉才堪将帅。永兴元年，拜武陵太守。到官慰纳，山等皆悉降散。"

（延熹三年）（公元 160 年）长沙蛮寇郡界。

武陵蛮寇江陵，车骑将军冯绲讨，皆降散。荆州刺史度尚讨长沙蛮，平之。①

（延熹五年）（公元 162 年）长沙贼起，寇桂阳、苍梧。②

长沙、零陵贼起，攻桂阳、苍梧、南海、交趾，遣御史中丞盛修督州郡讨之，不克。

艾县贼焚烧长沙郡县，寇益阳，杀令。又零陵蛮亦叛，寇长沙。③

冬十月，武陵蛮叛，寇江陵，南郡太守李肃坐奔北弃市；辛丑，以太常冯绲为车骑将军，讨之。假公卿以下奉。又换王侯租以助军粮，出濯龙中藏钱还之。十一月，冯绲大破叛蛮于武陵。

（延熹六年）（公元 163 年）桂阳盗贼李研等寇郡界。

武陵蛮复叛，太守陈奉与战，大破降之。

南海贼寇郡界。

（延熹七年）（公元 164 年）荆州刺史度尚击零陵、桂阳盗贼及蛮夷，大破平之。

（延熹八年）（公元 165 年）桂阳胡兰、朱盖等复反，攻没郡县，转寇零陵，零陵太守陈球拒之；遣中郎将度尚、长沙太守抗徐等击兰、盖，大破斩之。苍梧太守张叙为贼所执，又桂阳太守任胤背敌畏懦，皆弃市。④

而据《后汉书·度尚传》载，延熹五年还有"桂阳宿贼渠帅卜阳、潘鸿等"反叛。⑤

桓帝时期的反叛与以往明显不同：

第一，发生的时间持续甚久，前后连绵 14 年。

第二，反叛声势浩大，从武陵郡开始，反叛扩张到长沙郡、豫章郡、苍梧郡、南海郡、零陵郡、桂阳郡等郡，跨郡反叛连绵不绝。特别是在延熹五年诸郡的反叛出现"联动"⑥，此起彼伏的反叛不再限于本郡，不断攻击周边郡国，"盗贼徵发，南州尤甚"⑦。

第三，从和帝到顺帝时仅由郡兵即可平叛的现象无法再现，重新出现光武帝时期专门组织军队进行围剿的情况。如延熹八年平叛由"中郎将将幽、冀、黎阳、乌桓步骑二万六千人……

---

① 该条原系于延熹三年，《后汉书》校勘记指出："《集解》引惠栋说，谓《考异》云事在五年，重出。按：校补谓案后五年十月，绲始由太常为车骑将军，十一月，大破蛮于武陵，此为重出。度尚传度自右校令擢为荆州刺史，亦在延熹五年，其讨蛮同属五年事，今载入三年纪，而五年纪无之，是为误出。"其事亦见于《后汉书·方术列传》，"冯绲……延熹……五年，复拜车骑将军，击武陵贼。"据《后汉书·应奉传》，应奉应参与了此次平叛，"延熹中，武陵蛮复寇乱荆州，车骑将军冯绲以奉有威恩，为蛮夷所服，上请与俱征。拜从事中郎。奉勤设方略，贼破军罢，绲推功于奉，荐为司隶校尉。"

② 《后汉书》注引《东观记》曰："时典没苍梧，取铜虎符，太守甘定、刺史侯辅各奔出城。"

③ 《后汉书》注："《东观记》曰：'时贼乘刺史车，屯据临湘，居太守舍。贼万人以上屯益阳，杀长吏。'艾，县名，属豫章郡。"

④ 《后汉书·天文志》载其事："（延熹七年）（公元 164 年）又荆州刺史芝、交趾刺史葛祗皆为贼所拘略，桂阳太守任胤背敌走，皆弃市"。

⑤ 《后汉书·度尚传》载："桂阳宿贼渠帅卜阳、潘鸿等畏尚威烈，徙入山谷。尚穷追数百里，遂入南海，破其三屯，多获珍宝。而阳、鸿等党众犹盛，尚欲击之，而士卒骄富，莫有斗志。尚计缓之则不战，逼之必逃亡，乃宣言卜阳、潘鸿作贼十年，习于攻守，今兵寡少，未易可进，当须诸郡所发悉至，尔乃并力攻之。申令军中，恣听射猎。兵士喜悦，大小皆相与从禽。尚乃密使所亲客潜焚其营，珍积皆尽。猎者来还，莫不泣涕。尚人人慰劳，深自咎责，因曰：'卜阳等财宝足富数世，诸卿但不并力耳。所亡少少，何足介意！'众闻咸愤踊，尚敕令秣马蓐食，明旦，径赴贼屯。阳、鸿等自以深固，不复设备，吏士乘锐，遂大破平之。"

⑥ 《后汉书·冯绲传》载："时长沙蛮寇益阳，屯聚积久，至延熹五年，众转盛，而零陵蛮贼复反应之，合二万余人，攻烧城郭，杀伤长吏。"

⑦ 《后汉书·桓帝纪》载："（延熹九年）（公元 166 年）诏曰：比岁不登……盗贼徵发，南州尤甚……其灾旱盗贼之郡，勿收租，余郡悉半入。"注"谓长沙、桂阳、零陵等郡也，并属荆州。"

又与长沙太守抗徐等发诸郡兵，并执讨击"，但多方平叛也"余党"难尽。①

第四，反叛不再仅由蛮汉引起，延熹五年艾县反叛乃因"应募而不得赏直，怨恚，遂反"②，延熹八年桂阳贼胡兰之叛，由于"征戍役久，财赏不赡，忿恚，复作乱"的荆州兵朱盖联合兴起③，戍卒开始参加到反叛之列。

第五，叛乱中不断出现东汉郡守等地方官临阵逃脱、不战而退的极端事件。④

（七）灵帝时期

桓帝诸郡国反叛平定 13 年后，华南反叛再次发生。《后汉书·孝灵帝纪》载：

（光和元年）（公元 178 年）春正月，合浦、交趾乌浒蛮叛，招引九真、日南民攻没郡县。⑤

（光和四年）（公元 181 年）交趾刺史朱俊讨交趾、合浦乌浒蛮，破之。⑥

（中平元年）（公元 184 年）交趾屯兵执刺史及合浦太守来达，自称"柱天将军"，遣交趾刺史贾琮讨平之。⑦

（中平三年）（公元 186 年）冬十月，武陵蛮叛，寇郡界，郡兵讨破之。⑧

（中平四年）（公元 187 年）冬十月，零陵人观鹄自称"平天将军"，寇桂阳，长沙太守孙坚击斩之。

此外，据《后汉书·杨璇传》载，灵帝时"苍梧、桂阳猾贼相聚，攻郡县"，并进至零陵郡。⑨

---

① 《后汉书·度尚传》载："复以尚为荆州刺史。尚见胡兰余党南走苍梧，惧为己负，乃伪上言苍梧贼入荆州界，于是徵交趾刺史张磐下廷尉……磐因自列曰：前长沙贼胡兰作难荆州，<u>余党散入交趾</u>。磐身被甲胄，涉危履险，讨击凶患，斩殄渠帅，<u>余尽鸟窜冒遁，还奔荆州</u>。"《后汉书·冯绲传》载："武陵蛮夷悉反，寇掠江陵间，荆州刺史刘度、南郡太守李肃并奔走荆南，皆没……绲军至长沙，贼闻，悉诣道乞降。进击武陵蛮夷，斩首四千余级，受降十余万人，荆州平定……会长沙贼复起，攻桂阳、武陵，绲以<u>军还盗贼复发</u>，策免。"

② 《后汉书·度尚传》载："豫章艾县人六百余人，应募而不得赏直，怨恚，遂反，焚烧长沙郡县，寇益阳，杀县令，众渐盛。又遣谒者马睦，督荆州刺史刘度击之，军败，睦、度奔走。桓帝诏公卿举任代刘度者，尚书朱穆举尚，自右校令擢为荆州刺史。尚躬率部曲，与同劳逸，广募杂种诸蛮夷，明设购赏，进击，大破之，降者数万人。"

③ 《后汉书·度尚传》载："时荆州兵朱盖等，征戍役久，财赏不赡，忿恚，复作乱，与桂阳贼胡兰等三千余人复攻桂阳，焚烧郡县，太守任胤弃城走，贼众遂至数万。转攻零陵，太守陈球固守拒之。于是以尚为中郎将，将幽、冀、黎阳、乌桓步骑二万六千人救球，又与长沙太守抗徐等发诸郡兵，并执讨击，大破之，斩兰等首三千五百级，余贼走苍梧。诏赐尚钱百万，余人各有差。"

④ 《后汉书·南蛮传》载："永寿三年十一月，长沙蛮反叛，屯益阳。至延熹三年秋，遂抄掠郡界，众至万余人，杀伤长吏。又零陵蛮入长沙。冬，武陵蛮八千余人寇江陵，<u>荆州刺史刘度、谒者马睦、南郡太守李肃皆奔走</u>，肃主簿胡爽扣马首谏曰：'蛮夷见郡无儆备，故敢乘间而进。明府为国大臣，连城千里，举旄鸣鼓，应声十万，奈何委符守之重，而为逋逃之人乎！'肃拔刃向爽曰：'掾促去！太守今急，何暇此计。'爽抱马固谏，肃遂杀爽而走。帝闻之，徵肃弃市，度、睦减死一等，复爽门闾，拜家一人为郎……贼复寇桂阳，<u>太守廖析奔走</u>。"此外又如《后汉书·度尚传》所载："延熹五年，长沙、零陵贼合七八千人，自称'将军'，入桂阳、苍梧、南海、交趾，交趾刺史及苍梧太守望风逃奔，二郡皆没。"《后汉书·陈球传》载："球为零陵太守。球到，设方略，期月间，贼虏消散。而州兵朱盖等反，与桂阳贼胡兰数万人转攻零陵。<u>零陵下湿，编木为城</u>，不可守备，郡中惶恐。<u>掾史白遣家避难</u>……"

⑤ 《后汉书·南蛮传》载："光和元年，交趾、合浦乌浒蛮反叛，招诱九真、日南，合数万人，攻没郡县。四年，刺史朱俊击破之。"

⑥ 同上。

⑦ 《后汉书·贾琮传》载，其发生在中平元年（公元 185 年），"交趾屯兵反，执刺史及合浦太守，自称'柱天将军'"。

⑧ 《后汉书·南蛮传》载："灵帝中平三年，武陵蛮复叛，寇郡界，州郡击破之。"

⑨ 《后汉书·杨璇传》载：璇"灵帝时为零陵太守。是时苍梧、桂阳猾贼相聚，攻郡县，贼众多而璇力弱，吏人忧恐。璇乃特制马车数十乘，以排囊盛石灰于车上，系布索于马尾，又为兵车，专彀弓弩，克（共）[期] 会战。乃令马车居前，顺风鼓灰，贼不得视，因以火烧布，[布]然马惊，奔突贼阵，因使后车弓弩乱发，钲鼓鸣震。群盗波骇破散，追逐伤斩无数，枭其渠帅，郡境以清。"

与之前时期的反叛不同，灵帝时期的反叛是由合浦郡、交趾郡等郡开始，而后才在武陵郡发生。中平元年的反叛者直接为"屯兵"而非过去的"蛮"，桓帝时期已开始的兵卒反叛，再次延续，反叛主体出现变化，为东汉中晚期反叛事件的重要特点，成为汉政府制定平叛策略中重点考虑的问题之一。①

（八）献帝时期

献帝时期天下已然大乱，华南亦不例外。如《后汉书·袁术传》载："会长沙太守孙坚杀南阳太守张咨，引兵从术。"② 又如《后汉书·陶谦传》载：

> 曹操击谦，徐方不安，融乃将男女万口、马三千匹走广陵。广陵太守赵昱待以宾礼。融利广陵资货，遂乘酒酣杀昱，放兵大掠，因以过江，南奔豫章，杀郡守朱皓，入据其城。

此外如《三国志·吴书·吕岱传》载：

> 建安二十年，督孙茂等十将从取长沙三郡。又安成、攸、永新、茶陵四县吏共入阴山城，合众拒岱，岱攻围，即降，三郡克定。权留岱镇长沙。

因此，反叛的记载相应减少。如《续汉书·五行志》载：

> 建安七八年中（公元 202—203 年）……后豫章贼攻没醴陵县，杀略吏民。

又如《三国志·吴书·薛综传》载：

> 今日交州虽名粗定，尚有高凉宿贼；其南海、苍梧、郁林、珠官四郡界未绥，依作寇盗，专为亡叛逋逃之薮。

汉朝廷此时已风雨飘零，列强争霸，反叛与各方势力争夺所造成的战乱，给华南社会生产带来了巨大破坏。

三　华南反叛的时空差异

范晔在《后汉书·南蛮传》中指出，"汉兴，改为武陵……<u>虽时为寇盗，而不足为郡国患。</u>

---

① 《后汉书·南蛮传》载："永和二年，日南、象林徼外蛮夷区怜等数千人攻象林县，烧城寺，杀长吏。交趾刺史樊演发交趾、九真二郡兵万余人救之。<u>兵士惮远役，遂反，攻其府。</u>……明年，召公卿百官及四府掾属，问其方略，皆议遣大将，发荆、杨、兖、豫四万人赴之。大将军从事中郎李固驳曰：'若荆、杨无事，发之可也。今二州盗贼槃结不散，<u>武陵、南郡蛮夷未辑，长沙、桂阳数被徵发，如复扰动，必更生患</u>。……宜更选有<u>勇略仁惠</u>任将帅者，以为刺史、太守，悉使共住交趾。今日南兵单无谷，守既不足，战又不能。可一切徙其吏民北依交趾，事静之后，又命归本。还募蛮夷，使自相攻，转输金帛，以为其资。有能反间致头首者，许以封侯列土之赏。'"而据《后汉书·南蛮传》，在永和三年（公元 138 年）大将军从事中郎李固就已提出"若荆、杨无事，发之可也。今二州盗贼槃结不散，武陵、南郡蛮夷未辑，<u>长沙、桂阳数被徵发，如复扰动，必更生患</u>"，防止兵卒多次征发而致反叛，成为其提出不可远征平叛的首选理由。

② 《后汉书·董卓传》："时长沙太守孙坚亦率豫州诸郡兵讨卓。"《后汉书·公孙瓒传》："又长沙太守孙坚，前领豫州刺史，遂能驱走董卓，埽除陵庙，忠勤王室，其功莫大。"

光武中兴，武陵蛮夷特盛。"反叛有着明确的时代差异：

第一，西汉除在海南岛儋耳郡、珠崖郡有较多反叛，并直接导致二郡的撤销外，进入西汉中期之后的华南诸郡国，就仅有南海郡偶有发生，此外再未见反叛，与东汉不断出现反叛事件的情况形成鲜明对比。

第二，东汉时期的反叛，在桓帝之前发生次数明显较少，而在桓帝和灵帝时期，反叛次数和规模明显甚高。

第三，桓帝之前大约存在着20年左右的反叛"周期"——在平静20年左右的时间后，基本就会出现一次大规模的反叛。而在顺帝至桓帝、桓帝至灵帝时期，反叛"周期"不仅缩小到13年左右，且反叛规模与持续时间均大为增加。如将20年作为"一代"或"成年"来看待的话①，那起码在武陵郡地区，在桓帝之前，几乎是在每代人成长起来后，都会发生一次对汉王朝的大规模反叛。而在桓帝之后，不及长成，就开始与汉王朝进行反叛斗争。

第四，在东汉历次反叛中，武陵郡五溪蛮夷的反叛，不仅持续时间最长，而且规模也为最大，是东汉时期最主要的反叛之"源"。此外，桂阳郡、苍梧郡、长沙郡、零陵郡、郁林郡"本土"发生的反叛也较多，而南海郡、豫章郡、合浦郡虽偶有反叛在本地发生，但多数还是从旁郡传来。

第五，除光武帝中期合浦郡受二征反叛有所波及外，光武帝、章帝、和帝时期的反叛，均集中发生在武陵郡内。从安帝时期开始，岭南的苍梧郡、郁林郡、合浦郡、零陵郡的反叛就与武陵郡内武陵蛮的反叛此起彼伏，遥相呼映。桓帝时期开始，长沙郡的反叛不仅大量出现，而且其反叛的扩张性也甚为强烈，桂阳郡、苍梧郡、南海郡、交趾郡等往往都成为波及对象。

四　读薛综疏

薛综为沛郡人士，曾任合浦、交趾太守，"时交土始开，刺史吕岱率师讨伐，综与俱行，越海南征，及到九真。事毕还都，守谒者仆射"。《三国志·吴书·薛综传》就保留有一份薛综为使继吕岱为交趾刺史者称职而向吴王所写的上疏。

薛综不仅长于交州，而且长期担任当地太守高官，对岭南情况甚为熟悉。而吕岱任交趾刺史的时间，又在延康元年至黄龙三年（公元220年至231年）②，时间上与东汉衔接。因此薛综这篇写于黄龙三年之前的上疏，虽重点是本书暂未分析的交趾郡、日南郡、九真郡情况，但其对交趾郡治理情况的系统回顾，特别是对汉王朝在岭南统治成败得失的总结，却成为今天了解秦汉王朝在岭南统治及社会情况的重要文献。其重点探讨的官吏良善与一地安定的问题，更与本节分析的华南不断反叛的原因，甚为相通。为分析便，先将其征引如下。

《三国志·吴书·薛综传》载：

> 吕岱从交州召出，综惧继岱者非其人，上疏曰：
> 昔帝舜南巡，卒于苍梧。秦置桂林、南海、象郡，然四国之内属也，有自来矣。赵佗起番禺，怀服百越之君，珠官之南是也。汉武帝诛吕嘉，开九郡，设交趾刺史以镇监之。

山川长远，习俗不齐，言语同异，重译乃通，民如禽兽，长幼无别，椎结徒跣，贯头左衽，长吏之设，虽有若无。自斯以来，颇徙中国罪人杂居其间，稍使学书，粗知言语，使驿往来，观见礼化。及后锡光为交趾，任延为九真太守，乃教其耕犁，使之冠履；为设媒官，始知聘娶；建立学校，导之经义。由此已降，四百余年，颇有似类。

自臣昔客始至之时，珠崖除州县嫁娶，皆须八月引户，人民集会之时，男女自相可适，乃为夫妻，父母不能止。交趾糜泠、九真都庞二县，皆兄死弟妻其嫂，世以此为俗，长吏恣听，不能禁制。日南郡男女倮体，不以为羞。由此言之，可谓虫豸，有靦面目耳。然而土广人众，阻险毒害，易以为乱，难使从治。县官羁縻，示令威服，田户之租赋，裁取供办，贵致远珍名珠、香药、象牙、犀角、玳瑁、珊瑚、琉璃、鹦鹉、翡翠、孔雀、奇物、充备宝玩，不必仰其赋入，以益中国也。

然在九甸之外，长吏之选，类不精核。汉时法宽，多自放恣，故数反违法。珠崖之废，起于长吏睹其好发，髡取为髲。及臣所见，南海黄盖为日南太守，下车以供设不丰，挝杀主簿，仍见驱逐。九真太守儋萌为妻父周京作主人，并请大吏，酒酣作乐，功曹番歆起舞属京，京不肯起，歆犹迫强，萌忿杖歆，亡于郡内。歆弟苗帅众攻府，毒矢射萌，萌至物故。交趾太守士燮遣兵致讨，卒不能克。

又故刺史会稽朱符，多以乡人虞褒、刘彦之徒分作长吏，侵虐百姓，强赋于民，黄鱼一枚收稻一斛，百姓怨叛，山贼并出，攻州突郡。符走入海，流离丧亡。次得南阳张津，与荆州牧刘表为隙，兵弱敌强，岁岁兴军，诸将厌患，去留自在。津小检摄，威武不足，为所陵侮，遂至杀没。后得零陵赖恭，先辈仁谨，不晓时事。

表又遣长沙吴巨为苍梧太守。巨武夫轻悍，不为恭［所］服，（所取）〔辄〕相怨恨，逐出恭，求步骘。是时津故将夷廖、钱博之徒尚多，骘以次鉏治，纲纪适定，会仍召出。吕岱既至，有士氏之变。越军南征，平讨之日，改置长吏，章明王纲，威加万里，大小承风。由此言之，绥边抚裔，实有其人。牧伯之任，既宜清能，荒流之表，祸福尤甚。

今日交州虽名粗定，尚有高凉宿贼；其南海、苍梧、郁林、珠官四郡界未绥，依作寇盗，专为亡叛逋逃之薮。若岱不复南，新刺史宜得精密，检摄八郡，方略智计，能稍稍以渐（能）治高凉者，假其威宠，借之形势，责其成效，庶几可补复。如但中人，近守常法，无奇数异术者，群恶日滋，久远成害。故国之安危，在于所任，不可不察也。窃惧朝廷忽轻其选，故敢竭愚情，以广圣思。

从薛综该疏的内容看：

第一，在其所述重点的交趾郡，即"珠官之南"（黄武七年）（公元228年"改合浦为珠官郡"）内，长期以来"山川长远，习俗不齐"，虽在东汉锡光为交趾，任延为九真太守后建立学校，导之经义，但自"汉武帝诛吕嘉，开九郡"后"四百余年，颇有似类"。故直到薛综年少到达此地时，仍然"除州县"外，"嫁娶"风俗依旧。而"土广人众，阻险毒害，易以为乱，难使从治"。

第二，汉政府在当地所设的官吏，仅为"羁縻，示令威服"。而"田户之租赋，裁取供办"，各种宝玩之物，也"不必仰其赋入，以益中国也"，均无定额。

第三，当地官吏良善对一地稳定和发展影响至大，"长吏之选，类不精核"。"汉时法宽"，长吏违法犯禁，致使反叛不息，最严重者导致汉罢珠崖，而在薛综所赞扬的吕岱之前，先后有黄盖、儋萌、朱符、张津、吴巨等官员侵虐百姓，强赋于民，致使百姓怨叛，攻州突郡。因此，在薛综看来，"绥边抚裔，实有其人"，只有当"牧伯之任，既宜清能"，才能使"荒流之表，祸福尤甚"。深刻揭示出当地的发展与安定，与官吏良善间是有着何等密切的关系。[①]

五　反叛原因及影响

汉代反叛发生的原因，汉人已有较明确总结，大体有二：

第一，"民暴恶"（《汉书·严助传》）。

第二，"吏亦酷"，除薛综疏外，《后汉书·陈蕃传》载："零陵、桂阳山贼为害，公卿议遣讨之……蕃上疏驳之曰：'……岂非所在贪虐，使其然乎？'"《后汉书·南蛮传》亦载："居风令贪暴无度。"《后汉书·贾琮传》亦载："前后刺史率多无清行，上承权贵，下积私赂，财计盈给，辄复求见迁代，故吏民怨叛。"

此外，兵卒因不堪"戍役"等原因亦会反叛。而梁龙与南海太守孔芝在光和元年之前的反叛原因已经不详。

在前述几点之中，官吏横征暴敛应是反叛不断的最直接原因。而如《后汉书·南蛮传》所载，永和三年大将军从事中郎李固提出：

> 宜更选有勇略仁惠任将帅者，以为刺史、太守，悉使共住交趾……拜祝良为九真太守，张乔为交趾刺史。乔至，开示慰诱，并皆降散。良到九真，单车入贼中，设方略，招以威信，降者数万人，皆为良筑起府寺。由是岭外复平。

"勇略仁惠"而非"上承权贵，下积私赂，财计盈给，辄复求见迁代"的地方官[②]，对一地社会稳定的作用相当重要，薛综的认识与其类似。

在上述三点之外，造成东汉华南反叛不断的更根本因素，应是前文已述，从东汉早期开始，自西汉中期后在南方实行的"初郡政策"，不断遭到明显破坏。《后汉书·南蛮传》载：

> 逮王莽辅政……凡交趾所统，虽置郡县，而言语各异，重译乃通。人如禽兽，长幼无别。项髻徒跣，以布贯头而著之。

表明直到王莽执政，当地旧有习俗未遭明显破坏。虽"颇徙中国罪人，使杂居其间，乃稍知言语，渐见礼化"，但其过程非常缓慢，仅"渐"为而已。然而在进入东汉之后，出现如下情况：

---

① 直至三国，这种情况依然存在。如《三国志·吴书·陆胤传》载："永安元年（公元258年），徵为西陵督，封都亭侯，后转（左）［在］虎林。中书丞华核表荐胤曰：'胤天姿聪朗，才通行絜，昔历选曹，遗迹可纪。还在交州，奉宣朝恩，流民归附，海隅肃清。苍梧、南海，岁有（旧）［暴］风瘴气之害，风折木，飞砂转石，气雾郁，飞鸟不经。自胤至州，风气绝息，商旅平行，民无疾疫，田稼丰稔。州治临海，海流秋咸，胤又畜水，民得甘食。惠风横被，化感人神，遂凭天威，招合遗散。'"

② 《后汉书·冲帝纪》载："（永熹元年）（公元145年）二月，豫章太守虞续坐赃，下狱死"，不排除其"赃"乃自郡内索取的可能。

> 光武中兴，锡光为交趾，任延守九真，于是教其耕稼，制为冠履，初设媒娉，始知姻娶，建立学校，导之礼义。

各郡的地方官多放弃了旧有的统治方略，在郡内"前仆后继"地进行"移风易俗"的"教化"工作（《后汉书·循吏传》所载华南诸郡的"循吏"，基本上都是因此项工作所做甚好，故才位列其中）。

在直接的文化干涉之外，如前所言，原在华南诸郡国中实行的"毋赋税"或少赋税的政策，不断遭到放弃和破坏。除前引《后汉书·循吏列传》中"流民稍还，渐成聚邑，使输租赋，同之平民"体现的对当地百姓要缴纳租赋外，《后汉书·南蛮传》也记载：

> 顺帝永和元年，武陵太守上书，以蛮夷率服，可比汉人，增其租赋。议者皆以为可。尚书令虞诩独奏曰："自古圣王不臣异俗，非德不能及，威不能加，知其兽心贪婪，难率以礼。是故羁縻而绥抚之，附受而不逆，叛弃而不追。先帝旧典，贡税多少，所由来久矣。今猥增之，必有怨叛。计其所得，不偿所费，必有后悔。"帝不从。

其结果，直接是永和元年"冬澧中、溇中蛮果争贡布非旧约，遂杀乡吏，举种反叛"。而其所争，或即《后汉书·南蛮传》所引，西汉初即在此施行"岁令大人输布一匹，小口二丈，是谓賨布"的"旧约"。[1]

据记载，至少到东汉安帝时期，东汉王朝在零陵郡征收的租赋已可外调。《后汉书·安帝纪》载："永初七年（公元 113 年）九月，调零陵、桂阳、丹阳、豫章、会稽租米，赈给南阳、广陵、下邳、彭城、山阳、庐江、九江饥民。"原来作为"初郡"的零陵郡要接受南阳郡财政支持，而此时零陵郡反而开始"赈给南阳"，变化可谓巨大。而在此之前，豫章郡的租赋已然外调。《后汉书·安帝纪》载："（永初元年）（公元 107 年）癸酉，调扬州五郡租米，赡给东郡、济阴、陈留、梁国、下邳、山阳。"[2]此外，如前引文献，在永初初年，由于水旱灾害连年不断，华南一些郡国还成为移民的迁入之地。

这些大规模征收赋税的政策，就如《后汉书·贾琮传》所载，致使"赋敛过重，百姓莫不空单，京师遥远，告冤无所，民不聊生（自活），故聚为盗贼"，造成反叛规模和影响的不断扩大。[3] 而一旦郡守放弃了"暴敛"，当地也就自然很快恢复平静。《后汉书·贾琮传》载：

---

① 《晋书·李特传》记载"秦并天下，以为黔中郡，薄赋敛之，口岁出钱四十。巴人呼赋为賨，因谓之賨人焉"，与此有所不同。不过据《后汉书·南蛮传》"发夷人还伐三秦。秦地既定，乃遣还巴中，复其渠帅罗、朴、督、鄂、度、夕、龚七姓，不输租赋，余户乃岁人賨钱，口四十。世号为板楯蛮夷"的记载，《晋书·李特传》所言的黔中郡当时的赋税情况，可能仅及七姓，其他蛮夷或当不再此列。

② 《后汉书》注指出："五郡谓九江、丹阳、庐江、吴郡、豫章也。扬州领六郡，会稽最远，盖不调也。"

③ 晓天先生指出："两汉时期，封建制政府对湖南蛮族的赋役剥削尽管比中原、关中等汉族发达地区相对要低，但对于当时生产力水平低下，'火耕水耨'，耕作方法十分原始，处于粗放的农耕阶段的湖南蛮族地区来说，是一种沉重的经济负担。特别是，两汉地方郡县在实际执行中往往又任意加重赋税，因而逼迫着广大蛮族人民不得不走向反抗之路"。见晓天《西汉时期湖南蛮族的赋役问题》，《求索》1992 年第 6 期，第 106—109 转 53 页。陈致远认为，东汉初期的五溪蛮大起义是"东汉征服摒弃前朝宽松的民族政策，转而推行加强控制、压迫和剥削的民族政策所致。"见陈致远《东汉武陵"五溪蛮"大起义考探》，《中南民族学院学报（人文社会科学版）》2000 年 1 月，第 81—84 页。

　　琼即移书告示，各使安其资业，招抚荒散，蠲复徭役，诛斩渠帅为大害者，简选良吏试守诸县，岁闲荡定，百姓以安。巷路为之歌曰："贾父来晚，使我先反；今见清平，吏不敢饭。"在事三年，为十三州最。

　　各郡国不断发生反叛，严重者如前述珠崖郡、儋耳郡的废置；而甚严重者，如武陵郡郡国治的迁徙。据《续汉书·郡国志》注引《先贤传》曰："晋代太守赵厥问主簿潘京曰：'贵郡何以名武陵？'京曰：'鄙郡本名义陵，在辰阳县界，与夷相接，为所攻破，光武时移东出，遂得见全……'"武陵郡从义陵迁徙而出，就与反叛相关。[1] 此外，普遍出现的后果，应是相关郡国经济凋敝，生产不兴。如在长沙东牌楼出土的东汉灵帝中平五年（公元188年）之后的简牍文书中就有明确记载（图一·6·1）：

　　临湘守令臣 肃 上言："荆南频遭军寇，租茖法赋，民不输入，冀蒙赦令，云当亏除。连年长逋，仓空无米，库无钱布。督课乡吏如旧。故自今虽有赦令，不宜复除。昭陵、连道尚有营守，小颇警急，见职吏各便归家，召唤不可复致，挟弩委矢"。[2]

　　从前面所述东汉时期相关郡国频频出现的反叛事件看，"频遭军寇，租茖法赋，民不输入……连年长逋，仓空无米，库无钱布"的情况，肯定不会仅仅限于长沙郡内，而应是当时华南相关郡国（如荆南郡）的普遍写照。

图一·6·1　长沙东牌楼出土东汉木简
（郑曙斌、张春龙、宋少华、黄朴华：《湖南出土简牍选编》，岳麓书社2013年版，第282页）

---

　　① 从文献所载武陵郡在光武帝时期的反叛情况看，其郡国治迁移很可能就在马援平定武陵郡反叛之后。
　　② 长沙市文物考古研究所、中国文物研究所：《长沙东牌楼东汉简牍》，文物出版社2006年版，第77页。该简牍无计年，王素先生指出，其时代应为中平五年后。见王素《长沙东牌楼东汉简牍概述》，同上书，第70页。

第七节　宝玩、祥瑞与志怪

传世文献中还记载了华南诸郡国的宝玩、祥瑞与志怪。

一　宝玩

据《史记·货殖列传》载：

> 豫章出黄金，长沙出连、锡……九疑、苍梧以南至儋耳者，与江南大同俗，而杨越多焉。番禺亦其一都会也，珠玑、犀、玳瑁、果、布之凑。①

《后汉书·贾琮传》也载："旧交趾土多珍产，明玑、翠羽、犀、象、玳瑁、异香、美木之属，莫不自出。"华南诸郡所盛产的"名珠、香药、象牙、犀角、玳瑁、珊瑚、琉璃、鹦鹉、翡翠、孔雀、奇物"等"充备宝玩"之物②，在西汉中期之前是南越国向汉王朝所进的重要贡物。如《汉书·南粤传》载："南越王赵佗向文帝献白璧一双，翠鸟千，犀角十，紫贝五百，桂蠹一器，生翠四十双，孔雀二双。"《西京杂记》也载，"积草池中有珊瑚树高一丈二尺，一木三柯，上有四百六十二条，是南越王赵佗所献，号为烽火树，至夜光景常欲然""尉陀献高祖鲛鱼荔枝""南越王献高帝石蜜五斛蜜烛二百枚，白鹇黑鹇各一双"。《汉书·武帝本纪》载："（元狩二年）（公元前121年）南越献驯象、能言鸟。"③在华南诸郡归属汉王朝后，这些地区依然不断进贡各种地方特产。④如《后汉书·章帝纪》"秋八月，饮酎高庙，禘祭光武皇帝、孝明皇帝"注所言：

> 《音义》云："正月旦作酒，八月成，名曰酎者，言醇也。"武帝时因八月尝酎，令诸侯出金助祭，所谓酎金也。丁孚《汉仪式》曰："九真、交趾、日南者用犀角二，长九寸，若玳瑁甲一；郁林用象牙一，长三尺已上，若翠羽各二十，准以当金。"⑤

不过从现有文献看，虽然西汉中期之后，在司马相如《上林赋》等文学作品中，南方所产

---

①　《集解》韦昭曰："果谓龙眼、离支之属。布，葛布。"

②　《三国志·吴书·薛综传》。

③　应劭曰："驯者，教能拜起周章，从人意也。"师古曰："即鹦鹉也，今陇西及南海并有之。万震《南州异物志》云有三种，一种白，一种青，一种五色。交州以南诸国尽有之。白及五色者，其性尤慧解，盖谓此也。"

④　地方特产应是当时上计的重要内容。如苏仙桥西晋木简中就有："土地生黄连药，常调送，自别为簿"（2—155木简）、"土地生草木中药者，穷穷乌头术虎杖莉蕡"（2—159木简）。不仅详细登记所产物品，而且对"常调送"的物产还要"别为簿"单独记录。见湖南省文物考古研究所、郴州市文物处《湖南郴州苏仙桥遗址发掘简报》，《湖南考古辑刊8》，岳麓书社2009年版，第93—117页。

⑤　《后汉书·礼仪志》也注有："丁孚《汉仪》曰：'《酎金律》，文帝所加，以正月旦作酒，八月成，名酎酒。因（合）[令] 诸侯助祭贡金。'汉律《金布令》曰：'皇帝斋宿，亲帅群臣承祠宗庙，群臣宜分奉请。诸侯、列侯各以民口数，率千口奉金四两，奇不满千口至五百口，亦四两，皆会酎，少府受。又大鸿胪食邑九真、交趾、日南者，用犀角，长九寸以上，若玳瑁甲一；郁林用象牙，长三尺以上，若翡翠各二十，准以当金。'"

的"玟瑨"（南海）①"黄甘橙榛"（武陵）②"梗楠豫章"（江南）③"武夫"（长沙）④ 等珍奇之物不断出现，而在《西京杂记》中有：

> 武帝时身毒国献连环羁，皆以白玉作之，玛瑙石为勒，白光琉璃为鞍。鞍在闇室中常照十余丈如昼日。自是长安始盛饰鞍马，竞加雕镂，或一马之饰直百金，皆以<u>南海白蜃为珂</u>，紫金为莩，以饰其上。

《汉书·宣帝纪》载："元康四年……九真献奇兽。"又如《三辅黄图》载：

> 扶荔宫，在上林苑中。汉武帝元鼎六年，破南越起扶荔宫宫以荔枝得名，以植所得奇草异木：菖蒲百本、山姜十本、甘蕉十二本、留求子十本、桂百本、蜜香、指甲花百本、龙眼、荔枝、槟榔、橄榄、千岁子、甘橘皆百余本。上木，南北异宜，岁时多枯瘁。荔枝自交趾移植百株于庭，无一生者，连年犹移植不息。后数岁，偶一株稍茂，终无华实，帝亦珍惜之。一旦萎死，守吏坐诛者数十人，遂不复莳矣。其实岁贡焉，邮传者疲毙于道，极为生民之患。至后汉安帝时，交趾郡守唐羌极陈其弊，遂罢其贡。⑤

此外，据《西京杂记》载，天子"以象牙为火笼，笼上皆散华文"，"武帝以象牙为簟，赐李夫人"。赵飞燕有"玉几、玉床、白象牙簟、绿熊席"，其象牙之物多应属南方所献。但总体而言，各种文献中西汉中晚期华南诸郡国珍奇、方物贡献的记载就甚少出现，各地官员对珍奇品的追缴远不如东汉严格。这种情况的出现，可能与《史记·货殖列传》记载的，西汉人认为其"堇堇物之所有，取之不足以更费"有一定关系。⑥

东汉时期，上述情况发生巨变。据文献记载，东汉对华南地区的统治，直接从南方诸郡贡献珍物，以示归顺开始。《后汉书·光武帝纪》："（建武五年）（公元29年）交趾牧邓让率七郡太守遣使奉贡。"《后汉书·岑彭传》对此有详细记载：

> 彭以将伐蜀汉，而夹川谷少，水险难漕运，留威虏将军冯骏军江州，都尉田鸿军夷陵，领军李玄军夷道，自引兵还屯津乡，当荆州要会，喻告诸蛮夷，降者奏封其君长。初，彭与交趾牧邓让厚善，与让书陈国家威德，又遣偏将军屈充移檄江南，班行诏命，于是让与江夏太守侯登、武陵太守王堂、长沙相韩福、桂阳太守张隆、零陵太守田翕、苍梧太守杜穆、交趾太守锡光等，相率遣使贡献，悉封为列侯。或遣子将兵助彭征伐。于是江南之珍

---

① 《史记·司马相如列传》"玟瑨"注："正义似蝳蝐，甲有文，出南海，可饰器物也。"
② 郭璞曰："黄甘，橘属而味精。榛亦橘之类也，音凑。"张揖曰："榛，小橘也，出武陵。"
③ 《集解》郭璞曰："梗，杞也，似梓。楠，叶似桑。豫章，大木也，生七年乃可知也。"《正义》："豫，今之枕木也。章，今之樟木也。二木生至七年，枕樟乃可分别。"
④ 《集解》徐广曰："石似玉。"骃案：《汉书音义》曰"武夫出长沙也。"
⑤ 陈直：《三辅黄图校证》，陕西人民出版社1980年版，第75—76页。
⑥ 《汉书·地理志》亦同。应劭注认为，"堇堇，少也。更，（赏）［偿］也。言金少耳，取不足用，顾费用也"，认为当地物产甚少，征取而费用太高。颜师古虽认为"应说非也"，但其提出"此言所出之金既以少矣，自外诸物盖亦不多，故总言取之不足偿功直也"意见中的"功直"，与应说的"费用"其实大同而小异。

始流通焉。

此后归顺东汉王朝时，就往往都要贡纳当地珍宝。如《后汉书·南蛮传》载，"建武十二年（公元 36 年），九真徼外蛮里张游，率种人慕化内属，封为归汉里君。明年，南越徼外蛮夷献白雉、白菟"，"肃宗元和元年（公元 85 年），日南徼外蛮夷究不事人邑豪献生犀、白雉"，此后华南诸郡国的进贡之物中，有的更成常例。如《后汉书·和帝纪》："（和帝中）（公元 89—105 年）旧南海献龙眼、荔支，十里一置，五里一候，奔腾阻险，死者继路。"① 在各地官吏的不停追缴下，一些物产更出现枯竭之迹，于是才有"合浦珠还"的循吏佳记。②

在中原地区对"犀象珠玉，虎魄玳瑁"等物的强大需求刺激下③，偶尔有循吏可以抵制其诱惑④，但"南海多珍，财产易积，掌握之内，价盈兼金"的诱惑⑤，却使得地方官吏随着东汉王朝的统治加深，而纷纷加入"牵象犀，椎蚌蛤，碎琉璃，甲玳瑁，戕鼊鼊"等贡献方物的行列⑥。如《后汉书·顺帝纪》载："（永建四年）（公元 129 年）诏曰：桂阳太守文砻，不惟竭忠，宣畅本朝，而远献大珠，以求幸媚。"⑦ 这些行为激化了当地的社会矛盾，直接或间接的造成当地反叛和民生凋敝，于是最后只好减免省罢。如《后汉书·郑弘传》载：

> 建初八年（公元 83 年），代郑众为大司农。旧交趾七郡贡献转运，皆从东冶泛海而至，风波艰阻，沉溺相系。弘奏开零陵、桂阳峤道，于是夷通，至今遂为常路。在职二年，所息省三亿万计。时岁天下遭旱，边方有警，人食不足，而帑藏殷积。弘又奏宜省贡献，减徭费，以利饥人。帝顺其议。

而《后汉书·和帝纪》也载，在贡献荔枝、龙眼"奔腾阻险，死者继路"的情况下，"临武长汝南唐羌，县接南海，乃上书陈状。帝下诏曰：'远国珍羞，本以荐奉宗庙。苟有伤害，岂爱民之本。其敕太官勿复受献。'由是遂省焉"。⑧

---

① 《后汉书》注：南海，郡，秦置，今广州县也。《广雅》曰："益智，龙眼也。"《交州记》曰："龙眼树高五六丈，似荔支而小。"《广州记》曰："子似荔支而员，七月熟。荔支树高五六丈，大如桂树，实如鸡子，甘而多汁，似安石榴。有甜醋者，至日禺中，翕然俱赤，即可食。"置谓驿也。

② 《后汉书·孟尝传》载："尝……迁合浦太守。郡不产谷实，而海出珠宝……先时宰守并多贪秽，诡人采求，不知纪极，珠遂渐徙于交趾郡界……尝到官，革易前敝，求民病利。曾未踰岁，去珠复还。"

③ 《后汉书·王符传》载：《浮侈篇》："今京师贵戚，衣服饮食，车舆庐第，奢过王制，固亦甚矣。且其徒御仆妾，皆服文组彩牒，锦绣绮纨，葛子升越，筩中女布。犀象珠玉，虎魄玳瑁，石山隐饰，金银错镂，穷极丽靡，转相夸咤。"

④ 《后汉书·吴祐传》载："父恢，为南海太守。祐年十二，随从到官。恢欲杀青简以写经书，祐谏曰：'今大人踰越五领，远在海滨，其俗诚陋，然旧多珍怪，上为国家所疑，下为权戚所望。此书若成，载之兼两。昔马援以薏苡兴谤，王阳以衣囊徼名。嫌疑之间，诚先贤所慎也。'"注"所望，希望其赠遗也。"

⑤ 《后汉书·循吏列传·孟尝》。

⑥ 《后汉书·文苑列传》。其注引郭义恭《广志》曰："玳瑁形似龟，出南海。"甲谓取其甲也。戕，残也。鼊鼊，大龟，亦玳瑁之属。

⑦ 桂阳太守文砻，《后汉书》校勘记按《集解》引惠栋说，谓袁宏纪作"汉阳都尉"。

⑧ 《后汉书·和帝纪》注引《谢承书》曰："唐羌字伯游，辟公府，补临武长。县接交州，旧献龙眼、荔支及生鲜，献之，驿马昼夜传送之，至有遭虎狼毒害，顿仆死亡不绝。道经临武，羌乃上书谏曰：'臣闻上不以滋味为德，下不以贡膳为功，故天子食太牢为尊，不以果实为珍。伏见交趾七郡献生龙眼等，鸟惊风发。南州土地，恶虫猛兽不绝于路，至于触犯死亡之害。死者不可复生，来者犹可救也。此二物升殿，未必延年益寿。'帝从之。章报，羌即弃官还家，不应徵召，著唐子三十余篇。"

二　祥瑞、志怪

在有关华南诸郡的文献记载中，有一些为祥瑞、灾害、志怪的内容：

第一，古物发现或珍奇物产。① 如《汉书·律历志》注孟康曰："汉章帝时零陵文学奚景于泠道舜祠下得白玉琯。"《后汉书·章帝纪》载，"（建初三年）（公元78年）零陵献芝草"，"（建初四年）（公元79年）甘露降泉陵、洮阳二县"，"（建初六年）（公元80年）零陵献芝草，有八黄龙见于泉陵"②。

第二，自然灾害或自然现象。如《后汉书·安帝纪》载："（永初六年）（公元112年）六月壬辰，豫章员溪原山崩。"③《续汉书·五行志》载："阳嘉四年闰月丁亥朔，日有蚀之，在角五度。史官不见，零陵以闻。"

第三，志怪。如《汉书·五行志》载："哀帝建平中，豫章有男子化为女子，嫁为人妇，生一子。"《汉书·五行志》载："哀帝建平三年（公元前4年），零陵有树僵地，围丈六尺，长十丈七尺。民断其本，长九尺余，皆枯。三月，树卒自立故处。"《后汉书·献帝纪》载："（初平二年）（公元191年），长沙有人死经月复活。"④《续汉书·五行志》载："建安四年二月（公元199年），武陵充县女子李娥，年六十余，物故，以其家杉木槽敛，瘗于城外数里上，已十四日，有行闻其冢中有声，便语其家。家往视闻声，便发出，遂活。"⑤

在汉人"天人合一"的意识中，祥瑞、灾害与志怪往往与政治得失联系在一起。如《汉书·艺文志》注引刘向《别录》云："王道失则灾害生，得则四海输之祥瑞。"《后汉书·明帝纪》载："祥瑞之降，以应有德。"《后汉书·何敞传》载："是时京师及四方累有奇异鸟兽草木，言事者以为祥瑞。"在这种情况下，位于当时统治中心南方的华南诸郡国，其所发现的这些现象就被记录了下来，不仅是考评政治、预测未来的重要资料⑥，也成为今天了解当时情况的一种记录。

第八节　华南文化的发展

华南虽是楚、越、蛮、汉等多族杂居之地，但在史官所写的史书中，华南的文化却大体等同于汉文化。其在华南的发展，有明显的时空差异。

一　秦时期

目前与华南有关的文献，仅见《汉书·艺文志》之"秦零陵令信一篇。难秦相李斯"一条

---

① 类似的记载在"初郡"地区还有不少。如《汉书·礼乐志》："至成帝时，犍为郡于水滨得古磬十六枚，议者以为善祥。"《后汉书·孝安帝纪》载："辛卯，九真言黄龙见无功。""夏六月壬午，郡国十一大风。九真言嘉禾生。"《后汉书·班彪列传》载："其中乃有九真之麟，大宛之马……殊方异类，至三万里。"

② 伏侯《古今注》曰："见零陵泉陵湘水中，相与戏。其二大如马，有角；六枚大如驹，无角。"

③ 《后汉书·五行志》曰："六年六月壬辰，豫章员溪原山崩，各六十三所。"

④ 《后汉书·五行志》曰："献帝初平中，长沙有人姓桓氏，死，棺敛月余，其母闻棺中声，发之，遂生。"

⑤ 《后汉书·献帝纪》曰："（建安四年）（公元199年）是岁，初置尚书左右仆射。武陵女子死十四日复活。"

⑥ 《后汉书·顺帝纪》注引《东观记》曰："阳嘉四年（公元135年）诏曰'朕以不德，谪见于天，零陵言日食，京师不觉'。故此言日变方远。"

记载，而零陵令信的具体情况，现已难以辨明。

二　西汉时期

西汉时期的记载大体可以分为两类：

第一类华南当地人的学术发展。如《汉书·儒林传》载："常授黎阳贾护季君，哀帝时待诏为郎，授苍梧陈钦子佚，以左氏授王莽，至将军。"《后汉书·陈元传》亦载："陈元字长孙，苍梧广信人也。父钦，习左氏春秋，事黎阳贾护，与刘歆同时而别自名家。王莽从钦受左氏学，以钦为猒难将军。元少传父业，为之训诂，锐精覃思，至不与乡里通。以父任为郎。"此外《汉书·艺文志》还载有"长沙王群臣赋三篇"，苍梧郡的文化发展甚速。

第二类华南之外的学者或良吏来华南任职。如《史记·孔子世家》载："鲋弟子襄，年五十七。尝为孝惠皇帝博士，迁为长沙太守。"《史记·儒林列传》载："弟子为博士者十余人……兰陵缪生至长沙内史。"《汉书·召信臣传》载："召信臣字翁卿，九江寿春人也。以明经甲科为郎，出补谷阳长。举高第，迁上蔡长。其治视民如子，所居见称述。超为零陵太守，病归。"《汉书·梅福传》载："梅福字子真，九江寿春人也。少学长安，明尚书、谷梁春秋，为郡文学，补南昌尉。"《汉书·孟卿传》载："普授鲁夏侯敬，又传族子咸，为豫章太守。"这些人的到来，大体上都能或多或少的推动当地文化有所发展。

三　东汉时期

东汉时期的记载明显较多，其可分四类：

第一类境内人士学识优异，为学多经学，著书立说，或出任高官。如《后汉书·桓荣传》载：

> 建武十九年，年六十余，始辟大司徒府。时显宗始立为皇太子，选求明经，乃擢荣弟子豫章何汤为虎贲中郎将，以尚书授太子。

《后汉书·陈重传》载：

> 陈重字景公，豫章宜春人也。少与同郡雷义为友，俱学鲁诗、颜氏春秋。太守张云举重孝廉，重以让义，前后十余通记，云不听。义明年举孝廉，重与俱在郎署。

《后汉书·程曾传》载：

> 程曾字秀升，豫章南昌人也。受业长安，习严氏春秋，积十余年，还家讲授。会稽顾奉等数百人常居门下。著书百余篇，皆五经通难，又作孟子章句。建初三年（公元 78 年）举孝廉，迁海西令，卒于官。

《后汉书·仲统传》载："学生桂阳刘常，当世名儒，素善于著。"此外还有《后汉书·范式传》载："时诸生长沙陈平子亦同在学。"

而更有人虽学经学，但以灾异星占为名。如《后汉书·唐檀传》曰：

　　唐檀字子产，豫章南昌人也。少游太学，习京氏易、韩诗、颜氏春秋，尤好灾异星占。后还乡里，教授常百余人。

　　而《续汉书·五行志》注引《广州先贤传》载有"和帝时策问阴阳不和，或水或旱，方正郁林布衣养奋，字叔高，对曰：天有阴阳，阴阳有四时，四时有政令……"，郁林布衣养奋亦学有专长。

此外如《后汉书·徐稺传》载：

　　延熹二年（公元159年），尚书令陈蕃、仆射胡广等上疏荐稺……伏见处士豫章徐稺……德行纯备，著于人听。①

《后汉书·顺帝纪》曰：

　　（永和三年）（公元138年）九月己酉，光禄勋长沙刘寿为司徒。

而对后世文化传播影响最远者，当属桂阳蔡伦。《后汉书·蔡伦传》载：

　　蔡伦字敬仲，桂阳人也。以永平末始给事宫掖，建初中，为小黄门。及和帝即位，转中常侍，豫参帷幄……自古书契多编以竹简，其用缣帛者谓之为纸。缣贵而简重，并不便于人。伦乃造意，用树肤、麻头及敝布、鱼网以为纸。元兴元年奏上之，帝善其能，自是莫不从用焉，故天下咸称"蔡侯纸"。

第二类地方官在境内推行教化，政绩甚佳。如前引《后汉书·卫飒传》载：

　　迁桂阳太守。郡与交州接境，颇染其俗，不知礼则。飒下车，修庠序之教，设婚姻之礼。期年间，邦俗从化。

《后汉书·茨充传》载：

　　南阳茨充代飒为桂阳。亦善其政，教民种殖桑柘麻纻之属，劝令养蚕织屦，民得利益焉。

《后汉书·孟尝传》载：

　　尝后策孝廉……迁合浦太守……尝到官，革易前敝，求民病利。曾未踰岁，去珠复还，百姓皆反其业，商货流通，称为神明……尝安仁弘义，耽乐道德，清行出俗，能干绝群。

---

① 其"子胤字季登，笃行孝悌，亦隐居不仕"。

前更守宰，移风改政，去珠复还，饥民蒙活。且南海多珍，财产易积，掌握之内，价盈兼金，而尝单身谢病，躬耕垄次，匿景藏采，不扬华藻。

《后汉书·徐稚传》注引《魏志》曰：

歆字子鱼，平原人。为豫章太守。为政清净不烦，吏人咸感而爱之。

《后汉书·陆康传》载：

光和元年（公元178年），迁武陵太守，转守桂阳、乐安二郡，所在称之。

卫飒、茨充、孟尝均被收入《循吏传》加以褒扬。[①]　此外，还有如《后汉书·冯衍传》引《豫章旧志》曰："丰字伟防，太山南武阳人也。建武七年为豫章太守，清约俭惠。"《后汉书·周嘉传》曰："稍迁零陵太守，视事七年，卒，零陵颂其遗爱，吏民为立祠焉。"《后汉书·第五伦传》曰："少子颉嗣，历桂阳、庐江、南阳太守，所在见称。"《后汉书·樊宏传》载："弟子颍川李脩、九江夏勤，皆为三公。勤字伯宗，为京、宛二县令，零陵太守，所在有理能称。"

据郴州苏仙桥木简，东汉时期桂阳郡人出任外地官职的有长沙太守胡腾、平舆令张喜，而郡中知名者还有孝廉刘尚。[②]

第三类华南之外的学者或良吏来此任职。如《后汉书·李忠传》载："十四年（建武十四年）（公元38年），三公奏课为天下第一，迁豫章太守。"《后汉书·朱俊传》载："子晧，亦有才行，官至豫章太守。"《后汉书·铫期传》载："铫期字次况，颍川郏人也。长八尺二寸，容貌绝异，矜严有威。父猛，为桂阳太守，卒，期服丧三年，乡里称之。"《后汉书·孔嵩传》载："嵩在阿里，正身历行，街中子弟皆服其训化……官至南海太守。"《后汉书·郅恽传》载："恽再迁长沙太守。先是长沙有孝子古初，遭父丧未葬，邻人失火，初匍匐柩上，以身捍火，火为之灭。恽甄异之，以为首举。"

据《后汉书·栾巴传》载："再迁豫章太守。郡土多山川鬼怪，小人常破赀产以祈祷。巴素有道术，能役鬼神，乃悉毁坏房祀，翦理奸巫，于是妖异自消。百姓始颇为惧，终皆安之。"虽然其"有道术，能役鬼神"的本领与前述官吏大为不同，但"百姓始颇为惧，终皆安之"，效果亦甚明显。

此外，据《后汉书·谯玄传》载："时亦有犍为费贻，不肯仕述，乃漆身为厉，阳狂以避之，退藏山薮十余年。述破后，仕至合浦太守。"费贻被列入专记"中世偏行一介之夫，能成名立方者"的《独行传》之中，"虽事非通圆，良其风轨有足怀者"，但行迹当有可圈可点之处。

从《后汉书·郅恽传》看，这些学者或良吏对当地文化的发展应有较多推动。

---

① 《后汉书·刘宠传》："后四迁为豫章太守，又三迁拜会稽太守。山民愿朴，乃有白首不入市井者，颇为官吏所扰。宠简除烦苛，禁察非法，郡中大化。"以史书体例，其政绩虽可能主要是指会稽任内，但不排除同时包括有豫章任内的情况。

② 木简原文分别为"汉故长沙太守胡腾墓石虎石柱石碑"（2—228木简）、"汉故平舆令张喜墓石虎"（2—242木简）、"汉故郡察孝廉刘尚墓石碑"（2—264木简）。从在墓葬前置石虎、石柱、石碑等的制度基本盛行于东汉时期的情况看，木简中分别记述的三人大体均应是东汉时人。见湖南省文物考古研究所、郴州市文物处《湖南郴州苏仙桥遗址发掘简报》，《湖南考古辑刊8》，岳麓书社2009年版，第93—117页。

第四类外地学者来华南避乱传学。如《后汉书·颍容传》曰：

> 颍容字子严，陈国长平人也。博学多通，善春秋左氏，师事太尉杨赐。郡举孝廉，州辟，公车徵，皆不就。初平中，避乱荆州，聚徒千余人。刘表以为武陵太守，不肯起。著春秋左氏条例五万余言，建安中卒。

影响最大的可能属士燮所招揽的众位学者，据《三国志·吴书·士燮传》载：

> 燮体器宽厚，谦虚下士，中国士人往依避难者以百数。耽玩春秋，为之注解。陈国袁徽与尚书令荀彧书曰："交趾士府君既学问优博，又达于从政，处大乱之中，保全一郡，二十余年疆场无事，民不失业，羁旅之徒，皆蒙其庆，虽窦融保河西，曷以加之？官事小阕，辄玩习书传，春秋左氏传尤简练精微，吾数以咨问传中诸疑，皆有师说，意思甚密。又尚书兼通古今，大义详备。闻京师古今之学，是非忿争，今欲条左氏、尚书长义上之。"其见称如此。

士燮招揽者中或有程秉，《三国志·吴书·程秉传》曰：

> 程秉字德枢，汝南南顿人也。逮事郑玄，后避乱交州，与刘熙考论大义，遂博通五经。士燮命为长史。

四 小结

从前文看，华南文化的发展大体具有以下特点：

第一，秦代华南文化的发展情况不明。《汉书·艺文志》中的"秦零陵令信一篇"可能仅是作者曾任零陵令，而其写作时间和地点与零陵的关系无从追究。

第二，西汉晚期苍梧郡出现陈钦、陈元等以经学为名的学者，京师求学，"与刘歆同时而别自名家"，多有成就，而其他郡国未见记载。[①]

第三，东汉时期，南方学者，特别是豫章郡的学者数量大为增加，或著书立说，或出任官职，影响甚大。而影响最深远者，应属桂阳郡蔡伦，其完善造纸术具有非常重要的历史价值。而与此同时，苍梧郡文化发展亦甚为突出，特别是东汉晚期在士燮的广为招揽下，"中国士人往依避难者以百数"，使苍梧郡学术甚为繁荣。[②] 总体上，南方学者虽然尚不及北方，但无论是个

---

① 李泉先生梳理了西汉元始二年高中级官吏的籍贯分布，在可考 302 人分布于 54 个郡国的情况下，"江南、西南和东北的新开发区，无一进入国家政权中上层"。见李泉《试论西汉高中级官吏籍贯分布》，《中国史研究》1991 年第 4 期，第 131—138 页。

② 张荣芳先生曾系统研究了汉代苍梧郡的文化发展。见张荣芳《两汉时期苍梧郡文化述论》，《秦汉史轮集（外三篇）》，中山大学出版社 1995 年版，第 179—206 页。在该文中，张荣芳先生广泛征引明清方志文献，提出苍梧郡"成为当时岭南地区最先进的地区，就是在全国范围而言，苍梧郡亦跻身文化先进地区之列。尤其是越到汉朝后期，这种文化兴盛的表现就越为明显"。

士燮之后，交州地区的文化依然因不少被贬之人的到来而继续发展。如《三国志·吴书·程秉传》曰："翻性疏直，数有酒失。权与张昭论及神仙，翻指昭曰：'彼皆死人，而语神仙，世岂有仙人（也）［邪］！'权积怒非一，遂徙翻交州。虽处罪放，而讲学不倦，门徒常数百人。又为老子、论语、国语训注，皆传于世。"

别人物还是总体数量都远超之前。①

第四，地方官吏在华南文化的发展中，具有重要作用。目前虽西汉时期见诸于史载的官员，多无东汉郡守一样推行"教化"之举，但由于其自身具有着较高的学术水平和较优良的执政传统（如召信臣），因此他们"谨身帅先，居以廉平，不至于严，而民从化"②的行为，对当地文化产生了潜移默化的积极作用。而如前文所言，东汉华南的许多郡守放弃了西汉"颇徙中国罪人，使杂居其间，乃稍知言语，渐见礼化"的文化推广方式，直接进行"教化"、兴办学校，以移风易俗、劝民耕桑为任，推行中原文化，快速改变着华南各郡的旧有习俗，使南方与中原间文化交流愈加顺畅，"言语各异，重译乃通"情况之后极少再见诸文献。

第五，从现有资料看，华南诸郡国文化的时空发展甚不平衡。西汉除长沙国略有记载外，就唯有西汉晚期苍梧郡的成就见于史籍，其他郡国的文化发展情况未见记录。进入东汉后，华南郡国中豫章郡文化发展极为突出，大量学者赴京师学习，多有著述，"还家讲授"，大力推广中原文化。而苍梧郡由于远离中原战火，于是成为学者乐土，著书立说，发展文化。由于地方官的积极推广，东汉时期中原文化在华南诸郡的发展速度，远快于西汉时期。

第九节　结语

传世文献及出土简牍为我们勾勒出了华南地区在秦汉发展情况的基本框架。

从记载看，秦代的统治时间甚短，其大一统王朝建立后施行的文字、度量衡、法律等等的统一措施，虽对华南社会的发展具有重要意义，但其后果如何，在文献中却罕有提及。目前，我们除通过文献和不断发现的简牍，了解了秦帝国征服南方的大致过程、郡县设置、个别如迁陵县较详细户籍等情况外，对于秦帝国在华南广大空间的统治过程，及当地在秦帝国征服后的发展情况，均毫不知晓。然而，随着文献所载之戍卒和谪戍的到来，华南特别是岭南与中原联系的不断增强的认识，应基本可以确定。

西汉王朝建立后，延续了秦代的郡县制，开创了郡国并行的制度，在华南分封吴芮为长沙王，同时承认并册封了事实存在的南越国、闽越国、南海国等政权，未在华南采取如秦帝国一般的直接军事占领。而汉与吴氏长沙国的关系一直甚好，未发生在中原等地与异姓诸侯国之间的战争，吴氏长沙国以无后除国而善终。此外，虽在汉与南越国之间，高后时曾有短暂冲突，而在闽越国与南越国、闽越国与南海国之间也偶有战争，但总体上直到武帝元鼎五年，华南在长时间里未出现大规模军事冲突，社会发展较为安定。

汉武帝元鼎五年、元鼎六年相继灭亡南越国、闽越国后，在岭南广设郡县，在合浦、苍梧等郡施行"初郡制度"，在闽越尽徙其民，且将闽越、南越、瓯越等族降将封侯内迁。此后，直至西汉末期，除因珠崖郡、儋耳郡相继反叛罢郡、徙罪人于合浦郡等情况在文献中略有记述外，其余的即使是长沙国、豫章郡、武陵郡等岭北郡国，在文献中也少有出现。

这样，由于文献记载的不足，我们对各郡国的了解就只能止步于前述见诸文献的属县、户数、口数、交通、移民、文化等内容。无论对西汉华南诸郡国的整体发展，还是对诸郡国

---

① 孔祥宏：《东汉时期南方文化的发展》，《历史教学问题》1994 年第 2 期，第 6—10 页。冯世明：《东汉官僚的地域构成研究》，华东师范大学 2007 年硕士学位论文。

② 《汉书·循吏传》。

各自的具体发展程度，均所知甚少。当然，对曾作为南越国首郡南海郡，在南越灭亡后的相关情况也丝毫不知，更不清楚为何在岭南仅有南海郡不在"初郡"的优惠政策之列，也更不明晰汉武帝为何在岭南广设郡国时，要将南海郡原有的"含洭、浈阳、曲江"等"越之故地""内属桂阳"。至于西汉中期之后南海郡等岭南诸郡，长沙国、桂阳郡等岭北郡国又出现了什么新的发展情况，华南诸郡间有何差异等问题，文献极少提及。

从文献看，在东汉时期，南北交通逐渐顺畅，华南绝大多数郡国的属县增加、户口数增长，与东汉全国及中原户口数减少的形势完全不同。其不仅显示出到东汉时期大量外来移民涌入华南，而且更表明华南诸郡国的农业等社会经济发展甚快。与此同时，由于有官吏的不断推动，华南诸郡国的社会文化也有了较大提高。苍梧郡、豫章郡不断出现学问精深且在全国有较大影响的学者，远超西汉时期。与此同时，在华南地区特别是在武陵郡中，不断出现规模较大且时空差异明显的反叛斗争，反叛主角从仅为南蛮到蛮越汉均有，从普通民众加入到兵卒参与，规模和持续时间逐步扩大，成为华南见诸于文献的重要内容。还应提到的是，在文献中，两汉王朝对华南所产珍奇宝玩的态度明显不同。

通过对西汉晚期到东汉中期文献所载诸郡国户口数的分析，我们发现，在华南岭南、岭北的诸郡国户口数增长中，存在着甚为鲜明的时空特征。即整体存在着由东向西、由北向南的递减趋势，而在岭南更存在着以苍梧郡为中心的顺时针减少的基本格局。从有关数据比较看，位于西列的武陵郡、郁林郡发展最慢，位于东列的豫章郡发展最快，中列北侧的长沙郡次之，岭南以苍梧郡为最快。这种东西、南北不同的发展格局，与文献中其他部分反映出的情况有较高契合。如豫章郡在东汉人才辈出，为岭北最多，表明其社会文化发展较快。而文献中层出不穷的武陵郡反叛，必然使当地社会的正常发展被不断打断，势必造成该郡社会经济和文化进程难以为继，其发展低于其他郡国也就不难理解。同时，苍梧郡在岭南郡国中户口数等分析中表现出的中心地位，与其长期作为交州刺史部所在地、与其从西汉中期后出现经学名家到东汉学者辈出的岭南文化中心地位一致。由于文献记载的较多，我们对华南诸郡国在东汉时期社会发展程度的了解，要远远高于西汉时期。

正是由于文献记载较多，我们对东汉诸郡国就有了更深入了解的学术要求。但从实际情况看，目前我们还仅仅只能提出问题，要解决问题尚待时日。如以武陵郡言，其在东汉的发展明显慢于华南多数汉郡，但从里耶秦代简牍所揭示的情况看，秦代洞庭郡的户口数可能为华南最高。究竟是什么原因造成武陵郡在秦汉几百年间出现如此严重的倒退？文献中所载的东汉时期的不断反叛，应不是该问题的全部原因。以反叛地点而言，为何东汉反叛基本集中于武陵郡、苍梧郡、长沙郡等郡，而南海郡、豫章郡、合浦郡仅偶有发生？这仍是未解之迷。此外，除文献有限提及外，我们对东汉时期岭南、岭北诸郡的发展情况，以及诸郡间的发展差异，依然所知甚少。

仲尼有言："礼失而求诸野"。[①] 文献不足征，我们转向考古。

---

① 《汉书·艺文志》。《汉书·刘歆传》载《移太常博士》："今上所考视，其古文旧书，皆有徵验，外内相应，岂苟而已哉！夫礼失求之于野，古文不犹愈于野乎？"

第二章　墓葬

　　生死之事是每一个社会都必须面对的问题。一般而言，丧葬制度通常包括丧礼仪式和埋葬两方面内容。丧礼是生者为死者所施行的一套仪式，以结束其与这个世界的关系，并保证或引导死者进入另一个世界；埋葬是生者将死者的身体，以一种生者认为恰当的方式加以处理。[①] 我们所说的"墓葬"，正是埋葬这一过程的直接产物。在秦汉考古中，墓葬资料是数量最大、分布最广的资料类别。

　　就汉墓研究而言，其大体开始于20世纪30年代，当时日本考古学者主持发掘了朝鲜平壤地区的乐浪汉墓，初步判明在汉代存在着木椁墓和砖室墓两种墓葬形制。[②] 1949年后，随着考古资料的不断积累和研究的深入，王仲殊[③]、茹士安、何汉南[④]等先生，分别对空心砖墓和西安地区的汉墓形制开展了分类考察。而后在不断出版的《洛阳烧沟汉墓》[⑤]《长沙发掘报告》[⑥]《广州汉墓》[⑦] 等考古报告、大量发表的考古报告简报及专题论述中[⑧]，均展开了对汉墓形制的分类探讨。

　　大体而言，目前已有的秦汉墓葬形制的划分方法有以下三类：第一，据墓葬材质分类，如土坑墓、砖室墓、木椁墓、崖洞墓、石室墓等等；第二，据墓葬装饰分类，如壁画墓、画像砖墓、画像石墓等等；第三，据内部结构分类，如椁墓与室墓、竖穴墓与横穴墓等等。总体上，目前以竖穴、横穴的分类法使用较多。而由于华南极少发现装饰墓葬，因此在秦汉华南墓葬的分类中，学者一般都是在将第一类和第三类结合起来后，再据墓葬的不同特点进行多层次的分析。

　　就本书研究的华南地区而言，存在着多个不同的自然单元，在地理环境、交通、文化传统及外来文化影响程度的差异下，形成了多种多样的墓葬形制。根据构成墓葬空间的材质差异，本书将已发现的秦汉华南墓葬，分为土坑墓、砖室墓、石室墓、土洞墓、瓮棺葬、铜鼓葬、铜棺葬7种；而根据各类墓葬的实际情况，为叙述和统计的方便，将其合并为甲种（土坑墓），乙种（砖室墓），丙种（石室墓），丁种（土洞墓、瓮棺葬、铜鼓葬、铜棺葬）4种。在4种墓葬

---

　　① 蒲慕洲：《墓葬与生死：中国古代宗教之省思》，中华书局2008年版，第4页。
　　② 黄晓芬：《汉墓的考古学研究》，岳麓书社2003年版，第4页。
　　③ 王仲殊：《空心砖汉墓》，《文物参考资料》1953年第1期，第95—106页。
　　④ 茹士安、何汉南：《西安地区考古工作中的发现》，《考古通讯》1955年第3期，第20—24页。
　　⑤ 洛阳区考古发掘队：《洛阳烧沟汉墓》，科学出版社1959年版。
　　⑥ 中国科学院考古研究所：《长沙发掘报告》，科学出版社1957年版。
　　⑦ 广州市文物管理委员会：《广州汉墓》，文物出版社1981年版。
　　⑧ 如，王仲殊《汉代考古学概说》，中华书局1984年版。徐吉军、贺云翱《中国丧葬礼俗》，浙江人民出版社1991年版。李如森《汉代丧葬制度》，吉林大学出版社1995年版。黄晓芬《汉墓的考古学研究》，岳麓书社2003年版。蒲慕洲《墓葬与生死：中国古代宗教之省思》，中华书局2008年版。

中，将先根据各种墓葬的外在形制、墓道、棺椁有无、墓室多寡等情况，对其进行较为全面的区分和研究，而后在第四章中对墓葬中壁龛、腰坑、二层台及墓壁、墓底处理等墓葬结构特征进行具体分析，并开展墓葬等级与规格、墓葬分布特征的研究。

第一节　甲种墓（土坑墓）①

土坑墓，指从地表由上而下挖掘成墓圹，以容纳墓主及棺椁等葬具、陪葬品的墓葬形制。考古资料揭示，土坑墓在华南地区从石器时代就已经出现并被广泛使用。

据墓坑的宽窄及形状差异，笔者将秦汉华南地区的土坑墓分为窄长形（一般称为"窄坑"）、长方形（有时也称"宽坑"）、近方形、方形、梯形（有时也称为"楔形"）5 类②，此外局部地区还曾出现过极少量的十字形或并列式土坑墓葬。

在各种土坑墓中，存在着棺椁有无的差别，存在着直壁和斜壁、有墓道和无墓道的不同。在拥有墓道的土坑墓中，墓道不仅有台阶式、斜坡式、台阶斜坡结合式、竖井式等的差异，且墓道位置上还有居中及偏于一侧的分别。

在结合墓坑的开口形状、棺椁有无、墓道有无的不同后，笔者将秦汉华南地区的土坑墓，大体分为以下 22 型（表二·1·1）③：

表二·1·1　　　　　　　　　甲种墓（土坑墓）形制分类表

墓葬	窄长形（A）		长方形（B）		近方形（C）		方形（D）		梯形（E）		十字形（F）	并列式（G）
	有木椁Ⅰ	无木椁Ⅱ	有木椁Ⅰ	无木椁Ⅱ	有木椁Ⅰ	无木椁Ⅱ	有木椁Ⅰ	无木椁Ⅱ	有木椁Ⅰ	无木椁Ⅱ		
有墓道（a）	甲AⅠa型	甲AⅡa型	甲BⅠa型	甲BⅡa型	甲CⅠa型	甲CⅡa型	甲DⅠa型	甲DⅡa型	甲EⅠa型	甲EⅡa型	甲Fa型	甲Ga型
无墓道（b）	甲AⅠb型	甲AⅡb型	甲BⅠb型	甲BⅡb型	甲CⅠb型	甲CⅡb型	甲DⅠb型	甲DⅡb型	甲EⅠb型	甲EⅡb型	/	/

一　甲 A 类（窄坑墓）④

窄坑墓，指墓坑的宽与长之比≤0.4 的土坑墓葬。据木椁及墓道的有无，可分四种：

（一）甲 AⅠa 型（窄坑有木椁有墓道）⑤

秦汉华南墓中，本型墓葬数量很少，共 10 座（附图二·1·1⑥）。其中广州 9 座，武夷山 1

① 含土石坑墓，下同。

② 残破、长宽尺寸介绍不全者，如原报告已分型，从原报告，如广州 M1011、M1015；如原报告未分型，以长方形竖穴土坑墓录入，有墓道为甲 Ba 型，无墓道为甲 Bb 型，并视分室情况进一步区分。

③ 据统计并结合目前学者分类，本书将长宽比≤0.4 以下者认定为窄长形（"窄坑"）（A），0.401—0.8 者为长方形墓（"宽坑"）（B），0.801—0.98、1.021—1.2 者为近方形墓（C），0.981—1.02 者为方形墓（D），下同。

④ 少数开口虽呈梯形，但宽长比≤0.4 的墓葬也包括在此类墓葬之中。

⑤ 对有枕木沟但无椁板残存者亦作为木椁墓分析；对未介绍有枕木沟，但介绍有边箱残存者，亦作为木椁墓开展分析，下同。对未介绍有枕木沟，但原报告指认其为木椁墓者，亦从之，如广州 M1022、M1023 等等。

⑥ 图中郡国边界为西汉晚期，所标注郡国名亦基本为西汉晚期的郡国名称。但考虑到本图中出现的考古遗存时代并不仅是西汉晚期，而是各时代遗存的总图，因此就在图中标注了"闽越国"等在西汉晚期已消失的郡国名和如"城村汉城"等今日拟定的名称，使同一图中各地图元素出现了不共时现象，为避免混淆，特此注明，下同。

座。包括西汉初期 1 座、西汉早期 4 座、西汉中期 3 座、东汉中期 1 座、东汉晚期 1 座。[①] 从时空分布看，西汉时期的广州是该型墓的分布中心（图二·1·1）。

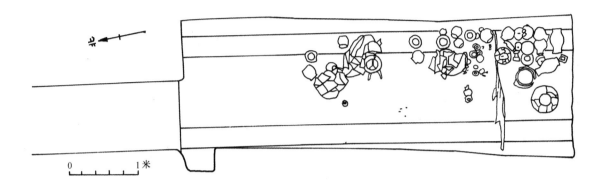

图二·1·1 甲 A I a 型墓葬平面图

（广州黄花岗 M1，载广州市文物考古研究所《广州黄花岗汉唐墓葬》，《考古学报》2004 年第 4 期，第 452 页，图二）

该型墓规模较大，平均长 5.446、平均宽 2.00 米，宽长比平均为 0.367，平均面积 10.892 平方米[②]，其中西汉早期武夷山新亭园 M3 最大，西汉中期广州 M2021 最小，相差近 8 倍。

该型墓方向较多，其中北向略多（附图二·1·2）。

该型墓墓壁一般较直，仅武夷山新亭园 M3 为斜壁。

该型墓中 3 座墓墓道已毁，其余 7 座墓墓道均为斜坡式。坡度在 6°—25°之间，其中 10°以下 1 座，为西汉早期武夷山新亭园 M3 墓道，仅 6°，为 7 座墓中最小；11°—20°4 座（广州 4）[③]，其中西汉初期 1 座、西汉早期 2 座、西汉中期 1 座；21°—30°2 座（广州 2），西汉早期、中期各 1 座。

在 7 座墓道中，除武夷山新亭园 M3 未介绍墓道与墓底之间的距离外，其余 6 座墓的距底（墓道与墓室相连端与墓室底部的距离简称为"距底"，下同）分为两种情况：

第一种情况，墓道端部与墓室底部平齐[④]，共 2 座（广州 2），均西汉早期。

第二种情况，墓道端部与墓室底部之间有一定距离者，共 4 座（广州 4），距底在 0.2—0.64 米之间，其中 0.2 米（西汉早期）、0.3 米（西汉初期）各 1 座，0.64 米共 2 座（西汉中期、东汉中期各 1 座）。

从墓道规格看，西汉早期武夷山新亭园 M3 的墓道长 7.8、宽 2 米，为 7 墓中最大，该墓道东部还有 2 条沟槽，与墓室交界处有柱洞及台阶，可能原有墓门及甬道等设施，在 7 座墓墓道结

---

① 各型墓葬的具体情况，见附录二《秦汉华南考古资料简目》中"墓葬形制"栏，墓葬出处见附录三《秦汉华南考古资料编年》，书中径引，不另注出处。

② 本书各图、表内的墓葬长宽的单位均为米、方向单位为°，面积单位为平方米，下同，不再出注。墓葬面积均以墓口长宽计算，无墓口数据时以墓底面积计，计算均不含墓道面积，下同。因多数墓葬遭到破坏，墓葬深度多非原深，故在本书有关墓葬规格的统计和讨论中，均不涉及墓葬深度。

③ "广州 4"为"广州 4 座"的简称。在有关介绍中单位均为"座"，文本中将之省略，下同。

④ 斜坡式墓道中，向上倾斜至地表的口部称为墓道口，而下部与墓室相接的部分称为墓道端。

构中最为复杂。

该型墓中广州 97—99 黄花岗 M1 墓道偏于一侧，其余大体居中。

该型墓中 6 座墓分室①，其中西汉早期 3 座（武夷山 1、广州 2），西汉中期 1 座（广州 1），东汉中期 1 座（广州 1），东汉晚期 1 座（广州 1）。此外西汉中期广州 M2036 分层②，而东汉中期广州 M4027、东汉晚期 M5004 均为假分层③。

（二）甲ＡⅠｂ型（窄坑有木椁无墓道）④

秦汉华南墓中本型墓葬数量亦少，共 10 座，其中广州 4 座、平乐 2 座，长沙、资兴、靖州、保靖各 1 座。从时间看，西汉初期 2 座、西汉早期 4 座、西汉中期 3 座、西汉晚期 1 座（图二·1·2、图二·1·3）。

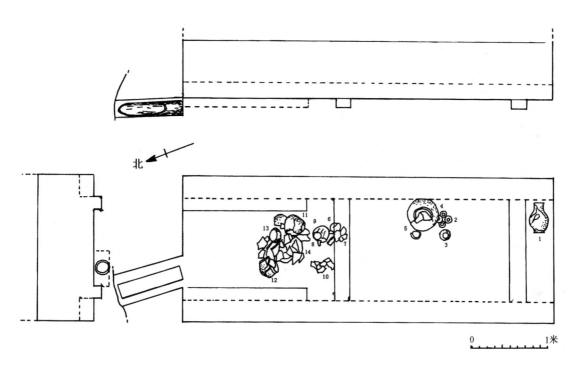

北

0　　　　　　　　1米

图二·1·2　甲ＡⅠｂ型墓葬平剖面图

（广州 M1166，载广州市文物管理委员会、广州市博物馆《广州汉墓》上，文物出版社 1981 年版，第 40 页，图一七）

---

① 指墓室分为前后两个部分，其中前部主要放置陪葬器物，后部放置棺和陪葬品。其前后室的规格一般会有所差异，如广州 M1075、M1172、M1180，该概念采自《广州汉墓》。

② 指在木椁中，通过隔板将木椁分为上下两层，在隔板之上放置棺与随葬品、之下均放置各类随葬物品，如广州 M2040、M2050，该概念采自《广州汉墓》。

③ 指在木椁中，椁前端做上下两层，下层为器物室，后部占三分之二的长度为单层，侧视如曲尺形，如广州 M4013、M4028，该概念采自《广州汉墓》。

④ 简报或报告指出墓道"不明""不详"者、介绍墓道时讲某侧墓壁已毁者，均以无墓道分类；报道墓道"已毁"按有墓道分类，下同。

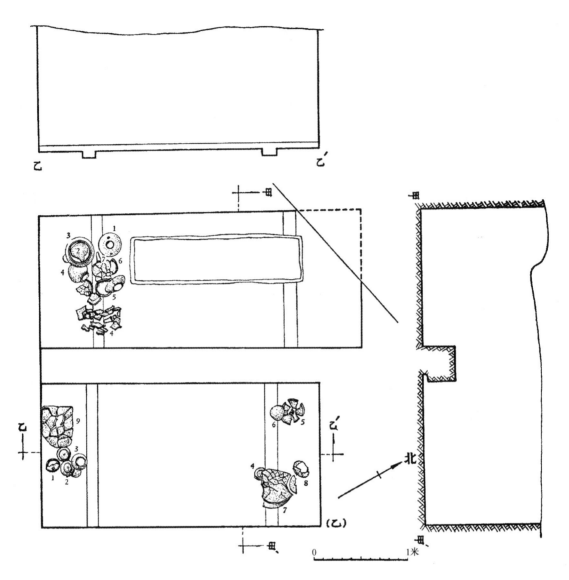

图二·1·3 甲ＡⅠb型墓葬平剖面图

（广东广州 M1113，载广州市文物管理委员会、广州市博物馆《广州汉墓》上，文物出版社 1981 年版，第 38 页，图一五）

该型墓葬规格略小，平均长 3.75[①]、平均宽 1.28 米，宽长比为 0.341，平均面积 4.8 平方米，其中广州 M1166 以 9.6 平方米为最大，长沙 56A17 以 1.876 平方米为最小，相差 5 倍左右。其他在 2.7—5.46 平方米间，与甲 ＡⅠa 型相比，该型墓的规格明显要小。

该型墓葬方向北向略多（附图二·1·3），均直壁。

该型墓中 1 座墓有二层台，为西汉初期平乐银山岭 M17，其二层台高 1.2、宽 0.2 米。3 座墓有腰坑（平乐 2、广州 1），其中西汉初期 1 座（平乐银山岭 M17）、西汉早期 1 座（广州 M1023），西汉中期 1 座（平乐银山岭 M149），其中平乐银山岭 M17 腰坑为长方形，长 0.42、宽 0.28、深

---

① 　该型墓中 1 座墓未介绍规格。由于各型墓葬中，或多或少的都会有一些墓葬未介绍具体规格，因此有关平均值的计算，均只能以介绍了长宽等规格的墓葬进行，下同。

0.14 米；平乐银山岭 M149 腰坑为方形，边长 0.2、深 0.1 米，埋釜。广州 M1023 腰坑已毁。

（三）甲 A Ⅱ a 型（窄坑无木椁有墓道）

秦汉华南墓中，本型墓葬数量极少，仅 5 座，武夷山、资兴、衡阳、钟山、阳朔各 1 座，其中西汉早期 1 座，新莽至东汉初期 2 座，东汉中期、东汉晚期各 1 座。以墓葬时代言，西汉时期较少，新莽至东汉时期较多（图二·1·4、图二·1·5）。

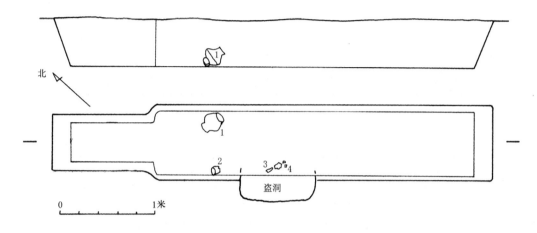

图二·1·4　甲 A Ⅱ a 型墓葬平剖面图

（广西阳朔高田镇 M8，载广西省文物考古研究所、桂林市文物工作队、阳朔县文物管理所《2005 阳朔县高田镇古墓葬发掘简报》，《广西考古文集（第三辑）》，科学出版社 2007 年版，第 146 页，图一四）

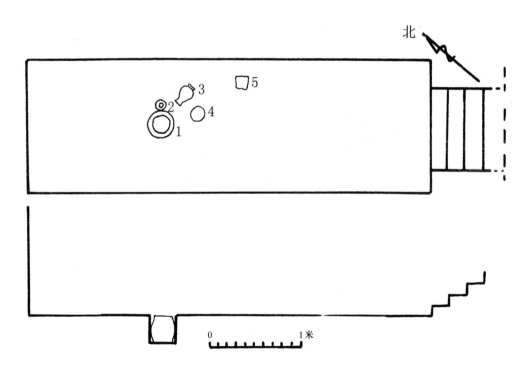

图二·1·5　甲 A Ⅱ a 型墓葬平剖面图

（广西钟山张屋 M35，载广西壮族自治区文物工作队、钟山县博物馆《广西钟山县张屋东汉墓》，《考古》1998 年第 11 期，第 61 页，图三）

该类墓葬规模较大，5座墓葬平均长5.4、平均宽1.84米，宽长比为0.34，平均面积9.936平方米，其中武夷山牛栏后山M2以23.7平方米为最大，阳朔05YGLM8以2.88平方米为最小，相差8倍左右。与甲ＡⅠb型相比，本型墓规格明显要大了一些。

该型墓中4座介绍了墓葬方向，西北向较多（附图二·1·4）。

该型墓5座墓葬的墓道分为3种：

（1）斜坡式，共2座（资兴、武夷山各1），其中西汉早期1座（武夷山1），新莽至东汉初期1座（资兴1），均未介绍墓道坡度，其中武夷山牛栏后山M2墓道宽1.4—2米，与墓底平齐。

（2）阶梯式，共2座（钟山、衡阳各1），其中新莽至东汉中期1座（衡阳1），东汉中期1座（钟山1）。钟山张屋M35的墓道与墓底齐平，宽0.9、阶梯宽0.2、高0.12米。

（3）竖井式，1座，为阳朔05YGLM8，其墓道口长1.1、宽0.6、底长0.9、宽0.4米，残深0.5米。

该型墓中阳朔05YGLM8残存高1.8、直径13米的封土。

该型墓中阳朔05YGLM8为斜壁，墓底长3.4、宽0.68米。武夷山牛栏后山M2墓壁内收，略呈台阶式。其余3墓均为直壁。

该型墓中武夷山牛栏后山M2分室，前室长2.8、宽3米，后室长5.1、宽3米。

（四）甲ＡⅡb型（窄坑无木椁无墓道）

甲ＡⅡb型为华南战国墓中常见的墓葬形式。在秦汉时期窄坑墓中，该型墓的数量最多，共215座，分布广泛，各地出现和持续时间各不相同（附录一附表Ａ的附表A1、图二·1·6—图二·1·10）。

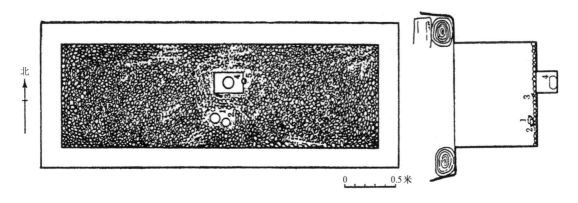

图二·1·6　甲ＡⅡb型墓葬平剖面图

（广西平乐银山岭M28，载广西壮族自治区文物工作队《平乐银山岭战国墓》，《考古学报》1978年第2期，第214页，图五）

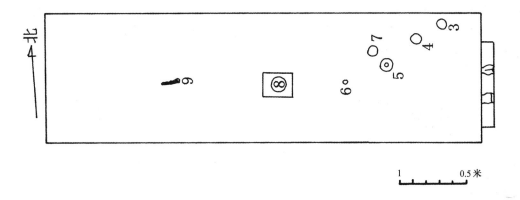

1　　0.5 米

图二·1·7　甲 AⅡb 型墓葬平面图

（广西平乐银山岭 M130，载广西壮族自治区文物工作队《平乐银山岭战国墓》，《考古学报》1978 年第 2 期，第 215 页，图七）

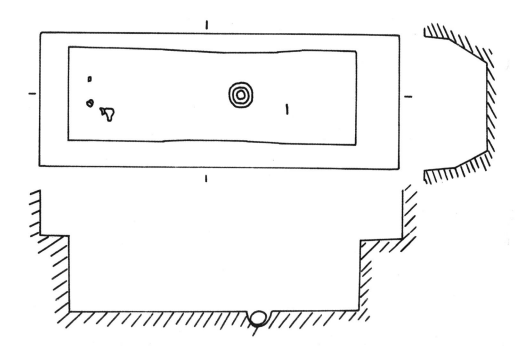

图二·1·8　甲 AⅡb 型墓葬平剖面图

（广西灵川马山 M5，载桂林市文物管理委员会、桂林市文物工作队，灵川县文物管理所《广西灵川马山古墓葬清理简报》，《桂林文博》2001 年第 2 期，第 56 页，图 4）

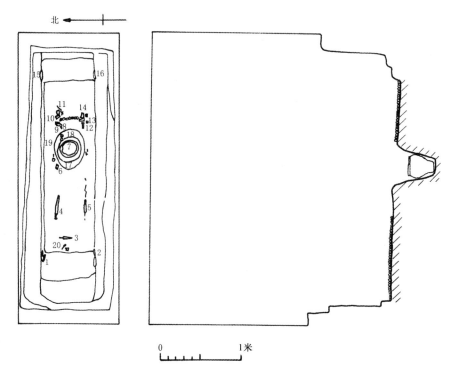

图二·1·9 甲AⅡb型墓葬平剖面图

（广西贺州高屋背岭M123，载广西壮族自治区文物工作队、贺州市博物馆《贺州市高屋背岭古墓群勘探与试掘》，《广西考古文集》，文物出版社2004年版，第261页，图三）

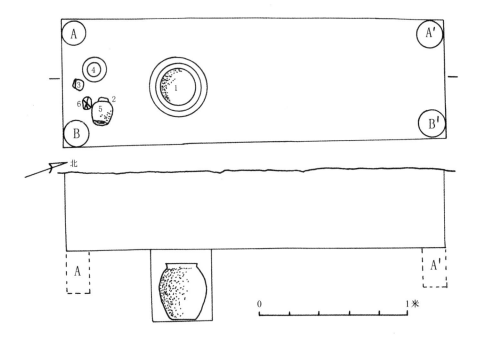

图二·1·10 甲AⅡb型墓葬平剖面图

（广东广州北柳M46，载黄淼章《广州瑶台柳园岗西汉墓群发掘纪要》，《广州考古五十年文选》，广州出版社2003年版，第539页，图一）

从附录一附表 A 的附表 A1 看：

该型墓最早发现于西汉初期的广宁、乐昌、灵川、平乐等 10 地。除古丈、平乐、长沙、广州、乐昌、德庆 6 地外，其余 4 地在此时之后未发现该型墓葬。

各地该类墓出现的时间差别很大，除西汉初期 10 地外，大庸见于西汉早期，而博罗、深圳、田东、保靖出现于西汉中期，贵港、桂平、合浦、益阳从西汉晚期出现，修水、阳朔出现于东汉早期，钟山、耒阳、瑞昌、始兴、顺德均出现于东汉中期。

各时期墓葬数量差异甚大，以西汉初期为主，之后迅速减少，但不绝如缕，一直延续到东汉晚期。

1. 墓葬规格

该型墓规格甚小，平均长 3.08、平均宽 0.96 米，宽长比 0.316，平均面积 2.95 平方米，其中合浦文昌塔 M70 以 23.12 平方米为最大，而广宁龙嘴岗 M9 以 0.988 平方米为最小，相差 23.4 倍左右，墓葬规格相差很远。此外，不同时期该型墓的规格差异也很明显（附录一附表 A 的附表 A2，附图二·1·5）。

虽新莽至东汉初期仅有 1 座墓葬，局限较大，但从表及图中依然可看出，无论在墓葬长宽还是面积上，均存在着西汉晚期和东汉中期两个峰值。而在西汉时期，各项数值一直处于上升趋势，与该型墓数量上的递减成反比。

2. 方向与墓葬结构

该型墓葬的方向以北向为主（附图二·1·6）。

该型墓中 13 座斜壁（平乐 13），均西汉初期，其余直壁。

该型墓中 7 座墓墓底铺石子（平乐 3、广宁 2，贺县、乐昌各 1），其中西汉初期 5 座（广宁 2，平乐、贺县、乐昌各 1），西汉早期 2 座（平乐 2）。该类墓平均长 3.34、平均宽 1.09 米，宽长比 0.252，平均面积 3.64 平方米，大于该型墓的平均规格。

该型墓中 69 座设有腰坑（平乐 60、广宁 4、灵川 2，广州、德庆、贺县各 1），其中西汉初期 64 座（平乐 55、广宁 4、灵川 2，贺县、广州、德庆各 1），西汉早期 5 座（平乐 5）。在时空分布上，以西汉初期的今广西为中心。该类墓平均长 2.96、平均宽 0.92 米，宽长比 0.318，平均面积 2.723 平方米，小于该型墓平均规格。

该型墓中 6 座墓设有壁龛（长沙 5、平乐 1），其中西汉初期 3 座（长沙 2、平乐 1），西汉早期 3 座（长沙 3）。在时空分布上，西汉初期、早期的长沙无疑是该类墓的分布中心。该类墓平均长 2.47、平均宽 0.68 米，宽长比 0.269，平均面积 1.679 平方米，规格甚小。

该型墓中 2 座墓有柱洞（广州、广宁各 1），均西汉初期。平均长 3.54、平均宽 1.06 米，宽长比 0.3，平均面积 3.75 平方米，规格甚大。

该型墓中 3 座墓设二层台（平乐 2、灵川 1），均西汉初期。平均长 3.75、平均宽 1.41 米，宽长比 0.377，平均面积 5.295 平方米，规格更大。平乐银山岭 M96 二层台高 0.2、宽 0.2 米，平乐银山岭 M28 二层台高 0.8 宽、0.2 米，灵川马山 M5 二层台高 0.84、宽 0.36—0.54 米。

该型墓中仅西汉晚期桂平 97 大塘城西汉墓墓底铺木炭。

该型墓中 20 座墓葬同时具有上述多项墓葬结构。如平乐银山岭 M63 等 12 座墓斜壁有腰坑，而其中平乐银山岭 M130 尚有壁龛；广宁龙嘴岗 M19、平乐银山岭 M27、M45 等 3 墓的墓底既有石子亦有腰坑；此外平乐银山岭 M28、贺州高屋背岭 M123 墓底铺石子、有腰坑且台阶式墓壁；

灵川马山 M5 有二层台、壁龛且为斜壁；广宁龙嘴岗 M8、广州 82 北柳 M46 既有腰坑且设柱洞。从这些墓中 18 座为西汉初期，2 座为西汉早期（平乐 2）的情况看，腰坑、壁龛、底部铺石、二层台、斜壁等等墓葬结构特征，当以西汉初期相对最多，西汉早期之后该型墓中不再出现。从空间看，以广西为主，广东、湖南偶尔有之。

（五）小结

综合上述 4 个型的甲 A 类墓葬有关情况看，甲 A 类墓葬具有如下特点：

第一，各时期的数量差异明显（附图二·1·7）。

第二，各类窄坑墓的规格差异相当突出（附录一附表 A 的附表 A3）：

A 有墓道的墓葬（a）规格普遍较大。

B 规格越大的墓葬数量越少（甲 A I a 型），规格越小的墓葬数量越多（甲 A II b 型），墓葬数量与规格的大小成反比。

C 规格越大的墓葬，宽长比越大，反之越小，成正比。越小的墓葬越狭长，越大的墓葬越宽广。

D 数量甚少的甲 A I a 型、甲 A I b 型在最早出现的西汉初期、甲 A II a 型在最早出现的西汉早期均数量较少，而后均有增加；而数量最多的甲 A II b 型在最早出现的西汉初期数量最多，而后迅速减少。

第三，各地各类墓葬的数量明显不同（附录一附表 A 的附表 A4）。从附表 A4 看：

（1）37 个地点发现了甲 A 类墓，其中既有广州 1 地发现 3 个型的墓葬，也有武夷山、平乐、长沙等 7 地发现 2 个型的墓葬，但更多的是如靖州、衡阳、广宁等只有 1 个型的墓葬的 29 个地点。各地甲 A 类墓葬发现的情况存在差异。

（2）37 个发现该型墓墓葬的地点，分 5 种情况：

A 郡国治[1]，有广州（南海郡番禺[2]）、长沙（长沙国临湘）、合浦（合浦郡合浦）、武夷山（闽越国[3]）、贵县（郁林郡布山）5 地。

B 近郡国治[4]，有资兴（桂阳郡郴县）、桂平（近郁林郡布山）、佛山[5]（近南海郡番禺）3 地。

C 县治，有保靖（武陵郡迁陵）、靖州（武陵郡镡成）、衡阳（零陵郡钟武）、德庆（苍梧郡端溪）、贺县（苍梧郡临贺）、钟山（苍梧郡富川）、肇庆（苍梧郡高要）、揭阳（南海郡揭阳）、博罗（南海郡博罗）、益阳（长沙国益阳）、耒阳（桂阳郡耒阳）、韶关（桂阳郡曲江）等 12 地。

D 近县治[6]，有灵川（近零陵郡始安）、古丈（近武陵郡酉阳）、修水（近豫章郡艾县）、

---

[1] 指秦汉各郡国治所。

[2] 广州为汉南海郡郡国治番禺，亦为南越国国都、南海郡郡治，下同。

[3] 虽然尚有争论，但学界普遍认为武夷山崇安汉城大体应是闽越国余善国都。而位于福州市的冶城，从所发现相关遗迹看，应是闽越国国都。见黄展岳《在冶城与福州历史学术研讨会上的主题报告》，《冶城历史与福州城市考古论文选》，海风出版社 1999 年版，第 249—253 页。因此本书将闽越国内的武夷山崇安汉城、福州冶城均作为郡国治开展分析。

[4] 指在空间上距离郡国治较近，当时又未曾置县的地点，下同。

[5] 佛山与顺德合并，均以佛山统一称谓。

[6] 指在空间上距离县治较近，当时又未曾置县的地点，下同。

瑞昌（近豫章郡柴桑）、临湘（近长沙国临湘）、仁化（近桂阳郡曲江）、溆浦（近武陵郡辰阳）[①] 7 地。

  E 其他地点[②]，有平乐、阳朔（苍梧郡），深圳、广宁（南海郡），始兴、乐昌（桂阳郡），大庸（武陵郡），田东（郁林郡），高州、化州（合浦郡）等 10 地。总体上，近县治和其他地点 2 项应是甲 A 墓葬发现最多的地点。

  （3）在 5 郡国治中，广州该型墓不仅出现时间甚早，且集中发现于西汉中期之前，西汉晚期后寥寥无几；武夷山仅见西汉早期墓葬；贵县、合浦仅见西汉晚期墓葬；长沙从西汉初期延续到西汉晚期。从墓葬规格看，广州发现的该型墓中有木椁甲 AⅠ型与无木椁甲 AⅡ型的数量大体相近，长沙以甲 AⅡ型为主、武夷山仅有甲 AⅠ型墓葬，而合浦、贵县为无墓道的甲 AⅡb 型墓葬。广州、武夷山所发现该型墓的规格明显大于其他地区。

  3 个近郡国治发现的该型墓葬，不仅数量甚少，且时代差异很大，其中资兴在西汉早期即已发现，而桂平发现于西汉晚期，南海发现于东汉早期。从墓葬规格看，除资兴有 1 座甲 AⅠb 型墓葬发现外，3 地所发现的均为规格较小的甲 AⅡ型墓葬，并以无墓道甲 AⅡb 型墓葬为主。郡国治之间、郡国治与近郡国治等地点，在该型墓的数量、规格上的差别明显。

  （4）在 12 个县治中，保靖、钟山的该型墓发现数量较多，而其他县治，均仅有 1 座、2 座而已。在墓葬的时代上，除仅知为[③]汉墓的韶关、肇庆 2 地、仅知为东汉墓的耒阳 1 地外，揭阳、博罗、德庆、贺县 4 地该型墓仅见于西汉初期或西汉早期，靖州仅见于西汉中期，衡阳、益阳 2 地仅见于西汉晚期；保靖始见于西汉中期并延续到新莽至东汉初期；钟山仅见于东汉中期。南海郡、苍梧郡的相关县治，应是该型墓最早在县治中出现的地点。

  在 7 个近县治中，古丈、灵川发现 2 座墓葬，其余均仅发现 1 座该型墓。在墓葬时代上，灵川发现的该型墓为西汉初期、古丈为西汉初期至西汉中期，修水为东汉早期、南昌为东汉中期，溆浦仅知为西汉墓、临湘、仁化仅知为汉墓。

  在县治发现的该型墓中除保靖、靖州发现为有木椁的甲 AⅠ型墓外，其余县治和近县治地点所发现者均为无木椁甲 AⅡ墓葬。在各地发现的甲 AⅡ型墓中，仅衡阳、钟山 2 地为无木椁有墓道的甲 AⅡa 型，其余均无墓道。从上述情况看，该型墓在县治及近县治地区，不仅发现数量少规格小，且出现时间也有较大差距。

  （5）在 10 个其他地点中，平乐、乐昌、广宁发现数量最多，其他地点仅发现一两座墓葬。在墓葬的时代上，除平乐从西汉初期延续至西汉晚期、乐昌从西汉初期延续到东汉早期、阳朔从东汉早期延续到东汉中期外，广宁、大庸仅见西汉初期、田东、深圳仅见于西汉中期、始兴、顺德仅见于东汉中期、高州、化州仅知为汉代。总体上，南海郡、苍梧郡应是该型墓最早出现且最为集中的地点。

  在 10 个地点中，除平乐发现甲 AⅠb 型、甲 AⅡb 型，阳朔发现甲 AⅡa 型、甲 AⅡb 型 2 个型的墓葬外，其余 9 地均仅发现甲 AⅡb 型墓葬。而从各类墓的数量比较看，甲 AⅡb 型无疑占据了该类地点所发现该型墓的绝大多数。

  （6）从上述分析看，该型墓的时空分布具有如下特点：

---

  ① 武陵郡，西汉郡国治溆浦，东汉治于常德。

  ② 指空间上距离郡国治、县治均较远的地点，下同。

  ③ 原资料未细分早晚。

A　该型墓在西汉初期以苍梧郡为中心，西汉早期以南海郡为中心。而如将同处岭南的桂阳郡的乐昌包含在内，在此时期内岭南地区的分布最为密集。西汉中期，在苍梧郡、南海郡内该型墓急剧减少的同时，其在武陵郡、郁林郡内却不仅忽然出现，而且数量也较多。

B　虽然该型墓中偶尔发现的大型墓葬，集中分布于广州等政治中心地区，但如前所言，无论在郡国治、近郡国治，还是在县治、近县治，该型墓均甚少发现。而与此同时，在未曾设置县治，或距离县治较远的地区发现了甚多的该型墓葬。即，数量最多且在4类墓中规格最小的甲AⅡ型墓葬，普遍分布于县治之外，距离政治中心甚远。

二　甲B类（长方形墓）

长方形墓葬的数量和分布地域，都远远的超过了窄坑墓。

（一）甲BⅠa型（长方形有木椁有墓道）

甲BⅠa型目前共发现273座（图二·1·11—图二·1·25）。

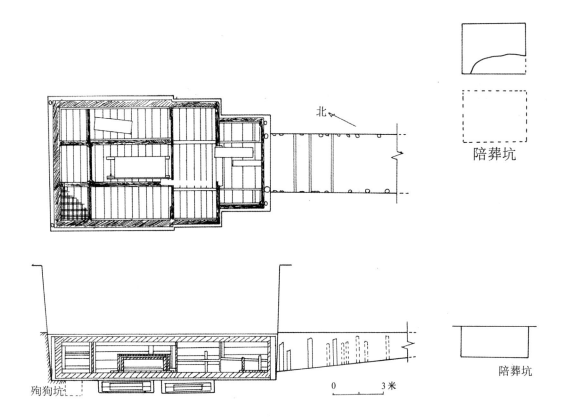

图二·1·11　甲BⅠa型墓葬平剖面图

（广西贵县罗泊湾M1，载广西壮族自治区博物馆《广西贵县罗泊湾汉墓》，文物出版社1988年版，第4页，图二）

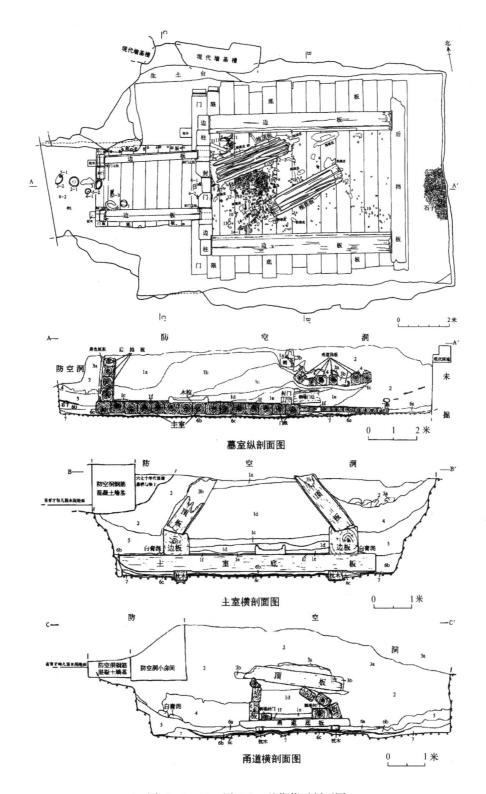

图二·1·12 甲BⅠa型墓葬平剖面图

（广东广州农林东路 M68，载广州市文物考古研究所《广州市农林东路南越国"人"字形木椁墓》，《羊城考古发现与研究（一）》，文物出版社 2005 年版，第 36—38 页，图二、三、四、五）

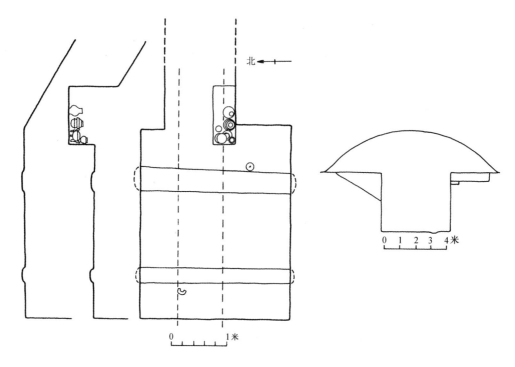

图二·1·13 甲BⅠa型墓葬平剖面图

（湖南长沙火把山 M1，载长沙市文物工作队《长沙火把山楚汉墓》，《湖南文物3》，湖南大学出版社 1988 年版，第 99 页，图七、八）

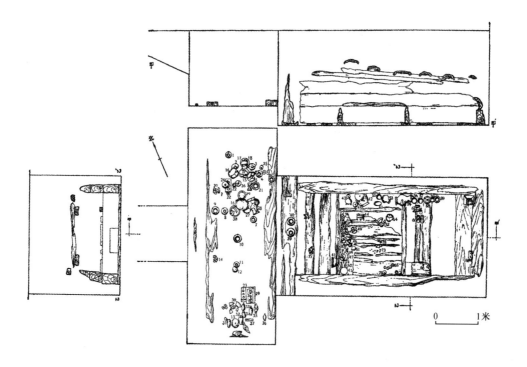

图二·1·14 甲BⅠa型墓葬平剖面图

（广东广州 M3031，载广州市文物管理委员会、广州市博物馆《广州汉墓》，文物出版社 1981 年版，第 264 页，图一五五）

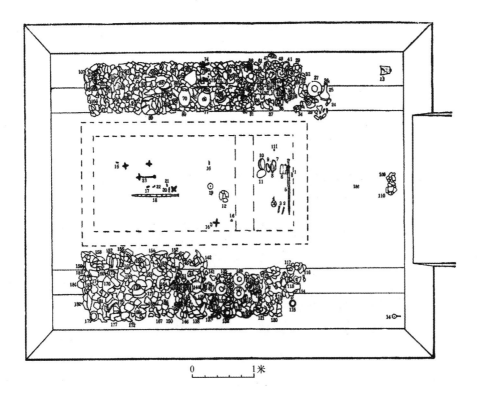

图二·1·15　甲ⅠⅠa型墓葬平面图

(湖南永州鹞子山刘疆墓，载零陵地区文物工作队《湖南永州鹞子山西汉"刘疆墓"》，《考古》1990 年第 11 期，第 1003 页，图一)

图二·1·16　甲ⅠⅠa型墓葬平面图

(江西南昌老福山木椁墓，载江西省文物管理委员会《江西南昌老福山西汉木椁墓》，《考古》1964 年第 2 期，第 269 页，图二)

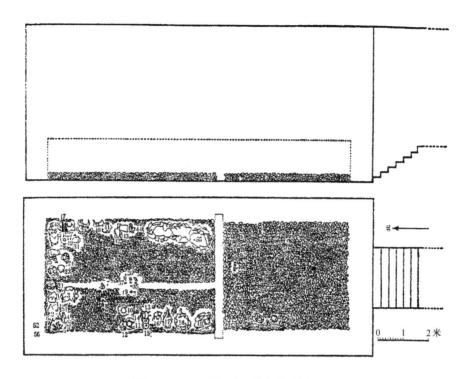

图二·1·17　甲 B Ⅰ a 型墓葬平剖面图

（广西贺县河东高寨 M5，载广西壮族自治区文物工作队、贺县文化局《广西贺县河东高寨
西汉墓》，《文物参考资料4》，文物出版社 1981 年版，第31页，图四）

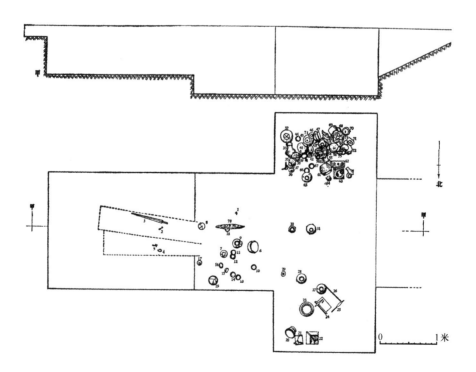

图二·1·18　甲 B Ⅰ a 型墓葬平剖面图

（广东广州 M5001，载广州市文物管理委员会、广州市博物馆《广州汉墓》上，文物出版
社 1981 年版，第 361 页，图二二一）

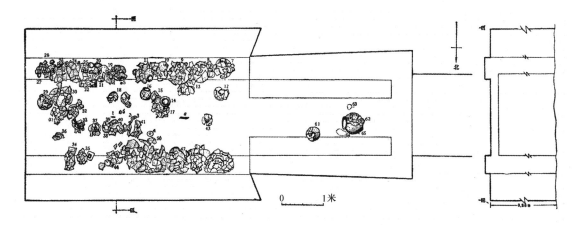

图二·1·19 甲 B I a 型墓葬平剖面图

（广东广州 M1182，载广州市文物管理委员会、广州市博物馆《广州汉墓》上，文物出版社 1981 年版，第 52 页，图二四）

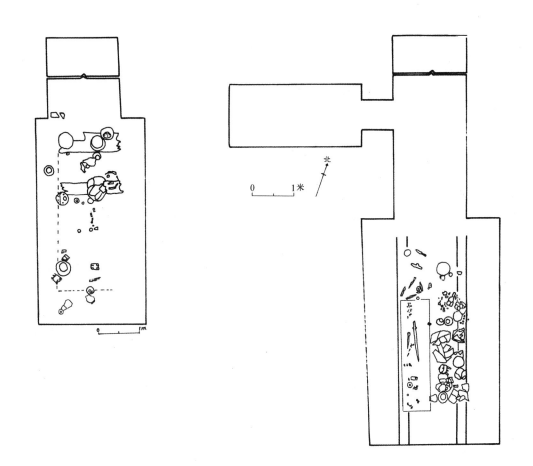

图二·1·20 甲 B I a 型墓葬平面图

（广西合浦堂排 M2，载广西壮族自治区文物工作队《广西合浦县堂排汉墓发掘简报》，《文物参考资料 4》，文物出版社 1981 年版，第 47 页，图一，左为 M2A，右为 M2B）

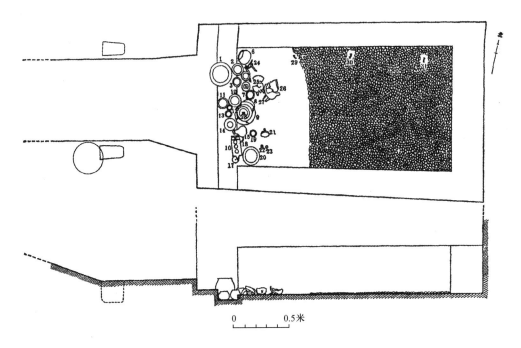

图二·1·21　甲ＢⅠa型墓葬平剖面图

（广西平乐银山岭 M116，载广西壮族自治区文物工作队《平乐银山岭战国墓》，《考古学报》1978 年第
4 期，第 471 页，图七）

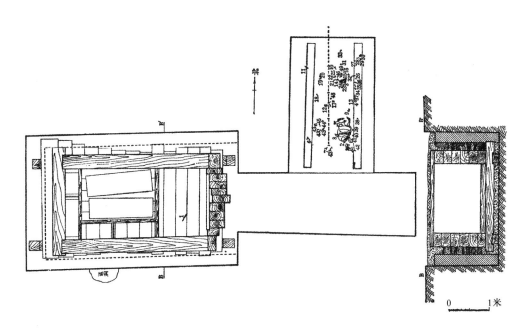

图二·1·22　甲ＢⅠa型墓葬平剖面图

（广西贵县风流领 M31，载广西壮族自治区文物工作队《广西贵县风流领三十一号西汉墓清理简报》，
《考古》1984 年第 11 期，第 60 页，图一）

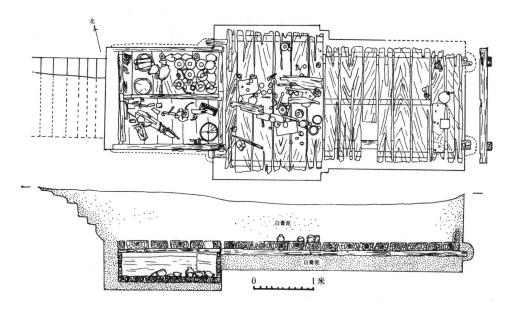

图二·1·23　甲ＢⅠa型墓葬平剖面图

（湖南长沙 M203，载中国科学院考古研究所《长沙发掘报告》，科学出版社 1957 年版，第 89 页，图六六）

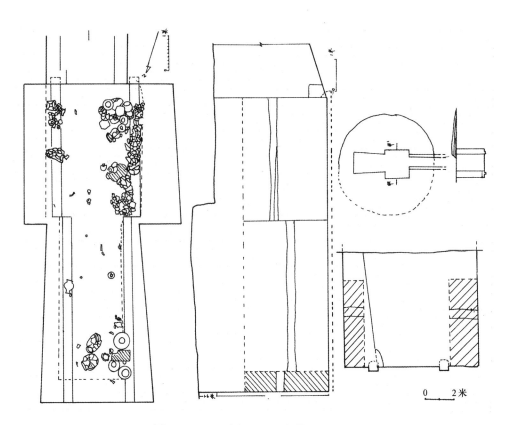

图二·1·24　甲ＢⅠa型墓葬平剖面图

（广东广州 MⅡ74，载中国社会科学院考古研究所、广州市文物管理委员会、广州市博物馆《广州汉墓》上，文物出版社 1981 年版，第 46、47 页，图二〇）

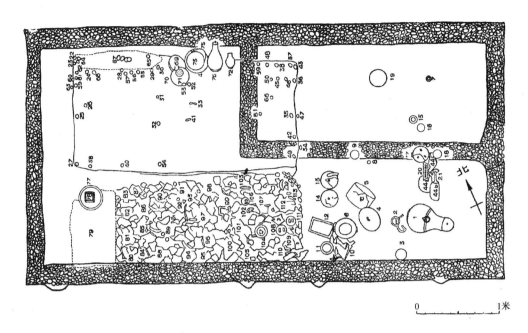

0 　　　　　　　　1米

图二·1·25　甲BⅠa型墓葬平面图

（湖南长沙 M327，载中国科学院考古研究所《长沙发掘报告》，科学出版社 1957 年版，第 94 页，图七
一）

1. 墓葬分布与墓葬规格

该型墓的时代与地域分布甚不均衡（附录一附表 A 的附表 A5、附图二·1·8）。

该型墓在各地出现时间不同，广州、长沙、汨罗、溆浦为西汉初期；贵县、贺县、衡阳、
兴安、武夷山为西汉早期；保靖、常德、零陵、靖州、柳州、南昌为西汉中期；合浦、平乐为
西汉晚期；资兴、衡阳为东汉早期；昭平、增城、钟山晚到东汉中期。该型墓在各地的持续时
间也不相同，其中广州最长，涵盖两汉，长沙从西汉初期延续到新莽至东汉初期，贵县从西汉
早期持续到东汉中期，其他如武夷山、南昌等地，多数仅某一时期内存在该类墓葬。

在 274 座墓中，19 座墓葬未介绍规格，6 座仅有墓长而无墓宽。据已知各墓规格，该型墓平
均长 5.56、平均宽 3.12 米，宽长比为 0.548，平均面积 17.347 平方米，其中长沙 M401 面积
278.658 平方米为最大，贵县罗泊湾 M1 以 134.4 平方米次之，长沙陡壁山 M1 长沙王墓以 128
平方米再次之，贵港 95 三堆岭汉墓以 127.68 平方米紧随其后，广州 M3001 以 3.2 平方米为最
小，大小相差 87 倍左右。

该型墓在不同时期的规格差异甚为明显（附录一附表 A 的附表 A6、附图二·1·9）。

该型墓在西汉早期、西汉晚期存在两个峰值，其中西汉早期相对最大，西汉初期次之，而
东汉晚期相对最小。

从地域比较看，该型墓在同一时期不同地区的规格差异也相当明显（附录一附表 A 的附表
A7）。如以西汉看，在西汉初期，单体墓在排除了王级的广州 03GDM68 后，虽溆浦 78 溆马 M24
为最大，但整体上长沙地区该型墓较大；西汉早期，单体墓以贵县罗泊湾 M1 为最大，广州
M1148 为最小，而武夷山、广州地区墓葬的规格开始后来居上，长沙、汨罗、衡阳依次递减；
西汉中期，单体墓以长沙陡壁山 M1 长沙王墓为最大，广州 M2024 为最小。总体以长沙地区墓葬
规格为高，贵县、保靖、常德、靖州依次渐小，而零陵、南昌、柳州等地也出现较大型墓葬。

西汉晚期，单体墓以长沙 M401 为最大，广州 M3001 为最小，总体上长沙地区墓葬规格依然最大，贵县、合浦、保靖次之。从该表看，有的地方如广州，西汉早期之后规模急剧变小，而如长沙等地明显变大。各地该型墓规格的发展情况，有着很大不同。

2. 墓葬朝向与墓道

有 246 座该型墓葬介绍了方向，其以南向、西向较多，北向次之（附图二·1·10）。

该型墓的墓道形制多样，结构较为复杂。在 274 座该型墓中 46 座墓道被毁，形制规格均已不明；3 座墓道未发掘、37 座介绍规格未介绍形制、21 座未介绍规格、形制。而在介绍了墓道形制的 167 座墓葬中，墓道的形制分 6 种：

（1）斜坡式，共 148 座，占 167 座的 88% 左右[①]，其中西汉初期 5 座（广州 2，长沙、溆浦、汨罗各 1），西汉早期 43 座（广州 29、武夷山 4、长沙 3，贺县、衡阳、汨罗各 2、贵县 1），西汉中期 25 座（广州 16、保靖 3、贵县 2，常德、零陵、柳州、长沙各 1），西汉晚期 41 座（广州 10、合浦 19，保靖、贵县各 4，贺县 3、兴安 1），新莽至东汉初期 8 座（广州 6，长沙、保靖各 1），东汉早期 2 座（资兴、衡阳各 1），东汉中期 15 座（广州 9，贵县、柳州各 2，钟山、资兴各 1），东汉晚期 8 座（广州 7、昭平 1），此外还有仅知为西汉墓者 1 座（广州 1）。很明显，广州地区该类墓甚多。

斜坡墓道，因各墓规格的不同，其长宽均相应变化。基本上规格越大的墓葬，其墓道的长宽等规格也越大，反之越小。

在 148 座斜坡墓道中，除 19 座未介绍墓道坡度外，各墓葬的墓道坡度在 5°—60° 之间（表二·1·2）。

表二·1·2　　　　　　　　　　　甲 B I a 型墓葬墓道坡度统计表　　　　　　　　单位：座

	≤10°	11—20°	21—30°	≥31°	合计
西汉初期	1	1	1		3
西汉早期	7	24	6		37
西汉中期	3	9	7	5	24
西汉晚期	4	21	10		35
新莽至东汉初期		4	3	1	8
东汉早期			2		2
东汉中期	1	9	2		12
东汉晚期		4	2	2	8
合计	16	72	33	8	129

从上表看，11°—20° 不仅数量多且持续时间长，是该型墓中斜坡式墓道的主要坡度，21°—30° 次之。而大于或等于 31° 的坡度，在西汉初期、西汉早期、西汉晚期、东汉早期、东汉中期等时期均未出现。

此外从空间分布看，各地在不同时期该型墓的墓道坡度也有所不同：

---

① 均以介绍墓道情况的墓葬数量进行计算，下同。

西汉初期 3 座中，广州 82 北柳 M6 为 10°、溆浦 78 溆马 M24 为 15°、长沙 86 火把山 M10 为 23°—30°。

西汉早期 37 座，坡度在 7°—28°之间，其中小于等于 10°以下 7 座（广州 5，贺县、贵县各 1，其中广州均 10°），11°—20°有 24 座（广州 21、武夷山 2、贺县 1），21°—30°有 6 座（长沙、衡阳各 2，汨罗、广州各 1）。

西汉中期 24 座，坡度在 5°—60°之间，其中 10°以下 3 座（广州 2、保靖 1），10°—20°有 9 座（广州 4，保靖、贵县各 2，长沙 1），21°—30°有 7 座（广州 5，常德、零陵各 1），31°以上 5 座（广州 4、柳州 1）。

西汉晚期 35 座，坡度在 10°—30°之间，其中 10°有 4 座（保靖 2，广州、贵县各 1），11°—20°有 21 座（合浦 11、广州 7、贵县 2、保靖 1），21°—30°有 10 座（合浦 5、广州 2，贵县、贺县、保靖各 1）。

新莽至东汉初期 8 座，坡度在 17°—35°之间，其中 11°—20°有 4 座（广州 3、保靖 1），21°—30°有 3 座（广州 3），31°以上 1 座（长沙 1）。

东汉早期 2 座，坡度在 20°—30°间（资兴、衡阳各 1）。

东汉中期 12 座，坡度在 9°—30°之间，其中 10°以下 1 座（贵县 1），11°—20°有 9 座（广州 7、柳州 2），21°—30°有 2 座（资兴、贵县各 1）。

东汉晚期 8 座，坡度在 11°—39°之间，其中 11°—20°以上 4 座（广州 4），21°—30°有 2 座（广州、昭平各 1），31°以上 2 座（广州 2）。

总体上，随着时间发展，墓道坡度有逐渐加大的趋势。西汉早期墓葬墓道较为平缓，从西汉中期开始渐趋倾斜。虽然新莽之后略有降低，但到东汉晚期又有抬升，其中广州地区西汉初期、早期的墓道较低（21°以上所占比例甚小），西汉中期后突然变陡（西汉中期 21°以上占 60%），到东汉时期出现降低。

该型墓中墓道端部与墓底间的距底距离在不同时期有明显差异。大体上，随时代发展，距底高度逐渐降低，乃至平齐，但在一些地区有所反复。

西汉初期，斜坡墓道端距墓底的距离往往较大，如溆浦 78 溆马 M24 的墓道上宽 1.88 米，距坑底 2.3 米，而长沙 86 火把山 M10 的墓道也距底 1.8 米；到西汉早期，距底高度大为降低，大多在 0.2—0.3 米左右（广州 15 座，占广州有距底数据 27 座墓葬的 55.5%），如广州 M1140、贵县罗泊湾 M1 的墓道距底均只有 0.3 米，贺县金钟 M1 墓道距底 0.23 米。同时出现不少与墓底平齐的情况（广州 10 座，占广州 27 座墓葬的 37%），如广州 M1156、长沙 86 火把山 M1。从空间分布看，西汉早期两广地区的距底一般甚小，而湖南地区虽较西汉初已有减小，但依然较大。如汨罗 83M6 墓道距底 1.5 米。到西汉中期，以广州地区言，在 15 座有墓道端距墓底距离记录的墓葬中，虽有广州 M2012 等 4 座平齐墓底的墓道存在，但却出现了广州 M2064 距底 0.8 米、广州 M2038 距底 0.94 米、广州 M2044 距底 1.14 米等 6 座距底在 0.8—1.14 米的情况，达总数的 40%，0.3 米以下仅 3 座。而此时的湖南地区，距底值逐步降低，虽有常德 92DWM1 距底 1.68 米的情况，但在一些高等级墓葬中——如零陵泉陵侯刘彊墓距底 0.8 米，长沙陡壁山 M1 长沙王墓距底 0.6 米，与广州地区的高距底情况大体相当。

到西汉晚期，广州地区的距底值又有所降低。在 10 座有距底值的墓葬中，虽有广州

M3021 距底 1.2 米、广州 M3031 距底 0.8 米等 3 座距底超 0.8 米的情况，但也有 1 座与墓底平齐、2 座距底小于 0.2 米、3 座在 0.56—0.6 米，较之西汉中期已大为不同。湖南地区该时期该类墓介绍距底值的墓葬甚少，仅保靖 98BHM20 介绍距底 0.4 米，延续了距底降低的趋势。在合浦、贵县等地的 16 座墓葬中，5 座有距底值，其中 1 座距底 0.6 米，其余 4 座在 0.12—0.3 米之间。

新莽至东汉初期，有斜坡式墓道的本类墓中，广州 6 座墓的距底在 0.38—0.92 米间，长沙 1 座（长沙 59 长五 M007），距底 1.5 米。广州地区距底值再次加大，湖南地区也有所回升。不过从位于湖南的东汉早期仅有的 2 座墓葬看，衡阳凤凰山 M6 距底 0.3 米，距底又有降低。

东汉中期，9 座墓有距底值，其中广州 7 座，距底为 0.64—0.98 米，延续了新莽至东汉初期时距底抬高的趋势。贵县 1 座，距底 1 米，与广州情况大体相同。

东汉晚期，8 座墓葬有距底值。广州 7 座，其中 0.68—1.1 米有 5 座，2 座在 0.3—0.4 米；昭平 1 座，距底 0.9 米。高距底仍是该时期主流。

因此，从各时期各地区距底值的变化看，广州乃至岭南地区，在西汉中期之前，其降低趋势不仅与各地相同，且速度甚快，出现了较多与底平底的情况。而从西汉中期开始，距底值大面积提高，与湖南地区相比，走上了一条完全相反的道路。

（2）平台斜坡式，共 6 座（广州 3、长沙、靖州、常德各 1），占 4% 左右，其中西汉中期 2 座（靖州、常德各 1），西汉晚期 2 座（长沙 2），新莽至东汉初期 1 座（广州 1），东汉中期 1 座（广州 1）。该式墓道分两类：

A　近墓室有平台，之后起斜坡，如广州 98 东梅 M1 墓道宽约 1.22 米，残长 0.9 米，其自椁门口高起约 0.24、长约 0.6 米生土平台，之后高起约 0.6 米后起 20°斜坡；广州 02 永福路 M12、常德 92DWM2、靖州 91 团结 M3 等 3 墓的墓道形制均与此相近。

B　前段斜坡，后端有平台，如广州 99 南田 M4，其墓道在距墓底 1.2 米处起斜坡，墓道后端右侧留 0.7 米高土台，墓道由上而下渐宽，与墓室相接处宽 1.6，残长 1.9 米。

（3）台阶斜坡式，共 3 座（广州、合浦、贵县各 1），占 1.76%，均西汉晚期。该式墓道亦分两类：

A　前为台阶，后接斜坡，如合浦风门岭 M23A，墓道长 11.7 米，上宽 3、下宽 2.4 米，下端与墓底平，两节台阶后斜坡，18°，上阶 0.44、下阶 0.16 米。

B　一侧或中间为斜坡式，一侧或两侧为台阶式，如贵港深钉岭 M43，墓道长 4.12、宽 1.72—2.26 米。两侧各有一排长度稍异的长方形台阶，一般长 0.42、宽 0.28 米。

（4）阶梯式，共 7 座（长沙 3，广州、合浦、贺县、南昌各 1），占 4.11%，其中西汉早期 2 座（贺县、广州各 1），西汉中期 2 座（长沙、南昌各 1），西汉晚期 3 座（长沙 2 座，合浦 1）。各地阶梯规格差异较大，如贺县河东高寨 M5 的阶梯式墓道每阶高约 0.25、宽 0.25—0.3 米；南昌 64 老福山汉墓的墓道在仅清理的三阶中，最下一阶略高于椁室，每阶高 0.1、宽 0.12 米；合浦堂排 M3 墓道每阶宽约 0.2、高约 0.2—0.36 米。

（5）竖井式墓道，1 座，占 0.58%，为长沙 55 长侯中 M018，属西汉中期，其墓道长 2.52、宽 2.08 米。

（6）平底式墓道，2 座，占 1.17%，其中长沙 M401，属西汉晚期，其墓道长 45、宽 4—4.8

米；贺县河东高寨 M7，属西汉早期，墓道位于墓室东北角，底于墓底齐平，宽 2.02 米。

从各式墓道数量看，斜坡墓道当为主流；阶梯式墓道虽数量较少，但分布地域和时期均较广；平台斜坡式、台阶斜坡式墓道数量较少，分布地域相对集中；平底式、竖井式墓道仅见于长沙及贺县。

该型墓中 12 座墓葬的墓道偏于一侧（广州 10，贵县、贺县各 1），其中西汉早期 7 座（广州 6、贺县 1），西汉中期、西汉晚期各 1 座（均位于广州各 1），新莽至东汉初期 1 座（贵县 1），东汉中期 2 座（广州 2）。从上述情况看，墓道偏于一侧大体是广州地区的墓葬特色。

该型墓中西汉晚期保靖 02—03 清 M99 墓道甚为特殊。其墓道位于东壁，呈双墓道形式，其中北侧的墓道呈 T 字形，距底 0.25 米起坡，坡度 10°，与墓坑等宽，向东延伸 1.8 米后折收。南侧墓道在 T 字形墓道左肋上台 0.4 米起坡，向上延伸与 T 字形墓道平，T 字形墓道近墓底开口处左右中摆放较大河卵石。推测可能是两次下葬开挖所致。

3. 墓葬结构

该型墓中 13 座墓葬斜壁（长沙、武夷山、平乐各 3，汨罗、零陵、贵港、保靖各 1），其中西汉早期 5 座（武夷山 3，长沙、汨罗各 1），西汉中期 3 座（长沙、零陵、保靖各 1），新莽至东汉初期 1 座（长沙 1），东汉中期 2 座（平乐 2）。斜壁的情况，虽延续时代较长，但似不见于广东、福建。该类墓平均长 7.7、平均宽 4.23 米，平均面积 32.57 平方米，整体规格较高，其中长沙陡壁山 M1 为长沙王墓、零陵刘疆墓为泉陵侯墓，等级甚高。此外，也有平乐银山岭 M133 长 2.9、宽 1.8 米、长沙 M402 长 4、宽 3 米等较小的墓葬。

该型墓中 1 座墓墓壁为台阶式（溆浦 78 溆马 M24），为西汉初期。该墓长 4.6、宽 3.5 米，面积 16.1 平方米，规格较小。

该型墓中 82 座墓葬分室（附录一附表 A 的附表 A8），其中广州地区不仅数量最多，且延续时间也最长。

分室墓中西汉早期广州 M1174、西汉晚期广州 M3030、M3031、M3032、长沙 M203、长沙 M401、东汉中期广州 M4009、东汉晚期广州 M5001、M5002 几座墓为横前堂结构[①]，69 座存在分层现象。从整体情况看，分层现象在各时期存在较大差异，在西汉早期 12 座分室墓中，仅广州 M1182 和贵县罗泊湾 M1 存在分层；西汉中期 18 座分室墓中 17 座分层；西汉晚期 15 座分室墓中 14 座分层；新莽至东汉初期在 8 座分室墓中 5 座分层，其中 4 座为假分层；东汉中期 17 座分室墓均分层，但 14 座为假分层；东汉晚期 11 座分室墓均分层，其中 10 座为假分层。其演变趋势明显。广州无疑是该类墓葬结构的分布中心。

该型墓中 5 座墓周壁有柱洞（合浦 3，长沙、平乐各 1），其中西汉晚期 4 座（合浦 3、长沙 1），新莽至东汉初期 1 座（平乐 1）。该类墓平均长 4.66、平均宽 3.99 米，平均面积 18.59 平方米，规格较大，集中于广西。

该型墓中 13 座有二层台（平乐 6，贵县、保靖、长沙各 2，贺县 1），其中西汉早期 1 座（贺县 1），西汉中期 3 座（长沙 2、贵县 1），西汉晚期 5 座（平乐 3，贵港、保靖各 1），新莽至东汉初期 1 座（保靖 1），东汉中期 3 座（平乐 3）。该型墓平均长 6.33、平均宽 3.89 米，平均

---

① 指分室墓中，前室横置，其宽度超过后室之宽，与后室组成 T 的平面，如广州 M3031。横前堂墓均为分室墓。

面积 24.62 平方米，规格较大，集中于湖南广西。

该型墓中 9 座墓墓底铺有石子（广州 4、平乐 3，贵县、贺县各 1），其中西汉初期 1 座（广州），西汉早期 4 座（广州 3、贺县 1），西汉晚期 2 座（贵县、平乐各 1），新莽至东汉初期 1 座（平乐 1），东汉中期 1 座（平乐 1）。4 座墓墓底铺沙，均西汉晚期（合浦 2，贵县、贺县各 1）。该类墓平均长 5.91、平均宽 3.11 米，平均面积 18.38 平方米米，面积较大。

该型墓中 4 座有壁龛（长沙、广州各 2），其中西汉早期 3 座（长沙 2、广州 1），西汉晚期 1 座（广州 1）。该类墓平均长 6.62、平均宽 3.03 米，平均面积 20.05 平方米，面积较大。

该型墓中 4 座墓底有膏泥（保靖 2，合浦、贺县各 1），其中西汉早期 1 座（贺县 1），西汉中期 1 座（保靖 1），西汉晚期 2 座（保靖、合浦各 1）。该类墓平均长 7.24、平均宽 4.75 米，平均面积 34.39 平方米，规格甚大，集中于湖南广西。

该型墓中 4 墓墓底积炭（合浦 2，资兴、长沙各 1），其中西汉晚期 2 座（合浦 2），新莽至东汉初期 1 座（长沙 1），东汉早期 1 座（资兴 1）。该类墓平均长 6.13、平均宽 3.85 米，平均面积 23.60 平方米，规格较大。

该型墓中 1 座墓为砖木合构（合浦 1），为新莽至东汉初期。该墓长 6.8、宽 2.9 米，面积 19.72 平方米，规格较大。

该型墓中 4 座有侧室或耳室（合浦 3、贵县 1），其中西汉中期 1 座（贵县 1），西汉晚期 3 座（合浦 3）。该类墓平均长 6.22、平均宽 3.71 米，平均面积 23.07 平方米，规格较大。集中于广西地区。其中有 2 座墓有甬道（广州、合浦各 1），合浦堂排 M4 为西汉晚期，墓长 6、宽 3.8 米，面积 22.8 平方米，规格较大。

该型墓中除前述在分室墓中多见的分层、偶有的横前堂等组合结构外，还有 17 座墓存在多项前述墓葬结构并存的情况（广州 6、合浦 3，贵县、平乐、保靖各 2，长沙、贺县各 1），其中西汉早期 4 座（广州 2，贵县、贺县各 1），西汉中期 3 座（广州、保靖、贵县各 1），新莽至东汉初期 1 座（平乐 1），西汉晚期 6 座（合浦 3，广州、长沙、保靖各 1），东汉中期 3 座（广州 2、平乐 1）。其具体情况为，保靖 02—03 清 M1 斜壁底有膏泥；合浦堂排 M2A 铺沙及木炭、合浦堂排 M2B 铺沙铺木炭且有耳室；合浦堂排 M4 有侧室且有甬道；贵县风流岭 M31 有二层台与侧室；贺县金钟 M1 有二层台、分室、有膏泥；保靖 98BHM20 斜壁，有二层台及膏泥；平乐银山岭 M116 有二层台及石子铺底；平乐银山岭 M117 有柱洞、石子铺底且为砖木合构；长沙 M327 分室有柱洞；广州 M1170 分室且石子铺底；广州 97 猫儿岗西汉墓分室有壁龛；贵县罗泊湾 M1 分室、分层[①]，且有外藏椁。此外广州 M3030、M2038、M1170、M4020、M4021 除分室分层外，墓道还偏于一侧。

（二）甲 B I b 型（长方形有木椁无墓道）

该型墓葬目前共发现 247 座（图二·1·26—图二·1·29）。

---

① 罗泊湾 M1 与其他墓葬的分层形制不同，其椁仅 1 层，中间为棺，周围分为上下二层，放置随葬品。而在木椁之下，还埋葬有多具殉葬（或陪葬）木棺。

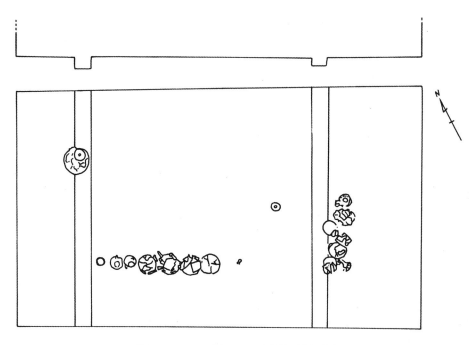

图二·1·26　甲ⅠBⅠb型墓葬平剖面图

（福建闽侯庄边山 M50，载林公务《福建闽侯庄边山的古墓群》，《东南文化》1991 年第 1 期，第 220 页，图二·2）

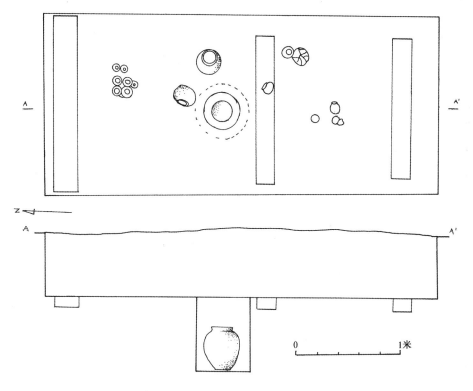

图二·1·27　甲ⅠBⅠb型墓葬平剖面图

（广东广州北柳 M25，载黄淼章《广州瑶台柳园岗西汉墓发掘纪要》，《广州考古五十年文选》，广州出版社 2003 年版，第 542 页，图四）

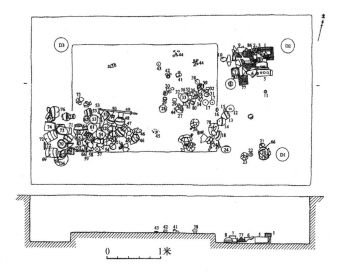

图二·1·28　甲ⅠB b 型墓葬平剖面图

（广东肇庆康乐中路 M7，载广东省文物考古研究所《肇庆古
墓》，科学出版社 2008 年版，第 51 页，图三七）

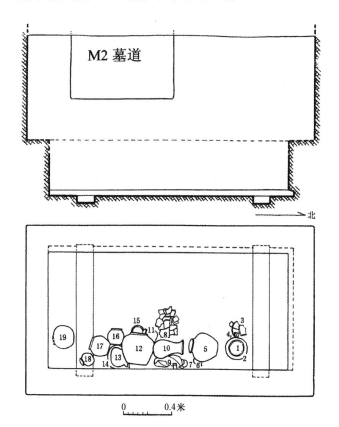

图二·1·29　甲ⅠB b 型墓葬平剖面图

（广东广州大宝岗 M7，载广州市文物考古研究所《广州市先烈
南路大宝岗汉墓发掘简报》，《广州文物考古集》，文物出版社 1998
年版，第 236 页，图一）

1. 墓葬分布与墓葬规格

该型墓的时代与地域分布甚不均衡（附录一附表A的附表A9、附图二·1·11）。

从附表A9看，该型墓西汉初期见于广州、长沙、肇庆、闽侯、四会等地；西汉早期开始见于资兴、桃源、贺县、保靖、常德、长泰、连州、增城；西汉中期开始见于南昌、湘乡、贵县、靖州、平乐、宜春；西汉晚期开始见于合浦、溆浦、衡阳、揭东、藤县；新莽至东汉初期始见于大庸；东汉早期始见于广州南海；东汉中期始见于昭平。各地该型墓的持续时间以广州最长，而如资兴、桃源等地多仅某一时期内存在该类墓葬。

2. 墓葬朝向与墓葬结构

该型墓规格相对较小，其平均长3.99、平均宽2.32米，宽长比为0.581，平均面积9.256平方米，其中长沙56F4以44.148平方米最大，长沙56A15以1.54平方米为最小，大小相差达28.6倍左右。各时期中该型墓的规格差异明显（附录一附表A的附表A10、附图二·1·12）。

从有关数据看，该型墓西汉初期较大，西汉早期明显缩小，西汉中期出现回升，直至新莽至东汉初期时的全面超过西汉初期。东汉时期该型墓规格虽未超过新莽至东汉初期，但较之西汉时要明显胜之一筹。

在介绍了墓葬方向的227座中，以南向、北向、东向较多，西向、东北向次之（附图二·1·13）。

该型墓中7座墓为斜壁（广州3、保靖2，长沙、湘乡各1）。包括西汉初期1座（广州1），西汉早期1座（保靖1），西汉中期2座（保靖、长沙各1），西汉晚期2座（广州、湘乡各1），东汉早期1座（广州1）。该类墓平均长4.61、平均宽2.66米，平均面积12.26平方米，墓葬规格较大。

该型墓中14座墓底铺石子（广州12，长泰、平乐各1），其中西汉初期1座（广州1），西汉早期11座（广州10、长泰1），东汉中期1座（平乐1），此外还有1座仅知为西汉（广州1）。该类墓平均长4.13、平均宽1.95米，平均面积8.05平方米，面积较小。从时空分布看，西汉早期的广州应是该结构的分布中心。湖南、江西等地未曾出现。

该型墓中7座设有腰坑（广州5，连州、肇庆各1），其中西汉初期2座（广州、肇庆各1），西汉早期5座（广州4、连州1）。该类墓平均长4.89、平均宽2.68米，平均面积13.10平方米，规格较大。从时空分布看，西汉早期的广州为该结构的分布中心。

该型墓中1座墓设壁龛（长沙59长五M010），为西汉中期。该墓长2.25、宽0.93米，面积2.09平方米，面积甚小。

该型墓中5座墓有二层台（广州2，平乐、保靖、长沙各1），其中西汉初期2座（长沙、广州各1），西汉晚期2座（广州、保靖各1），东汉中期1座（平乐1）。该类墓平均长3.76、平均宽2.14米，平均面积8.04平方米，规格较小。

该型墓中2座墓底部铺沙（广州、长泰各1），其中西汉初期1座（广州1），西汉早期1座（长泰1）。该类墓平均长4.06、平均宽1.45米，平均面积5.887平方米，规格甚小。

该型墓中6座墓有膏泥（保靖3，连州、揭东、肇庆各1），其中西汉早期1座（连州1），西汉中期1座（保靖1），西汉晚期3座（保靖2、揭东1），新莽至东汉初期1座（肇庆1）。该类墓平均长4.70、平均宽2.86米，平均面积13.44平方米，规格较大。

该型墓中12座分室（广州12），其中西汉中期9座、新莽至东汉初期2座、东汉中期1座。

12 座墓有 11 座分层, 其中新莽至东汉初期、东汉中期各有 1 座为假分层。此外还有 1 座西汉中期墓为横前堂 (广州 1), 该类墓平均长 5.04、平均宽 2.74 米, 平均面积 13.80 平方米, 规格较大。此外该型墓中还有 2 座墓分层 (广州 2) 均西汉初期。其平均长 4.99、平均宽 3.00 米, 平均面积 14.97 平方米, 规格甚大。

　　该型墓中 2 座墓壁有柱洞 (长沙、肇庆各 1), 其中西汉晚期 1 座 (长沙 M211), 新莽至东汉初期 1 座 (肇庆 04ZKM7)。该类墓平均长 6.55、平均宽 4.4 米, 平均面积 28.22 平方米, 规格甚大,

　　该型墓中除分室墓中存在的分层、横前堂等情况外, 还有 8 座墓同时具有多项前述墓葬结构。包括西汉初期 2 座 (广州 2), 西汉早期 2 座 (长泰、连州各 1), 西汉晚期 2 座 (广州、保靖各 1), 新莽至东汉初期 1 (肇庆 1), 东汉中期 1 座 (平乐 1)。该类墓平均长 4.59、平均宽 2.42 米, 平均面积 11.10 平方米, 规格较大。其具体情况为: 广州 82 北柳 M25 底有腰坑且石子铺底; 连州龙嘴汉墓有腰坑有膏泥; 肇庆 04ZKM7 分室有柱洞有膏泥; 广州 99 东先 M5 墓壁倾斜设二层台; 平乐银山岭 M112 底铺石子设二层台; 保靖 02—03 清 M42 设二层台有膏泥; 广州 92 大宝岗 M7 斜壁有二层台且墓底铺沙; 长泰 86 石牛山 M1 石子铺底且铺沙。

(三) 甲BⅡa型 (长方形无木椁有墓道)

　　该型墓共 525 座 (图二·1·30—图二·1·46)。

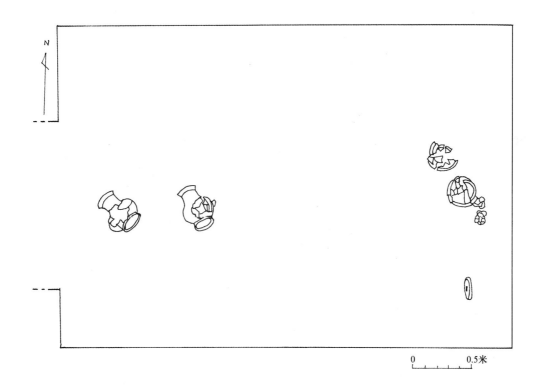

图二·1·30　甲BⅡa型墓葬平面图

(湖南怀化 M6, 载怀化地区文物工作队《湖南怀化西汉墓》,《文物》1988 年第 10 期, 第 58 页, 图四)

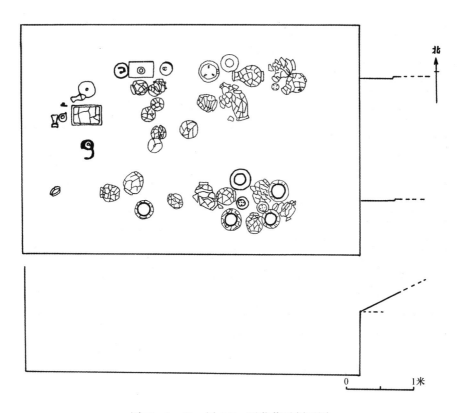

图二·1·31 甲BⅡa型墓葬平剖面图

（湖南溆浦大江MM3，载怀化地区文物工作队、溆浦县文物管理所《1990年湖南溆浦大江口战国西汉墓发掘简报》，《考古》1994年第1期，第26页，图五）

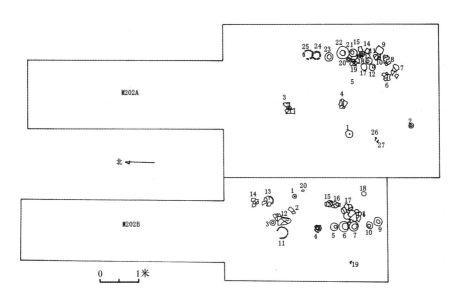

图二·1·32 甲BⅡa型墓葬平面图

（广西合浦凸鬼岭，载广西壮族自治区博物馆、合浦县博物馆《广西合浦凸鬼岭清理两座汉墓》，《考古》1986年第9期，第794页，图二）

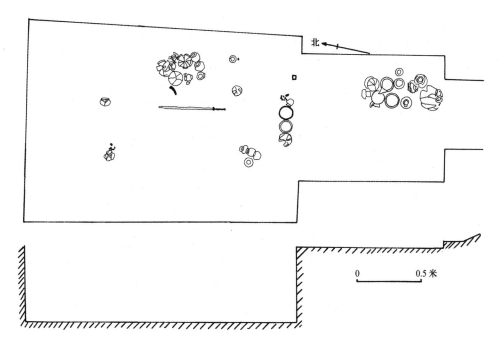

图二·1·33　甲 B Ⅱ a 型墓葬平剖面图

（湖南资兴 M123，载湖南省博物馆《湖南资兴东汉墓》，《考古学报》1984 年第 1 期，第 56 页，图三）

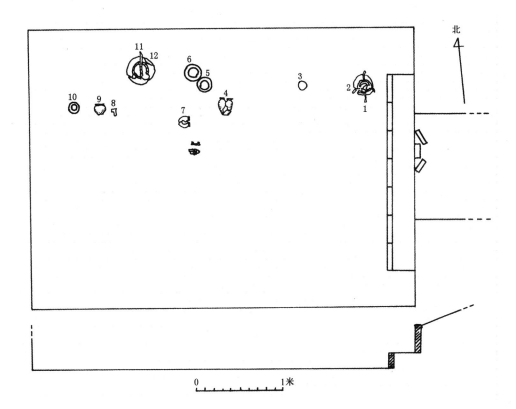

图二·1·34　甲 B Ⅱ a 型墓葬平剖面图

（湖南资兴 M376，载湖南省博物馆《湖南资兴东汉墓》，《考古学报》1984 年第 1 期，第 59 页，图七）

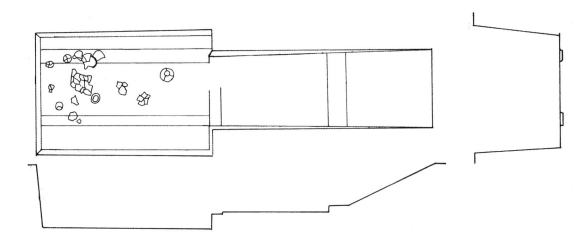

图二·1·35　甲BⅡa型墓葬平剖面图

（湖南大庸城西大三 M124，载湖南省考古研究所、湘西自治州文物队、大庸市文管所《1986—1987 大庸城区西汉墓发掘报告》，《湖南考古辑刊 5》，岳麓书社 1989 年版，第 100 页，图二）

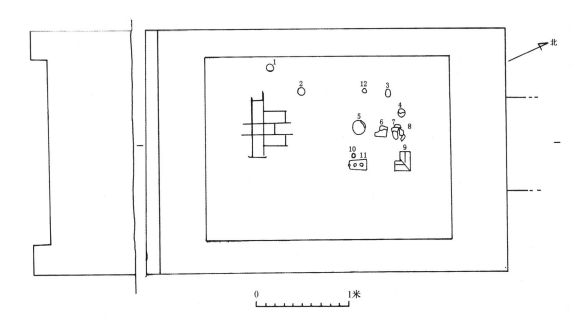

图二·1·36　甲BⅡa型墓葬平剖面图

（湖南耒阳 M51，载衡阳博物馆《湖南耒阳市东汉墓发掘报告》，《考古学集刊 13》，中国大百科全书出版社 2000 年版，第 104 页，图六）

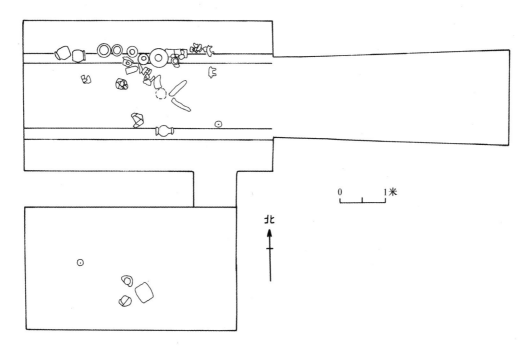

图二·1·37　甲 BⅡa 型墓葬平面图

（广西合浦凸鬼岭 M201，载广西壮族自治区博物馆、合浦县博物馆《广西合浦凸鬼岭清理两座汉墓》，
《考古》1986 年第 9 期，第 793 页，图一）

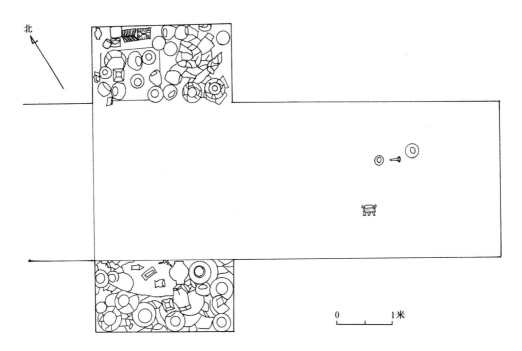

图二·1·38　甲 BⅡa 型墓葬平面图

（湖南长沙阿弥岭 74 场阿 M7，载湖南省博物馆《长沙树木岭战国墓阿弥岭西汉墓》，《考古》1984 年
第 9 期，第 793 页，图五）

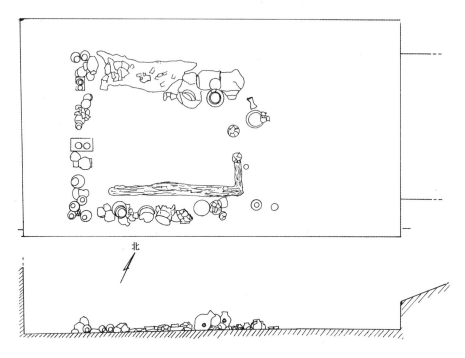

图二·1·39　甲BⅡa型墓葬平剖面图

（湖南保靖98黄连M9，载湘西自治州文物管理处、保靖县文物管理所《湖南保靖黄连古墓葬发掘报告》，《湖南考古2002》，岳麓书社2004年版，第236页，图二）

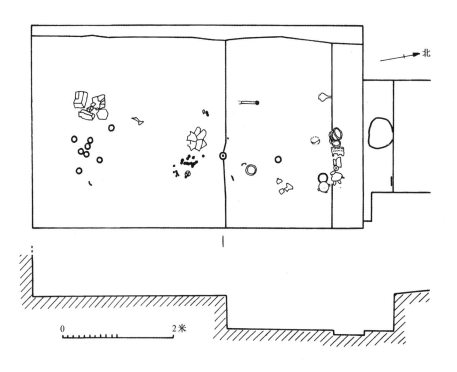

图二·1·40　甲BⅡa型墓葬平剖面图

（广西贵港马鞍岭M2，载广西壮族自治区文物工作队《广西贵港市马鞍岭东汉墓》，《考古》2002年第3期，第36页，图三）

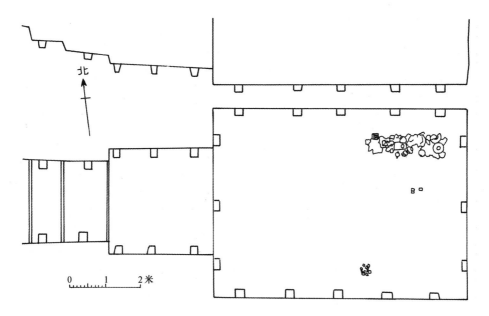

图二·1·41　甲BⅡa型墓葬平剖面图

（湖南长沙 M218，载中国科学院考古研究所《长沙发掘报告》，科学出版社 1957 年版，第 93 页，图六九）

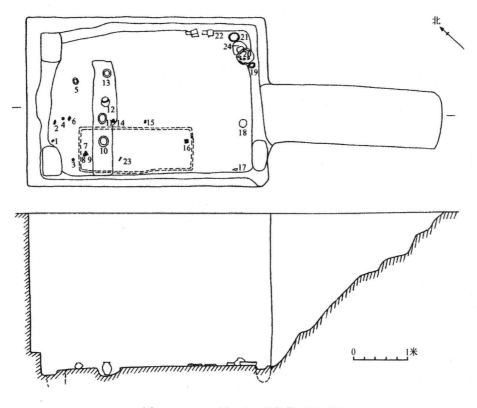

图二·1·42　甲BⅡa型墓葬平剖面图

（广西岑溪市糯垌镇胜塘顶，载广西壮族自治区文物工作队、岑溪市文物管理所《广西岑溪市糯垌镇胜塘顶东汉墓发掘简报》，《广西考古文集2》，科学出版社 2006 年版，第 288 页，图三）

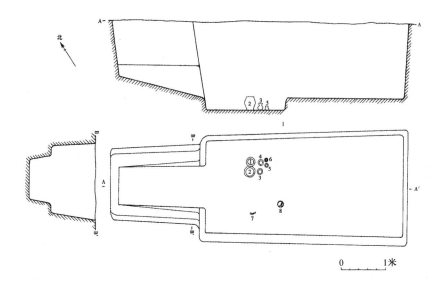

图二·1·43　甲 B Ⅱ a 型墓葬平剖面图

（广西阳朔高田镇 M10，载广西壮族自治区文物工作队、桂林市文物工作队、阳朔县文物管理所《2005 阳朔县高田镇古墓葬发掘报告》，《广西考古文集 3》，科学出版社 2007 年版，第 145 页，图一三）

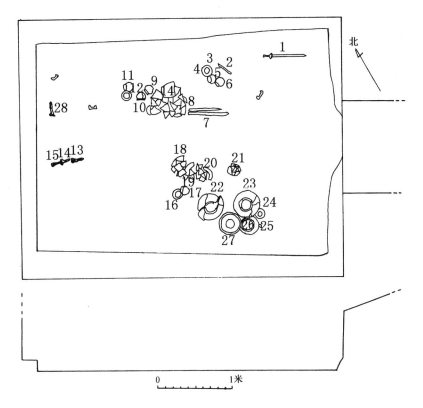

图二·1·44　甲 B Ⅱ a 型墓葬平剖面图

（湖南资兴 M154，载湖南省博物馆《湖南资兴东汉墓》，《考古学报》1984 年第 1 期，第 58 页，图五）

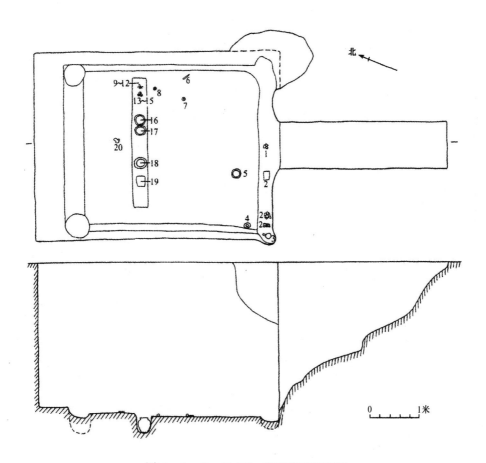

图二·1·45　甲 BⅡa 型墓葬平剖面图

（广西岑溪糯峒镇胜塘顶 M3，载广西壮族自治区文物工作队、岑溪市文物管理所《广西岑溪市糯峒镇胜塘顶东汉墓发掘简报》，《广西考古文集 2》，科学出版社 2006 年版，第 289 页，图四）

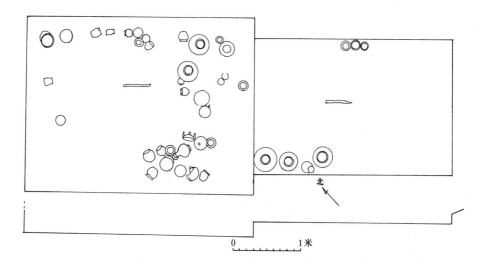

图二·1·46　甲 BⅡa 型墓葬平剖面图

（湖南资兴 M125，载湖南省博物馆、湖南省文物考古研究所《湖南资兴西汉墓》，《考古学报》1995 年第 4 期，第 459 页，图九）

1. 墓葬分布与墓葬规格

该型墓的时代与地域分布甚不均衡（附录一附表 A 的附表 A11、附图二·1·14）。

据附录一附表 A 的附表 A11，该型墓在西汉初期仅见于长沙、乐昌、古丈、始兴；西汉早期开始见于武夷山、大庸、资兴、郴州、封开、益阳；西汉中期始见于保靖、贵县、怀化、靖州、湘乡、徐闻、溆浦、南昌；西汉晚期始见于广州、合浦、耒阳、零陵、龙山、汨罗、韶关、桃源；东汉早期始见于衡阳、阳朔；东汉中期始见于岑溪、钟山；梧州晚至东汉晚期才始出现。该型墓在各地持续时间有所不同，长沙、资兴持续最久，乐昌、贵县、耒阳等地持续时间大体次之，而如武夷山、韶关、桃源等地仅在某段时间内有该类墓葬。而从时间看，西汉中期和东汉中期为该型墓的两个峰值，而二者之间的数量也较多。

该型墓规格相对较小，其平均长 4.39、平均宽 2.87 米，宽长比 0.652，平均面积 12.599 平方米。长沙马王堆 M2 轪侯墓以 99.947 平方米最大，乐昌对面山 M61 以 3.85 平方米垫后，大小相差 25.96 倍左右，超过平均面积的墓葬有 212 座，为有数据可查 472 座墓葬的 44.9%。

在各时期中，该型墓的墓葬规格存在明显差异（附录一附表 A 的附表 A12、附图二·1·15）。

从相关数据看，该型墓在西汉初期、西汉早期、西汉中期的规格大体相仿，变化较小，从西汉晚期开始有所增加，在新莽至东汉初期达到峰值，之后开始渐小。其规格较大的时间在西汉晚期到东汉早期。而从前述各时期的具体墓葬数量看，从西汉晚期到东汉早期，该型墓的数量都小于两侧的西汉中期和东汉中期，呈现出墓葬规格变大而数量减少的反比情况。

2. 墓葬朝向与墓道

该型墓中 465 座介绍了墓葬方向，西向、北向较多，西北向次之（附图二·1·16）。

该型墓中 66 座未介绍墓道形制规格，30 座仅介绍墓道规格而未介绍形制，其余 429 座墓的墓道分 5 种：

（1）斜坡式，共 358 座，其中西汉初期 2 座（长沙、古丈各 1），西汉早期 11 座（长沙 4，大庸、武夷山各 2，郴州、益阳、资兴各 1），西汉中期 117 座（资兴 103、保靖 6、大庸 3、怀化 2、溆浦、湘乡、长沙各 1），西汉晚期 40 座（保靖 21、合浦 7、贵县 3、湘乡 4、长沙 2、汨罗、韶关、溆浦各 1），新莽至东汉初期 61 座（资兴 53、保靖 6、耒阳、龙山各 1），东汉早期 21 座（资兴 15、阳朔 4、合浦、衡阳各 1），东汉中期 74 座（资兴 52、耒阳 13、钟山 5、岑溪 2、贵县、长沙各 1），东汉晚期 25（资兴 22、梧州 2、贵县 1）。此外还有西汉 1 座（永州 1），东汉 6 座（柳州 6）。在数量上，湖南地区该型墓葬最多。

因各墓规格的不同，斜坡墓道的长宽均有相应变化，基本上规格越大的墓葬，墓道长宽相应越大，反之越小。

斜铺墓道中 211 座未介绍墓道坡度，其余 147 座墓葬的墓道坡度在 6.5°—45° 之间（表二·1·3）。

表二·1·3　　　　　　　　　　甲 BⅡa 型墓葬墓道坡度统计表

	≤10°	11—20°	21—30°	≥31°	合计
西汉初期				1	1
西汉早期			4		4

	≤10°	11—20°	21—30°	≥31°	合计
西汉中期		4	5		9
西汉晚期	2	16	5	3	26
新莽至东汉初期		6	1	1	8
东汉早期	1	4	14	2	21
东汉中期		2	52	1	55
东汉晚期	2		21		23
合计	5	32	102	8	147

从上表看，虽然11°—20°在西汉晚期曾在数量上占优，但21°—30°无疑是该型墓墓道的主要坡度，而10°以下和31°以上坡度均数量甚少。总体上，其与甲ⅠBa型墓道的情况一样，随时间的发展，墓道坡度存在逐渐加大的趋势。大体上西汉时期的墓道较为平缓，东汉早期开始坡度有较大增加。不过墓道坡度的这种变化，存在着较大的地区差异：

西汉初期1座，为古丈87GBM5?，其墓道宽1.6米，距底0.45米，墓道坡度37°。

西汉早期4座，墓道坡度均在21—30°之间（长沙3、大庸1）。

西汉中期9座，在12°—30°之间，其中11°—20°有4座（保靖3、溆浦1），21°—30°有5座（保靖3、怀化2），

西汉晚期26座，在8°—45°之间，其中10°以下2座（保靖、合浦各1），11°—20°有16座（保靖12、合浦2，贵县、韶关各1），21°—30°有5座（保靖3，贵县、溆浦各1），31°以上3座（保靖、贵县、湘乡各1）。

新莽至东汉初期8座，在12°—33°之间，其中11°—20°有6座（保靖5、龙山1），21°—30°1座（耒阳1），31°以上1座（保靖1）。

东汉早期21座，在10°—37°之间，其中10°以下1座（阳朔1），11°—20°有4座（资兴、阳朔、合浦、衡阳各1），20°—30°有14座（资兴14），31°以上2座（阳朔2）。

东汉中期55座，在20°—32°之间，其中11°—20°有2座（贵县、耒阳各1），21°—30°有52座（资兴51、钟山1），31°以上1座（资兴1）。

东汉晚期23座，在6.5°—30°之间，其中10°以下1座（贵县1），20°—30°之间22座（资兴22）[①]。

从上述情况看，保靖、资兴等地的墓道坡度普遍较大，而合浦、阳朔等地墓道的坡度普遍较小。

该型墓墓道的距底高度在各时期有所不同：

西汉早期，在4座墓中有3座报道距底值，其中长沙98长阿铁M1距底2.82米最大，长沙86火把山M2距底1米最小。

西汉中期，在9座墓中有4座报道距底值，其中溆浦83江口M15距底0.73米最大，怀化M6距底0.1米最小。

---

① 这22座墓的原始资料仅报道坡度在20°—30°之间，未介绍具体坡度。

西汉晚期，在 26 座墓中有 7 座墓报道有距底值，其中溆浦大江口 M3 距底 0.95 米最大，合浦凸鬼岭 M202A 距底 0.05 米最小。

新莽至东汉初期，在 8 座墓中仅有龙山 02 大板 M34 介绍距底值，为 0.4 米。

东汉早期，在 21 座墓中仅资兴 78M123 介绍距底值，为 0.1 米。

东汉中期，在 55 座墓中有 4 座墓介绍距底值，其中资兴 78M154 距底 0.6 米最大，耒阳 M51 距底 0.14 米最小。

东汉晚期，在 23 座墓中仅有资兴 78M376 介绍距底值，为 0.45 米。

因此从有限的距底值看①，与甲 I A 型墓葬墓道的演变大体一致，随时代发展，距底高度虽偶有回升，但总趋势依然是不断降低。

（2）阶梯式，共 66 座，其中西汉早期 1 座（长沙 1），西汉中期 4 座（大庸 2，南昌、溆浦各 1），西汉晚期 5 座（耒阳 3、长沙 2），新莽至东汉初期 1 座（耒阳 1），东汉早期 1 座（耒阳 1），东汉中期 52 座（耒阳 50、岑溪 2），仅知为西汉墓者 2 座（长沙 2）。

在 66 座墓中，有 17 座介绍墓道规格，其中 12 座介绍距底情况，0.2 米共 2 座（耒阳 2，西汉晚期、东汉中期各 1），0.3 米共 3 座（大庸 2，西汉中期；耒阳 1，东汉中期），0.33—0.35 米共 2 座（长沙 2，西汉晚期），0.6 米共 2 座（溆浦 1，西汉中期；岑溪 1，东汉中期），1.1 米共 1 座（长沙 1，东汉中期），1.38 米共 1 座（长沙 1，西汉早期）。此外西汉中期南昌 64 进顺汉墓介绍墓道略高于墓底，但未提供具体的距底值。整体上依然是西汉早期相对最高，而之后逐渐降低。

（3）台阶斜坡式，仅 1 座，占 0.23%。为大庸大大 M5，属西汉中期，其墓道宽 1.5 米，上端为斜坡，墓道坡度 30°；下端三平台，下阶高 0.3 米。

（4）平底式墓道，4 座，占 0.93%，均西汉晚期（保靖 3、桃源 1），其中桃源狮子山 M68 墓道长 5、宽 3 米，不规则长方形东宽西窄，距底 0.38 米。

（5）竖井式墓道，仅 1 座，占 0.23%。为贵港深钉岭 M31，属西汉中期，其墓道竖穴式平底，残长 2.6、宽约 1.93—1.96 米，距墓口深约 0.76 米。

从各式墓道数量看，斜坡墓道依然占据主流，分布地域广泛。阶梯式墓道数量较少，基本集中于湖南境内，之外仅广西岑溪、江西南昌有所分布。台阶斜坡式、平底式墓道仅见湖南西汉墓中。竖井式墓道仅见于西汉中期的贵县。

该型墓中 13 座墓的墓道偏于一侧（龙山 9、乐昌 2、钟山、湘乡各 1），其中西汉初期 1 座（乐昌 1），西汉中期 1 座（湘乡 1），新莽至东汉初期 3 座（龙山 3），东汉早期 6 座（龙山 6），东汉中期 2 座（钟山、乐昌各 1）。

3. 墓葬结构

该型墓中 20 座为斜壁（保靖 5、阳朔 4、长沙 3、古丈、耒阳各 2，桃源、徐闻、汨罗、梧州各 1），其中西汉初期 1 座（长沙 1），西汉早期 2 座（长沙 2），西汉中期 2 座（保靖、徐闻各 1），西汉晚期 4 座（保靖 2，汨罗、桃源各 1），新莽至东汉初期 3 座（保靖 2、耒阳 1），东汉早期 6 座（阳朔 4、古丈 2），东汉中期 1 座（耒阳 1），东汉晚期 1 座（梧州 1）。在该型墓中，

---

① 该型墓中报道距底值的墓葬，在全部斜坡式墓道墓葬中所占比例甚少。而从在阳朔 05YGLM10 等一批未介绍距底高度但出具墓葬剖面图的资料看，其墓道的下端直接墓底，因此该型墓较少报道距底值的情况可能与墓道下接墓底有关。

西汉初期长沙马王堆 M2 以 99.947 平方米为最大，而长沙 M342 以 6.9 平方米为最小。平均长 4.96、平均宽 3.27 米，平均面积 16.207 平方米，大于该型墓平均面积达 4 平方米左右，其中低于 12.599 平方米的墓葬 10 座，占 20 座的 52.6%，表明虽有马王堆 M2 等高规格大型墓葬采用斜壁，但斜壁墓总体上较多的使用于那些规格略小的墓葬之中。

该型墓中 13 座底铺石子（柳江 6、岑溪 4、始兴 3），其中西汉初期 3 座（始兴 3），东汉中期 4 座（岑溪 4），仅知为东汉者 6 座（柳江 6）。该类墓平均长 4.44、平均宽 2.51 米，平均面积 11.14 平方米，小于该型墓平均面积，规格较小。而从时空分布看，其应主要是东汉时期广西独有的一种墓葬现象。

该型墓中 6 座有腰坑（岑溪 4，钟山、梧州各 1），其中东汉中期 5 座（岑溪 4、钟山 1），东汉晚期 1 座（梧州 1）。该类墓平均长 4.71、平均宽 3.12 米，平均面积 14.60 平方米，规格较大。其集中于东汉中晚期的广西地区。

该型墓中 1 座墓设壁龛（益阳 57 益陆 M003），为西汉早期。该墓长 3、宽 2.4 米，面积 7.2 平方米，规格甚小。在其靠头部距底 0.78 米处设壁龛，壁龛高 0.18、宽 0.33、深 0.13 米。

该型墓中 1 座墓底部铺沙（梧州鹤头山 M1），为东汉晚期。该墓长 3.2、宽 2.4 米，面积 7.68 平方米，规格较小。此外，该墓也是该型墓中仅有的底铺木炭的墓葬。

该型墓中 4 座墓有膏泥（保靖 2，南昌、汨罗各 1），其中西汉中期 2（南昌、保靖各 1），西汉晚期 2 座（保靖、汨罗各 1）。墓葬平均长 5.56、平均宽 3.54 米，平均面积 19.68 平方米，规格甚大。

该型墓中 2 座底部铺砖（耒阳、资兴各 1），其中东汉中期、东汉晚期各 1 座。2 座墓平均长 4.3、平均宽 2.65 米，平均面积 11.39 平方米，规格较大。

该型墓中 4 座墓有柱洞（岑溪 3、长沙 1），其中西汉晚期 1 座（长沙 1），东汉中期 3 座（岑溪 3）。该类墓平均长 5.125、平均宽 3.61 米，平均面积 18.50 平方米，规格较大。

该型墓中 18 座有二层台（大庸 4、岑溪 3、资兴、贵县各 2、长沙、保靖、广州、耒阳、梧州、武夷山、桃江各 1），其中西汉早期 3 座（大庸 2、武夷山 1），西汉中期 2 座（大庸 2），西汉晚期 4 座（广州、大庸、贵县、长沙各 1），东汉中期 5 座（岑溪 3，耒阳、资兴各 1），东汉晚期 3 座（贵县、资兴、梧州各 1），仅知为东汉墓者 1 座（桃江 1）。该类墓平均长 4.88、平均宽 3.11 米，平均面积 15.17 平方米，规格较大。从分布看，湖南地区较多。

该型墓中 30 座墓分室（资兴 23，武夷山、阳朔、长沙各 2，贵县 1），其中西汉早期 3 座（武夷山 2、长沙 1），西汉中期 8 座（资兴 8），西汉晚期 1 座（长沙 1），新莽至东汉初期 10 座（资兴 10），东汉早期 6 座（资兴 4、阳朔 2），东汉晚期 1 座（资兴 1），东汉晚期 1 座（贵县 1）。该类墓平均长 5.06、平均宽 3.18 米，平均面积 16.09 平方米，其中，面积超过该型墓 12.599 平方米的墓葬有 23 座，规格均较大。而从分布看，湖南特别是资兴地区是该类墓较为集中分布的地区。

在该型墓中，东汉晚期资兴 78M376 的墓室前砖砌平台，长 2.24、宽 0.3、高 0.15 米。平台前沿侧立青砖七块，在该型墓中极为少见。

该型墓中有 2 座墓设耳室（长沙、合浦各 1），包括西汉中期 1 座（长沙 1），西汉晚期 1 座（合浦 1），其中合浦凸鬼岭 M201A 墓室南壁前端的长方形耳室被 M201B 打破，残长 0.7、宽 0.8 米；长沙 74 长阿 M7 前有两耳室，一长 2.8、宽 1.5 米，另一长 2.8、宽 1.6 米。

该型墓除前述梧州鹤头山 M1 铺沙且铺木炭外，有 14 座墓拥有前述墓葬结构中的 2 至 3 项（岑溪 4，梧州、阳朔各 2，保靖、耒阳、汨罗、贵县、武夷山、长沙各 1）。该类墓平均长 5.17、平均宽 3.27 米，平均面积 16.9 平方米，规格较大。其具体情况为：西汉早期武夷山牛栏后山 M1、东汉晚期贵港马鞍岭 M2 设二层台且分室；西汉中期保靖 98BHM9、西汉晚期汨罗 83M23 均为斜壁且铺膏泥；西汉晚期长沙 M218 分室有柱洞；东汉早期阳朔 05YGLM4、M10 为斜壁分室；东汉中期岑溪胜塘顶 M2、M3、M5 既有柱洞、二层台，还有腰坑且底铺石子；东汉晚期梧州鹤头山 M2 既有二层台还有壁龛；东汉中期耒阳 M51 有二层台且墓底铺砖；东汉中期岑溪胜塘顶 M7 既有腰坑、石子铺底。

（四）甲 BⅡb 型（长方形无木椁无墓道）

该型墓是各型墓葬中数量众多的一类，达 864 座（图二·1·47—图二·1·57）。

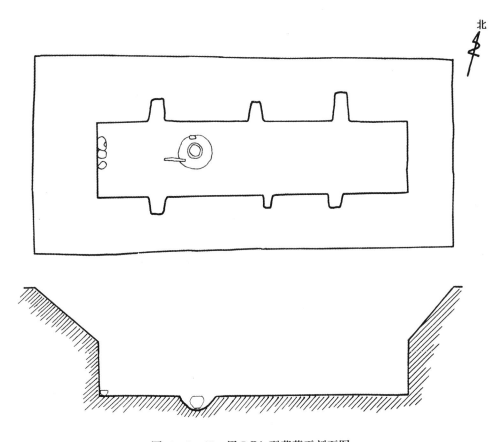

图二·1·47　甲 BⅡb 型墓葬平剖面图

（广西灵川马山 M7，载桂林市文物管理委员会、桂林市文物工作队、灵川县文物管理所《广西灵川马山古墓葬清理简报》，《桂林文博》2001 年第 2 期，第 57 页，图 5）

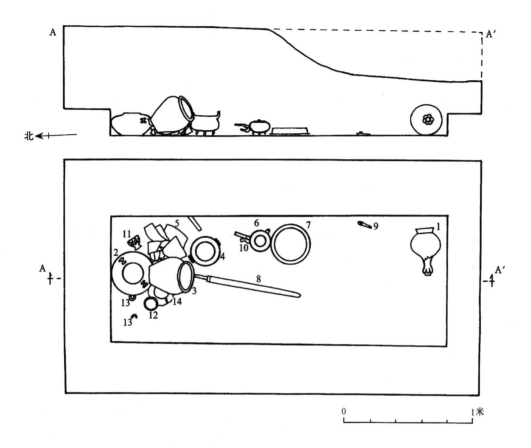

图二·1·48　甲BⅡb型墓葬平剖面图

（广东广州 99 东先 M6，载广州市文物管理所《广州市先烈南路汉墓发掘简报》，《广州文物》2002 年第 4 期，第 2 页，图二）

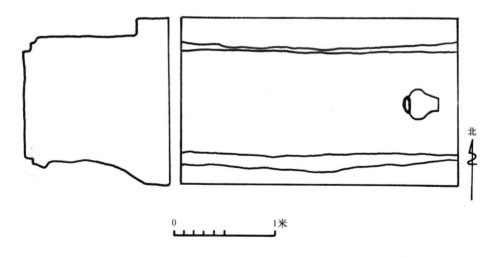

图二·1·49　甲BⅡb型墓葬平剖面图

（广西贺州高屋背岭 M122，载广西壮族自治区文物工作队、贺州市博物馆《贺州市高屋背岭古墓群勘探与试掘》，《广西考古文集》，文物出版社 2004 年版，第 260 页，图二）

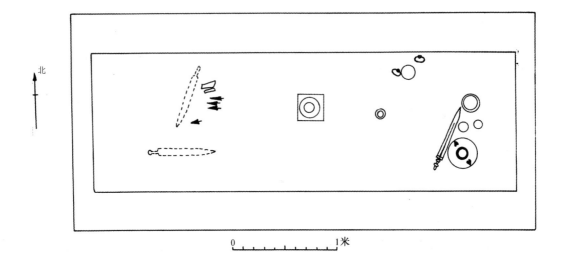

图二·1·50　甲 B Ⅱ b 型墓葬平面图

（广西平乐银山岭 M71，载广西壮族自治区文物工作队《平乐银山岭战国墓》，《考古学报》1978 年第 2 期，第 220 页，图一八）

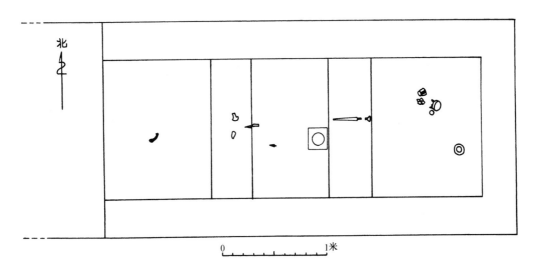

图二·1·51　甲 B Ⅱ b 型墓葬平面图

（广西平乐银山岭 M102，载广西壮族自治区文物工作队《平乐银山岭战国墓》，《考古学报》1978 年第 2 期，第 221 页，图一九）

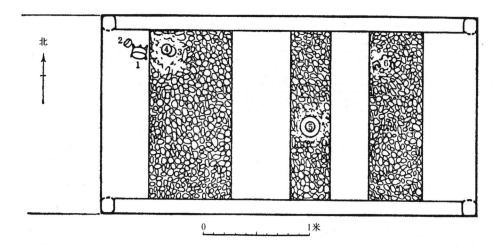

图二·1·52　甲 B Ⅱ b 型墓葬平面图

（广西平乐银山岭 M126，载广西壮族自治区文物工作队《平乐银山岭战国墓》，《考古学报》1978
年第 2 期，第 221 页，图二〇）

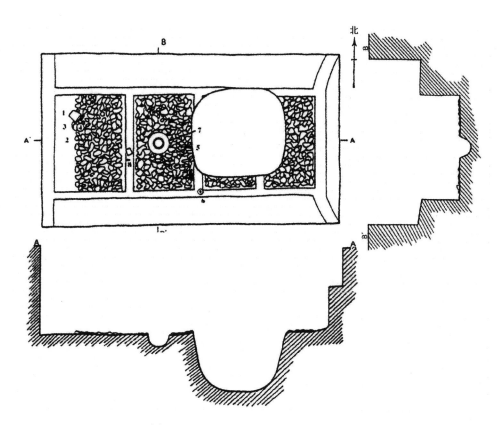

图二·1·53　甲 B Ⅱ b 型墓葬平剖面图

（广西灵川马山 M2，载桂林市文物管理委员会、桂林市文物工作队、灵川县文物管理所《广西灵
川马山古墓葬清理简报》，《桂林文博》2001 年第 2 期，第 55 页，图二）

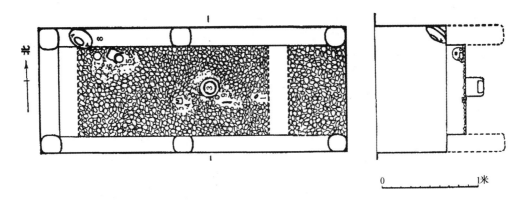

图二·1·54　甲BⅡb型墓葬平剖面图

（广西平乐银山岭 M115，载广西壮族自治区文物工作队《平乐银山岭战国墓》，《考古学报》1978 年第
2 期，第 217 页，图九）

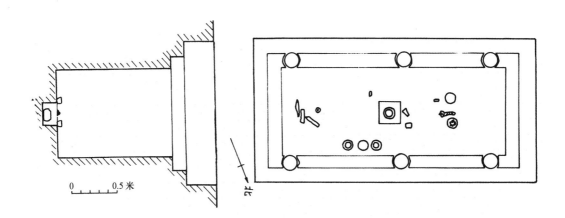

图二·1·55　甲BⅡb型墓葬平剖面图

（广西平乐银山岭 M64，载广西壮族自治区文物工作队《平乐银山岭战国墓》，《考古学报》1978 年第 2 期，
第 217 页，图一〇）

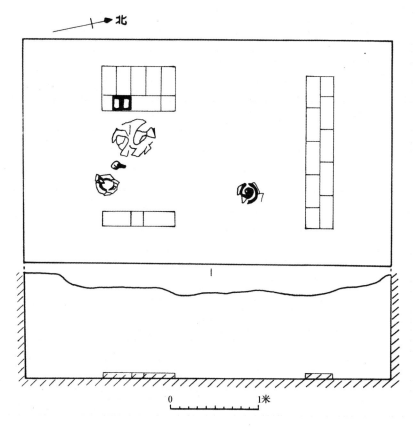

图二·1·56 甲BⅡb型墓葬平剖面图

（湖南耒阳 M397，载衡阳市博物馆《湖南耒阳市东汉墓发掘报告》，《考古学集刊
13》，中国大百科全书出版社 2000 年版，第 105 页，图 8）

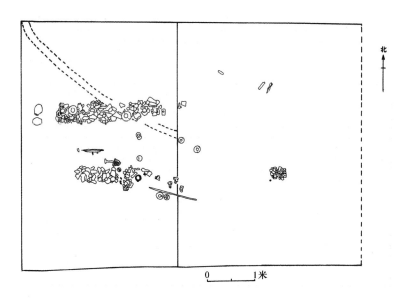

图二·1·57 甲BⅡb型墓葬平面图

（江西南昌永河 M14，载江西省博物馆《南昌东郊西汉墓》，《考古学报》
1976 年第 2 期，第 173 页，图四）

1. 墓葬分布与墓葬规格

该型墓数量众多，分布空前广泛（附录一附表 A 的附表 A13、附图二·1·17）。

从附录一附表 A 的附表 A13 看，西汉初期该型墓见于广州、长沙、乐昌、平乐、封开、广宁、汨罗、古丈、始兴等地，其中平乐、封开数量众多；西汉早期开始见于保靖、溆浦、泸溪、桃源、资兴等地，其中资兴、长沙、保靖数量最多；西汉中期开始见于怀化、修水、新余、徐闻、南昌、韶关、湘乡等地，其中保靖、溆浦数量最多；西汉晚期始见于合浦、茶陵、高安、曲江、耒阳、益阳等地，其中保靖、乐昌数量最多；新莽至东汉初期及东汉早期，该型墓分布地域增加较少，墓葬亦很有限，其中保靖最多；东汉中期，虽数量较少，但空间分布再次扩张，钟山、梧州、高要、恭城、广州南海、三江等地开始出现该型墓葬，而耒阳、钟山数量较多；东汉晚期该型墓始见于德庆、福州、普宁、阳朔，而乐昌数量较多。从本型中的西汉、东汉墓的空间分布看，其地点分布较其他型式墓葬更为辽阔。因此，该型墓无疑当为华南分布最广的一种墓葬形制。

该型墓虽数量众多，但规格普遍较小[①]，平均长 3.27、平均宽 1.96 米，平均宽长比为 0.5991，平均面积为 6.40 平方米。永州 85M30 以 48.8 平方米为最大，平乐银山岭 M118 以 1.64 平方米为最小，大小相差 29.7 倍。而各时期中，该型墓的规格也存在一定差异（附录一附表 A 的附表 A14、附图二·1·18）。

虽该型墓在西汉初期、西汉早期规格较小，但到西汉中期明显变大，到新莽至东汉初期达到顶峰，而后略有下降，东汉中期再有升高，之后再次变小。

2. 墓葬朝向与墓葬结构

该型墓中 662 座介绍墓葬方向，北向最多，南向次之，东向又次之（附图二·1·19）。

该型墓中 67 座墓葬斜壁（保靖 29、长沙 21、平乐 6、灵川 4、广州 2、灌阳、广宁、汨罗、贺县、闽侯各 1），其中西汉初期 14 座（平乐、灵川各 4，广州 2，贺县、灌阳、汨罗、广宁各 1），西汉早期 16 座（长沙 9、保靖 6、闽侯 1），西汉中期 19 座（长沙 10、保靖 7、平乐 2），西汉晚期 16 座（保靖 14、长沙 2），新莽至东汉初期 2 座（保靖 2）。该类墓平均长 3.32、平均宽 2.05 米，宽长比为 0.61，平均面积 6.56 平方米，略大于该型墓平均面积 6.40 平方米。从其分布看，西汉初期分布较广，西汉早期之后大体集中于长沙、保靖 2 地，东汉早期后不见。该型墓中斜壁结构大体是西汉早期之后长沙、保靖地区的特色结构。

该型墓中 14 座墓底铺石子（平乐 9、灵川、始兴各 2、邵武 1），其中西汉初期 11 座（平乐 7、灵川、始兴各 2），西汉早期 1 座（邵武 1），西汉中期 2 座（平乐 2）。该类墓平均长 3.35、平均宽 1.68 米，平均面积 5.628 平方米，规格较小。

该型墓中 48 座设腰坑（平乐 36、封开 5、灵川 3、广州、广宁、始兴、钟山各 1），其中西汉初期 38 座（平乐 30，封开、灵川各 3，广宁、始兴各 1），西汉早期 3 座（封开 2、广州 1），西汉中期 6 座（平乐 6），东汉中期 1 座（钟山 1）。该类墓平均长 3.53、平均宽 1.74 米，平均面积 6.14 平方米，略小于该型墓的平均规格。从时空看，该类墓以西汉早中期广西地区为主。

该型墓中 2 座设壁龛（长沙、乐昌各 1），均西汉初期。该类墓平均长 3、平均宽 1.425 米，

---

① 在 738 座墓葬中，182 座无墓长、179 座无墓宽。

平均面积 4.275 平方米，规格甚小。

该型墓中 2 座墓底铺沙（德兴、新兴各 1），东汉晚期 1 座（德兴 1），东汉 1 座（新兴 1）。该类墓平均长 2.4、平均宽 1.75 米，平均面积 4.2 平方米，规格甚小。

该型墓中 1 座墓底铺膏泥（保靖 02—03 清 M172），为西汉中期，该墓墓底尚有朱砂。该墓长 4.6、宽 3.4 米，面积 15.64 平方米，规格甚大。

该型墓中 5 座墓底铺木炭（德兴、揭阳、始兴、新兴、封开各 1），其中西汉初期 1 座（揭阳 1），东汉中期 1 座（始兴 1），东汉晚期 2 座（封开、德庆各 1），东汉 1 座（新兴 1）。该类墓平均长 3.2、平均宽 2.1 米，平均面积 6.72 米，规格较大。

该型墓中 2 座墓底有青砖（耒阳、梧州各 1），均东汉中期。该类墓仅耒阳 M397 有墓葬规格，长 4.3、宽 2.6 米，面积 11.28 平方米，规格较大。

该型墓中 14 座底有柱洞（平乐 9，广宁、灵川各 2，徐闻 1），其中西汉初期 10 座（平乐 6，广宁、灵川各 2），西汉中期 4 座（平乐 3、徐闻 1）。该类墓平均长 3.4、平均宽 1.59 米，平均面积 5.40 平方米，规格较小。

该型墓中 51 座有二层台（平乐 27，乐昌 7，长沙、灵川各 4，保靖 3，封开、广州、贺县、梧州、徐闻、资兴各 1），其中西汉初期 34 座（平乐 21，乐昌 7，灵川 4，广州、贺县各 1），西汉早期 6 座（长沙 4，平乐、资兴各 1），西汉中期 8 座（平乐 5，保靖 2，徐闻 1），西汉晚期 1 座（保靖 1），仅知为东汉墓者 2 座（封开、梧州各 1）。该型墓平均长 3.41、平均宽 1.76 米，平均面积 6 平方米，略小于该型墓的平均规格。

该型墓中 2 座分室（广州、南昌各 1），其中西汉中期 1 座（南昌 1），东汉 1 座（广州 1）。该类墓仅南昌永河 M14 有墓葬规格，其长 7.3、宽 4.76 米，面积 34.748 平方米，规格甚大。

该型墓中含前述保靖 02—03 清 M172 既有膏泥又有朱砂的情况在内，共有 44 座墓具有前述多项墓葬结构（平乐 29、灵川 5、保靖 4，德庆、广州、贺县、始兴、新兴、徐闻各 1）。该类墓平均长 3.56、平均宽 1.86 米，平均面积 6.62 平方米，略大于该型墓的平均规格。其具体情况为：西汉初期平乐银山岭 M1、始兴圆岭 M1 均底铺石子有腰坑；西汉初期灵川马山 M1、平乐银山岭 M119、M168、M60，西汉中期平乐银山岭 M127 均斜壁有腰坑；西汉初期灵川 M6、M7 斜壁有柱洞；西汉初期广州 99 东先 M6、贺州高屋背岭 M122、西汉中期保靖四方城 M62、M74，平乐银山岭 M101、西汉晚期保靖四方城 M64 均斜壁有二层台；西汉初期平乐银山岭 M4、M24、M37、M41、M71、M75、M102、M153、M167 均有二层台及腰坑；西汉初期平乐银山岭 M7、M65、M82、M87、M145，灵川马山 M2 均有二层台、腰坑且底铺石子；西汉初期灵川马山 M3 斜壁均有二层台、腰坑且底铺石子；西汉初期平乐银山岭 M55、西汉中期徐闻 93 二桥 M1 均有柱洞且底铺石子；西汉初期平乐银山岭 M64、M74、M114 和西汉中期平乐银山岭 M94、M97 有柱洞、二层台及腰坑；西汉初期平乐银山岭 M115、M126，西汉中期平乐银山岭 M100 有柱洞、二层台及腰坑且底铺石子；东汉晚期德庆大辽 M1、仅知为东汉墓的新兴桥亭岗东汉墓墓底铺沙且铺木炭。大体上多项结构共存的墓葬，以西汉初期、西汉中期的今广西地区为主。

（五）小结

从上述 4 型甲 B 类墓葬的分析看，甲 B 类墓具有如下特点：

第一，4 个型墓葬数量差异较大（附录一附表 A 的附表 A15、附图二·1·20）。甲 B Ⅱ b 型数量最多，甲ＢⅠb型最少。

第二，各型甲Ｂ类墓葬的规格差异非常突出（附表Ａ16、附图二·1·21）：

Ａ　甲ＢⅠa型最大，而甲ＢⅡb型最小。

Ｂ　有墓道的墓葬（甲ＢⅠa型、甲ＢⅡa型）规格普遍大于无墓道的墓葬（甲ＢⅠb型、甲ＢⅡb型）。

Ｃ　带木椁的墓葬（甲ＢⅠa型、甲ＢⅡa型）大于无木椁的墓葬（甲ＢⅠb型、甲ＢⅡb型）。

Ｄ　有墓道无木椁的墓葬（甲ＢⅡa型）大于有木椁而无墓道的墓葬（甲ＢⅠb型）。

Ｅ　规格小的墓葬（甲ＢⅡb型）在数量上多于规格大的墓葬（甲ＢⅠa型）。

Ｆ　有椁的墓葬（甲ＢⅠa型、甲ＢⅠb型）窄于无椁的墓葬（甲ＢⅡa型、甲ＢⅡb型）。

Ｇ　虽然各类墓在各个时期内的发展趋势各不相同，但除甲ＢⅡa型外，各类墓葬的数量整体均以西汉为多，东汉为少。

第三，各时期各型甲Ｂ类墓葬规格差异明显（附录一附表Ａ的附表Ａ17、附图二·1·22）：

Ａ　在各时期甲Ｂ类的4个型墓葬的规格中，除西汉初期外，其余各段甲ＢⅠa型墓葬规格均为最大，而甲ＢⅡb型最小。

Ｂ　西汉时期，有木椁无墓道的甲ＢⅠb型墓葬，都要小于有墓道无木椁的甲ＢⅡa型墓葬；而到了新莽至东汉初期，有木椁无墓道的甲ＢⅠb型墓葬开始第一次大于有墓道无木椁的甲ＢⅡa型墓葬。之后虽然东汉早期，甲ＢⅡa型再次大于甲ＢⅠb型，但二者的差距明显变小。之后，从东汉中期开始，甲ＢⅡa型就一直小于甲ＢⅠb型。即，从东汉中期开始，墓道的有无不再是土坑墓规格大小的直接指标，而被木椁取而代之。而大体上新莽至东汉初期应是这个转变开始的阶段，之后在东汉早期有所反复后，在东汉中期大体确定。

Ｃ　西汉初期各类墓的规格普遍较小，而西汉早期虽然甲ＢⅠa型墓葬规格甚大，但其他3个型的规格增长甚少。而从西汉中期开始，代表最小规格墓葬的甲ＢⅡb型墓葬的规格，就有了快速的增加。而这个增加的趋势一直延续到新莽到东汉初期后才有所放缓。而与甲ＢⅡb型相应的其他3个型墓葬的情况也与此大体相似。从东汉时期看，东汉中期为该类墓规格的峰值，而东汉晚期普遍较低。

Ｄ　数量甚少的甲ＢⅠa型、甲ＢⅠb型在最早出现的西汉初期、甲ＢⅡa型在最早出现的西汉早期均数量较少，而后均有增加；数量最多的甲ＢⅡb型在最早出现的西汉初期数量较多，在新莽至东汉初期之后迅速减少。

第四，各地各型墓葬的数量和分布存在明显差异（附录一附表Ａ的附表Ａ18、附图二·1·23）：

Ａ　在82个地点发现了甲Ｂ类墓葬，其中既有如广州、长沙、溆浦、衡阳、贵县、保靖、南昌、合浦、资兴9个4个型墓葬齐全的地点；有汨罗、靖州、平乐、钟山、大庸、湘乡、桃源、贺县8个有3个型墓葬的地点；有贵县、武夷山、兴安、常德、零陵、昭平、增城、闽侯、肇庆、乐昌、古丈等24个有2个型墓葬的地点，更有柳州、四会、长泰、连州、茶陵、修水等41个仅有1个型墓葬的地点。各地甲Ｂ类墓葬出现的情况存在很大差异。

Ｂ　9个4个型墓葬均有的地点，大体可分为3类：第一类，郡国治，有广州（南海郡番禺），长沙（长沙国临湘），溆浦（武陵郡义陵），贵县（郁林郡布山），合浦（合浦郡合浦），南昌（豫章郡南昌）6 地；第二类，近郡国治，有资兴（近桂阳郡郴县）1 地；第三类，县治，有衡阳（长沙国酃县），保靖（武陵郡迁陵）2 地。总体上，郡国治和近郡国治应是 4 个型墓葬最为集中出现的地区。

6 个郡国治所发现的该型墓葬，在数量上西汉多于东汉；广州、长沙多于其他 6 个郡国治；广州、长沙西汉中期之前的墓葬数量多于之后；广州西汉中期之后墓葬数量递减趋势明显，长沙西汉中期降低，到西汉晚期有所回升；溆浦、贵县西汉中期之前的该型墓葬数量极少，西汉中期之后猛增；南昌仅见西汉中期、合浦仅见西汉晚期。另外 3 地点中，资兴、保靖该型墓数量甚多，衡阳甚少；资兴、保靖该型墓的数量甚至超过多数的郡国治所。

在 9 个地点中，西汉时期广州的有木椁甲Ⅰa 型、甲Ⅰb 型墓葬数量最多，而无木椁甲Ⅱa 型、甲Ⅱb 型相对甚少。即，规格小的墓葬数量甚少，而规格大的墓葬数量甚多；长沙以无木椁甲Ⅱb 型最多，甲Ⅱa 型次之，有木椁无墓道甲Ⅰb 型又次之，而有木椁有墓道甲Ⅰa 型最少，即，规格小的墓葬数量众多，而规格大的墓葬数量稀少。贵县、合浦、南昌在墓葬数量与规格方面的情况，与广州相似，而溆浦与长沙相同。此外，保靖、资兴、衡阳 3 地在该型墓数量与规格方面的情况，亦与长沙一致。

东汉时期，合浦、南昌、溆浦 3 地该型墓的数量非常有限，广州、长沙、贵县相对较多，其中广州该型墓的数量最多。与西汉相似，广州、贵县有木椁甲ⅠB 型墓葬数量依然多于无木椁的甲ⅡB 墓葬，而长沙、资兴、衡阳与西汉时期的情况保持一致。

可以说，从 9 个地点看，虽该型墓在不同时期不同地点发展情况各不相同，但其明显存在以下特点：第一个特点，南岭以南，有木椁甲ⅠB 型墓葬的数量多于无木椁甲ⅡB 型墓葬，南岭以北南昌以外的地点完全相反。第二个特点，西汉时期该型墓的数量远多于东汉时期。第三个特点，广州、长沙地区该型墓在西汉中期之前多见，而贵县、合浦、南昌、溆浦、资兴、保靖、衡阳均为西汉中期之后多见。

C　8 个有 3 个型墓葬的地点，可分为以下 3 类：第一类，县治，贺县（苍梧郡临贺），钟山（苍梧郡富川），汨罗（长沙国罗县），靖州（武陵郡镡成）4 地；第二类，近县治，有湘乡（近长沙国湘南县），桃源（近武陵郡临沅）2 地；第三类，其他地点，有大庸（武陵郡），平乐（苍梧郡）2 地。岭南仅有平乐 1 地。总体上，县治和近县治是 3 个型墓葬最集中的地区。

8 个地点中，平乐、汨罗、大庸、桃源、贺县 5 地该型墓数量较多，靖州、南海数量甚少；贺县、平乐、大庸、汨罗持续时间较长，靖州仅见西汉中期、钟山仅见东汉中期；平乐、汨罗均以西汉初期为多，大庸以西汉早期为多，桃源西汉晚期为多；湘乡西汉中期始见，汨罗、湘乡、桃源均西汉晚期之后不见，大庸新莽至东汉初期之后不见。

8 个地点中，平乐、汨罗、湘乡、桃源、大庸该型墓的数量均以无木椁甲ⅡB 型墓葬为主，贺县以甲ⅠB 型墓葬为主，靖州甲ⅠB 型墓葬稍多，钟山二者相等。

D　24 个有 2 个型的墓葬地点可分 5 类：第一类，郡国治，有兴安（零陵郡始安）、零陵（零陵郡泉陵），武夷山（闽越国），梧州（苍梧郡广信），郴州（桂阳郡郴县）5 个地点；第二类，近郡国治，有增城（近南海郡番禺），闽侯（近闽越国治城），封开（近苍梧郡广信），永州（近零陵郡泉陵）4 个地点；第三类，县治，有常德（武陵郡临沅），肇庆（苍梧郡高要），耒阳（桂阳郡耒阳），徐闻（合浦郡徐闻），韶关（桂阳郡曲江①），龙山（武陵郡酉阳），益阳（长沙国益阳）7 个地点；第四类，近县治，有古丈（近武陵郡酉阳），怀化（近武陵郡无阳）2 个地点；第五类，其他地点，有罗定、昭平、阳朔（苍梧郡），乐昌、始兴（桂阳郡），茶陵（长沙国）6 个地点。总体上，县治和近县治是 2 个型墓集中出现的地区。

　　5 个郡国治发现的甲 B 类墓，不仅数量均甚少，而且出现和持续的时间也各不相同，其中武夷山仅见西汉早期墓葬，兴安从西汉早期出现持续到东汉中期，零陵仅有西汉中期、西汉晚期墓葬、梧州从东汉早期才始出现该型墓，郴州略长，从西汉初期延续到新莽至东汉初期。而 4 个近郡国治地点发现该型墓的时期，与郡国治的时代有所一致（如增城、闽侯该型墓的出现和持续时间，均与番禺、冶城的持续时间相符），也有相异（如封开该型墓以西汉初期、西汉早期为主，而郡国治梧州以东汉时期为主；永州仅有东汉墓葬，而零陵仅见西汉墓葬）。在 5 个郡国治发现的该型墓中，武夷山、零陵均为有墓道的甲 BⅠa 型、甲 BⅡa 型墓葬，兴安为甲 BⅠa 型、甲 BⅡb 型，梧州、郴州均为无木椁甲 BⅡ 型墓葬。4 个近郡国治发现的该型墓中闽侯、封开、永州均为无木椁甲 BⅡ 型墓葬，而增城均为有木椁甲 BⅠ 型墓葬。武夷山、零陵、增城的墓葬形制与墓葬规模，明显高于梧州、郴州、闽侯、封开、永州 5 地。

　　7 个县治、2 个近县治发现的甲 B 类墓，数量差异较大，其中耒阳、龙山明显较多，而其他地点相对甚少。从该型墓的出现和持续时间看，肇庆从西汉初期出现后延续到东汉中期，古丈在西汉初期出现后延续到东汉早期，益阳从西汉早期持续到新莽至东汉初期，常德仅见于西汉早期、西汉中期，怀化仅见西汉中期，徐闻从西汉中期出现后延续到东汉早期，韶关从西汉中期出现后延续到东汉中期，龙山从西汉晚期延续到东汉早期，耒阳从西汉晚期出现延续到东汉中期。大体上，在 2 个型墓出现的县治中，苍梧郡、武陵郡、长沙国内的有关县治，不仅出现早，且持续时间长；桂阳郡、合浦郡的有关县治，不仅出现晚，且延续较短。

　　在 7 个县治、2 个近县治发现的该型墓，大体分 3 种情况：第一种，常德为有木椁甲 BⅠ 型墓葬；第二种，肇庆、罗定为甲 BⅠb 型、甲 BⅡb 型；第三种，耒阳、徐闻等其他地点均为无木椁甲 BⅡ 型墓葬。各地墓葬的规格差异亦很明显。

　　在乐昌、阳朔、昭平 3 地中，昭平、阳朔仅有东汉时期墓葬，而阳朔从西汉初期延续到东汉晚期；昭平均为有木椁甲 BⅠ 型墓葬，而其他 2 地均为无木椁甲 BⅡ 型墓葬。3 地虽非县治，但乐昌位于武江沿岸，为桂阳郡郡国治郴县到曲江的交通要道，附近并有古城遗址，而昭平、阳朔均位于桂江沿岸，处于岭北沿灵渠南下苍梧郡郡国治梧州的水道之侧。3 地虽非县治而有大量墓葬的发现，应是当时岭南、岭北水路交通较频繁的一个例证。② 此外，罗定位于苍梧郡南侧，虽附近无县治，亦尚未发现古城遗址，但从其位于河流沿岸的情况看，其分布也应与当时该地交通有一定关系。

　　E　在 41 个仅有 1 个型墓的地点，分为以下 4 种：第一种，县治，有柳州、柳江（郁林郡潭中），博罗（南海郡博罗），四会（南海郡四会），连州（桂阳郡桂阳），宜春（豫章郡宜春），揭阳（南海郡揭阳），南康（豫章郡南野），高安（豫章郡建成），曲江（桂阳郡曲江），龙川（南海郡龙川），高要（苍梧郡高要），德庆（苍梧郡端溪），福州（会稽郡冶

---

① 　在《中国历史地图集》中，曲江县治位于今韶关市与曲江县之间，本书将韶关市、曲江县均以县治"曲江"处理。

② 　如前引苏仙桥西晋木牍中就有"南界水道都邮传去县二百里，南到水界六十里（2—44）"。

县)，清远(南海郡中宿)15地;第二种，近郡国治，有佛山、增城(近南海郡番禺)，冷水滩(近零陵郡泉陵)3地;第三种，近县治，有普宁、揭东(近南海郡揭阳)，藤县(近苍梧郡猛陵)，桃江(近长沙国益阳)，灵川(近零陵郡始安)，修水(近豫章郡艾县)，临湘(近长沙国临湘)7地;第四种，其他地点，有长泰、邵武(闽越国)，岑溪、恭城、郁南(苍梧郡)，高州(合浦郡)，全州、灌阳(零陵郡)，新兴(合浦郡)，广宁(南海郡)，永顺、津市、泸溪(武陵郡)，三江(桂阳郡)，南雄、新余(豫章郡)16地点。仅有1个型墓的发现地点集中于县治和其他地点。而从各地发现的墓葬数量看，其差别较大，其中广宁(14座)发现数量较多，泸溪(11座)次之，永顺、津市(8座)，柳江(6座)，灵川、佛山(各5座)再次之，其他仅发现1、2座墓葬。不仅与前3种情况相比，各地发现量明显偏少，其中其他地点发现量明显较多。

从各地该型墓的时代看，四会、灵川、博罗、灌阳、揭阳、南康、广宁7地仅发现西汉初期墓葬，邵武、长泰、连州仅发现西汉早期墓葬，宜春、新余、柳州仅发现西汉中期墓葬，揭东、顺德、藤县、曲江仅发现西汉晚期墓葬，岑溪、高要、恭城、三江仅发现东汉中期墓葬，德庆、福州、普宁仅发现东汉晚期墓葬，仅曲江、泸溪、顺德、四会等地的持续时间较长。

在41个地点中，仅柳州发现有木椁有墓道的甲BⅠa型墓葬，岑溪、高州、柳江、桃江4个地点为无木椁有墓道甲BⅡa型墓葬，这5个地点的墓葬规格整体较大。而此外36地点为无墓道甲BⅠb型(7地点)，甲BⅡb型(29地点)墓葬，墓葬整体规格偏小。

F　从上述分析看，该型墓的时空分布具有如下特点:

第一，4个型墓葬齐全的地点，以郡国治为主，县治甚少。其余的3个型、2个型、1个型墓葬分布的地点，县治占据绝大多数。

第二，规格较大的甲BⅠa型墓葬，基本集中于郡国治及其附近，偶尔出现于县治;小型的甲BⅡb型大量出现于郡国治之外的县治、近县治、近郡国治等各类地区。总体上，越是大型的墓葬，越集中于郡国治等政治中心;而小型墓较广泛的散见于近郡国治、县治、近县治等地。郡国治所在地的各类墓葬数量较多;近郡国治、县治、近县治及其他地区的墓葬数量明显偏少。这种情况，应与郡国治为一郡国的政治、经济中心，汇集大量人口有直接关系。即，郡国治人口多，经济力量强，因此墓葬数量众多;郡国治之外的地区，人口明显较少，经济力量弱，墓葬数量自然不多。

第三，甲B类墓在岭北、岭南地区出现与使用的时代差异较大，其中岭北该型墓出现早，墓葬规格与墓葬数量呈"金字塔"形结构。而岭南，特别是广州地区，其呈倒"金字塔"形结构，大型墓远远多于小型墓的数量。在岭南地区，该型墓在西汉中期之前以南海郡广州地区的发现为主，西汉中期之后其在南海郡内迅速减少，与此同时在南海郡西侧的合浦、苍梧等郡，在岭北的桂阳、零陵、武陵等郡，该型墓数量有较快增加。

该型墓在福建地区发现的数量整体较少。从时代看，福建境内该型墓集中发现于西汉早期的闽越国时期，西汉中期闽越国灭亡后该型墓随即不见，直到东汉晚期才有零星发现，期间存在长达数百年的空白期。而当该型墓在福建消失的西汉中期，位于其北的江西(豫章郡)境内，该型墓数量明显增长。

整体而言，该型墓在秦汉时期的华南地区，无论时空分布，还是墓葬整体规格，均存在着巨大的发展差异。

三　甲C类（近方形墓）

（一）甲CⅠa型（近方形有木椁有墓道）

该型墓是数量较少，仅24座（附图二·1·24）。包括西汉初期1座（长沙1），西汉早期7座（长沙5，沅陵、广州各1），西汉中期2座（长沙、莲花各1），西汉晚期8座（合浦、保靖各2，长沙、零陵、古丈、益阳各1），新莽至东汉初期3座（龙山、兴安、保靖各1），东汉中期1座（耒阳1），东汉晚期1座（广州1），仅知为汉墓者1座（桃江1）。在时代上以西汉为主，空间上以长沙、广州地区持续的时间相对较长（图二·1·58—图二·1·64）。

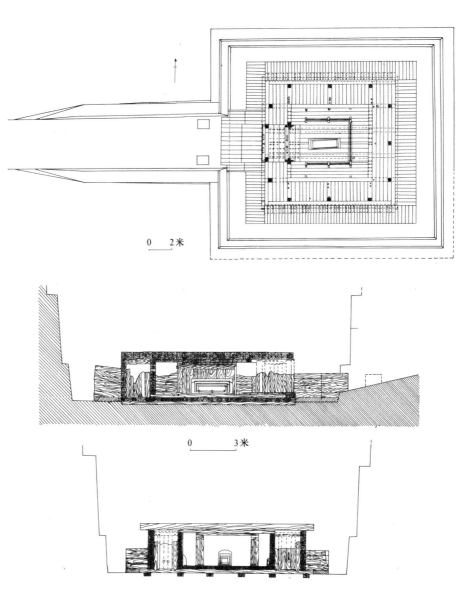

图二·1·58　甲CⅠa型墓葬平剖面图

（湖南长沙象鼻嘴M1，载湖南省博物馆《长沙象鼻嘴一号西汉墓》，《考古学报》1981年第1期，第114、115页，图三、四、五）

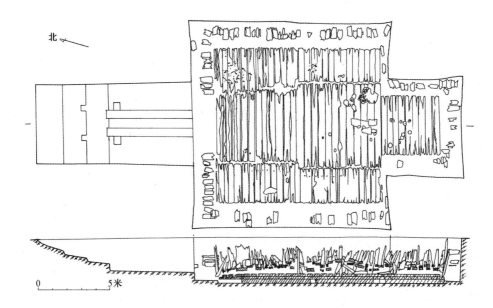

图二·1·59 甲 C I a 型墓葬平剖面图

（湖南望城风篷岭汉墓，载长沙市文物考古研究所、望城县文物管理局《湖南望城风篷岭汉墓
发掘简报》，《文物》2007 年第 12 期，第 22 页，图二）

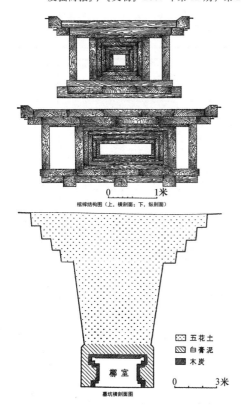

图二·1·60 甲 C I a 型墓葬剖面图

（湖南长沙马王堆 M1，载湖南省博物馆、中国科学
院考古研究所、文物编辑委员会《长沙马王堆一号汉墓
发掘简报》，文物出版社 1972 年版，第 2 页，图二）

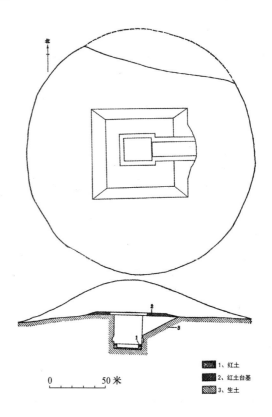

图二·1·61 甲 C I a 型墓葬平剖面图

（湖南长沙桐梓坡 M71，载长沙市文物工作队《长
沙西郊桐梓坡汉墓》，《考古学报》1986 年第 1 期，第
68 页，图一三）

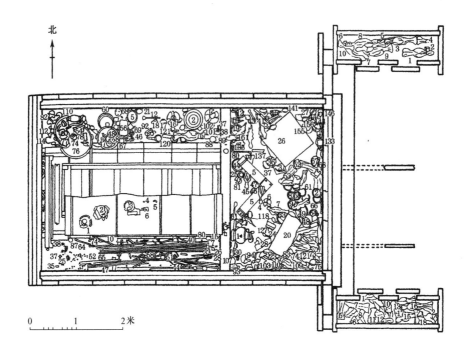

图二·1·62　甲Ⅰa型墓葬平面图

（湖南沅陵虎溪山 M1，载湖南省文物考古研究所、怀化市文物处、沅陵县博物馆《沅陵虎溪山一号汉墓发掘简报》，《文物》2003 年第 1 期，第 39 页，图六）

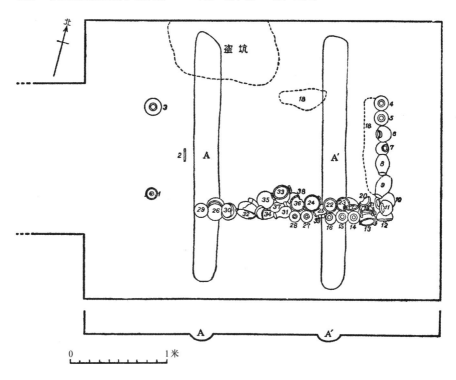

图二·1·63　甲Ⅰa型墓葬平剖面图

（湖南长沙 M402，载中国科学院考古研究所《长沙发掘报告》，科学出版社 1957 年版，第 71 页，图五七）

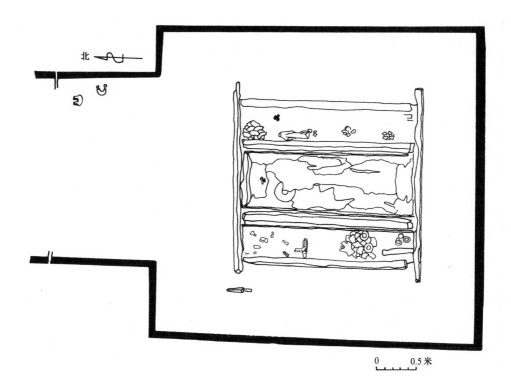

图二·1·64　甲CⅠa型墓葬平面图

（湖南长沙左家塘秦墓，载湖南省文物管理委员会《长沙左家塘秦代木椁墓清理简报》，《考古》
1959 年第 9 期，第 456 页，图一）

该型墓平均长 8.75、平均宽 7.57 米，宽长比 0.865，平均面积 66.343 平方米，规格甚大，其中长沙象鼻嘴 M1 长沙王陵以 388.895 平方米为最大，长沙马王堆 M1 以 347.1 平方米次之，长沙 06 凤篷岭长沙王陵以 281.78 平方米又次之，广州 M1179 以 5.28 平方米垫后，相差 73 倍左右，墓葬规格悬殊，墓主等级差异自很明显。

在排除上述三座超大型墓葬后，各时期的规格差异依然非常突出（附录一附表 A 的附表 A19）。

西汉早期该型墓葬最大，西汉中期次之，东汉晚期该型墓数量少且规格小。

该型墓有 23 座介绍了墓葬方向，以南、北向为主，西北向、东北向次之（附图二·1·25）。

该型墓中 1 座墓葬墓道已毁，2 座墓葬未介绍墓道形制规格，1 座墓葬仅介绍规格而未介绍形制。在其他 20 座有墓道形制规格的墓葬中，墓道分两种：

（1）斜坡式，共 17 座，除 1 座未介绍墓道坡度外（兴安石马坪 M21），其余 15 墓的墓道坡度在 4°—45°之间，其中 10°以下 2 座（零陵、古丈各 1），均西汉晚期；11°—20°有 9 座（长沙 3、保靖 2，广州、沅陵、合浦、益阳各 1），其中西汉早期 5 座（长沙 3、沅陵、广州各 1），西汉晚期 3 座（保靖、益阳、合浦各 1），新莽至东汉初期 1 座（保靖 1），21°—30°仅 1 座（长沙），为西汉早期；31°以上共 3 座（长沙 2、保靖 1），其中西汉初期 1 座（长沙 1），西汉早期 1 座（长沙 1），西汉晚期 1 座（保靖 1）。此外该型墓中还有一座坡度特殊，为西汉晚期合浦凸鬼岭 M11，该墓墓道长 5.1 米，下端宽 2.5、深 1.8 米，东侧宽 1.54 米，26°，西侧宽

0.8 米，16°。

（2）阶梯式，共 3 座（长沙 2、耒阳 1），其中西汉中期 1 座（长沙 1），西汉晚期 1 座，为长沙 06 风篷岭西汉墓，残长 11、残宽 5.6—5.9、距底 0.54 米。残存三阶倾斜式台阶，从上到下各宽 1.9、1.6、1.6 米，最下一层台阶与墓坑之间为平台，中有推测与运送葬具或造墓时搭建建筑有关的平行沟槽。此外还有东汉中期 1 座（耒阳 1）。

在 13 座墓有距底值的墓葬中，西汉早期长沙马王堆 M1 距底 3.5 米为最大，长沙桐梓坡 M71 距底 1.7 米次之，西汉晚期古丈河西 M2 距底 0.04 米为最小。西汉晚期零陵 95YM2 距底 0.62 米，西汉早期长沙象鼻嘴 M1 距底距底 0.58 米，西汉晚期长沙 06 风篷岭西汉墓距底 0.54 米，东汉中期耒阳 M257 距底 0.5 米，西汉早期广州 M1179 距底 0.1 米，西汉晚期益阳赫山庙 M25 墓道接近墓底。该型墓的墓道距底值，存在随时代发展而不断降低的趋势。墓道位置仅西汉早期广州 M1179 墓道偏于一侧。长沙 58 长五公 M1 墓道与墓室相接处有深 0.8 米坑，内置陶器，甚为少见。

该型墓中 4 座有斜壁（长沙 2，古丈、保靖各 1），其中西汉早期 2 座（长沙 2），西汉晚期 1 座（古丈 1），新莽至东汉初期 1 座（保靖 1），其余均为直壁。3 座台阶式墓葬（长沙 2、沅陵 1），均西汉早期，一为长沙象鼻嘴 M1 长沙王墓，二为长沙马王堆 M1 长沙国轪侯夫人墓，三为沅陵虎溪山 M1，墓主等级与墓葬规格均很高。

该型墓中 7 座有二层台（长沙、古丈、保靖、莲花、合浦、桃江、龙山各 1），其中西汉早期 1 座（长沙 1），西汉中期 1 座（莲花 1），西汉晚期 3 座（保靖、古丈、合浦各 1），新莽至东汉初期 1 座（龙山 1），仅知为汉墓者 1（桃江 1）。

该型墓中 3 座有甬道（长沙 2，沅陵 1），均西汉早期，一为长沙马王堆 M3、二为沅陵虎溪山 M1、三为长沙 93 古坟垸西汉墓，墓主级别均甚高。

该型墓中 4 座墓分室（广州 2、零陵、长沙各 1），其中西汉早期 1 座（广州 1），西汉晚期 2 座（零陵、长沙各 1），东汉晚期 1 座（广州 1），其中广州 M5013 为假分层，其中西汉晚期长沙 06 风篷岭长沙王室墓规模最大，达 281.78 平方米，在主椁室后的后室长 4.4、宽 3.9 米，面积约 17.1 平方米。而广州 M1179 面积仅有 5.28 平方米为最小。

该型墓中西汉早期长沙桐梓坡 M71、西汉晚期古丈河西 M2 均为斜壁有二层台。西汉晚期合浦堂排 M1 不仅有二层台，且底铺粗砂、木炭、积石，各厚 10 厘米。

（二）甲 C I b 型（近方形有木椁无墓道）

该型墓共 9 座（附图二·1·26）（图二·1·65—图二·1·68）。

该型墓中西汉早期 5 座（长沙、广州各 2，常德 1），西汉中期 3 座（长沙 2、贵县 1），西汉晚期 1 座（保靖 1）。从时空分布看，西汉时期的湖南地区应是该型墓的主要分布区域。

该型墓规格较小，平均长 3.93、平均宽 3.31 米，宽长比 0.843，平均面积 13 平方米，其中西汉中期贵县玉仓 M1 以 48.75 平方米为最大，而西汉早期长沙 56E3 以 15.50 平方米位居第二，西汉早期常德 91 德山 M3 以 7 平方米最小。在不同时期该型墓规格差异明显（附录一附表 A 的附表 A20），西汉中期相对最大，西汉晚期次之。

该型墓的方向以东北向最多，南向次之（附图二·1·27）。

该型墓中西汉早期广州 M1112 形制特殊，其墓底墓室口长 2.6—2.22 米，宽 1.98—2.22

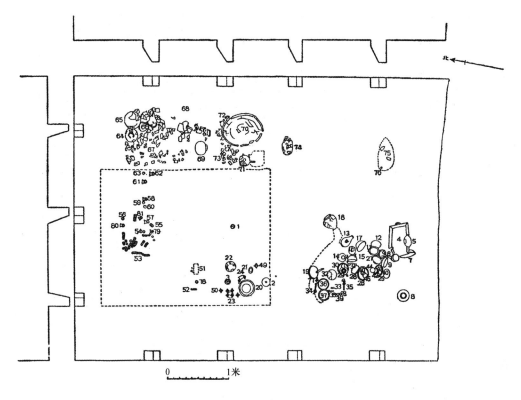

图二·1·65　甲CⅠb型墓葬平剖面图

（湖南长沙 M211，载中国科学院考古研究所《长沙发掘报告》，科学出版社 1957 年版，第 92 页，图六八）

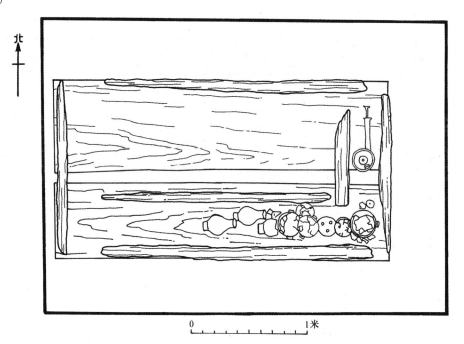

图二·1·66　甲CⅠb型墓葬平面图

（湖南长沙 M260，载中国科学院考古研究所《长沙发掘报告》，科学出版社 1957 年版，第 25 页，图二一）

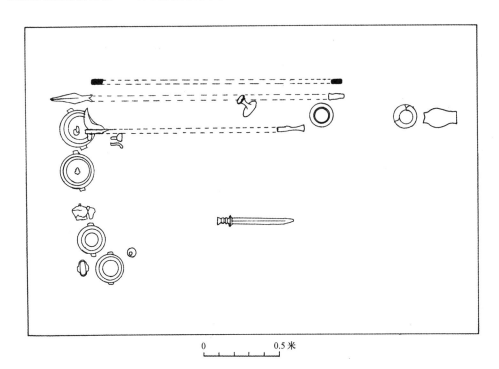

图二·1·67　甲ⅭⅠb型墓葬平面图

（湖南长沙识字岭74长识基M1，载单先进，熊传新《长沙识字岭战国墓》，《考古》1977年第1期，第62页，图一）

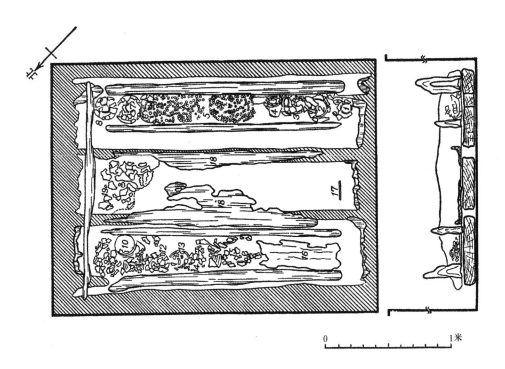

图二·1·68　甲ⅭⅠb型墓葬平剖面图

（湖南长沙M341，载中国科学院考古研究所《长沙发掘报告》，科学出版社1957年版，第72页，图五八）

米，口大底小，斜壁。

（三）甲 CⅡa 型（近方形无木椁有墓道）

该型墓数量较大，共 132 座（附图二·1·28）（图二·1·69—图二·1·71）。

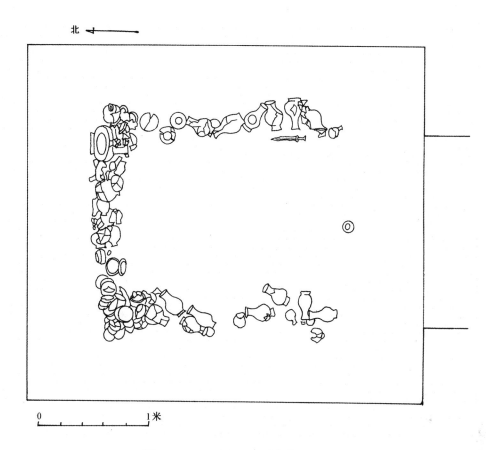

图二·1·69　甲 CⅡa 型墓葬平面图

（湖南汨罗 M36，载湖南省博物馆《汨罗县东周、秦、西汉、南朝墓葬发掘报告》，《湖南考古辑刊
3》，岳麓书社 1986 年版，第 63 页，图二十八）

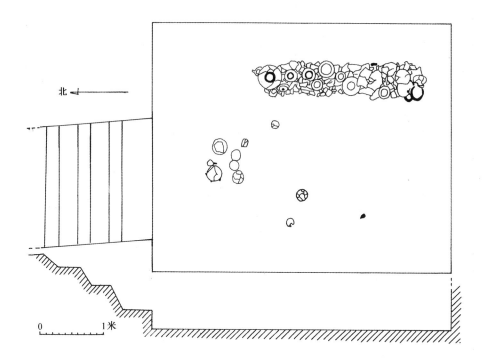

图二·1·70 甲CⅡa型墓葬平剖面图

（湖南耒阳 M260，载衡阳市博物馆《湖南耒阳市东汉墓发掘报告》，《考古学集刊 13》，中国大百科全书出版社 1000 年版，第 102 页，图 3）

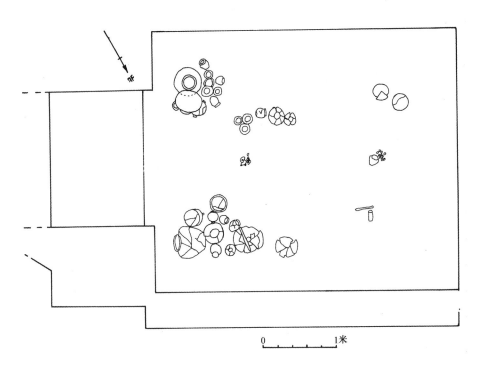

图二·1·71 甲CⅡa型墓葬平剖面图

（湖南资兴 M319，载湖南省博物馆、湖南省文物考古研究所《湖南资兴西汉墓》，《考古学报》1995 年第 4 期，第 458 页，图七）

1. 墓葬分布与墓葬规格

该型墓不仅数量较多，且分布地域广泛（附录一附表 A 的附表 A21）。在汨罗出现于西汉初期，西汉早期见于长沙、大庸、保靖、溆浦，资兴西汉中期的该型墓最为集中，南昌、贵县等地开始出现；到西汉晚期，龙山、古丈、益阳等地出现该型墓，资兴在新莽至东汉初期依然是该型墓最为集中之地，同时耒阳开始出现该型墓。东汉时期该型墓虽数量甚少，但分布地域依然略有增加。从时空分布看，该型墓应是湖南的特色墓葬，而湖南境内大体随时代发展由北向南传播。岭南地区该型墓极为少见。

该型墓规格较大，平均长 3.97、平均宽 3.49 米，宽长比 0.879，平均面积 13.855 平方米，其中郴州 96 筑路工程机械厂汉墓以 112 平方米为最大，西汉中期贵港深钉岭 M2 以 4.48 平方米为最小，大小面积相差 25 倍左右。该型墓各时期的差异明显（附图二·1·29）。

该型墓西汉晚期和东汉中期规格最大，西汉初期相对最小，虽东汉早期曾有回落，但东汉中期再次增大，此后该型墓暂未发现。

2. 墓葬方向与墓道

该型墓 131 座有介绍墓葬方向，以西向最多，北向、南向次之（附图二·1·30）。

该型墓中除 11 座墓未介绍墓道形制规格，2 座墓墓道介绍规格未介绍形制外，119 座墓葬的墓道可分 3 种：

（1）斜坡式，共 114 座（资兴 72、保靖 21，溆浦、大庸各 5，龙山 3，汨罗 2，郴州、贵县、耒阳、邵阳、长沙、钟山各 1），其中西汉初期 2 座（汨罗 2），西汉早期 6 座（大庸 4，长沙、溆浦各 1），西汉中期 49 座（资兴 44，保靖 2，大庸、溆浦、贵县各 1），西汉晚期 17 座（保靖 14、龙山 2、益阳 1），新莽至东汉初期 33 座（资兴 26、保靖 5、溆浦 2），东汉早期 3 座（龙山、邵阳、资兴各 1），东汉中期 3 座（耒阳、钟山、资兴各 1），仅知为汉墓者 1 座（郴州 1）。

114 座墓中，78 座未介绍墓道坡度。其余分为 4 类（表二·1·4）：

表二·1·4　　　　　　　　　甲 CⅡa 型墓葬墓道坡度统计表

	≤10°	11—20°	21—30°	≥31°	合计
西汉初期		1			1
西汉早期		1			1
西汉中期		4	1		5
西汉晚期	2	7	6	2	17
新莽至东汉初期	1	4	2		7
东汉早期		1	2		3
东汉中期			1		1
汉代			1	1	2
合计	3	18	13	2	36

A　10°以下 3 座（保靖 2、益阳 1），其中西汉晚期 2 座（保靖、益阳各 1），新莽至东汉初

期 1 座 (保靖 1)。

B　11°—20°有 18 座 (保靖 11、溆浦 3，汨罗、邵阳、贵县、长沙各 1)，其中西汉初期 1 座 (汨罗 1)，西汉早期 1 座 (长沙 1)，西汉中期 4 座 (保靖 2，溆浦、贵县各 1)，西汉晚期 7 座 (保靖 7)，新莽至东汉初期 4 座 (保靖、溆浦各 2)，东汉早期 1 座 (邵阳 1)。

C　21°—30°有 13 座 (保靖 7，龙山、资兴各 2，大庸、郴州各 1)，其中西汉中期 1 座 (大庸 1)，西汉晚期 6 座 (保靖 5、龙山 1)，新莽至东汉初期 2 座 (保靖 2)，东汉早期 2 座 (资兴、龙山各 1)，东汉中期 1 座 (资兴 1)，仅知为汉代者 1 座 (郴州 1)。

D　31°以上共 2 座，均西汉晚期 (保靖、龙山各 1)。

从表二·1·4 看，11°—20°是该型墓墓道的主要坡度，西汉晚期墓葬坡度种类最多。

在介绍墓道规格的墓葬中，12 座介绍有距底值，其中西汉初期和早期明显较高，如西汉初期汨罗 83M36 距底 1.8 米，西汉早期大庸大三 M19、M32、M33、M169 四座墓距底 1.2—1.6 米。仅知为汉墓的郴州 96 筑路工程机械厂墓的距底为 1.2 米。其他各墓的距底值普遍在 0.2—0.9 米之间，其中西汉中期溆浦 78 溆马 M125 距底 0.6 米、资兴 78M319 距底 0.5 米、大庸大三 M85 距底 0.2 米；西汉晚期龙山 02 大板 M38 距底 0.5 米；东汉早期邵阳杨田 M1 距底 0.9 米、龙山 02 大板 M26 距底 0.5 米。具有早期距底高晚期减低的趋势。

此外，4 座墓墓道偏于一侧 (龙山 4)，包括西汉晚期 1 座、新莽至东汉初期 1 座、东汉早期 2 座。该类墓平均长 3.73、平均宽 3.19 米，平均面积 11.86 平方米，规格甚小。

(2) 阶梯式，4 座 (南昌 2，长沙、耒阳各 1)，西汉中期 2 座 (南昌 2)，新莽至东汉初期 1 座 (耒阳 1)，仅知为西汉墓者 1 座 (长沙 1)。除长沙 59 长五 M003 未介绍距底尺寸外，南昌永河 M2 与墓底平齐，耒阳 M260、南昌永河 M1 高出墓底 0.3 米。而阶梯的规格，仅长沙 59 长五 M003 介绍宽度为 0.2—0.32 米。

(3) 平底式，仅 1 座，为西汉早期的保靖 02—03 清 M226，其墓道长 3、宽 2.1 米。

综上可知，斜坡式墓道依然是该型墓主要的墓道形式，而 11°—20°为主要坡度。从地域分布看，湖南为主，广西次之，江西有少量发现，不见于广东。

3. 墓葬结构

该型墓中 7 座墓为斜壁 (保靖 6、古丈各 1)。包括西汉中期 2 座 (保靖 2)，西汉晚期 5 座 (保靖 4、古丈 1)。该类墓平均长 4.5、平均宽 4.21 米，平均面积 18.951 平方米。该类墓集中于湘西北地区。

该型墓中有 1 座墓为台阶式墓壁 (郴州 1)，仅知为汉墓，其规格甚大，长 11.2、宽 10 米，面积 112 平方米。

该型墓中有 1 座墓有腰坑 (钟山 1)，为东汉中期 (钟山张屋 M30)。该墓长 5.5、宽 5.2 米，面积 28.6 平方米，规格较大，腰坑为圆形。

该型墓中有 2 座墓底铺膏泥 (保靖 2)，一为西汉中期、另一为西汉晚期。该类墓平均长 4.25、平均宽 3.71 米，平均面积 15.76 平方米，略大于该型墓的平均规格。

该型墓中有 3 座墓设耳室 (长沙 2、沅陵 1)，均为西汉早期。为长沙马王堆 M3、沅陵虎溪山 M1、长沙 93 古坟垸西汉墓 3 座超大型墓葬。平均长 16.59、平均宽 14.25 米，平均面积 236.40 平方米。

该型墓中有 9 座墓有二层台 (大庸 5、保靖 3、龙山 1)，其中西汉早期 4 座 (大庸 4)，西汉中期2座（保靖、大庸各1），西汉晚期3座（保靖2、龙山1）。该类墓平均长4.08、平均宽3.53米，平均面积14.40平方米，规格略小。从空间看，该类墓仅分布于湘西地区。

该型墓中有33座墓分室（资兴33），其中西汉中期有22座、新莽至东汉初期有11座。该类墓平均长3.88、平均宽3.44米，平均面积13.34平方米，规格略小。

该型墓中5座墓具有前述多项墓葬结构（保靖3、长沙、沅陵各1）。包括西汉早期2座（长沙、沅陵各1），西汉中期1座（保靖1），西汉晚期2座（保靖2）。该类墓中西汉早期2墓均为超大型墓，而其余3座墓葬的平均长4.63、平均宽4.12米，平均面积19.07平方米，规格较大。

该型墓中新莽至东汉初期龙山02大板M49形制与其他不同，该墓口南长3.58、北长3.78、宽3.2米，口呈梯形，长宽比甚大。

（四）甲CⅡb型（近方形无木椁无墓道）

该型墓数量较少，共78座（附图二·1·31）（图二·1·72—图二·1·74）。

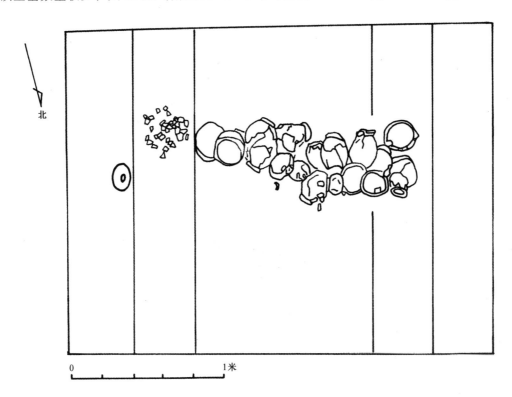

图二·1·72　甲CⅡb型墓葬平面图

（湖南汨罗M37，载湖南省博物馆《汨罗县东周、秦、西汉、南朝墓葬发掘报告》，《湖南考古集刊3》，岳麓书社1986年版，第67页，图三十一）

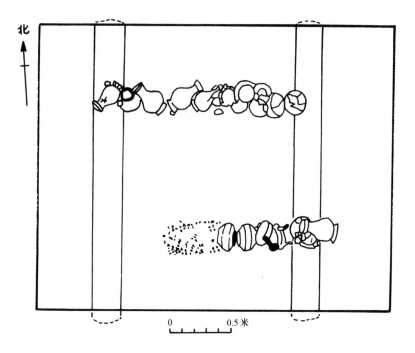

图二·1·73　甲 CⅡb 型墓葬平面图

（湖南汨罗 M37，载湖南省博物馆《汨罗县东周、秦、西汉、南朝墓葬发掘报告》，《湖南考古辑刊 3》，岳麓书社 1986 年版，第 67 页，图三十一）

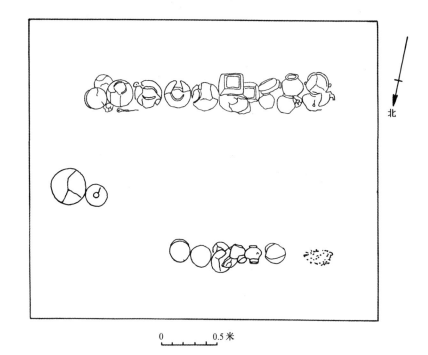

图二·1·74　甲 CⅡb 型墓葬平面图

（湖南衡阳玄碧塘 M3，载衡阳市文物工作队《湖南衡阳市玄碧塘西汉墓清理简报》，《考古》1995 年第 3 期，第 215 页，图三）

1. 墓葬分布与墓葬规格

该型墓数量较少，分布地域广泛（附录一附表 A 的附表 A22）。西汉初期仅见于汨罗平乐 2 地；西汉早期开始广见于长沙、大庸、兴安、保靖、衡阳、桃源等地；西汉中期开始在溆浦、古丈、资兴等地出现；西汉晚期见于茶陵、邵东；新莽至东汉早期始见于龙山、修水；东汉中期在始兴、光泽、耒阳等地开始有所分布；东汉晚期出现于闽侯。总体上，湖南境内该型墓的分布较广，数量也较多。

该型墓规格较小，平均长 3.24、平均宽 2.87 米，平均面积 9.29 平方米，其中南海平洲 M3 以 34.8 平方米最大，光泽止马东汉墓以 1.96 平方米最小，大小相差 17.7 倍。

该型墓在各时期的规格起伏波动很大（附录一附表 A 的附表 A23，附图二·1·32）。

该型墓西汉早期、新莽至东汉初期存在 2 个低谷，西汉中期、西汉晚期规格大体相当，东汉早期规格最大，东汉晚期相对最小。

2. 墓葬方向与结构

该型墓 71 座介绍了墓葬方向，以北向最多，西向次之（附图二·1·33）。

该型墓中 6 座为斜壁（保靖 3、长沙 2、广州南海 1），其中西汉早期 3 座（长沙 2、保靖 1），西汉晚期 2 座（保靖 2），东汉早期 1 座（广州南海 1）。该类墓平均长 3.75、平均宽 3.28 米，平均面积 12.3 平方米。从时空分布看，该类墓集中于西汉时期的今湖南地区。

该型墓中西汉中期保靖四方城 M40 底铺草木灰，东汉中期光泽止马东汉墓底铺炭粒，厚约 3 厘米，其中保靖四方城 M40 长 3.5、宽 3.4 米，面积 11.9 平方米。光泽止马东汉墓被破坏。

该型墓中西汉初期平乐银山岭 M8 有二层台、腰坑、底铺石子。该墓长 3.8、宽 3.1 米，面积 11.8 平方米，规格较大；西汉早期长沙桐梓坡 M29 有二层台，但未介绍二层台的形制规格。

（五）小结

从前述分析看，甲 C 类墓葬具有下列特点：

第一，四类墓数量差异较大（附录一附表 A 的附表 A24、附图二·1·34）。

在 4 种甲 C 类墓中，甲 CⅡa 型最多，甲 CⅠb 型最少，与甲 A、甲 B 类中各类墓的数量差异存在一定不同；甲 C 类墓在西汉时期，特别是西汉中期相对最多，而东汉时期甚少；甲 C 类 4 类墓在西汉初期数量均少，到西汉早期开始大量增加，不过各类墓持续时间各不相同。

第二，各型甲 C 类墓葬的规格差异非常突出（附录一附表 A 的附表 A25）：

A　甲 CⅠa 型最大，甲 CⅡb 型最小。

B　有墓道的墓葬（甲 CⅠa 型、甲 CⅡa 型）的规格普遍大于无墓道的墓葬（甲 CⅠb 型、甲 CⅡb 型）。

C　带木椁墓葬（甲 CⅠa 型、甲 CⅠb 型）的平均面积（39.360 平方米），远大于无木椁墓葬（甲 CⅡa 型、甲 CⅡb 型）的平均面积（11.577 平方米）。

D　有墓道无木椁的墓葬（甲 CⅡa 型）略大于有木椁而无墓道的墓葬（甲 CⅠb 型）。

E　有墓道无木椁的墓葬（甲 CⅡa 型）的数量远超其余三类墓葬之和。

F　有椁的墓葬（甲 CⅠa 型、甲 CⅠb 型）窄于无椁的墓葬（甲 CⅡa 型、甲 CⅡb 型），越小的墓葬（甲 CⅡb 型）越宽，而越大的墓葬越窄（甲 CⅠa 型）。

第三，各时期各类甲 C 类墓葬的规格差异明显（附录一附表 A 的附表 A26、附图二·1·35）：

A　在各时期的甲 C 四类墓中，甲 CⅠa 型规格最大；西汉早期、东汉早期甲 CⅡb 型最小。

B　西汉早期，有木椁无墓道甲ＣⅠb型规格小于有墓道无木椁甲ＣⅡa型的规格；而从西汉中期到西汉晚期，甲ＣⅠb型规格均大于有墓道无木椁甲ＣⅡa型的规格，之后不再出现甲ＣⅠb型墓葬，与甲Ｂ类的演变趋势有很大不同。

C　除西汉初期外，其他西汉时期4个型甲Ｃ类墓葬均有出现。而从新莽至东汉初期开始，4个型墓有所减少，其中新莽至东汉时期存在3个型墓葬，而东汉时期都仅有2个型墓葬，表明该型墓的使用程度上已大为降低。

D　西汉初期甲Ｃ类4个型墓的规格普遍较小。而在西汉早期，除甲ＣⅡa型外，其余3个型墓葬的规格都小于西汉初期。从西汉中期开始，4个型墓葬规格普遍扩大。西汉晚期甲ＣⅠa型、甲ＣⅡa型规格大于西汉中期，另外2种无墓道的墓葬规格小于西汉中期。新莽至东汉初期开始，甲Ｃ类4种墓葬的规格均小于西汉晚期。东汉时期一方面是各时期中某类墓的缺失，另一方面是该时期某类墓规格的忽大忽小，变化较大。

第四，各地各类墓葬的分布存在明显差异（附录一附表A的附表A27，附图二·1·36）：

A　在34处发现甲Ｃ类墓葬的地点中，长沙、保靖等2处4个型墓葬齐全，广州、古丈、耒阳、龙山4地点有3种该型墓葬，汨罗、益阳、贵县、南昌、资兴、大庸、兴安、溆浦8地点有2种该型墓葬，合浦、零陵、沅陵、桃江、莲花、常德等20处仅有1种该型墓葬。不同地区该型墓的种类和数量均存在差异。

B　在长沙、保靖等2个该型墓4个型齐全的地点中，长沙为长沙国国都所在，保靖为武陵郡属县迁陵所在。在长沙的该型墓出现于西汉初期，延续到东汉中期，保靖始见于西汉早期，延续到东汉晚期，2地该型墓的存在时间均较长。从墓葬形制看，长沙地区西汉早期该型墓的数量明显较大，且在西汉初期出现时即为大型甲ＣⅠa型墓葬，而后西汉早期4个型墓即已齐全，且大规格的甲ＣⅠ型墓葬与小规格甲ＣⅡb型墓葬的数量相差较小。保靖该型墓在西汉早期、西汉中期均仅有小规格甲ＣⅡ型墓葬，其4个型齐全要晚至西汉晚期，且甲ＣⅡ型墓葬要远远大于甲ＣⅠ型墓葬的数量。长沙、保靖2地该型墓在出现时间、墓葬规格等方面均存在很大不同。

C　4个有3种该型墓葬的地点，分3种情况：第一种情况，郡国治，有广州（南海郡番禺）1地；第二种情况，县治，有耒阳（桂阳郡耒阳），龙山（武陵郡酉阳）2地；第三种情况，近县治，有古丈（近武陵郡酉阳）1地。

4个地点中，该型墓在广州出现于西汉早期，西汉中期之后不见，后东汉早期又有发现；在古丈出现于西汉中期，西汉晚期之后不见；在龙山出现于西汉晚期，东汉早期之后不见；在耒阳出现于新莽至东汉初期，东汉中期之后不见，其中广州不仅在西汉早期该型墓出现时为大型的甲ＣⅠ型墓葬，且甲ＣⅠ型的数量要多于甲ＣⅡ型；古丈、龙山、耒阳3地在该型墓出现时，均较小的甲ＣⅡ型墓葬。3地发现的该型墓中均仅有1座甲ＣⅠ型墓，此外均为甲ＣⅡ型。总体上广州虽在4地点中该型墓的出现最早，但兴盛在西汉早期，西汉中期的数量和规格都大为减少。其他3地点相继出现于西汉中期、西汉晚期，兴盛于西汉晚期、新莽至东汉初期，与广州该型墓的存在时间上有很大不同。

D　8个有2个型墓葬的地点，分为以下4种：第一种，郡国治，有兴安（零陵郡始安），南昌（豫章郡南昌），溆浦（武陵郡义陵），贵县（郁林郡布山）4地；第二种，近郡国治，有资兴（桂阳郡郴县）1 地；第三种，县治，有汨罗（长沙国罗县），益阳（长沙国益阳），共 2 个地点；第四种，其他地点，有大庸（武陵郡）1 地。

在 4 个郡国治中，贵县、南昌仅见于西汉中期；兴安、溆浦始见于西汉早期，新莽至东汉初期后不见。4 地中溆浦该型墓的数量最多，贵县最少。近郡国治的资兴从西汉中期开始出现，延续至东汉中期，其墓葬数量在该型墓所有地点中最多。在 2 个县治中，该型墓在汨罗仅见于西汉初期、西汉早期，西汉中期不见；益阳仅见于西汉晚期和东汉中期。2 地该型墓的数量均较少。此外，该型墓在大庸始见于西汉早期，西汉中期后不见，数量相对较多。

8 个地点中，除南昌、兴安有个别的甲 C Ⅰ 型墓葬外，其余地区均为规格较小的甲 C Ⅱ 型墓葬。

E　20 个有 1 种该型墓的地点，分 5 种：第一种，郡国治，有合浦（合浦郡合浦），零陵（零陵郡泉陵），郴州（桂阳郡郴县）3 地；第二种，近郡国治，有闽侯（近闽越国治）1 地；第三种，县治，有沅陵（武陵郡沅陵），常德（武陵郡临沅），邵阳（长沙国昭陵），钟山（苍梧郡富川），衡阳（长沙国酃县）5 地；第四种，近县治，有桃江（近长沙国益阳），莲花（近长沙国茶陵），邵东（近长沙国承阳），桃源（近武陵郡临沅），修水（近豫章郡艾县）5 地；第五种，其他地点，有永顺、津市（武陵郡），茶陵（长沙国），平乐（苍梧郡），始兴（桂阳郡），光泽（会稽郡）6 地。

20 地发现该型墓的数量均极为有限，除桃源、茶陵各发现 3 座，合浦、莲花、衡阳各发现 2 座外，其余均仅发现 1 座墓葬，其中平乐见于西汉初期，沅陵、常德、衡阳见于西汉早期，永顺仅见于西汉中期，合浦、零陵、邵东仅见西汉晚期，邵阳、修水仅见东汉早期，钟山、始兴、光泽仅见东汉中期，闽侯仅见于东汉晚期，桃源从西汉早期延续到西汉晚期，茶陵从西汉晚期延续到新莽至东汉初。

20 个地点中，除合浦、零陵、沅陵、桃江、莲花、常德 6 地为规格较大的甲 C Ⅰ 型墓葬外，其余 14 地点均为规格较小的甲 C Ⅱ 型墓葬。

F　西汉初期，甲 C 类墓仅见于长沙、汨罗及平乐。3 地中，汨罗一直为规模较小的甲 C Ⅱ A、甲 C Ⅱ b 型墓葬，而长沙、平乐为规格较大的甲 C Ⅰ a 型；长沙该型墓 4 个型齐全，一直延续到东汉中期，数量众多，而汨罗在西汉早期后就不再出现、平乐见于西汉初期。因此从该型墓的出现时间、数量、规格看，长沙地区大体应是该型墓葬的最早出现地，汨罗、平乐应是影响所及。即，甲 C 类墓葬大体应源于长沙，其他地点该类墓可能是由此传播所及。其大体传播的路线，据各地该型墓的时间早晚和墓葬数量，我们可略作推测：

第一种情况，西汉初期，从长沙地区向北影响汨罗、向南直达岭南平乐，之间存在大片空白地区。从墓葬规模看，因汨罗、平乐等地均仅发现规格较小甲 C Ⅱ A、甲 C Ⅱ b 型墓，可知此时到达 2 地人群的社会等级，应低于长沙。

第二种情况，西汉早期，在保靖、衡阳、桃源、常德、沅陵、溆浦、大庸、广州、兴安等地开始大量发现甲 C 类墓葬的地点中，多数位于湖南地区，岭南仅有广州、兴安 2 个郡国治。原位于长沙周边的空白地区，此时被快速填充。比较言之，此时，该型墓在岭南的传播明显缓慢。不过，从广州该型墓均为规格较大甲 C Ⅰ a 型、甲 C Ⅰ b 型墓的情况看，相较其他多数地区仅有甲 C Ⅱ A、甲 C Ⅱ b 型墓言，该时期广州采用该型墓人群的社会等级应相对甚高。

第三种情况，西汉中期，该型墓在古丈、南昌、资兴、永顺等地开始出现，在汨罗、兴安、沅陵、常德、平乐、桃源、衡阳等地该型墓已然消失。显示出其在湖南的分布，在一些地区有所扩展的同时，在另一些地区出现收缩。其在贵县、南昌的出现，大大丰富了该型墓的分布空间。与此同时，长沙、广州该型墓数量大为减少。从各地该型墓规格看，除长沙有甲ＣⅠa型外，其余均为规格较小的其他3种墓葬，其中甲ＣⅡb最多（从具体地点看，在西汉早期曾拥有甲ＣⅠa型等形制墓葬的广州，此时同样仅有甲ＣⅡb型）。

西汉晚期，该型墓在龙山、益阳、合浦、零陵、茶陵、邵东等地出现，保靖、古丈该型墓数量亦达最大，广州、贵县、南昌、资兴、大庸、溆浦等地尚未发现该型墓葬。而在新莽至东汉初期，该型墓除在保靖、龙山、资兴等地有较多发现外，其他地点均发现甚少。到东汉时期该型墓无论发现地点，还是墓葬数量，均远逊于西汉。34地点中，仅长沙、保靖、耒阳、龙山、益阳、资兴、邵阳、钟山、津市、闽侯、修水、始兴、光泽13地发现该型墓，而其中7地均仅见于东汉早期。值得注意的是，在岭南地区该型墓数量和分布地点均有减少的同时，江西地区该型墓的数量和分布地点均有所增加，而福建地区从东汉早期开始，该型墓开始出现，这打破了该地区闽越国之后极少发现汉代遗存的局面。

从墓葬规格看，自西汉中期开始，除长沙、保靖、古丈、合浦、零陵等地有少数较大规格甲ＣⅠ型墓葬外，多数地点发现的甲Ｃ类墓均以较小规格的甲ＣⅡ型为主，间接反映出该型墓墓主人群的社会等级较低。

总体而言，从现有资料看，该型墓应以长沙为中心向外传播，广州虽一度分布较多，但西汉中期急剧减少。而与此同时，南海郡以外贵县、南昌、资兴等地的该型墓突然大量涌现。东汉早期，在湖南各地该型墓数量减少的同时，其开始传入福建地区。

四　甲Ｄ类（方形墓）

甲Ｄ类墓葬数量少，可分三类（附图二·1·37）。

（一）甲ＤⅠb型（方形有木椁无墓道）

该型墓仅发现1座，为长沙56A6，规格甚小。

（二）甲ＤⅡa型（方形无木椁有墓道）

该型墓共7座，数量少，分布地域狭窄（附录一附表A的附表A28）。西汉早期该型墓仅见于长沙、资兴2地，西汉中期始见于保靖，西汉晚期始在龙山出现，新莽至东汉初期始见于茶陵。该型墓不仅仅见于湖南，且在湖南境内也明显分为三块：长沙、湘西北（保靖、龙山）、湘东南（资兴、茶陵），其中早期见于长沙和资兴，而其他时期多见于湘西北（图二·1·75、图二·1·76）。

该型墓规格较小，平均长3.61、平均宽3.6米，平均面积12.996平方米。龙山02大板M48以17.64平方米最大，长沙M407以7.155平方米最小，大小相差2.46倍左右。

该型墓西汉早期规格甚小，西汉中期达到峰值，之后略有降低，到新莽至东汉初期有所回升（附录一附表A的附表A29）。

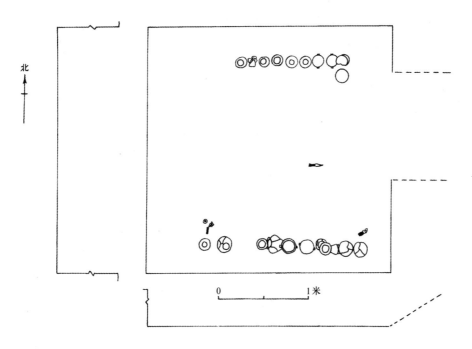

图二·1·75　甲DⅡa型墓葬平剖面图

（湖南资兴 M70，载湖南省博物馆、湖南省文物考古研究所《湖南资兴西汉墓》，《考古学报》
1995 年第 4 期，第 454 页，图五）

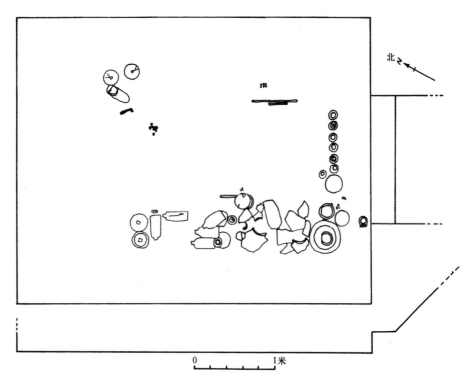

图二·1·76　甲DⅡa型墓葬平剖面图

（湖南资兴 M346，载湖南省博无馆、湖南省文物考古研究所《湖南资兴西汉墓》，《考古学报》
1995 年第 4 期，第 459 页，图八）

该型墓方向以西南向为多，北向次之（附图二·1·38）。

该型墓中3座墓未介绍墓道形制规格、1座墓仅介绍规格。在其余3座斜坡式墓道中，2座未介绍墓葬坡度，1座墓道坡度为14°（保靖02—03清M65，西汉晚期），其墓道的左右不在一个平面上，坡度不一，中间用卵石隔开，似两次修筑而成。此外资兴78M70、保靖四方城M31墓道均偏于一侧。

该型墓中2座墓葬为斜壁（保靖、长沙各1），其中西汉早期1座（长沙1），西汉中期1座（保靖1）。该类墓平均长3.375、平均宽3.35米，平均面积11.306平方米。

（三）甲DⅡb型（方形无木椁无墓道）

该型墓共发现3座，集中发现于西汉晚期、新莽至东汉初期的湘西北地区（图二·1·77、图二·1·78）。

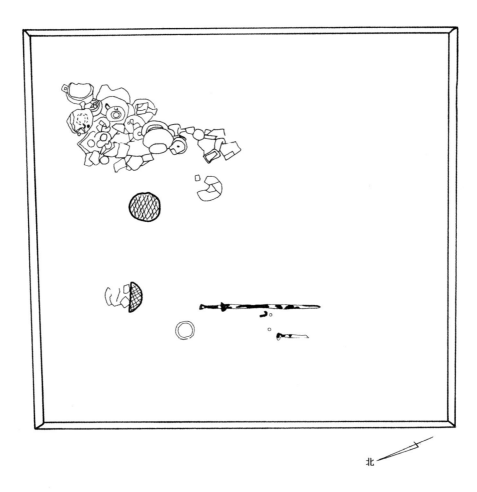

北

图二·1·77　甲DⅡb型墓葬平面图

（古丈86GBM4，载湘西自治州文物管理处、古丈县文物管理所《古丈县白鹤湾战国西汉墓发掘报告》，《湖南考古2002》，岳麓书社2004年版，第147—173页，图七：2）

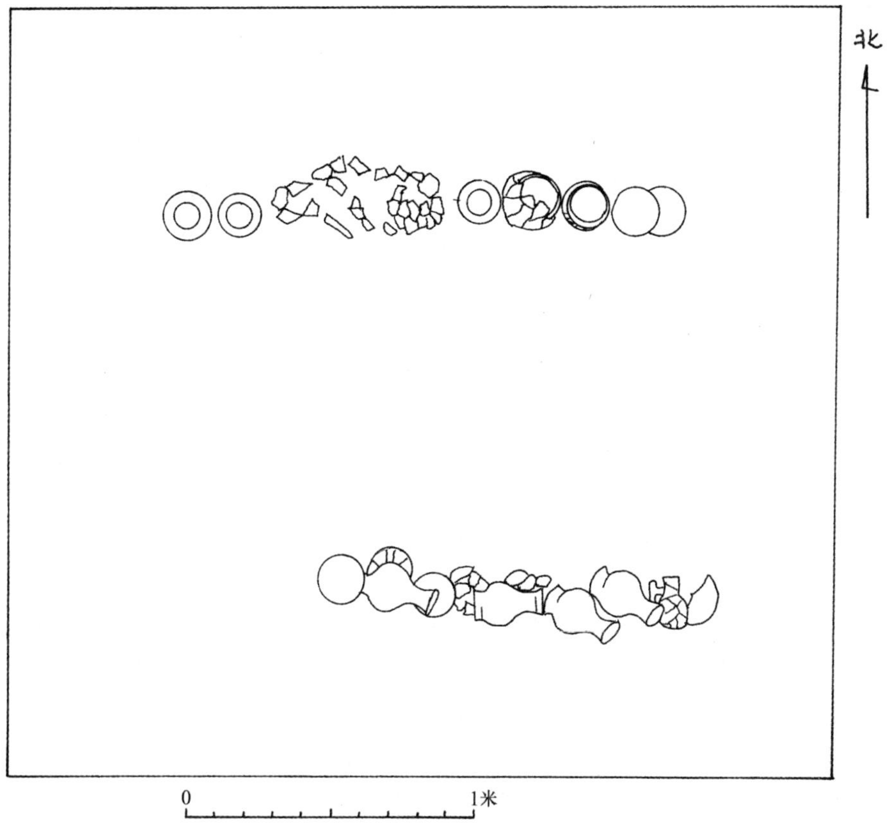

图二·1·78　甲DⅡb型墓葬平面图

（湖南长沙桐梓坡茶 M2，载长沙市文物工作队《长沙西郊桐梓坡汉墓》，《考古学报》1986 年
第 1 期，第 65 页，图九）

该型墓规格较大，平均长宽 3.8 米，平均面积 14.44 平方米，规格较大。

该型墓中南北向 2 座，东西向 1 座。

该型墓中保靖四方城 M66 为斜壁；古丈 93GHSM17 不仅东西两侧有宽 1.2 米二层台，且底
铺白膏泥。

（四）小结

从上述分析看，甲 D 类墓葬具有下列特点：

第一，不见甲 DⅠa 型墓葬，甲 DⅠb 型亦仅有 1 座。大量发现的均为甲 DⅡ型，其中甲 DⅡ
a 型数量最多。在时间上，以西汉晚期为多，不见于西汉初期及东汉初期以后。（附录一附表 A
的附表 A30）

第二，除甲 DⅠb 型仅有 1 座墓葬且规格较小外，其余 2 型甲 D 类墓的规格差异较小（附录
一附表 A 的附表 A31）：

A　无墓道无木椁的甲 DⅡb 型最大，而有木椁无墓道的甲 DⅠb 型最小。

B　虽然有墓道无木椁的甲 DⅡa 型墓葬数量最多，但甲 DⅡb 型的平均规格却较其为大。其
原因，可能与甲 DⅡb 型中的木椁腐朽无存，使其被迫在归类时纳入甲 DⅡb 型中有关。

第三，各时期各型甲 D 类墓葬规格的差异较为明显（附录一附表 A 的附表 A32）：

A　西汉早期墓葬规格整体偏小，西汉中期达到峰值后有所下降，在新莽至东汉初期又有增加。

B　在各时期甲D墓中，西汉中期甲DⅡa型最大；西汉早期甲DⅠb型最小。

C　西汉晚期、新莽至东汉初期，甲DⅡa型、甲DⅡb型之间的墓葬规格明显较小，其中，西汉晚期甲DⅡa型略大于甲DⅡb型，新莽至东汉初期甲DⅡa型略小于甲DⅡb型。

第四，甲D类墓集中分布于湖南的长沙、湘西北、湘东南地区的6个地点（附录一附表A的附表A33）：

A　发现甲D类墓葬的6地点，大体可分2种情况：第一种情况，长沙、保靖等2处各有2个型的墓葬；第二种情况，资兴、古丈、茶陵、龙山4地仅有1个型的墓葬。

B　甲D类墓葬的发现地点虽然较少，但6地依然可分为5种情况：第一种情况，长沙为郡国治，第二种情况，资兴为近郡国治，第三种情况，保靖、龙山为县治，第四种情况，古丈为近县治，第五种情况，茶陵为其他地点。总体上，该型墓仅见于岭北的湖南地区。

C　从墓葬时代看，长沙和资兴地区，该型墓仅见于西汉早期；武陵郡保靖、龙山、古丈等地，从西汉中期出现后一直断续存在；茶陵仅发现新莽至东汉初期墓1座。在墓葬规格上，除长沙发现有木椁的甲DⅠ型墓葬外，其他地点均仅发现无木椁甲DⅡ型墓葬。该型墓西汉早期应以长沙为中心，西汉中期之后中心大体转移至武陵郡。

D　该型墓不仅数量少，且不见于西汉初期，东汉初期之后也不再出现，各地均仅零星发现，无法构成独立的发展序列。从相关地区同时拥有数量较多、发展有序的近方形（甲C类）墓葬的情况看，甲D类墓大体应是从甲C类墓发展而来的特定形式，其应源于甲C类墓葬，或者也可大体看做是甲C类墓葬构筑中的偶然现象。当然，亦或可能甲C类墓葬是不完全的甲D类墓。

五　甲E类（梯形墓，长宽不等，且差距较大）
（一）甲EⅠa型（梯形有木椁有墓道）

该型墓共发现35座，数量较少，分布较为集中（附录一附表A的附表A34）（图二·1·79—图二·1·81）。

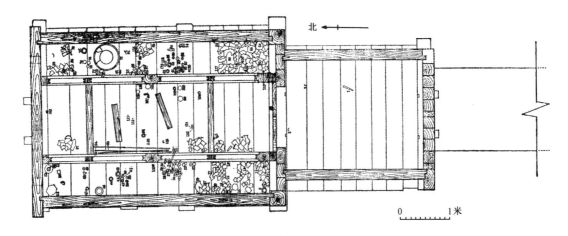

图二·1·79　甲EⅠa型墓葬平面图

（广西贵县罗泊湾M2，载广西壮族自治区博物馆《广西贵县罗泊湾汉墓》，文物出版社1988年版，第100页，图六四）

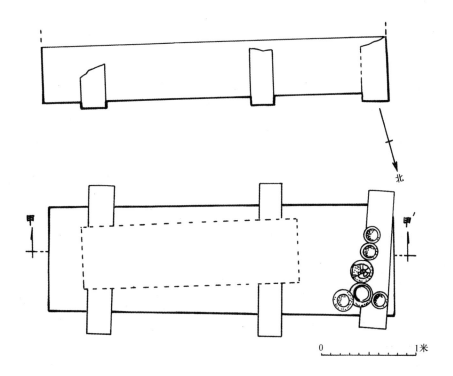

图二·1·80　甲ＥⅠa型墓葬平剖面图

（广东广州 M2026，载中国社会科学院考古研究所、广州市文物管理委员会、广州市博物馆《广州汉墓》上，文物出版社 1981 年版，第 186 页，图一〇五）

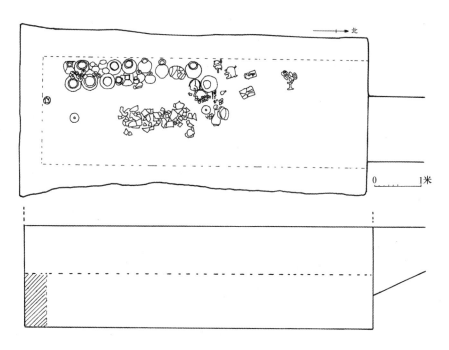

图二·1·81　甲ＥⅠa型墓葬平剖面图

（广东广州 M2030，载中国社会科学院考古研究所、广州市文物管理委员会、广州市博物馆《广州汉墓》上，文物出版社 1981 年版，第 189 页，图一〇七）

1. 墓葬分布与墓葬规格

该型墓集中发现于广州，其他如贵县、溆浦、昭平等地仅零星发现，广州应是该型墓的分布中心。

该型墓规格较小，平均长4.93、平均宽2.72米，平均面积13.40平方米，其中贵县罗泊湾M2以77.0832平方米最大，广州M2026以2.93平方米为最小，大小相差26.308倍。而在排除了超大型墓葬罗泊湾M2后，该型墓各时期规格起伏依然很大（附录一附表A的附表A35、附图二·1·39）。

该型墓西汉中期规格较大，之后大为降低，新莽至东汉初期有所回升，东汉中期达到峰值。

2. 墓葬方向与结构

该型墓的方向以南向、北向为主，西向次之（附图二·1·40）。

该型墓中8座墓的墓道已毁，1座未介绍形制规格，4座介绍规格未介绍形制，其余22座均为斜坡式墓道。在这些斜坡式墓道中，除4座未介绍墓道坡度外，其余18座墓道坡度在10°—32°之间，其中10°以下2座（广州2，西汉早期、西汉晚期各1），11°—20°有11座（广州11，西汉早期5、西汉中期4座、西汉晚期1座、新莽至东汉初期1座），21°—30°有4座（广州3、昭平1，西汉早期、西汉中期、西汉晚期、新莽至东汉初期各1），31°以上1座（广州1，西汉晚期）。此外，西汉中期广州M2030、东汉中期昭平乐群M6墓道均偏于一侧。

该型墓中有22座介绍墓道与墓底情况。除墓道与墓底平齐的2座（广州2，西汉早期、西汉晚期各1）外，其余距底在0.08—1米之间，其中西汉早期6座，距底0.08—0.6米；西汉中期6座，距底0.12—0.9米；西汉晚期5座，距底0.5—1米；新莽至东汉初期1座，距底0.75米；东汉中期2座，距底0.8—0.94米。存在着早期较低，而越晚越高的情况。

该型墓中3座墓为斜壁（广州3），其中西汉中期1座、仅知为西汉墓者2座。该类墓平均长5、宽4.03米，平均面积20.15平方米，规格较大。

该型墓中1座墓有壁龛（广州1），为西汉晚期（广州M3018），该墓长5.06、宽2.86米，面积14.5平方米，规格略大。

该型墓中1座墓底铺膏泥（贵县1），为西汉早期（贵县罗泊湾M2），在该型墓中最大。

该型墓中13座墓分室（广州12、贵县1）。含西汉早期1座（贵县1），西汉中期3座、西汉晚期7座、新莽至东汉初期1座、东汉中期1座（均位于广州）。该类墓平均长5.28、平均宽2.72米，平均面积14.33平方米，规格略大，其中12座为分层结构，集中于广州。

该型墓中广州M3018分室分层有壁龛，贵县罗泊湾M2分室且底铺膏泥。

该型墓中广州M2026开口为梯形，长3.06、宽0.9—0.96米，为窄长型，与其他墓葬宽长比较大不同。

（二）甲ⅠⅠb型（梯形有木椁无墓道）

该型墓共33座，多发现于广州，以西汉早期为主（图二·1·82—图二·1·84）。

该型墓平均长3.75、平均宽2.10米，平均面积7.875平方米，规格较小。广州M1095以16.826平方米为最大，广州M1061以5.46平方米为最小，相差3倍左右。西汉中期相对最大，西汉早期与西汉晚期相差很小（附录一附表A的附表A36）。

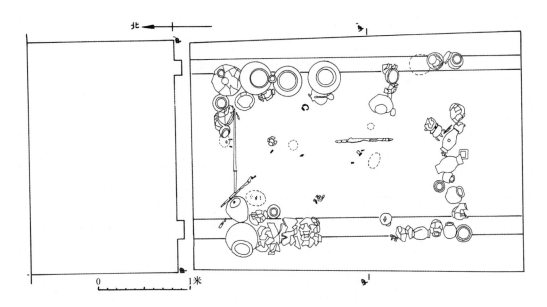

图二·1·82　甲ⅠⅠb型墓葬平剖面图

（广东广州 M1095，载中国社会科学院考古研究所、广州市文物管理委员会、广州市博物馆《广州汉墓》上，文物出版社 1981 年版，第 36 页，图一三）

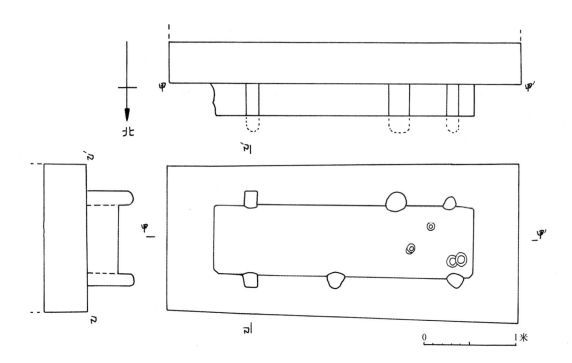

图二·1·83　甲ⅠⅠb型墓葬平剖面图

（广东广州 M1060，载中国社会科学院考古研究所、广州市文物管理委员会、广州市博物馆《广州汉墓》上，文物出版社 1981 年版，第 51 页，图二三）

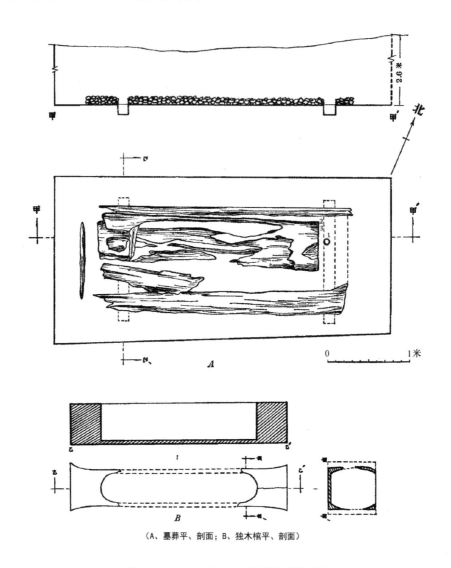

（A、墓葬平、剖面；B、独木棺平、剖面）

图二·1·84　甲Ⅰb型墓葬平剖面图

（广东广州 M1030，载广州市文物管理委员会、广州市博物馆《广州汉墓》上，文物出版
社 1981 年版，第 34 页，图一一）

该型墓以东向为主，北向、南向次之（附图二·1·41）。

该型墓中的西汉早期广州 M1035 底铺石子，广州 M1060 墓壁有柱洞、二层台，西汉晚期龙
山 02 大板 M64 有二层台，规格甚小。西汉中期广州 M2057 分室分层，规格略大。

（三）甲ⅠⅡa型（梯形无木椁有墓道）

该型墓共 10 座。该型墓数量虽少，但分布很分散（附录一附表 A 的附表 A37）。该型墓在
西汉时期集中于湖南地区，而在东汉仅见于阳朔一地（图二·1·85—图二·1·87）。

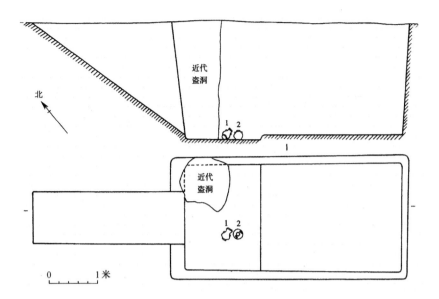

图二·1·85　甲EⅡa型墓葬平剖面图

（广西阳朔高田镇 M5，载广西壮族自治区文物工作队、桂林市文物工作队、阳朔县
文物管理所《2005 阳朔县高田镇古墓葬发掘，报告》，《广西考古文集（第三辑）》，科
学出版社 2007 年版，第 144 页，图一二）

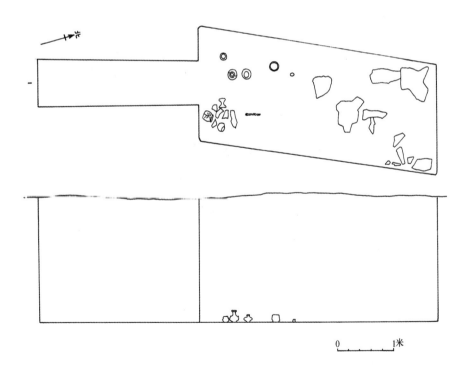

图二·1·86　甲EⅡa型墓葬平剖面图

（广西阳朔高田镇 M20，载广西壮族自治区文物工作队、桂林市文物工作队、阳朔县文物
管理所《2005 阳朔县高田镇古墓葬发掘报告》，《广西考古文集（第三辑）》，科学出版社 2007
年版，第 148 页，图一六）

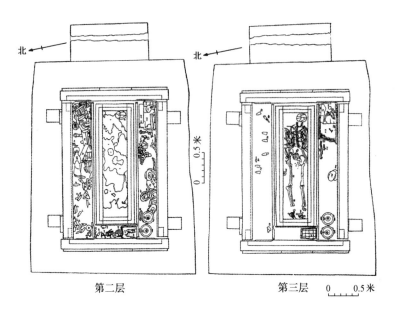

第二层　　　　　　　　　　第三层

图二·1·87　甲 EⅡa 型墓葬平面图

（湖南长沙长沙杨 M6，载吴铭生、戴亚东《长沙出土的三座大型木椁墓》，

《考古学报》1957 年第 1 期，第 98 页，图五、六）

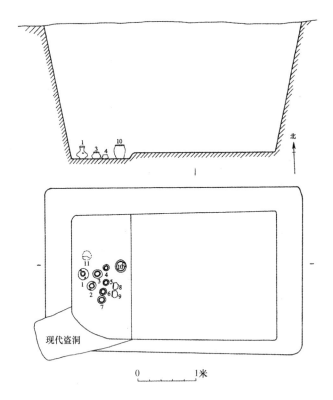

现代盗洞

图二·1·88　甲 EⅡb 型墓葬平剖面图

（广西阳朔高田镇 M26，载广西壮族自治区文物工作队、桂林市文

物工作队、阳朔县文物管理所《2005 阳朔县高田镇古墓葬发掘报告》，

《广西考古文集（第三辑）》，科学出版社 2007 年版，第 139 页，图五）

该型墓规格较小，平均长 3.97、平均宽 2.21 米，平均面积 8.773 平方米。阳朔 05YGLM5 以 12.877 平方米为最大，阳朔 05YGLM29A 以 4.83 平方米为最小，大小相差 2.66 倍左右。其在各时期的规格有一定的差异（附录一附表 A 的附表 A38）。[①] 东汉中期规格最大，西汉晚期相对最小，新莽至东汉初期为较小峰值。

该型墓的方向以南北向为主（附图二·1·42）。[②]

该型墓墓道分为两类：

（1）斜坡式墓道，共 9 座（衡阳、阳朔各 3，龙山、保靖、长沙各 1），其中西汉初期 1 座（长沙 1），西汉早期 3 座（衡阳 3），西汉晚期 1 座（龙山 1），新莽至东汉初期 1 座（保靖 1），东汉早期 2 座、东汉中期 1 座（阳朔 3）。

9 座墓中，3 座墓未介绍坡度，其他 6 座墓的坡度在 8°—36°之间，其中 10°以下 1 座（阳朔，东汉早期），11°—20°3 座（龙山 1，西汉晚期；保靖 1，新莽至东汉初期；阳朔 1，东汉早期 1），31°以上 2 座（长沙 1，西汉初期；阳朔 1，东汉中期）。6 座墓中有 3 座墓有距底尺寸，其中西汉初期长沙 54 长杨 M6 距底 3.2 米为最大，西汉晚期龙山 02 大板 M40 距底 0.26 米最低，新莽至东汉初期保靖 98BHM19 距底 0.5 米。

（2）竖井式墓道，仅 1 座（阳朔 05YGLM20，东汉早期），其墓道长 2.82、宽 0.72—0.8、深 2.2 米。

该型墓中 3 座墓为斜壁（长沙、阳朔、保靖各 1），其中西汉初期 1 座（长沙 1），新莽至东汉初期 1 座（保靖 1），东汉中期 1 座（阳朔 1）。该类墓平均长 4.26、平均宽 2.69 米，平均面积 11.459 平方米，规格较大。

该型墓中西汉早期衡阳 BM5 有二层台；新莽至东汉初期保靖 98BHM19 斜壁且墓底铺膏泥；东汉早期阳朔 05YGLM5 斜壁且分室。

（四）甲 EⅡb 型（梯形无木椁无墓道）

该型墓共 36 座，数量较少，分布分散（附录一附表 A 的附表 A39）。该型墓在西汉早期见于广州、衡阳、常德，较为分散，后以湖南地区为主（图二·1·88）。

该型墓规格较小，平均长 3.26、平均宽 1.90 米，平均面积 6.194 平方米。阳朔 05YGLM27 以 13.312 平方米为最大，保靖 98BHM11 以 1.529 平方米为最小，大小相差 8.7 倍左右。其在各时期的规格有一定差异（附录一附表 A 的附表 A40），其中西汉早期规格最小，之后缓慢增加，东汉晚期达到峰值。

该型墓的方向以东西向为主（附图二·1·43）。[③]

该型墓中 3 座墓为斜壁（阳朔 3），均东汉晚期，平均长 4.57、平均宽 2.56 米，平均面积 11.699 平方米，规格甚大。

该型墓中 3 座墓有二层台（保靖 2、长沙 1），其中西汉中期 1 座（长沙 1），西汉晚期、东汉晚期各 1 座（保靖 2）。该类墓平均长 3.28、平均宽 2.09 米，平均面积 6.855 平方米，规格较小。

该型墓中 4 座墓分室（阳朔 4），东汉早期、东汉晚期各 2 座。该类墓平均长 4.54、平均宽

---

① 该型墓中西汉早期 3 座墓未介绍规格。
② 该型墓中，3 座仅介绍为南北向，以南向为准进行统计。
③ 该型墓中，有 8 座仅介绍为东西向，以东向为准进行统计。

2.46米，平均面积11.168平方米，规格甚大。

该型墓中东汉晚期阳朔05YGLM26、阳朔05YGLM27均斜壁且分室；东汉早期阳朔05YGLM21分室且墓底铺石子。

该型墓中西汉中期广州M2006长3.4米，西宽0.69、东宽0.9米，窄长形，与其他墓葬不同。

（五）小结

从上述分析看，甲E类墓葬具有下列特点：

第一，在甲E类墓分布上，西汉早期以广州为中心，衡阳次之；西汉中期之后，广州地区该型墓的数量急剧减少，其他地点略有增加。（附录一附表A的附表A41、附图二·1·44）。

第二，除甲EⅡa型墓葬较少外，其余三型墓葬的发现数量大体相近，其中西汉早期相对最多，西汉中期、西汉晚期次之，东汉时期少见（附录一附表A的附表A42）。

第三，四类墓中，有木椁有墓道甲EⅠa型最大，无木椁有墓道甲EⅡa型次之，有木椁无墓道甲EⅠb型又次之，而无木椁无墓道的甲EⅡb为最小（附录一附表A的附表A43）。

第四，各时期各类甲E类墓葬规格的差异较为明显（附录一附表A的附表A44、附图二·1·45）：

A　西汉初期规格较小，新莽至东汉初期、东汉中期为两个峰值。

B　各时期甲E墓中，东汉中期甲EⅠa型最大，西汉早期甲EⅡb型最小。

六　甲F类（十字形墓，本类只有一型，甲Fa型[①]）

该类型墓仅发现1座，为合浦71望牛岭西汉墓，其主室长7.8、宽5.1、深8.8米，甬道长3、宽4、深8.3米，有南北耳室，构成十字形布局，其中南耳室长2.2、宽4.7米，北耳室长2.8、宽5.4、深8.5米，低于甬道10厘米。其墓道为斜坡式，方向20°，宽3、长15米，距底0.4米。

该墓的封土高5、直径40米。在封土下有一层厚约40—50厘米的土盖住墓口。其填土自主室墓口至木椁四周用红砂土和木炭各15层相间夯筑，木炭厚度自下而上从30至4厘米逐渐递减，夯层由下而上从5至40厘米逐渐增厚。耳室上填土未夹木炭，甬道、墓道底部添加15厘米厚木炭，上用黄红、褐色土夯打。

七　甲G类（并列式墓，本类只有一型，甲Ga型）

该型墓仅1座，为龙山02大板M9，该墓头宽3.9、足宽3.74米，开口呈梯形。有两墓道并列，均斜坡式，方向44°，残长0.4、距底1.06米，南宽0.9、北宽0.8米。为仅见葬例。

第二节　乙种墓（砖室墓）

砖室墓，指采用各类型砖构建墓室，容纳墓主、随葬品的墓葬形制。

秦汉华南地区砖室墓，据墓葬平面形制，可分为窄长形、长方形、中字形、土字形、十字

---

①　十字形木椁有墓道。

形、串字形、并列式 7 种不同的墓葬形制。根据墓室数量及墓道有无，本书将其进一步分为以下 15 型（表二·2·1）。[①]

表二·2·1　　　　　　　　　　　　　　乙种墓（砖室墓）形制分类表

墓葬	窄长形 A		长方形 B		中字形 C			土字形 D	十字形 E		串字形 F		并列式 G
	单室 I	双室 II	单室 I	双室 II	双室 I	三室 II	四室 III		完整 I	简化 II	纵列 I	横列 II	
有墓道（a）[②]	乙 A I a 型	乙 A II a 型	乙 B I a 型	乙 B II a 型	乙 C I a 型	乙 C II a 型	乙 C III a 型	乙 D a 型	乙 E I a 型	乙 E II a 型	乙 F I a 型	乙 F II a 型	乙 G a 型
无墓道（b）	乙 A I b 型	乙 A II b 型	/	/	/	/	/	/	/	/	/	/	/

一　乙 A 类（窄长形墓）

（一）乙 A I a 型（窄坑单室有墓道）

该型墓共 99 座，数量较多，分布甚为分散（附录一附表 A 的附表 A45、附图二·2·1）。

1. 墓葬分布与规格

该型墓不仅在合浦出现最早，持续时间最长。而徐闻、衡阳、常德、保靖、零陵等地始见于东汉早期，广州、番禺、长沙、耒阳、始兴等地出现于东汉中期，赣县、贵县、岑溪、阳朔、资兴等仅见于东汉晚期。从空间分布看，该型墓以岭南和湖南为主，江西少见，福建不见（图二·2·1—图二·2·3）。

该型墓平均长 4.22、平均宽 1.34 米，平均面积 5.654 平方米，规格较小，其中岑溪胜塘顶 M4 以 18.48 平方米最大，徐闻 M38 以 1.68 平方米最小，大小相差 11 倍，其中东汉晚期相对最大，东汉早期相对最小（附录一附表 A 的附表 A46）。

2. 墓葬朝向与墓道

该型墓中有 93 座介绍了墓葬方向，其中西向较多，南向次之，东南向最少（附图二·2·2）。

该型墓中 44 座介绍了墓道情况，其中 6 座未介绍形制规格，其余 38 座墓葬的墓道分 2 种：

（1）斜坡式，共 20 座（合浦 11、衡阳 3、阳朔 2，贵县、耒阳、番禺、岑溪各 1），其中新

---

① 窄长形，指宽长比≤0.4 以下者；长方形，指宽长比≥0.401、双室墓中前后室宽度相等者；中字形，指前为横前室后为顺长后室者，多数有甬道；土字形，指由甬道、横前室、过室、后室组成者。中字形、土字形、十字形、串字形、并列式墓葬，不再据墓葬宽长比的变化进行分类。甬道参与墓葬的形制分别，不将甬道作为单独的墓室参与分室。即，带甬道的单室墓依然认为是单室而非双室墓，与现今偶尔以甬道作为墓室进行分类的做法不同。甬道长度虽计入墓葬总长，但当计算墓室宽长比时，甬道长度排除在外。耳室、壁龛等均不列入墓室数量、不参与型式划分。凡原始资料中仅介绍为砖室墓、长方形砖室墓者、墓葬在被破坏后长宽不全者、介绍规格中长宽不全者均以乙 B 类录入；除原资料介绍有墓室数量外，均以单室墓乙 B I b 型录入。

② 在有关单室、多室砖室墓的考古资料中，不少有甬道、有券顶（甚至穹隆顶）墓葬未介绍墓道有无的情况，形成"无墓道"的带甬道、券顶（甚至穹隆顶）的砖室墓。而从砖室墓多券顶（甚至穹隆顶），墓主及随葬品难以如土坑墓一样从墓坑的上面进入墓室，应存在位于墓侧墓道以便进入的规律出发，在砖室墓归类中，除窄坑墓外，除原资料明确指出"无墓道"的情况外，均以"有墓道（a）"分类。在未报道有墓道的窄坑墓中，对或有甬道、或有封门、或有券顶者，均按"有墓道（a）"归类。对未报道有甬道、有券顶、有封门的窄坑墓，考虑该型墓狭窄，不一定有墓道存在，因此据原始资料以"无墓道（b）"进行归类（如耒阳花石坳 M7 就是先挖一个 1.5—2 米深土坑，砌 0.5—0.6 米高砖墙，用素砖和花砖叠纵铺，无券顶）。对个别如昭平乐群 M1，原报告明确指出其为"无墓道"，但从该墓长 3.9 宽 3.6 深 2.3 米，不仅规格甚大，而且券顶完好，从外侧难以券顶的角度判断，该墓当有墓道。此外如广州 M5080、M5081 等两墓，其原资料虽亦明确指出"无"墓道，但从 2 墓为穹隆顶且有甬道的情况判断，其当亦以"有墓道（a）"分类。

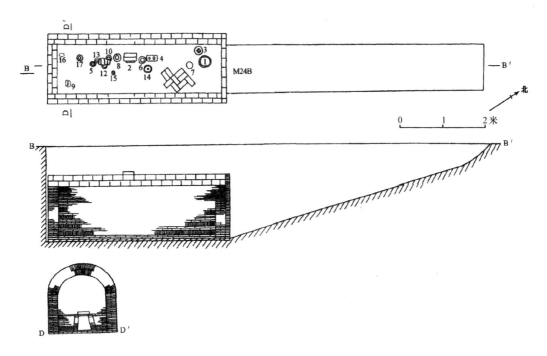

图二·2·1　乙AⅠa型墓葬平剖面图

（广西合浦风门岭 M24，载广西壮族自治区文物工作队、合浦县博物馆《合浦风门岭——2003—2005 年发掘报告》，科学出版社 2006 年版，第 86、87 页，图六〇）

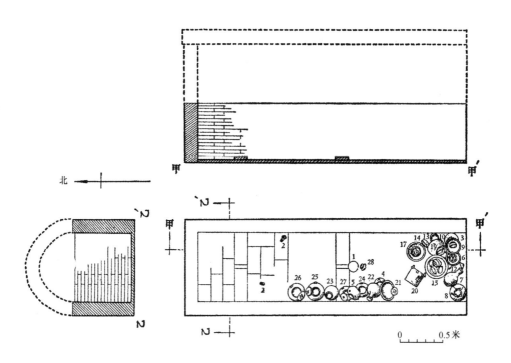

图二·2·2　乙AⅠa型墓葬平剖面图

（广东广州 M4031，载广州市文物管理委员会、广州市博物馆《广州汉墓》上，文物出版社 1981 年版，第 308 页，图一八三）

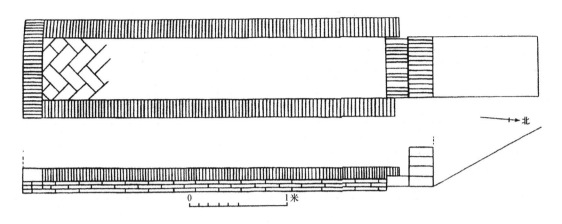

0　　　　　　　　　　　1米

图二·2·3　乙AⅠa型墓葬平剖面图

(广西合浦罗屋村 M2，载广西壮族自治区文物工作队、合浦县博物馆《广西合浦县罗屋村古墓葬发掘报告》，

《广西考古文集2》，科学出版社 2006 年版，第 315 页，图二)

葬至东汉初期 3 座（合浦 3），东汉早期 1 座（衡阳 1），东汉中期 6 座（合浦 4，衡阳、番禺各 1），东汉晚期 9 座（合浦 4，阳朔 2，贵县、岑溪、耒阳各 1）。

斜坡式墓道中，除 3 座未介绍坡度的墓道外，其余 17 座墓道的坡度在 15°—49°之间，其中 11°—20°有 7 座（合浦 5，衡阳、阳朔各 1），21°—30°有 9 座（合浦 5，衡阳 2，贵县、岑溪各 1），31°以上 1 座（阳朔 1）。该型墓的墓道坡度较大。

（2）阶梯式，共 18 座（耒阳 16，长沙、兴安各 1），其中东汉中期 6 座（耒阳 4，长沙、兴安各 1），东汉晚期 12 座（耒阳 12）。绝大多数均未介绍墓道的具体规格。

该型墓中资兴 78M515、始兴造纸厂 M1、M2 均未介绍墓道规格，但从其甬道偏于一侧的情况看，其墓道当偏居一侧。

3. 墓葬结构

该型墓中合浦风门岭 M24B 后壁有龛，呈梯形，上宽 0.4、下宽 0.55—0.25 米。

该型墓中有 3 座有二层台（合浦、资兴、耒阳各 1），均为东汉晚期，其中耒阳 M1 墓室内的两边有 0.14 米浅沟，内填熟土，再砌两层砖作护土墙，成宽 0.3—0.12 米的二层台，其上 0.18 米处，宽 0.17 米，用青砖砌二层台。资兴 78M511 以熟土为二层台，宽 0.3、高 0.12 米，其上 0.18 米处，宽 0.17 米，以青砖铺砌。合浦母猪岭 M2 的墓室后壁，有用砖砌长 52×14－32 厘米的二层台。该类墓平均长 5.43、平均宽 1.48 米，平均面积 8.036 平方米，规格甚大。

该型墓中衡阳 90 郊新 M4 为砖木合构，其墓壁为单砖横放、双砖纵放砌成双墙，厚 34－110 厘米。在墓底平砖一纵两横错缝横铺，墓门用砖叠砌封闭。而在左右两壁高 85 厘米处，有宽 10 厘米台阶，应是在棺椁放置后搭木板代替木椁。

该型墓中合浦凸鬼岭 M18 有耳室，1.44×0.8－0.78 米，单砖券顶。

该型墓中 23 座有甬道（始兴、资兴、衡阳各 3，赣县、耒阳各 2，长沙、广州、大庸、贵县、乐平、阳朔、番禺、岑溪、全州、万载各 1），其中东汉中期 5 座（始兴 3，番禺、万载各 1），东汉晚期 16 座（衡阳、资兴各 3，赣县、耒阳各 2，岑溪、耒阳、乐平、广州、贵县、阳朔各 1），仅知东汉墓 2 座（长沙、全州 1）。该类墓平均长 5.43、平均宽 1.74 米，平均面积

9.448平方米,规格甚大。

该型墓葬,砖壁多为条砖单隅错缝砌就,多数墓底为人字形铺底,少数为直铺或错缝平铺,墓顶多单层直券顶,少数双层。如合浦母猪岭M2墓壁为"二顺一丁"单砖砌成,后壁砖砌二层台,距墓底60厘米起券,墓底为单砖人字形铺底。合浦罗屋村M2墓壁三横一竖双隅错缝结砌,底人字形铺砖。

该型墓所用多为青砖,少数红砖(阳朔05YGLM31)。以绳纹、几何形纹为主,其中耒阳地区该型墓所用砖纹饰,有几何纹、横S形纹、鱼纹、条形纹、叶脉纹、铜钱纹、菱形纹、五铢钱纹或两种纹饰并用,共19种。

该型墓所用条砖规格多以36×18-8厘米、少数厚5-6厘米,其中合浦罗屋村M2用砖20×12-4厘米最小,广州94大宝岗M19条砖长48×26-7.5厘米,甬道用砖长48×26-6厘米最大。券顶用砖规格介绍甚少,如万载泉塘东汉墓条砖24×15-8.5厘米,券砖22.5×15-(7—8.5)厘米;保靖84保梅洞M5条砖33×15—5.5,楔形砖32.5×15—3.5厘米。赣县90赣三M1、M2方砖(22—24)×(20—21)-(6.5—7)厘米;条砖(33—33.5)×9-(7—7.5)厘米;楔形砖(23—24)×(19—19.5)-(3.5—6)厘米。衡阳90郊新M11条砖36×17—6厘米,楔形砖有两种,其中一种一端厚6、另一端厚3厘米,一种宽9厘米,一端厚6、另一端厚3厘米。总体上楔形砖长宽与条砖相近,厚度有异。

(二)乙AⅠb型(窄坑单室无墓道)

该型墓共59座(图二·2·4、图二·2·5)。

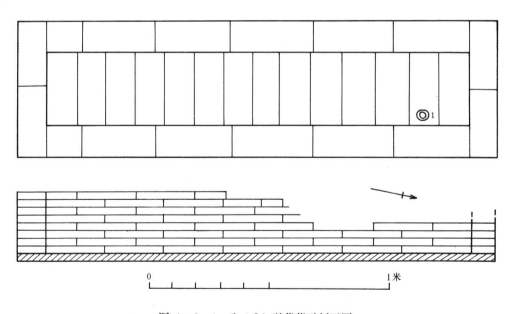

图二·2·4　乙AⅠb型墓葬平剖面图

(广西合浦罗屋村M6,载广西壮族自治区文物工作队、合浦县博物馆《广西合浦县罗屋村古墓葬发掘报告》,《广西考古文集2》,科学出版社2006年版,第318页,图八)

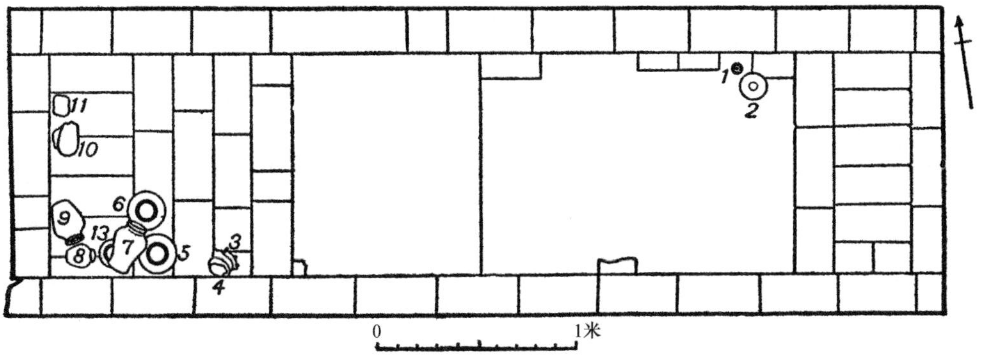

图二·2·5 乙AⅠb型墓葬平面图

（湖南长沙 M236，载中国科学院考古研究所《长沙发掘报告》，科学出版社 1957 年版，第 130 页，图一〇八）

1. 墓葬分布与规格

该型墓的数量虽少，但分布亦甚分散（附录一附表 A 的附表 A47、附图二·2·3）。从附表及图看，该型墓在北海、合浦、湘乡出现最早，大庸、保靖、耒阳、零陵、长沙等地出现于东汉早期，德安、博罗、藤县始见于东汉中期，常德、衡阳、永新等地至东汉晚期才出现。该型墓多见于岭南和湖南，少见于江西，不见于福建。

该型墓平均长 3.57、平均宽 1.11 米，平均面积 3.96 平方米，规格甚小，其中耒阳花石坳 M7 以 25.38 平方米最大，合浦罗屋村 M6 以 0.49 平方米为最小，大小相差 51.7 倍左右，甚为悬殊，其中东汉早期相对最大，而东汉晚期相对最小（附录一附表 A 的附表 A48）。

2. 墓葬朝向与墓道

该型墓中 41 座介绍墓葬方向，其中南向较多，东向次之，西北向最少（附图二·2·4）。

3. 墓葬结构

该型墓中有 13 座介绍有墓室结构。如耒阳花石坳 M7 乃先挖 1.5—2 米深土坑，之后在其内用素砖和花砖平叠纵铺砌 0.5—0.6 米高砖墙，无券顶，墓底用砖纵铺。多数墓壁为单隅。如合浦罗屋村 M6 墓壁单隅错缝结砌，底铺横砖；长沙 55 白泥塘 M21 墓壁单砖砌就，墓底人字形平铺。长沙 M236 为双隅，底部平砖铺底。合浦七星岭 M12 墓壁为二平一竖平砌到顶，墓底直行铺底。

该型墓中少数墓葬，如永新 63 粟湖东汉墓的墓壁平砖横砌，后壁南部用带榫条砖侧砖横砌，墓底无铺底砖。

该型墓中条砖多在 30 厘米与以上，其中合浦七星岭 M12 条砖 25×12—2.5 厘米最小，衡阳 90 郊新 M12 条砖（34—38）×（16—20）-（5—7）厘米最大，合浦 57 钟屋汉墓有两种规格墓砖，其中大者 35×18 - 4 厘米、小者 25×12 - 2.5 厘米，楔形砖规格与大砖近似。

（三）乙AⅡa型（窄坑双室有墓道）

该型墓共 66 座，数量虽少，但分布甚为分散（附录一附表 A 的附表 A49、附图二·2·5）。

1. 墓葬分布与规格

该型墓在合浦、北海、南昌地区出现最早，东汉早期始见于郴州，东汉中期在广州、长沙、德安、耒阳、深圳、兴安、韶关等地出现，九江、清江、阳朔、增城、资兴等地在东汉晚期方始出现。从空间上看，该型墓虽然在岭南、湖南地区有较多分布，但与乙 A Ⅰ 型相比，江西该型墓明显增多，福建不见（图二·2·6—图二·2·9）。

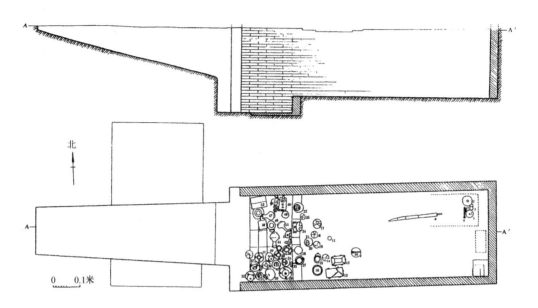

图二·2·6　乙 A Ⅱ a 型墓葬平剖面图

（广东广州先烈南路大宝岗 M2，载广州市文物考古研究所《广州先烈南路大宝岗汉墓发掘报告》，《广州文物考古集》，文物出版社 1998 年版，第 243 页，图五）

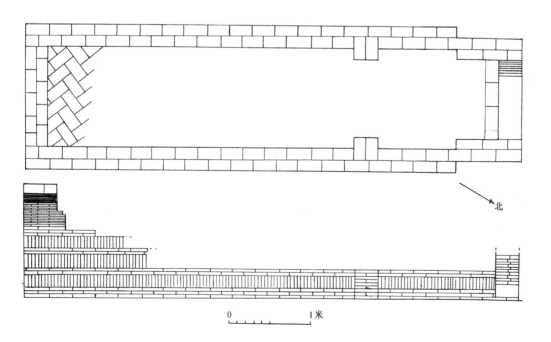

图二·2·7　乙 A Ⅱ a 型墓葬平剖面图

（广西合浦罗屋村 M5，载广西壮族自治区文物工作队、合浦县博物馆《广西合浦县罗屋村古墓葬发掘报告》，《广西考古文集 2》，科学出版社 2006 年版，第 317 页，图七）

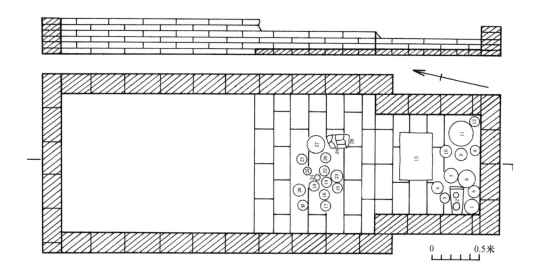

图二·2·8 乙AⅡa型墓葬平剖面图

（广东深圳红花头 M3，载广东省博物馆、深圳市博物馆《深圳市南头红花园汉墓发掘简报》，《文物》1990 年第 11 期，第 30 页，图三）

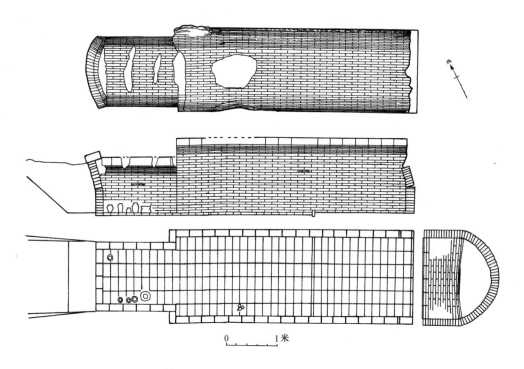

图二·2·9 乙AⅡa型墓葬平剖面图

（广西阳朔高田镇 M15，载广西壮族自治区文物工作队、桂林市文物工作队、阳朔县文物管理所《2005 阳朔县高田镇古墓葬发掘，报告》，《广西考古文集（第三辑）》，科学出版社 2007 年版，第 153 页，图二一）

　　该型墓平均长 5.57、平均宽 1.67 米，平均面积 9.329 平方米，其中清江 72 武陵 M1 以 29.515 平方米为最大，而九江 80 玉兔山 M1 以 2.773 平方米为最小，相差 10.64 倍左右。在不同时期中，其中东汉晚期相对最大，新莽至东汉初期相对最小（附录一附表 A 的附表 A50）。

2. 墓葬朝向与墓道

该型墓中 57 座介绍墓葬方向，其中东向最多，北向次之，西北向最少（附图二·2·6）。

该型墓中 22 座介绍有墓道情况，除 10 座未发掘外，其余 12 座墓葬的墓道分两种：

（1）斜坡式，共 6 座（合浦 3，广州、北海、阳朔各 1），其中新莽至东汉初期 2 座（合浦、北海各 1），东汉中期 1 座（广州 1），东汉晚期 3 座（合浦 2、阳朔 1）。该类墓平均长 4.68、平均宽 1.38 米，平均面积 6.458 平方米，规格较小。

6 座斜坡式墓道的坡度，在 13°—43°之间，其中 11°—20°有 4 座（合浦 2，北海、广州各 1，其中新莽至东汉初期 2，东汉中期、东汉晚期各 1），21°—30°有 1 座（合浦，东汉晚期），31°以上共 1 座（阳朔，东汉晚期）。除广州 92 大宝岗 M2 有资料介绍距底 0.65 米外，其余各墓均未介绍距底情况。

（2）阶梯式，共 6 座（耒阳 6），其中东汉中期 1 座，东汉晚期 5 座。均未介绍墓道形制规格。

3. 墓葬结构

该型墓中 2 座墓有壁龛（长沙、合浦各 1），其中东汉晚期 1 座（合浦 1），仅知为东汉墓者 1 座（长沙 55 燕子嘴 M2），其中合浦罗屋村 M3 后壁头龛宽 1、深 0.3 米，后壁中部壁龛宽 0.3、深 0.25 米。

该型墓中广州 92 大宝岗 M2 为砖木合构，其墓壁单隅，无券顶，墓顶用木板铺盖。

该型墓中 8 座墓有耳室（广州 8），其中东汉中期 1、东汉晚期 7 座。如广州 M5020 前室为 1.08×1.16 米，后室 3.4×1.16 米，耳室 0.66×0.7 米。该类墓平均长 4.91、平均宽 1.41 米，平均面积 6.923 平方米，规格较小。

该型墓中 16 座墓有甬道（广州 5，合浦、南昌、长沙各 2，深圳、宜丰、资兴、阳朔、郴州各 1），其中东汉早期 1 座（郴州 1），东汉中期 3 座（广州、南昌、深圳各 1），东汉晚期 9 座（广州 4、合浦 2，南昌、阳朔、资兴各 1），仅知为东汉墓者 3 座（长沙 2、宜丰 1）。该类墓平均长 5.81、平均宽 1.62 米，平均面积 9.41 平方米，规格明显较大。如合浦罗屋村 M5 甬道 0.8×0.96 米，前室 0.94×1.2 米，后室 3.8 米，前后室以方柱分隔；郴州 80M3 甬道 1.1×0.88 - 1.2 米，前室 0.9×1.4 - 1.7 米，后室 2.6×1.4 - 1.7 米。

该型墓墓壁单隅或双隅错缝结砌，墓底多为一层铺砖，少数两层。如广州 M4034 墓壁单隅错缝结砌，前室墓底人字形铺砖，后室底部错缝平铺，后室较前室高 0.04 米；合浦罗屋村 M3 墓壁两横一竖双隅错缝结砌，底人字形铺砖，封门砖单砖横砌；长沙 55 东汉墓墓壁用砖平铺直砌，墓底横直交错平铺，前室低于后室 0.14 米。合浦母猪岭 M1 墓壁均双隅结砌，下部四组"二顺一丁"后错缝叠砌，1.2 米起券，高 1.95 米；后壁双层砖错缝叠砌；封门单砖错缝叠砌高 1.15 米；前室墓底横列错缝平铺，后室墓底纵列平铺。

该型墓用砖规格以 36×18 - 8 厘米较多，其中南昌青云谱 M3 条砖种类较多，有 42×16 - 6、39×17 - 8、38×18 - 7、37×17 - 6、36×20 - 7、33×17 - 7 厘米等多种，其中以 39×17 - 8、38×18 - 7 厘米常见，规格较大；合浦罗屋村 M3 条砖有 25×12 - 3、30×14 - 4 厘米两种，规格甚小。楔形砖规格介绍较少，其中南昌 73 丁 M1 条砖为 34.5×15 - 6 厘米，楔形砖厚 4.5 - 6 厘米；深圳红花园 M3 条砖有 36×18 - 6、35×18 - 4 厘米两种，楔形砖长 24 - 36、宽 14.5 - 19.5、厚 2.5 - 4.5 厘米；广州 M5024 条砖 34×17 - 6 厘米，楔形砖厚 4 - 7 厘米。

（四）乙AⅡb型（窄坑双室无墓道）

该型墓数量甚少，仅4座，其数量虽少，但分布于江西、湖南、广东、广西4省，甚为分散（图二·2·10、11）。

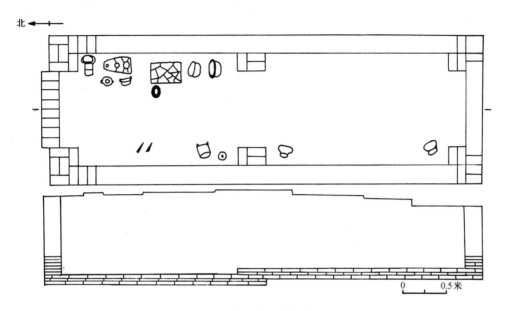

图二·2·10　乙AⅡb型墓葬平剖面图

（江西樟树薛家渡，载江西省文物考古研究所、江西省樟树市博物馆《江西樟树薛家渡东汉墓》，《南方文物》1998年第3期，第16页，图三）

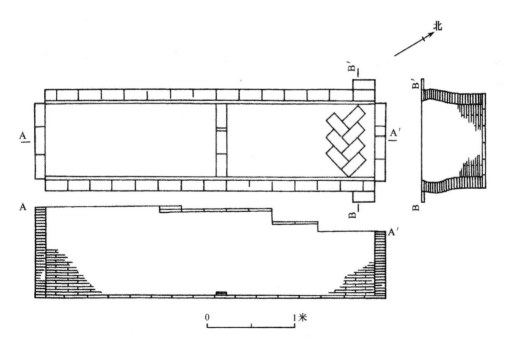

图二·2·11　乙AⅡb型墓葬平剖面图

（广西合浦风门岭M21，载广西壮族自治区文物工作队、合浦县博物馆《合浦风门岭汉墓——2003—2005年发掘报告》，科学出版社2006年版，第100页，图六九）

该型墓平均长 5.19、平均宽 1.37 米，平均面积 7.11 平方米，规格较小，其中东汉晚期相对最大，新莽至东汉初期相对最小。

该型墓中南北向 2 座，数量较多。

该型墓均为单隔，墓底人字形铺砖，其中樟树薛家渡东汉墓的墓壁为平砖错缝纵铺叠砌，墓门用侧砖及平砖交错叠砌。铺地砖多至三层，其中第一层斜缝斜铺人字形，第二层对缝横铺，第三层对缝纵铺；广州 M4035 墓壁单隔错缝结砌，墓底人字形铺底，中部以一排单砖平铺相隔，象征前后二室；合浦风门岭 M21 墓壁用砖单层平铺砌成，墓底人字形，后砌棺床高出前室三砖。

该型墓中樟树薛家渡东汉墓条砖 37×17－6 厘米，楔形砖 37×17－（4—6）厘米。合浦风门岭 M21 条砖 33×17－6 厘米。

（五）小结

从上述 4 类乙 A 类砖室墓葬的分析看，乙 A 类墓葬具有如下特点：

第一，4 类墓葬数量差异较大（附录一附表 A 的附表 A51、附图二·2·7），其中乙 A Ⅰ a 型最多，乙 A Ⅱ b 型最少。

第二，各类乙 A 类墓葬的规格差异突出（附录一附表 A 的附表 A52、附图二·2·8）。

A　乙 A Ⅱ a 型最大，而乙 A Ⅰ b 型最小。

B　有墓道砖室墓（乙 A Ⅰ a 型、乙 A Ⅱ a 型）的数量与规格，均普遍大于无墓道的砖室墓（乙 A Ⅰ b 型、乙 A Ⅰ b 型）。

C　不仅双室砖室墓（乙 A Ⅱ a 型、乙 A Ⅱ b 型）大于单室砖室墓（乙 A Ⅰ a 型、乙 A Ⅰ b 型），而且无墓道的双室砖室墓（乙 A Ⅱ b 型）也大于有墓道的单室砖室墓（乙 A Ⅰ a 型）。

D　单室砖室墓（乙 A Ⅰ a 型、乙 A Ⅰ b 型）的数量多于双室砖室墓（乙 A Ⅱ a 型、乙 A Ⅱ b 型）。

E　该型各类砖室的总趋势均以东汉晚期为多，新莽至东汉初期为少，随时间发展而递增。

第三，各时期各类乙 A 类墓葬的规格差异也很明显（附录一附表 A 的附表 A53、附图二·2·9）：

A　排除数量极少的乙 A Ⅱ b 型后，在各时期该型墓中东汉晚期乙 A Ⅱ a 型最大，东汉早期乙 A Ⅰ a 型最小。

B　新莽至东汉初期、东汉早期该型墓规格普遍较小，而从东汉中期开始，该型墓不仅数量大增，而且规格也明显变大，东汉中期应是该型墓得到较大发展的重要阶段。

C　四类墓均处于与新莽至东汉初期，数量均极少。而从东汉早期开始，单室的乙 A Ⅰ a 型数量有了较大增加，而后增长甚快；规格较大的乙 A Ⅱ b 型在新莽至东汉初期、东汉早期的数量一直较少，到东汉中期后才大为增多。而无墓道的乙 A Ⅱ b 型一直甚少。

第四，各地各类墓葬的数量存在明显差异（附录一附表 A 的附表 A54、附图二·2·10）。

A　在 42 个地点发现了乙 A 类墓葬，其中既有如合浦、长沙等 2 个地点 4 个型的墓葬齐全；广州、常德、耒阳、德安等 4 个有 3 个型的墓葬；阳朔、资兴、兴安、南昌、郴州、北海、大庸、零陵、衡阳、保靖、清江等 11 个具 2 个型的墓葬；湘乡、徐闻、番禺、始兴、万载、四会等 25 个地点仅有 1 个型的墓葬，在数量上大体呈"金字塔"分布，华南各地乙 A 类墓葬的发现情况存在很大差异。

B　合浦不仅 4 类墓葬齐全、数量较多，且各类墓在该地的出现时间也为最早，而小型的乙

AⅠa 型墓所占比重最大，各时代各类墓的数量也大体相近。而长沙地区在东汉早期该型墓的数量极少，到东汉中期突然增多，东汉晚期快速降低。因此从 2 地该型墓的出现情况，并结合位于合浦附近的北海、徐闻等地该型墓出现不仅较早，且数量均较多的情况分析，合浦地区大体应是该型墓的起源及分布中心（当然从该型墓在该地各类墓葬中总体数量较少的情况分析，其应非当地墓葬形式的主流）。

C 在有 3 个型墓葬的 4 个地点中，耒阳乙 A 类墓数量最多。在时代上，德安的东汉中期墓较多，耒阳以东汉晚期为主，而广州东汉中期、东汉晚期墓该型墓的数量均较多，常德各时代各类墓的数量均甚少。在墓葬规格上，广州明显以规格较大的双室墓为主，而耒阳以规格较小的单室墓为多。因此在 4 地中，结合各类墓的时代分布和墓葬规格看，广州地区（含番禺）应是该型墓在合浦之外的另一个中心，而在时代上略晚于合浦。

D 有 2 个型墓葬的 11 地点的情况存在差异：北海该型墓出现虽早，但东汉中期后不见；南昌从新莽至东汉初期延续到东汉晚期，以规格较大乙 A Ⅱ a 型墓葬为主，与同样延续时间较长但以乙 A Ⅰ a 型为主的衡阳正好相反；郴州、零陵、保靖仅见东汉早期；兴安仅见东汉中期；资兴、阳朔仅见东汉晚期；大庸见于东汉早期与东汉晚期。

E 在仅有 1 个型墓葬的 25 地点中，湘乡仅新莽至东汉初期有 1 座，之后不见；徐闻从东汉早期延续到东汉中期，时间长，墓葬数量多；英德、始兴、万载、四会、博罗、藤县、深圳、韶关、番禺仅见东汉中期；贵县、赣县、岑溪、乐平、清江、永新、九江、增城仅见东汉晚期。

F 从上述各地乙 A 类墓的出现情况看，以该型墓最早出现且数量较多的合浦、南昌、长沙及湘乡为中心，大体上存在三个不同的发展序列：以合浦为中心向北海、徐闻、广州、阳朔、贵县、兴安、深圳、博罗、岑溪等岭南各地发展；以南昌为中心向万载、清江、九江等江西各地发展；以长沙湘乡为中心，向衡阳、郴州、零陵、保靖、资兴等湖南各地发展。

二 乙 B 类（长方形墓）①
（一）乙 B Ⅰ a 型（长方形单室有墓道）
该型墓共 226 座，数量较多，分布分散（附录一附表 A 的附表 A55、附图二·2·11）。

1. 墓葬分布与规格

该型墓在长沙、合浦、零陵、南昌、修水、郴州、湘乡等地出现于新莽至东汉初期，徐闻、大庸、衡阳、耒阳、醴陵、赣州、古丈、南雄、兴安等地见于东汉早期，韶关、番禺、博罗、德安、华容、萍乡等地见于东汉中期，阳朔、广州、南康、资兴、常德、益阳、昭平等地见于东汉晚期，其中，长沙、合浦、南昌、郴州不仅出现最早，且持续时间也最为悠长；大庸、衡阳、耒阳、宜春等地不仅持续时间长，且墓葬数量较多。其他地点如常德、广州等地不仅出现晚、持续时间短，且墓葬数量相对甚少。在总体上，湖南、江西、广西等地该型墓出现早，分布广，持续时间长，广东出现晚，数量少，散布很快，福建不见（图二·2·12—图二·2·16）。

---

① 长方形，指墓室前后大体等宽，宽长比≥0.401 的墓葬。个别近方形的单室墓，如番禺 M14、常德常东 M2、娄底 95 南阳东汉墓、大庸 DM56、长沙 78 金塘坡 M13 也被归入本类中。此外衡阳茶山坳砖室墓仅介绍墓葬"一般长 3、宽 1.2 米"，可知宽长比为 0.4，但其无墓葬登记表，未介绍各墓的具体规格，而从唯一提供墓葬平面的 M18 看，其长 3.49×1.99 米，规格甚大，因此考虑到其所言的"一般长"仅是约数，并非实值，故将该简报中茶山坳发现的墓葬均纳入本类而非乙 A 类墓葬中加以分析。

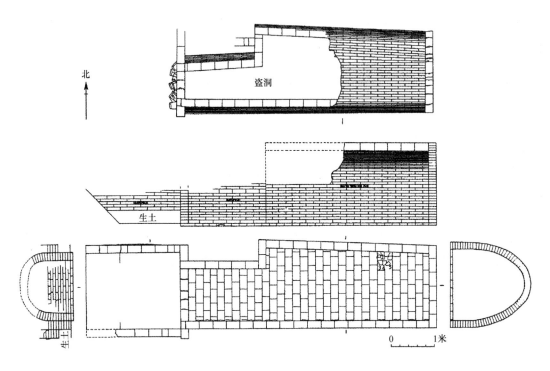

图二·2·12　乙BⅠa型墓葬平剖面图

（广西阳朔高田镇 M16，载广西壮族自治区文物工作队、桂林市文物工作队、阳朔县文物管理所《2005 阳朔县高田镇古墓葬发掘报告》，《广西考古文集（第三辑）》，科学出版社 2007 年版，第 157 页，图二五）

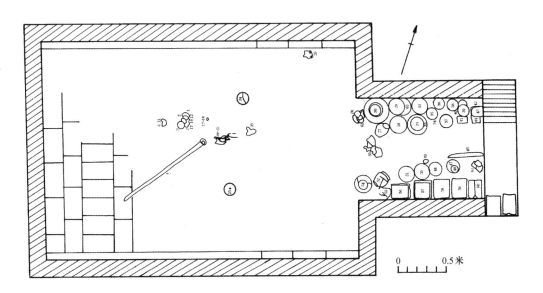

图二·2·13　乙BⅠa型墓葬平面图

（湖南衡阳茶山坳 M26，载衡阳市博物馆《湖南衡阳市茶山坳东汉至南朝墓的发掘》，《考古》1986 年第 12 期，第 1079—1093 页，图七）

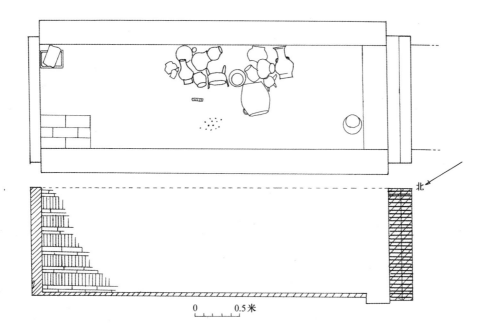

0　　0.5米

图二·2·14　乙BⅠa型墓葬平剖面图

（广西合浦母猪岭 M6，载广西文物工作队、合浦县博物馆《广西合浦县母猪岭东汉墓》，
《考古》1998 年第 5 期，第 38 页，图二）

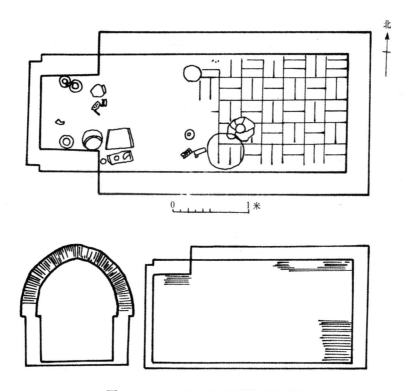

0　　　　1米

图二·2·15　乙BⅠa型墓葬平剖面图

（湖南衡阳豪山头，载张欣如《湖南衡阳豪山头发现东汉永元十四年墓》，《文
物》1997 年第 2 期，第 93 页，图二，三）

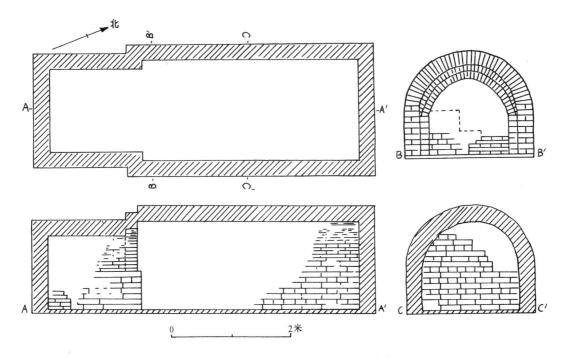

图二·2·16 乙 B I a 型墓葬平剖面图

（江西南康荒塘 M3，载赣州地区博物馆、南康县博物馆《江西南康县荒塘东汉墓》，《考古》1996 年第 9 期，第 44
页，图一三）

该型墓平均长 3.72、平均宽 1.77 米①，平均面积 6.5849 平方米，规格较小，其中茶陵 96
一中 M3 以 29.88 平方米为最大，广州 M5014 以 0.745 平方米为最小，大小相差 40.1 倍，其中
新莽到东汉初期相对最大，东汉早期相对最小（附录一附表 A 的附表 A56）。

2. 墓葬朝向与墓道

该型墓中 174 座有介绍墓葬方向，以西向较多南向次之，东北向最少（附图二·2·12）。

该型墓中 32 座有介绍墓道情况，其中 3 座未介绍形制规格，2 座仅介绍规格未介绍形制，
其余 27 座墓葬的墓道分 4 种：

（1）斜坡式，共 13 座（衡阳 4、岑溪 3、番禺、合浦各 2，兴安、阳朔各 1），其中东汉早
期 4 座（衡阳 4），东汉中期 3 座（番禺、合浦、兴安各 1），东汉晚期 6 座（岑溪 3，番禺、合
浦、阳朔各 1）。

斜坡式墓道中，4 座未介绍墓道坡度。2 座介绍坡度区间②，其余 7 座墓道的坡度在 18°—
55°之间，其中 11°—20°有 2 座（合浦、岑溪各 1），21°—30°有 3 座（岑溪 2、阳朔 1），31°以
上 3 座（衡阳 2、岑溪 1）。墓道坡度较大。

（2）阶梯式，共 12 座（耒阳 12），其中东汉早期 1 座、东汉中期 4 座、东汉晚期 7 座，仅
耒阳耒花营 M1 介绍墓道宽约 1.5 米，每阶宽 0.34—0.46 米。

（3）竖井式，1 座，为东汉晚期岑溪胜塘顶 M10，其墓道为平底的长方形坑，1×1.16 米。

---

① 该型墓中，有 50 座未介绍墓葬长度，有 48 座未介绍墓葬宽度。此外，还有一些墓葬的规格为残长、残宽。

② 衡阳 88 岳荆 M3、M6 原报告仅报道墓道的坡度在 20°—55°之间，无具体数值。

（4）斜坡平底式，1座，为东汉晚期阳朔05YGLM16，其墓道1.44－2.24×1.78、残宽0.8米，宽于甬道，最前端有斜坡，两壁用单砖错缝横砌，底部生土。

该型墓中9座墓道偏于一侧（宜春4，安福3，阳朔、资兴各1），其中除资兴78M499无甬道外，其余8座均有甬道。该类墓平均长5.07、平均宽1.99米，平均面积10.089平方米，规格较大。

3. 墓葬结构

该型墓中有3座墓有壁龛（番禺、衡阳、华容各1），东汉早期1座（衡阳1），东汉中期2座（番禺、华容各1），其中衡阳88岳荆M5壁龛位于后壁，距底1.3米；番禺M32壁龛位于后壁，长0.32、残宽0.24、深0.18米。该类墓平均长4.32、平均宽1.82米，平均面积7.862平方米，规格略大。

该型墓中有5座墓有二层台（耒阳、衡阳各2，零陵1），其中东汉早期1座（零陵1），东汉中期2座（衡阳2），东汉晚期2座（耒阳2）。零陵东门外一号墓靠北端有二层台，2.2×1.1－0.2米；耒阳91耒竹M1二层台2.45×0.18－0.84米、耒阳91耒竹M2二层台宽0.14、高0.8米，与墓室等长。衡阳茶山坳M26沿墓室南北壁设二层台，一单砖宽，高1.1米。该类墓平均长4.73、平均宽2.07米，平均面积9.791平方米，规格甚大。

该型墓中东汉中期合浦96母猪岭M6墓壁为"二顺一丁"叠砌，高1.28米，疑为木顶。墓底错缝平铺，中部在地面上散置4块条砖，用途不详。而在墓道与墓室间有一条长0.6、深0.24米的沟，推测为墓门所在。是该型墓中仅见的一座砖木合构之墓。该墓3.64×1.58米，面积5.751平方米，规格甚小。

该型墓中84座墓有甬道（宜春14、大庸10、耒阳8、衡阳6、阳朔5，郴州、岑溪各4，安福、长沙、南康、番禺各3，韶关、萍乡、资兴各2，宝安、博罗、茶陵、津市、阳山、兴安、泰和、始兴、深圳、平乐、南雄、娄底、佛山、广州、合浦各1），其中新莽至东汉初期1座（郴州1），东汉早期12座（大庸5、郴州3、衡阳2、耒阳、南雄各1），东汉中期18座（衡阳、长沙各3，番禺、耒阳、韶关各2，博罗、萍乡、深圳、泰和、兴安、宜春各1），东汉晚期34座（大庸、耒阳、阳朔各5，岑溪4，安福、南康各3，资兴2，茶陵、番禺、广州、合浦、衡阳、萍乡、阳山各1），仅知为东汉墓者19座（宜春13，宝安、佛山、津市、娄底、平乐、始兴各1）。该类墓平均长4.59、平均宽2.06米，平均面积9.455平方米，规格较大。各墓甬道规格差异很大，如耒阳91耒竹M2甬道0.75×1.24－1.46米，大庸SM4甬道3×1.2－1.2米。此外，安福02车田M1、M2、M3、阳朔05YGLM16、宜春88宜坝M15、M16、M34、M49等墓甬道均偏于一侧。

该型墓中东汉中期瑞昌赤岗岭M1室内有凸字形耳室两个，与其他墓有异。其面积为（3.25×1.55米）5.037平方米，规格较小。

该型墓中衡阳88岳荆M5、番禺M32均既有甬道，也有壁龛；耒阳91耒竹M1、M2既有甬道，也有二层台。

该型墓砌筑方式多样，在156座资料介绍有构筑形式的墓葬中，既有单隅——如番禺M32墓壁单隅顺砌错缝平放，甬道、壁龛未铺底，墓底横向错缝平铺；衡阳茶山坳M18墓壁单砖平砌，墓底单砖平铺，封门砖顺砌叠砌，1.2米起券；也有双隅——如资兴78M1墓壁双隅纵放错缝叠砌，1.2米起券，墓底中树立一砖，然后从其向四面平放横列错缝铺设墓底；衡阳73豪头山东汉墓双隅平砌，墓底两横两竖平铺两层，墓壁 1.08 米处有 10 厘米宽二层台，1.45 米起券；广州 94 大宝岗 M22 墓壁双隅砌筑，甬道底部横向错缝平铺。

该型墓用砖规格多、差异大，如衡阳茶山坳 M18 条砖有 40×17 - 7、39×16 - 7、37×17 - 7、36×16 - 6 厘米等多种；韶关 66 西狗 M16 条砖有 42×16 - 6、39×17 - 8、38×18 - 7、37×17 - 6、36×20 - 7、33×17 - 7 厘米多种，其中以 39×17 - 8、38×18 - 7 常见，方砖为条砖一半；南康荒塘 M3 条砖 27×18.5 - 8.5 厘米、子母口砖 36×11 - 8.5 厘米、楔形砖 26×22 - (5.5—6.5) 厘米。徐闻地区墓砖普遍较小，如徐闻 M26 等墓条砖（22—24）×（11—12）- 2 厘米；徐闻 03 灰场东汉墓条砖为 23×13 - 1.8 厘米。

（二）乙 B Ⅱ a 型（长方形双室有墓道）

该型墓共 28 座，数量较少，分布较分散（附录一附表 A 的附表 A57、附图二·2·13）。

1. 墓葬分布与规格

该型墓仅在合浦出现于新莽至东汉初期，常德、衡阳、郴州见于东汉早期，德安、佛山、广州、南昌、韶关、兴安、长沙等地见于东汉中期，耒阳见于东汉晚期，其中合浦不仅出现最早，且持续时间也甚长；常德、衡阳出现时间次之，持续时间也较长。其他广州、长沙等地不仅出现晚、持续时间也甚短，墓葬数量相对甚少。总体上广西、湖南等地出现较早，分布较广，持续时间较长；广东、江西等地该型墓出现较晚，数量较少，但散布同样较快；福建不见（图二·2·17—图二·2·19）。

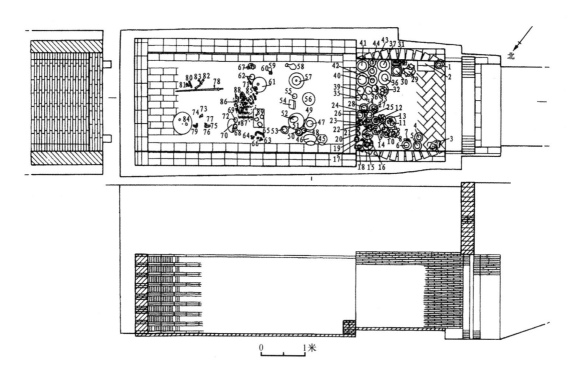

图二·2·17 乙 B Ⅱ a 型墓葬平剖面图

（广西合浦九只岭 M6a，载广西壮族自治区文物工作队、合浦县博物馆《广西合浦县九只岭东汉墓》，《考古》2003 年第 10 期，第 61 页，图七）

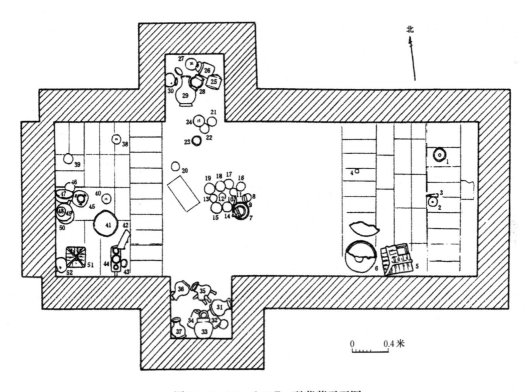

图二·2·18 乙BⅡa型墓葬平面图

（江西南昌塘 M3，载江西省博物馆《江西南昌地区东汉墓》，《考古》1981 年第 5 期，第 427 页，图四）

图二·2·19 乙BⅡa型墓葬平面图

（广东广州先烈南路大宝岗 M1，载广州市文物考古研究所《广州先烈南路大宝岗汉墓发掘简报》，《广州文物考古集》，文物出版社 1998 年版，第 244 页，图六）

　　该型墓平均长 5.28、平均宽 2.44 米[①]，平均面积 12.883 平方米，规格较大，其中南昌塘山 M3 以 35.72 平方米最大，衡阳 88 岳荆 M7 以 5.865 平方米为最小，大小相差 6.09 倍，其中新莽至东汉初期相对最大，东汉早期相对最小，到东汉中期继续有所上升（附录一附表 A 的附表 A58）。

――――――――

① 在乙BⅡa型墓中，50 座未介绍墓葬长度，48 座未介绍墓葬宽度。此外，还有一些墓葬的规格为残长、残宽。

2．墓葬朝向与墓道

该型墓中22座介绍墓葬方向，其中以南向较多，北向次之，东北向和西向均只有1座（附图二·2·14）。

该型墓中6座介绍墓道情况，分3种：

（1）斜坡式，共2座（合浦、衡阳各1），其中东汉早期1座（衡阳1），东汉中期1座（合浦1）。墓道坡度在30°—35°之间，其中21°—30°1座（合浦），31°以上有1座（衡阳1）。

（2）阶梯式，共2座（耒阳2），均东汉晚期，均未介绍墓道规格。

（3）斜坡平底式，共2座（合浦2），其中新莽至东汉初期1座、东汉中期1座，其中合浦九只岭M6A，斜坡式，20°，长约10、宽1.76米。第一段自封门砖0.6米处与墓底齐平，之后起坡；合浦九只岭M5墓道宽斜坡，宽1.94、长17.5米，第一段长0.86米，与墓坑底平，第二段高出5厘米后起斜坡，24°。

3．墓葬结构

该型墓中东汉中期永元三年（公元91年）衡阳04兴隆M2，在墓室两侧设二层台宽0.9×0.1米。该墓长宽为5.4×3.14米，面积16.956平方米，规格较大。

该型墓中，东汉中期长沙55长容汉墓、广州92大宝岗M1均有耳室，其中长沙55长容汉墓甬道两侧有耳室，未介绍具体形制规格；广州92大宝岗M1前室低于后室22厘米，其中北耳室高70、进深43、宽62厘米，南耳室高65、宽54、进深41厘米。2墓中长沙55长容汉墓未介绍具体规格，广州92大宝岗M1，长3.7、宽2.9米，面积10.73平方米，规格较小。

该型墓中8座墓有甬道（长沙2，常德、衡阳、郴州、佛山、韶关、兴安各1），其中东汉早期2座（常德、郴州各1），东汉中期5座（长沙、兴安、佛山、衡阳、韶关各1），东汉晚期1座（长沙1）。甬道规格差异较大，如郴州80M1甬道规格为0.7×1－1.4米，韶关66西地M13甬道规格为1×1.26米。该类墓平均长5.51、平均宽2.43米，平均面积13.404平方米，规格较大。

该型墓砌筑方式多样，在20座介绍有构筑形式的墓葬中，少数单隅——如常德常南M1墓壁单砖顺砌，单券顶，墓底平砖横铺，前室低于后室1—3砖，单行横砖封门；多数双隅——如佛山澜石M5墓壁双隅平砌，墓底人字形平铺；衡阳04兴隆M2墓壁双隅双券，墓底铺砖。合浦九只岭M6A前室墓壁双隅错缝结砌，底铺人字形地砖，穹窿顶，后室墓壁上部距开口1.56米为土壁，下为砖圹，"两顺一丁"结砌，地砖错缝平铺，封门砖上部斜人字形，中部顺砌错缝，下部平砖，内侧略有收分，外加砌一行横砖加固。

该型墓用砖规格多、差异较大。如南昌丝网塘M2条砖（36—37）×（16.5—18）－（6—8）厘米；佛山澜石M5条砖（20—38）×（9—21）－5厘米；楔形砖（32—36）×（14—20）－（4—5）厘米；韶关66西地M13条砖长42×16－6、39×17－8、38×18－7、37×17－6、36×20－7、33×17－7厘米，以39×17－8、38×18－7厘米常见。

（三）乙B类（资料有限，无法细分者）

由于墓葬被严重破坏或目前资料公布有限，在5座墓葬无法具体分类。在5座墓葬中，仅耒阳M136介绍残长3.46、残宽0.7米，有阶梯式墓葬，墓向95°外，其余4墓的相关情况均不清楚。

（四）小结

从上述2类乙B类砖室墓葬的分析看，乙B类墓葬具有如下特点：

第一，2类墓葬数量差异明显（附录一附表A的附表A59），其中乙BⅠa型最多，为乙BⅡ

a 型 8 倍以上。

第二，各类乙 B 类墓葬的规格差异突出（附录一附表 A 的附表 A60、附图二·2·15），乙 B Ⅱ a 型平均面积为乙 B Ⅰ a 型的 1.94 倍。

第三，各时期各类乙 B 类墓葬的规格差异也很明显（附录一附表 A 的附表 A61、附图二·2·16）：

A　新莽至东汉初期乙 B Ⅱ a 型最大，东汉早期乙 B Ⅰ a 型最小。

B　东汉早期乙 B Ⅰ a 型的数量大增，而东汉各段在乙 B Ⅰ a 型数量差距甚小。而与其数量平稳不同，乙 B Ⅱ a 型墓葬在东汉各段的数量差异明显，其中东汉中期相对最多，东汉早期相对最少。

C　整体上，东汉早期该型墓的规格普遍较小。到东汉中期，一方面，乙 B Ⅱ a 型规格迅速扩大，另一方面，乙 B Ⅰ a 型的规格增长甚缓，使其与乙 B Ⅱ a 型墓葬的规格差异快速拉大。从乙 B Ⅱ a 型数量和规格均有较大增长的情况看，东汉中期应是该型墓得到较大发展的重要阶段。从乙 B Ⅰ a 型、乙 B Ⅱ a 型两类在东汉晚期数量虽均有降低，但乙 B Ⅱ a 型的规格与东汉中期不相上下、乙 B Ⅰ a 型规格且大为增加的情况看，东汉晚期该型墓依然取得了快速的发展。

第四，各地各类墓葬的数量存在明显差异（附录一附表 A 的附表 A62）：

A　共 53 个地点发现乙 B 类墓葬，其中 51 个地点发现乙 B Ⅰ a 型，14 个地点发现乙 B Ⅱ a 型墓葬。在 14 个发现乙 B Ⅱ a 型墓葬的地点中，除全南、遂川 2 地外，其他 12 地点均有乙 B Ⅰ a 型墓葬发现。从乙 B Ⅰ a 型墓葬发现看，在 12 个发现两类墓葬的地点之外，更多的是零陵、徐闻、修水、湘乡等 39 个仅发现乙 B Ⅰ a 型墓葬的地点。因此，规格较小的乙 B Ⅰ a 型墓的分布范围，要远远超出乙 B Ⅱ a 型墓葬。

B　从上述 2 个型的墓葬的出现情况看，规格较大的乙 B Ⅱ a 型墓葬的地点基本均有小型乙 B Ⅰ a 型墓葬发现，存在明显交集。而从各地 2 个型的墓葬发现数量看，大型乙 B Ⅱ a 型墓葬的数量一般都低于小型乙 B Ⅰ a 型墓葬，显示出一种"金字塔"形的分布格局。与从各类墓葬中随葬品种类、数量所显示出的墓主社会等级的分别基本一致（详后文）。

C　发现有 2 个型墓葬的 12 个地点，有郡国治，如广州、长沙、南昌、常德、郴州；有县治，如兴安、衡阳、耒阳、韶关；有近郡国治，如佛山。39 个发现乙 B Ⅰ a 型墓葬的地点分 4 种：第一种，零陵为郡国治；第二种，近郡国治，如番禺；第三种，县治，如徐闻、赣县；第四种，其他地点，如深圳、永新、寻乌、平乐等等。从 2 型墓葬的发现情况看，大型乙 B Ⅱ a 型墓葬多集中于一郡的政治与经济中心，小型乙 B Ⅰ a 型墓葬多见于县治等政治与经济次中心。同为郡国治的零陵，从尚未发现大型乙 B Ⅱ a 型墓葬的情况看，其郡国治所代表的汉郡的经济发展等情况，应相对要低于它郡。

D　从各地小型乙 B Ⅰ a 型墓葬的出现时间看，东汉早期出现的有 6 个地点，东汉中期出现地点有 9 个、东汉晚期 10 个，有递增之势。结合该型墓葬数量、规格的发展情况，新莽至东汉初期该型墓开始在个别地点出现，从东汉中期开始得到迅猛发展，东汉晚期在华南得到较大普及。

三　乙 C 类（中字形墓）[①]

（一）乙 C Ⅰ a 型（中字形双室有墓道）

该型墓共发现 195 座（图二·2·20—图二·2·28）。

---

①　中字形 Ⅰ，指前有甬道横前室或方前室，后置长后室；中字形 Ⅱ，指前有甬道横前室，后置双后室；中字形 Ⅲ，指前有甬道横前室，后置三后室。

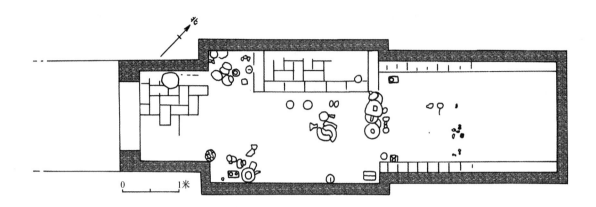

图二·2·20 乙CⅠa型墓葬平面图

（湖南耒阳 M5，载湖南省文物管理委员会《湖南郴日东汉墓清理简报》，《考古通讯》1956 年第 4 期，第 25 页，图二）

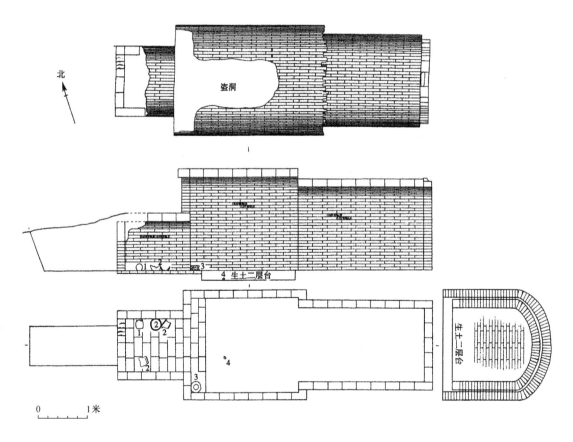

图二·2·21 乙CⅠa型墓葬平剖面图

（广西阳朔高田镇 M11，载广西壮族自治区文物工作队、桂林市文物工作队、阳朔县文物管理所《2005 阳朔县高田镇古墓葬发掘报告》，《广西考古文集3》，科学出版社 2007 年版，第 155 页，图二三）

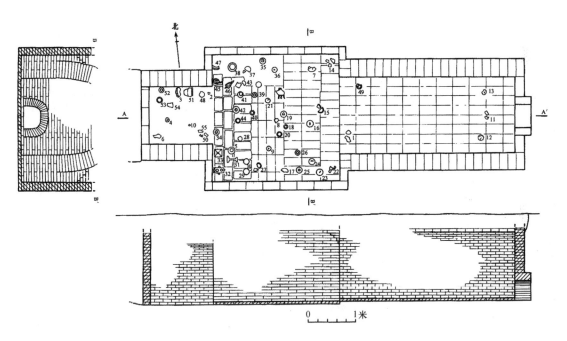

图二·2·22　乙 C I a 型墓葬平面图

（广东广州黄花岗 M3，载广州市文物考古研究所《广州黄花岗汉唐墓葬发掘报告》，《考古学报》2004 年第 4 期，第 456 页，图五）

图二·2·23　乙 C I a 型墓葬平剖面图

（广东番禺 M3，载广州市文物考古研究所、广州市番禺区文管会办公室《番禺汉墓》，科学出版社 2006 年版，第 39 页，图二六）

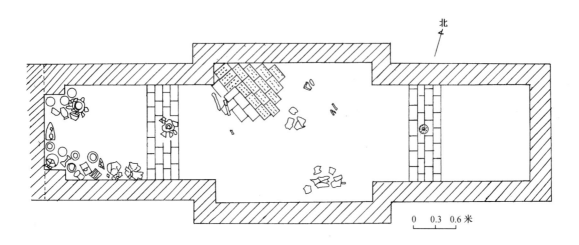

图二·2·24　乙CⅠa型墓葬平面图

（湖南湘乡乡枚87M1，载湘潭市文物工作队《湘乡市近郊发现纪年东汉墓》，《湖南文物3》，湖南大学出版社1988年版，第89—92页，图一）

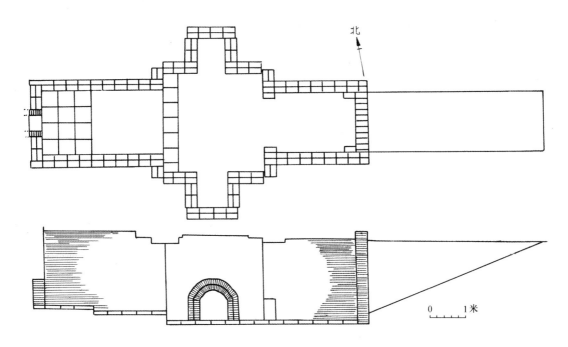

图二·2·25　乙CⅠa型墓葬平剖面图

（广西北海盘子岭M28，载广西壮族自治区文物工作队《广西北海市盘子岭东汉墓》，《考古》1998年第11期，第51页，图五）

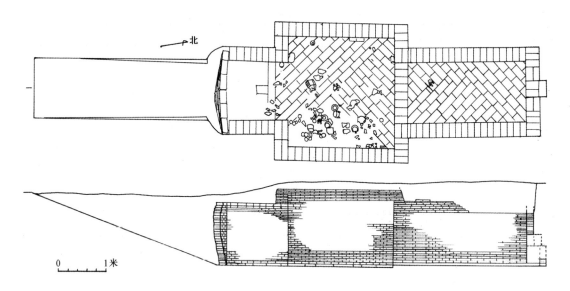

图二·2·26　乙CⅠa型墓葬平剖面图

（广西贵港深钉岭 M17，载广西自治区文物工作队、贵港市文物管理所《广西贵港深钉岭汉墓发掘报告》，《考古学报》2006 年第 1 期，第 90 页，图九）

图二·2·27　乙CⅠa型墓葬平剖面图

（广东番禺 M9，载广州市文物考古研究所、广州市番禺区文管会办公室《番禺汉墓》，科学出版社 2006 年版，第 54 页，图四〇）

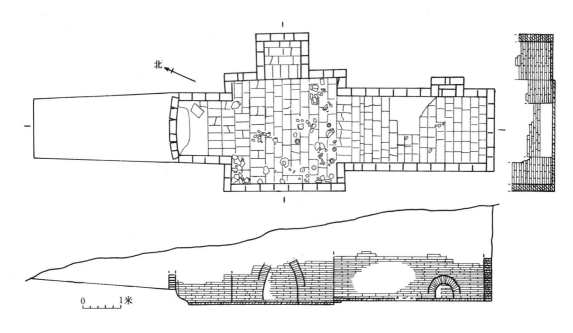

图二·2·28　乙CⅠa型墓葬平剖面图

（广东番禺 M24，载广州市文物考古研究所、广州市番禺区文管会办公室《番禺汉墓》，科学出版社 2006 年版，第
68 页，图五二）

1. 墓葬分布与规格

该型墓的数量较多，分布较为分散（附录一附表 A 的附表 A63、附图二·2·17）。

该型墓在合浦、贵县、北海、邵东出现最早，郴州、广州、零陵、南昌、佛山、常德始见
于东汉早期，大庸、博罗、长沙、番禺等地出现于东汉中期，阳朔、桂林、封开、益阳、兴国
始见于东汉晚期。在空间上，该型墓最早集中于今广西的合浦、贵县一带，之后向外扩散，不
过基本以岭南和湖南为主，江西少见，福建不见。

该型墓平均长 6.78、平均宽 2.78 米，平均面积 18.848 平方米，规格明显较大，其中东汉
晚期相对最大，东汉早期相对最小（附表 Λ64）。

2. 墓葬朝向与墓道

该型墓中有 158 座介绍了墓葬方向，其中南向较多，北向次之，西北向最少（附图二·2·
18）。

在 38 座有介绍墓道情况的墓葬中，有 9 座仅介绍规格而未介绍形制，其余 29 座墓葬的墓道
分三种：

（1）斜坡式，共 24 座（合浦 9、广州 7、番禺 4、贵县 2，北海、益阳各 1），其中东汉中期
10 座（合浦 7，北海、番禺、广州各 1），东汉晚期 14 座（广州 6、番禺 3，合浦、贵县各 2，益
阳 1）。

斜坡式墓道中，除 7 座未介绍坡度墓道外，其余的 17 座墓葬的墓道坡度在 5°-30°之间，其
中 10°有 1 座（合浦 1），11°-20°有 8 座（合浦 4、贵港 2，北海、益阳各 1），21°-30°有 8 座
（合浦、广州各 4）。该型墓的墓道坡度较为缓和。

（2）阶梯式，共 3 座（耒阳 3），其中东汉中期 1 座、东汉晚期 2 座，其中耒阳耒野营 M5

墓道宽约1.9米，每阶高0.26，宽0.24米。

（3）竖井式，共2座（阳朔2），均东汉晚期，其中阳朔05YGLM9墓道长3.1、宽1.52、残深0.5米，阳朔05YGLM11墓道长3.05、宽0.8、深0.8米。

3. 墓葬结构

在CⅠa型墓中，有29座墓有壁龛（广州12、合浦8、番禺6，北海、增城、增城各1），其中东汉早期1座（增城1），东汉中期14座（合浦6、番禺4、广州2，北海、增城各1），东汉晚期14座（广州10，合浦、番禺各2）。集中分布于广州、合浦及其临近地区，壁龛规格大小不一。该类墓平均长7.03、平均宽2.55米，平均面积17.982平方米。

在CⅠa型墓中，东汉晚期耒阳M104在前室两边设宽0.6、高0.18米二层台，之上再砌三砖高护墙，共高0.76米。该墓长7.35、宽3.03米，面积22.27平方米，规格较大。

在CⅠa型墓中，新莽至东汉初期的北海盘子岭M23为砖木合构。[①]

在CⅠa型墓中，28座有耳室（广州10、贵县5、合浦4，顺德、郴州各2，长沙、北海、番禺、耒阳、邵东各1），其中新莽至东汉初期1座（邵东1），东汉早期3座（郴州2、顺德1），东汉中期14座（贵县5、合浦4、广州2，长沙、北海、顺德各1），东汉晚期10座（广州8，番禺、耒阳各1）。从分布看，与壁龛不同，耳室最早出现于湖南，在东汉早期开始进入岭南，之后在两广地区有了较大规模发展，但其地点基本集中在广州、合浦两地及其临近地区。该类墓平均长6.87、平均宽3.79米，平均面积26.037平方米，规格甚大。

CⅠa型墓中173座有甬道（广州45、大庸26、北海18、合浦15，番禺、贵县各10，耒阳8，宜春、长沙、博罗、南昌各4，常德、阳朔、佛山各3，郴州、增城、顺德、封开各2，益阳、邵东、湘乡、兴国、深圳、昭平、津市、桂林各1），其中新莽至东汉初期3座（北海、贵县、邵东各1），东汉早期6座（郴州2，常德、广州、南昌、顺德各1），东汉中期87座（大庸24、北海17、合浦13、番禺7、贵县5，广州、博罗、长沙各3，佛山、宜春各2，昭平、增城、常德、耒阳、深圳、顺德、湘乡、津市各1），东汉晚期70座（广州40、耒阳7、贵县4，阳朔、番禺各3，合浦、大庸各2，桂林、博罗、常德、佛山、南昌、兴国、益阳、增城、长沙各1），仅知为东汉者7座（宜春、封开、南昌各2，广州1）。从时空分布看，CⅠa型墓中甬道最早集中于合浦附近及邵东，从东汉早期开始在郴州、常德、广州、南昌等郡国治开始出现；东汉中期取得非常快的增长，从原来有限的几个郡国治，向各郡属县全面推广；东汉晚期，CⅠa型墓大量出现于广州地区（广州、番禺、佛山、增城等地），其他地区大为减少。CⅠa型墓平均长6.70、平均宽2.82米，平均面积18.894平方米，规格一般。

在CⅠa型墓中，22座墓无甬道（长沙6、北海5、合浦3、广州2，封开、贵县、零陵、顺德、湖口、湘乡各1），其中新莽至东汉初期2座（贵县、合浦各1），东汉早期1座（零陵1），东汉中期13座（北海、长沙各5，合浦2、湖口1），东汉晚期4座（广州2，封开、湘乡各1），仅知为东汉者2座（顺德、长沙各1）。从时空分布看，CⅠa型墓基本集中在郡国治及其邻近，数量甚少。CⅠa型墓平均长5.67、平均宽2.39米，平均面积13.551平方米，规格明显偏小。如永初七年（公元113年）湖口83象山东汉墓，其前室长1、宽2.34、后室长5、宽2米，

仅有 12.34 平方米。

在 C I a 型墓中，除东汉中期合浦风门岭 M28、东汉晚期广州 M5054 两墓外，凡有壁龛之墓均有甬道，占有壁龛之墓的绝大部分；除东汉中期长沙 M262 外，其余有耳室之墓均有甬道，同样占有耳室之墓的绝大部分；8 座墓有耳室、甬道、壁龛（广州 3，合浦 2，北海、番禺、顺德各 1），集中于广州及其周边，平均长 7.67、平均宽 2.97 米，平均面积 22.779 平方米，规格甚大。

C I a 型墓前室长方形者多为券顶，而方形或近方形者多穹窿顶或叠涩顶，后室多为直券顶，墓壁双隅错缝叠砌较多，单隅砌筑略少，有不少在墓室的不同位置或不同的墓室采用不同砌筑方式，墓底铺砌多种多样。如番禺 M3，前室穹窿顶，1.2 米起券，其余均为券顶，甬道 0.78、后室 0.72 米起券，前室墓壁单隅错缝平砌，甬道墓壁双隅错缝平砌，主室墓壁双隅错缝丁砌，墓底前室前半部纵横相间错缝平铺，后半部纵向对缝平铺，后室纵向对缝平铺。

该型墓用砖规格较多，如深圳红花园 M5 条砖 36×18-6、35×18-4 厘米，楔形砖长 24—36、宽 14.5—19.5、厚 2.5—4.5 厘米；广州 97 东黄 M3 条砖（33.5—37.7）×（17—19）-（5—6.5）厘米，楔形砖一端厚 3—4.5 厘米，另一端厚 6.5—8 厘米，刀砖一边厚 4 厘米，另一边厚 6 厘米；博罗 79 博铁苏 M3 条砖（37.5—40）×（18—20）-（5—6）厘米，楔形砖长宽同条砖，顶宽 7 厘米底宽 4 厘米；长沙 M262 条砖 32×16-5 厘米；合浦七星岭 M6 条砖 30×15-4、34×34-4 厘米；合浦罗屋村 M1 条砖 28×14-4 厘米。

墓砖一般多为青砖素面，但也有不少带纹饰者，少数有铭文。如常德常南 M5 青砖用菱形花纹，邵东冷水东汉墓用砖平面绳纹或布纹，侧面阳线用几何纹和燕尾纹；宜春 88 宜坝 M24 用砖有双线十字同心圆纹、三线同心圆纹；贵县水电 M10 的一种砖正面压印方格纹，砖侧压印五铢钱纹或几何纹，一种砖端各压印一对凤鸟，突出平面；湘乡 87 乡枚 M1 条砖 35×18-7.5 厘米、34×17-6 厘米，楔形砖 35×17-（4—7）厘米，墓砖并铭"零陵太守五官屈府橡金室""阳嘉三年造""门下口泪扬"等文字，还有几何纹和铜钱纹。此外还有少数其他颜色砖。如北海盘子岭 M28 有淡红、淡黄二色砖，一面刻寿字铭文，四侧饰菱形几何纹，方砖素面；昭平界塘 M1 有青灰、淡红两种砖，其中青砖正面拍印方格纹，砖侧及砖端拍印几何图案花纹，花纹朝向墓内砌筑，而红砖素面无纹；而广州 97 东黄 M3 用砖多红黄色，多印纹，分手印、五十阳文铭记和大五铢钱纹；合浦七星岭 M7 用砖红色夹砂，砖面拍印条纹，砖侧拍印菱形回纹或云纹，也有三角形与圆圈组成连续图案，方砖素面。

（二）乙 C Ⅱ a 型（中字形双后室有墓道）

该型墓共 27 座，数量较少，分布较为集中（附录一附表 A 的附表 A65、附图二·2·19）。

1. 墓葬分布与规格

该型墓最早出现东汉中期的广州、资兴、贵县、番禺、郴州，在东汉晚期扩展至耒阳、合浦、大庸、宜春，其中广州的该型墓不仅出现早，且数量多，江西少见，福建不见（图二·2·29—图二·2·33）。

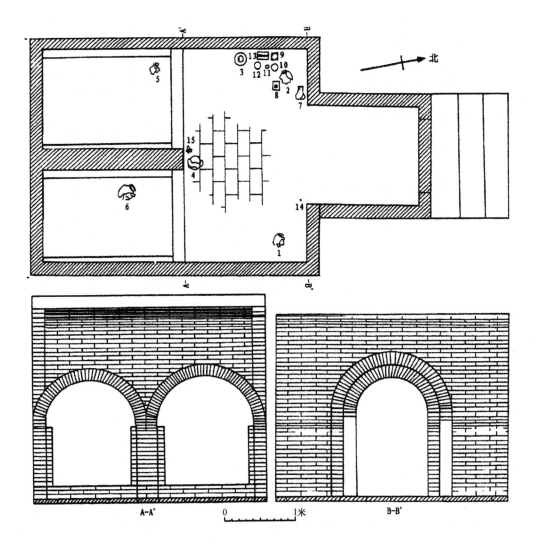

图二·2·29 乙CⅡa型墓葬平剖面图

（湖南耒阳 M102，载衡阳市博物馆《湖南耒阳市东汉墓发掘简报》，《考古学集刊13》，中国大百科全书出版社 2000 年版，第 110 页，图十五）

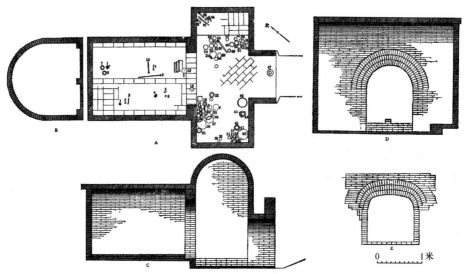

A、平面图；B、后室横剖面图；C、纵剖面图；D、前室剖面图；E雨道正面图

图二·2·30　乙CⅡa型墓葬平剖面图

（湖南资兴 M204，载湖南省博物馆《湖南资兴东汉墓》，《考古学报》1984 年第 1 期，第 65 页，图一五）

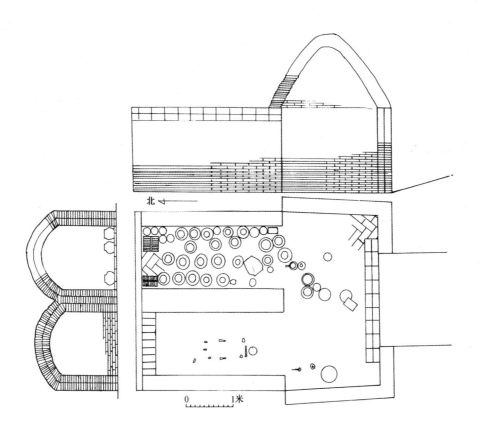

图二·2·31　乙CⅡa型墓葬平剖面图

（广西合浦风门岭 M10，载合浦县博物馆《广西合浦县风门岭 10 号汉墓发掘简报》，《考古》1995 年第 3 期，第 227 页，图一）

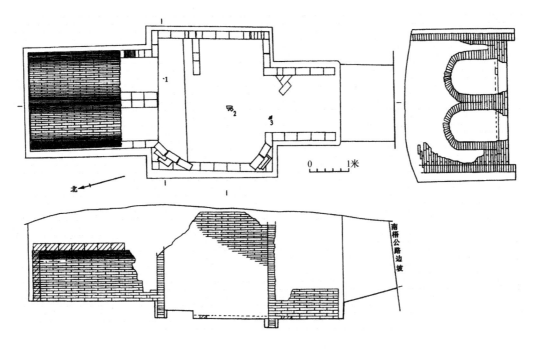

图二・2・32　乙CⅡa型墓葬平剖面图

（广西贵港深钉岭 M37，载广西壮族自治区文物工作队、贵港市文物管理所《广西贵港深钉岭汉墓发掘报告》，《考古学报》2006 年第 1 期，第 91 页，图一〇）

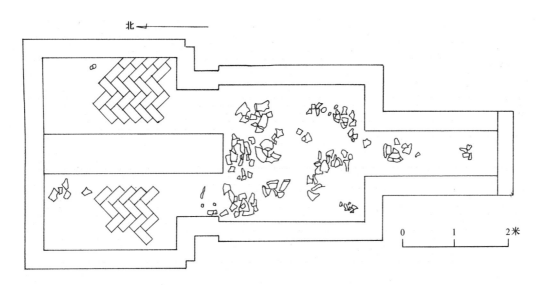

图二・2・33　乙CⅡa型墓葬平面图

（湖南 96 津新豹 M2，载津市市文物管理所《津市市新洲豹鸣村东汉墓》，《湖南考古 2002》，岳麓书社 2004 年版，第 412 页，图一）

CⅡa型墓平均长 7.74、平均宽 3.56 米，平均面积 27.554 平方米，东汉中期略大（附录一附表 A 的附表 A66）。

2. 墓葬朝向与墓道

CⅡa型墓中的墓葬方向以西向最多、东向次之，未发现西南向（附图二・2・20）。

在 CⅡa 型墓 10 座介绍有墓道情况的墓葬中，2 座仅介绍规格而未介绍形制，其余 8 座墓葬的墓道分两种：

（1）斜坡式，共 7 座（贵县、资兴各 2，合浦、广州、番禺各 1），其中东汉中期 3 座（资兴 2、番禺 1），东汉晚期 4 座（贵县 2，合浦、广州各 1）。

斜坡式墓道中，3 座未介绍坡度墓道，其余 4 座墓道坡度在 13°–26°之间，其中 11°–20°有 3 座（贵县 2、资兴 1），21°–30°有 1 座（资兴 1）。该型墓的墓道坡度较为缓和。

（2）阶梯式，共 1 座（耒阳 1），为东汉晚期耒阳 M102，其墓道阶宽 0.4、高 0.2 米。

3. 墓葬结构

在 CⅡa 型墓中，东汉中期资兴 78M204 有二层台，位于左后室的左壁、右后室的右壁，为单砖叠砌二层，高 12 厘米。该墓长 8.28、宽 2.3 米，面积 19.044 平方米，规格较小。

在 CⅡa 型墓中 4 座墓有壁龛（广州 4），均东汉晚期。该类墓平均长 7.87、平均宽 2.60 米，平均面积 20.462 平方米，规格较小。

在 CⅡa 型墓中，8 座有耳室（广州 6、贵县 2），其中东汉中期 2 座（贵县、广州各 1），东汉晚期 6 座（广州 5、贵县 1）。该类墓平均长 8.60、平均宽 3.72 米，平均面积 32.066 平方米，规格甚大。

在 CⅡa 型墓中 26 座有甬道（广州 15、贵县 4、资兴 2、耒阳、大庸、宜春、番禺、郴州各 1），其中东汉中期 7 座（广州、资兴各 2，郴州、贵县、番禺各 1），东汉晚期 19 座（广州 13、贵县 3、耒阳、大庸、宜春各 1）。该类墓平均长 7.41、平均宽 3.27 米，平均面积 24.230 平方米，规格略大。

在 CⅡa 型墓中仅 1 座墓无甬道（合浦 1），为东汉晚期。合浦丰门岭 M10 前室梯形，进深 2.06、前宽 3.5、后宽 3.7 米，后室并列，进深均 3.1 米，东后室宽 1.3、高 1.7，西后室宽 1.32、高 1.65 米。

该型墓前室多长方形券顶，后室亦多直券，墓壁单隅、双隅错缝叠砌数量大体相等，其中广州地区（广州、番禺）单隅较多，其他地区双隅为主。如广州 M5076 墓壁单隅，前室凸顶，左棺室右棺室横券，其他直券；广州 M5040 墓壁单隅，直券顶，前室侧室横券；番禺 M19 墓壁单隅顺砌错缝平放，甬道未铺底，前室无规律错缝平铺，后室横向对缝平铺。但广州地区也有双隅者，如广州 M5066 墓壁双隅，前室凸顶，甬道、主棺室直券，其他横券；又如耒阳 M102 墓壁单砖纵叠平砌，甬道与前室地面齐平，一块砖错缝横铺，后室高于前室 0.24 米，生土底，在室前砌四块砖的护土墙。墓门半圆形，平砖横叠封门。此外如合浦风门岭 M10，其墓壁封门为横砖错缝平砌，前室穹窿顶，后室双层券顶，前室、东后室人字形单砖铺底，西后室人字形铺地砖上加铺一层竖砖平铺。

该型墓用砖规格较多，总体规格较大。如资兴 78M314 条砖 40×17–5.5、36×17–7.5 厘米、耒阳 M102 条砖 36×18–8 厘米、番禺 M19 条砖（36—38）×（22—36）–5.5 厘米、宜春 88 宜坝 M70 条砖（38—42）×（18.5—19.5）–（6—8）厘米。合浦风门岭 M10 条砖较小，为 28×14–4 厘米。

该型墓的墓砖多青砖素面，但也有不少带纹饰者。如贵港深钉岭 M37 条砖模印手指印或手掌印；耒阳 M102 砖侧印几何纹、横 S 形纹、鱼纹、条形纹、叶脉纹、铜钱纹、菱形纹、五铢钱纹或两种纹饰并用，共 19 种。贵港孔屋岭 M1 条砖个别砖侧压印数个间隔半圆圈组合纹。

（三）乙 C Ⅲ a 型（中字形三后室有墓道）

该型墓仅发现 1 座，为东汉中期广州 M4039，其前室 2×5.46－1.9（残）、左室 3.94×1.12－1.28、中室 3.94×1.24－1.14、右室 3.94×1.18－1.24 米，木质封门，底平。墓道斜坡式，坡度 20°，宽 1.84 米，距墓门前 0.5 米处离墓底 0.36 米起坡，起坡处两边各置墓砖两块（图二·2·34）。

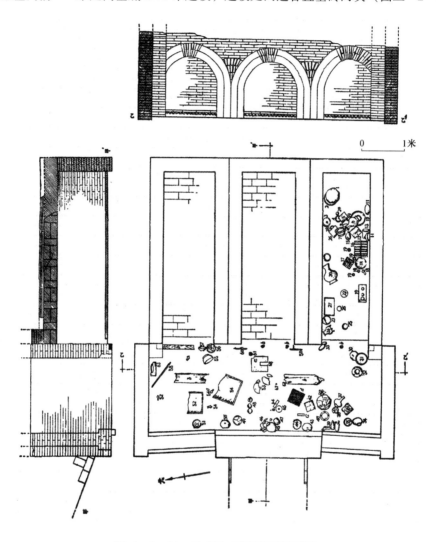

图二·2·34　乙 C Ⅲ a 型墓葬平剖面图

（广东广州 M4039，载广州市文物管理委员会、广州市博物馆《广州汉墓》上，文
物出版社 1981 年版，第 316 页，图一八五）

该墓墓壁双隅平铺结砌，后室双重券顶。后室第 1 室、第 2 室高于前室 0.16 米，第 3 室高于前室 0.12 米。前室铺木板，东侧靠近后室门口有一块厚板南北端插入砖墙 0.16 米，后室第1、第 2 室地砖横铺，第 3 室为生土，无地砖、铺板。木质墓门的板灰宽 12、厚 10 厘米。用砖为红色或青色，无花纹。

（四）小结

从上述 3 类乙 C 类砖室墓葬的分析看，乙 C 类墓葬具有如下特点：

第一，3 类墓葬的数量差异明显（附录一附表 A 的附表 A67）。乙 C Ⅰ a 型最多，乙 C Ⅲ a 型最少。

第二，各类乙C类墓葬的规格差异突出（附录一附表A的附表A68、附图二·2·21），三后室的乙CⅢa型规格最大，而一后室的乙CⅠa型最小。

第三，各时期各类乙C类墓葬的规格差异也很明显（附录一附表A的附表A69、附图二·2·22）：

A　东汉中期乙CⅢa型无疑最大，而东汉早期乙CⅠa型最小。

B　东汉中期乙CⅠa型数量大增，东汉晚期有所下降。而乙CⅡa型从东汉中期出现，在东汉晚期数量大增。乙CⅢa型仅东汉中期发现1座。因此，东汉中期应大体是该型墓发展的关键时期，不仅数量激增，且可能在乙CⅠa型数量猛增的刺激下，开始出现二后室乙CⅡa型，更极端的出现了三后室的乙CⅢa型。经过长时间的发展，在进入东汉晚期后，一后室乙CⅠa型增长的趋势稍缓，二后室的乙CⅡa型发展快速，但三后室的乙CⅢa型不再出现。由于二后室的乙CⅡa型增长很快，因此虽一后室乙CⅠa型此时数量减少，但该型墓总的数量仍与东汉中期相差甚小。

C　从墓葬规格看，乙C类墓在该地区出现的新莽至东汉初期，其规格就较大，但在东汉早期略有下降。此后整体的发展趋势趋于平缓，东汉中期、东汉晚期乙CⅠa型、乙CⅡa型的规格变化甚小，其中乙CⅠa型在东汉晚期略有增长，乙CⅡa型有所缩小。即，在东汉晚期，乙CⅠa型数量减少但规格略增，乙CⅡa型数量增加但规格略降，呈反比之势。

第四，各地各类墓葬的分布存在明显差异（附录一附表A的附表A70、附图二·2·23）：

A　在28个地点发现乙C类墓葬，其中27地发现乙CⅠa型，9地发现乙CⅡa型，1地发现乙CⅢa型。在9个发现乙CⅡa型墓葬的地点中，除资兴1地外，其余均有乙CⅠa型墓葬发现。从乙CⅠa型墓葬的发现看，除了8个发现两型墓葬的地点外，更多的是长沙、北海、零陵、南昌、常德、顺德等19个仅发现乙CⅠa型墓葬的地点。总体上，一后室乙BⅠa型墓的分布范围，要远远超出乙BⅡa型墓葬，而三后室乙CⅢa型墓葬较少。即，后室越少分布越广。

B　从上述3个型的墓葬的出现情况看，规格较大乙CⅡa型墓葬的地点基本均有小型乙CⅠa型墓葬发现，存在明显交集。而从各地3个型的墓葬的发现数量看，大型乙CⅡa型墓葬的数量一般都低于小型乙CⅠa型墓葬，呈现"金字塔"形的格局。

C　发现2个型的墓葬的8地点，分为4类：第一，郡国治，有广州（南海郡番禺），贵县（郁林郡布山），合浦（合浦郡合浦），郴州（桂阳郡郴县）4地；第二，近郡国治，有番禺（近南海郡番禺）1地；第三，县治，有耒阳（桂阳郡耒阳），宜春（豫章郡宜春）2地；第四，其他地点，有大庸（武陵郡）1地。明显集中于郡国治及其周边。而从各地该型墓的发现数量看，广州、合浦为最多。

19个单独发现乙CⅠa型墓葬的地点，可分5类：第一，郡国治，有长沙（长沙国临湘），南昌（豫章郡南昌），零陵（零陵郡泉陵），常德（武陵郡临沅）4地；第二，近郡国治，有增城、佛山（近南海郡番禺），北海（近合浦郡北海），封开（近苍梧郡广信）4地；第三，县治，如博罗（南海郡博罗），湖口（豫章郡彭泽），益阳（长沙国益阳）3地；第四，近县治，如桂林（近零陵郡始安），邵东（仅长沙国承阳），湘乡（仅长沙国湘南）3地；第五，其他地区，如深圳、昭平、阳朔（苍梧郡），津市（武陵郡），兴国（豫章郡）5地。

从这2类墓葬的发现情况看，乙CⅡa型墓葬同样更多的集中于一郡的政治与经济中心，而小型的乙CⅠa型墓葬，更多出现于县治等政治与经济的次中心或交通线上。从同为郡国治的徐闻、南昌、零陵等地看，由于其地尚未发现大型乙CⅡa型墓葬，因此其郡国治所代表的汉郡的经济发展等情况，应大体要低于其他郡国。而从在增城、佛山、顺德、北海等近郡国治地点该型墓的数量，要远远大于其他地点的情况看，近郡国治与县治、与非县治的级差也显示的相当明显。

D　从各地小型乙CⅠa型墓葬的出现时间看，在东汉早期6地点中，零陵、南昌、常德、郴州、广州为郡国治，佛山为近郡国治，均位于一郡的政治与经济中心。在东汉中期出现的12地点，基本上都是近郡国治或县治；而东汉晚期出现的5个地点，离政治中心的距离开始渐远。

因此从上文分析，并结合前述该型墓葬数量、规格的发展情况看，在新莽至东汉初期、东汉早期时，该型墓都还仅是局部出现；而从东汉中期开始，该型墓不仅在原有地点的数量大为增加，且开始向新地点迅猛发展；到东汉晚期，其分布的空间继续扩大。而从该型墓的数量看，以广州为核心的南海郡地区，应是该型墓分布和发展的最重要地区，以合浦为中心的合浦郡是在岭南的另一个中心。此外，以大庸等为中心的湘西北，大体应是该型墓在湖南的一个集中点。

四　乙D类（土字形墓，该类只有一型，乙Da型）[1]

该型墓共10座，数量甚少，分布地点集中（附录一附表A的附表A71，图二·2·35—图二·2·38）。

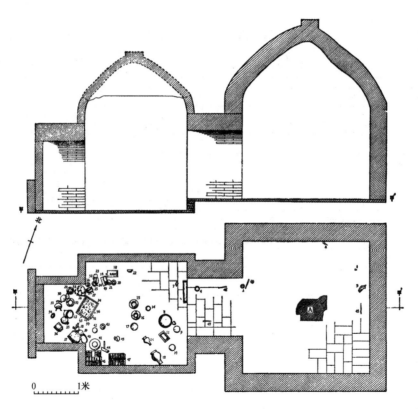

图二·2·35　乙Da型墓葬平剖面图

（广东广州M5077，载广州市文物管理委员会、广州市博物馆《广州汉墓》上，文物出版社1981年版，第374页，图二二八）

---

[1]　一般为双穹窿顶，大体由甬道、前室、过道、后室等前后四部分组成。

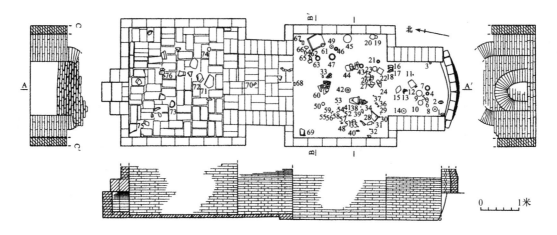

图二·2·36　乙 Da 型墓葬平剖面图

（广东番禺 M11，载广州市文物考古研究所、广州市番禺区文管会办公室《番禺汉墓》，科学出版社 2006 年版，第 87 页，图六八）

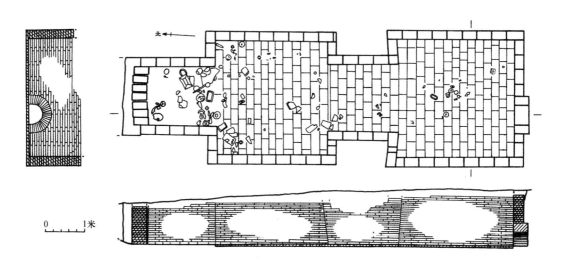

图二·2·37　乙 Da 型墓葬平剖面图

（广东番禺 M10，载广州市文物考古研究所、广州市番禺区文管会办公室《番禺汉墓》，科学出版社 2006 年版，第 77 页，图五九）

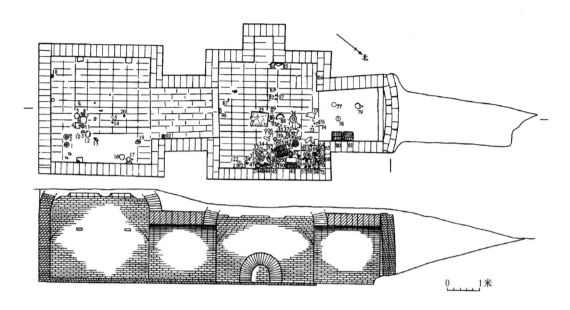

图二·2·38　乙Da型墓葬平剖面图

（广东番禺 M33，载广州市文物考古研究所、广州市番禺区文管会办公室《番禺汉墓》，科学出版社 2006 年版，第
103 页，图八〇）

1. 墓葬分布与规格

该型墓最早出现东汉中期的合浦、北海、番禺，到东汉晚期仅见于番禺与广州。不见于湖
南、江西、福建（附图二·2·24）。

该型墓平均长 8.47、平均宽 2.87 米，平均面积 24.308 平方米，东汉中期略大（附录一附
表 A 的附表 A72）。

2. 墓葬朝向与墓道

该型墓有 10 座介绍墓葬方向，以西向最多，未发现西南向（附图二·2·25）。

该型墓中有 5 座介绍有墓道情况（番禺 3，合浦、北海各 1），其中东汉中期 3 座（北海、
合浦、番禺各 1），东汉晚期 2 座（番禺 2），均斜坡式，其中仅合浦七星岭 M8 介绍墓道坡度
为 21°。

3. 墓葬结构

该型墓中有 7 座墓有壁龛（番禺 4、广州 2、合浦 1），其中东汉中期 2 座（合浦、番禺各
1），东汉晚期 5 座（番禺 3、广州 2）。该类墓平均长 9.06、平均宽 2.94 米，平均面积 26.636
平方米，规格较大。

该型墓中有 2 座有耳室（合浦、北海各 1），均东汉中期。该类墓平均长 7.99、平均宽 2.64
米，平均面积 22.520 平方米，规格较小。

该型墓均有甬道。

该型墓前、后室多穹窿顶，过道、甬道直券，墓壁多为双隔错缝叠砌。如番禺 M29 前后室
穹窿顶，其余券顶，墓壁单隔顺砌错缝平砌，壁龛单隔结砌，甬道后端纵向对缝平铺，前端未
铺，前室纵向对缝平铺，过道前端横向错缝平铺，其余未铺；北海盘子岭 M22 墓壁除过道采用
三平一竖错缝结砌至顶外，均为二平一竖错缝叠砌至顶，墓底多平铺方砖，仅前甬道底部拐角

二横二侧铺砌，后室后部人字形铺砌。广州 M5077 前室、甬道为单隅，其他双隅，前室、后室穹窿顶，其他直券。

该型墓用砖规格较多，总体规格较大，如广州 M5079 条砖 38×20－（5—6）厘米，番禺 M11 条砖 36×20－（5—6）厘米，北海盘子岭 M22 方砖边长 34、厚 4 厘米、条砖 26×13－4 厘米，合浦七星岭 M8 条砖 30×14－（3—5），35×35－5 厘米。

该型墓的墓砖多青砖素面，少数带纹饰。如合浦七星岭 M8 条砖有条纹、方格纹。

五　乙 E 类（十字形砖室墓）①

（一）乙 E I a 型（完整十字形有墓道）

该型墓共 16 座，数量较少，分布较集中（附录一附表 A 的附表 A73，附图二·2·26）。

1. 墓葬分布与规格

该型墓最早出现东汉中期的佛山、贵县、长沙、广州等地，东汉晚期扩展至耒阳、番禺。从时空分布看，广州地区（广州、佛山、番禺）该型墓不仅出现甚早，且数量最多，湖南少见，江西、福建不见（图二·2·39—图二·2·41）。

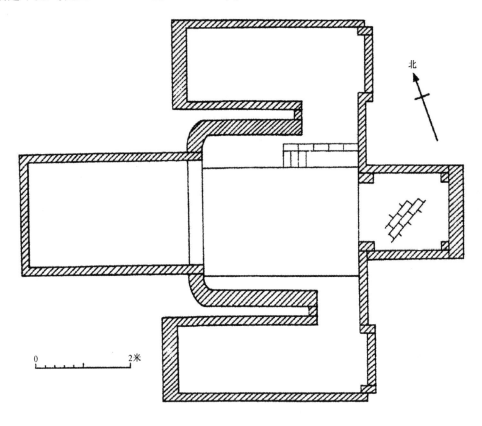

图二·2·39　乙 E I a 型墓葬平面图

（湖南耒阳 M25，载衡阳市博物馆《湖南耒阳东汉墓发掘报告》，《考古学集刊 13》，中国大百科全书出版社 2000 年版，第 111 页，图十六）

---

①　完整：甬道、前室、前室左右侧室、后室；简式：甬道、前室、前室左或右侧室、后室。

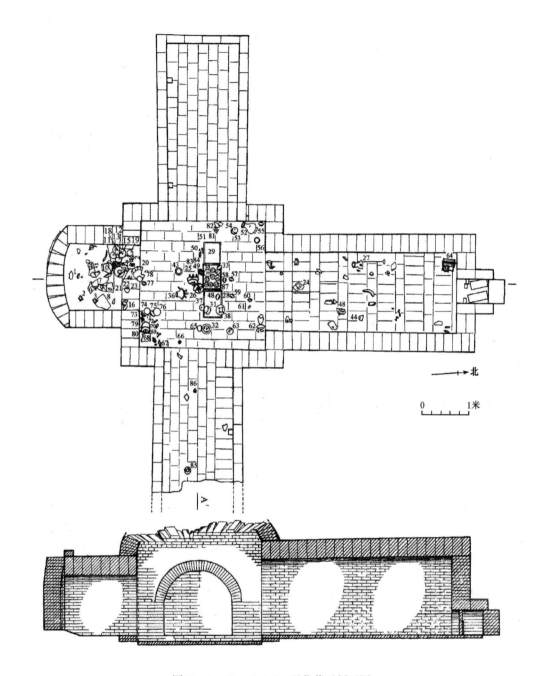

图二·2·40　乙ЕⅠa型墓葬平剖面图

（广东番禺 M8，载广州市文物考古研究所、广州市番禺区文管会办公室《番禺汉墓》，科学出版社 2006 年版，第 156 页，图一二六）

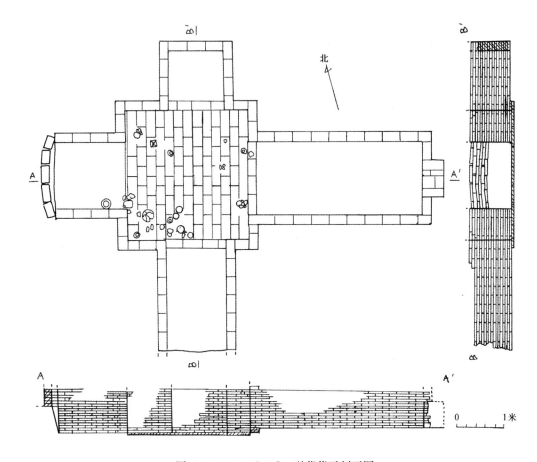

图二·2·41　乙ⅠEa型墓葬平剖面图

(广东番禺 M5，载广州市文物考古研究所、广州市番禺区文管会办公室《番禺汉墓》，科学出版社 2006 年
版，第 152 页，图一二三)

该型墓平均长 6.52、平均宽 4.12 米，平均面积 26.862 平方米，东汉晚期甚大（附录一附
表 A 的附表 A74）。

2. 墓葬朝向与墓道

该型墓 15 座介绍墓葬方向，以西向最多、东向次之，未发现西北、东南向（附图二·2·27）。

在该型墓 3 座介绍墓道情况，2 座介绍规格而未介绍形制，1 座（合浦七星岭 M4）介绍为
斜坡式，坡度为 18.5°。

3. 墓葬结构

该型墓中 5 座墓有壁龛（番禺 2，佛山、广州、香港各 1），东汉中期 2 座（佛山、香港各
1），东汉晚期 3 座（番禺 2、广州 1）。该类墓平均长 8.15、平均宽 5.88 米，平均面积 47.922
平方米，规格甚大。

该型墓前室多方形穹窿顶，后室多直券，墓壁多双隅错缝叠砌，或不同墓室单隅、双隅结
合。如广州 94 大宝岗 M23 甬道、后室双隅结砌，前室侧室单隅，后室北壁有小龛，墓底甬道最
低，前室、东西侧室高出 15 厘米，后室又高 8 厘米，前室墓底在 X 形四分后以斜砖错缝平铺，
余室土面。番禺 M8 前室穹窿顶，其余券顶，在前室 1.57、后室 0.8、侧室 0.7、甬道壁高 0.64
米处起券，甬道、前室、后室壁双隅错缝平砌，侧室壁单隅顺砌错缝结砌，壁龛侧壁单隅顺砌，

后壁双隅丁砖结砌，甬道未铺底，前室、左侧室纵向错缝平铺，右侧室纵向对缝平铺，后室纵横相间对缝平铺。番禺 M26 前室穹窿顶，其余券顶，后室 0.6 米起券，墓壁单隅顺砌错缝结砌，左侧室墓壁单隅错缝顺砌，前室纵向错缝平铺、左侧室残砖横向错缝平铺，后室被扰。

该型墓用砖规格较多，总体规格较大。如佛山澜石 M1 条砖（30—40）×（20—22）－（5—6）厘米，楔形砖（35—40）×（20—22）－（4—6）厘米；番禺 M26 条砖（37—38）×（18—19）－（5.5—6）厘米；合浦七星岭 M4 条砖 26×13－（3—3.5），34×34－4 厘米；佛山澜石 M14 条砖（34—36）×（18—20）－5 厘米，楔形砖厚 4—6.5 厘米；佛山 72 澜石 M1 条砖 40×（16—21）－4 厘米；香港李郑屋汉墓条砖 40×20－5 厘米。

该型墓的墓砖多青砖素面，但也有不少带纹饰者。如香港李郑屋汉墓砖为红色或灰色，多素面无纹饰，有的在砖侧模印几何花纹及简单动物纹样及文字，花纹多菱形纹、回形纹、轮形纹；耒阳 M25 砖侧印几何纹、横 S 形纹、鱼纹、条形纹、叶脉纹、铜钱纹、菱形纹、五铢钱纹或两种纹饰并用。

（二）乙 EⅡa 型（简式十字形有墓道）①

该型墓共 23 座（图二·2·42—图二·2·46）。

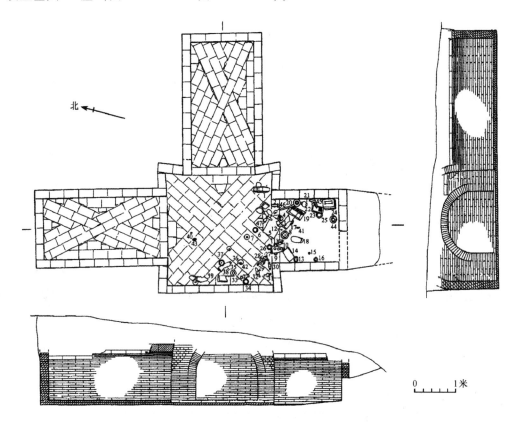

图二·2·42 乙 EⅡa 型墓葬平剖面图

（广东番禺 M13，载广州市文物考古研究所、广州市番禺区文管会办公室《番禺汉墓》，科学出版社 2006 年版，第 120 页，图九五）

---

① 指十字形墓葬中，只有一个侧室，形成多称为"卜"字形的墓葬形式。

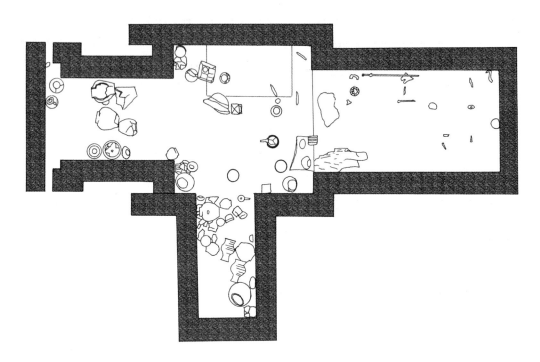

图二·2·43 乙EⅡa型墓葬平面图

（湖南衡阳苗圃蒋家山 M4，载湖南省文物管理委员会《衡阳苗圃蒋家山古墓清理简报》，《文物参考资料》
1954 年第 6 期，第 53 页，图一）

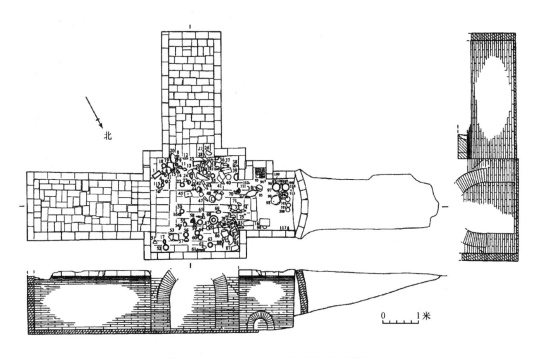

图二·2·44 乙EⅡa型墓葬平剖面图

（广东番禺 M34，载广州市文物考古研究所、广州市番禺区文管会办公室《番禺汉墓》，科学出版社 2006
年版，第 139 页，图一一〇）

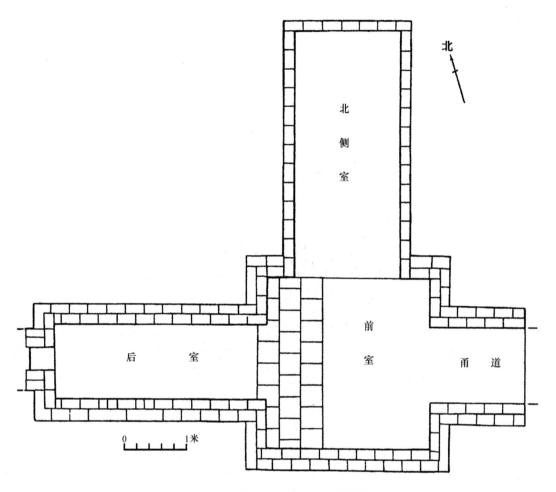

图二·2·45 乙EⅡa型墓葬平面图

（广西北海盘子岭 M20，载广西壮族自治区文物工作队《广西北海市盘子岭东汉墓》，《考古》1998 年第 11 期，第 52 页，图六）

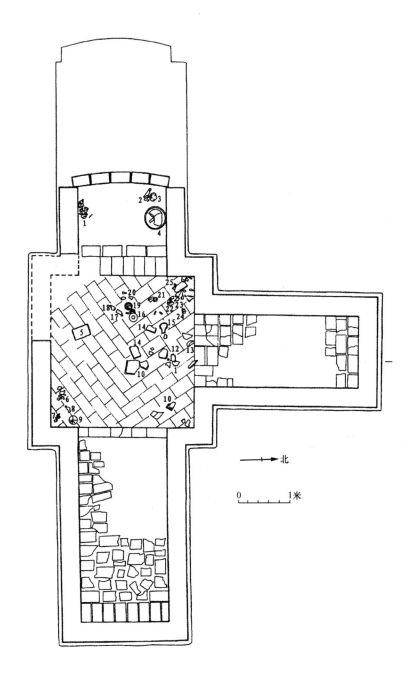

图二·2·46   乙EⅡa型墓葬平面图

（广东广州黄花岗 M5，载广州市文物考古研究所《广州黄花岗汉唐墓葬发掘报告》，《考古学报》2004 年第 4 期，第 459 页，图七）

1. 墓葬分布与规格

该型墓的数量较少，分布较为集中（附录一附表A的附表A75、附图二·2·28）。

乙EⅡa型墓在最早出现的东汉中期，其分布已较广，见于佛山、深圳、增城、东莞、北海、衡阳，东汉晚期出现在番禺、广州与益阳。在时空分布上，以广州地区（广州、佛山、番禺）为核心的南海郡不仅出现甚早，且数量最多，湖南仅见于衡阳、益阳，此外江西，福建不见。

该型墓平均长5.39、平均宽2.32米，平均面积12.504平方米，其中东汉中期略大（附录一附表A的附表A76）。

2. 墓葬朝向与墓道

该型墓17座介绍墓葬方向，以西向最多、南向次之，未发现西北向（附图二·2·29）。

该型墓2座介绍墓道情况，均为斜坡式，但均未介绍墓道坡度，其中番禺M13墓道前端已毁，残长约1、宽1.6-1.8米；番禺M34墓道残长3.7、宽1.5、深0.1-1.1米。

3. 墓葬结构

该型墓中8座墓有壁龛（番禺5，佛山、北海、益阳各1），东汉中期2座（佛山、北海各1），东汉晚期6座（番禺5，益阳1）。该类墓平均长7.28、平均宽3.14米，平均面积22.859平方米，规格甚大。

该型墓前室多方形或近方形，穹隆顶，后室、侧室多直券，墓壁多单隅错缝叠砌，或不同墓室单隅、双隅结合，墓底铺法多样。如衡阳53蒋家山M4墓壁双隅砌就，墓底铺砖两层，下层直铺，上层平铺，前室南封门外27厘米直砖斜铺人字形，中室西壁有砖砌台，后室高出中室30厘米。深圳红花园M4前中后室各从1.3、1.8、1.4米起券，墓壁除西壁1.2米有一层竖砖外，均为平铺垒砌，前室铺地砖三层，后室1层，均平铺，中室人字形，底砖下有排水沟，封门砖纵横交错平砌，不规整。佛山澜石M6墓壁错缝平铺，底砖横放或顺放平铺，墓口外铺砖，平面弧形，起砖高于甬道底0.38-0.4米，后室高于前室一砖，甬道不铺地。番禺M13前室穹隆顶，其余券顶，甬道、左侧室、后室0.8、前室0.85米起券，墓壁单隅顺砌错缝平放，甬道未铺底，前室斜砖错缝对角交叉平铺，左侧室斜砖错缝对角平面X形平铺，后室双层斜砌错缝对角平面X形平铺。

该型墓用砖规格较多，总体规格较大。如广州97-99黄花岗M4条砖（33.5—40）×（17—20）-（5—6.5）厘米；益阳81益大M1条砖36×17-6.2，券顶砖31×15-4.5厘米；北海盘子岭M20方砖边长34、厚4厘米，条砖30×14-4厘米；东莞90DHYM1条砖36×25-4，楔形砖36×25-（4—6），20×8-5厘米。

该型墓的墓砖多青砖素面，但也有不少带纹饰者。如广州97—99黄花岗M4青灰色为主，少量黄红色。多印印纹，以手印纹最常见；益阳81益大M1墓砖内侧饰人字形纹、对角线几何纹、网纹、同心半圆纹等；东莞90DHYM1用砖多素面，个别刻划圆圈、线条和指印；北海盘子岭M20方砖素面，条砖饰方格纹。

（三）小结

从上述2型乙E类砖室墓葬的分析看，乙E类墓葬具有如下特点：

第一，2型墓葬的数量有所差异（附录一附表A的附表A77），乙EⅡa型稍多。

第二，各型乙E类墓葬的规格差异突出（附录一附表A的附表A78、附图二·2·30），乙EⅠa型规格大，而乙EⅡa型明显要小的多。

第三，各时期各型乙 E 类墓葬的规格差异也很明显（附录一附表 A 的附表 A79、附图二・2・31）：

A　东汉晚期乙 EⅠa 型最大，而东汉晚期乙 EⅡa 型最小；而不管是东汉中期，还是东汉晚期，完整十字形乙 EⅠa 型均大于简式十字形乙 EⅡa 型墓葬。

B　东汉晚期乙 EⅡa 型数量大增，而乙 EⅠa 型有所下降。总体上东汉晚期应是该型墓取得较大发展的时期。

第四，各地各类墓葬的分布存在明显差异（附录一附表 A 的附表 A80、附图二・2・32）：

A　13 个地点发现乙 E 类墓葬，其中 7 个地点发现乙 EⅠa 型，9 个地点发现乙 EⅡa 型墓葬，其中 3 地点发现 2 类墓葬。

B　13 地点大体可分 5 类：第一类，郡国治，有广州（南海郡番禺），长沙（长沙国临湘），贵县（郁林郡布山）3 地；第二类，近郡国治，有佛山、番禺（近南海郡番禺）2 地；第三类，县治，有耒阳（桂阳郡耒阳），益阳（长沙国益阳），衡阳（长沙国酃县）3 地；第四类，近县治，有北海（合浦郡北海）1 地；第五类，其他地区，有深圳、增城、东莞、香港（南海郡）4 地。总体上，郡国治、县治其周边地区应是该型墓最主要的分布地点。

C　从墓葬规格看，发现 2 型墓的 3 个地点，均位于广州或邻近地区。规格较大的乙 EⅠa 型墓葬，集中发现于郡国治及郡国治周边。而小型的乙 EⅡa 型墓葬，在县治及其周边地区有一定的分布。

D　总体上，南海郡无论在乙 E 类墓的数量，还是墓葬的集中程度上，均远超华南其他各地。南海郡该型墓的发现不仅最为集中，且持续时间也最长。

E　当乙 E 类墓在华南出现时，其分布尚较零散，但到东汉晚期，除益阳、耒阳、长沙各发现 1 座外，其余 17 座就均位于南海郡内，聚集性明显。

六　乙 F 类（串字形砖室墓）[①]

（一）乙 FⅠa 型（纵列串字形有墓道）[②]

该型墓共 8 座，数量较少，分布较为集中（附录一附表 A 的附表 A81，附图二・2・33）。

1. 墓葬分布与规格

该型墓虽然最早出现东汉中期，但仅见于合浦，到东汉晚期分布才较为宽广。总体上，岭南地区的数量略多。湖南、江西均仅 1 处，福建不见（图二・2・47）。

该型墓平均长 10.24、平均宽 4 米，平均面积 40.96 平方米，其中东汉晚期甚大（附录一附表 A 的附表 A82）。

2. 墓葬朝向与墓道

该型墓 7 座介绍墓葬方向，以南向最多，未发现北向、西南、东北向（附图二・2・34）。

该型墓均未介绍墓道情况。

3. 墓葬结构

该型墓中 2 座墓有壁龛（番禺、合浦各 1），东汉中期 1 座（合浦 1），东汉晚期 1 座（番禺

---

① 串字形，一般均由甬道、前室、过道、中室、后室等几部分组成。

② 纵列，由甬道、前室、过道、中室、后室前后纵列组成。

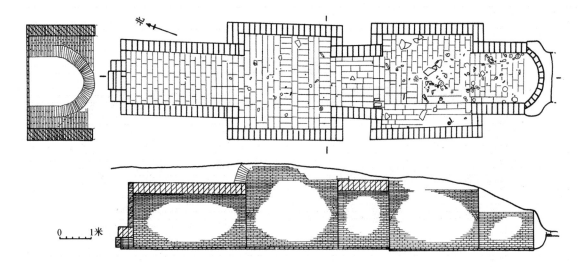

图二·2·47　乙FⅠa型墓葬平剖面图

（广东番禺 M12，载广州市文物考古研究所、广州市番禺区文管会办公室《番禺汉墓》，科学出版社 2006 年版，第 172 页，图一四〇）

1）。该类墓平均长 11.21、平均宽 3.82 米，平均面积 42.822 平方米，规格较大。

该型墓中 3 座墓有耳室（合浦、贵县、南昌各 1），其中东汉中期 1 座（合浦 1），东汉晚期 1 座（贵县 1），仅知为东汉墓者 1 座（南昌 1）。该类墓平均长 13.04、平均宽 5.87 米，平均面积 76.54 平方米，规格甚大。

该型墓砌法多样，前室、中室、后室多方形或近方形，穹窿顶，后室、耳室等多直券，墓壁多单隅错缝叠砌，或不同墓室单隅、双隅结合，墓底铺法多样。如衡阳 76 衡道 M1 墓壁青砖平铺垒砌，外敷 1 厘米厚白灰，墓底人字形平铺，上铺 1 厘米白灰，下有排水沟，墓门外有单层平砌封门砖，内为石门。增城 03 狮头岭 M1 墓壁双隅错缝结砌，中室穹窿顶，其他券顶，前室、中室、后室对称设置耳室以及后壁龛，还有半嵌于侧壁的灯台，墓底不铺砖，为生土面，其中前室最低，后室最高，甬道过道和中室平齐，砖砌封门下部直上部外凸弧形。番禺 M12 前后室穹窿顶，其余券顶，前室、后室 0.9 米，过道、中室 0.96 米起券，墓壁、壁龛侧壁双隅丁砌错缝叠砌，壁龛后壁单隅顺砌错缝叠砌，甬道、后室、壁龛底部横向错缝平铺，前室左半纵向错缝、右半横向错缝平铺。

该型墓用砖规格介绍不多，仅介绍番禺 M12 条砖 39×20－（5—6），刀砖 38×20－（3.5—7.5）厘米；合浦风门岭 M1 条砖 27×13.5－4 厘米。

该型墓的墓砖多青砖素面，但少数带纹饰。如增城 03 狮头岭 M1 墓砖灰黄色，火候不高，少数侧面拍印复线菱形纹，有的有掌纹或刻划数字等符号；南昌 58 第五交通路汉墓墓葬有手掌纹；桂林 63 竹园村 M1 墓砖砖侧有花纹。

（二）乙FⅡa型（横列串字形有墓道）

该型墓共 4 座，数量甚少，分布集中（附录一附表 A 的附表 A83），仅见于常德、耒阳 2 地，岭南、江西、福建均不见。平均长 7.8、平均宽 6.99 米，平均面积 54.522 平方米，其中东汉晚期甚大（附录一附表 A 的附表 A84）。该型墓东向较多，仅耒阳 06 廖家山 M1 介绍墓道为斜坡式，未介绍墓道坡度及具体规格（图二·2·48—图二·2·50）。

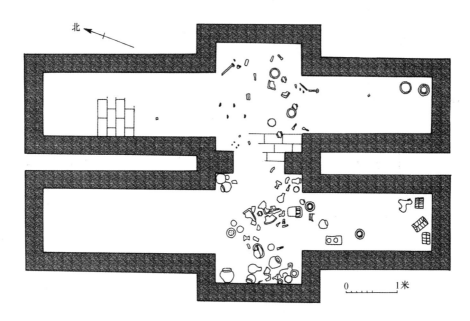

图二·2·48　乙 F Ⅱ a 型墓葬平面图

（湖南常德南 M10，载湖南省博物馆《湖南常德东汉墓》，《考古学集刊 1》，中国社会科学出版社 1981 年版，第 159 页，图三）

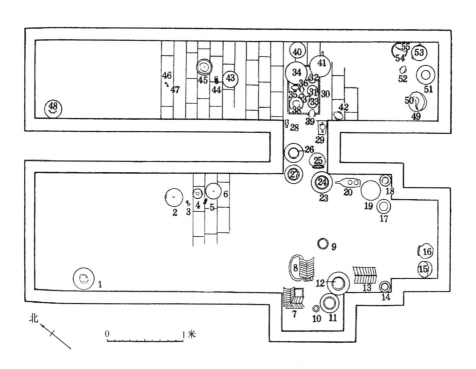

图二·2·49　乙 F Ⅱ a 型墓葬平面图

（湖南常德南坪 M1，载湖南省博物馆《湖南常德南坪东汉酉阳长墓》，《考古》1980 年第 4 期，第 339 页，图一）

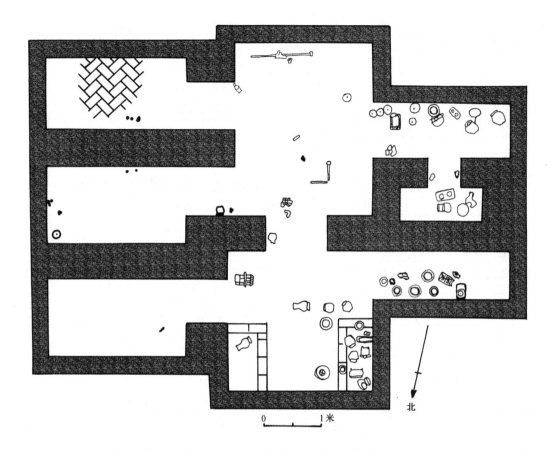

0　　　　1米　　　北

图二·2·50　乙FⅡa型墓葬平面图

（湖南常德东M1，载湖南省博物馆《湖南常德东汉墓》，《考古学集刊1》，中国社会科学出版社1981年版，
第159页，图三）

该型墓中常德常南M10墓壁双隅平砌，底部横铺平砖；常德73常南M1墓壁单砖顺砌，券顶中部用楔形砖，墓底单层砖横平铺，下有排水道。常德常东M1后室底部横铺平砌，侧室底部平铺成人字形。耒阳06廖家山M1为穹窿顶，四角用特制的梯形砖内收起券，后室至前室、又至甬道逐层降低0.4米，在前室与甬道结合处砌方形排水沟，通过石门和墓道后伸出墓外。

该型墓中常德常南M10、常德常东M1条砖长34—36厘米，宽15—16厘米，厚5—6厘米，青灰色，菱形花纹；常德73常南M1条砖32×16－5.5厘米，亦青灰色，砖侧和砖端有菱形方格纹；耒阳06廖家山M1未介绍用砖规格和纹饰。

（三）小结

从上述2型乙F类砖室墓葬的分析看，乙F类墓葬具有如下特点：

第一，2类墓葬的数量有所差异（附录一附表A的附表A85），乙FⅠa型较多。

第二，各类乙F类墓葬的规格差异突出（附录一附表A的附表A86、附图二·2·35），乙FⅠa型规较小，乙FⅡa型较大。

第三，各时期各类乙F类墓葬的规格差异也很明显（附录一附表A的附表A87、附图二·2·36）：

A　东汉晚期乙FⅡa型最大，东汉中期乙FⅡa型最小。在该型墓出现的东汉中期，纵列式乙FⅠa型的墓葬规格，大于横列式乙FⅡa型；到东汉晚期，乙FⅠa型的平均规格要小于乙FⅡa型。而总体上，该型墓的平均规格，在东汉晚期要大于东汉中期。

B　东汉晚期该型墓数量大增，尤以乙FⅠa型为剧。东汉晚期应是该型墓取得较大发展的时期。

第四，各地各类墓葬的分布存在明显差异（附录一附表A的附表A88、附图二·2·37）：

A　共9个地点发现乙F类墓葬，其中7个地点发现乙FⅠa型，2个地点乙FⅡa型墓葬，尚未发现2类墓葬出现于一地。

B　乙FⅠa型墓葬分布以岭南为多，湖南、江西均仅见1座，福建不见。而乙FⅡa型墓葬仅见于湖南，岭南、江西、福建均不见，其分布格局，与前述各类墓均有不同。

七　乙G类（并列式墓，该类只有一型，乙Ga型）[①]

该型墓共15座[②]，数量甚少，分布集中（附录一附表A的附表A89，附图二·2·38）。

1. 墓葬分布与规格

该型墓最早发现于常德地区。岭南、江西、福建均不见（图二·2·51—图二·2·55）。

该型墓平均长6.03、平均宽3.87米，平均面积23.336平方米，其中东汉中期甚大（附表A90）。

2. 墓葬朝向与墓道

该型墓13座墓介绍墓葬方向，其中北向最多，南向次之，未见西北、东北、东南向（附图二·2·39）。

该型墓中5座墓介绍墓道情况（广州、合浦各2，长沙1），均东汉中期，均斜坡式墓道，其中2座介绍墓道坡度（合浦2），坡度均为25°。广州的两座该型墓介绍有墓道的规格：广州03山文头岗M1A墓道长6、宽1.5、距底0.86米，墓道端宽1.2米；广州03山文头岗M1B墓道长6、宽1.7—2米，距地表1.3米。

3. 墓葬结构

该型墓中2座墓有壁龛（广州2），均东汉晚期，其中广州M5080壁龛位于左、右室之后，为0.78×0.68-0.08米；广州M5081壁龛位于左右甬道右壁，为0.48×0.5-0.5米。2墓平均长5.89、宽3.15米，平均面积18.553平方米，规格较小。

该型墓中如广州M5016、广州M5080、广州M5081、大庸WM1、长沙56长雷M02、长沙56长雷M03这6座墓，均分别由两座单独的单墓室墓葬，通过一条较狭窄的通道连接，形制较为简单。该类墓平均长5.06、宽3.21米，平均面积16.24平方米，规格较小，其中东汉中期2座（长沙2），东汉晚期4座（广州3、大庸1）。

该型墓中长沙84火枣坡东汉墓与该型墓中其他墓葬有所不同，其东西向，由三个并列后室及两个甬道组成，在其中南、北后室之前各对一个甬道，而中后室前为连通东西两墓的甬道。从总体上讲，该墓的形制与中字形三后室墓相类，所不同者乃其有两条墓道（正因其有两条墓道，故归入并列式墓葬分类），不过从平面看，其更像是中字形与并列式结合的一种墓葬形制。

---

① 两或多座砖室墓各有单独墓道，之间甬道相连。

② 各地在介绍这种并列式墓葬时，虽统一编制一个墓号，但有2座墓葬（广州03山文头岗M1、合浦九只岭M4）在统一的墓号下，再分别编制了A、B号，将其作为两座墓分别介绍。故此处有15座墓葬，而如将其合并的话，那么该型墓共13座。

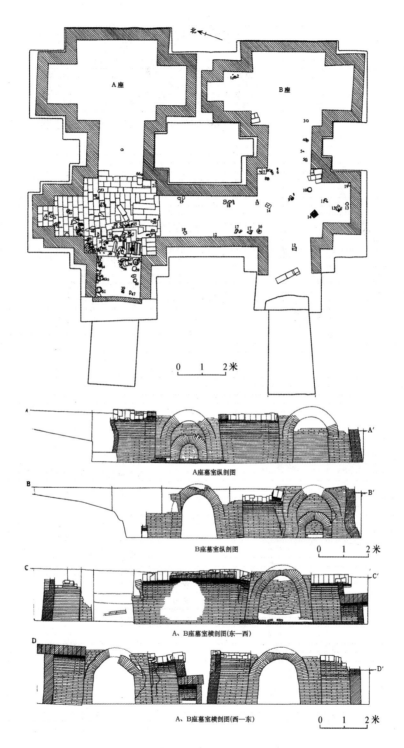

图二·2·51 乙 Ga 型墓葬平剖面图

（广东广州山文头岗 M1，载广州市文物考古研究所《番禺小谷围岛山文头岗东汉墓》，《羊城考古发现与研究（一）》，文物出版社 2005 年版，第 90、91 页，图三、四、五）

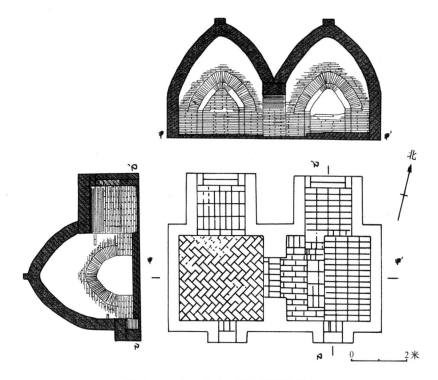

图二·2·52 乙Ga型墓葬平剖面图

（广东广州 M5080，载中国社会科学院考古研究所、广州市文物管理委员会、广州市博物馆《广州汉墓》上，文物出版社 1981 年版，第 373 页，图二二九）

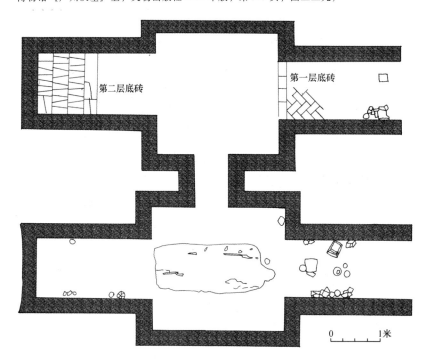

图二·2·53 乙Ga型墓葬平面图

（湖南常德西郊东汉延禧三年墓，载湖南省文物管理委员会《湖南常德西郊古墓葬群清理小结》，《文物参考资料》1955 年第 5 期，第 55 页，插图三）

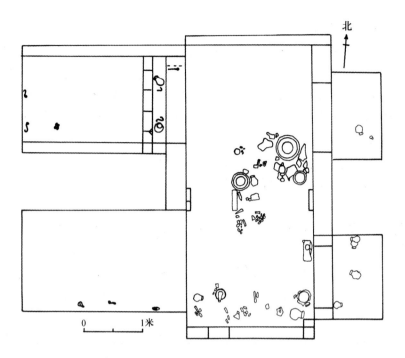

图二·2·54　乙 Ga 型墓葬平面图

（湖南长沙 M243，载中国社会科学院考古研究所《长沙发掘报告》，科学出版社 1957 年版，第 131 页，图一一〇）

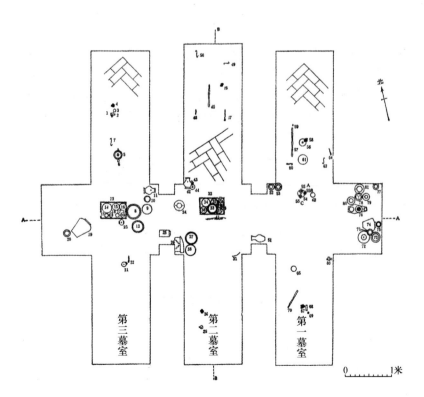

图二·2·55　乙 Ga 型墓葬平面图

（江西南昌 72 南 M2，载程应林《江西南昌市区汉墓发掘简报》，《文物资料丛刊》，文物出版社 1977 年版，第 177 页，图六）

　　该型墓中合浦九只岭 M4A、M4B、常德 54 西郊延熹三年墓、零陵柳子庙 M7 这 4 座墓，均由 2 座基本独立的中字形墓葬，通过较狭窄的通道连接。南昌 72 南 M2 由 3 座中字形墓墓葬，通过较宽通道连接。长沙 M243 总体与长沙 84 火枣坡东汉墓相似，不过仅两后室，位于南北两座墓间的通道，与两墓前室等宽，甚为宽广。这 7 座中字形墓葬的平均长 5.47、宽 4.34 米，平均面积 23.739 平方米，规格较大，其中东汉中期 4 座（合浦 2，南昌、常德各 1），东汉晚期 2 座（长沙 2），1 座仅知为东汉墓（零陵 1）。

　　该型墓中广州 03 山文头岗 M1A、M1B 两座墓，是两座土字形墓葬，在前室的位置，有一条较宽的通道进行连接，在平面上更为复杂。2 墓平均长 9.75、平均宽 5.93 米，平均面积 57.81 平方米，规格甚巨。均为东汉中期墓。

　　该型墓中各墓的砌法有所不同。如广州 M5016、大庸 WM1 墓壁均单隅，券顶；广州 M5080、M5081 均墓壁双隅，圆锥形穹窿顶，甬道直券；广州 03 山文头岗 M1A 前后室为穹窿顶，前室与北耳室在墓底铺一层原坑土后铺两层砖，横直相间。前室近甬道处有祭台，西北、西南角铺垫一层厚 10 厘米原坑土后再铺砖，东与耳室壁齐平，中间纵向置一排砖，后室耳室 1.02 米起券。

　　该型墓中用砖规格介绍不多，其中长沙 56 长雷 M03 条砖 36×17－5 厘米；长沙 M243 条砖 32×16－5 厘米；长沙 84 火枣坡东汉墓条砖 35.5×17－6.6 厘米。广州 03 山文头岗 M1A、M1B，条砖两种，A 种长 34—47、宽 17—23、厚 5—6 厘米，B 种为 A 规格一半；楔形砖亦分两种，其中 A 长 33—48、宽 18.5—22、厚 4—8，B 为 A 规格一半；梯形砖长 34.5—44、宽 14—24、厚 5.5—6；三角形砖两种，A 等腰，底长 18—31.5、腰长 5—10、厚 6 厘米，B 直角三角形，用各种砖的对角截成。

　　该型墓中用砖纹饰介绍不多，南昌 72 南 M2 砖侧多铜钱纹、同心圆纹、复线几何纹；长沙 56 长雷 M03 砖有横五字形花纹；长沙 84 火枣坡东汉墓压印凸三角形纹，断面为三角形和马纹；广州 03 山文头岗 M1A、M1B，用砖多数模印掌纹或刻划符号、数字等，掌印有双、单掌印两种。该墓墓砖较广州一般汉墓用砖为大，种类多且少用残砖。

第三节　丙种墓（石室墓）

　　石室墓，指采用石材构建墓室，容纳墓主、随葬品的墓葬形制。

　　秦汉华南地区石室墓，据墓葬平面形制，可分为窄长形、长方形、近方形、土字形 4 种墓葬形制。据墓室数量，可进一步分为以下 5 种（表二·3·1，附图二·3·1）。[①]

表二·3·1　　　　　　　　　　丙种墓（石室墓）形制分类表

墓葬	窄长形（A）		长方形 B	近方形 C	土字形 D
	I	II			
有墓道（a）	丙 A I a 型	丙 A II a 型	丙 Ba 型	丙 Ca 型	丙 Da 型

---

　　① 窄长形，指宽长比≤0.4 以下者；长方形，指宽长比≥0.401。甬道参与墓葬的形制分别，不将甬道作为单独的墓室参与分室。即，带甬道的单室墓依然认为是单室而非双室墓，与现今偶尔以甬道作为墓室进行分类的做法不同。甬道长度虽计入墓葬总长，但当计算墓室宽长比时，甬道长度排除在外。单室墓为 I、双室及多室为 II。

一　丙 A 类（窄长形墓）

（一）丙 A I a 型（窄坑单室有墓道）

该型墓共 7 座。

1. 墓葬分布与规格

该型墓的数量甚少，但分布较为分散（附录一附表 A 的附表 A91）。

该型墓最早发现于广州，东汉早期见于徐闻，东汉晚期见于昭平。湖南、福建均不见。

该型墓平均长 3.60、平均宽 1.08 米，平均面积 3.888 平方米，其中东汉晚期相对最大，西汉初期次之、西汉晚期相对最小（附录一附表 A 的附表 A92）。

2. 墓葬朝向与墓道

该型墓中有 6 座介绍墓葬方向，北向、西向各 2 座，西南、南向各 1 座。

该型墓中有 2 座介绍墓道情况，其中昭平乐群 M13 墓道长 2.1、宽 1.2、深 0.9 米；昭平乐群 M14 墓道长 2.2、宽 1.4、深 1.1 米，均未介绍具体形制。

3. 墓葬结构

该型墓中广州 03 园岗 M1 墓底东西沿墓壁开挖长方形沟槽，东槽长 5.94、宽 0.22—0.34、深 0.08—0.2 米，西槽长 6、宽 0.2—0.32、深 0.04—0.14 米。沟槽内用石块砌壁。墓穴前后以木板为壁，后壁约长 1.82、宽 0.3 米。墓壁砌筑后，在墓底铺垫红褐色山岗土 0.04—0.06 米，上铺炭屑后铺石块 0.08—0.1 米，墓顶疑为木质。

该型墓中徐闻 M9、M16 均为砖石合构，其中墓顶为砖券，四壁和墓底以石板砌筑。该类墓平均长 2.59、平均宽 0.91 米，平均面积 2.356 平方米。

该型墓中昭平乐群 M13、M14 四周石壁多用不规则自然石块和河卵石混杂后构筑，内壁平整。

该型墓中宜丰袁家梅子真墓为传世墓葬，未经清理，时代尚需存疑；高州坡头 M1 未经科学发掘，公布资料有限，目前尚难开展进一步研究。

（二）丙 A Ⅱ a 型（窄坑双室有墓道）

该型墓仅 1 座，为恭城牛路头东汉墓，其甬道 2.2×0.6 - 1.8、前室 3.1×2.1 - 1.9、后室 3.7×2.3 - 2.3 米，后室略大于前室，墓底无铺垫，券顶，早年被盗。

二　丙 B 类（长方形墓，该类只有一型，丙 Ba 型）

该型墓共 14 座。

1. 墓葬分布与规格

该型墓的数量甚少，但分布较为分散（附录一附表 A 的附表 A93）。

该型墓最早发现于徐闻、永顺，东汉中期见于耒阳，东汉晚期见于昭平、阳朔，湖南、福建不见。

该型墓平均长 3.70、平均宽 2.26 米，平均面积 8.362 平方米，其中东汉中期耒阳耒野营 M15 最大，东汉晚期次之、东汉早期相对最小（附录一附表 A 的附表 A94）。

2. 墓葬朝向与墓道

该型墓有 13 座墓介绍墓葬方向，其中西南向最多，北向次之，东北向、南向未见（附

图二·3·2)。

该型墓中7座介绍墓道情况，其中2座仅介绍规格而未介绍具体形制，其他5座墓的墓道分为两种：

（1）斜坡式，共4座（阳朔、钟山各2），3座东汉晚期，1座仅知为汉代。3座介绍墓道坡度，在3°—45°之间，其中10°以下2座（阳朔2），30°以上1座（钟山1）。

（2）阶梯式，共1座（阳朔1），东汉晚期，阳朔05YGLM28长3.76、宽0.8—0.96、深0.58—1.68米。

该型墓中阳朔05YGXM1墓道偏于一侧。

3. 墓葬结构

该型墓中4座墓为砖石合构（徐闻2，阳朔、永顺各1），其中徐闻M2、M18墓顶砖券，四壁和墓底以石板砌筑。该类墓平均长2.84、平均宽1.26米，平均面积3.578平方米，规格甚小。该型墓中5座墓有甬道（阳朔、昭平各2，钟山1），均东汉晚期。该类墓平均长3.72、平均宽2.50米，平均面积9.3平方米，规格甚大。

该型墓中昭平界塘M2墓顶石板最大长5.8、宽0.8—1米；永顺96YWGM11条砖33×16－5厘米；徐闻M11全用厚约6厘米灰白色珊瑚石板砌筑。

该型墓中耒阳耒野营M15为斜壁，口长5.4—5.6、宽3.8—3.82米，墓底长4.5—5.4、宽2.8米。四壁高1.6、宽0.5米，东边墓门处两侧宽0.6米，砌壁石块长1.03、宽0.4、厚0.08米，墓底石块长1.18、宽0.4、厚0.06米。

三　丙C类（近方形墓，该类只有一型，丙Ca型）

该型墓共7座，数量甚少，但分布较为分散（附录一附表A的附表A95）。

1. 墓葬分布与规格

该型墓东汉早期见于阳朔，东汉晚期分布范围广及昭平、钟山。广西地区该型墓的分布明显较多。

该型墓平均长3.11、平均宽2.85米，平均面积7.930平方米，其中东汉早期较大，东汉晚期略小（附录一附表A的附表A96）。

2. 墓葬朝向与墓道

该型墓中西南向最多，南向次之，东向、东北向、西北向、东南向未见。

该型墓中4座墓介绍墓道情况，2座仅介绍规格未介绍墓道形制，另外2座中，一为斜坡式（阳朔05YGXM5），墓道坡度为14°，长2.8、宽1.2、深2.5米。另一为竖井式（阳朔05YGXM3），长2.5、宽0.85、深2.15米。

3. 墓葬结构

该型墓中3座墓有甬道（阳朔3），其中东汉早期1座、东汉晚期2座，其中阳朔05YGXM5甬道长2.3、宽1.2、深1.52米。

该型墓中阳朔05YGXM5，穹窿顶，高1.7米，高出地表，覆土后形成封土堆。封门石宽1.2、残高1.2米，不规石块错缝垒砌；钟山张屋M28前壁用长0.5—0.8米石板砌筑，其余三壁用大小不一石块砌筑，墓壁0.65米处起券，残高1.4米。

四　丙 D 类（土字形墓，该类只有一型，Da 型）

该型墓仅发现 1 座，即广州 83 象岗南越王墓，为华南地区发现的唯一一座未经盗掘保存完好的"王级"墓葬。从出土的"文帝行玺"和"赵眜"印章得知，该墓约埋葬于公元前 122 年左右（图二·3·1—图二·3·5）。

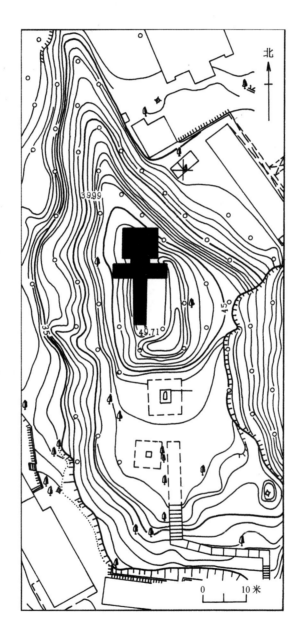

图二·3·1　丙 Da 型墓葬所在地形图

[广东广州南越王墓（象岗地形图），载广州市文物管理委员会、
中国社会科学院考古研究所、广东省博物馆《西汉南越王墓》，文物出
版社 1991 年版，第 9 页，图四]

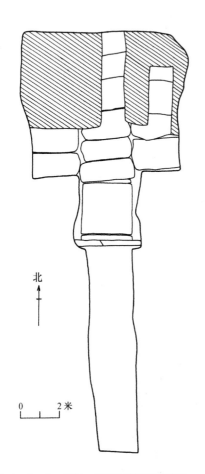

北

0　　2米

图二·3·2　丙 Da 型墓葬封石平面图

［广东广州南越王墓（墓上所留夯土及顶盖石平面图），载广州市文物管理委员会、中国社会科学院考古研究所、广东省博物馆《西汉南越王墓》，文物出版社 1991 年版，第 7 页，图二］

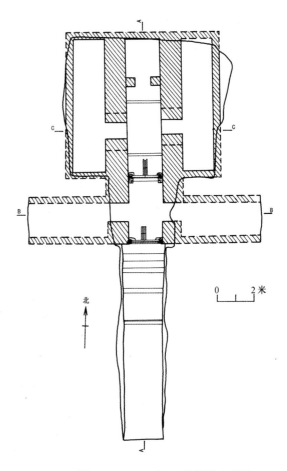

北

0　　2米

图二·3·3　丙 Da 型墓葬平面图

［广东广州南越王墓（墓葬平面图），载广州市文物管理委员会、中国社会科学院考古研究所、广东省博物馆《西汉南越王墓》，文物出版社 1991 年版，第 10 页，图五］

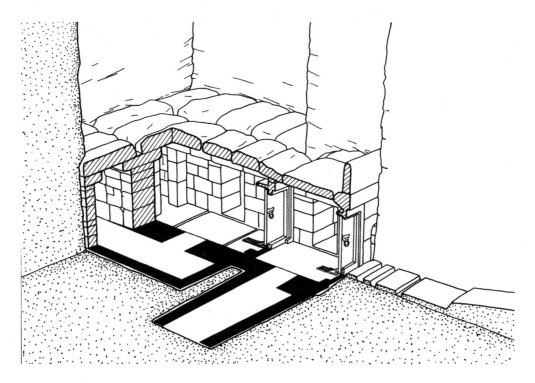

图二·3·4　丙 Da 型墓室剖视图

［广东广州南越王墓（墓葬结构透视图），载广州市文物管理委员会、中国社会科学院考古研究所、广东省博物馆《西汉南越王墓》，文物出版社 1991 年版，第 11 页，图六］

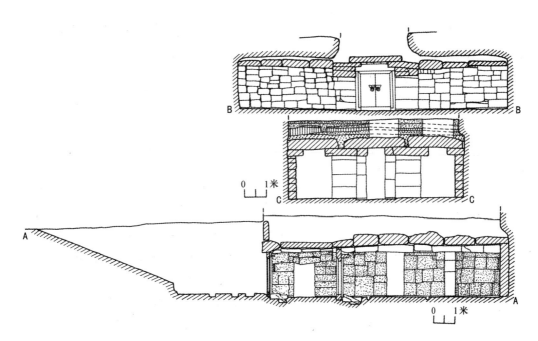

图二·3·5　丙 Da 型墓室剖面图

［广东广州南越王墓（墓室纵、横剖面图），载广州市文物管理委员会、中国社会科学院考古研究所、广东省博物馆《西汉南越王墓》，文物出版社 1991 年版，第 13 页，图七、八］

该墓共 7 室，前 3 后 4，约 100 平方米左右，前室居前中部，左右有侧室，之后为后室，东西各有侧室，其后为藏室。南北 10.68、东西 12.24 米。前室、主室为石门，其余木门。底部铺板。该墓墓向为 177°。

该墓墓道为斜坡式，长 10.46、宽 2.36，近门宽 2.5，深 3.22 米，内填石。距门 4.12 米有藏坑，并有殉人。

该墓墓室顶部用 24 块大石覆盖，之上夯筑，夯层厚 15 厘米。

第四节　丁种墓（其他）

上述甲、乙、丙 3 种墓葬外，在华南地区的秦汉墓葬中，还有以下 3 种数量甚少的墓葬型式（附图二·4·1）。[①]

一　丁 A 类（土洞墓）

该型墓仅发现 1 座，为西汉晚期耒阳花石坳 M9。该墓长 3.31—3.25、宽 2.23—2.6 米，四壁向室内凸出，倾斜成墓顶，四角呈弧形锐角往外伸。斜坡式墓道，距底 0.2 米起坡，墓底平坦。靠墓道一端有随葬品 6 件。

二　丁 B 类（瓮棺葬）

该型墓共 18 座。[②]

1. 墓葬分布与规格

该型墓数量少，时代上集中于东汉，地点上除吴川、化州两地外，均见于海南（附录一附表 A 的附表 A97）。

该型墓介绍有限，其中吴川东隅新村东汉瓮棺葬长 0.6、宽 0.3 米。1978 年陵水、崖县发现的 12 座瓮棺葬均侧置于沙土中，距地表 0.2—0.71 米，方向在 9°—68° 之间，通长 0.5—1.8 米不等，除崖县 78 藤番 M9、M10 为成人外，其余均为小孩。而廉江 04 多别东汉瓮棺葬的墓圹长 1.2—1.36、宽 0.53—1.2、据距地表 0.2—1 米。

2. 墓葬结构

该型墓数量虽少，但结构各异。如以 1978 年陵水、崖县发现的 12 座该型墓看，以葬具组合的不同，可分为 5 种（图二·4·1）。

第一种，用 1 个陶罐。如廉江 04 多别东汉瓮棺葬，其均仅有陶罐 1 个，所用陶罐均大口卷沿，斜直壁，平底，肩附 4 横耳，饰水波纹、弦纹、草叶纹等，最大口径 26、腹径 35、高 60 厘米，最小口径 20、腹径 25.6、高 29.5 厘米。廉江陂仔东汉瓮棺葬与其相同。

第二种，用 2 件陶器将口沿相套而成。如陵水 78 英军 M5、M14、M23、M26、M28，其中 M26、M28 以酱黄釉四耳硬陶罐与黄灰色夹砂釜组合；M5 以灰色四耳硬陶罐与淡黄色四耳陶罐

[①]　除本书罗列的下列 3 种外，悬棺墓、崖洞墓也是在华南地区偶尔出现的 2 种墓葬形式。由于这两种墓葬不仅数量少，且绝大多数未经科学发掘，资料公布更极为有限，因此本书暂不予采录。

[②]　从资料介绍看，廉江 04 多别瓮棺葬、廉江陂仔东汉瓮棺葬的数量应较多，但因其均未报道两地的具体瓮棺数量，故此处均只能以 1 座暂时登记。

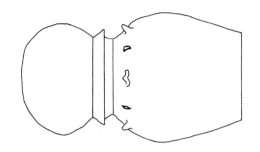

海南崖藤番M11瓮棺平面图

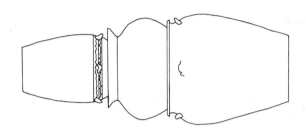

海南陵英军M12瓮棺平面图

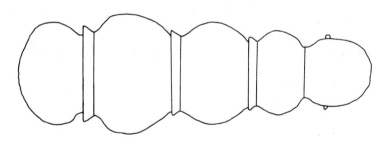

海南陵英军M28瓮棺平面图

图二·4·1　丁B类墓葬平面图

（载曾广亿《海南岛东汉瓮棺葬发掘考略》，《广东文物考古资料选集》第
二辑，第302页，图一、二、三）

结合；M23以灰色四耳硬陶罐与黄灰色四耳陶罐结合；M14以灰色四耳陶罐与淡黄色夹砂陶釜
结合。而化州麻里山东汉墓，以两个陶罐套接，在接缝处有陶箍套盖，横置于墓穴之中。廉江
文河坡东汉墓同样以两个陶罐套合，陶罐口径15、高60厘米，颈部四耳相对，素面无纹。

　　第三种，用3件陶器相套合，中间一件底部凿穿。如陵水78英军M6、M12、M24、M30，
其中M6用两件灰色夹砂陶釜与1件灰色四耳硬陶罐组合（中间陶釜），M12为黄色四耳陶罐、
黄色夹砂陶釜、灰色四耳硬陶罐组合（中间陶釜），M24为两件灰色四耳硬陶罐、1件淡黄色夹
砂陶釜（中间陶罐），M30为三件淡黄色夹砂陶釜组合。

　　第四种，用3件灰色夹砂陶釜和1件灰色夹砂陶瓶结合。如崖县78藤番M9，其三件釜、瓶
相套，相距50多厘米。据推测应是死者身高较大，瓮棺长度不足，因此将一件陶釜套在头上，
三件套在下身。而在其上还置有两件被火烧裂的大石块。

第五种，用 5 件陶釜相套，中间 3 件底部凿穿。如崖县 78 藤番 M10、M11，其中 M10 首尾用灰色四耳陶罐，其余为灰色夹砂陶釜。在瓮棺之外还随葬一件夹砂陶釜，瓮棺上同样放置两块烧裂的大石块。M11 用五件灰色夹砂陶釜套合。在瓮棺之外随葬夹砂陶釜 2 件。

三　丁 C 类（铜鼓葬）

该型墓仅发现 1 座，为西汉中期西林 72 普驮铜鼓墓。[①] 该墓为圆形，直径 1.5—1.7、深 2 米，地表 0.6 米下有一块圆石，下有 12 块并排放置的石条，再下为 4 件铜鼓套合（图二·4·2、3），随葬品置于铜鼓周围，部分装在铜鼓内，最内层的铜鼓内安置骨骼。

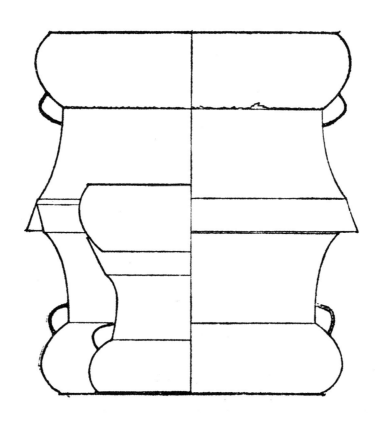

图二·4·2　丁 C 类墓葬铜鼓葬式图

（载广西壮族自治区文物工作队《广西西林县普驮铜鼓墓葬》，《文物》

1978 年第 9 期，第 48 页，图七）

---

① 广西壮族自治区文物工作队：《广西西林县普陀铜鼓墓葬》，《文物》1978 年第 9 期，第 43—51 页。该墓原报道为西汉早期，而童恩正先生认为其时代当在武帝前后。见童恩正《试论早期铜鼓》，童恩正《南方文明》，重庆出版社 2004 年版，第 295—321 页。

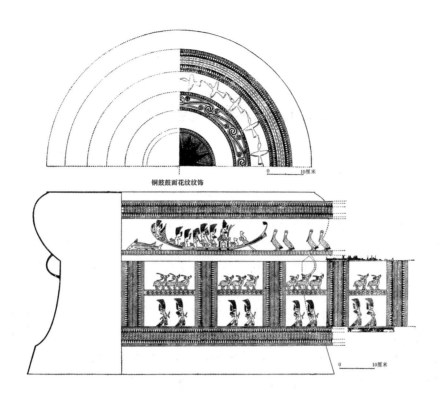

铜鼓鼓面花纹纹饰

0　　10厘米

0　　10厘米

图二·4·3　丁C类墓葬出土铜鼓纹饰图

（载广西壮族自治区文物工作队《广西西林县普驮铜鼓墓葬》，《文物》1978年第9

期，第47页，图四）

四　丁D类（铜棺葬）

该型墓仅发现1座，为西汉西林69普驮屯古墓。该墓发现于1969年冬，发现时距地表1.5米，铜棺长2、宽0.65、高0.68米、铜棺厚1.5—2厘米，内外壁鎏金。铜棺首尾两端镶嵌神兽面具、流云等鎏金铜饰，交界处以子母口衔接，棺内有玉珠、玉管、玉片等随葬品。该墓在发现后即遭破坏，铜棺被砸碎，且不久被熔炼，随葬品被扔弃[1]，仅追回少许[2]。

西林县在西汉属句町，上述两座墓的墓主，学者均认为可能是古句町国的王者或贵族。[3]

---

① 西林县地方志编纂委员会：《西林县志》，广西人民出版社2006年版，第960页。

② 广西壮族自治区文物管理委员会：《广西出土文物》，文物出版社1978年版，图93，据其介绍，该墓出土后征集而回的铜质人面具共有8件。

③ 蒋廷瑜：《广西民族考古研究综述》，《民族研究动态》1988年第1期，第8—20页。顾朴光：《广西西林出土西汉青铜面具考》，《民族艺术》1994年第4期，第178—183页。

第三章　遗物

　　遗物不仅是墓葬和遗址中非常重要的组成部分，也是我们分析和探究各墓葬和遗址所在时代等多方面情况的基础资料。历年来，大量学者开展了各时代墓葬、遗址的研究，对遗物的探究一直是不可或缺的基础内容。但是，一方面，如绪论所言，由于绝大多数的出土遗物，因资料刊布有限和文物收藏极为分散等原因，研究者难以目验原物；另一方面，由于 60 年来发掘积累的各类遗物数量极为庞大，使我们难以开展如前文对墓葬形制研究一样的、全新的、标准和术语统一的器物形制研究。① 鉴于在短时间内还难以开展对遗物的全面分析，因此本书只好无奈的延续了蒲慕洲先生 20 年前的做法，只对遗物的器物种类开展时空分析。即，通过对各时期、各地区遗物器类时空分布的系统研究，来弥补未开展遗物型式演变分析给研究工作所带来的系列不足。②

　　目前，在遗物的器类研究中使用最多的方法，无疑是量化统计。不少学者已从各个方面对其进行了很多有意义的探索。如在 1977 年，霍德森（F. R. Hodson）在发表的用定量方法研究哈尔施塔特（Hallstatt）墓地的文章中提出，每一种器类的价值和地位，由其在墓中出现的频数决定，只与大墓关联的器类，比起其他同时出现在大墓和小墓中的器类而言，显示出较高的社会价值。之后，海迪格（L. Hedeager）在对罗马铁器时代墓地的统计分析中，更加强调随葬器物群之间的差异。他认为墓中器类越多，其社会地位越高。后来，乔金森（Jorgensen）进一步发

---

　　①　在不同时期、不同作者完成的各原始资料中，对有关器物的描述情况存在着型式划分、术语运用、介绍角度、介绍程度上的地区与时代差异。同一术语、同一型式的名称在实际情况中有较大差异，在器物特点的把握和描述程度上更是千差万别。在不同原始资料中，往往存在着同一类器物（如陶罐），在甲报告中，在对器形描述中，会从唇部、口部、颈部、腹部、底部加以介绍；在器物规格描述中，会从口径、腹径、底径、高度、厚度来加以介绍；并且还会较为详细的介绍器物的陶质、陶色、花纹组成。但到了乙报告中，可能仅描述器物的口部与腹部，规格只介绍高度，而纹饰、陶色等阙如不录。到丙报告中，更几乎不介绍陶罐的具体形制，而仅仅介绍高度而已。

　　此外，目前最大量的资料，都仅是以简报的形式刊发。在刊发过程中，绝大多数均仅为甲器物发表图版、乙器物发表图纸，一件器物在简报中同时发表图像和图纸的情况，甚为少见。这就使我们很难依据原始资料，通过所发表器物的图像、图纸资料互校，来修正原始资料对器物形制分析的差异或误差。在缺乏足够遗物图像、图纸资料的情况下，如果没有机会目验原物，对绝大多数的研究者而言，就几乎不可能对所出随葬品重新开展全面的、统一的型式描述和术语界定。

　　于是，在这种情况下，想依据千差万别的原始资料，来开展大区域内各类型随葬器物的新的类型学研究，不仅甚不现实，而且即使勉为其难地开展了此项工作，其结论的准确性，也会因原始资料本身的局限和误差而大打折扣。

　　②　实际上，相对于从各方面已经显示出的变化甚快的器物形制而言，本研究提出将秦汉华南 400 余年分 8 期的时代认识，要明显"粗疏"了不少。因此要开展秦汉华南器物形式变化的全面研究，就需要构建更详尽、与器物形制演变基本一致的时间框架。如前文所言，在不同地区虽曾开展过更详尽分期的成功尝试，但就目前积累的秦汉华南考古资料言，开展大范围更细分期的条件还不具备。所以在分期难以细化和原始资料存在诸多不足的情况下，我们也就很难开展全面、系统的遗物类型学研究。本书对各类器物的具体口沿、腹部、纹饰等等形制特点方面的变化，也就只好暂时不再深究，而将对随葬品分析的重点，置于在器物形制之上的器类本身的变化上面。

展了霍德森的模式。其将一个时期墓葬内的随葬品按不同类型分开，然后分别计算各种器类在墓葬中出现的频数。在此前提下，同一墓中出土1件或4件的差别暂时先忽略不计，计算的仅仅是墓葬的数量，因此越少墓葬包含的器类，它的值（Value）越高。他提出了计算墓葬类型值（Type Value）的公式：类型值＝墓葬总数/类型频数；并提出，由于高值的器类只见于大墓，而不见于小墓，因此这样的统计结果是有意义的，即类型值的高低很可能与社会地位的高低相关联。一座墓葬的值，应是该墓中各器物类型值的总合，即，墓葬值＝Sum（类型值）。于是，综合类型值后，墓葬的值也就由之而计算出来。如果一个器类在墓葬中出现了几件，要包括每一件的类型值。一个高的墓葬值反映了一个高的社会地位或财富地位。于是他用每个墓的墓葬值来衡量相对的财富与等级，继而讨论一片墓地、一个时期或一种文化的社会分化模式。

1998年，付罗文在对中国东北大甸子墓地的分析中，发展了乔金森的量化方式。其研究着重探讨墓葬对死者的价值和对仪式（生者）的价值，并通过两种价值的比较来了解墓葬的功能意义以及当时的社会形态。因此，他将一个墓葬的内容分为墓主价值（Deceased Grave Value）和仪式价值（Ceremony Grave Value）。对于那些数量不多但能反映墓葬价值的器类，作者按照乔金森的方法开展统计，以它们在墓中的出现与否作为量化标准。而对大量发现的诸如陶器、玉器、石器等器物，在统计时也考虑其数量问题，这些器物不仅以出现与否来反映墓葬价值，而且更以出现数量的多少来反映墓葬价值。这种做法避免了单纯依靠根据器类的出现与否作为反映社会地位高低的标准的偏颇，使得那些通过数量多少来反映墓葬等级高低的情况也得到了较为满意的反映。即，首先考虑随葬品本身的特性，看其是以数量多寡还是以对这些物品的占有来反映社会地位，之后再进行区别对待。①

蒲慕洲先生在20年前开展的汉墓研究中，首先对墓葬出土的每一件器物，设计了一套四位数代码：千位数代表器物材质，如陶器、铜器、铁器等等；百位数为器物功能，如储容器、炊器、兵器、工具、饰物等等；十位数和个位数均为器物具体类别，如鼎、釜、剑等等。之后利用计算机软件，根据代码系统开展器物分析，如储容器或炊煮器的地区分布、各类器物的百分比分布，进而得出某地某时代某类器物较丰富的认识，并了解到某类器物数量的增减之势。②

从目前有关墓葬出土器类研究的几种量化方式看，无论是霍德森、海迪格、乔金森还是付罗文的墓葬值计算，其目的均是更全面揭示墓主的社会地位，并进而了解当时的社会分化情况。但从后文对秦汉华南墓葬的相关分析看，由于有着一定数量明确的文字或其他更直接的证据资料，已使我们能够清晰地了解到相关墓葬的墓主身份，并进而对其他墓葬的墓主有较准确判断，因此借助墓葬出土器物统计和计算来推定墓主社会地位的研究目的的必要性就自然降低。因此，本书除特定情况外，不再开展大面积的墓葬值计算，而是与蒲慕洲先生一样，将统计和量化的主要精力与目的转向对遗物时空分布的探究。

要开展出土器类研究，首先必须是相关器物所出自的墓葬或遗址未经盗扰破坏，以避免不必要的统计误差。而在现有的秦汉华南3359座墓葬资料中③，3209座墓葬介绍了墓葬盗掘、扰

---

① 本节关于墓葬器类量化方面的综述，转引自秦岭《类型价值与墓葬价值——介绍墓葬研究中的一种量化方法》，《华夏考古》2007年第3期，第133—138页。
② 蒲慕洲：《墓葬与生死：中国古代宗教之省思》，中华书局2008年版。
③ 目前已知的墓葬总数为3750座，其中391座仅知发现地点、墓葬名称，其余信息均不详；有资料的墓葬3359座中有2座仅有局部信息，前文进行分析的墓葬为3357座。

乱、完好等保持情况。其中，随葬品保存完好的墓葬共 2108 座[①]，介绍有随葬品保存情况的墓葬共 2020 座，占 3359 座墓葬的 60.13%。为保证相关结论的准确，下文各节中首先开展的随葬品器类分析，均仅对报道了随葬品情况的 2020 座墓葬开展。但在之后开展的具体器类分析中，以 2020 座墓葬出土随葬品为基础，结合其他 1339 座墓葬的随葬品一起进行有关的分析，而在遗址、窖藏、出土点和博物馆收藏中的同类物品，亦一并探讨。

2020 座墓葬中出土的随葬品[②]，按材质可大体分为陶器、铜器、铁器、玉器、石器[③]、金器、银器、铅器、锡器、漆器、木器、竹器、骨器、玛瑙器、琥珀器、玻璃器、水晶器、泥器、纺织品 19 器类；按功用可大体分日用器具、工具、武器、俑及模型器等多种。目前，2020 座墓葬共出土各类随葬品 48099 件[④]（不含铜钱、泥钱、泥金饼、玛瑙器、琥珀器、玻璃器、水晶器、泥器、纺织品、竹木简牍等器类）。其中陶器最多，达 32564 件；铜器次之，共 6995 件；铁器又次之，共 2913 件，石器更次之，共 1524 件；金银器仅为 712 件，合计 44708 件，占全部随葬品的 92.95%，而其他各类合计不足 7.05%。[⑤]

第一节　铜器

秦汉铜器是对商周铜器的继承与发展，与商周时期相比，秦汉铜器的地位已大为降低，造型也不再如原来那样厚重而神秘，但无论铜器种类，还是铸造量和商品化程度，都在西汉中晚期达到了隋唐以前的最高峰。[⑥]

一　铜器种类与出土情况
（一）铜器种类
除钱币、残器及不明器形者外，秦汉华南墓葬中共出土 151 种铜器。根据不同的用途，可将

① 这里所说的"完好"，是指墓葬中随葬品保存情况的"完好"，对于墓葬虽然遭受破坏——如上部被毁、盗洞不及底但随葬品依然完好的情况，均以"完好"对待。
在各时代形成的原始资料中，介绍墓葬保存情况的方式不一。如在《长沙发掘报告》等一些报告和简报中，每座墓葬均标注是否被盗，对标注未被盗的墓葬，可视为完好；而如在《广州汉墓》《广西昭平东汉墓》等报告中，是在备注栏内标注某墓被"破坏"而其他墓葬不出标注，据其体例，未标注"破坏"等情况的墓葬，视为完好；在如湖南资兴西汉墓、广东广宁铜鼓岗墓葬等简报或报告中，在正文中以文字形式记述墓葬的被盗或扰乱情况，据此可确定墓葬的完好情况；在如桃源县狮子山汉墓等发掘报告中，仅介绍墓葬的打破情况，未介绍盗扰等情况，在这种情况下，对被打破的墓葬均视为被破坏，而打破其他墓葬的墓葬视为完好，其他未介绍打破关系者亦视为完好；如在《湖南大庸东汉砖室墓》报告中，介绍"绝大多数被盗"，而墓葬登记表的备注栏内并未标示何墓未被盗，因此除在正文介绍的墓例中未提被盗者的墓葬外，其余均以被盗处理；如在耒阳市东汉墓的发掘报告中，墓葬登记表的备注栏的标注分完好、破坏、倒塌等多种，由于其所言的倒塌仅是指墓葬本身的坍塌，并不及于出土器物的盗扰，因此对类似情况，均与其他明确标注为完好的墓葬一样，视之为完好；在许多简报介绍墓葬保存情况时，仅报到墓葬棺椁腐朽、尸骨无存，而未提墓是否被盗扰，对此均视为完好。但如乐昌市对面山东周秦汉墓简报，即未提墓葬被盗扰情况，也无墓葬登记表，无法确定墓葬保存情况，于是只能对相关墓葬暂且存疑不论。
② 在对墓葬出土器物的数量统计中，不含墓葬所出铜钱的数量，不含玛瑙、玻璃、水晶、琥珀、珍珠、肉红石髓、炭精、松香等材质制作的各类装饰品的数量，不含泥币、泥金饼、封泥匣等出土器物的数量，也不含出土竹木简牍、帛书、纺织品、竹器等的数量。
③ 除非特别指出，均指滑石器。
④ 其中有 4 座墓葬仅知共有 181 件随葬器物，但各墓的具体分类的随葬品数目并不知晓。
⑤ 因纺织品、竹器、木器、漆器等材质的器物，多数情况下保存甚差，不仅器形难辨，且数量也难以确定，因此后文的分析对其从略。
⑥ 俞伟超：《秦汉青铜器概论》，《古史的考古学探索》，文物出版社 2002 年版，第 198—217 页。

其大体分为容器、炊煮器、兵器、乐器、用具、饰物、明器、其他8类①（表三·1·1）。限于篇幅，本书仅就铜容器、铜兵器、铜炊煮器的相关情况开展具体分析。

表三·1·1　　　　　　　　　　　　　　　　秦汉华南铜器分类表

器类		名称	种数（种）
容器		豆、簋、卮、瓶、洗、钵、盘、壶、盆、鉴、匜、鋗、尊、承盘、提筒、盉、钫、瓿、盏、耳杯、杯、盒、锺、碗、盂、罐	26
乐器		钟、铎、铙、铃、鼓、钲、瑟枘、錞于、句鑃、锣、磬	11
炊煮器		鼎、鍪、勺、釜、甑、锅、镬、匕、姜礤、炉、鍑	11
兵器		剑、刀、匕首、矛、戈、钺、戟、镞、弩机、镡、镦	11
用具	生产	凿、削、钻、斧、锛、锯、刮刀、钉、钩、纺轮、棒、条、刻刀、锥、叉、镰、锄、锸、铲、箕、鱼镖、磨具、锯、夹、尺、权、砝码	27
	装饰	镜、镊、刷、眉笔、带钩、指环、耳环、镯、钏、簪、牌饰、珠	12
	生活	灯、烛台、剪、杖饰、熨斗、虎子、枕、镇、祖、阳燧、棋盘、顶针、针、博山炉、熏炉、帐构、辟邪	17
饰物	车饰	盖弓帽、衡饰、辕饰、衔、镳、当卢、车轴、辖、軎、管	10
	器饰	铺首、泡钉、构件、器足、器座、口沿、环、铜饰	8
明器		屋、仓、灶、炉、井、臼杵、案、俑、马、牛、狗、鸟、池、人首柱、璧、棺	16
其他		印、钱范	2

（用具合计 56；饰物合计 18）

（二）出土情况

秦汉华南墓中出土铜器的情况较为复杂：

在2020座随葬品保存完好的墓葬中，1198座墓葬随葬含铜钱在内的铜器，占总数的59.30%。其中269座仅出铜钱，占2020座墓葬的13.31%，为1198座墓葬的22.45%。在其余929座墓葬中，共出土铜器6995件（含残器），平均每墓出土铜器7.5件，其中广州象岗南越王墓最多，达2851件，占总数的40.75%；若排除南越王墓，各墓平均出土铜器仅4.46件。

929座铜器墓平均长4.31、平均宽2.60米，平均面积11.204平方米。墓中铜器的出土数量与出土该数量铜器的墓葬数量，有较明显反比关系（附图三·1·1、表三·1·2）。

表三·1·2　　　　　　　　　　　　不同时期各型铜器墓数量统计表　　　　　　　　　　单位：座

	西汉初期	西汉早期	西汉中期	西汉晚期	新莽至东汉初期	东汉早期	东汉中期	东汉晚期	西汉	东汉	合计
甲A类	57	10	3	5			2				77

---

① 此分类在参考蒲慕洲、孙机先生的分类基础上提出。见蒲慕洲《墓葬与生死：中国古代宗教之省思》，中华书局2008年版；孙机《汉代物质文化资料图说》，上海古籍出版社2008年版。铜器种类的有关名称，大体以各发掘报告为准，但适当做了调整，如据王振铎、孙机等先生意见将报告中称为"奁"的器物改称为"尊"，位于其下的三足盘称"承盘"（孙机先生指出，其当为文献中之"承旋"）；当器物存在多种用途可以纳入不同类别时，仅以其中一种归类。虽然秦汉考古经过几十年的发展，器物命名已大体统一，但对于历史积累起来的考古而言，过去不同时期不同地区学者在器物称谓或命名上的不同的"地方"传统，却保留下来。对此在进行器物分类及研究中，如有充分根据，则将一些器物名称做了调整，但对于根据不足的器物称谓，则只好保留过去的称呼，而这则势必造成文中器物分类内的同物异名，影响相关分析的准确。

续表

	西汉初期	西汉早期	西汉中期	西汉晚期	新莽至东汉初期	东汉早期	东汉中期	东汉晚期	西汉	东汉	合计
甲B类	45	101	89	155	49	25	78	18	4	1	565
甲C类	6	17	27	26	19	8	4		1		108
甲D类		1		4	1						6
甲E类	1	23	7	8	2	2	2				45
甲F类			1								1
甲G类				1							1
乙A类					5	6	21	10		1	43
乙B类					3	7	17	14		2	43
乙C类						3	9	11			23
乙D类								3			3
乙E类							1	2			3
乙F类							1			1	2
乙G类							2			1	3
丙B类							1				1
丙D类		1									1
不明						2		1		1	4
合计	109	153	127	199	79	53	138	59	5	7	929

　　在出土1—10件铜器的838座墓中，共出土铜器2166件，占全部铜器出土数的30.96%，尚不及南越王墓1墓所出；在出土11—118件铜器的90座中，共出1967件铜器，为总数的28.12%，达到前述2166件铜器的90.81%。很明显，大量铜器集中出土于极少量的墓葬之中，而大多数的墓葬或无铜器出土，或出土数量甚少。

　　在929座墓葬中，甲种墓，特别是甲B类墓葬数量最多。其中甲A类墓葬在西汉初期最多，之后减少。与此同时，甲B类墓葬的数量大为增加（表三·1·3）。

表三·1·3　　　　　　　不同数量铜器出土墓葬规格差异统计表①

器物数（件）	墓葬数（座）	平均长（米）	平均宽（米）	平均面积（平方米）
1	335	3.97	2.42	9.598
2	184	4.10	2.40	9.860
3	108	3.95	2.60	10.253
4	61	4.42	2.63	11.598
5	42	4.56	2.85	12.974
6	30	4.38	2.41	10.580

---

　　① 受篇幅关系，出土11—84件铜器的墓葬合并统计。118件铜器的出土墓葬为合浦71望牛岭西汉墓，规格甚巨（其规格较大，乃是因为本书计算仅以墓长乘墓宽，并非实际墓内面积。而该墓与其他多为长方形墓葬的形制不同，在前室两侧各有1个耳室，使该墓宽度剧增）。出土2851件铜器者为广州象岗南越王墓，规格虽略小，但等级最高。

器物数（件）	墓葬数（座）	平均长（米）	平均宽（米）	平均面积（平方米）
7	21	4.47	2.39	10.670
8	16	4.81	2.49	11.947
9	11	5.01	2.79	13.985
10	10	4.71	2.99	14.071
11—84	89	5.61	3.40	19.050
118	1	25.8	14	361.2
2851	1	12.5	10.85	135.625

出土铜器的墓葬在西汉早期为第一个高峰，在西汉中期有所降低，到西汉晚期再达峰值。目前，西汉时期铜器墓的数量要大于东汉时期，造成这种现象的主要原因，推测应是进入东汉后大型墓葬多改为乙种墓（砖室墓），而砖室墓受盗扰的程度远比土坑墓严重，这就造成东汉大型墓随葬品完好保存者不多，形成了西汉铜器墓多于东汉铜器墓的现象。

从表三·1·2看，即使仅出1件铜器的墓葬，其面积平均尚有9.598平方米，而随着铜器数量的增加，墓葬规格持续增大。如后文将言，墓葬规格的大小与墓主社会地位成正比。因此随着墓葬中铜器数量的增加，其墓主地位也有增加之势（目前等级最高的铜器墓为南越王墓）。后文还认为，西汉县级官吏墓葬规格平均为10.118平方米，西汉早期乡级官吏墓葬平均规格4.64平方米，因此据上述墓葬规格的差异，西汉时期大多数铜器墓（出土1—2件铜器墓，共519座）墓主的地位，应介于乡级与县级之间，而其他410座铜器墓（出土3件铜器以上），大体应从县级官吏直至侯级、王级。

铜器墓除了在不同形制墓葬中存在较大差异外。在不同时期的不同地区也有着差异（附录一附表A的附表A98）：

在一郡内，郡国治所在地的铜器墓一般最多，其次为县治、近县治，除西汉初期外，其他地点的铜器墓一般最少。铜器墓高度聚集于政治中心的情况，表明这些身份地位甚高的墓主生前应同样聚集生活在这些地区。也就是说，除西汉初期之外，政治中心越大，会聚集越多身份更高的人群，反之越少。

在诸郡国中，武陵郡、南海郡、桂阳郡、长沙国、苍梧郡铜器墓发现数量较多，其中南海郡铜器墓的时间大多为南越国时期，即广州为南越国国都所在地时铜器墓最多。而长沙国铜器墓同样集中于长沙国的国都临湘所在的今长沙地区。

从广州看，广州地区铜器墓最多的时间在西汉早期，而进入西汉中期后急剧减少，此后一路降低，直到东汉中期才出现回升，虽然如此，东汉中期广州铜器墓的数量依然低于西汉早期。

从长沙看，虽然与广州的发展趋势基本一致——即在西汉早期最多，西汉中期急剧减少，但长沙铜器墓数量减少的趋势要略低于广州（广州西汉中期铜器墓的数量为西汉早期的21.59%，而长沙为29.16%）。西汉晚期，长沙铜器墓出现快速增加，而广州铜器墓依然处于减少之中（广州西汉晚期铜器墓数量为西汉中期的84.21%，而长沙为西汉中期的185.71%）。这种情况，应与南越国灭亡后广州地区由原国都所在地变为普通的郡国治，而长沙依然为国都的地位有一定关系。当然铜器墓在西汉中期到西汉晚期快速增加的趋势，在合浦郡、郁林郡、武陵郡等郡国治所在地也同样存在。

目前在武陵郡、桂阳郡、苍梧郡等郡发现铜器墓较多的地点，多是如资兴、保靖、平乐等位于郡国治之外的地方。其原因，均是因为在这些地点曾经有大规模基建或考古发掘，而郡国治所在地却一直少有同等规模考古工作。因此，这些地点大量发现铜器墓的现象，并不意味在这里存在着聚居大量高等级人士而代替郡国治成为一郡中心的可能。

二　铜容器

第一，秦汉华南 26 种铜容器出现与持续时间有较大不同（附录一附表 A 的附表 A99、附图三·1·2—附图三·1·6）。

西汉初期，各地出现 10 种铜容器，其中壶、盆、盘、洗、钵 5 种不仅数量众多，且持续时间最长，在秦汉华南全部的 8 个时期内均有大量出土；而豆、簋、卮、瓶、盂 5 种铜容器，虽出现于西汉初期，但不仅数量均少，且在之后的时期内也不连续，持续性甚弱。

西汉早期，在西汉初期已出现的 10 种铜容器之外，各地新出现 8 种铜容器。其中铜尊不仅在 8 种铜器中数量最多，且在西汉一直保持增长趋势。而本与其配套使用的承盘数量，则明显较低，表明秦汉华南地区铜尊和承盘的配套情况并不多见。鉴、匜、铛出现后数量一直甚少，断续发现，持续性弱。瓿虽在此阶段出现并大量使用，但在西汉中期以后就急剧减少乃至消失。提筒在西汉早期最多，而后数量大为降低，虽未同瓿一样在西汉中期后随即消失，而在西汉晚期还略有回升，但总体上一直不显。盂的数量明显以西汉中期为高，虽此后不断降低，但持续到东汉晚期。

西汉中期，新出现 6 种铜容器：碗在此时初始出现时数量即很可观，而后一直持续发展，在东汉中期达到峰值，为华南所有铜容器中仅次于壶的最重要器类，杯、耳杯等器类发现点数量明显较碗为少。

盉、罐分别出现于新莽至东汉初期、东汉中期，数量均甚少。

第二，不同铜容器在不同时期的发现情况有较大差异。

在西汉时期，铜容器在华南地区的发现数量基本随时间的发展而逐渐增加，到西汉晚期达到峰值，而从新莽至东汉初期开始，铜容器数量持续下降，直到东汉中期才略有回升，而后又有下降。

除瓿、提筒等少数器类外，绝大多数铜容器，如盆、壶、碗等均在初始出现的一两个时期内数量保持较快增长，而后时断时续。

壶、盆、洗、碗为秦汉华南时期最为常见的铜容器，4 种铜容器的总量占所有铜容器发现点数量的将近一半，其他铜容器则明显甚少。

第三，各郡国内不同地点在铜容器种类和数量上差异甚为明显（附录一附表 A 的附表 A100）。

各郡国铜容器的发现点数量存在明显差异（附图三·1·7）。其中武陵郡最多，南海郡次之，长沙国、合浦郡又次之，原闽越国所在的会稽郡南部发现最少。

在不同时期的诸郡国间，铜容器发现点数量存在差异。其中南海郡在西汉早期最多，武陵郡从西汉中期开始一直到东汉早期数量最多，长沙国在东汉中期最多，南海郡在东汉晚期重新成为铜容器发现数量最多的郡。

从不同郡国各时期铜容器发现点数量看，南海郡以西汉早期最多，进入西汉中期之后急剧减少，而其减少的趋势，一直持续到东汉中期才剧烈回升，东汉晚期继续升高；合浦郡西汉中期开始出现铜容器，在西汉晚期达到峰值后，数量开始减退，而后虽东汉中期曾小幅回升，但东汉晚期再次减退；苍梧郡在西汉初期、西汉晚期、东汉晚期最多，期间数量一直较少；郁林郡从西汉早期出现，西汉晚期达到峰值，以后急剧减少，东汉中期急剧回升，东汉晚期再次减少；零陵郡不仅铜容器出现时间晚，发现数量明显少，而且仅存在新莽至东汉初期一个峰值；武陵郡和零陵郡的情况大体相似，仅存在一个峰值，但不仅峰值出现于西汉晚期，且如前所言，从西汉中期到东汉早期，其一直高居诸郡国发现点数量之首。长沙国铜容器的出现时间甚早，但数量一直不多。不过从西汉中期开始，其发现点数量有快速增加，西汉晚期达到峰值，而后虽在新莽至东汉初期出现减退，但东汉中期再次回升。豫章郡铜容器的出现时间甚早，但一直不显，而在进入西汉中期后有急剧增多，之后减少，东汉中期才有较大回升。上表、图揭示的铜容器在华南诸郡国各时期的发现情况，与后文在墓葬分析中从《华南诸郡国各类墓葬统计图》揭示出各郡国墓葬数量的统计情况高度一致。

从铜容器发现点看，除保靖、资兴等特殊情况外，绝大多数华南诸郡国的郡国治，铜容器发现种类最多，为一郡之冠，远超县治、其他地点发现点数量的总和。而且，在近郡国治、县治、近县治、其他地点，铜容器发现点数量依次减少，铜容器种类也明显不多。这种情况与前述从墓葬形制分析揭示出的，郡国治集中墓葬数量最多、墓葬形制最全的情况一致。

从各种铜容器的发现地点看，器类的发现点存在一定的规律性，不少器类仅发现于某类地点。如承盘，目前所有的发现地，均为郡国治所；如铜杯，从西汉中期直到东汉早期，也仅见于郡国治，到东汉中期才进入县治等地；又如铜盒，同样在西汉中期、东汉晚期均仅见于郡国治，到东汉早期才进入县治等地。

铜容器在郡国治、县治聚集的情况，与前文揭示的出土铜器墓规格普遍偏大之间有直接关系——大型墓葬集中发现于大型的政治中心，而小型墓葬除在郡国治等政治中心作为"金字塔"底层有大量发现外，更是县治、其他地点墓葬规格的主流。因此在没有较大型墓葬的地点，自然也不会出现那些只在大型墓葬中才会埋藏的铜容器。出土铜容器的数量和种类，同样能揭示出一地政治地位和墓主社会地位的高低。

三 铜兵器

华南共出土 11 种铜兵器[①]（附录一附表 A 的附表 A101，附图三·1·8、附图三·1·9）。从数量看，剑最多，矛次之，镞再次之，匕首与镦最少。从时代看，西汉初期最多，西汉早期数量遽减，为西汉初期的 28.1%，之后仅东汉中期略有回升，但无法与西汉相比。表明秦汉华南铜兵器在西汉早期之后的使用一直处于下降趋势（附图三·1·10）。

在不同时期内，各类铜兵器的发现情况存在较多差异。西汉初期剑最多，矛次之，镞、镦再次之，弩机、戟最少。西汉早期剑、矛、镞数量虽大减，但依然为铜兵器中之三甲，刀急剧减退，与钺、匕首、镦均仅发现 1 处，戟不再出现，弩机发现点数量有快速增加。西汉中期剑发现点数量与西汉早期持平，位列首位；矛略有下降，为第二；刀剧增，位列第三；戟重新出现，钺消失。西汉晚期剑数量减少，退为第二；矛减速较缓，代替剑而居首位；刀数量再次减

---

① 统计中的镦、镦应为矛、戈等铜兵器的附件，因目前多数报告将其单列介绍，故此处从之。

少，戟明显增加，二者并列第三；戈、匕首、镤、镦消失不见。新莽至东汉初期剑、矛、刀、戟的数量均有降低，剑重居首位；矛、刀次之；匕首、镤、镦重新出现。东汉早期除镞外其余各类铜兵器的发现点数量均大为减少。东汉中期剑、刀、弩机发现点数量回升，其他继续下降甚至消失。东汉晚期刀、矛数量回升，剑出现减退，铜兵器种类仅余5种，数量仅为西汉早期的12.81%。上述情况表明，东汉中期铜兵器的数量回升仅是刀、剑、弩机的回升结果，与其他铜兵器无涉，东汉晚期的继续回升应仅是刀、矛、弩机的回升和戟的重新出现，也与其他铜兵器无涉（附图三·1·11）。

各郡国不同地点铜兵器种类和数量的变化，存在明显差异（附录一附表A的附表A102）。苍梧郡铜兵器发现点最多，南海郡次之，长沙国、桂阳郡又次之（附图三·1·12）。在不同时期诸郡国间铜兵器发现点数量存在差异，苍梧郡西汉初期最多，南海郡西汉早期、西汉中期、东汉晚期均最多，郁林郡西汉晚期、桂阳郡和豫章郡在新莽至东汉初期、豫章郡在东汉早期最多，桂阳郡在东汉中期最多，武陵郡、合浦郡、零陵郡一直较少，长沙国铜兵器除西汉初期外，一直不多。

在不同郡国内，各时期铜兵器发现点数量也有差异。南海郡铜兵器发现点以西汉初期为最多，西汉早期急剧减少，减少之势一直持续到东汉中期，到东汉晚期才有回升。合浦郡西汉早期开始出现铜兵器发现点，西汉晚期达到峰值后开始减退，东汉晚期不见。苍梧郡铜兵器发现点在西汉初期最多，而后急剧减少，西汉中期不见，西汉晚期重现但数量甚少，而后时断时续至东汉晚期。郁林郡铜兵器发现点从西汉早期开始出现，西汉晚期达到峰值，之后急剧减少，东汉早期不见，东汉中期重新出现，东汉晚期再次持平。桂阳郡铜兵器发现点西汉初期与西汉中期数量一致，西汉早期较少，西汉晚期不见，新莽至东汉初期重新出现，而后东汉早期数量减少，东汉中期回升至峰值，东汉晚期再次减少。零陵郡铜兵器发现点出现虽早，但一直数量甚少，时断时续。武陵郡铜兵器发现点虽出现时间较早，持续时间较长，但数量一直不多，西汉晚期为峰值。长沙国铜兵器在西汉初期较多，西汉早期快速减少，西汉中期又有增加，新莽至东汉初期后迅速减少，东汉早期不见，东汉中期又有出现、东汉晚期有所回升。豫章郡铜兵器出现时间甚早，数量甚少，西汉早期更为不见，进入西汉中期后数量剧增，西汉晚期急剧减少，新莽至东汉初期再达峰值，之后减少。

从上述情况看，西汉中期南海郡、武陵郡铜兵器发现点数量继续降低，苍梧郡消失不见，合浦郡、郁林郡、零陵郡、豫章郡数量增多。西汉晚期合浦郡、郁林郡、武陵郡铜兵器发现点增加趋势继续发展，郡内铜兵器发现点数量达到峰值，而后回落。新莽至东汉初期豫章郡、桂阳郡铜兵器发现点数量回升，其他郡国持续减少。东汉早期南海郡、苍梧郡、郁林郡、长沙国铜兵器发现点不见，桂阳郡、豫章郡继续减少，零陵郡略有增加。铜兵器在东汉中期的数量回升，大体应是该时期桂阳郡铜兵器发现点数量高速增加所致，东汉晚期华南铜兵器发现点数量的增加，则完全是南海郡铜兵器发现点快速增多的直接结果。铜兵器与铜容器在华南各时期的发展，虽在西汉时有较多相似，但东汉时期差异明显。

从铜兵器发现点看，虽大多数华南诸郡国的郡国治，不仅兵器发现种类最多，且数量也多为一郡之冠，远超县治、其他地点。但与铜容器不同，铜兵器的分布范围甚为广泛，不仅在郡国治、县治、其他地点之间的地域差异相对较小，且更有西汉初期广宁、平乐等数量甚多的极端情况存在，甚值重视。

四 铜炊煮器

华南共出土 11 种铜炊煮器[①]（附录一附表 A 的附表 A103，附图三·1·13、14），鍪最多，鼎次之，釜再次之，姜礁与镂最少。从时代看，西汉晚期最多，西汉早期次之，进入东汉后数量甚少，但各段数量差距甚少（附图三·1·15）。总体上西汉铜炊煮器发现点数量要远大于东汉时期。表明华南地区铜炊煮器大体上应以西汉为主。

在不同时期内，各类铜炊煮器的发现情况存在较多差异。从具体器类看，西汉初期、西汉早期以鼎为主，西汉晚期至东汉早期以鍪为主，东汉中期之后以釜为主，其兴替变化明显。（附图三·1·16）。

西汉初期仅有鼎、鍪、勺三种炊煮器，鼎最多，勺次之，鍪最少。西汉早期在前三种炊煮器数量大增的情况下，新出现釜、甑、镂、炉、匕、姜礁等器类，然数量甚少。西汉中期大部分原有炊煮器的数量均有程度不等的减少，匕、炉消失，新出现锅。西汉晚期各种炊煮器数量全面回升，鍪、甑、镂、炉、锅更达峰值，炉重新出现，姜礁消失。新莽至东汉早期各种炊煮器数量剧减，匕、炉消失，新出现镂。东汉早期仅发现鼎、鍪、釜三种，鍪最多，鼎不仅最少，且更达其在秦汉时期发现点数量的谷底。东汉中期鍪消失，锅、甑重新出现，釜最多。东汉晚期仅有鼎、釜、甑、锅、勺 5 种，釜最多，鼎、勺、锅数量相等，甑最少。

各郡国不同地点铜炊煮器的种类和数量有明显差异（附录一附表 A 的附表 A104）：武陵郡铜炊煮器发现点数量最多，南海郡次之，长沙国、苍梧郡又次之（附图三·1·17）。苍梧郡铜炊煮器发现点西汉初期最多，南海郡西汉早期最多，武陵郡西汉中期至东汉早期最多，桂阳郡东汉中期最多，豫章郡、苍梧郡东汉晚期最多，海南岛、零陵郡、郁林郡铜炊煮器发现点数量一直较少。

南海郡铜炊煮器发现点在西汉早期最多，进入西汉中期后就急剧减少，从西汉晚期开始或数量极少，或完全不见，直到东汉晚期才略有改变。合浦郡从西汉中期开始出现铜炊煮器，西汉晚期达到峰值，此后减少再无回升。苍梧郡铜炊煮器发现点西汉初期最多，而后剧减，西汉中期消失不见，西汉晚期重新出现但数量甚少，东汉晚期略有回升。郁林郡均为西汉铜炊煮器，西汉早期出现，西汉晚期达到峰值后消失。桂阳郡铜炊煮器数量虽少，但持续不断，为诸郡国罕见，以西汉早期、东汉中期为峰值。零陵郡铜炊煮器虽出现于西汉初期，但之后数量一直甚少，时断时续。武陵郡铜炊煮器出现于西汉初期，之后稳步上升，在西汉晚期达到峰值后又持续下降。长沙国铜炊煮器以西汉晚期为峰值，数量甚少，东汉早期未见。豫章郡炊煮器在西汉中期出现后数量一直不多，起伏波动较小，东汉中期达到峰值，之后数量下降。

从上述情况看，前述炊煮器在西汉早期、西汉晚期的两个峰值中，西汉早期的峰值应是南海郡内铜炊煮器大量增加所致，而西汉晚期的峰值，主要由武陵郡内铜炊煮器的增加造成。

从发展趋势看，南海郡铜炊煮器从西汉早期到西汉中期的急剧变化，恰与在墓葬分析、铜容器分析中揭示的现象一致——西汉早期应是南海郡最为发达之时，而在进入西汉中期后就从各方面开始急速下降。与此同时合浦郡、零陵郡等周边郡国则全面发展，在西汉晚期达到峰值，

[①] 匕在发掘中往往置于鼎内，目前多数报告将其单列介绍，此处从之。锅、镂形制相类，用途相同，唯大小有异。考虑到各地有着不同的命名习惯，故此处据报告定名，未作更改。此外，镂、釜形制相类，用途相近，此处据报告原名而定，亦未作更改。

虽之后略有下降，但在进入东汉中期后又全面回升。

从铜炊煮器发现点的具体数值看，大多数郡国铜治炊煮器的种类最多，数量为一郡之冠，远超县治、其他地点，与前文在墓葬、铜容器及铜兵器等分析中所揭示出的各文化现象在政治中心高度聚集的情况一致。

五　小结

从铜器墓，从遗址、窖藏、墓葬群、发现点，从博物馆收藏的铜容器、铜兵器、铜炊煮器的时空分布看，目前发现的秦汉华南铜器，具有如下四个特点：

第一，铜器具有指明墓主身份的指标性价值。出土铜器的墓葬规格一般较大，而随着墓中铜器数量的递增，墓葬规格随之增长，二者基本成正比变化。因墓葬规格大小与墓主身份的高低大体直接相关，因此铜器就成为可揭示墓主身份高低的重要指标。

第二，铜器墓和铜器的种类、数量，均存在向政治中心高度聚集的现象。级别越高的政治中心，聚集着越多的铜器墓和各种各样的大量铜器（如广州象岗南越王墓）。在级别越低的地区，铜器墓发现的数量、铜器的种类与数量越少，铜器墓也就成为衡量各地地位高低的重要指标。

第三，华南诸郡国铜器墓、铜器在不同时期的出土种类和数量存在差异：

西汉早期南海郡的铜器墓、铜器种类和铜器数量多在诸郡国之首，西汉中期开始急剧下降，东汉中期出现较明显回升。

合浦郡、郁林郡、桂阳郡的情况与南海郡基本相反——在西汉初期、西汉早期，三郡内或完全不见铜器墓或铜器，或所见甚少，但从西汉中期开始，无论是铜器墓数量，还是铜器的种类与数量均有快速发展。

苍梧郡在西汉初期铜器墓的数量、出土铜器的种类与数量，多超过南海郡。进入西汉早期后，其在各方面即出现较大幅度降低，西汉中期降低之势依然保持，西汉晚期才有回升，之后再次减退，直至东汉中期才走出低谷，出现增加。

武陵郡铜器墓、出土铜器的数量和种类，从西汉初期至西汉晚期基本保持增长之势，而后开始减退。

长沙国在西汉初期和西汉早期，无论铜器墓数量还是铜器种类和数量，均不及南海郡。西汉中期与南海郡一样均出现大幅度减少，但长沙国减少的幅度明显小于南海郡，从西汉晚期出现回升，此后在相对高位的区间波动。

豫章郡西汉早期铜器墓、出土铜器的数量与种类均少，西汉中期急剧增加，西汉晚期迅速减少。

闽越国及之后的会稽郡南部地区，铜器墓和铜器均极少见。

从铜器墓和铜器具有标示一地政治地位高低的角度看，在西汉初期和西汉早期南越国所辖的南海郡、苍梧郡的地位，应明显高于汉王朝所辖的长沙国及其他郡国。从西汉中期开始，南海郡出现了大规模且一直持续到东汉中期的长时间倒退。而与此同时，位于南海郡周边的合浦郡、郁林郡、桂阳郡、零陵郡、豫章郡等郡国，短时间内均有较快增长，此消彼长之势明显。从整体情况看，长沙国虽在西汉中期出现一定程度倒退，但西汉晚期开始就与苍梧郡一样"止跌回升"，走出低谷。这些情况与前文从墓葬数量、墓葬形制演变中揭示出的秦汉不同阶段华南各地区域发展的差异一致。

第四，除华南各地区域发展的时代性差异外，就具体的铜器种类而言，存在着如承盘仅见于郡国治，鼎、鍪、釜在不同时期明显兴替等甚为明显的时代和地域特征。

通过具体到各郡国、各地点的分析，可以看出，虽宏观统计数字多显示各时代某类铜器基本一致的发展与衰落之势，但很多时候这种趋势只是该器类在某郡国内的突然增多与减少，并不意味着其他某郡国中相反情况的存在——各地的宏观增长难以掩盖某一地的日渐衰减，在较大空间中衰落和增长往往共存。

第二节 铁器

秦汉铁器是对春秋战国铁器的继承与发展，在大一统的政治环境下，汉代铁器进入了一个新的全面发展时期。铁器的应用地域不断扩大，中原系统的铁器及钢铁技术快速向边远地区扩张，大大加快了周边地区的铁器化进程。[①]

一 铁器种类与出土情况

（一）铁器种类

除钱币、残器及不明器形者外，秦汉华南墓葬中共出土68种铁器。根据用途不同，可大体分为容器、炊煮器、兵器、用具、饰物、明器、其他7类[②]（表三·2·1）。限于篇幅，本书仅就铁容器、铁兵器、铁炊煮器、铁生产工具的有关情况开展具体分析。

表三·2·1 　　　　　　　　　　　秦汉华南铁器分类表

器类		名称		种数（种）
容器		罐、壶、盘、盆		4
炊煮器		鼎、鍪、勺、釜、锅、支架		6
兵器		剑、刀、匕首、矛、戟、镞、镦、甲		8
用具	生产	锛、凿、斧、锯、锉、锤、钩、鱼钩、钉、叉、锸、锄、镢、镰、铲、铲刀、刮刀、砍刀、刻刀、刨刀、小刀、铚刀、削、镊、夹、尺、权	27	42
	装饰	镜、刷、眉笔、带钩、指环、发卡	6	
	生活	灯、剪、臼杵、熏炉、博山炉、针、方炉、火盆、箸	9	
饰物	车饰	衔、镳、辖、軎	4	6
	器饰	环、链	2	
明器		俑		1
其他		钱范		1

---

① 白云翔：《先秦两汉铁器的考古学研究》，科学出版社2005年版。

② 此分类在参考白云翔、蒲慕洲、孙机先生的分类基础上提出。见白云翔《先秦两汉铁器的考古学研究》，科学出版社2005年版；蒲慕洲《墓葬与生死：中国古代宗教之省思》，中华书局2008年版。孙机《汉代物质文化资料图说》，上海古籍出版社2008年版。铁器名称，大体以发掘报告为准，适当做了调整。

从上表看，铁工具的种类最多，其他类铁器甚少，与铜器有明显差异。

（二）出土情况

秦汉华南墓中出土铁器的情况较为复杂：

在 2020 座介绍了随葬品情况的完好墓葬中，864 座墓葬随葬铁器，为 2020 座墓葬 42.77%，共出土铁器 2913 件（含残器），平均每墓出土铁器 3.37 件。其中广州象岗南越王墓最多，达 741 件，占总数的 25.43%；若排除南越王墓，各墓平均出土铁器 2.52 件。

864 座铁器墓平均长 4.22、平均宽 2.62 米，平均面积 11.029 平方米，与铜器墓平均规格 11.204 平方米极为接近。墓中铁器出土数量与出土数量铁器的墓葬数量间同样有较明显的反比关系（表三·2·2、附图三·2·1）。

表三·2·2　　　　　　　　　　　　不同数量铁器出土墓葬规格差异统计表①

器物数（件）	墓葬数（座）	平均长（米）	平均宽（米）	平均面积（平方米）
1	374	3.88	2.44	9.471
2	229	4.21	2.55	10.735
3	107	4.57	2.86	13.044
4	47	4.42	2.68	11.858
5	29	4.46	2.90	12.929
6	23	4.77	2.99	14.280
7	15	4.65	2.85	13.231
8	10	4.73	2.87	13.587
9	6	4.84	3.18	15.389
10	6	4.94	3.18	15.709
11	5	5.79	3.322	19.234
12	3	6.61	3.44	22.750
13	3	6.34	1.94	12.306
14—33	6	6.02	4.07	24.468
741	1	12.5	10.85	135.6

出土 1—3 件铁器墓葬共 710 座，占在 864 座墓葬 82.17%，出土铁器 1153 件，为 2913 件铁器的 39.58%。在占总数 17.70% 的出土 4—33 件铁器的 153 座墓中，共出 1019 件铁器，为总数的 34.98%。很明显，大量铁器集中出土于少量的墓葬之中，大多数墓葬或无铁器出土、或出土数量甚少。随着墓中铁器数量的增加，墓葬规格大体同步扩大。

在 864 座墓葬中，甲种墓，特别是甲 B 类墓葬数量最多。其中甲 A 类墓葬在西汉初期最多，之后迅速减少，与此同时甲 B 类墓葬数量大为增加。在乙种墓中，乙 B 类墓葬略多于乙 A 类墓，均以东汉中期的数量为最多（表三·2·3）。

---

①　受篇幅关系，出土 14—33 件铁器的墓葬合并统计，6 座墓葬分别出土 14、16、17、18、21、33 件铁器。出土 741 件铁器者为广州象岗南越王墓，规格与等级均为最高。

表三·2·3　　　　　　　　　　不同时期各型铁器墓数量统计表　　　　　　　　　　单位：座

	西汉初期	西汉早期	西汉中期	西汉晚期	新莽至东汉初期	东汉早期	东汉中期	东汉晚期	西汉	东汉	合计
甲A类	49	11	2	1	1		2				66
甲B类	38	80	131	101	72	17	78	26	1	1	545
甲C类	1	13	46	17	36	5	2	1			121
甲D类				1	1						2
甲E类		10	4	3	1	2	2	1			23
甲F类			1								1
乙A类					1	5	18	8			32
乙B类					3	9	15	15	1		43
乙C类					1	3	8	8			20
乙E类								2			2
乙F类										1	1
乙G类							1				1
丙B类							1	1			2
丙D类		1									1
不明				1		2		1			4
合计	88	115	184	124	116	43	127	63	1	3	864

　　铁器墓在西汉中期达到峰值，之后数量不断降低，直到东汉中期才再达峰值。虽然目前西汉时期铁器墓的数量要大于东汉时期，但造成这种现象的主要原因，推测还是进入东汉后大型墓葬多改为乙种墓（砖室墓），而砖室墓受盗扰程度远比土坑墓严重，因此东汉大型墓随葬品完好保存者不多，形成西汉铁器墓多于东汉铁器墓的现象。

　　从表三·2·2看，即使仅出1件铁器的墓葬，其面积平均尚有9.471平方米，而随着铁器数量的增加，墓葬规格也在持续增大。如后文所言，墓葬规格的大小与墓主社会地位成正比。因此，随着墓葬中铁器数量的增加，墓主地位也有增加之势（目前等级最高的铁器墓为南越王墓）。而据后文，西汉县级官吏墓葬规格平均为10.118平方米，西汉早期乡级官吏墓葬平均规格4.64平方米，因此据上述墓葬规格的差异，西汉时期大多数铁器墓（出土1—2件铁器墓）墓主的地位，应介于乡级与县级之间，而少数铁器墓（出土3件铁器以上），明显高于县级官吏，直至王级。

　　铁器墓除了在不同形制墓葬中存在较大差异外。在不同时期的不同地区也有着差异（附录一附表A的附表A105）：在一郡内，首先是郡国治铁器墓一般最多，其次为县治、近县治，而除西汉初期外，其他地点铁器墓一般甚少。与铜器墓类似，铁器墓同样具有向政治中心的聚集现象。在诸郡国中，桂阳郡、武陵郡、苍梧郡、长沙国、南海郡铁器墓发现数量较多，其中南海郡铁器墓仅见于广州，且以西汉早期为峰值，表明广州在作为南越国国都所在地时铁器墓最多。在长沙国内，铁器墓集中于长沙国国都临湘所在的今长沙地区。

　　从两地铁器墓发现情况看，如前所述，广州西汉早期铁器墓发现最多，而后急剧减少，虽至东汉中期略有回升，但东汉中期铁器墓的数量仅为西汉早期的15.68%，远低于西汉早期。从长沙看，其铁器墓出现于西汉早期，数量较多，进入西汉中期后虽数量剧减，但减少之势略低于广州（广州西汉中期铁器墓为西汉早期的 13.72%，而长沙为 16.66%）。西汉晚期长沙铁器墓即出现快速增加（较西汉中期增长 2.5 倍），而广州铁器墓依然处于减少之中（为西汉中期的 57.14%）。这种情况应与南越国灭亡后，广州地区由原国都所在地变为普通郡国治，而长沙依然为国都的二者地位差距有直接关系。

当然，铁器墓在西汉中期到西汉晚期的快速增加趋势，在合浦郡、郁林郡、武陵郡等郡也同样存在。

如铜器墓一样，目前在武陵郡、桂阳郡、苍梧郡等郡发现铁器墓较多的地点，多是如资兴、保靖、平乐等位于郡国治之外的地方，其原因，均与在这些地点曾经有大规模基建或考古发掘，而郡国治所在地却一直少有同等规模考古工作有关。即，这些地点大量发现铁器墓的现象，并不意味在这里存在着聚居大量高等级人士而代替郡国治成为一郡中心的可能。

二　铁容器

秦汉华南地区铁容器的种类和数量均发现甚少，发现点分散（附录一附表 A 的附表 A106）。

从现有资料看，华南出土的 4 种铁容器，在华南仅在个别郡国的个别地点有零星发现。其中西汉时期仅见罐、壶，东汉时期仅见盘、盆。在发现地点中，既有郡国治如广州、南昌，有近郡国治如资兴[1]，有县治如保靖，还有近县治如湘乡。大体上，以各级政治中心的发现为主。

三　铁兵器

华南共出土 9 种铁兵器[2]（附录一附表 A 的附表 A107，附图三·2·2）。从数量看，刀最多，剑次之，矛再次之，甲与镦最少。刀、矛、剑是华南最为常见的铁质兵器。从时代看，西汉中期、东汉中期铁兵器发现点数量最多，西汉初期最少。大体上从西汉初期到西汉中期铁兵器发现点数量一直保持快速增长，之后虽在西汉晚期有大幅度下降，但在新莽至东汉初期又有回升，而后再次降低，东汉中期达到峰值（附图三·2·3）。西汉时期铁兵器快速增长与铜兵器一路下降的情况对比鲜明，而且从西汉中期开始，铁兵器发现点数量就全面超过铜兵器，铁从此成为了华南兵器的主流材质。以西汉、东汉分，西汉铁兵器发现点数量明显小于东汉。[3]

在不同时期内，各类铁兵器的发现情况存在较大差异。两汉时期，刀的发现点数量一直最多。除西汉晚期、东汉早期、东汉晚期外，矛的发现点数量一直位居第二。刀、矛发现点数量的发展趋势基本一致，峰值和谷底所在时期基本相同。剑发现点数量的时代变化在西汉时期与刀、矛的情况有较大不同。剑发现点数量在西汉时期一直处于增长之中，并以西汉晚期为峰值。刀、矛均以西汉中期为峰值，西汉晚期为第一个谷底。但从新莽至东汉初期开始，剑与刀、矛的趋势就趋于一致，但起伏波动的情况要远小于二者。因此西汉中期的铁兵器发现点数量的峰值、东汉中期铁兵器发现点数量的回升，均应是刀、矛发现点数量回升的直接结果，与剑关系甚少。

---

[1]　资兴在顺帝永和元年（公元 136 年）设汉宁县，为县治，之前为近郡国治。

[2]　统计中的镦、鐏应为矛、戈等兵器的附件，因目前多数报告将其单列介绍，故此处从之。

[3]　西汉 4 段的发现点数量，加时代仅知为"西汉"的发现点数量，共 304 个。东汉 3 段的发现点数量，加时代仅知为"东汉"的发现点数量，共 336 个。若将"新莽至东汉初期"、时代仅知为"汉代"的铁兵器发现点共 176 个数量中的一半 88 个点划入东汉，东汉有 424 个点；将时代仅知为"汉代"的发现点数量 46 个的一半 23 个划入西汉，西汉发现点数量为 327 个。东汉与西汉在铁兵器发现点数量上的差距更加扩大。

　　各郡国内不同地点铁兵器的种类和数量有明显差异（附录一附表 A 的附表 A108）：各郡国中桂阳郡铁兵器发现点最多，长沙国次之，苍梧郡、豫章郡、南海郡又次之，合浦郡最少。如将桂阳郡资兴排除在外，长沙国铁兵器发现点数量为最多（附图三·2·4）。不同时期诸郡国间，零陵郡铁兵器发现点数量西汉初期最多，南海郡西汉早期最多，桂阳郡除西汉晚期外，从西汉中期至东汉晚期均为最多；长沙国西汉晚期最多，零陵郡、郁林郡、合浦郡的数量一直甚少。

　　在不同郡国内，各时期铁兵器发现点数量也有差异：

　　第一，南海郡、苍梧郡铁兵器发现点以西汉早期最多，西汉中期以后不仅发现点数量急剧减少，且减少趋势一直持续到东汉早期，在进入东汉中期后才出现回升。二郡中，从西汉早期到西汉中期，南海郡减少的速度要远大于苍梧郡。

　　第二，合浦郡从西汉中期开始出现铁兵器，之后东汉早期达到峰值，然后一直处于减退之中。

　　第三，郁林郡从西汉早期开始出现铁兵器，西汉晚期达到峰值，之后急剧减少，并在新莽至东汉初期、东汉早期不见，东汉中期重新出现后数量开始回升，东汉晚期的数量已接近于西汉晚期。

　　第四，桂阳郡铁兵器发现点西汉早期极少，从西汉中期开始，除西汉晚期外一直为诸郡国之首，其总数占全部的 44.66%，接近一半。

　　第五，零陵郡铁兵器出现于西汉初期，为当时诸郡国之首，之后持续发展未曾中断，但数量一直不多。

　　第六，武陵郡铁兵器出现于西汉早期，之后持续增加，西汉晚期达到峰值，而后开始逐渐减少，东汉早期不见。

　　第七，长沙国铁兵器在西汉初期已然出现，西汉早期的数量仅次于南海郡，在西汉中期有所降低，至西汉晚期开始回升，而后下降，东汉中期再达峰值，东汉晚期再次下降。

　　第八，豫章郡铁兵器西汉中期方始出现，此后数量一直不多，时断时续。但豫章郡内铁兵器发现地的数量（20 个）在华南诸郡国中为最多。

　　从上述情况看，西汉中期，南海郡、苍梧郡、长沙等郡国内铁兵器发现点的数量持续降低，郁林郡内消失不见，合浦郡、豫章郡开始出现，桂阳郡内铁兵器发现点的数量忽然剧增。西汉晚期、新莽至东汉初期，南海郡、豫章郡内铁兵器发现点消失，而长沙国铁兵器发现点的数量开始"止跌回升"。前述铁兵器发现点数量在西汉晚期、东汉早期的两个谷底，基本均是桂阳郡内发现点数量遽减，其他郡国多出现减退甚至消失所致。西汉中期、东汉中期的两个峰值，同样是由于桂阳郡内铁兵器发现点数量高速增加所引起。

　　从铁兵器与铜兵器的发展关系看，二者大体有反比关系，铜兵器多时铁兵器少，铁兵器的快速增加必然带来铜兵器的急剧减少。

　　在铁兵器的发现点中，郡国治所在地的兵器种类和数量常为最多，而县治、其他地点等地数量一般较少。铁兵器发现点的空间分布虽较为广泛，但不同郡国之间存在很大差异，其中南海郡、合浦郡、郁林郡、桂阳郡等郡铁兵器发现地均较少，武陵郡、长沙国、豫章郡内明显较多。

　　总体上讲，南海郡、长沙国是西汉早期铁兵器最为集中的地点，进入西汉中期后，南海郡铁兵器急剧减少甚至消失，长沙国虽有减少，但很快回升。二者在铁兵器发展的地域上差异明显。原南越国所属苍梧郡虽铁兵器减少之势要明显弱于南海郡，但在邻近桂阳郡、合浦郡等均有快速增加的环境中，与南海郡一样，其减少之势亦很突出。从更大范围看，西汉中期乃至之后岭北诸郡国铁兵器发现点的数量明显多于岭南。

四　铁炊煮器

华南共出土6种铁炊煮器（附录一附表A的附表A109），其中釜最多，与釜多配套使用的支架（也是铁质）次之，鼎、锅、鍪、勺数量均较少。釜一直是华南最为常见的铁质炊煮器。铁炊煮器中不存在鼎、釜、鍪等交替兴盛的情况。

从时代看，铁炊煮器从西汉初期开始直至西汉晚期，均保持着较为平缓的增长趋势。虽在西汉晚期之后有所下降，但到东汉早期之后，铁炊煮器发现点数量激增，在东汉中期达到峰值，而后开始减少。（附图三·2·5）。

西汉时期华南铜、铁炊煮器大体保持同步增长，其中铁炊煮器增长较为稳定，铜炊煮器起伏较大。进入东汉后，虽在东汉早期二者均有下降，但铜炊煮器下降的幅度要远高于铁炊煮器。此后铁炊煮器继续增加，铜炊煮器继续减少，最终在东汉中期铜炊煮器被铁炊煮器超过，成为此时华南炊煮器的主流。以西汉、东汉区分，西汉铁炊煮器发现点数量要明显少于东汉。

在不同时期内，各类铁炊煮器的发现情况存在较大差异。除西汉初期外，西汉时期釜发现点数量一直最多，除西汉早期外，支架次之。东汉时期，除东汉早期以釜最多外，均以支架最多，釜次之。其他4类铁炊煮器的数量一直甚少。西汉初期支架发现点数量远多于釜，而西汉早期、西汉中期釜发现点数量又远远多于支架，而后二者差距均较小。从西汉初期的出土情况看，支架多于釜的原因，是当时支架多与陶釜共用，当时铁质釜还甚为少见。而西汉早期、西汉中期铁质釜较多的原因，尚不明确。不过从西汉晚期二者数量较为接近的情况看，其配套使用的情况应已基本确定。

各郡国内，在不同地点，铁炊煮器种类和数量上的变化存在明显差异（附录一附表A的附表A110）：

第一，各郡国中，桂阳郡铁炊煮器发现点最多，长沙国次之，零陵郡、武陵郡又次之，合浦郡最少。如将桂阳郡资兴排除在外，长沙国铁炊煮器发现点数量为最多（附图三·2·6）。

第二，桂阳郡西汉初期、西汉中期、东汉中期、东汉晚期间铁炊煮器发现点数量最多，南海郡西汉早期最多，武陵郡西汉晚期最多，零陵郡、长沙国新莽至东汉初期最多，长沙国在东汉早期最多，南海郡除西汉早期、郁林郡、合浦郡在各个时期铁炊煮器发现点数量一直甚少。

在不同郡国内，在不同时期，铁炊煮器的发现数量也有差异：

第一，南海郡虽西汉早期最多，但此后发现点数量急剧减少，西汉中期、新莽至东汉初期、东汉早期、东汉中期均未发现，直至东汉晚期才有少量发现。

第二，合浦郡铁炊煮器目前仅在西汉晚期发现，数量极少。

第三，苍梧郡虽然西汉初期即有铁炊煮器发现，但西汉早期、西汉中期均未见，不过西汉晚期开始，铁炊煮器重新出现，除东汉早期外持续不断，与前述二郡情况不同。

第四，郁林郡铁炊煮器数量甚少，仅见于西汉早期、西汉晚期。

第五，桂阳郡西汉初期铁炊煮器数量为华南诸郡国最多，此后虽西汉早期不见，但之后不仅连续发现，且多数时期发现点数量为诸郡国之首。

第六，零陵郡铁炊煮器在西汉晚期初始出现时，数量甚多，此后虽然时断时续，但在所出现的时期中数量均较为丰富。

第七，武陵郡内铁炊煮器出现于西汉早期，之后持续增加，到西汉晚期达到峰值，而后开始逐渐减少，东汉晚期不见。

第八，长沙国铁炊煮器出现于西汉初期，虽西汉早期未见，但此后数量一直保持较快增长，并于东汉中期达到峰值，东汉晚期下降。

第九，豫章郡铁炊煮器出现于西汉中期，西汉晚期不见，东汉早期再现后数量不断增长，东汉中期达到峰值，此后有所降低。豫章郡内铁炊煮器发现点数量（8 个）仅次于长沙国，在华南诸郡国中位列第二。

第十，闽越国内，铁炊煮器出现于西汉早期，数量甚少；而从西汉中期消失开始，直至东汉中期才重新出现，数量甚少。

从上述情况看，西汉中期南海郡、苍梧郡、闽越国铁炊煮器开始消失，桂阳郡有所减少。西汉晚期合浦郡、零陵郡开始出现铁炊煮器，南海郡、郁林郡铁炊煮器重新出现，桂阳郡铁炊煮器发现点继续减少，长沙国、武陵郡快速增长。新莽至东汉初期，南海郡、合浦郡、郁林郡铁炊煮器消失不见，除苍梧郡、桂阳郡各有 1 处发现点外，零陵郡、长沙国发现点数量减少，武陵郡快速减少。东汉早期桂阳郡、长沙国铁炊煮器发现点数量增长，武陵郡继续减少，豫章郡保持不变，其他郡国不见。东汉中期苍梧郡、闽越国、零陵郡铁炊煮器重新出现，南海郡、郁林郡、合浦郡不见，其他郡国发现点数量均有快速增加。东汉晚期南海郡铁炊煮器重新出现，合浦郡、郁林郡、零陵郡、武陵郡内不见，其他郡国发现点数量多有减少。

在铁炊煮器的发现点中，郡国治所在地的种类和数量常为最多，而县治、其他地点等地数量一般较少。此外，铁炊煮器发现点的空间分布虽较广泛，但不同郡国间却存在着很大差异。其中南海郡、合浦郡、郁林郡、桂阳郡等郡国内发现点均较少，合浦郡更仅有 1 处，而武陵郡、长沙国、豫章郡内的地点明显较多。

从总体看，南海郡是西汉早期铁炊煮器分布最为集中的地点，但进入西汉中期后，郡内铁炊煮器发现点数量急剧减少甚至消失。而与此同时，在桂阳郡、长沙国、豫章郡内或开始出现，或数量大增，长沙国发现点数量更长期保持增长，与南海郡情况正好相反。在更大范围中，西汉中期乃至之后，岭北诸郡国铁炊煮器的发现点数量明显要多于岭南地区。

五　铁生产工具

华南共出土了 27 种用于木作加工、农渔生产等方面的铁制日用器具（附录一附表 A 的附表 A111）。其中削最多，钉次之，锄又次之，锉、铚刀、铲刀、刻刀、刨刀、尺等均极为少见。

华南铁生产工具发现点数量的时代差异很大。西汉初期最多，而后至西汉中期，其数量一直减少，虽西汉晚期回升，但新莽至东汉初期、东汉早期均不断减少，东汉中期快速增加，为东汉早期的 2.36 倍。此后虽东汉晚期有所下降，但总量甚高（附图三·2·7）。

在不同时期内，各类铁生产工具的发现种类等情况存在较大差异。

第一，西汉初期，共发现 8 种工具，其中锄、刮刀、斧、削的数量较多，而锛、钉、凿、锸依次渐少。

第二，西汉早期，虽工具的种类高速增长，达 19 种，但除削、钉外，锄、刮刀、斧、锛的数量均有较大减少，而新出现的锉、刨刀、铚刀、刻刀、铲刀均仅见于广州象岗南越王墓，其他如鱼钩、铲、镰的发现点数量也仅有 1—2 处。

第三，西汉中期，铁工具种类和发现点数量均大为减少，在发现的 11 种工具中，钉最多、锄次之，削及锸并列第三，小刀、刮刀、铲、钩的发现点均仅 1 处。

第四，西汉晚期，铁工具种类和数量均出现一定程度的增长。除锄的发现点数量有所减少外，削、钉、锸、斧、钩的发现点数量均有较快增加，但锛、叉、镘、刮刀的发现点均仅 1 处。

第五，新莽至东汉初期，除铁锸发现点数量与西汉晚期持平外，削、钉、斧、锄、钩的发现点数量均有减少，新出现镢、锛、刮刀、镰、铲、钩的发现点均仅 1 处。

第六，东汉早期，虽铁工具无论在种类还是发现点数量上均大为下降，但在仅有的 9 种工具中，尚包括新出现的砍刀和重新出现的鱼钩、小刀 3 种工具，也就是说，原来的多种工具在此时消失。从发现点数量看，铁钉有快速增加，铁削、锸、斧的发现点均急速减少。

第七，东汉中期，工具种类达到 13 种，发现点总数为东汉早期的 2.36 倍。在具体的工具种类中，除小刀、钉外，其他工具的发现点数量快速增多。

第八，东汉晚期，工具种类为 13 种（包括新出现的铁锯和铁尺），总数略有下降。在 13 种工具中，除削、钉、钩发现点增加外，其余种类的发现点数量均在下降。

从削、锸、斧、钉在秦汉各时期均有发现的情况看，它们应是当时华南最基本的铁工具，而其他种类的铁工具，则或多或少具有较强的时代性。

各郡国内不同地点在铁生产工具种类和数量上的变化，存在明显差异（附录一附表 A 的附表 A112）。各郡国中苍梧郡铁生产工具发现点最多，南海郡次之，桂阳郡、武陵郡又次之，闽越国最少。[①] 如将苍梧郡平乐排除在外，南海郡铁生产工具发现点数量为最多（附图三·2·8）。在不同时期诸郡国间，苍梧郡铁生产工具发现点在西汉初期、南海郡在西汉早期、武陵郡从西汉中期到新莽至东汉初期、桂阳郡从东汉早期至东汉晚期，分别为华南诸郡国中最多。合浦郡、郁林郡、零陵郡、豫章郡、闽越国在各时期铁生产工具发现点数量一直甚少，其中闽越国最少。

在不同郡国内，各时期铁生产工具的发现点数量也有差异：

第一，南海郡铁生产工具发现点虽西汉早期最多，但此后不仅数量剧减，且减少之势一直持续到新莽至东汉初期，东汉早期更为不见，直至东汉中期重新出现后才有回升，并在东汉晚期达到峰值。

第二，合浦郡铁生产工具出现于西汉中期，数量极少，西汉晚期达到峰值，之后减少之势一直延续到东汉早期，东汉中期略有回升，东汉晚期再次减退。

第三，苍梧郡西汉初期数量较多，此后急减，减少之势虽在西汉晚期略有减缓，但一直持续至东汉中期才始回升，东汉晚期继续增加。

第四，郁林郡铁生产工具在西汉早期出现，数量甚少，此后西汉中期有所下降，西汉晚期增加，而后减少，东汉早期不见，东汉晚期有所回升。

第五，桂阳郡铁生产工具在西汉早期出现时数量较多，而后不断减少，直至新莽至东汉初期迅速回升，东汉中期达到峰值，东汉晚期略有下降。

---

① 丹阳郡在本书范围内面积甚小，不予计入，下同。

第六，零陵郡铁生产工具西汉初期数量甚多，西汉早期直到新莽至东汉初期数量一直甚少，东汉早期出现回升，东汉中期不见，东汉晚期再现时数量甚少。

第七，武陵郡铁生产工具出现于西汉早期，之后持续增加，西汉晚期达到峰值，而后逐渐减少，再无回升。

第八，长沙国铁生产工具出现于西汉初期，西汉早期数量较多，此后大为减少，东汉中期出现回升，东汉晚期略有下降。

第九，豫章郡铁生产工具出现于西汉中期，数量极少，西汉晚期不见，新莽至东汉初期再现时数量较多，而后减少，东汉晚期再次回升。豫章郡铁生产工具发现地的数量（10 个）仅次于武陵郡（13 个）、长沙国（12 个），在华南诸郡国中位列第三。

第十，闽越国内铁生产工具仅见于西汉早期，数量甚少。从西汉中期开始消失，再未出现。

南海郡、长沙国内铁生产工具发现点数量的发展趋势，与前述其他铁器的发展情况基本一致。西汉初期，二者数量虽均较少，但长沙国为南海郡的 2.5 倍，进入西汉早期后南海郡增长甚巨，为西汉初期的 35.5 倍，长沙国则仅为西汉初期的有 3.6 倍，南海郡一变而为长沙国数量的 3.94 倍，相差悬殊。西汉中期，南海郡内数量遽减，仅为西汉早期的 9.8%，长沙国虽数量也有减少，但尚为西汉早期的 22.22%，减速较缓。西汉晚期南海郡铁生产工具发现点数量为西汉中期的 71.4%，虽减速放慢，但依然持续减少。长沙国的数量为西汉中期的 50%，减速增快。新莽至东汉初期南海郡继续减少，长沙国的数量开始回升，为西汉晚期的 2 倍，二者减增之势相差悬殊，长沙国变为南海郡的 4 倍，超过西汉初期二者之间的差距。东汉早期，长沙国内铁生产工具发现点数量虽减少一半，但同时南海郡内铁生产工具完全不见。东汉中期之后，二郡国形势逆转，长沙国虽有增加，但南海郡增速更快，重新超过长沙国。东汉晚期长沙国数量减少，南海郡则继续增加，二者间的差距越来越大（附图三·2·9）。

在铁生产工具的发现点中，郡国治所在地的种类和数量常为最多，而县治、其他地点等地数量一般较少。铁生产工具发现点的空间分布虽较广泛，但在不同郡国之间，却有着很大差异。其中合浦郡、郁林郡、南海郡等郡国内发现地点均较少，合浦郡更仅有 2 个，武陵郡、长沙国、豫章郡的地点明显较多。

总体上讲，南海郡是西汉早期铁生产工具分布最集中的郡国，在西汉中期后，发现点数量急剧减少乃至消失。而与此同时，在其周围如合浦郡、郁林郡、武陵郡等郡国，铁生产工具或开始出现，或数量大增，与南海郡的情况正好相反。从更大范围看，西汉中期之后岭北地区诸郡国内的发现点数量要明显多于岭南地区。

六　小结

从铁器墓，从遗址、窖藏、墓葬群、发现点，从博物馆收藏的铁容器、铁兵器、铁炊煮器、铁生产工具的时空分布看，目前发现的秦汉华南铁器，具有如下特点：

第一，在墓葬中，铁器的数量具有指明墓主身份的指标性价值。出土铁器的墓葬规格一般较大，而随着墓中铁器数量的递增，墓葬规格也随之增长，二者基本成正比例关系。如前文所述，墓葬规格的大小与墓主身份的高低直接相关，铁器也应是揭示墓主身份高低的重要指标。

第二，铁器墓和铁器的种类、数量，均存在着向政治中心高度聚集的现象。级别越高的政治中心，聚集着越多的铁器墓和各种各样的大量铁器（如广州象岗南越王墓）。而在级别越低的地区，铁器墓的发现数量、铁器的种类与数量也就越少。铁器成为可揭示某地地位高低的重要指标。

第三，在华南诸郡国内，铁器墓、铁器在不同时期的出土种类和数量存在差异：西汉早期南海郡铁器墓、铁器种类和铁器数量多为诸郡国之首，从西汉中期开始急剧下降，东汉中期才均出现较明显回升。合浦郡、郁林郡、桂阳郡的情况与南海郡基本相反——在西汉初期、西汉早期，三郡内或者完全不见铁器墓或铁器，或所见甚少，但从西汉中期开始，无论是铁器墓数量，还是铁器种类与数量均有快速发展。苍梧郡西汉初期铁器墓的数量、出土铁器的种类与数量，多超过南海郡，西汉早期后出现较大幅度降低，进入西汉中期后降低之势依然保持，西汉晚期略有回升，之后再次减退，直至东汉中期才基本走出低谷，出现增加。武陵郡铁器墓、出土铁器的数量和种类，从西汉初期至西汉晚期基本保持增长之势，而后开始减退。长沙国在西汉初期和西汉早期，铁器墓数量和铁器的种类与数量，多较南海郡为小。而在西汉中期，其与南海郡一样均出现大幅度减少。但长沙国减少的幅度要明显较小，东汉中期数量最低，东汉晚期明显回升。豫章郡西汉中期方始出现铁器，西汉晚期不见，新莽至东汉初期重新出现时数量甚高，之后增加之势多仅限于此时，西汉晚期迅速减少，此后一直不显。闽越国及之后的会稽郡南部地区，铁器墓和铁器均为少见。

如铜器的发现情况一样，从铁器墓和铁器具有标示一地政治中心地位高低的角度来看，在西汉初期和西汉早期，南越国所辖的南海郡、苍梧郡的地位，应明显高于汉王朝所辖的长沙国及其他郡国。而从西汉中期开始，南海郡就出现了大规模、一直持续到东汉中期的长时间倒退。与此同时，在其周围的合浦郡、郁林郡、桂阳郡、零陵郡、豫章郡等郡国内，短时间内均有较快增长，此消彼长之势明显。整体上，长沙国虽在西汉中期出现一定程度倒退，但从西汉晚期开始，就与苍梧郡一样"止跌回升"，早早走出低谷。这些情况与前文从墓葬数量、墓葬形制演变中，揭示出秦汉不同阶段华南各地区域发展的差异情况是一致的。

当然，与铜器一样，通过具体到各郡国、各地点的分析，这些宏观统计数字为我们揭示出了各时期内某类铁器基本一致的发展与衰落之势，但这种趋势在很多时候往往只是该器类在某郡国内的突然增多与减少，无法掩饰其在其他郡国中相反情况的存在——各地宏观增长中的日渐衰减，衰落和增长往往共存。

第三节　陶器

陶器是华南各类秦汉遗物中数量最多、分布最广的遗物种类。[①]

一　陶器种类与出土情况

（一）陶器种类

除残器及不明器形者外，秦汉华南墓葬中共出土 85 种陶器。根据不同的用途，可大体分为容器、炊煮器、用具、明器、其他 5 类[②]（表三·3·1）。从具体器类看，陶器与铜器、铁器有

---

① 在目前的秦汉华南墓葬资料中，偶尔有"瓷器"的报道。"瓷器"数量极少，种类也与陶器一致，因此不再将其单独列出，统一在"陶器"内开展分析。

② 陶器种类和名称，大体以发掘报告为准，适当做调整。

明显不同，以容器、明器为主，数量上又以容器为最。限于篇幅，本书此节仅对陶器中种类和数量均为最多的陶容器开展分析，暂不开展其他各类陶器的有关探讨。

表三·3·1 　　　　　　　　　　　　秦汉华南陶器分类表

器类		名称		种数（种）
容器		盒、杯、壶、罐①、耳杯、瓶、瓮、盘、钵、碗、豆、钫、盂、敦、盆、匜、卮、盅、瓶、锺、尊、盉、魁、碟、联盂、簋、洗、投壶、鐎壶、匏壶、提筒、连罐、唇罐②、套盒		34
炊煮器		鼎、釜、甑、勺、甗、匏勺、鍑、匕、鬲、鉴、炉		11
用具	生产	网坠、纺轮、权	3	9
	生活	博山炉、熏炉、灯、盏、箸、虎子	6	
明器		屋、仓、灶、井、俑、案、车、船、田、壁、厕、畜圈、俑灯、城堡、牙角形器、臼、马、牛、狗、羊、鸡、鸭、猪、鸡鸭笼		24
其他		饼、球、器盖、镂孔器、珠、棒、器座		7

（二）出土情况

秦汉华南墓中出土陶器的情况较为复杂：

在2020座介绍了随葬品情况的完好墓葬中，有1991座墓葬随葬陶器，为2020座墓葬98.56%，共出土陶器32564件（含残器），平均每墓出土陶器16.35件，其中广州象岗南越王墓出土陶器最多，达991件，占总数的3.04%；若排除南越王墓，各墓平均出土陶器15.86件。

1991座陶器墓平均长3.93、平均宽2.37米，平均面积9.342平方米，小于铜器墓、铁器墓的平均规格。墓中陶器出土的数量与出土该数量陶器墓葬的数量之间，存在较为明显的反比关系。一般而言，墓中陶器数量越少，该类墓数量越大；而陶器数量越多，该类墓数量越少。随着墓葬中陶器数量的增加，相关墓葬的规格也不断加大，大体成正比关系（表三·3·2、附图三·3·1）。很明显，大量陶器集中出土于少量的墓葬之中，大多数墓葬只有少数陶器。

表三·3·2 　　　　　　　　不同数量陶器出土墓葬规格差异统计表③

器物数（件）	墓葬数（座）	平均长（米）	平均宽（米）	平均面积（平方米）
1	103	3.11	1.50	4.669
2	109	3.07	1.65	5.061
3	97	3.22	1.74	5.593
4	83	3.51	1.86	6.531
5	93	3.53	2.07	7.319
6	101	3.38	2.04	6.898
7	81	3.57	2.10	7.491

① 在此，将各简报、报告中称为釉陶罐、硬陶罐、瓷罐者与陶罐合并为1种计算，在后文的分析中单独进行。
② 为目前报告中称"双唇罐"者的简称。
③ 本表仅统计陶器墓中出土1—17件的墓葬。

器物数（件）	墓葬数（座）	平均长（米）	平均宽（米）	平均面积（平方米）
8	85	3.69	2.21	8.155
9	87	3.67	2.21	8.117
10	76	3.69	2.18	8.030
11	53	3.74	2.24	8.372
12	72	3.89	2.33	9.077
13	65	3.84	2.39	9.176
14	62	3.93	2.48	9.750
15	60	3.85	2.51	9.643
16	53	3.87	2.40	9.276
17	54	4.12	2.79	11.486

在1991座墓葬中，甲种墓，特别是甲B类墓葬数量最多。其中，甲A类墓葬在西汉初期最多，之后迅速减少，直到东汉早中期略才有回升。西汉早期甲B类墓葬数量有快速增加，为西汉初期的3.78倍，之后减少。甲C类墓以西汉中期为最多。乙种墓中乙A类墓最多，乙B类次之，均以东汉晚期为最（表三·3·3）。

表三·3·3　　　　　　　　不同时期各型陶器墓数量统计表　　　　　　　　单位：座

	西汉初期	西汉早期	西汉中期	西汉晚期	新莽至东汉初期	东汉早期	东汉中期	东汉晚期	西汉	东汉	合计	平均陶器数（个）
甲A类	83	26	11	10	1	3	8				142	4.97
甲B类	86	325	293	259	99	39	165	46	7	2	1321	16.03
甲C类	7	37	64	36	45	9	5	2	2		207	20.47
甲D类		1	1	4	2						8	12.37
甲E类	1	48	18	13	2	4	3	2			91	21.56
甲F类			1								1	39
甲G类				1							1	15
乙A类					5	16	34	35		1	91	11.59
乙B类					3	18	23	26		1	71	13.21
乙C类					1	3	15	15			34	22.5
乙D类								3			3	58.66
乙E类							1	2			3	55
乙F类							1			1	2	41.5
乙G类							2	1		1	4	17.5
丙A类					1						1	5
丙B类						1	1	1			3	10.66
丙D类		1									1	991

	西汉初期	西汉早期	西汉中期	西汉晚期	新莽至东汉初期	东汉早期	东汉中期	东汉晚期	西汉	东汉	合计	平均陶器数（个）
丁A类				1							1	6
不明				1		3		1		1	6	5.83
合计	177	438	388	325	158	97	258	134	9	7	1991	
平均陶器	6.98	16.66	18.99	16.09	21.41	12.7	17.4	15.96	8.44	15.57		

从不同型墓葬出土陶器的平均数量看，在甲种墓中，甲A类墓葬的出土陶器明显最少，甲E类最多，甲C类次之[①]，而数量最多的甲B类墓葬出土的陶器数量明显较少。在乙种墓中，乙C类最多，乙B类次之，乙A类明显较少[②]。从不同时期看，西汉墓葬的随葬数量要明显多于东汉。其中西汉初期数量较少，新莽至东汉初期达到峰值，之后下降，东汉中期数量回升，此后东汉晚期又有下降。

在总体上，陶器墓在西汉早期达到峰值，之后不断降低，直到东汉中期才达峰值。如前所述，虽然目前西汉陶器墓的数量要大于东汉时期，但造成这种现象的原因，应与东汉多为乙种墓，而其又多受盗扰，使得东汉随葬品完好墓葬的数量随之降低，造成西汉陶器墓多于东汉陶器墓的现象。

据前表，出土1件陶器的墓葬规格为4.669平方米，而随着墓中陶器数量的增加，墓葬规格也在持续增大。因此，从墓葬规格的大小与墓主社会地位成正比出发，在陶器墓中应同样存在随陪葬陶器数量增加，墓主社会地位提高之势（目前等级最高的陶器墓为南越王墓）。而从西汉县级官吏墓平均规格10.118平方米看，出土1—16件陶器墓墓主的身份可能要低于县级官吏。

后文将提出，西汉早期乡级官吏墓平均规格为4.64平方米，但从出土1件陶器墓尚为4.669平方米的平均规格看，已然超过了乡级官吏的墓葬规格。但此处4.669平方米为各时期1件陶器墓的平均规格，而西汉早期1件陶器墓的平均规格为3.786平方米，远小于同时期的乡级官吏墓葬，因此前表的计算结果不仅不与后文的分析结果矛盾，也从另外角度揭示出墓主等级在墓葬规格间的差异性特征。

不同时期不同地区的陶器墓存在差异（附录一附表A的附表A113）：

一郡内郡国治陶器墓一般最多，其次为县治、近县治，而除西汉初期外，其他地点的陶器墓一般甚少。与铜器墓、铁器墓类似，陶器墓同样具有向政治中心聚集的现象。

在诸郡国中，武陵郡、桂阳郡、南海郡、长沙国、苍梧郡陶器墓发现数量较多，其中南海郡陶器墓集中见于广州，以西汉早期为峰值，表明广州地区在作为南越国国都所在地时的陶器墓最多。长沙国内，陶器墓同样集中于长沙国国都临湘所在的今长沙地区，且同样以西汉早期为多。从两地陶器墓的发现情况看，与前述铜器墓、铁器墓的情况一样，广州陶器墓在西汉早期后就开始快速减少，直至东汉中期才有回升，但远低于西汉早期。长沙在西汉早期后虽然陶器墓数量剧减，但西汉晚期有快速回升，而此时广州地区陶器墓数量依然减少。这种情况应与南越国灭亡后，广州地区由

---

① 甲F、甲G类墓葬仅有一座，代表性不足，因此不计在内。
② 乙D、乙E、乙F、乙G类墓葬仅有数座，代表性不足，因此不计在内。

原国都所在地变为普通郡国治，而长沙依然为国都的地位差距有直接关系。

当然，如铜器墓、铁器墓的情况基本一样，陶器墓在西汉中期到西汉晚期的的快速增加趋势，在合浦郡、郁林郡、桂阳郡、武陵郡内也同样存在。

如铜器墓一样，目前在武陵郡、桂阳郡、苍梧郡等郡发现陶器墓较多的地点，也同样是保靖、资兴、平乐等位于郡国治之外的地方，其原因，已见前述。

二   陶容器

（一）陶容器的演变

陶容器是种类和发现点数量最多的陶器类别（附录一附表 A 的附表 A114）：

华南出土 37 种陶容器，西汉早期发现点数量最多，西汉中期次之，东汉早期最少；陶罐发现点数量最多，陶壶次之，陶投壶最少（附图三·3·2）：

西汉初期，在 21 种陶容器中盒最多，杯次之，罐、壶依次渐少，瓶、连罐、镳壶、盅的数量均极少，盒、杯、壶、罐是该时期最为常见的容器种类。而盒、罐、壶、钵、瓮 5 种容器，不仅数量众多，且持续时间最长，在秦汉全部 8 个时期内均有发现；陶敦、盅、匜 3 种容器，虽出现于西汉初期，但不仅此时数量甚少，且数量一直不多，在各时期内呈不连续分布，持续性甚弱。

西汉早期，在 29 种陶容器中盒最多，罐次之，壶、瓮、钫依次渐少，陶瓶、碟、魁、敦、厄的数量均为极少，盒、壶、罐、瓮、钫、瓿是该时期最常见的容器种类。与西汉初期比较，壶、罐、碗、盆、瓮、钫、连罐、镳壶、匏壶发现点数量均增长甚快，而杯、敦的发现点数量大为减少。

西汉中期，在 33 种陶容器中罐最多，壶次之，盒、钫、钵依次渐少，盅、投壶、提筒、碟、敦、厄、洗发现点数量均极少，壶、罐、盒、钫是该时期最常见的容器种类。与前一时期比较，钵、盂、盃、尊等发现点数量的增长速度甚快，而罐、盒、钫、瓮、盆、碗的发现点数量均有一定程度减少，瓿的发现点数量减少最具，仅为前一时期的 5.08%。

西汉晚期，在 32 种陶容器中罐最多，壶次之，钫、盒依次渐少，敦、洗、匜、盘的发现点数量均为极少，壶、钫、盒、罐是该时期中最常见的容器种类。在前述 4 种容器中，壶、钫之间发现点数量差距甚大，钫仅为壶的 43.98%，远低于西汉早期罐为壶的 93.15%，西汉早期壶为盒的 93.83%，西汉初期杯为盒的 76% 的整体水平。与前一时期比较，半数容器的发现点数量有不同程度减少，其中即使数量最多的壶也仅为西汉中期陶壶数量的 82.29%，陶罐为西汉中期数量的 40%，而陶盘更为西汉中期数量的 20%。但也有半数的容器发现点数量在不断上升，并新出现陶簋这种新的器形，在出现增长的容器中，尊达到从西汉早期直至东汉早期之间的峰值，陶碗达到第二个峰值。

新莽至东汉初期，在 30 种陶容器中罐最多，壶次之，盒、钵依次渐少。其中壶、罐的数量较为接近，与盒、钵发现点数量的差距甚为明显；耳杯、联盂、锺、盃、瓶、套盒、豆的发现点数量均极少，壶、罐、盒是该时期中最为常见的容器种类。在该时期中，仅有陶瓶、陶盘发现点数量出现增长，陶提筒的发现点数量与西汉晚期持平，而其他 23 种容器的发现点数量均有较大幅度减少，造成各类容器发现点总数仅为西汉晚期 45.79%，大为减少。

东汉早期，在 29 种陶容器中罐最多、陶壶次之，钵、盒依次渐少。其中罐、壶的数量较为接近，与钵、盒差距甚为明显；豆、提筒、匏壶、厄、簋、盅、耳杯、盒、连罐的发现点数量均极少，罐、壶是该时期中最为常见的容器种类。该时期除重新出现的陶碟、盅外，唇罐、瓿、盘、杯、碗、尊、耳杯、盉等容器的发现点数量有小幅增长，其他容器发现点数量大为下降，使各类陶容器发现点总数仅为新莽至东汉初期的 52.80%。

东汉中期，在 31 种陶容器中罐最多，壶次之，钵、盉依次渐少。罐、壶数量较为接近，与钵、盉差距甚为明显；套盒、匜的发现点数量极少，罐、壶是该时期最常见的容器种类。该时期诸容器的发现点数量均大为增长，使得该时期发现点总数达到新峰值，为东汉早期的 3.86 倍。

东汉晚期，在 29 种陶容器中罐最多，壶次之，尊再次之，而钵、碗、盆、耳杯、盉、簋的发现点数量较为接近，匏壶、提筒、盉的发现点数量极少，罐是该时期中最为常见的陶容器种类，数量第二的壶仅其数量的 57.82%。与东汉中期相比，该时期 15 种容器的发现点数量出现不同程度减少，使该时期发现点总数略有降低，为东汉中期的 86.25%。

（二）不同种类容器在各时期发现点数量存在较大差异

不同容器出现的时间差异很大。西汉中期陶容器种类最多（33 种），西汉晚期次之（32 种），西汉初期最少（21 种）。虽 56.75% 的陶容器在西汉初期即已出现，且随着时间的发展，在西汉早期更快速的新出现 8 种陶容器，但在之后的时期内，新陶容器出现的速度大为降低，西汉中期新出现 4 种，西汉晚期、新莽至东汉初期、东汉中期均仅出现 1 种新的陶容器。即陶容器种类增长最快的时期应为西汉早期，此后陶容器种类的增加大为放缓。

数量最多的罐、壶、盒、钫的发现点总数高达 5990 处，为全部容器发现点数量的 58.54%，其他 30 种容器的发现点数量仅有 41.46%。如将罐、釉罐、硬陶罐、瓷罐、双唇罐、连罐 6 种罐类容器合并，其发现点数量为 2823 处，为全部的 27.58%，罐无疑是最常见的陶容器。

盒、壶、瓿、硬陶罐、瓮、钵等陶容器在不同时期的发展有巨大差异。盒在西汉初期、西汉早期最多，进入西汉中期后却突然下降为西汉早期的 62.72%，此后下降的趋势一直延续到东汉中期，其回升速度甚为缓慢，东汉晚期达到峰值时的数量仅为西汉早期的 9.51%，衰落之势明显。壶在西汉初期数量较少，西汉早期剧增，为西汉初期的 6.51 倍，西汉中期继续增长达到峰值，而后缓慢下降，东汉中期再达峰值。瓿在西汉初期数量较少，西汉早期快速增加，为西汉初期的 4.53 倍，此后急速下降，西汉中期的数量仅为西汉早期的 5.08%，西汉晚期不见，新莽至东汉初期重新出现时数量甚少，而后才有较快增长，东汉中期达到峰值，但仅为西汉早期的 38.13%。

瓮与盒相似，均在西汉早期达到峰值，而后持续下降，在东汉中期回升后达到峰值，而后又有减少。钵与壶相似，均在西汉中期达到峰值后下降，但其在新莽至东汉初期、东汉中期存在两个峰值，且东汉中期的数量为西汉中期的 1.13 倍，增长明显。陶罐和硬陶罐的发展情况明显不同，陶罐在西汉初期数量较少，西汉早期快递增加达到峰值，此后不断下降，直到东汉中期才有回升，重达峰值。硬陶罐西汉初期后发现点数量一直增长，西汉晚期达到峰值，而后迅速下降，虽东汉中期有所回升，但与西汉晚期相比，差距明显（附图三·3·3）。

虽然存在着各种不同的具体情况，但总体上，华南大多数陶容器从西汉中期或西汉晚期开始，就普遍走上了一条发现点数量减少的道路，并一直持续到东汉中期才止跌回升。

（三）各郡国陶容器情况

1. *南海郡*

南海郡在 23 个地点发现有陶容器（附录一附表 A 的附表 A115），其中郡国治广州不仅数量最多，为全部的 89.42%，且种类也最为丰富，达 31 种。① 其他 22 个地点所发现的陶容器不仅种类甚少，发现点数量也远不如广州，与前文对该郡内不同地点发现墓葬数量、墓葬形制的统计与分析结果一致。

由于器物为人所创造和使用，墓葬为逝者所埋藏，因此，器物发现点和各地墓葬数量在不同地点之间的差异，就使我们可以甚较直观的看出该时期不同地区人口聚集程度的差异。从南海郡内陶容器发现情况看，郡国治广州应是南海郡人口最集中、社会经济最发达之处，其与郡内县治、近县治、其他地点相比，有着无可比拟的绝对优势。而从佛山、增城等两个邻近郡国治广州的地点看，其陶容器发现点的数量和持续时间的长度，均明显高于郡内广州之外的其他 20 个地点，显示出近郡国治在一郡之内发展程度的巨大优势（前文墓葬数量、墓葬形制分析的结果亦与此一致）。

根据郡国治这种代表性特征，我们也就可从郡国治这个"点"出发，进行一郡的"面"研究——"以点代面"有了自然的可行性。当然，当时所谓在一"郡"层面上的"面"，也仅是一个巨大的"点"（郡国治）和其他少数的小点的集合（县治等），准确的讲，是以"大点"代"小点"（附图三·3·4）。

在郡国治广州，陶容器发现点的数量起伏较大，前后连续分布，其他 22 个地点多数仅在某个时期存在。广州之外的大多数地点，目前发现的陶容器的基本上都仅在东汉时期，尤以东汉中晚期为主。除广宁、四会二地发现较多西汉初期陶容器，澄海集中发现西汉早期的陶容器外，其他 19 地中西汉陶容器的发现点甚为少见。这种情况表明，在西汉南海郡内，除西汉初期其他地点（如广宁）、西汉早期县治（如四会）集中较多人口外，整个南海郡内多数地点的人口应相当稀少。这些地区在秦汉时期的大规模开发和人口增长，大体开始于东汉中期。

从广州地区看，陶容器发现点数量以西汉早期为主，而后从西汉中期开始就持续下降，一直到东汉中期才突然回升，此后继续发展。这不仅与前述墓葬数量、墓葬形制的分析结果一致，且与铜器、铁器等器类的时期变化相一致。

因此，以广州为主，并结合南海郡其他各地陶容器发现点数量的变化情况看，西汉早期应是南海郡最为辉煌的时期，而随着南越国的灭亡，在进入西汉中期之后，南海郡就在各方面一落千丈，直到东汉中期才走出低谷。而从西汉的发展情况看，西汉南海郡的发展基本集中于零星的个别地点，大量地区尚未开发。进入东汉中期以后，随着各方面情况的好转，虽郡国治依然为郡内最主要的发展中心，但郡国治之外的其他地区，也逐渐得到程度不等的开发。这样，南海郡就从西汉时期少数地点的开发，走向了东汉时期较多地点的发展。

从广州地区的陶容器种类看，西汉初期仅有 13 种陶容器，盒最多，壶次之，罐再次之，而瓮、瓿、硬陶罐的发现点数量相等，位列第四。盒、壶、罐、瓮、瓿是该时期南海郡最主要的容器种类。西汉早期广州不仅容器的种类达到 18 种，且各种容器发现点的数量均有极快提高。在各种容器之中，盒、壶、罐、瓮、瓿依然数量最多。西汉中期，广州地区陶容器继续发生变化，一方面，器物种类增加，新出现耳杯、杯、盂、魁、联盂 5 种容器，不见了盘、钵，种类达 21 种。另一方面，大量种类陶容器的发现点数量急剧减少，除新出现的 5 种容器外，在其余 16 种容器中，仅匏壶、尊、盂 3 种容器的发现点数量有较多增加，而其他 13 种

---

① 罐类如陶罐、硬陶罐、釉罐等分开计算，下同。

容器的发现点数量急速减少，如西汉中期的盒仅为西汉早期的 6.70%，硬陶罐仅为西汉早期的 7.27%，提筒仅为西汉早期的 10%，而发现数量最多壶的数量也仅为西汉早期的 57.72%，与盂 3.17 倍、尊 2.8 倍、匏壶 2.85 倍的增长相比，天差地别。在快速的增加与减少之后，壶、罐、瓮、盂就成为最常见的容器种类，原占据首位的盒在大幅减少后仅为 21 种容器的第 9 种，退出广州地区陶容器的主流。西汉早期数量甚多的钫，西汉中期不仅数量遽减，仅为西汉早期的 27.11%，且西汉中期之后就从此消失。

西汉晚期，陶容器种类和发现点数量均继续减少。在 19 种陶容器中，新出现了瓶、簋 2 种容器，在其他 17 种陶容器中，碗、尊、盒、盆、盂、魁、杯、卮、联盂、硬陶罐等 10 种容器的发现点数量均有增长，壶、罐、盂等 8 种容器则有程度不等的下降。总体上壶最多，罐次之，盂、碗又次之。壶、罐、盂、碗成为该时期最常见的容器种类。

新莽至东汉初期、东汉早期，不仅陶容器的种类不断减少，新莽至东汉初期仅有 18 种，而东汉早期更仅有 13 种容器。且各种容器发现点数量均普遍减少。从容器种类看，这两个时期均以壶、罐、盂、碗最为常见。

东汉中期，不仅陶容器的种类大为增加，达 21 种，且盆、瓶、卮、钵、套盒、豆、耳杯、盂、硬陶罐 9 种陶容器在消失之后重新出现，其余 12 种陶容器的发现点数量快速增多。其中以壶最多，罐次之，尊、簋并列第 3 名，壶、罐是该时期最为常见的容器种类。

东汉晚期，陶容器种类继续增多。在该时期 24 种容器中，有新出现的唇罐、釉罐、洗、瓷罐 4 种陶容器，重新出现盘 1 种陶容器。除豆、瓮、盂发现点数量与东汉中期持平外，其余 16 种陶容器的发现点数量均有增加。其中罐最多，尊、壶、盆、碗依次渐少。罐、壶是该时期最为常见的容器种类。

从上述情况看，在广州地区陶容器的发展过程中，一方面是容器发现点数量的巨大变化，另一方面是容器种类的前后不同。大体上以西汉早中期之交为界，原来所盛行的盒、瓿、硬陶罐等容器忽然减少，而西汉初期或西汉早期在此地出现时比例甚低的盂、尊、匏壶等容器，在西汉中期，其数量持续增加。此后更不断有新种类的陶容器出现，除个别容器在长时间不见后曾重新出现外，大量的旧有种类快速消失（附图三·3·5）。

2. 合浦郡

合浦郡在 11 个地点发现有陶容器（附录一附表 A 的附表 A116），其中郡国治合浦发现点数量最多，为全部的 70.65%，种类也最为丰富，达 22 种。其他 10 个地点发现的陶容器数量、种类均远低于合浦，与前文对该郡内不同地点发现墓葬数量、墓葬形制的统计与分析结果一致。从合浦郡内陶容器发现点情况看，郡国治合浦应是合浦郡内人口最集中、社会经济最发达之处，与郡内各县治、近县治、其他地点同样存在巨大差异。

合浦郡的陶容器从西汉中期出现，西汉晚期有急速增加，新莽至东汉初期、东汉早期均持续减少，东汉中期有较快回升，东汉晚期又有减少。

郡国治合浦的陶容器从西汉中期出现，而后快速增加，西汉晚期为西汉中期的 12.57 倍，达到峰值，新莽至东汉初期出现大幅减少，东汉早期不见，东汉中期有缓慢回升，东汉晚期再次降低。县治徐闻的陶容器从西汉中期出现，数量较少，西汉晚期、新莽至东汉初期不见，东汉早期重新出现，此后数量又逐渐减少，与合浦陶容器发现点数量的变化趋势完全不同。北海目前仅报道有新莽至东汉初期陶容器的发现点，其他时期未见陶容器。遂溪仅发现有东汉晚期陶容器。

合浦郡内在合浦、徐闻、北海、遂溪外的其余7个地点中，发现的陶容器时代均甚为含混，目前无法如南海郡一样开展汉代不同时期的具体分析。在7个地点中，西汉陶容器发现点有4个，东汉陶容器发现点有5个，仅知为汉代者有24个；3地仅发现东汉陶容器，1地发现西汉、汉代陶容器，1地发现西汉、东汉、汉代陶容器。7个地点中时代为东汉的陶容器地点发现点为多。总体上，合浦郡东汉时期陶容器的发现点数量要低于西汉时期。

从该郡内的11个地点看，郡国治合浦陶容器虽然偶有中断，但大体上连续分布，县治徐闻有较长时间不见陶容器，北海、遂溪等地仅有1个时期有陶容器。这就表明，与广州一样，在合浦郡内，同为郡国治的合浦集中了全郡之内最多的人口，而除县治徐闻情况略好外，郡内各地均"人烟稀少"。在郡国治合浦和少数县治外，合浦郡内大量地点在秦汉的开发和人口大规模增长，应始于东汉。

据文献记载，合浦郡设置是在汉武帝灭亡南越国之后，因此合浦郡文献中的历史就只能从西汉中期开始。从考古资料看，在合浦乃至合浦地区的陶容器是从西汉中期开始的，而前文对合浦郡的墓葬数量、墓葬形制、铜器、铁器等器类的分析结果也与此一致。

因此，从合浦郡诸项考古遗存的出现时间与文献记载一致出发，从合浦郡内诸考古遗存在西汉晚期均有急速提高的情况看，合浦郡大体在西汉晚期有快速发展，但之后有所衰退，东汉中期才"企稳回升"，发现点数量有较快增加。

从发现的陶容器种类看，西汉中期发现有6种陶容器，其中硬陶罐发现点数量略多，其他罐、壶、瓮、盘、瓿均仅有1处发现点，硬陶罐大体是该时期合浦郡最主要的容器种类。

西汉晚期，该郡的陶容器种类增至12种，壶最多，罐、硬陶罐次之，瓮再次之，其他8种发现点数量为1—6处不等。壶、罐、瓮是该时期合浦郡内最常见的陶容器种类。

新莽至东汉初期，该郡的陶容器种类减至11种，除盂数量增加，匏壶、碗、提筒数量保持不变外，其余各种容器的发现点数量均有大幅度减少。但在减少之后，壶依然最多，罐次之，盂第三，其余各种容器发现点数量数量甚少。壶、罐、盂是该时期郡内最常见的容器种类。

东汉早期，未发现陶容器。

东汉中期，虽然陶容器种类增至16种，但除硬陶罐、罐、壶、盂、提筒、钵数量较多外，其余10种容器发现点数量均仅1—2处。其中硬陶罐最多，罐、壶次之，盂第三。硬陶罐、罐、壶、盂是该时期郡内最为常见的容器种类。

东汉晚期，陶容器种类减至11种，诸陶容器中仅硬陶罐、罐、连罐、盂数量较多，其他6种容器数量均仅1—2处。硬陶罐、罐、盂是该时期郡内最常见的容器。

总体上，在合浦郡内发现的22种容器中，罐最多，硬陶罐次之，壶第三，为合浦郡内常见的容器种类（附图三·3·6）。

3. 苍梧郡

苍梧郡在18个地点发现陶容器（附录一附表A的附表A117），其他地点平乐数量最多，为全部的38.73%。其中肇庆种类最丰富，达16种；贺县次之，有15种；而郡国治梧州仅有10种，不及阳朔、钟山、肇庆，与德庆、藤县持平；其他10地的陶容器种类和发现点数量均少。苍梧郡内这种县治大于郡国治的情况，与前文对该郡内不同地点发现墓葬数量、墓葬形制的统计与分析结果一致。

　　从总体情况看，苍梧郡内陶容器从西汉初期即已出现，且西汉初期的数量最多，之后在西汉早期、西汉中期均快速减少，西汉晚期才有回升，新莽至东汉初期又大为减少，而从东汉早期开始，苍梧郡内陶容器发现点数量急速增加，东汉晚期再达峰值。苍梧郡中陶容器的发展，明显存在两头高、中间低的情况，与前述南海郡、合浦郡的发展情况均有明显不同。

　　郡国治梧州不仅陶容器发现点种类相对甚少，且目前仅发现时代为东汉晚期和仅知为西汉时期的少量陶容器，虽与前述广州、合浦等郡国治在一郡内居绝对地位的情况完全不同，但与近郡国治封开的陶容器种类、发现点数量、存在时期的情况基本相同，也与前述铜容器分析的结果大体类似。

　　从县治看，肇庆的陶容器种类虽然最多，但其从西汉晚期方始出现，且各时期陶容器发现点数量均少，东汉早期、东汉晚期均为不见，使肇庆陶容器发现点总数甚低。钟山陶容器在东汉中期出现，数量甚巨，东汉晚期快速下降，数量甚少。贺县陶容器从西汉初期出现，西汉早期最多，此后急速减少，西汉中期、新莽至东汉初期、东汉早期、东汉中期不见，东汉晚期发现点数量也甚少。整体上与平乐一样，贺县陶容器发现点以西汉早期为主。德庆陶容器在西汉初期出现，此后消失，东汉晚期重现。高要陶容器在东汉中期出现，数量较少，之后不再出现。

　　从其他地点看，平乐陶容器发现点数量最多，以西汉初期为主，占合浦郡西汉初期陶容器发现点的98.24%，此后快速减少，仅西汉晚期、东汉中期有过两个较小峰值。阳朔陶容器在新莽至东汉初期出现，东汉早期开始增加，东汉中期急速减少，东汉晚期再次剧增，整体上变动幅度甚大。昭平陶容器在东汉中期出现，东汉晚期有所增长，与阳朔有大幅度变化不同。岑溪陶容器最早出现于西汉早期，之后消失，东汉中期重新出现时数量较多，东汉晚期略有下降。苍梧郡内荔浦、江华2地发现陶容器的时代甚为含混，无法开展不同时期的具体分析。

　　综上情况，苍梧郡郡国治梧州陶容器发现点不仅少于近郡国治封开，也少于县治肇庆、贺县、钟山、德庆，少于近县治藤县，而很多县治又明显少于其他地点平乐、阳朔、昭平、岑溪。与南海郡、合浦郡不同，苍梧郡内似乎一地的政治地位高了，反而容器的发现点数量或种类就会越少，是一个非常反常的现象。整体上，如排除平乐在西汉初期的峰值数据，苍梧郡内东汉时陶容器发现点数量要明显多于西汉，与前述二郡的情况大体一致。

　　从苍梧郡陶容器的发现情况看，西汉早期苍梧郡内个别地点发展较快，如贺县在西汉早期达到峰值。不过随着南越国的灭亡，这些地区急剧衰落，而那些在西汉早期明显不甚"显眼"的地点，如肇庆、藤县，则从西汉晚期开始有较快增长，不过此后时断时续。钟山等县治更晚至东汉中晚期才有陶容器出现，显示出该地区的发展甚为迟缓。总体上，直到东汉中晚期，苍梧郡才大体摆脱少数地点有所发展的局面，陶容器开始出现在较多地点之中。

　　也就是说，从平乐、贺县、岑溪、德庆的情况看，西汉初期，苍梧郡曾有陶容器的短暂高潮，但是随着南越国的建立，其开始明显衰退，而后又由于南越国的灭亡，从西汉中期开始，贺县等原在南越国时繁荣之处发展停滞，再无起色，直到东汉中期才有好转，郡国治、县治、其他地点此时也有较快增长，走出了了西汉早期之后的低谷。

　　苍梧郡内没有一个地点有陶容器连续分布，因此各时期苍梧郡内陶容器种类的变化，就只能以各时期内发现最多地点的情况为主进行分析。从西汉初期看，平乐陶容器发现最多，以杯、盒、钵为主。西汉早期，贺县发现最多，以罐、壶、盒为主，而平乐以杯、盒为主。西汉中期，仅见于平乐，只有杯、硬陶罐、壶三种，数量均极少。西汉晚期，平乐发现最多，以硬陶罐、壶、杯为主。新莽至东汉初期，见于肇庆、平乐、阳朔三地，各地每种陶容器数量均甚少，综合三地情况看，以壶较为常见。东汉早期，仅见于阳朔，以罐、壶为最。东汉中期，钟山数量较多，以罐、壶、盂为主。东汉晚期，阳朔、昭平数量较多，阳朔以罐，昭平以硬陶罐为主。

从上述情况看，苍梧郡的陶容器，大体上在西汉初期、西汉早期以杯、盒为特征，西汉中期之后以壶、罐、硬陶罐为主，存在较为明显的差异（附图三·3·7）。

4. 郁林郡

郁林郡仅有6个地点发现陶容器（附录一附表A的附表A118），其中郡国治贵县发现点数量最多，为全部的83.11%，种类也最为丰富，达23种。其他5个地点发现点数量与种类远低于贵县，与前文对该郡不同地点发现墓葬数量、墓葬形制的统计与分析结果一致。因此，从郁林郡陶容器发现情况看，郡国治贵县应是郡内人口最集中、社会经济最发达之处，与郡内的县治、近县治、其他地点存在差异。

郁林郡内陶容器从西汉早期开始出现，此后持续增长，到西汉晚期达到峰值，而后剧减，并于东汉早期不见。东汉中期，当陶容器在郁林郡内重新出现时数量甚多，东汉晚期再次快速减少。

郡国治贵县陶容器在西汉早期出现，西汉中期略有减少，西汉晚期快速增加，而后新莽至东汉初期急剧减少，东汉早期不见，东汉中期重现时数量甚多，东汉晚期有明显下降。柳江、武宣陶容器在西汉中期出现，在桂平出现于西汉晚期，武宣自西汉中期之后的其他时期、柳江在西汉中期之后至东汉中期以外的其他时期均无发现。郁林郡柳江、象州2地发现陶容器的时代甚为含混，无法与其他地点一样开展不同时期的具体分析。

郁林郡内不仅郡国治贵县的西汉时期陶容器发现点数量要大于东汉时期，而且县治、其他地点等地陶容器发现点情况与此基本一致，总体上郁林郡内西汉陶容器发现点数量明显多于东汉时期，与合浦郡情况较为相近。

从6地看，郡国治贵县陶容器发现点虽在东汉早期中断，但大体连续分布，而县治柳江、近县治武宣以及其他地点多数只有某一时期发现陶容器。这种情况与广州、合浦的情况相近。从这种情况看，在西汉郁林郡内，郡国治贵县集中了全郡最多的人口，县治柳江、近县治武宣与其相比相差甚远。与南海郡、苍梧郡一样，郁林郡内"人烟稀少"。从贵县陶容器发现点数量的变化看，其从西汉晚期达到峰值后就急剧减少。虽东汉中期之后有所恢复，但东汉晚期又有减退。从整个郡内的情况看，东汉中期的恢复性增长大体局限于郡国治贵县和县治柳江等地，其他地点均未出现前述各郡那样的大范围增长。东汉时期郁林郡的发展，依然局限于郡国治和少数县治。

据文献记载，郁林郡设置开始于汉武帝灭亡南越国之后，而从贵县罗泊湾汉墓、金钟M1等该地发现的一系列南越国时期大型墓葬看，贵县的发展应在南越国时期。从郁林郡全郡均未发现西汉初期的陶容器，且在西汉早期也仅见于贵县1地的情况看，南越国对郁林郡地区的统治，应集中于贵县等极少地点。从县治柳州、近县治武宣2地西汉中期出现陶容器，之后长期不见的情况看，西汉中期郁林郡曾有过一段时间的较快发展，但不久除贵县外的郡内各地又偏于沉寂，而贵县在西汉中期略有下降后，西汉晚期又有较快发展。即，西汉中期，郁林郡内一方面是郡国治的略微下降，另一方面是郡内县治及其周边的集中发展，到西汉晚期时，又重新回到仅有郡国治少数地点发展较快的老路。这种情况与郁林郡内墓葬数量、墓葬形制、铜器、铁器等器类分析的结果大体一致。

从贵县陶容器的种类看，西汉早期盒为多，罐、壶次之，其他 8 种容器的发现点数量均甚少，盒、壶、罐是该时期郁林郡内最常见的陶容器种类。西汉中期，壶最多，罐、硬陶罐次之，其他 5 种陶容器的发现点数量同样甚少，壶、罐、硬陶罐是该时期郁林郡内最常见的陶容器种类。西汉晚期，陶容器种类增至 13 种，壶最多，罐、硬陶罐次之，而其他种类的陶容器发现点数量相对甚少。壶、罐、硬陶罐是该时期郁林郡最常见的容器种类。新莽至东汉初期，容器仅有罐、硬陶罐 2 种，发现点数量极少。东汉早期，未发现陶容器。东汉中期，陶容器种类重新增至 13 种，但除硬陶罐、壶、尊、镦壶外，其他容器的发现点数量均甚少，其中硬陶罐最多，壶次之，尊、镦壶并列第三，但与壶的发现点数量相差甚大。硬陶罐、壶是该时期郡内最常见的容器种类，在该时期贵县之外仅有的柳江则以壶、罐为主。

东汉晚期，不仅陶容器种类减至 10 种，诸陶容器中仅罐、硬陶罐、尊数量较多，其他 7 种容器的发现点数量仅有 1、2 处。罐、硬陶罐、尊是该时期郡内最为常见的容器种类。

在郁林郡 23 种容器中，壶、硬陶罐、罐的发现点数量最多。其中壶与硬陶罐的发展趋势基本一致，均在西汉晚期达到峰值，而后开始减少，并于东汉中期数量再增，而后明显减少。从波动情况看，硬陶罐的变化要相对平缓，而壶则起伏巨大。总体上壶、罐、硬陶罐是郁林郡内最为常见的容器种类（附图三·3·8）。

5. 桂阳郡

在桂阳郡内，有 17 个地点发现陶容器（附录一附表 A 的附表 A119），其中近郡国治资兴发现点数量最多，为全部的 67.95%，种类达 22 种。县治耒阳发现点数量虽次之，占总数的 21.98%，但种类达 23 种。其他地点始兴发现点数量再次之，发现 14 种容器。郡国治郴州的发现点数量位列第 4，为总数的 2.95%，种类为 16 种。除此之外 13 地发现的陶容器种类和数量均少。

桂阳郡内陶容器从西汉初期即已出现，而后持续增长，并在西汉中期突然剧增，达到峰值，此后在西汉晚期急剧减少，新莽至东汉初期再次增加，东汉早期减少，东汉中期再次增加，东汉晚期再次减少。总体上看，桂阳郡内陶容器发现点数量除西汉初期至西汉早期波动较小外，其他时期的起伏程度都非常大，存在多个峰值和低谷，具有非常明显的不稳定特征。

郡国治郴州的陶容器从西汉初期出现，西汉早期略多，西汉中期、西汉晚期不见，新莽至东汉初期极少发现，东汉早期剧增，东汉中期不见，东汉晚期又有发现，数量较少。资兴陶容器在西汉早期出现，西汉中期剧增，为前一时期的 10.41 倍；之后又急剧减少，新莽至东汉初期再次剧增，东汉早期又现减少，东汉中期增加，东汉晚期再次减少，西汉中期的发现点数量最多。耒阳陶容器在西汉晚期出现，新莽至东汉初期有较快增加，而后减退，东汉中期剧增，东汉晚期减退，其中东汉中期发现点数量为该时期全郡之首。韶关陶容器西汉中期出现，西汉晚期略有增长，之后消失，东汉中期再现时数量较多，东汉晚期不见，东汉中期的发现点数量最多。始兴陶容器在西汉初期即已出现，此后不断减少，并在西汉早期、新莽至东汉初期、东汉早期不见，其中西汉初期数量最多。曲江、英德、三江均仅在少数时期出现陶容器发现点。桂阳郡内蓝山、嘉禾、仁化、桂阳、阳山、翁源、永兴、新田、宜章 9 地的陶容器时代均甚含混，无法开展具体分析。

从总体上讲，桂阳郡陶容器发现点的数量虽较多，但各地陶容器发现情况差异较大。除资兴外，郡内各地东汉陶容器发现点的数量明显大于西汉时期，与南海等郡的情况基本一致。

从上述情况看，郡国治郴州陶容器发现点数量甚少且不连贯，但从近郡国治资兴的陶容器发现点的大量存在看，其所依附的郡国治只能更多。近郡国治资兴多于郡国治郴州的情况，主要原因是在资兴曾有大规模考古发掘，而郴州考古工作一直较少所致。因此如将资兴和郴州结合，则桂阳郡内陶容器发现点数量仍为全境最高。这与郴州虽发现点数量相对较少，但容器种类甚为丰富的情况一致。

从这个角度看，郡国治依然为一郡之内人口最多之地，而县治如耒阳、韶关、英德、曲江等地的数量则明显差之甚远，其他地点的人口等依然不多。与前述南海郡、苍梧郡、郁林郡一样，桂阳郡同样"人烟稀少"。

从资兴陶容器发现点数量的变化看，西汉中期这段时间非常特殊。西汉中期，不仅陶容器数量剧增，且陶容器数量在西汉中期之前、之后时期的差距均极大，此后波动不断，不稳定性特征明显。而若排除资兴，桂阳郡内各地陶容器发现点的数量——如县治耒阳，明显以东汉时期，特别是东汉中期为最（其实资兴东汉中期发现点数量也甚多），这就表明，在桂阳郡内，除了郴州、始兴等从西汉初期即已有所发展的地点、除资兴等在西汉中期突然兴起的地点外，大部分地点依然是到东汉才有快速发展。不过这种发展与前述诸郡一样，依然局限于少数地点。

西汉初期，陶容器仅见于郴州、始兴，始兴发现点数量最多，以瓮、盒、罐为主，郴州仅见壶、罐。西汉早期，陶容器见于郴州、资兴，其中资兴发现点数量最多，郴州极少。在资兴发现的陶容器中，壶最多，罐、盒次之，而其他碗、杯、盘、豆4种容器发现点数量均少。郴州仅见罐、壶、盒3种陶容器。从两地情况看，罐、壶、盒无疑是该时期最常见的容器种类。

西汉中期，陶容器见于资兴、韶关、始兴三地。资兴陶容器中罐最多，壶、盒次之，其他13种陶容器的发现点数量，除钵外，多数数量甚少。始兴以壶、罐、连罐为主，韶关仅见的壶、罐、瓮、连罐、钵、匏壶的数量均极少。从三地情况看，壶、罐、盒依然是最常见的容器种类。

西汉晚期，陶容器见于资兴、耒阳、韶关、始兴、曲江5地，其中韶关最多，曲江次之。从各地情况看，韶关硬陶罐、罐、瓮数量略多，曲江罐略多，资兴仅见唇罐，耒阳仅见杯，始兴仅壶、瓮、钵、硬陶罐。总体上看，硬陶罐、罐是该时期常见的容器种类。

东汉早期，陶容器见于郴州、资兴、耒阳、英德，其中资兴最多，郴州次之。其中资兴以罐、壶、盒为主，郴州以罐、壶为主，耒阳仅见壶、罐、唇罐、盒，英德仅见盅。总体上，罐、壶应是该时期最常见的容器种类。

东汉中期，陶容器见于耒阳、资兴等6地，耒阳最多，资兴次之。其中耒阳以罐最多，壶、钵次之，资兴以罐、钵、壶为多。总体上，罐、壶是该时期最常见的容器种类。

东汉晚期，陶容器见于耒阳、资兴、郴州、始兴4地，耒阳最多，资兴次之。其中耒阳以罐最多，壶、钵虽次之，但相差较远。资兴以罐最多，钵、杯次之。总体上，罐是该时期最常见的容器种类。

从上述情况看，在桂阳郡所发现的31种容器中，罐、壶、盒最多，盒以西汉中期为最，东汉早期之后数量大减，壶、罐虽以西汉中期为多，之后数量减少，但东汉早期之后的数量开始快速增长。也就是说，在东汉早期之前以罐、壶、盒为主，东汉早期之后以罐、壶为主。在合浦郡、苍梧郡、郁林郡内均甚为常见的硬陶罐数量一直甚少（附图三·3·9）。

6. 零陵郡

零陵郡在 10 个地点发现陶容器（附录一附表 A 的附表 A120），其中郡国治兴安发现点数量最多，为全部的 39.78%，郡国治零陵虽较之略少，但种类与兴安一样为 12 种。其他 8 地，除近郡国治永州、县治道县、近县治桂林陶容器发现点数量较多外，其他 5 地的数量与种类均相对要少，与前文对该郡不同地点发现墓葬数量、墓葬形制的统计与分析结果一致。因此，从零陵郡内陶容器发现的情况看，郡国治零陵也应是郡内人口最集中、社会经济最发达之处，县治、近县治的发展也较高。

零陵郡内陶容器在西汉初期较多，之后数量减少，西汉晚期达到峰值，而后开始减少，东汉早期开始回升，东汉中期再达峰值，而后遽减，西汉初期、西汉晚期、东汉中期的发现点数量最多。

零陵郡内的陶容器发现点，西汉初期仅见于灌阳、灵川，西汉早期始见于兴安、永州，此后至东汉中期，永州陶器再未发现，东汉末再现时数量较多；兴安陶容器在西汉中期出现，数量一直不多，东汉中期达到峰值，东汉晚期不见；桂林陶容器出现于东汉晚期；零陵郡内道县、全州、宁远、东安 4 地发现的陶容器，时代甚为含混，无法开展具体分析。

整体上，零陵郡内除零陵、兴安陶容器的时代较为持久外，各地多仅在某一时期有少量发现。从数量看，东汉陶容器发现点数量明显多于西汉时期。从上述情况看，郡国治零陵、县治兴安应集中了大量的人口，郡内大量地区"人烟稀少"。从东汉时期零陵郡内很多地点开始出现陶容器的情况看，直到东汉时期零陵郡才得到较大发展。

从郡内陶容器的种类看，西汉初期仅有灵川、灌阳出土陶容器，其中灵川最多。从灵川的发现看，硬陶罐、盒最多，杯次之，其余甚少。灌阳所见的壶、罐、瓿、杯数量均等，硬陶罐、盒应是该时期最常见的容器种类。西汉早期，陶容器见于兴安、永州，其中兴安最多。从兴安的发现看，壶、瓮最多，罐、杯数量甚少，永州仅发现数量极少的钫，壶、瓮应是该时期常见的容器种类。

西汉中期，陶容器仅见于零陵，壶略多，其他硬陶罐、盆、钫、镳壶数量甚少。壶是该时期常见的容器种类。西汉晚期，陶容器见于兴安、零陵，兴安最多。从兴安看，瓮、罐、壶最多，其他数量甚少，零陵仅见罐，瓮、罐、壶应是该时期常见的容器种类。新莽至东汉初期，陶容器见于兴安、零陵，兴安为多。从兴安看，罐、壶最多，瓮次之，零陵仅见罐 1 种。罐、壶应是该时期常见的陶容器种类。东汉早期，陶容器见于零陵、兴安，零陵为多。从零陵看，陶罐最多，其他均仅 1—2 处，兴安仅硬陶罐 1 种，罐是该时期常见的陶容器种类。东汉中期，仅见于兴安 1 地，其中罐最多，瓮、壶次之，三者是该时期常见的陶容器种类。东汉晚期，仅见于桂林 1 地，当地出现的罐、盂、硬陶罐、钵等容器的发现点数量完全相等，均仅 1 处。

在零陵郡 20 种陶容器中，罐最多、壶、瓮次之。其中罐除西汉中期未见外，其余基本一直处于增长之中，壶、瓮的起伏较大（附图三·3·10）。

7. 武陵郡

武陵郡在 22 个地点发现陶容器（附录一附表 A 的附表 A121），其中县治保靖最多，占全部的 43.50%，种类丰富，达 18 种。西汉郡国治溆浦次之，占全部的 14.36%。在其他 20 个地点中，除大庸、县治龙山、东汉郡国治常德、近县治桃源、古丈的数量较多外，其余 15 地的陶容器不仅种类甚少，且发现点数量远不如前述各地，与前文对该郡内不同地点发现墓葬数量、墓葬形制的统计与分析结果一致。从武陵郡内郡国治、县治、近县治陶容器发现点数量均较多，未出现如前所述的广州在一郡内占据绝大多数的情况看，武陵郡内郡国治、县治之间的差距应相应要小，而各地在人口、社会经济上的差距也应相对较低。

从时期看，武陵郡内陶容器从西汉初期开始，就一直保持较快的增长，并在西汉晚期达到峰值，而后开始持续下降，直至东汉晚期，与前述桂阳郡剧烈的波动起伏完全不同。

从具体地点看，保靖从西汉初期开始，直到西汉晚期，一直保持快速增长，西汉晚期达到峰值，而后遽减，东汉中期达到谷底，东汉晚期才有回升，与全郡走势基本一致。

从西汉郡国治溆浦看，西汉初期陶容器发现点数量甚少，西汉早期快速增长，为西汉初期4倍，西汉中期增速更快，为西汉早期8.1倍，此后遽减，西汉晚期为西汉中期的39.75%，新莽至东汉初期仅为西汉晚期的6.06%，东汉消失不见。从东汉郡国治常德看，西汉早期出现时数量较多，而后一直减少，新莽至东汉初期不见，东汉早期重现并快速增长，东汉晚期达到峰值。从时期看，西汉时期陶容器发现点数量明显高于东汉。西汉郡国治溆浦基本只见西汉陶容器，东汉郡国治常德以东汉陶容器为主，二地陶容器数量与其作为郡国治的时期存在极强关联。

从县治龙山看，陶容器虽在西汉初期有少量发现，但之后消失，直至西汉晚期重新出现，数量甚高，但新莽至东汉初期又有所减少，东汉早期达到峰值，东汉中期不再出现。整体上，该地点陶容器发现点虽多，但连续性不强，以西汉晚期至东汉早期为主。

关于其他地点，大庸的陶容器从西汉初期开始出现，之后数量大增，在西汉早期达到峰值，而后开始不断减少，西汉晚期不见。从东汉早期开始数量回升，并于东汉中期达到峰值，而后东汉晚期又有减少。

绥宁、慈利、芷江、石门、澧县、麻阳、安乡、桑植8地发现陶容器的时代甚为含混，难以开展不同时期的具体分析。

总体上武陵郡陶容器发现点的数量，西汉明显多于东汉。

从武陵郡内的陶容器种类看，西汉初期，见于6地。大庸数量最多，古丈、津市次之。其中大庸以壶、盒、豆为主；古丈以钫为主；津市壶、盒较多；溆浦盘最多。总体上，各地差异很大，壶、盒是较常见的容器种类。西汉早期，见于11地，大庸最多，保靖次之。大庸壶最多，盒次之；保靖壶最多，钫次之；溆浦壶最多、罐次之，盒、钫并列第3。总体上，各地差异依然较大，壶、钫是该时期较为常见的容器种类。西汉中期，见于10地，保靖最多，溆浦次之。保靖以壶最多，钫次之，硬陶罐数量在急剧增多后位列第3；溆浦以钫最多，壶次之，硬陶罐突然出现并位列第3。总体上，壶、钫、硬陶罐是该时期常见的容器种类。西汉晚期，见于8地，保靖最多，溆浦次之。保靖以壶最多，硬陶罐次之，钫第3；溆浦以壶最多，钫次之壶、硬陶罐、钫是该时期常见的容器种类。新莽至东汉初期，见于5地（发现地的数量从西汉早期之后就一直减少，此时至底）。保靖最多，龙山次之。保靖以壶、硬陶罐最多，钫次之；龙山以硬陶罐最多，壶次之。总体上，壶、硬陶罐、钫是该时期常见的容器种类。东汉早期，见于8地。龙山最多，古丈次之。龙山以硬陶罐最多、壶次之，罐再次之；古丈以壶、罐最多。总体上，硬陶罐、壶、罐是该时期常见的容器种类。东汉中期，见于6地。大庸最多，常德次之。大庸以罐为主，鐎壶次之；常德以壶较多，罐次之。总体上，罐、鐎壶是该时期常见的容器种类。东汉晚期，见于5地。常德最多。其中罐较多，盘、盂次之，罐、盘是该时期常见的容器种类。

从武陵郡所发现的 29 种陶容器看，壶最多，钫次之，硬陶罐第三，盒又次之，均以西汉时期为主（附图三·3·11）。

8. 长沙国

长沙国在 20 个地点发现陶容器（附录一附表 A 的附表 A122），郡国治长沙发现点最多，为全部的 62.24%。种类也最为丰富，达 29 种。县治衡阳虽然发现点数量次之，但也仅为长沙的 19.17%，种类只有 19 种，相差悬殊。这种情况与前文对该郡内不同地点发现墓葬数量、墓葬形制的统计与分析结果一致。

长沙国陶容器从西汉初期即已出现，之后在西汉早期达到峰值，而后西汉中期快速减少，虽然西汉晚期有所回升，但也仅为西汉早期的 49.19%，此后更急剧减少，到东汉早期，更减至西汉早期的 7.05%。虽然东汉中期有较快回升，但东汉晚期又有降低。从陶容器发现情况看，西汉明显多于东汉。

从具体地点看，除郡国治长沙从西汉初期延续到东汉晚期、县治衡阳从西汉早期延续到东汉晚期，均连续存在外，益阳虽始见于西汉初期，延续到东汉晚期，但在西汉中期、东汉早期、东汉中期不见。汨罗西汉初期最多，西汉早期减少，西汉中期不见，西汉晚期数量更少，之后完全消失。茶陵始见于西汉初期，数量甚少，且在之后消失，西汉晚期出现时数量较多，之后开始日益减少，并于东汉早期不见。湘乡西汉中期出现，西汉晚期最多，之后急剧减少，东汉早期不见。

攸县、双峰、新化、隆回、临湘、娄底 6 地发现陶容器的时代甚为含混，难以开展不同时期的具体分析。

总体上，在陶容器发现点数量上，西汉要明显多于东汉。

从长沙国陶容器的种类看，西汉初期仅见于 4 地。汨罗最多，长沙次之。汨罗以盒最多，壶、罐次之；长沙壶最多，盒次之，陶罐甚少。总体上，盒、壶是该时期常见的陶容器种类。西汉早期，见于 4 地。长沙最多，衡阳次之，二者相差甚巨。长沙以壶为最，盒次之，罐数量剧增，但硬陶罐数量甚少；衡阳以硬陶罐最多，盒次之，壶又次之。总体上，壶、盒、罐是该时期常见的容器种类。西汉中期，见于 4 地。长沙最多，湘乡次之，二者相差甚巨。长沙以陶壶最多，盒次之，罐又次之；湘乡以壶、盒发现数量相等，数量最多，其余陶盂仅发现 1 处。总体上，壶、盒、罐是该时期常见的容器种类。西汉晚期，见于 7 地。长沙最多，衡阳次之，二者相差甚巨。长沙以陶壶为最，硬陶罐次之；衡阳以盒最多，壶次之。总体上，壶、硬陶罐是该时期常见的容器种类。新莽至东汉初期，见于 7 地。茶陵最多，衡阳、长沙次之。茶陵以壶最多，硬陶罐、钵次之；长沙以罐略多，其余均甚少；衡阳罐、壶、钫数量相等，略多。总体上，硬陶罐、罐应是该时期常见的容器种类。东汉早期，见于 6 地，衡阳最多，邵阳次之。衡阳以罐最多，壶次之；邵阳仅发现的罐、壶、硬陶罐、杯四种数量相等。总体上，罐、壶应是该时期常见的容器种类。东汉中期，见于 6 地。长沙最多，衡阳次之。长沙以罐最多，壶次之，硬陶罐再次之；衡阳以罐最多，硬陶罐次之。总体上，罐、壶、硬陶罐是该时期常见的容器种类。东汉晚期，见于 7 地。长沙最多，益阳、衡阳次之。长沙以罐为多，壶次之；益阳以硬陶罐最多，钵、碗、罐次之；衡阳以罐最多，壶次之。总体上，罐是该时期常见的容器种类。

从长沙国发现的 30 种容器看，壶最多，罐次之，盒、钫又依次渐少，硬陶罐再次之。其中盒从新莽至东汉初期开始不见，钫从东汉早期开始不见。长沙国内容器的种类，大体上以新莽至东汉初期为界，可分为两类，之前以壶、罐、盒、钫为主，之后以壶、罐、硬陶罐为主（附图三·3·12）。

9. 豫章郡

豫章郡在 40 个地点发现陶容器（附录一附表 A 的附表 A123），为华南诸郡国最多。郡国治南昌陶容器发现点数量最多，为全部的 37.21%，种类有 16 种，亦为全郡之首。县治宜春发现点数量次之，仅为南昌的 28.57%，种类也只有 12 种，相差悬殊。郡内其余县治如南康、高安、德安、赣县、清江、九江、于都、泰和、湖口、都昌等地，陶容器发现点数量、种类就相应更少。这种情况与前文对该郡内不同地点发现墓葬数量、墓葬形制的统计与分析结果一致。

豫章郡陶容器虽从西汉初期即已出现，但数量甚少，西汉早期更有减少，西汉中期剧增，而后开始减少，直至东汉早期才有回升。在东汉早期的回升趋势下，东汉中期的发现点数量首次超过西汉中期，此后一直增加，东汉晚期达到峰值。整体上，东汉陶容器发现点数量明显多于西汉，与前述长沙国情况完全不同。

从具体地点看，郡国治南昌陶容器始见于西汉中期，数量甚大，而后快速减少，东汉早期回升，东汉晚期达到峰值。从发现点数量比较看，西汉中期南昌陶容器发现点为该时期全郡的 73.58%，而到东汉晚期，为当时全郡的 48.45%，比例明显下降。

宜春西汉早期开始出土陶容器，数量甚少，西汉中期略有增长，数量不多，此后减少，新莽至东汉初期不见，东汉早期重新出现时数量与西汉中期相等，而后快速增加，东汉中期达到峰值，东汉晚期又有下降。

南康西汉初期即已出现陶容器，但之后直至东汉中期才重新出现，东汉晚期虽达到峰值，但数量相对甚少。德安、泰和从东汉早期开始出现，延续到东汉中期，而后消失，德安东汉中期的数量明显大于泰和。赣县从东汉早期开始出现陶容器，东汉中期与其持平，而后在快速减少的情况下，东汉晚期陶容器发现点数量已然甚少。清江出现于东汉中期，而后开始增加，东汉晚期陶容器数量为东汉中期的 6 倍。遂川仅发现于西汉初期、新余仅发现于西汉中期、高安仅发现于西汉晚期，湖口仅发现于东汉中期，九江、兴国仅发现于东汉晚期。

修水从西汉中期出现陶容器，数量较多，而后消失，东汉早期重新出现时数量不多，而后快速减少。安福虽从新莽至东汉晚期开始出现，但数量甚少，此后直至东汉晚期方式重新出现，数量略多。永新虽始见于西汉中期，但数量甚少，此后长期不见，直至东汉晚期才重新出现，数量甚少。

于都、都昌、抚州、宁冈、东乡、分宜、铜鼓、星子、宜丰、余江、峡江、玉山、金溪、靖安、乐安、鄱阳、奉新、全南 18 地发现陶容器的时代甚为含混，难以开展不同时期的具体分析。

从豫章郡陶容器的种类看，西汉初期仅见于遂川、南康 2 地，南康略多，遂川次之。南康仅见硬陶罐、壶，遂川仅见硬陶罐。总体上，硬陶罐是该时期常见的容器种类。西汉早期，仅见于宜春 1 地。仅有陶盉发现。西汉中期，发现于 5 地。南昌最多，修水次之。南昌以硬陶罐最多，盒、壶次之；修水以陶壶最多。总体上，硬陶罐、盒、壶是该时期常见的容器种类。西汉晚期，见于 3 地。南昌最多，以耳杯最多，陶壶次之。总体上，耳杯是该时期常见的容器种类。

新莽至东汉初期，见于南昌、安福2地。南昌最多，以陶壶为多，其次仅有陶罐，安福仅见唇罐。总体上，壶应是该时期常见的容器种类。东汉早期，见于6地，南昌最多，修水次之。南昌以壶、硬陶罐为主；修水以罐略多。总体上，耳杯、罐是该时期常见的容器种类。东汉中期，见于13地。南昌最多，宜春次之。南昌以耳杯最多、罐次之；宜春以唇罐、硬陶罐较多。总体上，耳杯、罐是该时期常见的容器种类。东汉晚期，见于13地，南昌最多，九江次之。南昌以耳杯最多、硬陶罐次之；九江陶壶、碟、瓷罐虽在当地数量较多，但均仅2处。总体上，耳杯、硬陶罐是该时期常见的容器种类。

从豫章郡发现的26种容器看，耳杯最多，罐次之，壶再次之。其中耳杯西汉时期较少，以东汉中晚期为主。罐西汉较少，东汉甚多。壶西汉中期较多，之后快速减少，东汉中期又开始增加。盒西汉中期最多。硬陶罐西汉中期做多，之后急剧减少，乃至消失，东汉中期后数量增多。从时期看，西汉中期前以硬陶罐为主，东汉时期耳杯、壶、罐为主（附图三·3·13）。

10. 闽越国①

闽越国在20个地点发现陶容器（附录一附表A的附表A124），郡国治武夷山最多，为全部的32.48%，种类与福州、建阳同为11种为最多。其他地点，闽侯数量次之，为武夷山的68.62%。郡国治福州数量甚少，仅发现13处，但种类甚多。这种情况与前文对该郡内不同地点发现墓葬数量、墓葬形制的统计与分析结果大体一致。

从时期看，闽越国陶容器从西汉初期即已出现，之后在西汉早期达到峰值，西汉中期急剧减少，西汉晚期、新莽至东汉初期、东汉早期消失不见。东汉中期虽重新出现，但数量甚少，直到东汉晚期才略有回升。从陶容器发现点数量看，西汉多于东汉。

从具体地点看，除郡国治福州从西汉初期延续到西汉中期，并于东汉中期、东汉晚期有所发现外，其余各地的发现时期均甚短，多数仅1—2个时期，具有明显的短时性特征。

其中武夷山、长泰仅见于西汉早期，光泽仅见于东汉中期，建阳、邵武、浦城等地发现陶容器除西汉早期时期明确外，还有一些容器的时代仅知为汉代，而武平、龙岩、安远、建瓯、南平、平和、南靖、连城、厦门、霞浦、芗城等11发现陶容器的时代甚为含混，无法确知具体时期。从其大部分未明确指出为闽越遗物的情况看（福建的有关文物报道中，大多明确将闽越与汉代遗物分开），其为东汉时期的可能性甚高。

据文献记载，闽越国在西汉初期建立，在被汉武帝所灭后，史载"徙民于江淮之间"，其地空虚。以后属会稽郡管辖，但境内仅冶县1个属县。从陶容器及前文对墓葬形制、墓葬等级、铜器、铁器等遗物的分析看，在今福建省内的秦汉文化，以西汉早期为最高，而从西汉中期开始，境内就再无汉代遗存发现。直到东汉中期才有零星的墓葬、遗物。该地从西汉中期开始出现的不见遗存的情况，与前述徙民后其地空虚的记载基本吻合。而从东汉中期后逐渐有墓葬、遗物发现的情况看，该地从东汉中期开始各方面应有所恢复。

从闽越国陶容器种类看，西汉初期仅见于闽侯、福州2地，闽侯最多，武夷山次之。闽侯壶、瓿、盒、豆的发现的数量相等，略多于匏壶，但数量甚少。福州仅有钵1种。西汉早期，见于7地，武夷山最多，闽侯次之。武夷山以罐最多，瓿次之，匏壶、钵并列第3。闽侯以壶最多、瓿次之。罐、瓿、匏壶、钵应是该时期常见的容器种类。西汉中期，仅见于福州1地，为

———————
① 含闽越国灭亡后，其地为会稽郡所辖期间。下同。

匏壶。西汉晚期、新莽至东汉初期、东汉早期均不见。东汉中期，见于光泽、福州 2 地，光泽为多。光泽所见为釉罐、盘，福州所见为耳杯。东汉晚期，见于闽侯、福州 2 地，闽侯为多。闽侯以陶瓿略多，福州仅见罐、钵 2 种。

从闽越国发现的 22 种容器看，罐最多，匏壶、瓿、钵发现点数量相等，为第二，盒为第三。从时间看，均集中于西汉早期（附图三·3·14）。

三　小结

陶器是秦汉华南考古中发现数量最多的遗物种类，陶容器是陶器中数量和种类最多的陶器类别。虽限于篇幅，本书暂未对陶容器之外的其他陶器进行具体分析，但由于本书分析所用的陶容器资料，乃是目前华南发现陶容器的全部内容，因此我们可通过对陶容器的分析，更多的"接触"到那些在铜器、铁器等高等级人群之外的普通大众，更全面的了解当时社会。通过前文对保存完好墓葬中随葬陶器数量、种类的分析，通过对各地墓葬、遗址、窖藏、墓葬群、窖藏、发现点、博物馆收藏的各种陶容器的分析，我们了解到：

在墓葬中，陶器的数量也具有指明墓主身份的指标性价值。虽然与铜器、铁器墓相比，出土陶器的墓葬规格一般要小，但随着墓中陶器数量的递增，墓葬规格也随之增长，二者之间亦大体存在正比关系。陶器也是揭示墓主身份高低的重要指标。

陶器墓和陶器的种类、数量，与铜器、铁器一样，均存在着向政治中心聚集的现象。级别越高的政治中心，往往会聚集越多的陶器墓和各种各样的陶器（如广州象岗南越王墓）。而在级别越低的地区，陶器墓的发现数量、陶器的种类与数量也就越少。陶器是铜器、铁器之外的另一项可揭示出地区地位高低的重要指标。

在秦汉华南诸郡国内，陶器墓、陶器在不同时期、不同郡国的出土种类和数量存在差异：

西汉初期、西汉早期南海郡的陶器集中发现于郡国治广州，其中陶容器的种类和数量均为全郡之首，以盒、壶、罐、瓮、瓿为常见种类。但从西汉中期开始，不仅陶容器的数量遽减，而且陶容器的种类也发生巨变，以壶、罐、瓮、盂为常见种类。此后各种陶容器均急剧下降，直到东汉中期才出现较明显回升（附图三·3·15）。

合浦郡、郁林郡的情况与南海郡基本相反——在西汉初期、西汉早期，三郡内或完全不见陶器墓或陶器，或所见甚少，而从西汉中期开始，无论陶器墓还是陶器种类与发现点数量，均有快速发展。从陶器种类看，西汉中期之前，硬陶罐在当地所见甚少，而从西汉中期开始，硬陶罐发现点数量快速上升，成为当地常见的容器类型（附图三·3·16）。

苍梧郡在西汉初期陶器墓的数量，出土陶器的种类与发现点数量，多超过南海郡。进入西汉早期后，其在各方面出现大幅度降低，西汉中期降低之势依然保持，西汉晚期才略有回升，之后再次减退，东汉中期出现增加。从容器种类看，苍梧郡在西汉初期以杯、盒、钵为主，西汉早期变为罐、壶、盒，西汉中期再变为杯、硬陶罐、壶，硬陶罐在当地的数量大增，此后壶、罐、硬陶罐作为主要的容器种类大体上一直延续下去。

与前述诸郡不同，桂阳郡陶器出现于西汉初期，之后一直保持上升之势，而到西汉中期时，增势剧增，远超前述诸郡，在南海郡苍梧郡下滑、合浦郡初起、郁林郡增势甚低的情况下，桂阳郡此时的强升之势就变得非常引人注目。此后其虽然在西汉晚期数量大减，但之后又超过其他诸郡，直至东汉晚期方始被南海郡重新超过。总体上，桂阳郡从西汉中期开始直至东汉中期，基本上陶容器发现点数量都要领先于岭南诸郡。(附图三·3·17)。

从陶容器种类看,桂阳郡除西汉初期瓿、壶、罐为主外,西汉早期至西汉晚期均以罐、壶、盒为主,壶、罐、盒三者在长时间里一直都是该地的常见种类。其长时间的稳定性与前述南海郡、苍梧郡、郁林郡从西汉中期开始出现的,原来在西汉初期、西汉早期常见的陶盒忽然消失的情况完全不同,与合浦郡、苍梧郡、郁林郡内西汉中期开始硬陶罐数量大增的情况也完全不同。即,桂阳郡的容器种类是长时间保持不变,而南海郡、苍梧郡、郁林郡于西汉中期发生突变,合浦郡更从西汉中期开始"从无到有",桂阳郡与其他4郡的情况差异明显。

零陵郡陶器墓、陶器发现点数量与种类均不多。总体上西汉初期较多,之后不断减少,西汉晚期回升至与西汉初期相等程度后又开始下降,直至东汉中期才有回升。其中西汉初期以硬陶罐、盒为多,而后西汉早期以壶、瓿为主,西汉中期陶壶略多,西汉晚期之后基本以瓿、罐、壶为主(附图三·3·18)。从硬陶罐看,该郡虽在西汉初期较多,但之后数量一直甚少,与其他郡国有明显不同。

武陵郡陶器墓、出土陶器的数量和种类,从西汉初期至西汉晚期基本保持增长之势,而后开始减退,这与铁器、铜器的情况基本一致(附图三·3·19)。

长沙国陶器墓数量和陶器的种类与数量,虽然均较南海郡为小,但起伏波动的趋势却也小于南越国。大体上,二地的演变趋势基本一致,不同者有二:第一,西汉中期,长沙国与南海郡一样出现减少之势,但长沙国在西汉晚期即出现回升,而南海郡依然持续减少;第二,东汉晚期,长沙国从东汉中期的峰值开始回落,而南海郡继续保持上升。而如前所述,长沙国内陶盒、钫大体上从新莽至东汉初期之后开始消失,而硬陶罐在西汉晚期忽然增多,陶盒在西汉晚期消失。与长沙国相比,豫章郡西汉早期陶器墓、出土陶容器的数量与种类极少,但在西汉中期却突然剧增,而后西汉晚期又迅速减少,直到东汉中期才又出现迅速增长。闽越国的情况甚为特殊,其在西汉初期有少量发现,西汉早期达到峰值,而后急剧减少乃至长时间消失,直至东汉中期才少量出现(附图三·3·20)。

因此,虽有所重复,但也必须指出,从上述情况看,与前文对铜器、铁器的分析一样,在西汉初期和西汉早期,南越国所辖的南海郡、苍梧郡的地位,应明显高于汉王朝所辖的长沙国及其他郡国。而从西汉中期开始,南海郡就出现了大规模、一直持续到东汉中期的长时间倒退。与此同时,在其周围的合浦郡、郁林郡、桂阳郡、零陵郡、豫章郡等郡国,均在短时间内有了快速增长,此消彼长之势明显。从各地恢复增长的情况看,长沙国与苍梧郡在西汉晚期即走出低谷,而南海郡直到东汉中期才开始回升,豫章郡在西汉晚期之后就开始遽减,直到东汉中期才又有增长。这些情况,均与前文从墓葬数量、墓葬形制演变中揭示出的秦汉不同时期华南各地区域发展的差异一致。

第四节　石器

石器是秦汉华南遗物中数量虽少,但分布较广、甚具特色的一个器类。[①]

---

① 目前秦汉华南考古资料中的石器,绝大多数都是滑石器,但也有部分为其他石质,如"砺石"的石质就明显不同。因此为了更为全面的介绍有关遗物,此处就以"石器"而不是"滑石器"来对其进行介绍。

一 石器种类与出土情况

（一）石器种类

除残器及不明器形者外，秦汉华南墓葬中共出土 69 种石器。根据不同的用途，可将其大体分为容器、炊煮器、兵器、用具、明器、其他 6 类①（表三·4·1）。限于篇幅，本书仅就石容器、石生产用具、石明器、石炊煮器的发现情况开展具体分析。

表三·4·1   秦汉华南石器分类表

器类		名称	种数（种）
容器		卮、杯、钵、碟、斗、魁、敦、方盒、钫、缸、罐、壶、盘、盆、镳壶、提筒、碗、圆盒、尊、套盒	20
炊煮器		鼎、甗、釜、勺、甑	5
兵器		剑、戈、钺、镞、镈	5
用具	生产	锛、砺石、砝码、纺轮、斧、网坠、凿	7	19
	装饰	珠、管、环、镜、梳、带钩	6
	生活	灯、臼杵、博山炉、镇、研、炉	6
明器		俑、璧、圭、璜、冥牌、兽面、屋、井、灶、厕、仓、动物俑②、几、印	14
其他		雕、块、条、球、石子、卵石	6

（二）出土情况

秦汉华南墓中出土石器的情况如下：

在 2020 座介绍了随葬品情况的保存完好墓葬中，有 647 座随葬石器，为 2020 座墓葬的 32.02%，共出土石器 1524 件（含残器），平均每墓出土石器 2.35 件，其中长沙 64 砂子塘 M2 出土最多，为 89 件，占总数的 5.83%。

647 座石器墓，平均长 4、平均宽 2.57 米，平均面积 10.272 平方米，略小于铜器墓、铁器墓，略大于陶器墓的平均规格。墓中石器出土的数量与出土该数量石器墓葬的数量之间，同样存在较明显的反比关系。

一般而言，墓中石器数量越少，该类墓数量越多，墓葬规格越小，墓葬数量在总数中所占的比例越高；石器数量越多，该类墓数量越少，墓葬规格越大，墓葬数量在总数中所占比例越低。石器数量与墓葬规格，大体成正比关系（表三·4·2、附图三·4·1）。因此，与前述铜器、铁器、陶器的情况一样，大量的石器集中出土于少量的墓葬之中，大多数墓葬或只有少数出土，或完全不见。

---

① 目前的分类，是根据石器的拟定用途，参照铜器、铁器、陶器进行的。从严格意义上讲，除砺石等少数种类的石器外，大部分现在所发现的石器，都应明确的划入明器之中，并非实用器。但一来是为了从用途对其进行进一步的区分，二来是为了与前述铜、铁、陶器等的分类保持一致，因此就没有将其均作为明器罗列。与铜器、铁器、陶器一样，一些器物的分类也存在多种可能，如石炉，既可以列入生活用具，又可以列入明器，为了与前文统一，纳入生活用具之中。此外，与前述铜器中的分类不同，石印在此按用器归类。石器的名称，均大体以发掘报告为准，少数根据具体情况做了适当的调整，如将"研""砚"等不同称谓，统一为"研"。但如石球、石子、卵石等名称，由于原始资料介绍的内容有限，又无划分的规格标准，因此就没有将其进行统一，而继续沿用了原报告称谓。

② 主要为石猪，个别简报仅报到"动物"，无法确定种类，因此与石猪一起以"动物俑"称之。

表三·4·2　　　　　　　　　　　　　不同数量石器出土墓葬规格差异统计表①

器物数（件）	墓葬数（座）	平均长（米）	平均宽（米）	平均面积（平方米）
1	392	3.73	2.28	8.522
2	137	4.21	2.75	11.585
3	52	4.29	3.19	13.661
4	29	4.50	3.20	14.425
5	12	4.49	3.23	14.490
6—89	25	5.85	3.82	22.331

在 647 座墓葬中，甲种墓，特别是甲 B 类墓葬数量最多。其中甲 A 类墓葬在西汉初期最多，之后迅速减少，在西汉晚期略有回升后消失不见。甲 B 类墓葬西汉时期一直保持快速的增加，西汉晚期达到峰值时为西汉初期的 5.31 倍，新莽至东汉初期后遽减。甲 C 类墓西汉晚期最多，但在西汉早期存在一个峰值，而从西汉晚期之后数量就快速减少。甲 D 类墓中以西汉晚期为多。甲 E 类墓在西汉早期出现后数量较多，之后不断减少。乙种墓中，乙 B 类墓最多，以东汉晚期为最；乙 A 类次之，东汉中期、东汉晚期的数量相等（表三·4·3）。

从墓葬出土石器的平均数量看，甲种墓中，甲 A 类墓葬的平均数量明显较少，甲 D、甲 G 类最多，甲 C 类次之。乙种墓中，乙 G、乙 D 类最多，乙 B 类最少。从不同时期看，西汉墓葬的石器随葬数量，要明显多于东汉。其中西汉初期平均数量较少，西汉早期达到峰值，之后略有下降。东汉一代中，虽以东汉中期的平均数量较多，但仍然低于西汉初期的平均数量。

表三·4·3　　　　　　　　　　　　不同时期各形制石器墓数量统计表　　　　　　　　　　单位：座

	西汉初期	西汉早期	西汉中期	西汉晚期	新莽至东汉初期	东汉早期	东汉中期	东汉晚期	西汉	东汉	合计	平均石器数（个）
甲 A 类	27	3	1	5							36	1.75
甲 B 类	29	82	101	154	27	18	18	10	2	1	442	2.33
甲 C 类	3	20	16	28	15	7		1	2		92	2.45
甲 D 类			1	4	1						6	3
甲 E 类		9	7	5	2	2		1			26	2
甲 G 类				1							1	3
乙 A 类						2	4	4		1	11	1.18
乙 B 类				1		3	5	8			17	1.17
乙 C 类						2	3	4			9	2.88
乙 D 类								2			2	5
乙 E 类						1	1			1	3	4.33
乙 G 类							1				1	5
丙 D 类		1									1	42
合计	59	115	126	197	46	34	32	31	4	3	647	
平均	1.93	2.62	2.48	2.54	2.54	1.64	1.87	1.61	1.25	2		

---

① 在出土 6—89 件石器的墓葬中，除出土 8 件石器墓葬有 6 座、9 件为 3 座、15 件为 2 座外，其余出土 6、7、10、12、16、20、21、27、29、31、42、54、57、89 件石器的墓葬均仅有 1 座，限于篇幅，故将其合并统计。

　　石器墓从西汉初期出现后，数量不断增加，到西汉晚期达到峰值，而后急剧减少。东汉时期，虽然减少的速度大为降低，但依然保持着下降趋势。如前所述，这种情况的外在原因是东汉多为乙种墓，易受盗扰，使东汉随葬品完好的墓葬的数量随之降低，造成西汉石器墓多于东汉石器墓的现象。但从在新莽至东汉初期、东汉早期等乙种墓尚未流行时期中石器墓数量依然遽减的情况看，东汉石器墓数量大大减少的原因，可能更多的是与随葬习俗的变化有直接关系。

　　据表三·4·2，出土1件石器的墓葬规格为8.522平方米，随着墓中石器数量的增加，墓葬规格在持续增大。因此，从墓葬规格大小与墓主社会地位成正比出发，可以看出在石器墓中应同样存在随陪葬石器数量增加，墓主社会地位增加之势（目前等级最高的石器墓为南越王墓）。从西汉县级官吏墓平均规格10.118平方米看，出土1件石器墓的墓主，身份可能低于县级官吏（墓葬规格分析见后文）。

　　但从西汉早期县级官吏墓平均规格8.23平方米的情况看，出土1件石器墓在西汉早期的平均规格为8.176平方米，不仅远超乡级官吏墓葬规格，而且与县级官吏墓葬规格也极为接近。因此大体上可以认为，出土石器的墓葬，其墓主的身份均应较高，可能为县级官吏。

　　石器墓除了在不同形制墓葬中存在较大差异外，在不同时期的不同地区也有着差异（附录一附表A的附表A125），具体如下：

　　在一郡内，郡国治石器墓一般最多，其次为县治、近县治；而除西汉初期外，其他地点的石器墓一般甚少。与铜器墓、铁器墓、陶器墓类似，石器墓同样具有在政治中心的聚集现象。

　　在华南诸郡国中，武陵郡、长沙国、南海郡、苍梧郡石器墓的发现数量较多，合浦郡、闽越国、零陵郡、郁林郡内发现数量极少。从各郡国内发现石器墓的地点数量看，武陵郡最多（12个），苍梧郡次之（8个），长沙国再次之（7个），豫章郡也有5处，而其他郡国仅有1—3处地点。从石器墓时代看，苍梧郡、南海郡、长沙国均以西汉初期、西汉早期为主，而武陵郡从西汉早期至西汉晚期为主。从出土石器的种类看（详后），苍梧郡、南海郡西汉初期以砾石为多，西汉早期滑石器数量剧增，武陵郡、长沙国一直以滑石器为主，因此在石器墓中，应大体存在着两个陪葬传统：岭北地区长沙国、武陵郡以滑石陪葬为主，岭南地区存在砾石向滑石的转变。结合石器墓的发现数量、发现地点数量、石器种类看，以滑石器为主的石器陪葬，应大体以长沙国、武陵郡为中心，而以砾石为主的陪葬，是西汉初期岭南的地域特色（附图三·4·2）。

　　与前述铜器墓、铁器墓、陶器墓一样，南海郡的石器墓也集中见于广州，并以西汉早期为峰值，表明广州在作为南越国国都所在地时的石器墓最多。在长沙国内，石器墓同样集中于长沙国国都临湘所在的今长沙地区，且同样以西汉早期为多。从两地石器墓的发现情况看，与前述铜器墓、铁器墓的情况一样，广州石器墓在西汉早期后就开始快速减少，直至东汉中期才有回升，但远远低于西汉早期；而在长沙，其在西汉早期之后，虽西汉中期石器墓的数量也急剧减少，但西汉晚期就已快速回升，而此时广州地区石器墓的数量依然处于减少之中。如前所述，这种情况应与南越国灭亡后，广州地区由原国都所在地变为普通郡国治，而长沙依然为国都的地位差距有直接关系。

　　当然，如铜器墓、铁器墓的情况基本一样，石器墓在西汉中期到西汉晚期的快速增加趋势，在郁林郡、武陵郡也同样存在，且石器墓总数从西汉中期到西汉晚期的增加，主要是由武陵郡所完成。

如铜器墓一样，目前在武陵郡、桂阳郡、苍梧郡等郡发现石器墓较多的地点，也同样是资兴、保靖、平乐等位于郡国治之外的地方，其原因，已见前述。

二 石容器

华南 20 种石容器最早出现于西汉早期（附录一附表 A 的附表 A126）。不同容器的出现与持续的时间有所不同：

西汉早期，各地出现 9 种石容器，其中杯发现点数量较多，盘、卮次之，其他数量均仅有 1 处。

西汉中期，在西汉初期延续下来的杯、盘、钫、方盒外，新出现壶、圆盒、套盒、碟、钵、镳壶、罐、斗 8 种石容器，总数达 12 种。其中盘、钫数量最多，壶次之，圆盒为第三，其余仅有 1—2 处发现。

西汉晚期，新出现提筒、缸 2 种容器，盘、尊 2 种重新出现，而在圆盒、套盒等 5 种消失后，该时期有石容器 11 种。其中盘最多，钫、杯次之，壶、方盒又次之，其余均仅有 1—2 处发现。

新莽至东汉初期，石容器种类、数量大减，仅发现镳壶、盘、钫、杯、壶、魁 6 种，每种均仅 1 处发现点。

东汉早期，石容器种类、数量继续减少，仅发现壶、盘、杯 3 种，每种均仅 1 处发现点。

东汉中期，仅发现盘、方盒、魁 3 种，其中盘的发现点数量最多，达 7 处，为新莽至东汉初期以来最多。

东汉晚期，未发现石容器。

从上述情况看，石容器应开始于西汉早期，盛行于西汉中、晚期，新莽至东汉初期之后不断衰落，并最终消失于东汉晚期。

不同石容器在不同时期的发现情况有较大差异。盘从西汉早期出现，一直持续到东汉中期，不仅持续时代最长，而且也是发现点数量最多的石容器种类。杯始见于西汉早期，延续至东汉早期，虽在石容器发现点数量中排列第三，但持续时间却比开始于西汉早期结束于新莽至东汉初期、发现点数量排列第二的石钫要长久。盘、杯、钫三种石容器的发现点数量占全部石容器数量的 47.41%，近乎一半，是最为常见的石容器种类。

除以上三种石容器外，始见于西汉中期，延续至东汉早期的壶的发现数量也较多。仅次于其后的为西汉早期至西汉晚期的方盒、以及仅见于西汉中期的盒。壶、盒（圆盒、方盒）是盘、杯、钫之外西汉时期较常见的容器种类。

各郡国内不同地点在石容器种类和数量上差异甚为明显（附录一附表 A 的附表 A127），具体如下：

各郡国石容器的发现情况存在明显差异（附图三·4·3）。其中武陵郡最多，合浦郡次之，长沙国、苍梧郡又次之，而零陵郡、闽越国未见，南海郡、郁林郡的发现点数量极少。

在不同时期的诸郡国间，石容器发现点数量存在差异。西汉早期长沙国最多，西汉中期、新莽至东汉初期以武陵郡为最，西汉晚期以合浦郡为最，东汉中期以苍梧郡为最。诸郡国中武陵郡持续时间最长，长沙国次之，南海郡仅见于西汉早期、西汉中期，合浦郡从西汉晚期至东汉中期，豫章郡见于西汉中期，郁林郡仅见于西汉晚期。

在诸郡国内，石容器发现数量也有差异。长沙国以西汉早期为最，西汉中期之后持续减少。武陵郡以西汉中期为最，此后不断减少。合浦郡、苍梧郡均以西汉晚期为最，此后长期消失，东汉中期才有出现。总体上除武陵郡、南海郡在西汉早期初始出现时数量较少，西汉中期明显增多的情况外，在其他石容器延续时间较长的郡国中，均以最早出现时期的数量最多，而后均快速下降。

从石容器发现点的具体情况看，武陵郡、苍梧郡、长沙国、合浦郡内石容器发现地点较多，而南海郡、豫章郡、郁林郡仅在郡国治有少量发现。在武陵郡、合浦郡、长沙国内，郡国治石容器发现点数量最多，其次为县治和其他地点。仅苍梧郡内尚未在郡国治发现石容器，同时郡内其他地点如平乐的发现量却甚多，此情况与上述诸郡国明显不同。

上述这种石容器在郡国治、县治聚集的情况，与前文所揭示出的，出土石器墓葬规格普遍较大之间有直接关系。即前文所述，大型墓葬集中发现于大型的政治中心，而小型墓葬除郡国治等政治中心作为"金字塔"底层有较多发现外，更是县治、其他地点墓葬规格的主流。因此在没有较大型墓葬的地点，自然也不会出现那些只在大型墓中才会埋藏的石容器。

三　石生产工具

华南的4种石生产工具最早出现于西汉初期，一直延续至东汉晚期，其中西汉初期最多，此后急剧减少，东汉晚期略有回升（附录一附表A的附表A128）。

石生产工具的出现与持续时间不同：砾石数量最多，从西汉初期一直延续到东汉晚期；纺轮见于西汉初期、东汉中期，凿仅见于西汉初期，网坠仅见于东汉晚期，均数量甚少。

各郡国内不同地点石生产工具的分布差异明显（附录一附表A的附表A129）：

各郡国石生产工具以苍梧郡最多，南海郡次之，桂阳郡又次之，且三者间差距均较大。其他郡国的发现点数量均甚有限（附图三·4·4）。

在不同时期的诸郡国间，石生产工具发现点数量存在差异。西汉初期苍梧郡最多，西汉早期南海郡、闽越国最多，东汉晚期桂阳郡最多，其他时期各地发现的数量均仅在1—2处，数量甚少。

在诸郡国中，南海郡虽从西汉初期延续到东汉晚期，但并不连续，西汉晚期至东汉中期不见。长沙国从西汉初期出现，延续到东汉中期，但西汉早期、西汉中期、东汉早期不见。其他如合浦郡、豫章郡、闽越国3郡，仅见于某一时期；如苍梧郡、郁林郡、桂阳郡、武陵郡4郡，仅见于某两至三个时期，除苍梧郡有两个时期连续外，其余3个郡石生产工具存在的两个时期间均相隔甚久。

诸郡国石生产工具的发现数量存在显著差异：

南海郡西汉初期为最，此后急剧减少；苍梧郡以西汉初期为最，西汉早期遽减；长沙国从西汉初期至东汉中期，发现点数量均仅1处。

从石生产工具发现点的具体情况看，苍梧郡、武陵郡、长沙国、闽越国等5郡国石生产工具的发现地点各有3地，南海郡最多，为4地。合浦郡、郁林郡、豫章郡均仅1地发现，桂阳郡有2地。总体上与前述石容器的发现情况相比，诸郡国内石生产工具发现地点数量不多。

从发现地的地性质看，广州、合浦、贵县、常德、长沙、武夷山、福州均为郡国治，其地发现生产工具的数量在该郡内比例所占甚高，合浦、贵县更是该郡仅有的发现地点。此外，封开为近郡国治，四会、揭阳、德庆、耒阳、保靖、清江、汨罗等为县治，广宁、平乐、始兴、龙山、茶陵、建阳为其他地点。从时代看，西汉初期明显以其他地点为主，此后基本上集中在郡国治、近郡国治、县治等政治中心。也就是说，从西汉早期开始，石生产工具也出现了向郡国治、县治等政治中心的聚集情况。

四 石炊煮器

华南的 6 种石炊煮器最早出现于西汉早期，持续到东汉中期。不同炊煮器出现与持续的时间有所不同（附录一附表 A 的附表 A130）：

第一，西汉早期，有鼎、勺、甗 3 种，鼎最多，勺、甗均仅 1 处。

第二，西汉中期，有鼎、勺、甑、釜 4 种，鼎最多，勺次之，甑、釜均仅 1 处。

第三，西汉晚期，有鼎、勺、釜、釜甑 4 种，鼎最多，釜次之，勺、釜甑均仅 1 处。

第四，新莽至东汉初期，仅鼎、勺 2 种，各发现 1 处。

第五，东汉早期，仅发现釜 1 种，发现 1 处。

第六，东汉中期，有鼎、勺、釜 3 种，鼎最多，勺、釜均仅 1 处。

第七，东汉晚期，未发现石炊煮器。

从上述情况看，石炊煮器应始于西汉早期，盛行于西汉中、晚期，新莽至东汉初期之后不断衰落，并最终消失于东汉晚期。总体上，石炊煮器的种类甚少，而鼎、勺、釜为常见种类，其中鼎的数量最多。

各郡国内不同地点在石炊煮器种类和数量上差异甚为明显（附录一附表 A 的附表 A131）（附图三·4·5）：

其中武陵郡最多，南海郡次之，合浦郡、苍梧郡并列第三，零陵郡、闽越国同样未见，郁林郡、豫章郡发现点数量甚少。不同时期的诸郡国内，石炊煮器发现点数量存在差异。其中西汉早期、西汉中期南海郡最多，西汉晚期合浦郡最多，新莽至东汉初期、东汉早期均仅见于武陵郡，东汉中期以苍梧郡为最。在诸郡国中，武陵郡持续时间最长，长沙国次之，南海郡仅见于西汉早期、西汉中期，合浦郡仅见于西汉晚期，豫章郡见于西汉中期，郁林郡见于西汉中期至西汉晚期，苍梧郡见于西汉晚期、东汉中期。

在诸郡国内，石炊煮器的发现点数量存在显著差异。南海郡以西汉中期为最，之后消失不见；武陵郡以西汉中期为最，此后不断减少；长沙国以西汉晚期为最；苍梧郡东汉中期为最；郁林郡石炊煮器在所出现的两个时期内，数量相等。总体上，西汉中期最多，西汉晚期次之，西汉早期再次之，其余各时期的发现点数量均较少。西汉中、晚期石炊煮器的数量加起来，占总数的 55.93%。

从石炊煮器发现点的具体情况看，武陵郡、苍梧郡内石炊煮器发现地点较多。其他诸郡国中，南海郡、郁林郡、豫章郡仅郡国治 1 地发现，合浦郡、长沙国也仅 2 地发现。除苍梧郡、武陵郡外，其余郡国内郡国治发现的石炊煮器数量最多。武陵郡、苍梧郡内，不仅发现地点以郡国治、县治为主，其他地点甚少，在发现点数量上，其他地点同样不多。因此石炊煮器同样存在着向郡国治、县治聚集的情况，与前文揭示出的出土石器墓葬规格普遍较大之间有直接关系。

五 石明器

华南的 15 种石明器最早出现于西汉初期。不同明器出现与持续的时间有所不同（附录一附表 A 的附表 A132）：

第一，西汉初期，仅有璧、印 2 种，其中璧数量较多，印仅发现 1 处。

第二，西汉早期，有璧、印、璜、圭、动物俑 5 种，璧最多，印次之，其余均甚少，璧发现点数量占该时期全部数量的 91.83%。

第三，西汉中期，有璧、印、井、灶、兽面、仓、动物俑、圭 8 种，璧依然最多，占全部的 87.16%，印、兽面次之，其余均仅 1—2 处。

第四，西汉晚期，明器种类大增，达 12 种，其中璧最多，占全部的 87.19%，灶次之，印、井、仓第三，其余均仅 1—2 处。

第五，新莽至东汉初期，石明器种类、数量大减，仅发现璧、圭、灶、井、印 5 种，璧虽然依然最多，但也仅为西汉晚期的 24.85%。其余均仅 1 处。

第六，东汉早期，石明器种类、种类继续减少，仅发现璧、兽面 2 种，璧虽数量最多，但较之前一时期继续减少，为前一时期的 68.18%。

第七，东汉中期，石明器种类略有增加，有璧、印、兽面、动物俑 4 种，璧最多，印次之，其余均仅 1 处。璧的数量继续减少，为前一时期的 23.33%。

第八，东汉晚期，有璧、印、冥牌、动物俑 4 种，璧最多，印、动物俑次之，数量均已大为减少。

从上述情况看，石明器应开始于西汉初期，始兴于西汉早期，盛行于西汉中、晚期，新莽至东汉初期之后不断衰落，至东汉晚期数量甚少。

不同石明器在不同时期的发现情况也有较大差异：

璧从西汉初期即已出现，一直持续到东汉晚期，西汉晚期最多。璧不仅持续时代最长，而且也是发现点数量最多的明器种类，占全部的 85.48%。印始见于西汉初期，延续至东汉晚期，西汉中期最多。除东汉早期外，印在各时期中均有发现，数量仅次于璧。兽面从西汉中期开始出现，延续到东汉中期，西汉中期最多，但新莽至东汉初期不见。动物俑西汉早期出现，延续到东汉晚期，新莽至东汉初期、东汉早期不见，各时期数量均较少，仅有 1—2 处。仓、灶、屋、井、厕 5 种明器，大体从西汉中期开始出现，延续到新莽至东汉初期，以西汉晚期为多。几、俑均仅见于西汉晚期。圭、璜均从西汉早期开始，但分别延续至新莽至东汉初期、西汉晚期，各时期数量均仅 1 处。

各郡国内不同地点在石明器种类和数量上差异甚为明显（附录一附表 A 的附表 A133）：

各郡国石明器的发现以武陵郡最多，长沙国次之，南海郡、合浦郡依次渐少，与前二者相差甚巨。零陵郡、豫章郡、闽越国发现点仅 1—2 处。苍梧郡、桂阳郡、郁林郡发现点数量在 9—10 处，较接近（附图三·4·6）。西汉初期长沙国最多，其余时期均以武陵郡为最。而武陵郡之后，更基本以长沙国第二。除南海郡在西汉中期，合浦郡、苍梧郡在西汉晚期数量较多外，其余郡国在各时期内的发现点数量均甚有限。武陵郡以西汉早期发现点数量为最，之后持续减少。长沙国以西汉早期为最，此后也不断减少。南海郡以西汉早期为最，合浦郡以西汉晚期为最，苍梧郡以西汉晚期为最，桂阳郡以东汉中期为最。豫章郡仅见于东汉晚期，零陵郡，闽越国仅见于西汉早期。

从石明器发现点的具体情况看，武陵郡、长沙国、苍梧郡 3 郡石明器发现地较多，南海郡、合浦郡、零陵郡仅在郡国治有少量发现，闽越国仅在闽侯有少量发现，郁林郡、桂阳郡、豫章郡在 2—3 个地点有所发现。长沙国以郡国治发现数量最多，武陵郡以县治保靖发现最多，苍梧郡以近县治藤县发现最多。总体上，各级政治中心发现的石明器数量要远远大于其他地点。这种情况表明石明器在郡国治、县治聚集的情况，与前文揭示出的出土石器墓葬规格普遍较大之间有直接关系——即前文所述，大型墓葬集中发现于大型的政治中心，而小型墓葬除郡国治等政治中心作为"金字塔"底层有较多发现外，更是县治、其他地点墓葬规格的主流。因此在没有较大型墓葬的地点，自然也不会出现那些只在大型墓中才会埋藏的石明器。

璧的发现数量最多，但从排在前 10 位的地点看，绝大多数位于岭北武陵郡、长沙国境内，又以武陵郡最为集中，岭南仅见于广州。从时间看，在广州，璧仅见于西汉早期至西汉晚期；而在武陵郡、长沙国，璧则如前所述，延续时间甚长。因此璧大体是岭北特有的一种石明器（附图三·4·7）。

六 小结

石器是华南地区甚具特色的遗物种类。在材质上，秦汉华南石器存在着滑石器、其他石器（砾石）两个传统：

滑石器以岭北地区的长沙国、武陵郡等岭北郡国为中心，在岭南南海郡、合浦郡、苍梧郡、郁林郡 4 郡内，滑石器持续时间较短，数量明显偏少。在地跨岭南、岭北的桂阳郡、零陵郡等二郡内，滑石器种类和发现点数量均为少见，其中零陵郡尤甚。在豫章郡内，滑石器在种类上以容器为主，发现地点以郡国治等政治中心为主，数量较少。闽越国仅在个别地区发现过零星的石明器。

其他石器主要为砾石，以岭南西汉初期的南海郡、苍梧郡发现最多，之后各地发现甚少。而纺轮、网坠、凿等仅见于长沙国、桂阳郡，零陵郡既未发现砾石，也无纺轮、网坠、凿的发现。

从时代看，滑石器大体开始于西汉早期，兴盛于西汉中期、西汉晚期，在新莽至东汉初期之后快速减少。砾石等以西汉初期为主，网坠仅见于东汉晚期，纺轮见于西汉初期、东汉中期。

各种石器的时空差异，与其他遗物一起，共同构成了相关时期诸郡国独特的文化景观。

在滑石器中，容器中的盘、杯、钫，炊煮器中的鼎、勺、釜，明器中的璧、印是不同器类中最常见的石器类型。其中璧发现点数量明显最多，分布范围最广，是滑石器的典型代表。从同为炊煮器的鼎、釜的发现点数量看，鼎的发现点数量一直比釜高，不存在前述铜器中出现的鼎消釜涨的兴替变化，表明不同材质器类有较大差异。

第五节 金银器

金银器是秦汉华南遗物中数量极少，分布狭窄一个特殊器类。

一 金银器种类与出土情况
（一）金银器种类
目前秦汉华南考古资料中共有 22 种金银器。根据其不同用途，可大体分为容器、身饰、其他 3 类① （表三·5·1）。

表三·5·1　　　　　　　　　　　　　秦汉华南金银器分类表

器类	名称	种数（种）
容器	银碗、银碟	2
身饰	金耳环、金指环、银指环、银镯、金带钩、银带钩、银簪	7
其他	金饼、金串饰、金珠、金球、金丝、金叶、银叶、金印、银印、银顶针、银环、金饰、银饰	13

（二）出土情况

秦汉华南墓中出土金银器的情况如下：

在 2020 座介绍了随葬品情况的完好墓葬中，86 座随葬金银器，仅占总墓葬数的 4.25%，共出土金银器 712 件，平均每墓出土金银器 8.27 件，其中长沙 59 长五 M009 最多，为 255 件，占总数的 35.81%，广州象岗南越王墓出土 165 件，占总数的 23.17%，其余 84 座墓葬出土 292 件，平均每墓出土 3.47 件。

86 座金银器墓平均长 5.8、平均宽 3.08 米，平均面积 17.837 平方米，大于前述铜器墓、铁器墓的平均规格。墓中金银器出土的数量与出土该数量金银器墓葬的数量之间，同样存在较明显的反比关系。

一般而言，墓中金银器数量越少，该类墓的数量越大，而墓中金银器数量越多，该类墓的数量越少。随着墓中金银器数量的增加，相关墓葬规格也在不断加大，大体亦成正比关系（表三·5·2、附图三·5·1）。与前述铜器、铁器、陶器、石器的情况一样，大量的金银器集中出土于少数的墓葬之中。

表三·5·2　　　　　　　　　　不同数量金银器出土墓葬规格差异统计表

器物数（件）	墓葬数（座）	平均长（米）	平均宽（米）	平均面积（平方米）
1	29	5.22	2.59	13.524
2	16	5.22	2.79	14.532
3	11	5.28	2.66	14.018
4	6	6.16	3.83	23.601
5	5	5.28	2.34	12.365
6	5	6.04	3.14	18.966
7	1	4.3	3.6	15.48
8	6	6.36	3.98	25.341
12—15	5	9.54	4.45	42.443
143—251	2	9.69	6.33	61.289

---

①　下述分类的器物名称均以原始资料报道为准；可能为一物二名者，如银环与银指环、金珠与金球、金饰与金叶、银饰与银叶；可能有包含关系者，如金串饰、金珠、金球，均由于资料发表有限，未作合并；一些器物当多为器物装饰，如金叶、银叶、金丝、金饰、银饰，由于原始报告均已将其分开叙述，故从之。

在 86 座墓葬中，甲种墓（39 座）与乙种墓（42 座）的数量大体相当。在甲种墓中，金银器集中出土于甲 B 类墓。在乙种墓中，乙 A、乙 B、乙 C 类墓的数量大体接近（表三·5·3）。

从墓中出土金银器的平均数量看，乙种墓明显大于甲种墓。在不同时代，虽然东汉墓（7.88 件）要明显少与西汉墓（11.61 件），但如将西汉早期南越王墓排除在外，西汉墓中金银器仅平均出土 2.58 件，远小于东汉墓葬。

表三·5·3　　　　　　　　　不同时期各型金银器墓数量统计表　　　　　　　单位：座

	西汉初期	西汉早期	西汉中期	西汉晚期	新莽至东汉初期	东汉早期	东汉中期	东汉晚期	西汉	东汉	合计	平均金银器数（个）
甲 A 类							1				1	4
甲 B 类	4	3	9	3	1	8	6				34	2.35
甲 C 类							1	1			2	2.5
甲 E 类							1				1	1
甲 F 类		1									1	14
乙 A 类				2	1	6	4		1		14	3.07
乙 B 类				1	1	6	6				14	4.86
乙 C 类					1	4	5				10	30.4
乙 D 类							1				1	2
乙 E 类						1	1				2	7
乙 G 类						1					1	4
丙 B 类						1	1				2	1.5
丙 D 类		1									1	165
不明						1				1	2	1.5
合计	5	4	9	6	6	30	24		2		86	
平均金银器	33.8	5.5	2	2.33	3.83	12.16	4.04		2			

金银器墓从西汉早期出现后，数量甚少，西汉中期略有下降，西汉晚期有较快增加，此后再次减少，东汉早期金银器墓的数量与新莽至东汉初期持平，而后迅速上升，东汉中期达到峰值，此后略有下降。如前所述，东汉时期大型墓葬的形制多为乙种墓，易受盗扰，使东汉随葬品完好墓葬的数量随之降低，但从金银器墓的时代差异看，东汉墓的数量却明显多于西汉墓。此外，如前所述，东汉墓中出土金银器的平均数量也明显高于西汉墓，因此，大体上金银器虽是西汉时期已有的陪葬物种类，但当时应还极不普及，而金银器随葬风气的开始流行，应是在东汉时期，特别是东汉中期。

据前表，出土 1 件金银器的墓葬规格为 13.524 平方米，而随着墓中金银器数量的增加，墓葬规格也持续增大。因此，从墓葬规格的大小与墓主社会地位成正比的情况出发，在金银器墓中应同样存在随陪葬金银器数量增加，墓主社会地位增加的情况（目前等级最高的金银器墓为南越王墓①）。从西汉县级官吏墓平均规格 10.118 平方米看，出土 1 件金银器墓的墓主的身份大体应高于县级官吏。

（三）金银器

华南共出土 22 种金银器（附录一附表 A 的附表 A134），金器 11 种，银器 11 种，包括容器、身饰、其他 3 类器物，其中带钩、指环、叶、饰、印 5 种器物具有金、银两种材质。

从数量看，银指环发现点数量最多，银镯次之，金指环再次之，金耳环、金丝、银碟、银叶最少，银指环是华南最为常见的金银器种类。

从时代看，东汉晚期金银器发现点数量最多，西汉初期最少。大体上金银器在逐步增加的过程中，存在着西汉早期、西汉晚期、东汉晚期三个渐次增大的峰值（附图三·5·2）。

从金、银器的具体发展过程看，银器虽在华南最早出现，但数量一直较少。而当金器在西汉早期出现时，数量明显大于银器。整个西汉时期金器的发现点数量，都明显高于银器。新莽至东汉初期，二者差距已经极小，此后整个东汉时期，银器的发现点数量明显高于金器。金银器发现点数量在东汉中期后的高速增长，主要由于银器数量的剧增而造成。

在不同时期内，金银器发现点数量的具体情况存在较大差异。西汉初期仅有银指环、银带钩、银饰 3 种银器，西汉早期新出现银镯、金珠、金饼、金叶、银簪、金饰、金带钩、金印 8 种金银器，数量大增。西汉中期金银器发现点种类和数量均有减少，银镯、银带钩、银簪、金带钩消失，新出现金丝 1 种器物。西汉晚期，金银器的种类和发现点数量大增，新出现银碗、银印、金串饰、银环、金球、金指环 6 种器物，西汉中期原有的银饰、金印、金丝尚未发现，金指环、银指环、金饼、金饰、银环、金球发现点数量较多。这样，在种类更新和数量大为增多的情况下，西汉晚期金银器发现点数量就远超西汉早期峰值。新莽至东汉初期，除重新出现的金、银带钩外未出现新的器物种类，西汉晚期出现的银印、金串饰、金饰消失不见。该时期 11 种器物中，虽银指环、银镯、金珠发现点数量较多，但其他种类器物的发现点数量较少，成为金银器发展中的低潮阶段。但如前所述，此阶段中银器的发现点数量快速增加，与金器间的距离基本消除，为东汉时期金、银器发现点数量的变化奠定了基础。

东汉早期，不仅金银器的数量甚少，且金银器也仅有 6 种，少于西汉中期，为西汉晚期之后的最低谷。东汉中期，新出现金耳环 1 种器物，银簪、金叶、金饼、金秋、金饰、银环等重新出现。在该时期的 13 种器物中，银指环发现点数量最多，银镯、金指环次之，其他种类的发现点数量均甚少。东汉晚期，是秦汉华南金银器发现点数量最多的阶段，在 12 种器物中，银指环依然最多，银镯次之，金指环又次之，其他种类器物发现点数量依然不多。大体上，从具体的金银器种类看，银指环在新莽至东汉初期之后的持续而大量的增加，应是前述银器超过金器变化的主因。

各郡国内不同地点在金银器种类和数量上的变化，存在明显差异（附录一附表 A 的附表 A135）：

在各郡国金银器发现点中，长沙国最多，南海郡次之，桂阳郡、合浦郡又次之，武陵郡、豫章郡甚少（附图三·5·3）。长沙国金银器发现点数量在西汉初期、西汉中期、东汉中期最

---

① 出土金银器数量最多的为长沙 59 长五 M009，该墓规格较小。在该墓出土的金银器中，金珠达 193 枚，除去金珠外，基本上以首饰为主，与南越王墓出土器物中有"文帝行玺"等标明身份的金银器不同。

多，南海郡金银器发现点数量在西汉早期、东汉晚期最多，合浦郡金银器发现点数量在西汉晚期、新莽至东汉初期最多，零陵郡金银器发现点数量在东汉早期各为最多。豫章郡、武陵郡、除东汉晚期外的苍梧郡的数量，一直较少。

不同郡国各时期金银器发现点数量存在显著差异：

南海郡西汉早期甚多，西汉中期后不仅发现点数量急剧减少，且减少趋势一直持续到新莽至东汉初期，东汉早期不见，东汉中期重新出现后数量甚多，此后持续增长。合浦郡从西汉中期开始出现金银器，西汉晚期达到峰值，新莽至东汉初期一直保持不变，东汉早期遽减，东汉中期有较大回升，东汉晚期又有减少。苍梧郡西汉早期出现金银器时数量极少，西汉中期至东汉早期一直消失不见，东汉中期重新出现后数量较多，东汉晚期继续增长。郁林郡从西汉早期出现金银器，西汉中期数量大减，但到西汉晚期回升甚快，而后再次减退，东汉早期不见，东汉中期虽重新出现金银器，但直至东汉晚期发现点数量一直甚少。桂阳郡西汉初期出现金银器，从西汉早期到新莽至东汉初期金银器不见，东汉早期重新出现后增速较快，东汉晚期达到峰值。零陵郡内金银器存在时间甚短，仅见于西汉晚期至东汉早期，以东汉早期为最。武陵郡内金银器出现于西汉中期，之后时断时续，仅在东汉早期、东汉晚期有所发现，数量均不多。长沙国内金银器出现于西汉初期，但目前尚未有西汉早期金银器的发现。从西汉中期开始数量增加，并在西汉晚期达到峰值，而后开始下降，并与东汉早期不见。但当其在东汉中期重新出现时数量甚高，为该时期华南诸郡国之首，此后又快速减少。豫章郡内金银器晚到东汉中期才开始出现，数量较多，但进入东汉晚期后，数量大减。

金银器发现点中，郡国治所在地的金银器种类和数量常为最多，而县治、其他地点等地发现点数量一般较少，西汉时期更基本集中于郡国治，县治极少见到金银器。大体进入东汉以后，金银器才逐渐扩散到县治和其他地点。

从金银器发现点的空间分布看，长沙国有 8 个地点发现金银器，为华南诸郡国之最，郁林郡仅有贵县 1 地，为诸郡国之末。大体上，南海郡、桂阳郡内发现金银器的地点较多，而合浦郡、武陵郡内的发现地点明显偏少。

总体上，南海郡、长沙国是金银器最为集中的两个郡国，但两郡国的集中时间存在较大差异。南海郡以西汉早期和东汉晚期为最，而长沙国以东汉中期为最，在南海郡金银器发现点数量锐减的西汉中期、西汉晚期，长沙国金银器发现点数量也明显较多，两者大体上交替出现高峰，其在金银器发展上的地域差异明显。在原南越国所属的苍梧郡，金银器在西汉中期之后的长时间内完全不见，而与此同时，合浦郡在西汉晚期、新莽至东汉初期达到峰值，各郡国在金银器数量中的消长之势明显（附图三·5·4）。

第四章　秦汉华南社会进程研究

考古学是根据古代人类各种活动遗留下来的实物来研究社会历史的一门科学。与以研究人类历史的狭义历史学不同，考古学研究的对象是物质遗存，即古代的遗迹和遗物。作为历史学科两个主要组成部分的考古学与历史学，如车的两轮，缺一不可又各自独立。夏鼐先生指出，作为"时间"的科学，无论历史还是考古的研究，均需在横、纵两方面扩大研究范围，注意同一时期各地社会间的相互影响和传播关系，注意不同时期社会文化的继承、演变和发展的进程。①

秦汉作为中国多民族统一国家形成过程中的重要时期，其社会文化面貌，既体现出趋于一统的风格，又保留了鲜明的地域特色。② 就华南而言，笔者在第一章中对现有文献进行了分析，揭示出了四百余年间该地区的历史大概，显示出该地区经历了统一——分裂——再统一的历史变迁，在各郡国的发展上存在较大的差异。但限于资料的不足，我们过去只好停留在有限的古人记述中而无法前进。因此，分析和探讨60年来积累的各种秦汉考古资料，就成为进一步探索和认识华南社会进程问题的唯一途径。

第一节　考古遗存

根据发现或保存情况，秦汉华南各类考古学遗存大体可分五类：

第一，墓葬和墓葬群，墓葬多经发掘，墓葬群多经调查。

第二，遗址，少数经发掘，多数仅调查。

第三，窖藏，少数经发掘，多数仅收集出土遗物。

第四，出土点，零星出土遗物的发现地点，是否原为墓葬、遗址、窖藏不详。

第五，收藏点，指博物馆、文化馆等地收藏的出土情况不详的秦汉遗物。

从发现数量看，墓葬最多，墓葬群次之，遗址再次之。由于除墓葬外的各类遗存多为考古调查所获，目前所定的时代多数较为模糊，难以如前文对墓葬资料的分析一样，进行详细的分时期、分地域的研究，而只能约略地对现有资料进行一定的时空探讨。

一　墓葬群

华南共发现墓葬群648处（附图四·1·1），发表的资料为：商周至汉代1处、春秋至西汉

---

① 夏鼐、王仲殊：《考古学》，《中国大百科全书·考古学》，中国大百科全书出版社1986年版，第1—3页。

② 王子今：《秦汉区域文化研究》，四川人民出版社1998年版，第1页。

1 处、春秋至汉代 1 处、战国至西汉 8 处、战国至汉代 31 处、西汉 51 处、新莽至东汉 5 处、东汉 245 处、东汉以降 28 处、汉代 245、汉代以降 32 处，东汉墓葬群最多。

在这些墓葬群中，南海郡有 27 处、合浦郡有 16 处、苍梧郡有 27 处、郁林郡有 21 处、桂阳郡有 99 处、零陵郡有 84 处、武陵郡有 82 处、长沙郡有 220 处、豫章郡有 71 处、海南岛有 1 处①，长沙郡最多。

在现有资料中，204 处墓葬群介绍了群内的墓葬数量，共有墓葬 10316 座。其中合浦汉墓群、道县脚子岭墓群、慈利石板墓群所报道的墓葬均在千座以上，蓝山五里牌墓群、灌阳古城岗古墓群、桑植南岔墓群所报道的墓葬数量在 300—500 座左右，有 100—250 座左右墓葬的墓葬群共 25 处，其他则均不及百座。

二　遗址

华南共发现秦汉遗址 382 处（附图四·1·2），发表的资料为：西汉初期 7 处、西汉早期 103 处、西汉中期 2 处、西汉 43 处、东汉 32 处、汉代 195 处。大部分遗址的时代较为模糊，在时代较为明确的遗址中，西汉早期最多。

在这些遗址中，南海郡 56 处、合浦郡 37 处、苍梧郡 18 处、郁林郡 5 处、桂阳郡 20 处、零陵郡 23 处、武陵郡 34 处、长沙国 30 处、豫章郡 44 处、闽越国 107 处、海南岛 8 处。其中闽越国最多，集中于西汉早期，未发现东汉遗址。南越国次之，集中于西汉时期，西汉早期最多，东汉遗址仅有 5 处。从空间看，岭南郡国的遗址发现数量明显多于岭北郡国（图四·1·1—图四·1·6）。

在发现的遗址之中，性质明确的遗址有 105 处，包括窑址 19 处、城址 81 处，其他遗址性质不详。

在 81 座城址中（附图四·1·3），时期明确的仅 32 座，其中西汉城址 21 处，东汉城址 11 座。西汉城址基本上集中于岭北郡国，岭南的合浦郡、郁林郡内西汉城址发现资料甚少。东汉城址集中发现于岭北的豫章郡北部、长沙国东部、武陵郡东北。苍梧郡郡国治广信、合浦郡郡国治合浦、郁林郡郡国治布山、零陵郡郡国治零陵，虽文献位置相对确定，且周边发现较多汉墓，但不仅城址尚未发现，且地方志中也未见记载。桂阳郡郡国治郴县、豫章郡郡国治南昌在地方志中有城址位置的记载，但未发现相关遗迹。南海郡郡国治番禺、长沙国郡国治临湘、闽越国国都冶均发现宫殿、水井等遗迹，但城墙尚未发现，城址规模不详。武陵郡西汉郡国治义陵、东汉郡国治临沅的城址调查中发现城址，但未经发掘，具体情况不详。总体上，岭北郡国的城址数量要明显多与岭南郡国。

三　窖藏

华南共发现秦汉时期窖藏 42 处（附图四·1·4），发表的资料为：西汉初期 1 处、西汉早期 1 处、西汉中期 1 处、西汉 3 处、新莽至东汉初期 1 处、东汉早期 1 处、东汉晚期 3 处、东汉 9 处、汉代 22 处。大部分窖藏的时代较为模糊，在时代较为明确的窖藏中，东汉晚期略多。以两汉而言，东汉明显较多。

---

① 由于绝大多数墓葬群、遗址均未经发掘，其时代仅为调查所定，因此在有关的分析中，就不再进行如前文墓葬那样的分时代分地域列表统计。

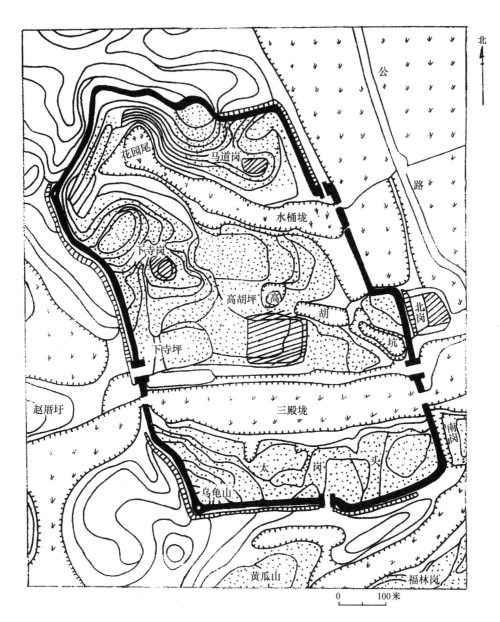

图四·1·1　福建武夷山城村汉城城内遗迹分布图

（载福建博物院、福建闽越王城博物馆《武夷山城村汉城遗址发掘报告》，福建人民出版社 2004 年
版，第 8 页，图五）

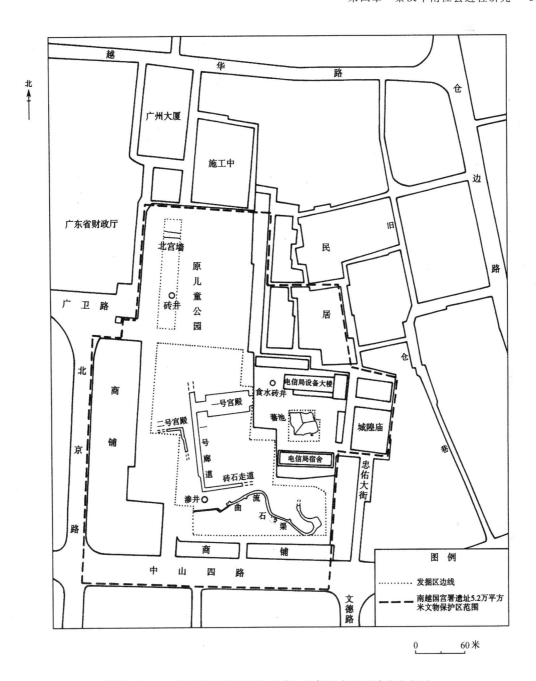

图四·1·2　广东广州南越国宫署遗址保护区内重要遗迹分布图

（载南越王宫博物馆筹建处、广州市文物考古研究所《南越宫苑遗址——1995、1997年考古发掘报告》

（上），文物出版社2008年版，第4页，图二）

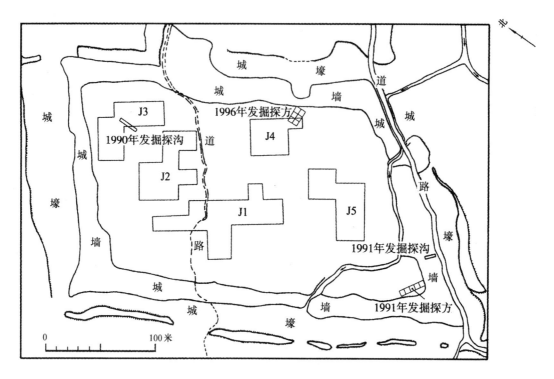

图四·1·3　广西兴安七里圩王城平面图

（载广西自治区文物工作队、兴安县博物馆《广西兴安县秦城遗址七里圩王城城址的勘探与发掘》，《考古》
1998 年第 11 期，第 36 页，图二）

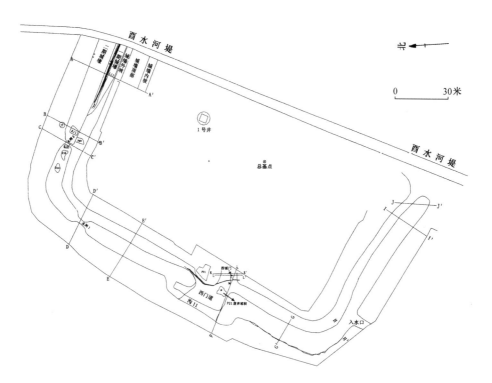

图四·1·4　湖南龙山里耶古城城壕总平面图

（载湖南省文物考古研究所《里耶发掘报告》，岳麓书社 2007 年版，第 18 页，图十）

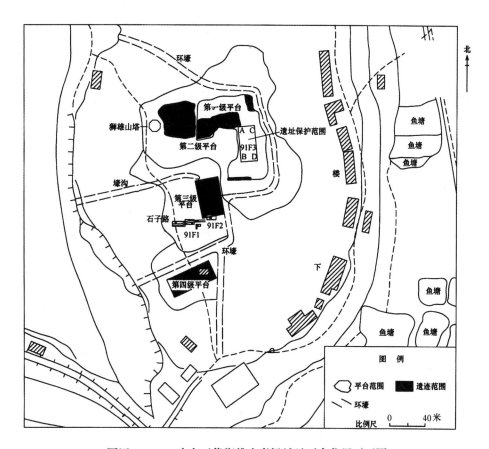

图四·1·5　广东五华狮雄山秦汉城址平台位置平面图

（载广东省文物考古研究所、尚杰《五华狮雄山》，科学出版社 2014 年版，第 15 页，图 2 - 1）

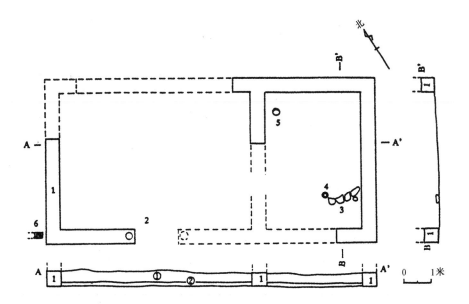

图四·1·6　广东澄海龟山汉代遗址 F4 遗迹平剖面图

（载广东省文物考古研究所、汕头市文物管理委员会、澄海市博物馆《澄海龟山汉代遗址》，广东人民出版社 1997 年版，第 18 页，图一一）

在这些窖藏中，南海郡 1 处、合浦郡 2 处、零陵郡 4 处、武陵郡 16 处、长沙国 1 处、豫章郡 9 处、闽越国 1 处、海南岛 7 处、其他郡国 1 处。其中武陵郡最多，其中东汉 8 处，数量最多。从空间看，南岭以北郡国的窖藏发现数量明显多于岭南郡国。

目前发现的窖藏以铜器窖藏为主，其中又以铜钱窖藏的比例为高，武陵郡的窖藏中遗物以铜錞于为主，海南岛窖藏中遗物以铜釜为主，豫章郡窖藏中遗物以铜钱为主，零陵郡窖藏均为铜钱。

四　出土点

华南零星文物的出土点共 221 处（附图四·1·5），发表的资料为：秦代 2 处、西汉早期 2 处、西汉晚期 2 处、新莽至东汉初期 1 处、西汉 21 处、东汉早期 1 处、东汉 60 处、汉代 109 处、汉代以降 23 处。半数左右发现点出土的遗物时代较为模糊，在时代较为明确的发现点中，东汉时期明显较多。而以两汉言，东汉时期也明显较多。

在这些发现点中，南海郡 26 处、合浦郡 50 处、苍梧郡 44 处、郁林郡 22 处、桂阳郡 10 处、零陵郡 4 处、武陵郡 8 处、长沙国 9 处、豫章郡 28 处、闽越国 10 处、海南岛 7 处、其他郡国 3 处。其中合浦郡最多，苍梧郡次之。从空间看，南岭以南郡国发现点的数量明显多于岭北郡国。

目前发现点中发现的遗物以铜器为主，陶器次之。出土铜器以铜鼓为主，集中发现于合浦郡、郁林郡、苍梧郡三郡之内，而同位于岭南的南海郡以陶器为主。桂阳郡以铜钱较多，铜器次之。豫章郡发现点发现陶器、铜器的数量较为接近。

五　收藏点

见诸报道的各地秦汉文物的收藏点共 100 处（附图四·1·6），发表的资料为：西汉初期 1 处、西汉早期 1 处、西汉 9 处、新莽 1 处、战国至西汉 1 处、东汉中期 2 处、东汉晚期 2 处、东汉 24 处、汉代 59 处。半数以上收藏点的遗物时代较为模糊，在时代较明确的收藏点所收藏遗物中，东汉时期明显较多。

在这些收藏点中，南海郡 15 处、合浦郡 5 处、苍梧郡 11 处、郁林郡 7 处、桂阳郡 6 处、零陵郡 9 处、武陵郡 8 处、长沙郡 5 处、豫章郡 16 处、闽越国 15 处、海南岛 1 处、其他郡国 2 处。其中豫章郡略多，南海郡、闽越国次之。从空间看，岭南郡国收藏点的数量略多于岭北郡国。各收藏点的收藏以陶器略多，铜器次之。陶器以陶罐略多，铜器以铜镜略多。

第二节　墓葬的时空分布

作为考古学中考古调查发掘的重要对象，墓葬所能提供给我们的资料，往往远远超过研究墓葬制度本身的范围。[①] 对考古研究而言，在开展古代遗迹、遗物的描述和分类、遗迹、遗物的年代鉴定和判明它们的用途、做法之外，最终的目标，乃是阐明存在于历史发展过程中的相关规律，而探寻各个地区、各个民族在历史发展过程中所表现出来的差异点和造成这些差异的原

---

① 王仲殊：《中国古代墓葬制度》，《中国大百科全书·考古学》，中国大百科全书出版社 1986 年版，第 665 页。

因，也正是考古研究的重要内容。① 谨慎而细致的开展各地区发现墓葬的系统研究，不仅可使我们逐渐清晰的接近于历史发展的规律，而且还能更多的揭示出不同地区间的发展差异。在前文进行了秦汉华南墓葬类型学分析后，有关墓葬的时空特征我们可进而得之。

一　不同时期各种墓葬的数量兴替

如前文所述，目前华南已发现 4 种 46 型 3357 座墓葬（附录一附表 A 的附表 A136，附图四·2·1）。

甲种墓葬（土坑墓）数量最多，达总数的 75.06%，是秦汉华南最主要的墓葬形制。乙种墓葬（砖室墓）的数量虽较之甚远，占总数 23.41%，但也是一种在进入东汉之后较常见的墓葬形制。而丙种墓葬（石室墓）数量甚少，仅及总数 0.89%；丁种墓葬（其他墓葬）数量更少，仅及总数的 0.62%，是秦汉华南地区两类非常罕见的墓葬形制。

西汉时期，甲种墓葬占绝对优势，乙种墓葬尚未出现，丙种、丁种数量极少，几乎可忽略不计。新莽至东汉初期，乙种墓葬在华南突然出现，之后墓葬数量迅速增长，到东汉晚期达到峰值。

随着乙种墓葬的出现和迅速增加，甲种墓葬在墓葬总数中所占的比例大为降低。在新莽至东汉初期，当乙种墓初始出现时，甲种墓的数量还远超乙种墓，为乙种墓的 4.92 倍。但到东汉早期，二者的数量差距已大体相近。而到了东汉中期，乙种墓数量就已超过甲种墓，成为当时的主要墓葬形制。东汉晚期，乙种墓数量更超甲种墓，为其 3.58 倍，乙种墓在所有墓葬中所占的比例进一步提高。

秦汉时期华南地区的墓葬数量差异，存在较大规模的波动（附图四·2·2）。其中西汉初期较少，而后开始迅速增加，在西汉早期达到峰值，之后减少，虽然在西汉晚期略有回升，但在新莽至东汉初期降至最低。之后再次回升，至东汉中期重达峰值后又有降低。

从 4 种墓葬的数量情况看，甲种墓的数量变化明显较大，其起伏波动的情况甚为频繁，在西汉早期、西汉晚期、东汉中期存在三个峰值，之间为谷底。乙种墓葬在华南地区从新莽至东汉初期出现后，一直处于稳定的上升趋势，其中，新莽至东汉初期到东汉中期为急剧的上升阶段，之后增加的趋势变得较为平缓，与同时期甲种墓数量变化的情况完全不同。丙种墓虽在华南出现甚早，但在西汉时期一直罕见。到东汉早期，其数量有大的增加，而后又重回低谷，直至东汉晚期才迅速增多，其数量的变化情况与前述两类墓葬不同。丁种墓葬，虽因数量极少，且多数未能精确断代，其在秦汉 400 余年中的变化情况我们目前还难以确知，但从土洞墓、铜棺葬、铜鼓葬仅见于西汉、瓮棺葬仅见于东汉的情况看，可能它们应是特定人群在特定时期特定地点采取的一种特殊的墓葬形制。

在各种墓葬的不同形制之间，其数量的变化也甚为明显。从甲种墓看，甲 B 类墓葬的数量占绝对多数，甲 C、甲 A 类次之（附录一附表 A 的附表 A137，附图四·2·3）。从各种形制的甲种墓葬看，甲 B 类墓葬在西汉初期数量较少，而后急速上升，其虽在西汉中期略有下降，但在西汉晚期快速回升并达峰值。此后，如前所言，随着乙种墓的出现和快速增多，无论在总体数量，还是在所占比例上，甲 B 类墓葬的地位都大为降低。甲 B 类墓葬在西汉中期数量回落的

---

① 夏鼐、王仲殊：《考古学》，《中国大百科全书·考古学》，中国大百科全书出版社 1996 年版，第 3 页。

过程中，其不同形制墓葬的数量变化存在差异。其中大型甲ＢⅠa型墓葬在该型墓整体减少的趋势中，数量降低的趋势较低，而小型甲ＢⅡb型墓葬的减少速度，也远远低于大型甲ＢⅠb型墓葬的减少速度。而就在3种墓葬数量均在不同程度减少的同时，有墓道有木椁的甲ＢⅡa型墓葬的数量在急剧增加，与该时期甲ＣⅡa型墓葬的快速增加一起，成为整个西汉中期各类墓葬数量均有下降的趋势中非常特殊的一个现象。

与甲Ｂ类墓葬不同，甲Ａ类墓葬虽在西汉初期数量较多，与甲Ｂ类墓葬相差较小（为甲Ｂ类墓葬的71%左右），但之后在甲Ｂ类墓葬快速增加的同时，其数量急剧较少。虽然其在西汉中期达到峰谷后，在西汉晚期曾略有回升，但此时无论其数量，还是其所占比例（仅为甲Ｂ类墓葬的6.02%），远不能与甲Ｂ类墓葬相比。此后在东汉时期，其虽不绝如缕，但已非常罕见。

甲Ｃ类墓葬的数量变化与前述甲Ａ、甲Ｂ类墓葬不同，其在西汉初期甚少，而后快速增加；在西汉中期，当甲Ａ、甲Ｂ类墓葬均较之西汉早期有所降低的时候，其继续发展达到峰值，而后虽有降低，但从西汉晚期、新莽至东汉初期该型墓的数量变化较小看，其在此时应平稳发展。从东汉早期开始，直至东汉晚期，其数量一直平稳降低，最后其数量不仅远不如甲Ｂ类墓葬，且比甲Ａ类墓葬的数量也少了很多。

甲Ｄ类墓葬，虽然数量一直较少，且持续时间较短，但与甲Ｃ类墓葬一样，其数量的变化甚为平缓。

甲Ｅ类墓葬，西汉初期数量甚少，西汉早期在急剧增加后达到峰值，而后快速降低。虽在东汉早期的数量减少趋势曾略有停顿并有回升，但此后减少之势重新延续，至东汉晚期才略有变化。

甲Ｆ、甲Ｇ类墓葬数量极少，在甲型墓葬中所占比例极低。

因此，从上述情况看，在不同形制的甲种墓葬中，存在着不同的演变轨迹，其中窄长形（甲Ａ）、近方形（甲Ｃ）、梯形（甲Ｅ）等三类墓葬，从西汉早期或西汉中期开始，其数量就已或快或慢的出现减少。与此同时，长方形（甲Ｂ类）墓葬不仅在数量而且在各型墓葬的比例上，均快速增加，远超其他各型。即使在东汉时期，在乙种墓葬迅速代替甲种墓葬成为主流之后，甲Ｂ类墓葬依然顽强延续，而甲种的其他各型墓葬，则无法抵挡乙种墓的巨大冲击，急速减少到可儿乎忽略不计的地步。

从整体情况看，西汉中期无疑是甲种各型墓葬数量发生重大变化的关键时期：

除甲Ｃ类墓葬数量增加达到峰值外，甲Ａ类墓葬在此时达到了西汉时期的最低值，甲Ｂ类、甲Ｅ类墓葬也同时在西汉早期迅速增加达到峰值后，在此时迅速降低。其中甲Ｂ类墓葬在顽强的挺过了西汉中期的衰落后，在西汉晚期重新回升，再达峰顶。而甲Ｅ类墓葬从此一蹶不振，之后一直持续减少。因此，如果说西汉早期是除甲Ａ类墓葬之外的快速生长期的话，那西汉中期无疑是除甲Ｃ类墓葬外的甲种墓葬的最重要的衰落期。

乙、丙二种墓葬的数量变化，与甲种墓葬有所不同（附录一附表Ａ的附表Ａ138）。从附表看，乙Ａ、乙Ｂ、乙Ｃ三类墓葬中，乙Ｂ类墓葬稍多，而乙Ａ、乙Ｃ类墓葬的数量差异甚小。当三种墓葬在新莽至东汉初期同时出现时，乙Ａ类墓葬的数量最多。东汉早期，乙Ｃ类墓葬发展极缓，乙Ａ类墓葬的增长速度也大大低于乙Ｂ类墓葬，于是乙Ｂ类墓葬的数量成为最高。但到了东汉中期，乙Ｃ类墓葬，特别是乙ＣⅠa型墓葬的数量突然增多，并新出现了乙ＣⅡa型、乙ＣⅢa型墓葬，使得乙Ｃ类墓葬的数量远超乙Ａ、乙Ｂ等2类。而后到东汉晚期，在乙ＡⅡa型的迅速增加、乙 A I a 型的较快增加下，乙 A 类墓葬的数量重新位居 3 类墓葬之首。

从乙种墓葬的发展看，东汉中期是其发展的关键时期。东汉时期，不仅原有的前述三类墓葬数量快速增加，而且新出现乙 D 类、乙 E 类、乙 F 类、乙 G 类墓葬形制，使乙种墓在数量和类型上都取得了突破性的发展。而如乙 B I a 型、乙 B II a 型、乙 C I a 型、乙 E I a 型 4 类墓葬的数量，更达到该种墓的峰值。使得其成为继西汉中期之后，另外一个秦汉华南墓葬数量发展的高峰（附图四·2·4）。

丙种墓虽数量相对较少，其发展与其他墓葬不同。从墓葬数量看，丙种墓在东汉早期突然兴盛，不仅原有的丙 A I a 型墓葬数量有所增加，而且新出现丙 Ba 型、丙 Ca 型墓葬的数量，更占据该时期该种墓总数的很大比重。到东汉中期，其数量又急剧减少，迄今仅发现丙 Ba 型 1 座墓葬，而其他各类墓阙如不见。如考虑到东汉中期本身延续甚长，该种墓在这么长时间里忽然几近消失就不能不成为一个值得关注的现象。东汉晚期，该种墓的数量再次急速增加，重回峰值。总体而言，该种墓的发展明显存在严重不平衡现象（附图四·2·5）。

华南地区在甲种（土坑墓）和乙种（砖室墓）中均存在窄长形（A 类）、长方形（B 类）墓葬，是华南地区延续时间最长的两种墓葬形制。由于在砖室墓出现后，土坑墓的数量大为降低，因此为进一步揭示相关墓葬数量的变化情况，我们可将外形上形似的甲种、乙种墓葬进行合并分析（附录一附表 A 的附表 A139、附图四·2·6）。

从上表及图看，在将甲、乙两种 A、B 类墓葬合并之后，A、B 类墓葬，特别是 A 类墓葬的发展情况就与前面分开分析时的情况存在很大不同。在附图四·2·3 中，在新莽至东汉初期，甲 A 类墓葬达到谷底，而后缓慢回升，其后，当其在东汉中期达到一个高值后，再次出现下降的趋势。而甲 B 类的数量在新莽至东汉初期持续降低，直到东汉早期才达到谷底。但从将甲、乙两种墓葬合并之后的附图四·2·6 看，无论是 A 类，还是 B 类墓葬，其实在新莽至东汉初期均达到谷底，而后就开始或快或慢地回升。其中 B 类墓葬在东汉中期达到高值后出现降低，而 A 类墓葬的数量继续提升。因此从附图四·2·6 可以看出，在东汉时期，窄坑墓的数量和发展趋势，其实应为持续走高，而非前述在单独分析时所产生的"降低、升高、再降低"的演变趋势。也就是说，在砖室墓进入华南地区后，一部分原来采用窄坑土坑墓的人群，开始日益采用砖室墓这种新型的构筑形式来进行埋葬。而与此同时，他们虽然采用了砖室墓的形式，但依然顽强的保持了旧有的窄坑等相关习俗，于是出现窄坑砖室墓这种墓葬形式。

东汉中期，B 类墓葬快速减少，而与此同时，新出现的乙 C、乙 D、乙 E、乙 F、乙 G 等各类形式的乙种墓的数量则出现较大增加，大体上可能是这些砖室墓的分流造成了 B 类墓葬数量的快速降低。砖室墓、土坑墓之间的兴替变化，是该时期本地区墓葬演变中的重要问题。

从不同时期各种墓葬的总数情况看，明显存在着东汉时期的墓葬数量远低于西汉时期墓葬数量的情况。那是否据此可以认为，在东汉时期本地区人口大规模降低呢？笔者认为，我们不仅不能得出如是结论，而且恰恰相反，无论从前文的文献资料，还是从一系列考古资料看，东汉时期的人口均出现大范围增加。

东汉墓葬发现数量少于西汉墓葬的原因，应与不同时期墓葬分布的地域差异及考古工作的地域范围有直接关系。西汉墓葬更多集中于当时各级城市的近郊，而这些城市在历经两千余年发展后，绝大多数依然是今天的地区中心城市。中华人民共和国成立后，在 60 年来城市建设和随之而开展的考古发掘中，最早和最多发现的，就往往是位于当时城郊——今天城区的西汉墓群。从多年来考古发掘和调查资料看，东汉墓葬的分布，多数都跳出当地西汉墓葬的原有范围，从西汉墓的近郊扩展到当时城市的远郊——今天城市的近郊甚至远郊地区。而由于在过去较长时间内，这些地区考古工作开展的较少，因此，东汉墓葬的考古资料就显得较为单薄——即，大量位于城市外围地区的东汉墓葬还尚未发掘。在不同时期墓葬分布的时空差异、考古工作的地域差异的共同作用下，造成今天所见东汉墓葬数量远低于西汉墓葬数量的情况——即，东汉墓葬发现数量较少，是由于东汉人群活动范围扩大、今天考古工作范围有限所致，而非东汉各地的人口出现了降低。

二　不同郡国各种墓葬的演进

从前述各类墓葬的分析看，中华人民共和国成立 60 年来发现的秦汉华南地区墓葬，其空间分布存在较大差异。笔者将发现墓葬的不同地点，复原到其各自在秦汉时期的郡国范围之内后，墓葬分布的差异性特征就更加明显。

（一）甲种墓

以甲种墓言，在华南各郡国中，武陵郡、南海郡、苍梧郡、桂阳郡、长沙国 5 个郡国所发现的数量，明显多于合浦郡、零陵郡、豫章郡、闽越国等其他 5 郡国（附图四·2·7）。从各郡国发现的甲种墓看，其不同时期的分布差异明显：

1. 不同时期甲种墓在华南诸郡国间的分布差异

西汉初期，甲种墓在苍梧郡发现最多，南海郡、桂阳郡次之，合浦郡、郁林郡迄今尚未发现该类墓葬。

西汉早期，南海郡、长沙国该种墓的数量激增，其中南海郡甲种墓的数量，不仅远远大于该郡国其他时期发现的墓葬数量，且高于同时期其他郡国，为该时期甲种墓发现数量之冠。而与此同时，武陵郡该种墓的数量也快速发展，后来居上地超过了原居首位的苍梧郡，而合浦郡依然未发现该种墓葬。

西汉中期，原位于首位的南海郡突然遽减，而与其相邻的桂阳郡，及与桂阳郡相邻的武陵郡的该种墓数量骤增，其中武陵郡该种墓数量更成为华南诸郡国之首。与此同时，闽越国所在地区该种墓消失，开始了延续至东汉中期长达二百余年的空白期。合浦郡在此时也开始出现零星的该种墓葬，豫章郡内该种墓的数量忽然增多。

西汉晚期，武陵郡在西汉中期开始的首位优势一直持续，桂阳郡西汉中期开始的第二位置也依然保持。在南海郡甲种墓持续减少，合浦郡、零陵郡甲种墓葬快速增长的情况下，苍梧郡、郁林郡、长沙国的该种墓数量也缓慢发展。与此同时，豫章郡内该种墓的数量减少，此后该郡该种墓数量一直再未超过西汉中期。

新莽至东汉初期，各郡国内该种墓的数量，整体有较大减少，总数相对较少。其中以桂阳郡的数量最多、武陵郡次之，而合浦郡暂未发现。从该时期开始出现的桂阳郡首位、武陵郡第二的位置，在东汉早期继续保持，其他郡国略有变化。

东汉中期，该种墓数量有较大增加，其中桂阳郡依然最多，苍梧郡、南海郡次之，合浦郡、武陵郡尚未发现该种墓。原闽越国所在的福建地区，重新开始出现该种墓葬。

东汉晚期，在该种墓数量再次普遍减少的情况下，桂阳郡依然最多，苍梧郡次之，闽越国所在的福建地区快速增加，而合浦郡、零陵郡、豫章郡尚未发现该种墓葬。

因此从现有发现数量看，该种墓的中心，西汉初期当在苍梧郡，西汉早期当在南海郡、长沙国，西汉中期南海郡、闽越国二郡国内该种墓忽然衰落，桂阳郡、武陵郡、豫章郡迅速发展，桂阳郡、武陵郡成为该种墓的分布中心。之后二郡在该种墓数量上的中心位置，虽有所交替，但一直保持到了东汉早期。从东汉中期开始，虽桂阳郡依然位居首位，但苍梧郡该种墓的数量有了快速增长，位居第二，成为次中心，直至东汉晚期。

2. 各型甲种墓在华南诸郡国内的空间分布

与甲种墓在不同时期的华南诸郡国间存在较大差异相同，诸郡国不同时期各型甲种墓的地区差异明显。

（1）南海郡

南海郡内，不仅甲种墓发现数量较多，达460座，且墓葬形制也较为丰富，有着甲 A、甲 B、甲 C、甲 E 4 类 13 型甲种墓葬（附录一附表 A 的附表 A140、附图四·2·8）：

南海郡内甲 B 类墓葬的数量不仅发现最多，其分布的范围最广。甲 A 类墓葬以西汉初期广宁 1 地发现为主，其他地区甚少发现。甲 C、甲 E 等类墓葬仅见于广州地区，均为西汉早期出现数量较多，西汉中期消失或数量遽减。

在南海郡内，郡国治番禺所在地广州，不仅发现墓葬的数量最多，且墓葬种类也最为丰富。而同郡内的其他地区，不管是县治——如四会、龙川、揭阳、博罗、清远；近郡国治——如南海、佛山、增城，还是在其他地点——如新兴、广宁、深圳等地，其墓葬的数量、墓葬种类等均相对甚少。在郡国治之外的其他地点中，甲种墓葬基本均以无木椁无墓道的甲 B Ⅱ b 型为主，有木椁的甲 B Ⅰ 型墓葬仅见于县治或近郡国治地区，并以无墓道甲 B Ⅰ b 型墓葬为主。即，南海郡郡国治番禺所在地甲种墓数量多，规格大，等级齐全；县治、近郡国治地区墓葬数量较少，规格较小，此外的地区不仅数量更少，规格也更小。郡国治、县治、其他地区在墓葬数量、墓葬规格上的差异明显。

从墓葬数量看，南海郡郡国治番禺所在的广州，其一地的甲种墓数量已占全郡该种墓量的86%，居绝对优势。而郡内其他地区，不仅普遍较少，且时期分布也存在很大不同。如广宁虽在西汉初期发现该种墓的数量较多，但此后几乎再无发现。而佛山、增城等地所发现甲种墓的时期，也多数为东汉时期。

广州地区甲种墓的发现存在明显的时期差异。甲种墓在西汉早期达到峰值，西汉中期开始急剧下降，而后一直到东汉中期才有回升，但此后无论墓葬数量还是墓葬规格都大不如前。这种情况在南海郡的揭阳、博罗、四会等县治也同样存在。在这些县治中，甲种墓基本集中于西汉初期，之后甚为罕见。

南海郡内的其他地区，如龙川、增城、佛山、普宁、深圳、新兴等地，甲种墓较多出现的时间基本为东汉中期。

（2）合浦郡

合浦郡共发现甲 A、甲 B、甲 C、甲 F 4 类 7 型 48 座甲种墓葬（附图四·2·9）：

甲种墓在合浦郡内应大体出现于西汉中期的徐闻、合浦，而后到西汉晚期时在郡国治合浦得到较快普及，之后在全郡内就几乎不见。

合浦郡内发现甲种墓的地点非常集中，仅郡国治合浦、县治徐闻、其他地点化州、高州 4地。其中郡国治合浦甲种墓的发现数量最多，墓葬形制也最为齐全。而其他地点仅发现 1、2 种墓葬形制。

郡国治合浦发现的甲种墓，以甲 B 类墓葬为主，其中又以有木椁、有墓道的甲 B Ⅰ a 型为主，墓葬规格较大。县治徐闻以甲 B Ⅱ 型为主，规格相对较小。其他地点化州、高州发现的甲种墓，以无墓道窄长形的甲 A Ⅱ b 型墓葬为主。同样存在郡国治、县治、其他地点在墓葬数量、墓葬规格上的差异。

合浦郡甲种墓的发现以西汉中晚期为主，东汉时期发现甚少，发现地点甚为有限，甲种墓在合浦郡的时空分布总体上甚为狭窄。

（3）苍梧郡

苍梧郡内发现甲 A、甲 B、甲 C、甲 E 共 4 类 9 型 287 座甲种墓（附录一附表 A 的附表 A141、附图四·2·10）：

甲种墓在苍梧郡内发现地点较多，有 15 地点，从西汉初期一直持续到东汉晚期，以平乐、封开发现最多。

在合浦郡内，甲种墓出现的地点虽多，持续时间虽长，但各型墓的发现却相对较为集中。其中甲 A 类墓集中发现于西汉初期的平乐、封开 2 地，其他时间段仅见于肇庆、德庆、贺县、阳朔、钟山 5 地。在 5 个地点中，阳朔、肇庆、钟山为东汉时期墓葬，德庆、贺县仅见于西汉初期。甲 B 类是苍梧郡内发现地点最广的墓葬，除集中发现于封开、平乐、贺县 3 地外，在其余 12 地点中均有发现。梧州、钟山、高要、德庆、阳朔、昭平、恭城、岑溪 8 地仅见东汉墓葬，贺县、藤县仅见西汉时期墓葬，封开、肇庆、平乐、罗定持续时间较长。甲 C 类墓葬发现于钟山、平乐 2 地，其中平乐为西汉初期，钟山为东汉中期，时期和地域差异性甚大。甲 E 类墓葬仅发现于东汉时期的阳朔。

总体上，苍梧郡内甲 A 类墓葬的数量最多，时期和地域甚为集中；甲 B 类墓葬在苍梧郡内分布面最广，但数量甚少；甲 C、甲 E 等类墓葬均仅零星发现。

在苍梧郡发现的 4 类 9 型墓葬之中，甲 A 类墓葬均为规格较小的甲 A Ⅱ 型墓葬，并以无墓道的甲 A Ⅱ b 型为主，有墓道甲 A Ⅱ a 型仅见东汉中期的钟山和东汉晚期的阳朔；甲 B 类墓葬 4 种齐全，其中贺县、钟山、平乐、昭平等地有规格较大的有木椁有墓道的甲 B Ⅰ a 型墓葬，从发现地区看，县治与其他地区各占一半。规格较小的甲 B Ⅱ b 型墓葬，分布范围较广，除前述 4 地外，梧州、封开、高要、德庆、肇庆、阳朔、罗定、恭城、郁南等地均有数量不等该型墓的发现。甲 C、甲 D 等类墓葬中均仅发现规格较小的甲 C Ⅱ、甲 D Ⅱ 型墓葬。

与其他郡国治所在地不同，苍梧郡郡国治梧州发现的甲种墓，无论是墓葬的种类，还是墓葬数量，均远不及如钟山、贺县等县治的郡内其他地点，而且其墓葬出现更晚至东汉中期之后，并均为规格较小的甲 B Ⅱ 型墓葬，在华南诸郡国治中甚为独特，而这种情况也同时出现在近郡国治的封开地区。

（4）郁林郡

郁林郡共发现甲 A、甲 B、甲 C、甲 E 4 类 8 型 42 座甲种墓（附图四·2·11）：

甲种墓在郁林郡大体出现于西汉早期的贵县，西汉中期有所推广。

郁林郡内发现甲种墓的地点非常集中，除郡国治布山所在的今贵县外，仅见于田东、桂平、柳州、柳江 4 地。其中郡国治贵县发现的墓葬数量最多，墓葬形制也最为齐全，其他地点仅发现 1 种墓葬形制。

郡国治贵县发现的甲种墓，以甲 B 类墓葬为主，其中又以有木椁、有墓道的甲 B Ⅰ a 型为主，墓葬规格普遍较大。而县治潭中所在的柳州、柳江地区，仅有甲 B 类墓葬，数量极少。近郡国治桂平、其他地点田东均仅见无墓道窄长形甲 A Ⅱ b 型墓葬。甲 C、甲 E 等类墓葬仅贵县有零星发现。

郁林郡同样存在郡国治在一郡之内的墓葬数量、墓葬规格上的巨大优势。

从郁林郡内甲种墓的发现情况看，其出现于西汉早期，西汉中期略有发展，在西汉晚期迅速增加，此后东汉时期也有一定的甲种墓葬发现。

（5）桂阳郡

桂阳郡共发现甲 A、甲 B、甲 C、甲 D 4 类 10 型 655 座甲种墓葬（附录一附表 A 的附表 A142、附图四·2·12）：

桂阳郡内甲 B 类墓葬的发现数量最多，见于除仁化之外的其他地点，分布范围甚广，从西汉初期延续到东汉晚期；甲 A 类墓葬见于韶关、耒阳、资兴、乐昌、始兴、仁化 6 地，其中乐昌从西汉初期延续到东汉早期，资兴见于西汉早期、新莽至东汉初期，始兴、耒阳见于东汉中期，韶关仅知为东汉墓，仁化仅知为汉墓；甲 C 类墓葬见于郴州、耒阳、资兴、始兴 4 地，其中资兴发现最多，从西汉中期延续到东汉中期，耒阳、始兴仅见于东汉中期，郴州仅知为东汉墓；甲 D 类墓葬仅见于资兴，为西汉早期墓葬。

桂阳郡内资兴、乐昌、耒阳发现的甲种墓依次渐少，始兴更次之，其他地点甲种墓的发现数量均不足 10 座。

在桂阳郡中，资兴甲种墓的发现数量最多，种类最丰富，共发现甲 A、甲 B、甲 C、甲 D 4 类 9 型 349 座墓葬，为该郡之冠。资兴发现的甲种墓葬，明显具有两个特征：第一，无木椁带墓道甲 B Ⅱ a 型为主，甲 C Ⅱ a 型次之，无墓道墓葬在所有墓葬中所占的比重极低；第二，西汉早期之前该地的各型墓葬数量均甚少，而从西汉中期开始，此地墓葬的种类和数量得到激增，虽从西汉晚期开始大为回落，但该地区墓葬数量较多的位置却一直持续到东汉中期。从时间发展看，在西汉早期，资兴当地的墓葬以无墓道甲 B Ⅱ b 型为主，而从西汉中期开始，一变而成为以有墓道甲 B Ⅱ a 型占据绝对多数。因此，无论在墓葬的时期还是在墓葬的种类上，资兴地区的甲种墓均具有非常高的突变性特征。

资兴之外，乐昌、耒阳、始兴甲种墓的发现也较为集中。其中乐昌以甲 B Ⅱ 型，特别是甲 B Ⅱ b 型为主，而耒阳虽同以甲 B Ⅱ 型为多，但却以甲 B Ⅱ a 型为主，2 地在墓葬种类上存在很大不同。始兴发现的甲种墓从西汉初期延续到东汉中期，数量较多，以甲 B Ⅱ b 型为主。

从桂阳郡内各地点发现墓葬的情况看，郴州为郡国治，资兴为近郡国治，耒阳、韶关、曲江、连州为县治，乐昌、始兴、仁化、三江为其他地点。郡国治郴州虽为一郡中心，但此地墓葬的种类和数量均不及距其不远的资兴，究其原因，可能与该地的考古工作尚待开展，资兴却因大型工程建设推动，在一段时间内突击性发掘获取大量考古资料有直接关系。也就是说，从据其不远的资兴发现大量各种形式的墓葬情况看，在郡国治郴县所在地也应该存在更为丰富的甲种墓葬。因此，如果将资兴与郴县合并起来一起分析的话，那么在桂阳郡中依然存在郡国治所在地甲种墓数量多，规格大，等级齐全；县治墓葬数量较少，规格较小，此外地区数量更少，规格更小的级差。

如前所言，乐昌之所以发现大量甲种墓的原因，应大体与乐昌位于岭南、岭北重要交通线上有直接关系。

（6）零陵郡

零陵郡共发现甲 A、甲 B、甲 C 3 类 6 型 37 座甲种墓葬（附录一附表 A 的附表 A143、附图四·2·13）：

零陵郡内甲 B 类墓葬的发现数量最多，遍及今已发现甲种墓的各个地点，从西汉初期延续到东汉中期；甲 A 类墓葬仅见于灵川，为西汉初期墓葬；甲 C 类墓葬见于零陵、兴安 2 地，其中兴安数量略多，从西汉早期延续到新莽至东汉初期。

零陵郡内兴安、灵川、永州发现的甲种墓依次渐少，零陵更次之，其他地点的甲种墓仅有 1 座。

零陵郡中，兴安甲种墓的发现数量最多，类型也最为丰富，发现甲 B、甲 C 共 2 类 4 型 20 座墓葬，为该郡之冠，以甲 B Ⅱ 型墓葬为主，甲 C 类墓葬仅有 3 座。兴安发现的甲种墓以有木椁带墓道甲 B Ⅰ a 型为主，无墓道的甲 B Ⅱ b 型墓葬数量不多。甲种墓始见于西汉早期，西汉中期未见，从西汉晚期开始缓慢增加。

兴安之外，灵川、永州甲种墓的发现也较多。2 地虽然均发现两型墓葬，但灵川为甲 A Ⅱ b、甲 B Ⅱ b 型，均为无墓道墓葬，而永州为甲 B Ⅱ a、甲 B Ⅱ b 型，均为甲 B 类墓葬。从时期看，灵川仅见西汉初期墓葬，而永州所发现的墓葬仅知为西汉墓或东汉墓，具体的时代判定尚有不明。

零陵发现的墓葬时期为西汉中期至西汉晚期，虽仅发现 3 座，但却包括甲 B Ⅰ a 型、甲 B Ⅱ a 型、甲 C Ⅰ a 型三种墓葬，不仅均有墓道，而且以木椁墓为主，墓葬规格普遍较大。

在零陵郡发现甲种墓的 7 地点中，零陵为郡国治，兴安为县治，灵川近县治，永州、冷水滩均近郡国治，全州、灌阳为其他地点。据各地点发现墓葬的数量和墓葬规格的差异，并结合零陵墓葬虽少，但墓葬形制较多，墓葬规格较大的情况分析，在零陵郡内同样存在郡国治、县治、其他地点在墓葬规格和等级上的较大差异。

（7）武陵郡

武陵郡发现甲 A、甲 B、甲 C、甲 D、甲 E、甲 G 6 类 17 型 587 座甲种墓葬（附录一附表 A 的附表 A144、附图四·2·14）：

武陵郡内甲 B 类墓葬的发现数量最多，遍及除沅陵之外的各个地点，从西汉初期延续到东汉早期。甲 A 类墓葬见于溆浦、保靖、靖州、古丈、大庸 5 地，古丈为西汉初期至西汉中期，大庸为西汉早期，靖州为西汉中期，保靖为西汉中期至新莽至东汉初期，溆浦仅知为西汉墓。甲 C 类墓葬见于溆浦、常德、桃源、保靖、龙山、沅陵、古丈、大庸、津市、永顺等地，分布地域仅次于甲 B 类墓葬，各地该种墓数量与时期有较大差距，其中保靖略多，溆浦从西汉早期延续到新莽至东汉初期，保靖延续到东汉晚期，桃源从西汉早期至西汉晚期，龙山从西汉晚期至东汉早期，古丈从西汉中期至西汉晚期，大庸从西汉早期至西汉中期，永顺为西汉中期，常德、沅陵为西汉早期，津市仅公布资料为西汉墓。

武陵郡内保靖、溆浦、龙山、大庸、古丈、桃源发现的甲种墓依次渐少，津市、常德、靖州更次之，怀化、永顺甲种墓仅发现 3 座。

在武陵郡中，保靖甲种墓发现数量最多，种类也最为丰富，发现甲 A、甲 B、甲 C、甲 D、甲 E 共 5 类 14 型 313 座墓葬，为该郡之冠，以甲 B Ⅱ b 型为主，甲 D 类墓葬仅有 3 座。保靖发现的甲种墓以有无墓道的各型墓葬为主，带墓道的墓葬数量甚少。该地在西汉早期之前不见甲种墓葬，墓葬类型和墓葬数量均相对较少，而到西汉中期，虽墓葬数量整体增加较慢，但墓葬种类却增加较多，到西汉晚期，各型墓葬的数量多有较快增长，此后急剧减少，仅有甲C、甲E等2型3座墓葬发现。

在保靖之外，溆浦、龙山甲种墓的发现也较多。其中溆浦共发现甲A、甲B、甲C、甲E4类8型82座墓葬，从西汉初期延续到新莽至东汉初期。在墓葬形制上虽甲BⅡb型占绝大多数，但带墓道的各型墓葬总数所占的比例明显较高。西汉中期之前，溆浦的墓葬数量少，种类亦少，在西汉中期，墓葬数量激增，墓葬种类也开始增多，但到了西汉晚期大为下降。

龙山发现甲B、甲C、甲D、甲E、甲G5类10型51座墓葬，从西汉晚期延续到东汉早期，以甲B类墓葬较多，甲C类墓葬所占比例也较高。在龙山发现的甲种墓中，带墓道墓葬甲BⅡa型、甲CⅡa型墓葬的数量明显高于同型的不带墓道的数量，而甲D类也仅有近方形带墓道的甲DⅡa型墓葬。该地点墓葬的带墓道情况要远远大于前述的保靖、溆浦。从时间上看，该型墓在西汉晚期之前未见甲种墓葬，西汉晚期该地的甲种墓种类较多，数量较少，此后类型减少数量增多，成反比例增长。

总体上，武陵郡甲种墓均以西汉为主，东汉各期甲种墓均寥寥无几。

沅陵仅发现1座甲种墓葬，但该墓规格甚大，墓主为沅陵侯吴阳，是武陵郡中极少发现的高等级墓葬。

在武陵郡发现甲种墓的13地点中，溆浦为西汉郡国治，常德为东汉郡国治，保靖、靖州、龙山、沅陵均为县治，古丈、怀化、桃源为近县治，大庸、永顺、津市、泸溪为其他地点。从各地点发现的墓葬数量和墓葬规格差异，并结合溆浦墓葬虽少但墓葬形制较多、墓葬规格较大的情况分析，在武陵郡内同样存在郡国治、县治、其他地点在墓葬规格和等级上的较大差异。而保靖发现墓葬数量较多的原因，与该地区近年来开展的一系列大型水利等工程建设有直接关系，并非其在地域中心的发展程度上已超过郡国治溆浦。

（8）长沙国

长沙国发现甲A、甲B、甲C、甲D、甲E5类15型351座甲种墓葬（附录一附表A的附表A145、附图四·2·15）：

在长沙国内，甲B类墓葬的发现数量最多，遍及除邵阳、邵东、莲花之外的8个地点，时间从西汉初期延续到东汉晚期；甲A类墓葬见于长沙、衡阳、益阳、临湘4地，长沙为西汉初期至西汉晚期，衡阳仅见新莽至东汉初期，益阳仅见西汉晚期，临湘仅知为东汉墓；甲C类墓见于长沙、衡阳、汨罗、益阳、邵阳、桃江、茶陵、邵东、莲花9地，分布地域较甲B类墓为广，其中长沙发现该种墓的数量最多且时间从西汉初期延续到东汉中期，衡阳仅知为西汉早期，汨罗从西汉初期延续到西汉早期，益阳从西汉晚期延续到东汉中期，邵阳仅见于东汉早期，茶陵西汉晚期到新莽至东汉初期，邵东仅见西汉晚期，莲花仅知为西汉墓，桃江仅知为东汉墓。

长沙国内长沙、汨罗、衡阳、湘乡等地发现的甲种墓依次渐少，茶陵、益阳更次之，临湘、桃江、邵东、莲花仅发现1—3座墓葬。

在长沙国中，长沙一地甲种墓的发现数量最多，类型也最为丰富，发现甲A、甲B、甲C、甲D、甲E共5类14型247座墓葬，为该郡之冠。长沙甲种墓葬以甲B类为主，甲D、甲E等类墓葬均仅有2—3座，甲A类墓葬仅有8座。长沙发现的甲种墓虽以无墓道的甲BⅡb为多，但各型墓中带墓道的墓葬数量亦相对较多。该地在西汉早期之前甲种墓葬的种类和墓葬数量均相对较少，西汉早期墓葬类型与数量有了快速增长，但西汉中期不仅墓葬数量急速下降，且墓葬类型快速减少，其减少的趋势一直延续到东汉时期。

在长沙之外，汨罗、衡阳两地甲种墓的发现也较多。其中汨罗发现甲 B、甲 C 2 类 5 型 82座墓葬，从西汉初期延续到西汉晚期，以甲 BⅡb 型为主，集中于西汉初期至西汉早期，西汉中期未见，西汉晚期仅有 2 座墓葬，之后不见。

衡阳发现甲 A、甲 B、甲 C、甲 E 4 类 8 型 28 座墓葬，从西汉早期延续到东汉中期，其中以甲 B 类墓葬为多，甲 E 类墓葬所占比例也较高。在衡阳发现的甲种墓中，带墓道的甲 AⅡa、甲BⅠa 型、甲 BⅡa 型、甲 EⅡa 型墓葬共 8 座，数量虽较低但各型墓均有发现的情况在其他地点较为少见。从时间上看，衡阳未见西汉初期墓葬，西汉早期开始涌现大量甲 C、甲 E 两类墓葬，甲 B 类墓葬较少，西汉中期未见各类墓葬，西汉晚期仅见甲 BⅠb 型、甲 BⅡb 型墓葬，东汉早期仅见甲 AⅡa、甲 BⅡa 型、甲 BⅡb 型墓葬，以甲 B 类墓葬为主，此后东汉中期仅见甲 BⅡb型墓葬。

总体上，长沙国甲种墓以西汉早期为主，东汉时期寥寥无几。

在长沙国发现甲种墓的 11 地点中，长沙为郡国治临湘所在，衡阳、益阳、汨罗、邵阳为县治，桃江、临湘、莲花、湘乡、邵东为近县治，茶陵为其他地点。从各地点发现的墓葬数量和墓葬规格的差异看，长沙国内明显存在郡国治、县治、其他地点在墓葬规格和等级上的较大差异。

（9）豫章郡

豫章郡发现甲 A、甲 B、甲 C 3 类 7 型 28 座甲种墓葬（附录一附表 A 的附表 A146、附图四·2·16）：

豫章郡内甲 B 类墓葬的发现数量最多，遍及除瑞昌之外的 7 个地点，从西汉初期延续到东汉晚期；甲 A 类墓仅见于瑞昌、修水，瑞昌仅见于东汉中期，修水仅见于东汉早期；甲 C 类墓仅见于南昌、修水，南昌仅见于西汉中期，修水仅见于东汉早期。

豫章郡内南昌墓葬发现最多，修水、高安次之，其他各地尚仅发现 1 座墓葬。

在豫章郡中，南昌甲种墓发现数量最多，种类也最为丰富，发现甲 B、甲 C 共 2 类 6 型 18座墓葬，为该郡之冠，其中以甲 B 类为主，甲 C 类仅有 3 座。南昌发现的甲种墓以无墓道为主，带墓道墓葬的数量甚少。该地除甲 BⅡb 型之外的其他各型墓葬仅见于西汉中期，而甲 BⅡb 型从西汉中期延续到东汉早期。

在南昌之外，修水、高安甲种墓的发现略多。其中修水发现甲 A、甲 B、甲 C 3 类 3 型 3 座墓葬，均为无墓道墓葬。其中甲 BⅡb 型仅见于西汉中期，甲 AⅡb 型、甲 CⅡb 型均仅见于东汉早期。高安发现甲 BⅡb 型墓葬 2 座，均为西汉晚期。

总体上，豫章郡甲种墓以西汉中期为多，东汉时期甲种墓数量甚少。

在豫章郡发现甲种墓的 8 个地点中，南昌为郡国治所在，宜春、南康、高安为县治，瑞昌、修水为近县治，南雄、新余为其他地点。从各地点发现的墓葬数量和墓葬规格差异看，豫章郡国内明显存在郡国治、县治、其他地点在墓葬规格和等级上的较大差异。

（10）闽越国及会稽郡南部①

在其境内发现甲 A、甲 B、甲 C 3 类 7 型 24 座甲种墓葬（附录一附表 A 的附表 A147、附图

---

① 西汉中期之前为闽越国，西汉中期之后汉武帝徙民内迁，后属会稽郡。

四·2·17）：

境内甲 B 类墓葬的发现数量最多，遍及除光泽之外的 5 个地点，从西汉初期延续到东汉晚期；甲 A 类墓仅见于武夷山，仅见于西汉早期；甲 C 类墓仅见于闽侯、光泽，光泽见于东汉中期，闽侯仅见于东汉晚期。

在其境内闽侯、武夷山，墓葬发现较多，其他各地尚仅发现 1 座墓葬。其中闽侯甲种墓发现数量最多，发现甲 B、甲 C 共 2 类 3 型 11 座墓葬，为各地之冠，其中甲 B 类最多，甲 C 类仅 1 座，均为无墓道墓葬。该地除甲 BⅡb 型 1 座、甲 CⅡb 型 1 座外，墓葬均从西汉初期至西汉早期。武夷山发现甲 A、甲 B 共 2 类 4 型 9 座墓葬，其中甲 B 类为主，甲 BⅠa 型最多。武夷山所发现各类墓葬均仅见于西汉早期，有墓道墓葬为多。

总体上，闽越国及会稽郡南部甲种墓以西汉早期为主，东汉时期甲种墓的数量甚少。

发现甲种墓的 6 地点中，武夷山、福州为闽越国王都所在，闽侯近福州，长泰、邵武、光泽为其他地点。虽然目前闽侯发现墓葬数量较多，但其以无墓道墓葬为主，而武夷山发现的墓葬规模较大，以有墓道为多，因此从各地点发现墓葬数量和墓葬规格的差异看，该郡国内同样存在郡国治、县治、其他地点在墓葬规格和等级上的较大差异。

（11）小结

诸郡国内甲种墓的时空分布，明显存在郡国治、县治、其他地点在墓葬规格和等级上的较大差异。其中郡国治所在地发现的墓葬，一般类型最全、数量最多、持续时间最长；县治所在地发现的墓葬，一般均类型较少，数量较少，持续时间也较少；其他地点发现的墓葬，一般类型最少、数量最少、持续时间也最短。近郡国治、近县治地区墓葬的时空分布，与郡国治、县治的情况较为接近，但一般均明显低于其所相邻的郡国治或县治。

据文献记载，武陵郡、零陵郡郡国治在西汉、东汉有明确的改变，而与其相应，在西汉武陵郡郡国治溆浦、零陵郡郡国治兴安周围集中发现西汉墓葬，在东汉武陵郡郡国治常德、零陵郡郡国治零陵周围集中发现东汉墓葬，与郡国治的变迁一致。结合前述甲种墓在郡国治、县治、其他地点的分布情况，甲种墓的时空分布与政治中心地有密切关系。在不同等级的政治中心地区的周围，存在着与其等级大体相应的墓葬数量与墓葬规格，越大的政治中心地周围的墓葬，数量越多、规格越大；次之的政治中心地周围的墓葬相应较少、规格也较低。

一般而言，在郡国治所在地的甲种墓葬中，均存在一定数量的带墓道墓葬、有木椁墓葬，同时也存在更多的无墓道、无木椁的各型墓葬；在县治和其他地点，一般仅有少量的带墓道、带木椁的各项墓葬，甚至均为无墓道、无木椁墓葬。大体而言，墓葬墓道、木椁的有无，与政治中心地的地位有着较为密切的关系。参考零星出土的文字资料可知，有墓道、有木椁的墓葬的墓主，其社会等级相对较高；无墓道、无木椁的墓葬的墓主，其社会等级相对较低。从各种墓葬的规格大小看，有墓道、有木椁的墓葬，规格一般较大，反之较小。因此，从各种墓葬的分布情况看，越大政治中心地的周围，聚集着社会等级较高的人群越多，反之越少。也就是说，在较大的政治中心地，较高等级人士较多；而较低等级的政治中心地，一般均只有较低等级的人士存在。

（二）乙种墓

以乙种墓而言，在华南诸郡国中，南海郡、合浦郡、桂阳郡、豫章郡、长沙国 5 郡国发现的数量，明显多于其他5郡国（附图四·2·18）。

各郡国发现的乙种墓，在不同时期的分布差异明显。

1. 不同时期乙种墓在华南诸郡国间的分布差异

新莽至东汉初期，乙种墓在合浦郡发现最多，长沙国、豫章郡次之，南海郡、苍梧郡、武陵郡迄今尚未发现该种墓葬。

东汉早期，不仅南海郡、武陵郡出现乙种墓葬，而且合浦郡、长沙国、豫章郡、零陵郡等地乙种墓的数量也有不同程度的增加。其中合浦郡该种墓的数量，远远高于同时期的其他郡国，为各郡国之冠。而武陵郡方一出现，数量即较多，位居第二。与此同时，郁林郡的乙种墓暂未发现，苍梧郡依然未发现该种墓葬。

东汉中期，不仅乙种墓数量有巨大增长，且原来未发现乙种墓的苍梧郡内开始少量出现，在东汉早期暂未发现乙种墓的郁林郡中，该种墓也有少量发现。从各郡国内乙种墓的发现情况看，合浦郡内该种墓的数量依然位居首位，而南海郡该种墓的数量剧增，位居华南第二，长沙国的数量也增长甚快，位居第三。

东汉晚期，南海郡内该种墓数量继续增长，位居华南首位；桂阳郡该型墓亦有较快增长，位居第二；合浦郡该种墓数量大为降低，仅为倒数第三；长沙国、武陵郡内该种墓数量均有减少，但减少程度均低于合浦郡。

总体而言，从现有该种墓的数量情况看，该种墓的中心，在新莽至东汉初期，集中在合浦郡和岭北的长沙国、豫章郡等地区，多数郡国只有零星发现。到东汉早期，合浦郡、武陵郡内该种墓的数量有较快增长，分布郡国更多。到东汉中期，在南海郡、长沙国2郡国内该种墓的数量忽然剧增的同时，各郡国该种墓的数量均有较快增加，合浦郡继续为该种墓分布中心不变。而到东汉晚期，伴随着南海郡该种墓的快速增长，合浦郡内该种墓的数量出现全面的倒退，二郡在该种墓数量上的中心位置，出现根本性交替。

2. 各型乙种墓在华南诸郡国内的空间分布

与乙种墓在不同时期华南诸郡国间存在较大差异相同，诸郡国内不同时期各型乙种墓的地区差异明显。

（1）南海郡

南海郡内，不仅乙种墓发现数量较多，且墓葬形制也较为丰富，有乙A、乙B、乙C、乙D、乙E、乙F、乙G 7类14型183座乙种墓葬（附录一附表A的附表A148、附图四·2·19）。

南海郡内乙C类墓葬的数量最多，分布于除四会、连平、香港、东莞之外的其他6地。乙A类墓葬数量较多，分布于除佛山、连平、香港之外的其他7地；乙B类墓葬较少，分布于除四会、增城、东莞、香港之外的其他6地；乙D类墓葬较少，仅分布于广州、番禺2地；乙E类墓葬较少，分布于除博罗、四会、连平之外的其他7地；乙F类墓葬较少，仅分布于番禺、增城2地；乙G类墓葬甚少，仅见于广州1地。

南海郡内乙种墓在广州发现最多，番禺、佛山次之，其他各地发现墓葬均在10座以下。

在南海郡中，广州不仅发现数量最多，类型也最为丰富，发现乙A、乙B、乙C、乙D、乙E、乙G 6类13型107座墓葬，为该郡之冠，其中以乙C类为主，乙D类仅发现3座。广州发现的乙种墓中乙CⅠa型墓葬最多（以东汉晚期为主），乙AⅡa型、乙CⅡa型次之。该地乙AⅡb型、乙CⅢa型仅见于东汉中期，乙BⅠa型、乙Da型、乙EⅡa型仅见于东汉晚期（乙EⅡa型有 2 座仅知为东汉墓），乙 C Ⅰ a 型从东汉早期延续到东汉晚期外，其余均从东汉中期延续至东汉晚期。总体上，广州发现的乙种墓以东汉晚期为多。

在广州之外，番禺、佛山乙种墓的发现较多。其中番禺发现乙 A、乙 B、乙 C、乙 D、乙 E、乙 F 6 类 8 型 32 座墓葬，乙 C Ⅰ a 型最多，乙 E Ⅱ a 型次之，其余数量甚少。其中乙 A Ⅰ a 型、乙 C Ⅱ a 型仅见于东汉中期，乙 E、乙 F 类仅见于东汉晚期，其余从东汉中期延续到东汉晚期。佛山发现乙 B、乙 C、乙 E 3 类 5 型 17 座墓葬，乙 E 类最多，乙 B 类最少。其中乙 B Ⅱ a 型、乙 E Ⅱ a 型仅见于东汉中期，乙 C Ⅰ a 型从东汉早期持续到东汉晚期，乙 B Ⅰ a 型仅知为东汉墓。总体上，南海郡内除广州外乙种墓以东汉中期为多，东汉晚期次之。

在南海郡发现乙种墓的 10 个地点中，广州为郡国治所在，番禺、佛山、增城近郡国治，博罗、四会为县治，连平、东莞、深圳、香港为其他地点。其中南海郡郡国治番禺所在的以广州为核心的地区（含番禺、佛山、增城在内），为南海郡内乙种墓最集中的地区，其他地点不仅乙种墓出现较晚，而且数量较少，规格也较低。从各地发现墓葬数量和墓葬规格的差异看，南海郡内郡国治、县治、其他地点在墓葬数量、墓葬规格上的差异明显。

广州地区乙种墓的发现存在明显的时期差异。在这里，乙种墓在东汉早期出现，东汉中期数量大增，东汉晚期更有快速发展，在整体上呈持续快速增加的趋势。而从南海郡内广州之外的其他地点看，基本上以东汉中期为主，不仅东汉早期墓葬不见，而且东汉晚期的墓葬也数量甚少，与广州乙种墓的时期分布大不相同。

（2）合浦郡

合浦郡发现乙 A、乙 B、乙 C、乙 D、乙 E、乙 F、乙 G 7 类 12 型 133 座乙种墓葬（附录一附表 A 的附表 A149、附图四·2·20）：

合浦郡内乙种墓数量虽然较多，但分布地点非常集中，仅见于合浦、北海、徐闻 3 地。其中乙 A 类墓葬数量最多，见于合浦、北海、徐闻 3 地；乙 C 类墓葬数量次之，见于合浦、北海；乙 B 类墓葬数量较少，见于合浦、徐闻；乙 D 类墓葬甚少，见于合浦、北海；乙 E 类墓葬数量极少，仅见于北海；乙 F、乙 G 类墓葬数量极少，仅见于合浦。其中徐闻墓葬形制甚少，仅有乙 A Ⅰ a 型、乙 B Ⅰ a 型 2 种。

合浦郡内乙种墓以合浦发现最多、徐闻次之。其中合浦不仅发现数量最多，类型也最为丰富，发现乙 A、乙 B、乙 C、乙 D、乙 F、乙 G 6 类 11 型 51 座墓葬，为该郡之冠，其中以乙 A 类为主，乙 C 类、乙 B 类次之，其余仅有 1—2 座墓葬发现。在合浦发现的乙种墓中，乙 C Ⅰ a 型墓葬最多（以东汉中期为主），乙 A Ⅰ a 型、乙 A Ⅰ b 型次之。合浦乙种墓的出现时间均较早，除乙 C Ⅱ a 型仅见于东汉晚期，乙 Da 型、乙 F Ⅰ a 型、乙 Ga 型仅见于东汉中期外，其余各型墓葬均见于新莽至东汉初期，而这些墓葬除乙 A Ⅱ b 型仅见于新莽至东汉初期外，乙 B Ⅱ a 型从新莽至东汉初期延续到东汉中期外，其余均从新莽至东汉初期延续到东汉晚期。不过奇怪的是，合浦地区尚未见东汉早期墓葬。

在合浦之外，徐闻乙种墓的发现较多，但仅有乙 A Ⅰ a 型、乙 B Ⅰ a 型 2 种墓葬，以东汉早期为主，延续到东汉中期，尚未见东汉晚期墓葬。总体上，徐闻发现乙种墓的规格均相对较小。北海发现乙 A、乙 C、乙 D、乙 E 4 类 5 型 36 座墓葬，以乙 C Ⅰ a 型数量最多，乙 A Ⅰ b 型次之。其中乙 A Ⅱ a 型仅见于新莽至东汉初期，乙 Da 型、乙 E Ⅱ a 型均仅见于东汉中期，其余从新莽至东汉初期延续到东汉中期。

在合浦郡发现乙种墓的 3 地点中，合浦为郡国治所在，北海为近郡国治，徐闻为县治。其中以合浦郡郡国治合浦为核心的地区（含北海在内），为合浦郡内乙种墓最为集中的地区，徐闻地区的乙种墓不仅出现较晚，且种类较少、规格甚小。因此，从各地发现墓葬数量和墓葬规格的差异看，合浦郡内郡国治、县治在墓葬数量、墓葬规格上的差异同样明显。

合浦郡内乙种墓的发现存在明显的时期差异。在这里，乙种墓在新莽至东汉初期出现时集中于郡国治及其周边，而后才在东汉早期扩散到县治徐闻。东汉中期，各地该种墓葬的数量有了快速发展，而到东汉晚期时，不仅郡国治周边及县治地区该种墓消失，而且郡国治所在地的该种墓数量也大为降低。合浦郡内乙种墓的发展存在着低—高—低的发展趋势。

（3）苍梧郡

合浦郡发现乙 A、乙 B、乙 C 3 类 5 型 25 座乙种墓葬（附录一附表 A 的附表 A150、附图四·2·21）：

苍梧郡发现乙种墓数量不多，发现地点分散于 7 地。其中乙 B 类墓葬数量最多，见于除藤县、封开之外的其他 5 地；乙 A 类墓葬数量次之，见于阳朔、藤县、岑溪 3 地；乙 C 类墓葬数量较少，见于阳朔、昭平、封开 3 地。

苍梧郡内乙种墓以阳朔发现最多、岑溪次之。其中阳朔不仅发现数量最多，类型也最为丰富，发现乙 A、乙 B、乙 C 3 类 4 型墓葬，为该郡之冠，其中以乙 B 类为主，乙 A、乙 C 类均仅 3 座。阳朔发现的乙种墓中，乙 BⅠa 型墓葬最多（以东汉晚期为主），乙 CⅠa 型、乙 AⅠa 型次之。阳朔乙种墓的出现时间甚晚，均为东汉晚期。

阳朔之外，岑溪乙种墓的发现虽较多，但仅有乙 AⅠa 型、乙 BⅠa 型 2 种，均为东汉晚期，以乙 BⅠa 型为多。而从其他地点的发现情况看，苍梧郡内发现的乙种墓多数均为东汉晚期，仅藤县乙 AⅠb 型、昭平乙 CⅠa 型见于东汉中期。

在苍梧郡发现乙种墓的 7 地点中，封开为近郡国治，藤县为近县治，阳朔、昭平、平乐、岑溪为其他地点。郡国治梧州及各县治地区尚未发现乙种墓。从各地发现墓葬数量和墓葬规格的差异看，苍梧郡内不仅未见其他郡内存在的在郡国治、县治、其他地点这三个等级上的墓葬数量、墓葬规格的明显差异，相反，其他地点发现墓葬的数量和规格还大于近郡国治和近县治地区，此种情况甚为特殊。

苍梧郡内乙种墓不仅数量甚少，而且出现甚晚，基本都集中于东汉晚期，东汉中期乙种墓的数量也极少。而从前文分析看，苍梧郡内发现乙种墓的规格亦整体偏小。

（4）郁林郡

郁林郡发现乙 A、乙 C、乙 E、乙 F 4 类 5 型 19 座乙种墓葬（附图四·2·22）。

郁林郡内乙种墓目前仅见于贵县 1 地，以乙 C 类墓葬为主，其中乙 CⅠa 型最多，乙 CⅡa 型次之。乙 CⅠa 型从新莽至东汉初期出现后延续到东汉晚期，乙 CⅡa 型从东汉中期延续到东汉晚期，乙 EⅠa 型仅见于东汉中期，乙 AⅠa 型、乙 FⅠa 型均仅见于东汉晚期。

贵县为郁林郡郡国治布山所在，从该郡内仅有郡国治有乙种墓的情况看，该郡在乙种墓分布上出现的这种仅聚集于郡国治的情况，在华南地区甚为罕见。

（5）桂阳郡

桂阳郡发现乙 A、乙 B、乙 C、乙 E、乙 F 5 类 11 型 120 座乙种墓葬（附录一附表 A 的附表 A151、附图四·2·23）：

桂阳郡内乙A类墓葬的数量最多，分布于阳山、翁源之外的其他6地。乙B类墓葬数量次之，分布于英德之外的其他7地；乙C类墓葬较少，分布于郴州、耒阳、资兴3地；乙E类、乙F类墓葬极少，仅见于耒阳1地。

桂阳郡内乙种墓在耒阳发现最多、郴州、资兴次之，其他各地所发现墓葬均在5座以下。其中耒阳不仅发现数量最多，种类也最为丰富，发现乙A、乙B、乙C、乙E、乙F5类9种83座墓葬，为该郡之冠，以乙A类为主，乙B类次之，乙E类、乙F类墓葬均仅发现1座。其中以乙BⅠa型墓葬为最多（以东汉晚期为主），乙AⅠa型、乙AⅠb型次之。该地乙AⅠb型、乙BⅠa型从东汉早期延续到东汉晚期，乙AⅠa型、乙AⅡa型、乙CⅠa型从东汉中期延续到东汉晚期，其余均仅见于东汉中期。总体上，耒阳发现的乙种墓以东汉晚期为多。

郴州发现乙A、乙B、乙C3类6型12座墓葬，乙BⅠa型最多，乙CⅠa型次之，其余均仅发现1座。其中乙BⅠa型从新莽至东汉初期延续到东汉晚期，乙AⅡa型、乙BⅡa型、乙CⅠa型仅见于东汉早期，乙AⅠb型、乙B类仅知为东汉墓；从墓葬时期看，以东汉早期为主。资兴发现乙A、乙B、乙C3类4型11座墓葬，乙AⅠa型为多，其余数量甚少。除乙CⅡa型仅见于东汉中期外，其余均仅见于东汉晚期。从墓葬的时期看，以东汉晚期为主。

在桂阳郡发现乙种墓的8地点中，郴州为郡国治所在，资兴为近郡国治，耒阳、韶关、英德为县治，始兴、阳山、翁源为其他地点。其中桂阳郡郡国治郴县所在的郴州发现墓葬的数量较少，但出现在各地中最早。耒阳虽为县治，但无论是墓葬的种类，还是墓葬数量均远超郴州，以东汉晚期为主，与郴州发现墓葬的时期，略呈前后承接之关系。整体而言，从各地发现墓葬数量和墓葬规格的差异看，桂阳郡郡国治、县治在墓葬数量、墓葬规格上的差异不甚鲜明，而县治与其他地点的差异明显。

（6）零陵郡

零陵郡发现乙A、乙B、乙C、乙F、乙G5类8型17座乙种墓葬（附录一附表A的附表A152，附图四·2·24）：

零陵郡内乙B类墓葬的数量最多，分布于兴安、零陵2地。乙A类墓葬数量次之，分布于桂林之外的其他3地；乙C类墓葬较少，分布于零陵、桂林2地；乙F类墓葬甚少，仅见于桂林；乙G类墓葬数量甚少，仅见于零陵。

零陵郡内乙种墓在兴安发现最多，零陵、桂林次之，全州仅发现1座。兴安发现乙A、乙B2类4型7座墓葬，乙BⅠa型最多，其余均仅见1座。其中乙BⅠa型从东汉早期延续到东汉中期，其余均仅见于东汉中期。在墓葬时期上，以东汉中期为主。

零陵发现乙A、乙B、乙C、乙G4类5型6座墓葬，以乙BⅠa型为多（新莽至东汉初期延续到东汉早期），其余均仅见1座，除乙Ga型仅知为东汉墓外，其余均为东汉早期。桂林发现乙C、乙F2类2型3座墓葬，以乙FⅠa型为多，但均仅知为东汉墓；乙CⅠa型发现1座，为东汉晚期。

在零陵郡发现乙种墓的4地点中，零陵为郡国治所在，桂林为近郡国治，兴安为县治，全州为其他地点。其中零陵郡郡国治零陵所在地发现的墓葬数量虽略少于兴安，但该地乙种墓出现在一郡中最早，类型也最多。兴安墓葬虽略多，但墓葬出现较晚，种类也较少。因此从各地发现墓葬数量和墓葬规格的差异看，零陵郡郡国治、县治、其他地点在墓葬数量、墓葬规格上的差异也较为明显。

（7）武陵郡

武陵郡发现乙A、乙B、乙C、乙F、乙G 5类9型73座乙种墓葬（附录一附表A的附表A153，附图四·2·25）：

武陵郡内乙C类墓葬的数量最多，分布于常德、大庸2地；乙A类墓葬数量次之，分布于常德、保靖、大庸3地；乙B类墓葬数量较少，分布于保靖之外的其余4地；乙F类墓葬甚少，仅见于常德；乙G类墓葬数量甚少，仅见于常德、大庸。

武陵郡内乙种墓在大庸发现最多，常德次之，其余仅发现1—2座。大庸发现乙A、乙B、乙C、乙G 4类6型52座墓葬，乙CⅠa型最多，乙BⅠa型次之。其中乙BⅠa型从东汉早期延续到东汉晚期，乙CⅠa型从东汉中期延续到东汉晚期，乙AⅠb型仅见于东汉早期，其余仅见于东汉晚期。在墓葬时期上，乙CⅠa型以东汉中期为主，乙BⅠa型以东汉早期为主。

常德发现乙A、乙B、乙C、乙F、乙G 5类8型16座墓葬，以乙B类略多（与乙CⅠa型一样，均从东汉早期延续到东汉晚期），其余在1—3座墓左右。其中乙AⅠa型仅知为东汉早期墓，乙Ga型仅知为东汉中期墓，乙AⅠb型、乙BⅠa型仅知为东汉晚期墓，乙FⅡa型从东汉中期延续到东汉晚期。总体上东汉晚期墓略多一些。

在武陵郡发现乙种墓的5个地点中，常德为郡国治所在，保靖为县治，古丈为近县治，大庸、津市为其他地点。虽然武陵郡郡国治常德所在地发现的墓葬数量少于大庸，但该地乙种墓的种类却多于大庸，墓葬规格也较大，墓葬延续性较强。因此从各地发现墓葬数量和墓葬规格的差异看，零陵郡郡国治、县治、其他地点在墓葬数量、墓葬规格上的差异也应较为明显。

（8）长沙国

长沙国发现乙A、乙B、乙C、乙E、乙F、乙G 6类12型108座乙种墓葬（附录一附表A的附表A154，附图四·2·26）。

长沙国内乙B类墓葬的数量最多，分布于邵阳、邵东、临湘之外的其余9地。乙A类墓葬数量次之，分布于长沙、衡阳、邵阳、临湘、湘乡5地；乙C类墓葬较少，分布于长沙、益阳、湘乡、邵东4地；乙E类墓葬甚少，分布于长沙、衡阳、益阳3地；乙F类数量甚少，仅见于衡阳；乙G类墓葬数量甚少，仅见于长沙。

长沙国内乙种墓在长沙发现最多，衡阳次之，其余各地在1—4座之间。长沙发现乙A、乙B、乙C、乙E、乙G 5类9型47座墓葬，乙CⅠa型最多，乙BⅠa型次之。其中乙BⅠa型从新莽至东汉初期延续到东汉中期，乙AⅠb型从东汉早期延续到东汉中期，其余从东汉中期延续到东汉晚期。在墓葬时期上，以东汉中期为主。

衡阳发现乙A、乙B、乙E、乙F 4类6型43座墓葬，以乙BⅠa型为多（与乙AⅠa型一样，从东汉早期延续到东汉晚期）。其中乙BⅡa型从东汉早期延续到东汉中期，乙EⅡa型仅见于东汉中期，乙AⅠb型、乙FⅠa型仅见于东汉晚期。大体上衡阳乙种墓以东汉中期为主。

在长沙国发现乙种墓的12地点中，长沙为郡国治所在，衡阳、益阳、邵阳、娄底为县治，湘乡、临湘、莲花、邵东、衡南为近县治，茶陵、醴陵为其他地点。

其中，郡国治长沙发现的墓葬数量多、种类全，出现时间早，墓葬规格较大，而诸县治地区发现的墓葬数量、种类均较少，出现时间较晚，其他地点更次之。因此从各地发现墓葬数量和墓葬规格的差异看，长沙国郡国治、县治、其他地点在墓葬数量、墓葬规格上的差异甚为明显。

（9）豫章郡

豫章郡发现乙 A、乙 B、乙 C、乙 F、乙 G 5 类 10 型 107 座乙种墓葬（附录一附表 A 的附表 A155、附图四·2·27）：

豫章郡内乙 B 类墓葬的数量最多，分布于南昌、德安、宜春、泰和、南康、宜丰、安福、萍乡等 17 地。乙 A 类墓葬数量次之，分布于南昌、德安、于都、赣县等 12 地；乙 C 类墓葬较少，分布于南昌、宜春、湖口、兴国 4 地；乙 F 类、乙 G 类墓葬数量甚少，仅见于南昌。

豫章郡内乙种墓在宜春发现最多，南昌、德安次之，其余各地在 1—4 座之间。宜春发现乙 B、乙 C 2 类 3 型 32 座墓葬，乙 BⅠa 型最多，从东汉中期延续到东汉晚期；乙 CⅠa 型次之，为东汉中期，有 2 座仅知为东汉墓；乙 CⅡa 型仅知为东汉晚期。大体上以东汉中期为多。

南昌发现乙 A、乙 B、乙 C、乙 F、乙 G 5 类 7 型 30 座墓葬，以乙 AⅡa 型为多（从新莽至东汉初期延续到东汉晚期）。其中乙 BⅠa 型从新莽至东汉初期延续到东汉早期，乙 BⅡa 型从东汉中期延续到东汉晚期，乙 CⅠa 型仅知为东汉早期，乙 AⅠa 型、乙 Ga 型仅见于东汉中期，乙 FⅠa 型仅知为东汉墓。大体上南昌乙种墓以东汉中期为主。

在豫章郡发现乙种墓的 27 个地点中，南昌为郡国治所在，宜春、南康、德安、清江、于都、赣县、泰和、湖口、清江、九江为县治，万载、安福、修水、瑞昌为近县治，乐平、永新、宁冈、宜丰、萍乡、南雄、新余、会昌、寻乌、全南、遂川、兴国为其他地点。其中郡国治南昌发现的墓葬虽略少于宜春，但墓葬出现时间早、种类齐全，规格较大，而诸县治地区发现的墓葬数量、种类均较少，出现时间也较晚，其他地点更次之。因此，从各地发现墓葬数量和墓葬规格的差异看，豫章郡郡国治、县治、其他地点在墓葬数量、墓葬规格上的差异甚为明显。而豫章郡内大量其他地点发现乙种墓的现象，为其他华南诸郡国所不见。虽然这些地点所发现的乙种墓，很多目前仅知为东汉墓而不能确定其具体所处的时期，但从目前已有时期的其他地点发现乙种墓的情况看，以东汉晚期墓为多。

（10）小结

从上述分析看，与甲种墓一样，诸郡国内乙种墓的时空分布，明显存在郡国治、县治、其他地点在墓葬规格和等级上的较大差异。其中郡国治所在地发现的墓葬，一般种类最全、数量最多、持续时间最长；县治所在地发现的墓葬，一般均种类较少，数量较少，持续时间也较少；其他地点发现的墓葬，一般种类最少、数量最少、持续时间也最短。近郡国治、近县治墓葬的时空分布，与郡国治、县治的情况较为接近，但一般均明显低于其所相邻的郡国治或县治。只有在少数郡国，存在着郡国治墓葬数量、种类少于县治的情况。

武陵郡的郡国治在西汉、东汉有明确的改变，而与其相应的是，在西汉郡国治溆浦周围未再发现乙种墓，乙种墓集中发现于东汉郡国治常德的周围，与郡国治变迁一致。而结合前述乙种墓在郡国治、县治、其他地点的分布情况看，乙种墓的时空分布应与政治中心地有着密切关系。在不同等级的政治中心地区的周围，存在着与其等级大体相应的墓葬数量与墓葬规格，越大的政治中心地周围的墓葬，数量越多、规格越大；次之的政治中心地周围的墓葬相应较少、规格也较低。

（三）丙种墓

丙种墓在华南各郡国中，仅分布于南海郡、合浦郡、苍梧郡、桂阳郡、武陵郡、豫章郡 6 郡国内，数量甚少（附录一附表 A 的附表 A156、附图四·2·28）：

　　丙种墓中丙 Ba 型墓葬的数量最多，分布于徐闻、钟山、昭平、阳朔、耒阳、永顺 6 地。丙 A I a 型、丙 Ca 型墓葬数量次之，其中丙 A I a 型分布于广州、徐闻、昭平、宜丰、高州 5 地，丙 Ca 型分布于阳朔、钟山、信宜、昭平 4 地；丙 A II a 型、乙 Da 型均仅有 1 座，分布发现于恭城、广州。

　　石室墓在苍梧郡发现最多，合浦郡次之，其余各郡在 1—2 座之间。苍梧郡内有 4 地发现丙 A、丙 B、丙 C 3 类 4 型 18 座墓葬，昭平最多，阳朔次之；丙 Ba 型最多，集中见于东汉晚期；丙 Ca 型次之，除阳朔为东汉早期延续至东汉晚期外，其余均为东汉晚期。丙 A 类见于昭平、恭城，均为东汉晚期。苍梧郡内石室墓以东汉晚期为多。

　　合浦郡在 3 地发现丙 A、丙 B、丙 C 3 类 3 型 7 座墓葬，徐闻为多，丙 Ba 型为多。在 3 地中，徐闻发现墓葬，均为东汉早期，其余 2 地均仅知为西汉墓。大体上，合浦郡丙种墓的时期要早于苍梧郡。

　　南海郡在 2 地发现两座丙种墓，一座为西汉初期，另一座丙 Da 型为西汉早期。其中丙 Da 型墓主明确，为南越国第二代南越王赵眜之墓，为华南地区目前发现等级最高的丙种墓葬。

　　在发现石室墓的 6 郡国 11 地中，广州为郡国治，徐闻、钟山、耒阳为县治，高州、信宜、昭平、阳朔、恭城、永顺、宜丰 7 地均为其他地点。从各地墓葬的发现地点看，丙种墓以其他地点为主，县治较多，郡国治最少。时期上以东汉晚期为主，其他时期数量甚少。而从前述对各种墓的具体分析看，其应以小型墓葬为主，大型墓葬极为罕见。其中规格最高的 Da 型广州南越王墓的形制，明显与其他丙种墓不同，应存在不同的来源。

（四）丁种墓

　　丁种墓在华南各郡国中，仅分布于合浦郡、海南岛、桂阳郡、牂柯郡 4 郡国内，数量甚少（附录一附表 A 的附表 A157、附图四·2·29）：

　　丁种墓中丁 B 类墓葬数量最多，分布于陵水、廉江、崖县、化州、吴川 5 地；丁 A 类墓葬数量极少，仅见于耒阳 1 地；丁 C 类、丁 D 类墓葬数量均极少，均仅见于西林 1 地。

　　丁种墓中，瓮棺葬在海南岛发现最多，合浦郡次之，均为东汉墓，不见于其他华南郡国。

　　在发现丁种墓的 7 地中，除耒阳为县治，西林为句町国所在外，其余各地均属其他地点。从各地墓葬的发现地点看，丁种墓的发现无疑以其他地点为主，县治等极少。时期上以东汉为主，其他时期墓葬数量甚少。从前述对各种墓的具体分析看，瓮棺葬中多属小型，洞室墓规格亦不大，而铜鼓葬、铜棺葬规格均较大，等级较高。

第三节　墓葬特征

　　在各型墓葬中，有一些墓葬具有如腰坑、二层台等明显的结构特征，探讨这些墓葬特征的时空分布，将加深我们对秦汉华南考古遗存内涵的有关认识。

一　腰坑

　　腰坑是从新石器时代已经出现的墓葬特征。它是指在墓坑底部开挖出的长方形、方形或圆形等形状的坑状遗迹，一般其内多置有陶器 1 件，有的数量略多。从考古资料看，许多华南战国墓中设有腰坑，学者对此已多有研究。[1] 在前文完成对秦汉华南各型墓葬中腰坑设置的分述后，我们在此对其总体时空分布及具体特征开展进一步分析（附图四·3·1）。

秦汉华南墓中，共 137 座发现腰坑，其中西汉初期 107 座（平乐 87、灵川 6、广宁 5、封开 3、广州 2、始兴、肇庆、贺县、德庆各 1）、西汉早期 14 座（广州 6、平乐 5、封开 2、连州 1）、西汉中期 7 座（平乐 7）、东汉中期 8 座（岑溪、钟山各 4）、东汉晚期 1 座（梧州 1）。

除 18 座未介绍形状外，秦汉华南墓中的腰坑分三种：圆形腰坑，32 座（平乐 10、灵川 6、广州、钟山各 4、广宁、封开各 2、岑溪、贺州、德庆、肇庆各 1）；方形腰坑，60 座（平乐 58、广州、封开各 1）；长方形腰坑，27 座（平乐 24、岑溪 3）。其中东汉中期岑溪胜塘顶 M2、M3、M5 等 3 墓的腰坑形制与众不同，均为窄长条形，长度均在 2 米以上，而宽度仅有 0.3—0.44 米，内置数个陶罐。

从各种形制腰坑的数量看，有三个特点。第一，方形腰坑明显最多；第二，方形、长方形腰坑集中在平乐地区，其他地点仅零星发现；第三，圆形腰坑数量虽少，但分布地点却甚广泛，除平乐发现外，还发现于其他 7 个地点。总体上，圆形腰坑虽是平乐腰坑中的少数，但却是其他地点中腰坑形制的主流。

在 137 座腰坑墓中，有 105 座介绍了腰坑内所置器物：13 座腰坑置瓮（平乐 6、广州、广宁各 2，贺州、始兴、钟山各 1）；12 座腰坑置罐（平乐 8、岑溪 3、广宁 1）；11 座墓腰坑置杯（平乐 11）；48 座墓腰坑置盒（平乐 48）；11 座墓腰坑置三足盒（平乐 11）；2 座墓腰坑置瓿（平乐 2）；6 座墓腰坑置釜（平乐 6）；连州龙嘴汉墓腰坑置青铜容器；封开利羊墩 M34 腰坑置陶罍 1、原始瓷盅 5，陶罍内置 3 件铜镞。

从上述情况看：第一，在腰坑中埋置的陶杯、陶瓿、陶釜、陶罐、陶瓮、陶盒、陶三足盒 7 种器物中，平乐 1 地的腰坑埋置器物种类最多；第二，陶盒、陶三足盒、陶杯、陶瓿、陶釜 5 种器物均仅见于平乐，而陶瓮、陶罐在平乐腰坑中亦有较多发现；第三，陶瓮虽在平乐仅是腰坑埋置物中的少数，但在其他地点却为主流。结合前述腰坑形制上的区域分别，我们可大体看出，在同时期不同地区整体文化上应较为接近（均采用腰坑），但有较大区别的土著人群（腰坑形制、腰坑内置物差异很大）。

从时空分布看，西汉初期腰坑墓发现最多，分布在南海郡（郡国治广州，其他地点广宁）、苍梧郡（近郡国治封开，县治肇庆、德庆、贺县，其他地点平乐）、桂阳郡（其他地点始兴）、零陵郡（近县治灵川）。其中苍梧郡的腰坑墓不仅数量最多，且分布范围最广，其他各郡仅为零星分布。腰坑墓分布点虽有郡国治、县治、近县治、其他地点 4 类，但政治中心之外的其他地点的腰坑墓发现数量明显较多。

由于腰坑墓发现的主要地区，大体都在各郡国的各级政治中心之外，而各政治中心乃秦汉王朝统治华南地区的主要"据点"和南下北人的主要集聚地。因此，腰坑墓的分布情况也就表

① 谢日万：《论两广战国汉代墓腰坑习俗》，《广西民族研究》2001 年第 2 期，第 103—107 页。杨华：《中国南方先秦时期腰坑墓葬俗文化的考古研究——兼论南方腰坑墓葬俗文化对北方腰坑墓葬俗文化的影响》，湖南省文物考古研究所、湖南省考古学会，《湖南考古 2002》，岳麓书社 2004 年版，第 534—553 页。朱海仁：《岭南腰坑墓探源》，《中国文物报》2004 年 8 月 20 日 7 版。杨华：《长沙三峡地区古代腰坑葬俗的考古研究》，《三峡大学学报（人文社会科学版）》2005 年第 1 期，第 38—46 页。王志友：《商周时期的腰坑葬俗》，《华中科技大学学报（社会科学版）》2006 年第 6 期，第 79—83 转 102 页。莫志东：《试论两广地区腰坑墓的族属及其文化特征——炎帝后裔苍梧部落南迁两广》，《炎帝与汉民族论集》，三秦出版社 2003 年版，第 77—85 页。

明，不仅腰坑墓墓主的族属应与南下北人不同，为本地土著，与学者们早已指出设腰坑乃战国越人传统的认识一致，且土著人口的分布应更多集中在开始出现的各级政治中心之外——即土著与南下北人之间，虽已在一些政治中心有一定接触，但交叉分布的情况尚不多见。

不过，许多学者曾据东周战国考古资料指出，岭南腰坑墓的出现应是湖南湘江流域越人南下带来的习俗，其中很大一部分的墓主应为南下越人及其后裔。但从本书对包括湖南地区在内的秦汉华南墓葬资料的收集和整理看，在本书研究的时间范围内，腰坑墓分布范围大为缩减，不仅湖南地区不再见腰坑墓，且岭南也已集中在苍梧郡为中心的有限地区之内，这种情况就与前述学者的有关认识存在较大不同。主要的问题是，进入西汉初期后，岭北湖南地区的越人去向何处，是完全消失还是根本性的改变了旧有习俗？或者说是因战国晚期楚人势力南下至岭北，使得原居地的越人整体南迁到岭南等其他地域？亦或其他可能①？由于本书研究范围并不及于战国，所以暂时仅将此问题提出，而其解决，有待今后对华南地区战国腰坑墓的整理和分析。

从西汉早期开始，虽腰坑墓一直断断续续的延续到东汉晚期，但在相当长时间里，腰坑墓无论是数量，还是分布地点，均非常有限。其中，西汉早期腰坑墓的数量和分布地较多，分布在南海郡（郡国治广州）、苍梧郡（近郡国治封开、其他地点平乐）、桂阳郡（连州）等郡。进入西汉中期后，腰坑墓的发现地变得非常狭窄，仅见于苍梧郡内（郡国治梧州、县治钟山、其他地点平乐、岑溪），数量极为有限。

腰坑墓在西汉早期之后数量和分布地的急剧减少，其原因学者早有论述。谢日万先生认为，因为秦始皇统一岭南，特别是汉武帝平定南越国后，推行封建郡县制和传播汉文化，汉越进一步融合，越人腰坑习俗便失去了存在的社会基础而逐渐衰落和消失。但从文献看，秦始皇统一岭南后统治的时间较短，其后，由秦将赵佗所建立的南越国代替，采取的乃是"和辑百越"的政策，当汉武帝灭亡南越国后，在岭南除南海郡外推行的又是"初郡政策"。二者均以不改变当地原有习俗，并使其正常延续为主要内容。因此，无论南越国还是汉武帝在岭南设置郡国，当地习俗都处于被保护之列。郡县制的推行和汉文化的传播，应与腰坑墓急剧减少没有太多直接的关系。

此外，从前述对秦汉华南腰坑墓的资料情况看，腰坑葬的急剧减少首先发生于南越国时期，西汉中期之后的减少至多是这一过程的自然延续。而且西汉中期以后腰坑墓的减少趋势，较西汉初期到西汉早期的减少速度已大为放缓。虽目前尚未发现西汉晚期至东汉早期的腰坑墓葬，但东汉中期腰坑墓的发现数量，与西汉中期大体相当。

从上述情况看，腰坑墓急剧衰落的时间应在南越国期间，与汉武帝灭亡南越国后郡县制推广及汉文化传播关系均小。如腰坑墓减少真与郡县制推广及汉文化传播有关，那大体也应是南越国内郡县制推广及赵佗等秦将南下带来北方文化传播的直接作用。而从西汉中期之后腰坑墓在岭南减少趋势大为减轻的情况看，汉武帝时期由南越国延续下来的民族融合过程——即腰坑墓的衰减趋势，反而被急剧放缓。探究南越国时期的文化政策，才是追寻腰坑墓减少的更重要方向。

当然，从苍梧郡内腰坑墓一直顽强持续到东汉晚期的情况看，在那些离政治中心较远的地

---

① 容达贤先生认为，平乐银山岭墓葬的"墓主不是楚人，不是西瓯人，也不是南越国诸郡，他们是被秦王朝统治者从岭北地区迁徙到岭南西瓯人居地充当戍卒的楚故地居民"。见容达贤《广西平乐银山岭墓群的时代与墓主》，《百越文化研究》，厦门大学出版社 2006 年版，第 394—411 页。

点，当地越人土著应一直顽强地保持习俗并繁衍生息。

从墓葬规格看，137 座腰坑墓平均长 3.37、平均宽 1.42 米，宽长比 0.42，平均面积为 4.785 平方米。如后文将述，南越国时期县级官吏的墓葬平均规格为 3.723 平方米，从其略大于腰坑墓平均面积的情况看，这些腰坑墓墓主的身份也应较高——即，腰坑墓中的很多墓主，很大可能都是土著越人中的贵族或首领。①

从 137 座腰坑墓的墓葬形制看，其中 73 座为甲 A 类墓，62 座为甲 B 类墓，2 座为甲 C 类墓，其中甲 A 类墓葬略多。而在 62 座甲 B 类墓中，除 8 座墓葬未介绍具体规格、16 座小于 4.785 平方米外，其余 38 座规格处于 4.848—37.6 平方米之间，面积均相对甚大。而在 73 座甲 A 类墓葬中，虽有 6 座墓的规格超过了 4.785 平方米，但其也仅仅在 4.97—7.28 平方米之间。因此，从广州 03GDMM68 王级越人墓葬亦为甲 B 类墓葬的情况看，腰坑墓葬中规格较大的甲 B 类墓，不仅其墓主同样应为土著，而且其身份也应高于采取甲 A 类墓葬的墓主——即，甲 A 类墓葬应是当地普通土著人群的主要墓葬形制，而甲 B 类墓葬可能更多的被一些高等级的越人贵族或首领采用。但总体而言，以 2520 座土坑墓中仅发现 137 座腰坑墓的情况看，无论如何，腰坑墓都是一种少数形制。

从不同规格墓葬的发现地点看，在西汉初期郡国治、县治等地点发现的腰坑墓中，大多数墓葬的规格均较大。如郡国治广州发现的 2 座墓平均面积 5.059 平方米，而县治贺县发现的贺州高屋背岭 M123 面积 7.04 平方米、肇庆发现的肇庆松山古墓面积为 37.6 平方米、德庆发现的德庆 72 凤村古墓面积为 7.125 平方米，仅始兴发现的始兴圆岭 M1 面积为 2.97 平方米。而在郡国治广州发现的 5 座西汉早期腰坑墓平均面积 6.675 平方米，县治连州发现的连州龙嘴汉墓面积 17.49 平方米，均大于其他地点发现的腰坑墓葬。因此可以看出，在南下北人所建设的政治中心中，所居住的土著越人的身份一般较高，多应属土著越人上层，而更多较低层次的土著人群，可能都居住在这些北人的政治中心之外。

或者说，更有可能的是，南下北人所建立的一些政治中心，原来很多本来就是当地越人的地区中心，只不过被北人"鸠占鹊巢"式的发生了"主客"易位，使得当地原有的越人贵族在急剧增多的北人和随之而来的先进生产技术、先进文化中变得"微不足道"（如以广州地区而言，仅在 2009 年年底，广州市考古工作者就在增城发掘了近千座的先秦墓葬，显示出春秋战国时期当地曾拥有过甚为繁华的文化。而这只不过是广州等地大量先秦越人文化中的一个代表而已）。

二　二层台

二层台，指位于墓葬底部四周或某侧的高于墓底且有一定宽度的墓内结构。在二层台中，有的是在开挖墓坑时预留而出，是为生土二层台；有的是在墓坑挖掘好后，再在墓侧用土夯打而成，是为熟土二层台。与腰坑一样，墓中设置二层台的做法也起源甚早，而在不少战国华南墓中，也多有二层台的设置。在前文完成对秦汉华南各型墓葬中二层台设置的分述后，我们还可对其总体时空分布及具体特征，开展进一步分析。

---

①　因腰坑墓主要集中发现在相当于西汉初期、西汉早期的南越国时期，因此此处及下文就均以南越国县级官吏墓葬的规格进行相关分析。

目前共有 133 座墓葬有二层台（附录一附表 A 的附表 A158、附图四·3·2）。[①]

二层台墓的分布范围较广，不同时期分布地点各不相同。西汉初期，二层台墓分布于 6 地，其中苍梧郡发现数量较多。在各地点中，虽然各级政治中心之外的其他地点发现数量较多，但从发现该类墓的政治中心数量明显较多看，该类墓的分布应以政治中心为主。而在其他地点如平乐、乐昌等地发现该类墓较多的原因，与 2 地短时间内有大规模考古发掘的突发性因素有直接关系。而这正与从西汉早期开始，除平乐、大庸、岑溪、乐昌 4 地点还有零星发现外，二层台墓更加集中在各级政治中心的情况一致。因此，二层台虽然是一种分布范围较广的墓葬结构，但其分布地点更多的集中于郡国的各级政治中心。

133 座拥有二层台墓葬的墓葬形制各不相同（附录一附表 A 的附表 A159）：

第一，甲种墓是二层台墓最主要的墓葬形制，其中甲 B 类墓不仅在全部甲种墓中占据绝对优势，而且在进入东汉后更成为唯一存在二层台的甲种墓形制。

第二，从东汉早期开始，二层台随着乙种墓的出现而"及时"出现在乙种墓中，数量不断增加。而当至东汉晚期时，二层台墓中乙种墓的比例已明显高于甲种墓，成为拥有二层台最多的墓葬形制。

在 133 座墓葬中，多数未见有资料介绍二层台的构造形式，仅 11 座有资料介绍其为生土二层台（西汉初期、西汉早期、西汉晚期各 3、东汉中期、东汉晚期各 1）、5 座有资料介绍为熟土二层台（西汉中期 1、西汉晚期 2、新莽至东汉初期 1、汉代 1），砖室墓中多数为砖砌二层台，仅耒阳 M1 等少数墓葬中是熟土二层台，然后在其上铺砖。大体而言，从目前有限的资料看，二层台在秦汉华南时期的发展的大体顺序，应是生土二层台—熟土二层台—砖砌二层台。

在 133 座墓中，48 座介绍了二层台在墓中的数量。其中，墓室四侧均有二层台的墓葬 11 座（西汉初期 2、西汉早期 4、西汉中期 1、西汉晚期 2、东汉晚期 2），三侧有二层台的墓葬 16 座（西汉初期 2、西汉早期 1、西汉中期 2、西汉晚期 5、东汉中期 2、东汉晚期 3、仅知为汉墓者 1），两侧有二层台的墓葬 13 座（西汉早期、西汉中期各 1，西汉晚期 2，新莽至东汉初期 1，东汉中期、东汉晚期各 4），仅某侧有二层台的墓葬 8 座（西汉初期、西汉早期、西汉中期各 1，西汉晚期 2、东汉早期 1、东汉晚期 2）。虽在秦汉各阶段中，一至四侧二层台的情况大体均有，但总体上四侧和三侧二层台的情况更多一些，而一侧最为少见。

从墓葬形制看，在乙种墓中，两侧二层台所占的比例明显偏高（在 13 座介绍有二层台数量的墓中，两侧者 7 座，四侧、三侧、一侧者均 2 座）；在甲种墓中，三侧二层台所占的比例明显更高（35 座介绍二层台条数墓葬中，三侧者 14 座、四侧者 9 座、一侧、两侧者均 6 座）。因此，大体上随时代的不同、墓葬形制的差异，二层台的数量也有着一定的区别。

133 座二层台墓葬平均长 4.45、平均宽 2.65 米，平均面积 11.7925 平方米。其中甲种墓平均长 4.36、平均宽 2.71、平均面积 11.802 平方米，乙种墓平均长 5.77、平均宽 2.30、平均面积 13.298 平方米。而在不同时期，二层台墓的规格差异相当明显（附录一附表 A 的附表 A160）。

我们尚缺少新莽至东汉初期、东汉早期县级官吏墓葬的平均面积，但其远大于稍早的西汉

[①]　耒阳 03 水东江 M5、桂平 06 大塘 M3001 等 2 墓，因原始资料未介绍墓葬形制、规格，无法进行墓葬分型，因此前文未对其进行介绍，附表 A158 中亦未列出其墓葬形制。

晚期的县级官吏墓葬的平均面积。在这些时期内，二层台墓均应是同时期规格较大，墓主等级较高的墓葬。在西汉初期，虽其与之后时期相比，平均面积较小，但从南越国县级官吏墓葬仅3.723平方米，而西汉初期的二层台墓有过半数分布在南越国境内的情况看，此时的二层台墓也应属规格较大、等级较高的墓葬。到东汉中期，甲种墓、乙种墓中二层台墓的平均规格，与同时期县级官吏墓葬平均面积之间的差距虽然有所增加，但差距相对较小，其墓主社会等级也应较高。但到东汉晚期，虽二层台墓的数量有所增加，但其规格已与同时期县级官吏的墓葬相差很大，因此从这种情况看，东汉晚期采用二层台墓葬的墓主，其社会地位较之原来应已大为降低。

从上述情况看，二层台墓的墓主，应在相当长时间内拥有较高社会等级。这与二层台墓在3359[①]座墓中仅发现134座所显示出的，为少数形制的情况一致。

三　壁柱及底部处理

在秦汉华南墓中，在少数墓葬的四壁有壁柱或柱洞，底部有卵石铺底、青膏泥、木炭等铺垫。在前文对各型墓葬介绍中对其进行了相关的分述后，我们还可对其总体的时空分布及有关特征开展进一步分析。

（一）壁柱墓

目前共发现28座墓葬设置壁柱（附图四·3·3）。[②]

在28座壁柱墓中，西汉初期12座（平乐6、灵川2、广宁3、广州1）、西汉早期1座（广州1）、西汉中期4座（平乐3、徐闻1）、西汉晚期6座（长沙、合浦各3）、新莽至东汉初期2座（平乐、肇庆各1）、东汉中期3座（岑溪3）。

除4座未介绍壁柱情况外，其余大体可分2种：第一种，圆形（含椭圆形或圆角方形）14座，其中西汉初期9座（平乐、广宁各3，灵川2、广州1）[③]、西汉早期1座（广州1）、新莽至东汉初期1座（肇庆1）、东汉中期3座（岑溪3）；第二种，方形（含近方形）10座，其中西汉初期3座（平乐3）、西汉中期1（徐闻）、西汉中期6（合浦、长沙各3）。

从两种形制壁柱墓的数量看，圆形壁柱大体是西汉初期最主要的壁柱形式，而后其主流地位逐渐被方形壁柱取代。从分布地点看，圆形壁柱的发现地点较为集中，以苍梧郡为主，其他郡国仅零星发现。与其相反，方形壁柱虽数量较少，但分布地点却甚广泛，除西汉初期即在平乐有所发现外，西汉中期开始集中见于合浦郡和长沙国。因此，圆形壁柱大体是苍梧郡的壁柱特征，而方形壁柱是其他郡国壁柱的主要形式。

从时空分布看，西汉初期壁柱墓发现最多，分布在南海郡（郡国治广州、其他地点广宁）、苍梧郡（其他地点平乐）、零陵郡（近县治灵川）。在发现地点中，壁柱墓的分布点虽有郡国治、近县治、其他地点3类，但除广州外均非政治中心。因此，由于壁柱墓发现的主要地区，多位于各郡国的各级政治中心之外，而各级政治中心乃是秦汉王朝统治华南地区的主要"据点"和南下北人的主要集聚地，因此与腰坑墓一样，壁柱墓墓主的族属，也同样当与南下北人不同，应为当地土著越人。因此，可大体推定，壁柱墓也应是政治中心之外的一种土著墓葬形式。

---

① 3357座墓葬加上前述有二层台的两座前文未加墓葬。
② 包含墓底柱洞，下同。
③ 据报告附图，平乐银山岭M55、M74、M114柱洞为方形；平乐银山岭M64、M115、M126柱洞为圆形。

从西汉早期开始，虽然壁柱墓一直断断续续的延续到东汉中期，但在相当长时间里，壁柱墓无论是墓葬数量，还是墓葬分布地点，均非常有限。其分布地点，西汉早期见于南海郡（郡国治广州），西汉中期见于苍梧郡（其他地点平乐），合浦郡（县治徐闻），西汉晚期见于合浦郡（县治徐闻），长沙国（郡国治长沙），并且均以政治中心为主。而此后在新莽至东汉初期，见于苍梧郡（县治肇庆、其他地点平乐），东汉中期见于苍梧郡（其他地点岑溪）。不仅数量更加有限，而且局限于苍梧郡内。因此与腰坑墓一样，此时的壁柱墓也应是一种以苍梧郡为中心的土著墓葬形式。

与腰坑墓一样，壁柱墓在西汉早期后数量和分布地急剧减少的原因，同样应与南越国时期政策有关。当然，苍梧郡内壁柱墓依然持续到东汉中期的情况，同样表明，在远离政治中心的地点，土著越人顽强且坚定地保持习俗。

从墓葬规格看，28座壁柱墓平均长4.13、平均宽2.24米，平均面积9.23平方米，不仅远大于南越国时期县级官吏的墓葬平均面积3.723平方米的规格，也大于前述腰坑墓4.785平方米的平均面积，因此壁柱墓墓主的身份，也自当高于多数腰坑墓墓主。也就是说，很多壁柱墓的墓主，应是土著中更高级的贵族或首领。[1]

从28座壁柱墓的墓葬形制看，除2座为甲A类墓、1座为甲E类墓葬外，其余25座均为甲B类墓葬，甲B类墓葬明显最多。这种情况与广州03GDMM68王级越人墓葬为甲B类墓葬、腰坑墓葬中规格较大墓葬为甲B类墓的情况一致。因此这更加清晰表明，甲A类墓葬是当地普通土著人群的主要墓葬形制，而甲B类墓葬被更多高等级贵族或首领采用。这同样与2520座土坑墓中仅发现28座壁柱墓情况所显示出的情况一致，壁柱墓是一种更加少见的少数形制。

与腰坑墓不同，从不同规格墓葬的时代分布看，西汉初期虽在其他地点中存在着不少规格较小的壁柱墓——如广宁龙嘴岗M17面积2.136平方米，但在郡国治广州发现的壁柱墓的规格同样不大，如广州82北柳M46面积3.469平方米，远不及在近县治灵川、其他地点平乐所发现壁柱墓的规格，如平乐银山岭M55有11.44平方米。这大体表明在西汉初期刚刚建立的各级政治中心内，所居住的土著贵族的身份，应较那些其他地点（或"原住地"?）贵族的身份为低。但从西汉早期开始，这种情况就发生明显变化。

西汉早期，在郡国治广州发现的壁柱墓面积为6.528平方米，较之以前已大为扩大。西汉中期，在县治徐闻发现的壁柱墓，面积为5.28平方米，已比在其他地点平乐发现壁柱墓平均面积4.337平方米大了不少。西汉晚期，不仅目前所有壁柱墓均发现于郡国治，且其平均面积更达20.506平方米，规格巨大。因此从西汉一代壁柱墓规格在不同地点的时空差异看，从西汉早期开始，高等级土著人士日益离开原住地，向南下北人建立的政治中心移动。当然，从东汉中期在其他地点发现的壁柱墓看，其平均面积亦有15.334平方米，说明在那些远离政治中心的地区，在顽强生存的低阶层土著人群之上，还有着他们的首领或贵族。

（二）卵石铺底墓

目前共发现60座墓葬有卵石铺底（附图四·3·4）。[2]

在60座卵石铺底墓中，西汉初期22座（平乐9、始兴5，灵川、广宁、广州各2，贺县、

---

① 因腰坑墓主要集中发现在相当于西汉初期、西汉早期的南越国时期，因此，此处及下文就均以其与南越国县级官吏墓葬的规格进行相关分析。

② 在不同原始资料中，有的称为石子，有的称为卵石，本书统一称为卵石铺底。但在登记表中，保持原有称谓。

乐昌各1）、西汉早期19座（广州14、平乐2，贺县、邵武、长泰各1）、西汉中期2座（平乐2）、西汉晚期2座（平乐、贵县各1）、新莽至东汉初期1座（平乐1）、东汉早期1座（阳朔1）、东汉中期6座（岑溪4、平乐2）、仅知为西汉墓者1座（广州1）、仅知为东汉墓者6（柳江6）。

从时空分布看，西汉初期卵石铺底墓的发现最多，分布在南海郡（郡国治广州、其他地点广宁）、苍梧郡（县治贺县、其他地点平乐）、桂阳郡（其他地点乐昌、始兴）、零陵郡（近县治灵川）。从发现地点看，其分布点虽有郡国治、县治、近县治、其他地点4类，但从各地点发现墓葬的数量看，在政治中心广州、贺县所发现的墓葬均非常有限，大量墓葬集中在其他地点。因此如前所述，与腰坑墓、壁柱墓一样，卵石铺底墓的墓主同样与南下北人不同，为当地土著。卵石铺底墓应也是政治中心之外的一种土著墓葬形式。

西汉早期，卵石铺底墓的发现数量较多，分布于南海郡（郡国治广州）、苍梧郡（县治贺县、其他地点平乐）、闽越国（其他地点邵武、长泰），此时政治中心发现该类墓的数量已占绝大多数。

从西汉中期开始，虽卵石铺底墓一直断断续续延续到东汉晚期，但在相当长时间里，其无论墓葬数量，还是分布地点，均非常有限。大体上西汉中期见于苍梧郡（其他地点平乐）、西汉晚期见于苍梧郡（其他地点平乐），郁林郡（郡国治贵县），新莽至东汉初期见于苍梧郡（其他地点平乐），东汉早期见于苍梧郡（其他地点阳朔），东汉中期见于苍梧郡（其他地点平乐、岑溪），不仅同样以其他地点为主，而且也基本局限在苍梧郡内。因此与腰坑、壁柱墓一样，卵石铺底墓也是一种以苍梧郡为中心的土著墓葬形式。

从发展看，西汉中期当是其发展过程中的一个巨大转折点。西汉中期，卵石铺底墓忽然从其与西汉早期已大举进入的政治中心中消失，重新回到在西汉初期时以其他地点为主的分布格局，并一直保持再无较大改变。并且，从此之后，它们就根本性的、非常突然的从曾大量分布过的南越国郡国治广州消失。

因此，与腰坑墓、壁柱墓等不同，卵石铺底墓在西汉中期之后数量和分布地的急剧变化，除了在前述原因之外，应该还有着与广州本身密切相关的其他原因。也就是说，可能在西汉早期到西汉中期之交的时候，广州发生了某种影响重要的事件，乃至影响到该类墓的分布发生根本性格局变化，使其从西汉初期逐渐进入的广州地区完全退出。

从墓葬规格看，60座卵石铺底墓平均长4.19、平均宽2.12米，平均面积8.88平方米，不仅同样远大于后文将述南越国时期县级官吏的墓葬平均面积3.723平方米的规格，也大于腰坑墓4.785平方米的平均面积，仅小于壁柱墓的平均规格。因此，卵石铺底墓墓主的身份，应大体介于腰坑墓墓主和壁柱墓墓主之间。也就是说，卵石铺底墓中的很多墓主，可能是土著人中具有较高地位的贵族或首领。[①]

从60座卵石铺底墓的墓葬形制看，除7座为甲A类墓外，其余53座均为甲B类墓葬，甲B类明显最多的情况，与广州03GDMM68王级越人墓葬为甲B类墓葬，腰坑墓、壁柱墓葬中规格较大墓葬均为甲B类墓的情况一致。因此，这也就更加清晰的表明，甲B类墓葬是当地土著贵

---

① 因腰坑墓主要集中发现在相当于西汉初期、西汉早期的南越国时期，因此，此处及下文就均以其与南越国县级官吏墓葬的规格进行相关分析。

族或首领所采用的主要墓葬形式。这与 2520 座土坑墓中仅发现 60 座卵石铺底墓显示出的,卵石铺底墓为少数形制的情况一致。

与壁柱墓不同,从不同规格墓葬的时代分布看,西汉初期虽在其他地点中存在不少规格较小的卵石铺底墓——如始兴 85 旱头岭 M1 面积 1.71 平方米、广宁龙嘴岗 M19 面积 2.1 平方米,但同样存在着该时期最大的墓葬——如灵川马山 M3 面积 14 平方米、平乐银山岭 M8 面积 11.78 平方米。而在郡国治广州、县治贺县所发现的卵石铺底墓,其规格虽略小于前述平乐银山岭 M8 等墓葬,但却大于大多数同时期的卵石铺底墓,如贺州高屋背岭 M123 面积 7.04 平方米、广州 82 北柳 M6 面积 6.956 平方米。这大体表明,在西汉初期刚刚建立的各级政治中心中,居住的这些土著贵族的身份,虽较原住地贵族的身份为低,但却可能要高于壁柱墓的墓主。

西汉早期,这种情况就发生根本变化。不仅卵石铺底墓主要分布于郡国治广州、县治贺县等政治中心,且政治中心的卵石铺底墓的规格普遍偏大,此外还有贺县河东高寨 M5 这样面积达 83.4 平方米的高规格墓葬存在。而与此相反,在其他地点发现的墓葬不仅数量甚少,且规格普遍偏低。这与各墓墓主等土著贵族向政治中心地的聚集有直接关系。

而如前所述,从西汉中期开始,虽在西汉晚期郡国治贵县发现了面积 34.5 平方米的贵县中学汉墓,但西汉中期之后卵石铺底墓的发现地已基本集中在其他地点,这些地点所发现的墓葬规格普遍偏大。因此从该类墓时空分布和规格变化的情况看,在西汉早期至西汉中期之交时,大量土著贵族突然退出进入不久的北人南下建立的政治中心,重新回到原来生活的地区。当然,同样从该类墓一直延续到东汉晚期的情况看,在远离政治中心的地点,这些土著人群都在一直保持着原有的生活方式。

(三) 底铺膏泥墓

目前共发现 21 座墓葬底铺膏泥(附图四·3·5)。

在 21 座底铺膏泥墓中,西汉早期 3 座(贺县、贵县、连州各 1)、西汉中期 6 座(保靖 5、南昌 1)、西汉晚期 9 座(保靖 5,古丈、合浦、揭东、汨罗各 1)、新莽至东汉初期 3 座(保靖 2、肇庆 1)。

从时空分布看,西汉早期底铺膏泥墓发现甚少,仅见于苍梧郡(县治贺县)、郁林郡(郡国治贵县)、桂阳郡(县治连州)3 地,均为政治中心。

西汉中期,底铺膏泥墓发现增多,但分布发生根本变化,仅见于武陵郡(县治保靖)、豫章郡(郡国治南昌),亦仅见于政治中心。

西汉晚期,底铺膏泥墓数量继续增加,分布范围有所变化。见于南海郡(近县治揭东)、合浦郡(郡国治合浦)、武陵郡(县治保靖、近县治古丈)、长沙国(县治汨罗),在政治中心发现该类墓的数量依然占绝大多数。

新莽至东汉初期,该型墓数量大为减少,仅见于苍梧郡(县治肇庆)、武陵郡(县治保靖),均位于政治中心。

因此,从底铺膏泥墓的时空分布看,与前述壁柱墓、卵石铺底墓主要分布于其他地点,为岭南地区的土著性墓葬的情况完全不同,它应是一种主要分布于南岭以北的墓葬特征。

从墓葬规格看,21 座底铺膏泥墓平均长 5.595、平均宽 3.73 米,平均面积 20.869 平方米,规格甚大。西汉早期,平均长 10.34、平均宽 5.79 米,平均面积 59.869 平方米。从其中贺县金钟 M1、贵县罗泊湾 M2 均为列侯级墓葬看,该时期此类的墓主身份应以列侯为主。西汉中期,平均长 4.3、平均宽 3.21 米，平均面积 13.803 平方米，略小于该时期县级官吏墓葬 16.81 平方米的平均规格，墓主身份依然不低。西汉晚期，平均长 4.52、平均宽 3.05 米，平均面积 13.786 平方米，规格虽然继续降低，但依然大于该时期县级官吏墓葬 8.82 平方米的平均规格，墓葬身份应与前一时期基本持平；新莽至东汉初期，平均长 4.8、平均宽 3.5 米，平均面积 16.8 平方米，规格有所增加，以近时期西汉晚期县级官吏墓葬 8.82 平方米规格衡量，其墓主身份应明显较高。

在 21 座底铺膏泥墓的墓葬形制中，甲 B 类 15 座、甲 C 类 3 座、甲 D 类 1 座、甲 E 类 2 座，甲 B 类依然明显最多。

因此，从该类墓在西汉早期的墓主以列侯级为主，之后主要分布于岭北地区的情况看，结合前述甲 A 类墓主要为岭南地区土著性墓葬等情况可知，包括本类墓在内的甲 A 类之外的其他如甲 B、甲 C、甲 D 等类墓葬形制，都应主要为岭北地区的墓葬传统，而底铺膏泥更是岭北地区传统的墓葬制度之一，这与在湖南等岭北地区大量的楚汉高等级墓葬中，往往出现膏泥封填的情况一致。

（四）底铺木炭墓

目前共发现 14 座墓葬底铺木炭、细沙或草木灰（附图四·3·6）。[1]

在 14 座底铺木炭墓中，西汉初期 1 座（揭阳 1）、西汉中期 1 座（保靖 1）、西汉晚期 4 座（合浦 3、桂平 1）、新莽至东汉初期 1 座（长沙 1）、东汉早期 1 座（资兴 1）、东汉中期 2 座（始兴、光泽各 1）、东汉晚期 3 座（梧州、德庆、封开各 1）、仅知为东汉墓者 1 座（新兴 1）。

从时空分布看，西汉初期、西汉中期底铺木炭墓的发现均极少，仅见南海郡（县治揭阳）、武陵郡（县治保靖）；西汉晚期其数量渐增，见于合浦郡（郡国治合浦）、郁林郡（近县治桂平）；新莽至东汉初期，仅见于长沙国（郡国治长沙）；东汉早期，仅见于桂阳郡（仅郡国治资兴）；东汉中期，仅见于桂阳郡（其他地点始兴）、会稽郡（其他地点光泽）。

从上述情况看，虽该类墓的数量极其有限，但大体上从西汉初期开始一直到新莽至东汉初期，其分布以政治中心为主，而到东汉以后，更多发现于政治中心之外。因此，虽然它在西汉初期最早见于岭南地区，但据其以政治中心分布为主的角度分析，很可能也是非岭南土著的墓葬特征。

从墓葬规格看，底铺木炭墓平均长 4.41、平均宽 2.95 米，平均面积 13 平方米，规格明显小于前述底铺膏泥墓。西汉初期，其平均长 2.1、平均宽 1.4 米，平均面积 2.94 平方米，小于该时期南越国县级官吏墓葬的平均规格，墓主等级较低。西汉中期，其平均长 3.5、平均宽 3.4 米，平均面积 11.9 平方米，亦小于该时期县级官吏墓葬 16.81 平方米的平均规格，墓主身份依然较低。西汉晚期，平均长 6.12、平均宽 4.2 米，平均面积 25.7 平方米，规格大为增加。而如前已述，从其中包含合浦堂排 M1 这样规格甚大墓葬的情况看，该时期、该类墓墓主的身份应明显较高。新莽至东汉初期，其平均长 7.8、平均宽 5.66 米，平均面积 44.1 平方米。东汉早期，其平均长 5.4、平均宽 3.85 米，平均面积 20.79 平方米，以相近于西汉晚期县级官吏墓葬 8.82 平方米规格衡量的话，墓主身份均应较高。

东汉中期，其平均长 3.19、平均宽 2.21 米，平均面积 7.05 平方米；东汉晚期，其平均长

---

① 简称底铺木炭墓。

3.37、平均宽 2.4 米，平均面积 8.08 米，均远小于该时期县级官吏墓葬，墓主身份均应较低。

在 14 座底铺木炭墓的墓葬形制中，甲 A 类 1 座、甲 B 类 10 座、甲 C 类 3 座，甲 B 类依然明显最多。

四　墓壁特征

在甲种墓中，除直壁外还存在着斜壁和台阶式墓壁两种墓壁。在前文对各型墓壁情况分述后，我们可对其总体时空分布及有关特征开展进一步分析。

（一）斜壁墓

目前共发现 154 座斜壁墓（附图四·3·7），其分布范围较广（附录一附表 A 的附表 A161）。

西汉各时期斜壁墓数量非常接近，但从新莽至东汉初期开始，其数量就持续下降。

斜壁墓的分布范围较广，但不同时期的分布地点各有相同。西汉初期，斜壁墓分布于 8 地，其中苍梧郡数量最多。在各地点中，有 4 个地点为政治中心（南海郡广州，苍梧郡贺县，长沙国长沙、汨罗），近县治 1 处（零陵郡灵川）、其他地点 3 处（南海郡广宁、苍梧郡平乐、零陵郡灌阳），各级政治中心的数量略多。因此，从该时期斜壁墓广泛分布于岭南、岭北，且在政治中心和其他地点的分布较为接近的情况看，斜壁墓应是华南地区的一种分布范围较广的墓葬特征，与前述壁柱墓等不同，与特定的人群并无直接关系。

在 154 座斜壁墓中，有 16 座甲 A 类墓、107 座甲 B 类墓、19 座甲 C 类墓、3 座甲 D 类墓、9 座甲 E 类墓，甲 B 类墓葬亦占据绝对多数。其中又以无墓道的墓葬为主，如甲 A 类中有 14 座、甲 B 类中有 74 座、甲 C 类中有 7 座、甲 D 类中有 1 座、甲 E 类中有 3 座，共 99 座无墓道墓葬。

154 座斜壁葬的平均长为 4.24、平均宽为 2.68 米，平均面积为 11.36 平方米。其中甲 A 类平均长 3.29、平均宽 1.07 米，平均面积 3.52 平方米，规格明显偏小。在不同时期，斜壁墓的规格差异甚为明显（附录一附表 A 的附表 A162）。

西汉早期、西汉晚期，斜壁墓的平均规格均大于前述同时期县级官吏墓葬的平均面积；新莽至东汉初期、东汉早期，虽目前尚缺少同时期县级官吏墓葬的平均面积，但其远高于相近的西汉晚期县级官史墓葬的平均面积。因此在上述时期内，斜壁墓均应是同时期规格较大，墓主等级较高的墓葬。

西汉初期，虽与之后的时期相比，斜壁墓平均面积较小，但从南越国县级官吏墓葬仅为 3.723 平方米，且西汉初期斜壁墓有不少分布在南越国境内的情况看，此时的斜壁墓也应属规格较大，等级较高的墓葬。

西汉中期、东汉中期，斜壁墓的平均规格，均低于同时期县级官吏墓的平均面积，但高于西汉乡级官吏墓葬的面积，因此在上述时期内，该类墓墓主的社会等级也应较高。

但到东汉晚期，一方面斜壁墓的数量大为降低，另一方面其规格更远远低于同时期县级官吏墓葬的平均规格。因此，大体上此时采用斜壁墓墓主的社会等级已大为降低。

从上述情况看，斜壁墓的墓主，应在相当长的时间内都拥有较高的社会等级。这与斜壁墓在 3359 座墓中仅发现 154 座所显示出的（与腰坑墓等一样），是一种少数形制的情况相一致。

（二）台阶式壁墓

目前共发现 7 座台阶式壁墓（附图四·3·8）。

　　台阶式壁墓数量极少，西汉初期 2 座，见于苍梧郡（县治贺县）、武陵郡（郡国治溆浦）；西汉早期 4 座，见于武陵郡（县治沅陵）、长沙国（郡国治长沙）、闽越国（郡国治武夷山），均仅见于各时代的政治中心。因此，从其在西汉初期岭南、岭北均有分布，且均分布于政治中心的情况看，是与二层台墓葬一样，其应是一种高规格且分布广泛的墓葬结构，不过与二层台墓葬相比，其数量极少。

　　从墓葬规格看，6 座台阶式壁墓平均长 12.31、平均宽 9.87 米，平均面积 121 平方米，规格巨大。其中，西汉初期，平均长 4.5、平均宽 2.55 米，面积 11.5 平方米，不仅大于该时期南越国县级官吏墓葬的平均规格，且大于西汉早期县级官吏墓葬的平均规格，因此其墓主的等级应明显较高。西汉早期，其平均长 16.49、平均宽 13.5 米，面积 223 平方米，规格巨大，其中 3 座为王级墓葬，1 座为侯级墓葬，身份尊贵。而时代仅知为汉墓的郴州 96 筑路工程机械厂汉墓，其面积亦达 112 平方米，接近于西汉侯级墓葬平均面积 118.132 平方米，因此其墓主即使不是列侯，起码也是位郡级高官。

　　从上述情况看，台阶式壁墓的墓主，其身份均较高，是一种高等级墓葬的重要结构特征。

五　分室

　　在甲种墓中，除单室外，还存在分室与分层的现象。在前文对各型墓壁中相关情况分述后，笔者将对其总体的时空分布及有关特征开展进一步分析。

（一）分室墓

　　目前共发现 197 座分室墓（附图四·3·9），其分布范围较广（附录一附表 A 的附表 A163）。

　　分室墓的发展多有波折。其在西汉早期出现后，到西汉中期达到峰值，之后略有回落；当新莽至东汉初期又达峰值，然后再有下降；东汉中期再达峰值，之后回落。从三个峰值的演变趋势看，分室墓的发展虽然基本涵盖了两汉时期，但总体上在西汉中期达到峰值后就一直减少，偶有回升。

　　分室墓的分布范围较广，但不同时期的分布地点各不相同。

　　西汉早期，分室墓分布于 4 地，4 地均为郡国治所（南海郡广州、郁林郡贵县、长沙国长沙、闽越国武夷山）；西汉中期，发现于 4 地，3 地处郡国治所（南海郡广州、长沙国长沙、豫章郡南昌）、1 地处近郡国治所（桂阳郡资兴）；西汉晚期，发现于 4 地，均为郡国治所（南海郡广州、郁林郡贵县、零陵郡零陵、长沙国长沙）。其中广州地区发现数量明显较多。因此，西汉时期分室墓的分布，不仅广泛出现于华南地区，且集中于大型的政治中心。分室墓不仅是华南地区的一种分布较广的墓葬特征，且其墓主应有较高的政治身份和社会等级。

　　在新莽至东汉初期，分室墓分布于 6 地，其中郡国治 1 处（南海郡广州）、近郡国治 1 处（桂阳郡资兴）、县治 2 处（合浦郡徐闻、苍梧郡肇庆）、其他地点 2 处（苍梧郡平乐、阳朔）；东汉早期，发现于 2 地，其中近郡国治 1 处（桂阳郡资兴）、其他地点 1 处（苍梧郡阳朔）；东汉中期，发现于 4 地，其中郡国治 1 处（南海郡广州）、近郡国治 2 处（南海郡增城、桂阳郡资兴）、其他地点 1 处（苍梧郡阳朔）；东汉晚期，发现于 3 地，其中郡国治 2 处（南海郡广州、郁林郡贵县）、县治 1 处（苍梧郡阳朔）。从上述情况看，与西汉时期相比，从新莽时期一直到东汉晚期，分室墓的分布出现了两个明显变化：第一，虽然政治中心依然是分室墓的主要分布地，但不断于政治中心之外有发现，虽然这种远离政治中心的发展趋势并不强烈，但不绝如缕；

第二，除资兴一地位于南岭以北外，其余地点均位于岭南，不再向西汉时期一样，广泛分布于华南各地，其分布空间大为收缩。

在 197 座分室墓中，有 7 座甲 A 类墓、133 座甲 B 类墓、38 座甲 C 类墓、19 座甲 E 类墓，甲 B 类墓葬依然占据绝对多数。其中多数均有墓道，仅甲 B 类中 16 座、甲 E 类中 5 座，共 21 座无墓道的墓葬，仅为全部的 10.6%。

197 座分室墓平均长 5.14、平均宽 3.19 米，平均面积 16.397 平方米。其中甲 A 类平均长 6.20、平均宽 2.79 米，平均面积 17.298 平方米，规格相对较大。在不同时期，分室墓的规格差异甚为明显（附录一附表 A 的附表 A164）。

从后文分析看，在西汉早期、西汉晚期，分室墓的平均规格大于前述同时期县级官吏墓葬的平均面积；新莽至东汉初期、东汉早期，虽目前尚缺少同时期县级官吏墓葬的平均面积，但其远高于近时期西汉晚期县级官吏墓葬的平均面积。因此，在上述时期内，分室墓应是同时期规格较大，墓主等级较高的墓葬。由于在这些时期内，它们集中发现于郡国治等大型政治中心，因此这些分室墓的墓主，有很大可能与郡级官吏有密切关系。

西汉中期、东汉中期、东汉晚期分室墓平均规格均低于同时期县级官吏墓，其中西汉中期、东汉中期的差距相对较小。而到东汉晚期，其差距变得虽小，但均大于西汉乡级官吏墓葬的面积。因此，在上述时期内，该类墓墓主的社会等级，虽与其他时期相比相对较低，但依然应具一定地位。

西汉中期，不仅绝大部分分室墓发现于广州、资兴 2 地，且 2 地发现分室墓的数量也基本相等。但从 2 地墓葬规格看，广州分室墓平均面积 10.590 平方米、资兴分室墓平均面积 13.215 平方米，资兴的规格明显大于广州的规格。而以西汉早期广州分室墓平均面积 27.562 平方米规格来看，西汉中期广州分室墓已"缩水"到仅为西汉早期的 38.4%。如前文所述，南海郡郡国治广州地区各型墓葬，在西汉中期及之后大多减少，因此，一方面分室墓数量在西汉中期以后在广州快速增加，另一方面墓葬规格在大为缩减。到西汉晚期，广州分室墓规格虽略有增加，达 13.446 平方米，但也仅为西汉初期 48.7%，尚不及原来一半。虽在新莽至东汉初期，广州分室墓平均面积进一步增加到 16.672 平方米，但东汉中期回落到 13.250 平方米，东汉晚期更减小至 12.711 平方米，均小于西汉晚期。由此可知，广州分室墓在西汉早期后，除东汉晚期外，所走的是一条墓葬数量与墓葬规格背道而驰的道路，这无疑是一个非常值得重视的现象（附图四·3·10）。

（二）横前堂墓

横前堂墓是分室墓的特殊形式，目前共发现 10 座。

横前堂墓仅发现于分室墓中。虽然其在西汉早期即已出现，但总体上数量甚少，仅见于广州、长沙等郡国治所，以西汉晚期发现的墓葬数量略多。

10 座横前堂墓均为甲 B I 型、除广州 97 北横 M4 外均有墓道。而从广州 97 北横 M4 的介绍看，该墓"墓口被毁，残深约 0.6 米，封土及墓道情况不明"，因此据其他 9 墓均有墓道来推测，此墓原亦应有墓道。

10 横前堂墓平均长 8.25、平均宽 3.02 米，平均面积 24.915 平方米。较前述分式墓 17.034 平方米的规格明显较大，因此横前堂墓应是分室墓中的大型墓葬。从发现该类墓最多的广州看，虽从西汉中期开始，横前堂墓的规格开始逐渐下降，但却明显的大于同时期其他分室墓（附图四·3·11、附图四·3·12），显示出其应是分室墓中的高等级墓葬。从长沙地区看，西汉晚期长沙 M401 的面积高达 278.658 平方米，非常接近于同时期王级墓 281.78 平方米的规格。在该墓出土遗物中，不仅有"刘骄"银印，且"墓西南方约 20 米的附近，有长沙王后的墓，墓中所出漆盘有'杨主家般'及'今长沙王后家般'字样。刘骄墓所出漆盘残片上亦书有'杨主家般'，书体与长沙王后墓所出的完全一样"。因此，不仅原报告认为"刘骄与长沙王后当系同一家属"的认识应该无误，其认为"墓主人系王族亦属可能"的推测不仅应可成立，而且 M401 应该更有可能是一座诸侯王级的高等级墓葬。

从上述情况看，如果说分室墓很大可能与郡级官吏有较密切关系，那横前堂墓墓主的等级就只能更高。但从各阶段横前堂墓的规格大部分又小于同时期侯级墓葬而高于如五官掾等郡级属吏的规格差异看，横前堂墓的墓主很可能介于郡级至侯级之间，而这也与其仅发现于郡国治所的情况一致。

除横前堂外，分室墓中还有分层、假分层等不同的结构特点，由于前文已有较多讨论，在此从略。

六　偏墓道墓

秦汉华南墓葬中有少数墓葬的墓道不位于墓葬轴线而偏于一侧。在前文对各型墓壁中的相关情况加以分述后，笔者将对其总体时空分布及特征开展进一步分析。目前共发现墓道偏于一侧的偏墓道墓共 49 座（附图四·3·13）。

从时空分布看，西汉初期 2 座，偏墓道墓见于南海郡（郡国治广州 1）、桂阳郡（其他地点乐昌 1）；西汉早期 9 座，见于南海郡（郡国治广州 7）、苍梧郡（县治贺县 1）、桂阳郡（近郡国治资兴 1）；西汉中期 4 座，见于南海郡（郡国治广州 2）、武陵郡（县治保靖 1）、长沙国（近县治湘乡 1）；西汉晚期 2 座，见于南海郡（郡国治广州 1 座）、武陵郡（县治龙山 1 座）；新莽至东汉初期 5 座，见于郁林郡（郡国治贵县 4 座）、武陵郡（县治龙山 1 座）；东汉早期 9 座，见于武陵郡（县治龙山 9）；东汉中期 7 座，见于南海郡（郡国治广州 2）、苍梧郡（其他地点昭平 1）、桂阳郡（其他地点始兴 2）、武陵郡（县治龙山 2）；东汉晚期 7 座，见于苍梧郡（其他地点阳朔 2）、桂阳郡（近郡国治资兴 2）、豫章郡（近县治安福 3）；仅知为东汉墓者 4 座，见于豫章郡（县治宜春 4）。

虽各时代该类墓的数量均不多，但从时代看，其在南海郡、桂阳郡等地发现数量明显较多，出现时间较长，而其他地点仅为零星发现，偏墓道墓应是以南海郡、桂阳郡为中心的一种墓葬特征。由于西汉时期该型墓多发现于政治中心，且墓葬均未发现前述土著文化现象，因此在这些时期的此类墓墓主应与南下北人有很大关系。

从偏墓道墓的时空分布看，在西汉初期、西汉早期，其大体仅限于南海郡、桂阳郡等地。从西汉中期至西汉晚期，在岭南除广州还有零星发现外，其集中出现在岭北的武陵郡和长沙国境内。而后，虽在新莽至东汉初期时郁林郡内发现有该类墓葬，但总体上主要的发现点仍然集中在岭北。此外，一直到东汉中期，该类墓才再次在岭南地区的较大范围内重新出现。到东汉晚期，其分布地点向豫章郡扩散。

从墓葬规格看，该类墓平均长 4.37、平均宽 2.57 米，平均面积 11.2 平方米，规格较大。从广州地区看，西汉初期、西汉早期的该类墓平均面积 9.679 平方米，远超南越国县级官吏墓葬的平均规格，墓主等级明显较高。西汉中期，其平均规格更达 19.217 平方米，虽低于本地区该时期的横前堂墓葬，但却大大超过同时期该地前述分室墓的平均规格，墓主身份依然甚高。而西汉晚期发现的偏墓道墓，在平面上即为横前堂结构，面积更大，达 33.843 平方米，墓主地位自应不低。但到东汉中期，当其在广州地区重新出现时，规格大为缩小，仅有 8.316 平方米，前后差异甚大。

在 49 座偏墓道墓中，甲 A 类 1 座、甲 B 类 25 座、甲 C 类 6 座、甲 D 类 2 座、甲 E 类 2 座、乙 A 类 3 座、乙 B 类 9 座、丙 B 类 1 座，其中甲 B、乙 B 类墓葬的数量均明显占优。

第四节   墓葬等级与规格

国内外研究者普遍认为，墓葬作为死者社会地位和社会势力范围的反映，可以被理解成是社会行为的扩充，是社会组织的一种表现形式。因此，社会角色特别是社会等级差别，在墓葬中也就通常通过劳力花费、对权势财富象征物的占有和人口统计上的划分来表现。建造墓葬所花费的劳力和墓葬中放置随葬品的质与量，不仅直接反映墓主的身份等级，而且还反映其与劳动力、奢侈品生产者之间的社会分化。运用量化分析的方法来表述每一座墓葬的相关内容，并开展比较和统计，就可使各项分析过程和结果更为客观。于是定量统计就自然成为国内外墓葬研究的重要手段。[①] 秦汉华南墓葬的研究也同样如此。

根据墓中出土的遗物及学者研究，在华南地区已发现的秦汉墓葬中，以下几个等级墓葬的墓主身份大体较为明确。

一 王级墓葬[②]

秦汉华南确定为或疑似为王级的墓葬，主要有 12 座（附录一附表 B 的附表 B1），分别位于武夷山、广州、长沙、西林等 4 个地点，以下分 5 个方面介绍：

第一，武夷山牛山 M1、广州 03GDMM68 均为大型的人字形木椁墓，与绍兴印山越王陵的木椁结构相同，具有相同的文化内涵，且分别位于闽越族、南越族的都城周围，其墓主当为越族贵族无疑。从 2 墓的墓葬规格看，武夷山牛山 M1 不仅原报道已指出其为福建发现的最大规格汉墓，且其 23 米的墓葬长度已超过现知的其他华南王级墓葬。而广州 03GDMM68 的规格也大于南越国第二代南越王赵眜之墓。因此 2 墓虽均严重被盗，但无论从其发现的地望、墓葬规格，还是墓葬形制来看，其作为闽越族、南越族的王级墓葬的认识均应可以成立。

第二，广州 83 象岗南越王墓出土有"文帝行玺""赵眜""泰子"等印章、封泥，墓葬规格巨大，出土物丰富，发掘报告已经指出，其当为史汉所载的南越国第二代南越王赵眜之墓（图四·4·1）。

第三，广州 83 凤凰岗 M1，该墓虽被盗严重，但在残余之物中依然包含了许多的精美玉器，为广州地区汉墓罕见，有学者于是推测其为三国时被盗的第三代南越王婴齐之墓。该墓规格甚大，棺椁结构复杂，如底板用 24 根粗大方木铺成，最大边长 0.4 米以上，其中 1 根长 4.6、宽 0.44 米；底板下有 2 根纵向枕木，长 13.5、宽 0.18、高 0.18 米，并铺厚约 0.1 米白膏泥夹细沙。椁室长 11.5、宽 3.8 米，后端与坑壁间距 2.3 米，东西两侧与坑壁间距 0.95 米，外填河沙。

---

① 秦岭：《类型价值与墓葬价值——介绍墓葬研究中的一种量化方法》，《华夏考古》2007 年第 3 期，第 133—138 页。
② 指王墓及其王后之墓。

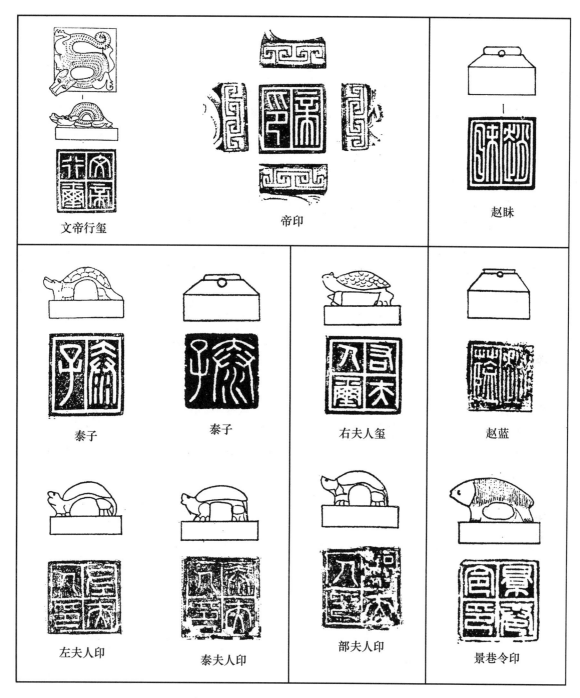

图四·4·1　广东广州南越王墓出土玺印

（载广州市文化局《考古发现的南越玺印与陶文》，澳门特别行政区民政总署文化康体部 2005 年版，第 20—38 页）

墓道宽 3.2、残长 7.9 米。其规格巨大，为广州罕见。因此其即使不是婴齐之墓，也应是一座王级或列侯级的高等墓葬。

第四，长沙象鼻嘴 M1、长沙陡壁山 M1、长沙 93 古坟垸西汉墓、长沙 06 凤篷岭西汉墓为 4 座墓主已基本明确为长沙王或长沙王后的墓葬。长沙狮子山西汉墓、长沙扇子山西汉墓虽都尚未发掘，但从该墓与长沙象鼻嘴 M1、长沙陡壁山 M1 邻近且时期相近，均单据一个山头的情况看，它们也应是长沙王或长沙王后墓。

第五，西林 72 普陀铜鼓墓、西林 69 普驮屯古墓均发现于广西西林，为文献中的句町国所在，学者根据其特殊的墓葬结构和丰富的随葬品等墓葬特征，认为其可能为句町国王级的贵族之墓，其说虽证据较少，但在更多资料发现之前，这样的认识尚可疑从。

上述这 12 座墓葬，即包括了华南地区曾存在过的长沙国、南越国、闽越国等诸侯国或政权的王墓，也包括了西南夷地区少数民族的王级墓葬，具有较高的代表性。在 12 座墓中，除长沙狮子山西汉墓、长沙扇子山西汉墓、西林 72 普陀铜鼓墓、西林 69 普驮屯古墓等 4 墓或未曾发掘或形制不明外，其余 8 座墓葬分 2 类：第一类，甲种墓，共 7 座，均为带墓道的大型竖穴土坑木椁墓；第二类，丙种墓，共 1 座，为大型的带墓道石室墓，并设外藏坑。

根据上述 12 座墓葬的情况，华南地区王级墓葬一般应具有以下特征：第一，位于都城周围；第二，带有墓道；第三，如为甲种墓，均应有大型木椁；第四，墓葬规格非常庞大，构造复杂；第五，多数墓葬内有较多的墓室。[①]

从上述 12 墓的墓葬规格看：

南越国王级墓葬明显小于长沙国王级墓葬，如广州 83 凤凰岗 M1 确为南越国第三代南越王婴齐之墓，从其与象岗南越王墓的规格比较看，南越国王级墓葬的规格还存在越来越小的缩减趋势。

西汉早期长沙国的王级墓葬规格较大，而到西汉中期，墓葬规格明显变小。但到西汉晚期时，墓葬规格再次增大。

西汉早期长沙国长沙象鼻嘴 M1、长沙 93 古坟坑西汉墓 2 墓平均面积 298.866 平方米，为南越国广州 83 象岗南越王墓、广州 83 凤凰岗 M1 两墓平均面积 107.142 平方米的 2.78 倍，两国王墓规格相差悬殊。如排除广州 83 凤凰岗 M1，长沙国王级墓葬依然为南越国王级墓葬规格的 2.20 倍，差距依然甚大。

从象岗南越王墓中不仅出土南越国第二代南越王"赵眜"的尸骨，而且该墓还有三位夫人埋葬的情况看，当时南越国可能采取的是同茔同穴的合葬形式（当然王后究竟是先死，等王去世后移来合葬，还是其为从死或被杀殉，在今天已较难判别），这与长沙国采取的同茔异穴的合葬形式有明显差异。

二 列侯级墓葬[②]

华南地区确定或疑似列侯级的墓葬，主要有以下 12 座（附录一附表 B 的附表 B2）。分别发现于长沙、沅陵、零陵、莲花、宜春、衡阳、贵县、贺县 8 地，以下分 7 个方面介绍：

第一，在长沙马王堆 M1、M2、M3 三座墓葬中，长沙马王堆 M2 据出土印章，应为轪侯利苍；长沙马王堆 M3 发掘者推测为轪侯利苍之子，嗣位轪侯的兄弟；长沙马王堆 M1 为轪侯利苍之妻。长沙马王堆 M2、长沙马王堆 M1 分别为列侯和列侯夫人，均属列侯墓葬。长沙马王堆 M3 墓主如确为嗣位轪侯的兄弟，未曾嗣位为轪侯，其墓理应非列侯墓。但从该墓不仅规模大于轪侯利苍所葬的

---

① 这里与前文提到的"分室"有一定的不同。在象岗南越王石室墓中，其明显分为主室、侧室、后室、前室等较多的墓室；在长沙发现的各座长沙王墓中，多数有黄肠题凑，其内更多有回廊，墓内被分为放置墓主棺具的棺室、放置随葬品的较多藏室；在武夷山牛山 M1、广州 03GDMM68 中，虽未报道有分室，但从 2 墓甚长且宽的情况看，在其人字形的木椁中，原来大体也应该存在分为几个墓室的情况。

② 指列侯及其夫人之墓。

长沙马王堆 M2，且其墓葬形制也与长沙马王堆 M2 相似，随葬品也甚为丰富的情况看，即使其墓主并未嗣位为轪侯，但其墓葬依然应是按列侯级墓葬的规格进行建设，所以应将其作为列侯墓葬加以认识。

第二，沅陵虎溪山 M1 出土有"吴阳"玉印，并出土有简牍文书，与文献记载的沅陵侯一致，为长沙成王之子，乃列侯墓葬无疑。

第三，莲花 07 安成侯墓，该墓被盗严重，但出土"安成侯印"金印。

据《汉书·王子侯表》，安成思侯为长沙定王子刘苍，于汉武帝元光六年受封，在位 13 年。元鼎元年节侯自当嗣，后侯寿光嗣，五凤二年下狱死。发掘者结合墓葬出土器物所判定的墓葬时期，认为该墓的墓主当为西汉安成侯刘苍。

第四，宜春 84 白泥山汉墓，该墓发掘时间甚早，至今未报道具体的墓葬规格，发掘者提出其可能与宜春侯刘成有关。目前我们仅知该墓为一椁二棺，其中椁室东西长 3.12、南北宽 2.3米，外高 1.45、内深 0.8 米，前后壁厚 0.21、左右壁板厚 0.26 米，四壁与底板之间无榫卯。有盖板 5 块，宽 0.24—0.78、厚 0.21、长 2.3 米，搭榫相接，与椁外壁齐平。底板三块，长 3—3.12、宽 0.74—0.8、厚 0.24 米，其中一块在木板中部阴刻隶书"黄毌"2 字。在出土的 50 余件器物中，不仅有陶质仿铜礼器、且有漆器鼎、敦、锺、钫的组合。其规格较大，等级甚高，报道者将墓主推测为宜春侯的认识暂可疑从。

第五，零陵刘彊墓出土有铜印"刘彊"、封泥"臣敞"。据封泥出土及其他资料，发掘者认为其既然有家臣，墓主当为列侯，而根据地望，其可能应为某代泉陵侯。因史汉中泉陵侯多数失名，故难以确定其说是否成立。不过从该墓规格庞大，出土器物丰富的情况看，其为泉陵侯的可能性甚大。故按发掘者意见，将其作为列侯墓葬看待。

零陵 95YM2，该墓被盗严重，未发现墓主名称，仅在墓葬出土漆器上发现较多纪年。该墓内有重椁重棺，外椁长 8.52、宽 6.72 米，南外藏室宽 1.5 米。内椁四壁倒塌，外棺已残，长2.84 米。内棺髹红漆。椁底及四壁椁顶双层木枋扣合，椁底厚 0.48 米，2 根东西向枕木，底板上 4 根凿槽木枋构成四壁基础，130 根立木组成四壁，南北厚 0.5、东厚 0.4、残高 1 米余。椁室内南北向横木枋及隔板分出前后室，前室东西 2.5 米，后室置内椁及棺。内椁下 4 根木枋承托。墓葬封填严密，在墓坑内以炭屑和白膏泥的混合物，隔一层厚 10—15 厘米白膏泥，并加铺一层 3—5 厘米木炭屑。结合该墓规格甚大、时期为西汉晚期的情况，发掘者认为其墓主可能为泉陵侯刘庆之妻的意见，大体应可成立。

第六，衡阳天子坟，该墓为传世墓葬，当地地方志传其为钟武侯刘圣之墓。刘圣见《汉书·王莽传》，"故汉钟武侯刘圣聚众汝南称尊号"。据《汉书·王子侯表》，钟武节侯刘度为长沙顷王之子，汉宣帝元康元年正月受封，传至哀侯霸时无后。《汉书·地理志》载钟武侯国属江夏郡。因此从地望看，衡阳天子坟可能并非钟武侯刘圣之墓。此墓尚未发掘，其墓主为谁，目前只能暂且存疑。

第七，贺县金钟 M1，出土有"右夫人印"；贵县罗泊湾 M2 出土有"夫人"玉印、"家啬夫"封泥；贵县罗泊湾 M1 虽未出土印章，但该墓不仅规格大于贵县罗泊湾 M2，与 M2 相距不远，且出土有"布山""市府草""东阳田器志"木牍等大量文字资料，随葬物非常丰富。从象岗南越国墓侧室女性尸骨附近分别出土"左夫人印""右夫人印"等印章资料看，贺县金钟 M1既然出土"右夫人印"，该墓墓主的级别应与其大体相似，其自当下南越王墓一等，为列侯级别墓葬。贵县罗泊湾 M2 同样出土"夫人"玉印，表明其墓主级别同样应与南越王墓陪葬的各位夫人相似，"家啬夫"封泥的出土，更标示墓主身份为列侯级别。因此，从墓中出土"夫人"印章看，该墓当与马王堆 M1 一样，大体是列侯夫人之墓。距其不远，规格更大的罗泊湾 M1 的墓主，就应为列侯。发掘者推测罗泊湾 M1 的墓主为桂林郡守、尉，为桂林郡的最高官吏。由此，罗泊湾 M2 的墓主为南越国派驻当地王侯一级官吏的配偶等的认识，应可成立。

在将衡阳天子坟暂且排除在外后，其余 11 座墓葬的墓主就实际仅有轪侯、沅陵侯、安成侯、泉陵侯、宜春侯、南越国佚名列侯等 7 个列侯及其夫人之墓。虽其均为西汉墓葬，且对华南地区在两汉时曾设过的大量侯国言，上述可大体确定为列侯级别墓葬的数量甚少，代表性较低，但从这些有限的墓葬中，我们还是依稀可以得出一些列侯级墓葬的基本特征：第一，均为带墓道的大型竖穴土坑木椁墓；第二，大体均位于当时的侯国治所周围；第三，墓葬规格较大，但不同时期、不同侯国的列侯级别墓葬的规格相差悬殊；第四，多数墓葬的木椁内有较多的器物箱或有不等的分室。

从马王堆三座汉墓的发现情况看，列侯及其夫人的墓葬规格大小，可能并没有甚为严格的制度规定，不仅夫人之墓的规格上可以超过列侯之墓，而且列侯之子的规格也可超过列侯。当然，如果从马王堆三座墓葬的时期前后看，明显有早期规格较小，较晚规格渐变大的现象。同样，从墓葬时期看，西汉早期列侯墓普遍较大，而西汉中期乃至之后的列侯墓明显变小。此外，从岭南、岭北看，南越国境内罗泊湾 M1 等 3 座列侯级墓葬的平均面积为 105.161 平方米，而岭北地区同为西汉早期的长沙马王堆 M3、长沙马王堆 M1、沅陵虎溪山 M1 这 3 座列侯墓的平均面积为 234.503 平方米，为南越国列侯墓葬平均规格的 2.23 倍，与长沙国与南越国的王级墓葬的规格之间 2.20 倍的规格差异极为接近。

三 县级官吏墓葬[①]

根据出土文字资料，可大体确定为县级官吏的墓葬约有 21 座（附录一附表 B 的附表 B3）。

在该类墓葬中，多数随葬滑石印章，个别随葬铜印。从印章内容看，其或为县丞，或为县尉。因此，据这些印章可大体推定其墓主原应为汉代的县级官吏。而在保靖 02—03 清 M1 出土的铜壶上，铭"万岁㜀令第朱五"。发掘者认为，"万岁㜀令"应为机构之名，虽然该器为战国中期作品，但其上文字却当为秦代或汉初所刻。由于目前尚未见到以"万岁"为首的机构名称，笔者倾向于认为，该器所见"㜀"更可能是地名，而"令"为官名。据《汉书·百官公卿表》："县令、长，皆秦官，掌治其县。万户以上为令，秩千石至六百石。减万户为长，秩五百石至三百石"，其墓主大体应为县级官吏，与该墓规格甚大的情况吻合。

这 21 座墓葬位于湖南、广西境内，其他省区尚无发现。据相关文字，墓主分别在长沙国（如常德五里村 M30、常德 92DWM1、常德常南 M10）、武陵郡（长沙 00 王家坪西汉墓、常德 73 常南 M1、常德常东 M1、常德南坪 M63、津市 96 津新豹 M2、常德 95 新安 M2）、苍梧郡（藤县鸡谷山西汉墓）3 郡国内任职。

从现在资料较多的西汉时期县级官吏的墓葬看，虽然墓葬开口形状有所差异，但均为竖穴土坑墓。而与前述王级、列侯级墓葬不同，县级官吏墓葬存在有墓道和无墓道两种，其中有墓

---

① 指郡国之下所设的县、侯国的县级官吏，包括县令、县丞、县尉等等。

道墓葬的数量明显占优；木椁的有无并不确定，有木椁墓葬的数量亦明显占优；墓葬规格相对甚小。从东汉时期的6座县级官吏墓葬看均为砖室墓，其中双室墓较多，与西汉同级墓葬相比，其规格有明显增加。

如将其与王级、列侯级墓葬进行比较，三者间的规格差异非常突出（表四·4·1）。

表四·4·1　　　　　　　王级、列侯级、县级墓葬平均规格统计表①　　　　　　　单位：平方米、倍

	西汉初期	西汉早期	西汉中期	西汉晚期	西汉	西汉平均	东汉中期	东汉晚期	东汉	东汉平均
王级1	141.154	203.004	128	281.78		188.484				
王级2		298.867	128	281.78		251.878				
侯级1	99.947	193.820	79.21	94.76		151.605				
侯级2	99.947	282.478	79.21	94.76		171.509				
县级		8.23	16.81	8.82	17.92	10.118	20.334	31.248	48.594	32.377
王级2、侯级差距		1.52	1.62	2.97		2.13				
王级2、县级差距②		36.31	7.61	31.94		24.89				
侯级1、县级差距		23.55	4.71	10.74		14.98				
侯级2、县级差距		34.32	4.71	10.74		8.96				

无论王级墓葬，还是列侯级墓葬，都存在西汉早期、西汉晚期两个峰值，而西汉初期、西汉中期相对较小。西汉时期，县级官吏墓葬的规格以西汉中期为大，西汉晚期为小；在东汉时期，以东汉晚期最大。在县级官吏墓葬中，东汉时期墓葬的规格普遍大于西汉时期的同级墓葬。

列侯级墓葬不仅均小于王级墓葬的平均规格，且随着时间发展，原在西汉早期已逐渐拉近的与王级墓葬的规格差距，从西汉中期开始逐渐变大。

从有资料可比较的西汉时期看，县级官吏墓葬与王级2墓葬的规格差异近25倍，与列侯级墓葬的规格差异近15倍，均远远大于列侯与王级2之间平均规格相差仅2.13倍的差距。这大体应与王与列侯在等级上邻近，而列侯与县级官吏之间却存在巨大级差有直接关系。

据《独断》载："诸侯王，皇子封为王者称曰诸侯王。徹侯，群臣异姓有功封者称曰徹侯。避武帝讳，改曰通侯，或曰列侯也。""汉制，皇子封为王者，其实古诸侯也。周末诸侯或称王，而汉天子自以皇帝为称，故以王号加之，总名诸侯王。［王］③子弟封为侯者，谓之诸侯。群臣异姓有功封者，谓之徹侯，后避帝讳，改曰通侯。法律家皆曰列侯。"又如《汉书·哀帝纪》："诸侯王、列侯、公主、吏二千石及豪富民多畜奴婢。"均表明列侯的地位仅次于诸侯王。

如前已引，"县令、长，皆秦官，掌治其县。万户以上为令，秩千石至六百石。减万户为长，秩五百石至三百石。皆有丞、尉，秩四百石至二百石，是为长吏。"而县上为郡，"郡守，

---

① 墓葬规格，在此指墓葬的占地面积，为计算方便，均以墓长×墓宽，单位平方米，均非墓葬的实际墓葬空间面积，均不含墓道面积在内。"差距"栏单位为"倍"。王级1，含南越国王级墓葬在内；王级2，指不含南越国王级墓葬，由于闽越国王级墓葬无墓宽，故王级2均为长沙国的王级墓葬。侯级1，含南越国侯级墓葬在内；侯级2，不含南越国侯级墓葬。

② 指王级2墓葬平均规格与县级墓葬平均规格的差距，单位"倍"，下同。

③ 《史记·吕后本纪》《集解》云："蔡邕曰：皇子封为王者，其实古诸侯也。加号称王，故谓之诸侯王，王子弟封为侯者，谓之诸侯。""抱经堂丛书本"校："旧脱一王字。据《史记·吕后本纪·集解》补，无下'弟'字。"今从。

秦官，掌治其郡，秩二千石……郡尉，秦官，掌佐守典武职甲卒，秩比二千石。"而据前述《汉书·哀帝记》及其他大量文献，列侯排序均在二千石官吏之前。因此单从官秩比较看，县级官吏与郡级官吏之间的差异已然很大[1]，那更不用说其与列侯之间的"天差地远"了。因此，县级官吏与列侯级的墓葬之间，规格相差近 15 倍，也就无怪可奇。

在现有可基本确认为县级官吏的墓葬中，未发现南越国的县级官吏墓葬，因此也就难以确定南越国县级官吏墓葬的平均规格。但如参照长沙国、南越国在王级和列侯级墓葬平均规格上平均有近 2.21 倍的差异，按西汉早期南越国之外县级墓葬平均规格为 8.23 平方米计算，南越国县级官吏墓葬的平均规格，大体就应在 3.723 平方米左右，与南越王王级墓葬平均面积 107.142 平方米之间，相差 28.77 倍。如排除广州 83 凤凰岗 M1，仅以象岗南越国墓 135.625 平方米计算，南越国县级和王级墓葬的平均规格即相差 36.42 倍，极近于同时期王级 2 与县级墓葬规格相差 36.31 倍的数值。因此，南越国县级墓葬以 3.723 平方米为平均规格的数值，可能较为接近于当时的基本情况。

四　其他各级官吏墓葬

在前述王级、列侯级、县级墓葬之外，在华南 60 年来所积累的墓葬资料中，还有一些墓葬虽没有确切判定墓主身份的物品，但出土有印章、封泥、铜器铭文等文字资料。可将其暂归一类开展分析（附录一附表 B 的附表 B4）。这些墓葬的墓主大体分以下几种情况：

第一，长沙 59 长柳 M32，该墓在严重被盗后，出土陶器 33、铜器 1、铁器 1 件，另出土泥五铢若干件。其仅存的铜尊为圆柱形，有盖，腹饰三道宽带纹，钮耳衔环，有提梁，虽仅高 17 厘米，但刻有"闵翁主家" 4 字。据文献，翁主为汉代诸侯王女的称谓，如《史记·齐悼惠王世家》注如淳云："诸王女云翁主"。而翁主的地位甚高，大体在公主之下，二千石之上，如《汉书·成帝纪》云"赐诸侯王、丞相、将军、列侯、王太后、公主、王主、吏二千石黄金"，其中"王主"即"翁主"。而从《汉书·王吉传》所载的"汉家列侯尚公主，诸侯国人承翁主"看，翁主的婚配范围一般较广。虽出土铜尊并不意味着墓主即为翁主，但铜尊的发现已表明其墓主应与翁主有较为密切的关系。而从该墓 100.750 平方米的规格看，其不仅大于该时期列侯墓葬 79.21 平方米的平均规格，也接近于该时期王级墓葬 128 平方米的平均规格，介于王级与列侯级墓葬的平均规格之间，因此，大体上该墓的墓主应具有高于一般列侯的社会地位。结合该墓虽被盗，但出土器物不仅陶器较多，且有较精美铜器以及铁器等情况看，该墓基本上应可作为列侯墓葬。

第二，合浦 71 望牛岭西汉墓，该墓规格庞大，由主室和耳室等组成，形制非常罕见，出土器物众多，共约 206 件，包括陶器 39、铜器 118、铁器 3、金器 14、漆器 25、玉器 7 件，此外还有铜钱和其他种类的器物若干。陪葬品大多制作精美，并有"九真府、九真府口器"等题记。其主室、耳室均为单层木椁，主室木椁长 6.2、宽 3.5、高 2.3 米，地板、壁板内侧和椁门内髹朱漆。椁门装鎏金四叶花泡钉、铺首衔环。底板下依次铺白细沙、木炭、黄膏泥。南耳室椁室长 1.6、宽 4、高 1.1 米；北耳室椁室长 1.8、宽 4.1 米。而该墓高达 361.2 平方米的面积，更远远高于同时期王级墓葬 128 平方米平均面积的 2.82 倍以上。因此发掘者认为该墓"为合浦地区

---

[1] 据《汉书·百官公卿表》，万户县令之秩为千石至六百石，不足万户之县的县长官秩仅五百石至三百石。而郡守为二千石，郡尉为守二千石。县、郡之间的差异明显很大。

的郡县官吏或合浦地方豪强的墓葬"的认识,不仅无误,而且可能还低估了该墓墓主的原有身份。结合该墓独特的墓葬结构、精美的随葬品、文字资料,其墓主不仅不会是一位县级官吏,而更大的可能是一位具有较高爵位(如列侯)的郡级官吏。

第三,湘乡87乡枚M1,墓葬砖铭有"零陵太守五官屈府掾金室""阳嘉三年造""门下口泪扬"等。从"零陵太守五官屈府掾金室"看,该墓应为零陵太守所属"五官屈府掾"的墓葬。五官掾,文献多见,据《续汉书·百官志》,郡属官"有五官掾,署功曹及诸曹事";如《后汉书·谅辅传》的"谅辅字汉儒,广汉新都人也。仕郡为五官掾";《后汉书·任光传》的"功曹阮况、五官掾郭唐等"注引《续汉志》曰"五官掾,掌署诸曹事";《后汉书·董宣传》的"累迁北海相。到官,以大姓公孙丹为五官掾";《后汉书·李云传》的"弘农五官掾杜众伤云以忠谏获罪"。而该墓28.52平方米的墓葬规格大于同时期县级官吏墓葬20.334平方米的1.40倍左右,符合墓主为郡级属吏五官掾这一等级较高的身份特点。因此,无论从墓主身份,还是从墓葬规格看,该墓均是一座郡守以下,县级以上的郡级高官墓葬。

第四,广州73淘金坑M7、广州M1070(55东侨M6)、广州M1148(55东侨M27)、长沙56B2、衡阳86衡赤M131、广州M2062(55北横M25)、长沙53白沙新莽墓、资兴78M123、资兴78M132、广州M5066(55东茶M4)、安福02车田M1、耒阳56西郊东汉砖室墓等12座墓葬均出土铜印。据《汉书·百官公卿表》载:"凡吏秩比二千石以上,皆银印青绶,光禄大夫无。秩比六百石以上,皆铜印黑绶,大夫、博士、御史、谒者、郎无。其仆射、御史治书尚符玺者,有印绶。比二百石以上,皆铜印黄绶。"二百石至六百石官吏的印章均为铜印,所差异者唯有印绶颜色。在上述各墓出土印章中,安福02车田M1未介绍铜印文字,其余均为私印。在广州73淘金坑M7、广州M1070(55东侨M6)等印章中,其一为私名、一含"臣"字。据《汉书·高帝纪》注:"张晏曰:古人相与语多自称臣,自卑下之道也,若今人相与言自称仆也。"因此,单从墓葬出土铜印,并不能确定墓主的原有身份等级。

但从墓葬规格看,在12墓中广州73淘金坑M7面积9.6平方米,为南越国县级官吏墓葬4.941平方米的1.94倍左右;广州M1070(55东侨M6)、广州M1148(55东侨M27)等2墓平均面积8.12平方米,为南越国县级官吏墓葬的1.64倍左右。因此,3墓墓主的身份大体应明显高于县级官吏。而从广州73淘金坑M7的时期虽略早于广州M1070(55东侨M6)、广州M1148(55东侨M27),但其墓葬规格仍较二墓为大的情况看,在3墓中,似乎广州73淘金坑M7的墓主身份略高于其他2墓墓主。当然,这也许可能与该墓的墓主为"赵望之",与南越王赵佗为同姓有一定关系。

此外,衡阳86衡赤M131墓葬面积14.08平方米,大于同时期县级官吏墓葬规格8.23平方米的1.71倍左右;广州M2062(55北横M25)墓葬面积18.564平方米,略大于同时期县级官吏墓葬16.81平方米的平均面积;长沙53白沙新莽墓墓葬面积15.582平方米,略大于西汉县级墓葬10.118平方米的平均面积;东汉早期资兴78M123墓葬面积24.5平方米、资兴78M132墓葬面积14.31平方米,不仅远大于西汉晚期县级墓葬8.82平方米的平均面积,也大于西汉县级墓葬10.118平方米的平均面积。[①] 上述5墓的规格均较大,其墓主身份也应略高。

---

① 目前未发现东汉早期县级墓葬,此处以同为竖穴土坑墓且时期相距较近的西汉晚期、西汉时期县级官吏墓葬的平均面积进行比较。

而长沙56B2墓葬面积5.022平方米的规格，为同时期县级官吏墓葬8.23平方米平均面积的0.61；广州M5066（55东茶M4）墓葬面积24.75平方米，安福02车田M1墓葬面积10.29平方米，均小于同时期县级官吏墓葬31.248平方米的平均面积较多。3座墓的规格均较小，其墓主的身份大体应低于县级官吏。

因此，除耒阳56西郊东汉砖室墓的墓葬面积不详外，在出土铜印的12座墓中，据墓葬面积大小，9座墓葬墓主的身份可大体判断为高于县级官吏，而3座墓葬的墓主身份应低于县级官吏。即，在出土铜印的墓葬中，多数墓葬的墓主身份较高，而少数可能低于同时期县级官吏。铜印的有无是一项确认墓主身份的重要指标，但却并不绝对。

第五，长沙56F4出土铜器有"刘孝君"铭，长沙63长汤M1出土铜器有"张端君"系列铭文，广州M2060（58西泠M1）漆盘有"真口长"三字并下接"口君"，铜尊口有"真君亦"，常德92DWM2石印为"安陵君印""陶道之印"。4墓出土文字资料均有"君"字。虽"君"曾是一种封号——如《汉书·冯奉世传》的"赵封冯亭为华阳君"、《汉书·魏豹传》的"魏时封为甯陵君"、《汉书·楚元王传》的"至霸上，封交为文信君"，但在汉代，其在很多情况下都出现在人名之中——如《后汉书·薛宣传》的"薛宣字赣君，东海郯人也"，《汉书·元后传》的"翁孺生禁，字稚君……本始三年，生女政君，即元后也。禁有大志……凡有四女八男：长女君侠，次即元后政君，次君力，次君弟"，《汉书·王莽传》的"王莽字巨君"。而从4墓出土的文字内容看，其大体上都应是人名，而非封君。因此从出土的文字资料还难以确定墓主身份。

从均为西汉中期的4座墓的规格看，长沙56F4墓葬面积44.148平方米、长沙63长汤M1墓葬面积36.04平方米，远大于同时期县级官吏墓葬16.81平方米平均面积；而常德92DWM2墓葬面积16.32平方米、广州M2060（58西泠M1）墓葬面积13.384，略小于同时期县级官吏墓葬的平均面积。因此4座墓中长沙56F4、长沙63长汤M1的墓主身份应该明显高于县级官吏，而常德92DWM2、广州M2060（58西泠M1）2墓的墓主身份应略低于县级官吏，但大体与县级官吏较为接近。

若结合前述王级、列侯级等各类墓葬资料中的出土文字资料看，可大体认为，出土有铜器铭文的墓葬，其墓主身份可能较多的会高于县级官吏，而在其他如漆器、滑石器等上有文字资料的墓葬，其墓主身份相对较低。

第六，广州M1180（55东侨M49）出土玉印"李嘉"、湘乡65韶湘M86出土玉印"梅墅"、长沙58长杨铁M3出土玉印"陈平"和4字滑石印、长沙57左家塘西汉墓出土玉印"陈闿"。从4墓出土玉印的内容看，均为私印。据卫宏《汉官仪》载："秦以前以金、玉、银为方寸玺。秦以来天子独称玺，又以玉，群下莫得用。"[1] 而从传世和出土的秦汉印章看，虽然各地均有玉印出土，但数量甚少，且出土玉印的墓葬规格均甚高。不过在上述4座墓中，西汉早期广州M1180（55东侨M49）墓葬面积21.634平方米，长沙58长杨铁M3墓葬面积8.84平方米，长沙57左家塘西汉墓墓葬面积8.74平方米，西汉中期湘乡65韶湘M86墓葬面积4.673平方米，除广州M1180（55东侨M49）外均小于同时期县级墓葬的平均规格较多，因此这3墓的墓主身份大体应低于同时期的县级官吏，而广州M1180（55东侨M49）的墓主身份应远高于县级官吏。也就是说，玉印的出土并不能成为墓主身份的确切标志，玉质印章在汉代并非"群下莫得用"，

---

① （清）孙星衍等辑，周天游点校：《汉官六种》，中华书局2008年版。

而只是用的较少而已。

第七，广州 M1075（55 东侨 M15）出土玛瑙印"赵安"，该墓墓葬面积 8.652 平方米，较大于同时期县级墓葬 3.723 平方米的平均面积，因此与广州 M1180（55 东侨 M49）一样，该墓的墓主身份也应高于县级官吏。但从其面积远低于广州 M1180（55 东侨 M49）的情况看，其墓主的身份应相对较低。

第八，广州 97 猫儿岗西汉墓出土了大量漆器文字，未介绍有与墓主身份相关的直接文字资料。该墓仅介绍墓葬长度，墓葬面积不详。该墓 12.5 米的长度，仅略低于同为竖穴土坑墓的广州 83 凤凰岗 M1，与石室墓象岗南越王的长度相等，与贵县罗泊湾 M1、M2 和贺县金钟 M1 的墓葬长度接近，因此从已知墓长甚大，并结合墓中大量出土漆器且有铭文等情况看，该墓最低也应是一座列侯级墓葬。

第九，合浦堂排 M1、M3、M4 3 座墓均为西汉晚期，均未出文字资料，但 3 墓的墓葬面积均较大，远大于同时期县级墓葬 8.82 平方米的平均面积，显示出 3 墓墓主的身份应远高于县级官吏。而 3 墓平均面积与同时期县级官吏墓葬面积之间高达 4.58 倍的差异，更远大于湘乡 87 乡枚 M1 揭示的五官掾与县级官吏之间 1.65 倍的墓葬规格的区别，因此 3 座墓的墓主可能应是高于五官掾的更高级别的郡级官吏。

第十，广州 M1048（56 东黄 M3）出土漆盒有"高乐"、漆尊有"番禺"文字。据《汉书·地理志》所载资料，高乐属渤海郡，番禺属南海郡，此外汉代还有高乐侯。从南越国与渤海郡等地相距甚远的情况看，此处"高乐"可能与渤海郡等地的高乐关系不大，很可能仅是南越国的一个地名。而从该墓面积为 12.282 平方米，远大于同时期县级墓葬 3.723 平方米的 3.398 倍左右的情况看，其墓主不仅应高于县级官吏，而且还应高于出土玛瑙印的广州 M1075（55 东侨 M15）的墓主"赵安"。

第十一，广州 73 淘金坑 M1 有"常御""第六"陶文，广州 73 淘金坑 M16 有"长秋居室"陶文，广州 M1010（53 北子 M1）有"食官第一"陶文。3 座墓均为西汉早期南越国墓葬，其中广州 73 淘金坑 M1 为甲 A 类墓。

从墓葬出土文字资料看，广州 73 淘金坑 M1 等墓中发现的"常御""长秋居室""食官"等陶文，均是南越国时期所设置职官。据《汉书·百官公卿表》，居室为少府属官，食官为詹事属官，"常御"即为"尚御"。据《汉书·惠帝纪》注，应劭曰："宦官，阉寺也。尚，主也。旧有五尚。尚冠、尚帐、尚衣、尚席亦是。"如淳曰："主天子物曰尚，主文书曰尚书，又有尚符玺郎也。汉仪注省中有五尚，而内官妇人有诸尚也。"尚御虽不见于五尚，但从秦封泥的发现中有大量不见于五尚的"尚"名职官及其名称看，尚御也应是与五尚一样的内宫官员。而在汉王朝中，居室、食官、五尚都是给皇帝、皇后服务的宫内职官。因此，从南越国在制度上与秦汉王朝基本一致的情况看，各墓中出现的这些职官，也大体应是在南越国中服务于南越王的宫内官员。

从墓葬面积看，广州 73 淘金坑 M16、广州 M1010（53 北子 M1）均略大于同时期县级官吏墓葬的面积，因此其墓主身份应略高于县级官吏。而若结合 2 墓中出土的宫内职官名称看，若其墓主即为相应宫内官员的话，那这种宫内职官官秩略高于县级官吏的情况，正与张家山汉简中所体现出的西汉早期宫内职官在官秩上高于县级官吏的情况基本一致。

广州 73 淘金坑 M1 的墓葬面积甚小，仅 2.666 平方米，但该墓为甲 A Ⅱ b 型狭长形墓葬，其墓葬长 3.1 米，已较接近于前述 2 墓的平均长 3.62 米，因此其墓葬面积较小的情况应与其特殊的墓葬形制有关，并非其身份本身过低。

第十二，长沙 75 长王 M3 虽然是一座仅知为西汉的竖穴土坑墓，但该墓出土滑石印有"都乡啬夫"四字。虽然"都乡"在《汉书·地理志》为地名，属常山郡，为侯国。但此处的都乡明显应与《续汉书·郡国志》所注"县东南有戎城。县都乡有行宫，光武生"中的都乡相同，为县下之乡。而据《汉书·百官公卿表》，县下"十亭一乡，乡有三老、有秩、啬夫、游徼。三老掌教化。啬夫职听讼，收赋税。游徼徼循禁贼盗"，啬夫是县下的基层官吏。因此从滑石印上"都乡啬夫"的内容看，该墓墓主的职官应是乡啬夫，与《汉书·循吏传》的"少时为舒桐乡啬夫，廉平不苟"、《汉书·鲍宣传》的"鲍宣字子都，渤海高城人也。好学明经，为县乡啬夫"中的"啬夫"身份大体相同。该墓墓葬面积仅有 4.16 平方米，远低于西汉县级官吏墓葬 10.118 平方米平均面积的情况，也与前述啬夫为乡级官吏，其身份远低于县级官吏的情况完全相符。

此外，据《湖南省博物馆藏古玺印集》记载[1]，65 长野 M25 出土的"兴里乡印"，与长沙 75 长王 M3 不仅同为西汉早期墓葬，而且从印章看，其墓主亦应为为乡级官吏。而该墓长 3、宽 2.12 米，面积 5.12 平方米，较长沙 75 长王 M3 为大。而如以其平均，西汉早期乡级官吏墓葬的规格大体为 4.64 平方米。

第十三，西汉早期广州 73 淘金坑 M8 出土"臣于"陶文、西汉中期广州 73 淘金坑 M22 有"官根"陶文。其中广州 73 淘金坑 M8 的墓葬面积 9.514 平方米，不仅远大于同时期县级墓葬，而且也大于前述的宫内职官，因此该墓的墓主应具有较高的社会地位。而广州 73 淘金坑 M22 面积甚小，低于同时期县级墓葬的平均规格，其墓主身份很可能应低于县级官吏。[2]

第十四，"靖园长印""长沙顷庙""官司空之印""御府长印""宫丞之印""家丞""长沙仆"等印，傅聚良先生已作分析，出土这些印章的墓葬的墓主，大部分应为长沙国高级官吏。[3]

虽然上述墓葬仅是华南出土有各类铭文、印章等文字资料的秦汉墓葬的一小部分，但从分析看，在出土铭文资料中，铜印、玉印、铜器、漆器、陶器等铭文，虽均是墓主身份的重要标志，但在有效揭示墓主身份上的作用却不相同（图四·4·2、图四·4·3）。如以前述县级官吏为标准的话，那在其单独出现的情况下，揭示墓主身份的准确性，可能将随着铜器铭文、铜印、玉印、漆器、陶器铭文的前后顺序而有所降低。但如从王级墓葬看，多数情况下各类铭文材料不仅齐全且数量众多，列侯级别的墓葬各类铭文材料的种类和数量都相对要少，因此如墓中有数种铭文材料一起出现，那该墓墓主的身份不仅更加容易确定，而且社会地位一般都会很高。

从上述对若干墓葬的分析看，在前述王级、列侯级、县级墓葬之间存在的差异，正逐步被郡级、郡属吏级、宫官级等多种社会级别人士的墓葬填充。而在县级官吏墓葬之下，存在着乡啬夫等更低层次的职官，当然，乡啬夫之下应是数量最多且等级最低的普通百姓。

从前文看，虽目前可基本确认为王级、侯级、郡级、县级、乡级的墓葬数量，与华南庞大的秦汉墓相比，比例甚低，但依然可从各级别人士墓葬的规格差异中，看出秦汉时期墓主身份与墓葬规格间所存在的较为严格的对应关系。

也就是说，根据前述各等级墓葬的规格差异，不同等级人员的墓葬，随其等级的高低，在

---

① 湖南省博物馆：《湖南省博物馆藏古玺印集》，上海书店 1991 年版。
② 由于目前缺少西汉中期南海郡内县级官吏的墓葬规格资料，因此只能以其他地区的相关数值来开展分析。
③ 傅聚良：《西汉长沙国千石至斗食官吏的墓葬》，《考古》2005 年第 9 期，第 69—77 页。

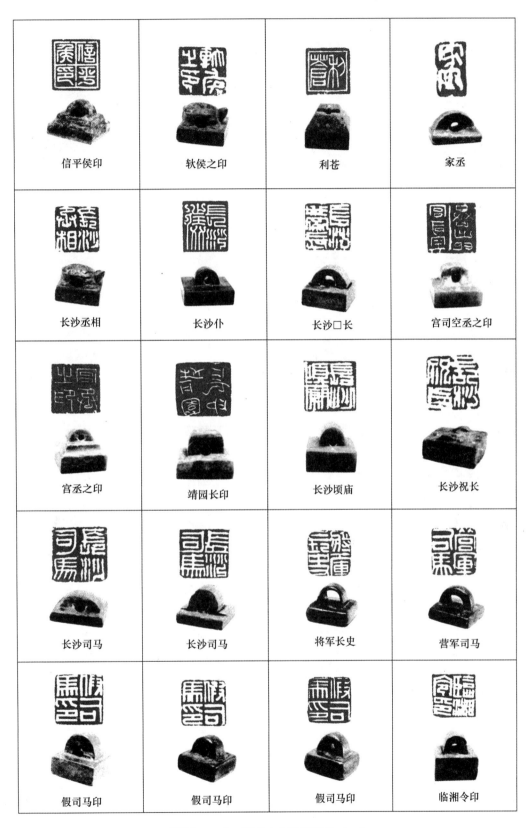

图四·4·2　湖南出土汉代印章（一）

（载湖南省博物馆《湖南省博物馆藏古玺印集》，上海书店 1991 年版，第 21—31 页）

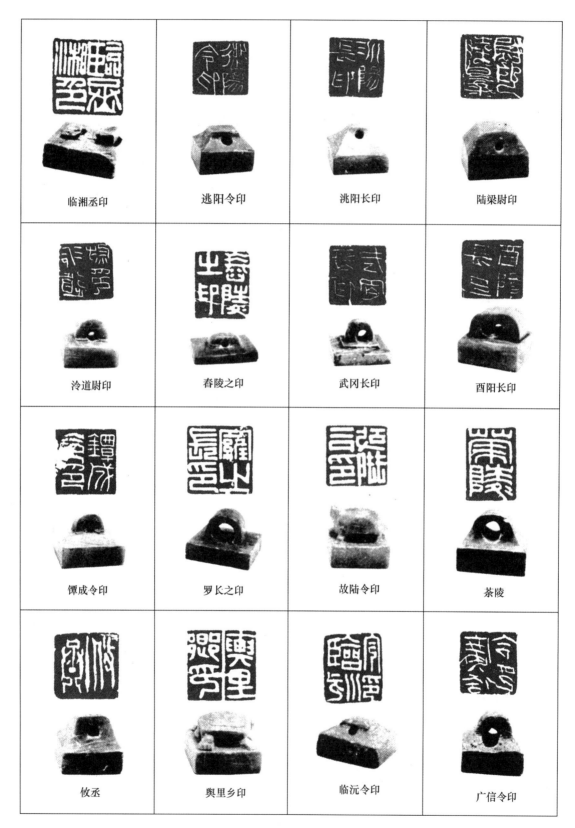

临湘丞印　　　　逃阳令印　　　　洮阳长印　　　　陆梁尉印

泠道尉印　　　　春陵之印　　　　武冈长印　　　　酉阳长印

镡成令印　　　　罗长之印　　　　故陆令印　　　　荼陵

攸丞　　　　　　舆里乡印　　　　临沅令印　　　　广信令印

图四·4·3   湖南出土汉代印章（二）

（载湖南省博物馆《湖南省博物馆藏古玺印集》，上海书店 1991 年版，第 21—31 页）

墓葬规格的大小上有相应差异。墓主等级越高，其墓葬规格越大；反之越小。墓葬规格应是在直接文字材料之外的一项较为简单但相对准确衡量墓主社会地位高低的重要标尺。因此，在缺乏直接文字材料时，大体可根据墓葬面积来对墓主身份等级进行较准确的推定。①

当然，必须指出，在上述认定的王级、列侯级、郡级、县级、乡级等多层次的墓主身份等级中，王级、列侯级墓葬的墓主，由于文献记载较细，考古资料相对较为确切，因此所做墓主身份认定的准确性相对较高。而像郡级、县级、乡级层次的墓主身份等级，因文献记载较少、考古资料亦相当有限，因此被判断为郡级、县级、乡级等级的墓主，其实并不一定就确实担任过相应的职官。而如是名称的确定，乃是基于现有考古资料中现有墓主的身份而来。也就是说，文献中所记载的、当时社会上较多存在的各等级地方豪强，也完全可以按照身份和财富的不同，修建相应等级的墓葬。在前述多层次的墓主等级中，除王级、列侯级墓葬之外的其他等级中，肯定有一定的墓主乃为地方豪强。

从前引《后汉书·董宣传》"以大姓公孙丹为五官掾"等相关的大量文献记载看，秦汉时期地方豪强往往会或多或少地参与到各地的治理之中，被任命为各级官吏，而汉代的官吏很多也出自地方豪强。所以无论从秦汉的职官任免制度，还是从文献所记载的情况看，我们都难以在没有文字资料的情况下将各级官吏与地方豪强截然分开。②因此本书仅据现有资料，提出前述多层的墓主身份等级，而没有再行开展各级"地方豪强"的身份判定。

需要指出的是，文献载汉代盛行厚葬，蒲慕州先生还通过对考古资料的梳理将其证实，并提出汉墓形制在同一阶层内有所不同，甚至低阶层墓葬比高阶层墓葬为厚的情形也有存在。而各地厚葬的情况已有差异——如从墓葬规格看，楚粤及秦地区的墓葬一般较中原同形制墓葬为大；从随葬品看，楚粤地区的墓葬也普遍较中原地区丰厚。③考虑到厚葬、薄葬的存在肯定会对墓葬分析造成干扰，因此本书就将蒲慕州先生当时统计时未考虑入内的墓主身份加入了研究范围。虽现在能确定墓主身份的墓葬数量还甚少，但由于目前所知的墓主已包含王级、侯级、县级、乡级等多个层次，而有关分析也首先是从已知等级的墓葬开展，在开展了数量较大的墓葬统计后，"少数不合常规的墓葬之影响应较小"，上述有关结论，虽肯定会随新考古资料的出现而修改，但如厚葬、薄葬等情况所造成的干扰问题，大体已尽可能的做了回避。

①　傅聚良先生曾根据出土的印章等考古资料，对长沙地区的千石至斗食官吏的墓葬进行了排比研究，提出了千石官吏墓葬具有的几个特点，如：第一，墓坑长度在 2.5—7 米之间，3—4 米为多见。有的有墓道，棺椁为一椁一棺或一椁二棺。一般有头箱、边箱，或两个边箱。第二，随葬器物以漆木器占多数，木器中有车马模型及俑，因墓主人身份地位的差异而不同。第三，随葬器物的数量和质地存在差异。长沙地区的随葬器物已经不完整，从残存的器物中也可以看到差异。并提出"汉代千石类官员的墓葬与战国时期的大夫级墓葬，汉代县长、县尉类和战国时期士级墓葬的差异大致相同"。而"西汉长沙国千石以下的官吏墓葬，可以划分成三个大的级别，即六百石以上为一级，六百石以下至二百石为一级，二百石以下的下级官吏为一级。与此相对应的印章是铜印黑绶、铜印黄绶及没有印章的下级官吏。这也与汉代的实际情况相符。从墓葬资料看，两级之间的主要区别在于墓坑面积与棺椁的大小、随葬器物的质量与数量等方面"，其认识与本书计算多可吻合。其意见见前揭文。

②　从文献记载看，秦汉时期，在察举、辟除等等仕进途径之外，资产也曾是任官的一个重要条件。而从东汉王溥"家贫不任仕"看，直至东汉，任官的资产限制还应在一定范围内存在。相关讨论可见如下：黄留珠：《秦汉仕进制度》，西北大学出版社 1985 年版。安作璋、陈乃华：《秦汉官吏法研究》齐鲁书社 1993 年版。全晰纲：《秦汉时期的官吏任用法规》，《学术界》1994 年第 5 期，第 51—54 页。陈蔚松：《汉代考选制度》，湖北辞书出版社 2002 年版。

③　蒲慕州：《汉代薄葬论的历史背景及其意义》，《中央研究院历史语言研究所集刊》第六十一本第三分册，第 533—573 页。其所言的楚粤与本书的华南有较大交集。

五　各型墓葬的等级差异与时空分布

蒲慕洲先生曾指出，在商代墓葬中，墓葬的规模与墓道的有无存在"直接之对应关系"，汉代"有无墓道仍为墓室大小之指标"。[①] 从前文分析看，在王级、列侯级的墓葬中，绝大多数均有墓道、有木椁；在县级官吏墓葬中，有墓道、有木椁的墓葬数量也整体占优；而在其他等级人士的墓葬中，较高等级墓葬中墓道和木椁存在的比例也同样很高，均显示出在秦汉华南墓葬中，墓道、木椁与墓葬等级间应存在着较密切关系。因此按墓道有无，我们将前述各类甲种墓的规格差异分别列表如下（表四·4·2、表四·4·3、表四·4·4、表四·4·5、表四·4·6）。

表四·4·2　　　　　　　　　　　华南甲种有墓道墓葬规格统计表[②]　　　　　　　单位：平方米

	甲AⅠa型	甲AⅡa型	甲BⅠa型	甲BⅡa型	甲CⅠa型	甲CⅡa型	甲DⅡa型	甲EⅠa型	甲EⅡa型
西汉初期	12.312		21.493	11.575	15.758	8.904		12.073	9.782
西汉早期8.23③	18.613	23.7	21.773	11.696	114.054	11.914	8.628	12.342	
西汉中期16.81	6.663		14.659	11.495	68.8790	13.502	16.402	10.902	9.225
西汉晚期8.82			17.302	13.678	50.326	14.672	14.062	15.170	11.685
新莽至东汉初期		11.44	16.607	14.993	20.812	13.537	15.249		6.204
东汉早期			16.068	13.912		12.236		15.718	12.877
东汉中期20.334	7.089	6.75	13.902	11.547	22.440	15.012			9.782
东汉晚期31.248	7.2	2.88	13.601	12.006	9.384			13.725	

从上表四·4·2看，西汉早期有墓道各型墓葬，均多少不等的大于同时期县级官吏墓葬的平均规格；西汉中期，除甲CⅠa型外，其余有墓道各型墓葬，均小于同时期县级官吏墓葬的平均规格，但如以西汉时期县级官吏墓葬平均面积10.118平方米计，大部分墓葬的规格达到或超过了县级官吏墓葬的平均面积；西汉晚期现有各型墓葬，均大于同时期县级官吏墓葬的平均规格。西汉初期尚无县级官吏墓葬规格可以对照，但如以西汉早期县级官吏墓葬计算，均超过了8.23平方米。而如考虑到各型墓在西汉初期到西汉早期，其墓葬规格均有增加，因此西汉初期县级官吏墓葬的规格应略小于西汉早期的8.23平方米，据此而言，西汉初期将有更多的各型墓葬超过当时的县级官吏墓葬。

新莽至东汉初期、东汉早期均缺少当时期的县级官吏墓葬规格，而如以距其时期较近的西汉晚期县级官吏墓葬8.82平方米来计算，除新莽至东汉初期的甲EⅡa型外，其余均超过县级官吏墓葬的平均规格。

在东汉中期和东汉晚期，除东汉中期甲CⅠa型外，各型甲种墓平均规格均小于同时期县级

---

　　① 蒲慕洲先生已经指出，在商代墓葬中，墓葬的规模与墓道的有无有直接的对应关系，而在汉代"有无墓道仍为墓室大小之指标"，见蒲慕洲《墓葬与生死：中国古代宗教之省思》，中华书局2008年版，第43、109页。

　　② 墓葬规格，在此指墓葬的占地面积，为计算方便，均以墓长×墓宽，单位平方米，均非墓葬的实际墓葬空间面积，均不含墓道面积在内。

　　③ 时期栏内某些时期后的数字，如"西汉中期8.23"，为该时期县级官吏墓葬的平均规格，下同。

墓葬。这种情况的出现，可能与前述这两时期县级官吏墓葬均为乙种墓有关。也就是说，一方面，由于缺少这两时期内甲种墓中县级官吏墓葬，因此无法确定这些甲种墓与当时县级官吏墓葬之间的差距，另一方面，可能与东汉中期后乙种墓的数量剧增有直接关系。即很可能此时越来越多县级官吏埋葬在乙种墓中，因此甲种墓出现高等级墓葬的可能性就越来越低。

不过，如果以西汉晚期县级墓葬的规格比较，东汉中期、东汉晚期的绝大多数有墓道甲种墓实际规格均甚大，而再结合它们多数大于同时期无墓道甲种墓、并基本上均超过西汉乡级官吏墓葬仅4.64平方米的情况看，东汉中期、东汉晚期有墓道甲种墓的墓主身份均应不低。

从上述分析看，在西汉时期、新莽至东汉初期、东汉早期，大多数有墓道甲种墓均大于同时期或近时期县级官吏的墓葬规格，其墓主均应大体有较县级官吏更高的社会地位。而在东汉中期、东汉晚期，虽然目前缺少可以直接比较的县级官吏墓葬资料，但从有关情况看，该时期有墓道甲种墓的墓主身份依然较高。

表四·4·3 　　　　　　　　　　**华南甲种无墓道墓葬规格统计表** 　　　　　　　　单位：平方米

	甲AⅠb型	甲AⅡb型	甲BⅠb型	甲BⅡb型	甲CⅠb型	甲CⅡb型	甲DⅠb型	甲DⅡb型	甲EⅠb型	甲EⅡb型
西汉初期	4.398	2.554	9.087	5.227		8.764				
西汉早期8.23	6.835	2.745	7.966	5.591	6.133	7.2	3.204		7.812	3.657
西汉中期16.81	3.287	2.97	10.333	7.237	17.647	11.939			9.330	4.535
西汉晚期8.82	2.7	5.306	11.463	7.045	15.05	11.956		13.75	8.371	5.436
新莽至东汉初期		2.52	15.794	7.7		7.629		16		
东汉早期		2.438	13.818	7.186		20.296				7.780
东汉中期20.334		3.43	12.549	7.65						
东汉晚期31.248			13.083	5.18		2.457				8.235

从表四·4·3看，如前所言，墓葬规格明显小于同时期有墓道的墓葬。西汉早期各型墓葬、西汉中期除甲CⅠb型、西汉晚期除甲BⅠb型、甲CⅠb型、甲CⅡb型、甲DⅡb型外的各型墓葬，均低于同时期县级官吏墓葬的平均规格。而按前述，西汉初期各型墓葬、新莽至东汉初期除甲BⅠb型、甲DⅡb型、东汉早期除甲BⅠb型、甲CⅡb型外的各型墓葬，均低于同时期县级官吏墓葬平均规格。

东汉中期、东汉晚期，各型墓葬均低于同时期县级墓葬平均规格，其原因应如前述。而同样，如以西汉晚期县级墓葬平均规格比较，东汉中期、东汉晚期甲BⅠb型墓葬规格较大，而甲BⅡb型、甲EⅡb型墓葬超过西汉乡级官吏墓葬4.64平方米较多，因此上述几型墓葬的墓主身份亦应不低。

除西汉晚期的甲AⅡb型外，两汉时期甲AⅡb型、甲DⅠb型、西汉中期之后的甲AⅠb型、西汉早期甲EⅡb型墓葬的规格，均低于西汉乡级官吏墓葬4.64平方米的平均面积，因此它们的墓主大体均应低于乡啬夫，为两汉时期的普通民众。而大多数时候的甲BⅠb型、甲CⅠb型、甲CⅡb型、甲EⅠb型墓葬的规格，普遍较其他各型无墓道甲种墓为大，不仅普遍大于乡级官吏墓葬的规格，而且多数达到或超过了同时期县级官吏的平均规格，其墓主身份相应较高。而从甲AⅠb型墓葬看，其西汉初期仅见于广州、平乐，西汉早期仅见于广州、资兴，西汉中期见于平乐、长沙。

如前所述，南越国境内县级官吏墓葬的平均规格仅 3.723 平方米。因此从其分布地点看，在西汉初期、西汉早期的该型墓中，大部分均达到或超过同时期县级官吏墓葬的平均面积，而即使如西汉初期广州 73 淘金坑 M25 面积 4.07 平方米、西汉早期广州 M1023 面积 3.96 平方米的数值，也均高于县级官吏墓葬的平均规格，其墓主身份应与县级官吏相近。而若再结合前述广州 73 淘金坑 M1 面积仅 2.666 平方米左右，但依然出土有"常御"铭文陶器的情况，这些墓葬墓主的等级可能还应更高。

因此，从上述情况看，在无墓道甲 A、甲 B、甲 E 类墓中，有木椁墓葬的墓主身份一般均明显要高，而无木椁墓葬的墓主身份明显甚低，所以木椁的有无也应是区分墓主身份高低的重要标志。

表四·4·4　　　　　华南乙种 A—E 类有墓道墓葬规格统计表　　　　　单位：平方米

	乙ＡⅠa型	乙ＡⅡ型	乙ＢⅠa型	乙ＢⅡa型	乙ＣⅠa型	乙ＣⅡa型	乙ＣⅢ型	乙Da型	乙ＥⅠa型	乙ＥⅡa型
新莽至东汉初期	4.096	6.699	8.497	19.72	18.261					
东汉早期	3.026	7.196	5.396	8.445	16.008					
东汉中期20.334	5.679	8.925	5.44	13.035	18.029	28.220	32.432	25.675	22.846	13.865
东汉晚期31.248	6.621	9.845	8.408	13.710	19.507	27.166		23.800	31.367	13.816
东汉	8.315	10.098		13.927	17.195					

表四·4·5　　　　　华南乙种 F—丙 C 类有墓道墓葬规格统计表　　　　　单位：平方米

	乙ＦⅠa型	乙ＦⅡa型	乙Ga型	丙ＡⅠa型	丙ＡⅡa型	丙Ba型	丙Ca型
西汉初期				3.803			
西汉晚期				1.799			
东汉早期				2.357		1.670	10.304
东汉中期20.334	41.769	10.608	29.808			21.392	
东汉晚期31.248	61.335	87.892	17.707	5.344	20.7	5.4756	9.164

表四·4·6　　　　　华南乙种无墓道墓葬规格统计表　　　　　单位：平方米

	乙ＡⅠb型	乙ＡⅡb型
新莽至东汉初期	4.048	4.32
东汉早期	5.096	
东汉中期20.334	3.563	4.471
东汉晚期31.248	3.386	19.052
东汉	4.154	

从表四·4·4、表四·4·5看，据前述，新莽至东汉初期的乙ＢⅡa型、乙ＣⅠa型、东汉早期乙ＣⅠa型、丙Ca型、东汉中期乙ＣⅡa型、乙ＣⅢa型、乙Da型、乙ＥⅠa型、乙ＦⅠa型、乙Ga型、丙Ba型、东汉晚期乙ＥⅠa型、乙ＦⅠa型、乙ＦⅡa型墓葬规格，均大于同时期或近时期县级官吏的墓葬规格，其墓主身份大体应高于县级官吏。而其他各型墓葬的规格，因

均小于同时期县级官吏墓葬，故其墓主身份应相对较低。

新莽至东汉初期、东汉早期，除新莽至东汉初期乙ＢⅡa型、乙ＣⅠa型，东汉早期乙ＣⅠa型、乙ＡⅠa型、乙ＡⅡa型、乙ＢⅠa型乙种墓的规格，均小于西汉晚期县级官吏墓葬的平均面积，但除乙ＡⅠa型外，均大于西汉乡级官吏墓葬的规格，因此这段时间内即使这些墓葬的墓主身份低于县级官吏，但大体还应高于乡级官吏。而如从砖室墓在此时方始传入当地，不仅墓葬种类甚少，且各种形制砖室墓的规模也普遍较低的情况看，可能由于砖砌墓葬的技术初始传入而不够成熟、或许由于烧砖技术的不够普及，这3种墓葬虽面积较小，但从其墓主能采用较木椁墓、土坑墓可能更加费力的砖室墓的情况看，其身份可能不会比县级官吏低很多，甚至可能还会更高。

此外，从乙种、丙种墓葬的分别看，乙种墓不仅数量众多，且各时期均有较大规格墓葬存在，而丙种墓不仅数量甚少，而且在大多数时期中均没有大规格墓葬。因此，除特殊情况——如象岗南越王墓外，丙种墓墓主的身份应普遍较低，而乙种墓墓主身份高低差异较大。

从表四·4·6看，虽然东汉晚期乙ＡⅡb型墓葬的规格较大，但其他时期的无墓道乙种墓的规格均普遍较小。因此其墓主身份也相应较低。而从乙ＡⅠb型墓葬看，其在初始出现的新莽至东汉初期、东汉早期规格较大，甚至大于同时期乙ＡⅠa型；从东汉中期开始，当乙种墓新形制不断出现，且各型墓葬规格均普遍增大时，乙ＡⅠb型墓反而迅速降低，这大体显示出其墓主身份应出现较大变化。也就是说，如前所言，在新莽至东汉初期、东汉早期，乙ＡⅠb型、乙ＡⅠa等型墓葬的墓主，应该具有较高的社会地位，而从东汉中期开始其地位明显降低。

蒲慕洲先生曾指出："在受楚文化影响的区域中……墓道的存在仍然多少可以作为墓主财富多寡的指标，但其设置已逐渐的失去作为墓主身份地位的象征。"[①] 从上述秦汉华南墓葬的发现情况看，墓道与墓主身份的关系，除因时期的发展而出现差异外，更多的依然随墓主身份的不同而不同。较准确的讲，在王级与侯级墓葬中，传承已久的墓道有无与身份高低的对应关系保持不变，而在王、侯级之外的其他较低等级人士的墓葬中，墓道逐渐失去了与墓主身份高低的必然对应关系，但变化趋势甚为平缓。总体上讲，在秦汉华南地区王级、列侯级墓葬之外的其他较高等级的大多数规格较大的墓葬中，有墓道墓葬所占的比例仍然很大，而无墓道墓葬比例一直较低。

从上文分析看，在前文所叙述的各种墓葬形制中，大体应存在着不同等级人群分别采用不同形制墓葬的规律。其中大多数有木椁、有墓道的甲种墓葬，大多数中字形、土字形、串字形、十字形、并列式的砖室墓，其墓葬规格普遍较大，其他各种墓葬形制的规格相对要小。与此相应，从前述对各郡国内各地点不同类型墓葬分布情况的分析看，大体上，郡国治、县治不仅墓葬数量非常集中，且墓葬种类虽以小型甲ＢⅡb型为主，但同时往往都有大型带墓道、有木椁各型墓葬较多存在，而在其他地点，多数不仅墓葬数量较少，且墓葬规格也普遍较低。

因此，根据不同墓葬形制与墓主等级的大体对应情况，并结合前述各郡国内不同地点各型墓葬的分布与数量差异的情况，我们可以得出以下认识：

首先，只在王都发现王级墓葬（如长沙王墓、南越王墓），在各郡国治所在地发现郡级墓葬的可能性远大于县治及其他地点（如合浦71望牛岭西汉墓、合浦堂排M1、M3、M4）。除在侯国所在地出现列侯级墓葬的可能性较大外（如沅陵侯墓、安成侯墓），因列侯在王国任职而不就

① 蒲慕洲：《墓葬与生死：中国古代宗教之省思》，中华书局2008年版，第109页。

国等原因，郡国治发现列侯墓的可能性同样不小（如马王堆汉墓）。

其次，县治或近县治一般不会出现超过县级官吏墓葬规格太多的墓葬（作为郡国治的附郭县除外）。但由于墓主去世后归葬故里等各种原因，在县治、近县治地点偶尔会出现郡级官吏或更高级人士墓葬（如湘乡 87 乡枚 M1）。在其他地点，一般墓葬规格均相对较低，墓主身份普遍不高。除其中的少数情况外，大多数均为低于乡级官吏墓葬规格的普通墓葬。

再次，政治中心越大，如郡国治所，各类型——也就是各种等级身份人士的——墓葬就越多，其中各小型——也就是普通人群的——墓葬数量也相应甚多。由多种等级身份人群所构成的"金字塔"形的人群等级结构，以及"金字塔"的整体规模，均会随着政治中心级别的变化而变化：政治中心地位越高，"金字塔"的规格越大、层次越多，反之越小、越少。

也就是说，在郡国治所等大型的地区政治中心，当地不仅拥有了层次最高的诸如王级、侯级、郡级等人群的等级，也拥有大量的下层普通民众，由这些等级人群所组成的"金字塔"形的等级结构，往往层次最多、规模最大（受其影响，近郡国治地区的"金字塔"形结构也较为丰富）；在县治等小型的政治中心，不仅当地人群的等级层次明显偏少，且各级人群的数量也相应较低，但其影响会波及到近县治地区；其他地点由于远离政治中心，当地的人群层次和各层次人群的数量也就均相应最少。总体上不同地点的人群结构，随着政治中心地位的高低而有相应变换。

最后，政治中心一旦发生变化，相应地点的人群等级层次和数量，都会发生明显改变。如武陵郡郡国治在东汉时由西汉的溆浦移至常德，两地于是在墓葬种类、墓葬数量等方面发生明显的改变。又如在武夷山地区，随着闽越国灭亡，当地的各种闽越墓葬均突然消失，与政治中心覆灭有直接关联。而当政治中心在一地开始设立后，当地必然很快会出现与其政治中心等级相应的墓葬等级和墓葬数量，如合浦郡在西汉中期设立后，在合浦很快出现各种等级的大量墓葬。而前文在进行各地区各型墓葬时空分布研究中所揭示出的不同地点在不同时间的墓葬种类与数量的前后变化，在很大程度上都与当地政治中心的兴废有直接关系。因此，利用各地区在不同时期墓葬种类与数量的变化情况，我们也就可以反向揭示出在同一地区不同时期、同一时期不同地点间的区域社会在发展程度上的巨大变化——这对我们今天利用考古资料来复原当时各地的不同文化景观、确认不同时期相关地域文化的核心与影响范围，均具有非常重要的指标性意义。

第五节　随葬品数量与种类

在完成秦汉华南墓葬出土的各类随葬品的具体分析的基础上，与随葬品相关的其他问题即可在此开展探讨。

一　随葬品的数量

2020 座墓葬时空分布及墓内随葬品的数量情况，大体如表所示（附录一附表 A 的附表 A165）。

目前，各时期随葬品保存完好的墓葬的分布情况差异较大。其中甲种墓 1795 座、乙种墓 213 座、丙种墓 5 座、丁种墓 1 座、未介绍墓葬形制者 6 座。在排除了 6 座不明形制的墓葬后，

2014 座墓葬中甲种墓占 89.12%，丙种墓占 10.57%，丁种墓葬仅有 0.29%。从各种墓葬总数看，保存完好的甲种墓为 2520 座甲种墓总数的 71.23%，保存完好的乙种墓占 786 座乙种墓的 27.09%，保存完好的丙种墓占 30 座丙种墓的 20%。很明显，甲种墓无论在墓葬数量，还是在本种墓中的所占比例，均远远超过其他各种墓葬。也就是说，与蒲慕洲先生的统计结果一致，总体上土坑墓外其他砖室墓、石室墓等各种墓葬发现的随葬品种类和数量，均应远少于墓葬埋藏之时的放置之数。

从甲种墓中墓葬数量最多的甲 A 类到甲 E 类等 5 种墓葬中出土随葬品平均数量的情况看，不仅不同时代各型墓随葬品的数量差异较大，而且各型墓之间的差异也明显（附录一附表 A 的附表 A166）。

就目前情况而言，有墓道各型墓葬所出随葬品的数量明显较多，无墓道各型墓中出土随葬品的数量显著较低，与前文已述在各型墓葬中有墓道墓葬较大而无墓道墓葬偏小的墓葬规格的差异情况一致。甲 A 类墓葬中随葬品的平均数量最少，甲 C 类墓葬中随葬品最多，甲 E 类次之，其随葬品数量多少的前后顺序，亦与前文所述各型墓葬规格的差异情况基本一致。也就是说，墓葬随葬品的数量与墓葬规格之间基本存在着正比例关系，规格越大墓葬中的随葬品越多，反之越少。

如将西汉早期 445 座墓葬中随葬品最多的广州象岗南越王墓，长沙马王堆 M1、M3，沅陵虎溪山 M1 这 4 座王侯级的高等墓葬排除在外，该时期墓葬随葬品的平均数量为 16.6 件，仅略高于西汉初期和东汉早期。而如进一步以 33.4 件随葬品的数量对西汉早期 445 座墓葬加以分割的话，随葬品超过 33.4 的墓葬虽仅 48 座，为 445 座墓葬的 10.78%，但出土的随葬品数量却高达 10100 件，占全部 445 座墓葬 14869 件随葬品数量的 67.92%。也就是说，在数量极少的高等级墓中，集中了最大量的随葬品，而在大量的其他等级墓葬中，随葬品的数量相对甚少。因此，与前文对墓葬规格、墓葬形制中的相关统计结果一样，随葬品的数量分布也同样揭示出，秦汉华南社会的大量财富高度集中在极少数的高等级人群手中，形成了"金字塔"形的社会等级结构。

而据前文分析，甲 A 类墓葬具有丰富而明显的土著特色，其墓主大多应为华南土著，而甲 B 等类墓葬的墓主可能多为南下北人和土著中较高等级的人群。从各型墓间随葬品平均数量的差异看，秦汉时代华南土著墓葬随葬品的数量应相对较少。

二　随葬品种类与墓主等级

在高等级墓葬的随葬品中，各类墓葬中比较多见的陶器的数量，明显相对较少。如广州象岗南越王墓出土的 5934 件器物，分别有陶器 991、铜器 2851、铁器 741、玉器 257、石器 42、金器 143、银器 22、铅器 542、漆器 52、木器 10、象牙 279、骨器 4 件及其他物品若干件。[①] 陶器比重明显不高，远远低于墓中出土铜器的数量。

在列侯级墓葬中，这种情况同样存在。如长沙马王堆 M1 出土的 533 件器物，分别为陶器 51、铜器 1、锡器 16、木器 272、漆器 184、角器 8、玳瑁器 1 件及其他物品若干件；在长沙马王

---

① 其他若干，指在总数统计中不含在内的泥钱、泥金饼、玛瑙器、琥珀器、玻璃器、水晶器、泥器、纺织品、竹木简牍等器类，下同。在铜器数量的统计中，均不含铜钱数量，下同。

堆 M3 出土的 544 件器物中，分别为陶器 3、铜器 5、铁器 1、木器 204、漆器 319、角器 12 件及其他物品若干件；在沅陵虎溪山 M1 出土的 518 件器物中，分别为陶器 145、漆木器 368、石器 2、玉器 2、铜器 1 件。3 座列侯级墓葬中出土陶器的数量均相对甚少，远远低于其中所出土的漆器数量。

从金银器的发现数量看，2020 座墓葬中出土各类金银器的数量仅为 633 件，但南越王墓 1 座墓葬出土的金银器数量，就高达 165 件，占全部总数的 26.06%，3 座列侯墓阙如不见。

从王级、列侯级墓葬中各类随葬品的出土情况看，金银器、铜器和漆器应是揭示墓主身份地位的最重要指标。① 陶器虽是发现数量最多的随葬品，但也却是最为普通之物。

从上述南越王墓、马王堆 M1 等王级、列侯级墓葬中出土随葬品的数量看，虽然 3 座列侯级墓葬中平均出土了高达 531.6 件的随葬品，为全部墓葬平均出土 23.8 件随葬品的 22.33 倍，但却仅为王级墓葬的 8.9%，墓主等级越高财富就越为集中的情况在这里显示的非常突出。当然，这与前述所分析得出的结论——墓葬规格越高、面积越大，墓主身份越高的规律也一致。而这种情况在王级、侯级墓葬之外的其他墓葬中也普遍存在。如以随葬品的出土数量进行划分，其墓葬的规格情况可列表如下（表四·5·1、附图四·5·1）。

表四·5·1　　　　　　　　　　不同数量随葬品墓葬规格差异统计表

器物数（件）	墓葬数（座）	平均长（米）	平均宽（米）	平均面积（平方米）
1—10	710	3.26	1.79	5.812
11—20	586	3.75	2.29	8.574
21—30	344	4.17	2.67	11.155
31—40	160	4.52	2.87	12.991
41—50	91	4.85	2.97	14.398
51—60	47	5.24	3.03	15.877
61—70	21	6.31	3.50	22.048
71—80	22	6.25	3.36	21.033
81—90	10	5.58	3.46	19.332
91—100	10	6.08	4.34	26.242
101—110	4	5.21	3.17	16.498
117—191	8	7.28	4.14	30.147
206—301	2	16.34	7.9	129.086
518—544	3	17.77	15.82	281.009
5934	1	12.5	10.85	135.6

从表四·5·1 及附图四·5·1 来看，随着墓葬数量的递减，墓葬中出土随葬品的数量却在

---

① 南越王墓随葬品中铜器最多，漆器甚少，但这并不代表着南越国中漆器的地位就一定低于铜器。从南越王墓发掘看，除大量发现漆器残痕之外，还发现了漆器 52 件，更有大规格的漆制屏风，因此该墓中原有的漆器数量应该甚多。而从广州 97 猫儿岗西汉墓看，该墓同样出土大量漆器，该墓长 12.5 米，与南越王墓等长，规格甚巨，其墓主的等级也应甚高。因此南越王墓出土漆器甚少的情况，应与该墓为石室墓，不利于漆器保存有直接关系。当然，对于南越王墓而言，表明其身份的并不是数量最多也甚为重要的铜器，而是包括"文帝行玺"金印在内的大量金银器。

递增。在规格越小、数量越多的墓葬中，出土随葬品越少；而规格越大、数量越少的墓葬中，随葬品的数量越多。不同规格墓葬出土不同数量随葬品的情况，与前文提出的乡级、县级、郡级、侯级、王级等墓葬等级，在墓葬规格上的演变趋势基本一致。

出土 71—90 件随葬品墓葬的规格，略小于出土 61—70 件随葬品墓葬，其原因是在这些墓葬中有超过半数（56%）的墓葬发现于广州，而如前文所言，广州地区的墓葬规格普遍偏小，因此使得该类墓葬的总体规格偏低。这就如同出土 5934 件随葬品的南越王墓，其墓葬要小于出土 533—581 件随葬品的 3 座列侯墓的规格是一样的道理。同样，由于在出土 101—110 件随葬品的 4 座墓中 3 座位于广州，因此使得出土 101—110 件随葬品墓葬的整体平均规格较小。

从上述分析看，在前文提出可据墓葬面积大小来判断墓主身份高低的基本原则之后，我们还可据墓葬中出土随葬品的不同种类与数量来进行墓主身份的高低判别：随葬品越多的墓葬，墓主等级越高，反之越低；结合前文对出土随葬品种类的分析，出土金银器、漆器、铜器数量越多的墓葬，墓主身份越高，反之越低。从南越王墓和 3 座列侯墓的相关情况看，在墓主身份的判定中，随葬品数量对墓主身份的判定贡献值要远远高于墓葬规格。当墓葬规格与随葬品数量在判定墓主身份中出现抵牾时，大体应依从随葬品数量——虽然墓主身份的判断在很多时候是一个综合的"工程"，但如随葬品数量这样特征性明显的指标却必不可少。

三　各类随葬品的时空特征

从前文对铜器、铁器、陶器、石器、金银器等类遗物的分析看，可发现各类随葬品的时空特征：

第一，无论是铜器、铁器、陶器、石器，还是金银器，墓葬中各类遗物的出土数量，均与墓葬规格有较紧密的正比关系。遗物数量越多，墓葬规格一般越高。反之，越低。

由于墓葬规格与墓主身份间有着同样较紧密的正比关系，因此，墓中遗物的种类和数量，就事实上与墓主身份有了相对紧密的对应关系。大体上，根据前文所分析的当时社会各等级人士的平均墓葬规格，我们即可参照墓葬出土遗物的种类和数量，约略确定墓主的社会等级。

第二，无论是铜器、铁器、陶器、石器，还是金银器，均具有向各级政治中心高度聚集的同心化现象。政治中心的地位越高，各类遗物的种类和数量越多。反之，越少。

从文献记载看，秦汉时期一地的政治地位与经济地位、人口数量往往有较为紧密的关系，政治中心的地位高低往往直接影响到当地的社会繁荣程度。因此，各地出土遗物的种类和数量，就可以成为我们了解一地在秦汉时代政治地位、经济地位、人口繁荣程度等等当时社会发展情况的重要指标。即，通过某地遗物种类和数量的分析，可较准确的确定一地政治地位高低和社会经济繁荣与否。

在华南地区，不同种类遗物、同一种类但不同类型的遗物，在不同历史时期有着基本类似的趋势。如多数遗物在西汉早期达到第一个峰值，在新莽至东汉初期或东汉早期出现低谷，东汉中期回升并出现第二个峰值，东汉晚期再次减少。这些各类遗物基本共存的大趋势，大体上反映了华南社会发展的基本情况。

在基本一致的发展大势外，不同种类的遗物同时还存在差异性的发展过程。如陶器从西汉早期之后就不断减少，而铁器在西汉初期至西汉中期都一直增加；铁器、铜器更有着前文所述的差异性趋势；相对而言，金银器的波动起伏明显较小（附图四·5·2）。

第三，如前所述，相关遗物在华南诸郡国的各时期中，发展趋势有所不同。其中南海郡的各类遗物，其数量基本均以西汉早期为最多，西汉中期即快速下降，直到东汉中期才开始较快回升。合浦郡各类遗物大体于西汉中期方始出现，并在西汉晚期达到数量峰值，而后不断减少，东汉中期后再有增加。苍梧郡西汉初期数量较高，西汉早期明显下降，西汉中期继续延续，西汉晚期开始回升，此后又有下降，东汉中期出现快速回升。桂阳郡西汉初期至西汉中期持续增加，并与西汉中期达到峰值，而后明显下降，此后波动较为频繁。零陵郡西汉初期略多，此后出现下降，西汉中期、西汉晚期回升并有增长，并于东汉早期达到峰值，此后下降。武陵郡各类遗物大体于西汉初期出现，接着，数量不断增加，西汉晚期达到峰值，此后不断减少。长沙国西汉初期各类遗物数量较多，此后继续增加，西汉早期达到峰值，西汉中期下降，西汉晚期出现回升，此后不断下降，东汉中期出现回升。豫章郡西汉初期、西汉早期发现点数量均甚少，但西汉中期突然增多，而后西汉晚期又急剧减少，新莽至东汉初期开始出现回升，并于东汉晚期达到峰值。闽越国西汉初期数量较少，西汉早期达到数量峰值，此后数量遽减，西汉晚期至东汉早期不见任何遗物，直到东汉中期方重新出现，东汉晚期有所增加（附图四·5·3）。

第四，西汉初期，苍梧郡遗物数量最多，南海郡次之，长沙国再次之，其余诸郡国数量甚少，合浦郡、武陵郡尚未出现。西汉早期，南海郡数量为最，长沙国次之，武陵郡再次之，闽越国数量亦多。西汉中期，武陵郡数量最多，桂阳郡次之，南海郡再次之。西汉晚期，武陵郡最多，长沙国次之，南海郡再次之。新莽至东汉初期，桂阳郡最多，武陵郡次之，南海郡再次之。东汉早期，桂阳郡最多，武陵郡次之，长沙国再次之。东汉中期，桂阳郡最多，南海郡次之，长沙国再次之。东汉晚期，南海郡最多，桂阳郡次之，苍梧郡再次之。华南诸郡国遗物发现点数量在秦汉四百余年间此起彼伏，波动不断（附图四·5·4）。

第五，不同郡国有着差异较大的器物使用习俗。如在前文分析中所提到的，在石器使用上存在着岭南以生产工具为主，岭北以容器、明器、炊煮器为主的差异。而地跨南岭的桂阳郡、零陵郡，不仅与南北郡国都有所不同，而且二郡间还有明显差异，如桂阳郡内不见石容器、石炊煮器，零陵郡内仅有石明器，数量均甚为有限。而同样以滑石器分布看，岭南诸郡中滑石器基本均集中于郡国治，仅零星见于县治和其他地点。而在岭北诸郡国内，郡国治、县治的发现点数量均明显较多，其他地点所发现的数量也远高于岭南诸郡。甚为明显的显示出当时岭南、岭北诸郡国内采用滑石器陪葬人群的不同分布范围（附图四·5·5）。

第六，从前文对陶容器种类的时空分析看，在南海郡内明显存在着从西汉中期出现的巨大改变，陶盒消失，硬陶罐遽减。而与此同时，在其周围的合浦郡、郁林郡内陶盒和硬陶罐的数量均有较快增长，桂阳郡内的常见容器种类保持不变。此外，同样在西汉中期，一方面是闽越国内陶容器的大量减少，另一方面是硬陶罐等器物在豫章郡的忽然增多。华南诸郡国在西汉中期前后的容器种类上，存在着非常强烈的此消彼长的演变趋势。

从西汉中期开始，各郡国内的陶壶、陶罐等容器得到速度不等的增长，而硬陶罐的范围也不断扩展，最后，到东汉晚期时，在各郡国内，陶壶、陶罐几乎都成为当地的常见陶容器。原来西汉初期、西汉早期时诸郡国内差异性较大的陶容器种类，在经过了长时间的发展后，已经趋于一致。

然而，就在陶壶、陶罐等常见陶器大范围普及的同时，在不同郡国内也存在着较为明显的容器“传统”。如豫章郡内陶耳杯的数量，就一直较多，为其他各郡国所不见。又如苍梧郡、合浦郡内直到东汉中期，还有较多的陶盉存在，也与其他郡国不同。而南海郡内陶瓿在东汉中期重新出现后，直到东汉晚期依然不少，也是其他郡国不见的文化景象。但就在其他郡国内硬陶罐较多的情况下，南海郡却从西汉中期后硬陶罐就一直不多，与各郡国存在明显差异。也就是说，在不同的郡国内，一方面是如陶壶、陶罐等"大路"陶器的"强势普及"，另一方面是如陶耳杯、陶瓿等"个性"陶器的"特立独行"。在不同郡国间，这种"普及"与"独行"的开始、持续时间、持续程度均有较大差异，它们共同构成丰富多彩、波澜起伏的文化景观。

第六节　诸郡国的发展差异

一　考古遗存差异

秦汉华南各类遗存共发现 5143 处（附图四·6·1），具有明显的时空差异。

第一，诸郡国各类遗存的发现数量严重不平衡。这种不平衡既与各地自 1949 年以后 60 年来考古工作开展的不平衡有关，也与诸郡国秦汉时期发展的不平衡有关。

从附录二、三所记录的自 1949 年以后 60 年来各地考古工作的情况看，秦汉时期因大量人口聚集而形成大量遗存的城市、交通线、河谷等地（这些地点也是历代遗存的集中区），正是历年来考古工作开展最多的地区，在这些地区，考古学遗存发现点数量也就明显最多。而在秦汉时期人口聚集较少、形成遗存也相应较少的地点，历年考古工作明显甚少，因此，这些地区发现各类遗存的数量相应也较少。从附录二、三看，虽考古工作的不平衡性存在着"夸大和加剧"各地遗存数量不平衡的"哈哈镜"效应，但这也明显与各地遗存原本分布的不平衡直接相关。

从福建的情况看，无论墓葬、遗址、发现点还是收藏点，相当于闽越国的西汉早期遗存的数量均占据了绝对多数，而在进入西汉中期之后各类遗存或急剧减少或直接消失，直至东汉时期再有零星发现。这种情况就与本书第一章中文献所载汉武帝灭亡闽越国后，将闽越人尽数迁出而使当地"遂虚"的情况一致。而零星发现的少数遗存，又与西汉和东汉时期在福建境内仅设 1 县的情况符合。

从海南岛的情况看，在现有遗存中，所发现的墓葬均为同时期大陆上极罕见的瓮棺，显示出当地文化与大陆文化的区别。遗物以零星在海岛北部、西北沿岸发现的铜釜为主，与瓮棺等遗存发现于海岛南部的情况存在明显的空间差异。这些情况不仅说明汉人到达海南岛的数量甚少，而且其分布地域也仅为北部等海岛沿岸地区。这种岛内各类考古学遗存数量甚为少见、为华南诸郡国之末的情况，正与本书第一章所言汉在海南岛设立儋耳郡、珠崖郡时间甚短，且当地反叛不断，汉郡统治甚为不稳的情况一致，是海南岛社会文化发展整体甚为缓慢的直接表现。

60 年来，秦汉华南考古多属配合基建等的随机而为，且福建、海南两地考古学遗存发现数量与文献所载当地发展情况又正相符合，因此目前已知的华南 5143 处考古学遗存，虽肯定是秦汉时期形成遗存总量的一小部分，但其依然可以为我们揭示出当时诸郡国社会发展的不平衡。也就是说，5143 处秦汉华南遗存在诸郡国间的不平衡分布，根本上是由秦汉华南各地发展的不平衡造成的，余下的才与 60 年来考古工作的不平衡有关。

当然，在一些具体的地区，因水库等基建而进行了集中的考古发掘——如位于桂阳郡的资兴、位于武陵郡的里耶、位于苍梧郡的平乐，随着相关发掘资料的集中公布，就使得该地区考古遗存的数量猛增，加剧了原本存在的各地遗存数量的不平衡，对此自应具体对待。

第二，华南诸郡国考古遗存以桂阳郡最多，南海郡次之，武陵郡第三，长沙国第四，苍梧郡第五，豫章郡第六，海南岛最少。在各郡中，桂阳郡遗存最多，这是由于资兴、乐昌等地发掘墓葬较多；武陵郡则是由于里耶一地墓葬发掘较多；苍梧郡是由于平乐墓葬发掘较多。若将其排除，南海郡最多，长沙国次之，豫章郡第三。

不过，这样的排除却明显并不合适。从1949年以后60年来的华南考古工作看，与平乐、里耶、资兴等地类似规模的考古发掘，在其他诸郡国的地域中也曾同样存在，但最后所获的各类遗存数量却明显较少。因此，现在我们所见到的附图四·6·1中的情况，就应与诸郡国秦汉时期形成遗存的数量大体相应。而以武陵郡言，虽然里耶地区的考古集中发掘，使该郡遗存数量大增，但如前文所言，武陵郡在秦时仅迁陵县一县的户数，就已超过西汉晚期绝大多数华南郡国的一郡户数，而目前武陵郡发现遗存点的数量与其他郡国之比，还远远低于其户数之比。因此，就武陵郡而言，即使有了里耶地区的诸多发掘，考古发现的遗存数量，在武陵郡可能还远远低于当时的实际情况。贸然将这些集中发掘的考古资料进行排除明显不甚合适。

当然，造成前述桂阳郡遗存在华南诸郡国中数量最多的原因，除其本身遗存点就较多外，还由于本书所界定诸郡国的疆域，均以西汉晚期为准①，这样一来，也就存在着将四百余年情况压缩至西汉晚期一点进行比较的不足。所以上述诸郡国遗存点数量的不同，自然不能导出诸郡国在秦汉时期发展程度的前后排名。

比方说，从诸郡国疆域的情况看，秦汉时长沙国、南海郡的变化甚大。当进入西汉中期时，原属南海郡的岭南三县划归桂阳郡，南海郡变小，桂阳郡扩大。而据前文资料，桂阳郡的西汉中期之前的墓葬，多数又位于原南海郡的三县境内。若将其复原回南海郡，西汉早期诸郡国遗存以南海郡最多。同理，在将本属长沙国的各地遗存点归入长沙国统计后，西汉早期长沙国遗存的数量就位列第三，而武陵郡在桂阳郡下降后递升为第二，这样的排名也许才更近于当时的实际情况。不过，南海郡第一、武陵郡第二、长沙郡第三的排名肯定也不准确，因为大多数墓葬群、遗址、窖藏、发现点、收藏点的时代均甚为含混，所以我们现在能够拿出比较的也多是墓葬资料——虽其占据了所有遗存点的72.91%。

第三，由于我们在短时间内无法厘清华南诸郡国在不同时期的具体疆域变化，因此，它们在秦汉不同时期的发展差异，就只能据郡内各遗存发现点的情况进行比较。

在前文中，曾据遗存发现点的位置，将其置于秦汉华南诸郡国内，按当时各地政治地位的不同，分为郡国治、近郡国治、县治、近县治、其他地点等5个层次，并对相关遗存的时空特点进行了探讨。从分析情况看，无论在墓葬分布还是在遗物发现中，均存在着明显的地域差异。其中，郡国治往往是一郡国内墓葬数量最多、墓葬等级最多的地点，往往集中了该郡国内大多数的高规格墓葬，而遗物种类和数量也相应最多。县治一般不出现超过县级官吏墓葬规格太多的墓葬，其墓葬与遗物的数量与等级、墓葬间的层次也都明显少于郡国治。其他地点的墓葬、遗物的数量和规格均相应最低。各级政治中心也就是各级城市在遗存点上，存在着巨大的差异。

---

① 复原诸郡国在秦汉不同时期疆域的工作非常艰巨。如秦在岭南设三郡，疆域界限不明，而在南越国所设郡中，现较确者仅南海1郡，而到汉武帝统一岭南后，除南海外还设合浦、苍梧、郁林等郡。根据目前资料，我们目前还无法复原出西汉初期、西汉早期时岭南诸郡国的具体范围。由于前述南海国位置的存疑，与其毗邻的闽越国、南越国、豫章郡等郡国的相应范围也同样不好确定。在这种情况下，西汉初期、西汉早期按诸郡国实有范围进行遗存点统计的工作目前还难以展开。因此我们目前只能以疆域记载确切的西汉晚期进行比较。

学者已研究指出，中国古代城市作为统治体系的一部分，乃是因政治和军事的需要而兴起的。[①] 而战国秦汉时期封建城市的成批出现，与郡县制的确立有密切关系。该时期郡县的治所并非因工商业人口的自然集中而形成，多数只是国家的政治和军事据点。在汉代的郡县城市中，绝大多数的居民是官僚、地主、军队和无业人员等消费人口，工商业者仅为少数，城市居民成分复杂。[②] 目前，多数学者认为，汉代的城市人口数量众多。如俞伟超先生提出"人口集中于城市的情况，在战国至汉代（至少在西汉），在我国历史上是仅见的。这样的历史，完全可以说是城市的历史"。[③] 林甘泉先生主编的《中国经济通史·秦汉经济卷》更进一步提出：秦汉时期都市的扩展与当时全国各地经济、文化的发展同步，而且与各地人口的分布和密度呈正相关趋势，人口的自然迁徙、增减以及帝国政策的倾斜对都市的盛衰起着重要作用，但大乱一起，人口散亡，名都空而不居，是都市结构崩溃的根本原因。[④]

华南诸郡国中各类遗存发现集中于各级城市的情况，与此基本相符。从考古资料看，在秦汉时期的华南诸郡国中，郡国治通常都是一郡中各类遗存最全、数量最多之地，显示出该地应是一郡中人口最多和经济最为繁荣之地。而县治所发现的各类遗存的数量和种类多数都远逊于郡国治，表明其人口和经济相应的落后于郡国治。而在郡国治、县治之外的其他地点，无论是遗存的种类还是数量，都明显为一郡国中最低，表明其各方面均甚为落后。也就是说，郡国治往往是一郡中人口最多、经济最发达之地，县治明显次之，其他地点最低。这样一来，由于各种不同规模与等级的城市，是当时人群的主要聚集地[⑤]，因此它们也就自然成为今天我们了解当时社会发展情况的主要对象。于是，比较诸郡国间郡国治、县治遗存点的数量及情况，就应能相对准确地显示诸郡国不同时期的发展差异。

二　郡国治差异

（一）遗存点发现差异

在时代比较确定的遗存点中，墓葬的数量最多，因此，郡国治差异的比较[⑥]，就只能以墓葬为主来进行。而在墓葬之外，在时代明确的其他遗存中，福州发现西汉早期遗址 20 处、广州发现西汉早期遗址 15 处、武夷山发现西汉早期遗址 25 处、广州发现西汉早期发现点 1 处。其综合情况可如图所述（附图四·6·2）。从该图看：

第一，12 个郡国治共发现墓葬 1131 座，占参与统计 3357 座墓葬的三分之一左右，显示出郡国治在当时的核心地位。

①　傅筑夫：《中国古代城市在国民经济中的地位与作用》，《中国经济史论丛》上，生活·读书·新知三联书店 1980 年版。转引自彭卫《20 世纪以来中国的秦汉城市史研究》，载中村圭尔、辛德勇《中日古代城市研究》，中国社会科学出版社 2004 年版，第 4 页。

②　胡如雷：《中国封建社会经济形态研究》，生活·读书·新知三联书店 1979 年版，第 245—248 页。转引自彭卫《20 世纪以来中国的秦汉城市史研究》，载中村圭尔、辛德勇《中日古代城市研究》，中国社会科学出版社 2004 年版，第 4—6 页。

③　俞伟超：《中国古代都城规划的发展阶段》，《先秦两汉考古学论集》，文物出版社 1985 年版，第 34—53 页。

④　林甘泉：《中国经济通史·秦汉经济卷》第 12 章，经济日报出版社 1999 年版。转引自彭卫《20 世纪以来中国的秦汉城市史研究》，载中村圭尔、辛德勇《中日古代城市研究》，中国社会科学出版社 2004 年版，第 20 页。

⑤　《后汉书·法雄传》："在州四年，迁南郡太守，断狱省少，户口益增。郡滨带江沔，又有云梦薮泽，永初中，多虎狼之暴，前太守赏募张捕，反为所害者甚众。雄乃移书属县曰：'凡虎狼之在山林，犹人之居城市。古者至化之世，猛兽不扰，皆由恩信宽泽，仁及飞走。太守虽不德，敢忘斯义。记到，其毁坏槛阱，不得妄捕山林。'是后虎害稍息，人以获安。"

⑥　因郡国治的变化，武陵郡同时列入溆浦、常德，闽越国同时列入武夷山、福州。又由于目前尚无相关发现，因此位于海南岛的珠崖郡、儋耳郡郡国治就不参与郡国治比较。

第二，在 12 个郡国治中，广州遗存点发现数量最多，长沙次之。

第三，西汉初期、西汉早期，广州遗存点最多，长沙次之。除西汉晚期、东汉早期之外，广州均为各时期诸郡国中最多。

第四，从遗存出现的时间看，广州、长沙、郴州、溆浦于西汉初期出现，贵县、常德、武夷山、福州于西汉早期出现，合浦、零陵、南昌于西汉中期出现，梧州于东汉中期出现。

第五，西汉早期之后，广州地区墓葬数量持续且急剧减少，直到东汉中期才走出低谷并急剧增加，东汉晚期数量更多。长沙在西汉早期之后墓葬数量减少，但西汉晚期出现增长，而后再次减少，东汉中期急剧增加，东汉晚期减少。合浦在西汉中期出现墓葬，西汉晚期墓葬数量最多，此后墓葬数量减少，东汉中期急剧增加，东汉晚期减少。溆浦在西汉中期墓葬数量最多，之后数量减少，东汉时期不见。常德在西汉时期墓葬数量甚少，西汉中期后不见，东汉早期重新出现，之后持续增加，东汉晚期最多。贵县在西汉早期出现，之后持续增加，西汉晚期达到峰值后开始减少，东汉中期再达峰值，而后减少。零陵在西汉中期出现，之后数量一直不多，东汉早期达到峰值后不见。郴州西汉初期即有出现，但数量一直甚少，东汉早期达到峰值后数量又持续减少。南昌西汉中期忽然出现，数量甚多，之后不见，新莽至东汉初期再次出现后数量较少，而后持续增加，东汉中期达到峰值，而后略有减少。武夷山仅发现西汉早期墓葬，福州在西汉早期发现大量遗址，而后长期不见，到东汉晚期才有零星墓葬发现。

（二）郡国治发展差异

从上述情况看，在诸郡国的郡国治中，广州、长沙、郴州、溆浦应在西汉初期即已开始发展，其中广州最快，而长沙次之，二者差距较小。到西汉早期，广州发展最快，长沙虽然依然次之，但相距甚大，武夷山和福州位列第三、第四。而如将武夷山和福州合并为闽越国的话，西汉早期发展最快的地区，明显为南越国、长沙国、闽越国，为当时汉王朝在华南地区的三个内属、外属诸侯国。在其他诸郡国中，除溆浦遗存发现点数量仅次于上述三个诸侯国外，其余郡国治的遗存点均甚少。

西汉中期，广州虽然在诸郡国治中遗存点数量最多，但此时广州的遗存点数量仅为西汉早期的 35.04%，数量大减。长沙的降幅更大，仅为西汉早期的 25.9%。与此同时，在福州、武夷山遗存点完全消失；在合浦、零陵只有少量出现；在南昌则大量涌现；在溆浦大量增加，为西汉早期的 7.28 倍。此外，贵县遗存点的数量也较快增加，为西汉早期的 3 倍。从上述情况看，西汉中期，广州、长沙的发展均应出现大规模后退，而在合浦、零陵开始发展，溆浦、贵县、南昌则发展迅猛。

西汉晚期，长沙遗存点数量最多，合浦次之，广州第三。从诸郡国治的发现情况看，广州遗存点数量继续减少，为西汉中期的 46.66%；而长沙开始回升，为西汉中期的 1.22 倍。与此同时，合浦郡的增长速度最快；溆浦出现明显减退，仅为西汉中期的 25.49%；贵县、零陵也在持续增加；南昌无遗存点发现。从上述情况看，西汉晚期，广州继续了从西汉早期开始的后退之势；而合浦快速发展；长沙也在止住了倒退趋势后开始回升；溆浦结束了西汉初期直到西汉中期的增长趋势，开始快速减少；南昌明显减退。

新莽至东汉初期，广州遗存点最多，合浦次之，南昌、贵县、长沙数量相等。从诸郡国治的发现情况看，除郴州、南昌重新出现遗存点外，其余郡国治的遗存点数量均明显下降。其中广州为西汉晚期的 34.28%，长沙为西汉晚期的 9.30%。从上述情况看，新莽至东汉初期在诸郡国治出现大范围发展倒退的同时，郴州、南昌开始有所发展。

东汉早期，郴州遗存点发现数量最多，南昌次之。从诸郡国治的发现情况看，溆浦、贵县消失；广州、长沙、合浦继续减少，数量甚少；常德开始重新出现；零陵、郴州有较快增加；南昌增速较缓。从上述情况看，东汉早期仅有南昌、零陵、郴州快速发展外，其余郡国继续减退。

东汉中期，广州遗存点发现数量最多、长沙次之。从诸郡国治的发现情况看，广州、长沙、合浦、南昌均快速增加；常德增速较缓；梧州开始出现；贵县重新出现；零陵消失；郴州快速减少。从上述情况看，东汉中期，华南诸郡国治开始在大范围内出现全面的增长，而仅有零陵、郴州不增反降或消失。

东汉晚期，广州遗存点发现数量最多，合浦次之。从诸郡国治的发现情况看，除广州继续快速增加，福州重新出现（此时已非郡国治），常德较快增加外，其他郡国治出现了明显的减少。也就是说，东汉晚期，华南诸郡国中除广州、常德继续增加外，其余地区均多少有所减少，甚至出现发展倒退。

三　诸郡国发展差异

从前文分析看，各类墓葬、各类遗物的时空差异，与前述郡国治的发展差异几乎完全一致。因此，根据郡国治及郡内各种地点发现考古学遗存的时空分布情况[①]，我们可大体确定诸郡国在秦汉时期的如下变化。

西汉初期，华南诸郡国各类遗存发现点数量，以苍梧郡最多，南海郡次之，桂阳郡第三。而从郡国治看，南海郡、长沙国、武陵郡、桂阳郡均有发展，其中南海郡发展最快，长沙国次之。从墓葬形制看，苍梧郡以甲 A 类墓葬发现最多，甲 B 类次之；而南海郡内以甲 B 类居多，但甲 A 类墓葬与其相差甚少；桂阳郡内甲 B 类数量略多，甲 A 类墓葬数量略少，总体上亦相差较少。从前文分析看，甲 A 类墓葬是越人的主要墓葬形式，因此，据不同地点遗存的发现情况看，在西汉初期的郡国治、县治等政治中心内，汉人数量明显占优，但同时也有一定数量的越人贵族。而在其他地点，不仅越人的数量明显较多，而且很可能其中贵族的身份要高于在政治中心中的越人贵族。从有关情况看，该时期越人与汉人的数量相差不多，苍梧郡、南海郡、桂阳郡原来均应以越人为主，但随着汉人的进入，汉越交流快速增长。大体上，在该时期中，苍梧郡越人明显较多，而南海郡则以汉人数量占优，桂阳郡内二者大体相近。在诸郡国中，南海郡发展速度最快；而总体上，包含了苍梧郡、南海郡等岭南郡国在内的南越国，应是该时期发展最快和发展程度最高之地。

西汉早期，华南诸郡国各类遗存发现点数量，以南海郡为最，长沙国次之，武陵郡第三。与西汉初期相比，苍梧郡数量明显减少，而南海郡、长沙国、武陵郡增速甚高，南海郡为西汉初期的 3.16 倍，长沙国为西汉初期的 4.23 倍，武陵郡为西汉初期的 6.46 倍，苍梧郡为西汉初期的 21.16%。在其他诸郡国中，闽越国遗存点数量剧增，而桂阳郡、零陵郡与苍梧郡一样，数量均明显减少，豫章郡不见。据前文，该时期不仅甲 A 类墓葬的数量明显减少，而且集中发现

---

① 限于篇幅，我们无法再如郡国治一样开展县治、其他地点发展差异的详细罗列。而下文的有关结论，均来自于前文对相关问题的分类探讨。

甲 A 类墓葬的地点为南海郡郡国治广州、长沙国郡国治长沙，两地墓葬规格均有增加；而在其他地点发现的甲 A 类墓，不仅数量明显减少，且规格也显著降低。在甲 A 类墓葬减少的同时，甲 B 类墓葬的数量快速增加，为西汉初期的 2.16 倍，墓葬规格也普遍增大。此外，甲 B 类墓葬的分布地点，虽然与西汉初期一样基本集中于郡国治或近郡国治地区，但在县治的发现数量和墓葬规格均明显增加。

从上述情况看，该时期南海郡的发展最快，长沙国次之，闽越国也迅速发展，而苍梧郡、桂阳郡明显减退。此外，越人的分布越来越集中于汉人建立的政治中心，而汉人逐步向政治中心之外扩展。其中苍梧郡、桂阳郡的发展减缓，大体即是由越人在当地的大量减少而引起。就整个华南而言，该时期的南越国依然是华南最为发达之处，但与此同时，长沙国、闽越国也取得了快速的发展。在快速发展的南越国内，在其国都所在的南海郡快速发展的同时，国内其他地点出现不同程度的发展减缓或倒退。也就是说，在国都所在郡国取得快速发展的同时，国内的其他地点相应减退，在该国的发展上，似乎存在着一国之力向国都快速汇聚的情况。

西汉中期，华南诸郡国各类遗存发现点数量，以武陵郡为最多，桂阳郡次之，南海郡第三，长沙国第四。与西汉早期相比，南海郡、长沙国的遗存发现点数量均出现了快速倒退，南海郡为西汉早期的 35.81%，长沙国为西汉早期的 29.19%，闽越国遗存发现点消失，苍梧郡、零陵郡的遗存发现点数量继续快速减少。而与此同时，豫章郡内遗存发现点数量忽然增多，合浦郡开始出现，郁林郡、桂阳郡、武陵郡的遗存发现点数量猛增。其中武陵郡为西汉早期的 1.71 倍，桂阳郡为西汉早期的 7 倍，郁林郡为西汉早期的 4 倍。从墓葬形制看，甲 A 类墓葬数量继续减少，其发现地点，除南海郡内还有较多外，其余郡国内的发现数量均相当有限，不过其中武陵郡内的数量忽然增多，为西汉早期的 5 倍。同时，甲 B 类墓葬数量总体减少，分布地域更加广泛，各地之间的数量差异日益扩大。其中南海郡、长沙国、闽越国数量明显减少乃至消失，同时，武陵郡、桂阳郡、豫章郡内的该型墓葬忽然增加，存在着明显的关联性。

从上述情况看，该时期武陵郡、桂阳郡、豫章郡、郁林郡的发展甚快，合浦郡开始起步，南海郡、长沙国、苍梧郡、零陵郡、闽越国明显倒退。华南各地的发展形式出现了巨大逆转。

西汉晚期，华南诸郡国各类遗存的发现点数量，武陵郡依然最多，桂阳郡次之，长沙国第三，合浦郡第四。与西汉中期相比，武陵郡虽然继续增加，但增速较低，仅为西汉中期的 1.32 倍，桂阳郡明显减退，为西汉中期的 60.24%，长沙国止跌回升，为西汉中期的 1.42 倍。而在其他郡国中，合浦郡快速增加，南海郡继续减少，苍梧郡出现较快回升，零陵郡、郁林郡增长甚快，豫章郡明显减退。在诸郡国中，除了武陵郡、合浦郡、南海郡、郁林郡保持了前一时期的增减之势外，其余郡国（闽越国除外，下同）出现了与前一时期相反的发展趋势。从上述情况看，在该时期华南诸郡国的发展中，岭南地区郡国的变化较小，而岭北郡国的变化明显较大。

新莽至东汉初期，华南诸郡国各类遗存发现点数量，以桂阳郡为最多，武陵郡次之，合浦郡、长沙国、南海郡数量甚为相近，其他郡国数量明显较少。与西汉晚期相比，除豫章郡的数量出现增加外，其余郡国遗存发现点数量均有不同程度减少，其中桂阳郡减少程度较低，为西汉晚期的 89.69%，武陵郡仅为西汉晚期的 21.66%，减速甚快。总体而言，该时期内华南诸郡国出现了较为普遍的发展滞缓甚至倒退。

东汉早期，华南诸郡国各类遗存发现点数量，桂阳郡和武陵郡的数量相等，均为最多，合浦郡次之，合浦郡第三。与新莽至东汉初期相比，该时期多数郡国的遗存发现点数量出现增加，如武陵郡、合浦郡、长沙国、豫章郡、零陵郡、苍梧郡就均有不同程度的增长，而桂阳郡、南海郡继续减少，郁林郡不见。总体上，该时期华南的多数郡国在经历了新莽至东汉初期的短暂减退后，开始了恢复性增长，其中合浦郡、豫章郡的增速明显较高，合浦郡为之前的 3.07 倍，豫章郡为之前的 1.8 倍，苍梧郡更为之前的 3.66 倍，增速最快。

东汉中期，华南诸郡国各类遗存发现点数量，仍以桂阳郡为最多，南海郡次之，合浦郡第三。与东汉早期相比，该时期除武陵郡为东汉早期的 52.79%，有较大程度减少外，其余郡国均出现快速增长。其中，桂阳郡为东汉早期的 3.12 倍，南海郡为东汉早期的 8.6 倍，长沙国为东汉早期的 4.53 倍，苍梧郡为东汉早期的 4.18 倍。南海郡在经历从西汉早期之后开始的长期减退后，开始迅猛增长，而福建境内在长时间空白后，开始重新出现考古遗存。整体上，东汉中期的遗存发现点数量，为东汉早期的 2.59 倍。因此，从上述情况看，东汉中期是武陵郡外的其他华南郡国的高速增长期，其中南海郡和武陵郡的变化最为突出，南海郡在经历了长时间减退后，开始高速增长，一跃而成为第 2 名，重新回到了西汉初期时已经出现过的久违的前列。而武陵郡在长时间位居前列后，却在其他郡国都突飞猛进时忽然出现大量的减少，与南海郡的情况完全相反。

东汉晚期，华南诸郡国各类遗存发现点数量，以南海郡为最多，桂阳郡次之，苍梧郡第三。与东汉中期相比，除南海郡、苍梧郡、闽越国境内的发现点数量有所增加外，其余郡国均出现不同程度的数量减少。其中南海郡为东汉中期的 1.43 倍，苍梧郡为东汉中期的 1.26 倍，闽越国境内为东汉中期的 3 倍。虽然各郡国增长的速度明显低于东汉中期，但在其他郡国普遍减退的情况下，依然非常引人注目。而其中南海郡更超过了桂阳郡重新回到西汉早期为华南第 1 名的位置，而苍梧郡也以第 2 名的位置，较为接近西汉初期时的第 1 名的数量。因此，从这种情况看，东汉晚期的华南地区，南海郡快速发展，重新成为该地区内发展最快的郡国，同时，苍梧郡也取得了快速的发展。但是其他郡国，特别是岭北郡国内出现了普遍的倒退。

四　诸郡国发展差异的形成

过去，对一般古代史的学者而言，在有了文字史料，也就是进入历史时代之后，考古资料就多数只能在讨论问题时居于辅佐的地位。一般学者总是希望，由文字材料出发来讨论问题，因为大家相信，文字材料可以为古代历史的发展提供一个背景，而考古材料是用来点缀这个由文字材料所构成的背景的东西。可是，一次次考古的重大发现，已在缓慢而坚定地改变着前述的认识，并强烈地形成了一种新的意见——即使进入历史时代相当时间后，考古发现所提出的问题和资料，仍然无法被替代，文字材料与考古材料有着其各自的特色与贡献。[①] 在历史时期的考古中，一定量文献记载的传世，使文献和发掘资料的对勘成为可能。

在前文完成的华南各类遗存点特征及时空分布的分析中，我们了解到，在华南地区的同一时期的不同地点，存在着采用不同墓葬、不同种类遗物的地区差异，而在不同时期的同一地点也存在着各类遗存的形制、数量与种类的巨大变化。根据这些变化，我们大体复原出了秦汉四百年间华南诸郡国的发展差异，不过究竟是什么原因造成了这些差异，已经成为我们急需去探索的问题。幸运的是，历史时期的各种传世文献，使相关问题的解决变得颇为"顺畅"。

---

① 蒲慕洲：《墓葬与生死：中国古代宗教之省思》，中华书局 2008 年版，第 6—7 页。

（一）南海郡

据前文，南海郡在西汉早期发展程度最高，而在进入西汉中期后，当地一种或数种形制墓葬的数量急剧减少，而没有数量减少的墓葬，其墓葬规格又大为降低，之后各类遗存发现点数量持续减少，直到东汉中期才开始迅速回升并持续增长为华南最高。同在岭南的苍梧郡、桂阳郡、合浦郡与南海郡存在着较为紧密的发展联动，南海郡兴盛时周围郡国衰落，南海郡衰落时周边郡国发展迅速（附图四·6·3）。

南海郡在西汉初期、西汉早期比较兴盛的原因，大体与文献所载南越国该时期的建立与发展有直接关系（图四·6·1）。

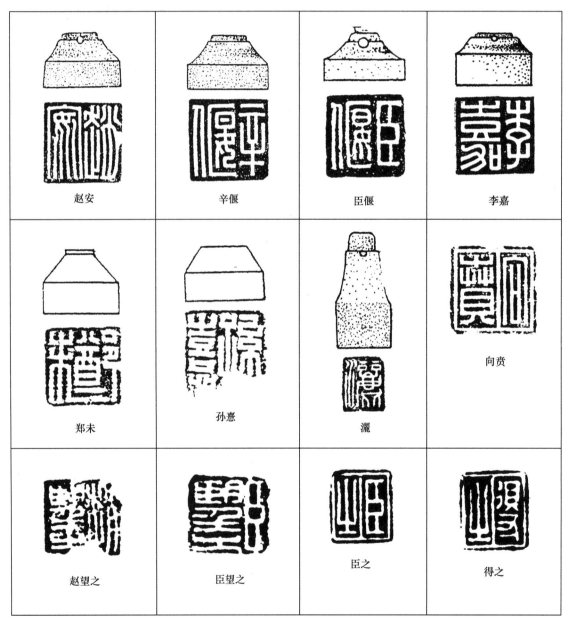

赵安　辛偃　臣偃　李嘉

郑未　孙惹　灑　向贲

赵望之　臣望之　臣之　得之

图四·6·1　广州出土南越印章

（载广州市文化局《考古发现的南越玺印与陶文》，澳门特别行政区民政总署文化康体部 2005 年版，第 45—55 页）

据文献记载，南越国是在汉初中原战争之时，由南下将领赵佗所建立。在南越国建立初期，"佗即击并桂林、象郡，自立为南越武王"，刘邦承认了赵佗自立的既成事实，"为中国劳苦，故释佗弗诛。汉十一年，遣陆贾因立佗为南越王，与剖符通使，和辑百越，毋为南边患害，与长沙接境"。南越国国都番禺从秦代初统一岭南后的三郡国治之一，就开始成为岭南的政治与经济中心。由其所代表的南海郡的发展，也自然变化巨大。

高后时，"有司请禁南越关市铁器"，"毋予蛮夷外粤金铁田器；马牛羊即予，予牡，毋与牝"。在赵佗看来，此举为长沙国所鼓动，"今高后听谗臣，别异蛮夷，隔绝器物，此必长沙王计也，欲倚中国，击灭南越而并王之，自为功也"，因此"发兵攻长沙边邑，败数县而去焉"。高后虽派"军隆虑侯灶往击之"，但"会暑湿，士卒大疫，兵不能踰岭。岁余，高后崩，即罢兵"。在汉军无功而返的情况下，赵佗"以兵威边，财物赂遗闽越、西瓯、骆，役属焉，东西万余里。迺乘黄屋左纛，称制，与中国侔"，不仅势力大涨，而且开始称制，与汉朝直接对立。在高后去世后，汉王朝陷入继承危机，入主帝位的文帝原为外藩，继位之初以稳定为要务，"使告诸侯四夷从代来即位意，喻盛德焉"，"召贾以为太中大夫，往使"南越。虽出使名义上是"佗自立为帝，曾无一介之使报者"，但实际上，在文帝给赵佗的信中，却提出"服领以南，王自治之"的分岭而治的汉越并立主张，"愿王听乐娱忧，存问邻国"，完全以平等的态度与南越交往。之后汉越相安无事，"遂至孝景时，称臣遣使入朝请。然其居国，窃如故号；其使天子，称王朝命如诸侯"，赵佗在国内称帝而不变。

从历史发展看，在西汉初期，南越国尚为初立，虽领有秦代所建的岭南三郡，但即使从秦军进入岭南算起，到文帝前元四年（公元前176年），也不过40年左右时间，而在其建立之时，赵佗等人到达岭南也不足十年。在西汉初期的南越国境内，发现有体现越人势力与汉人大体相当的考古遗存就应属正常。当赵佗出征长沙得利，汉兵无功而返后，其乘机大势扩张，使得南越国力量迅速增加。随后，汉文帝分岭而治与南越国和好交往的做法，又使得南越国可以通过正常的关禁得到岭南开发所急需的铁器等先进的生产工具，而一些外来的军事进攻，又可以在所谓"职约"的名义下由汉兵来承担。同时，在南越国内，汉越贵族联姻不断，交往频繁。如"相吕嘉年长矣，相三王，宗族官贵为长吏七十余人，男尽尚王女，女尽嫁王子弟宗室，及苍梧秦王有连。其居国中甚重，粤人信之，多为耳目者，得众心愈于王"。大量越人进入了南越国的统治核心，在赵佗"和集百越"之下，汉越两族和平相处，内无忧而外无患，进入西汉早期后的南越国以及南越国国都所在的南海郡，其各类考古遗存均体现出高速发展的情况，也就实属正常。在该时期内，汉越和平相处，两族文化快速交融的情况，正是前述考古资料中出现汉人分布范围扩展、各等级越人大量向政治中心聚集、越人一些旧有习俗快速减少且在汉人墓葬中出现较多越文化因素的主要原因。[①]　在各种因素的共同作用下，也就出现了南越国国都番禺（今广州）以及番禺所在的南海郡中各类遗存数量大增的局面。越人大量向国都番禺的迁移，必然使得越人原所在郡国的发展落后于迁入地的南海郡和番禺。[②]　就西汉早期而言，无论是国都所在的番禺，还是番禺所在的南海郡，毫无疑问的成为了岭南地区的绝对中心，其发展之势为岭南

---

① 郑君雷先生指出，"南越国的统治阶层实际上是由越化汉人和土著越人构成……实质上是一种越汉混合的新型越文化"。郑君雷：《俗化南夷—岭南秦汉时代汉文化形成的一个思考》，《华夏考古》2008年第3期，第121—127页。

② 这大体上即为葛剑雄先生定义的"内聚型移民"，这种移民形成的中心区发展，"是以更多地区的长期荒芜和废弃为代价"。葛剑雄：《中国移民史》第二卷，福建人民出版社1997年版，第289页。

诸郡之冠。

之后随着南越国宫廷斗争的出现，"太后恐乱起，亦欲倚汉威"，而向汉王朝提出内属的要求，"请比内诸侯，三岁壹朝，除边关"。而当其所求得到汉王朝允诺后，却遭到越人贵族南越国丞相吕嘉等大臣的反对，"有畔心，数称病不见汉使者。使者注意嘉，势未能诛"。之后，吕嘉"称病，不肯见王及使者。乃阴谋作乱，王素亡意诛嘉，嘉知之，以故数月不发。太后独欲诛嘉等，力又不能"，南越国由此陷入混乱。在这种情况下，"天子遣千秋与王太后弟樛乐将二千人往。入粤境，吕嘉乃遂反"，但千秋"未至番禺四十里，粤以兵击千秋等，灭之。使人函封汉使节置塞上，好为谩辞谢罪，发兵守要害处"，汉武帝第一次对南越战争以失败告终。此后汉武帝征发五路大军"咸会番禺"，"纵火烧城"，"吕嘉、建德以夜与其属数百人亡入海"，后被俘，南越国灭亡。

西汉中期之后，一直到东汉早期，南海郡一直处于衰退之中。在进入东汉中期后，除郡国治番禺之外，郡内县治、其他地点均取得了较快的增长，这种情况，与前文所述南海郡在西汉晚期县治有6、而东汉中期县治为7，户口数均有快速增长等现象，所显示出的发展甚快的情况一致。西汉中期之后直到东汉早期南海郡的持续减退，既与番禺经历战火严重破坏有关、与番禺丧失岭南政治中心地位有关、与参与抵抗汉兵的吕嘉所属越人的大量外迁有关，更与汉王朝在这里实行的一系列政策直接相关（详后）。随着东汉王朝的建立以及改朝换代的完成，原来对南海郡的禁锢政策被逐渐放弃，南海郡开始走出低谷，重新增长。而大量外来移民的加入，更推动了南海郡的发展步伐。从前文看，在东汉时期周期性反叛的大潮中，南海郡甚为平缓，与武陵郡的频繁爆发反叛不同，郡内仅发生过几次有限的反叛，影响不大，因此，在华南地区风起云涌的反叛浪潮中，南海郡成为难得的一片"安静"之地。到东汉晚期，与岭北郡国直接参与割据战争、岭南苍梧郡成为争斗核心的情况不同，南海郡也没有受到太多战争的直接波及，自然会保持较快的社会发展。这样，随着交州刺史部在东汉末期迁移至此，南海郡也就重新成为岭南地区的政治中心。而交州刺史部的迁来，既是对番禺所在地区自然区位的重新评价，也是对南海郡在东汉中期后快速发展，社会经济取得较高成就，岭南地区诸郡国均有减退而独其发展的一种肯定。

（二）苍梧郡

与"建德、嘉皆城守"抵抗汉军不同，南越国境内的其他很多地区，在汉武帝与南越王的战争中走上了归顺之途，如"苍梧王赵光与粤王同姓，闻汉兵至，降，为随桃侯。（又）［及］粤揭阳令史定降汉，为安道侯。粤将毕取以军降，为瞭侯。粤桂林监居翁谕告瓯骆四十余万口降，为湘城侯"，于是汉军在攻破番禺之后，南越国很快归顺。汉武帝在岭南广设郡国，"以其地为儋耳、珠崖、南海、苍梧、郁林、合浦、交趾、九真、日南九郡"。本书研究范围内的合浦、苍梧、郁林等郡即在此时始立（附图四·6·4）。

虽然我们现在还不能确定南越国设置郡国的具体数量，不过从有关文献看，在南越国时期，其在苍梧封有苍梧王，与赵佗同族，这应是苍梧郡在西汉早期大量越人向番禺内迁后，其郡内的发展依然仅次于南海郡的主要原因。而随着南越国灭亡以及投降汉王朝的苍梧王等列侯内迁，苍梧郡出现两种情况：一方面，西汉初期之后越人大量减少使其发展落后于南海郡的格局难以一时改变；另一方面，西汉早期之后南越国时统属此地汉人贵族的悉数外迁，造成西汉中期苍梧郡衰减之势不改。不过，从整体情况看，苍梧郡此时遗存点数量已从西汉早期为西汉初期的21.16%，减缓到西汉中期为西汉早期的34.48%，减速明显变缓。其原因大体应与"初郡制度"实施后当地生产得到恢复，苍梧郡作为交趾刺史部驻地，居于岭南政治中心后对经济产生向心吸引力有关。到西汉晚期，苍梧郡终于改变了西汉初期之后持续了很长时间的衰退趋势，开始了较大规模的增长，为西汉中期的1.7倍。也就是说，南越国灭亡之后，岭南政治中心的变化以及"初郡政策"的实施，是苍梧郡走出衰落开始上升的主要原因。

在经历了新莽至东汉初期的短时间衰退后，苍梧郡在东汉时期一直保持快速的增长，如东汉早期为新莽至东汉初期的3.66倍，东汉中期为东汉早期的4.18倍，东汉晚期为东汉中期的1.26倍，在东汉晚期达到峰值。这种情况正与文献中西汉晚期后苍梧郡内文化得到快速发展，东汉时期大量学者迁徙至此的情况一致，也与苍梧郡属县数量增加，户口数快速增长所反映的郡内增长的情况一致。而造成其在东汉时期快速增长的原因，除了其继续保持岭南政治中心地位不变的因素外，也与王莽之后大量北方汉人南迁至此有直接关系。[①]

（三）郁林郡

西汉晚期郁林郡的一部分在南越国灭亡后应属象郡，象郡至元帝时期才被罢置。虽然我们不知道南越国时期是否依然有象郡的设置，但从位置看，其当在赵佗"东西万余里"的范围之内，大体应是文献中"西瓯、骆"所在的地区。由于在南越国灭亡之前，西南地区就有"牂柯江广数里，出番禺城下"的认识，且南越境内还可通过牂柯江而食"蜀枸酱"，因此，南越国时期相当于西汉晚期郁林郡所在的地区，应在夜郎等西南夷与南越之间的不断交流之下有所发展。文献中南越国对西部地区的扩张时间大体在高后之后，这与当地考古遗存出现于西汉早期的时间认识基本相符。南越国灭亡后，该地区一直到西汉晚期持续发展这一情况出现的原因，离不开"初郡制度"在当地实施后，汉王朝其余诸郡从各方面对该地的扶持等因素。从考古资料看，西汉晚期后郁林郡遗存发现点数量大减，东汉早期更为不见，直到东汉中期才重现，东汉晚期又有减少。这种情况与前述郁林郡属县数量从西汉晚期12个县减少到东汉中期11个县所显示出郁林郡发展倒退的局面一致（附图四·6·5）。

在文献中，关于郁林郡的记载甚少，造成前述情况的原因，可能是由于王莽政权和之后的东汉王朝改变了原来的"初郡政策"，而西汉灭亡后中原地区的战乱虽未波及至此，但可能却使其丧失了"初郡制度"下所能得到的南阳郡等中原汉郡的财力支撑。其在东汉中期出现的增长，可能与该时期大量汉人南下进入郡内加快本地开发有关（郁林郡东汉中期户口数失载，故有关分析无法确定）。

（四）合浦郡

与苍梧郡、郁林郡不同，合浦郡在南越国时期从未有闻，而其西汉中期才始设立的情况，正与该郡国的考古遗存始自西汉中期的情况完全符合。同样，从该郡国的考古遗存在西汉中期之前极少见到的情况看，其境内原来的发展应甚为有限。从考古遗存看，设郡之后的合浦郡快速发展，西汉晚期达到峰值，而后虽略有下降，但东汉早期即恢复到西汉晚期的水平，东汉中

---

① 张荣芳先生指出，"秦汉农业社会发展的社会经济基础，日益完善的政治制度，地理及交通方面的有利条件，中原人士的到来及苍梧郡本地较为深厚的文化基础等，均对苍梧郡文化的发展及走向兴盛起过作用"。见张荣芳《两汉时期苍梧郡文化论述》，《秦汉史论集（外三篇）》，中山大学出版社1995年版，第179—206页。其所论述苍梧郡文化快速发展的原因，也正是苍梧郡在东汉时期发展的原因所在。

期快速增加，到东汉晚期才出现较大规模下降。其在设郡后长时间稳定增长的情况，为岭南仅见。这大体上就是为何西汉晚期有大量高官"徙合浦"，而在进入东汉后这种情况就极为罕见的主要原因。其在东汉晚期发展速度的减退，很可能与东汉晚期该郡内外出现较大规模反叛有直接关系。同时，其东汉中期遗存点数量为东汉早期的 1.85 倍的发展速度，明显低于岭南地区的南海郡、苍梧郡、郁林郡，表明其增速应慢于其他郡国。这种情况，与文献中合浦郡西汉晚期至东汉中期的户数、口数增长程度为岭南最低所反映其发展较缓的情况基本一致（附图四·6·6）。

（五）儋耳郡、珠崖郡

海南岛的秦汉考古遗存发现数量甚少，并且多数的时代认识均甚为模糊（附图四·6·7）。从发现情况看，墓葬和墓葬群只有瓮棺葬，仅见于岛南侧的陵水、崖县 2 地。窖藏以铜釜为主，集中发现于北部的海岛沿岸。遗址主要见于岛北部、西部沿岸和昌化江中下游沿岸。遗址发现点主要见于岛的西侧。从分布看，北侧沿岸地区发现点数量明显较多，而其他地点相对甚少。海南岛内考古学遗存发现点数量甚少的情况，大体应与海南岛上儋耳郡和珠崖郡设置时间甚短、其间又反叛不断、且悬隔海外与大陆交流甚少有直接关系。而大量铜釜等遗物在海岛北部沿岸的发现，可能与汉人南下入岛是从北侧而来有直接关系（基于同样的原因，在珠海等地海岛上发现的秦汉遗存，也以岛北侧地区为主）。

（六）桂阳郡

桂阳郡的西汉初期的遗存发现点数量较多，而西汉早期明显减少，西汉中期剧增，之后又不断减少，东汉中期开始快速增长，东汉晚期再次下降（附图四·6·8）。在桂阳郡的上述发展差异中，西汉初期遗存发现点较多而西汉早期减少的原因，大体与前述苍梧郡一样，源自越人不断减少[1]，此外，汉越战争也对其造成严重的破坏。[2] 西汉中期桂阳郡快速发展的原因，大体上应与南越国灭亡后汉王朝的有关处理政策直接相关（详后）。而其在西汉晚期的增幅减小，可能与南越国因素的缓慢消失有关。也就是说，南越国灭后汉王朝一些政策带给桂阳郡的利益红利，随着时间的消逝而缓慢减少，使得桂阳郡只能依靠本身资源进行发展。加之桂阳郡又非"初郡"，无法享受"毋赋税"的政策支持，也得不到中原汉郡的财力保障，因此其发展速度也就自然慢了下来。其发展减缓的趋势一直持续到东汉早期，到东汉中期才开始快速增长，而在其增长的东汉中期，正是文献中不断出现桂阳"循吏"倡导教化、发展生产的时间。考古遗存揭示出桂阳郡在东汉中期的快速增长情况，与文献中东汉中期桂阳郡内户口数快速增长的情况完全吻合。因此，大体上，一方面是大量移民的迁入，使得当地有了充足的劳动力和随之而来的先进生产技术，另一方面是郡级官吏的积极倡导教化、发展生产，于是造成了桂阳郡在东汉中期不仅结束了西汉晚期以来的发展缓慢，而且还加速发展。东汉晚期桂阳郡内多次出现的反叛，可能应是桂阳郡在东汉晚期发展缓慢的重要原因。

---

① 桂阳郡发现较多代表越人的西汉初期甲 A 类墓葬，而进入西汉早期后越人墓葬明显减少。西汉初期应以越人为主，之后大为减少，同时汉人数量有所增加。

② 吕后时，赵佗"发兵攻长沙边邑，败数县而去焉"，当时长沙即为南侧的桂阳郡。而从马王堆帛书《驻军图》看，有 15 个里标明"今毋人"，5 个里标明"不反"，1 个里标明"并口"，占总里数的一半，"足见残破程度的严重，这当然会使户口减少"，而户口的减少必然带来当地生产的不足甚至倒退。见葛剑雄《中国人口史》第一卷，复旦大学出版社 2002 年版，第 336 页。

（七）零陵郡

零陵郡的西汉初期遗存发现点数量较多，之后数量一直减少，到西汉晚期才开始再增加。此后，虽然新莽至东汉初期数量降低，但从东汉早期开始即进入全面增长阶段，并于东汉中期达到峰值，东汉晚期虽略有下降，但降幅甚小（附图四·6·9）。在零陵郡的发展差异中，西汉初期遗存发现点数量较多而西汉早期减少的原因，大体与前述苍梧郡、桂阳郡一样，主要是越人不断减少所致。西汉中期零陵郡的发展减退，与合浦郡、郁林郡成为"初郡"后出现快速增长的情况不同，与苍梧郡所存在的继续减少的情况一致，大体应有相同的衰减原因。[①] 进入西汉晚期后，零陵郡出现了快速的增长，其增速明显超过原来在西汉中期与其一样持续减少的苍梧郡。此后零陵郡虽出现短暂的衰退，但总体在东汉一直保持快速增长。零陵郡从西汉晚期之后的增长趋势，正与文献所载零陵郡属县数量增加，户口数剧增的情况一致。其增长的原因，应主要源自大量移民进入使得当地有了充足的劳动力和随之而来的先进生产技术。东汉晚期，零陵郡增速略有降低，可能也与东汉晚期时郡内出现较大规模的反叛有密切关系。

（八）武陵郡

武陵郡从西汉初期即开始发展，直到西汉晚期一直保持增长之势，此后，在新莽至东汉初期出现快速衰退，东汉早期虽有恢复，但此后即迅速减少，与其他郡国的发展速度存在多次反复的情况相比，明显显得甚为简单（附图四·6·10）。

根据出土文献，武陵郡在西汉初期的发展，应与秦统一南方后大量移民至此有直接的关系。大批北方人口的到来，使武陵郡在短时间内得到快速的开发。而从里耶简牍揭示出的武陵郡在秦代拥有庞大的户口数情况看，秦代时的武陵郡很可能是华南诸郡中最为发达之地。而"有一点地理背景必须提及，那就是秦汉时期的沅澧流域与国家核心区的咸阳、长安一带的交通比湘资流域还要近便一些。直到元代以前，从洛阳南下，经过南阳到达江陵的大路一直是南北交通要道……而湘资流域与中央的交通仍旧要借助这条路线，从临沅北上——因为今天从长沙到岳阳以至武汉的大道的开通是很晚的事。相对而言，湘西地区在古代其实比在近代还要发达一些"。[②] 武陵郡处于南下岭南的必经之路，经灵渠即可进入岭南，向北直通都城，可能正是由于其所拥有的便利交通，才造成大量南迁人群的高度聚集。[③] 西汉早期武陵郡的发展，可能大体上基于同样的原因。不过从考古资料看，西汉中期甚至西汉晚期时武陵郡高速发展，在很多程度上却可能与南越国灭亡后，大量越人北迁至此有重要关系（详后）。

据文献记载，武陵郡在进入东汉之后，就出现了周期性的反叛，在桓帝之前大约存在着20年左右的周期，之后缩短至13年左右。长时间周期性的反叛，就使大量劳动力甫一成年即遇战事，无法进行正常的社会生产，而反叛队伍对城市长时间的持续攻击必然对有关城市和地区的社会发展造成严重破坏。随着时间的发展，武陵郡内的反叛斗争愈演愈烈，破坏性也就越大，社会发展自然会出现速度较慢的情况。这大体应是武陵郡在进入东汉后长时间发展衰退的主要原因。考古遗存所反映出的武陵郡在东汉时的长时间发展衰减，正与前引文献所述武陵郡在进入东汉后属县数量减少、郡国治北迁、户数和口数增长明显慢于其他多数郡国等情况一致。也就是说，大体上，武陵郡的兴盛是由交通便利而引起，而衰落则是因郡内不

[①] 零陵郡文献记载甚少，笔者暂以与其情况一致的苍梧郡的原因推之。

[②] 周振鹤：《秦代洞庭、苍梧两郡悬想》，《复旦学报》2005 年第 5 期，第 63—67 页。

[③] 不排除在武陵郡登记的人口，后来沿着南迁岭南或在秦灭亡之后北迁原籍。

断的反叛所造成。

（九）长沙国

长沙国在西汉初期位列第4，之后快速发展，在西汉早期达到峰值，在西汉中期快速衰退，而后西汉晚期又有增加。新莽至东汉初期再次减少，此后保持增长之势，东汉中期达到峰值，到东汉晚期又有较大程度的衰减（附图四·6·11）。

根据文献所载，长沙国从西汉初期至西汉早期快速增长的原因，大体上应与当时汉王朝社会发展的整体趋势基本一致。[①] 限于文献所载甚少，长沙国西汉中期出现高于南海郡的衰退之势的原因，目前还难以进行较明确的分析。而若强为之释，有可能是因为在西汉早期、西汉中期，不断从长沙国分地、分封列侯，其疆域持续减少，致使长沙国经济力量明显消弱，导致长沙国在西汉中期的快速衰减。但究竟是什么原因造成这种情况，则应期待正在整理之中的长沙汉简。[②] 同样，西汉晚期长沙国的增长原因，目前也难以确定。新莽至东汉初期至东汉中期，长沙国一直保持增长之势。其增长情况，与文献中所载长沙国在这段时间内户数、口数均快速增多等高速发展的情况一致，其经济增长可能主要是由于大量移民的加入所致。从考古遗存看，东汉中期之后，长沙国出现发展减速，其原因，主要应与境内反叛不断有直接关系，前引长沙东牌楼出土东汉简牍的相关内容对此已有直接揭示。

（十）豫章郡

从考古遗存看，豫章郡在西汉初期即有发展，但西汉早期消失不见，西汉中期又大量出现，西汉晚期急剧减少，此后至东汉中期一直保持增长之势，东汉晚期虽有减少，但与东汉中期相比，仅略有下降（附图四·6·12）。

豫章郡在西汉初期即有发展的情况，与文献记载相符。如"吴芮，秦时番阳令也，甚得江湖间民心，号曰番君"，而后"籍死，上以芮有功，从入武关，故德芮，徙为长沙王，都临湘"。豫章郡与长沙国在西汉初期应均有发展。目前，豫章郡属于西汉早期的考古遗存尚未发现，与文献记中其在西汉早期有所发展的情况完全不同。而造成这种情况的原因，可能要归因于长期以来江西地区秦汉考古工作有限，发现不足。从考古资料看，西汉中期豫章郡的遗物之中出现了一定数量的原来见于闽越国而豫章郡内不见的硬陶罐、陶盒，因此，西汉中期豫章郡境内考古遗存数量大增的原因，可能即应与闽越国灭亡后的大量闽越人内迁有关。西汉晚期豫章郡的发展减缓，可能应与闽越人内迁已久、刺激作用减小有一定关系。在考古遗存中，豫章郡从西汉晚期至东汉中期的持续快速增长，与文献中豫章郡在这段时间内属县数、户数、口数均出现快速增长的情况一致。豫章郡增长的原因，主要源自外来移民涌入，使当地劳动者数量和生产技术不断发展，随着农业经济的发展，整个社会由此保持了快速的增长。"仓廪实而知礼节"，这也应是豫章郡在进入东汉之后，不断有著名学者出现的重要原因。豫章郡在东汉晚期的发展速度略有下降，大体上与当时整个国家反叛不断，社会生产出现倒退有一定关系。而其仅略有下降的情况，又应与豫章郡内反叛较少有密切关系。

---

①　《汉书·食货志》载："汉兴，接秦之敝，诸侯并起，民失作业，而大饥馑。凡米石五千，人相食，死者过半。高祖乃令民得卖子，就食蜀汉。天下既定，民亡盖藏，自天子不能具醇驷，而将相或乘牛车。上于是约省禁，轻田租，什五而税一，量吏禄，度官用，以赋于民。而山川园池市肆租税之入，自天子以至封君汤沐邑，皆各为私奉养，不领于天子之经费。漕转关东粟以给中都官，岁不过数十万石。孝惠、高后之间，衣食滋殖。"

②　长沙简牍博物馆、长沙市文物考古研究所联合发掘组：《2003年长沙走马楼西汉简牍重大考古发现》，《出土文献研究7》，上海古籍出版社2005年版，第57—64页。

（十一）闽越国

在今福建境内，各类遗存仅见于西汉初期、西汉早期、东汉中期、东汉晚期，其中以西汉早期为最。从文献记载看，福建境内在西汉初期、西汉早期时为闽越国，而随着汉武帝的军事进攻，闽越国灭亡。之后，汉武帝迁徙闽越人于内地，致使原闽越国内"遂虚"，并将之归属会稽郡。而"遂虚"的记载，正与今福建境内从西汉早期之后，在长时间内考古遗存极为少见的情况一致，与汉帝国在福建境内仅设 1 县所显示其发展甚缓的情况一致（附图四·6·13）。

（十二）诸郡发展差异变化的几个问题

1. 荆州刺史部四郡的发展差异

从考古遗存所反映的荆州刺史部统辖的华南四郡国的发展情况看，西汉初期的发展以桂阳郡为最，长沙国次之，武陵郡第三，零陵郡第四。这种先后关系，就与里耶简牍所揭示出的，洞庭郡在秦代时户口庞大、贾谊上疏中所言长沙国户数甚少的情况完全不同；也与桂阳郡在西汉初期为长沙国属郡，其地位低于长沙国，且其位于长沙国与南越国军事前沿，偶有的军事争斗必然影响到当地的社会生产而使其发展低于长沙国的情况不同。推测造成这种情况的原因，大体上应与过去 60 年在武陵郡内考古工作开展甚少有关。也就是说，随着武陵郡内考古工作的不断开展，武陵郡的排名应该会不断前移。此外，出现这种情况的原因，还与本书的研究范围有关。如前文指出，本书研究范围仅为华南诸省，而武陵郡除大部位于今湖南外，在今天的贵州、重庆、湖北等地还有一定空间，而这部分地区的考古资料本书尚未收集，这势必造成武陵郡考古资料的残缺。而荆州刺史部的其他 3 个郡的范围大致均在本书的研究范围内，基本不存在资料不全的情况，这也使武陵郡在与其他汉郡的比较中，排名靠后。从桂阳郡资料看，目前所确定的西汉初期的桂阳郡资料，大多数位于岭南，原属于南越国所有，如将这部分数据排除在外，桂阳郡仅高于零陵郡，位列第三。因此，西汉初期岭北 4 郡的发展，还是应以里耶秦代简牍揭示的内容为准，以武陵郡为最高，其次为长沙国，桂阳郡第三，零陵郡第四。

西汉早期，在 4 郡国中，长沙国第一，武陵郡第二，桂阳郡第三，零陵郡第四。从现有文献看，不同文献都记载当时的长沙国"卑贫湿国""卑湿"，贾谊策论也记载此时长沙国户数甚少，远不及里耶秦代简牍所揭示的洞庭郡迁陵县的户数，故从出土文献和传世记载看，当时武陵郡理应为第一，长沙国第二。因此，若不是武陵郡在秦代之后户口大量外迁，而长沙国又在贾谊为太傅后户口数大增，长沙国超过武陵郡的情况就甚为反常。从之后的西汉中期、西汉晚期的情况看，武陵郡一直保持 4 个郡国的第一位置，因此，在西汉早期考古遗存中长沙国发展速度最快的情况，就大体应是武陵郡考古工作甚少，发现有限而使相关数据失真导致的。随着武陵郡内考古工作的不断开展，前述因考古工作地域不平衡造成的数据差异，能在一段时间内得以改变。

从考古遗存看，自新莽至东汉初期开始，直至东汉晚期，除在东汉早期桂阳郡与武陵郡并列第一外，在其余时间内，均以桂阳郡为 4 郡国之首，这种情况甚为罕见，为文献所不载。造成这种情况的原因，可能应与桂阳郡内考古工作开展较多，资料公布也较为丰富，致使相关数据偏高。但是否当时桂阳郡的确为四郡国之首，目前还难以发现较为合理的解释，希望今后的考古发现，能解决这一问题。

从前文对文献记载的分析看，东汉时期零陵郡户数、口数的增长速度为华南之冠，属县数目也增长最快，这均表明，其在东汉中期之前已取得较快发展。但是从考古遗存的发现情况看，零陵郡却一直位于 4 郡国之末，与前述情况完全不同。其原因，很可能与零陵郡的考古工作一直远少于其他地点有直接的关系。也就是说，随着今后零陵郡内考古工作的增加，东汉时期零陵郡在这 4 个郡国中的发展排名，可能会出现较大的变化。[①]

2. 气候变化与反叛不断

秦汉华南地区发展情况的起伏波动，除前述原因外，气候变化在其中所起的作用也不可忽视。王子今先生在综合有关资料后指出，"两汉之际由湿暖转而干冷"，"气候环境的改善，也使得中原先进农耕技术可以迅速移用推广"。[②] 两汉之际气候的变化，日益使南方适宜开发与生产，在北方移民大量涌入后，必然使得华南诸郡国得以快速发展。

虽然气候的干冷变化，对于北方移民甚为有利，但对南方土著而言，就意味着原来祖辈所适应的生活环境在日益恶化，其生存压力亦不断增加。从前文讨论看，进入东汉后，华南地方官不断移风易俗、征敛赋税，给土著居民无论在文化上还是在经济方面都带来持续压力。随着北方移民的大规模到来，他们对华南土地进行了大量开发，日益与当地土著居民的生活、生产发生"交集"——移民对华南的开发活动自然对土著居民的生存空间造成挤压。上述情况的共同作用，导致了东汉时期华南反叛不断。由此，我们或许能更加深刻理解，为何东汉桓帝之前的反叛斗争基本上以 20 年为一个周期——每一代人生长起来后都必然面临着生存的压力；而桓帝之后反叛周期缩短，可能意味着在更多北方移民迁入后当地的生存压力持续增强。

《后汉书·法雄传》载：

> 在州四年，迁南郡太守，断狱省少，户口益增。郡滨带江沔，又有云梦薮泽，永初中，多虎狼之暴，前太守赏募张捕，反为所害者甚众。雄乃移书属县曰："凡虎狼之在山林，犹人之居城市。古者至化之世，猛兽不扰，皆由恩信宽泽，仁及飞走。太守虽不德，敢忘斯义。记到，其毁坏槛阱，不得妄捕山林。"是后虎害稍息，人以获安。在郡数岁，岁常丰稔。

如果将该文献中的"虎"换成"南蛮"，如果将"妄捕山林"换成"徙民"，那法雄给属县的命令，也许真能在一定程度上解决东汉华南的不断反叛。

也就是说，气候条件的改善、北方移民的大量南迁，虽然给华南诸郡国带来了巨大发展，但同时也造成南方蛮夷等土著民族生存环境发生巨大改变。在地方官横征暴敛之下，蛮汉冲突与反叛势必难免。而反叛的持续增强，又必然性的造成了大多数华南诸郡国东汉晚期的发展倒退。只有反叛甚少的南海郡在持续发展，反叛较少的豫章郡的减速也相应甚微。

第七节　汉武帝的南海郡政策

不少学者认为，自汉武帝灭亡南越国之后，南海郡乃至番禺的地位得到提高，而且之后

---

① 当然，这样推测的基础，是现有文献中相关数据的基本准确，而一旦有关数据存在问题，肯定会出现不同的情况。但就目前而言，在没有证据表明有关数据存在问题之前，还只能疑从而不敢妄改。

② 王子今：《秦汉区域文化研究》，四川人民出版社 1998 年版，第 108—113 页。类似分析亦见王子今《秦汉时期生态环境研究》，北京大学出版社 2007 年版，第 450—462 页。

"长盛不衰"①，但从前文分析看，实际上，南海郡在秦汉时期存在着西汉早期、东汉晚期两个峰值，其社会发展具有两头高而中间低的特征。也就是说，南海郡在南越国时期和东汉中后期快速发展，但之间西汉中期至东汉早期大为落后。是什么原因造成这种情况？为何汉王朝在岭南施行"初郡制度"时唯独没有将南越国包括在内？为何在南越国衰落之时，周围合浦郡、桂阳郡均快速发展？为何苍梧郡能率先走出低谷在西汉晚期达到峰值？笔者认为，前述情况的出现，当与汉武帝南海郡政策有关。

一　考古资料中的南海郡

要解决上述问题，除前文已有分析之外，还需进一步整理南海郡考古资料。

首先，从南海郡郡国治番禺所在地广州的秦汉考古资料看②，在《广州汉墓》的 409 座汉墓中，西汉前期③"共一百八十二座，占这批汉墓的 44.5% 弱"，西汉中期墓葬"六十四座"，数量大减。而从西汉中期墓葬的情况看，"墓的类型比西汉前期简单"，"有较多铜器随葬的只见于几座规模较大的墓中，铜、铁兵器很少，特别是铁兵器突然锐减，是值得注意的现象。其中用滑石雕刻的明器较西汉前期有较大的增加，滑石璧完全取代玉璧随葬，同是受到长沙地区的影响"。"仅两座墓发现五铢钱，表明瘗钱之风未成。五铢钱的出现是这期墓断代上与西汉前期划界的标志之一。"而西汉后期墓葬仅"共三十二座"，数量更少。此时墓葬"都是带墓道的竖穴木椁墓……这期约占半数的墓葬有钱币发现，说明瘗钱之风到这个时期才盛行。铁器出土更少，只有少数杂件，兵器中的剑矛还是青铜的。西汉中期铁器骤减的现象，在这期尤为突出"。东汉前期，虽墓葬数量增加，达"四十一座"，但"基本上沿袭西汉后期的形制……砖室墓开始出现，一般是规模小，结构也简单"。东汉后期墓④"共九十座"，"以砖室墓为主，占十分之七，竖穴木椁墓已不多"，"铜、铁发现不多，且多集中在几座规模较大的墓中，一般的墓仅有碗、削、镜等一、二件"。从各时期墓葬数量看，南越国墓葬占全部墓葬将近半数，此外就是东汉后期最多。⑤ 这种情况与第一章揭示出的，南海郡在南越国和东汉时期得到快速发展的情况一致。

《广州汉墓》结语⑥提出 4 个"与广州地区古代社会的发展直接关联"的"比较特殊的现象"。其第 3 个现象是在介绍广州农业生产情况后提出：

> 在某些方面比之中原地区仍然落后一步。例如，在谷物加工方面，中原等地的汉墓，自武帝以后，经常出现圆形回转式磨盘与践碓模型，广州（还包括佛山、增城、韶关的汉墓）、贵县、南昌未见。广州汉墓出土的粮食加工工具只有臼和杵。在陶屋模型内塑造的谷物加工情景仍被束缚在持杵对臼而舂、扬箕以簸的沉重劳动中，直到东汉晚期，还未见有

---

① 赵善德：《从文化和地理角度考察古代广州的地位变化》，《暨南学报》1996 年第 1 期，第 66—74 页。其提出："广州在岭南和中国的显著地位，是秦统一岭南和汉武帝灭南越后，才形成和发展起来的，之后便长盛不衰。"

② 广州市文物管理委员会、广州市博物馆：《广州汉墓》，文物出版社 1981 年版。下同，不再出注。

③ 如前所述，该报告中大部分的西汉前期墓葬的时代相当于本书的西汉早期。

④ 如前所述，其相当于本书的东汉中期、东汉晚期。

⑤ 这种情况与前文整理后得出的结论一致。也就是说，在 20 世纪 60 年代完成《广州汉墓》后，经数十年来积累的墓葬资料，依然没有改变当时发现的各时期墓葬数量的比例关系，因此，这就从另一侧面表明如是的比例可能正是当时实际情况的较真实反映。

⑥ 以下简称"结语"。

任何变革。可确定为农具的铁锄刃，西汉前期墓所出的到东汉后期墓的，器形大小没有多大变化。

第4个现象为：

> 在这批汉墓中，西汉前期墓出土铁器较多，西汉中期以后的墓铁器数量大减，出现一个反常的现象。
>
> 同属南海郡的广州、佛山和桂阳郡的韶关都是原来南越地区，汉墓中出土的铁器都很少。而原骆越地区中的郁林郡国治贵县和合浦郡徐闻的东汉墓，铁兵器远比西汉墓为多……广州西汉中期以后的墓，铁兵器不但种类大减，数量也少。

于是报告疑问，"广州为岭南重镇，汉墓中出土铜、铁兵器的反常现象原因何在？反映了什么问题？"在此之外，还分析认为：

> 广州西汉中期及其以后的墓绝无半两钱发现，这与其他地点汉墓的情况稍异。这一点我们作这样的揣测：武帝时开始把铸造和发行权统一在中央政府手中，并明令禁止非法定的货币，不得流通。在初置的郡县通行新币，特别时作为岭南政治、经济中心地区，原来又是南越王国都城的广州，更是理所当然的事，半两钱在西汉中期墓即行消失，或是和这特定的历史原因相关。

类似认识还见于麦英豪等先生的相关论文。①

结合《广州汉墓》结语提出的问题，我们看到在南海郡中存在着如下现象：南越国之后，当地农业生产发展出现明显减慢甚至倒退的现象，铁器使用量骤减，生产水平降低②，半两钱突然消失。这些情况大体为我们了解南海郡的情况指明了方向。

第一，《广州汉墓》在编写时，结合佛山、增城、韶关、贵县、南昌等地汉墓资料，认为唯独南海郡在南越国后铁器数量减少。据前文对铁器的分析可知，在该报告出版30年后，从新发掘或新发表的资料看，上述现象依然存在：南海郡从西汉中期到东汉中期铁器数量极少，其他郡国基本不存在这种形象（附图四·7·1、附图四·7·2、附图四·7·3）。

比如属于武陵郡的湘西里耶清水坪汉墓，其出土铁器情况就与广州汉墓不同。其铁器出土在相当于"西汉初期至西汉中期武帝元狩年间"总计31座第1段墓中的2座、相当于"武帝元

---

① 麦英豪、黄淼章：《两广地区与中原地区出土秦汉铸币的比较研究》，《广东首届年会钱币论文集——中国钱币学会广东分会》，《广东金融》1986年增刊，第106页。"南越灭亡后，在岭南发现的西汉中期至王莽时期的墓，再不见半两钱出土，这一点与中原同时期墓迥异。""如果我们把两广发现的秦汉墓划分为三段，即南越时期为第一段，武帝平南越后至王莽年间为第二段，东汉属第三段。在这三段墓中，随葬钱币的墓数，和钱币总量都是逐段增加的；而且品类比较单纯，连中原甚至长沙、资兴等地都常有发现的西汉铁半两钱，王莽铁大泉五十钱，东汉铁五铢钱，还有其他的杂钱，延环钱等都未见于两广的汉墓中。"
② 张荣芳、黄淼章：《南越国史》，广东人民出版社1995年版，第385页。该书指出："铁器和牛耕在生产上得到广泛的使用。这是南越国社会生产力迅速提高的重要标志。"而随着铁器的急剧减少和农业技术的长期停滞，就显示出南海郡地区的社会发展程度出现了缓慢或者倒退的现象。在该书的2008年版中，这段话删除。

狩年间至昭、宣帝之际"的 43 座第 2 段墓中的 11 座、相当于"昭宣之际至新莽元年"的 151 座第 3 段墓座中的 41 座、相当于"新莽时期"的 30 座第 4 段墓中的 12 座，时代延续不断，种类更有铁釜、铁三角釜架、铁灯、铁剑、铁矛、铁斧、铁臿、环首铁削、环首铁刀、铁棺钉等多种，与南海郡西汉中期以后铁器急剧减少的情况不同。[①] 又如属于桂阳郡的资兴，在"256 座西汉墓中，有 218 座随葬铁器，约占总数 80% 强，其中以中、后期出土较多"，与广州地区汉墓铁器的情况也完全不同。[②]

第二，《广州汉墓》分期的第一段为南越国时期，第二段、第三段为汉郡时代。对《广州汉墓》第二段、第三段墓葬的分析，可为我们提供文献之外南海郡的基本情况。《广州汉墓》结语第 3 个、第 4 个问题所涉及的时间为汉郡时代，探讨和解读这些问题就成为解决南海郡相关问题的钥匙。而从考古发现和历史记载看，虽不同政权会铸造新币，但新币发行后旧币一般不会马上消失，往往与新币混用或并存一段时间[③]，广州在西汉中期及以后的墓葬中半两钱完全消失的现象值得思量。

第三，一般来说，当分裂地区被强大政权统一后，当地政治形势会渐趋稳定，经济亦会发生较大进步，汉南海郡当不应例外。但从广州汉墓来看，汉南海郡不仅不及南越国灭亡后的其他地点，甚至不及统一前的南越国时期，实为不寻常。南越国灭亡之后汉南海郡内发生了什么？《广州汉墓》结语提出的"广州为岭南重镇，汉墓中出土铜、铁兵器的反常现象原因何在？反映了什么问题"的疑问，该如何解决？

二　西汉南海郡的变化和原因

从考古资料看，如果我们没有严重误解考古资料的话，那上述的有关情况就应与我们所不知道的、在番禺及南海郡发生的某种突然的社会变化有必然联系。据前引文献，广州在汉代为南海郡国治，之前为南越国都城，秦为南海郡国治，因此广州汉墓陪葬品的变化，当与广州作为郡国治的地位无关。那么有关问题的解决，就只能从位于番禺之上的南海郡找起。

（一）南海郡的地位变化

据文献，南海郡在汉属后有以下变化：

第一，政治地位降低。汉武帝设置岭南九郡后，置交趾刺史。刺史本为汉武帝时期设置监察地方的职官，《汉书·百官公卿表》载：

监御史，秦官，掌监郡。汉省，丞相遣史分刺州，不常置。武帝元封五年（公元前 106 年）初置部刺史，掌奉诏条察州，秩六百石，员十三人。成帝绥和元年更名牧，秩二千石。哀帝建平二年复为刺史，元寿二年复为牧。

① 湖南省文物考古研究所：《里耶发掘报告》，岳麓书社 2006 年版。
② 湖南省博物馆、湖南省文物考古研究所：《湖南资兴西汉墓》，《考古学报》1995 年第 4 期，第 453—502 页。
③ 麦英豪、黄淼章先生已指出："湖南长沙等地西汉墓经常发现泥半两钱和泥金板，这是旧礼俗意思的保存。洛阳的西汉墓，出土钱币以五铢钱为主，但半两钱仍有发现。由于半两钱具有自身的金属价值，而当代有一些前代的货币流传，是很合乎常理的"，见麦英豪、黄淼章《两广地区与中原地区出土秦汉铸币的比较研究》，《广东首届年会钱币论文集——中国钱币学会广东分会》，《广东金融》1986 年增刊，第 106 页。

该刺史设置于元封五年（公元前 106 年），治所位于苍梧郡郡国治广信①，统领交州诸郡。而对设置在广信的刺史，汉武帝给予了与众不同的政策，允许其"持节"，以示威重②。于是，广信凭藉刺史驻地的地位，使苍梧郡开始统率岭南，而南海郡在岭南的传统政治中心地位彻底消失。直到三百多年后的建安十五年（公元 210 年），广州才成为刺史治所。因此，随着南越国的灭亡，不仅南海郡从岭南首郡变为普通一郡，番禺也从岭南首县变为普通郡治。番禺这一至少在南越国建立后即已形成和发展的岭南政治中心被人为放弃。

从文献看，在郡国排名中，《汉志》将南海郡位列岭南诸郡国之首，但其他章节以苍梧郡居前。如《汉书·地理志》云：

> 粤地，牵牛、婺女之分也。今之苍梧、郁林、合浦、交趾、九真、南海、日南。③

不仅苍梧郡位列首位，且南海郡更处于倒数第二，表明在班固等汉人心中，南海郡地位远低于苍梧。

第二，经济实力降低。据《广州汉墓》及前文分析，广州地区西汉早期的南越国的墓葬规模较大，随葬品丰富，而从番禺之外同时期其他地点的墓葬发掘看，虽少数墓葬的陪葬品也很丰富，但无论在墓葬规格还是在随葬品丰富程度上均不如番禺，显示出番禺及南海郡经济在南越国中应最为发达。而随着汉南海郡的建立和番禺岭南地区中心地位的丧失，汉南海郡的发展大不如前。从文献看，其最突出的表现，就是南海郡的口数和户数远远落后于作为政治中心的苍梧郡，也落后于交趾郡、九真郡。考古资料中汉南海郡的墓葬规格、陪葬品丰富程度，不仅不及以往，而且不及同时期周围各郡。从这些情况看，汉南海郡的发展应已大为落后，岭南的经济版图发生了巨大变化。汉南海郡在很长时间内再也无法与秦、南越国时期的南海郡相比，而南海郡的这些巨大变化，自然会在郡国治番禺突出地表现出来，并忠实体现在当时的墓葬之中。即，南越国灭亡后，番禺所在郡的地位改变，使得番禺原来所代表的较大区域的政治、经济、文化中心之地位，同步改变为仅代表一郡，而这种变化必然会反映在墓葬之中。在如是背景之下，《广州汉墓》论及的陪葬品的几种特殊现象就应能得到较清晰解决。亦即，《广州汉墓》第二期、第三期汉墓的陪葬品发生变化的原因，应从汉南海郡的地位变化这个角度来考虑。

（二）南海郡的反抗造成汉武帝对其严加控制

从有关记载看，造成汉南海郡地位变化的原因，明显与汉武帝对不同地区采取不同治理政策有关。据文献记载，汉代对新征服地区治理政策的出台，往往参照的是当地对中央的忠实程度。如汉武帝灭亡闽粤后将其地居民悉数迁移内地，使其地"遂虚"，就是为了避免当地旧有势力的卷土重来。《汉书·武帝纪》云：

> 东越杀王余善降。诏曰："东越险阻反复，为后世患，迁其民于江淮间。"遂虚其地。

---

① 《太平御览·州郡部》载："汉平南越之地，置交州刺史，列诸州治苍梧"。而据《续汉书·郡国志》注："王范《交广春秋》曰：交州治赢塿县，元封五年移治苍梧广信县，建安十五年治番禺县"，刺史可能一开始选择在交趾郡郡国治赢塿县设置，但很快迁到苍梧郡郡国治广信。

② 颜师古注《汉书》引《胡广记》："汉既定南越之地，置交趾刺史，别于诸州，令持节治苍梧。"

③ 《史记·史记正义·列国分野》的记述与此相同，"粤地，牵牛、婺女之分。今苍梧、郁林、合浦、交趾、九真、南海、日南。"

《汉书·西南夷两粤朝鲜传》也载：

> 于是天子曰："东粤狭多阻，闽粤悍，数反复"，诏军吏皆将其民徙处江淮之间。东粤地遂虚。

对汉武帝而言，他对新归附地区最关注的问题，首先是如何阻止当地势力的反叛，其次才是考虑当地的社会发展。假如不能保证其对中央的忠诚，那他宁可不要当地的发展。因此，汉武帝在灭亡南越国后所采取的政策也与此基本相同。即，汉武帝在设立交趾刺史时，主动将政治中心向西迁移到苍梧郡，这种做法，与其将闽粤居民内迁是一致的，是基于避免在岭南出现反叛行为的政治考虑。

汉武帝选择苍梧郡广信作为交趾刺史治所的原因，应与汉对南越国采取军事行动时，南海郡极力反抗，而南越国西部也就是后来汉苍梧郡所在地区未有反抗即全面投降有关。即，苍梧郡采取的是与汉武帝全面合作的归顺道路。《汉书·西南夷两粤朝鲜传》云：

> 苍梧王赵光与粤王同姓，闻汉兵至，降，为随桃侯。（又）〔及〕粤揭阳令史定降汉，为安道侯。粤将毕取以军降，为膫侯。粤桂林监居翁谕告瓯骆四十余万口降，为湘城侯。

而汉灭南越时所遇的最主要反抗，均集中于南海郡。《汉书·西南夷两粤朝鲜传》载：

> 六年冬……楼船居前，至番禺，建德、嘉皆城守。楼船自择便处，居东南面，伏波居西北面。会暮，楼船攻败粤人，纵火烧城。粤素闻伏波，莫，不知其兵多少。伏波乃为营，遣使招降者，赐印绶，复纵令相招。楼船力攻烧敌，反驱而入伏波营中。

在这种情况下，作为反抗汉朝根据地和核心的汉南海郡，也就自然被汉武帝"另眼相看"。对汉武帝而言，原南越国西部在政治上的可靠性要明显高于南海郡，战后岭南"初郡"的治理就必然倚重于苍梧郡等地，在设置交趾刺史时必会将岭南政治中心西迁到苍梧郡。

与此同时，汉武帝在扶植新政治中心的过程中，并不会放松对旧反叛地区南海郡（旧政治中心）的持续关注和打击，也不会主动扶植那些在南海郡内反抗过他的越人。这大体就是汉武帝在制定"初郡制度"时，在岭南地区唯独没有南海郡的主要原因。

据前文分析，原南越王赵建德在被汉封为侯之后不久，就在元封三年（公元前108年）"坐使南海逆不道"，指使、鼓动南海郡内未迁越人反抗汉王朝的统治。在这种情况下，汉武帝在元封五年（公元前106年）设置交趾刺史时自然会对南海郡采取大为打压的政策。

如果说，汉武帝对归附闽粤地区采取的是极端的、使其"灭亡"的政策的话，那其对新归附南海郡采取的，就可以说是一种长期"禁锢"、限制其发展的政策：汉武帝不仅不鼓励南海郡经济的恢复和发展，而且还多方面阻止其前进，以避免越人势力卷土重来。汉武帝控制其发展的"禁锢"政策，应是汉南海郡全面倒退的主要原因。

（三）战争对南海郡造成严重破坏

从汉王朝对南越国的战争看，汉兵多路并下，在不同地区所遇到的抵抗力度有所不同，南海郡和郡国治番禺则是这场战争的最主要战场，番禺更遭"烧城"之灾，南海郡和番禺成为了战争的最大受害者。[①] 对番禺的战争，给当地经济带来严重的破坏，且那些原在秦时已达南越的移民后裔以及当地越人的高层统治者，也会因拒不投降而遭到惨烈打击。战争不仅造成当地经济基础的严重破坏，而且当地人口也有较大损失。可以说，经过这场惨烈的战争，从秦至南越国百余年经营所累积的社会、文化和经济成果，在"烧城"后就被基本毁坏。而在战争结束后，在人、物均遭严重破坏的情况下，当地又再次发生反叛，南海郡和番禺要想很快复苏和发展，无疑就是一件非常困难的事情。

如前文所述，南越国、苍梧郡等地的首领，在战争来临时采取投降政策，使得这些地区基本未经兵火，在战争中它们不仅保全了原有的社会经济基础，而且原有的财物、人口均无损失。战争结束后，当地并不存在社会经济的"复苏"问题，完全可在原有轨道上继续发展。对于它们而言，还可以凭藉投降所带来的汉中央信任，在得到"初郡"的制度优惠后，以更高速度发展。

对汉南海郡和番禺而言，虽汉王朝在表面上未同闽粤一样将其人民悉数外迁，但随着它岭南政治中心地位的丧失，在战争后满目疮痍环境下要想得到快速恢复和发展必定非常困难。因此，在南海郡出现经济停滞甚至倒退也就不难理解。而在己退彼进的情况下，其旧有的经济中心地位自然很快就会被其他汉郡取代。

（四）战后南海郡出现大规模移民外迁

对南海郡而言，在战争后其失去的不仅是政治、经济的中心地位，更严重的是战时和战后出现的移民外迁。如前所述，在南越灭亡后，汉武帝将投降封侯者北徙内地，而有罪的丞相吕嘉家属外迁于益州。[②] 这些迁移的降人，原在南越灭亡前拥有很高的社会地位，如汉臕侯毕取原为南越将军、汉随桃侯赵光原为南越苍梧王、湘成侯居翁原为南越桂林监、汉涉都侯喜原为南越太守弃之子等等。因此，对他们的内迁就不应仅是一人的迁徙，很可能是其一家、一族等更多人的迁徙。对吕嘉族人的外迁，可能就是对在南海郡参与抵抗的越人悉数迁徙。随着战争的伤亡和迁徙的完成，在南海郡内，无论是汉人高官，还是越人贵族和相关越人的数量会大为减少。随着人口的减少，南海郡的恢复和发展自然受到很大限制。

除上述的记载外，普通南越人战后是否外迁，在文献中未有记载，但凭藉多年积累的考古资料，现在学者已部分找到了其外迁的直接证据。

宋少华先生研究指出，长沙地区的第三期墓葬[③]，"器物组合中突然出现大量硬陶罐及一批南越国式釉陶器。釉陶器呈红褐色，火候极高，质地坚硬，制作讲究。器形有鼎、盒、壶、匏壶、房屋等，其制作工艺、造型风格均与本地传统相左。它的到来并没有影响本地传统的发展，相反在整个陶器组合、形态演进过程中始终是作为配角相随"，他提出，"本期涌现出来的南越国式陶器，大量的硬陶罐，恐与武帝收复岭南，恢复岭南与内地的经济、文化交往这一历史事件有密切的关联"，该发现不仅揭示了长沙地区人口的组成变化，而且使我们看到了汉武帝灭亡南越后曾出现的大规模岭南移民北迁：

---

① "越是原来繁华的大城市，在战争中遭受破坏往往越严重，人口外流也越多"。葛剑雄：《中国人口史》第一卷，复旦大学出版社 2002 年版，第 331 页。

② 葛剑雄：《西汉人口地理》，人民出版社 1986 年版，第 201 页以表格形式对内迁进行集中归纳。

③ "上限在武帝元狩五年（公元前 118 年）以后，其下限约至宣、元之际"，与本书西汉中期大体相当。

　　第一，从考古学研究看，特定人群往往会由于各种原因，使用特定质地、形制的器物（特别是陶器等生活器物，一般说来奢侈品会有较多例外），而这些特定器物就成为区别特定人群的重要指标，学者可通过对器物的变化来了解人群的流动。从对长沙国和南越国地区的考古研究看，二者有着完全不同的器物使用习惯：长沙国人不使用南越国器物，南越人也不使用长沙国器物。

　　第二，据文献记载，在南越国灭亡前，长沙国和南越国之间有着巨大的政治藩篱，相互敌视，战争较多。而从长沙墓葬出土器物看，在南越灭亡前，南越国器物在长沙地区一直没有出现，而在南越国，长沙国器物也极少发现，这就表明在政治隔离的自然状态下，长沙国和南越国之间存在的商品流通，不会给长沙国带来大量的南越国器物。宋少华先生也指出，南越国器物的"到来并没有影响本地传统自身的发展，相反在整个陶器组合、形态演进过程中始终是作为配角相随"。在南越国器物出现后，长沙国当地原有的器物传统不仅继续保持，而且正常发展，南越国器物此时此地的大量出现，并非长沙国人突然放弃原有用器习惯而接受南越国器物所致——如是，此后的长沙国原有器物应消失且被南越国器物替代。那么南越国器物此时此地的突然出现，就只能意味着此时突然出现了大量原不存在的南越国人。即，南越国器物在长沙国的突然出现，不是商品交换的结果，也不是长沙国人生活习俗的改变，而是南越国人移民所致。从长沙地区第三期汉墓的时间看，其上限为武帝元狩元年（公元前 118 年）以后，下限约至宣、元之际，其开始时间正与南越国灭亡时间接近。也就是说，从墓葬看，南越国灭亡后，大量南越国人跨过南岭向北移民至此。

　　现有文献对这次移民毫无记载。虽然我们还无法得知这些移民是主动迁移还是同闽越一样被汉政府强制外移，但长沙武帝时代大量南越国器物的出现，已表明南越国灭亡后南越国人迁移此地，之后生于斯而葬于斯。宋少华先生指出，长沙地区出土的南越国器物"形制与广州汉墓出土的同类器相同"，将其带到长沙地区的这些南越国器物的南越人，应主要来自于广州地区。即，长沙武帝时代出现的南越国移民，应来自番禺或南海郡。而这些南越国移民的大量涌入，应是造成长沙国"从文帝时至元始二年间人口平均增长率高达 9‰，超过全国平均水平"的重要原因[①]，也是长沙国在西汉中期之后快速发展的重要原因。

　　第三，据柴焕波先生对湘西里耶清水坪西汉墓的研究，在第二期总第 2 段时，硬陶器比例显著增加，而到第二期总第 3 段时硬陶器等"突然激增"，与釉陶器一起"成为随葬品中的大宗"，该地第 2 段为武帝元狩至昭宣之际，而第 3 段为西汉晚年"昭宣之际到新莽元年"。其认为，"硬陶器是越文化的产物，在麦茶战国墓中不见，在清水坪墓地第二期以后大量出现"。其时代与南越国的灭亡时间基本相合。不过，该墓地出土的硬陶器与长沙国"硬陶器可以在广州汉墓中找到完全相同的形态"不同，这些"清水坪汉墓出土的硬陶器在种类与型式上，都更具有自身的特征"。柴焕波提出："大量的拍印方格纹硬陶罐，源于南方越文化的传统，而在汉武帝以后，它们已完全融入西汉文化之中了，并成为最为常见的器物。"[②] 也就是说，里耶突然出现大量硬陶器，是越人迁徙来后与当地融合的产物。而在之前，谭远辉先生也指出，在湘西北

---

　　① 葛剑雄：《西汉人口地理》，人民出版社 1986 年版，第 199 页。

　　② 湖南省文物考古研究所：《里耶发掘报告》，岳麓书社 2007 年版，第 587—589 页。

的西汉第二期墓葬中，有硬陶罐大量出现①，与里耶的情况基本一致。

　　从位于桂阳郡的湖南资兴西汉墓的发掘看，在相当于本书的西汉中期的墓葬中，"有些器物与广州西汉墓类似"，虽作者认为这仅"反映了南越文化的某些影响"②，但从当时南越国已亡，而其器物又与广州地区基本相同的情况看，这些南越国器物的主人，应与长沙南越人一样，直接来自南海郡，为南海郡的越人移民。而这也正与南越国灭亡后，汉武帝分南越国三县于桂阳郡所反映出的大量越人进入桂阳郡的情况一致。除上述地区外，在岭北地区，位于长沙国的益阳③、湘乡④，位于武陵郡的溆浦⑤等地这种情况也同样存在。如汉武陵郡充县所在的湖南桑植朱家台汉代铁器铸造作坊发掘的"出土物中，无论铁器或者陶器，都弥漫着南越文化的气息。陶提筒……在湘西地区从来未见出土。朱家台作坊遗址出土的三件陶提筒，不仅留有南越国铜提筒的影子，而且与广州等地出土的陶提筒几乎相同"，而该作坊的时代"应在西汉晚期到东汉前期，最迟至东汉中期偏前"。⑥

（五）南海郡的衰落

　　从考古资料看，南越国灭亡后，大量南海郡的越人向岭北迁徙，进入桂阳郡、武陵郡、长沙国内。这些移民的出现，一方面，在短时间内补充了南越国周围汉郡的人口，利于当地经济的快速发展；而另一方面，必然造成南海郡人口的迅速减少。所以，在南越国灭亡后，除降人、叛人外迁外，还有大量我们不知道身份的南越国人向外迁徙。这样，一方面是战争给南海郡造成巨大破坏，另一方面是大量人口外迁，南海郡的口数、户数自然不会在战后出现大的增长，只能是明显减少。南海郡人口的外迁，同时也就意味着位于其周围作为南越人迁入地的汉郡，必然在短时间内出现人口快速增加——这应是《汉志》南海郡周边汉郡人口超过南海郡的重要原因。

　　前文已述，在南越国灭亡后，汉武帝将原属南越国的三县划归桂阳郡，使桂阳郡在岭南的空间快速扩大，其作用大大超过马王堆帛书地图显示出的、秦及汉初将桂阳县划入岭北政区以便对岭南牵制的力度。如果说桂阳一县深入岭南乃是行政区划中"犬牙交错"的话⑦，那汉武帝将三县划入桂阳郡的做法，无异于是"象牙"之举，其削弱和监控南海郡的做法十分明显。

　　汉武帝在灭亡南越国后对其首都所在的南海郡采取了人为的政治控制，并积极扶植其周围那些归顺地区快速发展以消弥南海郡反叛势力卷土重来的机会。对南海郡而言，这场汉越战争不仅将其百余年的建设成果毁于一旦，而且还带来大量的人口外迁。一方面是中央的"禁锢"政策，另一方面是郡治残破和人口减少，这必然造成南海郡发展的停滞及倒退。在这种情况下，南海郡在农业生产方面对生产工具的改进要求也就不会很高，农业的发展自会缓慢，大体也就

---

　　① 谭远辉：《湘西北地区西汉墓葬概论》，湖南省文物事业管理局编《考古耕耘录》，岳麓书社 1999 年版，第 288—296 页。其认为第二期为"西汉早期后段至早中期之际（武帝元狩元年）"，与里耶略有不同。

　　② 湖南省博物馆、湖南省文物考古研究所：《湖南资兴西汉墓》，《考古学报》1995 年第 4 期，第 453—502 页。

　　③ 湖南省博物馆、宜阳县文化馆：《湖南益阳战国两汉墓》，《考古学报》1981 年第 4 期，第 519—548 页。

　　④ 原韶山灌区文物工作队：《湖南湘乡汉墓》，《文物资料丛刊 2》，文物出版社 1978 年版，第 92—100 页。

　　⑤ 怀化地区文物工作队、溆浦县文物管理所：《1990 年湖南溆浦大江口战国西汉墓发掘简报》，《考古》1994 年第 1 期，第 23—33 页。怀化市文物事业管理处：《湖南溆浦县茅坪坳战国西汉墓》，《考古》1999 年第 8 期，第 29—46 页。

　　⑥ 张家界文物工作队：《湖南桑植朱家台汉代铁器铸造作坊遗址发掘报告》，《考古学报》2003 年第 3 期，第 401—426 页。

　　⑦ 周振鹤：《中国历史上行政区域划界的两大原则——犬牙交错与山川形便》，周振鹤《学腊一十九》，山东教育出版社 1999 年版，第 73—97 页。周振鹤：《中国行政区划通史·总论》，复旦大学出版社 2009 年版，第 84—98 页。

形成出土遗物中"陶屋模型内塑造的谷物加工情景仍被束缚在持杵对臼而舂、扬其以簸的沉重劳动中，直到东汉晚期，还未见有任何变革"的情况。

南海郡在西汉中期后铁器基本不见，其原因，应与铁既是生产资料又是军事装备资料的双重特点有关。如前文所述，汉武帝对南海郡的治理首先是保证其不再反叛，像铁这样重要的军事装备资料，自然被严厉限制，控制向有反叛可能的汉南海郡及其郡国治番禺流入（南海郡西汉中期后铁器极少出现的情况，不符合当时铁器流通的特点，是明显被人为控制的结果）。即，西汉中期以后南海郡铁器几乎不见的原因，应是汉朝中央对当地输入铁的有意控制（可能甚至是禁止）——这同高后时禁止铁器流入南越国的做法完全一致。[①] 而由于周边汉越战争中投降归顺的汉郡不在此限，因此也就出现了南海郡铁器极少，周边汉郡铁器较多的情况。[②]

随着南海郡政治中心的丧失，加上属汉后农业发展的滞缓，南海郡再也无法形成割据的力量，而曾经"凭借政治优势聚集起来的人口，如果没有当地农业生产的发展提供稳定的粮食供应，那么一旦政治优势丧失，这些人口也会随之分散"。[③] 随着南海郡的衰落，考古资料中的南海郡出现墓葬数量减少、墓葬规格降低、随葬品减少的情况也就完全可以被理解。

由此可知，造成南海郡在南越国灭亡后社会长时间发展缓慢、停滞、乃至倒退现象的根本原因，是汉武帝对南海郡采取的"禁锢"政策。与推进"初郡"社会发展的措施相反，汉武帝积极地控制南海郡的发展步伐，避免当地反叛势力卷土重来，以保证汉政权对南方地区的有效统治。汉武帝在南海郡采取的政策，与其在闽越国灭亡后将闽越人全部外迁的做法不同，但二者的实质却完全一样。与此同时，周边郡国在得到"初郡政策"支持，外来移民迁入后，其发展之势远超南海郡。于是，西汉中期后，遭到长时间"禁锢"的南海郡的社会发展出现了滞缓甚至倒退[④]，而在"初郡制度"鼓励下的苍梧等郡国社会发展速度远超南海郡。在南海郡倒退而其他郡国不断发展的情况下，岭南郡国中南海郡的地位自然不断降低，而其体现，大体就是《汉志》中南海郡无论是属县、户口、口数的排名均甚为靠后。[⑤]

随着越人的外迁和由之而来的汉人比例增加、随着周边郡国在"初郡政策"支持下的快速发展及与中原文化加快融合，原西汉早期南海郡因发展较快与中原文化较接近而同周边越人聚居区存在的较大文化差异，就在南海郡减速和周边郡国加速的逆向发展中，逐渐缩小，整个岭南的文化景观不断趋同。[⑥]

---

① 《汉书·西南夷两粤朝鲜传》载："高后时，有司请禁粤关市铁器。佗曰：'高皇帝立我，通使物，今高后听谗臣，别异蛮夷，隔绝器物，此必长沙王计，欲倚中国，击灭南海并王之，自为功也。'"

② 半两钱在汉灭南越国后在当地的突然消失，可能也是汉王朝对南海郡采取的一项特殊的货币政策，大体上与禁止铁器流入的政策类似，限制其经济的正常发展。

③ 葛剑雄：《西汉人口地理》，人民出版社 1986 年，第 129 页。

④ 郑君雷先生指出："岭南汉族的形成，亦即岭南汉文化的优势地位的确立，是在西汉中后期，这段时期广州、韶关、贵县、合浦等地汉墓与中原和岭北汉墓的发展轨迹依然趋同，其中的越式因素显然已是孑遗。"见郑君雷《俗化南夷——岭南秦汉时代汉文化形成的一个思考》，《华夏考古》2008 年第 3 期，第 121—127 页。从前文的分析看，大量越人在南越国灭亡后被迫外迁，使郡内越人减少，北方人相对增多的局面应是造成西汉中后期南海郡文化与中原趋同的重要原因。而合浦郡、郁林郡、桂阳郡等地的趋同，明显与汉武帝"初郡政策"的影响有较大关系。

⑤ 司徒尚纪先生指出，在汉武帝平定岭南后，"中原和楚地大批铁器、耕牛，及其他先进生产技术源源流入岭南，使大片密林深谷开垦成为可能，稻作、旱作和经济作物栽培业进一步发展起来。粤北、西江甚至海南北部和西部土地利用景观发生很大改变。"见司徒尚纪《广东文化地理》，广东人民出版社 1993 年版，第 38 页。从前文看，南越国后得以开发的地区基本上都位于南海郡周边。

⑥ 朱海仁：《岭南汉文化发展的阶段性与地域性》，《汉代考古与汉文化国际学术研讨会论文集》编委会《汉代考古与汉文化国际学术研讨会论文集》，齐鲁书社 2006 年版，第 449—461 页。

第八节　区域发展与霸王之道

在以分郡方式开展了对华南诸郡国的文献与考古资料的整理和分析后，我们较清晰的认识到：在秦汉四百余年中，华南诸郡国不仅在同一时期存在着巨大发展差异，而且在同一郡国内的不同时期的发展也有较大不同。在现有资料条件下，在进行了力所能及的分析探讨后，我们也较清晰地触摸到隐藏在文献与考古资料之后的华南诸郡国在秦汉时代波澜起伏的发展脉络。由此，进一步探讨华南诸郡国时空发展进程差异的形成原因，对于今天多民族国家的边疆治理及民族地区社会的稳步发展，应具有较强的借鉴意义。

一　华南诸郡国的区域发展

华南诸郡国在秦汉时期的发展背景，主要是统一且日益强大的中央集权王朝在南方不断推行郡县制并加强治理。无论是秦始皇统一岭南后的大量移民、汉高祖对南越王既成事实的分封册立、汉高后封关禁市的断然之举、汉文帝与赵佗言辞委婉的兄弟之约、汉武帝五路而下的强势进攻，其目的都是为了保证王朝在华南统治的顺利实现，华南诸郡国的兴盛衰落与此密切相关——兴源于斯，而衰亦源于斯。

华南地区郡县制的推行，离不开大量北方百姓的持续南下。秦汉华南诸郡国的郡国治、县治的位置，也就很自然地位于交通便利且易于农业开发的平原、河谷或三角洲地带。[①] 西汉初期大多数非土著居民性质的考古发掘资料，基本集中在这些地点。虽然郡国治、县治首先是政治统治的中心，但同时也是北来移民的大本营。而在之外的华南广大空间内，在郡国治、县治之外的其他地点，则基本都是华南土著居民的生活空间。从考古资料看，土著居民与移民无论是在墓葬形制，还是在遗物种类上，都存在着巨大的文化差异。虽然目前在各类遗存的发现数量上，二者基本相近，但由于长期以来考古工作的重点，基本都集中在秦汉移民集中的古代郡国治与县治地区，而在土著居民生活的其他地点开展甚少，因此现有资料中二者遗存数量基本相近的情况，就实际表明了在西汉初期华南诸郡国内，特别是在岭南诸郡国内，应以土著居民为主，当时移民还仅仅集中在有限的郡国治与县治。也就是说，西汉初期的华南诸郡国，还大体延续着当地先秦以来的发展脉络，土著居民仍然是华南开发的主力，但数量不断增加的南迁移民，在快速地改变着这个格局。

从考古资料看，秦汉时期华南诸郡国内存在着郡国治发展程度远超县治的客观现象。这种

[①]　廖幼华先生曾专门讨论郡县设置与开发的关系："汉朝在岭南西部的开发，受到地理环境的制约，开垦路线不但沿着河流前进，州县设置也必须寻找河谷平原，以避开崇山峻岭的阻隔及瘴气的危害。"其指出，郁林郡"辖地很大……由于远离北面过岭陆道，又偏离西江水道的尾端，地域开发更受环境限制，因此各县之间分割遥远，几乎形成一个平原只建立一个县的现象……这些孤立分散的县分，正是汉朝中央政府赖以统治各个流域的政军据点。""由郡县设置的情况来看，汉朝在岭南西部广大地域上只设置了三个郡、二十一个县，可以说相当疏松，尤其是西北部及南部的大部分地区，都属于地方郡县设置的空白地带，可知此一时期尚属于初开发阶段。只有东北部的贺江、漓江及中部郁江几处平原设县较密集，是开发较深入的地域。"见廖幼华《历史地理学的应用——岭南地区早期发展之探讨》，文津出版社 2004 年版。其还明确指出，在发展格局上，"沿河岸发展""有自北而南、自东往西两项特质"。见廖幼华《秦隋间广西郡县分布与水路交通之关系》，《中国史地关系学术研讨会——纪念张其昀先生百岁诞辰》2000 年。因廖幼华先生已从郡县设置的角度对岭南地区发展的大致格局做出探讨，故本书不再对其开展讨论。罗安鹄先生根据汉墓在广西的分布规律，指出"汉文化是随着这条湘桂走廊，从东北方向向西南方向渗透和扩展的"，"大体来说，当时汉文化的影响主要集中在大河流域的肥沃平原地段，至于偏远的山区，其渗透的程度还很微小"。见罗安鹄《从古人类遗址和汉墓的分布试析柳州地区古代民族关系》，《广西文物》1988 年第 1 期。

情况与文献记载其为郡国治、为一郡政治中心的地位有直接关系。即，郡国治的繁盛，是由于其首先是一地的政治中心，能凭籍政治的力量聚集一郡内大部分的人口，使当地的生产力与消费力在一郡内最为强盛。而县治由于政治地位较低，人口数量和生产能力自然也就无法超过郡国治。就华南而言，城市政治地位的高低，往往可以直接代表其社会发展程度的高低，郡国治的发展程度基本可以代表一郡的发展程度。在不同郡国之间的发展程度的比较中，郡国治之间的比较往往能清晰地显示出郡国的高低。同样，由于不同郡国之间发展差异的存在，诸郡国县治之间的差异也就相应产生。不同郡国间县治的差异，虽然有一些特殊情况的存在，但总体与相关郡国郡国治的差异较为相近。在缺失郡国治资料可资比较的情况下，县治间的比较结果，也可基本可代表该郡国间的发展差异。而同一郡国内县治发展程度的差异，大体与其距离郡国治远近、交通便利等有直接关系。距郡国治近者、交通便利者发展水平较高；反之，较低。

从考古资料看，西汉早期，岭南地区移民的分布范围开始突破郡国治、县治，土著居民也大量进入郡国治、县治之中，二者融合全面展开。根据位于郡国治、县治、其他地点发现的墓葬数量、墓葬规格、遗物种类与数量的差异判断，原来生活着较多土著居民、并有高等级贵族的其他地点，开始不断衰落，大量高等级贵族开始集中出现在郡国治与县治。当然，随着高等级贵族迁移到郡国治、县治，更多的普通土著居民也同时出现在郡国治与县治，与在西汉初期郡国治、县治内仅有少数较低等级贵族和少量土著居民的情况完全不同。这种现象，与文献中南越王"和集百越"、汉越联姻等记载基本一致。随着汉越接触的不断加深，越人的土著文化缓慢消失，移民带来的文化特征开始较多见于高等级的越人贵族之中，而普通越人则较少采用。当时汉越间文化的融合，可能首先开始自高层贵族，在普通越人中缓慢发展。越人向郡国治、县治的大量移入，也就自然带来原居地——其他地点的持续衰减，与此同时，移民开始向郡国治、县治之外的发展使相关地点得以开发。

西汉初期和西汉早期的武陵郡的考古遗存，基本上都属于北方移民，当地土著居民的考古学遗存仅有个别窖藏或零星的发现点。这种情况，与出土简牍所反映出的大量移民进入此地的情况基本一致。与其他华南郡国一样，不仅武陵郡的郡国治与县治同样位于平原、河谷等地带，而且考古遗存的发现地点也基本局限在这些地点的附近，在其他更大的空间内未有发现。由于大量移民的进入，在整个西汉时期，武陵郡都一直处于岭北4郡中最为发达的位置，其次为长沙国、桂阳郡、零陵郡。

目前，西汉初期、西汉早期豫章郡的考古遗存还极少发现，文献记载也很有限，导致豫章郡在西汉初期、西汉早期的发展情况还难以评判。但从60年来豫章郡境内极少发现这两期考古遗存的情况分析，在这段时间内豫章郡的发展程度应相当有限。从文献中该地区出现的人物——如吴芮等为越人的情况分析，可能当时豫章郡内依然以越人为主。不过从遂川等地秦代遗物的发现看，豫章郡这一南下岭南地区重要通道的地位，应很早就已奠定。

无论从文献记载，还是从考古遗存看，在西汉初期、西汉早期一直没有大规模向闽越移民，在今天的福建省境内，西汉早期的文化依然为土著的闽越文化，与岭南地区汉越杂糅的情况完全不同。但从崇安汉城、福州治城的考古遗存看，虽没有明显的移民进入，但当地考古遗存中却出现了很多明显的汉化因素，如夯土建筑、瓦当、汉字等等，体现出此时此地已与北方文化产生了较多的融合。因此，闽越国在这两段时期内的发展情况，也就走出了另一条途径——不一定需要大量外来移民亦可与外面文化融合且社会发展同样较快。从文献看，闽越与汉文化的融合契机，可能主要来自于"无诸、摇率越归鄱阳令吴芮……从诸侯灭秦""无诸、摇率越人佐汉"时的人员与文化的接触，其次也许与文献所载但查无实据的"其先皆越王句践之后"的文化谱系有一定关系。

《汉书·武帝纪》等文献有"遂定越地，以为南海、苍梧、郁林、合浦、交趾、九真、日南、珠崖、儋耳郡"的记载，似乎珠崖郡、儋耳郡在武帝灭亡南越之前本属南越国所有——"越地"，但目前无任何考古资料和其他文献可以佐证此说。西汉初期、西汉早期有关海南岛内的发展情况，我们依然不详。

从有关分析看，西汉初期、西汉早期的华南地区，武陵郡的社会发展程度为最高，南海郡次之，长沙国再次之，闽越国第四。

西汉中期，随着南越国的灭亡，华南诸郡国特别是岭南郡国社会发展的情况出现突变。在汉武帝的一系列政策引导下，原来岭南最为发达的南海郡，无论在墓葬数量、墓葬规格，还是在遗物种类、遗物数量上，与西汉早期相比均不断减少，而其他岭南郡国却是快速增加或减速变缓。由于有优厚的"初郡政策"支持，合浦郡在西汉中期到西汉晚期一直保持岭南最快的发展速度，苍梧郡也走出了西汉初期之后一直存在的衰减之势，在西汉晚期快速发展。郁林郡基本上一直保持发展之势。在汉武帝灭亡南越后的岭南4郡中，只有南海郡出现了长时间的持续减退。汉武帝的"初郡政策"，支持和促进了苍梧郡、合浦郡、郁林郡的社会进步，但对南海郡的"禁锢"政策，使南海郡在遭受战争破坏、移民外迁后，出现了持续的减退，历经九十余年积淀而形成的岭南首郡，沦落为极为普通而落后的岭南一郡。

在南海郡不断衰落的同时，苍梧郡凭籍其郡国治所广信变为交趾刺史部治所的优势，逐渐取得了岭南政治中心的地位，并进而成为岭南的文化中心（在西汉晚期出现了陈氏父子等著名学者）。目前，关于苍梧郡郡国治的所在地，存在着在广东封开还是在广西梧州的争论。从仅在广西梧州出土承盘且当地还有其他较多铜器发现、与广东封开明显有别的情况看，广西梧州为苍梧郡郡国治广信的认识应基本可以成立。现在广西梧州的考古发现甚少，但苍梧郡内诸县治已有大量考古发现，因此，根据广州等其他华南郡国治遗存数量远远超过县治的规律，作为苍梧郡郡国治所在地的广西梧州，应埋藏着很多的考古遗存，目前遗存发现点数量较少的局面应是由于当地考古工作不足所致。从苍梧郡内各县治的考古发现看，无论遗存的数量，还是有关遗存的规模，都超过了岭南其他三郡的大多数县治。因此，在暂时缺失郡国治资料以便比较的情况下，以县治间比较的情况看，西汉中期及之后，苍梧郡的发展情况应远远超过其他岭南三郡。也就是说，随着苍梧郡政治地位的确定，之后较快的成为了岭南的经济中心。从现有资料看，在岭南四郡中，在西汉早期之后的很长时间里，苍梧郡的社会发展应最快，南海郡次之，合浦郡第三，郁林郡第四，这与前文从文献中户口数分析的结果基本一致。

从考古资料看，在南越国灭亡后所出现的较大规模越人向周边郡国的迁徙，给迁入的郡国带来了必须的劳动力。[①] 在西汉中期，就在南海郡各方面快速减退的同时，桂阳郡、苍梧郡、合

---

① 葛剑雄先生已指出："岭南成为汉朝的疆域后，并没有出现稍具规模的移民，主要的原因自然是不存在移民的来源。南越远离人口稠密的地区，周围今福建、江西、湖南、贵州都是人口非常稀少，尚未开发的地区，不可能有移民输出。而中原人口稠密区南迁的人口到长江流域就已定居，难以越过大片未开发区到达岭南。"因此在这种情况下，南越国人口外迁至周边郡国，就是在"弱已而强人"，使南海郡出现衰退而周边郡国快速发展。见葛剑雄《中国人口史》第一卷，复旦大学出版社2002年版，第3536—537页。

浦郡、武陵郡等郡国各方面的发展均快速提高。在文献中所记载的闽越国灭亡后的闽越外迁，可能有不少停留在了豫章郡内，使得豫章郡的发展在西汉中期出现加速。随着闽越人的外迁，闽越国所在的今福建境内，开始出现了长达数百年的"空虚"期，直到东汉中期才有考古遗存零星发现。

儋耳郡、珠崖郡是在南越国灭亡后设立的，属"初郡"之列，但据文献记载，由于汉朝官员的压迫，二郡的反叛不断，最后先后被罢，存在时间甚短。目前在二郡设置时代内的考古遗存尚未发现，其发展情况不详。

桂阳郡地跨南岭，在南越国被灭之前是汉王朝防御南越国的战略前线，南越国被灭后依然是预防南越国反叛势力的重要"前沿"。从考古资料看，西汉初期的桂阳郡主要以越人为主，在西汉早期随着南越国的兴起，越人减少，北方移民数量有所增加。不过，在西汉中期接受了大量的南越国移民后，该郡的发展出现了一个较大的峰值。此后，随着南越国移民这种突发性因素对社会推动力量的减弱，郡国内的发展又趋于平淡，西汉晚期还出现发展的倒退，一直持续到东汉中期才有复苏和增加。

大体上，在西汉中期和西汉晚期，在华南诸郡国中，武陵郡的发展程度依然最高，苍梧郡代替南海郡成为第二名，长沙国第三名，桂阳郡第四名。闽越国消失，儋耳郡、珠崖郡昙花一现。

西汉时期的华南诸郡国的考古学文化存在明显的地域差异，不仅土著居民与移民的考古遗存差异明显，而且在诸如墓道的距底高度、墓葬形制、习用器物等方面，华南诸郡国间也有不小分别。这种差异的分布，有在不同郡国之间的，也有在更大空间如岭南、岭北上的。如南海郡的墓葬距底高度多数较低，而岭北郡国普遍较高；在石器使用上，长沙国、武陵郡以滑石器为主，岭南多见砾石等石质工具，跨岭的零陵郡几乎未见各种石器。虽然我们还难以明确前文所发现的在各种墓葬、遗物中存在的具体差异是不是以郡为单位存在，但在很多方面确实有着一郡与一郡之间的具体不同——如零陵郡不见石器，而武陵郡却以石器为明显特征。随着岭南、岭北在政治上统一的完成，各地之间的差异逐步减少，但这种减少的程度却相当缓慢，地域之间的遗存差异依然是各地考古遗存中的主要表现。随着政治藩篱的去除，不同郡国之间的交流日益密切，随之而来的是各地遗存特性的传播与影响（如滑石器向岭南的传播）。在不同的地点之间，由于政治的作用，又有了新的遗存差异。如南海郡在西汉中期之后基本不见铁器，而周边郡国之内却不断发现。又如南海郡在西汉中期之后，墓葬规格大为降低，墓葬数量更远不如之前，与该时期其他郡国内的情况大为不同。

新莽至东汉初期是华南诸郡国发展的一个转折点，学者目前还难以解释，究竟是什么原因造成该时期内华南诸郡国的考古遗存出现大面积减少，而豫章郡却快速增加。据文献记载，在两汉之交的中原战乱中，不少中原人士南迁进入华南[①]，苍梧郡更是重要的迁入地区。这些中原移民的到来，为东汉华南诸郡国的快速发展，在劳动力和生产技术方面，都发挥了重要作用。

东汉早期的华南诸郡国中，除了南海郡、郁林郡、桂阳郡等岭南三郡外，其余郡国都开始有了较快发展。从文献记载看，在东汉王朝建立后不久，波澜起伏的反叛活动就逐渐展开，武陵郡更成为华南最重要的反叛之地。在大规模反叛活动的影响下，武陵郡在东汉早期虽较前一

---

① 如《后汉书·任延传》载："时天下新定，道路未通，避乱江南者皆未还中土，会稽颇称多士。"

时期有所发展，但其郡治却被迫迁徙，武陵郡的发展重点向北部转移。由此，武陵郡出现了属县减少、户口数增长缓慢的情况，其在华南诸郡国中的地位快速降低，再未出现西汉时期华南第一的情况。这些反叛活动一开始还仅限于一郡，但在东汉中期就开始不断向周边郡国扩散，武陵郡几乎成为华南郡国的叛乱之源，影响了周边郡国的发展。

从考古遗存看，除武陵郡可能因不断反叛而使其快速衰退外，在东汉中期，华南诸郡国普遍出现了快速发展的局面。合浦郡、郁林郡、桂阳郡、零陵郡、豫章郡 5 郡达到秦汉时期的最高峰，在原闽越国范围内开始重新发现有考古遗存。据文献记载，东汉中期华南诸郡国的户口数，不仅超过了西汉晚期，而且其大幅度增加，这与当时全国户口数减少的情况完全不同。此外，其户均口数更远高于全国的平均指数，显示出到东汉中期《郡国志》登记户口数的时代，华南诸郡国已吸纳了大量的外来移民。华南诸郡国在东汉中期的普遍增长，大体应与移民的到来和持续开发有直接关系。从考古遗存的分布看，属于东汉中期的考古遗存，开始大量出现在郡国治和县治之外的"其他地点"，而且，原在西汉时期大多为土著集中分布的"其他地点"数量不断减少，越来越多地被外来移民形成的"其他地点"所代替。移民开发日益向原有的郡国治、县治之外更远地区推进的后果，就是东汉中期华南诸郡国中南海郡、苍梧郡、零陵郡、豫章郡 4 郡属县数量的增加，其中零陵郡的增加数量最多，显示出当地的开发较快，成为东汉中期华南社会快速发展的重要特征。而在长沙国、桂阳郡等属县数量未有增加的郡国中，其遗存点的分布亦同样存在由郡国治、县治向外大范围扩展的局面，同时，各类考古遗存的地域差异在逐渐变小。总之，东汉中期移民的生存空间不断扩展，而土著居民的空间被日益压缩，仅武陵郡、郁林郡内出现了属县减少的情况。如前所言，武陵郡在东汉时期是华南反叛的渊薮，属县的增加和减少，在区域开发及反叛活动之间存在密切联系。

有关时期的文献记载，反叛活动在该时期是最常见的内容。反叛的大量出现，既有自然环境的变化因素，也有外来移民对土著居民生存空间的压迫因素，而更主要的原因，无疑是地方官吏在"教化"名义下对土著文化的强势改变——大范围内改变西汉时期土著居民地区的"毋赋税"或少赋税的"旧约"——赋税政策的改变，可能是其中最核心的原因。从武陵郡看，在里耶秦代简牍中，迁陵县一县已有五万余户，蛮汉数量虽然众多，但在少赋税的情况下，当时乃至整个西汉时期，武陵郡内均未出现如东汉时期一样周期性的大规模反叛。相反，在东汉时期，一方面是户口数的减少，另一方面是反叛不断。从总体上看，自秦代开始在武陵郡施行的少赋税政策保证了当地数百年的稳定，而汉武帝施行的毋赋税政策，也使得"初郡"地区在西汉时期除海南岛外罕有反叛，但是，东汉对上述政策的放弃，却直接带来了东汉华南的动荡。随着征赋税政策推广，反叛在华南诸郡国中愈演愈烈。从长沙四牌楼出土的东汉简牍的相关内容看，不断出现的反叛给当地的社会发展造成严重破坏，这可能是东汉晚期大多数华南郡国考古遗存不断减少的主要原因。而只有那些在文献记载中很少发生反叛的郡国，其境内的考古遗存数量才会出现不断增长或较其他郡国减少较低的情况。

二　霸王之道

前文曾梳理了华南不同地区的自然地理状况和史前、先秦文化发展的地区差异，从秦汉华南诸郡国的发展看，特定的自然地理状况是华南诸郡国发展长期存在差异的主要外因，各地区自远古而来的地域文化和区域差异又直接影响到相关郡国在秦汉时期的社会发展，但由于生产技术的进步、交通范围的扩大以及文化交流的不断发展，自然地理状况对区域发展所造成的局限，愈来愈被人们的开发努力所打破。无论自然地理状况，还是地区的历史文化传统，都不是造成秦汉时期诸郡国发展差异的根本原因。①

通过前文分析可以看出，大体上，华南同一郡国在不同时期的发展差异，不同郡国在同一时期参差不齐的发展速度，绝大多数都是一系列政治事件导致的直接后果。政治活动不仅表现在华南地区的郡县建立，而且还直接影响到各郡国不同时期的发展进程。

具体而言，秦汉华南地区的最初开发，始于秦始皇对该地区的统一战争和之后的广设郡县。秦始皇通过一系列的战争，使华南地区第一次统一于一个大的中央王朝之内，使其开始与中原发达地区共同脉动。为了稳固对华南地区特别是岭南的统治，秦始皇进行了大规模的人口南迁，移民的到来、移民定居郡县的城市建设以及政府为了管理和沟通而不断完善的邮驿、交通设施，都成为华南快速发展的重要基础。虽然秦统治时间甚短，但其政策却并未随着秦的灭亡而完全消失，新建立的汉王朝延续了秦的统治方式，又根据实际情况，设立诸侯国，实行郡国制，分封归顺的长沙王、闽越王，册封早已事实独立的南越王，使得华南地区再未出现大规模的军事冲突，华南未因改朝换代出现大的波折。在南越国地区，赵佗推行的"和辑百越"政策，使当地社会有了一个较安稳的发展环境，促进了民族融合和地区发展。②

对华南诸郡国的发展而言，其在西汉时期影响最大的事件，无疑应属南越国和闽越国的相继亡国。而南越国灭亡的起因明显与汉武帝"元鼎四年，汉使安国少季往谕王、王太后以入朝，比内诸侯"等一系列激化汉越矛盾、强制同化的政策和措施有直接关系。③南越国、闽越国灭亡后，汉武帝针对不同地区的具体情况采取了一系列特殊政策：

第一，在易于反叛的闽越，通过悉数移民的方式，将闽越之人迁入内地，直接导致当地出现数百年中的发展空白，使得当地社会的正常发展出现停滞。

第二，南越国灭亡后，对抵抗汉兵的南海郡，则通过各种方式，"禁锢"其正常的社会进步，不仅将其排除在"初郡"优惠政策之外，而且还通过移民外迁、控制铁器流入等手段，使南海郡在南越国亡国之后出现了数百年的发展倒退，直至东汉中期时才得到复苏。④

第三，在对汉王朝采取投降归顺态度的苍梧郡等地区，采取了既利于郡县统治又利于当地发展的"毋赋税""以其故俗治"等保护当地经济、文化的"初郡制度"，使相关地区在较短的时间内取得快速发展。

---

① 葛剑雄先生早已指出："任何自然条件都是相对的，人类的选择也是相对的。当自然条件最好的地方人满为患时，人们就会不得已而求其次，在此范围外选择自然条件相对较好的地方。东汉中后期农业开发区向南方和西南扩展，以及在战乱条件下一些人口迁入北部和东北的山区，就是这样一种相对选择的过程。"见葛剑雄《中国人口史》第一卷，复旦大学出版社2002年版，第504页。

② 余天炽：《南越国"和辑百越"民族政策初探》，《华南师范大学学报（社会科学版）》1985年第2期，第134—139页。杨盛让：《西汉前期"和辑百越"政策试析》，《民族论坛》1990年第1期，第60—64页。王昭武：《秦末岭南"和辑百越"政策述论》，《思想战线》1987年第6期，第79—82转30页。

③ 罗庶长先生指出："汉高祖刘邦和汉文帝刘恒在复杂的情况下，仍能与南越王赵佗和平相处，而吕后和汉武帝刘彻时，南越就反汉，这是因为吕后和汉武帝不尊重南越国的自主权，严重地干涉了他们的内部事务，也可以说是吕后和汉武帝迫使南越反汉的。"见罗庶长《从西汉与南越关系看历史上处理民族问题的得失》，《广西民族学院学报（社会科学版）》1982年第4期，第31—36页。

④ 吴宏岐先生指出："广州的城市发展不是一帆风顺的，优越的地理环境固然是广州城市兴起和发展的基础条件，但长期保持稳定的政治与社会环境却是这一条件能否充分发挥作用的关键所在。"见吴宏岐《南越国都番禺城毁于战火考实》，《暨南学报（哲学社会科学版）》2006年第5期，第147—152页。

　　在施行了上述一系列针对性的政策之后，除海南岛儋耳郡、珠崖郡因官吏横暴使当地反叛不断导致其先后罢郡外①，西汉时期的华南诸郡国再未出现大规模的社会动荡，稳定的政治环境为华南地区的社会发展提供了必要的保障。在一系列"初郡政策"的支持下，相关郡国出现了快速发展。

　　很难想象，如果没有一系列政策的支持或压制，在西汉早期发展程度远远低于南海郡的苍梧郡、合浦郡、郁林郡等地，如何能在南海郡社会发展出现全面倒退情况下，取得惊人的进步。汉武帝系列政策的制定和实施，成为华南地区特别是岭南诸郡国社会发展快慢的关键。②

　　虽然我们不清楚为何在新莽至东汉初期，华南诸郡国除豫章郡外，均出现发展缓慢甚至倒退的原因，但文献记载了王莽在位期间一系列朝令夕改的政策变化给中原地区社会生活造成了巨大影响，王莽不断推翻旧有制度、别异蛮夷的政策相继给相关地区造成了军事冲突，华南地区该时期出现的社会发展倒退的情况，或许即与王莽的政策密切相关。当然，迫于王莽政策的压力，不少中原人士南下，进入华南，成为之后华南快速发展的重要动力。

　　东汉时期，在改朝换代之后，汉王朝在华南地区的统治政策发生了巨大改变。西汉"以其故俗治"的政策被地方官的"教化"与移风易俗取代，"毋赋税"或少赋税的地区也开始逐渐征收赋税。在如是政策的直接影响下，南方地区虽在文化上日益与中原相近，出现了不少的著名学者，为西汉时期所不见，但随之而来的反叛却不断撼动着东汉王朝在华南诸郡国的正常统治。东汉王朝的上述政策虽在一定程度上明显加快了南北方文化的融合和汉文化在当地的发展，但也是东汉时期当地社会愈来愈动荡不安的直接诱因，并导致东汉晚期诸郡国出现普遍的社会倒退。③

　　上述这些秦汉不同时期针对华南不同地点而制定的政策，不仅散见于文献记载，而且已得到了考古资料的证明。而一系列政策的出发点，几乎都是服务于当时当地的统治需要。如我们将汉武帝在南越国、闽越国灭亡后施行的政策，放在汉武帝治边与民族政策中考虑，那有关问题将更加明晰。

　　从文献记载看，汉武帝时期，对于征伐而得地域的统治方式，绝大多数各不相同：如灭亡闽越国后的悉数移民外迁、在南越国旧地和西南夷地区的"初郡政策"、对南海郡的"禁锢"政策、在河西走廊等地设郡县并大规模移民实边政策、在乐浪等地推行郡县化管理，等等。这些地区虽均为武帝拓边所得，但治理的政策却差异很大。

　　笔者认为，可以肯定，在汉武帝决定对这些地区进行治理前一定有着千差万别的原因，但

---

　　① 李大龙先生指出，这是"西汉王朝后期的统治者采取了容忍或称之为退让的政策"。见李大龙《两汉时期的边政与边吏》，黑龙江教育出版社1996年版，第47页。

　　② 陈梧桐充分肯定了汉武帝的开拓边疆的斗争，指出其促进了多民族国家的发展和巩固，推进了各族人民的合作、进步和民族融合，沟通了中外交通，加强了中外交流。见陈梧桐《西汉王朝开拓边疆斗争的历史意义》，《中国边疆史地研究》1999年第3期，42—59页。

　　③ 林富士先生指出，东汉晚期在桓帝、灵帝时期，社会上饱受疾疫的侵害，在东汉王朝最后的三十多年间，仍不断侵袭中国社会。见林富士《东汉晚期的疾疫与宗教》，《中央研究院历史语言研究所集刊》第66本第3分册，第695—743页。虽然文献中还没有明确记载华南有大规模疾疫的发生，但从林富士先生已征引的《三国志·吴书·吴主传》"二十四年（建安二十四年）（公元219年）……遂定荆州。是岁大疫，尽除荆州租税"内容看，本书华南范围内属于荆州的郡国存在发生疾疫的可能。如是，其对这些郡国的发展亦应有相应影响。

最基本、最关键的问题，可能应是如何通过治理实现统治稳定。① 简言之，当时的河西是抗击匈奴的前线，而匈奴对汉而言是心腹之患，因此，向此地移民就可在较短时间内建成一条巩固的西北边防，拱卫长安。对闽越国而言，其地不仅僻远，且当地经济的发展也很落后，人口也不会太多，也就有可能通过将其全部人口移民外迁而一劳永逸地使其地不再发生反叛。对南越国来说，在汉王朝看来，与西北匈奴相比，其至多仅是肘腋之痛，不会对汉政权产生直接的威胁；而在南越国旧有的统治区内，除南海郡外，其他汉郡还主动归顺，因此只要严格控制住了南海郡，避免其旧势力卷土重来，那就可以基本保证南疆的安稳，对那些主动投降的南越国旧地之民，完全可以使其自由发展。

与闽越国不同，南海郡经历了从秦到南越国灭亡间一百余年的快速发展，成为了岭南地区政治、经济和文化的中心，具有了远比闽越深厚的经济与人口基础，因此，汉政权在此也就很难采取如闽越国一样的悉数移民而使其空的政策，也就只能在将反叛主力外迁的同时，加强对南海郡的控制，慢慢消减当地的反抗力量，同时积极扶植周边汉郡，使其快速成长为抗衡南海郡的基地，以达到稳定南疆的目的。因此，汉政权在南越国旧地的处置上采取了"初郡"扶持和"禁锢"限制等两种完全不同的政策。汉武帝对南越降人的处置，也同样遵循了稳定原则。从他们的身份看，其基本上都是南越国时期当地的统治者，他们虽归顺了汉王朝的统治，但汉武帝却不允许他们继续在当地统治，而将其迁至内地的南阳、河内、东海等郡，避免因他们在当地长期统治而形成与汉中央抗衡、尾大不掉的情况。如前所言，在南越国灭亡之后，华南地区的反叛就极少出现，汉武帝的如是政策取得了明显的积极后果——这再一次清晰的表明，"民族政策是边政问题的核心"。②

《汉书·元帝纪》记载有汉元帝为太子时其父汉宣帝与他的对话：

> 尝侍燕从容言："陛下持刑太深宜用儒生。"宣帝作色曰："汉家自有制度，本以霸王道杂之，奈何纯任德教，用周政乎！且俗儒不达时宜，好是古非今，使人眩于名实，不知所守，何足委任！"

"汉家自有制度，本以霸王道杂之"，这句出自汉家天子之口的严辞，反映的正是汉代帝王的统治之术。汉武帝"独尊儒术"如此，汉武帝的边疆、民族政策也同样如此。

《吕氏春秋·察今》言："譬之若良医，病万变，药亦万变。病变而药不变，向之寿民，今为殇子矣。故凡举事必循法以动，变法者因时而化。若此论无过务矣。"秦汉王朝在华南诸郡国

---

① 王明柯先生认为，"无论是怀柔、征伐、迁徙其民，目的都是将他们'内地化'"，"这些华夏边缘形制上的差异，主要由两种华夏的主观标准造成，当时中国人注意到不同人群间经济生态上的差别……中国人除了与匈奴争夺河南地，与西羌争夺河湟谷地，并将势力伸入川西北的河谷地带外，基本上不会侵占游牧地区，也不想将这些地区的人群变成中国人。中国人对游牧人群的基本政策是软硬兼施，以坚持、固守两个政界间的分界线。相反的，对于灌溉农业盛行的地区如滇国、朝鲜、南越等地，中国人则认为他们是知礼尚义的国度，因而对他们的民族政策便是努力将其内地化"。而在南方"民族政策包括迁徙其民，设置郡县，推行中国式的礼仪教化，设学校推广经学，以及创造、提供华夏的历史记忆，让当地人能找到华夏祖缘。这些民族政策有效地使当地上层阶级'中国化'"。见王明柯《华夏边缘——历史记忆与族群认同》，社会科学文献出版社2006年版，第198—200页。

② 周伟洲：《民族政策是边政问题的核心——〈两汉时期的边政与边吏〉评述》，《民族研究》1997年第6期，第108—110页。陈博、孙福喜也在分析东汉时期南方的民族战争后指出，"民族政策的正确与否，是关乎国家兴亡盛衰的大事"。见陈博、孙福喜《东汉政府与南方及西南少数民族的战争》，《西北大学学报》1995年第3期，第35—38页。

四百余年中的一系列政策变化，大体符合着《察今》之谓。但对东汉王朝在华南的统治而言，其所采取的积极"教化"与征收赋税的政策，事实上是对汉武帝有关政策的全面修改，其实质是将华南与中原地区纳入到统一的政策中进行治理，是以"不变"之计来治"万变"之地，在该政策实施下，虽然华南诸郡国与中原的融合空前加快，当地社会经济文化空前发展，但却是以当地社会大规模出现周期性的叛乱为前提，与汉武帝统治华南以安稳为务的上述政策相比，东汉的如是政策，大体只是"恶医"之"恶药"罢了。[1]

---

[1] 目前，很多学者从经济发展和疆域巩固的角度出发，认为东汉在南方政策是温和的，对于巩固东南边疆有着重要意义，但通过与西汉时期相比，其明显要剧烈不少。如李大龙《两汉时期的边政与边吏》，黑龙江教育出版社1996年版，第93页；李三谋《东汉王朝的边疆经略》，《中国边疆史地研究》1997年第3期，第21—34页。

参考文献[①]

一　图书文献

1，传世文献

（汉）司马迁：《史记》，中华书局 2013 年版。

（汉）班固：《汉书》，中华书局 1962 年版。

（宋）范晔：《后汉书》，中华书局 1995 年版。

（晋）陈寿：《三国志》，中华书局 1982 年版。

（梁）沈约：《宋书》，中华书局 1974 年版。

（唐）房玄龄：《晋书》，中华书局 1974 年版。

（汉）刘珍等著，吴树平校注：《东观汉记校注》，中州古籍出版社 1987 年版。

（汉）王隆等著，（清）孙星衍辑，周天游点校：《汉官六种》，中华书局 1990 年版。

2，今人著作

安作璋：《秦汉官吏法研究》，齐鲁书社 1993 年版。

安作璋、熊铁基：《秦汉官制史稿》，齐鲁书社 1985 年版。

白云翔：《先秦两汉铁器的考古学研究》，科学出版社 2005 年版。

百越民族史研究会：《百越民族史资料选编》，广西人民出版社 1988 年版。

百越民族史研究会：《百越民族史论丛》，广西人民出版社 1985 年版。

百越民族史研究会：《百越民族史论集》，中国社会科学出版社 1982 年版。

曹劲：《先秦两汉岭南建筑研究》，科学出版社 2009 年版。

查瑞珍：《战国秦汉考古》，南京大学出版社 1990 年版。

常任侠：《海上丝路和文化交流》，海洋出版社 1985 年版。

车越乔：《越文化实勘研究论文集》，中华书局 2005 年版。

陈国强、蒋炳钊、吴绵吉、辛士成：《百越民族史》，中国社会科学出版社 1988 年版。

陈可畏：《长江三峡地区历史地理之研究》，北京大学出版社 2002 年版。

陈戍国：《中国礼制史·秦汉卷》，湖南教育出版社 2002 年版。

陈直：《汉书新证》，天津人民出版社 1979 年版。

陈直：《两汉经济史料论丛》，陕西人民出版社 1958 年版。

---

① "图书文献"中考古发掘专刊不录，附录三注释出现的各种地方志、图录等资料不录。"论文文献"中见于"图书文献"的论文集所收论文不录，附录三注释出现的考古发掘报告、简报、通讯等资料不录。

陈直：《史记新证》，天津人民出版社 1979 年版。

楚文化研究会：《楚文化研究论集 1》，荆楚书社 1987 年版。

揣振宇、杨荆楚：《汉文化多元文化与西部大开发》，民族出版社 2005 年版。

邓辉：《从自然景观道人文景观》，商务印书馆 2005 年版。

段渝：《南方丝绸之路研究论集》，巴蜀书社 2008 年版。

鄂卢梭著、冯承钧译：《秦代初平南越考》，台湾商务印书馆 1971 年版。

费孝通等：《中华民族多元一体格局》，中央民族学院出版社 1989 年版。

冯承钧：《中国南洋交通史》，商务印书馆 1937 年版。

福建省地方志编纂委员会：《福建省志·文物志》，方志出版社 2002 年版。

福建省文化厅、福建省炎黄文化研究会：《闽越文化研究》，海峡文艺出版社 2002 年版。

复旦大学历史地理研究所：《历史地理研究 2》，复旦大学出版社 1990 年版。

傅筑夫、王毓瑚：《中国经济史资料（秦汉三国编）》，中国社会科学出版社 1982 年版。

高蒙河：《长江下游考古地理》，复旦大学出版社 2005 年版。

高明士：《战后台湾的历史学研究 1945—2000（秦汉至隋唐）》，［台湾］行政院国家科学委员会
　2004 年版。

高至喜：《商周青铜器与楚文化研究》，岳麓书社 1999 年版。

葛剑雄、曹树基、吴松第：《简明移民史》，福建人民出版社 1993 年版。

葛剑雄：《中国人口史》（第一卷：导论、先秦至南北朝时期），复旦大学出版社 2002 年版。

葛剑雄：《中国移民史》第一、二卷，福建人民出版社 1997 年版。

广东省博物馆、香港中文大学文物馆：《广东出土先秦文物》，香港中文大学文物馆 1984 年版。

广东省文物管理委员会办公室、广东省博物馆：《广东文物普查成果图录》，广东科技出版社
　1990 年版。

广西博物馆：《广西博物馆文集》（第二辑），广西人民出版社 2005 年版。

广西博物馆：《广西博物馆文集》（第三辑），广西人民出版社 2006 年版。

广西壮族自治区博物馆：《广西博物馆建馆 60 周年论文选集》，广西民族出版社 1993 年版。

广西壮族自治区博物馆：《广西铜镜》，文物出版社 2004 年版。

广西壮族自治区文物工作队：《广西考古文集》（第二辑），科学出版社 2006 年版。

广州市文物管理委员会：《广州出土汉代陶屋》，文物出版社 1958 年版。

广州市文物考古研究所：《广州文物考古集—广州考古五十年文选》，广州出版社 2003 年版。

广州市文物考古研究所：《城市考古与文物保护研讨会论文集》，广东人民出版社 2008 年版。

郭德维：《楚系墓葬研究》，湖北教育出版社 1995 年版。

韩国河：《秦汉魏晋丧葬制度研究》，陕西人民出版社 1999 版。

何光岳：《百越源流史》，江西教育出版社 1989 年版。

何介钧：《湖南先秦考古学研究》，岳麓书社 1996 年版。

何介钧：《考古耕耘录》，岳麓书社 1999 年版。

何乐士：《〈史记〉语法特点研究》，商务印书馆 2005 年版。

侯甬坚：《历史地理学探索》，中国社会科学出版社 2004 年版。

后晓荣：《秦代政区地理》，社会科学文献出版社 2009 年版。

胡绍华：《中国南方民族发展史》，民族出版社 2004 年版。

胡绍华：《中国南方民族历史文化探索》，民族出版社 2005 年版。

湖南省地方志编纂委员会：《湖南省志·文物志》，湖南出版社 1995 年版。

湖南省文物考古研究所：《湖南古墓与古窑址》，岳麓书社 2004 年版。

黄国安：《中越关系史简编》，广西人民出版社 1986 年版。

黄今言：《秦汉赋役制度研究》，江西教育出版社 1988 年版。

黄今言：《秦汉商品经济研究》，人民出版社 2005 年版。

黄留珠：《秦汉仕进制度》，西北大学出版社 1985 年版。

黄朴民：《秦汉统一战略研究》，中国人民大学出版社 2007 年版。

黄荣春：《闽越源流考略》，海潮摄影艺术出版社 2002 年版。

黄晓芬：《汉墓的考古学研究》，岳麓书社 2003 年版。

冀朝鼎：《中国历史上的基本经济区与水利事业的发展》，中国社会科学出版社 1981 年版。

翦伯赞：《秦汉史》，北京大学出版社 1983 年版。

蒋炳钊：《百越文化研究》，厦门大学出版社 2005 年版。

蒋炳钊：《龙虎山崖葬与百越民族》，吉林人民出版社 2001 年版。

蒋若是：《秦汉钱币研究》，中华书局 1997 年版。

蒋廷瑜：《壮族铜鼓研究》，广西人民出版社 2005 年版。

蒋廷瑜：《桂岭考古论文集》，科学出版社 2009 年版。

蒋廷瑜：《铜鼓艺术研究》，广西人民出版社 1988 年版。

劳干：《古代中国的历史与文化》，中华书局 2006 年版。

雷虹霁：《秦汉历史地理与文化分区研究》，中央民族大学出版社 2007 年版。

雷坚：《广西建置沿革考录》，广西人民出版社 1996 年版。

李伯谦：《中国青铜文化结构体系研究》，科学出版社 1998 年版。

李大龙：《汉唐藩属体制研究》，中国社会科学出版社 2006 年版。

李大龙：《两汉时期的边政与边吏》，黑龙江教育出版社 1996 年版。

李发林：《战国秦汉考古》，山东大学出版社 1991 年版。

李开元：《汉帝国的建立与刘邦集团军功受益阶层研究》，生活·读书·新知三联书店 2000 年版。

李龙章：《岭南地区出土青铜器研究》，文物出版社 2006 年版。

李如森：《汉代丧葬制度》，吉林大学出版社 1995 年版。

李恕豪：《杨雄〈方言〉与方言地理学研究》，巴蜀书社 2003 年版。

李晓杰：《东汉政区地理》，山东教育出版社 1999 年版。

李孝聪：《中国区域历史地理》，北京大学出版社 2004 年版。

李学勤：《东周与秦代文明》，文物出版社 1984 年版。

李玉洁：《先秦丧葬制度研究》，中州古籍出版社 1991 年版。

梁云：《战国时代的东西差别—考古学的视野》，文物出版社 2008 年版。

廖幼华：《历史地理学的应用—岭南地区早期发展之探讨》，文津出版社 2004 年版。

林惠祥：《中国民族史》，商务印书馆 1936 年版。

林剑鸣、余华青、周天游、黄留珠：《秦汉社会文明》，西北大学出版社 1985 年版。

林日举：《海南史》，吉林人民出版社 2002 年版。

刘彬徽：《早期文明与楚文化研究》，岳麓书社 2001 年版。

刘建国：《考古与地理信息系统》，科学出版社 2007 年版。

刘善泽：《汉制考》，岳麓书社 1997 年版。

刘纬毅：《汉唐方志辑佚》，北京图书馆出版社 1997 年版。

刘泽华、江茂和、王兰仲：《专制权力与中国社会》，天津古籍出版社 2005 年版。

柳春藩：《秦汉封国食邑赐爵制》，辽宁人民出版社 1984 年版。

鲁西奇：《区域历史地理研究对象与方法—汉水流域的个案考察》，广西人民出版社 2000 年版。

吕思勉：《秦汉史》，上海古籍出版社 1983 年版。

吕思勉：《中国制度史》，上海教育出版社 1985 年版。

罗二虎：《秦汉时代的中国西南》，天地出版社 2000 年版。

罗福颐：《秦汉魏晋南北朝官印征存》，文物出版社 1987 年版。

罗福颐：《汉印文字征》，中华书局香港分局 1979 年版。

罗庆康：《长沙国研究》，湖南人民出版社 1998 年版。

蒙文通：《越史丛考》，人民出版社 1983 年版。

蒙文通：《周秦少数民族研究》，龙门联合书局 1958 年版。

木芹：《两汉民族关系史》，四川民族出版社 1988 年版。

欧潭生：《闽豫考古集》，海潮摄影艺术出版社 2002 年版。

逢振镐：《秦汉经济问题探讨》，华龄出版社 1990 年版。

彭建英：《中国古代羁縻政策的演变》，中国社会科学出版社 2004 年版。

彭适凡：《江西先秦考古》，江西高校出版社 1992 年版。

彭适凡：《中国南方考古与百越民族研究》，科学出版社 2009 年版。

彭卫：《汉代社会风尚研究》，三秦出版社 1998 年版。

蒲幕州：《墓葬与生死—中国古代宗教之省思》，中华书局 2008 年版。

钱剑大：《秦汉赋役制度考略》，湖北人民出版社 1984 年版。

丘立诚：《澄海龟山汉代遗址》，广东人民出版社 1997 年版。

阮炜：《地缘文明》，上海三联书店 2006 年版。

施劲松：《长江流域青铜器研究》，文物出版社 2003 年版。

司徒尚纪：《广东文化地理》，广东人民出版社 1993 年版。

宋玲平：《晋系墓葬制度研究》，科学出版社 2007 年版。

宋新潮：《殷商文化区域研究》，陕西人民出版社 1991 年版。

宋治民：《战国秦汉考古》，四川大学出版社 1993 年版。

孙机：《汉代物质文化资料图说》，文物出版社 1991 年版。

孙慰祖：《古封泥集成》，上海书店出版社 1994 年版。

谭其骧：《长水粹编》，河北教育出版社 2000 年版。

滕铭予：《秦文化：从封国到帝国的考古学观察》，学苑出版社 2003 年版。

滕铭予：《GIS 支持下的赤峰地区环境考古研究》，科学出版社 2009 年版。

籐田丰八著、何健民译：《中国南海古代交通丛考》，商务印书馆 1936 年版。

田昌五、安作璋：《秦汉史》，人民出版社 2008 年版。

田继周：《秦汉民族史》，四川民族出版社 1996 年版。

田继周等：《中国历代民族政策研究》，青海人民出版社 1993 年版。

佟柱臣：《中国边疆民族物质文化史》，巴蜀书社 1991 年版。

童恩正：《南方文明》，重庆出版社 1998 年版。

汪清：《两汉魏晋南朝州、刺、史制度研究》，合肥工业大学出版社 2006 年版。

汪延：《先秦两汉文化传承述略》，陕西人民教育出版社 1998 年版。

王恒杰、张雪慧：《民族考古学概论》，福建人民出版社 2009 年版。

王明珂：《华夏边缘—历史记忆与族群认同》社会科学文献出版社 2006 年版。

王培伦、黄展岳：《冶城历史与福建城市考古论文集》，海风出版社 1999 年版。

王培新：《乐浪文化—以墓葬为中心的考古学研究》，科学出版社 2007 年版。

王文光：《中国南方民族史》，民族出版社 1999 年版。

王雪农、刘建民：《半两钱发现与研究》，中华书局 2005 年版。

王仲殊：《汉代考古学概说》，中华书局 1984 年版。

王子今：《秦汉交通史稿》，中共中央党校出版社 1994 年版。

王子今：《秦汉区域文化研究》，四川人民出版社 1998 年版。

王子今：《秦汉时期生态环境研究》，北京大学出版社 2007 年版。

王子今：《秦汉社会史论考》，商务印书馆 2006 年版。

文物编辑委员会：《文物考古工作三十年》，文物出版社 1979 年版。

吴传钧：《海上丝绸之路研究》，科学出版社 2006 年版。

吴春明、林果：《闽越国都城考古研究》，厦门大学出版社 1998 年版。

吴春明：《中国东南土著民族历史与文化的考古学观察》，厦门大学出版社 1999 年版。

吴绵吉：《中国东南民族考古文选》，中国考古艺术研究中心 2007 年版。

吴小平：《汉代青铜容器的考古学研究》，岳麓书社 2005 年版。

萧国钧：《春秋至秦汉之都市发展》，台湾商务印书馆 1984 年版。

肖一亭：《先秦时期的海南岛民—海湾沙丘遗址研究》，文物出版社 2004 年版。

谢国桢：《两汉社会生活概述》，陕西人民出版社 1985 年版。

邢义田：《秦汉史论稿》，东大图书公司 1987 年版。

徐恒彬：《华南考古论集》，科学出版社 2001 年版。

徐怀林：《江西史稿》，江西高校出版社 1993 年版。

徐吉军：《长江流域的丧葬》，湖北教育出版社 2004 年版。

徐吉军：《中国丧葬史》，江西高校出版社 1998 年版。

徐杰舜：《汉民族发展史》，四川民族出版社 1992 年版。

徐晓望：《福建通史—远古至六朝》，福建人民出版社 2006 年版。

许桂灵：《中国泛珠三角区域的历史地理回归》，科学出版社 2006 年版。

许倬云：《中国古代社会史论—春秋战国时期的社会流动》，广西师范大学出版社 2006 年版。

严耕望：《严耕望史学论文选集》，中华书局 2006 年版。

严耕望：《中国地方行政制度史—秦汉地方行政制度》，上海古籍出版社 2007 年版。

阎步克：《从爵本位到官本位—秦汉官僚品位结构研究》，生活·读书·新知三联书店 2009 年版。

杨琮：《闽越国文化》，福建人民出版社 1998 年版。

杨鸿年：《汉魏制度丛考》，武汉大学出版社 1985 年版。

杨鸿勋：《宫殿考古通论》，紫禁城出版社 2001 年版。

杨鸿勋：《建筑考古学论文集》，文物出版社 1987 年版。

杨树达：《汉代婚丧礼俗考》，商务印书馆 1933 年版。

印群：《黄河中下游地区的东周墓葬制度》，社会科学文献出版社 2001 年版。

余英时著、侯旭东等译：《东汉生死观》，上海古籍出版社 2005 年版。

余英时著、邬文玲等译：《汉代贸易与扩张》，上海古籍出版社 2005 年版。

袁延胜：《中国人口通史》（东汉卷），人民出版社 2007 年版。

袁祖亮：《中国古代人口史专题研究》，中州古籍出版社 1994 年版。

曾昭璇：《广州历史地理》，广东人民出版社 1991 年版。

张传玺：《秦汉问题研究》，北京大学出版社 1985 年版。

张弘：《战国秦汉时期商人和商业资本研究》，齐鲁书社 2003 年版。

张继海：《汉代城市社会》，社会科学文献出版社 2006 年版。

张家山二四七号汉墓竹简整理小组：《张家山汉墓竹简》，文物出版社 2001 年版。

张荣芳、黄淼章：《南越国史》，广东人民出版社 2008 年版。

张荣芳：《秦汉史论集（外三篇）》，中山大学出版社 1995 年版。

张晓虹：《文化区域的分异与整合》，上海书店出版社 2004 年版。

张雄：《中国中南民族史》，广西人民出版社 1989 年版。

赵化成、高崇文：《秦汉考古》，文物出版社 2002 年版。

赵文林、谢淑君：《中国人口史》，人民出版社 1988 年版。

郑超雄：《壮族文明起源研究》，广西人民出版社 2005 年版。

郑小炉：《吴越和百越地区周代青铜器研究》，科学出版社 2007 年版

郑学檬：《中国古代经济重心南移和唐宋江南经济研究》，岳麓书社 1996 年版。

中国百越民族史研究会：《百越史研究》，贵州人民出版社 1987 年版。

中国大百科全书出版社编辑部：《人文地理学》，中国大百科全书出版社 1984 年版。

中国古代铜鼓研究会：《铜鼓和青铜文化的新探索—中国南方及东南亚地区古代铜鼓和青铜文化第二次国际学术讨论会论文集》，广西民族出版社 1993 年版。

中国秦汉史研究会：《秦汉史论丛 6》，江西教育出版社 1994 年版。

中国秦汉史研究会：《秦汉史论丛 7》，中国社会科学出版社 1998 年版。

中国社会科学院考古研究所：《新中国的考古发现与研究》，文物出版社 1984 年版。

中国社会科学院历史研究所：《古代中越关系史资料选编》，中国社会科学出版社 1982 年版。

中山大学岭南考古研究中心：《岭南考古研究 1》，岭南美术出版社 2001 年版。

中山大学岭南考古研究中心：《岭南考古研究 2》，岭南美术出版社 2002 年版。

中山大学岭南考古研究中心：《岭南考古研究 3》，岭南美术出版社 2003 年版。

中山大学岭南考古研究中心：《岭南考古研究 4》，岭南美术出版社 2004 年版。

中山大学岭南考古研究中心：《岭南考古研究 5》，岭南美术出版社 2006 年版。

钟起煌：《江西通史·秦汉卷》，江西人民出版社 2008 年版。

周长山：《汉代城市研究》，人民出版社 2001 年版。

周长山：《汉代地方政治史论》，中国社会科学出版社 2006 年版。

周世荣：《湖南古墓与古窑址》，岳麓书社 2004 年版。

周天游：《秦汉史研究概要》，天津教育出版社 1990 年版。

周伟洲：《古都长安—长安与南海诸国》，西安出版社 2003 年版。

周振鹤、李晓杰：《中国行政区划通史·总论、先秦卷》，复旦大学出版社 2009 年版。

周振鹤、游汝杰：《方言与中国文化》，上海人民出版社 2006 年版。

周振鹤：《西汉政区地理》，人民出版社 1987 年版。

周振鹤：《学腊一十九》，山东教育出版社 1999 年版。

周振鹤：《中国地方行政制度史》，上海人民出版社 2005 年版。

周振鹤：《中国历史文化区域研究》，复旦大学出版社 1997 年版。

周振鹤：《周振鹤自选集》，广西师范大学出版社 1999 年版。

朱维幹：《福建史稿》，福建教育出版社 1984 年版。

祝鹏：《广东省广州市佛山地区韶关地区沿革地理》，学林出版社 1984 年版。

［德］沃尔特·克里斯塔勒著，常正文、王兴中译：《德国南部中心地原理》，商务印书馆 1998
　　年版。

［法］伯希和著，冯承钧译：《交广印度两道考》，商务印书馆 1933 年版。

［韩］具圣姬：《汉代人的死亡观》，民族出版社 2003 年版。

［日］冈田宏二著，赵令志、李德龙译：《中国华南民族社会史研究》，民族出版社 2002 年版。

［日］中村圭尔、辛德勇：《中日古代城市研究》，中国社会科学出版社 2004 年版。

［日］松本真澄著，鲁忠慧译：《中国民族政策之研究》，民族出版社 2003 年版。

［英］阿兰·R. H. 贝克著，阙维民译：《地理学与历史学》，商务印书馆 2008 年版。

［英］保罗·巴恩著，谭方明译：《考古学的过去和未来》，译林出版社 2008 年版。

［法］米歇尔·福柯著，谢强、马月译：《知识考古学》，生活·读书·新知三联书店 1998 年版。

［英］崔瑞德、鲁惟一等著，杨品泉等译：《剑桥中国秦汉史》，中国社会科学出版社 1992 年版。

［英］戈登·柴尔德著，方辉、方堃杨译：《历史的重建》，上海三联书店 2008 年版。

二　论文文献

安京：《秦汉时期的海疆经略》，《中国边疆史地研究》1995 年第 1 期。

安志远：《西汉郡太守的治绩》，《淡江学报》1974 年第 3 期。

巴家云：《汉代四川农业方面几个问题的探讨》，《四川文物》1988 年第 6 期。

白耀天：《扬越、瓯越考略》，《中央民族学院学报》1988 年第 1 期。

白云翔：《从里耶古城论秦汉物质文化的统一性与地域性》，《里耶古城·秦简与秦文化研究—中
　　国里耶古城·秦简与秦文化国际学术研讨会论文集》，科学出版社 2009 年版。

白云翔：《汉代中国与朝鲜半岛关系的考古学观察》，《北方文物》2001 年第 4 期。

白云翔：《香港李郑屋汉墓的发现及其意义》，《考古》1997 年第 6 期。

白云翔：《战国秦汉时期瓮棺葬研究》，《考古学报》2001 年第 3 期。

博人：《近年来百越文化史研究综述》，《中国史研究动态》1990 年第 1 期。

卜工、齐晓光：《广东新石器时代研究的几个问题》，《东南考古研究 3》，厦门大学出版社 2003
　　年版。

卜工：《广东青铜时代初论》，《华南考古 1》，文物出版社 2004 年版。

卜工：《广东青铜时代的分期与文化格局》，《中国文物报》2001 年 1 月 1 日 7 版。

卜工：《环珠江口商时期考古学研究的几个问题》，《考古》2002 年第 2 期。

卜工：《屋背岭商代墓葬与岭南文明的进程》，《中国文物报》2002 年 7 月 5 日 7 版。

卜宪群：《秦制、楚制与汉制》，《中国史研究》1995 年第 1 期。

曹尔琴：《汉代州郡的设置及其分布》，《中国历史地理论丛》1991 年第 4 期。

曹怀玉：《大石、小石考辨——兼论大小二字的含义》，《宁夏大学学报（社会科学版）》1981 年
　　第 1 期。

曹金华：《王莽改易地名之基本规律与政治倾向》，《扬州师院学报（社会科学版）》1991 年第
　　2 期。

曹峻：《百越都城海洋性初探》，《东南考古研究 3》，厦门大学出版社 2002 年版。

曹学群：《关于马王堆古地图及其相关的几个问题》，《考古》1994 年第 4 期。

曹学群：《县"有蛮夷曰道"质疑》，《求索》1996 年第 1 期。

岑仲勉：《秦代初平南越考》，《史学专刊》1936 年第 3 期。

岑仲勉：《西汉对南洋的海道交通》，《中山大学学报（社会科学版）》1959 年第 4 期。

查晓英：《20 世纪末关于中国考古学走向的争论》，《四川大学学报（哲学社会学版）》2003 年
　　第 1 期。

柴焕波：《湖南龙山县里耶战国秦汉城址及秦代简牍》，《考古》2003 年第 7 期。

柴焕波：《湘西商周文化的探索》，《湖南考古 2002》，岳麓书社 2004 年版。

常青：《两汉砖石拱顶建筑探源》，《自然科学史研究》1991 年第 3 期。

晁福林：《战国时期的鬼神观念及其社会影响》，《中国史研究》1998 年第 2 期。

陈博、孙福喜：《东汉政府与南方及西南少数民族的战争》，《西北大学学报（哲学社会科学
　　版）》1995 年第 3 期。

陈昌文、王福昌：《略论东汉江南自然资源的开发与利用》，《南都学坛》1998 年第 1 期。

陈长崎：《汉唐间岭南地区的民族融合与社会发展》，《华南师范大学学报（社会科学版）》1996
　　年第 5 期。

陈存洗、杨琮：《福建青铜文化初探》，《考古学报》1990 年第 4 期。

陈代光：《秦汉时期岭南地区城镇历史地理研究》，《暨南学报（哲学社会科学版）》1991 年第
　　3 期。

陈德光、杜荣峙：《试论刘秀的统一》，《江汉大学学报》1983 年第 1 期。

陈恭禄：《汉代文化统一论》，《学海》1942 年第 2 期。

陈恭禄：《论秦疆域》，《斯文》1941 年第 2 期。

陈国保：《汉代交趾地区的内地移民考》，《广西民族大学学报（哲学社会科学版）》2007 年第

4 期。

陈国强：《于越在历史上的贡献与地位》，《浙江学刊》1987 年第 1 期。

陈国生：《战国以来中国火耕农业分布变迁的初步研究》，《中国农史》1995 年第 2 期。

陈华文：《断发考》，《浙江师范大学学报（社会科学版）》1989 年第 4 期。

陈华文：《吴越"文身"研究：兼论"文身"的本质》，《东南文化》1992 年第 6 期。

陈怀荃：《古代大河三角洲地理环境的变迁与西汉的河患》，《安徽师大学报（哲学社会科学版）》1985 年第 3 期。

陈家麟：《有关古代揭阳及其相关的几个问题》，《汕头大学学报（人文科学版）》1994 年第 2 期。

陈立柱：《王莽与周边民族关系新论》，《安徽史学》2000 年第 3 期。

陈连开：《汉族的形成与发展》，《中国民族》1984 年第 4 期。

陈良佐：《再探战国到两汉的气候变迁》，《中央研究院历史语言研究所集刊》第六十一本第三分册。

陈明光：《秦朝傅藉标准蠡测》，《中国社会经济史研究》1987 年第 1 期。

陈乃华：《盐铁专卖与西汉中后期社会危机》，《山东师大学报（人文社会科学版）》2000 年第 2 期。

陈伟明：《汉初南越国农业生产述评》，《广西民族研究》1989 年第 3 期。

陈文华：《从出土文物看汉代农业生产技术》，《文物》1985 年第 8 期。

陈梧桐：《论中国的历史疆域与古代民族战争》，《求是学刊》1982 年第 4 期。

陈梧桐：《西汉王朝开拓边疆斗争的历史意义》，《中国边疆史地研究》1999 年第 3 期。

陈小波：《东汉牛撬骑士、鹭鸟羽人纹铜鼓》，《文物》1982 年第 1 期。

陈忻：《两汉的人口政策》，《中央日报》1947 年第 1 期。

陈新海：《试论东汉在青海地区的施政》，《青海社会科学》1997 年第 5 期。

陈雄：《论秦汉魏晋南北朝时期宁绍地区的农田水利》，《浙江师大学报（社会科学版）》2000 年第 1 期。

陈秀云：《汉武帝时代的水利工程》，《华南师院学报（社会科学版）》1958 年第 2 期。

陈以鉴、周其岗：《汉武帝时期的战争与财经政策》，《盐城师专学报（社会科学版）》1987 年第 3 期。

陈膺龙：《也谈汉代外臣和属国》，《历史教学》1986 年第 3 期。

陈友冰：《先秦两汉羁縻考》，《安徽史学》2000 年第 1 期。

陈泽泓：《秦汉番禺考古三题》，《广东史志》2000 年第 3 期。

陈泽泓：《秦汉时期的岭南建筑》，《广东史志》1996 年第 4 期。

陈振裕：《湖北秦汉半两钱的考古发现与研究》，《江汉考古》1988 年第 3 期。

陈振裕：《略论湖北秦墓》，《文博》1986 年第 4 期。

陈振裕：《略论九座楚墓的年代》，《考古》1981 年第 4 期。

陈直：《长沙马王堆一号汉墓的若干问题考述》，《文物》1972 年第 9 期。

陈直：《福建崇安城村汉城遗址时代的推测》，《考古》1961 年第 4 期。

陈直：《汉代盐铁铸钱三大手工业》，《人文杂志》1957 年第 1 期。

陈致远：《东汉武陵"五溪蛮"大起义考探》，《中南民族学院学报（人文社会科学版）》2000年第1期。

陈致远：《古代常德最初建城考》，《常德师专学报》1987年第2期。

陈致远：《屈赋中"辰阳"和"溆浦"地望异议》，《衡阳师专学报（社会科学版）》1993年第5期。

陈致远：《商周和春秋战国时代的常德》，《武陵学刊》1993年第2期。

陈仲玉：《试论中国东南沿海史前的海洋族群》，《考古与文物》2002年第2期。

程爱勤：《西汉时期南海中西航线之我见》，《社会科学战线》1994年第6期。

崔思棣：《汉武帝所祀南岳考》，《安徽史学》1995年第2期。

代自明：《汉代五铢钱分类考略》，《四川文物》1999年第5期。

戴楚洲：《秦汉时期张家界市历史考略》，《常德师范学院学报（社会科学版）》1999年第4期。

戴开元：《广州秦汉造船工场遗址的真伪》，《船舰知识》1984年第6期。

邓聪：《华南土著文化圈之考古重建举要》，《东南考古研究2》，厦门大学出版社1999年版。

邓端本：《秦汉时期广东水运初探》，《广州师院学报》1985年第1期。

邓端本：《广州外贸渊源及早期发展》，《学术研究》1987年第2期。

丁鲁民：《灵渠的开凿时代》，《文史14》，中华书局1982年版。

丁毅华：《秦汉时期各区域文化间的碰撞与交融》，《洛阳工学院学报（社会科学版）》1999年第1期。

丁原明：《〈吕氏春秋〉的封建统一说》，《徐州师范学院学报（哲学社会科学版）》1986年第2期。

东晋次：《东汉的乡里社会及其政治的变迁》，《南都学坛》1989年第2期。

董楚平：《越国金文综述》，《杭州师范学院学报》1993年第5期。

董其祥：《古代的巴与越续》，《古代的巴与越》1980年第4期。

佟柱臣：《考古学上汉代及汉代以前的疆域》，《考古学报》1956年第1期。

杜国林：《春秋战国时期的民族和民族关系》，《思想战线》1986年第6期。

杜金铭：《西汉地理沿革考》，《海风》1947年第4期。

杜梦沧：《南越赵佗之兴起及其内附》，《广东文献》1971年第1期。

杜民喜：《试论汉代的流民问题》，《绥化师专学报（社会科学版）》1987年第2期。

杜绍顺：《汉代田税征收方法辨析》，《中国史研究》1985年第3期。

段塔丽：《秦汉王朝开发岭南述论》，《陕西师范大学学报（哲学社会科学版）》2000年第2期。

段雪玉：《近年来秦汉史研究概况》，《中学历史教学》1998年第8期。

段玉明：《我国户口制度的历史考察》，《云南社会科学》1990年第2期。

范家伟：《汉代至六朝岭南地区的农业发展》，《中国农史》1995年第1期。

范建平：《西南古道与汉唐王朝开边》，《思想战线》1991年第6期。

范文澜：《试论中国自秦汉时成为统一国家的原因》，《历史研究》1954年第3期。

范学辉：《两汉兵器交易初探》，《河南大学学报（社会科学版）》1999年第2期。

范学辉：《秦汉地方行政运行机制初探》，《文史哲》1999年第5期。

范勇：《骆越族族源试谈》，《四川文物》1985年第2期。

范勇：《试论骆越非越》，《贵州社会科学》1986 年第 6 期。

范玉春、周建明：《古代岭南交通的变迁及其原因—兼论灵渠对桂东北发展的影响》，《广西民族学院学报（哲学社会科学版)》1999 年第 1 期。

方国瑜：《汉牂柯郡地理考释》，《贵州社会科学》1980 年第 2 期

冯雷：《南越国与海外交流》，《岭南文史》2000 年第 3 期。

冯明洋：《百越文化中的音乐》，《中国音乐学》1988 年第 3 期。

冯庆余、卞直甫：《秦代郡县制及其历史地位》，《松辽学刊（社会科学版)》1987 年第 1 期。

冯树敏：《略论秦汉时代经济地理与政治地理的相关性》，《中央日报》1946 年 8 月 2 日。

冯志毅：《司马迁的经济地理分区〈史记·货殖列传〉读后》，《兰州学刊》1984 年第 2 期。

傅举有：《长沙马王堆汉墓研究综述》，《求索》1989 年第 2 期。

傅举有：《关于〈驻军图〉绘制的年代问题》，《考古》1981 年第 2 期。

傅举有：《关于马王堆三号汉墓的墓主问题》，《考古》1983 年第 2 期。

傅举有：《汉代列侯的家史：兼探马王堆三号墓墓主》，《文物》1999 年第 1 期。

傅举有：《有关马王堆古地图的几个问题》，《文物》1982 年第 2 期。

傅聚良：《湖广地区出土的王字铜器》，《文物天地》2003 年第 1 期。

傅聚良：《西汉长沙国千石至斗食官吏的墓葬》，《考古》2005 年第 9 期。

傅衣凌：《汉代番化考》，《厦大周刊》1933 年第 1 期。

纲鉴：《试论汉武帝的移民屯垦政策》，《盐城师专学报（社会科学版)》1988 年第 1 期。

高成林：《岭南地区汉墓出土簋形盒渊源试探》，《北京大学研究生学志》2004 年第 2 期。

高崇文：《东周楚式鼎形态分析》，《江汉考古》1983 年第 1 期。

高海燕：《尹湾汉墓木质文物与古代葬俗》，《民俗研究》1998 年第 3 期。

高惠冰：《略论秦汉时期广东的初步开发》，《华南师范大学学报（社会科学版)》1993 年第 3 期。

高凯：《秦代谪戍岭南商人对中原商业经济意识的传播》，《史学月刊》2000 年第 4 期。

高梅：《战国时代楚地的宗教》，《齐大学刊》1931 年第 1 期。

高梅：《战国时代秦齐燕赵魏的宗教》，《齐大学刊》1931 年第 1 期。

高敏：《略论西汉前期刍、稿税制度的变化及其意义》，《文史哲》1988 年第 3 期。

高敏：《秦汉的户籍制度》，《求索》1987 年第 1 期。

高敏：《秦汉时期的农业》，《武陵学刊》1991 年第 3 期。

高旗：《从〈汉书〉看汉朝与西南民族关系及其政策》，《云南学术探索》1998 年第 5 期。

高旗：《从政治效益观看西汉时期的汉匈关系》，《云南社会科学》1998 年第 4 期。

高荣：《初元三年汉弃珠崖郡刍议：兼论汉代边疆政策》，《中国边疆史地研究》1999 年第 4 期。

高先知：《荆州地区在历史上的经济地位》，《荆州师专学报》1988 年第 2 期。

高泳源：《司马迁笔下的西汉疆域》，《传统文化与现代化》1996 年第 4 期。

戈春源：《试论晁错边疆移民政策》，《铁道师院学报》1986 年第 3 期。

葛剑雄：《论秦汉统一的地理基础——兼评魏特夫的〈东方专制主义〉》，《中国史研究》1994 年第 2 期。

葛剑雄：《秦汉时期的人口迁移与文化传播》，《历史研究》1992 年第 4 期。

葛剑雄：《西汉人口考》，《中国史研究》1981 年第 4 期。

耿占军等：《西汉自然灾害及气候初论》，《唐都学刊》1996 年第 1 期。

龚剑锋：《浙江于越时期三种文学形式解》，《东南文化》1988 年第 1 期。

龚鹏九：《关于吴芮长沙国史实考察》，《广西民族研究》1996 年第 4 期。

龚鹏九：《百越反秦到设置九郡》，《广西民族研究》1997 年第 4 期。

龚鹏九：《谈秦始皇南取百越之地》，《广西民族研究》1990 年第 2 期。

龚荫：《关于百越地区与民族问题》，《昆明师院学报（哲学社会科学版）》1984 年第 1 期。

龚荫：《秦皇朝民族政策述论》，《西南民族学院学报（哲学社会科学版）》1998 年第 2 期。

顾颉刚：《秦汉时代的四川》，《学思》1942 年第 4 期。

顾颉刚：《山海经中的昆仑区》，《中国社会科学》1982 年第 1 期。

顾朴光：《广西西林出土西汉青铜面具考》，《民族艺术》1994 年第 4 期。

顾彤春：《评汉武帝的新经济政策》，《齐鲁学刊》1989 年第 4 期。

管东贵：《汉代的边疆问题》，《史学通讯》1975 年第 6 期。

管东贵：《秦汉时期的一国两制》，《中国历史上的分与合学术研讨会论文集》，联合报系文化基
　金会 1995 年版。

管东贵：《战国至汉初的人口变迁》，《中央研究院历史语言研究所集刊》1979 年第 4 期。

管敏义：《越史略论》，《宁波大学学报（人文科学版）》2000 年第 4 期。

郭炳洁：《秦皇汉武文化政策比较研究》，《南都学坛》1997 年第 4 期。

郭德维：《楚墓分类问题探讨》，《考古》1983 年第 3 期。

郭德炎：《南越国遗迹组合：文物价值观》，《文物天地》2003 年第 5 期。

郭培忠：《广信为岭南早期文化重心论：兼论汉代杰出经学家陈氏父子》，《岭南文史》1996 年
　第 4 期。

郭仁成、戴亚东：《楚越通道综合考察》，《求索》1985 年第 4 期。

万桃涛：《东汉时期南方农业生产的发展》，《农业考古》1993 年第 3 期。

郭在忠：《秦始皇经略岭南越人地区述议》，《民族研究》1983 年第 6 期。

韩国河：《论秦汉魏晋时期的厚葬与薄葬》，《郑州大学学报（哲学社会科学版）》1998 年第
　5 期。

韩国河：《试论汉晋时期合葬礼俗的渊源及发展》，《考古》1999 年第 10 期。

何成轩：《春秋战国时期中原华夏文化南渐述略》，《学术论坛》1999 年第 6 期。

何光岳：《苍梧族的源流与南迁》，《学术论坛》1982 年第 4 期。

何光岳：《骆越的来源和迁徙》，《学术论坛》1988 年第 2 期。

何纪生：《略述中国古代铜鼓的分布地域》，《考古》1965 年第 1 期。

何介钧：《从考古发现看先秦湖南境内的民族分布》，《求索》1983 年第 4 期。

何介钧：《马王堆汉墓研究评述》，《湖南省博物馆馆刊》2004 年第 1 期。

何琳仪：《南越王墓虎节考》，《汕头大学学报（人文科学版）》1991 年第 3 期。

何明新：《楚为蛮夷考》，《重庆师院学报（哲学社会科学版）》1995 年第 3 期。

何清谷：《试论秦对岭南的统一与开发》，《人文杂志》1986 年第 1 期。

何斯强：《论西汉时期西南地区的民族关系》，《思想战线》1986 年第 5 期。

何维鼎：《北向户再考》，《人文杂志》1986 年第 1 期。

何维鼎：《秦统一岭南投放了多少兵力》，《华南师范学报（社会科学版）》1982 年第 2 期。

何文君：《从楚文化遗物看古代湖湘文化的孕育特色》，《湖南师范大学学报（社会科学版）》
　1989 年第 2 期。

何旭红：《长沙汉"临湘故城"及其"官署"位置考析》，《南方文物》1998 年第 1 期。

何英德、张一民：《先秦时期广西越人与中原文化的关系》，《广西师范大学学报（哲学社会科学
　版）》1985 年第 3 期。

何哲安、张亚英：《百越简析》，《百越民族史论丛》广西人民出版社 1985 年版。

洪神皆：《汉代的徙民殖边政策》，《文史学报》1982 年第 6 期。

洪廷彦：《先秦两汉儒家的大一统思想》，《文史知识》1988 年第 6 期。

后晓荣：《秦统一初年置三十六郡考》，《殷都学刊》2006 年第 1 期。

胡宏起：《两汉军费问题研究》，《中国史研究》1996 年第 4 期。

胡建：《南越国宫署遗址陶质建筑材料的地域特色分析》，《汉长安城考古与汉文化》，科学出版
　社 2008 年版。

胡庆生：《中国古代腰坑研究》，《社科与经济信息》2002 年第 9 期。

胡秋原：《汉末社会文化之解体与荆州学派》，《中华杂志》1981 年第 4 期。

胡绍华：《浅析汉朝"初郡政策"的历史作用》，《商丘师范学院学报》2003 年第 6 期。

胡薇：《半两钱的分期问题》，《钱币博览》1994 年第 3 期。

胡肇椿、张维持：《广州出土的汉代黑奴俑》，《中山大学学报（社会科学版）》1961 年第 2 期。

黄才庚：《秦汉时的驿传制度考略》，《中国长城博物馆暨中国长城学会优秀文集》，《中国长城
　博物馆》编辑部 2005 年版。

黄季力：《秦代农业生产浅论》，《华南师范大学学报（社会科学版）》1988 年第 4 期。

黄今言：《汉代的訾算》，《中国社会经济史研究》1984 年第 1 期。

黄今言：《汉代田赋征课中若干问题的考察》，《中国史研究》1981 年第 2 期。

黄今言：《两汉边防战略思想的发展及其主要特征》，《中国边疆史地研究》2004 年第 1 期。

黄今言：《秦汉江南经济发展的几个问题》，《南方文物》1998 年第 4 期。

黄今言：《秦汉末业税问题的探讨》，《江西师范大学学报（哲学社会科学版）》1985 年第 1 期。

黄金铸：《桂东南的早期开发》，《中南民族学院学报（哲学社会科学版）》1993 年第 2 期。

黄留珠：《秦汉对粤的战争与岭南开发》，《秦文化论丛》1997 年第 6 期。

黄淼章：《南越国的丧葬习俗》，《岭南文史》2000 年第 3 期。

黄启标：《试论战国秦汉时期抑商政策的产生及其实质》，《广西师范大学学报（哲学社会科学
　版）》1988 年第 2 期。

黄汝训：《秦汉时期骆越社会经济概况试述》，《贵州师范大学学报（社会科学版）》1990 年第
　3 期。

黄尚明：《论秦汉文化整合的历史进程》，《社会科学动态》1998 年第 11 期。

黄盛璋：《关于西汉合浦郡国治与朱卢县问题》，《历史地理》1991 年第 8 期。

黄天华：《论秦代赋税结构及其沿革》，《广东社会科学》2000 年第 6 期。

黄锡之：《释江东》，《苏州大学学报》1983 年第 3 期。

黄现璠、韦秋明：《试论百越和百濮的异同》，《思想战线》1982 年第 1 期。

黄新美：《南越文王墓葬的人殉》，《中山大学学报（哲学社会科学版）》1984 年第 4 期。

黄增庆：《秦汉时代的广西农业》，《广西民族学院学报（哲学社会科学版）》1985 年第 4 期。

黄展岳：《从南越王墓看南越王国》，《文史知识》1984 年第 4 期。

黄展岳：《对当前铜鼓研究的几点意见》，《广西民族学院学报（社会科学版）》1980 年第 1 期。

黄展岳：《关于两广出土北方动物及牌饰问题》，《考古与文物》1996 年第 2 期。

黄展岳：《论两广出土的先秦青铜器》，《考古学报》1986 年第 4 期。

黄展岳：《朱庐执刲印和劳邑执刲印：兼论南越国自镌官印》，《考古》1993 年第 11 期。

黄灼耀：《论秦文化的渊源及其发展途径》，《华南师院学报（社会科学版）》1981 年第 3 期。

黄灼耀：《秦时岭南内陆交通路线探索》，《华南师范大学学报（社会科学版）》1984 年第 3 期。

吉书时：《汉书汉纪互异举例》，《史学史研究》1984 年第 4 期。

高炜：《赵佗对统一岭南的贡献》，《统一论坛》1998 年第 2 期。

吉田虎雄著，李钟琦译：《两汉之专卖制》，《真知学报》1943 年第 2 期。

纪宗安：《古代移民和海南岛的早期开发》，《暨南学报（哲学社会科学版）》1990 年第 4 期。

贾敬颜：《汉属国与属国都尉考》，《史学集刊》1982 年第 4 期。

贾敬颜：《略论汉民族的形成》，《文史知识》1987 年第 2 期。

江应樑、刘小兵：《论汉代以前云南内地的百越部落》，《云南社会科学》1985 年第 4 期。

江应樑：《越族的形成》，《思想战线》1985 年第 1 期。

江章华：《川东长江沿岸先秦考古学文化的初步分析》，《中华文化论坛》2002 年第 2 期。

蒋炳钊：《关于百越民族来源问题的思考》，《浙江学刊》1990 年第 1 期。

蒋炳钊：《关于西瓯、骆越若干历史问题的讨论》，《广西民族研究》1987 年第 4 期。

蒋炳钊：《闽越史几个问题的探讨》，《中南民族学院学报（社会科学版）》1986 增刊。

蒋炳钊：《试论我国东南地区古代的民族名称》，《东南文化》1987 年第 1 期。

薛军礼：《伏波将军马援》，《丝绸之路》2000 年第 5 期。

蒋南华：《试论苗楚文化的历史渊源关系》，《贵州社会科学》1992 年第 11 期。

蒋廷瑜：《从银山岭战国墓看西瓯》，《考古》1980 年第 2 期。

蒋廷瑜：《关于铜鼓的争鸣——首次铜鼓讨论会简记》，《民族研究》1980 年第 4 期。

蒋廷瑜：《广西汉代农业考古概述》，《农业考古》1981 年第 2 期。

蒋廷瑜：《贵县罗泊湾汉墓墓主族属的再分析》，《学术论坛》1987 年第 1 期。

蒋廷瑜：《汉代同坟异穴夫妻合葬墓浅议》，《南方文物》1993 年第 1 期。

蒋廷瑜：《汉代錾刻花纹铜器研究》，《考古学报》2002 年第 3 期。

蒋廷瑜：《劳邑执刲琥珀印考》，《中国历史文物》2004 年第 4 期。

蒋廷瑜：《岭南地区的人面弓形格铜剑》，《收藏家》2003 年第 3 期。

蒋廷瑜：《略论汉徙合浦》，《社会科学家》1998 年第 1 期。

蒋廷瑜：《铜鼓研究的历史和现状》，《历史教学》1983 年第 12 期。

蒋廷瑜：《西汉南越国时期的铜桶》，《东南文化》2002 年第 12 期。

蒋廷瑜：《西林铜鼓墓与汉代句町国》，《考古》1982 年第 2 期。

蒋廷瑜：《先秦两汉时期岭南的青铜冶铸业》，《广西民族学院学报（自然科学版）》2004 年第

2 期。

蒋延瑜：《试从考古发现探寻汉晋广信县治的地理位置》，《广西地方志》2001 年第 5 期。

金宝祥：《汉末至南北朝南方蛮夷的迁徙》，《禹贡》1936 年第 1 期。

敬轩：《本世纪来关于秦汉古象郡的争论》，《中国史研究动态》1995 年第 4 期。

瞿兑之：《秦汉史总论》，《学术界》1944 年第 1 期。

孔凡胜：《南方丝绸之路货币的初步研讨》，《四川金融》1992 年第 2 期。

孔祥宏：《东汉时期荆扬二州经济的发展》，《中国社会经济史研究》1984 年第 4 期。

孔祥宏：《东汉时期南方文化的发展》，《历史教学问题》1994 年第 2 期。

冼剑民：《南越国边界考》，《广东社会科学》1992 年第 3 期。

赖华明：《论秦汉移民及其特点》，《四川师范大学学报（社会科学版）》1995 年第 4 期。

赖华明：《论秦汉移民政策及其历史作用》，《四川师范大学学报（哲学社会科学版）》1996 年第
　4 期。

赖华明：《秦汉移民政策及其特点》，《文史杂志》1996 年第 2 期。

赖雨桐：《试论客家先民首批南迁始于秦代》，《岭南文史》1999 年第 3 期。

蓝日勇、杨子菁：《广西贵县罗泊湾一号汉墓漆器铭文探析》，《江汉考古》1993 年第 3 期。

蓝日勇：《广西贵县汉墓出土银针的研究》，《南方文物》1993 年第 3 期。

蓝日勇：《广西战国铁器初探》，《考古与文物》1989 年第 3 期。

蓝日勇：《广西战国至汉初越人墓葬的发展与演变》，《广西民族研究》1988 年第 1 期。

蓝日勇：《汉初广西漆器业初探》，《玉林师专学报社会科学版》1988 年第 1 期。

蓝日勇：《汉代广西越文化特点简论》，《广西民族研究》1993 年第 3 期。

劳干：《汉代文化概论》，《中华文化复兴月刊》1976 年第 1 期。

劳干：《汉晋闽中建置考》，《中央研究院历史语言研究所集刊》1935 年第 1 期。

劳干：《近六十年之秦汉史研究》，《华学月报》1962 年第 1 期。

劳干：《秦汉时代的中国文化》，《大陆杂志》1952 年第 2 期。

劳干：《秦郡之设置及其与汉郡之比较》，《大陆杂志特刊》1952 年第 1 期。

劳贞一：《秦汉帝国的领域及其边界》，《现代学报》1947 年第 5 期。

雷依群、屈建军：《秦和西汉徙民实边的历史考察》，《咸阳师专学报》1987 年第 1 期。

冷鹏飞：《论西汉后期流民问题的社会原因》，《湖南师范大学社会科学学报》1993 年第 3 期。

冷鹏飞：《论西汉前期社会经济发展迅速的原因》，《湖南师范大学学报（社会科学版）》1987 年
　第 6 期。

黎石生：《试论西汉长沙国对湖南地区的开发》，《船山学刊》2000 年第 2 期。

黎雄峰：《西汉武帝征南越与汉族入琼》，《海南师范学院学报（社会科学版）》2004 年第 6 期。

李伯谦：《关于考古学文化互动关系研究》，《南方文物》2008 年第 1 期。

李大龙：《试论王莽的民族政策》，《民族研究》1992 年第 1 期。

李干：《汉代南方民族关系刍议》，《中南民族学院学报（哲学社会科学版）》1994 年第 6 期。

李光军：《两广出土西汉器物铭文官名考》，《文博》1987 年第 3 期。

李桂芳：《两汉时期西南地区的吏治和用人策略》，《成都大学学报（社会科学版）》2006 年第
　2 期。

李桂芳：《两汉时期西南地区的吏治探析》，《达县师范高等专科学校学报》2006 年第 1 期。

李桂芳：《试论两汉时期巴蜀人才的地域差异及影响》，《中华文化论坛》2005 年第 4 期。

李恒贤：《江西古农具定名初探》，《农业考古》1981 年第 2 期。

李宏：《汉代丧葬制度的伦理意向》，《中原文物》1986 年第 4 期。

李建毛：《长沙楚汉墓出土锡涂陶的考察》，《考古》1998 年第 3 期。

李进：《秦朝的边疆经略》，《中国边疆史地研究》1997 年第 3 期。

李景业：《东周时期资兴旧市越人墓变异的系统研究》，《湖南考古 2002》，岳麓书社 2004 年版。

李昆声：《从云南考古材料看氐羌文化》，《思想战线》1988 年第 1 期。

李昆声：《滇王之印与汉倭奴国王印之比较研究》，《思想战线》1986 年第 3 期。

李利仁：《湖南战国两汉时期的滑石器》，《湖南考古 3》，湖南大学出版社 1988 年版。

李琳：《汉代珠崖郡治城址考》，《考古与文物》1999 年第 1 期。

李龙章：《"楚国南界已越过南岭"质疑：兼谈两广青铜文化的来源》，《广东社会科学》1994 年第 3 期。

李龙章：《番禺城始建年代及相关问题讨论》，《广东社会科学》1995 年第 2 期。

李龙章：《广西右江流域战国秦汉墓研究》，《考古学报》2004 年第 3 期。

李龙章：《广州西汉南越王墓出土青铜容器研究》，《考古》1996 年第 10 期。

李龙章：《两广地区米字纹陶类型遗存和广州汉墓的年代》，《考古》2006 年第 4 期。

李龙章：《两广夔纹陶类型遗存年代问题商榷》，《南方文物》2003 年第 1 期。

李龙章：《南越王墓出土陶器与两广战国秦汉遗存年代序列》，《华南考古 1》，文物出版社 2004 年版。

李龙章：《秦平南越诸问题辨析》，《秦文化论丛 5》，西北大学出版社 1997 年版。

李龙章：《西汉南越王墓"越式大铁鼎"考辨》，《考古》2000 年第 1 期。

李默：《荆蛮质疑》，《中央民族学院学报》1984 年第 1 期。

李默：《秦略定南越》，《羊城今古》1999 年第 2 期。

李倩：《试述汉代南方民族地区的社会发展》，《社会科学动态》2000 年第 3 期。

李泉：《试论西汉高中级官吏籍贯分布》，《中国史研究》1991 年第 4 期。

李如森：《长沙地区单棺楚墓墓主人身份试探》，《吉林大学学报（社会科学版）》1988 年第 3 期。

李如森：《从汉墓合葬习俗看汉代社会变化轨迹》，《史林》1996 年第 2 期。

李如森：《东汉墓葬及其反映的社会面貌》，《吉林大学社会科学学报》1996 年第 3 期。

李如森：《汉代家族墓与茔域上设施的兴起》，《史学集刊》1996 年第 1 期。

李如森：《汉代墓祀新探》，《北方文物》1998 年第 1 期。

李如森：《汉墓玺印及其制度试探》，《社会科学战线》1996 年第 5 期。

李如森：《西汉墓葬及其所反映的社会面貌》，《吉林大学社会科学学报》1995 年第 6 期。

李如森：《西汉墓葬透视的社会与历史》，《光明日报》1996 年第 6 期。

李三谋：《东汉王朝的边疆经略》，《中国边疆史地研究》1997 年第 3 期。

李三中：《汉初民族政策及其历史作用》，《安徽教育学院学报（哲学社会科学版）》1997 年第 1 期。

李书有：《秦汉：中国文化丧失多元性和独立性的转折点》，《探索与争鸣》1997 年第 11 期。

李尾咕：《闽越亡国原因探析》，《龙岩学院学报》2005 年第 2 期。

李晓杰：《东汉荆州刺史部所辖诸郡沿革考》，《湖北大学学报（哲学社会科学版）》2000 年第 5 期。

李修松：《两汉时期淮河流域之漆器、陶瓷及铜器、冶铸业》，《安徽大学学报（哲学社会科学版）》2000 年第 5 期。

李秀国：《先秦南方文化研究刍议》，《中山大学研究生学刊》1986 年第 2 期。

李秀国：《湘赣两广东周青铜墓与杨越文化的关系》，《东南文化》1987 年第 2 期。

李旭：《东汉末年的蛮族》，《史地社会论文摘要》1936 年第 3 期。

李旭：《汉末三国时代中国民族之演变》，《师大月刊》1934 年第 10 期。

李绪柏：《两汉时期的巴蜀文化与岭南文化》，《学术研究》1997 年第 3 期。

李学铭：《论马援之遭谤》，《新亚中文系年刊》1969 年第 7 期。

李岩：《广东先秦考古研究郡县观》，《华夏文明的形成与发展——河南省文物考古研究所建所五十周年庆祝会暨华夏文明的形成与发展学术研讨会论文集》，大象出版社 2003 年版。

李岩：《广东早期青铜时代遗存述略》，《考古》2001 年第 3 期。

李一氓：《试释汉族》，《文史知识》1984 年第 8 期。

李玉洁：《试论楚文化的墓葬特色》，《中原文物》1992 年第 2 期。

李玉洁：《中国古代的礼器组合制度》，《华夏考古》2006 年第 4 期。

李渊澄：《汉代大一统政治下之政治学说》，《真理杂志》1944 年第 1 期。

李源澄：《汉代赋役考》，《国立浙江大学文学院集刊》1941 年第 6 期。

李珍：《汉代零陵县治考》，《广西民族研究》2004 年第 2 期。

李志庭：《秦汉政府在浙江的人口政策》，《浙江学刊》1998 年第 5 期。

梁国昭：《汉初南越国北界及有关问题》，《热带地理》1995 年第 4 期。

梁明燊：《广东连江口发现汉代遗址》，《考古》1964 年第 8 期。

梁明燊：《广东临高县出土汉代青铜釜》，《考古》1964 年第 9 期。

梁容若：《中国丧葬制度之回顾与前瞻》，《北京师范大学学报（社会科学版）》1982 年第 5 期。

梁廷望：《开凿灵渠利万家》，《民族团结》1984 年第 2 期。

梁廷望：《西瓯骆越关系考略》，《广西民族研究》1989 年第 4 期。

梁韦弦：《秦的民族文化与中国封建专制主义的形成》，《人文杂志》1990 年第 4 期。

梁向明：《汉代算赋口赋及其演变》，《固原师专学报》1991 年第 1 期。

梁向明：《汉代"献费"性质辩析》，《固原师专学报》1995 年第 2 期。

梁向明：《两汉人口自然增长及其对农业发展的影响》，《固原师专学报》1988 年第 1 期。

梁向明：《西汉同边疆少数民族经济文化交流述略》，《固原师专学报》1993 年第 3 期。

梁旭达：《论秦汉时期岭南越人和汉族的文化交流与民族融合》，《贵州民族研究》1986 年第 1 期。

梁园东：《汉代中国民族之南迁》，《大夏年刊》1933 年第 6 期。

梁云：《论秦汉时代的陶灶》，《考古与文物》1999 年第 1 期。

梁肇池：《试论秦汉之际岭南经济文化与中原的关系》，《玉林师专学报》1984 年第 3 期。

廖国一、宁金：《广西古代钱币的考古发现和研究》，《广西金融研究》2002 增刊 2。

廖国一、卢伟、杨勇：《论广西先秦两汉墓葬反映的几种特殊风俗》，《社会科学家》1997 年第 3 期。

廖寅：《汉唐时期中国与南海诸国之关系》，《学术论坛》2007 年第 11 期。

林璧属：《试论汉至清初的人口过剩》，《中国社会经济史研究》1995 年第 3 期。

林凤江、陈秀娟：《汉代的造船业与海外贸易》，《龙江社会科学》1994 年第 6 期。

林甘泉：《从出土文物看春秋战国间的社会变革》，《文物》1981 年第 5 期。

林公务：《福建沿海新石器时代文化综述》，《福建文博》2005 年第 4 期。

林冠群：《儋耳沿革及其他》，《湖南大学学报（社会科学版）》1984 年第 3 期。

林华东：《再论越族的鸟图腾》，《浙江学刊》1984 年第 1 期。

林剑鸣：《秦汉文明发展的特点》，《学术月刊》1984 年第 10 期。

林剑鸣：《秦人的价值观和中国的统一》，《人文杂志》1988 年第 2 期。

林剑鸣：《秦王朝统一后的社会各阶级》，《社会科学战线》1989 年第 2 期。

林巨兴：《汉珠崖郡国治遗址研究》，《海南史志》1997 年第 3 期。

林黎明：《浅析秦汉时期的抑商政策》，《北方论丛》1985 年第 4 期。

林力子：《西汉南越国美术略论》，《美术史论》1991 年第 4 期。

林连芝：《武夷山闽越工城遗址墓葬考古新收获》，《福建文博》2005 年第 3 期。

林琳：《论秦汉时期越族船舶制造业的发展》，《贵州民族研究》1999 年第 4 期。

林琳：《西汉以前中国人民对南海诸岛的开发和经营》，《北京社会科学》1995 年第 4 期。

林漫宙：《汉珠崖郡史话》，《海南大学学报（社会科学版）》1997 年第 3 期。

林明华：《象郡位置诸说述要》，《东南亚研究》1989 年第 3 期。

林干：《秦汉时期的汉匈关系、贸易和货币》，《内蒙古金融研究》2003 年第 S4 期。

林其宝：《远古至汉代人口数量变化浅析》，《人口与经济》1995 年第 2 期。

林强：《广西汉代厚葬习俗研究》，《广西民族研究》2000 年第 2 期。

林强：《广西红水河流域新石器时代台地遗址的发现和研究》，《南方文物》2007 年第 3 期。

林汀水：《秦汉闽中地名考析二则》，《厦门大学学报（哲学社会科学版）》1991 年第 3 期。

林蔚文：《崇安汉城的外来文化因素及其评估》，《考古》1993 年第 2 期。

林蔚文：《东南越探源》，《中南民族学院学报（社会科学版）》1986 年增刊。

林蔚文：《古代东南越地水陆交通的开拓》，《广西民族研究》1988 年第 1 期。

林蔚文：《古代东南越人建筑说述略》，《中南民族学院学报（哲学社会科学版）》1985 年第 4 期。

林蔚文：《古代东南越人农业经济考略》，《中南民族学院学报（哲学社会科学版）》1987 年第 3 期。

林蔚文：《古代东南越人土地制度初探》，《中央民族学院学报》1988 年第 6 期。

林蔚文：《汉代东越泉山考》，《地名知识》1984 年第 2 期。

林蔚文：《论越濮民族铜鼓船纹的几个问题》，《中南民族学院学报（哲学社会科学版）》1990 年第 4 期。

林蔚文：《闽越冶都不在今福州再证》，《福建论坛》1985 年第 5 期。

林祥瑞：《关于福建古代闽越族问题若干探索》，《福建师大学报（哲学社会科学版）》1981 年第 4 期。

林志方：《江南地区夏商文化断层及原因考》，《东南文化》2003 年第 9 期。

林忠干：《从考古发现看秦汉闽越族文化的历史特点》，《东南文化》1987 年第 2 期。

林忠干：《从考古发现看吴越文化在闽地的传播影响》，《东南文化》1990 年第 3 期。

林忠干：《论福建地区出土的汉代陶器》，《考古》1987 年第 1 期。

林忠干、梅华全、张仲淳：《论汉武帝平定闽越之战》，《福建论坛（文史哲版）》1984 年第 1 期。

蔺新建：《东北地区战国秦汉时期陶壶研究》，《辽海文物学刊》1994 年第 2 期。

刘波：《浙江地区西汉墓葬的分期》，《南方文物》2000 年第 1 期。

刘长林：《略谈西汉抑商政策对社会经济发展的阻碍作用》，《安徽大学学报（哲学社会科学版）》1984 年第 2 期。

刘德成：《略论汉代赋役制度的特点》，《河北财经学院学报》1993 年第 1 期。

刘汉东：《论秦汉时期西南地区与岭南地区经济和文化交往》，《文史杂志》2004 年第 2 期。

刘弘：《汉代铁器在西南夷的传播》，《四川文物》1991 年第 6 期。

刘弘：《西南夷地区城市的形成及其功能》，《四川文物》2003 年第 5 期。

刘华祝：《关于两汉的地租与地税》，《北京大学学报（哲学社会科学版）》1981 年第 4 期。

刘礼堂：《扬越地望考》，《武汉大学学报（社会科学版）》1990 年第 3 期。

刘良群：《论汉代江西经济的发展》，《江西社会科学》1994 年第 3 期。

刘凌：《西汉初期的工商业政策与汉武帝的经济改革》，《天津师大学报（社会科学版）》1982 年第 5 期。

刘茂源：《关于百越族分布领域的浅见》，《浙江学刊》1990 年第 6 期。

刘庆柱：《秦汉考古学五十年》，《考古》1999 年第 9 期。

刘磬修：《两汉六朝火耕水耨的再认识》，《农业考古》1993 年第 3 期。

刘瑞：《秦"属邦"、"臣邦"与"典属国"》，《民族研究》1999 年第 4 期。

刘瑞、冯雷：《广州象岗南越王墓的墓主》，《考古与文物》2002 年增刊。

刘瑞：《秦、西汉的"内臣"与"外臣"》，《民族研究》2003 年第 3 期。

刘瑞：《"文帝行玺"、"帝印"之"玺"、"印"考辨》，《中国文物报》2004 年 8 月 13 日 7 版。

刘瑞：《"雄王"、"雒王"之"雄"、"雒"考辨》，《民族研究》2006 年第 5 期。

刘瑞：《里耶古城 J1 埋藏过程试探》，《里耶古城·秦简与秦文化研究——中国里耶古城·秦简与秦文化国际学术研讨会论文集》，科学出版社 2009 年版。

刘叔鹤：《汉代的编户、移民与人口统计》，《统计研究》1984 年第 3 期。

刘太祥：《试析河南汉代经济繁荣的原因》，《南都学坛》1999 年第 1 期。

刘伟铿：《西瓯史考》，《岭南文史》1996 年第 4 期。

刘文杰、余德章：《四川汉代陂塘水田模型考述》，《农业考古》1983 年第 1 期。

刘文性：《瓯脱释》，《民族研究》1985 年第 2 期。

刘锡进：《关于秦统一岭南的战争问题》，《中山大学学报（哲学社会科学版）》1986 年第 2 期。

刘晓民：《南越国时期汉越文化的并存与融合》，《东南文化》1999 年第 1 期。

刘兴林：《汉代农业考古的发现和研究》，《兰州大学学报（社会科学版）》2005年第2期。

刘修明：《秦王朝统治思想的结构和衍变》，《学术月刊》1988年第1期。

刘彦威：《西汉王朝的辖区设治与戍防》，《中国边疆史地研究》2000年第3期。

刘益：《岭南文化的特点及其形成的地理因素》，《人文地理》1997年第1期。

刘玉堂：《楚人入赣的时间、路线及发展试探》，《中南民族学院学报（人文社会科学版）》1987年第4期。

刘玉堂：《楚文化发展历程考述》，《荆州师专学报》1987年第4期。

刘志玲：《秦汉道制问题新探》，《求索》2005年第12期。

柳春藩：《西汉徙民实边屯田说质疑》，《中国史研究》1988年第2期。

柳维本：《西汉农业生产发展探讨》，《辽宁师院学报》1981年第2期。

楼喜军：《气候演变与民族迁徙：东汉、魏晋时期少数民族内迁新探》，《历史教学问题》1992年第4期。

卢国显：《汉末晋初间的人口迁移》，《南都学坛》1993年第3期。

卢美松：《论闽越与闽方国》，《南方文物》2001年第2期。

卢新建：《汉武帝时期的财经措施与工商业的发展》，《江苏师院学报》1982年第1期。

陆建伟：《秦汉时期市籍制度初探》，《中国经济史研究》1999年第4期。

陆士斌：《秦桂林郡国治新探》，《广西地方志》1995年第5期。

鹿谞慧：《汉武帝时期三大经济思想异同论》，《经济问题研究》1984年第11期。

吕克由：《秦汉移民论上》，《齐鲁学报》1941年第2期。

吕名中：《汉族南迁与岭南百越地区的早期开发》，《中国史研究》1984年第4期。

吕名中：《两汉六朝岭南海外交通的发展及其影响》，《中南民族学院学报（哲学社会科学版）》1991年第6期。

吕名中：《南越王赵佗入越及称王年代辨疑》，《中南民族学院学报（哲学社会科学版）》1984年第4期。

吕名中：《秦汉通南越要道考略》，《中南民族学院学报（哲学社会科学版）》1983年第3期。

吕名中：《秦瓯战争的始年问题》，《学术论坛》1983年第5期。

吕士明：《秦汉六朝时期越南的开发》，《东海学报》1963年第6期。

吕思勉：《秦代初平南越考之商榷》，《国学论衡》1934年第1期。

吕锡生、吴浩然：《论赵佗在我国民族融合中的贡献》，《无锡教育学院学报》1986年第1期。

罗安鹄：《从古人类遗址和汉墓的分布试析柳州地区古代民族关系》，《广西文物》1988年第1期。

罗记常、胡涂：《秦汉民族政治法律制度探讨》，《西南民族学院学报（哲学社会科学版）》1991年第3期。

罗开玉：《论秦代工商业的历史性进步》，《四川师范大学学报（社会科学版）》1986年第3期。

罗庆康：《汉初提倡节俭浅论》，《益阳师专学报》1982年第1期。

罗庆康：《汉宣帝时期的流民问题》，《益阳师专学报》1983年第3期。

罗庆康：《两汉时期岭南人口的变动》，《益阳师专学报》1985年第4期。

罗庆康：《两汉专卖政策的发展与演变》，《暨南学报（哲学社会科学版）》1990年第2期。

罗庆康：《略论定王刘发封于长沙国的原因及历史作用》，《长沙大学学报》2005 年第 3 期。

罗庆康：《论长沙国的历史地位》，《湖南城市学院学报》2005 年第 1 期。

罗庆康：《吴芮受封原因初探》，《湖南教育学院学报》1994 年第 4 期。

罗香林：《香港李郑屋村汉墓之发现与出土古物》，《台湾大学考古人类学刊》1975 年第 6 期。

马大英：《汉代的货币流通、物价与经济》，《价格理论与实践》1984 年第 2 期。

马国荣：《汉朝中央政府对新疆的行政管理》，《新疆社会科学》1987 年第 3 期。

马积高：《战国文化的历史特点和屈原赋》，《求索》1985 年第 3 期。

马开樑：《楚族在江汉地区的开发和发展》，《思想战线》1982 年第 4 期。

马文光：《香港李郑屋汉墓年代的探讨》，《汉长安城考古与汉文化》，科学出版社 2008 年版。

马晓丽：《汉武帝民族关系思想的演变：以汉与匈奴的关系为例》，《齐鲁学刊》2007 年第 4 期。

马怡：《秦人傅籍标准试探》，《中国史研究》1995 年第 4 期。

马雍：《轪侯和长沙国丞相——谈长沙马王堆一号汉墓主人身分和墓葬年代的有关问题》，《文
　　物》1972 年第 9 期。

麦英豪、黎金：《广州象岗南越王墓墓主考》，《考古与文物》1986 年第 6 期。

麦英豪、吕烈丹：《广州象岗南越王墓墓主、葬制、人殉诸问题刍议》，《广州研究》1984 年第
　　4 期。

麦英豪等：《岭南地区的考古发现与南海的海上丝绸之路》，《广东文物》2005 年第 1 期。

梅华全：《汉代闽越考古及相关问题研究》，《汉代考古与汉文化国际学术研讨会论文集》，齐鲁
　　书社 2006 年版。

梅华全：《论福建及两广地区出土的陶匏壶》，《考古》1989 年第 11 期。

梅华全：《闽越与南越考古学文化的比较研究》，《南方文物》1992 年第 2 期。

蒙文通：《百越民族考》，《历史研究》1983 年第 1 期。

孟明汉：《关于西汉农业生产的几个问题》，《包头师专学报》1982 年试刊号。

闵宗殿：《两汉农具及其在中国农具史上的地位》，《中国农史》1996 年第 2 期。

韦东超：《关于南越国的几个问题》，《中南民族学院学报（社会科学版）》1987 年第 1 期。

莫寒竹：《秦汉的统一政略》，《民主宪政》1952 年第 1 期。

莫任南：《上古时期中西经济文化的交流》，《湘南师院学报（哲学社会科学版）》1981 年第
　　1 期。

牟钟鉴：《中国宗法性传统宗教试探》，《世界宗教研究》1990 年第 1 期。

聂菲：《楚系墓葬出土漆案略论》，《南方文物》1996 年第 1 期。

钮仲勋：《东汉末年及三国时代人口的迁徙》，《地理学资料》1959 年第 6 期。

欧谭生：《闽越国都城"冶"与武夷山军事城堡》，《南方文物》1999 年第 4 期。

潘京京：《略论秦汉时代的运河和漕运》，《云南师范大学哲学（社会科学学报）》1993 年第
　　2 期。

潘世雄：《关于铜鼓起源问题的探索》，《广西民族研究》1987 年第 4 期。

潘世雄：《濮为越说：兼论濮、越人的地理分布》，《中南民族学院学报（社会科学版）》1986
　　增刊。

潘雄：《百越仅指五岭以南古代土著考》，《贵州文史丛刊》1985 年第 2 期。

潘雄：《骆越非我国南方诸族先民考》，《史学集刊》1984 年第 2 期。

庞慧：《论秦汉移民政策》，《韩山师范学院学报（社会科学版）》2000 年第 1 期。

庞天佑：《略论汉武帝行盐铁专营的原因与利弊》，《常德师专学报》1987 年第 2 期。

彭长林：《广西早期岩洞葬初探》，《广西民族研究》2001 年第 4 期。

彭长林：《岭南稻作农业起源的反思》，《农业考古》2005 年第 1 期。

彭景元：《闽南古代农业述略》，《古今农业》2005 年第 2 期。

彭年：《汉代的关、关市和关禁制度》，《四川师范大学学报（社会科学版）》1987 年第 4 期。

彭年：《汉代关税始征于何时》，《天府新论》1989 年第 2 期。

彭年：《南越国史研究的新碑》，《中国史研究动态》1997 年第 2 期。

彭倩深：《秦汉西北汉族族群之历史观照》，《西北第二民族学院学报（哲学社会科学版）》1999 年第 2 期。

彭全民：《从考古材料看汉代深港社会》，《南方文物》2001 年第 2 期。

彭适凡：《江西遂川出土秦戈铭文考释质疑》，《江西社会科学》1982 年第 5 期。

彭适凡：《我国南方古代印纹陶衰退原因考》，《江汉考古》1983 年第 3 期。

彭文宇：《关于闽越王冶都的刍议》，《福建论坛（文史哲版）》1984 年第 3 期。

彭武一：《古代巴国南疆考》，《求索》1983 年第 4 期。

蒲慕州：《汉代薄葬论的历史背景及其意义》，《中央研究院历史语言研究所集刊》第六十一本第三分册。

蒲慕州：《汉代的危机与冲突》，《食货》1976 年第 9 期。

齐书深：《汉代赙赠初探》，《社会科学战线》1989 年第 2 期。

齐书深：《汉代丧赠刍议》，《求是学刊》1995 年第 2 期。

钱伯泉：《汉初算赋、口钱辨》，《中国社会经济史研究》1983 年第 4 期。

钱公麟：《再论吴越地区石构建筑性质的多元说》，《浙江学刊》1990 年第 6 期。

钱剑夫：《两汉的货币政策与货币理论》，《中国社会经济史研究》1987 年第 2 期。

钱宗范：《论先秦时期中国民族政策的基本特征》，《学术月刊》1990 年第 11 期。

钱宗范：《论战国秦汉时期的重农抑商政策》，《广西师范大学学报（哲学社会科学版）》1986 年第 3 期。

钱宗范：《秦汉统一岭南和桂林建城年代研究》，《社会科学家》1999 年第 6 期。

钱宗范：《秦汉象郡位置新释》，《广西社会科学》1999 年第 2 期。

秦进才：《万岁源流考》，《河北师院学报》1983 年第 1 期。

秦岭：《从考古学角度谈古代中国的区域形成—由施坚雅的区系理论说起》，《文物世界》2000 年第 2 期。

秦照芬：《汉代政府对铁工业的经营》，《简牍学报》1990 年第 3 期。

丘进：《论汉武帝时期的交通建设》，《佛山大学佛山师专学报（社会科学版）》1988 年第 1 期。

丘菊贤、杨东晨：《中原汉人南徙与客家述评》，《河南大学学报（哲学社会科学版）》1990 年第 1 期。

邱丹丹：《广东西汉南越王墓内涵的文化因素分析》，《东南考古研究 3》，厦门大学出版社 2003 年版。

邱洪：《秦汉时期贵州黔北地区的文化交流和经济开发》，《贵州文史丛刊》2006 年第 1 期。

邱立诚：《广东秦汉时期建筑遗址初探》，《东南文化》1993 年第 1 期。

邱立诚：《广东深圳大梅沙发现青铜兵器》，《考古与文物》1987 年第 5 期。

裘士京：《呰窳偷生辨：兼谈汉代江南经济的特点》，《安徽史学》1991 年第 1 期。

区家发：《从出土文物看广东在战国时是否已进入铁器时代：始兴白石坪山增城西瓜岭战国遗址断代质疑》，《考古与文物》1991 年第 6 期。

渠时光：《两汉经济文化发展和人才辈出述议》，《辽宁大学学报（哲学社会科学版）》1984 年第 2 期。

全洪：《广州出土海上丝绸之路遗物源流初探》，《华南考古 1》，文物出版社 2004 年版。

全洪：《南越国铜镜论述》，《考古学报》1998 年第 3 期。

全洪：《试论东汉魏晋南北朝时期的铁镜》，《考古》1994 年第 12 期。

荣文库：《汉代官营铜铁业中的劳动者结构》，《辽宁大学学报（哲学社会科学版）》1990 年第 2 期。

荣文库：《汉代中央铜器生产工官机构考释》，《辽宁大学学报（哲学社会科学版）》1987 年第 5 期。

上官绪智、温乐平：《从秦汉时期造船业看水军战船及后勤漕运保障》，《南都学坛》2004 年第 2 期。

上官绪智：《两汉政权以夷制夷策略运用的主要方式和特点》，《南都学刊》2006 年第 6 期。

上官绪智：《以夷制夷策略在两汉时期的发展及其缘由》，《江西师范大学学报（哲学社会科学版）》2004 年第 2 期。

沈飞德：《西汉徙民实边与唐初羁縻政策辨析》，《历史教学问题》1990 年第 5 期。

施劲松：《中原与南方在中国青铜文化统一体中的互动作用》，《长江流域青铜文化研究》科学出版社 2002 年版。

施铁靖：《马援征交趾经广西行军路线考》，《河池师专学报》1985 年第 1 期。

施铁靖：《试从征侧起兵的规模看其性质》，《广西师范学院学报（哲学社会科学版）》1981 年第 3 期。

施铁靖：《试论马援南征的意义（马援研究之八）》，《河池学院学报（社会科学版）》2004 年第 5 期。

施友：《我国古代的车和船》，《历史知识》1987 年第 4 期。

施正康：《汉代水税质疑》，《中国史研究》1984 年第 2 期。

石彦陶：《西汉闽越王城地望之新见》，《湖南城市学院学报》2003 年第 5 期。

石钟健：《论悬棺葬的起源地和越人在海外迁徙》，《贵州社会科学》1983 年第 1 期。

石钟健：《试证越与雒越同源》，《中南民族学院学报》1982 年第 2 期。

石钟健：《铜鼓纹饰上的船不是越海船?》，《贵州社会科学》1981 年第 6 期。

史建群：《儒道法治国方略与汉初政治》，《郑州大学学报（哲学社会科学版）》1990 年第 3 期。

史建群：《战国秦汉世风的区域性特征》，《中国史研究》1996 年第 2 期。

史介：《秦统一中国的原因的三种意见》，《山东师大学报（哲学社会科学版）》1985 年第 2 期。

史念海：《秦汉时代国内之交通路线》，《文史杂志》1944 年第 1 期。

史为：《长沙马王堆一号汉墓的棺椁制度》，《考古》1972 年第 6 期

始兴县博物馆：《广东始兴县禾场岭发现东汉墓》，《考古》1991 年第 1 期。

舒向今：《"五溪"境内历史上的两个黔中郡治》，《怀化师专学报》1997 年第 4 期。

舒向今：《楚势力进入"五溪"年代初探》，《江汉考古》1997 年第 4 期。

舒向今：《试论五溪蛮地再楚国中的战略地位》，《民族论坛》1991 年第 1 期。

舒向今：《试探"五溪蛮地"的两个黔中郡》，《民族论坛》1997 年第 3 期。

舒之梅：《楚国经济发展脉络》，《江汉论坛》1984 年第 4 期。

舒之梅：《试论越文化对楚文化的影响》，《民族研究》1986 年第 4 期。

水涛：《岭南青铜文化中的外来文化因素》，《东南考古研究 3》，厦门大学出版社 2003 年版。

宋超：《东汉末年中原士民迁徙扬荆交三州考：兼论永嘉迁徙前客家先民的早期形态》，《齐鲁学
　　刊》2000 年第 6 期。

宋达：《试论越人的敬犬习俗》，《浙江学刊》1991 年第 4 期。

宋公文：《楚墓的头向与葬式》，《考古》1994 年第 9 期。

宋公文：《论楚国墓葬性质及其同中原的区别》，《湖北大学学报》1991 年第 4 期。

宋康年：《皖西南楚文化初探：从望江县近年出土的楚文物谈起》，《华夏考古》1997 年第 3 期。

宋康平：《略论五铢钱制的演变与西汉几种货币思想》，《考古与文物》1994 年第 5 期。

宋玲平：《关于文化因素分析方法在青铜文化研究实践中的思考》，《中原文物》2006 年第 6 期。

宋蜀华：《古代的百越及其演变》，《历史教学》1980 年第 12 期。

宋治民：《汉代的漆器制造手工业》，《四川大学学报（哲学社会科学版）》1982 年第 2 期。

宋治民：《汉代的铜器铸造手工业》，《中国史研究》1985 年第 2 期。

苏长和：《我国五代土地赋税制度演变述要》，《历史教学问题》1987 年第 2 期。

苏庆元：《从葬俗看秦文化与中原文化的差异》，《宝鸡师院学报（哲学社会科学版）》1988 年第
　　3 期。

孙筱：《秦汉时期人口分布与人口迁移》，《中国人口科学》1992 年第 4 期。

孙长忠：《试论汉武帝的"西南夷"民族政策》，《信阳师范学院学报（哲学社会科学版）》2005
　　年第 1 期。

孙大江：《秦汉时期滇东北的经济开发》，《云南社会科学》1992 年第 5 期。

孙关龙：《试论我国古代行政区划变化的规律及其启示》，《广东社会科学》1990 年第 1 期。

孙国平：《关于木构建筑遗迹考古发掘的几个问题》，《东南文化》2004 年第 6 期。

孙家洲：《论汉代的"区域"概念》，《北京社会科学》1999 年第 2 期。

孙森：《民族融合与周秦文化的发展》，《宝鸡师院学报（哲学社会科学版）》1990 年第 1 期。

孙仁宏：《试论中国封建社会家国一体化的特点》，《盐城师专学报（社会科学版）》1990 年第
　　3 期。

孙如琦：《西汉流民问题初探》，《青海社会科学》1986 年第 4 期。

孙言诚：《秦汉的属邦和属国》，《史学月刊》1987 年第 2 期。

孙莜：《秦汉户籍制度考述》，《中国史研究》1992 年第 4 期。

孙忠家：《秦官营手工业管理制度初探》，《沈阳师范学院学报》1988 年第 4 期。

覃义生：《战国秦汉时期瓯骆宗教性青铜器探微》，《广西民族研究》1999 年第 1 期。

谭其骧：《关于汉武帝的十三州问题的讨论书后》，《复旦学报（社会科学版）》1980 年第 3 期。

谭其骧：《关于秦郡和两汉州部：〈中国大百科全书·中国历史·秦汉卷〉条目初定稿（选登）》，《复旦学报（社会科学版）》1982 年第 5 期。

谭其骧：《自汉至唐海南岛历史政治地理：附论梁隋间高凉洗夫人及隋唐高凉冯氏地方势力》，《历史研究》1988 年第 5 期。

谭其骧：《再论海南岛建置沿革：答杨武泉同志驳难》，《历史研究》1989 年第 6 期。

谭前学：《试论汉代黄河文化对岭南文化的影响》，《考古与文物》2002 年增刊汉唐考古专号。

谭前学：《试论汉代黄河文化与长江文化的交流》，《文博》2002 年第 1 期。

谭志东：《西汉人口迁徙之研究》，《史化》1984 年第 8 期。

唐光孝：《试析四川汉代葬俗中的商品化问题》，《四川文物》2002 年第 5 期。

唐国军：《论西汉王朝对匈奴的政策与其国力兴衰的关系》，《广西社会科学》1996 年第 2 期。

唐际根、荆志淳：《考古学文化发展的延滞现象和"边缘化效应"》，《三代考古 1》，科学出版社 2004 年版。

唐嘉弘：《谈谈汉代的赋税制度》，《文史知识》1982 年第 4 期。

唐晓军：《汉简所见关传与过所的关系》，《西北史地》1994 年第 3 期。

唐星煌：《汉晋间中国陶瓷的外传》，《厦门大学学报（哲学社会科学版）》1988 年第 3 期。

陶礼天：《司马迁的地域之文化观：读〈史记·货殖列传〉》，《安徽师大学报（哲学社会科学版）》1994 年第 2 期。

陶文牛：《东汉人口增长和减少的演变：〈续汉书·郡国志〉户口资料研究之一》，《山西大学学报（哲学社会科学版）》1993 年第 1 期。

陶文牛：《东汉人口南北分布的演变：〈续汉书·郡国志〉户口资料研究之二》，《山西大学学报（哲学社会科学版）》1994 年第 3 期。

陶文牛：《东汉永和年间人口的南北分布》，《山西师大学报（社会科学版）》1993 年第 2 期。

陶元珍：《两汉之际北部汉族南迁考》，《禹贡》1935 年第 11 期。

滕铭予：《关中秦墓研究》，《考古学报》1992 年第 3 期。

滕铭予：《论关中秦墓中洞室墓的年代》，《华夏考古》1993 年第 2 期。

田继周：《秦汉多民族国家的形成和汉族人们共同体的发展》，《云南社会科学》1986 年第 4 期。

田强：《秦汉时期长江流域的人口迁移与经济开发》，《黄冈师专学报（社会科学版）》1996 年第 4 期。

田人隆：《贾谊与汉初政治》，《电大文科园地》1983 年第 3 期。

田泽滨：《汉代的"更赋"、"赀算"与"户赋"》，《东北师大学报（哲学社会科学版）》1984 年第 6 期。

万建中：《试论秦汉风俗的时代特征》，《民俗研究》2000 年第 2 期。

万俐：《吴越、晋楚青铜器制作技术的对比研究》，《东南文化》2003 年第 1 期。

汪清：《汉武帝初置刺史部十三辨析》，《史学月刊》2000 年第 3 期。

汪清：《王莽时期州制的变化兼论都督制的滥觞》，《郑州大学学报（社会科学版）》2000 年第 3 期。

汪庆柏：《汉初墓葬与汉初思想的儒学特征》，《孔子研究》1987 年第 3 期。

汪廷奎：《汉初"南海王"织的史事考评》，《广州研究》1985 年第 2 期。

汪锡鹏：《重评汉武帝"盐铁专卖"》，《江西师范大学学报（哲学社会科学版）》1989 年第 2 期。

汪有民：《论赤仄五铢》，《考古与文物》1994 年第 5 期。

王川：《南越国史研究概述》，《中国史研究动态》1995 年第 11 期。

王川：《试论秦汉三国时期岭南地区的园艺业生产技术》，《中山大学学刊（社会科学版）》1995 年第 2 期。

王从礼：《从考古资料谈楚国服饰》，《文博》1992 年第 2 期。

王大华：《汉唐历史进程相似原因初探》，《陕西师大学报（哲学社会科学版）》1984 年第 4 期。

王大建：《两汉民俗区研究》，《山东大学学报（哲学社会科学版）》2004 年第 3 期。

王焕林：《里耶秦简释地》，《社会科学战线》2004 年第 3 期。

王恢：《汉书地理志侯国订补》，《书目季刊》1982 年第 3 期。

王纪潮：《后现代主义思潮与人类学、考古学的研究——地域文化研究要注意的一个理论问题》，《东南文化》2003 年第 11 期。

王健：《东汉盐铁业诸问题考辨》，《徐州师范学院学报（哲学社会科学版）》1988 年第 3 期。

王静：《海南岛的古墓葬》，《东南考古研究 3》，厦门大学出版社 2003 年版。

王利器：《试论轪侯利苍的籍贯》，《人文杂志》1984 年第 5 期。

王连升：《秦汉时期的中外经济文化交流》，《文史知识》1984 年第 6 期。

王铭、李洪苏：《刘秀用人与东汉的统一》，《江苏师院学报》1982 年第 2 期。

王人聪：《西汉越族官印试释》，《东南文化》1991 年第 1 期。

王三北：《论秦汉至初唐间的中央财政管理机构》，《西北师院学报（社会科学版）》1984 年第 4 期。

王尚义：《汉唐时期山西文人及地理分布及其文化发展之特点》，《山西大学学报（哲学社会科学版）》1986 年第 4 期。

王汀生：《秦汉平南越考》，《广州师院学报（社会科学版）》1995 年第 1 期。

王文楚：《再谈西汉合浦郡国治与朱卢县》，《历史地理 8》，上海人民出版社 1991 年版。

王文光、翟国强：《先秦时期历史文献中的越民族群体》，《云南师范大学学报（哲学社会科学版）》2005 年第 1 期。

王文光：《秦汉时期百越民族群体分化与融合述论》，《云南教育学院学报》1993 年第 6 期。

王学松：《试论汉武帝时期的民族关系》，《北方论丛》1985 年第 1 期。

王亚春：《汉代关税小考》，《山西大学学报（哲学社会科学版）》1997 年第 3 期。

王永平：《汉魏六朝江东大族的形成及其地位的变迁》，《扬州大学学报（人文社会科学版）》2000 年第 4 期。

王永平：《两汉时期江南士人行迹述略》，《中国史研究》1997 年第 4 期。

王育民：《东汉人口考》，《上海师范大学学报（哲学社会科学版）》1988 年第 3 期。

王云：《关于汉代的算赋定额》，《辽宁师范大学学报（社会科学版）》1987 年第 4 期。

王云度：《秦汉时期对中央集权与地方分权关系的探索》，《徐州师范学院学报（哲学社会科学版）》1988 年第 3 期。

王云度：《试论秦统一后社会经济的发展》，《中国史研究》1987 年第 3 期。

王昭武：《秦末岭南地区"和辑百越"政策述论》，《思想战线》1987 年第 6 期。

王志友：《商周时期的腰坑葬俗》，《华中科技大学学报（社会科学版）》2006 年第 6 期。

王忠全：《秦汉时代"钟"、"斛"、"石"新考》，《中国史研究》1988 年第 1 期。

王子今：《汉代的亡人、流民动向与江南地区的经济文化进步》，《湖南大学学报（社会科学版）》2007 年第 5 期。

王子今：《两汉南越的犀象—以广州南越王墓出土资料为中心》，《广东社会科学》2004 年第 5 期。

王子今：《马王堆汉墓古地图交通史料研究》，《江汉考古》1992 年第 4 期。

王子今：《评张荣芳〈秦汉史论集（外三篇）〉》，《中国史研究动态》1996 年第 3 期。

王子今：《秦汉时期的船舶制造业》，《上海社会科学院学术季刊》1993 年第 1 期。

王子今：《秦汉时期的东洋与南洋航运》，《海交史研究》1992 年第 1 期。

王子今：《秦汉时期的环渤海地区文化》，《社会科学辑刊》2000 年第 5 期。

王子今：《秦汉时期的近海航运》，《福建论坛（文史哲版）》1991 年第 5 期。

王子今：《秦汉时期的内河航运》，《历史研究》1990 年第 2 期。

王子今：《秦汉时期的人口流动与文化交融》，《重庆师范学报（哲学社会科学版）》1999 年第 3 期。

王子今：《秦汉时期的私营运输业》，《中国史研究》1989 年第 1 期。

王子今：《秦汉时期气候变迁的历史学考察》，《历史研究》1995 年第 2 期。

王子今：《秦汉时期湘江洞庭湖水路邮驿的初步考察》，《湖南社会科学》2004 年第 5 期。

王子今：《试论秦汉气候变迁对江南经济文化发展的意义》，《学术月刊》1994 年第 9 期。

王子今：《两汉流民运动及政府对策的得失》，《战略与管理》1994 年第 3 期。

王宗维：《论秦、汉统一多民族国家的形成、巩固和发展》，《西北大学学报（哲学社会科学版）》1989 年第 1 期。

魏峻：《粤东地区考古学文化与环境的互动》，《南方文物》2008 年第 1 期。

魏良弢：《西汉税、赋、役考释》，《新疆大学学报（哲学社会科学版）》1981 年第 2 期。

汶江：《〈公元前后的中西古航线试探〉质疑》，《学术月刊》1981 年第 6 期。

邬文玲：《区域文化研究中应注意的两个问题：从〈两汉时期江南士人行迹述略〉一文谈起》，《文史杂志》1998 年第 5 期。

吴春明：《再论福建崇安汉城遗址的年代等问题——兼答杨琮同志》，《考古与文物》1995 年第 2 期。

吴春明：《关于汉晋东南历史地理的两个关键问题："章安故冶、闽越地"和"东越王居保泉山"新解》，《厦门大学学报（哲学社会科学版）》1998 年第 3 期。

吴春明：《闽江流域先秦两汉文化的初步研究》，《考古学报》1995 年第 2 期。

吴春明：《南岛语族起源与华南民族考古》，《东南考古研究 3》，厦门大学出版社 2003 年版。

吴春明：《粤东闽南早期古文化的初步分析》，《东南考古研究 1》，厦门大学出版社 1996 年版。

吴凤斌：《后汉九真地区二征暴动前后的社会性质初探》，《南洋问题》1982 年第 3 期。

吴刚：《秦汉至南朝时期南方农业经济的开发》，《上海社会科学院学术季刊》1991 年第 1 期。

吴桂兵：《西汉中后期的夫妇同穴合葬》，《四川文物》1998 年第 1 期。

吴国升：《从〈华阳国志〉看秦对西南少数民族地区的治理》，《四川教育学院学报》1999 年第 Z1 期。

吴海贵：《崇安汉城并非东越王余善之王城》，《中国文物报》2002 年 8 月 2 日 7 版。

吴海贵：《南越与东越的诸侯王陵墓》，《华夏考古》2006 年第 4 期。

吴海贵：《浅析崇安汉城的年代和性质》，《中国文物报》2002 年 9 月 20 日 7 版。

吴海贵：《象岗南越王墓主新考》，《考古与文物》2000 年第 3 期。

吴宏岐：《汉番禺城故址新考》，《中国历史地理论丛》2006 年第 3 期。

吴宏岐：《南越国都番禺城毁于战火考实》，《暨南学报（哲学社会科学版）》2006 年第 5 期。

吴宏岐：《释〈史记·货殖列传〉中的“江南”》，《中国历史地理论丛》1997 年第 4 期。

吴琅璇：《“秦人”称名考》，《辞书研究》1999 年第 3 期。

吴凌云：《儋耳与椎髻——从一幅拍印人头像说起》，《羊城古今》2001 年第 3 期。

吴凌云：《多元文化汇南越》，《文物天地》2003 年第 5 期。

吴凌云：《南越王墓墓主问题》，《羊城古今》2002 年第 4 期。

吴凌云：《释“瓯越相攻，南越动摇”——从一件南越青铜器说起》，《南方文物》2001 年第 2 期。

吴铭：《从九龙李郑屋村汉墓的发现探香港考古研究的几个问题》，《华夏考古》1997 年第 2 期。

吴铭生：《从考古发现谈湖南古越族的概貌》，《江汉考古》1983 年第 4 期。

吴其昌：《秦以前华族与边裔民族关系之借鉴》，《边政公论》1941 年第 1 期。

吴荣曾：《“五朱”和汉晋墓葬断代》，《中国历史文物》2002 年第 6 期。

吴荣曾：《战国、汉代的“操蛇神怪”及有关神话迷信的变异》，《文物》1989 年第 10 期。

吴诗池：《浅谈福建南部先秦考古及其有关问题》，《厦门大学学报（哲学社会科学版）》1988 年第 4 期。

吴泰：《试论汉唐时期海外贸易的几个问题》，《海交史研究》1981 年第 3 期。

吴廷燮：《论汉代开拓边疆之盛》，《四存月刊》1921 年第 1 期。

吴小平、何国俊：《汉唐时期的铜鐎斗及相关问题研究》，《南方文物》2004 年第 1 期。

吴永章：《从秦汉时期的民族政策看我国土司制度的渊源》，《中南民族学院学报（哲学社会科学版）》1984 年第 3 期。

吴永章：《从云梦秦简看秦的民族政策》，《江汉考古》1983 年第 2 期。

吴永章：《山越非濮后裔辨》，《中南民族学院学报（哲学社会科学版）》1982 年第 2 期。

吴永章：《我国古代南方民族的交通工具述略》，《中南民族学院学报（哲学社会科学版）》1990 年第 6 期。

吴永章：《越、楚文化异同研究》，《民族研究》1989 年第 6 期。

吴郁芳：《楚西陵与夷陵》，《江汉考古》1993 年第 4 期。

吴郁芬：《从橘树的分布看楚人的迁徙及楚疆的开拓》，《江汉论坛》1987 年第 1 期。

吴曾德、肖元达：《就大型汉代画像石墓的形制论“汉制”——兼谈我国墓葬的发展进程》，《中原文物》1985 年第 3 期。

伍成泉：《近年来湘西里耶秦简研究综述》，《中国史研究动态》2007 年第 6 期。

伍新福：《楚国对湖南的开拓述论》，《求索》1986 年第 5 期。

武普照：《秦汉守官制度考述》，《山东师大学报（社会科学版）》1988 年第 4 期。

溪时：《汉初诸国越族考》，《文史汇刊》1935 年第 3 期。

席克定、余宏模：《试论中国南方铜鼓的社会功能》，《贵州民族研究》1980 年第 2 期。

冼剑民：《汉代对岭南的经济政策》，《暨南学报（哲学社会科学版）》1989 年第 4 期。

冼剑民：《岭南地区的封建化过程》，《学术研究》1987 年第 4 期。

冼剑民：《秦汉岭南经济述评》，《学术研究》1989 年第 3 期。

冼剑民：《秦汉时期的岭南农业》，《中国农史》1988 年第 3 期。

厦门大学历史系考古教研室：《研究中国东南：早期历史与考古文化（代序）》，《东南考古研究
　1》，厦门大学出版社 1996 年版。

向安强、刘桂娥：《岭南史前稻作农耕文化述论》，《华南农业大学学报（社会科学版）》2004 年
　第 4 期。

向安强：《广东史前稻作农业的考古学研究》，《农业考古》2005 年第 1 期。

向安强：《试论楚国农业的发展》，《中国农史》2000 年第 4 期。

向晋艳：《南越国时期的饮食风貌》，《广东民俗》1999 年第 2 期。

向桃初：《湘江流域商周青铜文化概说》，《湖南大学学报（社会科学版）》2007 年第 5 期。

向燕南：《中国考古学与史学之关系的理论思考》，《高校理论战线》2003 年第 8 期。

萧安富：《东周秦汉时期的惧刑心理及其对丧葬习俗的影响》，《中华文化论坛》1998 年第 4 期。

萧安富：《秦汉时期蜀滇身毒道的形成与汉文化在西南地区的传播》，《中国典籍与文化》1996
　年第 1 期。

萧璠：《从汉初局势看马王堆文物》，《故宫文物月刊》1984 年第 1 期。

萧璠：《秦汉时期中国对南方的经营》，《史原》1973 年第 1 期。

萧亢达：《从南越国"景巷令印"、"南越中大夫"印考释蠡测南越国的官僚政体》，《广东社会
　科学》1994 年第 5 期。

萧黎、张大可：《司马迁的民族一统思想试谈》，《中南民族学院学报（哲学社会科学版）》1982
　年第 3 期。

萧璠：《汉宋间文献所见古代中国南方的地理环境与地方病及其影响》，《中央研究院历史语言研
　究所集刊》第六十一本第三分册。

晓天：《两汉时期湖南蛮族的赋役问题》，《求索》1992 年第 6 期。

肖华忠：《秦汉时期江南地区的交通工具与交通道路管理》，《江西师范大学学报（哲学社会科学
　版）》1999 年第 4 期。

肖华忠：《秦汉时期江南地区海上交通的发展》，《江西教育学院学报学报（社会科学版）》1999
　年第 5 期。

肖华忠：《秦置豫章郡的历史地理探讨》，《南方文物》1996 年第 4 期。

肖一亭：《生态环境与珠江三角洲古文化》，《东南文化》2002 年第 9 期。

谢日万：《论两广战国汉代墓的腰坑习俗》，《广西民族研究》2001 年第 2 期。

辛夫：《东汉后期社会分裂原因初探》，《历史教学》1988 年第 7 期。

辛土成、严晓辉：《于越族源探索》，《厦门大学学报（哲学社会科学版）》1984 年第 3 期。

辛土成：《百越民族稻作农业初探》，《中国社会经济史研究》1987 年第 2 期。

辛土成：《对〈古代的百越及其演变〉一文的几点意见》，《历史教学》1984 年第 5 期。

辛土成：《试论春秋战国时代于越的社会经济》，《中国社会经济史研究》1982 年第 2 期。

辛土成：《西汉时期闽越社会经济的探索》，《中国社会经济史研究》1985 年第 2 期。

邢丙彦：《秦汉时期北方与岭南交通的发展变化》，《上海师范学院学报（哲学社会科学版）》1984 年第 3 期。

邢敏娜：《从酉水流域考古发掘看楚文化与诸民族的关系》，《民族研究》1997 年第 1 期。

邢义田：《汉代的以夷制夷论》，《史原》1974 年第 1 期。

邢义田：《论马王堆汉墓“驻军图”应正名为“箭道封域图”》，《湖南大学学报（社会科学版）》2007 年第 5 期。

邢义田：《试释汉代的关东、关西和山东、山西》，《食货月刊》1983 年第 5 期。

熊传薪：《湖南出土的古代錞于综述》，《考古与文物》1981 年第 4 期。

熊传薪：《马王堆汉墓研究综述》，《湖南省博物馆馆刊 1》，船山学刊 2004 年版。

熊铁基：《秦汉时期的统治思想和思想统治》，《华中师范大学学报（哲学社会科学版）》1987 年第 2 期。

熊铁基：《秦汉以后中国古代文化发展的轨迹》，《江汉论坛》1987 年第 11 期。

熊义民：《汉使西南洋行程考》，《岭南文史》2000 年第 4 期。

熊昭明：《广西的汉代城址与初步认识》，《汉长安城考古与汉文化》，科学出版社 2008 年版。

熊昭明：《广西汉代出土灯具研究》，《广西民族研究》2000 年第 2 期。

徐恒彬：《广东德庆大辽山发现东汉文物》，《考古》1981 年第 4 期。

徐恒彬：《广东古国问题初论》，《华南考古 1》，文物出版社 2004 年版。

徐恒彬：《汉代广东农业生产初探》，《农业考古》1981 年第 2 期。

徐恒彬：《论岭南出土的“王”字形符号铜器——兼谈苍梧及西欧国地望问题》，《广东省文物考古研究所建所十周年文集》，岭南美术出版社 2001 年版。

徐鸿修：《秦汉时期两次大规模更改地名的比较》，《文史哲》1997 年第 2 期。

徐华龙：《古代越族风俗》，《博物》1982 年第 2 期。

徐建春：《文化区的意义及先秦浙江文化区的演变》，《浙江学刊》1990 年第 1 期。

徐建春：《吴越文化对台湾的影响》，《浙江学刊》1993 年第 5 期。

徐杰舜：《秦汉民族政策特点初论》，《贵州民族研究》1992 年第 2 期。

徐杰舜：《越民族风俗述略》，《浙江学刊》1990 年第 6 期。

徐杰舜：《越民族形成简论》，《中央民族学院学报（哲学社会科学版）》1987 年第 5 期。

徐俊鸣、郭培忠：《略论古代广州在海上丝绸之路的地位》，《热带地理》1983 年第 3 期。

徐敏：《论秦统一中国的战略》，《中国社会科学院研究生院学报》1989 年第 3 期。

徐苹芳：《中国秦汉魏晋南北朝时代的陵园与茔域》，《考古》1981 年第 6 期。

徐仁瑶：《“蛮”、“越”关系浅谈》，《吉首大学学报（社会科学版）》1987 年第 4 期。

徐少华、李海勇：《从出土文献析楚秦洞庭、黔中、苍梧诸郡县的建置与地望》，《考古》2005 年第 11 期。

徐硕如：《汉代广西社会经济的发展》，《广西师范大学学报（哲学社会科学版）》1991 年第 2 期。

徐扬杰：《秦统一中国的原因的再探索》，《武汉大学学报（社会科学版）》1982 年第 1 期。

徐亦亭：《汉族族源浅析——古代华夏的族系和融合》，《云南社会科学》1987 年第 6 期。

徐中舒、唐嘉弘：《錞于与铜鼓》，《社会科学研究》1980 年第 5 期。

徐中舒：《吴越兴亡》，《四川大学学报（哲学社会科学版）》2006 年第 4 期。

许殿才：《两汉时期的历史盛衰总结与政治》，《史学史研究》2000 年第 2 期。

许桂灵、司徒尚纪：《从政区建置更替看泛淮三角区域合作的历史地理基础》，《岭南考古研究 6》，中国评论学术出版社 2007 年版。

许怀林：《论汉代豫章郡的历史地位》，《江西师范大学学报（哲学社会科学版）》1994 年第 3 期。

许辉：《六世纪前长江上游经济的开发和发展》，《江海学刊》1989 年第 2 期。

许抗生：《论春秋战国时期南方、北方和东方地域文化的差异》，《中州学刊》1991 年第 4 期。

许生根：《两汉时期朝廷诏书在边塞的邮递管理》，《重庆邮电学院学报（社会科学版）》2006 年第 6 期。

许英才：《秦汉虎符述略》，《中华学苑》1993 年第 4 期。

许倬云：《东周到秦汉（国家形态的发展）》，《中国史研究》1986 年第 4 期。

许倬云：《评余英时〈汉代中外经济交通〉》，《思与言》1967 年第 1 期。

许倬云：《西汉政权与社会势力的交互作用》，《中央研究院历史语言研究所集刊》1964 年第 9 期。

严宾：《秦三十六郡考》，《学术研究》1991 年第 6 期。

阎步克：《秦政、汉政与文吏、儒生》，《历史知识》1986 年第 3 期

阎万英：《西汉时期我国的农业区域概貌》，《农业考古》1981 年第 2 期。

颜晨华：《经学传统与汉唐北方士族的盛衰》，《学术月刊》1991 年第 7 期。

颜家安：《海南岛史前采集渔猎经济及其技术的发展》，《农业考古》2005 年第 1 期。

颜家安：《海南岛原始农业起源的几个问题》，《古今农业》2005 年第 3 期。

晏昌贵、江霞：《楚国都城制度初探》，《江汉考古》2001 年第 4 期。

扬予六：《汉以前之地方行政区划》，《学术季刊》1957 年第 6 期。

杨琮：《崇安汉代闽越国故城布局结构的探讨》，《文博》1992 年第 3 期。

杨琮：《崇安汉城北岗遗址性质和定名的研究》，《考古》1993 年第 12 期。

杨琮：《崇安汉城出土瓦当的研究》，《文物》1992 年第 8 期。

杨琮：《从崇安汉城看西汉闽越文化》，《东南文化》1990 年第 3 期。

杨琮：《福建崇安城村古城遗址出土文字的考释》，《东南文化》1993 年第 1 期。

杨琮：《福建崇安汉城址陶器及文化内涵》，《考古与文物》1992 年第 3 期。

杨琮：《论崇安城村汉城的年代性质》，《考古》1990 年第 10 期。

杨琮：《论福建地区汉代的瓦当装饰艺术》，《福建工艺美术》1987 年第 3 期。

杨琮：《论西汉东、南越考古学文化的关系》，《东南文化》1990 年第 5 期。

杨琮：《武夷山汉城的布局结构及相关问题》，《中国文物报》2002 年 11 月 22 日 7 版。

杨琮：《西汉闽越国与日本及南洋的交往》，《海交史研究》1996 年第 2 期。

杨琮：《战国时期西瓯社会性质探讨》，《广西民族研究》1990 年第 2 期。

杨德春：《从西汉至唐代中央封建政权对海南岛统治的探讨》，《海南大学学报（社会科学版）》
　　1984 年第 4 期。

杨东晨：《海南岛先秦及秦汉时的民族和经济》，《海南大学学报（社会科学版）》1994 年第
　　2 期。

杨东晨：《论春秋战国时期湖南地区的民族和文化》，《吉首大学学报（社会科学版）》1997 年第
　　2 期。

杨东晨：《论秦汉时期广东与港澳地区的民族与文化》，《嘉应大学学报（哲学社会科学版）》
　　2000 年第 5 期。

杨东晨：《论先秦至秦汉时期岭南的民族及其经济》，《深圳大学学报（人文社会科学版）》1994
　　年第 4 期。

杨东晨：《论秦汉时期鄂湘赣的民族和经济》，《益阳师专学报》1994 年第 3 期。

杨贵：《也谈秦以前中国农业劳动生产率》，《中国社会经济史研究》1987 年第 4 期。

杨豪：《茅岗遗址远古居民族属考》，《文物》1983 年第 12 期。

杨豪：《南越王墓发掘述评》，《广西民族研究》1987 年第 4 期。

杨浩、查冠久：《"番汉兴"洗、汉越民族关系的历史见证》，《南方文物》1996 年第 1 期。

杨泓：《谈中国汉唐之间葬俗的演变》，《文物》1999 年第 10 期。

杨华：《长江三峡地区西周、东周时期文化遗迹的考古发现研究》，《三峡大学学报（人文社会科
　　学版）》2001 年第 2 期。

杨华：《论中国先秦时期腰坑墓葬俗文化的起源与发展（上）》，《三峡大学学报（人文社会科学
　　版）》2005 年第 6 期。

杨际平：《秦汉户籍管理制度研究》，《中华文史论丛》2007 年第 1 期。

杨剑宏：《秦汉时期南方的农业生产新探索》，《武汉大学学报（社会科学版）》1990 年第 2 期。

杨剑虹：《秦汉时期江南的手工业生产》，《江西师范大学学报（哲学社会科学版）》1988 年第
　　3 期。

杨宽：《论秦汉的分封制》，《中华文史论丛》1980 年第 10 期。

杨茂盛：《〈两汉时期的边政与边吏〉一书介评》，《黑龙江民族丛刊》1997 年第 3 期。

杨乃贤：《秦汉时期汉文化的南传及其对瓯越文化的影响》，《广西民族研究》1996 年第 2 期。

杨清平：《东周时期两广地区瓯骆墓葬文化因素浅析》，《广西民族研究》2001 年第 3 期。

杨盛让：《秦汉时期岭南社会经济发展述略》，《求索》1998 年第 2 期。

杨盛让：《西汉前期"和辑百越"政策试析》，《民族论坛》1990 年第 1 期。

杨式梃：《试从考古发现探索百越文化源流的若干问题》，《学术研究》1982 年第 1 期。

杨树藩：《西汉"部刺史"有无"治所"问题》，《大陆杂志》1958 年第 5 期。

杨武泉：《西汉晚期至萧齐海南岛不在大陆王朝版图之外——与谭其骧先生商榷》，《历史研究》
　　1989 年第 6 期。

杨向奎：《自战国至汉末中国户口之增减》，《禹贡》1934 年第 3 期。

杨秀清：《论东汉对羌族的政策》，《青海社会科学》1995 年第 5 期。

杨昶：《楚扞关辨正》，《华中师范大学学报（哲学社会科学版）》1986 年第 5 期。

杨荫楼：《秦汉隋唐间我国水利事业的发展趋势与经济区域重心的转移》，《中国农史》1989 年

第 2 期。

杨勇、王方：《近十年考古文博专业博士论文选题的调查与分析》，《中国文物报》2009 年 4 月 10 日 7 版。

杨勇：《广州南越国宫署遗址出土的几何印纹铺砖初步探讨》，《汉长安城考古与汉文化》，科学出版社 2008 年版。

杨楒：《对广州秦代造船遗址考古学术争论的一些看法》，《广东文物》2002 年第 1 期。

杨远：《西汉人物的地理分布》，《中国史研究动态》1987 年第 8 期

杨兆荣：《西汉南越王相吕嘉遗族入滇及其历史影响试探》，《中国史研究》2004 年第 4 期。

杨哲峰：《北方地区汉墓出土的南方类型陶瓷器—关于汉代南北之间物质文化交流考察之一》，《汉长安城考古与汉文化》，科学出版社 2008 年版。

杨哲峰：《汉墓研究中的七种区域选择类型》，《中国文物报》2004 年 11 月 19 日 7 版。

杨哲峰：《里耶与岭南—读〈里耶发掘报告〉札记之二》，《中国文物报》2009 年 10 月 30 日 7 版。

杨哲峰：《两汉时期的"十斗"与"石"、"斛"》，《文物》2001 年第 3 期。

杨振红：《论汉代的人口、耕地与基本经济区》，《陕西历史博物馆馆刊》1999 年第 6 期。

杨振红：《论西汉时期的火耕水耨》，《中国史研究》1990 年第 1 期。

杨宗兵：《里耶秦简释义商榷》，《中国历史文物》2005 年第 2 期。

杨宗震：《史记地名考》，《师大月刊》1933 年第 6 期。

杨作龙：《汉代大石小石考》，《天津社会科学》1985 年第 6 期。

姚义斌：《试论汉墓形制的演变及其原因》，《南京艺术学院学报（美术与设计版）》2004 年第 3 期。

叶岱夫：《岭南文化区域系统分析》，《人文地理》2000 年第 5 期。

叶浓新：《武鸣马头古骆越墓地的发现与窥实》，《广西民族研究》1989 年第 4 期。

叶荣：《浅论巴蜀地区在秦汉时期的政治经济地位》，《陕西历史博物馆馆刊》1996 年第 6 期。

叶文宪：《论古越族》，《民族研究》1990 年第 4 期。

叶永新：《南越国丞相吕嘉子孙宗族结局疑案探究》，《广东史志》2002 年第 2 期。

亦捷：《汉代关税小议》，《北京师院学报（社会科学版）》1984 年第 4 期。

尹湘豪：《关于汉代的"外臣"和"属国"问题》，《历史教学》1984 年第 2 期。

尹湘豪：《再谈"外臣"和"属国"问题》，《历史教学》1986 年第 3 期。

尤振尧：《苏南地区东汉画像砖墓及其相关问题的探析》，《中原文物》1991 年第 3 期。

尤中：《春秋战国时期的吴国及其境内外的民族》，《云南民族学院学报（哲学社会科学版）》1998 年第 1 期。

尤中：《秦、汉时期汉族的形成和发展》，《思想战线》1998 年第 9 期。

游修龄：《百越农业对后世农业的影响》，《浙江学刊》1990 年第 6 期。

于传波：《汉代盐铁官营再评价》，《浙江学刊》1991 年第 4 期。

于杰：《战国时代的墓葬形制》，《考古通讯》1957 年第 4 期。

于琨奇：《秦汉"户赋""军赋"考》，《中国史研究》1989 年第 4 期。

于兰：《秦汉时期岭南越人与外界的交往》，《暨南学报（哲学社会科学版）》1994 年第 4 期。

余华青：《略论秦汉时期的园圃业》,《历史研究》1983 年第 3 期。

余华青：《论秦汉中央政权经营岭南的战略措施》,《秦文化论丛 6》,西北大学出版社 1998 年版。

余静：《从近年来三峡考古新发现看楚文化的西渐》,《江汉考古》2005 年第 1 期。

余谦：《试论西汉货币制度的两个特征》,《江西社会科学》1985 年第 5 期。

余仁：《〈秦汉交通史稿〉对秦汉历史文化的新认识》,《北京社会科学》1995 年第 1 期。

余天炽：《〈史记·南越尉佗列传〉笺证》,《华南师院学报（社会科学版）》1982 年第 1 期。

余天炽：《南越国"和辑百越"民族政策初探》,《华南师范大学学报（社会科学版）》1985 年第 2 期。

余天炽：《南越国的官制沿革初探》,《学术研究》1986 年第 3 期。

余天炽：《南越国地方政制略论》,《广州研究》1984 年第 4 期。

余天炽：《秦汉时期岭南和岭北的交通举要》,《历史教学问题》1984 年第 3 期。

余天炽：《秦通南越"新道"考》,《华南师院学报（哲学社会科学版）》1980 年第 2 期。

余天炽：《南越国时期岭南经济文化的开发》,《广州研究》1986 年第 2 期。

余天炽：《战国秦汉的重农抑商政策及其历史检讨》,《华南师范大学学报（社会科学版）》1984 年第 1 期。

余志勇：《略论先秦两汉时代我国的用铁程度》,《西北第二民族学院学报（哲学社会科学版）》1996 年第 3 期。

俞伟超：《长江流域青铜文化发展背景的新思考》,《长江流域青铜文化研究》,科学出版社 2002 年版。

俞伟超：《关于楚文化发展的新探索》,《江汉考古》1980 年第 1 期。

袁济喜：《论两汉时代的域外观》,《人文杂志》1998 年第 1 期。

袁仲一：《从考古资料看秦文化的发展和主要成就》,《文博》1990 年第 5 期。

袁祖亮：《西汉时期人口自然增长率初探》,《史学月刊》1981 年第 3 期。

岳庆平：《汉代赋额试谈》,《中国史研究》1985 年第 4 期。

岳庆平：《汉代岭南农业发展的地域差异》,《史学月刊》2000 年第 4 期。

臧云浦：《略论东汉初年的改革》,《徐州师范学院学报》1987 年第 2 期。

臧云浦：《略论秦汉统治思想的两次重大转变》,《徐州师范学院学报》1982 年第 4 期。

臧振华：《中国东南海岸史前文化的适应与扩张》,《考古与文物》1999 年第 3 期。

臧知非：《汉代田税征收方式与农民田税负担新探》,《史学月刊》1997 年第 2 期。

臧知非：《秦汉"傅籍"制度与社会结构的变迁——以张家山汉简〈二年律令〉为中心》,《人文杂志》2005 年第 1 期。

臧知非：《战国人口考实》,《安徽史学》1995 年第 4 期。

曾九江：《论东汉"以夷制夷"的边防政策》,《江西广播电视大学学报》2005 年第 3 期。

曾一民：《广州赵佗故城考》,《中国历史学会史学集刊》1978 年第 10 期。

曾昭璇、曾宪珊：《汉代中国"海上丝绸之路"》,《广东史志》1991 年第 2 期。

曾昭璇：《百越·南越·古番禺》,《寻根》2003 年第 1 期。

曾昭璇：《秦郡考》,《岭南学报》1947 年第 2 期。

翟宛华：《试述西汉对河西的开发》，《兰州学刊》1985 年第 6 期。

张步天：《先秦汉晋时期洞庭湖区及其四邻的水路交通格局》，《益阳师专学报》1993 年第 3 期。

张诚：《秦始皇和汉武帝时迁民探析》，《郑州大学学报（哲学社会科学版）》1990 年第 4 期。

张诚：《试论赵佗对开发岭南的贡献》，《史学月刊》1997 年第 2 期。

张龙春：《秦汉时期中原移民对岭南的开发及影响》，《乌鲁木齐职业大学学报》2005 年第 4 期。

张春生：《浅谈闽族、闽地和闽都》，《南方文物》2003 年第 1 期。

张功：《秦朝郡县关系考论》，《南都学坛》2005 年第 2 期。

张鹤泉：《东汉关中地区文化发展的特征及影响》，《史学集刊》1995 年第 2 期。

张弘：《略论秦汉时期的交通与贩运商业》，《社会科学家》1998 年第 2 期。

张坚：《论马援平定交趾之乱对北部湾地区经济发展的影响》，《广西师范大学学报（哲学社会科学版）》2007 年第 3 期。

张建寅：《试论汉文帝南睦南越北和匈奴的政策》，《中南民族学院学报》1987 年第 2 期。

张金光：《秦户籍制度考》，《汉学研究》1994 年第 6 期。

张京华：《汉光武帝对西域属国的政策》，《理论学刊》1988 年第 5 期。

张俊民：《龙山里耶秦简二题》，《考古与文物》2004 年第 4 期。

张南：《略论汉武帝的货币改制》，《阜阳师范学院学报（社会科学版）》1987 年第 1 期。

张南：《西汉货币职能研究》，《安徽师大学报（哲学社会科学版）》1985 年第 2 期。

张启辉：《东汉王朝行政中枢权力的分割》，《安徽史学》1988 年第 4 期。

张庆捷：《中国传统葬俗中的迷信观念及其方式》，《山西大学学报（哲学社会科学版）》1990 年第 1 期。

张荣芳：《略谈新时期的中国秦汉史研究》，《历史教学》1998 年第 9 期。

张尚谦：《汉代社会危机与社会性质》，《云南教育学院学报》1990 年第 2 期。

张雄：《汉初越人北徙及其江淮、沔北苗裔考》，《中南民族学院学报（社会科学版）》1986 年第 1 期。

张修桂：《马王堆〈驻军图〉测绘精度及绘制特点研究》，《地理科学》1986 年第 4 期。

张勋燎：《广西贵县罗泊湾汉墓的"春塘"葬具和人殉问题》，《四川大学学报（哲学社会科学版）》1977 年第 4 期。

张燕飞：《汉代江南农业的发展》，《中国农史》1994 年第 4 期。

张一民、何英德：《西瓯骆越与壮族的关系》，《广西师范大学学报（哲学社会科学版）》1987 年第 2 期。

张一中：《两汉统制思想的演变和发展》，《益阳师专学报》1987 年第 4 期。

张一中：《释汉初的两个经济政策》，《求索》1981 年第 3 期。

张永钊：《从先秦考古发现看岭南诸越习俗》，《中山大学研究生学刊》1986 年第 1 期。

张玉明：《先秦的民族结构、民族关系和民族思想——兼论楚人在其中的地位和作用》，《民族研究》1983 年第 5 期。

张玉强：《汉简文书传递制度述论》，《人文杂志》1994 年第 5 期。

张云：《"瓯脱"考述》，《民族研究》1987 年第 3 期。

张增祺：《云南古代的"百越"民族》，《云南社会科学》1987 年第 4 期。

张增祺：《战国至西汉时期滇池区域发现的西亚文物》，《思想战线》1982 年第 2 期。

张正明：《楚墓与秦墓的文化比较》，《华中师范大学学报（人文社会科学版）》2003 年第 4 期。

张志立：《古越民族文化源流研究》，《东南文化》2005 年第 5 期。

张忠栋：《两汉人物的地理分布》，《大陆杂志》1964 年第 1 期。

章权才：《汉唐时期中华民族凝聚力的历史发展》，《学术研究》1992 年第 2 期。

涨潮：《古越族文化初探》，《江汉考古》1984 年第 4 期。

赵冬菊：《从三峡考古看巴人的生活习俗》，《三峡大学学报（人文社会科学版）》2005 年第 4 期。

赵克尧：《汉代的"传"，乘传与传舍》，《江汉论坛》1984 年第 1 期。

赵昆生：《秦统治指导思想研究》，《重庆师范学院学报（哲学社会科学版）》2005 年第 6 期。

赵善德：《从文化和地理角度考察古代广州的地位变化》，《暨南学报（哲学社会科学版）》1996 年第 1 期。

赵善德：《关于番禺城起源的讨论》，《文博》2002 年第 1 期。

赵善德：《论东周秦汉岭南的对外交往与商业意识》，《肇庆学院学报》2007 年第 1 期。

赵善德：《先秦时期珠江三角洲环境变迁与文化演进》，《华夏考古》2007 年第 2 期。

赵善德：《运用考古资料探索先秦岭南文化的尝试》，《文博》2003 年第 4 期。

赵世超、李曦：《论战国时期地域关系的发展》，《陕西师大学报（哲学社会科学版）》1990 年第 1 期。

正经：《论赵佗归汉及汉初的经济、政治与南越王国的兴亡》，《广东社会科学》1986 年第 2 期。

郑君雷、赵永军：《从汉墓资料透视汉代乐浪郡的居民构成》，《北方文物》2005 年第 2 期。

郑君雷：《汉代东南沿海与辽东半岛和西北朝鲜海路交流的几个考古学例证》，《汉代考古与汉文化国际学术研讨会论文集》，齐鲁书社 2006 年版。

郑君雷：《论"西汉墓幽州分布区"》，《考古与文物》2005 年第 6 期。

郑君雷：《俗化南夷——岭南秦汉时代汉文化形成的一个思考》，《华夏考古》2008 年第 3 期。

郑师许：《秦汉时代在中国历史上之地位》，《学术世界》1937 年第 3 期。

郑祥鼎：《东瓯王——驺摇史略》，《浙江学刊》1980 年第 9 期。

钟岚：《东汉封建统制思想的特点——"柔道"》，《北方论丛》1981 年第 4 期。

钟礼强、吴春明：《珠江三角洲区域人文历史的新视野》，《考古》2002 年第 10 期。

钟立飞：《试析江西楚文化》，《江汉考古》1994 年第 2 期。

钟少异：《汉式铁剑综论》，《考古学报》1998 年第 1 期。

钟素芬：《论西汉疆域的巩固与发展》，《锦州师范学院学报（哲学社会科学版）》1991 年第 2 期。

钟炜：《楚秦黔中郡与洞庭郡关系初探》，《湖北大学学报（哲学社会科学版）》2005 年第 4 期。

周大鸣：《中国民族考古学的形成与考古学的本土化》，《东南文化》2001 年第 3 期。

周广明、彭适凡：《试论南方地区印纹陶与环中国海区域的关系——以台湾、东南亚地区为例》，《南方文物》2005 年第 3 期。

周广明：《战国秦汉时期的江西农业》，《江西文物》1991 年第 2 期。

周俊：《扬州地区汉代木椁墓初探》，《东南文化》2004 年第 5 期。

周俊麟：《论乐山市东汉崖墓的研究》，《四川文物》1997 年第 6 期。

周珋：《从考古资料论秦汉时期江南手工业与中原的关系》，《四川文物》2004 年第 2 期。

周珋：《汉代江南铸铜业的发展》，《南方文物》1997 年第 2 期。

周珋：《论秦汉时期江南纺织业的发展》，《南方文物》2005 年第 1 期。

周霖：《秦汉江南人口流向初探》，《江西师范大学学报（哲学社会科学版）》1997 年第 3 期。

周世荣：《长沙出土西汉印章及其有关问题的研究》，《考古》1978 年第 4 期。

周世荣、龙福廷：《从"龙川长印"的出土再谈汉初长沙国的南方边界》，《考古》1997 年第 9 期。

周世荣：《从出土官印看汉长沙国的南北边界》，《考古》1995 年第 3 期。

周伟州：《周人·秦人·汉人·汉族》，《中国史研究》1995 年第 2 期。

周伟洲：《民族政策是边政问题的核心—〈两汉时期的边政与边吏〉评述》，《民族研究》1997 年第 6 期。

周永卫：《南越王墓银盒舶来路线考》，《考古与文物》2004 年第 1 期。

周振鹤：《从"九州异俗"到"六合同风"——两汉风俗区划的变迁》，《中国文化研究》1997 年第 4 期。

周振鹤：《汉武帝十三刺史部所属郡国考》，《复旦学报（社会科学版）》1993 年第 5 期。

周振鹤：《西汉献费考》，《中华文史论丛》1981 年第 4 期。

周振鹤：《西汉诸侯王国封域变迁考》，《中华文史论丛》1983 年第 3 期。

周振鹤：《象郡考》，《中华文史论丛》1984 年第 1 期。

周宗贺：《骆越历史初探》，《西南民族研究》1983 年第 1 期。

周宗贤：《试论秦汉时期岭南越族与汉族的关系》，《中央民族学院学报》1984 年第 2 期

韦东超：《关于南越国的几个问题》，《中南民族学院学报（社会科学版）》1987 年第 1 期。

朱凤瀚：《论中国考古学与历史系的关系》，《历史研究》2003 年第 1 期。

朱海仁：《岭南汉墓仿铜陶礼器的考察》，《华南考古 1》，文物出版社 2004 年版。

朱海仁：《岭南汉文化发展的阶段性与地域性》，《汉代考古与汉文化国际学术研讨会论文集》，齐鲁书社 2006 年版。

朱海仁：《岭南腰坑墓探源》，《中国文物报》2004 年 8 月 20 日 7 版。

朱泓：《中国南方地区的古代种族》，《吉林大学社会科学学报》2002 年第 3 期。

朱杰勤：《汉代中国与东南亚和南亚海上交通路线试探》，《海交史研究》1981 年第 3 期。

朱俊明：《濮越异同论》，《百越民族史论丛》广西人民出版社 1985 年版。

朱俊明：《先秦华夏与南方土著关系刍议》，《贵州民族研究》1985 年第 2 期。

朱世陆：《汉武帝时代江南、岭南经济地位的变迁》，《中国社会经济史研究》2000 年第 1 期。

庄辉明：《春秋战国至六朝时期长江下游经济马鞍形发展的思考》，《江海学刊》1993 年第 3 期。

邹君孟：《广东古代的对外贸易》，《中学历史教学》1987 年第 4 期。

本书的完成得到国家社科基金项目"秦封泥分期与秦职官郡县重构研究"（14BZS017）、国家社科基金重大项目"秦统一及其历史意义再研究（14ZDB028）的支持

中国社会科学院创新工程学术出版资助项目

秦汉帝国南缘的面相

以考古视角的审视

（下册）

刘瑞 著

中国社会科学出版社

附图○　本书绪论附图

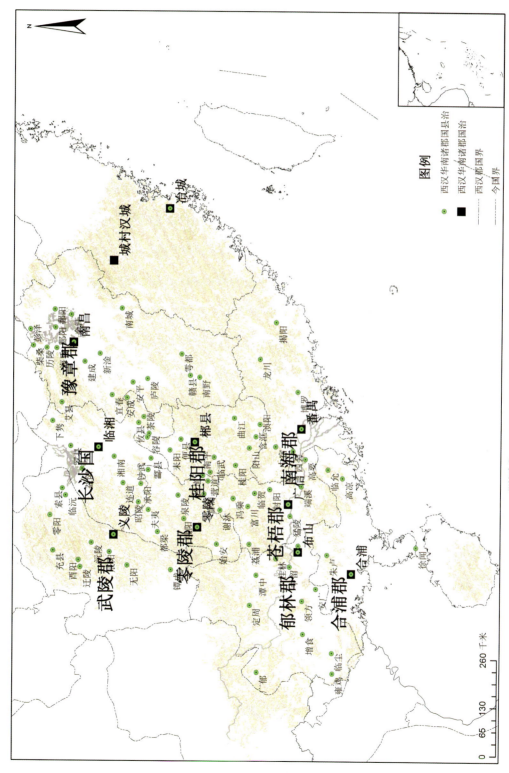

附图○·1·1　西汉华南的郡国属县

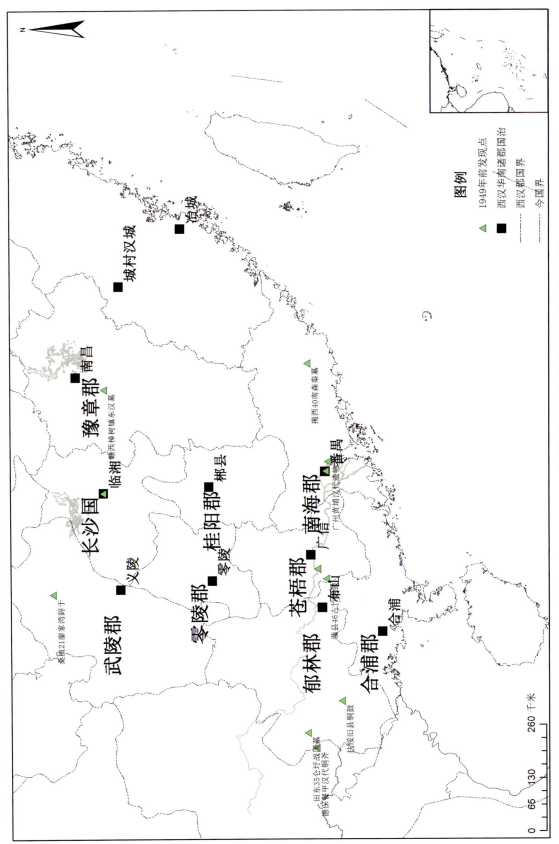

图例

▲ 1949年前发现点
■ 西汉南诸郡国治
--- 西汉华南诸郡国界
--- 西汉郡国界
----- 今国界

附图〇·2·1　1949年前华南地区秦汉考古遗存发现地点分布图

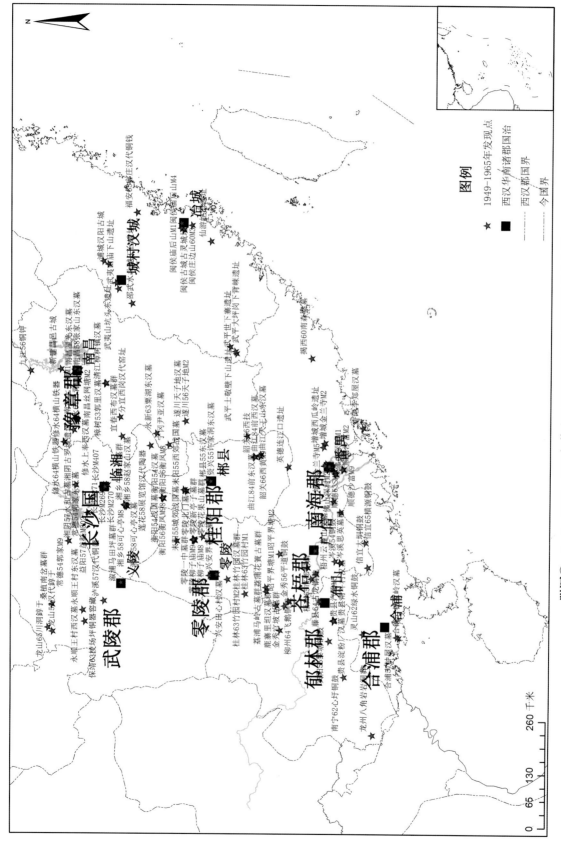

附图○·2·2 1949—1965年华南地区秦汉考古遗存发现地点分布图

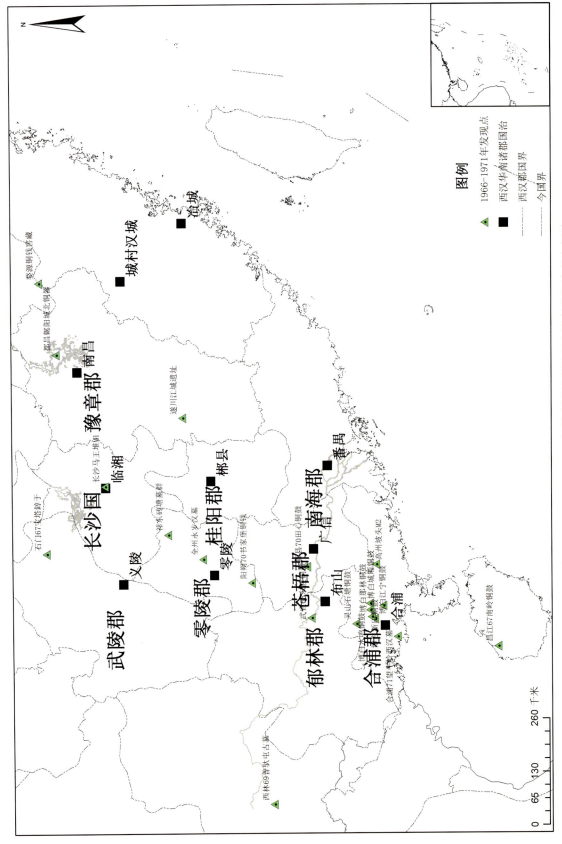

附图〇·2·3　1966—1971年华南地区秦汉考古遗存发现地点分布图

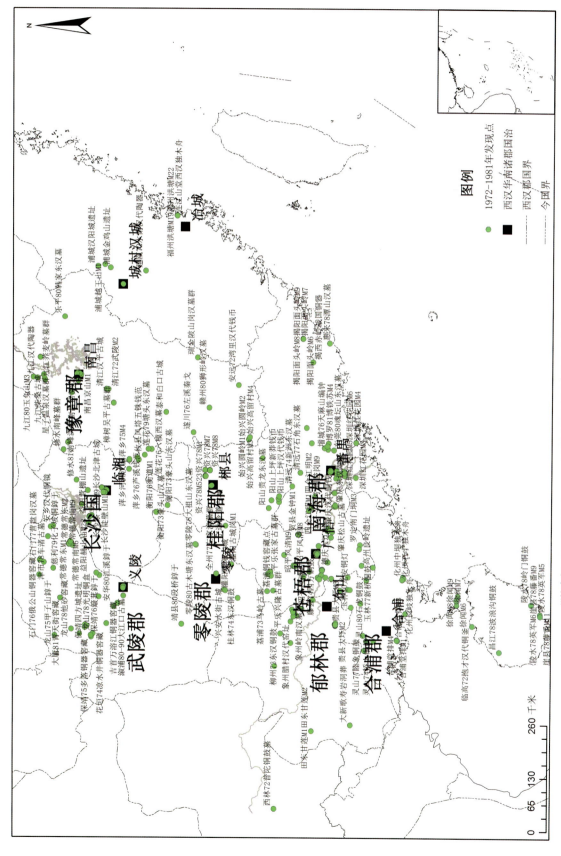

附图○·2·4　1972—1981年华南地区秦汉考古遗存发现地点分布图

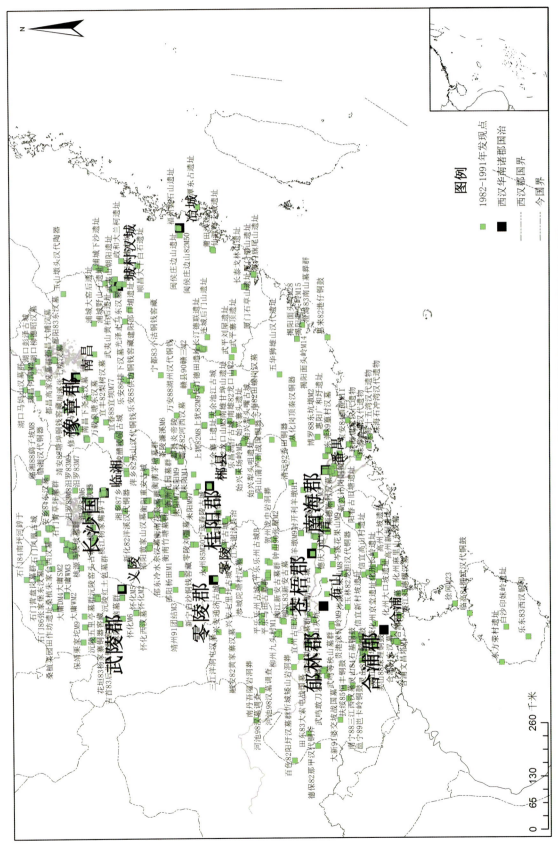

附图〇·2·5　1982—1991年华南地区秦汉考古遗存发现地点分布图

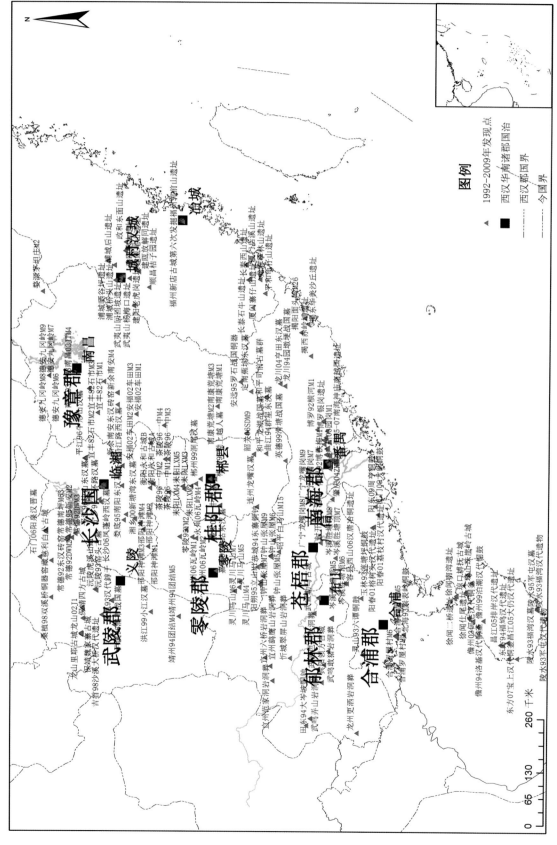

附图〇·2·6 1992—2009年华南地区秦汉考古遗存发现地点分布图

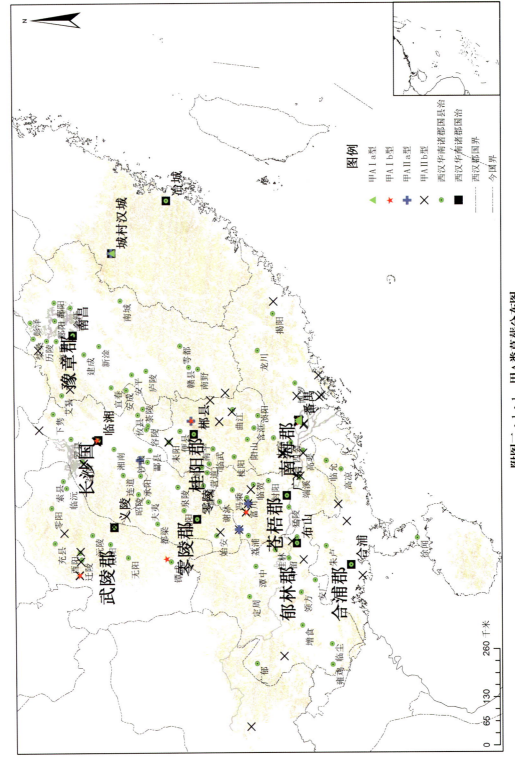

附图二　本书第二章附图

附图二·1·1　甲A类墓葬分布图

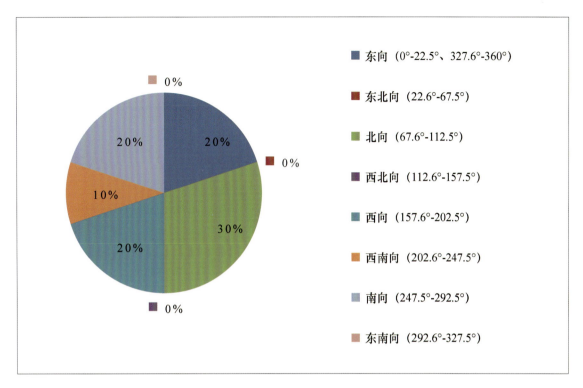

附图二·1·2　甲ＡⅠa型墓葬方向统计图

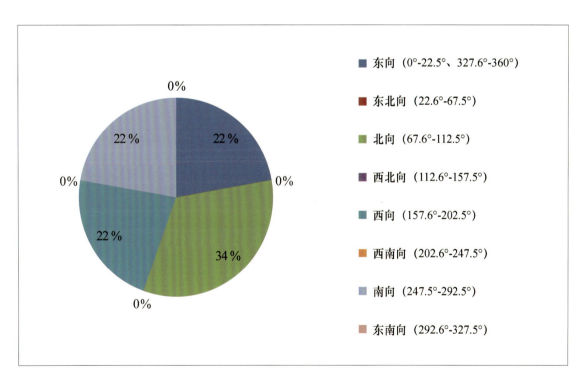

附图二·1·3　甲ＡⅠb型墓葬方向统计图

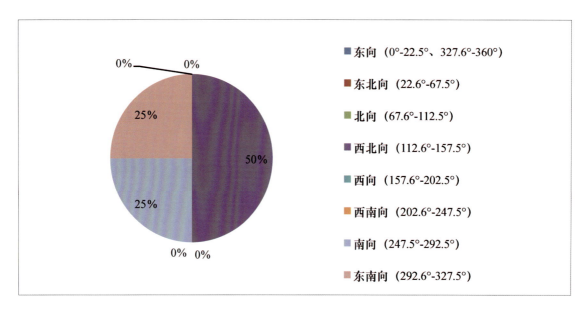

附图二·1·4　甲 AⅡa 型墓葬方向统计图

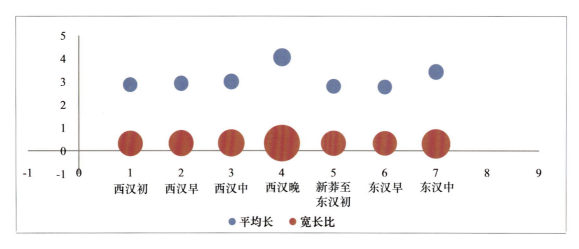

附图二·1·5　甲 AⅡb 型墓葬各时期规格差异变化示意图

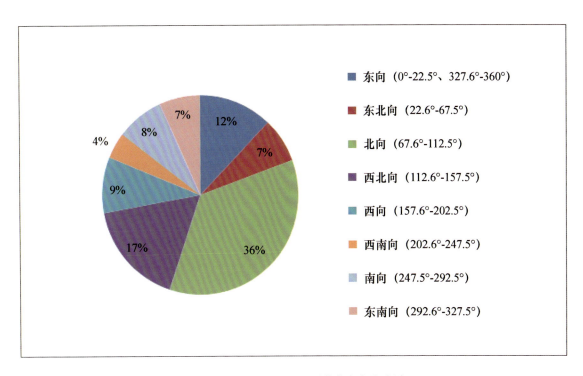

附图二·1·6　甲 A Ⅱ b 型墓葬方向统计图

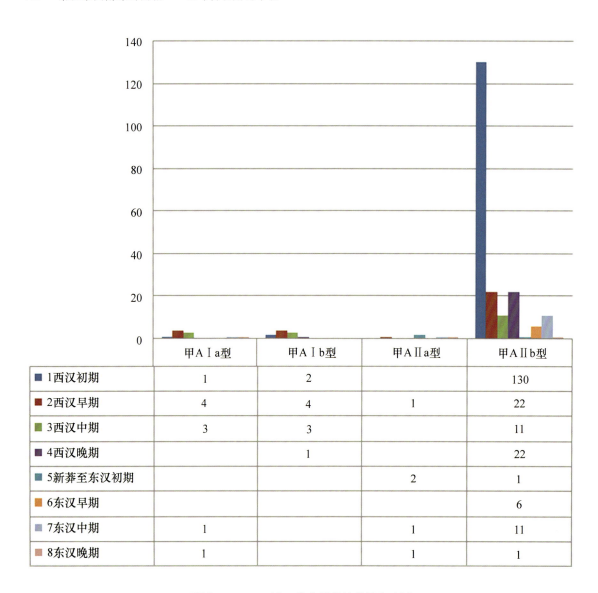

	甲AⅠa型	甲AⅠb型	甲AⅡa型	甲AⅡb型
■1西汉初期	1	2		130
■2西汉早期	4	4	1	22
■3西汉中期	3	3		11
■4西汉晚期		1		22
■5新莽至东汉初期			2	1
■6东汉早期				6
■7东汉中期	1		1	11
■8东汉晚期	1		1	1

附图二·1·7　甲A类墓葬数量差异统计图

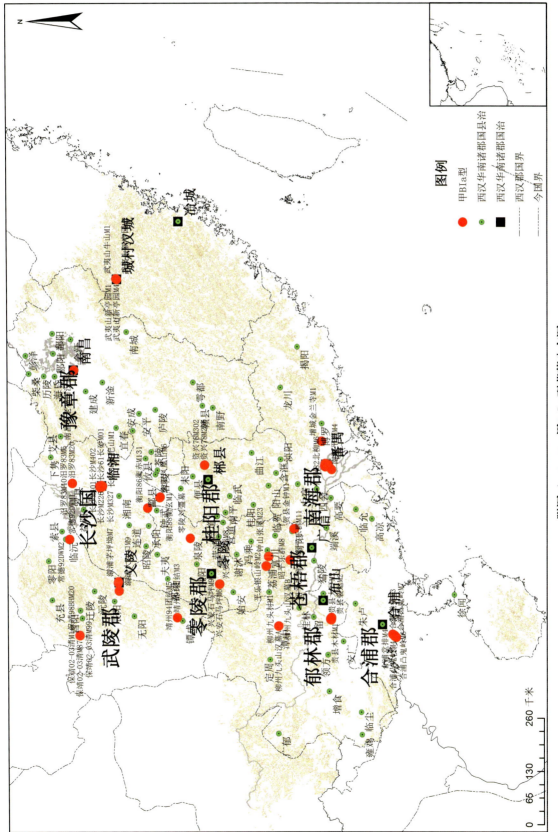

附图二·1·8　甲B Ⅰ a型墓葬分布图

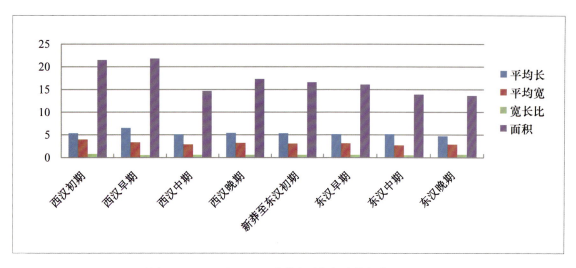

附图二·1·9　甲ＢⅠa型墓葬各时期规格差异变化示意图

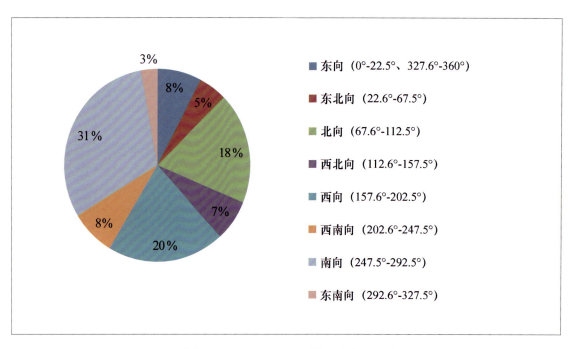

附图二·1·10　甲ＢⅠa型墓葬方向统计图

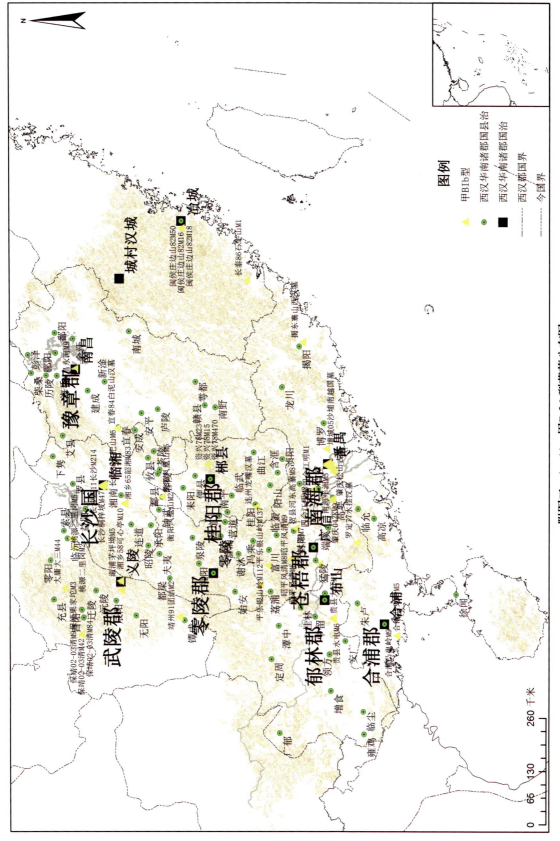

附图二·1·11　甲BⅠb型墓葬分布图

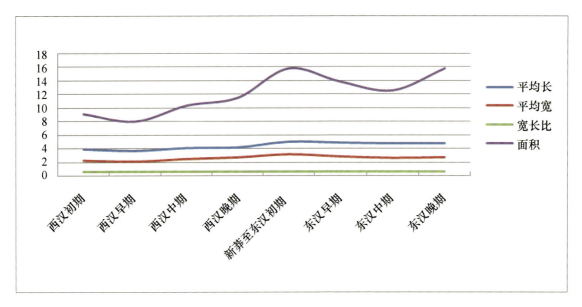

附图二·1·12 甲ＢＩｂ型墓葬各时期规格差异变化示意图

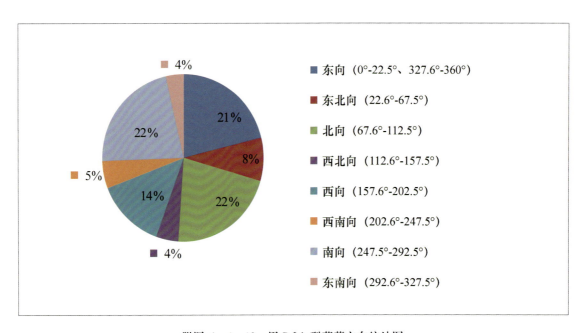

附图二·1·13 甲ＢＩｂ型墓葬方向统计图

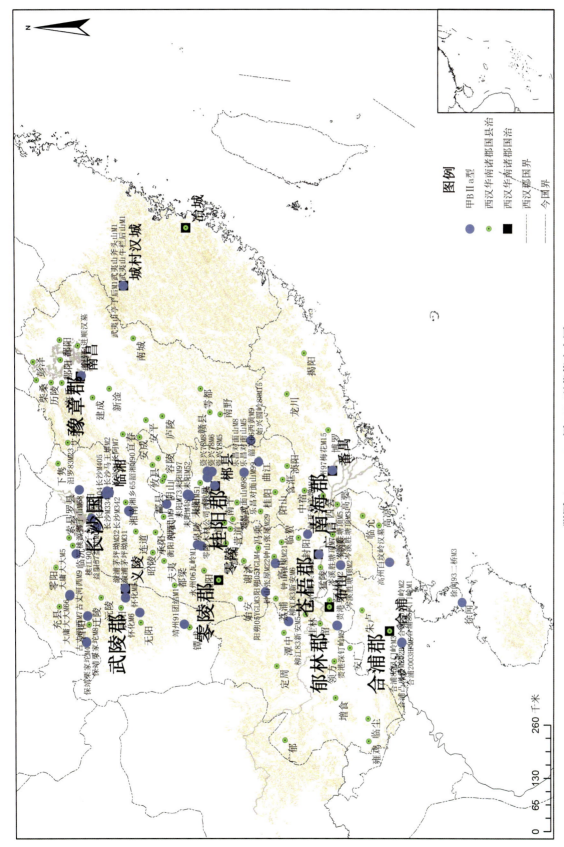

附图二·1·14　甲B Ⅱ a型墓葬分布图

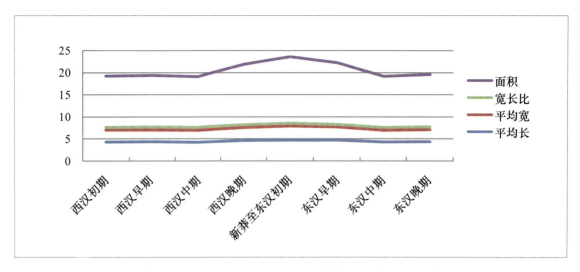

附图二·1·15   甲 B Ⅱ a 型墓葬各时期规格差异变化示意图

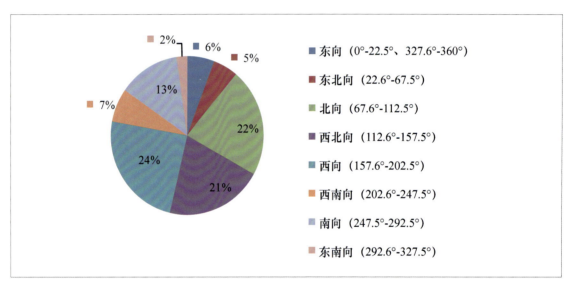

附图二·1·16   甲 B Ⅱ a 型墓葬方向统计图

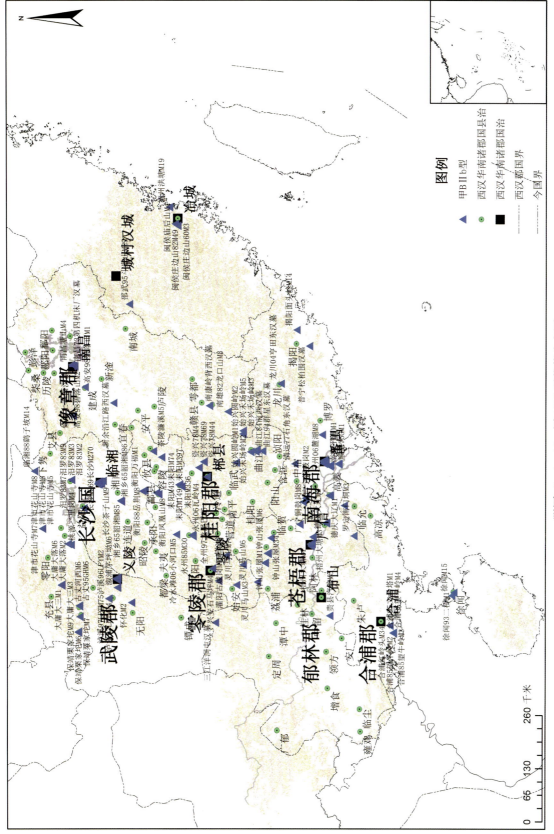

附图二·1·17　甲BⅡb型墓葬分布图

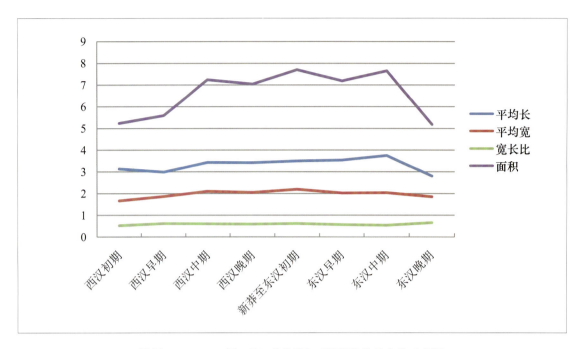

附图二·1·18　甲 B Ⅱ b 型墓葬各时期规格差异变化示意图

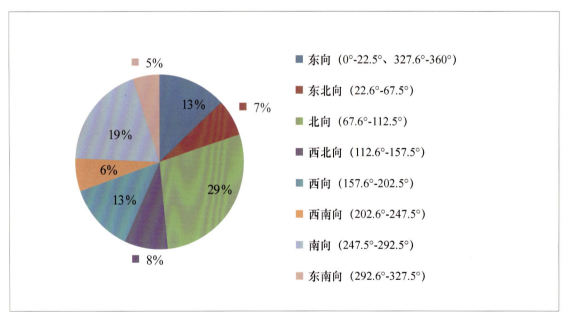

附图二·1·19　甲 B Ⅱ b 型墓葬方向统计图

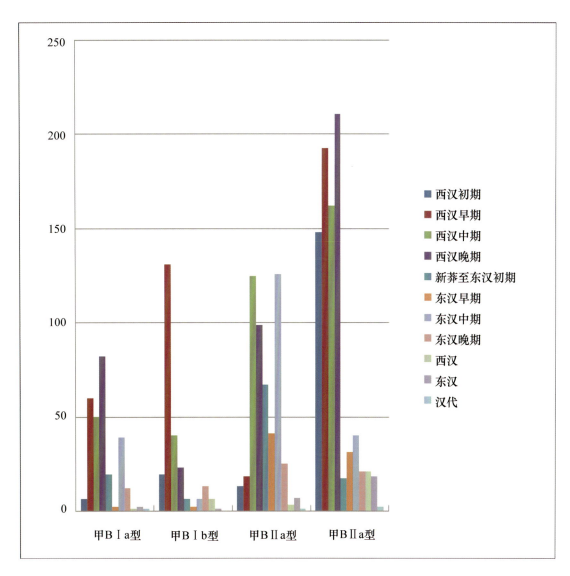

附图二·1·20　甲 B 类墓葬数量统计图

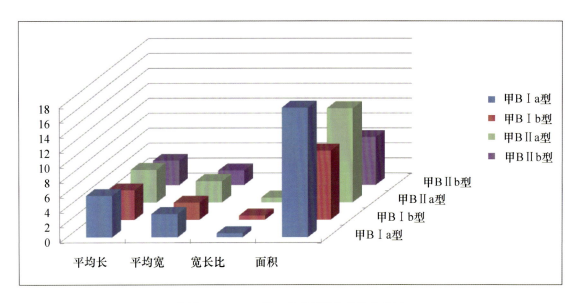

附图二·1·21 甲 B 类墓葬规格差异柱状图

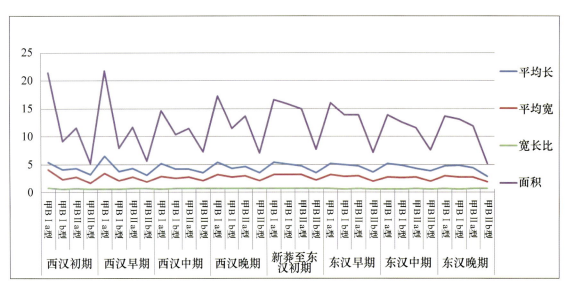

附图二·1·22 甲 B 类墓葬规格差异折线图

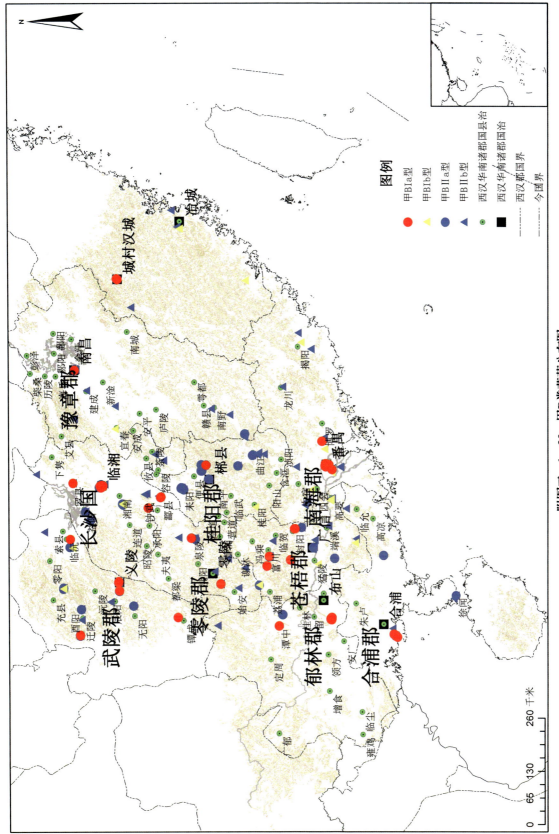

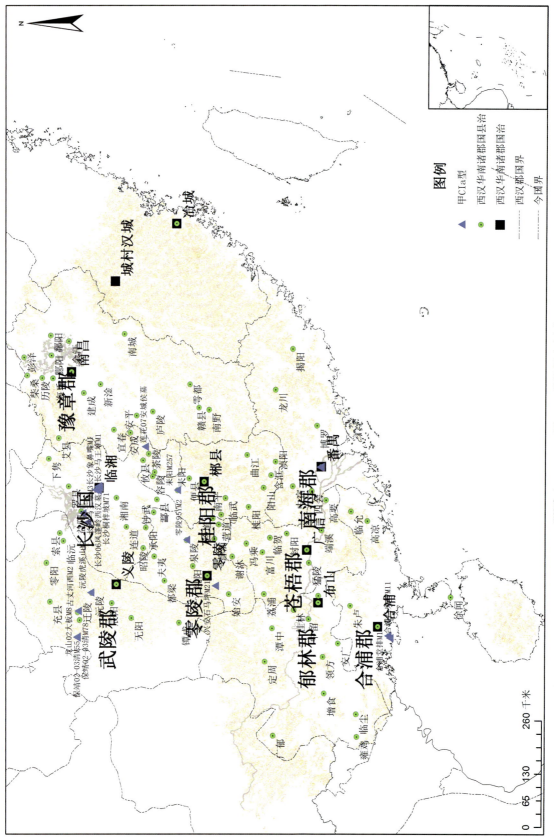

附图二·1·24　甲CⅠa型墓葬分布图

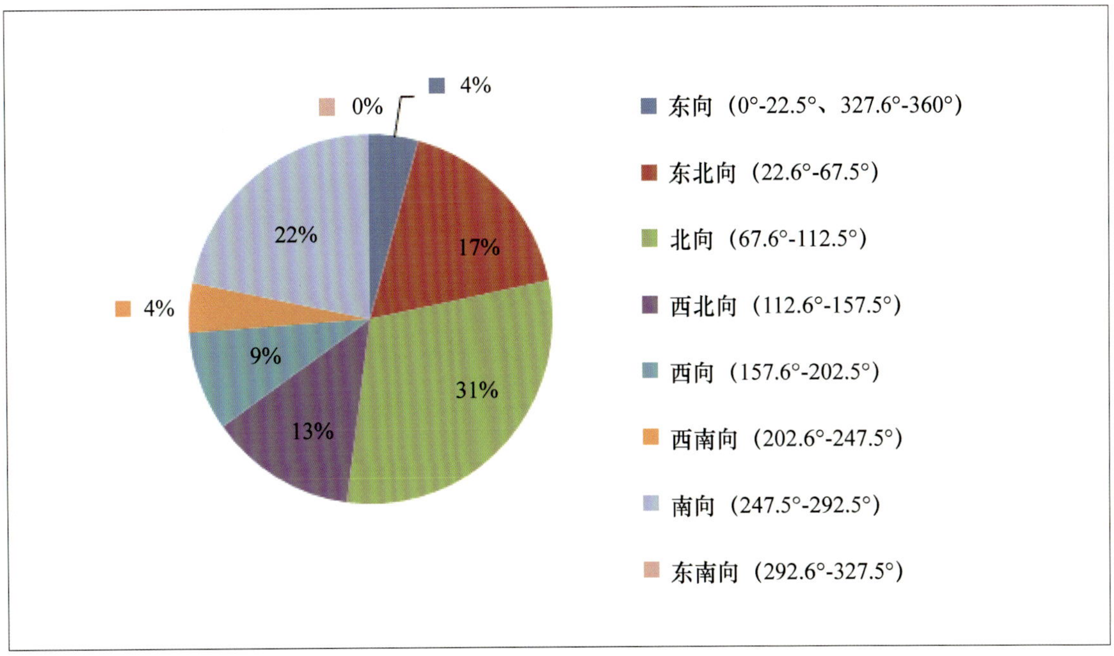
4%
0%
22%
17%
4%
9%
31%
13%
东向（0°-22.5°、327.6°-360°）
东北向（22.6°-67.5°）
北向（67.6°-112.5°）
西北向（112.6°-157.5°）
西向（157.6°-202.5°）
西南向（202.6°-247.5°）
南向（247.5°-292.5°）
东南向（292.6°-327.5°）

附图二·1·25　甲CⅠa型墓葬方向统计图

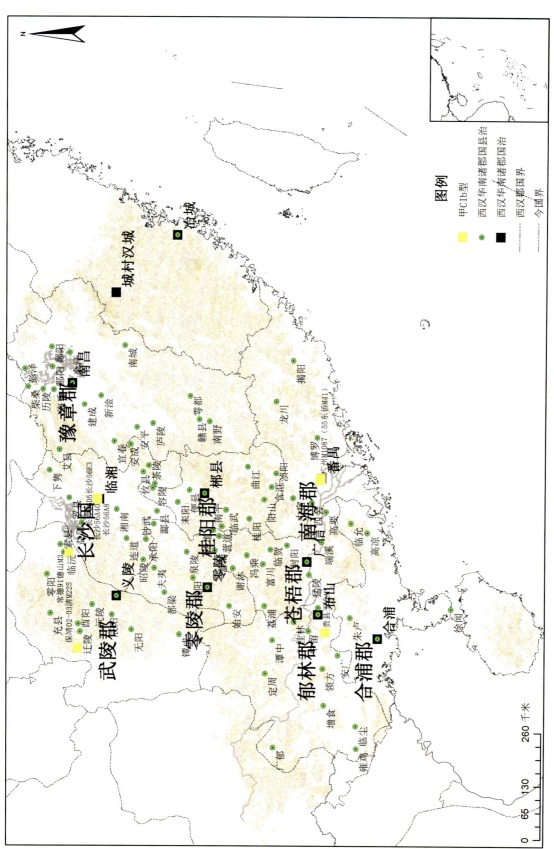

附图二·1·26　甲ⅭⅠb型墓葬分布图

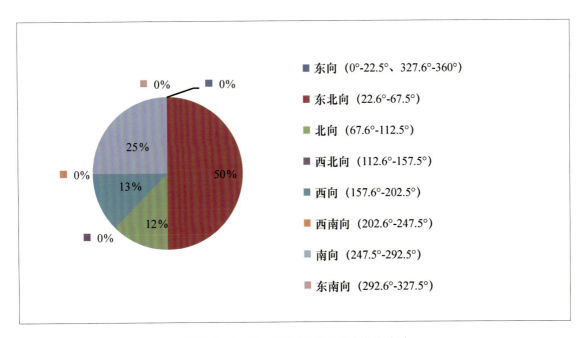

附图二·1·27 甲ⅭⅠb型墓葬方向统计图

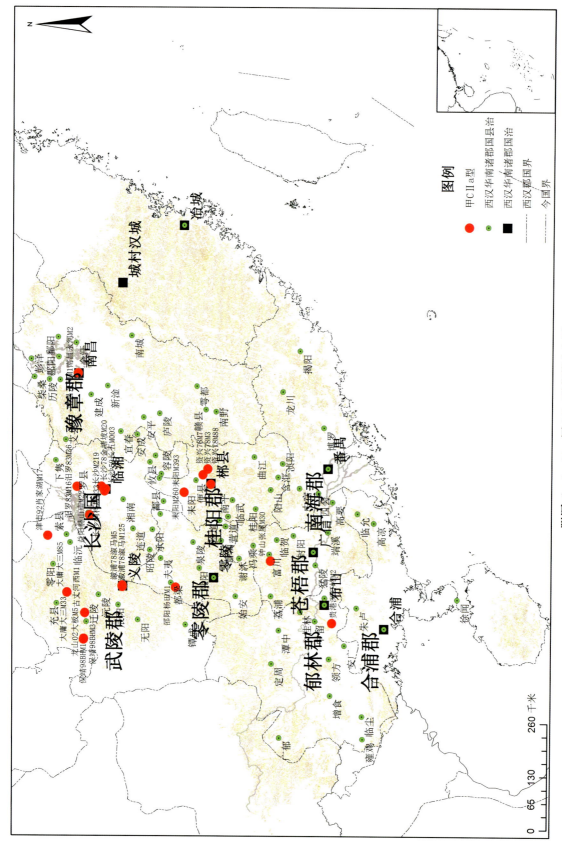

附图二·1·28　甲CⅡa型墓葬分布图

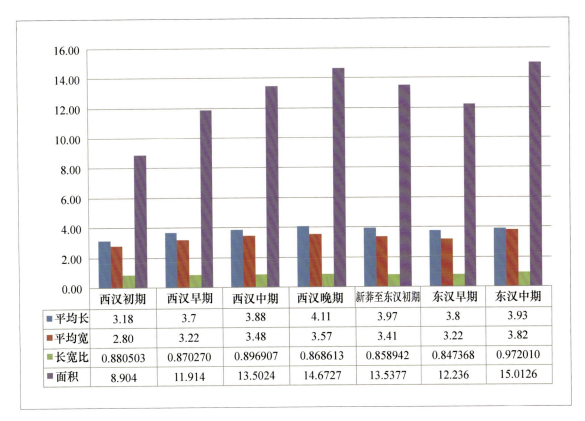

附图二·1·29　甲CⅡa型墓葬各时期规格差异统计图

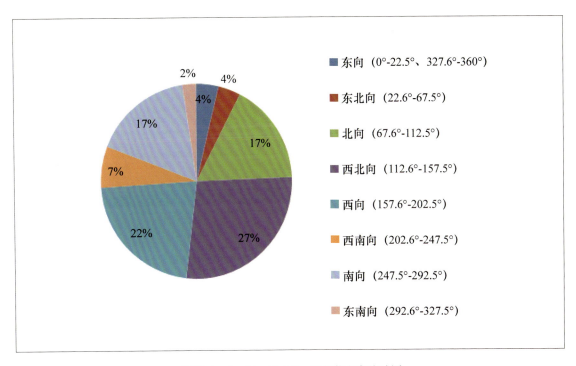

附图二·1·30　甲CⅡa型墓葬方向统计图

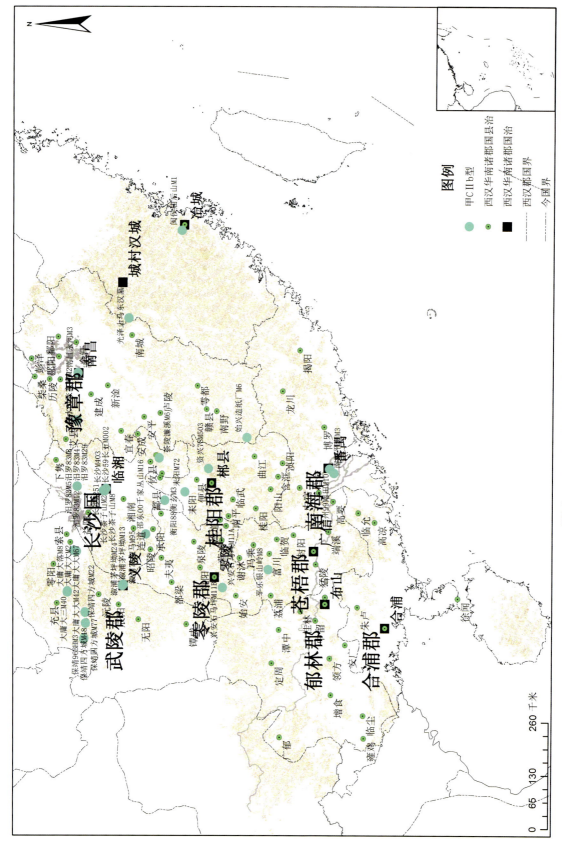

附图二·1·31 甲CⅡb型墓葬分布图

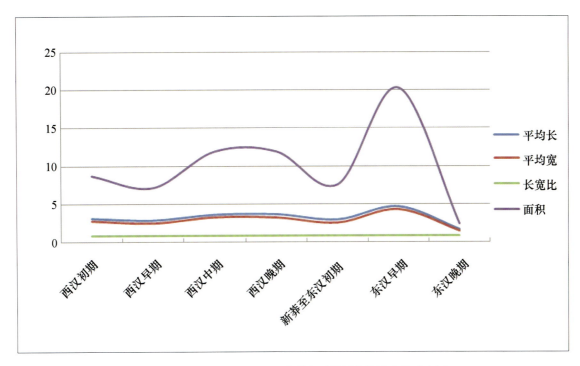

附图二·1·32　甲CⅡb型墓葬各时期规格差异变化示意图

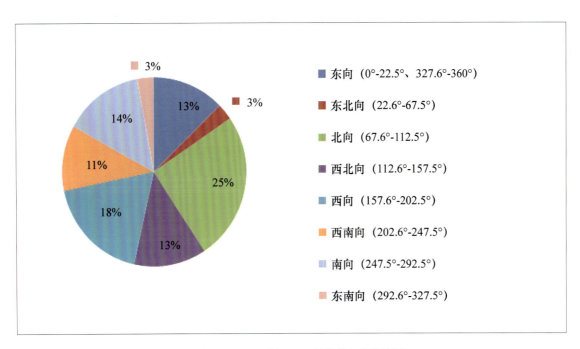

附图二·1·33　甲CⅡb型墓葬方向统计图

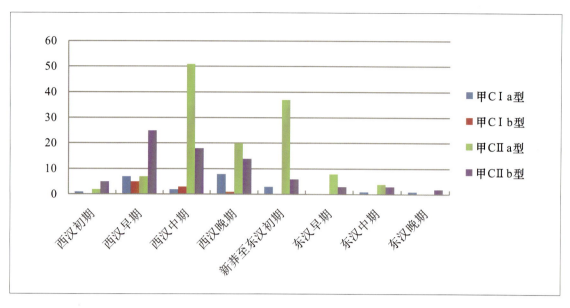

附图二·1·34   甲C类墓葬数量统计图

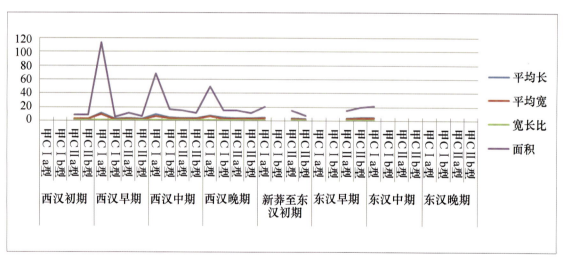

附图二·1·35   甲C类墓葬规格差异统计图

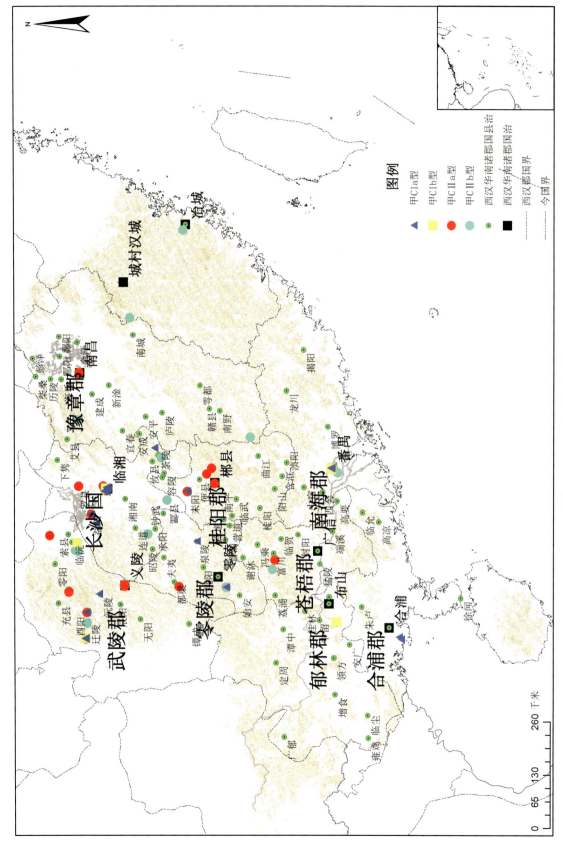

图例

甲CⅠa型　▲
甲CⅠb型　■
甲CⅡa型　●
甲CⅡb型　●
　　　　　◉
西汉华南诸郡国县治　■
西汉华南诸郡国治
西汉郡国界
今国界

附图二·1·36　甲C类墓葬分布图

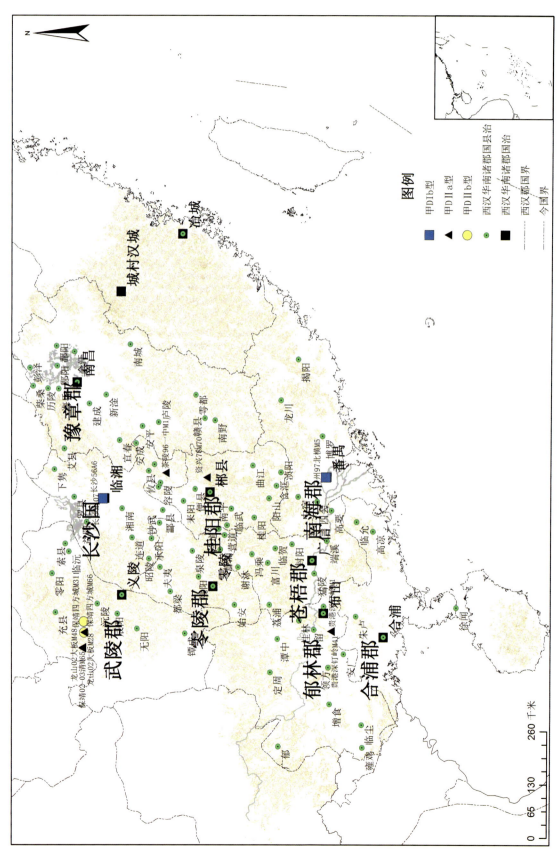

图例

■	甲D I b型
▲	甲D II a型
●	甲D II b型
◉	西汉华南诸郡国县治
■	西汉华南诸郡国治
------	西汉郡国界
------	今国界

附图二·1·37 甲D类墓葬分布图

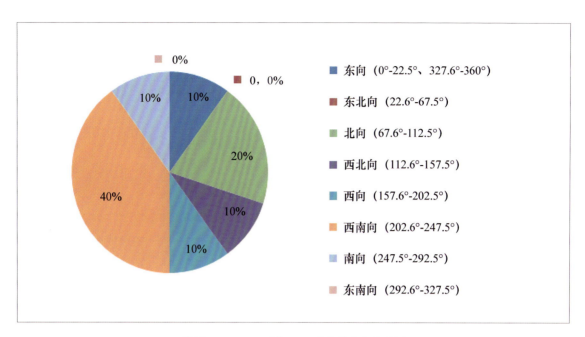

附图二·1·38　甲 DⅡa 型墓葬方向统计图

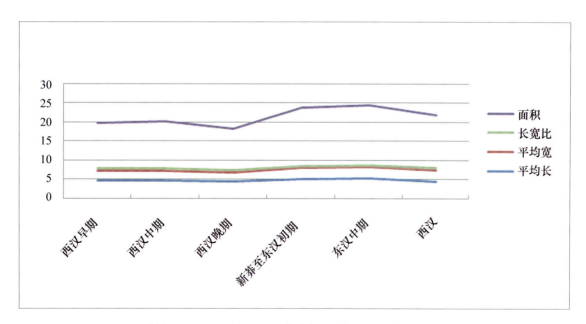

附图二·1·39　甲 EⅠa 型墓葬各时期规格差异变化示意图

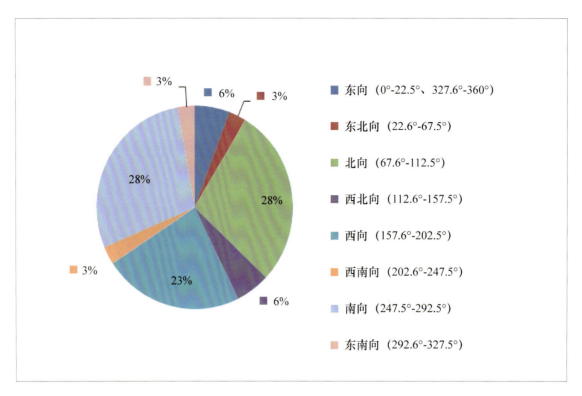

附图二·1·40 甲ΕⅠa型墓葬方向统计图

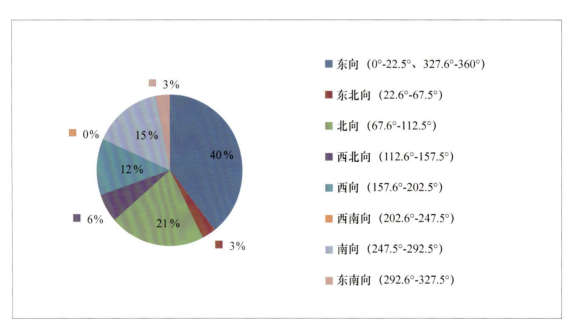

附图二·1·41 甲ΕⅠb型墓葬方向统计图

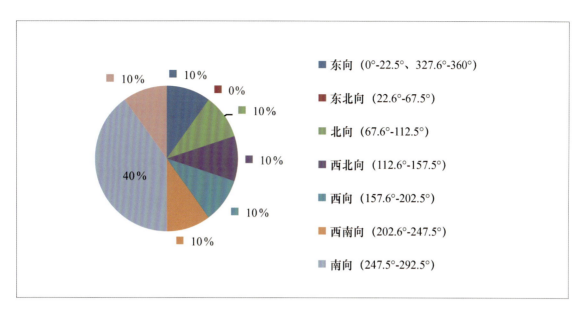

附图二·1·42　甲 EⅡa 型墓葬方向统计图

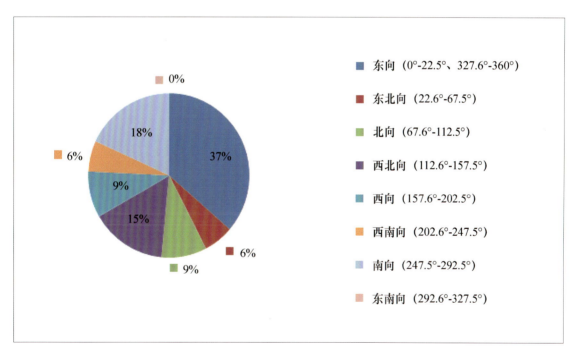

附图二·1·43　甲 EⅡb 型墓葬方向统计图

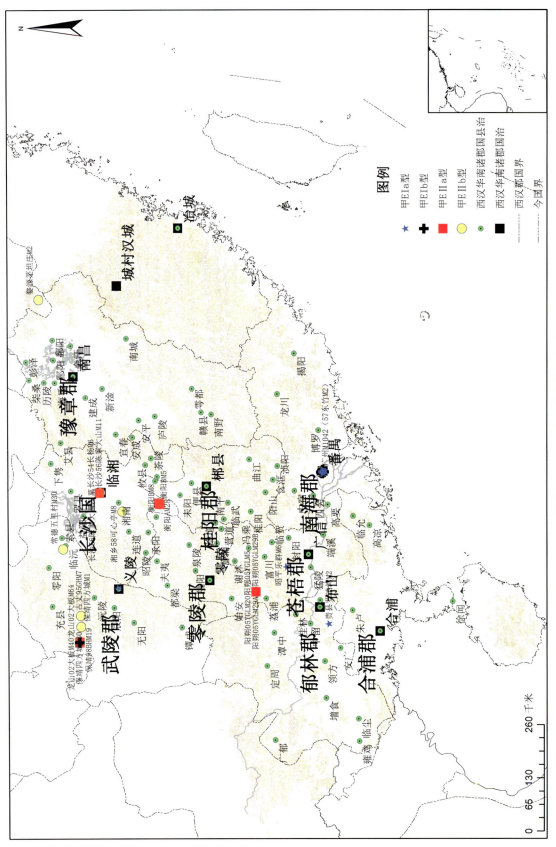

附图二·1·44 甲E类墓葬分布图

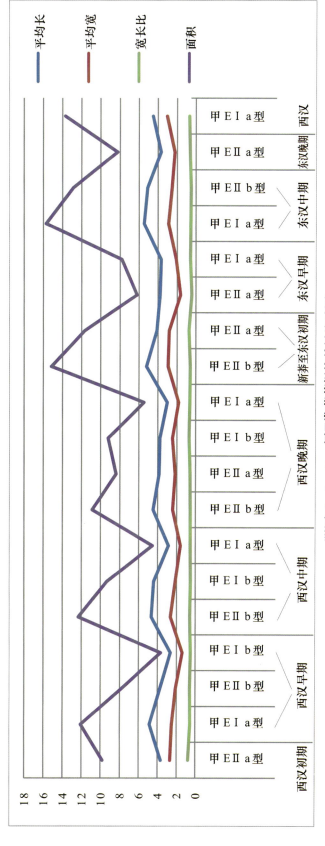

附图二·1·45　甲E类墓葬规格差异统计图

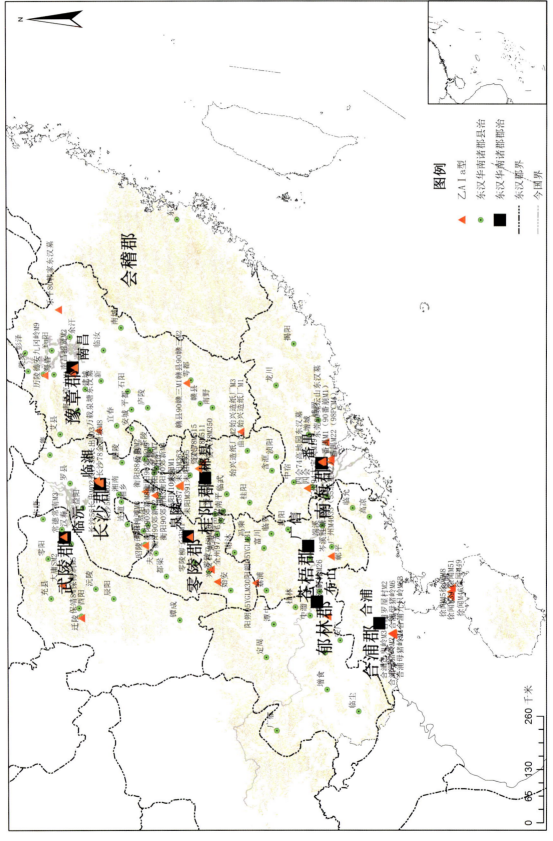

附图三·2·1 ZAⅠa型墓葬分布图

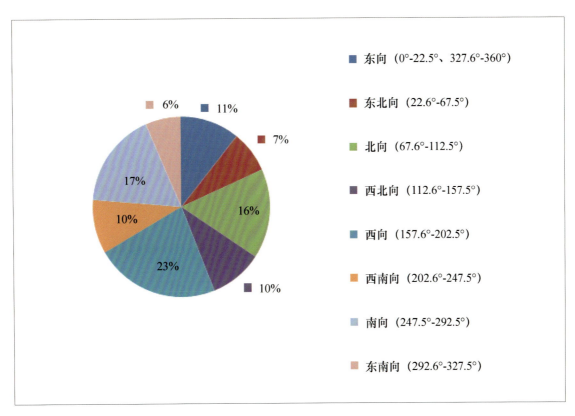

附图二·2·2　乙ＡⅠa型墓葬方向统计图

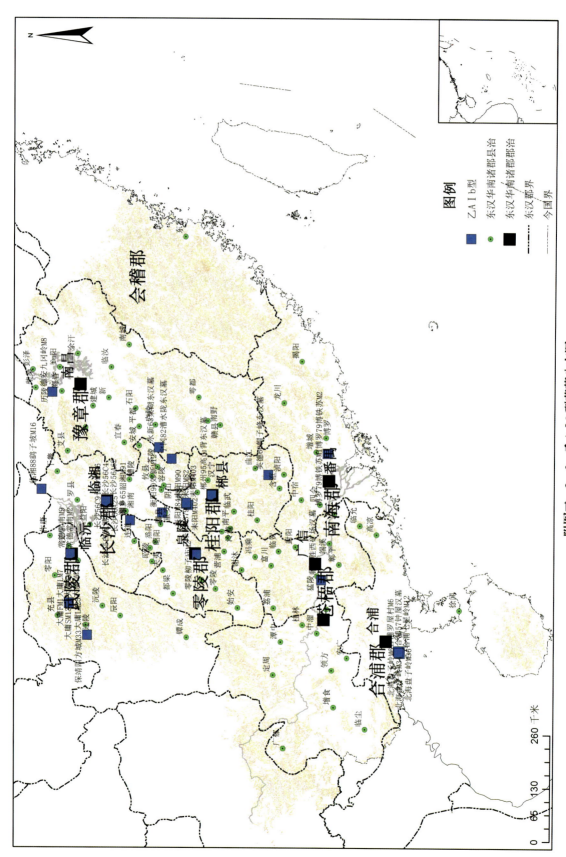

附图二·2·3　ＺＡⅠ b型墓葬分布图

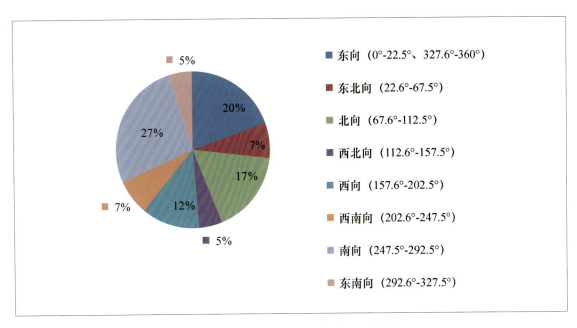

附图二·2·4　乙ＡⅠb型墓葬方向统计图

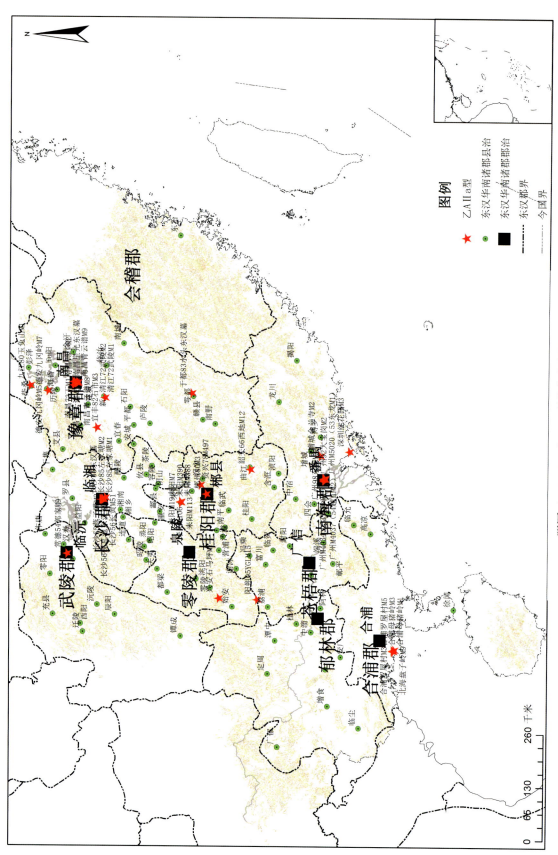

附图二·2·5　乙A Ⅱ a 型墓葬分布图

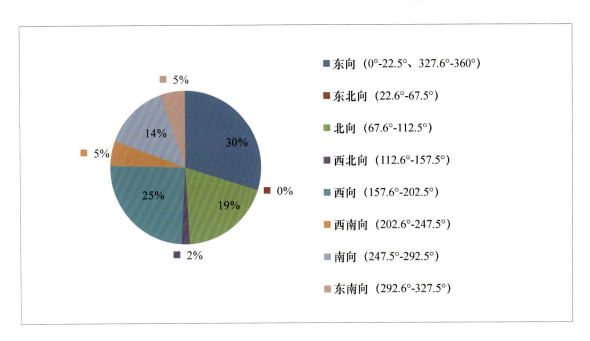

东向（0°-22.5°、327.6°-360°）

东北向（22.6°-67.5°）

北向（67.6°-112.5°）

西北向（112.6°-157.5°）

西向（157.6°-202.5°）

西南向（202.6°-247.5°）

南向（247.5°-292.5°）

东南向（292.6°-327.5°）

附图二·2·6 乙AⅡa型墓葬方向统计图

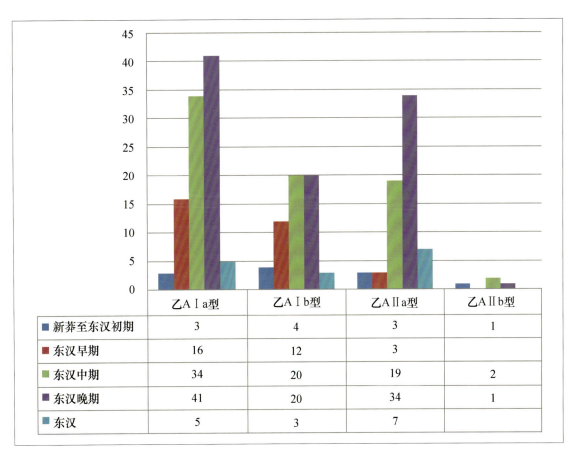

	乙AⅠa型	乙AⅠb型	乙AⅡa型	乙AⅡb型
新莽至东汉初期	3	4	3	1
东汉早期	16	12	3	
东汉中期	34	20	19	2
东汉晚期	41	20	34	1
东汉	5	3	7	

附图二·2·7 乙A类墓葬数量统计图

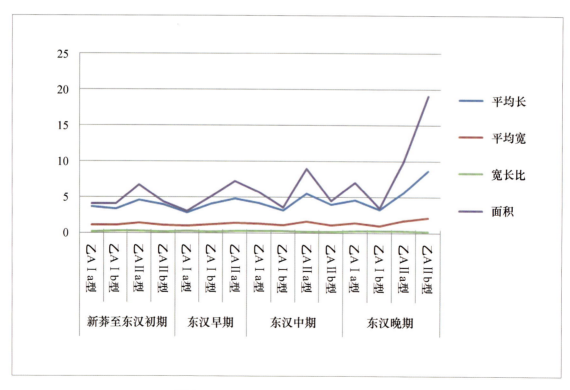

附图二·2·8 乙 A 类墓葬规格差异柱状图

附图二·2·9 乙 A 类墓葬规格差异折线图

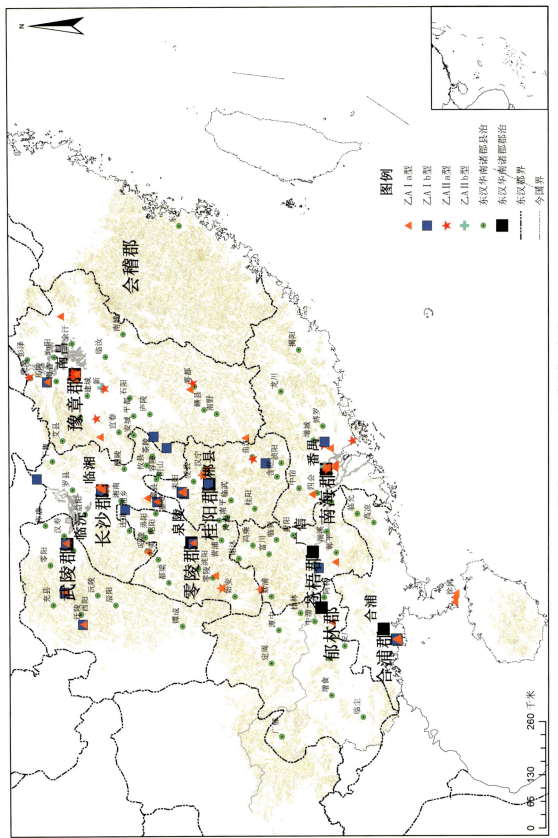

附图二·2·10　ZA类墓葬分布图

图例

ZA I a型
ZA I b型
ZA II a型
ZA II b型
东汉华南诸郡县治
东汉华南诸郡郡治
东汉郡界
今国界

会稽郡

豫章郡
南昌

武陵郡
临沅
临湘
长沙郡

泉陵
零陵郡

桂阳郡
郴县

番禺
南海郡

苍梧郡

郁林郡

合浦郡
合浦

0　65　130　260 千米

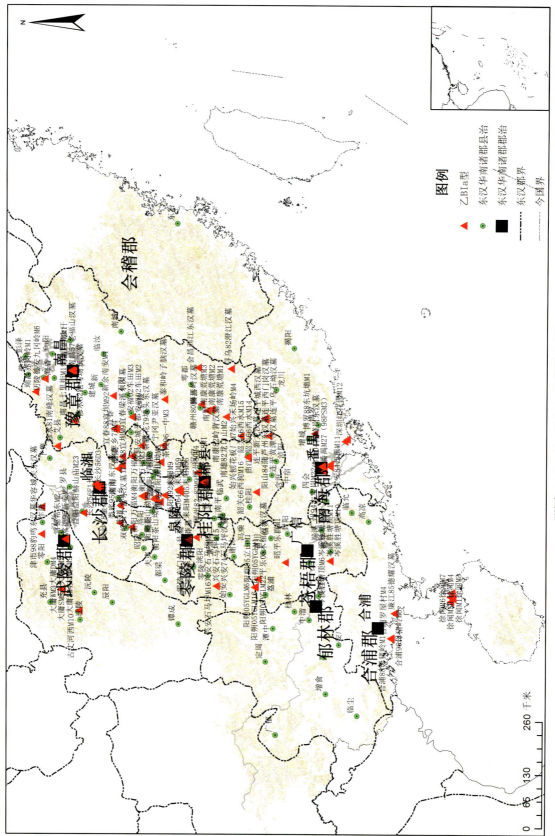

附图二·2·11 乙B I a型墓葬分布图

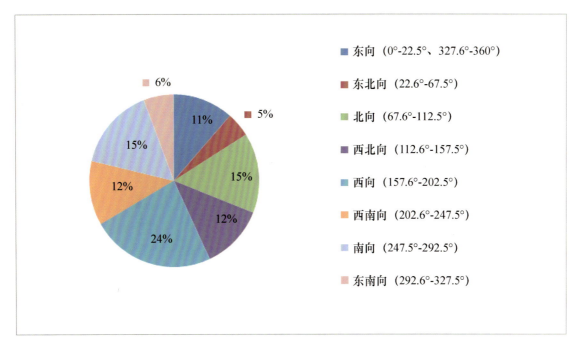

附图二·2·12　乙BⅠa型墓葬方向统计图

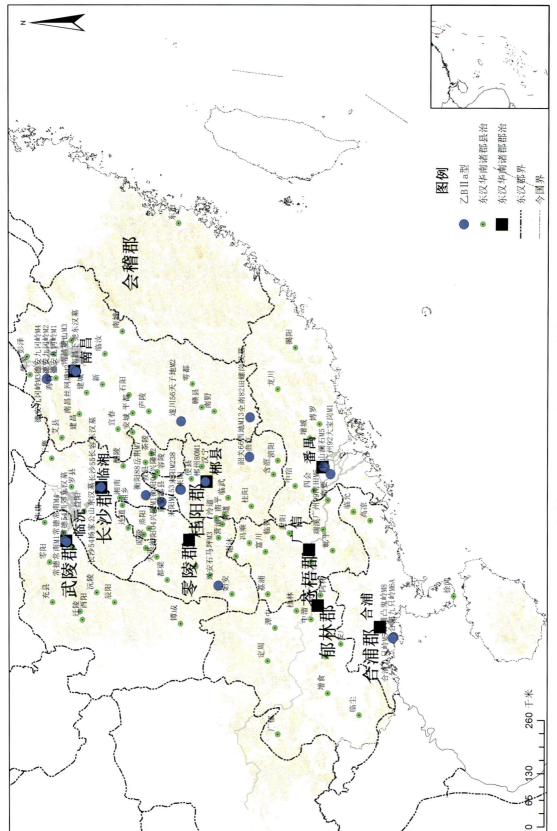

附图二·2·13　ZBⅡa型墓葬分布图

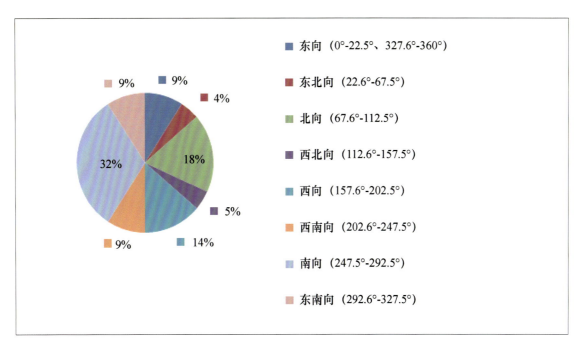

东向（0°-22.5°、327.6°-360°）

东北向（22.6°-67.5°）

北向（67.6°-112.5°）

西北向（112.6°-157.5°）

西向（157.6°-202.5°）

西南向（202.6°-247.5°）

南向（247.5°-292.5°）

东南向（292.6°-327.5°）

附图二·2·14　乙ＢⅡa型墓葬方向统计图

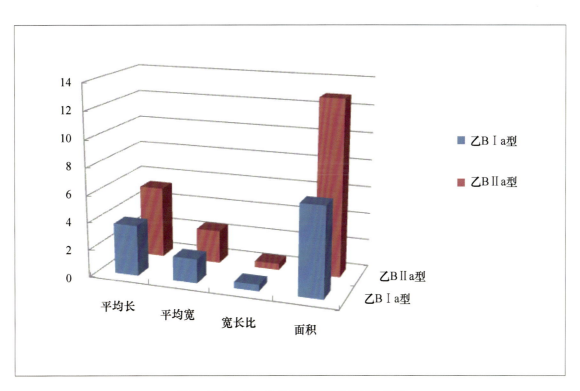

乙ＢⅠa型

乙ＢⅡa型

平均长　　平均宽　　宽长比　　面积

附图二·2·15　乙Ｂ类墓葬规格差异柱状图

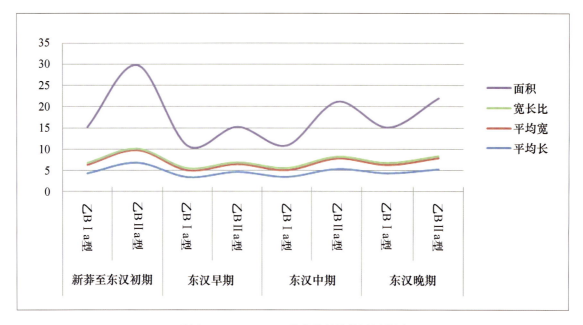

附图二·2·16　乙 B 类墓葬规格差异折线图

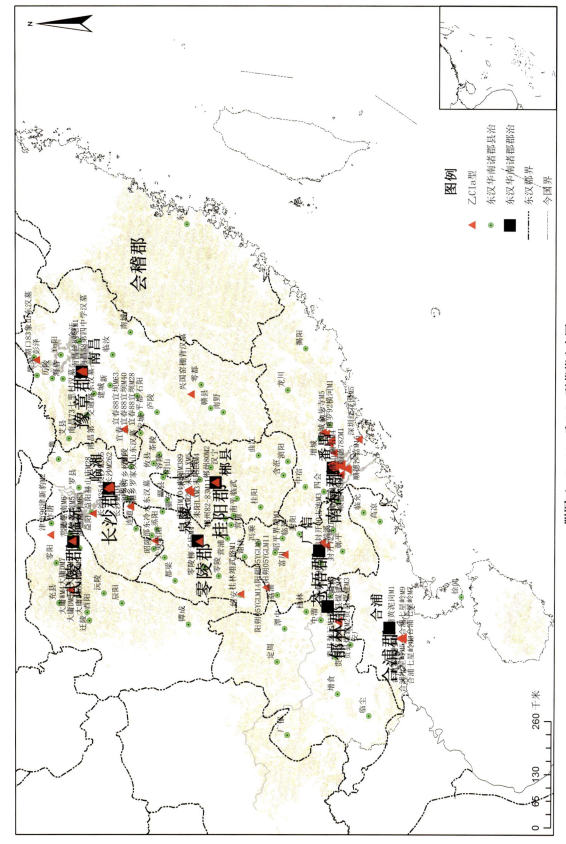

附图二·2·17 乙C I a型墓葬分布图

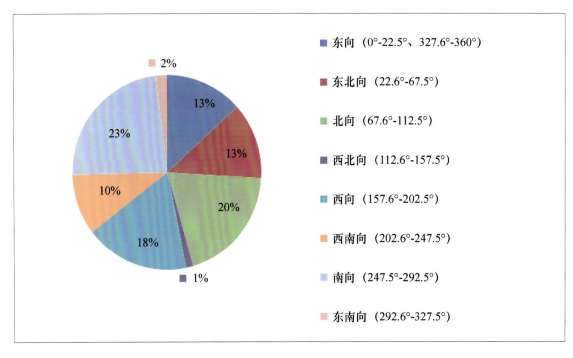

附图二·2·18　乙CⅠa型墓葬方向统计图

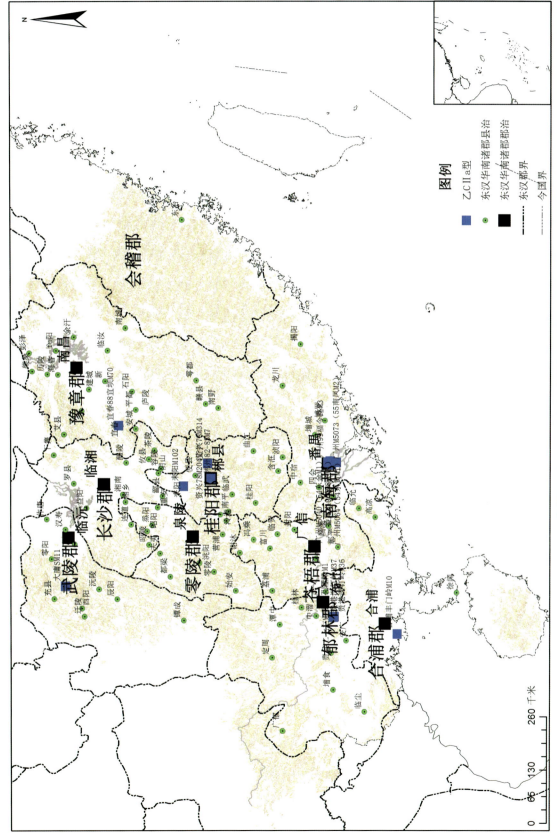

图例

ZCⅡa型

■ 东汉华南诸郡县治

● 东汉华南诸郡郡治

■ 东汉郡界

---- 东汉国界

------ 今国界

附图二·2·19 ZCⅡa型墓葬分布图

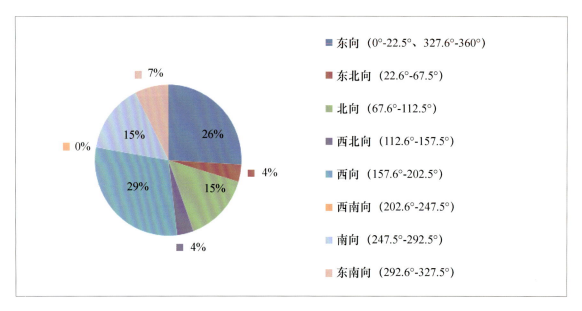

附图二·2·20 乙CⅡa型墓葬方向统计图

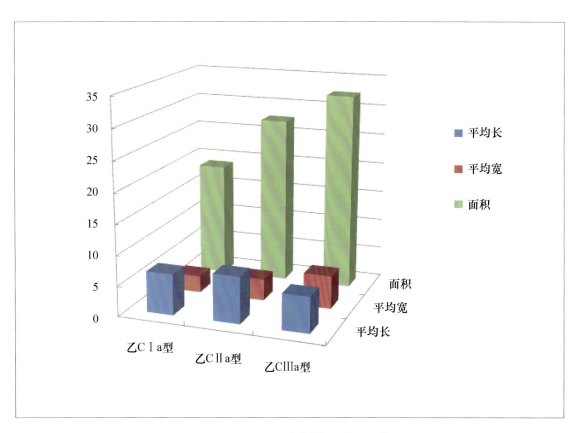

附图二·2·21 乙C类墓葬规格差异柱状图

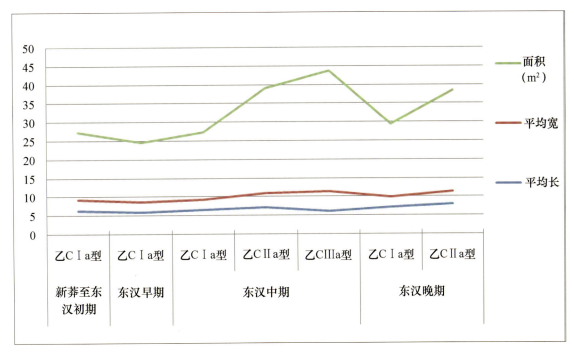

附图二·2·22　乙 C 类墓葬规格差异折线图

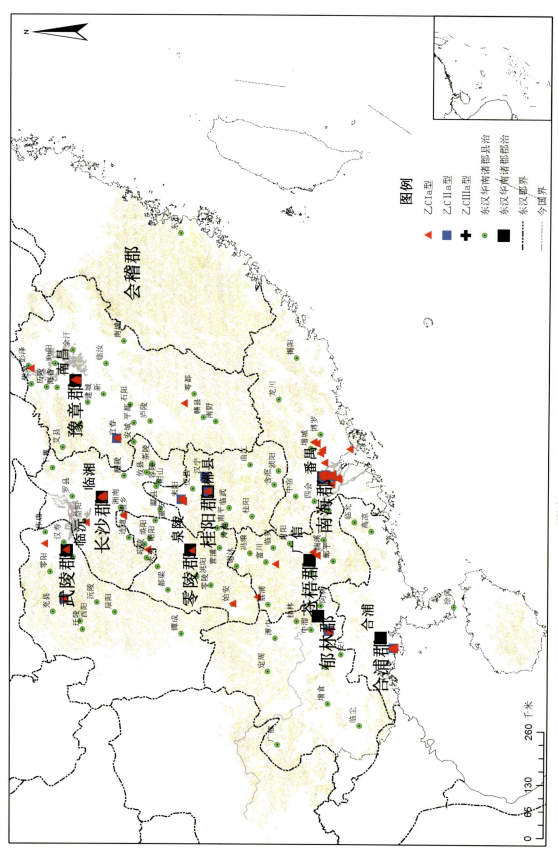

附图二·2·23 ZC类墓葬分布图

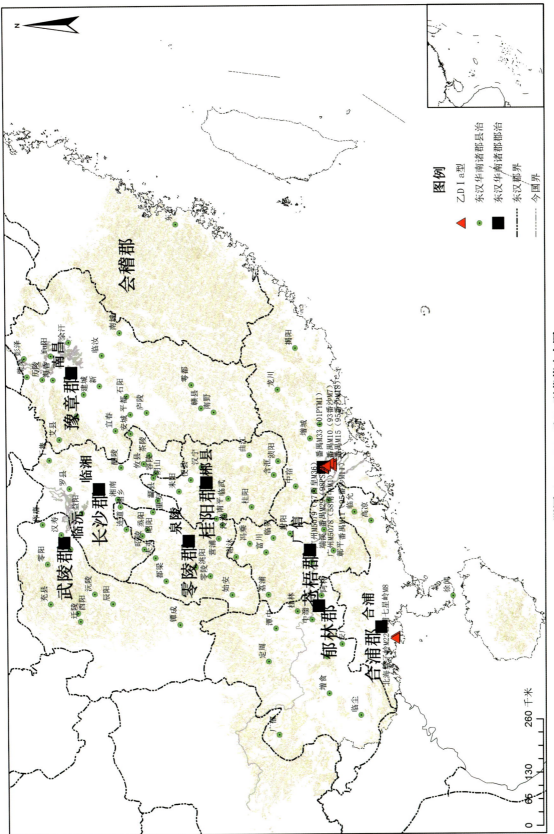

附图二·2·24　乙Da型墓葬分布图

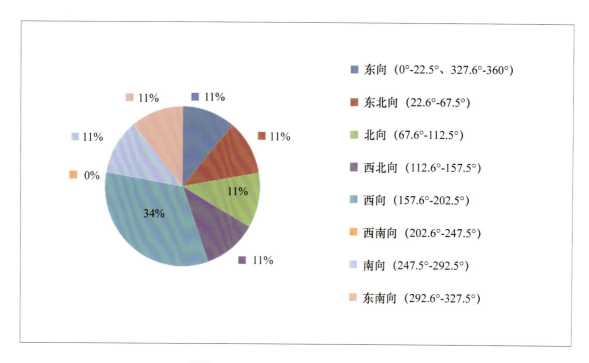

東向（0°-22.5°、327.6°-360°）

東北向（22.6°-67.5°）

北向（67.6°-112.5°）

西北向（112.6°-157.5°）

西向（157.6°-202.5°）

西南向（202.6°-247.5°）

南向（247.5°-292.5°）

東南向（292.6°-327.5°）

附图二·2·25　乙Da型墓葬方向统计图

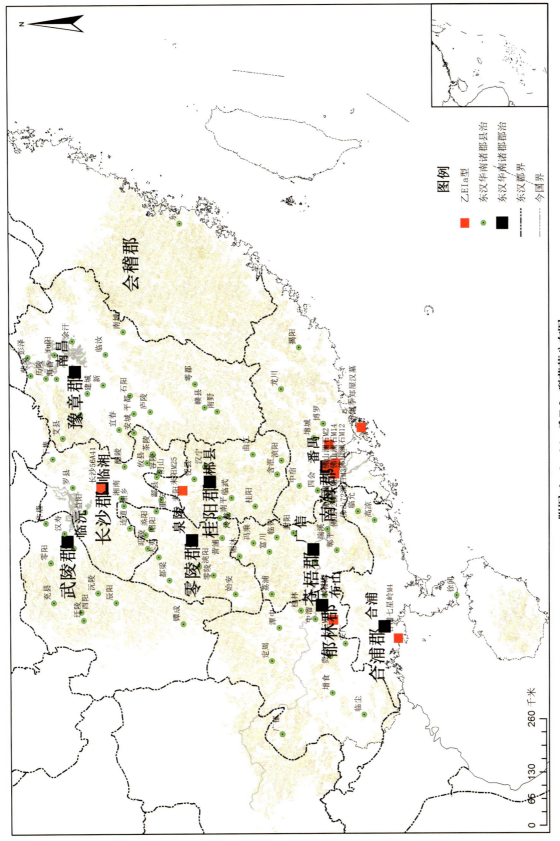

附图二·2·26　乙E I a型墓葬分布图

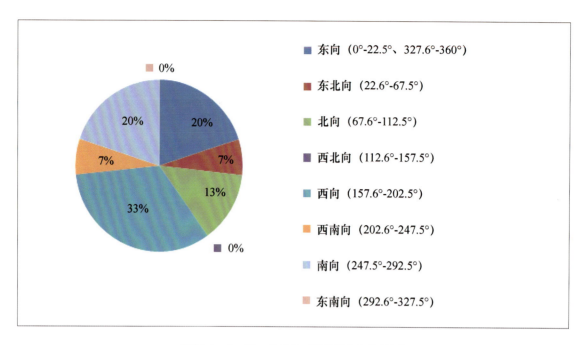

附图二·2·27　乙ⅠEa型墓葬方向统计图

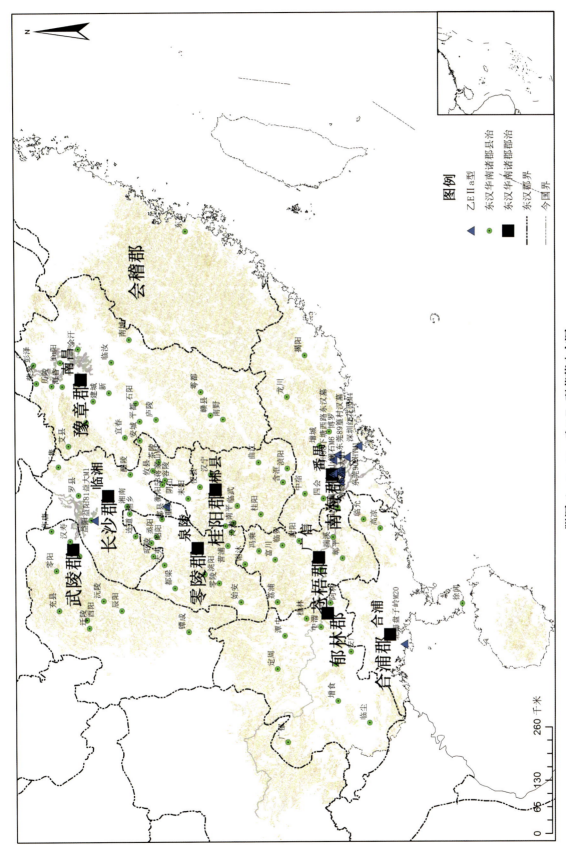

附图二·2·28　乙 E II a 型墓葬分布图

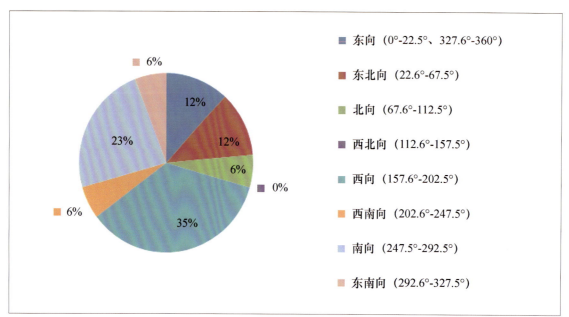

附图二·2·29   乙EⅡa型墓葬方向统计图

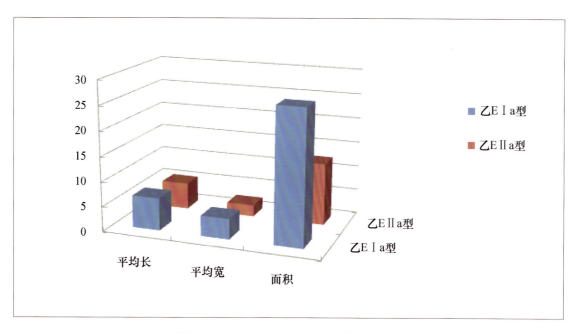

附图二·2·30   乙E类墓葬规格差异柱状图

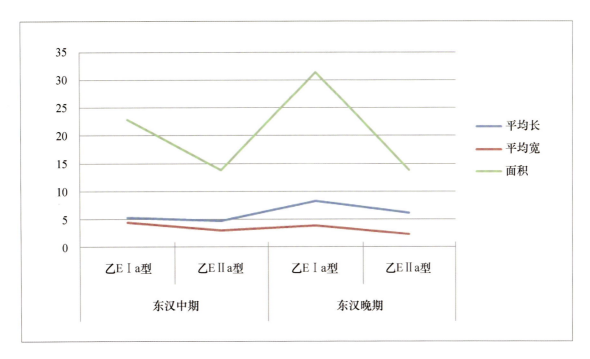

附图二·2·31　乙E类墓葬规格差异折线图

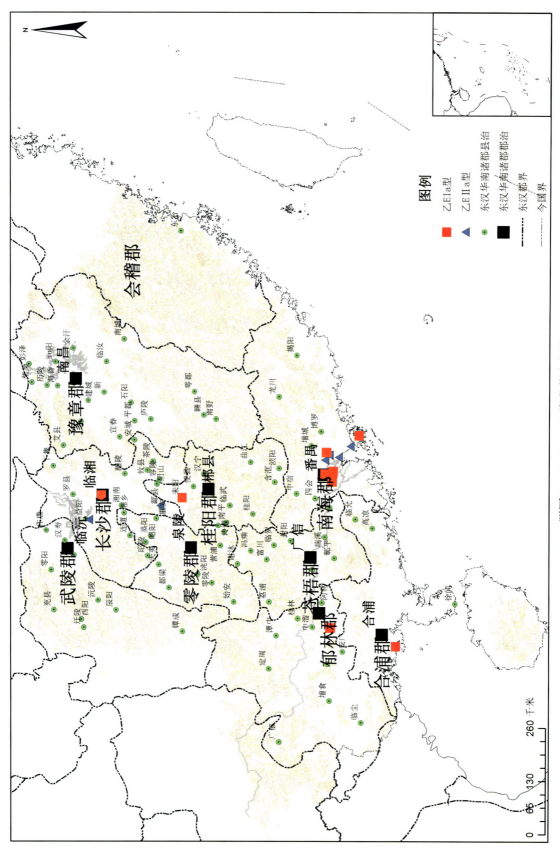

附图二·2·32　乙E类墓葬分布图

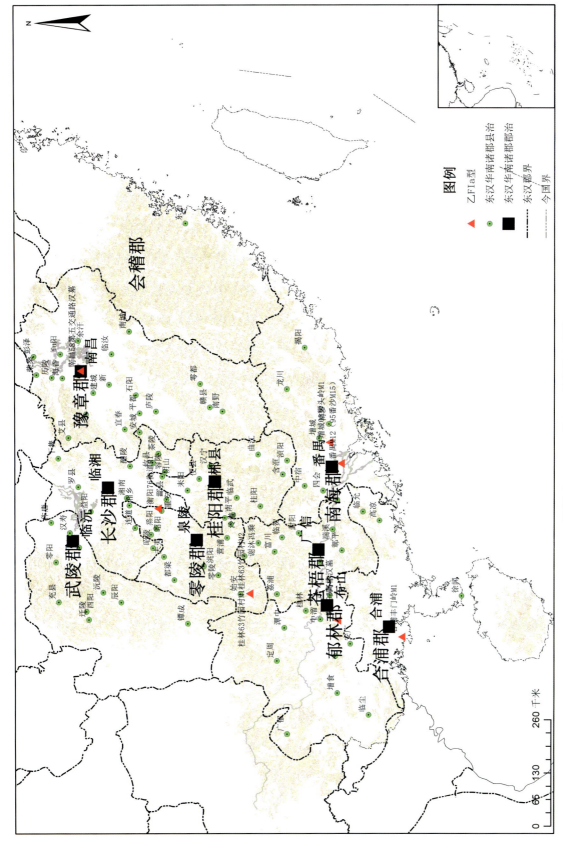

附图二·2·33　**乙FⅠa型墓葬分布图**

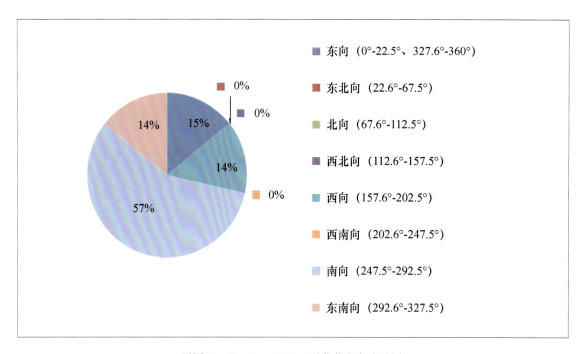

附图二·2·34　乙Ⅰa型墓葬方向统计图

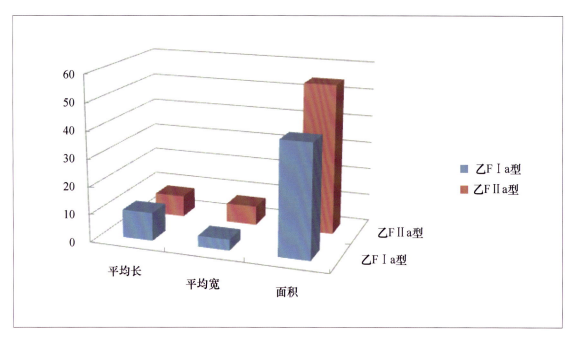

附图二·2·35　乙F类墓葬规格差异柱状图

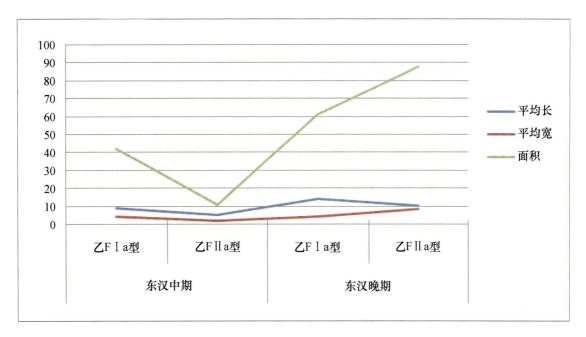

附图二·2·36 乙F类墓葬规格差异折线图

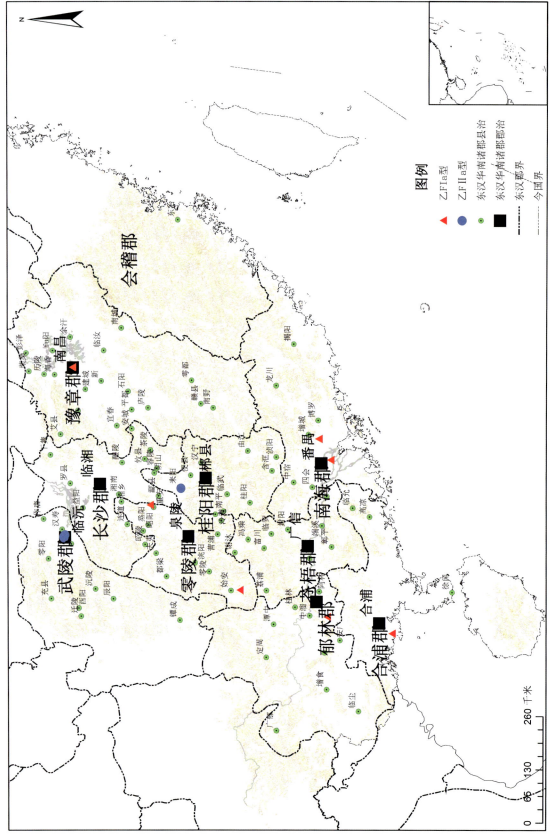

附图二·2·37 ZF类墓葬分布图

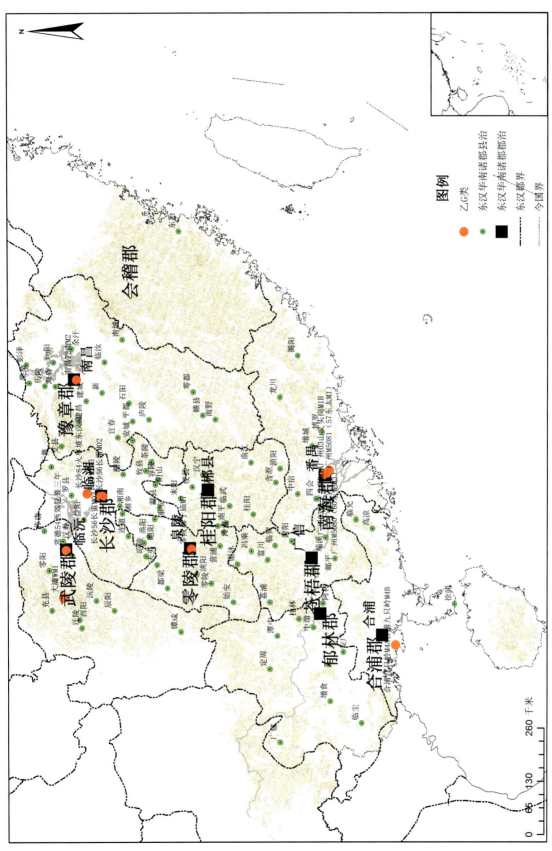

附图二·2·38　ZG类墓葬分布图

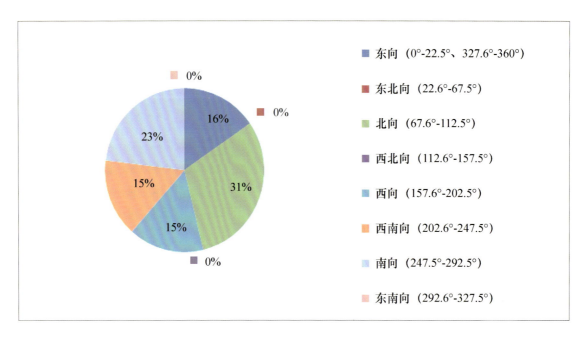

附图二·2·39　乙Ga型墓葬方向统计图

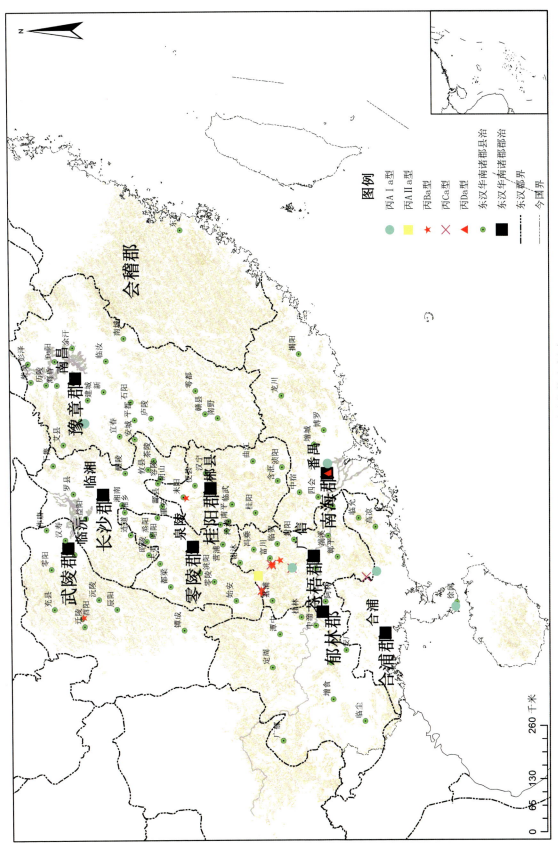

附图二·3·1 丙种墓葬分布图

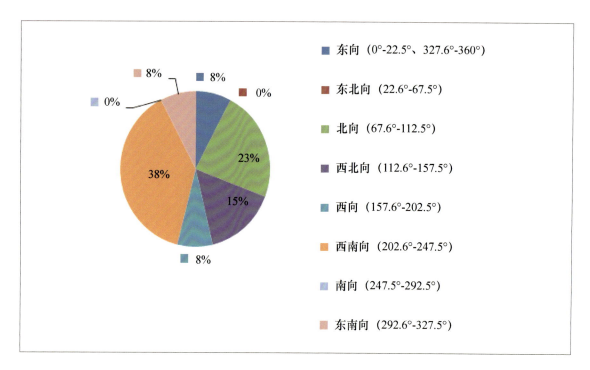

附图二·3·2 丙 Ba 型墓葬方向统计图

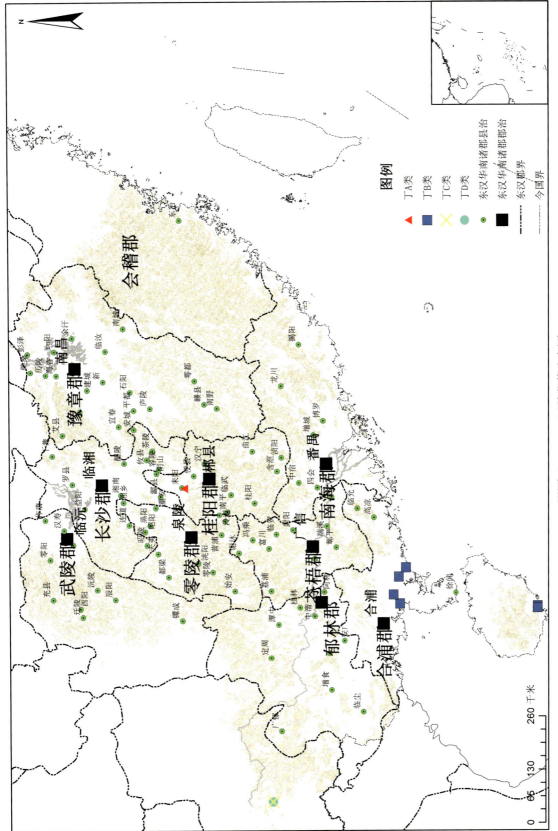

附图二·4·1 丁种墓葬分布图

附图三　本书第三章附图

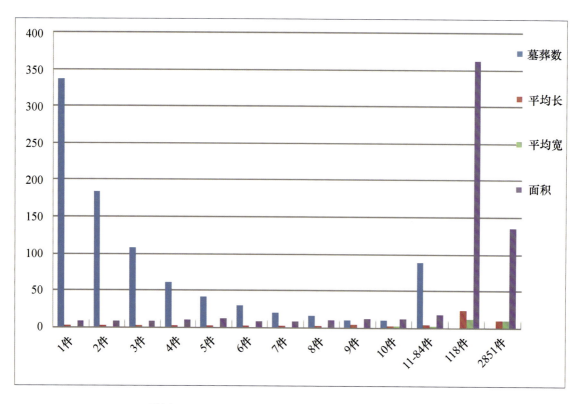

附图三·1·1　不同数量铜器出土墓葬规格差异统计图

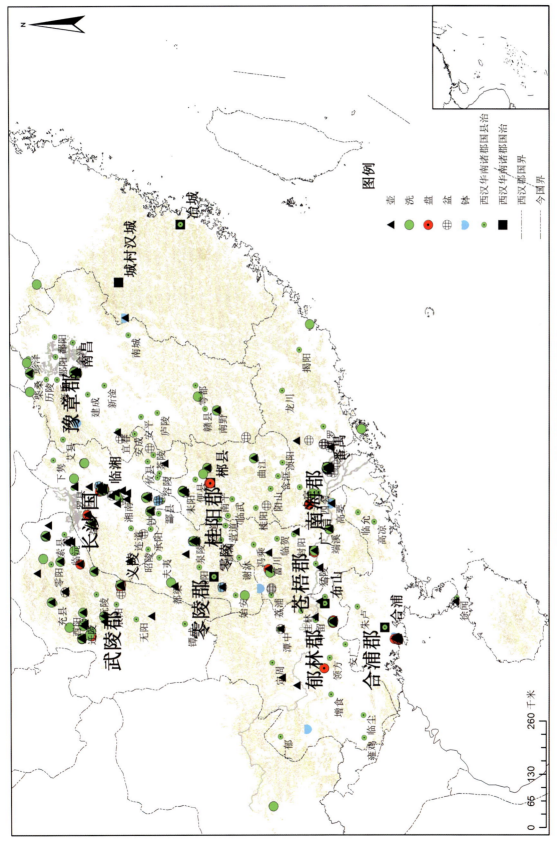

附图三·1·2 秦汉华南铜容器分布图（一）

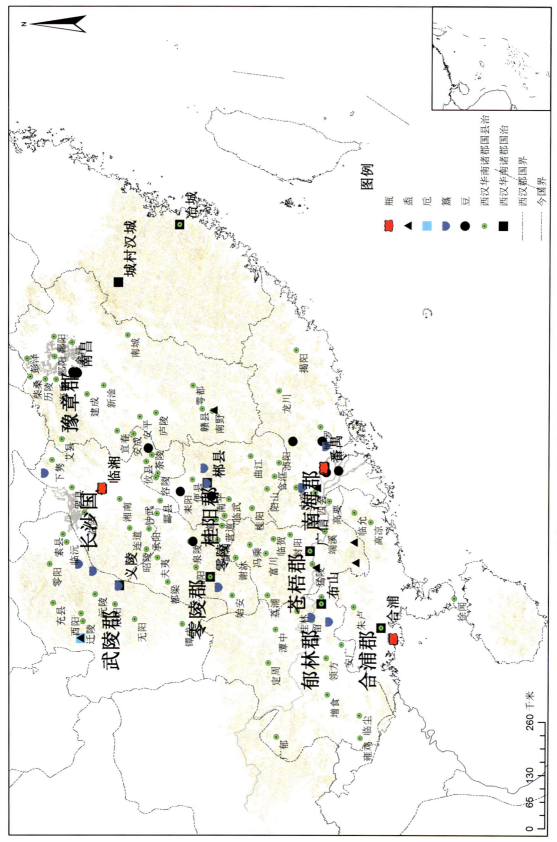

附图三・1・3　秦汉华南铜容器分布图（二）

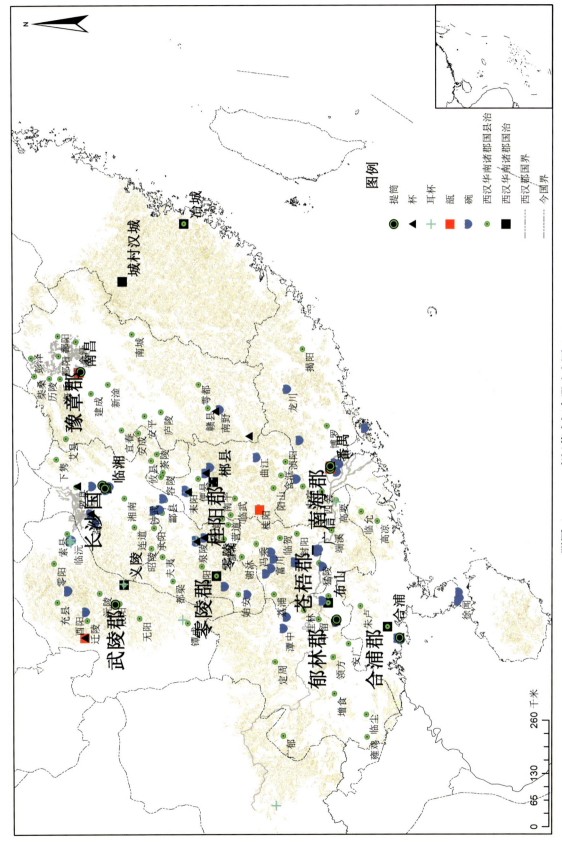

附图三·1·4 秦汉华南铜容器分布图（三）

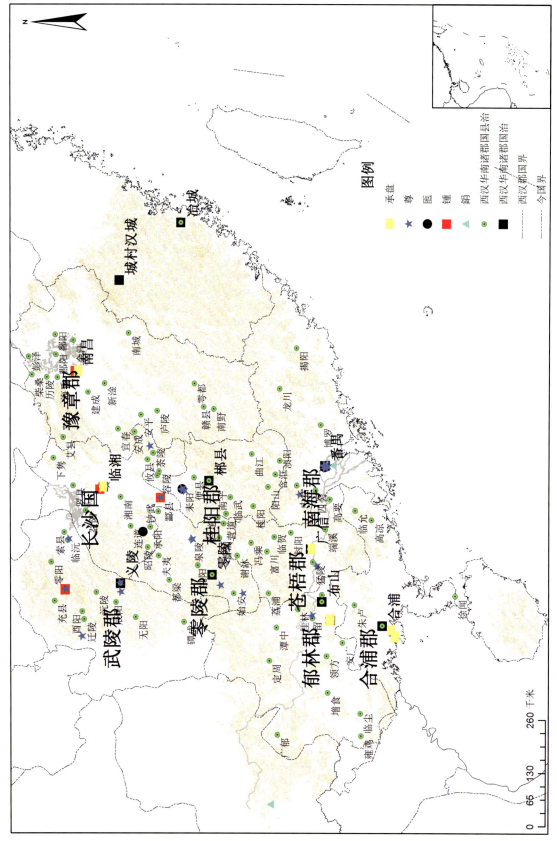

附图三·1·5　秦汉华南铜容器分布图（四）

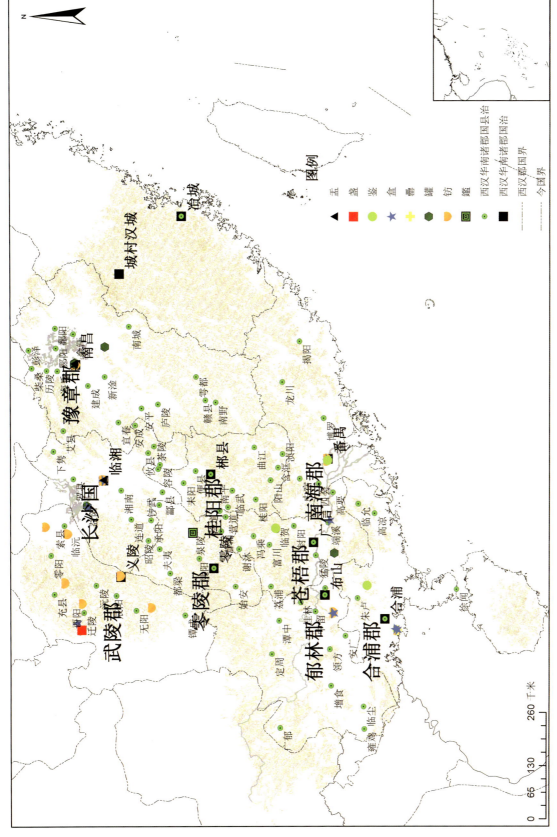

附图三·1·6　秦汉华南铜容器分布图（五）

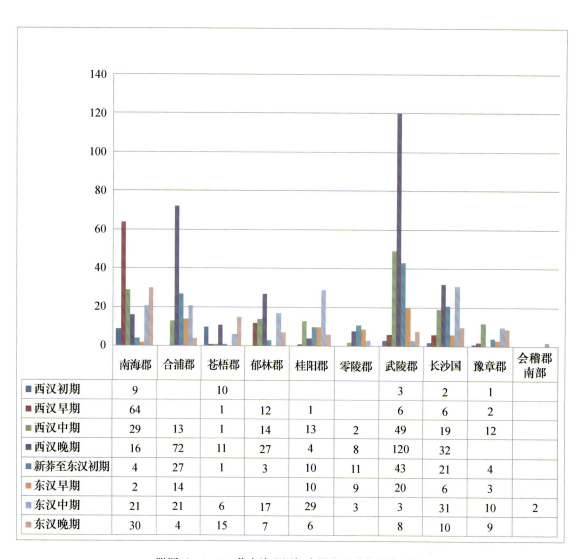

	南海郡	合浦郡	苍梧郡	郁林郡	桂阳郡	零陵郡	武陵郡	长沙国	豫章郡	会稽郡南部
■ 西汉初期	9		10				3	2	1	
■ 西汉早期	64		1	12	1		6	6	2	
■ 西汉中期	29	13	1	14	13	2	49	19	12	
■ 西汉晚期	16	72	11	27	4	8	120	32		
■ 新莽至东汉初期	4	27	1	3	10	11	43	21	4	
■ 东汉早期	2	14			10	9	20	6	3	
■ 东汉中期	21	21	6	17	29	3	3	31	10	2
■ 东汉晚期	30	4	15	7	6		8	10	9	

附图三·1·7　华南诸郡国铜容器发现点数量统计图

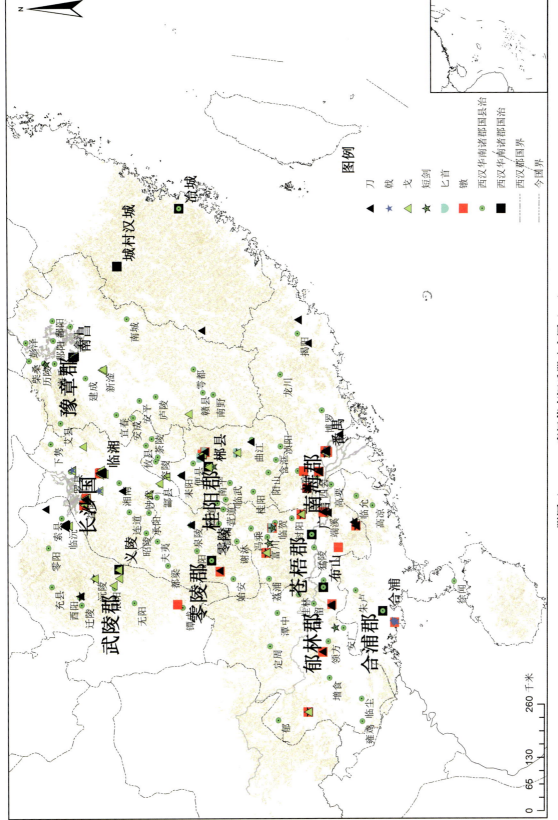

附图三·1·8　秦汉华南铜兵器分布图（一）

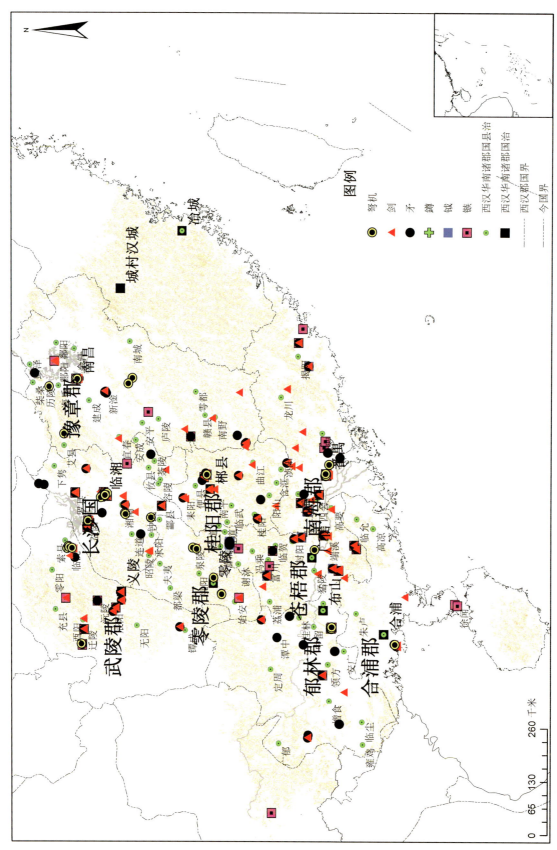

附图三·1·9　秦汉华南铜兵器分布图（二）

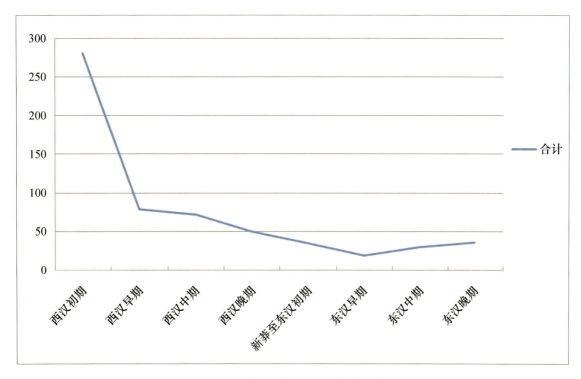

附图三·1·10　各时期铜兵器发现点数量变化统计图

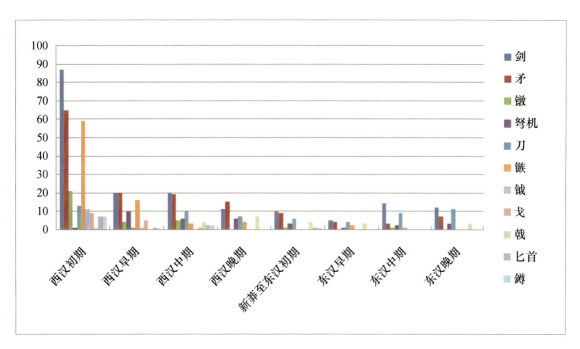

附图三·1·11　各类铜兵器发现点数量变化统计图

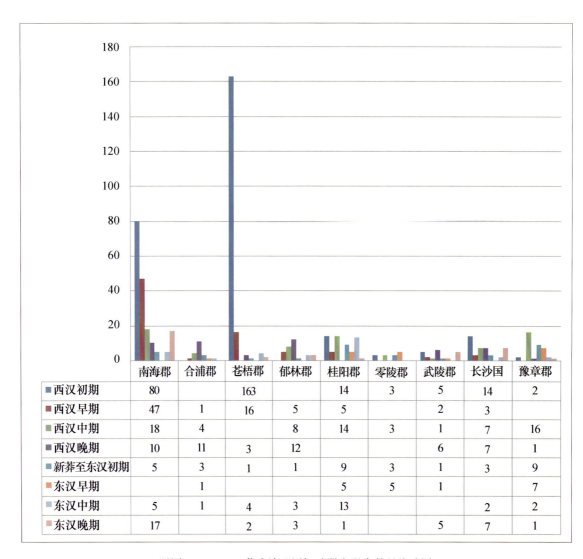

	南海郡	合浦郡	苍梧郡	郁林郡	桂阳郡	零陵郡	武陵郡	长沙国	豫章郡
■西汉初期	80		163		14	3	5	14	2
■西汉早期	47	1	16	5	5		2	3	
■西汉中期	18	4		8	14	3	1	7	16
■西汉晚期	10	11	3	12			6	7	1
■新莽至东汉初期	5	3	1	1	9	3	1	3	9
■东汉早期		1			5	5	1		7
■东汉中期	5	1	4	3	13			2	2
■东汉晚期	17		2	3	1		5	7	1

附图三·1·12   华南诸郡国铜兵器发现点数量统计图

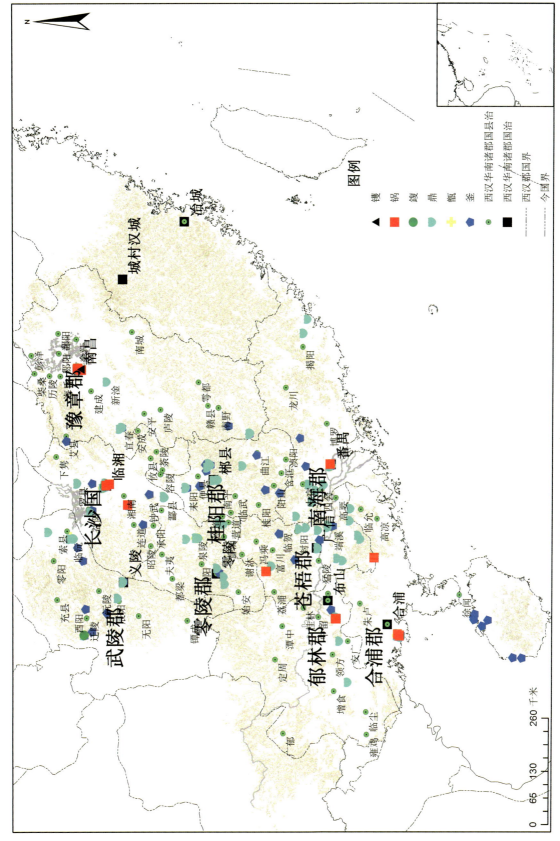

附图三·1·13　秦汉华南铜炊煮器分布图（一）

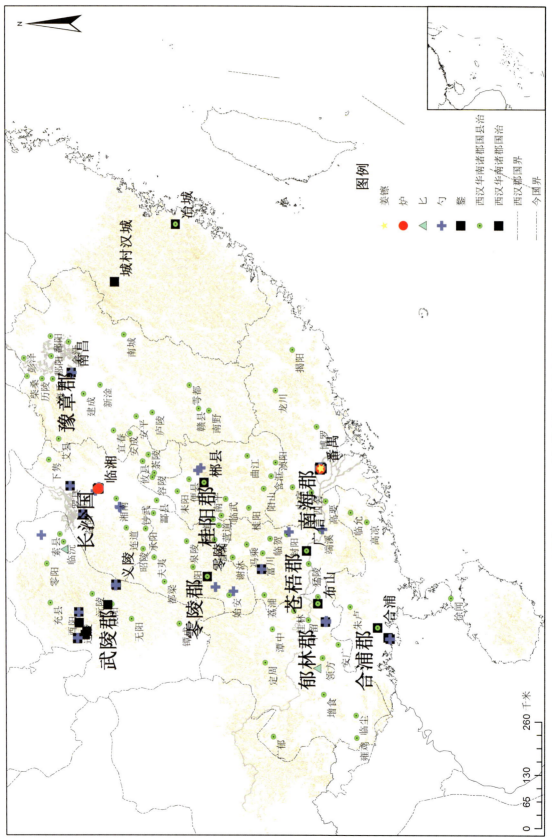

附图三·1·14 秦汉华南铜炊煮器分布图（二）

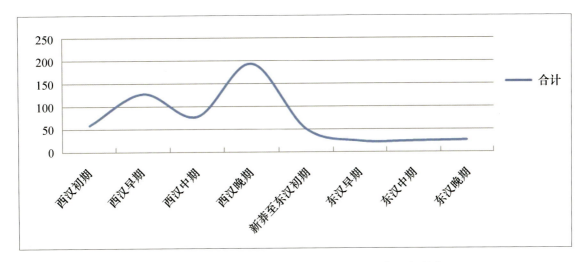

附图三·1·15 各时段铜炊煮器发现点数量变化统计图

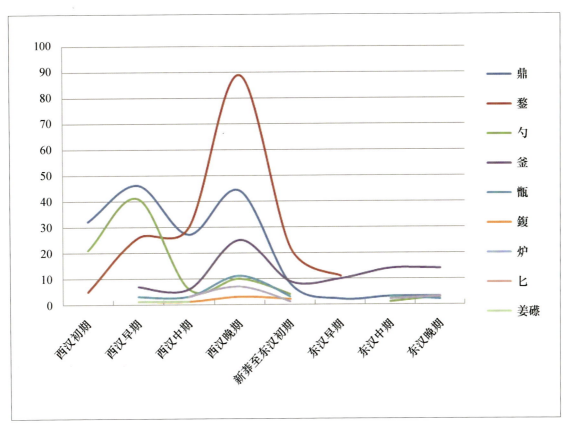

附图三·1·16 各类铜炊煮器发现点数量变化统计图

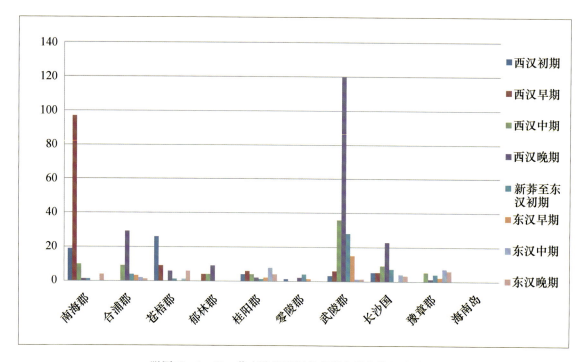

附图三·1·17　华南诸郡国铜炊煮器发现点数量统计图

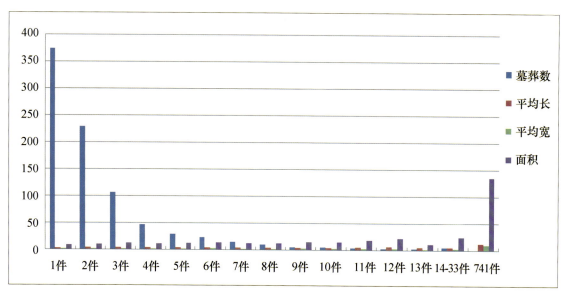

附图三·2·1　不同数量铁器出土墓葬规格差异统计图

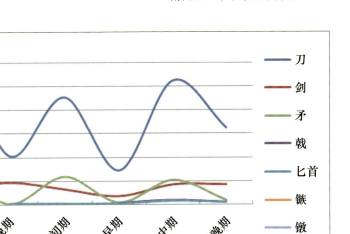

附图三·2·2　各类铁兵器发现点数量变化统计图

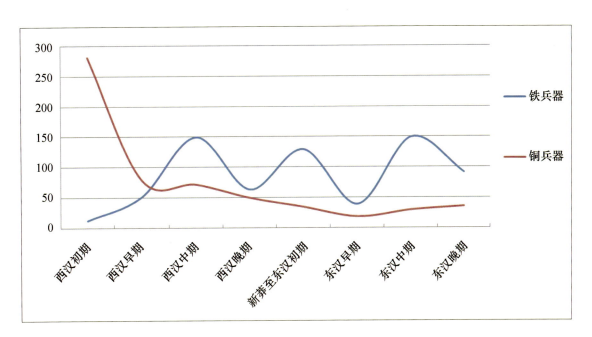

附图三·2·3　各时期铜、铁兵器发现点数量变化统计图

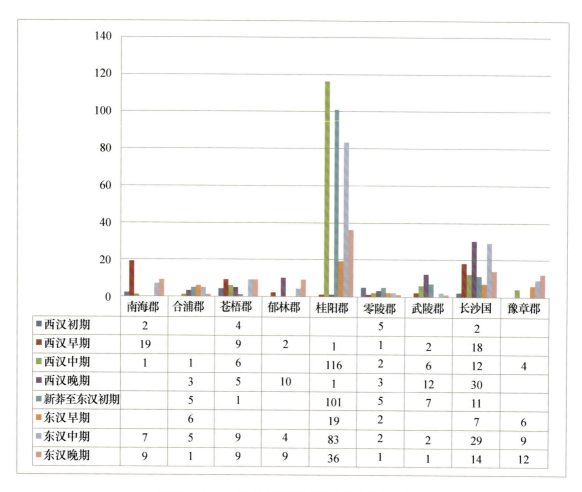

	南海郡	合浦郡	苍梧郡	郁林郡	桂阳郡	零陵郡	武陵郡	长沙国	豫章郡
■ 西汉初期	2		4			5		2	
■ 西汉早期	19		9	2	1	1	2	18	
■ 西汉中期	1	1	6		116	2	6	12	4
■ 西汉晚期		3	5	10	1	3	12	30	
■ 新莽至东汉初期		5	1		101	5	7	11	
■ 东汉早期		6			19	2		7	6
■ 东汉中期	7	5	9	4	83	2	2	29	9
■ 东汉晚期	9	1	9	9	36	1	1	14	12

附图三·2·4　华南诸郡国铁兵器发现点数量统计图

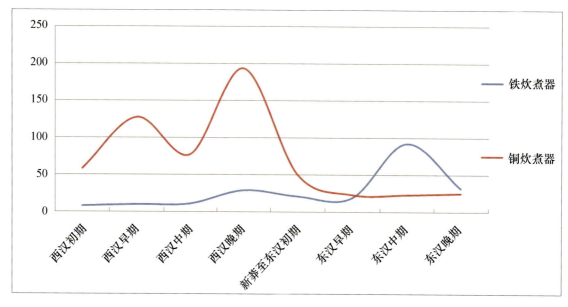

附图三·2·5　各时期铜、铁炊煮器发现点数量变化统计图

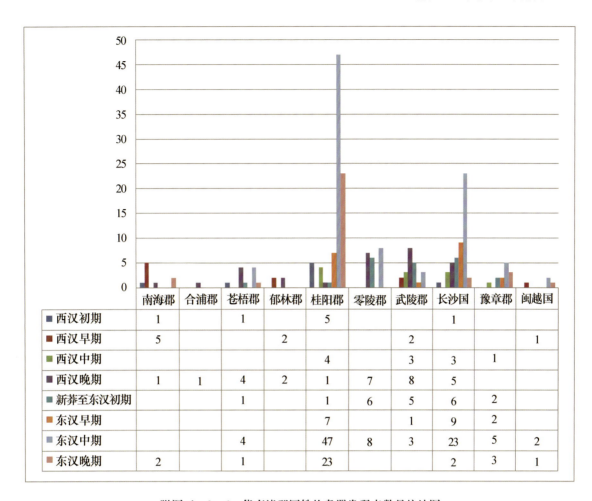

	南海郡	合浦郡	苍梧郡	郁林郡	桂阳郡	零陵郡	武陵郡	长沙国	豫章郡	闽越国
■ 西汉初期	1		1		5			1		
■ 西汉早期	5			2			2			1
■ 西汉中期					4		3	3	1	
■ 西汉晚期	1	1	4	2	1	7	8	5		
■ 新莽至东汉初期			1		1	6	5	6	2	
■ 东汉早期					7		1	9	2	
■ 东汉中期			4		47	8	3	23	5	2
■ 东汉晚期	2		1		23			2	3	1

附图三·2·6　华南诸郡国铁炊煮器发现点数量统计图

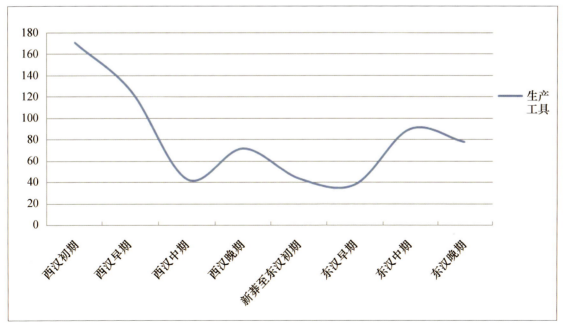

附图三·2·7　华南铁生产工具发现点数量变化统计图

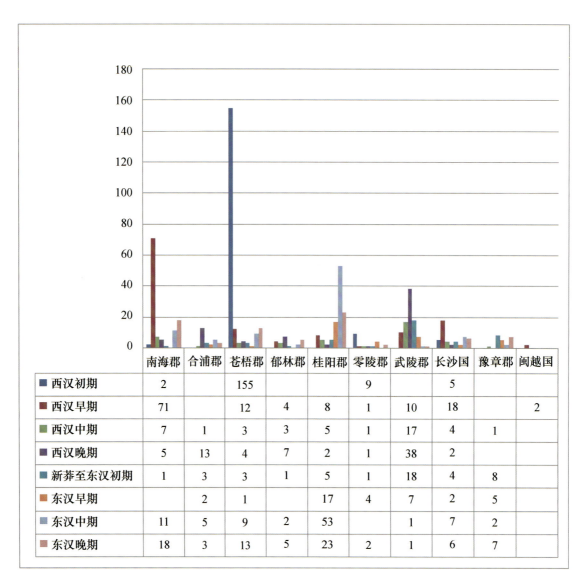

	南海郡	合浦郡	苍梧郡	郁林郡	桂阳郡	零陵郡	武陵郡	长沙国	豫章郡	闽越国
■ 西汉初期	2		155			9		5		
■ 西汉早期	71		12	4	8	1	10	18		2
■ 西汉中期	7	1	3	3	5	1	17	4	1	
■ 西汉晚期	5	13	4	7	2	1	38	2		
■ 新莽至东汉初期	1	3	3	1	5	1	18	4	8	
■ 东汉早期		2	1		17	4	7	2	5	
■ 东汉中期	11	5	9	2	53		1	7	2	
■ 东汉晚期	18	3	13	5	23	2	1	6	7	

附图三·2·8　华南诸郡国铁生产工具发现点数量统计图

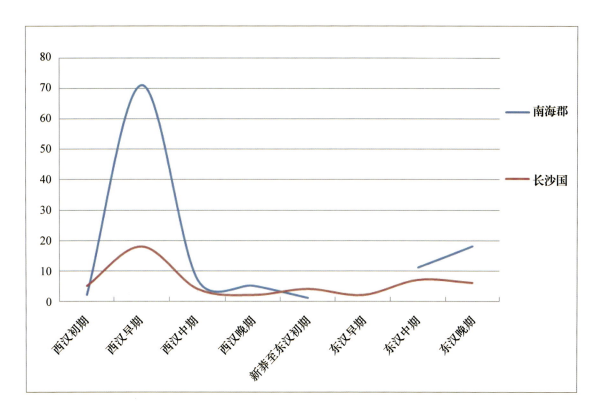

附图三·2·9　南海郡、长沙国铁生产工具各时段发现点数量对比图

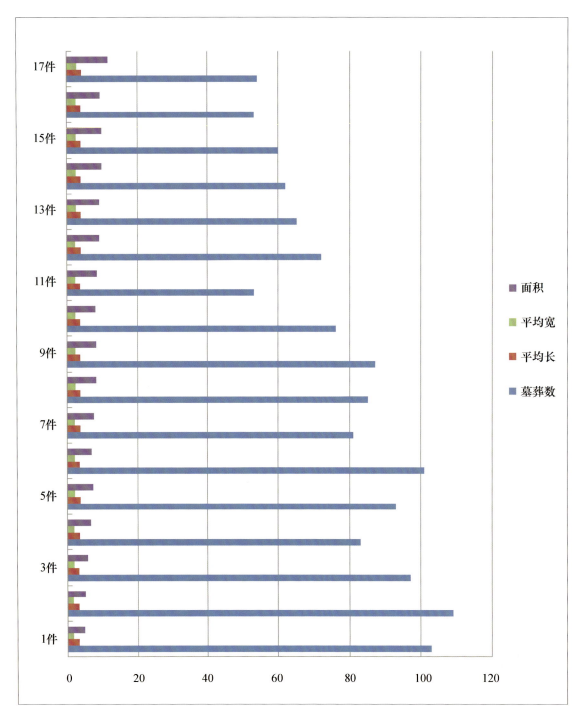

附图三·3·1　不同数量陶器出土墓葬规格差异统计图

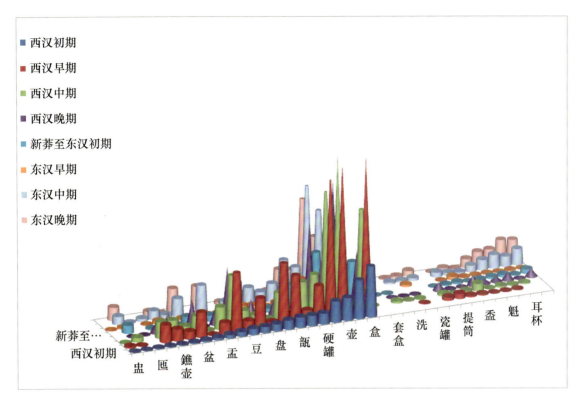

附图三·3·2　陶容器发现点数量统计图

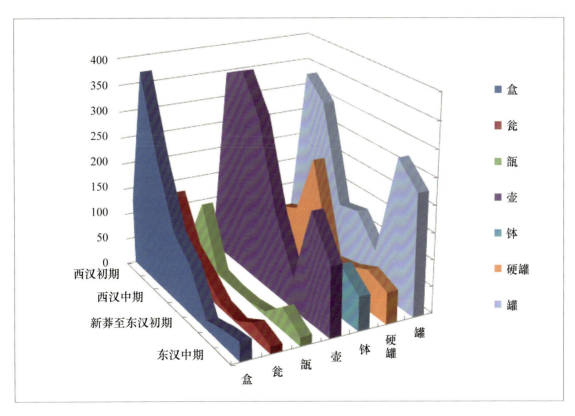

附图三·3·3　7 种陶容器发现点数量变化情况统计图

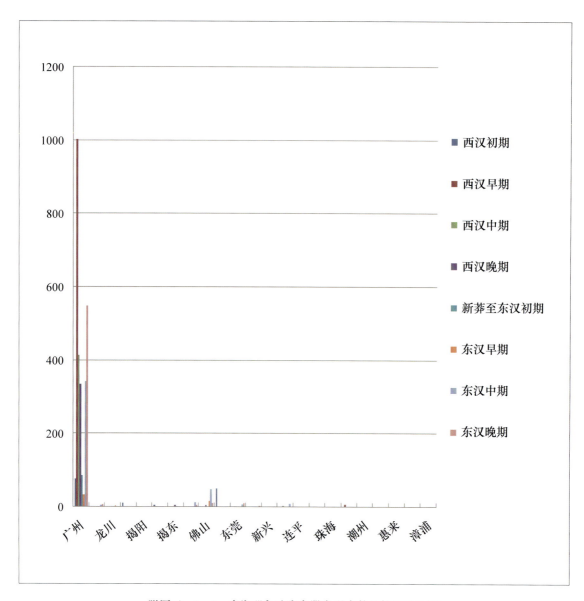

附图三·3·4 南海郡各地陶容器发现点数量情况统计图

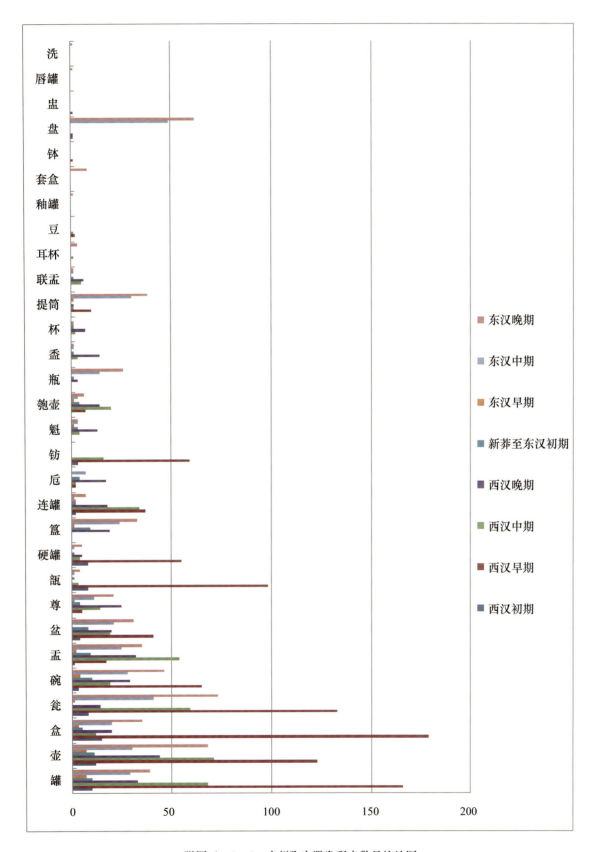

附图三·3·5　广州陶容器发现点数量统计图

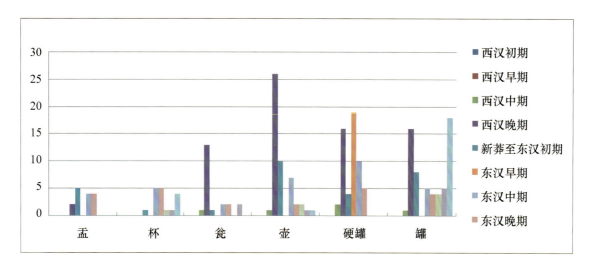

附图三·3·6   6种合浦郡陶容器发现点数量统计图

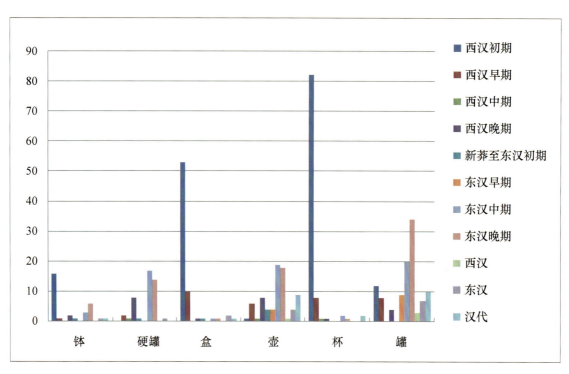

附图三·3·7   6种苍梧郡陶容器发现点数量统计图

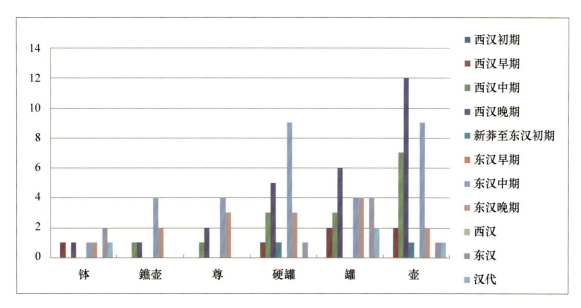

附图三·3·8　6种郁林郡陶容器发现点数量统计图

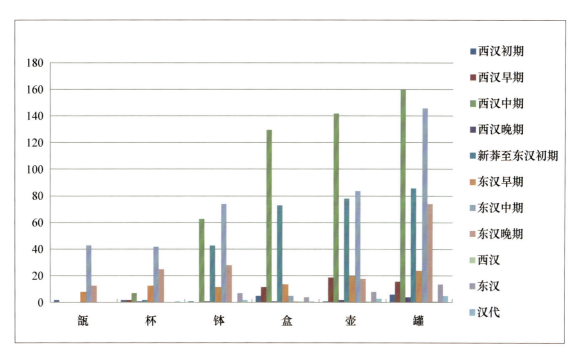

附图三·3·9　6种桂阳郡陶容器发现点数量统计图

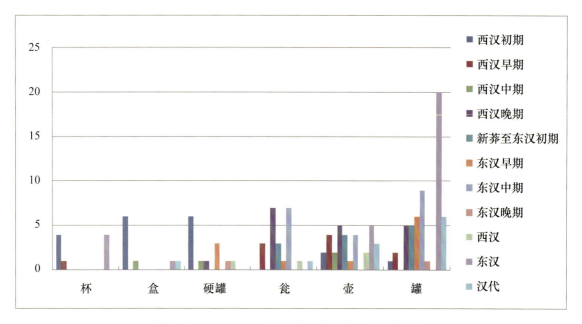

附图三·3·10　6种零陵郡陶容器发现点数量统计图

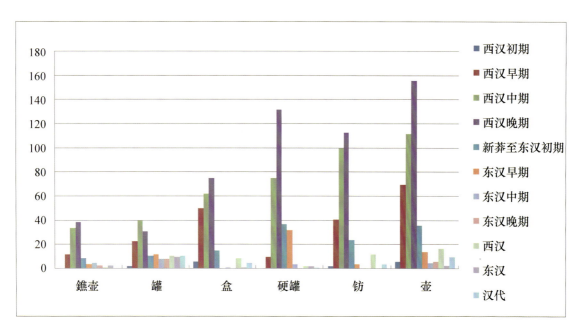

附图三·3·11　6种武陵郡陶容器发现点数量统计图

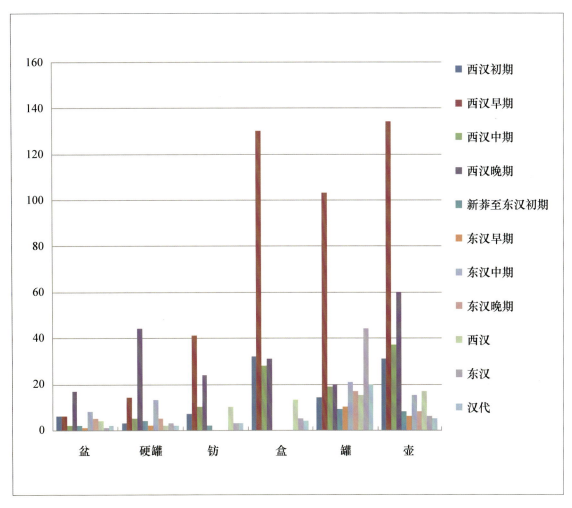

附图三·3·12　6种长沙国陶容器发现点数量统计图

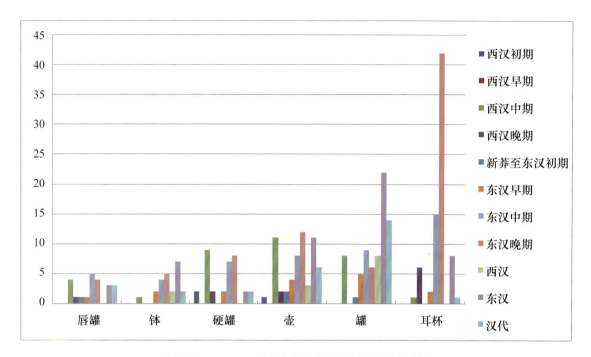

附图三·3·13 6种豫章郡陶容器发现点数量统计图

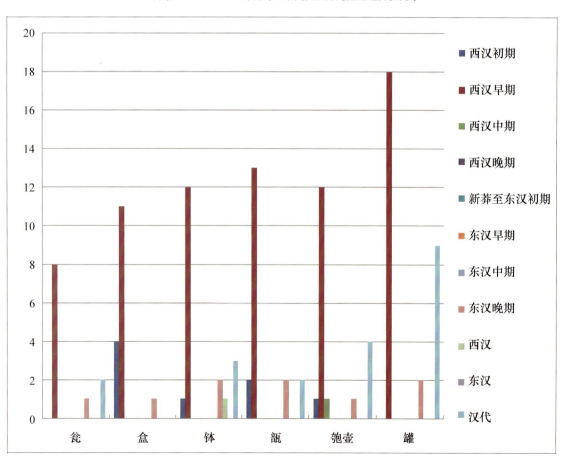

附图三·3·14 6种闽越国陶容器发现点数量统计图

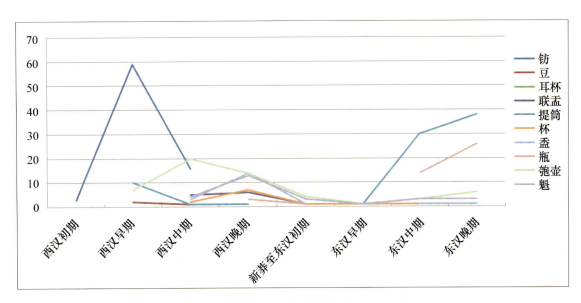

附图三・3・15　广州陶容器种类变化统计图

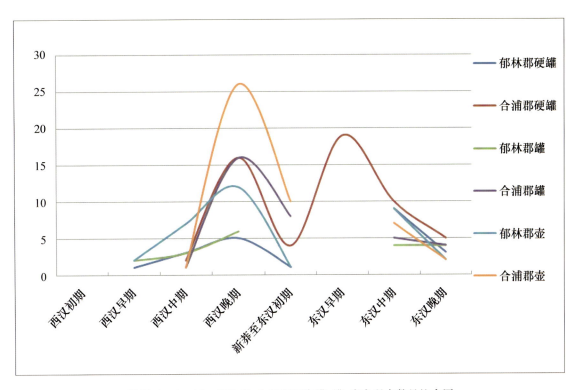

附图三・3・16　郁林郡、合浦郡硬陶罐、罐、壶发现点数量演变图

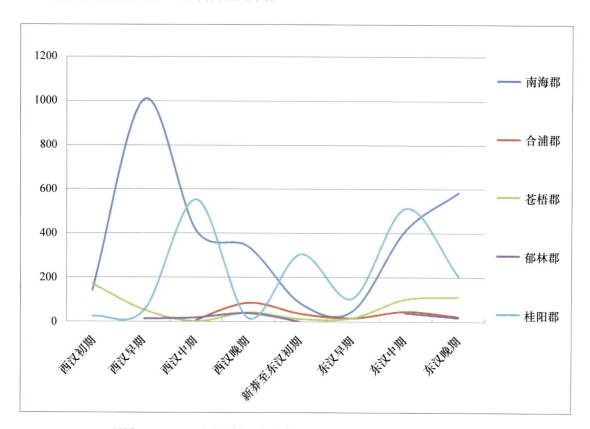

附图三·3·17　南海、苍梧、合浦、郁林、桂阳郡陶容器发现点数量演变图

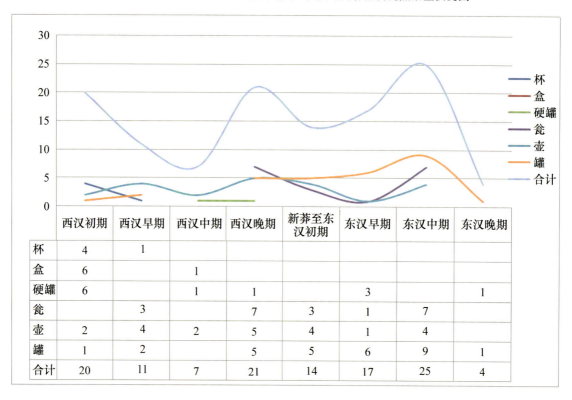

	西汉初期	西汉早期	西汉中期	西汉晚期	新莽至东汉初期	东汉早期	东汉中期	东汉晚期
杯	4	1						
盒	6		1					
硬罐	6		1	1		3		1
瓮		3		7	3	1	7	
壶	2	4	2	5	4	1	4	
罐	1	2		5	5	6	9	1
合计	20	11	7	21	14	17	25	4

附图三·3·18　零陵郡主要陶容器种类发现点数量演变图

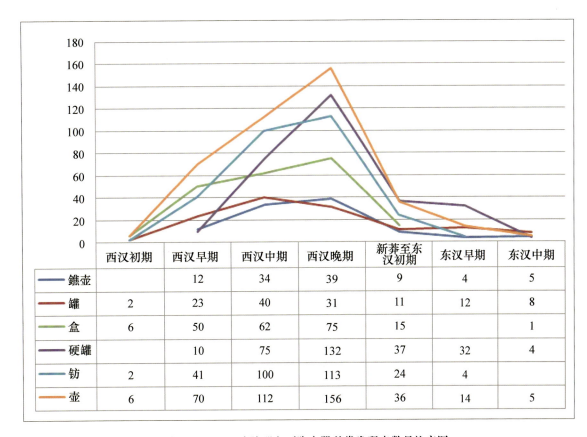

	西汉初期	西汉早期	西汉中期	西汉晚期	新莽至东汉初期	东汉早期	东汉中期
镳壶		12	34	39	9	4	5
罐	2	23	40	31	11	12	8
盒	6	50	62	75	15		1
硬罐		10	75	132	37	32	4
钫	2	41	100	113	24	4	
壶	6	70	112	156	36	14	5

附图三·3·19 武陵郡主要陶容器种类发现点数量演变图

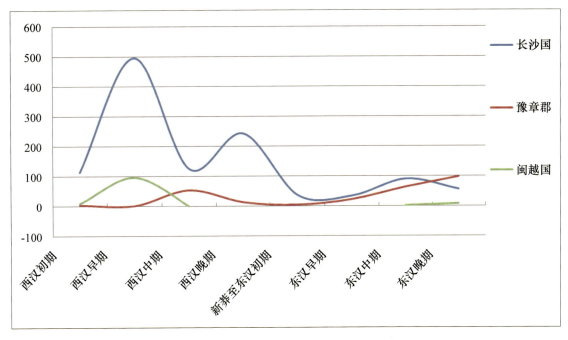

附图三·3·20 长沙国、豫章郡、闽越国陶容器发现点数量演变图

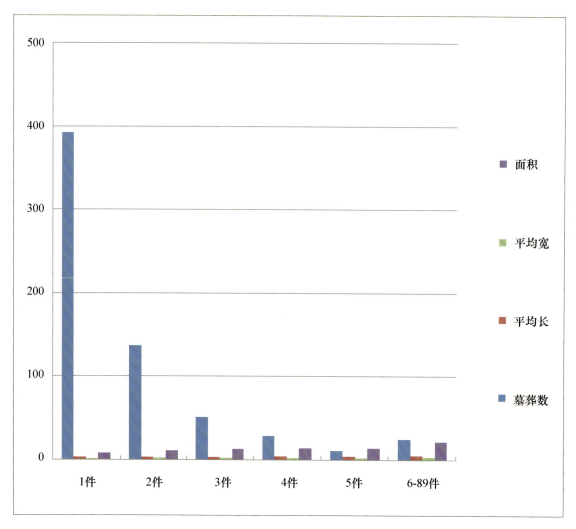

附图三·4·1   不同数量石器出土墓葬规格差异统计图

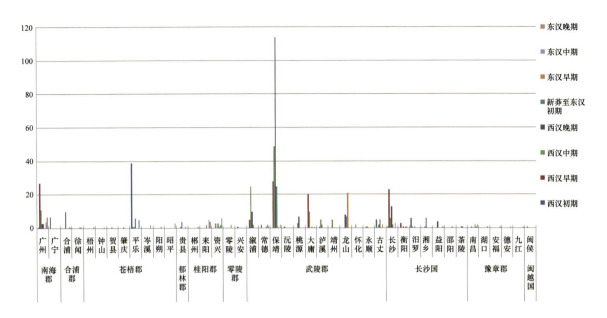

附图三·4·2　石容器时空分布统计图

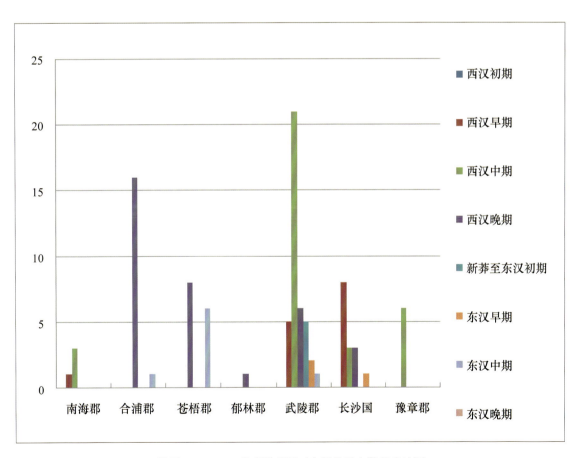

附图三·4·3　华南诸郡国石容器发现点数量统计图

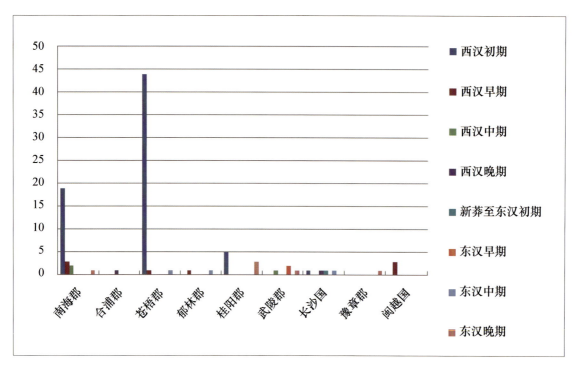

附图三·4·4　华南诸郡国石生产工具发现点数量统计图

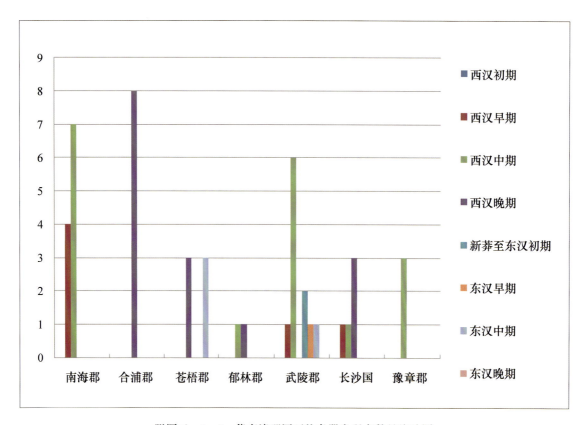

附图三·4·5　华南诸郡国石炊煮器发现点数量统计图

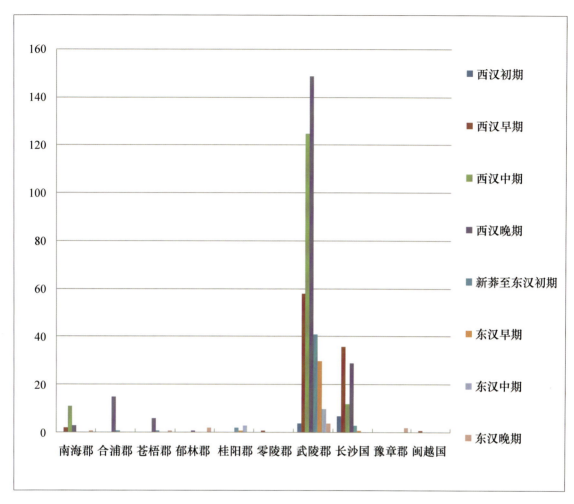

附图三·4·6　华南诸郡国石明器发现点数量统计图

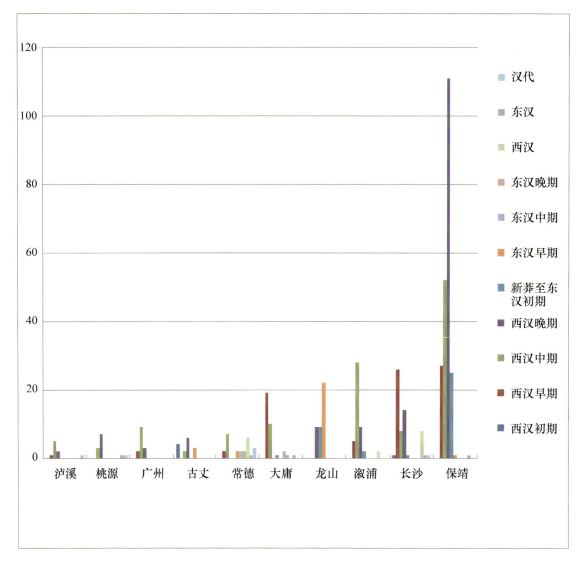

附图三·4·7 10 地点石璧发现点数量统计图

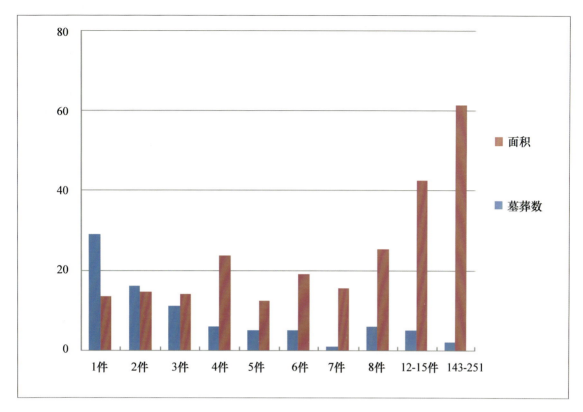

附图三·5·1　不同数量金银器出土墓葬规格差异统计图

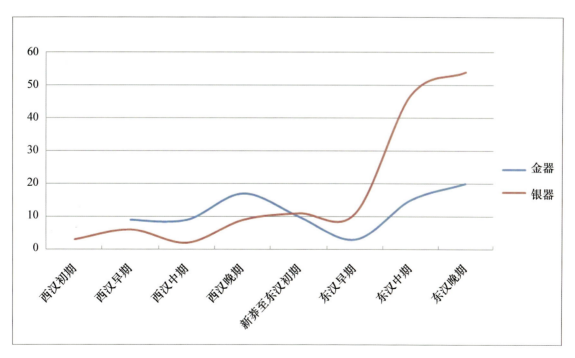

附图三·5·2　各时期金银器发现点数量统计图

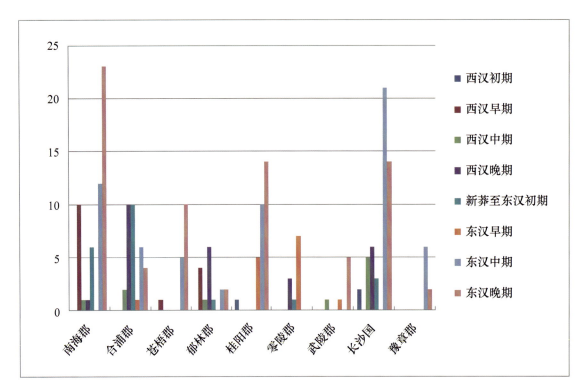

附图三·5·3　各郡国金银器发现点数量统计图

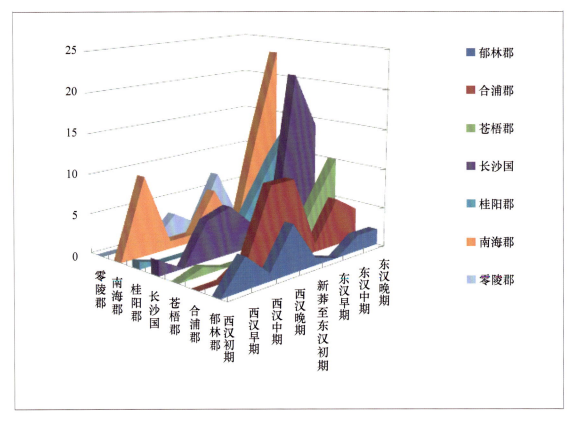

附图三·5·4　华南7郡国金银器发现点数量变化统计图

附图四　本书第四章附图

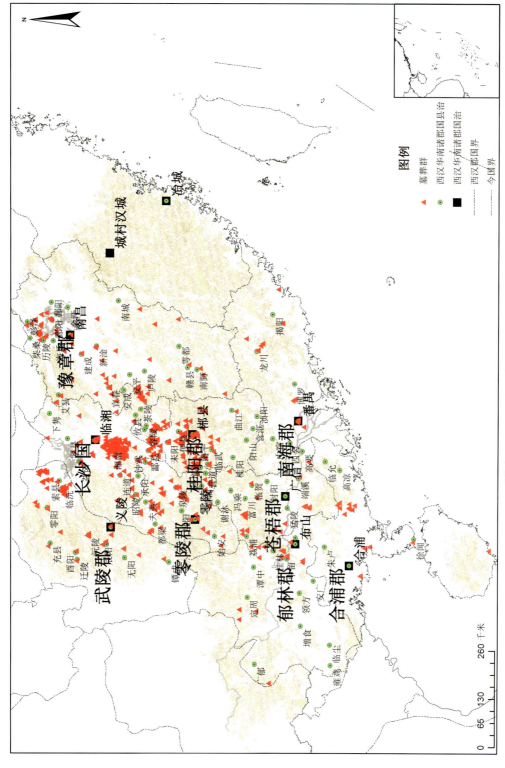

附图四·1·1　秦汉华南墓葬群分布图

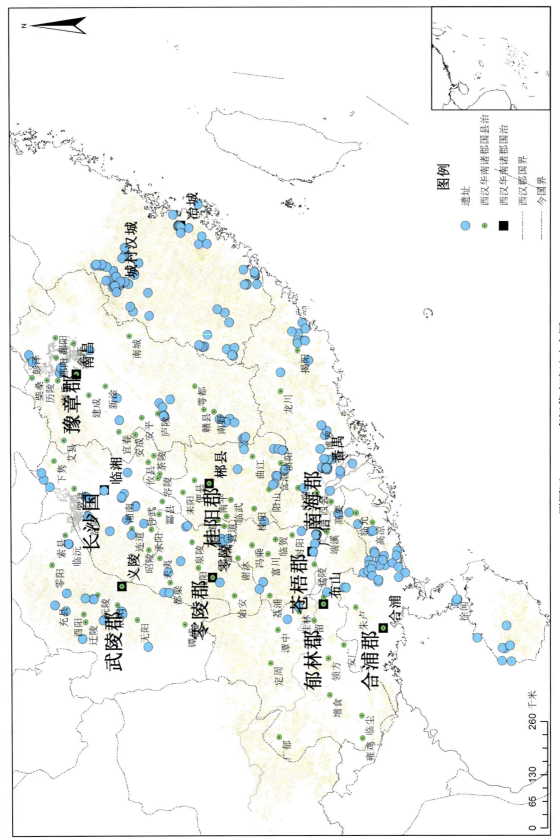

附图四·1·2　秦汉华南遗址分布图

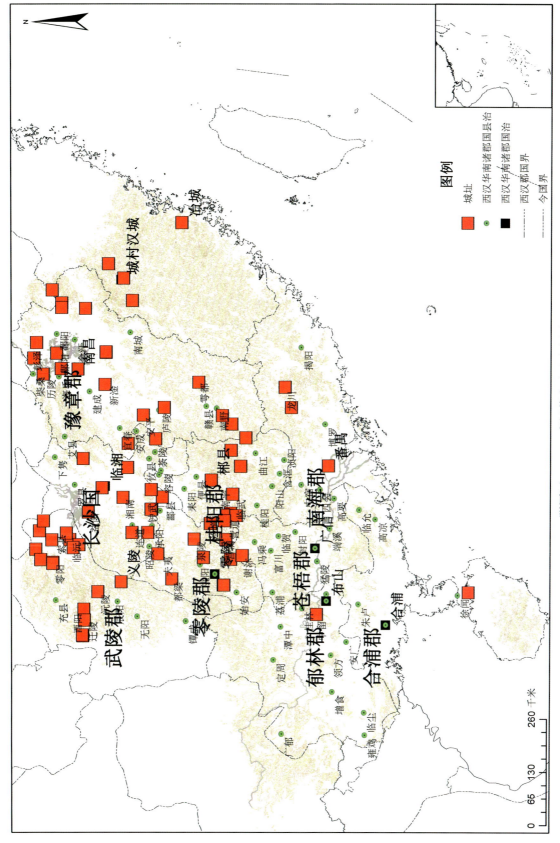

图例

城址
西汉华南诸郡国县治
西汉华南诸郡国治
西汉郡国界
今国界

附图四·1·3 秦汉华南城址分布图

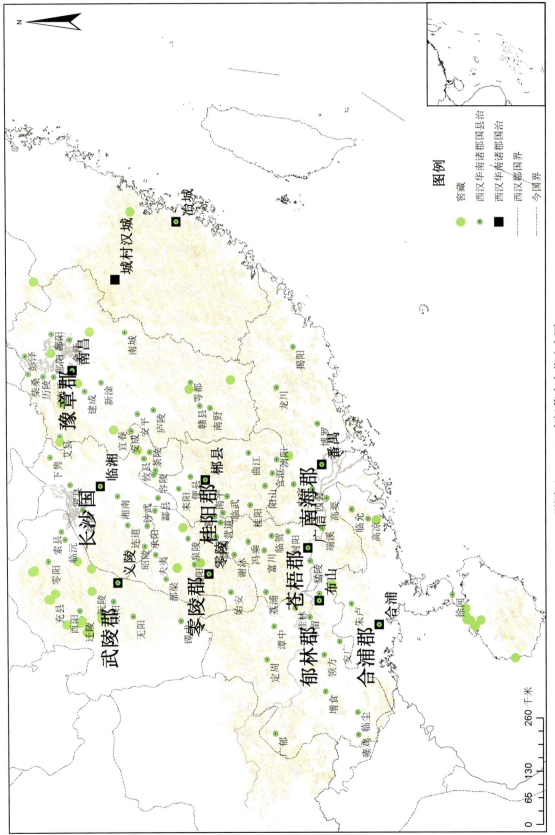

附图四·1·4 秦汉华南窖藏分布图

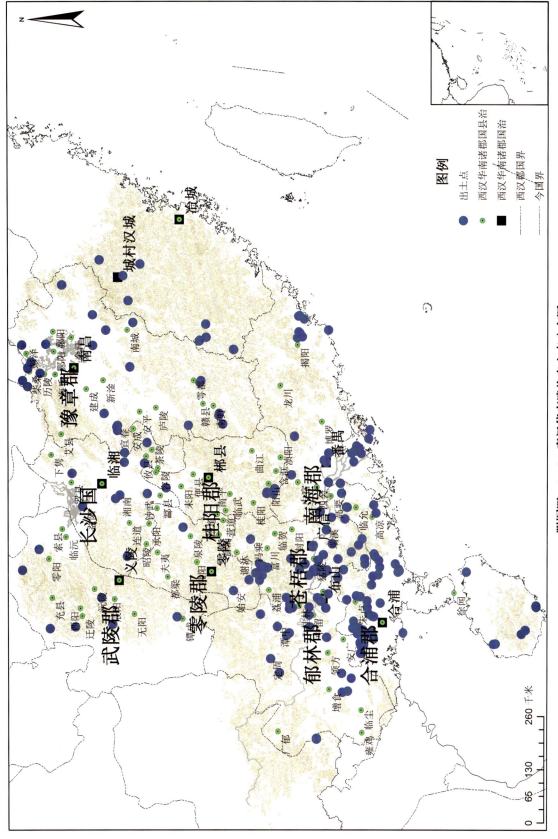

附图四·1·5　秦汉华南遗物出土点分布图

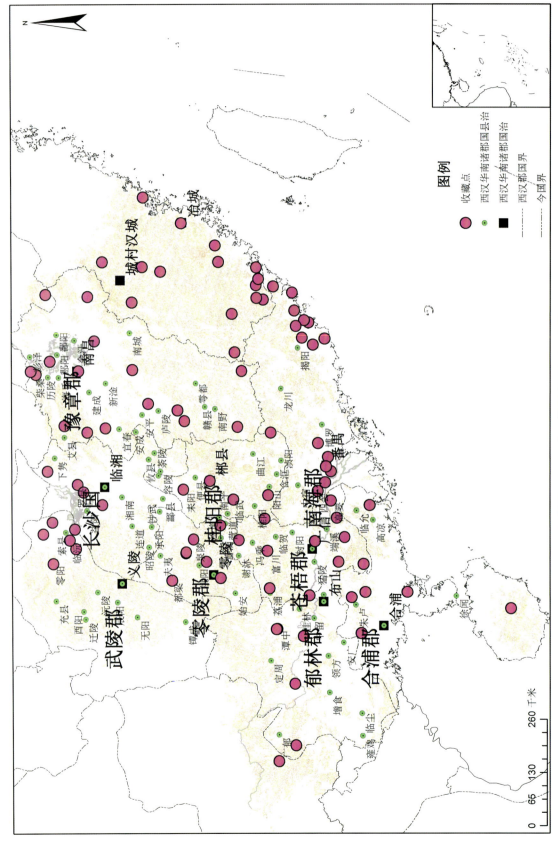

附图四·1·6　秦汉华南遗物收藏点分布图

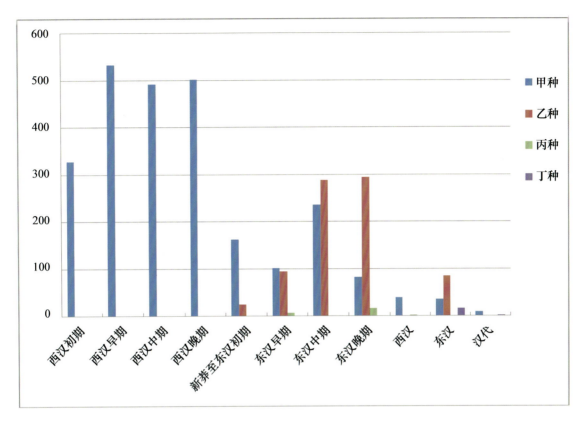

附图四·2·1 秦汉华南墓葬分种统计图

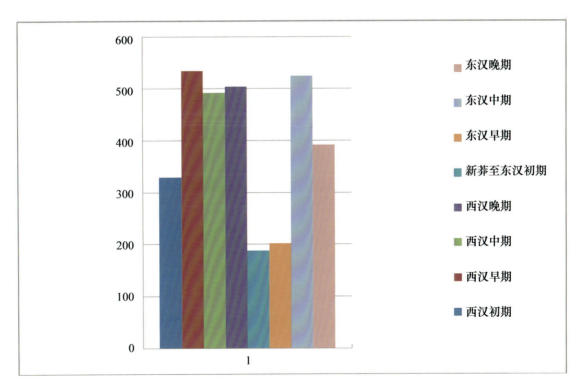

附图四·2·2 秦汉华南墓葬数量时代变化图

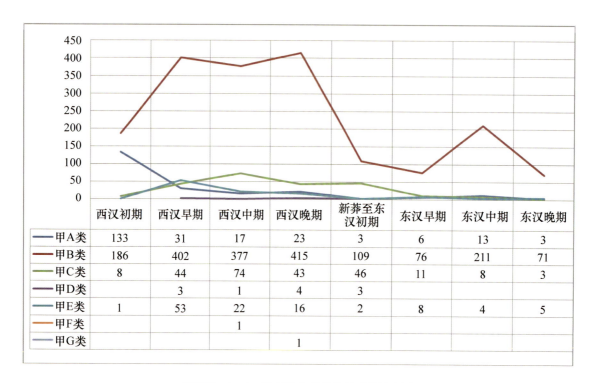

	西汉初期	西汉早期	西汉中期	西汉晚期	新莽至东汉初期	东汉早期	东汉中期	东汉晚期
甲A类	133	31	17	23	3	6	13	3
甲B类	186	402	377	415	109	76	211	71
甲C类	8	44	74	43	46	11	8	3
甲D类		3	1	4	3			
甲E类	1	53	22	16	2	8	4	5
甲F类		1						
甲G类					1			

附图四·2·3　华南甲种墓葬数量时代演变图

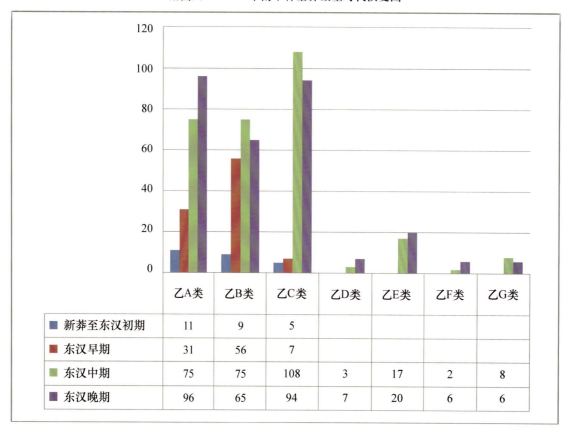

	乙A类	乙B类	乙C类	乙D类	乙E类	乙F类	乙G类
新莽至东汉初期	11	9	5				
东汉早期	31	56	7				
东汉中期	75	75	108	3	17	2	8
东汉晚期	96	65	94	7	20	6	6

附图四·2·4　华南乙种墓葬数量时代演变图

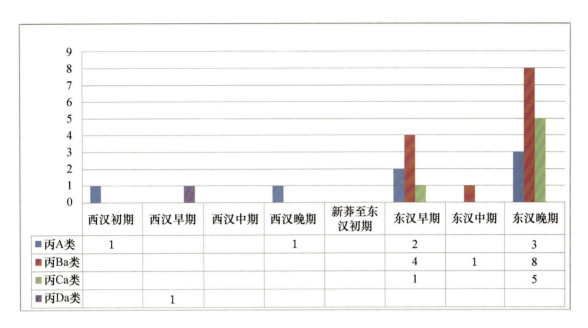

	西汉初期	西汉早期	西汉中期	西汉晚期	新莽至东汉初期	东汉早期	东汉中期	东汉晚期
■ 丙A类	1			1		2		3
■ 丙Ba类						4	1	8
■ 丙Ca类						1		5
■ 丙Da类		1						

附图四·2·5　华南丙种墓葬数量时代演变图

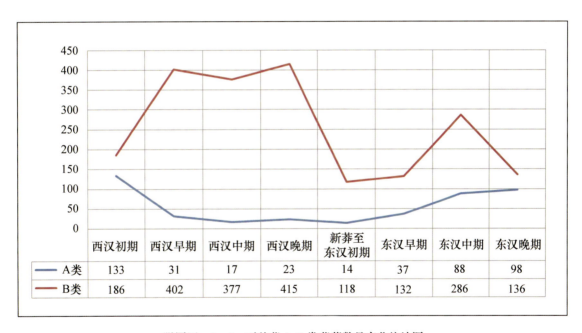

	西汉初期	西汉早期	西汉中期	西汉晚期	新莽至东汉初期	东汉早期	东汉中期	东汉晚期
—— A类	133	31	17	23	14	37	88	98
—— B类	186	402	377	415	118	132	286	136

附图四·2·6　丙种墓 A、B 类墓葬数量变化统计图

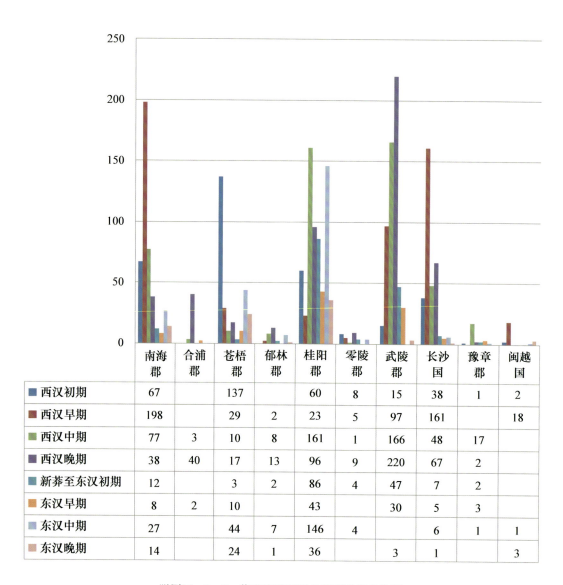

	南海郡	合浦郡	苍梧郡	郁林郡	桂阳郡	零陵郡	武陵郡	长沙国	豫章郡	闽越国
■ 西汉初期	67		137		60	8	15	38	1	2
■ 西汉早期	198		29	2	23	5	97	161		18
■ 西汉中期	77	3	10	8	161	1	166	48	17	
■ 西汉晚期	38	40	17	13	96	9	220	67	2	
■ 新莽至东汉初期	12		3	2	86	4	47	7	2	
■ 东汉早期	8	2	10		43		30	5	3	
■ 东汉中期	27		44	7	146	4		6	1	1
■ 东汉晚期	14		24	1	36		3	1		3

附图四·2·7 华南诸郡国甲种墓葬数量统计图

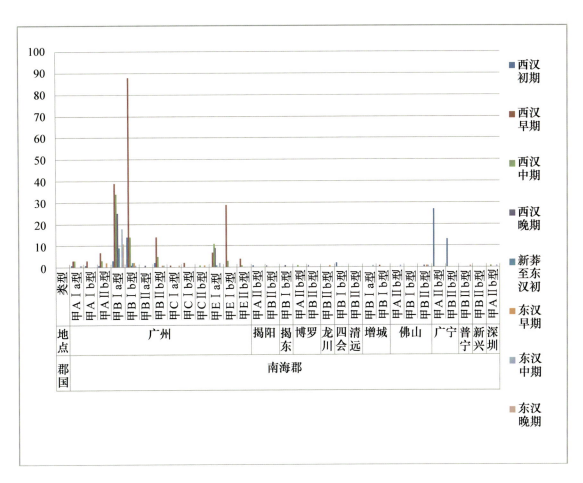

附图四·2·8　南海郡内各地区甲种墓数量统计图

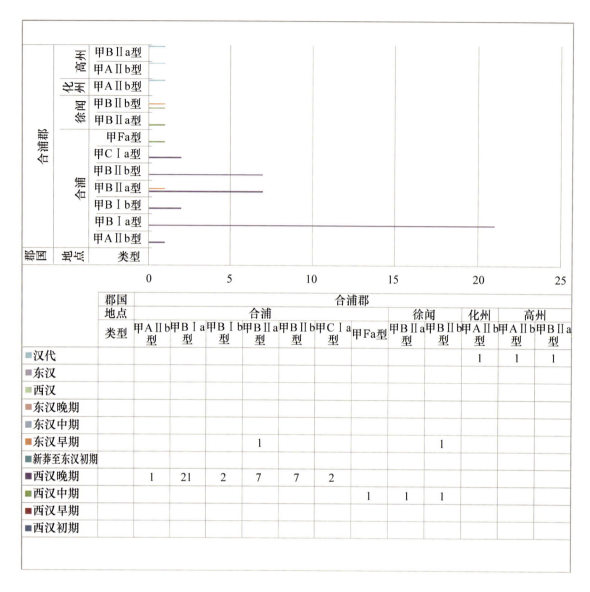

附图四·2·9 合浦郡内各地区甲种墓数量统计图

郡国	合浦郡											
地点	合浦							徐闻		化州	高州	
类型	甲AⅡb型	甲BⅠa型	甲BⅠb型	甲BⅡa型	甲BⅡb型	甲CⅠa型	甲Fa型	甲BⅡa型	甲BⅡb型	甲AⅡb型	甲AⅡb型	甲BⅡa型
■汉代										1	1	1
■东汉												
■西汉												
■东汉晚期												
■东汉中期												
■东汉早期				1					1			
■新莽至东汉初期												
■西汉晚期	1	21	2	7	7	2						
■西汉中期							1	1	1			
■西汉早期												
■西汉初期												

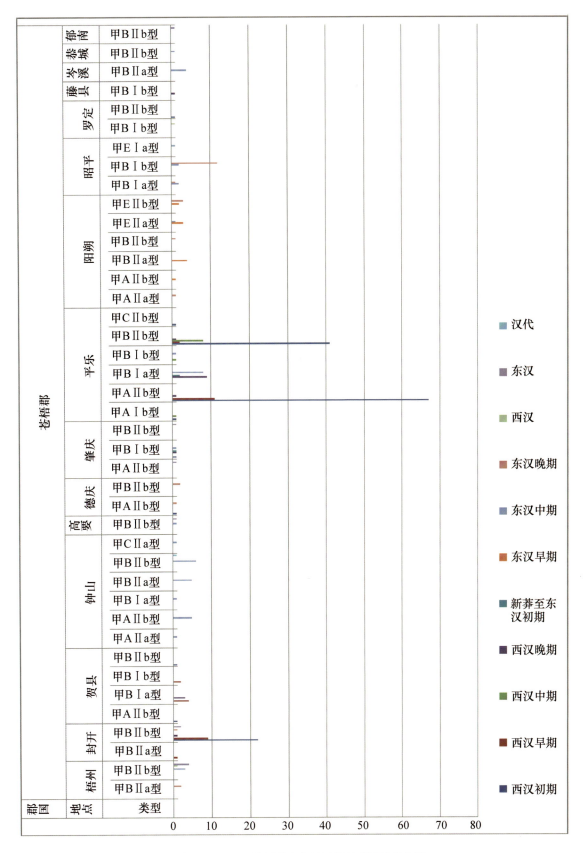

附图四·2·10 苍梧郡内各地区甲种墓数量统计图

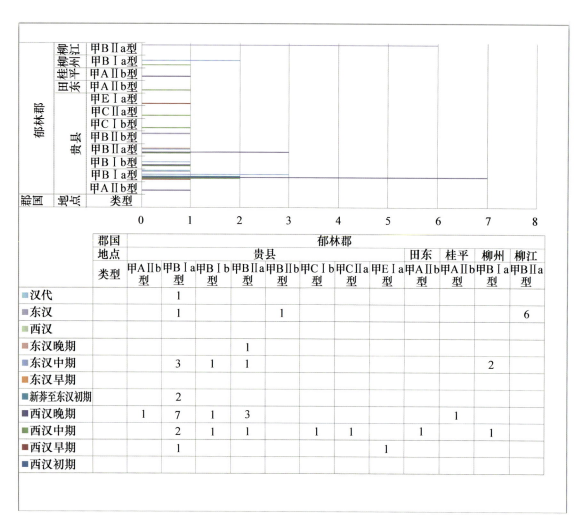

郡国	郁林郡											
地点	贵县									田东	桂平	柳州	柳江
类型	甲AⅡb型	甲BⅠa型	甲BⅠb型	甲BⅡa型	甲BⅡb型	甲CⅠb型	甲CⅡa型	甲EⅠa型	甲AⅡb型	甲AⅡb型	甲BⅠa型	甲BⅡa型
■汉代		1										
■东汉		1			1							6
■西汉												
■东汉晚期				1								
■东汉中期		3	1	1							2	
■东汉早期												
■新莽至东汉初期		2										
■西汉晚期	1	7	1	3						1		
■西汉中期		2	1	1		1	1		1		1	
■西汉早期		1						1				
■西汉初期												

附图四·2·11　郁林郡内各地区甲种墓数量统计图

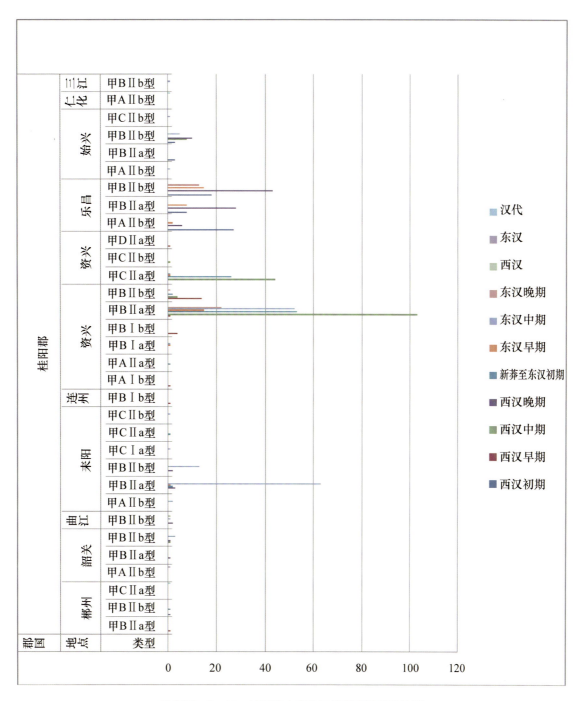

附图四·2·12　桂阳郡内各地区甲种墓数量统计图

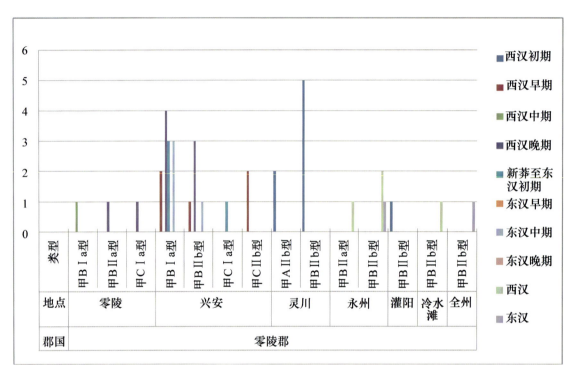

附图四·2·13 零陵郡内各地区甲种墓数量统计图

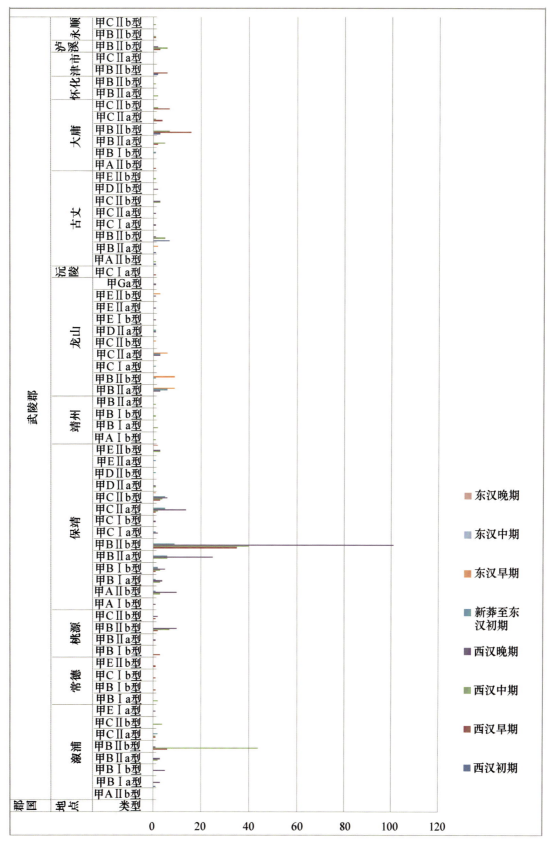

附图四·2·14　武陵郡内各地区甲种墓数量统计图

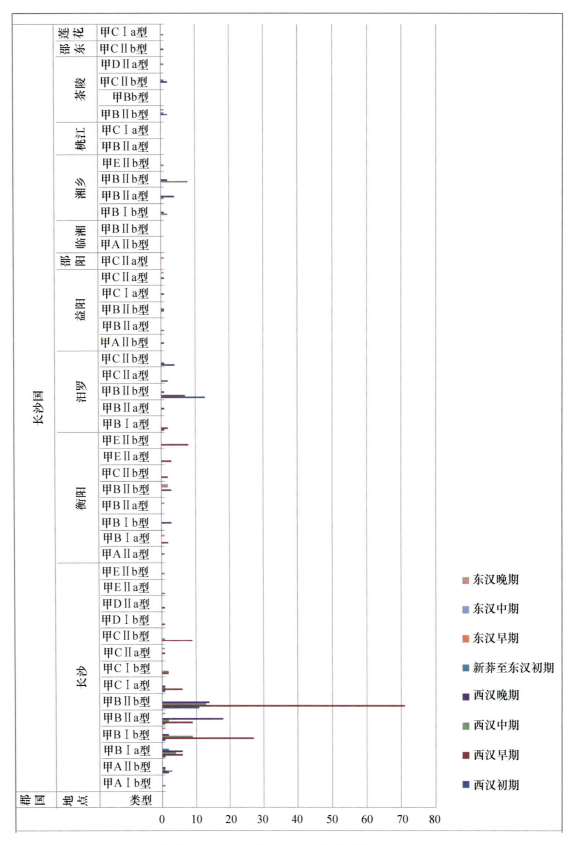

附图四·2·15　长沙国内各地区甲种墓数量统计图

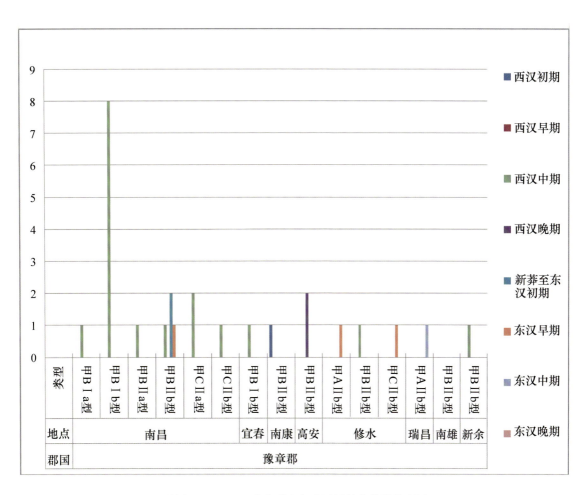

附图四・2・16　豫章郡内各地区甲种墓数量统计图

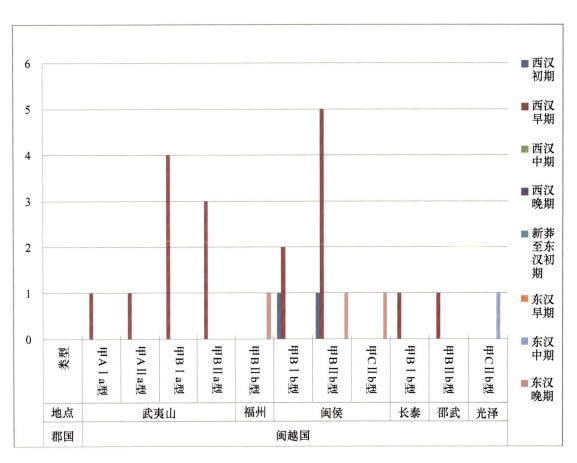

附图四·2·17　闽越国内各地区甲种墓数量统计图

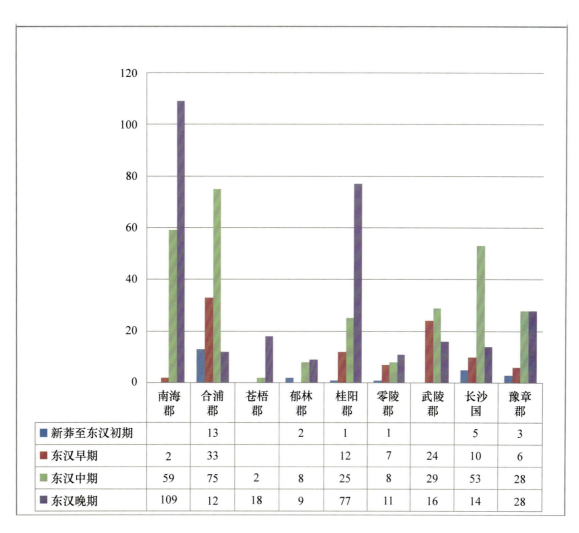

	南海郡	合浦郡	苍梧郡	郁林郡	桂阳郡	零陵郡	武陵郡	长沙国	豫章郡
■新莽至东汉初期		13		2	1	1		5	3
■东汉早期	2	33			12	7	24	10	6
■东汉中期	59	75	2	8	25	8	29	53	28
■东汉晚期	109	12	18	9	77	11	16	14	28

附图四·2·18　华南诸郡国乙种墓数量统计图

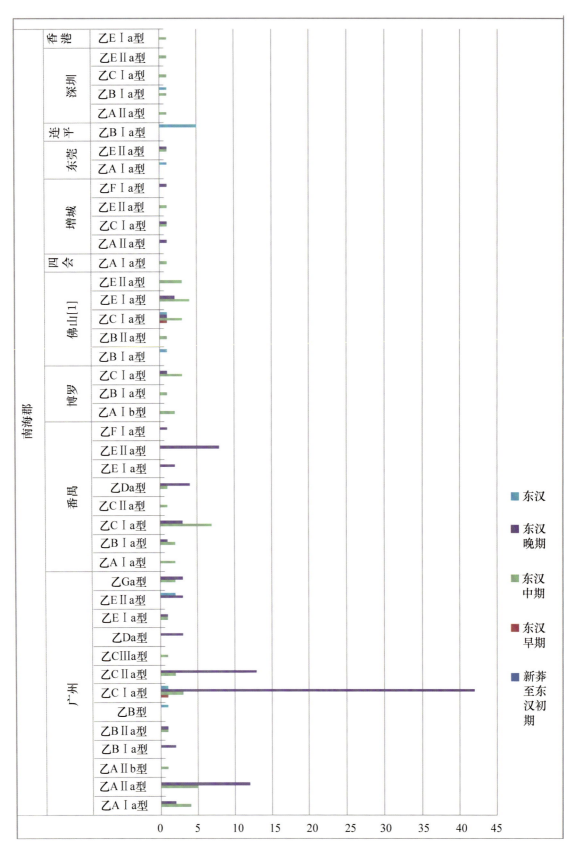

附图四·2·19　南海郡内各地区乙种墓数量统计图

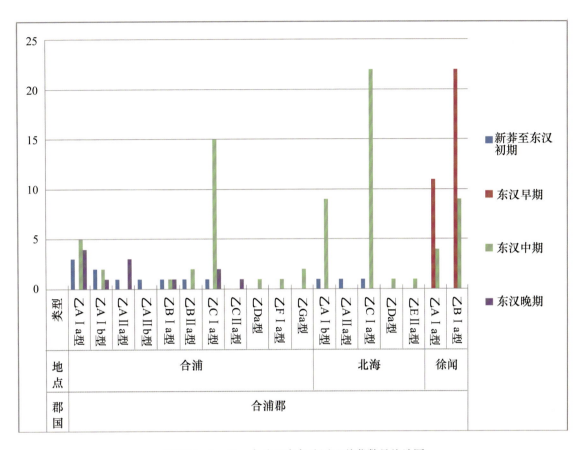

附图四·2·20　合浦郡内各地区乙种墓数量统计图

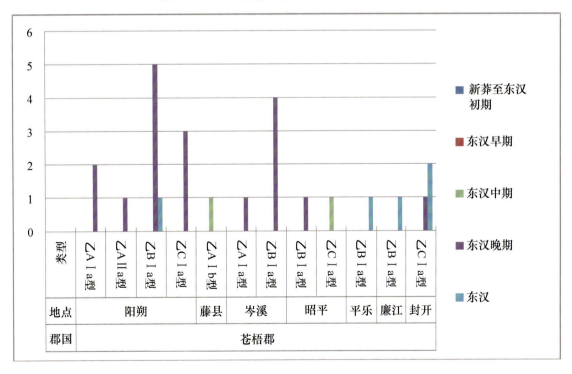

附图四·2·21　苍梧郡内各地区乙种墓数量统计图

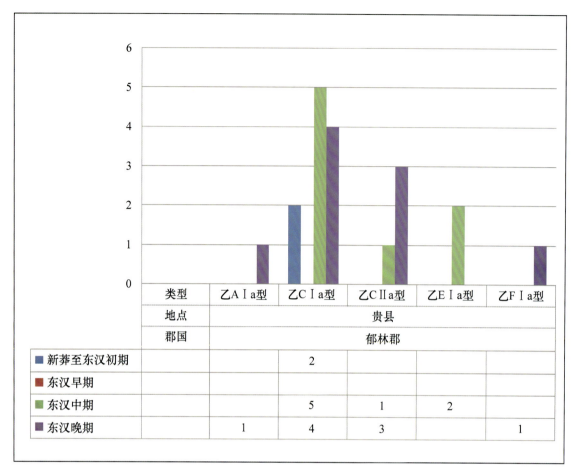

类型	乙AⅠa型	乙CⅠa型	乙CⅡa型	乙EⅠa型	乙FⅠa型
地点	贵县				
郡国	郁林郡				
■ 新莽至东汉初期		2			
■ 东汉早期					
■ 东汉中期		5	1	2	
■ 东汉晚期	1	4	3		1

附图四·2·22　郁林郡内各地区乙种墓数量统计图

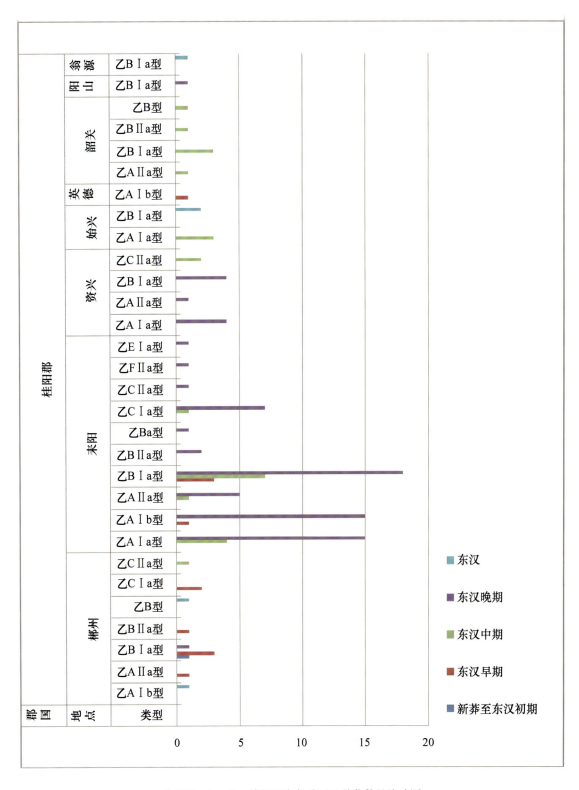

附图四·2·23　桂阳郡内各地区乙种墓数量统计图

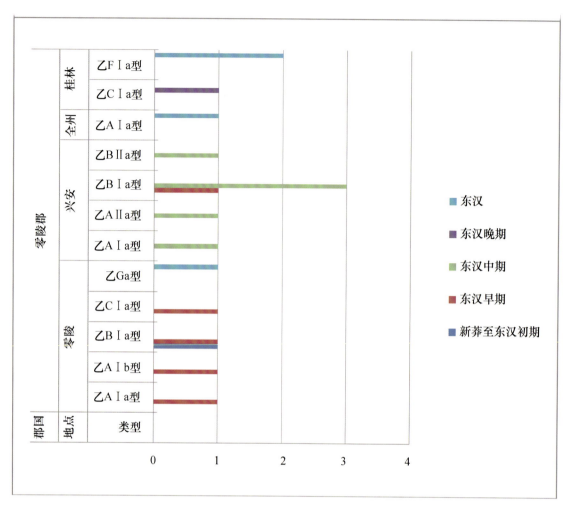

附图四·2·24   零陵郡内各地区乙种墓数量统计图

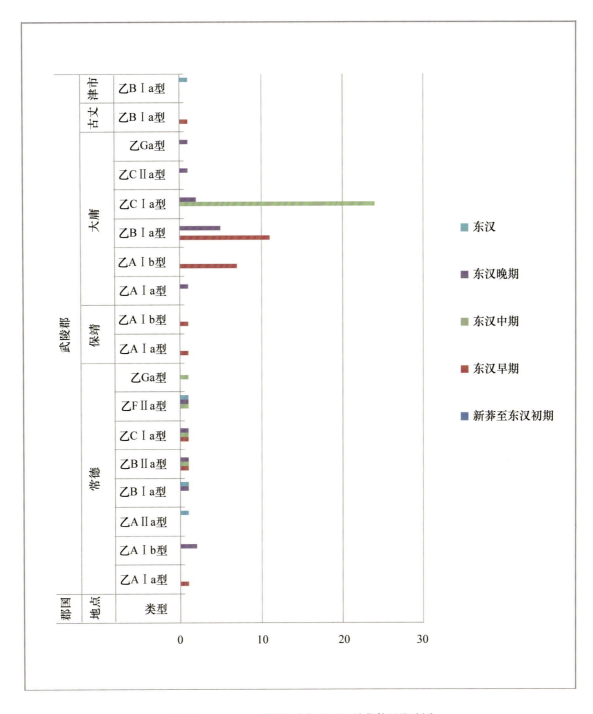

附图四·2·25 武陵郡内各地区乙种墓数量统计图

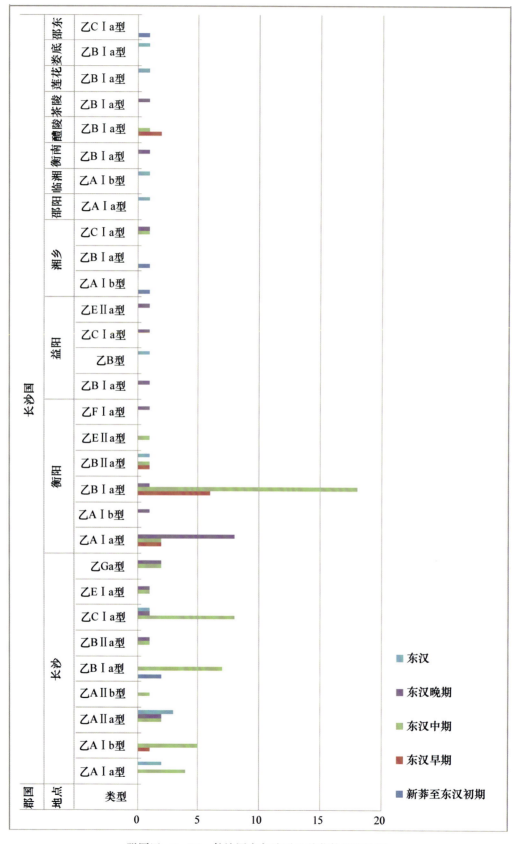

附图四·2·26 长沙国内各地区乙种墓数量统计图

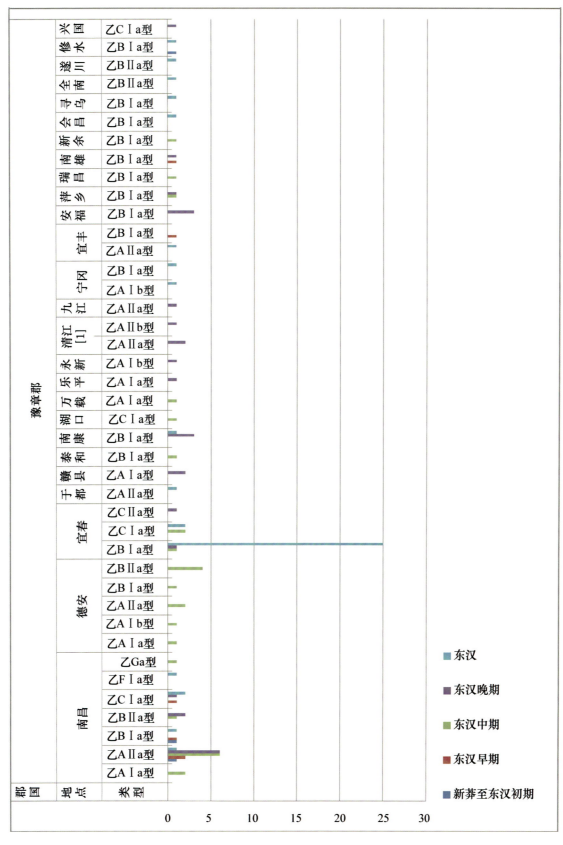

附图四·2·27　豫章郡内各地区乙种墓数量统计图

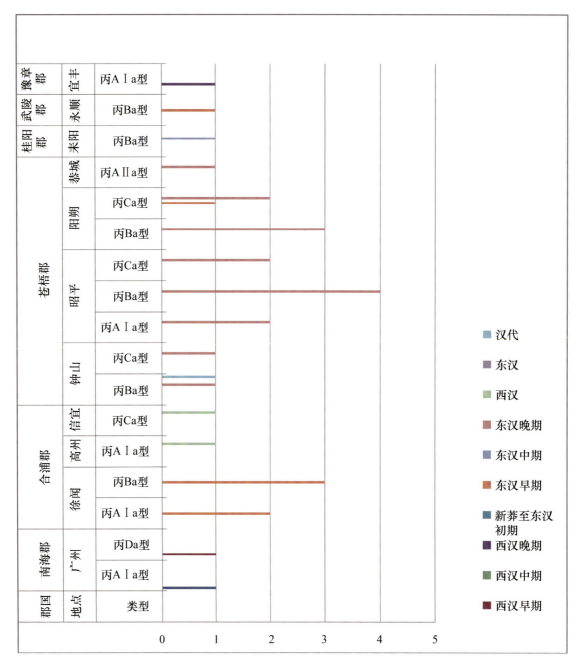

附图四·2·28 华南诸郡国内种墓数量统计图

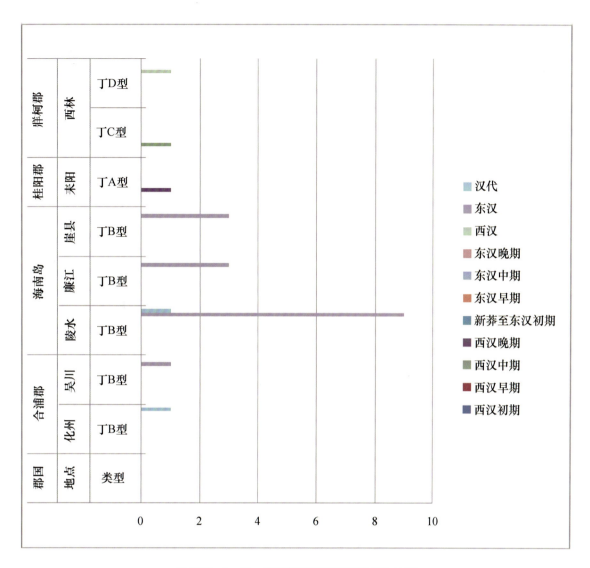

附图四·2·29　华南诸郡国丁种墓数量统计图

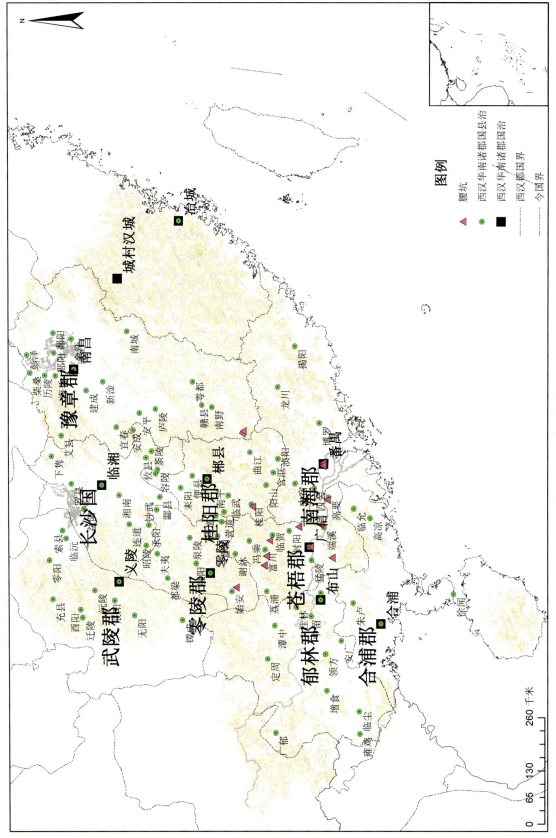

附图四·3·1　秦汉华南腰坑墓分布图

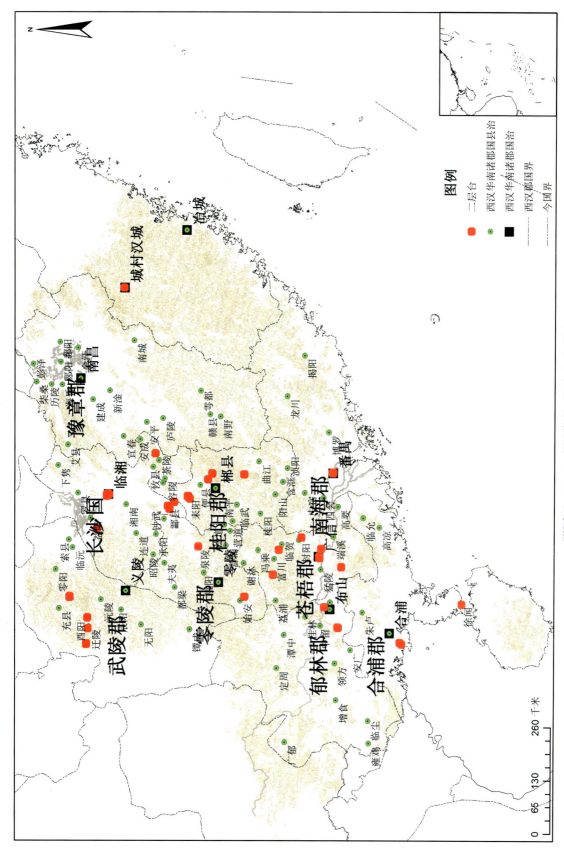

图例

二层台

● 西汉华南诸郡国县治
● 西汉华南诸郡国治
■ 西汉郡国界
—— 西汉郡国界
—— 今国界

附图四·3·2　秦汉华南二层台墓分布图

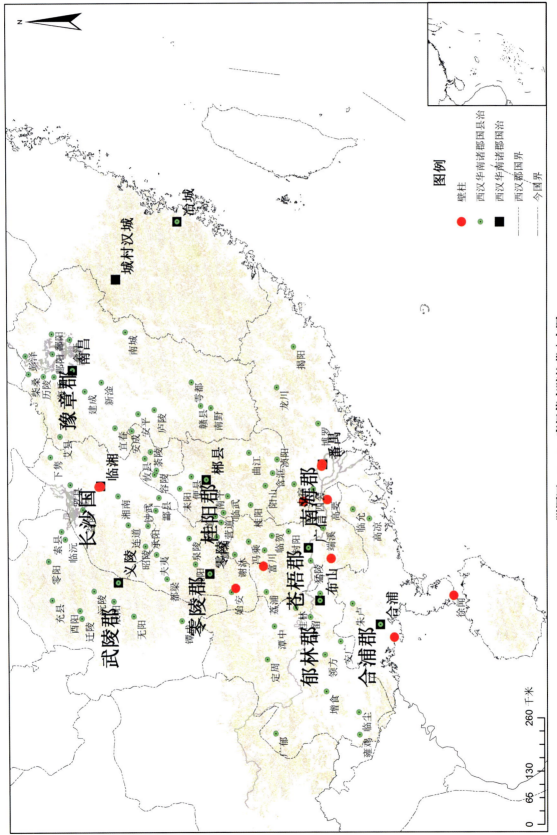

附图四·3·3 秦汉华南壁柱墓分布图

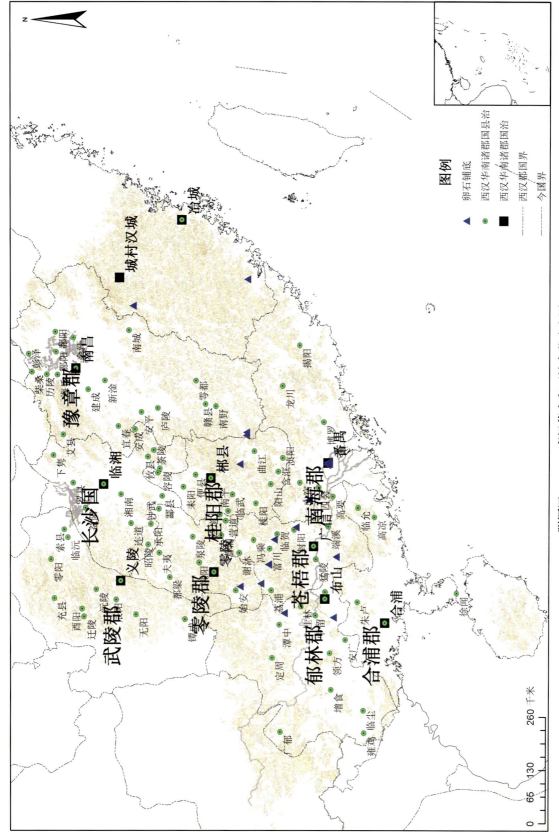

附图四·3·4 秦汉华南卵石铺底墓分布图

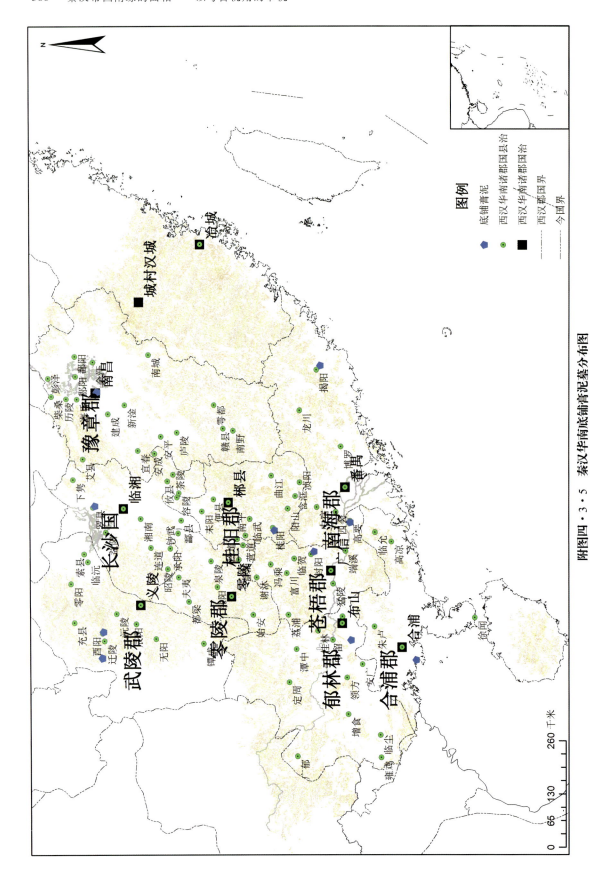

附图四·3·5　秦汉华南底铺青泥墓分布图

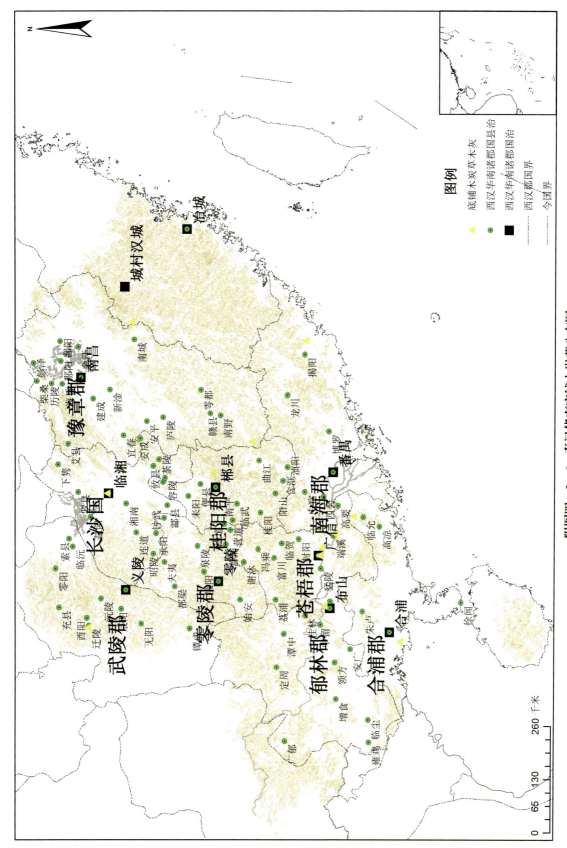

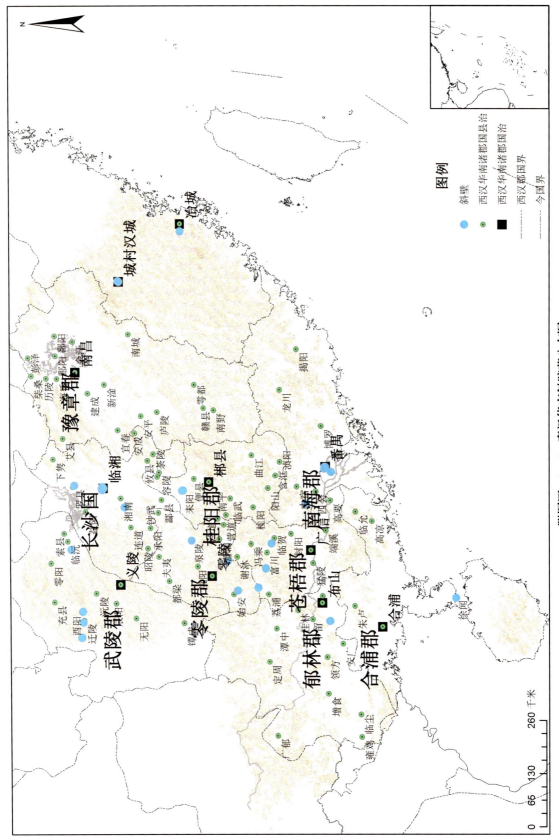

附图四·3·7 秦汉华南斜壁墓分布图

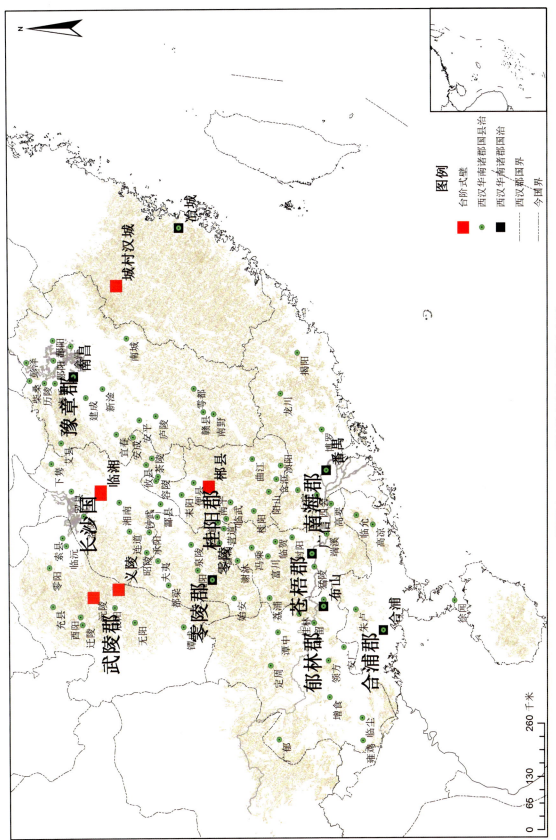

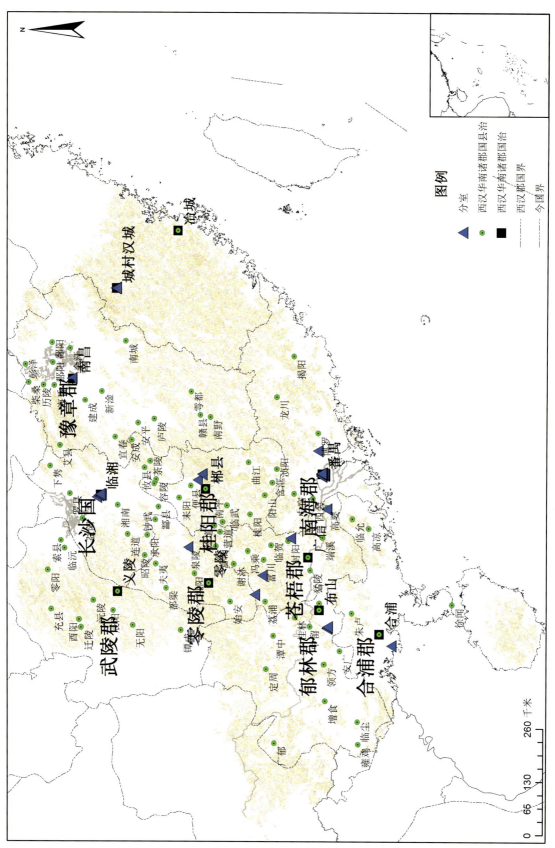

附图四·3·9　秦汉华南分室墓分布图

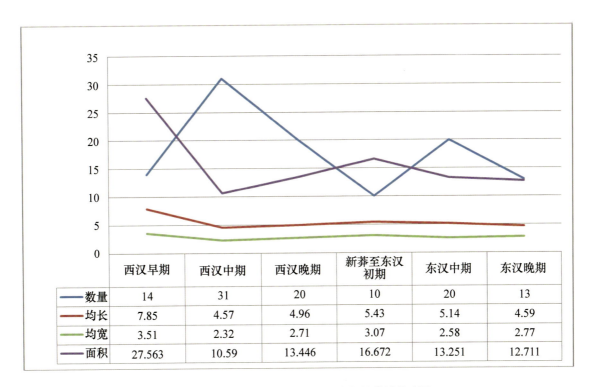

	西汉早期	西汉中期	西汉晚期	新莽至东汉初期	东汉中期	东汉晚期
数量	14	31	20	10	20	13
均长	7.85	4.57	4.96	5.43	5.14	4.59
均宽	3.51	2.32	2.71	3.07	2.58	2.77
面积	27.563	10.59	13.446	16.672	13.251	12.711

附图四·3·10　各时期广州分室墓规格差异统计图

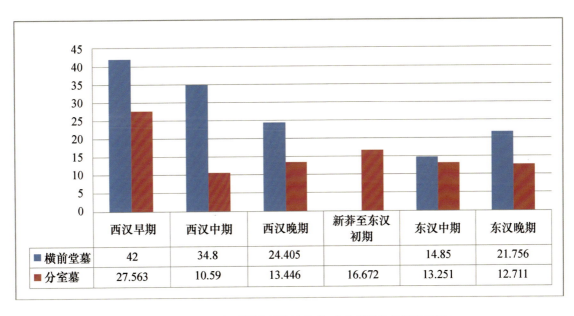

	西汉早期	西汉中期	西汉晚期	新莽至东汉初期	东汉中期	东汉晚期
横前堂墓	42	34.8	24.405		14.85	21.756
分室墓	27.563	10.59	13.446	16.672	13.251	12.711

附图四·3·11　各时期广州横前堂墓、分室墓规格差异统计图

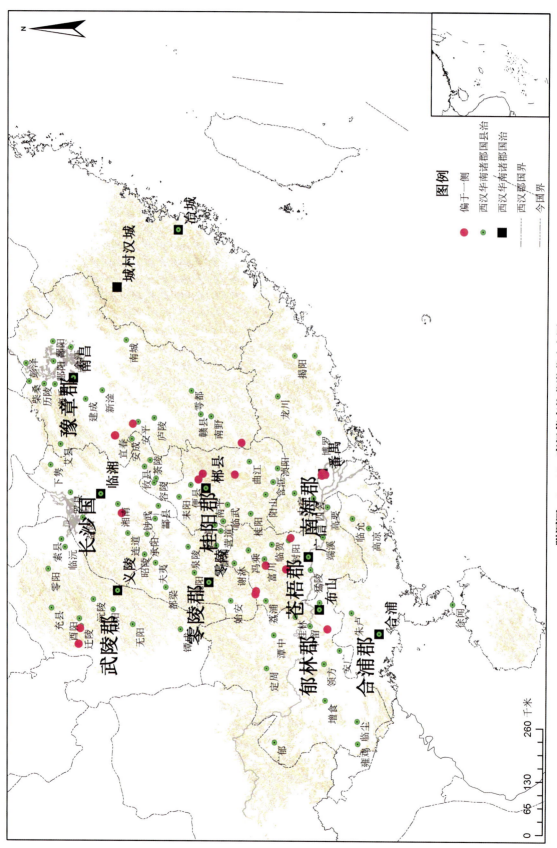

附图四·3·12　秦汉华南偏墓道墓分布图

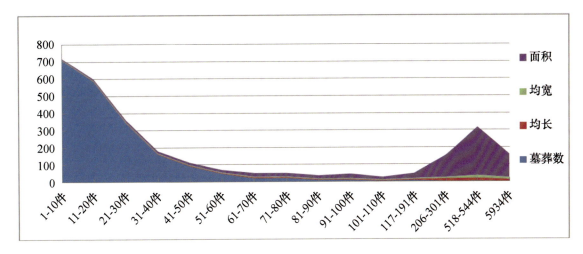

附图四·5·1　不同数量随葬品墓葬规格差异统计图

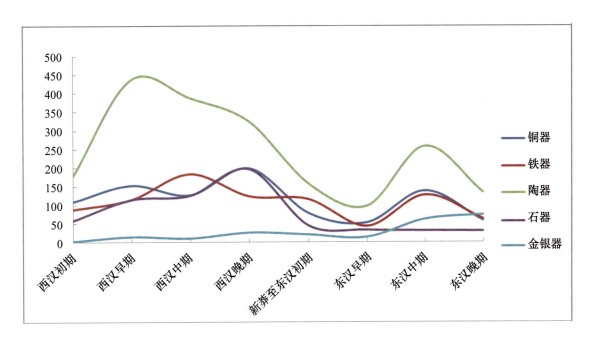

附图四·5·2　五种遗物发现点数量变化统计图

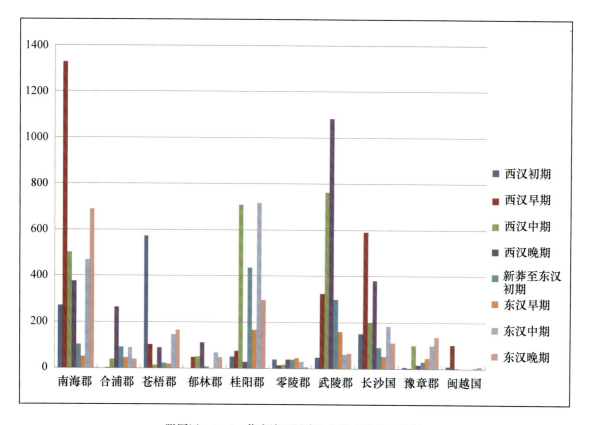

附图四·5·3　华南诸郡国遗物发现点数量统计图

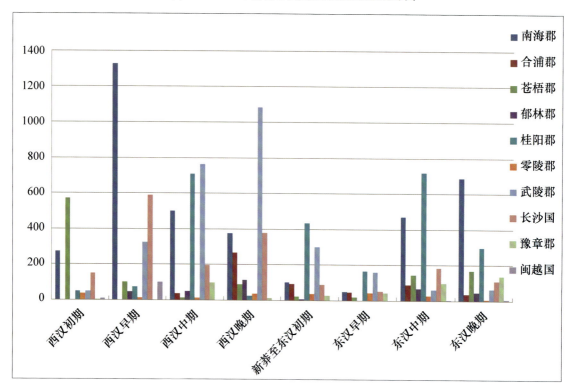

附图四·5·4　秦汉华南各时期遗物发现点数量统计图

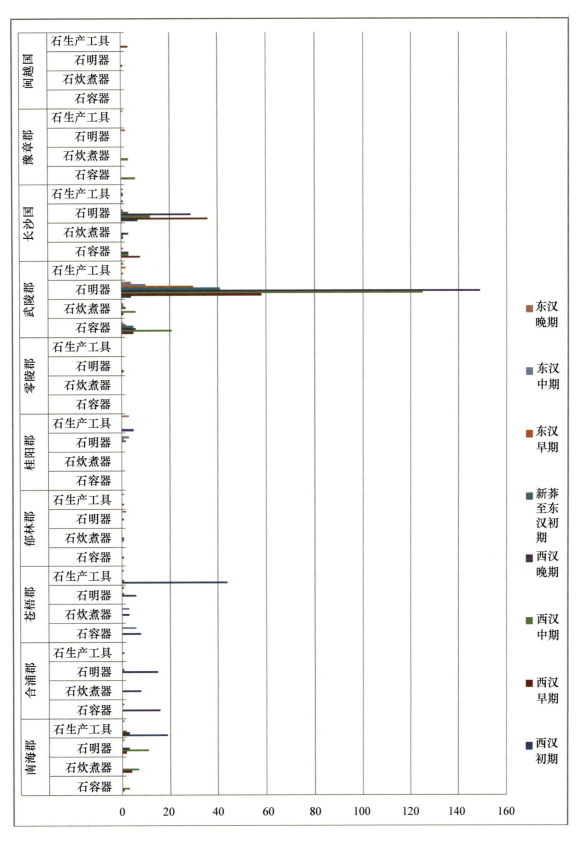

附图四·5·5　华南诸郡国各类石器发现点数量统计图

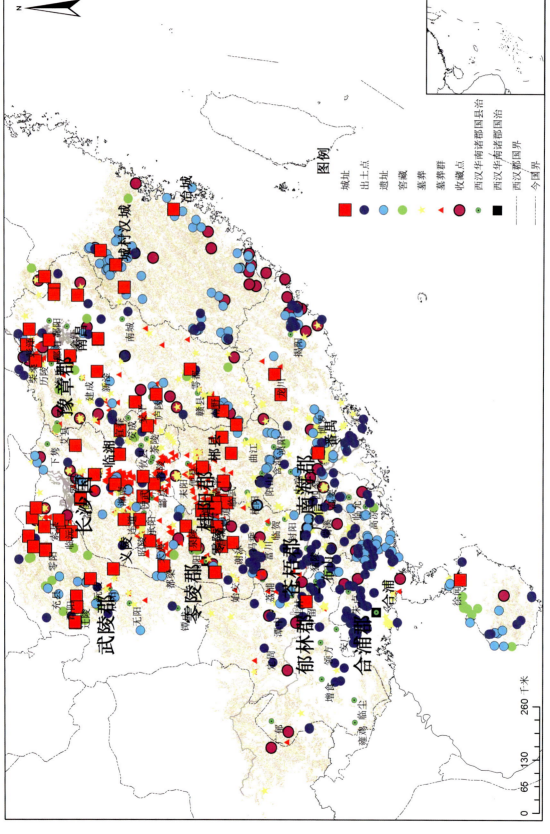

附图四·6·1　秦汉华南诸郡国遗存分布图

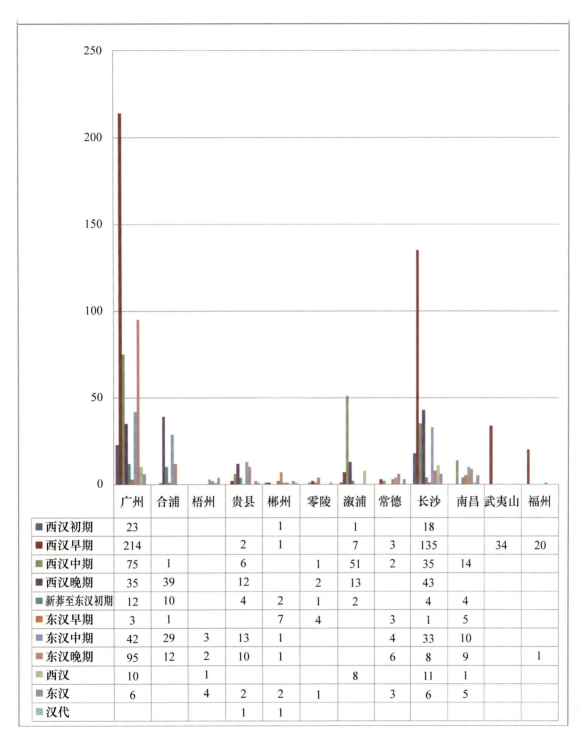

	广州	合浦	梧州	贵县	郴州	零陵	溆浦	常德	长沙	南昌	武夷山	福州
■ 西汉初期	23				1		1		18			
■ 西汉早期	214			2	1		7	3	135		34	20
■ 西汉中期	75	1		6		1	51	2	35		14	
■ 西汉晚期	35	39		12		2	13		43			
■ 新莽至东汉初期	12	10		4	2	1	2		4	4		
■ 东汉早期	3	1			7	4		3	1	5		
■ 东汉中期	42	29	3	13	1			4	33	10		
■ 东汉晚期	95	12	2	10	1			6	8	9		1
■ 西汉	10		1				8		11	1		
■ 东汉	6		4	2	2	1		3	6	5		
■ 汉代				1	1							

附图四·6·2 华南诸郡国郡国治考古遗存统计图

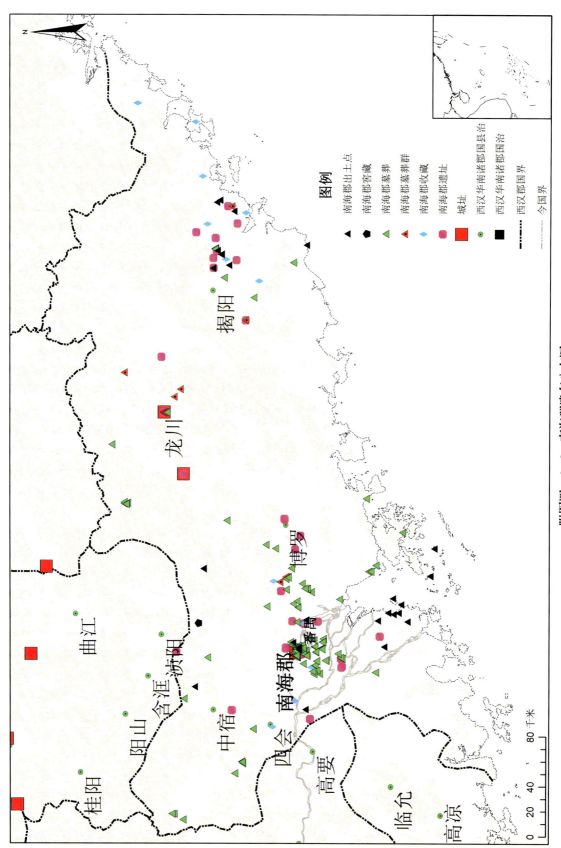

图例

◀	南海郡出土点
⬟	南海郡窖藏
◀	南海郡墓葬
◢	南海郡墓葬群
◆	南海郡收藏
⬢	南海郡遗址
■	城址
⊙	西汉华南诸郡郡国县治
■	西汉华南诸郡郡国治
━	西汉郡国界
┅	今国界

附图四·6·3　南海郡遗存分布图

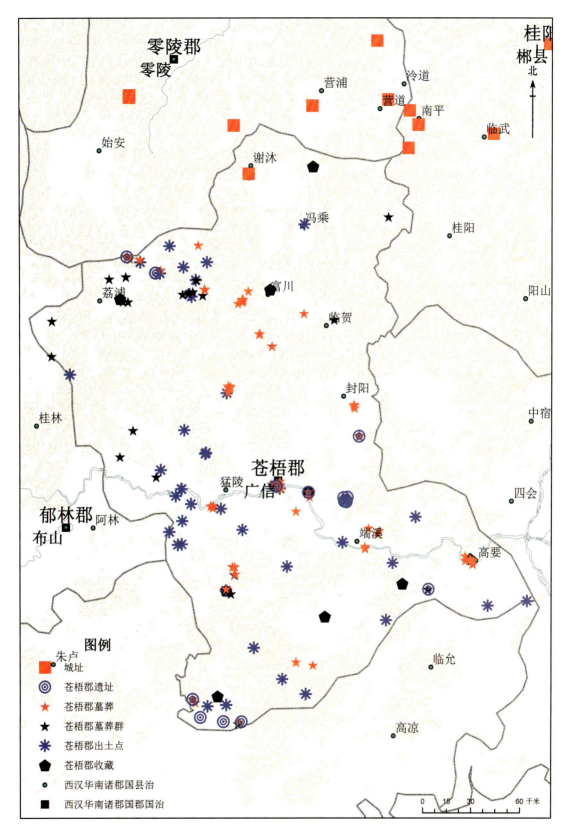

附图四·6·4　苍梧郡遗存分布图

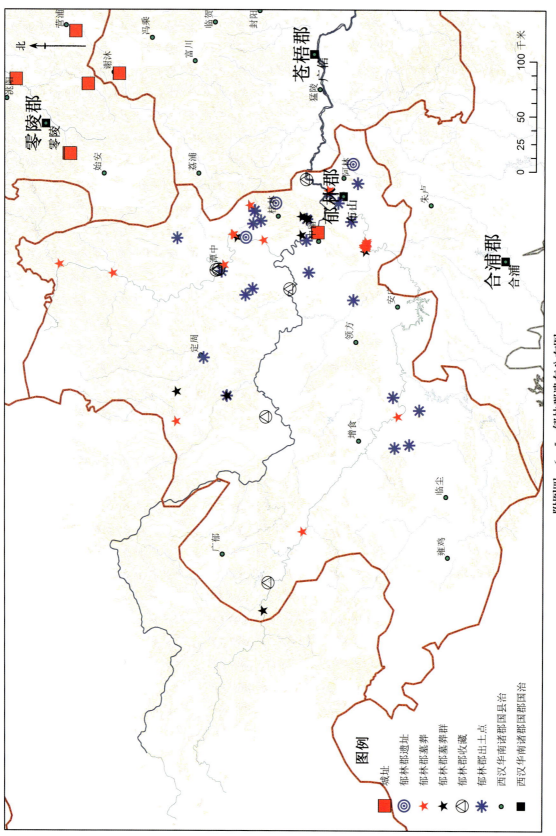

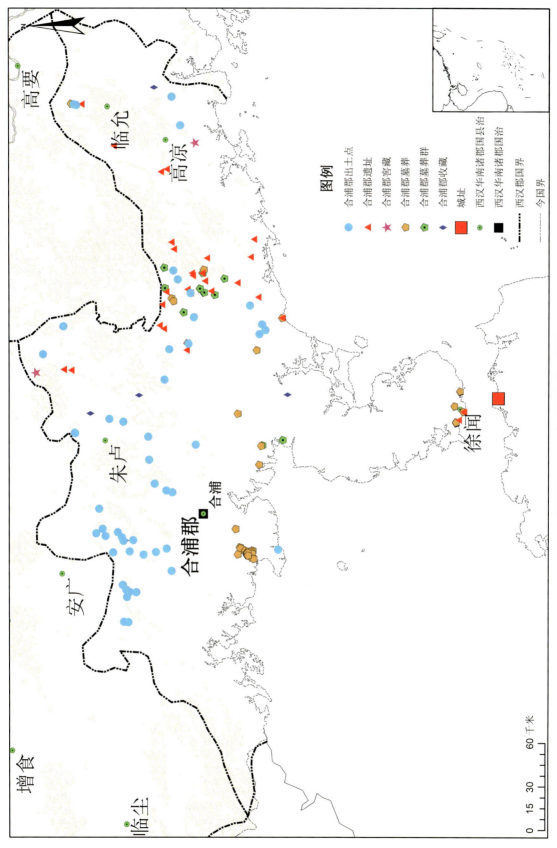

图例

🔵	合浦郡出土点
🔺	合浦郡遗址
★	合浦郡窖藏
⬠	合浦郡墓葬
⬠	合浦郡墓葬群
◆	合浦郡收藏
🟥	城址
⊙	西汉华南诸郡国县冶
⬛	西汉华南诸郡国冶
┉	西汉郡国界
┄	今国界

附图四·6·6　合浦郡遗存分布图

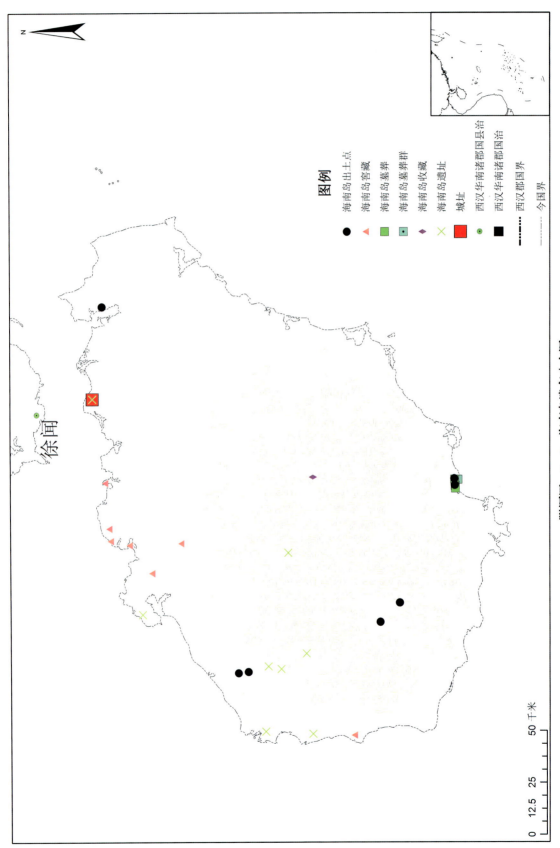

附图[四]·6·7　海南岛遗存分布图

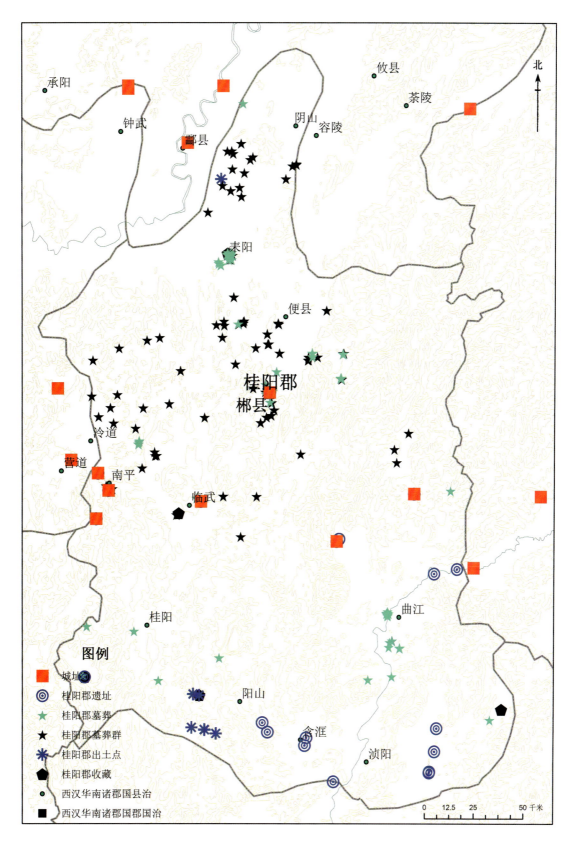

附图四·6·8　桂阳郡遗存分布图

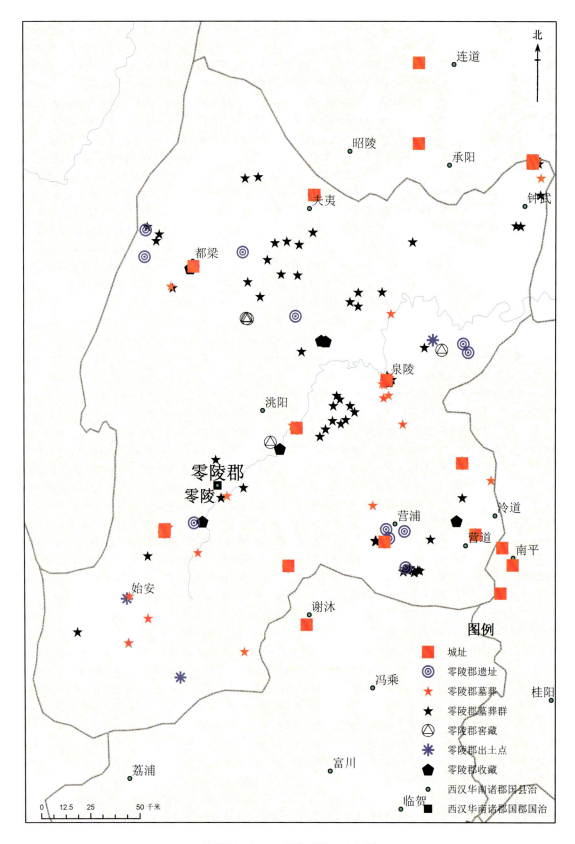

北

连道

昭陵

承阳

夫夷

钟武

都梁

泉陵

洮阳

零陵郡
零陵

营浦

冷道

营道

南平

始安

谢沐

冯乘

桂阳

荔浦

富川

临贺

图例

■ 城址
◉ 零陵郡遗址
★ 零陵郡墓葬
★ 零陵郡墓葬群
△ 零陵郡窖藏
✳ 零陵郡出土点
⬠ 零陵郡收藏
• 西汉华南诸郡国县治
■ 西汉华南诸郡国郡国治

0　12.5　25　　50 千米

附图四·6·9　零陵郡遗存分布图

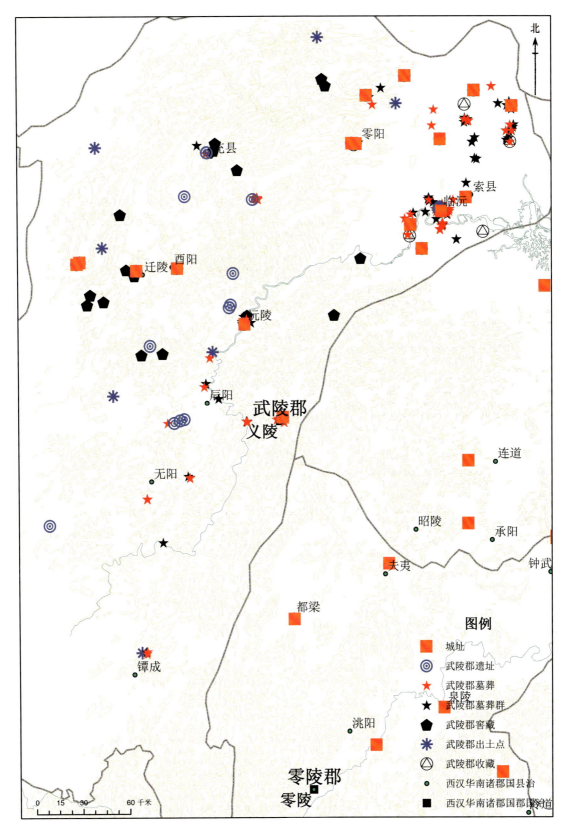

北

零阳

沅县

索县

临沅

西阳

迁陵

沅陵

辰阳

武陵郡
义陵

无阳

连道

昭陵

承阳

夫夷

钟武

都梁

镡成

泉陵

洮阳

零陵郡
零陵

图例

- 城址
- 武陵郡遗址
- 武陵郡墓葬
- 武陵郡墓葬群
- 武陵郡窖藏
- 武陵郡出土点
- 武陵郡收藏
- 西汉华南诸郡国县治
- 西汉华南诸郡国郡治黔道

0　15　30　　60 千米

附图四·6·10　武陵郡遗存分布图

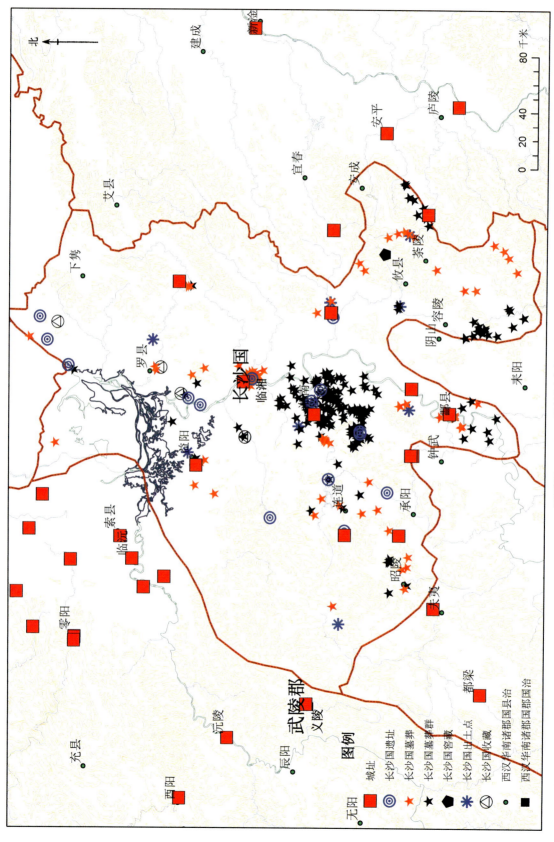

图例

无阳	城址
■（红）	长沙国遗址
◎	长沙国城葬
★（红）	长沙国墓葬群
★（黑）	长沙国窖藏
⬟	长沙国出土点
✳	长沙国收藏
⊘	西汉华南诸郡国县冶
●	西汉华南诸郡国郡冶
■（黑）	西汉华南诸郡国郡国冶

附图四·6·11　长沙国遗存分布图

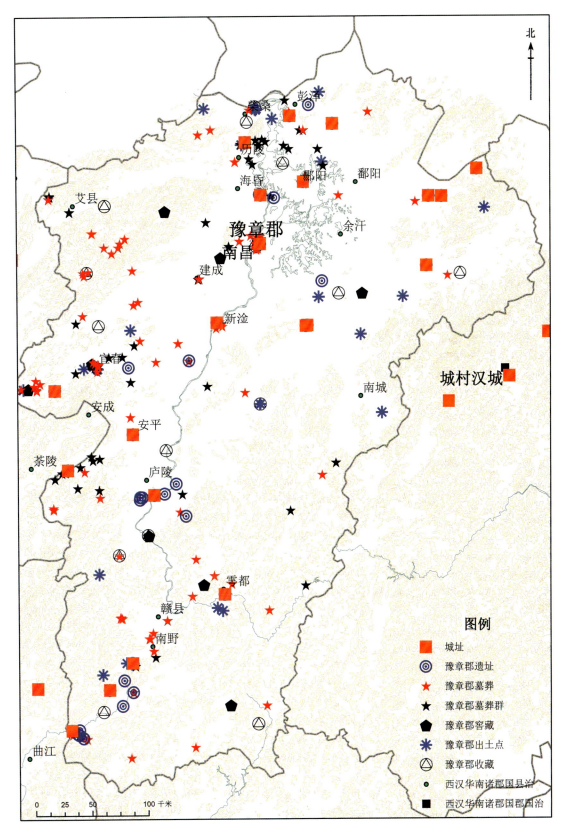

北

豫章郡
南昌

城村汉城

图例

■ 城址
◉ 豫章郡遗址
★ 豫章郡墓葬
★ 豫章郡墓葬群
⬠ 豫章郡窖藏
✹ 豫章郡出土点
△ 豫章郡收藏
● 西汉华南诸郡国县治
■ 西汉华南诸郡国郡国治

0　25　50　　　100 千米

彭泽
柴桑
枭陵
海昏
鄡阳
鄱阳
余汗
艾县
建成
新淦
宜春
南城
安成
安平
茶陵
庐陵
雩都
赣县
南野
曲江

附图四·6·12　豫章郡遗存分布图

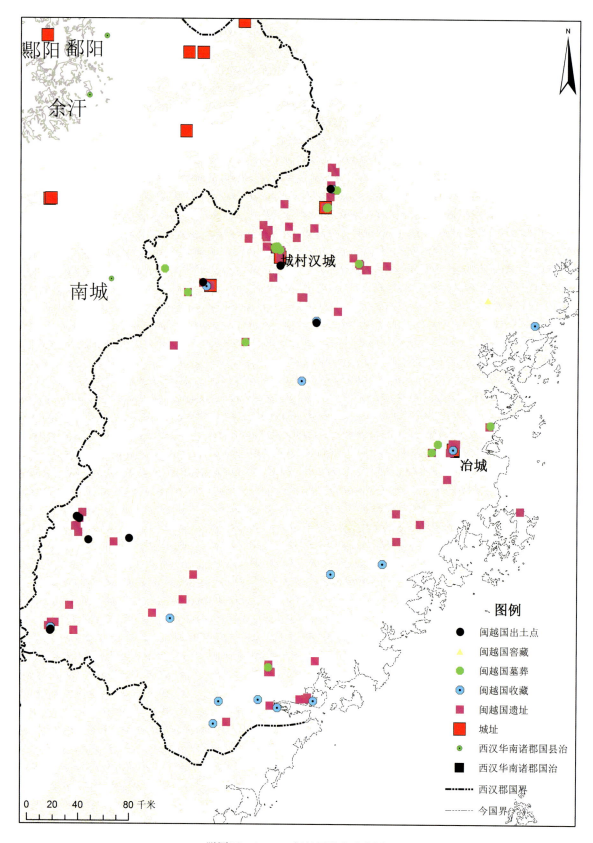

图例

- ● 闽越国出土点
- ▲ 闽越国窖藏
- ● 闽越国墓葬
- ◉ 闽越国收藏
- ■ 闽越国遗址
- ■ 城址
- ◉ 西汉华南诸郡国县治
- ■ 西汉华南诸郡国治
- ·—·· 西汉郡国界
- —— 今国界

鄡阳 鄱阳

余汗

南城

城村汉城

冶城

0　20　40　　80 千米

附图四·6·13　闽越国遗存分布图

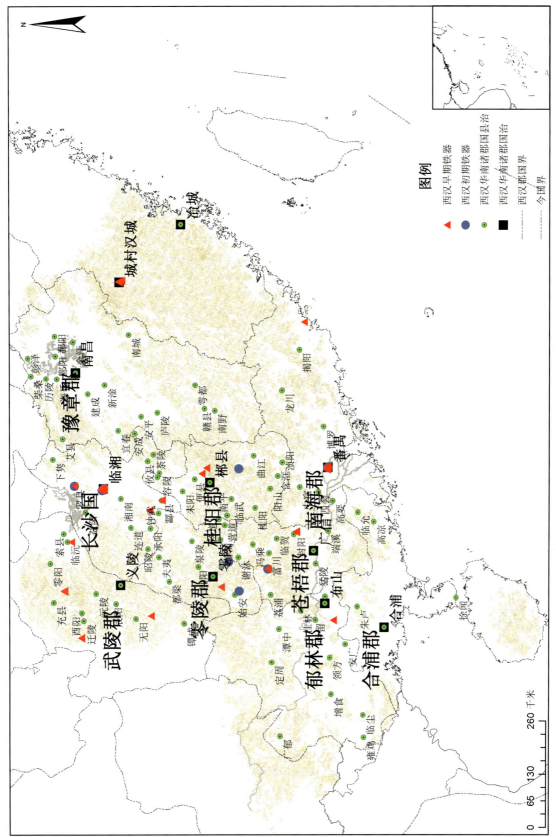

图例

西汉早期期铁器	▲（红）
西汉初期铁器	●（蓝）
西汉华南诸郡国县冶	◉
西汉华南诸郡国国冶	■
西汉郡界	-------
今国界	-------

附图四·7·1　秦汉华南铁器分布图（一）

0　65　130　260 千米

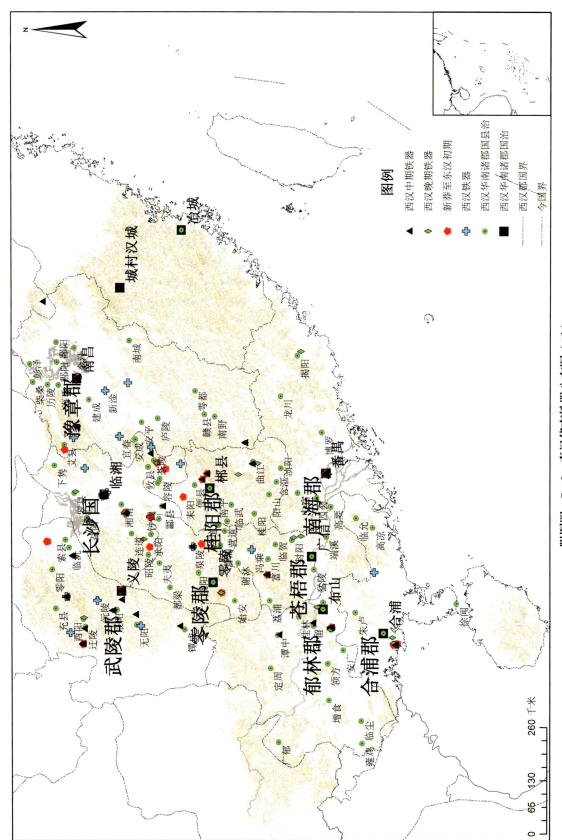

图例

▲	西汉中期铁器
◆	西汉晚期铁器
⬟	新莽至东汉初期
✚	西汉铁器
◉	西汉华南诸郡国县冶
■	西汉华南诸郡国冶
——	西汉郡国界
------	今国界

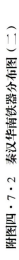

附图四·7·2　秦汉华南铁器分布图（二）

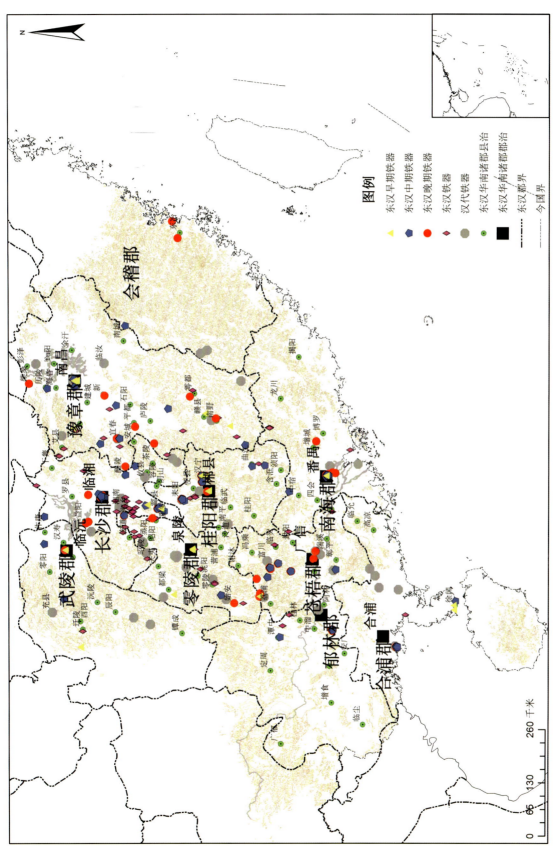

附图四·7·3　秦汉华南铁器分布图（三）

附录一　考古遗存登记、统计表

附表 A　墓葬统计表

附表 A1　甲 A Ⅱ b 型墓葬时空分布统计表　　　　　　　　　　　　　单位：座

地点	西汉初期	西汉早期	西汉中期	西汉晚期	新莽至东汉初期	东汉早期	东汉中期	东汉晚期	西汉	东汉	汉代	合计
广宁	27											27
乐昌	27			6		2						35
灵川	2											2
平乐	67	11		1								79
长沙	2	3	1	1								7
广州①	1	7	3			2						13
德庆	1						1					2
古丈	1		1									2
贺县	1											1
揭阳	1											1
大庸②		1										1
博罗			1									1
深圳			1				1					2
田东			1									1
保靖			3	10	1							14
贵港				1								1
桂平				1								1
合浦				1								1
益阳				1						1		2
修水						1						1

---

① 含南海、番禺所发现的墓葬，下同。
② 大庸后改为张家界，以"大庸"为名统一称谓进行统计，下同。

续表

地点	西汉初期	西汉早期	西汉中期	西汉晚期	新莽至东汉初期	东汉早期	东汉中期	东汉晚期	西汉	东汉	汉代	合计
阳朔						1						1
钟山							5					5
耒阳							2					2
瑞昌							1					1
始兴							1					1
顺德①							1					1
溆浦									1			1
宝安										2		2
临湘										2		2
韶关										1		1
肇庆										1		1
化州											1	1
仁化											1	1
高州											1	1
合计	130	22	11	22	1	6	11	1	1	7	3	215

附表 A2　甲 A Ⅱ b 型墓葬规格时代差异统计表　　　单位：米、平方米

时期	平均长	平均宽	宽长比	平均面积
西汉初期	2.87	0.89	0.3101045	2.554
西汉早期	2.92	0.94	0.3219178	2.744
西汉中期	3	0.99	0.33	2.97
西汉晚期	4.05	1.31	0.3234567	5.305
新莽至东汉初期	2.8	0.9	0.3214285	2.52
东汉早期	2.77	0.88	0.3176895	2.437
东汉中期	3.43	1	0.2915451	3.43

附表 A3　甲 A 类墓葬规格差异统计表　　　单位：米、平方米

	平均长	平均宽	宽长比	平均面积
甲 A Ⅰ a 型	5.446	2	0.367	10.892
甲 A Ⅰ b 型	3.75	1.28	0.341	4.8
甲 A Ⅱ a 型	5.4	1.84	0.34	9.936
甲 A Ⅱ b 型	3.08	0.96	0.316	2.95

① 顺德今隶属佛山，下文在佛山市出现后，在综合分析时与佛山合并，以佛山为名进行归类分析。

附表 A4　甲 A 类墓葬时空分布统计表　　　　　　　　单位：座

郡国	地点	类型	西汉初期	西汉早期	西汉中期	西汉晚期	新莽至东汉初期	东汉早期	东汉中期	东汉晚期	西汉	东汉	汉代	合计
南海郡	广州	甲AⅠa型	1	3	3				1	1				9
		甲AⅠb型	1	3										4
		甲AⅡb型	1	7	3			2						13
	揭阳	甲AⅡb型	1											1
	博罗	甲AⅡb型			1									1
	顺德	甲AⅡb型							1					1
	广宁	甲AⅡb型	27											27
	深圳①	甲AⅡb型			1				1			2		4
合浦郡	合浦	甲AⅡb型				1								1
	化州	甲AⅡb型											1	1
	高州	甲AⅡb型											1	1
苍梧郡	贺县②	甲AⅡb型	1											1
	钟山	甲AⅡa型							1					1
		甲AⅡb型							5					5
	德庆	甲AⅡb型	1						1					2
	肇庆	甲AⅡb型										1		1
	平乐	甲AⅠb型	1		1									2
		甲AⅡb型	67	11		1								79
	阳朔	甲AⅡa型							1					1
		甲AⅡb型						1						1
郁林郡	贵县③	甲AⅡb型				1								1
	田东	甲AⅡb型			1									1
	桂平	甲AⅡb型				1								1
	韶关	甲AⅡb型										1		1
	耒阳	甲AⅡb型						2						2
	资兴	甲AⅠb型		1										1
		甲AⅡa型				1								1
	乐昌	甲AⅡb型	27			6		2						35
	始兴	甲AⅡb型							1					1
	仁化	甲AⅡb型											1	1
	灵川	甲AⅡb型	2											2

① 原始资料中，有宝安发现的两座该型墓葬，宝安为深圳所属，与深圳合并，下同。
② 贺县后改为贺州，文中均以贺县统一称谓进行统计。
③ 贵县后改名为贵港，考古资料中二者均有，以贵县为名统一，下同。

续表

郡国	地点	类型	西汉初期	西汉早期	西汉中期	西汉晚期	新莽至东汉初期	东汉早期	东汉中期	东汉晚期	西汉	东汉	汉代	合计
武陵郡	溆浦	甲AⅡb型									1			1
	保靖	甲AⅠb型				1								1
	靖州	甲AⅡb型			3	10	1							14
	古丈	甲AⅠb型			1									1
	大庸	甲AⅡb型	1		1									2
		甲AⅢb型		1										1
长沙国	长沙	甲AⅠb型			1									1
		甲AⅡb型	2	3	1	1								7
	衡阳	甲AⅡa型				1								1
	益阳	甲AⅡb型				1						1		2
	临湘	甲AⅡb型										2		2
	修水	甲AⅡb型						1						1
	瑞昌	甲AⅡb型							1					1
闽越国	武夷山	甲AⅠa型		1										1
		甲AⅡa型		1										1
合计			133	31	17	23	3	6	13	3	1	7	3	240

附表A5　甲BⅠa型墓葬时空分布统计表

单位：座

地点	西汉初期	西汉早期	西汉中期	西汉晚期	新莽至东汉初期	东汉早期	东汉中期	东汉晚期	西汉	东汉	汉代	合计
广州	3	39	34	25	9	18	11	1	1			141
长沙	1	6	4	6	2							19
溆浦	1		3									4
汨罗	1	2										3
贺县		4	3									7
武夷山		4										4
衡阳		2										2
兴安		2		4	3	3						12
贵县		1	2	7	2	3				1	1	17
保靖			3	4	1							8
常德			2									2
靖州			2									2
零陵			1									1
柳州			1			2						3
南昌			1									1
合浦				21								21
平乐				9	2	8						19

续表

地点	西汉初期	西汉早期	西汉中期	西汉晚期	新莽至东汉初期	东汉早期	东汉中期	东汉晚期	西汉	东汉	汉代	合计
资兴						1	1					2
衡阳						1						1
昭平							2	1				3
增城							1					1
钟山							1					1
合计	6	60	50	82	19	2	39	12	1	2	1	274

附表 A6　甲ＢⅠa型墓葬规格差异统计表　　　　单位：米、平方米

时期	平均长	平均宽	宽长比	平均面积
西汉初期	5.36	4.01	0.748507	21.493
西汉早期	6.48	3.36	0.518519	21.773
西汉中期	5.09	2.88	0.565815	14.659
西汉晚期	5.39	3.21	0.595547	17.302
新莽至东汉初期	5.34	3.11	0.582397	16.607
东汉早期	5.15	3.12	0.605825	16.068
东汉中期	5.13	2.71	0.528265	13.902
东汉晚期	4.69	2.9	0.618337	13.601

附表 A7　西汉甲ＢⅠa型墓葬规格差异统计表　　　　单位：米、平方米

时期	地点	平均长	平均宽	宽长比	平均面积
西汉初期	广州	9.78	5.39	0.551124	51.714
	长沙	4.4	3.34	0.759090	14.696
	溆浦	4.6	3.5	0.760869	16.1
	汨罗	3.6	2.44	0.677777	8.784
西汉早期	广州	6.04	3.03	0.501655	18.301
	长沙	4.87	3.29	0.675564	16.022
	贵县	9.3	5.31	0.570967	49.383
	贺县	13	8	0.615384	104
	衡阳	4.12	2.75	0.667475	11.33
	武夷山	10.7	3.63	0.339252①	38.841
	汨罗	4.43	3.34	0.753950	14.796

---

①　武夷山共 4 座墓，其中武夷山牛山 M1 仅有长度，无宽度，使墓葬长宽平均之比小于 0.4 米。

续表

时期	地点	平均长	平均宽	宽长比	平均面积
西汉中期	广州	4.61	2.28	0.494577	10.510
	长沙	8.55	5.56	0.650292①	47.538
	贵县	6.34	3.65	0.575709	23.141
	保靖	4.36	3.16	0.724770	13.777
	常德	4.4	3	0.681818	13.2
	靖州	4.17	2.7	0.647482	11.259
	零陵	8.9	6.9	0.775280	61.41
	柳州	6.3	4	0.634920	25.2
	南昌	5.3	3.9	0.735849	20.67
西汉晚期	广州	4.93	2.67	0.541633	13.209
	长沙	9.02	5.53	0.613082	49.880
	贵县	5.64	3.54	0.627659	19.965
	合浦	5.37	3.3	0.614525	17.721
	贺县	4.93	3.03	0.614604	14.937
	平乐	4.42	2.46	0.556561	10.873
	溆浦	4.6	3.22	0.7	14.812
	保靖	4.62	3.32	0.718614	15.338
	兴安	4.1	2.3	0.560975②	9.43

附表 A8　甲ＢⅠa型分室墓葬时空分布统计表　　单位：座

地点	西汉早期	西汉中期	西汉晚期	新莽至东汉初期	东汉中期	东汉晚期	东汉	合计
广州	11	17	13	7	16	11	1	76
贵县	1							1
长沙		1	2					3
平乐					1			1
增城						1		1
合计	12	18	15	8	17	12	1	82

附表 A9　甲ＢⅠb型墓葬时空分布统计表　　单位：座

地点	西汉初期	西汉早期	西汉中期	西汉晚期	新莽至东汉初期	东汉早期	东汉中期	东汉晚期	西汉	东汉	合计
广州	14	88	14	1	2	2	1		3		125
长沙	1	27	9	2				1			40
四会	2										2

---

① 广州 34 座墓中，34 座均有长度，但仅 32 座有宽度，因此宽长比较低。

② 兴安 4 座墓中，仅 1 座有长宽规格，其余三座均无。

续表

地点	西汉初期	西汉早期	西汉中期	西汉晚期	新莽至东汉初期	东汉早期	东汉中期	东汉晚期	西汉	东汉	合计
肇庆	1			1	1		1				4
闽侯	1	2									3
资兴		4									4
桃源		3									3
贺县		2									2
保靖		1	3	5	2						11
常德		1									1
长泰		1									1
连州		1									1
增城		1									1
南昌			8								8
湘乡			2	1							3
贵县			1	1			1				3
靖州			1								1
平乐			1				1				2
宜春			1								1
溆浦				5					2		7
衡阳				3							3
合浦				2							2
揭东				1							1
藤县				1							1
大庸					1						1
昭平							2	12			14
罗定									1		1
佛山										1	1
合计	19	131	40	23	6	2	6	13	6	1	247

附表 A10　甲ＢⅠb型墓葬规格差异统计表　　　　　单位：米、平方米

时期	平均长	平均宽	宽长比	平均面积
西汉初期	3.98	2.28	0.573201	9.087
西汉早期	3.74	2.13	0.569518	7.966
西汉中期	4.15	2.49	0.6	10.333
西汉晚期	4.23	2.71	0.640661	11.463
新莽至东汉初期	5.03	3.14	0.624254	15.794
东汉早期	4.9	2.82	0.575510	13.818
东汉中期	4.79	2.62	0.546972	12.549
东汉晚期	4.81	2.72	0.565488	13.083

附表 A11 甲 B Ⅱ a 型墓葬时空分布统计表

单位：座

地点	西汉初期	西汉早期	西汉中期	西汉晚期	新莽至东汉初期	东汉早期	东汉中期	东汉晚期	西汉	东汉	汉代	合计
长沙	1	9	2	18			1		2			33
乐昌	8			28		8						44
古丈	1					2						3
始兴	3											3
资兴		1	103		53	15	52	22				246
武夷山		3										3
大庸		2	5									7
郴州		1										1
封开		1										1
益阳		1										1
保靖			6	25	6							37
贵县			1	3			1	1				6
怀化			2									2
靖州			1									1
南昌			1									1
湘乡			1	4								5
徐闻			1									1
溆浦			2	3								5
广州				1								1
合浦				7		1						8
耒阳				3	2	1	63					69
零陵				1								1
龙山				3	6	9						18
汨罗				1								1
韶关				1								1
桃源				1								1
衡阳						1						1
阳朔						4						4
岑溪							4					4
钟山							5					5
梧州							2					2
高州											1	1
永州									1			1
柳江										6		6
桃江										1		1
合计	13	18	125	99	67	41	126	25	3	7	1	525

附表 A12　甲 BⅡa 型墓葬规格差异统计表　　　　　单位：米、平方米

时期	平均长	平均宽	宽长比	平均面积
西汉初期	4.24	2.73	0.643867	11.575
西汉早期	4.3	2.72	0.632558	11.696
西汉中期	4.18	2.75	0.657894	11.495
西汉晚期	4.59	2.98	0.649237	13.678
新莽至东汉初期	4.7	3.19	0.678723	14.993
东汉早期	4.7	2.96	0.629787	13.912
东汉中期	4.23	2.73	0.645390	11.547
东汉晚期	4.35	2.72	0.625287	11.832

附表 A13　甲 BⅡb 型墓葬时空分布统计表　　　　　单位：座

地点	西汉初期	西汉早期	西汉中期	西汉晚期	新莽至东汉初期	东汉早期	东汉中期	东汉晚期	西汉	东汉	汉代	合计
广州	2	14	5			1	1		4	1		28
长沙	11	71	13	14					7			116
乐昌	18			43		15		13				89
灵川	5											5
汨罗	13	7		1								21
郴州	1			1								2
博罗	1											1
灌阳	1											1
贺县	1											1
揭阳	1											1
罗定	1											1
南康	1											1
封开	22	9		1				1	2			35
广宁	13								1			14
大庸	3	16	7									26
津市	2	6										8
闽侯	1	5						1				7
平乐	41	2	8	1								52
古丈	7		5	1								13
始兴	3		8	10		5						26
保靖		35	40	101	9							185
溆浦		6	44	1					3			54
泸溪		3	6	2								11
桃源		2	7	10								19
邵武		1										1

续表

地点	西汉初期	西汉早期	西汉中期	西汉晚期	新莽至东汉初期	东汉早期	东汉中期	东汉晚期	西汉	东汉	汉代	合计
兴安		1		3			1					5
永顺		1	1									2
资兴		14	4		2			1				21
怀化			1									1
新余			1									1
修水			1									1
徐闻			1			1						2
南昌			1		2	1				1		5
韶关			1	1			3					5
湘乡			8	2								10
合浦				7								7
衡阳				3		2	2					7
茶陵				2	1		1				1	5
高安				2								2
曲江				2			1			1		4
耒阳				2			13					15
益阳				1	1							2
顺德				1		1	1			1		4
龙山					1	9						10
龙川						1						1
钟山							6				1	7
梧州							3		1	4		8
高要							1			1		2
恭城							1					1
三江							1					1
德庆								2				2
福州								1				1
普宁								1				1
阳朔								1				1
永州									2	1		3
冷水滩									1			1
南雄									1			1
贵县										1		1
临湘										1		1
清远										1		1
全州										1		1
新兴										1		1
郁南										1		1
肇庆										1		1
合计	148	193	162	211	17	31	40	21	21	18	2	864

附表 A14　甲 BⅡb 型墓葬规格差异统计表　　　　　　　　　单位：米、平方米

时期	平均长	平均宽	宽长比	平均面积
西汉初期	3.13	1.67	0.533546	5.227
西汉早期	2.99	1.87	0.625418	5.591
西汉中期	3.43	2.11	0.615160	7.237
西汉晚期	3.42	2.06	0.602339	7.045
新莽至东汉初期	3.5	2.2	0.628571	7.7
东汉早期	3.54	2.03	0.573446	7.186
东汉中期	3.75	2.04	0.544	7.65
东汉晚期	2.8	1.85	0.660714	5.18
西汉	3.66	2.15	0.587431	7.869
东汉	3.68	2.43	0.660326	8.942

附表 A15　甲 B 类墓葬分期数量统计表　　　　　　　　　单位：座

时期	甲 BⅠa 型	甲 BⅠb 型	甲 BⅡa 型	甲 BⅡb 型	合计
西汉初期	6	19	13	148	186
西汉早期	60	131	18	193	402
西汉中期	50	40	125	162	377
西汉晚期	82	23	99	211	415
新莽至东汉初期	19	6	67	17	109
东汉早期	2	2	41	31	76
东汉中期	39	6	126	40	211
东汉晚期	12	13	25	21	71
西汉	1	6	3	21	31
东汉	2	1	7	18	28
汉代	1		1	2	4
合计	274	247	525	864	1910

附表 A16　甲 B 类墓葬规格差异统计表　　　　　　　　　单位：米、平方米

类型	平均长	平均宽	宽长比	平均面积
甲 BⅠa 型	5.56	3.12	0.561151	17.347
甲 BⅠb 型	3.99	2.32	0.581454	9.257
甲 BⅡa 型	4.39	2.87	0.653759	12.599
甲 BⅡb 型	3.27	1.96	0.599388	6.409

附表 A17 甲 B 类墓葬分期规格差异统计表 单位：米、平方米

时期	类型	平均长	平均宽	宽长比	平均面积
西汉初期	甲 B I a 型	5.36	4.01	0.748507	21.493
	甲 B I b 型	3.98	2.28	0.573201	9.088
	甲 B II a 型	4.24	2.73	0.643867	11.575
	甲 B II b 型	3.13	1.67	0.533546	5.227
西汉早期	甲 B I a 型	6.48	3.36	0.518518	21.772
	甲 B I b 型	3.74	2.13	0.569518	7.966
	甲 B II a 型	4.3	2.72	0.632558	11.69
	甲 B II b 型	2.99	1.87	0.625418	5.591
西汉中期	甲 B I a 型	5.09	2.88	0.565815	14.659
	甲 B I b 型	4.15	2.49	0.6	10.333
	甲 B II a 型	4.18	2.75	0.657894	11.495
	甲 B II b 型	3.43	2.11	0.615160	7.2373
西汉晚期	甲 B I a 型	5.39	3.21	0.595547	17.301
	甲 B I b 型	4.23	2.71	0.640661	11.463
	甲 B II a 型	4.59	2.98	0.649237	13.678
	甲 B II b 型	3.42	2.06	0.602339	7.0452
新莽至东汉初期	甲 B I a 型	5.34	3.11	0.582397	16.607
	甲 B I b 型	5.03	3.14	0.624254	15.794
	甲 B II a 型	4.7	3.19	0.678723	14.993
	甲 B II b 型	3.5	2.2	0.628571	7.7
东汉早期	甲 B I a 型	5.15	3.12	0.605825	16.068
	甲 B I b 型	4.9	2.82	0.575510	13.818
	甲 B II a 型	4.7	2.96	0.629787	13.912
	甲 B II b 型	3.54	2.03	0.573446	7.1862
东汉中期	甲 B I a 型	5.13	2.71	0.528265	13.902
	甲 B I b 型	4.79	2.62	0.546972	12.549
	甲 B II a 型	4.23	2.73	0.645390	11.547
	甲 B II b 型	3.75	2.04	0.544	7.65
东汉晚期	甲 B I a 型	4.69	2.9	0.618336	13.601
	甲 B I b 型	4.81	2.72	0.565488	13.083
	甲 B II a 型	4.35	2.72	0.625287	11.832
	甲 B II b 型	2.8	1.85	0.660714	5.18

附表 A18　甲 B 类墓葬时空分布统计表

单位：座

郡国	地点	类型	西汉初期	西汉早期	西汉中期	西汉晚期	新莽至东汉初	东汉早期	东汉中期	东汉晚期	西汉	东汉	汉代	合计			
南海郡	广州	甲BIa型	3	39	34	25	9		18	11	1	1		141			325
		甲BIb型	14	88	14	1	2	2	1		3			125	266		
		甲BIIa型				1								1			
		甲BIIb型	2	14	5			1	1		4	1		28	29	295	
	揭阳	甲BIIb型	1													1	
	揭东	甲BIb型				1										1	
	博罗	甲BIIb型	1													1	
	龙川	甲BIIb型						1								1	
	四会	甲BIb型	2													2	
	清远	甲BIIb型									1					1	
	佛山①	甲BIb型										1		1			
		甲BIIb型			1		1		1		1			4		5	
	增城	甲BIa型							1					1			
		甲BIb型		1										1		2	
	广宁	甲BIIb型	13								1					14	
	普宁	甲BIIb型								1						1	
合浦郡	合浦	甲BIa型				21								21			42
		甲BIb型				2								2	23		
		甲BIIa型				7		1						8			
		甲BIIb型				7								7	15	38	
	徐闻	甲BIIa型			1									1			
		甲BIIb型			1			1						2		3	
	高州	甲BIIa型										1				1	
	新兴	甲BIIb型									1					1	

① 已与顺德合并。

郡国	地点	类型	西汉初期	西汉早期	西汉中期	西汉晚期	新莽至东汉初	东汉早期	东汉中期	东汉晚期	西汉	东汉	汉代	合计			
苍梧郡	梧州	甲BIIa型								2				2		10	182
		甲BIIb型							3			1	4	8			
	封开	甲BIIa型		1										1		36	
		甲BIIb型	22	9		1		1				2		35			
	贺县	甲BIa型		4		3								7	9	10	
		甲BIb型		2										2			
		甲BIIb型	1											1			
	钟山	甲BIa型							1					1		13	
		甲BIIa型							5					5	12		
		甲BIIb型							6			1		7			
	高要	甲BIIb型							1			1		2			
	德庆	甲BIIb型								2				2			
	肇庆	甲BIb型	1		1	1			1					4			
		甲BIIb型										1		1			
	平乐	甲BIa型				9	2		8					19	21	73	
		甲BIb型			1				1					2			
		甲BIIb型	41	2	8	1								52			
	阳朔	甲BIIa型						4						4		5	
		甲BIIb型								1				1			
	昭平	甲BIa型							2	1				3		17	
		甲BIb型							2	12				14			
	罗定	甲BIb型									1			1			
		甲BIIb型	1											1			
	藤县	甲BIb型				1								1			
	岑溪	甲BIIa型							4					4			
	恭城	甲BIIb型							1					1			
	郁南	甲BIIb型										1		1			
郁林郡	贵县	甲BIa型		1	2	7	2		3			1	1	17	20	27	36
		甲BIb型		1	1				1					3			
		甲BIIa型		1	3				1	1				6	7		
		甲BIIb型										1		1			
	柳州	甲BIa型			1				2					3			
	柳江	甲BIIa型										6		6			

续表

郡国	地点	类型	西汉初期	西汉早期	西汉中期	西汉晚期	新莽至东汉初	东汉早期	东汉中期	东汉晚期	西汉	东汉	汉代	合计	
桂阳郡	郴州	甲BⅡa型		1										1	3
		甲BⅡb型	1				1							2	
	韶关	甲BⅡa型				1								1	6
		甲BⅡb型			1	1			3					5	
	曲江	甲BⅡb型				2			1	1				4	
	耒阳	甲BⅡa型				3	2	1	63					69	84
		甲BⅡb型				2			13					15	
	连州	甲BⅡb型		1										1	
	资兴	甲BⅠa型						1	1					2	6
		甲BⅠb型		4										4	
		甲BⅡa型		1	103		53	15	52	22				246	267
		甲BⅡb型		14	4		2			1				21	
	乐昌	甲BⅡa型	8			28		8						44	133
		甲BⅡb型	18			43		15	13					89	
	始兴	甲BⅡa型	3											3	29
		甲BⅡb型	3		8	10		5						26	
	三江	甲BⅡb型							1					1	
零陵郡	零陵	甲BⅠa型			1									1	2
		甲BⅡa型				1								1	
	兴安	甲BⅠa型		2		4	3		3					12	17
		甲BⅡb型		1		3			1					5	
	灵川	甲BⅡb型	5											5	
	永州	甲BⅡa型							1		1			1	4
		甲BⅡb型									2	1		3	
	灌阳	甲BⅡb型	1											1	
	冷水滩	甲BⅡb型									1			1	
	全州	甲BⅡb型										1		1	

桂阳郡 合计 534；零陵郡 合计 31

郡国	地点	类型	西汉初期	西汉早期	西汉中期	西汉晚期	新莽至东汉初	东汉早期	东汉中期	东汉晚期	西汉	东汉	汉代	合计			
武陵郡	溆浦	甲BⅠa型	1			3								4	11	70	443
		甲BⅠb型				5			2					7			
		甲BⅡa型			2	3								5	59		
		甲BⅡb型		6	44	1							3	54			
	常德	甲BⅠa型			2									2		3	
		甲BⅠb型		1										1			
	桃源	甲BⅠb型		3										3		23	
		甲BⅡa型				1								1	20		
		甲BⅡb型		2	7	10								19			
	保靖	甲BⅠa型			3	4	1							8	19	241	
		甲BⅠb型		1	3	5	2							11			
		甲BⅡa型			6	25	6							37	222		
		甲BⅡb型		35	40	101	9							185			
	靖州	甲BⅠa型			2									2	3	4	
		甲BⅠb型			1									1			
		甲BⅡa型			1									1			
	龙山	甲BⅡa型				3	6	9						18		28	
		甲BⅡb型					1	9						10			
	古丈	甲BⅡa型	1				2							3		16	
		甲BⅡb型	7		5	1								13			
	大庸	甲BⅠb型					1							1		34	
		甲BⅡa型		2	5									7	33		
		甲BⅡb型	3	16	7									26			
	怀化	甲BⅡa型			2									2		3	
		甲BⅡb型			1									1			
	津市	甲BⅡb型	2	6										8			
	泸溪	甲BⅡb型		3	6	2								11			
	永顺	甲BⅡb型		1	1									2			

续表

郡国	地点	类型	西汉初期	西汉早期	西汉中期	西汉晚期	新莽至东汉初	东汉早期	东汉中期	东汉晚期	西汉	东汉	汉代	合计			
长沙国	长沙	甲BⅠa型	1	6	4	6	2							19	59	208	275
		甲BⅠb型	1	27	9	2			1					40			
		甲BⅡa型	1	9	2	18		1		2				33	149		
		甲BⅡb型	11	71	13	14					7			116			
	衡阳	甲BⅠa型		2				1						3	6	14	
		甲BⅠb型				3								3			
		甲BⅡa型						1						1	8		
		甲BⅡb型				3		2	2					7			
	汨罗	甲BⅠa型	1	2										3		25	
		甲BⅡa型				1								1	22		
		甲BⅡb型	13	7		1								21			
	益阳	甲BⅡa型		1										1		3	
		甲BⅡb型				1	1							2			
	临湘	甲BⅡb型										1		1		1	
	湘乡	甲BⅠb型			2	1								3		18	
		甲BⅡa型			1	4								5	15		
		甲BⅡb型			8	2								10			
	桃江	甲BⅡa型										1		1		1	
	茶陵	甲BⅡb型				2	1		1					4		5	
		甲Bb型										1		1			
豫章郡	南昌	甲BⅠa型			1									1	9	15	22
		甲BⅠb型			8									8			
		甲BⅡa型			1									1	6		
		甲BⅡb型			1			2	1			1		5			
	宜春	甲BⅠb型			1									1		1	
	南康	甲BⅡb型	1											1		1	
	高安	甲BⅠb型				2								2		2	
	修水	甲BⅡb型			1									1		1	
	南雄	甲BⅡb型									1			1		1	
	新余	甲BⅡb型			1									1		1	
闽越国	武夷山	甲BⅠa型		4										4		7	20
		甲BⅡa型		3										3			
	福州	甲BⅡb型								1				1		1	
	闽侯	甲BⅠb型	1	2										3	10	10	
		甲BⅡb型	1	5						1				7			
	长泰	甲BⅠb型		1										1		1	
	邵武	甲BⅡb型		1										1		1	
合计			186	402	377	415	109	76	211	71	31	28	4	1910			

附表 A19　甲 C I a 型墓葬规格差异统计表　　　单位：米、平方米

时期	平均长	平均宽	长宽比	平均面积
西汉初期	4.02	3.92	0.975124	15.758
西汉早期	11.516	9.904	0.860021	114.055
西汉中期	9.19	7.495	0.81556	68.879
西汉晚期	7.66	6.57	0.857702	50.326
新莽至东汉初期	4.92	4.23	0.859756	20.812
东汉中期	5.1	4.4	0.862745	22.440
东汉晚期	3.4	2.76	0.811765	9.384

附表 A20　甲 C I b 型墓葬规格差异统计表　　　单位：米、平方米

时期	平均长	平均宽	长宽比	平均面积
西汉早期	2.69	2.28	0.847584	6.1332
西汉中期	4.56	3.87	0.848684	17.6472
西汉晚期	4.3	3.5	0.813953	15.05

附表 A21　甲 C II a 型墓葬时空分布统计表　　　单位：座

地点	西汉初期	西汉早期	西汉中期	西汉晚期	新莽至东汉初期	东汉早期	东汉中期	东汉晚期	西汉	东汉	汉代	合计
汨罗	2											2
长沙		1		1			1		1			4
大庸		4	1									5
保靖		1	2	14	5							22
溆浦		1	1		2							4
资兴			44		26	1	1					72
南昌			2									2
贵县			1									1
龙山				3	3	6						12
古丈				1								1
益阳				1			1					2
耒阳					1							1
邵阳						1						1
钟山							1					1
郴州											1	1
津市										1		1
合计	2	7	51	20	37	8	4	0	2	0	1	132

附表 A22　甲CⅡb型墓葬时空分布统计表　　　　　单位：座

地点	西汉初期	西汉早期	西汉中期	西汉晚期	新莽至东汉初期	东汉早期	东汉中期	东汉晚期	西汉	东汉	汉代	合计
汨罗	4	1										5
平乐	1											1
长沙		9	1									10
大庸		7	2									9
保靖		3	4	6	5			1				19
衡阳		2										2
兴安		2										2
广州			1									1
桃源		1		2	1							4
溆浦			4						2			6
古丈			3	3								6
永顺			1									1
南昌			1									1
资兴			1									1
茶陵				2	1							3
邵东				1								1
龙山						1						1
修水						1						1
始兴							1					1
光泽							1					1
耒阳							1					1
闽侯								1				1
合计	5	25	18	14	6	3	3	2	2			78

附表 A23　甲CⅡb型墓葬规格差异统计表①　　　　　单位：米、平方米

时期	平均长	平均宽	长宽比	平均面积
西汉初期	3.13	2.8	0.894569	8.764
西汉早期	2.88	2.5	0.868056	7.2
西汉中期	3.64	3.28	0.901099	11.939
西汉晚期	3.69	3.24	0.878049	11.955
新莽至东汉初期	2.98	2.56	0.859060	7.628
东汉早期	4.72	4.3	0.911017	20.296
东汉晚期	1.66	1.48	0.891566	2.4568
西汉	1.75	1.64	0.937143	2.87

---

① 该型墓中，东汉中期2座墓均遭破坏，规格不全。

附表 A24 甲 C 类墓葬分类统计表 单位：座

时期	甲 C Ⅰ a 型	甲 C Ⅰ b 型	甲 C Ⅱ a 型	甲 C Ⅱ b 型	合计
西汉初期	1		2	5	8
西汉早期	7	5	7	25	44
西汉中期	2	3	51	18	74
西汉晚期	8	1	20	14	43
新莽至东汉初期	3		37	6	46
东汉早期			8	3	11
东汉中期	1		4	3	8
东汉晚期	1			2	3
西汉			2	2	4
东汉					
汉代	1		1		2
合计	24	9	132	78	243

附表 A25 甲 C 类墓葬规格差异统计表 单位：米、平方米

类型	平均长	平均宽	宽长比	平均面积
甲 C Ⅰ a 型	8.75	7.51	0.858286	65.713
甲 C Ⅰ b 型	3.93	3.31	0.842239	13.008
甲 C Ⅱ a 型	3.97	3.49	0.879093	13.855
甲 C Ⅱ b 型	3.24	2.87	0.885802	9.299

附表 A26 甲 C 类墓葬分期规格差异统计表 单位：米、平方米

时期	类型	平均长	平均宽	宽长比	平均面积
西汉初期	甲 C Ⅰ a 型	4.02	3.92	0.975124	15.7584
	甲 C Ⅰ b 型				
	甲 C Ⅱ a 型	3.18	2.8	0.880503	8.904
	甲 C Ⅱ b 型	3.13	2.8	0.894569	8.764
西汉早期	甲 C Ⅰ a 型	11.516	9.904	0.860021	114.0545
	甲 C Ⅰ b 型	2.69	2.28	0.847584	6.1332
	甲 C Ⅱ a 型	3.7	3.22	0.870270	11.914
	甲 C Ⅱ b 型	2.88	2.5	0.868056	7.2
西汉中期	甲 C Ⅰ a 型	9.19	7.495	0.81556	68.87905
	甲 C Ⅰ b 型	4.56	3.87	0.848684	17.6472
	甲 C Ⅱ a 型	3.88	3.48	0.896907	13.5024
	甲 C Ⅱ b 型	3.64	3.28	0.901099	11.9392
西汉晚期	甲 C Ⅰ a 型	7.66	6.57	0.857702	50.3262
	甲 C Ⅰ b 型	4.3	3.5	0.813953	15.05
	甲 C Ⅱ a 型	4.11	3.57	0.868613	14.6727
	甲 C Ⅱ b 型	3.69	3.24	0.878049	11.9556

续表

时期	类型	平均长	平均宽	宽长比	平均面积
新莽至东汉初期	甲CⅠa型	4.92	4.23	0.859756	20.8116
	甲CⅠb型				
	甲CⅡa型	3.97	3.41	0.858942	13.5377
	甲CⅡb型	2.98	2.56	0.859060	7.6288
东汉早期	甲CⅠa型				
	甲CⅠb型				
	甲CⅡa型	3.8	3.22	0.847368	12.236
	甲CⅡb型	4.72	4.3	0.911017	20.296
东汉中期	甲CⅠa型	5.1	4.4	0.862745	22.44
	甲CⅠb型				
	甲CⅡa型	3.93	3.82	0.972010	15.0126
	甲CⅡb型				
东汉晚期	甲CⅠa型	3.4	2.76	0.811764	9.384
	甲CⅠb型				
	甲CⅡa型				
	甲CⅡb型	1.66	1.48	0.891566	2.4568

附表 A27　甲C类墓葬分布统计表 单位：座

郡国	地点	类型	西汉初期	西汉早期	西汉中期	西汉晚期	新莽至东汉初	东汉早期	东汉中期	东汉晚期	西汉	东汉	汉代	合计		
南海郡	广州	甲CⅠa型		1						1				2	4	6
		甲CⅠb型		2										2		
		甲CⅡb型			1		1							2		
合浦郡	合浦	甲CⅠa型				2								2		
苍梧郡	钟山	甲CⅡa型						1						1		2
	平乐	甲CⅡb型	1											1		
郁林郡	贵县	甲CⅠb型			1									1		2
		甲CⅡa型			1									1		
郁林郡	郴州	甲CⅡa型										1		1		79
	耒阳	甲CⅠa型					1				1				2	3
		甲CⅡa型				1					1					
		甲CⅡb型					1				1					
	资兴	甲CⅡa型			44		26	1	1		72				73	
		甲CⅡb型			1						1					
	始兴	甲CⅡb型												1		
零陵郡	零陵	甲CⅠa型				1								1		4
	兴安	甲CⅠa型					1				1				3	
		甲CⅡb型	2								2					

续表

郡国	地点	类型	西汉初期	西汉早期	西汉中期	西汉晚期	新莽至东汉初	东汉早期	东汉中期	东汉晚期	西汉	东汉	汉代	合计
武陵郡	溆浦	甲CIIa型		1	1		2				4			4（10）
		甲CIIb型			4				2		6			6
	常德	甲CIb型		1										1
	桃源	甲CIIb型		1		2								3
	保靖	甲CIa型				2	1				3			3（4）
		甲CIb型				1					1			1
		甲CIIa型		1	2	14	5				22			22（40）
		甲CIIb型		3	4	6	5			1	18			18（44）
	龙山	甲CIa型					1				1			1
		甲CIIa型				3	3	6			12			12（14）
		甲CIIb型					1				1			1（97）
	沅陵	甲CIa型		1										1
	古丈	甲CIa型				1					1			1
		甲CIIa型				1					1			1
		甲CIIb型			3	3					6			6（8）
	大庸	甲CIIa型		4	1						5			5
		甲CIIb型		7	2						9			9（14）
	津市	甲CIIa型						1						1
	永顺	甲CIIb型			1									1
长沙国	长沙	甲CIa型	1	6	1	1					9			9（13）
		甲CIb型		2	2						4			4
		甲CIIa型				1			1	1	3			3（16）
		甲CIIb型		9	1						10			10（26）
	衡阳	甲CIIb型		2										2
	汨罗	甲CIIa型	2								2			2
		甲CIIb型	4	1							5			5（7）
	益阳	甲CIa型				1					1			1
		甲CIIa型				1			1		2			2（3）
	邵阳	甲CIIa型						1						1
	桃江	甲CIa型										1		1
	茶陵	甲CIIb型				2	1							3
	邵东	甲CIIb型				1								1
	莲花	甲CIa型			1									1（45）
豫章郡	南昌	甲CIIa型			2						2			2（3）
		甲CIIb型			1						1			1
	修水	甲CIIb型					1							1（4）
会稽	闽侯	甲CIIb型							1					1
	光泽	甲CIIb型						1						1（2）
合计			8	44	74	43	46	11	8	3	4	0	2	243

附表 A28   甲 D Ⅱ a 型墓葬时空分布统计表   单位：座

地点	西汉早期	西汉中期	西汉晚期	新莽至东汉初期	合计
长沙	1				1
资兴	1				1
保靖		1	1		2
龙山			1	1	2
茶陵				1	1
合计	2	1	2	2	7

附表 A29   甲 D Ⅱ a 型墓葬规格差异统计表   单位：米、平方米

时期	平均长	平均宽	长宽比	平均面积
西汉早期	2.95	2.925	0.991525	8.628
西汉中期	4.05	4.05	1	16.402
西汉晚期	3.75	3.75	1	14.063
新莽至东汉初期	3.91	3.9	0.997442	15.249

附表 A30   甲 D 类墓葬分类统计表   单位：座

时期	甲 D Ⅰ b 型	甲 D Ⅱ a 型	甲 D Ⅱ b 型	合计
西汉早期	1	2		3
西汉中期		1		1
西汉晚期		2	2	4
新莽至东汉初期		2	1	3
合计	1	7	3	11

附表 A31   甲 D 类墓葬规格差异统计表   单位：米、平方米

类型	平均长	平均宽	宽长比	平均面积
甲 D Ⅰ b 型	1.8	1.78	0.988889	3.204
甲 D Ⅱ a 型	3.61	3.6	0.99723	12.996
甲 D Ⅱ b 型	3.8	3.8	1	14.44

附表 A32   甲 D 类墓葬分期规格差异统计表   单位：米、平方米

时期	类型	平均长	平均宽	宽长比	平均面积
西汉早期	甲 D Ⅰ b 型	1.8	1.78	0.988889	3.204
	甲 D Ⅱ a 型	2.95	2.925	0.991525	8.628
西汉中期	甲 D Ⅱ a 型	4.05	4.05	1	16.402
西汉晚期	甲 D Ⅱ a 型	3.75	3.75	1	14.062
	甲 D Ⅱ b 型	3.7	3.7	1	13.69
新莽至东汉初期	甲 D Ⅱ a 型	3.91	3.9	0.997442	15.249
	甲 D Ⅱ b 型	4	4	1	16

附表 A33　甲 D 类墓葬分布统计表　　　　单位：座

郡国	地点	类型	西汉早期	西汉中期	西汉晚期	新莽至东汉初期	合计		
桂阳郡	资兴	甲 D Ⅱ a 型	1				1		
武陵郡	保靖	甲 D Ⅱ a 型		1	1		2	3	7
	保靖	甲 D Ⅱ b 型				1	1		
	龙山	甲 D Ⅱ a 型			1	1	2		
	古丈	甲 D Ⅱ b 型			2		2		
长沙国	长沙	甲 D Ⅰ b 型	1				1	2	3
	长沙	甲 D Ⅱ a 型	1				1		
	茶陵	甲 D Ⅱ a 型				1	1		
合计			3	1	4	3	11		

附表 A34　甲 E Ⅰ a 型墓葬时空分布统计表　　　　单位：座

地点	西汉早期	西汉中期	西汉晚期	新莽至东汉初期	东汉中期	西汉	合计
广州	7	11	9	1	2	2	32
贵县	1						1
溆浦			1				1
昭平					1		1
合计	8	11	10	1	3	2	35

附表 A35　甲 E Ⅰ a 型墓葬规格差异统计表　　　　单位：米、平方米

时期	平均长	平均宽	长宽比	平均面积
西汉早期	4.81	2.51	0.5218295	12.073
西汉中期	4.64	2.66	0.5732759	12.342
西汉晚期	4.45	2.45	0.5505618	10.902
新莽至东汉初期	5.16	2.94	0.5697674	15.170
东汉中期	5.42	2.9	0.5350554	15.718
西汉	4.5	3.05	0.6777778	13.725

附表 A36　甲 E Ⅰ b 型墓葬规格差异统计表　　　　单位：米、平方米

时期	平均长	平均宽	长宽比	平均面积
西汉早期	3.72	2.10	0.564516	7.812
西汉中期	4.36	2.14	0.490826	9.330
西汉晚期	3.84	2.18	0.567708	8.371

附表 A37　甲 EⅡa 型墓葬时空分布统计表　　　　　　　　　　单位：座

地点	西汉初期	西汉早期	西汉中期	西汉晚期	新莽至 东汉初期	东汉早期	东汉中期	西汉	合计
长沙	1								1
衡阳		3							3
龙山				1					1
保靖				1					1
阳朔						3	1		4
合计	1	3		1	1	3	1		10

附表 A38　甲 EⅡa 型墓葬规格差异统计表　　　　　　　　　　单位：米、平方米

时期	平均长	平均宽	长宽比	平均面积
西汉初期	3.65	2.68	0.734247	9.782
西汉晚期	3.75	2.46	0.656000	9.225
新莽至东汉初期	4.1	2.85	0.695122	11.685
东汉早期	3.76	1.65	0.438830	6.204
东汉中期	5.05	2.55	0.504950	12.8775

附表 A39　甲 EⅡb 型墓葬时空分布统计表　　　　　　　　　　单位：座

地点	西汉早期	西汉中期	西汉晚期	东汉早期	东汉晚期	西汉	合计
广州	4	1					5
衡阳	8						8
常德	1						1
长沙		1				1	2
保靖		3	3		2		8
古丈		1					1
婺源		1					1
湘乡		1					1
龙山			1	3			4
阳朔				2	3		5
合计	13	8	4	5	5	1	36

附表 A40　甲 EⅡb 型墓葬规格差异统计表　　　　　　　　　　单位：米、平方米

时期	平均长	平均宽	长宽比	平均面积
西汉早期	2.65	1.38	0.520754	3.657
西汉中期	2.87	1.58	0.550523	4.5346
西汉晚期	3.02	1.8	0.596026	5.436
东汉早期	3.67	2.12	0.577657	7.7804
东汉晚期	3.66	2.25	0.614754	8.235

附表 A41 甲 E 类墓葬分布统计表　　　　单位：座

郡国	地点	类型	西汉初期	西汉早期	西汉中期	西汉晚期	新莽至东汉初期	东汉早期	东汉中期	东汉晚期	西汉	合计	
南海郡	广州	甲EⅠa型		7	11	9	1		2		2	32	69
		甲EⅠb型		29	3							32	
		甲EⅡb型		4	1							5	
苍梧郡	昭平	甲EⅠa型							1			1	9
	阳朔	甲EⅡa型						3	1			4	8
		甲EⅡb型						2		2		4	
郁林郡	贵县	甲EⅠa型		1								1	
零陵郡	衡阳	甲EⅡa型		3								3	11
		甲EⅡb型		8								8	
武陵郡	溆浦	甲EⅠa型				1						1	19
	常德	甲EⅡb型		1								1	
	龙山	甲EⅠb型				1						1	6
		甲EⅡb型				1		3		1		5	
	保靖	甲EⅡa型					1					1	10
		甲EⅡb型			3	3				3		9	
	古丈	甲EⅡb型		1								1	
长沙国	长沙	甲EⅡa型	1			1						2	3
		甲EⅡb型			1							1	4
	湘乡	甲EⅡb型			1							1	
豫章郡	婺源	甲EⅡb型		1								1	
合计			1	56	19	16	2	8	4	5	3	114	

附表 A42 甲 E 类墓葬分期数量统计表　　　　单位：座

时期	甲EⅠa型	甲EⅠb型	甲EⅡa型	甲EⅡb型	合计
西汉初期			1		1
西汉早期	8	29	3	13	53
西汉中期	11	3		8	22
西汉晚期	10	1	1	4	16
新莽至东汉初期	1		1		2
东汉早期			3	5	8
东汉中期	3		1		4
东汉晚期				5	5
西汉	2			1	3
合计	35	33	10	36	114

附表 A43　甲 E 类墓葬规格差异统计表　　　　　单位：米、平方米

类型	平均长	平均宽	宽长比	平均面积
甲 E Ⅰ a 型	4.93	2.72	0.551724	13.4096
甲 E Ⅰ b 型	3.75	2.1	0.56	7.875
甲 E Ⅱ a 型	3.97	2.21	0.556675	8.7737
甲 E Ⅱ b 型	3.26	1.9	0.582822	6.194

附表 A44　甲 E 类墓葬分期规格差异统计表　　　　　单位：米、平方米

时期	类型	平均长	平均宽	宽长比	平均面积
西汉初期	甲 E Ⅱ a 型	3.65	2.68	0.734247	9.782
西汉早期	甲 E Ⅰ a 型	4.81	2.51	0.521829	12.073
	甲 E Ⅰ b 型	3.72	2.10	0.564516	7.812
	甲 E Ⅱ b 型	2.65	1.38	0.520754	3.657
西汉中期	甲 E Ⅰ a 型	4.64	2.66	0.573275	12.342
	甲 E Ⅰ b 型	4.36	2.14	0.490826	9.330
	甲 E Ⅱ b 型	2.87	1.58	0.550523	4.534
西汉晚期	甲 E Ⅰ a 型	4.45	2.45	0.550561	10.903
	甲 E Ⅰ b 型	3.84	2.18	0.567708	8.371
	甲 E Ⅱ a 型	3.75	2.46	0.656000	9.225
	甲 E Ⅱ b 型	3.02	1.8	0.596026	5.436
新莽至东汉初期	甲 E Ⅰ a 型	5.16	2.94	0.569767	15.170
	甲 E Ⅱ a 型	4.1	2.85	0.695122	11.685
东汉早期	甲 E Ⅱ a 型	3.76	1.65	0.438830	6.204
	甲 E Ⅱ b 型	3.67	2.12	0.577657	7.780
东汉中期	甲 E Ⅰ a 型	5.42	2.9	0.535055	15.718
	甲 E Ⅱ a 型	5.05	2.55	0.504950	12.878
东汉晚期	甲 E Ⅱ b 型	3.66	2.25	0.614754	8.235
西汉	甲 E Ⅰ a 型	4.5	3.05	0.677777	13.725

附表 A45　乙 A Ⅰ a 型墓葬时空分布统计表　　　　　单位：座

地点	新莽至东汉初期	东汉早期	东汉中期	东汉晚期	东汉	合计
合浦	3		5	4		12
徐闻		11	4			15
衡阳		2	2	8		12
常德		1				1
保靖		1				1
零陵		1				1
广州			4	2		6
番禺			2			2

地点	新莽至东汉初期	东汉早期	东汉中期	东汉晚期	东汉	合计
长沙			4		2	6
耒阳			4	15		19
始兴			3			3
南昌			2			2
德安			1			1
万载			1			1
兴安			1			1
四会			1			1
资兴				4		4
阳朔				2		2
赣县				2		2
贵县				1		1
大庸				1		1
岑溪				1		1
乐平				1		1
东莞					1	1
全州					1	1
邵阳					1	1
合计	3	16	34	41	5	99

附表 A46　乙ⅠA型墓葬规格差异统计表　　　　单位：米、平方米

时期	平均长	平均宽	宽/长	平均面积
新莽至东汉初期	3.69	1.11	0.300813	4.095
东汉早期	2.91	1.04	0.357388	3.026
东汉中期	4.27	1.33	0.311475	5.679
东汉晚期	4.63	1.43	0.308855	6.620
东汉	4.92	1.69	0.343496	8.314

附表 A47　乙ⅠB型墓葬时空分布统计表　　　　单位：座

地点	新莽至东汉初期	东汉早期	东汉中期	东汉晚期	东汉	合计
合浦	2		2	1		5
北海	1		9			10
湘乡	1					1
大庸		7				7
保靖		1				1
耒阳		1		15		16
零陵		1				1
长沙		1	5			6

续表

地点	新莽至东汉初期	东汉早期	东汉中期	东汉晚期	东汉	合计
英德		1				1
博罗			2			2
德安			1			1
藤县			1			1
常德				2		2
衡阳				1		1
永新				1		1
临湘					1	1
郴州					1	1
宁冈					1	1
合计	4	12	20	20	3	59

附表 A48　乙 A Ⅰ b 型墓葬规格差异统计表　　　　单位：米、平方米

时期	平均长	平均宽	宽/长	平均面积
新莽至东汉初期	3.46	1.17	0.338150	4.048
东汉早期	4.11	1.24	0.301703	5.096
东汉中期	3.21	1.11	0.345794	3.563
东汉晚期	3.32	1.02	0.307229	3.386
东汉	3.55	1.17	0.329577	4.153

附表 A49　乙 A Ⅱ a 型墓葬时空分布统计表　　　　单位：座

地点	新莽至东汉初期	东汉早期	东汉中期	东汉晚期	东汉	合计
合浦	1			3		4
北海	1					1
南昌	1	2	6	6	1	16
郴州		1				1
广州			5	12		17
长沙			2	2	3	7
德安			2			2
耒阳			1	5		6
深圳			1			1
兴安			1			1
韶关			1			1
九江				1		1
清江				2		2
阳朔				1		1
增城				1		1
资兴				1		1
常德					1	1
宜丰					1	1
于都					1	1
合计	3	3	19	34	7	66

附表 A50　乙 A Ⅱ a 型墓葬规格差异统计表　　　　　单位：米、平方米

时期	平均长	平均宽	宽/长	平均面积
新莽至东汉初期	4.62	1.45	0.313853	6.699
东汉早期	4.83	1.49	0.308489	7.196
东汉中期	5.52	1.61	0.292878	8.925
东汉晚期	5.64	1.74	0.309284	9.845
东汉	6.12	1.65	0.269608	10.098

附表 A51　乙 A 类墓葬分期数量统计表　　　　　单位：座

时期	乙 A Ⅰ a 型	乙 A Ⅰ b 型	乙 A Ⅱ a 型	乙 A Ⅱ b 型	合计
新莽至东汉初期	3	4	3	1	11
东汉早期	16	12	3		31
东汉中期	34	20	19	2	75
东汉晚期	41	20	34	1	96
东汉	5	3	7		15
合计	99	59	66	4	228

附表 A52　乙 A 类墓葬规格差异统计表　　　　　单位：米、平方米

类型	平均长	平均宽	宽长比	平均面积
乙 A Ⅰ a 型	4.22	1.34	0.317536	5.654
乙 A Ⅰ b 型	3.57	1.11	0.310924	3.962
乙 A Ⅱ a 型	5.57	1.67	0.299820	9.301
乙 A Ⅱ b 型	5.19	1.37	0.263969	7.110

附表 A53　乙 A 类墓葬分期规格差异统计表　　　　　单位：米、平方米

时期	类型	平均长	平均宽	宽长比	平均面积
新莽至东汉初期	乙 A Ⅰ a 型	3.69	1.11	0.300813	4.095
	乙 A Ⅰ b 型	3.46	1.17	0.338150	4.048
	乙 A Ⅱ a 型	4.62	1.45	0.313853	6.699
	乙 A Ⅱ b 型	4	1.08	0.27	4.32
东汉早期	乙 A Ⅰ a 型	2.91	1.04	0.357388	3.026
	乙 A Ⅰ b 型	4.11	1.24	0.301703	5.096
	乙 A Ⅱ a 型	4.83	1.49	0.308489	7.196
东汉中期	乙 A Ⅰ a 型	4.27	1.33	0.311475	5.679
	乙 A Ⅰ b 型	3.21	1.11	0.345794	3.563
	乙 A Ⅱ a 型	5.52	1.61	0.292878	8.925
	乙 A Ⅱ b 型	4.06	1.1	0.270935	4.466
东汉晚期	乙 A Ⅰ a 型	4.63	1.43	0.308824	6.997
	乙 A Ⅰ b 型	3.32	1.02	0.307229	3.386
	乙 A Ⅱ a 型	5.64	1.74	0.309284	9.845
	乙 A Ⅱ b 型	8.66	2.2	0.254042	19.052

附表 A54　乙 A 类墓葬分布统计表　　　　单位：座

郡国	地点	类型	新莽至东汉初期	东汉早期	东汉中期	东汉晚期	东汉	合计	
南海郡	广州	乙A I a 型			4	2		5	23
		乙A II a 型			5	12		17	
		乙A II b 型			1			1	
	番禺	乙A I a 型			2			2	
	博罗	乙A I b 型			2			2	
	四会	乙A I a 型			1			1	
	深圳	乙A II a 型			1			1	
	增城	乙A II a 型				1		1	
	东莞	乙A I a 型					1	1	32
合浦郡	合浦	乙A I a 型	3		5	4		12	24
		乙A I b 型	2		2	1		5	
		乙A II a 型	1			3		4	
		乙A II b 型	1					1	
	北海	乙A I b 型	1		9			10	11
		乙A II a 型	1					1	
	徐闻	乙A I a 型		11	4			15	50
苍梧郡	阳朔	乙A I a 型				2		2	3
		乙A II a 型				1		1	
	藤县	乙A I b 型			1			1	
	岑溪	乙A I a 型				1		1	5
郁林郡	贵县	乙A I a 型				1		1	1
桂阳郡	郴州	乙A I b 型					1	1	2
		乙A II a 型		1				1	
	末阳	乙A I a 型			4	15		19	41
		乙A I b 型		1		15		16	
		乙A II a 型			1	5		6	
	资兴	乙A I a 型				4		4	5
		乙A II a 型				1		1	
	始兴	乙A I a 型			3			3	
	英德	乙A II b 型		1				1	
	韶关	乙A II a 型			1			1	53
零陵郡	零陵	乙A I a 型		1				1	2
		乙A I b 型		1				1	
	衡阳	乙A I a 型		2	2	8		12	13
		乙A I b 型				1		1	
	兴安	乙A I a 型			1			1	2
		乙A II a 型			1			1	
	全州	乙A I a 型					1	1	18

续表

郡国	地点	类型	新莽至东汉初期	东汉早期	东汉中期	东汉晚期	东汉	合计	
武陵郡	常德	乙AⅠa型		1				1	
		乙AⅠb型				2		2	4
		乙AⅡa型					1	1	
	保靖	乙AⅠa型		1				1	
		乙AⅠb型		1				1	2
	大庸	乙AⅠa型				1		1	
		乙AⅠb型		7				7	8
长沙国	长沙	乙AⅠa型			4	2		6	
		乙AⅠb型		1	5			6	19
		乙AⅡa型			2	2	3	7	
		乙AⅡb型			1			1	
	湘乡	乙AⅠb型	1					1	
	临湘	乙AⅠb型					1	1	
	邵阳	乙AⅠa型					1	1	
豫章郡	南昌	乙AⅠa型			2			2	
		乙AⅡa型	1	2	6	6	1	16	18
	德安	乙AⅠa型			1			1	
		乙AⅠb型			1			1	4
		乙AⅡa型			2			2	
	于都	乙AⅡa型					1	1	
	赣县	乙AⅠa型				2		2	
	万载	乙AⅠa型			1			1	
	乐平	乙AⅠa型				1		1	
	永新	乙AⅠb型				1		1	
	清江①	乙AⅡa型				2		2	
		乙AⅡb型				1		1	
	九江	乙AⅡa型				1		1	
	宁冈	乙AⅠb型					1	1	
	宜丰	乙AⅡa型					1	1	
合计			11	31	75	96	15	228	

（武陵郡合计 14；长沙国合计 22；豫章郡合计 34）

附表 A55　乙BⅠa型墓葬时空分布统计表

单位：座

地点	新莽至东汉初期	东汉早期	东汉中期	东汉晚期	东汉	合计
长沙	2		7			9
合浦	1		1	1		3

---

①　原始资料中的清江、樟树 2 点，实为一地，合并统计。

续表

地点	新莽至东汉初期	东汉早期	东汉中期	东汉晚期	东汉	合计
零陵	1	1				2
南昌	1	1			1	3
修水	1				1	2
郴州	1	3		1		5
湘乡	1					1
徐闻		22	9			31
大庸		11		5		16
衡阳		6	18	1		25
耒阳		3	7	18		28
醴陵		2	1			3
赣州		1				1
古丈		1				1
南雄		1		1		2
兴安		1	3			4
韶关			3			3
番禺			2	1		3
博罗			1			1
德安			1			1
华容			1			1
萍乡			1	1		2
瑞昌			1			1
深圳			1			1
泰和			1			1
新余			1			1
宜春			1	1	25	27
阳朔				5	1	6
岑溪				4		4
南康				3	1	4
资兴				4		4
安福				3		3
广州				2		2
茶陵				1		1
常德				1	1	2
衡南				1		1
阳山				1		1
益阳				1		1
昭平				1		1
始兴					2	2
宝安					1	1
佛山					1	1
会昌					1	1
津市					1	1
莲花					1	1

地点	新莽至东汉初期	东汉早期	东汉中期	东汉晚期	东汉	合计
娄底					1	1
宁冈					1	1
平乐					1	1
翁源					1	1
寻乌					1	1
连平					5	5
廉江					1	1
合计	8	53	60	57	48	226

附表 A56　乙 B Ⅰ a 型墓葬规格差异统计表　　　　单位：米、平方米

时期	平均长	平均宽	宽/长	平均面积
新莽至东汉初期	4.27	1.99	0.466042	8.497
东汉早期	3.35	1.61	0.480597	5.393
东汉中期	3.4	1.6	0.470588	5.44
东汉晚期	4.29	1.96	0.456876	8.408

附表 A57　乙 B Ⅱ a 型墓葬时空分布统计表　　　　单位：座

地点	新莽至东汉初期	东汉早期	东汉中期	东汉晚期	东汉	合计
合浦	1		2			3
常德		1	1	1		3
衡阳		1	1		1	3
郴州		1				1
德安			4			4
佛山			1			1
广州			1	1		2
南昌			1	2		3
韶关			1			1
兴安			1			1
长沙			1	1		2
耒阳				2		2
全南					1	1
遂川					1	1
合计	1	3	14	7	3	28

附表 A58　乙 B Ⅱ a 型墓葬规格差异统计表　　　　单位：米、平方米

时期	平均长	平均宽	宽/长	平均面积
新莽至东汉初期	6.8	2.9	0.426471	19.72
东汉早期	4.59	1.84	0.400871	8.445
东汉中期	5.30	2.45	0.463618	13.035
东汉晚期	5.23	2.62	0.500683	13.710
东汉	5.65	2.465	0.436283	13.927

附表 A59　乙 B 类墓葬分类统计表　　　　　　　　　　　　单位：座

时期	乙 B I a 型	乙 B II a 型	乙 B 类	合计
新莽至东汉初期	8	1		9
东汉早期	53	3		56
东汉中期	60	14	1	75
东汉晚期	57	7	1	65
东汉	48	3	3	54
合计	226	28	5	259

附表 A60　两型乙 B 类墓葬规格差异统计表　　　　　　　　单位：米、平方米

类型	平均长	平均宽	宽长比	平均面积
乙 B I a 型	3.73	1.78	0.477212	6.639
乙 B II a 型	5.28	2.44	0.462121	12.883

附表 A61　乙 B 类墓葬分期规格差异统计表　　　　　　　　单位：米、平方米

时期	类型	平均长	平均宽	宽长比	平均面积
新莽至东汉初期	乙 B I a 型	4.27	1.99	0.466042	8.497
	乙 B II a 型	6.8	2.9	0.426471	19.72
东汉早期	乙 B I a 型	3.35	1.61	0.480597	5.393
	乙 B II a 型	4.59	1.84	0.400871	8.445
东汉中期	乙 B I a 型	3.4	1.6	0.470588	5.44
	乙 B II a 型	5.30	2.45	0.463618	13.035
东汉晚期	乙 B I a 型	4.29	1.96	0.456876	8.408
	乙 B II a 型	5.23	2.62	0.500683	13.710

附表 A62　乙 B 类墓葬分布统计表　　　　　　　　　　　　单位：座

郡国	地点	类型	新莽至东汉初期	东汉早期	东汉中期	东汉晚期	东汉	合计	
南海郡	广州	乙 B I a 型				2		2	5
		乙 B II a 型			1	1		2	
		乙 B 类					1	1	
	番禺	乙 B I a 型			2	1		3	
	佛山	乙 B I a 型				1	1	1	2
		乙 B II a 型			1			1	
	博罗	乙 B I a 型			1			1	
	深圳	乙 B I a 型			1		1	2	
	连平	乙 B I a 型					5	5	18

续表

郡国	地点	类型	新莽至东汉初期	东汉早期	东汉中期	东汉晚期	东汉	合计		
合浦郡	合浦	乙BⅠa型	1		1	1		3	6	44
		乙BⅡa型	1		2			3		
	徐闻	乙BⅠa型		22	9			31		
	阳朔	乙BⅠa型				5	1	6		
	廉江	乙BⅠa型					1	1		
苍梧郡	岑溪	乙BⅠa型				4		4		6
	昭平	乙BⅠa型				1		1		
	平乐	乙BⅠa型					1	1		
桂阳郡	郴州	乙BⅠa型	1	3		1		5	7	51
		乙BⅡa型		1				1		
		乙B类					1	1		
	耒阳	乙BⅠa型		3	7	18		28	31	
		乙BⅡa型				2		2		
		乙Ba型				1		1		
	韶关	乙BⅠa型			3			3	5	
		乙BⅡa型			1			1		
		乙B类			1			1		
	资兴	乙BⅠa型				4		4		
	始兴	乙BⅠa型					2	2		
	阳山	乙BⅠa型				1		1		
	翁源	乙BⅠa型					1	1		
零陵郡	零陵	乙BⅠa型	1	1				2		7
	兴安	乙BⅠa型		1	3			4	5	
		乙BⅡa型			1			1		
武陵郡	常德	乙BⅠa型				1	1	2	5	23
		乙BⅡa型		1	1	1		3		
	大庸	乙BⅠa型		11		5		16		
	古丈	乙BⅠa型		1				1		
	津市	乙BⅠa型					1	1		

郡国	地点	类型	新莽至东汉初期	东汉早期	东汉中期	东汉晚期	东汉	合计	
长沙国	长沙	乙BIa型	2		7			9	11
		乙BIIa型			1	1		2	
	衡阳	乙BIa型		6	18	1		25	28
		乙BIIa型		1	1		1	3	
	衡南	乙BIa型				1		1	
	益阳	乙BIa型				1		1	2
		乙B类					1	1	
	湘乡	乙BIa型	1					1	
	醴陵	乙BIa型		2	1			3	
	茶陵	乙BIa型				1		1	
	莲花	乙BIa型					1	1	
	娄底	乙BIa型					1	1	49
豫章郡	南昌	乙BIa型	1	1			1	3	6
		乙BIIa型			1	2		3	
	德安	乙BIa型			1			1	5
		乙BIIa型			4			4	
	修水	乙BIa型	1				1	2	
	泰和	乙BIa型			1			1	
	赣州	乙BIa型		1				1	
	宜春	乙BIa型			1	1	25	27	
	南康	乙BIa型				3	1	4	
	安福	乙BIa型				3		3	
	萍乡	乙BIa型			1	1		2	
	瑞昌	乙BIa型			1			1	
	南雄	乙BIa型		1		1		2	
	新余	乙BIa型			1			1	
	会昌	乙BIa型					1	1	
	宁冈	乙BIa型					1	1	
	寻乌	乙BIa型					1	1	
	全南	乙BIIa型					1	1	
	遂川	乙BIIa型					1	1	61
南郡	华容	乙BIa型			1			1	
合计			9	56	75	65	54	259	

附表 A63　乙 C Ⅰ a 型墓葬时空分布统计表　　　　　　　　　　单位：座

地点	新莽至东汉初期	东汉早期	东汉中期	东汉晚期	东汉	合计
贵县	2		5	4		11
合浦	1		15	2		18
北海	1		22			23
邵东	1					1
郴州		2				2
广州		1	3	42	1	47
零陵		1				1
南昌		1		1	2	4
佛山①		1	3	1	1	6
常德		1	1	1		3
大庸			24	2		26
长沙			8	1	1	10
博罗			3	1		4
番禺			7	3		10
湖口			1			1
津市			1			1
耒阳			1	7		8
深圳			1			1
湘乡			1	1		2
宜春			2		2	4
增城			1	1		2
昭平			1			1
阳朔				3		3
封开				1	2	3
桂林				1		1
兴国				1		1
益阳				1		1
合计	5	7	100	74	9	195

附表 A64　乙 C Ⅰ a 型墓葬规格差异统计表　　　　　　　　　　单位：米、平方米

时期	平均长	平均宽	平均面积
新莽至东汉初期	6.19	2.95	18.260
东汉早期	5.8	2.76	16.008
东汉中期	6.5	2.77	18.028
东汉晚期	7.14	2.73	19.506
东汉	5.34	3.22	17.194

---

①　已与顺德合并。但在分类分析中，为与考古资料中的墓葬名称一致，仍以顺德、佛山分别称之。

附表 A65 乙 CⅡa 型墓葬时空分布统计表　　　　单位：座

地点	东汉中期	东汉晚期	合计
广州	2	13	15
资兴	2		2
贵县	1	3	4
番禺	1		1
郴州	1		1
大庸		1	1
合浦		1	1
耒阳		1	1
宜春		1	1
合计	7	20	27

附表 A66 乙 CⅡa 型墓葬规格差异统计表　　　　单位：米、平方米

时期	平均长	平均宽	平均面积
东汉中期	7.03	4.02	28.220
东汉晚期	7.99	3.40	27.166

附表 A67 乙 C 类墓葬分期数量统计表　　　　单位：座

时期	乙 CⅠa 型	乙 CⅡa 型	乙 CⅢa 型	合计
新莽至东汉初期	5			5
东汉早期	7			7
东汉中期	100	7	1	108
东汉晚期	74	20		94
东汉	9			9
合计	195	27	1	223

附表 A68 乙 C 类墓葬规格差异统计表　　　　单位：米、平方米

类型	平均长	平均宽	平均面积
乙 CⅠa 型	6.78	2.78	18.848
乙 CⅡa 型	7.74	3.56	27.554
乙 CⅢa 型	5.94	5.46	32.432

附表 A69 乙 C 类墓葬分期规格差异统计表　　　　单位：米、平方米

时期	类型	平均长	平均宽	平均面积
新莽至东汉初期	乙 CⅠa 型	6.19	2.95	18.260
东汉早期	乙 CⅠa 型	5.8	2.76	16.008
东汉中期	乙 CⅠa 型	6.5	2.77	18.028
	乙 CⅡa 型	7.03	4.02	28.220
	乙 CⅢa 型	5.94	5.46	32.432

续表

时期	类型	平均长	平均宽	平均面积
东汉晚期	乙CⅠa型	7.14	2.73	19.506
	乙CⅡa型	7.99	3.40	27.166

附表A70 乙C类墓葬分布统计表

单位：座

郡国	地点	类型	新莽至东汉初期	东汉早期	东汉中期	东汉晚期	东汉	合计		
南海郡	广州	乙CⅠa型		1	3	42	1	47		87
		乙CⅡa型			2	13		15	63	
		乙CⅢa型			1			1		
	番禺	乙CⅠa型			7	3		10	11	
		乙CⅡa型			1			1		
	博罗	乙CⅠa型			3	1		4		
	佛山	乙CⅠa型		1	3	1	1	6		
	深圳	乙CⅠa型			1			1		
	增城	乙CⅠa型			1	1		2		
合浦郡	合浦	乙CⅠa型	1		15	2		18	19	42
		乙CⅡa型				1		1		
	北海	乙CⅠa型	1		22			23		
苍梧郡	封开	乙CⅠa型				1	2	3		7
	昭平	乙CⅠa型			1			1		
	阳朔	乙CⅠa型				3		3		
郁林郡	贵县	乙CⅠa型	2		5	4		11		15
		乙CⅡa型			1	3		4		
桂阳郡	郴州	乙CⅠa型		2				2	3	14
		乙CⅡa型			1			1		
	末阳	乙CⅠa型			1	7		8	9	
		乙CⅡa型				1		1		
	资兴	乙CⅡa型			2			2		
零陵郡	零陵	乙CⅠa型		1				1		2
	桂林	乙CⅠa型				1		1		
武陵郡	常德	乙CⅠa型		1	1	1		3		31
	津市	乙CⅠa型			1			1		
	大庸	乙CⅠa型			24	2		26	27	
		乙CⅡa型				1		1		
长沙国	长沙	乙CⅠa型			8	1	1	10		14
	益阳	乙CⅠa型				1		1		
	邵东	乙CⅠa型	1					1		
	湘乡	乙CⅠa型			1	1		2		

续表

郡国	地点	类型	新莽至东汉初期	东汉早期	东汉中期	东汉晚期	东汉	合计		
豫章郡	南昌	乙ⅠＣa型		1		1	2	4		11
	湖口	乙ⅠＣa型			1			1		
	兴国	乙ⅠＣa型				1		1		
	宜春	乙ⅠＣa型			2		2	4	5	
		乙ⅡＣa型				1		1		
合计			5	7	108	94	9	223		

附表 A71　乙 Da 型墓葬时空分布统计表　　　　　单位：座

郡国	地点	东汉中期	东汉晚期	合计	
南海郡	广州		3	3	8
	番禺	1	4	5	
合浦郡	合浦	1		1	2
	北海	1		1	
合计		3	7	10	

附表 A72　乙 Da 型墓葬规格差异统计表　　　　　单位：米、平方米

时期	平均长	平均宽	平均面积
东汉中期	8.53	3.01	25.675
东汉晚期	8.44	2.82	23.800

附表 A73　乙 EⅠa 型墓葬时空分布统计表　　　　　单位：座

地点	东汉中期	东汉晚期	合计
佛山	4	2	6
贵县	2		2
长沙	1	1	2
广州	1	1	2
香港	1		1
番禺		2	2
耒阳		1	2
合计	9	7	16

附表 A74　乙 EⅠa 型墓葬规格差异统计表　　　　　单位：米、平方米

时期	平均长	平均宽	平均面积
东汉中期	5.24	4.36	22.846
东汉晚期	8.19	3.83	31.367

附表 A75　乙 E Ⅱ a 型墓葬时空分布统计表　　　　单位：座

地点	东汉中期	东汉晚期	东汉	合计
佛山	3			3
深圳	1			1
增城	1			1
东莞	1	1		2
北海	1			1
衡阳	1			1
番禺		8		8
广州		3	2	5
益阳		1		1
合计	8	13	2	23

附表 A76　乙 E Ⅱ a 型墓葬规格差异统计表　　　　单位：米、平方米

时期	平均长	平均宽	平均面积
东汉中期	4.70	2.95	13.865
东汉晚期	6.06	2.28	13.816

附表 A77　乙 E 类墓葬分类统计表　　　　单位：座

时期	乙 E Ⅰ a 型	乙 E Ⅱ a 型	合计
东汉中期	9	8	17
东汉晚期	7	13	20
东汉		2	2
合计	16	23	39

附表 A78　乙 E 类墓葬规格差异统计表　　　　单位：米、平方米

类型	平均长	平均宽	平均面积
乙 E Ⅰ a 型	6.52	4.12	26.862
乙 E Ⅱ a 型	5.39	2.32	12.504

附表 A79　乙 E 类墓葬分期规格差异统计表　　　　单位：米、平方米

时期	类型	平均长	平均宽	平均面积
东汉中期	乙 E Ⅰ a 型	5.24	4.36	22.846
	乙 E Ⅱ a 型	4.70	2.95	13.865
东汉晚期	乙 E Ⅰ a 型	8.19	3.83	31.367
	乙 E Ⅱ a 型	6.06	2.28	13.816

654   秦汉帝国南缘的面相——以考古视角的审视

附表 A80   乙E类墓葬分布统计表
单位：座

郡国	地点	类型	东汉中期	东汉晚期	东汉	合计	小计	总计
南海郡	广州	乙EⅠa型	1	1		2	7	31
		乙EⅡa型		3	2	5		
	番禺	乙EⅠa型		2		2	10	
		乙EⅡa型		8		8		
	佛山	乙EⅠa型	4	2		6	9	
		乙EⅡa型	3			3		
	深圳	乙EⅡa型	1			1		
	增城	乙EⅡa型	1			1		
	东莞	乙EⅡa型	1	1		2		
	香港	乙EⅠa型	1			1		
合浦郡	北海	乙EⅡa型	1			1		
郁林郡	贵县	乙EⅠa型	2			2		
桂阳郡	耒阳	乙EⅠa型		1		1		
长沙国	长沙	乙EⅠa型	1	1		2		4
	衡阳	乙EⅡa型	1			1		
	益阳	乙EⅡa型		1		1		
合计			17	20	2	39		

附表 A81   乙FⅠa型墓葬时空分布统计表
单位：座

地点	东汉中期	东汉晚期	东汉	合计
合浦	1			1
贵县		1		1
番禺		1		1
增城		1		1
衡阳		1		1
桂林			2	2
南昌			1	1
合计	1	4	3	8

附表 A82   乙FⅠa型墓葬规格差异统计表
单位：米、平方米

时期	平均长	平均宽	平均面积
东汉中期	9.12	4.58	41.769
东汉晚期	14.1	4.35	61.335

附表 A83   乙FⅡa型墓葬时空分布统计表
单位：座

地点	东汉中期	东汉晚期	东汉	合计
常德	1	1	1	3
耒阳		1		1
合计	1	2	1	4

附表 A84　乙 F Ⅱ a 型墓葬规格差异统计表　　　　单位：米、平方米

时期	平均长	平均宽	平均面积
东汉中期	5.2	2.04	10.608
东汉晚期	10.22	8.6	87.892

附表 A85　乙 F 类墓葬分类统计表　　　　单位：座

时期	乙 F Ⅰ a 型	乙 F Ⅱ a 型	合计
东汉中期	1	1	2
东汉晚期	4	2	6
东汉	3	1	4
合计	8	4	12

附表 A86　乙 F 类墓葬规格差异统计表　　　　单位：米、平方米

类型	平均长	平均宽	平均面积
乙 F Ⅰ a 型	10.24	4	40.96
乙 F Ⅱ a 型	7.9	6.99	54.522

附表 A87　乙 F 类墓葬分期规格差异统计表　　　　单位：米、平方米

时期	类型	平均长	平均宽	平均面积
东汉中期	乙 F Ⅰ a 型	9.12	4.58	41.769
	乙 F Ⅱ a 型	5.2	2.04	10.608
东汉晚期	乙 F Ⅰ a 型	14.1	4.35	61.335
	乙 F Ⅱ a 型	10.22	8.6	87.892

附表 A88　乙 F 类墓葬分布统计表　　　　单位：座

郡国	地点	类型	东汉中期	东汉晚期	东汉	合计	
南海郡	番禺	乙 F Ⅰ a 型		1		1	2
	增城	乙 F Ⅰ a 型		1		1	
合浦郡	合浦	乙 F Ⅰ a 型	1			1	
郁林郡	贵县	乙 F Ⅰ a 型		1		1	
桂阳郡	耒阳	乙 F Ⅱ a 型		1		1	
零陵郡	桂林	乙 F Ⅰ a 型			2	2	
武陵郡	常德	乙 F Ⅱ a 型	1	1	1	3	
长沙国	衡阳	乙 F Ⅰ a 型		1		1	
豫章郡	南昌	乙 F Ⅰ a 型			1	1	
	合计		2	6	4	12	

附表 A89　乙 Ga 型墓葬时空分布统计表　　　　单位：座

地点	东汉中期	东汉晚期	东汉	合计
广州	2	3		5
合浦	2			2
常德	1			1
大庸		1		1
零陵			1	1
长沙	2	2		4
南昌	1			1
合计	8	6	1	15

附表 A90　乙 Ga 型墓葬规格差异统计表　　　　单位：米、平方米

时期	平均长	平均宽	平均面积
东汉中期	6.79	4.39	29.808
东汉晚期	5.27	3.36	17.707

附表 A91　丙 AⅠa 型墓葬时空分布统计表　　　　单位：座

地点	西汉初期	西汉晚期	东汉早期	东汉晚期	西汉	合计
广州	1					1
宜丰		1				1
徐闻			2			2
昭平				2		2
高州					1	1
合计	1	1	2	2	1	7

附表 A92　丙 AⅠa 型墓葬规格差异统计表　　　　单位：米、平方米

时期	平均长	平均宽	宽长比	平均面积
西汉初期	6.45	1.95	0.302326	3.802
西汉晚期	2.57	0.7	0.272374	1.799
东汉早期	2.59	0.91	0.351351	2.356
东汉晚期	4.275	1.25	0.292398	5.343

附表 A93　丙 Ba 型墓葬时空分布统计表　　　　单位：座

地点	东汉早期	东汉中期	东汉晚期	汉代	合计
徐闻	3				3
永顺	1				1
耒阳		1			1
昭平			4		4
阳朔			3		3
钟山			1	1	2
合计	4	1	8	1	14

附表 A94　丙 Ba 型墓葬规格差异统计表　　单位：米、平方米

时期	平均长	平均宽	宽长比	平均面积
东汉早期	2.61	1.29	0.494264	1.670
东汉中期	5.6	3.82	0.682143	21.392
东汉晚期	3.85	2.34	0.607792	5.4756

附表 A95　丙 Ca 型墓葬时空分布统计表　　单位：座

地点	东汉早期	东汉晚期	西汉	合计
阳朔	1	2		3
昭平		2		2
钟山		1		1
信宜			1	1
合计	1	5	1	7

附表 A96　丙 Ca 型墓葬规格差异统计表　　单位：米、平方米

时期	平均长	平均宽	宽长比	平均面积
东汉早期	3.22	3.2	0.993789	10.304
东汉晚期	3.16	2.9	0.917722	9.164

附表 A97　丁 B 类墓葬时空分布统计表　　单位：座

地点	东汉	汉代	合计
陵水	9	1	10
廉江	3		3
崖县	3		3
吴川	1		1
化州		1	1
合计	16	2	18

附表 A98　铜器墓时空分布统计表　　　　　单位：座

郡国	地点	西汉初期	西汉早期	西汉中期	西汉晚期	新莽至东汉初期	东汉早期	东汉中期	东汉晚期	西汉	东汉	合计	
南海郡	广州	11	88	19	16	8	1	20	15			178	195
	广宁	13										13	
	增城							1	1			2	
	博罗							1				1	
	深圳							1				1	
合浦郡	合浦			2	17	5		5	1			30	38
	徐闻						4	3				7	
	北海					1						1	
苍梧郡	梧州								2			2	105
	钟山							4				4	
	贺县	1	4		2							7	
	靖州			1								1	
	平乐	70	5	1	8	1		2				87	
	岑溪		2					2				4	
	昭平							1	2			3	
郁林郡	贵县			1	7	1		3	4	1		17	21
	田东			1								1	
	柳州			1				2				3	
桂阳郡	郴州						2		1		1	4	165
	耒阳					2	1	39	6			48	
	曲江							1				1	
	韶关							1				1	
	资兴		9	34		21	11	20	12			107	
	始兴			3						1		4	
零陵郡	零陵			1		1	5			1		8	19
	兴安				4	4		3				11	
武陵郡	溆浦	1		3	4	1						9	241
	常德					1	2	3		1		7	
	保靖		6	39	99	23						167	
	沅陵		1									1	
	桃源			1	3							4	
	大庸		4	3		1		1	1			10	
	泸溪		1	1	1							3	
	龙山				8	6	19					33	
	古丈	1		1	3		2					7	
长沙国	长沙	4	24	7	13	2		16	2	5	1	74	121
	衡阳		5		3		2	4				14	
	汨罗	8	3		2							13	
	湘乡			6	5				1			12	
	益阳				3	1			3			7	
	邵阳						1					1	
	茶陵				1							1	

续表

郡国	地点	西汉初期	西汉早期	西汉中期	西汉晚期	新莽至东汉初期	东汉早期	东汉中期	东汉晚期	西汉	东汉	合计	
豫章郡	南昌			2		1	4	4	2		1	14	
	安福							1				1	19
	德安						2					2	
	九江								1			1	
	南康								1			1	
闽越国	闽侯		1									1	
合计		109	153	127	199	79	53	138	59	5	7	929	

附表 A99　铜容器发现点分期数量统计表①

单位：点

器名	西汉初期	西汉早期	西汉中期	西汉晚期	新莽至东汉初期	东汉早期	东汉中期	东汉晚期	西汉	东汉	汉代	合计
豆	1	2				1	4			5	2	15
簋	1		2	7	2	1		3		1		17
厄	1		3	1								5
瓶	1	1	1	1	1			2				7
洗	1	3	27	53	22	3	12	5	6	20	8	160
钵	3	2	1	7	1	2	2	3		1		22
盘	4	2	4	11	10	3	14	7	3	5	1	64
壶	4	20	26	68	18	13	23	9	8	24	12	225
盆	8	25	16	33	18	21	12	9	4	11	6	163
盉	1	5	9	5	1		2	1				24
鉴		1		1							1	3
匜		2		1			1					4
銷		3	3				1					7
尊		3	17	29	9	2	8	7	1	5		81
承盘		1	2	3	5		2	1				14
提筒		5	2	3	2		2					14
钫		8	20	24	5	1			4	1	2	65
瓿		10	1							1		12
盏			1									1
耳杯		1	2	4	2	2	5			3		19
杯		2	10	4	2	8				2	1	29
盒		2	9		2			1	2	1		17
锺		4	1	2			2			1	1	11
碗			10	21	19	11	48	35	5	12	6	167
盂				1						1		2
罐							1	1			2	4
合计	25	93	154	290	124	64	144	89	35	93	41	1155

----

① 表中数字为出土铜容器的墓葬、遗址、窖藏、出土点、收藏点的点数合计。不管其中出土多少件铜容器，1座墓葬、1个遗址、1个窖藏等等均视为1点。从铜容器的发现情况看，墓葬的发现占绝对多数，窖藏次之，而遗址、出土点、收藏点的数量明显甚少。

表中器类名称，以发掘报告为准，但如一物二名，则取较常用之名；如更有图像可见，则参考图像加以裁定。但如原始资料未提供图像等资料，则以原报告名称为准，不臆断。

附表 A100　铜容器发现点分郡国数量统计表　　　　　单位：点

郡国	地点	器名	西汉初期	西汉早期	西汉中期	西汉晚期	新莽至东汉初	东汉早期	东汉中期	东汉晚期	西汉	东汉	汉代	合计		
南海郡	广州	壶		12	7	2			1	2	1			25	171	193
		盆	2	21	7	3	1			5	1			40		
		洗			1									1		
		碗			1	7	3	1	13	14	3		1	43		
		尊		3	6	2			1	3				15		
		钫		5	2									7		
		杯				1								1		
		耳杯								2		1		3		
		盒			1	1								2		
		提筒		3										3		
		盂	1	5	3									9		
		钵		1										1		
		豆	1											1		
		瓿		9						1				10		
		瓶	1	1	1					2				5		
		匜		1										1		
		銷		2					1					3		
		鉴		1										1		
	博罗	豆							1					1		
	龙川	碗						1						1		
	四会	洗	1											1		
	清远	碗										1		1		
	增城	盆						1	1					2		
	佛山	盆										1		1	3	
		豆							1			1		2		
	广宁	盘	3											3		
	东莞	壶										2		2	4	
		盆										1		1		
		篓							1					1		
	从化	壶											1	1	3	
		碗											1	1		
		豆											1	1		
	香港	洗							1					1	2	
		碗							1					1		
	汕头	洗											1	1		

郡国	地点	器名	西汉初期	西汉早期	西汉中期	西汉晚期	新莽至东汉初	东汉早期	东汉中期	东汉晚期	西汉	东汉	汉代	合计	
合浦郡	合浦	壶			1	16	5	1	3	1				27	
		盆			2	9	2	1	3	1				18	
		碗			1	2	3	1	5	1				13	
		尊			2	12	5	1	2	1				23	
		承盘				3	3							6	
		钫			2	2		1						5	145
		盘			1	3	5	1	3					13	
		杯			1	8	2	1	2					14	
		耳杯				1	2							3	
		盒				4		1						5	
		提筒				2								2	152
		盂			1				1					2	
		钵				3		1						4	
		簋			1	6		1						8	
		瓶				1								1	
		銷			1									1	
	徐闻	壶						1						1	
		盆						1						1	6
		碗						2	2					4	
	陆川	鉴											1	1	1

续表

郡国	地点	器名	西汉初期	西汉早期	西汉中期	西汉晚期	新莽至东汉初	东汉早期	东汉中期	东汉晚期	西汉	东汉	汉代	合计		
苍梧郡	梧州	壶								2				2	13	54
		洗								1				1		
		碗							1	2		2		5		
		尊								2				2		
		承盘								1				1		
		盘								1		1		2		
	贺县	壶			1									1		
	钟山	壶										1		1	4	
		碗							2			1		3		
	德庆	壶								1				1	3	
		洗								1				1		
		盒								1				1		
	肇庆	壶	1											1	3	
		耳杯					1							1		
		钵	1											1		
	荔浦	盆										2		2		
	平乐	壶			2									2	21	
		盆	6											6		
		洗										1		1		
		碗			4				2			1		7		
		盘		1	1	1								3		
		钵	2											2		
	阳朔	钵							1					1		
	昭平	碗								2				2		
	藤县	壶				1								1	4	
		碗							1					1		
		尊				1								1		
		盂				1								1		

续表

郡国	地点	器名	西汉初期	西汉早期	西汉中期	西汉晚期	新莽至东汉初	东汉早期	东汉中期	东汉晚期	西汉	东汉	汉代	合计		
郁林郡	贵县	壶		2	1	4	1		2		1	1		12	87	101
		盆		2		2				1		1		6		
		洗							1			1		2		
		碗			2	4	1		4	3		1		15		
		尊			3	6			1		1	1		12		
		承盘		1	2									3		
		钫		1							1			2		
		盘		1		6	1		4	2	1	2		17		
		杯			1	1			1			1		4		
		耳杯										1		1		
		盒			1	1						1		3		
		提筒		2	1									3		
		钵		1	1	1								3		
		簋								1				1		
		锺										1		1		
		匜		1										1		
		销		1										1		
	桂平	壶											1	1	2	
		碗											1	1		
	柳州	壶							2					2	7	
		盆			1				2					3		
		碗			1							1		2		
	武宣	壶				1								1	3	
		尊				1								1		
		簋										1		1		
	都安	壶									1	1		2		

郡国	地点	器名	西汉初期	西汉早期	西汉中期	西汉晚期	新莽至东汉初	东汉早期	东汉中期	东汉晚期	西汉	东汉	汉代	合计	
桂阳郡	郴州	盘					1	1						2	5
		杯										1		1	
		耳杯						1						1	
		簋			1									1	
	韶关	壶				1								1	3
		洗				1								1	
		碗				1								1	
	耒阳	壶							4			2		6	36
		盆							1			1		2	
		洗							3	1		3		7	
		碗					1		5	1		3		10	
		尊					1		2			1		4	
		盘					1		2					3	
		杯							1					1	
		耳杯							1					1	
		豆										1		1	
		匜							1					1	
	连州	瓿		1										1	
	资兴	壶			2		3							5	38
		盆						2	1					3	
		洗			8		2	1	3					14	
		碗			2		3	2	2	3				12	
		盘							1	1				2	
		杯							1					1	
		簋			1									1	
	始兴	盆				1								1	2
		杯							1					1	
	阳山	盆										1		1	
	桂阳	豆											1	1	

桂阳郡 合计 87

续表

郡国	地点	器名	西汉初期	西汉早期	西汉中期	西汉晚期	新莽至东汉初	东汉早期	东汉中期	东汉晚期	西汉	东汉	汉代	合计	小计	总计
零陵郡	零陵	壶			1	1		1						3	18	41
		盆				1								1		
		洗						1						1		
		碗			1	1	1	2						5		
		尊				1		1						2		
		盘						1						1		
		杯					1	1						2		
		耳杯						1						1		
		钵				1								1		
		鉴				1								1		
	兴安	壶				1	2	1	1					5	15	
		盆					1							1		
		碗				1	3	2						6		
		尊					1							1		
		钵					1							1		
		簋					1							1		
	永州	壶									1	1		2	4	
		洗										1		1		
		豆										1		1		
	东安	壶											1	1	1	
	桂林	洗										1		1	3	
		碗									1			1		
		尊										1		1		

续表

郡国	地点	器名	西汉初期	西汉早期	西汉中期	西汉晚期	新莽至东汉初	东汉早期	东汉中期	东汉晚期	西汉	东汉	汉代	合计	合计
武陵郡	溆浦	壶			3	1								4	14
		盆					1							1	
		洗				1								1	
		尊				2								2	
		钫			1	1								2	
		盘	1		1									2	
		耳杯					1							1	
		簋	1											1	
	常德	壶										1		1	9
		盆										1		1	
		碗							1	1				2	
		尊										1		1	
		钫											1	1	
		耳杯								2		1		3	
	保靖	壶			7	26	2					2		37	183
		盆		1	1	7	1	1						11	
		洗		1	16	51	18					2		88	
		碗				1								1	
		尊			3	2								5	
		钫			10	18	3							31	
		盒				1								1	
		盂			1	1								2	
		簋				1								1	
		瓿			1									1	
		卮			3	1								4	
		盏			1									1	
	桑植	壶										1		1	
		盆										1		1	
		洗										1		1	
	武冈	洗										1		1	2
		盘										1		1	
	桃源	壶							1			2		3	10
		洗										3		3	
		盘							1			1		2	
		簋							1			1		2	
	龙山	壶				1		1						2	28
		盆			4	5	13							22	
		洗								1				1	
		钫					1							1	
		盒					1			1				2	
	古丈	壶	1											1	4
		盆						1						1	
		洗						1						1	
		碗						1						1	

续表

郡国	地点	器名	西汉初期	西汉早期	西汉中期	西汉晚期	新莽至东汉初	东汉早期	东汉中期	东汉晚期	西汉	东汉	汉代	合计	
武陵郡	大庸	壶		1			1	1	2		1	1		7	18
		盆		1	1		1							3	
		碗					1				1	1		3	
		尊							1					1	
		钫				1					1			2	
		锺				1					1			2	
	津市	壶					2				1			3	11
		盆					2				1			3	
		洗					2				1			3	
		钫									1			1	
		盘									1			1	
	泸溪	提筒				1								1	
	永顺	钫									1	1		2	
	洪江	壶		1										1	2
		钫		1										1	
	安乡	壶										1		1	
	吉首	壶										1	1	2	3
		洗										1		1	
	石门	壶										1		1	
	花垣	盆									1		1	2	4
		洗									1			1	
		盘											1	1	
长沙国	长沙	壶		3	4	10		3	1				1	22	104
		盆		3	6	1		1	1				1	13	
		洗		1	1				2		1			5	
		碗			2		2	6	4			1	1	16	
		尊			2	2	1						1	6	
		承盘					1		1					2	
		钫		1	2	3							1	7	
		盘			1	1	2		3		1			8	
		杯				1			2					3	
		耳杯				1			1	1				3	
		盒			2									2	
		提筒			1		1		1					3	
		盂			1	3	1							5	
		钵				2			1					3	
		锺			1		1		1					3	
		瓶					1							1	
		卮	1											1	
		盂					1							1	

武陵郡 合计 296

续表

郡国	地点	器名	西汉初期	西汉早期	西汉中期	西汉晚期	新莽至东汉初	东汉早期	东汉中期	东汉晚期	西汉	东汉	汉代	合计		
长沙国	衡阳	壶					2	3	2		1	3		11	32	166
		盆					1	1	2			1		5		
		洗							1		1	3		5		
		碗					1		1			2		4		
		尊							1					1		
		钵						1						1		
		锺							1					1		
	汨罗	壶	1											1	2	
		洗										1		1		
	益阳	壶					1							1	8	
		盆					1			1			1	3		
		碗							1					1		
		盘							1					1		
		盒								1				1		
		罐							1					1		
	邵阳	壶				1								1		
	临湘	簋										1		1		
	桃江	壶										1		1	3	
		洗										1		1		
		碗										1		1		
	茶陵	壶					1		1					2		
	邵东	盆					1							1	2	
		匜			1									1		
	莲花	盆		1										1	3	
		尊		1										1		
		豆	1											1		
	湘潭	壶										4	3	7	9	
		盆										1	1	2		
	新化	壶										1		1		
	平江	洗									1	1		2		

续表

郡国	地点	器名	西汉初期	西汉早期	西汉中期	西汉晚期	新莽至东汉初	东汉早期	东汉中期	东汉晚期	西汉	东汉	汉代	合计		
豫章郡	南昌	壶					1	1		1		2		5		59
		盆						1				1		2		
		洗							1	1		2		4		
		碗						1	1					2		
		尊				1		1						2		
		承盘				1		1						2		
		钫			3									3		
		盘							1					1		
		提筒				1		1						2	43	
		盉			3				1					4		
		钵								1				1		
		豆		1				1	2			2		6		
		锤			4									4		
		瓿			1									1		
		銅			1									1		
		罐							1				1	2		
		盂										1		1		
	宜春	壶	1											1	2	
		盆										1		1		
	南康	壶							1					1	7	
		洗							1					1		
		碗							1					1		
		盘							1					1		
		杯										1		1		
		盉							1					1		
		钵							1					1		
	修水	钵										1		1		
	赣县	洗										1		1		
	湖口	洗										1		1		
	瑞昌	洗										1		1		
	九江	壶		1										1	2	
		洗										1		1		
	抚州	罐										1		1		
会稽郡	光泽	壶							1					1		2
		钵							1					1		
丹阳郡	婺源	洗		1										1		
牂柯郡	西林	洗			1									1		3
		耳杯			1									1		
		銅			1									1		
合计			25	93	155	290	124	64	143	89	35	94	43	1155		

附表 A101   铜兵器发现点分期数量统计表①

单位：点

器名	西汉初期	西汉早期	西汉中期	西汉晚期	新莽至东汉初期	东汉早期	东汉中期	东汉晚期	西汉	东汉	汉代	合计
剑②	87	20	20	11	10	5	14	12	6	9	13	207
矛	65	20	19	15	9	4	3	7	6	21	4	173
镦	21	4	5		1		1				1	33
弩机	1	10	6	6	3	1	2	3	5	5	5	47
刀	13	1	10	7	6	4	9	11	3	5	1	70
镞	59	16	3	4		2	1		1		4	90
钺	11	1							14		1	27
戈	9	5	1						5	1	5	26
戟	1		4	7	4	3		3			1	23
匕首	7	1	2		1				1			12
镈	7	1	2		1				1			12
合计	281	79	72	50	35	19	30	36	28	55	35	720

---

① 表中数字为出土铜兵器墓葬、遗址、窖藏、出土点、收藏点的点数合计。不管其中出土多少件铜兵器，1 座墓葬、1 个遗址、1 个窖藏等等均视为 1 点。从铜兵器的发现情况看，墓葬的发现占绝对多数，窖藏次之，而遗址、出土点、收藏点的数量明显甚少。

表中器类名称，以发掘报告为准，但如一物二名，则取较常用之名；如更有图像可见，则参考图像加以裁定。但如原始资料未提供图像等资料，则以原报告名称为准，不臆断。

② 含各种报告中称为"短剑"者在内。

附表 A102 铜兵器发现点分郡国数量统计表　　　　　　　　　　　　单位：点

郡国	地点	器名	西汉初期	西汉早期	西汉中期	西汉晚期	新莽至东汉初	东汉早期	东汉中期	东汉晚期	西汉	东汉	汉代	合计		
南海郡	广州	刀			2	1				2		1		6		169
		镦		3										3		
		镦					1							1		
		戈	1	5										6		
		戟			2	1	1			3				7	103	
		弩机		6									1	7		
		镞		9										9		
		矛	2	12	6	4			1	4				29		
		剑		11	8	4	3		2	7				35		
	博罗	镞	1											1		
	四会	剑	1											1		
	揭阳	戈	1											1		
		镞	1											1	3	
		剑	1											1		
	广宁	匕首	4											4		
		刀	11						1					12		
		镦	4											4		
		戈	1											1		
		鐏	4											4	69	
		镞	8											8		
		钺	3											3		
		矛	13											13		
		剑	20											20		
	揭西	刀	1											1		
		钺											1	1	7	
		矛	2										1	3		
		剑											2	2		
	东莞	刀						1						1	3	
		矛						1	1					2		
	龙门	剑	1											1		
	澄海	镞		1										1		
合浦郡	合浦	镦			1									1		21
		戟			2	4	1							7		
		弩机			1									1	19	
		矛		1	4									5		
		剑				2	2		1					5		
	徐闻	镞		1				1						2		

郡国	地点	器名	西汉初期	西汉早期	西汉中期	西汉晚期	新莽至东汉初	东汉早期	东汉中期	东汉晚期	西汉	东汉	汉代	合计	
苍梧郡	封开	戈	1											1	12
		弩机											1	1	
		镞	2	1										3	
		钺	1											1	
		矛	2	1										3	
		剑	3											3	
	钟山	镞							1					1	3
		剑							2					2	
	贺县	矛				1								1	8
		剑	1	3										4	
		镦	1											1	
		镞	1											1	
		矛	1											1	
	肇庆	剑					1							1	
	德庆	刀	1						1					2	7
		镦	1											1	
		镞	1											1	
		矛	1											1	
		剑	1						1					2	
	藤县	剑				1			1					2	
	平乐	匕首		1										1	153
		镦	15											15	
		戈	1											1	
		鐏		1										1	
		镞	43	2										45	
		钺	7											7	
		矛	32	2										34	
		剑	46	2		1								49	
	罗定	剑	1											1	
	岑溪	钺		1										1	3
		剑		2										2	
	江华	镞											1	1	

191

郡国	地点	器名	西汉初期	西汉早期	西汉中期	西汉晚期	新莽至东汉初	东汉早期	东汉中期	东汉晚期	西汉	东汉	汉代	合计		
郁林郡	贵县	刀				3	1		1	1	1	1		8	34	40
		戟				2								2		
		弩机		1	1	1			1			2		6		
		镞		1		1								2		
		矛		1		3			1	1				6		
		剑		1	1	2		2	1	1	1			9		
		镦		1										1		
	田东	镦			1									1	5	
		戈			1									1		
		矛			2									2		
		剑			1									1		
	南宁	剑			1									1		
桂阳郡	郴州	戈										1		1	3	64
		剑	1					1						2		
	韶关	刀							1					1	2	
		剑							1					1		
	耒阳	刀							1					1	4	
		剑							2			1		3		
	乐昌	戈	1											1	8	
		矛	5											5		
		剑	2											2		
	始兴	矛	2											2	5	
		剑	3											3		
	阳山	矛								1				1		
	资兴	刀		1	6		3		4	1				15	41	
		镦			3				1					4		
		弩机						1	1					2		
		镞							1					1		
		矛		4	5		6	2	1					18		
		剑							1					1		

续表

郡国	地点	器名	西汉初期	西汉早期	西汉中期	西汉晚期	新莽至东汉初	东汉早期	东汉中期	东汉晚期	西汉	东汉	汉代	合计	
零陵郡	零陵	刀			1			2						3	8
		戟						1						1	
		弩机			1									1	
		矛						1						1	
		剑			1			1						2	
	兴安	刀				1								1	5
		镦								1				1	
		弩机											1	1	
		矛					1							1	
		剑					1							1	
	灵川	镞	2											2	3
		剑	1											1	
	永州	弩机								1				1	2
		剑										1		1	
	道县	钺										14		14	28
		矛										14		14	
	全州	弩机											1	1	
武陵郡	溆浦	匕首	1											1	5
		戈	1											1	
		鐏	1											1	
		矛	1											1	
		剑	1											1	
	常德	刀						4				2		6	13
		戈										1		1	
		弩机								1		2		3	
		剑									1	1	1	3	
	保靖	镞				2								2	6
		矛		1	2	1								4	
	大庸	镞		1										1	2
		剑		1										1	
	永顺	剑									1	1		2	
	安乡	刀										1		1	
	桃源	矛				1								1	2
		剑										1		1	
	古丈	刀				1								1	2
		剑					1							1	

零陵郡合计 47　武陵郡合计 33

续表

郡国	地点	器名	西汉初期	西汉早期	西汉中期	西汉晚期	新莽至东汉初	东汉早期	东汉中期	东汉晚期	西汉	东汉	汉代	合计		
长沙国	长沙	匕首	1								1			2	37	73
		刀			1				2				1	4		
		戈	1								1		1	3		
		弩机	1	3	2	1			1	1	1			10		
		鐏	1								1			2		
		镞			1						1			2		
		矛	1		1					2	2		1	7		
		剑					1		2		3		1	7		
	衡阳	弩机					1				1			2	3	
		矛									1			1		
	益阳	刀									1			1	5	
		弩机				2								2		
		剑								2				2		
	汨罗	匕首	1											1	9	
		戈	1											1		
		戟	1											1		
		鐏	1											1		
		矛	3											3		
		剑	2											2		
	邵阳	剑											2	2		
	临湘	矛										1		1		
	莲花	矛			1									1		
	湘乡	刀			2									2	5	
		弩机			1	1								2		
		剑				1								1		
	湘潭	剑										1	1	2		
	衡南	戈										1	1	2		
	茶陵	剑					1							1		
	宁乡	戈											1	1	3	
		戟											1	1		
		矛											1	1		
	双峰	矛									1			1		
	湘阴	剑										1		1		

续表

郡国	地点	器名	西汉初期	西汉早期	西汉中期	西汉晚期	新莽至东汉初	东汉早期	东汉中期	东汉晚期	西汉	东汉	汉代	合计		
豫章郡	南昌	匕首			2		1							3	34	60
		刀					1	2	1					4		
		戈											1	1		
		戟					2	2						4		
		弩机			1		1							2		
		镦			2		1							3		
		镞			1									1		
		矛			2		1	1				1		5		
		剑			7		1	2		1				11		
	宜春	剑	1											1		
	南康	剑	1											1		
	德安	弩机					1		1					2	3	
		剑			1									1		
	清江	戈									1	1		2	4	
		矛									1	1		2		
	九江	矛											1	1	2	
	南雄	矛											1	1		
	乐平	剑										1		1		
	萍乡	镞				1								1		
	遂川	戈									1			1	4	
		镞										1		1		
		矛										1		1		
		剑										1		1		
	修水	弩机										1		1	2	
		剑										1		1		
	吉安	镞										1		1		
	都昌	镞										1		1	4	
		剑										3		3		
	乐安	弩机									2			2		
会稽郡	泉州	剑										1		1		
牂柯郡	西林	镞			1									1		
合计			281	79	72	50	35	19	30	36	28	57	33	720		

附表 A103　铜炊煮器发现点分期数量统计表　　　　单位：点

器名	西汉初期	西汉早期	西汉中期	西汉晚期	新莽至东汉初期	东汉早期	东汉中期	东汉晚期	西汉	东汉	汉代	合计
鼎	32	46	27	44	8	2	3	3	8	3	6	182
鍪	5	26	30	89	22	11				1		1	185
勺	21	41	6	10	4		1	3	5	1	1	93
釜		7	6	25	9	10	14	14	5	14	13	117
甑		3	3	11	3		3	2	1	3		29
鍑		1	1	3	2							7
炉		1		3								4
匕			1		1					1		3
姜礤		1	1									2
锅			3	7	1		2	3	1	5	1	23
镬					1							1
合计	58	127	77	193	50	23	23	25	21	27	22	646

附表 A104　铜炊煮器发现点分郡国数量统计表　　　　单位：点

郡国	地点	器名	西汉初期	西汉早期	西汉中期	西汉晚期	新莽至东汉初	东汉早期	东汉中期	东汉晚期	西汉	东汉	汉代	合计	合计	合计
南海郡	广州	匕				1								1	123	135
		鼎	3	29	6					1		1		40		
		釜		7	1					1				9		
		锅								1				1		
		姜礤		1	1									2		
		炉		1										1		
		鍪	3	21										24		
		勺	4	35	2		1			1				43		
		甑		2										2		
	四会	鼎	2											2		
	揭阳	鼎	1											1		
	广宁	鼎	6											6		
	澄海	鼎		1										1		
	从化	釜										1		1		
	清远	釜									1			1		
合浦郡	合浦	鼎		2	11	2	1	1	1					18	48	50
		釜		2	5	1	1							9		
		锅		2	4									6		
		鏊				1								1		
		鍪			1									1		
		勺		2	2									4		
		甑		1	6	1		1						9		
	高州	锅										1		1		
	新兴	鼎									1			1		

郡国	地点	器名	西汉初期	西汉早期	西汉中期	西汉晚期	新莽至东汉初	东汉早期	东汉中期	东汉晚期	西汉	东汉	汉代	合计	
苍梧郡	梧州	鼎								1	1			2	3
		釜								1				1	
	封开	釜										1	1	2	
	贺县	鼎		4										4	10
		釜			3				1					4	
		勺		2										2	
	德庆	鼎	1											1	3
		釜							1					1	
		勺							1					1	
	平乐	鼎	11	2		1		1						15	35
		釜										1		1	
		锅										1		1	
		鏊			2	1								3	
		勺	14	1										15	
	云浮	鼎										1		1	
	昭平	釜							1					1	
郁林郡	贵县	鼎			2	3								5	21
		鼎		2										2	
		釜							1	1				2	
		锅			1	3				2				6	
		鏊				1								1	
		勺		2		2						1		5	
	桂平	釜										1		1	
	南宁	鼎			1									1	
桂阳郡	郴州	鼎										1		1	
	韶关	釜						1						1	
	末阳	鼎							1	1				2	9
		釜			1			5		1				7	
	乐昌	鼎	2											2	
	始兴	鼎	2		1									3	7
	阳山	釜			2	2								4	
	资兴	釜										2	1	3	15
		鼎		5										5	
		釜			1			2	2	4				9	
	永兴	勺		1										1	
		釜										1		1	

续表

郡国	地点	器名	西汉初期	西汉早期	西汉中期	西汉晚期	新莽至东汉初	东汉早期	东汉中期	东汉晚期	西汉	东汉	汉代	合计	合计
零陵郡	零陵	鼎				1		1						2	3
		釜				1								1	
	兴安	鼎					2						1	3	6
		釜										1		1	
		勺					2							2	
	灵川	勺	1											1	17
	永州	鼎							1	1				2	5
		釜								1				1	
		甑							1	1				2	
	全州	鼎											1	1	
	宁远	鼎											1	1	
武陵郡	溆浦	鼎	1			1								2	6
		釜				1								1	
		鍪			1									1	
		勺	1			1								2	
	常德	甑										1		1	
	保靖	鼎		1	6	15	1							23	169
		釜				7	1						1	9	
		鍑				3	1							4	
		鍪		5	27	75	17						1	125	
		勺				3								3	
		甑			1	3	1							5	
	桃源	匕										1		1	3
		釜						1	1					2	
	古丈	釜				1								1	3
		鍪	1											1	
		勺				1								1	
	龙山	釜				3	3	5						11	31
		鍪				6	4	10						20	
	津市	鼎							1					1	2
		勺							1					1	
	花垣	鍪										1		1	
	吉首	釜										1		1	
	泸溪	鍪			1									1	

武陵郡 合计 218

郡国	地点	器名	西汉初期	西汉早期	西汉中期	西汉晚期	新莽至东汉初	东汉早期	东汉中期	东汉晚期	西汉	东汉	汉代	合计		
长沙国	长沙	匕		1									1	1	54	69
		鼎	2	2	5	10	1		1		1		1	23		
		釜			2	1		1	1	1				6		
		鍑		1	1		1							3		
		锅					1					1		2		
		炉				3								3		
		鍪			1	3								4		
		勺				1			1	1	3		1	7		
		甗		1	1	2	1							5		
	益阳	鼎									1			1	4	
		釜							1					1		
		鍪				1								1		
		勺					1							1		
	汨罗	鼎	1											1	3	
		鍪	1											1		
		勺	1											1		
	湘乡	鼎					1							1	4	
		锅								1				1		
		勺			1					1				2		
	双峰	釜								1					1	
	衡阳	鼎			1									1	3	
		釜							1			1		2		
豫章郡	南昌	鼎			4	1	1							6	28	33
		釜				1		2	3	2		2		10		
		锅							2	2		1		5		
		镬					1							1		
		勺			1									1		
		甗							2	2		1		5		
	宜春	鼎									1			1	3	
		釜									1	1		2		
	修水	釜					1								1	
	大余	釜											1		1	
海南岛	儋州	釜											2		2	7
	东方	釜											2		2	
	临高	釜											3		3	
合计			58	127	77	193	50	23	23	25	21	27	22	646		

附表 A105　铁器墓时空分布统计表

单位：点

郡国	地点	西汉初期	西汉早期	西汉中期	西汉晚期	新莽至东汉初期	东汉早期	东汉中期	东汉晚期	西汉	东汉	合计	郡合计
南海郡	广州	4	51	7	4	1		8	6			81	
合浦郡	合浦			1	12	1		5	1			20	29
	徐闻						6	2				8	
	北海				1							1	
苍梧郡	梧州							1				1	125
	钟山							2				2	
	贺县		2	1								3	
	封开			1								1	
	平乐	78	10	8	7	2		4				109	
	岑溪							4				4	
	阳朔								2			2	
	昭平							1	2			3	
郁林郡	贵县			1	7			2	4	1		15	18
	柳州			1				2				3	
桂阳郡	郴州						2		1			3	337
	耒阳					2		10	4			16	
	曲江				1			1				2	
	韶关							1				1	
	资兴		8	128		79	16	52	27			310	
	始兴		2	1				1		1		5	
零陵郡	零陵			1		1	6					8	26
	灌阳	1										1	
	兴安		2		7	4		4				17	
武陵郡	溆浦		5	1	1							7	132
	常德		1								1	2	
	保靖		4	14	49	13						80	
	桃源		1	9								10	
	大庸		8	3				2				13	
	泸溪		1	1								2	
	靖州		1									1	
	龙山				3	6	6					15	
	怀化		1									1	
	古丈				1							1	

续表

郡国	地点	西汉初期	西汉早期	西汉中期	西汉晚期	新莽至东汉初期	东汉早期	东汉中期	东汉晚期	西汉	东汉	合计	
长沙国	长沙		24	4	10	2		17	2	1		60	
	衡阳		3		1		3	4				11	
	汨罗	5	2		1							8	
	湘乡			4	2				1			7	98
	益阳				2				3			5	
	邵阳						1					1	
	邵东					1						1	
	茶陵				3	2						5	
豫章郡	南昌		1				3	3	2			9	
	安福								3			3	
	德安							2				2	17
	九江								1			1	
	永新								1			1	
	南康								1			1	
闽越国	闽侯								1			1	
合计		88	115	184	124	116	43	127	63	1	3	864	

附表 A106　铁容器发现点分期分郡国数量统计表① 单位：点

郡国	地点	器名	西汉初期	西汉早期	西汉中期	西汉晚期	新莽至东汉初期	东汉早期	东汉中期	东汉晚期	西汉	东汉	汉代	合计
南海郡	广州	罐		1										1
桂阳郡	资兴	盘							1					1
		盆							1					1
武陵郡	保靖	罐			1									1
长沙国	湘乡	壶				1								1
豫章郡	南昌	盆							1	1				2
合计				1	1	1			3	1				7

---

① 表中数字为出土铁容器的墓葬、遗址、窖藏、出土点、收藏点的点数合计。不管其中出土多少件铁容器，1座墓葬、1个遗址、1个窖藏等等均视为1点。从铁容器的发现情况看，墓葬的发现占绝对多数，窖藏次之，而遗址、出土点、收藏点的数量明显甚少。

表中器类名称，以发掘报告为准，但如一物二名，则取较常用之名；如更有图像可见，则参考图像加以裁定。但如原始资料未提供图像等资料，则以原报告名称为准，不臆断。

附表 A107　铁兵器发现点分期数量统计表①　　　　　　　　　　　　单位：点

器名	西汉初期	西汉早期	西汉中期	西汉晚期	新莽至东汉初期	东汉早期	东汉中期	东汉晚期	西汉	东汉	汉代	合计
刀②	6	22	110	41	91	29	105	65	12	30	16	527
剑③	3	10	14	19	13	7	17	17	10	20	24	154
矛	4	12	23	1	24	2	21	4	2	2	2	97
戟		3		1		1	4	2	1	1	1	14
匕首		1		1	1		1	3	2		2	11
镞		2	3		1				1		1	8
镦		1		1			1					3
甲		1										1
合计	13	52	150	64	130	40	150	92	25	53	46	815

附表 A108　铁兵器发现点分郡国数量统计表　　　　　　　　　　　　单位：点

郡国	地点	器名	西汉初期	西汉早期	西汉中期	西汉晚期	新莽至东汉初	东汉早期	东汉中期	东汉晚期	西汉	东汉	汉代	合计		
南海郡	广州	戟		3					1	1				5		48
		甲		1										1		
		镞		1										1	40	
		矛	1	12										13		
		剑	1						3	3	1	1		9		
		刀		1	1				2	5	1	1		11		
	澄海	刀		1										1		
	连平	剑										5		5		
	清远	刀							1					1		
	怀集	刀									1			1		
合浦郡	合浦	匕首				1	1		1					3		26
		剑			1		3		3					7	14	
		刀			2				1	1				4		
	徐闻	刀					6							6		
	化州	剑										2		2	3	
		刀										1		1		
	北海	镞			1									1		
	高州	刀									2			2		

---

①　表中数字为出土铁兵器墓葬、遗址、窖藏、出土点、收藏点的点数合计。不管其中出土多少件铁兵器，1 座墓葬、1 个遗址、1 个窖藏等等均视为 1 点。从铁兵器的发现情况看，墓葬的发现占绝对多数，窖藏次之，而遗址、出土点、收藏点的数量明显甚少。

表中器类名称，以发掘报告为准，但如一物二名，则取较常用之名；如更有图像可见，则参考图像加以裁定。但如原始资料未提供图像等资料，则以原报告名称为准，不臆断。

②　含各种报告中称为"长刀""短刀"者在内。

③　含各种报告中称为"短剑"者在内。

684　秦汉帝国南缘的面相——以考古视角的审视

续表

郡国	地点	器名	西汉初期	西汉早期	西汉中期	西汉晚期	新莽至东汉初	东汉早期	东汉中期	东汉晚期	西汉	东汉	汉代	合计	
苍梧郡	梧州	匕首								1				1	2
		刀								1				1	
	封开	刀										1	2	3	
	钟山	匕首											1	1	6
		戟											1	1	
		剑							1				1	2	
		刀						1	1					2	
	贺县	匕首		1										1	2
		剑			1									1	
	肇庆	剑									1			1	
	平乐	矛	3											3	25
		剑	1											1	
		刀		8	6	4	1		2					21	
	岑溪	剑							1					1	3
		刀							2					2	
	阳朔	矛							1					1	2
		刀							1					1	
	昭平	刀						3	3					6	
	江华	剑						1						1	
郁林郡	贵县	镦			1									1	24
		戟			1				1					2	
		镞		1										1	
		剑		1	2			3	1					7	
		刀			5			2	6					13	
	桂平	剑			1							1		2	
	柳州	刀						2						2	
桂阳郡	郴州	戟							1					1	5
		剑							1					1	
		刀				1			1			1		3	
	末阳	剑							1					1	12
		刀				1		4	4			1	1	11	
	始兴	矛			1									1	5
		刀			2				1			1		4	
	资兴	匕首							1					1	339
		镦		1					1					2	
		戟							1					1	
		矛			21		23	2	20	3				69	
		剑			2		4	6	5	1				18	
		刀			90		73	10	51	24				248	
	曲江	刀			1							1		2	
	桂阳	剑											1	1	

合计: 苍梧郡 51　郁林郡 28　桂阳郡 364

续表

郡国	地点	器名	西汉初期	西汉早期	西汉中期	西汉晚期	新莽至东汉初	东汉早期	东汉中期	东汉晚期	西汉	东汉	汉代	合计	
零陵郡	零陵	剑			1								1	1	4
		刀			1			2					3	3	
	兴安	刀		1		3	5	2						11	
	灵川	剑	1										1	1	5
		刀	4										4	4	
	永州	剑										1	1	2	
	全州	刀										1		1	
	东安	剑											4	4	
	桂林	剑										1	1	1	2
		刀							1				1	1	
武陵郡	溆浦	剑			1	1							2	2	6
		刀			1	2	1						4	4	
	常德	刀							1			1		2	2
	保靖	矛					1						1	1	13
		剑		1	1	5	1						8	8	
		刀		1	1	1	1						4	4	
	大庸	剑			1				1				2	2	4
		刀						2					2	2	
	桃源	刀				3								3	
	津市	剑					2							2	40
	龙山	剑					1							1	
	泸溪	刀			1									1	
	桑植	匕首											1	1	7
		镞											1	1	
		矛											1	1	
		剑											1	1	
		刀											2	2	
		矛											1	1	
	绥宁	剑											1	1	

郡国	地点	器名	西汉初期	西汉早期	西汉中期	西汉晚期	新莽至东汉初	东汉早期	东汉中期	东汉晚期	西汉	东汉	汉代	合计	
长沙国	长沙	戟							1				1	1	82
		剑		8	4	8	1		3			3	1	28	
		刀		7	4	12	3		16	4	3	3	1	53	
	益阳	戟										1		1	14
		镞							1					1	
		剑							2	1				3	
		刀				2		1	4	1		1		9	
	衡阳	剑										1		1	25
		刀		3	1		2	7	5			1	5	24	
	汨罗	刀	2											2	
	临湘	刀										3		3	
	莲花	镞			1									1	2
		剑			1									1	
	邵东	剑				1						1		2	3
		刀					1							1	
	湘乡	镞			1									1	10
		矛							1					1	
		剑								1	1	1		3	
		刀				1	1		1	1				5	
	湘潭	剑									6	6		12	
	茶陵	矛			1									1	10
		剑					1							1	
		刀				5	2		1					8	
	双峰	刀										1		1	
	华容	戟							1					1	2
		刀							1					1	
	平江	剑										1		1	
	桃江	剑										2		2	
	鄳县	刀										1		1	

续表

郡国	地点	器名	西汉初期	西汉早期	西汉中期	西汉晚期	新莽至东汉初	东汉早期	东汉中期	东汉晚期	西汉	东汉	汉代	合计(行)	合计
豫章郡	南昌	戟						1					1	1	17
		镞		1									1	1	
		矛							1			1		2	
		剑			1					1			1	3	
		刀						3	2	2		1	2	10	
	宜春	匕首								1				1	4
		刀								1		1	1	3	
	南康	剑							1	1			1	3	6
		刀								1		1	1	3	
	德安	刀							2					2	
	于都	刀										1		1	
	清江	剑								1				1	2
		刀								1				1	
	九江	剑								1				1	2
		刀								1				1	
	南雄	刀										1		1	55
	万载	匕首							1					1	
	攸县	刀											1	1	
	萍乡	刀							1					1	
	遂川	刀										1		1	
	修水	矛			1					1			1	3	6
		刀			1					1			1	3	
	乐安	刀										1		1	
	赣县	刀								1				1	3
		匕首					1							1	
		剑					1							1	
	抚州	刀										1		1	
	泰和	剑							1					1	
	永新	剑								1				1	
	宁冈	刀										1		1	
	安福	剑							2					2	
会稽郡	长汀	刀										2		2	2
丹阳郡	婺源	剑			1									1	2
		刀			1									1	
合计			13	52	150	64	130	40	150	92	25	53	46		815

附表 A109　铁炊煮器发现点分期数量统计表①　　　　　单位：点

器名	西汉初期	西汉早期	西汉中期	西汉晚期	新莽至东汉初期	东汉早期	东汉中期	东汉晚期	西汉	东汉	汉代	合计
釜	1	5	9	16	9	10	45	12	1	9	8	125
支架	6	1	1	10	10	8	46	18	1	10	6	117
鼎	1	3		2	1		1	2	1	1	8	20
鍪		1		1		1					1	4
锅					1					5	1	7
勺			1								2	3
合计	8	10	11	29	21	19	92	32	3	25	26	276

附表 A110　铁炊煮器发现点分郡国数量统计表　　　　　单位：点

郡国	地点	器名	西汉初期	西汉早期	西汉中期	西汉晚期	新莽至东汉初	东汉早期	东汉中期	东汉晚期	西汉	东汉	汉代	合计	合计
南海郡	广州	鼎		1									1	1	5
		釜		2									2	2	
		支架	1						1				2	2	
	博罗	支架							1					1	1
	澄海	鼎		1									1	1	2
		釜		1									1	1	
	揭东	釜				1								1	
	连平	锅										5		5	5
合浦郡	合浦	釜				1								1	
苍梧郡	钟山	鼎										1	1	2	
		釜										1	1		
	平乐	鼎	1					1					2	10	13
		釜				1			2				3		
		支架				3	1	1					5		
	阳朔	鼎								1				1	
郁林郡	贵县	釜		1										1	4
		支架		1		2								3	

---

① 表中数字为出土铁炊煮器墓葬、遗址、窖藏、出土点、收藏点的点数合计。不管其中出土多少件铁炊煮器，1 座墓葬、1 个遗址、1 个窖藏等等均视为 1 点。从铁炊煮器的发现情况看，墓葬的发现占绝对多数，窖藏次之，而遗址、出土点、收藏点的数量明显甚少。

表中器类名称，以发掘报告为准，但如一物二名，则取较常用之名；如更有图像可见，则参考图像加以裁定。但如原始资料未提供图像等资料，则以原报告名称为准，不臆断。

续表

郡国	地点	器名	西汉初期	西汉早期	西汉中期	西汉晚期	新莽至东汉初	东汉早期	东汉中期	东汉晚期	西汉	东汉	汉代	合计	
桂阳郡	郴州	釜							1			1	2		3
		支架							1				1		
	末阳	釜							1			1	2		4
		支架							1			1	2		
	始兴	釜										1	1		5
		支架				1			2			1	4		
	资兴	釜			4			3	19	9			35		80
		支架	5				1	4	23	12			45		
	曲江	支架							1				1		
	永兴	釜										1	1		
零陵郡	兴安	鼎			2								2		21
		釜			3	3		4					10		
		支架			2	3		4					9		
	全州	鼎										1	1		2
		支架										1	1		
	灵川	支架										1	1		
	桂林	支架									1		1		
	东安	鼎										4	4		
武陵郡	保靖	釜			3	6	2						11		15
		鍪		1		1							2		
		支架				1	1						2		
	大庸	釜		1				3				1	5		
	龙山	鼎				1							1		27
		釜				1							1	3	
		鍪					1						1		
	桑植	鼎										1	1		3
		勺										2	2		
	洪江	鍪										1	1		

续表

郡国	地点	器名	西汉初期	西汉早期	西汉中期	西汉晚期	新莽至东汉初	东汉早期	东汉中期	东汉晚期	西汉	东汉	汉代	合计	
长沙国	长沙	釜			1	1			10					12	18
		勺			1									1	
		支架							5					5	
	衡阳	釜						6	1			1	1	9	24
		支架					2	3	4	1	1	4		15	
	汨罗	釜	1											1	
	邵东	釜				1						1		2	
	邵阳	支架										1		1	
	湘乡	釜							1					1	3
		支架			1					1				2	
	湘潭	釜										1	2	3	5
		支架										2		2	
	茶陵	釜			2	2								4	7
		支架				1	2							3	
	双峰	支架									1			1	
	醴陵	釜							1					1	2
		支架							1					1	
	平江	鼎								1	1			2	
	桃江	釜										1		1	
豫章郡	南昌	釜			1		1							2	6
		锅										1		1	
		支架					1	1				1		3	
	宜春	釜							1			1	1	3	4
		支架							1					1	
	南康	鼎						1						1	
	清江	釜										1		1	
	萍乡	釜							1					1	2
		支架							1					1	
	修水	釜					1					2		3	5
		锅					1							1	
		支架										1		1	
	攸县	支架										1		1	
	安福	釜							1					1	2
		支架							1					1	
会稽郡	闽侯	釜							1					1	
	长汀	鼎										1		1	
	光泽	釜							1					1	2
		支架							1					1	
	建阳	鼎		1										1	
合计			8	10	11	29	21	19	92	32	3	25	26	276	

说明：长沙国合计 67，豫章郡合计 22，会稽郡合计 5。

附表 A111　铁生产工具发现点分期数量统计表①

单位：点

器名	西汉初期	西汉早期	西汉中期	西汉晚期	新莽至东汉初期	东汉早期	东汉中期	东汉晚期	西汉	东汉	汉代	合计
锛	6	2		1	1					2		12
凿	3						1					4
斧	19	8	4	6	4	1	6	1	1	2	5	57
锯								1		3		4
锉		1										1
锤		1			2						1	4
钩		4	1	2	1	3	5	6		1	1	24
鱼钩						1						2
钉	3	16	14	26	8	17	15	25	5	5	1	135
叉		1		1								2
锸	2	8	5	7	7	1	4	3	3	1	4	45
锄	76	11	7	4	3		3	2	2		2	110
镢					1						2	3
镰		2			1						1	4
铲		1	1		1	1	1	1	1		1	8
铲刀		1										1
刮刀	52	8	1	1	1			1				64
砍刀						9	32	15				56
刻刀		1										1
刨刀		1										1
铚刀		1										1
小刀			1			3	1	2		1		8
削	10	51	5	21	14	2	11	19		10	1	144
镊		7	2	1			4	1				15
夹			2	2			1				1	6
权							6					6
尺								1				1
合计	171	126	43	72	44	38	90	78	12	23	22	719

---

① 表中数字为出土铁生产工具墓葬、遗址、窖藏、出土点、收藏点的点数合计。不管其中出土多少件铁生产工具，1座墓葬、1个遗址、1个窖藏等等均视为1点。从铁生产工具的发现情况看，墓葬的发现占绝对多数，窖藏次之，而遗址、出土点、收藏点的数量明显甚少。

表中器类名称，以发掘报告为准，但如一物二名，则取较常用之名；如更有图像可见，则参考图像加以裁定。但如原始资料未提供图像等资料，则以原报告名称为准，不臆断。

铁钉含"棺钉"在内。"削"，报告中多称为"削刀"，也有称为"环首削""削"者，今统一为"削"。

附表 A112　铁生产工具发现点分郡国数量统计表

单位：点

郡国	地点	器名	西汉初期	西汉早期	西汉中期	西汉晚期	新莽至东汉初	东汉早期	东汉中期	东汉晚期	西汉	东汉	汉代	合计		
南海郡	广州	铻		1										1	109	119
		叉		1										1		
		铲		1										1		
		铲刀		1										1		
		锸		1										1		
		锤		1										1		
		锄		3	3				2					8		
		刻刀		1										1		
		斧	1	2										3		
		镰		2										2		
		钉	1	3					1	2				7		
		钩		2		1				4				7		
		刮刀		6										6		
		锛		7	2				4	1				14		
		刨刀		1										1		
		削		30	2	3	1		4	11		1		52		
		铚刀		1										1		
		锉		1										1		
	澄海	锸		1										1	6	
		锄		1										1		
		斧		1										1		
		钩		1										1		
		刮刀		1										1		
		削		1										1		
	揭东	削			1									1		
	怀集	钉										1		1		
	中山	锸											1	1		2
		斧											1	1		

续表

郡国	地点	器名	西汉初期	西汉早期	西汉中期	西汉晚期	新莽至东汉初	东汉早期	东汉中期	东汉晚期	西汉	东汉	汉代	合计		
合浦郡	合浦	锸				1			1					2	25	27
		锄				1								1		
		钉				3			1	3				7		
		钩				1								1		
		夹				1								1		
		小刀			1									1		
		削				6	3		3					12		
	徐闻	斧						1						1	2	
		鱼钩						1						1		
苍梧郡	封开	刮刀				1								1		201
	钟山	锸							1	1			1	3	7	
		斧							1					1		
		钉							1					1		
		削							1	1				2		
	贺县	锸								1				1	8	
		斧								1				1		
		锯								1				1		
		钉		1										1		
		刮刀								1				1		
		削		2						1				3		
	昭平	钉								1				1		
	阳朔	锸								1				1	6	
		锄								1				1		
		钉								2				2		
		削						1		1				2		
	平乐	锛	6											6	176	
		锄	74	6	1	2	1		1					85		
		斧	11	1										12		
		镰					1							1		
		钩		1					1					2		
		刮刀	52	1	1		1							55		
		凿	3						1					4		
		削	9		1	1								11		
	岑溪	削							2					2	2	

续表

郡国	地点	器名	西汉初期	西汉早期	西汉中期	西汉晚期	新莽至东汉初	东汉早期	东汉中期	东汉晚期	西汉	东汉	汉代	合计	
郁林郡	贵县	锸		1										1	23
		锄								1				1	
		斧		1										1	
		钉		1	1	5	1		2	4	1	1		16	
		钩			1									1	
		夹				1								1	
		锯				1								1	
		削		1										1	
	柳州	锸			1									1	
	象州	锯										2		2	
桂阳郡	郴州	钩						1		1				2	115
	耒阳	锸				1			1					2	7
		斧							2					2	
		钉							1	1				2	
		钩							1					1	
	韶关	削				1								1	
	曲江	削				1								1	
	蓝山	锸										1		1	
	永兴	钉										1		1	
	始兴	钉			1									1	
	资兴	锛		1		1								2	101
		锸		4		3		1						8	
		砍刀						9	32	15				56	
		斧							2					2	
		钉						6	5	5				16	
		钩							1					1	
		权							6					6	
		小刀						1	1	1				3	
		削		7										7	
零陵郡	零陵	锄					1							1	6
		钉			1			3						4	
		钩						1						1	
	永州	小刀										1		1	
	兴安	锸		1										1	4
		锄				1								1	
		锯										1		1	
		削										1		1	
	灵川	锸	2											2	7
		斧	5											5	
	桂林	钉							1					1	2
		削							1					1	
	全州	钉										1	1	2	
	灌阳	斧	1											1	2
		削	1											1	

(郁林郡 合计 26；桂阳郡 合计 115；零陵郡 合计 24)

续表

郡国	地点	器名	西汉初期	西汉早期	西汉中期	西汉晚期	新莽至东汉初	东汉早期	东汉中期	东汉晚期	西汉	东汉	汉代	合计	合计
武陵郡	溆浦	锄			3									3	5
		斧			2									2	
	常德	锸						1						1	3
		钉							1					1	
		削		1										1	
	保靖	锸				4	1							5	44
		斧			1	5	1							7	
		钉			1	5	11	3						20	
		削				2	7	3						12	
	靖州	钉			1										1
	沅陵	钉							1						1
	龙山	锛			1									1	18
		锸			1	1								2	
		锤				1								1	
		钉				1	3	6						10	
		削				1	3							4	
	桑植	锛										2		2	13
		锸										1		1	
		锤										1		1	
		锄										2		2	
		镢										2		2	
		斧										2		2	
		钩										1		1	
		铲										1		1	
		削										1		1	
	芷江	锸							3					3	
	怀化	钉			2									2	
	桃源	锸				1								1	8
		斧				1								1	
		钉			1	5								6	
	大庸	锸		1										1	7
		钉		4										4	
		削		2										2	
	津市	削					2		1		1			4	
	洪江	锸		1										1	

武陵郡 合计 110

郡国	地点	器名	西汉初期	西汉早期	西汉中期	西汉晚期	新莽至东汉初	东汉早期	东汉中期	东汉晚期	西汉	东汉	汉代	合计		
长沙国	长沙	铲			1				1	1	1			4	39	66
		锸		1										1		
		锄	1	1							2			4		
		斧	1	2								2	1	6		
		钉		4	1		1		3	2	2			13		
		夹			1				1				1	3		
		鱼钩		1										1		
		削		7										7		
	衡阳	斧					1			1				2	5	
		钉								1				1		
		钩										1		1		
		小刀				1								1		
	益阳	尺							1					1	3	
		削							2					2		
	汨罗	锄	1											1	6	
		钉	2	2		1								5		
	邵东	削			1									1		
	邵阳	削				1								1		
	娄底	削		、								1		1		
	临湘	削										2		2		
	湘乡	钉							1					1	3	
		钩							1					1		
		夹			1									1		
	湘潭	钉										1		1		
	茶陵	叉			1									1	2	
		削					1							1		
	双峰	削										2		2		

郡国	地点	器名	西汉初期	西汉早期	西汉中期	西汉晚期	新莽至东汉初	东汉早期	东汉中期	东汉晚期	西汉	东汉	汉代	合计	
豫章郡	南昌	铲						1						1	8
		锤				1								1	
		斧					1		1					2	
		钉			1			1						2	
		小刀						1						1	
		削								1				1	
	南康	钉							2					2	3
		小刀								1				1	
	赣县	钩							1					1	3
		钉						1						1	
		钩						1						1	
	万载	锸										1		1	28
	清江	削								1		1		2	
	萍乡	钩							1					1	
	修水	铲				1								1	6
		锸				1								1	
		锄				1								1	
		镢				1								1	
		斧				1								1	
		钩				1								1	
	安福	钉							1					1	
	南雄	削										1		1	
	抚州	斧											1	1	2
		镰											1	1	
闽越国	武夷山	锸		1										1	2
		斧		1										1	
丹阳郡	婺源	斧			1									1	
合计			171	126	43	72	44	38	90	78	12	23	22	719	

附表 A113 陶器墓时空分布统计表 单位：座

郡国	地点	西汉初期	西汉早期	西汉中期	西汉晚期	新莽至东汉初期	东汉早期	东汉中期	东汉晚期	西汉	东汉	合计	
南海郡	广州	17	168	49	27	9	4	29	20			323	344
	揭阳	1										1	
	龙川						1					1	
	博罗							1				1	
	佛山						1	1	2			4	
	深圳								2			2	
	广宁	12										12	

续表

郡国	地点	西汉初期	西汉早期	西汉中期	西汉晚期	新莽至东汉初期	东汉早期	东汉中期	东汉晚期	西汉	东汉	合计	
合浦郡	合浦			2	19	5		7	5			38	73
	徐闻			1			25	7				33	
	恭城							1				1	
	北海					1						1	
苍梧郡	梧州								2			2	193
	钟山							17				17	
	贺县	2	4		2							8	
	肇庆			1				1				2	
	封开			1							1	2	
	平乐	97	8	10	11	2		7				135	
	岑溪		3					4				7	
	阳朔						3		2			5	
	昭平							5	10			15	
郁林郡	贵县			1	8	1		4	4		1	19	22
	柳州			1				2				3	
桂阳郡	郴州						2		1		1	4	484
	耒阳			1	3	1		75	30			110	
	曲江			1				1				2	
	韶关							1				1	
	资兴		20	154		82	16	53	32			357	
	始兴	2		6	1						1	10	
零陵郡	零陵			1		1	6				1	9	31
	灌阳	1										1	
	兴安		5		7	4		5				21	
武陵郡	溆浦	1	7	29	11	2				3		53	523
	常德		2				1	2	3		1	9	
	保靖		36	62	159	32	1		2			292	
	沅陵		1									1	
	桃源		6	7	14							27	
	大庸	3	30	15		1		2	2			53	
	泸溪		2	5	2							9	
	津市	1	5									6	
	靖州		5									5	
	龙山				10	8	25					43	
	怀化		3									3	
	永顺		1	2								3	
	古丈	5		6	6		2					19	

续表

郡国	地点	西汉初期	西汉早期	西汉中期	西汉晚期	新莽至东汉初期	东汉早期	东汉中期	东汉晚期	西汉	东汉	合计	合计
长沙国	长沙	13	108	13	20	2		18	2	6	1	183	282
	衡阳		13		7	4	4	3				31	
	汨罗	20	10		2							32	
	湘乡			12	7				1			20	
	益阳				4	1		3				8	
	邵阳						1					1	
	邵东					1						1	
	茶陵				4	2						6	
豫章郡	南昌			4		1	4	5	2			16	26
	湖口							1				1	
	安福								3			3	
	德安							3				3	
	九江							1				1	
	永新							1				1	
	南康							1				1	
闽越国	闽侯	2	7						2			11	13
	武夷山		1									1	
	邵武		1									1	
合计		177	438	388	325	158	97	258	134	9	7	1991	

附表 A114 陶容器发现点分期数量统计表①　　　　　　单位：点

器名	西汉初期	西汉早期	西汉中期	西汉晚期	新莽至东汉初期	东汉早期	东汉中期	东汉晚期	西汉	东汉	汉代	合计
盘	18	13	10	2	3	11	44	19	9	12	7	148
钫	12	146	129	139	26	4			29	6	11	502
锺		8	6	20	1				2	1	3	41
壶	56	365	384	316	154	59	208	133	51	61	46	1833
瓿壶	3	19	22	18	5	1	8	1	5		4	86
鐎壶	2	29	41	47	11	7	22	10	8	7	2	186
投壶			1									1

---

① 表中数字为出土陶容器的墓葬、遗址、窖藏、出土点、收藏点的点数合计。不管其中出土多少件陶容器，1 座墓葬、1 个遗址、1 个窖藏等等均视为 1 点。从陶容器的发现情况看，墓葬的发现占绝对多数，窖藏次之，而遗址、出土点、收藏点的数量明显甚少。

表中器类名称，以发掘报告为准，但如一物二名，则取较常用之名；如更有图像可见，则参考图像加以裁定。但如原始资料未提供图像等资料，则以原报告名称为准，不臆断。

根据陶器的具体情况，在报告中多将陶器分为陶器（普通的陶器）、釉陶、硬陶。虽从某些资料看，一些描述为釉陶的釉陶可能应为硬陶，一些陶器可能为硬陶，一些硬陶可能为釉陶，但由于无法目验原物，而现有报道的陶器描述多不详细，且陶器、釉陶、硬陶三者更无一个简易而准确的判定标准，因此在本文统计中，除了将硬陶罐分出外，合并了其他类的陶器、釉陶和硬陶等分别。但一些报道中的瓷质器物，则按原始资料统计。统计中，"硬陶"简称"硬"，"双唇罐"简称"唇罐"，"尮""尊"统一为"尊"，五连罐、四连罐、三连罐等均统一为"连罐"。

器名	西汉初期	西汉早期	西汉中期	西汉晚期	新莽至东汉初期	东汉早期	东汉中期	东汉晚期	西汉	东汉	汉代	合计
瓶	1	1	11	3	20	3	21	33		15	2	110
盒	125	389	244	130	94	18	30	37	26	16	13	1122
套盒					1		1	7				9
盉		3	18	24	1	2	4	2	3	1		58
罐	52	340	300	120	130	76	273	230	51	155	110	1837
釉罐		1	1	10	3	2	16	22		5	5	65
硬罐	27	84	101	218	48	58	77	60	5	9	9	696
瓷罐							7	14		9	4	34
唇罐		4	5	6	5	8	7	8	1	4	5	53
连罐	2	44	41	27	3	2	7			10	2	138
瓮	23	152	69	41	10	4	29	14	14	13	15	384
豆	15	24	39	6	2	1	19	7	7	7	15	142
杯	95	12	12	11	3	15	53	34	2	13	8	258
耳杯			3	6	1	2	26	56		10	2	106
钵	26	28	87	33	59	23	99	65	8	35	26	489
碗	16	75	24	48	11	15	59	65	5	27	21	366
洗			2	1			5	3	1	7		19
匜	2			1			1			2		6
尊		5	18	35	6	7	58	83		13	7	232
联盂			5	6	1				1			13
瓿	26	118	6		1	9	45	17	2	2	5	231
碟		1	2	3		5	5	5	2	4	6	33
敦	6	2	2	1					5		5	21
簋				20	11	1	40	52	4	8	4	140
魁		1	4	13	5	2	26	35		3	4	93
盆	4	62	43	70	20	4	43	57	4	6	5	318
提筒		13	1	3	3	1	12	1	3	4	3	44
盂	9	28	56	42	15	6	67	54	8	19	2	306
卮		2	2	19	6	1	34	37		3		104
盅	1	4	1			1				1	1	9
合计	521	1973	1690	1439	659	348	1346	1161	268	478	350	10233

附表 A115　南海郡陶容器发现点分期数量统计表　　单位：点

地点	器名	西汉初期	西汉早期	西汉中期	西汉晚期	新莽至东汉初期	东汉早期	东汉中期	东汉晚期	西汉	东汉	汉代	合计	
广州	瓷罐								1				1	
	唇罐								1				1	
	洗								1				1	
	盅	1											1	
	钵		1					1	4		1		7	
	盘	1	1						3		1		6	
	釉罐								8				8	
	套盒							1	7				8	
	豆		2	1				3	3				9	
	耳杯			1				3	6				10	
	联盂		5	6	1								12	
	提筒		10	1	1		1	1		3			17	
	杯		2	7	1	1	1	5			3		20	
	盉		3	14	1			1	1		1		21	
	瓶				3	1		14	26		2		46	
	匏壶		7	20	14	4	1	7		4			57	2917
	魁			4	13	3	1	21	31			1	74	
	钫	3	59	16						3			81	
	卮		2	2	17	4		25	35				85	
	连罐	2	37	34	18	2	2		6				101	
	簋				19	9	1	30	38	3	3		103	
	硬罐	8	55	4	5	1		11	21				105	
	瓿	8	98	3		1							110	
	尊		5	14	25	4	1	30	68		2		149	
	盆	4	41	19	20	8		28	46				166	
	盂	1	17	54	32	9	2	24	33	5		1	178	
	碗	3	65	19	29	10	4	29	39	3	4	1	206	
	瓮	8	133	59	14		1	1	1	6	1	1	225	
	盒	15	179	12	20	5	3	20	35		2		291	
	壶	12	123	71	44	11	7	49	62	6	7	1	393	
	罐	10	166	68	33	10	7	41	73	7	9	1	425	

续表

地点	器名	西汉初期	西汉早期	西汉中期	西汉晚期	新莽至东汉初期	东汉早期	东汉中期	东汉晚期	西汉	东汉	汉代	合计	
博罗	盘										1		1	37
	釉罐								1				1	
	钫							1					1	
	簋										1		1	
	瓶										1		1	
	提筒										1		1	
	瓮										1		1	
	盒							1			1		2	
	钵							1	1				2	
	盆								1			1	2	
	碗										2		2	
	卮							1			1		2	
	尊										2		2	
	盂							1			2		3	
	豆								1	1	1	1	4	
	壶									1	1	2	4	
	罐							1	1	1	2	2	7	
龙川	尊						1						1	7
	壶										1		1	
	碗										2		2	
	罐						1				2		3	
四会	釉罐										1		1	16
	硬罐										1		1	
	匏壶	1											1	
	耳杯						1						1	
	碟										1		1	
	瓮	1											1	
	盂	1											1	
	壶										1		1	
	盒	2											2	
	钵	1									1		2	
	瓿	2											2	
	碗	2											2	
揭阳	罐	1										1	1	1

续表

地点	器名	西汉初期	西汉早期	西汉中期	西汉晚期	新莽至东汉初期	东汉早期	东汉中期	东汉晚期	西汉	东汉	汉代	合计	
揭西	盒	1											1	8
	杯											1	1	
	碟											1	1	
	碗											1	1	
	罐											1	1	
	硬罐	3											3	
揭东	釉罐				1								1	5
	钵											1	1	
	瓮				1								1	
	壶				1								1	
	罐				1								1	
增城	釉罐											1	1	40
	豆										1		1	
	瓿										1		1	
	簋							1					1	
	连罐										1		1	
	盆											1	1	
	钫										1	1	2	
	魁							1			1		2	
	瓮		1								1		2	
	盂							1	1				2	
	卮							1			1		2	
	钵							1	1			1	3	
	碗							1			2		3	
	罐							3	1	1	3		8	
	壶							3	1	1	4	1	10	

地点	器名	西汉初期	西汉早期	西汉中期	西汉晚期	新莽至东汉初期	东汉早期	东汉中期	东汉晚期	西汉	东汉	汉代	合计
佛山	盒						1	1					2	
	硬罐				1								1	
	耳杯							1					1	
	魁						1						1	
	提筒							1					1	
	盘							2					2	
	杯							2					2	
	簋							1	1				2	
	盆							2					2	
	钵							2	1				3	
	卮						1	2					3	
	瓶						1	1	1		1		4	
	碗				1		2	1	1				5	
	壶						3	4			1		8	
	豆						1	5					6	
	瓮									1			1	
	罐						2	4	2		4		12	83
	尊				1		2	5					8	
	釉罐						1	5	3				9	
	盂							7	2		1		10	
广宁	杯	1											1	
	洗										1		1	
	尊										1		1	
	盒	3											3	
	钵	3											3	
	硬罐	4											4	53
	杯	5											5	
	盂	7											7	
	罐	6									1		7	
	瓿	10											10	
	碗	11											11	

续表

地点	器名	西汉初期	西汉早期	西汉中期	西汉晚期	新莽至东汉初期	东汉早期	东汉中期	东汉晚期	西汉	东汉	汉代	合计	
东莞	釉罐							1					1	20
	杯								1				1	
	提筒								1				1	
	碗								1				1	
	瓮							1					1	
	钵							1	1				2	
	簋								2				2	
	盂							1	1				2	
	尊							1	1				2	
	壶								1		2		3	
	罐								2		2		4	
普宁	尊								1				1	3
	壶								1				1	
	罐								1				1	
新兴	连罐									1			1	4
	瓶										1		1	
	壶										1		1	
	罐										1		1	
深圳	盒			1									1	16
	钵										1		1	
	簋										1		1	
	魁							1					1	
	盆							1					1	
	提筒								1				1	
	碗							1			2		3	
	尊							1					1	
	杯			1				1					2	
	壶							1			1		2	
	罐							2					2	
连平	碗										5		5	10
	罐										5		5	
中山	提筒											1	1	3
	罐											2	2	

地点	器名	西汉初期	西汉早期	西汉中期	西汉晚期	新莽至东汉初期	东汉早期	东汉中期	东汉晚期	西汉	东汉	汉代	合计	
珠海	魁										1		1	13
	提筒										1		1	
	瓮										1		1	
	尊										1		1	
	壶										1		1	
	钵											2	2	
	盂										2		2	
	罐										2	2	4	
澄海	钵		1										1	13
	盆		1										1	
	碗		1										1	
	瓮		1										1	
	壶		1										1	
	魁		1									3	4	
	罐		1									3	4	
潮州	盒											1	1	4
	钵											1	1	
	硬罐											1	1	
	瓿											1	1	
江门	釉罐										1		1	2
	壶										1		1	
惠来	釉罐										1		1	2
	尊										1		1	
和平	瓿	1										1	1	
漳浦	钵											1	1	4
	碗											1	1	
	壶											1	1	
	罐											1	1	
合计		142	1009	414	341	85	49	414	586	55	115	52	3262	

附表 A116 合浦郡陶容器发现点分期数量统计表 单位: 点

地点	器名	西汉初期	西汉早期	西汉中期	西汉晚期	新莽至东汉初期	东汉早期	东汉中期	东汉晚期	西汉	东汉	汉代	合计	
合浦	釉罐				1								1	
	豆							1					1	
	瓿			1									1	
	簋								1				1	
	魁					1							1	
	盘			1					1				2	
	盒				1			1					2	
	镳壶					1		1					2	
	卮							2					2	
	钵						3	3	1				3	
	匏壶				1	1				1			3	
	耳杯					1		1			1		3	
	盆							1	1	1			3	
	碗				1	1		1					3	
	尊				3			2	1				6	
	提筒				2	2		3					7	
	连罐				6			1		1			8	
	盂				2	4		4	4				14	
	瓮			1	13	1		1	2				18	
	硬罐			2	16	3		7	5				33	
	罐			1	16	7		5	4	1			34	195
	壶			1	26	9		5	1	1			43	
徐闻	杯							1					1	
	瓿							1					1	
	盆			1									1	
	碗			1									1	
	瓮							1					1	
	尊							1					1	
	罐										1		1	
	壶							2					2	
	钵							1	2				3	
	硬罐						19	3					22	34

地点	器名	西汉初期	西汉早期	西汉中期	西汉晚期	新莽至东汉初期	东汉早期	东汉中期	东汉晚期	西汉	东汉	汉代	合计	
北海	钵					1							1	8
	硬罐					1							1	
	簋					1							1	
	提筒					1							1	
	盂					1							1	
	尊					1							1	
	壶					1							1	
	罐					1							1	
高州	盘											1	1	22
	壶											1	1	
	钵											4	4	
	罐										1	15	16	
化州	罐											1		1
吴川	瓮										1			1
廉江	罐										1			1
信宜	钵										1		1	6
	壶									1			1	
	罐									1	1	2	4	
容县	罐										1			1
恩平	罐									1				1
遂溪	釉罐											1	1	6
	瓮										1		1	
	尊											1	1	
	罐										1		1	
	壶								1			1	2	
合计				9	88	39	19	49	26	10	10	26	276	

附表 A117　苍梧郡陶容器发现点分期数量统计表

单位：点

地点	器名	西汉初期	西汉早期	西汉中期	西汉晚期	新莽至东汉初期	东汉早期	东汉中期	东汉晚期	西汉	东汉	汉代	合计	
梧州	釉罐								1				1	12
	杯								1				1	
	瓿								1				1	
	钫							1					1	
	簋								1				1	
	鐎壶								1				1	
	魁								1				1	
	洗								1				1	
	壶								1	1			2	
	罐								1	1			2	
封开	盒										1		1	15
	釉罐								1				1	
	钵								1				1	
	豆								1				1	
	提筒										1		1	
	瓮										1		1	
	卮										1		1	
	壶								1		1	2	4	
	罐										1	3	4	
贺县	钵		1										1	54
	硬罐		1										1	
	瓷罐								1				1	
	豆		1										1	
	提筒		1										1	
	碗		1						1				2	
	瓮	2											2	
	盂				2								2	
	瓿		3										3	
	盆		3										3	
	连罐		4										4	
	钫		4		1								5	
	盒		7		1				1				9	
	壶		6		2				1				9	
	罐		6		3				1				10	

续表

地点	器名	西汉初期	西汉早期	西汉中期	西汉晚期	新莽至东汉初期	东汉早期	东汉中期	东汉晚期	西汉	东汉	汉代	合计	
钟山	钵							1					1	56
	盆								1				1	
	尊											1	1	
	杯							2					2	
	簋								1			1	2	
	硬罐							4	1				5	
	连罐							5					5	
	瓮							5					5	
	盂							8					8	
	壶							11					11	
	罐							12	1			2	15	
德庆	盘										1		1	18
	釉罐								1				1	
	匏壶	1											1	
	碟									1			1	
	碗									1			1	
	盂								1				1	
	簋								3				3	
	尊								3				3	
	壶								3				3	
	罐								2		1		3	
肇庆	硬罐										1		1	26
	匏壶			1									1	
	耳杯							1					1	
	簋										1		1	
	魁										1		1	
	套盒					1							1	
	瓶										1		1	
	碗										1		1	
	卮				1								1	
	尊										1		1	
	盒				1						1		2	
	钵				1						1		2	
	盂			1							1		2	
	釉罐				1	1	1						3	
	豆				1	1					1		3	
	壶				1	1					2		4	
荔浦	杯											2	2	10
	簋											2	2	
	罐											2	2	
	壶											3	3	

续表

地点	器名	西汉初期	西汉早期	西汉中期	西汉晚期	新莽至东汉初期	东汉早期	东汉中期	东汉晚期	西汉	东汉	汉代	合计	
平乐	簋								1				1	232
	尊				1								1	
	盂											1	1	
	卮							2					2	
	连罐		1			1		1					3	
	盆				2			1	1				4	
	瓮	4											4	
	碗				3			3					6	
	壶	1		1	4	2		4					12	
	罐	12											12	
	硬罐		1	1	7	1		8					18	
	钵	16			1			1	1				19	
	盒	53	3					1					57	
	杯	82	8	1	1								92	
阳朔	釉罐								1				1	63
	钵								1				1	
	瓷罐								1				1	
	杯								1				1	
	簋				1								1	
	瓶								1				1	
	瓮						1						1	
	卮				1								1	
	尊								1				1	
	盘				1		1				1		3	
	碗						2		2		1		5	
	盂						1		4				5	
	壶				1		4	1	5				11	
	罐						9		18		3		30	
昭平	钵								1				1	46
	盂							1					1	
	卮								1				1	
	尊								1				1	
	豆							4	1				5	
	碗							1	1			4	6	
	壶							2	6				8	
	硬罐								11				11	
	罐							6	6				12	

地点	器名	西汉初期	西汉早期	西汉中期	西汉晚期	新莽至东汉初期	东汉早期	东汉中期	东汉晚期	西汉	东汉	汉代	合计	
藤县	钵				1								1	13
	硬罐				1								1	
	匏壶				1								1	
	连罐				1								1	
	盆				1								1	
	瓮				1								1	
	盂				1								1	
	尊										1		1	
	罐				1								1	
	壶				1			1				2	4	
高要	盆							1					1	9
	簋							1				1	2	
	瓶							1				1	2	
	尊							1				1	2	
	罐							1				1	2	
恭城	硬罐							1					1	2
	瓷罐								1				1	
罗定	盒										1		1	9
	瓿										1		1	
	瓶										1		1	
	瓮										1		1	
	尊										1		1	
	壶										2		2	
	罐							1			1		2	
岑溪	盘								1				1	22
	钵							1	1				2	
	瓮		1					1					2	
	碗							2			1		3	
	硬罐							4	2				6	
	罐		2					1	4		1		8	
郁南	盆										1		1	5
	碗										1		1	
	壶										1		1	
	罐										2		2	
江华	簋											1	1	2
	锺											1	1	

续表

地点	器名	西汉初期	西汉早期	西汉中期	西汉晚期	新莽至东汉初期	东汉早期	东汉中期	东汉晚期	西汉	东汉	汉代	合计	
云浮	釉罐										1		1	
	杯										1		1	
	尊										1		1	6
	壶								1				1	
	罐								1			1	2	
合计		171	54	3	43	14	18	102	112	8	32	42	599	

附表 A118　郁林郡陶容器发现点分期数量统计表　　单位：点

地点	器名	西汉初期	西汉早期	西汉中期	西汉晚期	新莽至东汉初期	东汉早期	东汉中期	东汉晚期	西汉	东汉	汉代	合计	
贵县	盘				1								1	
	匏壶				1								1	
	杯				1								1	
	瓿		1										1	
	钫			1									1	
	盆		1										1	
	洗							1					1	
	瓮		1										1	
	卮							1					1	
	豆			1				1					2	
	碗				1				1				2	
	簋							2	1				3	128
	瓶							1	2				3	
	盒		3					1					4	
	钵		1		1			1	1				4	
	釉罐		1	1	3								5	
	连罐		1		2						1	1	5	
	盂		1		2			1	1				5	
	鐎壶		1		1			4	2				8	
	尊		1		2			4	3				10	
	罐	2	2		5			2	4			1	16	
	硬罐	1	2		5	1		9	3			1	22	
	壶	2	5		12	1		7	2			1	30	
桂平	壶											1	1	
	瓮				1							1	2	5
	罐				1							1	2	

续表

地点	器名	西汉初期	西汉早期	西汉中期	西汉晚期	新莽至东汉初期	东汉早期	东汉中期	东汉晚期	西汉	东汉	汉代	合计	
柳州	硬罐			1								1	1	8
	豆			1								1	1	
	盆							1				1	1	
	罐							2				2	2	
	壶			1				2				3	3	
柳江	罐										1		1	1
武宣	钵										1	1	1	4
	碗			1								1	1	
	壶			1								1	1	
	罐			1								1	1	
象州	杯										1	1	1	8
	簋										1	1	1	
	瓶										1	1	1	
	钵										2	2	2	
	罐										3	3	3	
合计		15	20	39	2		40	20	1		12	5	154	

附表 A119　桂阳郡陶容器发现点分期数量统计表　　　　单位：点

地点	器名	西汉初期	西汉早期	西汉中期	西汉晚期	新莽至东汉初期	东汉早期	东汉中期	东汉晚期	西汉	东汉	汉代	合计	
郴州	瓷罐								1				1	55
	耳杯								1				1	
	豆											1	1	
	钫											1	1	
	盆						1						1	
	洗								1				1	
	尊						1						1	
	鐎壶						1				1		2	
	瓶						1				1		2	
	碗						2						2	
	盘						2					1	3	
	盒		1				2					1	4	
	钵						3				1	1	5	
	杯						3		1			1	5	
	壶	1	1			1	5				1	3	12	
	罐	1	1			1	6		1		2	1	13	

续表

地点	器名	西汉初期	西汉早期	西汉中期	西汉晚期	新莽至东汉初期	东汉早期	东汉中期	东汉晚期	西汉	东汉	汉代	合计	
资兴	钫			1									1	
	连罐			1									1	
	鐎壶							1	1				2	
	碗	1							1				2	
	唇罐			1	1	1							3	
	碟							1	2				3	
	洗			1				2					3	
	耳杯			1				3				1	5	
	提筒							5					5	
	尊			2			2	1					5	
	盆			4		2							6	
	盂		2	2				3					7	1264
	豆			9									9	
	瓮			7		3	1	2					13	
	盘		2	3			3	19	1				28	
	瓶			11		16			1				28	
	瓿						8	28	8				44	
	杯		2	7		2	10	27	15				63	
	钵			62		43	9	41	16				171	
	盒		11	130		70	11	3	1				226	
	壶		18	135		74	14	39	4				284	
	罐		15	154		82	17	55	32				355	
耒阳	唇罐						1						1	
	锺											1	1	
	钫							1	1				2	
	洗							1			1		2	
	釉罐					1	2						3	
	硬罐							3					3	
	碟						4						4	
	瓷罐							5					5	
	魁						3	3					6	
	鐎壶						6				1		7	
	瓶					2	3	1			1		7	
	簋						6	2					8	409
	盒					3	1	1		1	3		9	
	盘							7	3				10	
	盂							7	3		1		11	
	瓮					1		7	7				15	
	尊							9	4		1	1	15	
	碗							8	9				17	
	瓿							15	5				20	
	杯				1			15	9				25	
	钵							32	12		3		47	
	壶					3	1	35	13	1	4		57	
	罐					3	1	86	40	1	3		134	

续表

地点	器名	西汉初期	西汉早期	西汉中期	西汉晚期	新莽至东汉初期	东汉早期	东汉中期	东汉晚期	西汉	东汉	汉代	合计	
韶关	钵			1									1	37
	豆							1					1	
	鐎壶							1					1	
	连罐			1									1	
	卮							1					1	
	盒				1			1					2	
	匏壶			1				1					2	
	尊							2					2	
	瓮			1	2								3	
	盂							3					3	
	罐			1	2								3	
	硬罐				2			6					8	
	壶			1				7			1		9	
曲江	硬罐			1									1	6
	豆			1									1	
	壶			1									1	
	罐			2				1					3	
英德	盅						1						1	
蓝山	钵										1		1	2
	罐										1		1	
嘉禾	罐								1				1	
仁化	罐										1		1	
桂阳	罐										1		1	
三江	钵							1					1	4
	豆							1					1	
	壶							1					1	
	罐							1					1	
始兴	耳杯						1						1	64
	豆										1		1	
	硬罐	1			1								2	
	杯	2											2	
	瓿	2											2	
	盆			2									2	
	碗			1				1					2	
	钵	1			1				1				3	
	瓷罐							4					4	
	盒	5											5	
	连罐			5									5	
	瓮	8			1			1					10	
	壶			6	1			2	1				10	
	罐	5		5				3	1			1	15	

续表

地点	器名	西汉初期	西汉早期	西汉中期	西汉晚期	新莽至东汉初期	东汉早期	东汉中期	东汉晚期	西汉	东汉	汉代	合计	
阳山	罐									1	1		2	
翁源	罐										1		1	
永兴	盘										1		1	9
	盒										1		1	
	壶										1		1	
	钵										2		2	
	罐										4		4	
新田	壶										1		1	2
	罐										1		1	
宜章	硬罐											1	1	
合计		26	54	556	18	308	107	516	209	4	42	20	1860	

附表 A120　零陵郡陶容器发现点分期数量统计表　　　　单位：点

地点	器名	西汉初期	西汉早期	西汉中期	西汉晚期	新莽至东汉初期	东汉早期	东汉中期	东汉晚期	西汉	东汉	汉代	合计	
零陵	盒			1									1	32
	釉罐										1		1	
	鐎壶			1									1	
	钵						2						2	
	钫			1	1								2	
	盆			1							1		2	
	碗						2						2	
	瓮				1		1						2	
	盂						2						2	
	硬罐			1	1		2						4	
	壶			2	1		1						4	
	罐					1	6				1	1	9	
永州	盒										1		1	19
	硬罐									1			1	
	碗										1		1	
	洗										1		1	
	瓮									1			1	
	罐										2		2	
	钫		1							1	1		3	
	杯										4		4	
	壶									2	2	1	5	
道县	罐										14		14	

地点	器名	西汉初期	西汉早期	西汉中期	西汉晚期	新莽至东汉初期	东汉早期	东汉中期	东汉晚期	西汉	东汉	汉代	合计	
兴安	钵										1		1	72
	硬罐						1						1	
	瓷罐										1		1	
	杯		1										1	
	魁					1							1	
	卮					1							1	
	豆				1			1					2	
	盆				1			1			1		3	
	碗							3			1		4	
	壶		4		4	4		4			1		17	
	瓮		3		6	3		7			1		20	
	罐		2		5	4		9			1		21	
灵川	钵	1											1	17
	壶	1											1	
	杯	3											3	
	盒	6											6	
	硬罐	6											6	
桂林	钵										1		1	8
	钵						1						1	
	硬罐						1						1	
	盂						1						1	
	壶										2		2	
	罐						1				1		2	
全州	瓷罐										1		1	5
	瓶										1		1	
	罐										1		1	
	壶										1	1	2	
灌阳	杯	1											1	4
	瓿	1											1	
	壶	1											1	
	罐	1											1	
宁远	盒										1		1	3
	钫										1		1	
	鐎壶										1		1	
东安	碗										1		1	6
	罐										5		5	
合计		21	11	7	21	14	17	25	4	5	38	18	181	

附表 A121　武陵郡陶容器发现点分期数量统计表　　　　　　单位：点

地点	器名	西汉初期	西汉早期	西汉中期	西汉晚期	新莽至东汉初期	东汉早期	东汉中期	东汉晚期	西汉	东汉	汉代	合计	
溆浦	盒		4	15	10	1				1		1	32	272
	唇罐			1									1	
	敦											1	1	
	尊			1									1	
	盘	4											4	
	盆			1	4								5	
	锺			2	7								9	
	钵		1	9	1				1				12	
	罐		5	5	1	1						1	13	
	豆			14						1		1	16	
	鐎壶			9	8								17	
	硬罐			32	8	1				2			43	
	钫		4	38	12					1		1	56	
	壶	1	6	36	14	1				3		1	62	
常德	釉罐							1					1	108
	瓷罐										1		1	
	杯							1					1	
	碟										1		1	
	尊										1		1	
	盉				1								1	
	匜							1	1				2	
	瓮										2		2	
	钵		1						1			1	3	
	豆								1		2		3	
	碗								3				3	
	盆		1						2		1		4	
	盂		1							1	2		4	
	耳杯							1	4				5	
	敦								4			1	5	
	盒		3	1					1			2	7	
	硬罐		1	2		2	1				1		7	
	鐎壶		1					1	2		3		7	
	盘							1	4		3	1	9	
	钫		1	2					5			2	10	
	罐							2	5	2	2	2	13	
	壶		3	2				3	3	4	1	2	18	

续表

地点	器名	西汉初期	西汉早期	西汉中期	西汉晚期	新莽至东汉初期	东汉早期	东汉中期	东汉晚期	西汉	东汉	汉代	合计	合计
保靖	唇罐										1		1	824
	敦											1	1	
	簋			1									1	
	洗				1								1	
	盂				1								1	
	耳杯						1				1		2	
	碗		1	1									2	
	豆				2				1			1	4	
	盉			1	1		2						4	
	盘	3		2									5	
	罐		3	12	10	3	1		1		1		31	
	盆		1	7	19	6							33	
	钵		2	5	18	11	1		3				40	
	鐎壶		2	20	23	9	1		1				56	
	盒		14	25	49	13							101	
	钫		22	40	80	22	1						165	
	硬罐		1	30	109	26	1						167	
	壶		26	43	111	26	1		1			1	209	
靖州	硬罐			1									1	9
	碟			1									1	
	罐			1									1	
	盒			3									3	
	壶			3									3	
龙山	豆				1								1	125
	瓿						1						1	
	碗				1								1	
	碟				1		1						2	
	盘	4											4	
	鐎壶				2		2						4	
	盆				1	2	1						4	
	盒				5	1							6	
	钫				8	2	1						11	
	罐				4	5	6						15	
	壶				12	7	10						29	
	硬罐				9	10	28						47	

地点	器名	西汉初期	西汉早期	西汉中期	西汉晚期	新莽至东汉初期	东汉早期	东汉中期	东汉晚期	西汉	东汉	汉代	合计	
桑植	盘									1			1	
	盒									1			1	
	瓿											1	1	
	提筒											2	2	
	瓮											2	2	18
	罐									1		2	3	
	豆									1		2	3	
	壶									1		4	5	
沅陵	钵											1	1	
	钫									1			1	
	镰壶									1			1	
	盂		1										1	
	锺		1										1	
	盒		1							1			2	19
	豆		1									1	2	
	盆		1							2			3	
	壶		1							2			3	
	罐		1							2		1	4	
古丈	敦	1											1	
	碗						1						1	
	硬罐			1	1								2	
	盉			2									2	
	盘			1			2						3	
	钵				1		2						3	
	碟				1		2						3	58
	豆	1		2	1								4	
	盒	1		3	1								5	
	钫	2			4		2						8	
	罐	1		4	4		3						12	
	壶			5	6		3						14	

续表

地点	器名	西汉初期	西汉早期	西汉中期	西汉晚期	新莽至东汉初期	东汉早期	东汉中期	东汉晚期	西汉	东汉	汉代	合计	
大庸	盂								1				1	179
	釉罐							1	1				2	
	盘							3					3	
	唇罐							2	1				3	
	豆	3	2	2									7	
	钵	1	2	3			1	1					8	
	盆		9	4		1		1					15	
	硬罐		7	5			1	3					16	
	钫		11	6									17	
	鐎壶		8	5			1	4					18	
	盒	3	16	4							1		24	
	罐		10	10		1	1	5	2			1	30	
	壶	3	19	9	1			1	1		1		35	
怀化	盘			1									1	32
	钵			1									1	
	豆			1									1	
	盆			1									1	
	罐			2									2	
	盒			3									3	
	钫			3									3	
	壶			4									4	
	盂		2	6	5		1	1	1				16	
桃源	杯				1								1	99
	盂							1					1	
	豆		1					1					2	
	锺				3								3	
	硬罐				3						1		4	
	钵				6								6	
	鐎壶				6								6	
	盆		2		6			1					9	
	钫		6		7			1					14	
	盒		4	3	9								16	
	罐		1	2	12			1					16	
	壶		6	4	11								21	

续表

地点	器名	西汉初期	西汉早期	西汉中期	西汉晚期	新莽至东汉初期	东汉早期	东汉中期	东汉晚期	西汉	东汉	汉代	合计	
泸溪	敦											1	1	38
	盉						1						1	
	钵			2	1								3	
	罐		2	2									4	
	盒		1	4	1							1	7	
	硬罐		1	3	2							1	7	
	钫		1	3	2							1	7	
	壶		1	4	2							1	8	
永顺	硬罐			1									1	20
	盆			1									1	
	盒		1	1									2	
	钵			1			1						2	
	豆			2									2	
	钫			2									2	
	壶		1	2							1	1	5	
	罐			2			1				1	1	5	
津市	瓷罐							1					1	49
	豆	1											1	
	盆										1		1	
	洗										1		1	
	瓮										1		1	
	锺										1		1	
	釉罐							1					2	
	钵		2										2	
	钫		1						1				2	
	碗						1				1		2	
	盂				1		1						2	
	盘				1		1				2		4	
	罐	1	1			1	1				1		5	
	盒	2	6								1	1	10	
	壶	2	6			1	1	1	2		1		14	
安乡	罐									4			4	
石门	瓮										1		1	5
	钵										2		2	
	盂										2		2	

续表

地点	器名	西汉初期	西汉早期	西汉中期	西汉晚期	新莽至东汉初期	东汉早期	东汉中期	东汉晚期	西汉	东汉	汉代	合计	
洪江	盒							1					1	5
	钫		1										1	
	鐎壶		1										1	
	盅										1		1	
	壶		1										1	
绥宁	碟											3	3	9
	碗											3	3	
	罐											3	3	
慈利	豆										1		1	2
	罐										1		1	
芷江	盒							3					3	12
	钫							3					3	
	壶							3					3	
	罐							3					3	
澧县	盒										1		1	4
	壶										1		1	
	罐										1		1	
	瓷罐							1					1	
麻阳	盘										1		1	3
	碗										1		1	
	罐										1		1	
合计		34	235	499	632	155	81	43	41	71	44	59	1894	

附表 A122 长沙国陶容器发现点分期数量统计表

单位：点

地点	器名	西汉初期	西汉早期	西汉中期	西汉晚期	新莽至东汉初期	东汉早期	东汉中期	东汉晚期	西汉	东汉	汉代	合计	
长沙	联盂									1			1	902
	连罐		1										1	
	瓶		1										1	
	洗									1			1	
	尊							1					1	
	唇罐		1						1				2	
	提筒		1					1					2	
	匜	2											2	
	盂			2									2	
	釉罐							1	2				3	
	杯	1	1					1	1				4	
	碟		1	1			1				1		4	
	瓷罐							2			2	1	5	
	瓿		2	2						2	1		7	
	瓮		1		1			1		3	1	1	8	
	敦	5	2	2	1					1		1	12	
	锺		5	4	1					1		1	12	
	盅		3		1			5			4		13	
	盘	2	5	2		1		3	1	2			16	
	盆				11			3	1			1	16	
	钵	1	4	2		1		2	3		7	4	24	
	豆	4	12	4				2			1	2	25	
	碗		5	1	10		1	4	2		3	1	27	
	镶壶	2	15	5				3	2	4		1	32	
	硬罐		6	5	33	1	1	7	1		2	1	57	
	钫	2	30	8	13					5	1	2	61	
	罐	2	92	17	10	2		13	5	11	8	4	164	
	盒	11	113	19	13					8	2	2	168	
	壶	13	121	28	37	1		12	3	11	3	2	231	

地点	器名	西汉初期	西汉早期	西汉中期	西汉晚期	新莽至东汉初期	东汉早期	东汉中期	东汉晚期	西汉	东汉	汉代	合计	
衡阳	豆									1			1	173
	碟					1							1	
	匜									1			1	
	盂					1							1	
	锺				1								1	
	杯							2					2	
	盆						1	1	1				3	
	瓮		3										3	
	盘		1		1					1	1		4	
	唇罐		3				1						4	
	瓶				1						3		4	
	碗		2				1	1					4	
	钵						2	3		1	4		10	
	鐎壶		2		1		1	1		3	2		10	
	硬罐		8		5			4					17	
	钫		4	1	5	2				3	2		17	
	盒		7	1	9					3	1		21	
	壶		6	1	8	2	5	3	3	3	2		33	
	罐		1	1	1	2	8	6	8	3	6		36	
益阳	瓷罐									1			1	60
	豆											1	1	
	瓿		1										1	
	碟									1			1	
	洗										1		1	
	匜				1								1	
	瓮									1			1	
	钫		1							1			2	
	鐎壶				3								3	
	碗								2				2	
	钵								2	1			3	
	唇罐				3								3	
	盆				2					1			3	
	锺				3								3	
	盘	3								1			4	
	盒				3					1		1	5	
	硬罐				3	1			3				7	
	壶		1		5					1		1	8	
	罐		1		3	1			2	1	1	1	10	

续表

地点	器名	西汉初期	西汉早期	西汉中期	西汉晚期	新莽至东汉初期	东汉早期	东汉中期	东汉晚期	西汉	东汉	汉代	合计	
汨罗	钵	1											1	111
	镳壶				1								1	
	盆				1								1	
	瓶	1											1	
	硬罐	3											3	
	豆	4											4	
	锺	.	2		2								4	
	钫	5	6		2								13	
	罐	12	9		1							1	23	
	壶	18	6		1								25	
	盒	21	10		4								35	
邵阳	硬罐						1						1	6
	杯						1						1	
	壶						1						1	
	罐						1				2		3	
娄底	钵										1		1	4
	碟										1		1	
	瓮										1		1	
	罐										1		1	
桃江	盆											1	1	6
	瓮											1	1	
	罐											1	1	
	唇罐						3						3	
临湘	罐										1		1	7
	盒										2		2	
	碟										2		2	
	盂										2		2	
莲花	钫			1									1	10
	盅			1									1	
	壶											1	1	
	罐			1								1	2	
	唇罐					3	2						5	
邵东	瓮				1								1	3
	壶				1								1	
	罐				1								1	

续表

地点	器名	西汉初期	西汉早期	西汉中期	西汉晚期	新莽至东汉初期	东汉早期	东汉中期	东汉晚期	西汉	东汉	汉代	合计	
湘乡	盘									1			1	68
	唇罐									1			1	
	瓿							1					1	
	鐎壶				1								1	
	硬罐							1		1			2	
	碟				1					1			2	
	盆				1			1					2	
	碗							1		1			2	
	尊				2								2	
	钵				1			1	1				3	
	瓮				1			1		1			3	
	盂			1	2				1				4	
	钫				4				1				5	
	锺				3	1			1				5	
	罐				5	2			1		1		9	
	盒			8	1				1				10	
	壶			8	5				2				15	
湘潭	硬罐											1	1	38
	碗										1		1	
	唇罐											2	2	
	杯										2		2	
	壶							1			1		2	
	罐									21	9		30	
衡南	硬罐							1					1	5
	盂							1					1	
	鐎壶				2			1					3	
茶陵	盘	1											1	36
	盒				1								1	
	唇罐							1					1	
	卮				1								1	
	盆				1	1							2	
	碗				1			1					2	
	尊				1	1							2	
	罐					1		1	1				3	
	钵				1	2		1					4	
	釉罐				4	1							5	
	硬罐				3	2							5	
	壶				4	4			1				9	

续表

地点	器名	西汉初期	西汉早期	西汉中期	西汉晚期	新莽至东汉初期	东汉早期	东汉中期	东汉晚期	西汉	东汉	汉代	合计	
醴陵	鐎壶						1						1	3
	罐						1	1					2	
隆回	罐										1		1	
华容	硬罐							1					1	
新化	罐										1		1	
双峰	杯										1		1	8
	硬罐							1	1				2	
	瓶										2		2	
	罐										3		3	
攸县	盒											1	1	6
	钫											1	1	
	碗											1	1	
	盂											1	1	
	壶											1	1	
	罐											1	1	
合计		114	496	126	244	38	35	91	57	89	105	54	1449	

附表 A123　豫章郡陶容器发现点分期数量统计表　　　　单位：点

地点	器名	西汉初期	西汉早期	西汉中期	西汉晚期	新莽至东汉初期	东汉早期	东汉中期	东汉晚期	西汉	东汉	汉代	合计	
南昌	钵						1						1	
	投壶			1									1	
	碗											1	1	
	尊										1		1	
	釉罐						1				1		2	
	瓷			1							1		2	
	唇罐			2	1								3	
	盆						1	1			1		3	
	盘						1	2			1		4	147
	豆			2							2		4	
	洗			1				1			2		4	
	盒			8									8	
	罐			6	1	1	3				2	3	16	
	硬罐			9	1		2	2	3				17	
	壶			8	2	2	2	1	2	1	2	1	21	
	耳杯			1	6			6	41		5		59	

地点	器名	西汉初期	西汉早期	西汉中期	西汉晚期	新莽至东汉初期	东汉早期	东汉中期	东汉晚期	西汉	东汉	汉代	合计	
南康	盘								1				1	17
	钵								1				1	
	杯											1	1	
	碗											1	1	
	钵								1		1		2	
	硬罐	1							2				3	
	罐										2	1	3	
	壶	1						2	1		1		5	
宜春	耳杯							1					1	42
	提筒							1					1	
	瓮							1					1	
	盘						1	1					2	
	盆							1			1		2	
	钵							1			2		3	
	瓷罐										3		3	
	壶							1	3				4	
	罐						1			1	2		4	
	盂		1	3	1								5	
	硬罐							2	2		2	2	8	
	唇罐						1	2	2		2	1	8	
高安	盒			1									1	2
	硬罐			1									1	
德安	釉罐							1					1	10
	耳杯						1						1	
	罐							1					1	
	盘							2					2	
	壶							2					2	
	硬罐							3					3	
赣县	盘						1						1	8
	碗								1				1	
	壶						1	1					2	
	唇罐							1					1	
	罐						1	1		1			3	

续表

地点	器名	西汉初期	西汉早期	西汉中期	西汉晚期	新莽至东汉初期	东汉早期	东汉中期	东汉晚期	西汉	东汉	汉代	合计	
清江	盘								2	1			3	27
	盒									1			1	
	釉罐								1				1	
	瓷罐								1				1	
	豆									1			1	
	瓿								1				1	
	盆								1				1	
	碗								1				1	
	盂									1			1	
	罐								1	2	1		4	
	钵								2	1	1		4	
	耳杯						2					2	4	
	壶								2	1	1		4	
九江	盘										1		1	15
	釉罐										1		1	
	钵								1				1	
	瓮										1		1	
	瓷罐								2				2	
	耳杯								1		1		2	
	碟								2				2	
	罐										1	1	2	
	壶								2			1	3	
泰和	盘							1					1	3
	耳杯						1						1	
	罐							1					1	
湖口	钵							1					1	3
	壶							1					1	
	罐							1					1	
于都	罐										1		1	
都昌	碗											1	1	6
	罐											1	1	
	钵											2	2	
	壶											2	2	

续表

地点	器名	西汉初期	西汉早期	西汉中期	西汉晚期	新莽至东汉初期	东汉早期	东汉中期	东汉晚期	西汉	东汉	汉代	合计	
修水	瓮											3	3	
	瓷罐											1	1	
	耳杯							1					1	
	簋								1				1	
	瓶						1						1	
	盘										1		1	
	瓮											1	1	37
	盅										1		1	
	盒			1						1			2	
	钵			1			1			1			3	
	杯			1						1		1	3	
	壶			2			1			1	4	1	9	
	罐			1			2			1	5	1	10	
万载	盘						1						1	
	钵						1						1	
	唇罐											1	1	9
	罐						1						1	
	耳杯						5						5	
安福	硬罐							1					1	
	罐							1					1	6
	唇罐				1			2			1		4	
抚州	耳杯											1	1	
大余	壶											1	1	2
	罐							1					1	
南雄	钵										1		1	
	杯										1		1	
	碗										1		1	
	盂										1		1	8
	尊										1		1	
	壶										1		1	
	罐							1			1		2	
宁冈	杯											1	1	
	罐										1	1	2	4
	盘											1	1	

续表

地点	器名	西汉初期	西汉早期	西汉中期	西汉晚期	新莽至东汉初期	东汉早期	东汉中期	东汉晚期	西汉	东汉	汉代	合计	
萍乡	釉罐							1					1	9
	钵							1					1	
	唇罐							1					1	
	杯							1					1	
	盂								1				1	
	壶								1				1	
	罐							1	1			1	3	
遂川	硬罐	1											1	
新余	盒			1									1	5
	壶			1									1	
	罐			1									1	
	唇罐			1								1	2	
永新	釉罐							1					1	7
	唇罐			1									1	
	杯										1		1	
	瓮									1			1	
	壶										1		1	
	罐									1	1		2	
东乡	壶									1			1	
分宜	罐									1			1	
铜鼓	壶									1			1	
星子	钵									1			1	
兴国	盘							1					1	
宜丰	罐									1			1	
余江	罐										1		1	
玉山	罐										1		1	
峡江	壶										1		1	
金溪	罐										1		1	
靖安	罐									1			1	
乐安	罐									1		1	2	
乐平	瓮							1					1	4
	罐							1					1	
	瓶						1	1					2	
彭泽	唇罐							1					1	2
	罐							1					1	
鄱阳	碗										1		1	2
	盂										1		1	
奉新	瓷罐										1		1	2
	罐										1		1	

续表

地点	器名	西汉初期	西汉早期	西汉中期	西汉晚期	新莽至东汉初期	东汉早期	东汉中期	东汉晚期	西汉	东汉	汉代	合计	
全南	钵										1		1	2
	罐										1		1	
合计		3	1	53	13	4	22	63	97	22	77	40	395	

附表 A124　闽越国陶容器发现点分期数量统计表　　　　单位：点

地点	器名	西汉初期	西汉早期	西汉中期	西汉晚期	新莽至东汉初期	东汉早期	东汉中期	东汉晚期	西汉	东汉	汉代	合计	
福州	盘		1										1	13
	盒		1										1	
	钵	1											1	
	瓠壶			1									1	
	耳杯							1					1	
	豆		1										1	
	提筒		1										1	
	盅		1										1	
	尊											1	1	
	钵		1						1				2	
	罐		1						1				2	
武夷山	硬罐		1										1	51
	豆		1										1	
	盂		1										1	
	盘		2										2	
	盆		2										2	
	盅		2										2	
	瓮		6										6	
	钵		8										8	
	瓠壶		8										8	
	瓿		9										9	
	罐		11										11	

续表

地点	器名	西汉初期	西汉早期	西汉中期	西汉晚期	新莽至东汉初期	东汉早期	东汉中期	东汉晚期	西汉	东汉	汉代	合计	
闽侯	钵								1				1	
	盆		1										1	
	瓮		1						1				2	
	罐		1						1				2	
	匏壶	1	1						1				3	35
	豆	2	2										4	
	盒	2	3										5	
	瓿	2	4						2				8	
	壶	2	6						1				9	
建阳	盘		1										1	
	盒		1										1	
	钵		1										1	
	硬罐		1										1	
	匏壶											1	1	
	豆		1										1	12
	盆		1										1	
	瓮		1										1	
	盂		1										1	
	盅		1										1	
	罐		1									1	2	
武平	盘											2	2	2
龙岩	瓷罐											1	1	
	豆										1	1	1	3
	罐											1	1	
武平	盘											1	1	
	瓿											1	1	
	钵											2	2	10
	瓮											2	2	
	罐											4	4	
邵武	瓿											1	1	
	钵		1									1	2	
	匏壶		2									1	3	9
	罐		2									1	3	
浦城	钵		1										1	
	匏壶		1									1	2	5
	罐		2										2	
建瓯	钵							1					1	
	匏壶											1	1	3
	罐											1	1	

续表

地点	器名	西汉初期	西汉早期	西汉中期	西汉晚期	新莽至东汉初期	东汉早期	东汉中期	东汉晚期	西汉	东汉	汉代	合计	
南平	盘										1		1	2
	壶										1		1	
平和	壶								1				1	
南靖	碗								1				1	
连城	壶								1				1	
长泰	盂		1										1	
厦门	连罐							1					1	
永春	盂							1					1	
芗城	硬罐								1				1	
霞浦	釉罐										1		1	3
	豆										1		1	
	钫										1		1	
光泽	盘							1					1	2
	釉罐							1					1	
合计		10	97	1				3	9	3	3	31	157	

附表 A125　石器墓时空分布统计表　　　　　　单位：座

郡国	地点	西汉初期	西汉早期	西汉中期	西汉晚期	新莽至东汉初期	东汉早期	东汉中期	东汉晚期	西汉	东汉	合计	
南海郡	广州	1	27	11	3	3		4	7			56	63
	广宁	7										7	
合浦郡	合浦				10			1	1			12	14
	徐闻						1	1				2	
苍梧郡	梧州							1				1	62
	钟山							1				1	
	贺县				1							1	
	肇庆				1							1	
	平乐	39	1	1	6			5				52	
	岑溪							2				2	
	阳朔				1							1	
	昭平								3			3	
郁林郡	贵县		1	4				1			1	7	
桂阳郡	郴州							1				1	27
	耒阳					2		5	4			11	
	资兴			3		3	1	2	6			15	
零陵郡	零陵							2				2	3
	兴安		1									1	

续表

郡国	地点	西汉初期	西汉早期	西汉中期	西汉晚期	新莽至东汉初期	东汉早期	东汉中期	东汉晚期	西汉	东汉	合计	
武陵郡	淑浦		5	25	10	2				2		44	
	常德		2				1	2	1		1	7	
	保靖		28	49	114	25	1	2				219	
	沅陵		1									1	
	桃源			3	7							10	
	大庸		20	10		1		1				32	380
	泸溪		1	5	2							8	
	靖州			5								5	
	龙山				8	7	21					36	
	怀化			2								2	
	永顺		1	1								2	
	古丈	5		2	5		2					14	
长沙国	长沙	1	23	6	13	2		3		2	1	51	
	衡阳		3		1		1	1				6	
	汨罗	6	1		1							8	
	湘乡			1	6							7	80
	益阳				4			1				5	
	邵阳						1					1	
	茶陵				1	1						2	
豫章郡	南昌			1			2	1	2			6	
	湖口							1				1	
	安福								1			1	10
	德安							1				1	
	九江								1			1	
闽越国	闽侯		1									1	
合计		59	115	126	197	46	34	32	31	4	3	647	

附表 A126　石容器发现点分期数量统计表① 　　　　单位：点

器名	西汉初期	西汉早期	西汉中期	西汉晚期	新莽至东汉初期	东汉早期	东汉中期	东汉晚期	西汉	东汉	汉代	合计
杯		4	2	5	1	1			2			15
钵			2	2								4
碟			2									2
斗			1							1	2	4

---

　　① 表中数字为出土石容器的墓葬、遗址、窖藏、出土点、收藏点的点数合计。不管其中出土多少件石容器，1座墓葬、1个遗址、1个窖藏等等均视为1点。从石容器的发现情况看，墓葬的发现占绝对多数，窖藏次之，而遗址、出土点、收藏点的数量明显甚少。
　　表中器类名称，以发掘报告为准，但如一物二名，则取较常用之名；如更有图像可见，则参考图像加以裁定。但如原始资料未提供图像等资料，则以原报告名称为准，不臆断。

续表

器名	西汉初期	西汉早期	西汉中期	西汉晚期	新莽至东汉初期	东汉早期	东汉中期	东汉晚期	西汉	东汉	汉代	合计
敦		1										1
方盒		1	1	4			1		1	1		9
铫		1	6	5	1				1		2	16
缸				1								1
罐			1	2					1			4
卮		2									2	4
魁					1		1					2
壶			5	4	1	1			1			12
盘		2	6	7	1	1	7					24
盆		1		1							2	4
鐎壶			1		1							2
套盒			2									2
碗		1										1
圆盒			4								1	5
尊		1		2								3
提筒				1								1
合计		14	33	34	6	3	9		7	1	9	116

附表 A127　石容器发现点分郡国数量统计表　　　　单位：点

郡国	地点	器名	西汉初期	西汉早期	西汉中期	西汉晚期	新莽至东汉初期	东汉早期	东汉中期	东汉晚期	西汉	东汉	汉代	合计	合计
南海郡	广州	铫			1									1	4
		盆		1										1	
		壶			2									2	
合浦郡	合浦	方盒				1								1	20
		缸				1								1	
		罐				1								1	
		尊				1								1	
		提筒				1								1	17
		铫				2								2	
		壶				2								2	
		杯				4								4	
		盘				3			1					4	
	信宜	斗									1			1	
	高州	斗											2	2	

续表

郡国	地点	器名	西汉初期	西汉早期	西汉中期	西汉晚期	新莽至东汉初期	东汉早期	东汉中期	东汉晚期	西汉	东汉	汉代	合计		
苍梧郡	贺县	盘				1							1	1	2	16
		尊				1							1	1		
	肇庆	罐				1							1		1	
	荔浦	盆											2		2	
	平乐	方盒				2			1				3	3	7	
		盘				1			3				4	4		
	岑溪	盘							2						2	
	藤县	杯				1							1	1	2	
		钫				1							1	1		
郁林郡	贵县	方盒				1				1		1			3	3
武陵郡	溆浦	杯					1							1		17
		碟			1									1		
		圆盒			1									1		
		钵			1	1								2		
		鐎壶			1		1							2		
		钫			2	1								3		
		壶			2	1								3		
		魁				1								1		
		盘			1	1	1							3		
	常德	壶			1									1		6
		圆盒			1									1		
		钫			1							1		2		
		盘			1			1						2		
	保靖	杯		1										1		7
		钫			1	2								3		
		盘			2	1								3		
	洪江	钫										1		1		50
		卮										1		1	3	
		圆盒										1		1		
	怀化	钵			1									1		
		碟			1									1	4	
		盘			1									1		
		圆盒			1									1		
	沅陵	钫									1			1		
		罐									1			1	3	
		壶									1			1		
	大庸	壶						1						1		
		卮		2										2	7	
		魁							1					1		
		杯		2				1						3		
	泸溪	钵				1								1	2	
		卮										1		1		
	靖州	斗			1									1		

续表

郡国	地点	器名	西汉初期	西汉早期	西汉中期	西汉晚期	新莽至东汉初期	东汉早期	东汉中期	东汉晚期	西汉	东汉	汉代	合计		
长沙国	长沙	敦		1										1	15	17
		方盒		1										1		
		钫		1										1		
		盆				1								1		
		套盒			1									1		
		碗		1										1		
		尊		1										1		
		壶				2								2		
		杯		1	1					1				3		
		盘		2	1									3		
	衡阳	杯								1					1	
	邵阳	盘				1									1	
豫章郡	南昌	杯		1										1	6	
		方盒		1										1		
		钫		1										1		
		罐		1										1		
		套盒		1										1		
		圆盒		1										1		
合计			14	33	34	6	3	9		7	1	9		116		

附表 A128　石生产工具发现点分期数量统计表①

单位:点

器名	西汉初期	西汉早期	西汉中期	西汉晚期	新莽至东汉初期	东汉早期	东汉中期	东汉晚期	西汉	东汉	汉代	合计
砺石	67	8	3	2	1	2	2	5	2	3	1	96
纺轮	1						1					2
石网坠								1				1
石凿	1											1
合计	69	8	3	2	1	2	3	6	2	3	1	100

---

① 表中数字为出土石生产工具的墓葬、遗址、窖藏、出土点、收藏点的点数合计。不管其中出土多少件石生产工具,1座墓葬、1个遗址、1个窖藏等等均视为1点。从石生产工具的发现情况看,墓葬的发现占绝对多数,窖藏次之,而遗址、出土点、收藏点的数量明显甚少。

表中器类名称,以发掘报告为准,但如一物二名,则取较常用之名;如更有图像可见,则参考图像加以裁定。但如原始资料未提供图像等资料,则以原报告名称为准,不臆断。

附表 A129 石生产工具发现点分郡国数量统计表

单位：点

郡国	地点	器名	西汉初期	西汉早期	西汉中期	西汉晚期	新莽至东汉初期	东汉早期	东汉中期	东汉晚期	西汉	东汉	汉代	合计	地点合计	郡国合计
南海郡	广州	砾石	1	3	2					1				7		25
	四会	砾石	1											1		
	揭阳	砾石	2											2		
	广宁	砾石	15											15		
合浦郡	合浦	砾石			1				1					2		
苍梧郡	封开	砾石	3											3		46
	德庆	砾石	1											1		
	平乐	砾石	40	1					1					42		
郁林郡	贵县	砾石		1						1	1	2	1	6		
桂阳郡	始兴	砾石	4											4	5	8
	始兴	石凿	1											1		
	末阳	砾石								2				2	3	
	末阳	网坠								1				1		
武陵郡	常德	砾石					1	1				1		3		5
	保靖	砾石									1			1		
	龙山	砾石						1						1		
长沙国	长沙	砾石				1								1	2	4
	长沙	纺轮							1					1		
	汨罗	纺轮	1											1		
	茶陵	砾石				1								1		
豫章郡	清江	砾石								1				1		1
闽越国	武夷	砾石		1										1		3
	福州	砾石		1										1		
	建阳	砾石		1										1		
合计			69	8	3	2	1	2	3	6	2	3	1	100		

附表 A130 石炊煮器发现点分期数量统计表①

单位：点

器名	西汉初期	西汉早期	西汉中期	西汉晚期	新莽至东汉初期	东汉早期	东汉中期	东汉晚期	西汉	东汉	汉代	合计
鼎		5	13	10	1		2		4	2	2	39
勺		1	3	1	1		1		2		2	11
甒		1										1
甑			1									1
釜			1	3		1	1			1		7
釜甑				1								1
合计		7	18	15	2	1	4		6	3	4	60

---

① 表中数字为出土石炊煮器的墓葬、遗址、窖藏、出土点、收藏点的点数合计。不管其中出土多少件石炊煮器，1 座墓葬、1 个遗址、1 个窖藏等等均视为 1 点。从石炊煮器的发现情况看，墓葬的发现占绝对多数，窖藏次之，而遗址、出土点、收藏点的数量明显甚少。

表中器类名称，以发掘报告为准，但如一物二名，则取较常用之名；如更有图像可见，则参考图像加以裁定。但如原始资料未提供图像等资料，则以原报告名称为准，不臆断。

附表 A131　石炊煮器发现点分郡国数量统计表

单位：点

郡国	地点	器名	西汉初期	西汉早期	西汉中期	西汉晚期	新莽至东汉初期	东汉早期	东汉中期	东汉晚期	西汉	东汉	汉代	合计	合计
南海郡	广州	鼎		4	7									11	12
		甑		1										1	
合浦郡	合浦	鼎				4					4			8	10
		釜甑				1					1				
		勺				1					1				
		釜				2					2				
	信宜	勺							1			1		2	
苍梧郡	梧州	鼎									1			1	10
	贺县	鼎				1					1			2	
		釜				1					1				
	高要	釜						1		1				2	
	平乐	鼎						2						2	
	藤县	鼎				1							2	3	
郁林郡	贵县	鼎		1	1						1			3	3
武陵郡	溆浦	鼎					1				1			3	15
		勺			1	1					2				
	常德	鼎							1		1			2	
		勺						1			1				
	洪江	勺										1		1	
	沅陵	鼎							1		1			2	
		勺							1		1				
	大庸	勺		1							1			2	
		釜						1			1				
	靖州	鼎			1						1			4	
		勺			2						2				
		釜			1						1				
	桃源	鼎			1									1	
长沙国	长沙	鼎		1	1	2								4	6
	湘乡	鼎				1			1					2	
豫章郡	南昌	鼎			2						1			3	4
		甑			1									1	
	合计			7	18	15	2	1	4		6	3	4	60	

附表 A132 石明器发现点分期数量统计表①

单位：点

器名	西汉初期	西汉早期	西汉中期	西汉晚期	新莽至东汉初期	东汉早期	东汉中期	东汉晚期	西汉	东汉	汉代	合计
璧	10	90	129	177	44	30	7	5	27	8	9	536
璜		1		1						1		3
圭		1	1		1							3
灶			2	5	1							8
仓			1	4						1		6
屋				1								1
井			2	4	1							7
厕				2								2
几				1								1
印	1	5	6	4	1		4	2	6	4		33
兽面			6	2		2	1			1		12
冥牌								1				1
俑				1						4		5
动物俑		1	1	1			1	2		1	2	9
合计	11	98	148	203	48	32	13	10	33	20	11	627

附表 A133 石明器发现点分郡国数量统计表

单位：点

郡国	地点	器名	西汉初期	西汉早期	西汉中期	西汉晚期	新莽至东汉初期	东汉早期	东汉中期	东汉晚期	西汉	东汉	汉代	合计	
南海郡	广州	冥牌							1					1	17
		仓			1									1	
		璧		2	9	3								14	
		印			1									1	
合浦郡	合浦	仓				3								3	16
		厕				2								2	
		璧				2								2	
		几				1								1	
		井				2								2	
		屋				1								1	
		灶				4								4	
		印					1							1	

① 表中数字为出土石明器的墓葬、遗址、窖藏、出土点、收藏点的点数合计。不管其中出土多少件石明器，1座墓葬、1个遗址、1个窖藏等等均视为1点。从石明器的发现情况看，墓葬的发现占绝对多数，窖藏次之，而遗址、出土点、收藏点的数量明显甚少。

表中器类名称，以发掘报告为准，但如一物二名，则取较常用之名；如更有图像可见，则参考图像加以裁定。但如原始资料未提供图像等资料，则以原报告名称为准，不臆断。

郡国	地点	器名	西汉初期	西汉早期	西汉中期	西汉晚期	新莽至东汉初期	东汉早期	东汉中期	东汉晚期	西汉	东汉	汉代	合计	
苍梧郡	梧州	仓										1		1	9
	贺县	璧				1								1	
	肇庆	璧				1	1							2	
	昭平	印								1				1	
	藤县	动物俑				1								1	4
		璧				1								1	
		俑				1								1	
		印				1								1	
郁林郡	贵县	动物俑								2		1		3	5
		井				1								1	
		印										1		1	
	柳江	兽面										1		1	5
		俑										4		4	
桂阳郡	郴州	璧											1	1	10
	末阳	璧					2		2		1	2		7	
	资兴	璧						1	1					2	
零陵郡	兴安	璧		1										1	

郡国	地点	器名	西汉初期	西汉早期	西汉中期	西汉晚期	新莽至东汉初期	东汉早期	东汉中期	东汉晚期	西汉	东汉	汉代	合计	
武陵郡	溆浦	璧		5	28	9	2			2				46	58
		井			1	1								2	
		兽面			6	2								8	
		灶			1	1								2	
	常德	动物俑						1					1	2	37
		璧		2	7			2	2	2	6	1	3	25	
		兽面						2	1					3	
		印		1	2				2				2	7	
	保靖	璧		27	52	111	25	1					1	217	219
		璜				1								1	
		井			1									1	
	洪江	动物俑											1	1	2
		璧											1	1	
	怀化	璧			3									3	
	桃源	璧			3	7						1	1	12	13
		印			1									1	
	沅陵	璧							2					2	
	永顺	璧		1	1									2	
	桑植	璜										1		1	
	大庸	圭			1									1	38
		璧		19	10		1		2	1			1	34	
		印		1					1	1				3	
	古丈	璧	4		2	6		3						15	16
		印				1								1	
	泸溪	璧		1	5	2							1	9	10
		印				1								1	
	津市	璧		1			2			1				4	6
		印							1				1	2	
	龙山	璧				9	9	22						40	
	靖州	灶			1									1	

武陵郡 合计：448

续表

郡国	地点	器名	西汉初期	西汉早期	西汉中期	西汉晚期	新莽至东汉初期	东汉早期	东汉中期	东汉晚期	西汉	东汉	汉代	合计	小计
长沙国	长沙	动物俑		1	1									2	80
		仓			1									1	
		圭		1		1								2	
		璧	1	26	8	14	1				8	1	1	60	
		璜		1										1	
		井				1								1	
		灶				1								1	
		印	1	3	2						6			12	
	汨罗	璧	5	1		1								7	113
	益阳	璧				4					1			5	6
		印				1								1	
	衡阳	璧		3	1	1					3			8	
	湘乡	璧				5	1				1			7	
	双峰	璧									1			1	
	平江	璧										1	1	2	
	岳阳	璧									1			1	
	邵阳	璧					1							1	
豫章郡	清江	璧							1					1	2
	宜春	璧							1					1	
闽越国	闽侯	璧		1										1	
合计			11	98	148	203	48	32	13	10	33	20	11	627	

附表 A134　金银器发现点分期数量统计表①

单位：点

器名	西汉初期	西汉早期	西汉中期	西汉晚期	新莽至东汉初期	东汉早期	东汉中期	东汉晚期	西汉	东汉	汉代	合计
金带钩		2			1							3
金耳环							1					1
金指环			4	2		2	8	11		4	2	33
金饼	1	2	3	1			1	1		1		10
金串饰				2								2
金球			3	1			1	1				6
金珠	1	3	1	4	1		2	5		2		19
金饰	2	1	3				1	1	1	1		10
金丝		1										1
金叶	1	1		1	1		1	1			1	7
金印	2	1										3

---

① 表中数字为出土金银器墓葬、遗址、窖藏、出土点、收藏点的点数合计。不管其中出土多少件金银器，1 座墓葬、1 个遗址、1 个窖藏等等均视为 1 点。从金银器的发现情况看，墓葬的发现占绝对多数，窖藏次之，而遗址、出土点、收藏点的数量明显甚少。

续表

器名	西汉初期	西汉早期	西汉中期	西汉晚期	新莽至东汉初期	东汉早期	东汉中期	东汉晚期	西汉	东汉	汉代	合计
银印				1						1		2
银顶针								2				2
银环				3	1		3	6		4	1	18
银饰	1	2	1			1	5	2		5		17
银碟										1		1
银碗				1	1	1	1			2		6
银叶										1		1
银指环	1	1	1	3	4	7	28	28		9	1	83
银簪		1					1			1		3
银镯		1		1	4	2	9	15		7	1	40
银带钩	1	1			1			1				4
合计	3	15	11	26	21	14	62	74	2	39	5	272

附表 A135　金银器发现点分郡国数量统计表　　　　　单位：点

郡国	地点	器名	西汉初期	西汉早期	西汉中期	西汉晚期	新莽至东汉初	东汉早期	东汉中期	东汉晚期	西汉	东汉	汉代	合计	
南海郡	广州	金带钩		2										2	49
		银带钩		1						1				2	
		金指环					1			8				9	
		银指环					1		4	8				13	
		银簪		1										1	
		银镯		1			1		1	2				5	
		金球					1							1	
		金珠		1			1		1	2				5	
		金饰		1										1	
		金叶	1	1	1	1			1	1				6	
		金印		1										1	
		银顶针							1					1	
		银饰		1					1					2	
	博罗	银指环										1		1	57
	佛山	银指环										2		2	
	增城	银环							1					1	
	深圳	银指环							1			1		2	3
		银镯							1					1	
	东莞	银指环							1					1	

续表

郡国	地点	器名	西汉初期	西汉早期	西汉中期	西汉晚期	新莽至东汉初	东汉早期	东汉中期	东汉晚期	西汉	东汉	汉代	合计		
合浦郡	合浦	银碗				1								1	29	33
		金带钩					1							1		
		金指环				2	1		2	1				6		
		银指环				2	3		2	1				8		
		银镯				1	2							3		
		金饼			1									1		
		金串饰				1								1		
		金球				1				1				2		
		金珠			1		2			1				4		
		金饰				2								2		
	徐闻	银指环						1	1					2	3	
		银镯							1					1		
	北海	银镯					1							1		
苍梧郡	封开	银指环							2					2		16
	贺县	金印		1										1		
	岑溪	银指环							2					2		
	昭平	银指环								1				1	2	
		银环								1				1		
	德庆	银指环								2				2	6	
		金饼								1				1		
		银环								3				3		
	藤县	银指环							1					1	3	
		银镯							1					1		
		银饰							1					1		
郁林郡	贵县	银碟										1		1		24
		银碗										1		1		
		金指环				1						1		2		
		银指环		1					1					2		
		银簪										1		1		
		银镯							1	1		1		3		
		金饼		1										1		
		金球				1								1		
		金珠			1	1	1					1		4		
		金饰		1										1		
		金叶										1		1		
		银叶										1		1		
		银环				3			1					4		
		银饰		1										1		

续表

郡国	地点	器名	西汉初期	西汉早期	西汉中期	西汉晚期	新莽至东汉初	东汉早期	东汉中期	东汉晚期	西汉	东汉	汉代	合计		
桂阳郡	郴州	金指环						1						1	5	35
		银指环						1						1		
		银镯						1				1		2		
		银环											1	1		
	耒阳	银指环							4	2				6	13	
		银镯							1	3				4		
		银环										1		1		
		银饰							2					2		
	始兴	银指环	1												1	
	资兴	银指环						1	3	4				8	14	
		银镯						1		5				6		
	曲江	银饰										1			1	
	永兴	银环										1			1	
零陵郡	零陵	银碗						1						1	9	13
		金指环						1						1		
		银指环						3						3		
		金串饰				1								1		
		金球				1								1		
		金珠						1						1		
		银饰						1						1		
	兴安	银指环				1								1	2	
		银环			1									1		
	桂林	银指环										1		1	2	
		银镯										1		1		
武陵郡	常德	银指环						1				1		2	5	10
		银镯										1		1		
		金饰								1				1		
		银饰								1				1		
	保靖	银指环								1				1	3	
		银环								1				1		
		银饰										1		1		
	大庸	银镯								1					1	
	怀化	金珠			1										1	

续表

郡国	地点	器名	西汉初期	西汉早期	西汉中期	西汉晚期	新莽至东汉初	东汉早期	东汉中期	东汉晚期	西汉	东汉	汉代	合计	
长沙国	长沙	银碗					1		1					2	53
		银带钩	1				1							2	
		金指环				1			1	2		3	1	8	
		银指环			1				7	3		2	1	14	
		银镯							1	2		2	1	6	
		金饼			1	3	1		1					6	
		金球							1					1	
		金珠							1	2				3	
		金饰			1	1			1					3	
		银印				1								1	
		银顶针								1				1	
		银环							1	1		1		3	
		银饰	1		1				1					3	
	益阳	银指环								1				1	
	衡阳	金耳环							1					1	8
		金指环							1					1	
		银指环							1					1	
		银簪							1					1	
		银镯							1					1	
		金饼										1		1	
		金珠										1		1	
		银饰								1				1	
	临湘	银饰										2		2	
	莲花	金印			1									1	
	湘乡	银指环								1				1	2
		金饰								1				1	
	茶陵	银指环										1		1	2
		银环										1		1	
	湘阴	金饰										1		1	
豫章郡	南昌	金指环							4				1	5	7
		银指环							1					1	
		银镯							1					1	
	宜春	银镯										1		1	2
		银饰										1		1	
	南康	银指环								1				1	2
		银镯								1				1	
	遂川	银碗										1		1	
海南岛	乐东	银印									1			1	
牂柯郡	西林	金丝			1									1	
合计			3	15	11	26	21	14	62	74	2	39	5	272	

附表 A136 华南各种墓葬分期数量统计表 单位：座

分类	西汉初期	西汉早期	西汉中期	西汉晚期	新莽至东汉初期	东汉早期	东汉中期	东汉晚期	西汉	东汉	汉代	合计
甲种	328	533	492	502	163	101	236	82	39	35	9	2520
乙种					25	94	288	294		85		786
丙种	1	1		1		7	1	16	2		1	30
丁种			1	1					1	16	2	21
合计	329	534	493	504	188	202	525	392	42	136	12	3357

附表 A137 华南甲种墓葬分期数量统计表 单位：座

型	类型	西汉初期	西汉早期	西汉中期	西汉晚期	新莽至东汉初期	东汉早期	东汉中期	东汉晚期	西汉	东汉	汉代	合计	
A	甲 A I a 型	1	4	3				1	1				10	
	甲 A I b 型	2	4	3	1								10	240
	甲 A II a 型		1			2		1	1				5	
	甲 A II b 型	130	22	11	22	1	6	11	1	1	7	3	215	
B	甲 B I a 型	6	60	50	82	19	2	39	12	1	2	1	274	
	甲 B I b 型	19	131	40	23	6	2	6	13	6	1	0	247	1910
	甲 B II a 型	13	18	125	99	67	41	126	25	3	7	1	525	
	甲 B II b 型	148	193	162	211	17	31	40	21	21	18	2	864	
C	甲 C I a 型	1	7	2	8	3		1	1			1	24	
	甲 C I b 型		5	3	1								9	243
	甲 C II a 型	2	7	51	20	37	8	4		2		1	132	
	甲 C II b 型	5	25	18	14	6	3	3	2	2			78	
D	甲 D I b 型		1										1	
	甲 D II a 型		2	1	2	2							7	11
	甲 D II b 型				2	1							3	
E	甲 E I a 型		8	11	10	1		3		2			35	
	甲 E I b 型		29	3	1								33	114
	甲 E II a 型	1	3	0	1	1	3						10	
	甲 E II b 型		13	8	4		5		5	1			36	
F	甲 Fa 型			1									1	
G	甲 Ga 型				1								1	
合计		328	533	492	502	163	101	236	82	39	35	9	2520	

附表 A138　华南乙、丙、丁种墓葬分期数量统计表　　　　　　单位：座

分类		类型	西汉初期	西汉早期	西汉中期	西汉晚期	新莽至东汉初期	东汉早期	东汉中期	东汉晚期	西汉	东汉	汉代	合计	
乙种	A	乙AⅠa型					3	16	34	41		5		99	228
		乙AⅠb型					4	12	20	20		3		59	
		乙AⅡa型					3	3	19	34		7		66	
		乙AⅡb型					1		2	1				4	
	B	乙BⅠa型					8	53	60	57		48		226	259
		乙BⅡa型					1	3	14	7		3		28	
		乙B类							1	1		3		5	
	C	乙CⅠa型					5	7	100	74		9		195	223
		乙CⅡa型							7	20				27	
		乙CⅢa型							1					1	
	D	乙D类							3	7				10	786
	E	乙EⅠa型							9	7				16	39
		乙EⅡa型							8	13		2		23	
	F	乙FⅠa型							1	4		3		8	12
		乙FⅡa型							1	2		1		4	
	G	乙G类							8	6		1		15	
丙种	A	丙AⅠa型	1			1	2		2		1			7	8
		丙AⅡa型							1					1	
	B	丙Ba型					4	1	8			1		14	30
	C	丙Ca型					1		5		1			7	
	D	丙Da型		1										1	
丁种	A	丁A类				1								1	21
	B	丁B类										16	2	18	
	C	丁C类			1									1	
	D	丁D类									1			1	
合计			1	1	1	2	25	101	289	310	3	101	3	837	

附表 A139　A、B 类墓葬分期数量统计表　　　　　　单位：座

类型		西汉初期	西汉早期	西汉中期	西汉晚期	新莽至东汉初期	东汉早期	东汉中期	东汉晚期	西汉	东汉	汉代	合计
A类	甲A类	133	31	17	23	3	6	13	3	1	7	3	240
	乙A类					11	31	75	96		15		228
合计		133	31	17	23	14	37	88	99	1	22	3	468
B类	甲B类	186	402	377	415	109	76	211	71	31	28	4	1910
	乙B类					9	56	75	65		54		259
合计		186	402	377	415	118	132	286	136	31	82	4	2169

附表 A140 南海郡内各地点甲种墓分期数量统计表 　　　　单位：座

地点	类型	西汉初期	西汉早期	西汉中期	西汉晚期	新莽至东汉初	东汉早期	东汉中期	东汉晚期	西汉	东汉	汉代	合计		
广州①	甲ＡⅠa型	1	3	3				1	1				9		396
	甲ＡⅠb型	1	3										4	26	
	甲ＡⅡb型	1	7	3		2							13		
	甲ＢⅠa型	3	39	34	25	9		18	11	1	1		141		
	甲ＢⅠb型	14	88	14	1	2	2	1			3		125	295	
	甲ＢⅡa型				1								1		
	甲ＢⅡb型	2	14	5			1	1		4	1		28		
	甲ＣⅠa型		1					1					2		
	甲ＣⅠb型		2										2	6	
	甲ＣⅡb型			1			1						2		
	甲ＥⅠa型		7	11	9	1		2		2			32		
	甲ＥⅠb型		29	3									32	69	
	甲ＥⅡb型		4	1									5		
揭阳	甲ＡⅡb型	1											1	2	
	甲ＢⅡb型	1											1		
揭东	甲ＢⅠb型				1								1		
博罗	甲ＡⅡb型			1									1	2	
	甲ＢⅡb型	1											1		
龙川	甲ＢⅡb型							1					1		
四会	甲ＢⅠb型	2											2		
清远	甲ＢⅡb型										1		1		
增城	甲ＢⅠa型							1					1	2	
	甲ＢⅠb型		1										1		
佛山②	甲ＡⅡb型							1					1	6	
	甲ＢⅠb型										1		1		
	甲ＢⅡb型				1		1	1			1		4		
广宁	甲ＡⅡb型	27											27	41	
	甲ＢⅡb型	13									1		14		
普宁	甲ＢⅡb型								1				1		
新兴	甲ＢⅡb型										1		1		
深圳③	甲ＡⅡb型			1				1			2		4		
合计		67	198	77	38	12	8	27	14	10	9		460		

① 与南海发现墓葬合并。
② 与顺德县发现墓葬合并。
③ 与宝安发现的两座墓葬合并。

附表 A141　苍梧郡内各地点甲种墓分期数量统计表　　　单位：座

地点	类型	西汉初期	西汉早期	西汉中期	西汉晚期	新莽至东汉初	东汉早期	东汉中期	东汉晚期	西汉	东汉	汉代	合计		
梧州	甲BⅡa型							2					2		
	甲BⅡb型							3		1	4		8		10
封开	甲BⅡa型		1										1		
	甲BⅡb型	22	9		1				1		2		35		36
贺县	甲AⅡb型	1											1		
	甲BⅠa型		4		3								7		
	甲BⅠb型		2										2	10	11
	甲BⅡb型	1											1		
钟山	甲AⅡa型							1					1		
	甲AⅡb型							5					5	6	
	甲BⅠa型							1					1		
	甲BⅡa型							5					5		
	甲BⅡb型							6				1	7	13	
	甲CⅡa型							1					1		20
高要	甲BⅡb型							1			1		2		
德庆	甲AⅡb型	1							1				2		
	甲BⅡb型								2				2		4
肇庆	甲AⅡb型										1		1	1	
	甲BⅠb型	1			1	1		1					4		6
	甲BⅡb型										1		1	5	
平乐	甲AⅠb型	1		1									2		
	甲AⅡb型	67	11		1								79	81	
	甲BⅠa型				9	2		8					19		
	甲BⅠb型			1				1					2		
	甲BⅡb型	41	2	8	1								52	73	
	甲CⅡb型	1											1	1	155
阳朔	甲AⅡa型								1				1		
	甲AⅡb型						1						1	2	
	甲BⅡa型						4						4		
	甲BⅡb型								1				1	5	
	甲EⅡa型						3	1					4		
	甲EⅡb型						2		3				5	9	16
昭平	甲BⅠa型							2	1				3	17	
	甲BⅠb型							2	12				14		
	甲EⅠa型							1					1		18
罗定	甲BⅠb型								1				1		
	甲BⅡb型	1											1		2
藤县	甲BⅠb型				1								1		

续表

地点	类型	西汉初期	西汉早期	西汉中期	西汉晚期	新莽至东汉初	东汉早期	东汉中期	东汉晚期	西汉	东汉	汉代	合计
岑溪	甲BⅡa型							4					4
恭城	甲BⅡb型								1				1
郁南	甲BⅡb型										1		1
合计		137	29	10	17	3	10	44	24	2	10	1	287

附表 A142　桂阳郡内各地点甲种墓分期数量统计表　　单位：座

地点	类型	西汉初期	西汉早期	西汉中期	西汉晚期	新莽至东汉初	东汉早期	东汉中期	东汉晚期	西汉	东汉	汉代	合计		
郴州	甲BⅡa型		1										1	3	4
	甲BⅡb型	1			1								2		
	甲CⅡa型										1		1		
韶关	甲AⅡb型							1					1		7
	甲BⅡa型			1									1	6	
	甲BⅡb型			1	1		3						5		
曲江	甲BⅡb型				2		1	1					4		
耒阳	甲AⅡb型							2					2		90
	甲BⅡa型				3	2	1	63					69	84	
	甲BⅡb型				2			13					15		
	甲CⅠa型							1					1		
	甲CⅡa型				1								1	3	
	甲CⅡb型							1					1		
连州	甲BⅡb型		1										1		
资兴	甲AⅠb型		1										1	2	349
	甲AⅡa型					1							1		
	甲BⅠa型						1	1					2	273	
	甲BⅠb型		4										4		
	甲BⅡa型		1	103		53	15	52	22				246		
	甲BⅡb型		14	4		2	1						21		
	甲CⅡa型			44		26	1	1					72	73	
	甲CⅡb型			1									1		
	甲DⅡa型		1										1		
乐昌	甲AⅡb型	27			6		2						35		168
	甲BⅡa型	8			28		8						44	133	
	甲BⅡb型	18			43		15	13					89		

续表

地点	类型	西汉初期	西汉早期	西汉中期	西汉晚期	新莽至东汉初	东汉早期	东汉中期	东汉晚期	西汉	东汉	汉代	合计	
始兴	甲AⅡb型							1					1	
	甲BⅡa型	3											3	29
	甲BⅡb型	3		8	10			5					26	
	甲CⅡb型							1					1	
仁化	甲AⅡb型											1	1	
三江	甲BⅡb型							1					1	
合计		60	23	161	96	86	43	146	36	1	1	2	655	

附表 A143　零陵郡内各地点甲种墓分期数量统计表　　　　单位：座

地点	类型	西汉初期	西汉早期	西汉中期	西汉晚期	新莽至东汉初	东汉早期	东汉中期	东汉晚期	西汉	东汉	汉代	合计		
零陵	甲BⅠa型			1									1	2	3
	甲BⅡa型				1								1		
	甲CⅠa型				1								1		
兴安	甲BⅠa型		2		4	3		3					12	17	20
	甲BⅡb型		1		3			1					5		
	甲CⅠa型					1							1	3	
	甲CⅡb型		2										2		
灵川	甲AⅡb型	2											2		7
	甲BⅡb型	5											5		
永州	甲BⅡa型							1					1		4
	甲BⅡb型							2	1				3		
灌阳	甲BⅡb型	1											1		
冷水滩	甲BⅡb型									1			1		
全州	甲BⅡb型										1		1		
合计		8	5	1	9	4		4		4	2		37		

附表 A144　武陵郡内各地点甲种墓分期数量统计表　　　　单位：座

地点	类型	西汉初期	西汉早期	西汉中期	西汉晚期	新莽至东汉初	东汉早期	东汉中期	东汉晚期	西汉	东汉	汉代	合计		
溆浦	甲AⅡb型									1			1		
	甲BⅠa型	1			3								4		
	甲BⅠb型				5					2			7	70	
	甲BⅡa型			2	3								5		82
	甲BⅡb型		6	44	1					3			54		
	甲CⅡa型		1	1		2							4	10	
	甲CⅡb型			4						2			6		
	甲EⅠa型				1								1		

地点	类型	西汉初期	西汉早期	西汉中期	西汉晚期	新莽至东汉初	东汉早期	东汉中期	东汉晚期	西汉	东汉	汉代	合计		
常德	甲BⅠa型			2									2	3	5
	甲BⅠb型		1										1		
	甲CⅠb型		1										1		
	甲EⅡb型		1										1		
桃源	甲BⅠb型		3										3	23	26
	甲BⅡa型				1								1		
	甲BⅡb型		2	7	10								19		
	甲CⅡb型		1		2								3		
保靖	甲AⅠb型				1								1	15	313
	甲AⅡb型			3	10	1							14		
	甲BⅠa型			3	4	1							8	241	
	甲BⅠb型		1	3	5	2							11		
	甲BⅡa型			6	25	6							37		
	甲BⅡb型		35	40	101	9							185		
	甲CⅠa型				2	1							3	45	
	甲CⅠb型				1								1		
	甲CⅡa型		1	2	14	5							22		
	甲CⅡb型		3	4	6	5			1				19		
	甲DⅡa型			1	1								2		
	甲DⅡb型					1							1		
	甲EⅡa型					1							1	9	
	甲EⅡb型			3	3				2				8		
靖州	甲AⅠb型			1									1		5
	甲BⅠa型			2									2	4	
	甲BⅠb型			1									1		
	甲BⅡa型			1									1		
龙山	甲BⅡa型				3	6	9						18	28	51
	甲BⅡb型					1	9						10		
	甲CⅠa型					1							1	14	
	甲CⅡa型				3	3	6						12		
	甲CⅡb型						1						1		
	甲DⅡa型				1	1							2		
	甲EⅠb型				1								1	6	
	甲EⅡa型				1								1		
	甲EⅡb型				1		3						4		
	甲Ga型				1								1		
沅陵	甲CⅠa型		1										1		

续表

地点	类型	西汉初期	西汉早期	西汉中期	西汉晚期	新莽至东汉初	东汉早期	东汉中期	东汉晚期	西汉	东汉	汉代	合计		
古丈	甲AⅡb型	1		1									2		
	甲BⅡa型	1					2						3	16	29
	甲BⅡb型	7		5	1								13		
	甲CⅠa型			1									1		
	甲CⅡa型			1									1	8	
	甲CⅡb型			3	3								6		
	甲DⅡb型				2								2		
	甲EⅡb型			1									1		
大庸	甲AⅡb型		1										1		
	甲BⅠb型					1							1		49
	甲BⅡa型		2	5									7	34	
	甲BⅡb型	3	16	7									26		
	甲CⅡa型		4	1									5	14	
	甲CⅡb型		7	2									9		
怀化	甲BⅡa型			2									2		3
	甲BⅡb型			1									1		
津市	甲BⅡb型	2	6										8		9
	甲CⅡa型								1				1		
泸溪	甲BⅡb型		3	6	2								11		
永顺	甲BⅡb型		1	1									2		3
	甲CⅡb型			1									1		
合计		15	97	166	220	47	30		3	9			587		

附表 A145　长沙国内各地点甲种墓分期数量统计表

单位：座

地点	类型	西汉初期	西汉早期	西汉中期	西汉晚期	新莽至东汉初	东汉早期	东汉中期	东汉晚期	西汉	东汉	汉代	合计		
长沙	甲 A I b 型			1									1	8	247
	甲 A II b 型	2	3	1	1								7		
	甲 B I a 型	1	6	4	6	2							19	208	
	甲 B I b 型	1	27	9	2			1					40		
	甲 B II a 型	1	9	2	18			1	2				33		
	甲 B II b 型	11	71	13	14						7		116		
	甲 C I a 型	1	6	1	1								9	26	
	甲 C I b 型		2	2									4		
	甲 C II a 型				1			1			1		3		
	甲 C II b 型		9	1									10		
	甲 D I b 型		1										1	2	
	甲 D II a 型		1										1		
	甲 E II a 型	1											1	3	
	甲 E II b 型			1							1		2		
衡阳	甲 A II a 型				1								1	1	28
	甲 B I a 型		2				1						3	14	
	甲 B I b 型				3								3		
	甲 B II a 型						1						1		
	甲 B II b 型				3		2	2					7		
	甲 C II b 型		2										2	2	
	甲 E II a 型		3										3	11	
	甲 E II b 型		8										8		
汨罗	甲 B I a 型	1	2										3	25	32
	甲 B II a 型				1								1		
	甲 B II b 型	13	7		1								21		
	甲 C II a 型	2											2	7	
	甲 C II b 型	4	1										5		
益阳	甲 A II b 型				1						1		2	2	8
	甲 B II a 型		1										1	3	
	甲 B II b 型				1	1							2		
	甲 C I a 型				1								1	3	
	甲 C II a 型				1			1					2		
邵阳	甲 C II a 型						1						1		1
临湘	甲 A II b 型										2		2	2	3
	甲 B II b 型										1		1	1	
湘乡	甲 B I b 型			2	1								3	18	19
	甲 B II a 型				1	4							5		
	甲 B II b 型			8	2								10		
	甲 E II b 型			1									1	1	

续表

地点	类型	西汉初期	西汉早期	西汉中期	西汉晚期	新莽至东汉初	东汉早期	东汉中期	东汉晚期	西汉	东汉	汉代	合计	小计
桃江	甲BⅡa型							1					1	2
	甲CⅠa型											1	1	
茶陵	甲BⅡb型				2	1		1					4 (5)	9
	甲Bb型										1		1	
	甲CⅡb型				2	1							3	
	甲DⅡa型					1							1	
邵东	甲CⅡb型				1								1	
莲花	甲CⅠa型			1									1	
合　计		38	161	48	67	7	5	6	1	11	5	2	351	

附表 A146　豫章郡内各地点甲种墓分期数量统计表　　　　单位：座

地点	类型	西汉初期	西汉早期	西汉中期	西汉晚期	新莽至东汉初	东汉早期	东汉中期	东汉晚期	西汉	东汉	汉代	合计	小计
南昌	甲BⅠa型			1									1	15 / 18
	甲BⅠb型			8									8	
	甲BⅡa型			1									1	
	甲BⅡb型			1		2	1		1				5	
	甲CⅡa型			2									2	3
	甲CⅡb型			1									1	
宜春	甲BⅠb型			1									1	
南康	甲BⅡb型	1											1	
高安	甲BⅡb型				2								2	
修水	甲AⅡb型					1							1	3
	甲BⅡb型			1									1	
	甲CⅡb型					1							1	
瑞昌	甲AⅡb型						1						1	
南雄	甲BⅡb型							1					1	
新余	甲BⅡb型			1									1	
合　计		1		17	2	2	3	1		2			28	

附表 A147　闽越国内各地点甲种墓分期数量统计表　　　单位：座

地点	类型	西汉初期	西汉早期	西汉中期	西汉晚期	新莽至东汉初	东汉早期	东汉中期	东汉晚期	西汉	东汉	汉代	合计		
武夷山	甲ＡⅠa型		1							1			1	2	9
	甲ＡⅡa型		1							1			1		
	甲ＢⅠa型		4							4			4	7	
	甲ＢⅡa型		3							3			3		
福州	甲ＢⅡb型							1						1	
闽侯	甲ＢⅠb型	1	2							3			3	10	11
	甲ＢⅡb型	1	5					1		7			7		
	甲ＣⅡb型							1						1	
长泰	甲ＢⅠb型		1											1	
邵武	甲ＢⅡb型		1											1	
光泽	甲ＣⅡb型								1					1	
合　计		2	18					3	1					24	

附表 A148　南海郡内各地点乙种墓分期数量统计表　　　单位：座

地点	类型	新莽至东汉初期	东汉早期	东汉中期	东汉晚期	东汉	合计		
广州	乙ＡⅠa型			4	2		6	24	107
	乙ＡⅡa型			5	12		17		
	乙ＡⅡb型			1			1		
	乙ＢⅠa型				2		2	5	
	乙ＢⅡa型			1	1		2		
	乙Ｂ类					1	1		
	乙ＣⅠa型		1	3	42	1	47	63	
	乙ＣⅡa型			2	13		15		
	乙ＣⅢa型			1			1		
	乙Da型				3		3		
	乙ＥⅠa型			1	1		2	7	
	乙ＥⅡa型				3	2	5		
	乙Ga型			2	3		5		
番禺	乙ＡⅠa型			2			2		32
	乙ＢⅠa型			2	1		3		
	乙ＣⅠa型			7	3		10	11	
	乙ＣⅡa型			1			1		
	乙Da型			1	4		5		
	乙ＥⅠa型				2		2	10	
	乙ＥⅡa型				8		8		
	乙ＦⅠa型				1		1		

续表

地点	类型	新莽至东汉初期	东汉早期	东汉中期	东汉晚期	东汉	合计		
博罗	乙AⅠb型			2			2		7
	乙BⅠa型			1			1		
	乙CⅠa型			3	1		4		
佛山①	乙BⅠa型					1	1	2	17
	乙BⅡa型			1			1		
	乙CⅠa型	1		3	1	1	6		
	乙EⅠa型			4	2		6	9	
	乙EⅡa型			3			3		
四会	乙AⅠa型			1			1		1
增城	乙AⅡa型				1		1		5
	乙CⅠa型			1	1		2		
	乙EⅡa型			1			1		
	乙FⅠa型				1		1		
东莞	乙AⅠa型					1	1		3
	乙EⅡa型			1	1		2		
连平	乙BⅠa型					5	5		5
深圳	乙AⅡa型			1			1		5
	乙BⅠa型			1		1	2		
	乙CⅠa型			1			1		
	乙EⅡa型			1			1		
香港	乙EⅠa型			1			1		1
合　计			2	59	109	13	183		

---

① 与顺德县发现墓葬合并。

附表 A149　合浦郡内各地点乙种墓分期数量统计表　　　　　　　　单位：座

地点	类型	新莽至东汉初期	东汉早期	东汉中期	东汉晚期	东汉	合计	合计	合计
合浦	乙AⅠa型	3		5	4		12	22	51
	乙AⅠb型	2		2	1		5		
	乙AⅡa型	1			3		4		
	乙AⅡb型	1					1		
	乙BⅠa型	1		1	1		3	6	
	乙BⅡa型	1		2			3		
	乙CⅠa型	1		15	2		18	19	
	乙CⅡa型				1		1		
	乙Da型			1			1		
	乙FⅠa型			1			1		
	乙Ga型			2			2		
北海	乙AⅠb型	1		9			10	11	36
	乙AⅡa型	1					1		
	乙CⅠa型	1		22			23		
	乙Da型			1			1		
	乙EⅡa型			1			1		
徐闻	乙AⅠa型		11	4			15		46
	乙BⅠa型		22	9			31		
合计		13	33	75	12		133		

附表 A150　苍梧郡内各地点乙种墓分期数量统计表　　　　　　　　单位：座

地点	类型	新莽至东汉初期	东汉早期	东汉中期	东汉晚期	东汉	合计	合计	合计
阳朔	乙AⅠa型				2		2	3	12
	乙AⅡa型				1		1		
	乙BⅠa型				5	1	6		
	乙CⅠa型				3		3		
藤县	乙AⅠb型			1			1		
岑溪	乙AⅠa型				1		1		5
	乙BⅠa型				4		4		
昭平	乙BⅠa型				1		1		2
	乙CⅠa型			1			1		
平乐	乙BⅠa型					1	1		
廉江	乙BⅠa型					1	1		
封开	乙CⅠa型				1	2	3		
合计				2	18	5	25		

附表 A151　桂阳郡内各地点乙种墓分期数量统计表　　　　单位：座

地点	类型	新莽至东汉初期	东汉早期	东汉中期	东汉晚期	东汉	合计		
郴州	乙AIb型					1	1	2	12
	乙AⅡa型		1				1		
	乙BIa型	1	3		1		5	7	
	乙BⅡa型		1				1		
	乙B类					1	1		
	乙CIa型		2				2	3	
	乙CⅡa型			1			1		
耒阳	乙AIa型			4	15		19	41	83
	乙AIb型		1		15		16		
	乙AⅡa型			1	5		6		
	乙BIa型		3	7	18		28	31	
	乙BⅡa型				2		2		
	乙Ba型				1		1		
	乙CIa型			1	7		8	9	
	乙CⅡa型				1		1		
	乙EIa型				1		1		
	乙FⅡa型				1		1		
资兴	乙AIa型				4		4	5	11
	乙AⅡa型				1		1		
	乙BIa型				4		4		
	乙CⅡa型			2			2		
始兴	乙AIa型			3			3		5
	乙BIa型					2	2		
英德	乙AIb型		1				1		
韶关	乙AⅡa型			1			1		5
	乙BIa型			3			3		
	乙BⅡa型			1			1		
	乙B类			1			1		
阳山	乙BIa型				1		1		
翁源	乙BIa型					1	1		
合计		1	12	25	77	5	120		

附表 A152　零陵郡内各地点乙种墓分期数量统计表　　　　　　　单位：座

地点	类型	新莽至东汉初期	东汉早期	东汉中期	东汉晚期	东汉	合计		
零陵	乙AⅠa型		1				1	2	6
	乙AⅠb型		1				1		
	乙BⅠa型	1	1				2		
	乙CⅠa型		1				1		
	乙Ga型					1	1		
兴安	乙AⅠa型			1			1	2	7
	乙AⅡa型			1			1		
	乙BⅠa型		1	3			4	5	
	乙BⅡa型			1			1		
全州	乙AⅠa型					1	1		
桂林	乙CⅠa型				1		1		3
	乙FⅠa型					2	2		
合　计		1	5	6	1	4	17		

附表 A153　武陵郡内各地点乙种墓分期数量统计表　　　　　　　单位：座

地点	类型	新莽至东汉初期	东汉早期	东汉中期	东汉晚期	东汉	合计		
常德	乙AⅠa型		1				1	4	16
	乙AⅠb型			2			2		
	乙AⅡa型				1		1		
	乙BⅠa型				1	1	2	5	
	乙BⅡa型		1	1	1		3		
	乙CⅠa型		1	1	1		3		
	乙FⅡa型			1	1	1	3		
	乙Ga型			1			1		
保靖	乙AⅠa型		1				1		2
	乙AⅠb型		1				1		
大庸	乙AⅠa型				1		1	8	52
	乙AⅠb型		7				7		
	乙BⅠa型		11	5			16		
	乙CⅠa型			24	2		26		
	乙CⅡa型				1		1		
	乙Ga型				1		1		
古丈	乙BⅠa型		1				1		
津市	乙BⅠa型				1		1		
合　计			24	29	16	4	73		

附表 A154　长沙国内各地点乙种墓分期数量统计表　　　　　单位：座

地点	类型	新莽至东汉初期	东汉早期	东汉中期	东汉晚期	东汉	合计		
长沙	乙AⅠa型			4		2	6		47
	乙AⅠb型		1	5			6	20	
	乙AⅡa型			2	2	3	7		
	乙AⅡb型			1			1		
	乙BⅠa型	2		7			9	11	
	乙BⅡa型			1	1		2		
	乙CⅠa型			8	1	1	10		
	乙EⅠa型			1	1		2		
	乙Ga型			2	2		4		
衡阳	乙AⅠa型		2	2	8		12	13	43
	乙AⅠb型				1		1		
	乙BⅠa型		6	18	1		25	28	
	乙BⅡa型		1	1		1	3		
	乙EⅡa型			1			1		
	乙FⅠa型				1		1		
益阳	乙BⅠa型				1		1	2	4
	乙B类					1	1		
	乙CⅠa型				1		1		
	乙EⅡa型				1		1		
湘乡	乙AⅠb型	1					1		4
	乙BⅠa型	1					1		
	乙CⅠa型			1	1		2		
邵阳	乙AⅠa型					1	1		
临湘	乙AⅠb型					1	1		
衡南	乙BⅠa型				1		1		
醴陵	乙BⅠa型		2	1			3		
茶陵	乙BⅠa型				1		1		
莲花	乙BⅠa型					1	1		
娄底	乙BⅠa型					1	1		
邵东	乙CⅠa型	1					1		
合计		5	12	55	24	12	108		

附表 A155　豫章郡内各地点乙种墓分期数量统计表　　　　　　　单位：座

地点	类型	新莽至东汉初期	东汉早期	东汉中期	东汉晚期	东汉	合计		
南昌	乙AIa型			2			2	18	30
	乙AⅡa型	1	2	6	6	1	16		
	乙BIa型	1	1			1	3	6	
	乙BⅡa型			1	2		3		
	乙CIa型		1		1	2	4		
	乙FIa型					1	1		
	乙Ga型			1			1		
德安	乙AIa型			1			1	4	9
	乙AIb型			1			1		
	乙AⅡa型			2			2		
	乙BIa型			1			1	5	
	乙BⅡa型			4			4		
宜春	乙BIa型			1	1	25	27		32
	乙CIa型			2		2	4	5	
	乙CⅡa型				1		1		
于都	乙AⅡa型					1	1		
赣县	乙AIa型				2		2		
泰和	乙BIa型			1			1		
南康	乙BIa型				3	1	4		
湖口	乙CIa型			1			1		
万载	乙AIa型			1			1		
乐平	乙AIa型				1		1		
永新	乙AIb型				1		1		
清江①	乙AⅡa型				2		2	3	
	乙AⅡb型				1		1		
九江	乙AⅡa型					1	1		
宁冈	乙AIb型					1	1	2	
	乙BIa型					1	1		
宜丰	乙AⅡa型					1	1	2	
	乙BIa型		1				1		
安福	乙BIa型				3		3		
萍乡	乙BIa型			1	1		2		
瑞昌	乙BIa型			1			1		
南雄	乙BIa型		1		1		2		
新余	乙BIa型			1			1		
会昌	乙BIa型					1	1		
寻乌	乙BIa型					1	1		

① 原始资料中的清江、樟树 2 点，实为一地，合并统计。

续表

地点	类型	新莽至东汉初期	东汉早期	东汉中期	东汉晚期	东汉	合计
全南	乙BⅡa型					1	1
遂川	乙BⅡa型					1	1
修水	乙BⅠa型	1				1	2
兴国	乙CⅠa型				1		1
合　计		3	6	28	28	42	107

附表 A156　华南诸郡国丙种墓分期数量统计表　　　　单位：座

郡国	地点	类型	西汉初期	西汉早期	西汉中期	西汉晚期	新莽至东汉初	东汉早期	东汉中期	东汉晚期	西汉	东汉	汉代	合计	
南海郡	广州	丙AⅠa型	1											1	2
	广州	丙Da型		1										1	
合浦郡	徐闻	丙AⅠa型						2						2	7
	徐闻	丙Ba型						3						3	
	高州	丙AⅠa型								1				1	
	信宜	丙Ca型								1				1	
苍梧郡	钟山	丙Ba型								1		1		2	18
	钟山	丙Ca型								1				1	
	昭平	丙AⅠa型								2				2	
	昭平	丙Ba型								4				4	
	昭平	丙Ca型								2				2	
	阳朔	丙Ba型								3				3	
	阳朔	丙Ca型							1	2				3	
	恭城	丙AⅡa型								1				1	
桂阳郡	耒阳	丙Ba型							1					1	
武陵郡	永顺	丙Ba型							1					1	
豫章郡	宜丰	丙AⅠa型				1								1	
合　计			1	1		1		7	1	16		2	1	30	

附表 A157　华南诸郡国丁种墓分期数量统计表　　　　单位：座

郡国	地点	类型	西汉初期	西汉早期	西汉中期	西汉晚期	新莽至东汉初	东汉早期	东汉中期	东汉晚期	西汉	东汉	汉代	合计	
合浦郡	化州	丁B类										1		1	2
	吴川	丁B类										1		1	
海南岛	陵水	丁B类								9		1		10	16
	廉江	丁B类								3				3	
	崖县	丁B类								3				3	
桂阳郡	耒阳	丁A类				1								1	

续表

郡国	地点	类型	西汉初期	西汉早期	西汉中期	西汉晚期	新莽至东汉初	东汉早期	东汉中期	东汉晚期	西汉	东汉	汉代	合计
牂柯郡	西林	丁C类			1									1
		丁D类										1		1
合计					1	1					1	16	2	21

附表 A158　秦汉华南二层台墓葬时空分布统计表　　　单位：座

郡国	地点	西汉初期	西汉早期	西汉中期	西汉晚期	新莽至东汉初期	东汉早期	东汉中期	东汉晚期	东汉	汉代	合计	合计
南海郡	广州	2	1		2								5
合浦郡	合浦			1				1				2	3
	徐闻		1									1	
苍梧郡	梧州							1	1			2	46
	封开							1				1	
	贺县	1	1									2	
	平乐	25	1	5	3		4					38	
	岑溪						3					3	
郁林郡	贵县		1					1				3	4
	桂平								1			1	
桂阳郡	耒阳							2	8			10	24
	资兴		1					2	4			7	
	乐昌	7										7	
零陵郡	零陵						1					1	5
	灵川	4										4	
武陵郡	保靖			3	8				1			12	27
	龙山			2	1							3	
	古丈			2	1							3	
	大庸		6	3								9	
长沙国	长沙	2	6	3	1							12	17
	衡阳		1					1				2	
	衡南								1			1	
	桃江								1		1	2	
豫章郡	莲花			1									1
闽越国	武夷山		1										1
合计		41	18	17	20	2	1	12	17	3	2		133

附表 A159　秦汉华南二层台墓葬形制时空差异统计表

单位：座

种	类型	西汉初期	西汉早期	西汉中期	西汉晚期	新莽至东汉初期	东汉早期	东汉中期	东汉晚期	东汉	汉代	合计	
甲种	甲A类	5										5	116
	甲B类	35	10	13	11	1		9	3	3		85	
	甲C类	1	6	3	6	1					1	18	
	甲D类				1							1	
	甲E类		2	1	2				1			6	
	不明										1	1	
乙种	乙A类								4			4	17
	乙B类						1	2	4			7	
	乙C类							1	3			4	
	乙E类								1			1	
	不明								1			1	
合计		41	18	17	20	2	1	12	17	3	2	133	

附表 A160　秦汉华南二层台墓葬规格差异分期统计表

单位：座

时期	墓种	均长	均宽	平均面积
西汉初期	甲种	3.57	1.75	6.226
西汉早期	甲种	4.20	2.78	11.653
西汉中期	甲种	5.13	3.23	16.576
西汉晚期	甲种	4.86	3.47	16.886
新莽至东汉初期	甲种	5.39	3.8	20.482
东汉早期	乙种	6.95	3.3	22.935
东汉中期	甲种	5.01	3.28	16.429
	乙种	6.33	2.61	16.492
东汉晚期	甲种	3.845	2.38	9.151
	乙种	5.54	2.15	11.874

附表 A161　秦汉华南斜壁墓葬时空分布统计表

单位：座

郡国	地点	西汉初期	西汉早期	西汉中期	西汉晚期	新莽至东汉初期	东汉早期	东汉中期	东汉晚期	西汉	合计	
南海郡	广州	3	1	1	1		2			2	10	11
	广宁	1									1	
合浦郡	徐闻			1							1	
苍梧郡	贺县	1									1	
	平乐	17		2	1			2			22	33
	阳朔						4	1	4		9	
郁林郡	贵县				1						1	1
桂阳郡	耒阳				1			1			2	2

郡国	地点	西汉初期	西汉早期	西汉中期	西汉晚期	新莽至东汉初期	东汉早期	东汉中期	东汉晚期	西汉	合计	
零陵郡	零陵			1							1	7
	灵川	5									5	
	灌阳	1									1	
武陵郡	保靖		8	13	23	8					52	57
	古丈				2		2				4	
	桃源				1						1	
长沙国	长沙	2	17	12	2	1					34	48
	汨罗	1	1		1						3	
	湘乡				1						1	
闽越国	武夷山		4								4	5
	闽侯		1								1	
合计		31	32	30	33	10	8	4	4	2	154	

附表 A162   秦汉华南斜壁墓葬规格差异分期统计表   单位：座

时期	均长	均宽	平均面积
西汉初期	3.58	1.78	6.372
西汉早期	4.68	2.86	13.390
西汉中期	4.43	3.15	13.955
西汉晚期	3.87	2.65	10.250
新莽至东汉初期	4.61	3.51	16.181
东汉早期	4.97	3.32	16.532
东汉中期	5.39	2.76	14.883
东汉晚期	4.33	2.13	9.201

附表 A163   秦汉华南分室墓葬时空分布统计表   单位：座

郡国	地点	西汉早期	西汉中期	西汉晚期	新莽至东汉初期	东汉早期	东汉中期	东汉晚期	东汉	合计	
南海郡	广州	14	31	20	10		20	13	2	110	111
	增城						1			1	
合浦郡	徐闻				1					1	
苍梧郡	肇庆			1						1	10
	平乐			1						1	
	阳朔				1	4	1	2		8	
郁林郡	贵县	2		1			2			5	
桂阳郡	资兴		30		22	4	1			57	
零陵郡	零陵			1						1	
长沙国	长沙	1	1	5						7	
豫章郡	南昌		1							1	
闽越国	武夷山	4								4	
合计		21	63	27	36	8	23	17	2	197	

附表 A164　秦汉华南分室墓葬规格差异分期统计表　　　　　　　　单位：座

时期	均长	均宽	平均面积
西汉早期	8.20	3.88	31.769
西汉中期	4.47	2.97	13.259
西汉晚期	6.43	3.95	25.395
新莽至东汉初期	4.64	3.21	14.870
东汉早期	5.65	2.93	16.565
东汉中期	5.26	2.61	13.725
东汉晚期	4.79	2.84	13.600

附表 A165　秦汉华南随葬品保存完好墓葬时空分布表　　　　　　　单位：座

郡国	地点	西汉初期	西汉早期	西汉中期	西汉晚期	新莽至东汉初期	东汉早期	东汉中期	东汉晚期	西汉	东汉	合计	
南海郡	广州	19	167	49	27	9	4	29	20			324	346
	广宁	14										14	
	揭阳	1										1	
	顺德					1			2			3	
	增城							1				1	
	博罗							1				1	
	深圳							2				2	
合浦郡	合浦		2	17	5		7	5				36	72
	徐闻		1				25	9				35	
	北海					1						1	
苍梧郡	梧州							2				2	203
	封开	1		1							1	3	
	钟山						17					17	
	德庆			1								1	
	肇庆							1				1	
	贺县	2	4		2							8	
	怀化		3									3	
	平乐	99	11	10	11	2		7				140	
	阳朔						3	2				5	
	岑溪		3					4				7	
	恭城							1				1	
	昭平						5	10				15	
郁林郡	贵县		2	7	1		4	4		1		19	23
	田东		1									1	
	柳州		1				2					3	

郡国	地点	西汉初期	西汉早期	西汉中期	西汉晚期	新莽至东汉初期	东汉早期	东汉中期	东汉晚期	西汉	东汉	合计	
桂阳郡	郴州						2		1		1	4	485
	耒阳				1	3	1	75	30			110	
	曲江				1			1				2	
	韶关							1				1	
	资兴		20	153		82	16	54	32			357	
	始兴	2		5	2			1			1	11	
零陵郡	零陵			1		1	7				1	10	32
	兴安		5		7	4		5				21	
	灌阳	1										1	
武陵郡	溆浦	1	7	29	11	2				3		53	535
	常德		2			1	2	3			1	9	
	保靖		39	63	164	32	1		2			302	
	沅陵		1									1	
	津市	1	5									6	
	桃源		6	7	14							27	
	靖州			5								5	
	大庸	3	30	15		2		2	2			54	
	永顺		1	2								3	
	泸溪		3	5	2							19	
	龙山				10	8	26					44	
	古丈	8		6	6		2					22	
长沙国	长沙	13	108	13	20	2		19	2	6	1	184	284
	衡阳		14		6		5	5	3			33	
	汨罗	20	10		2							32	
	湘乡			12	7				1			20	
	益阳				4			3				7	
	邵东					1						1	
	邵阳						1					1	
	茶陵				4	2						6	
豫章郡	南昌			4		1	4	5	3		1	18	27
	安福								3			3	
	德安							3				3	
	九江								1			1	
	湖口							1				1	
	永新							1				1	
闽越国	武夷山		1									1	13
	闽侯	2	7					2				11	
	邵武		1									1	
合计		187	445	389	327	158	99	264	134	9	8	2020	
随葬品均量		15.1	33.5	22.9	20.6	26.4	16.4	22.2	22.2	10.1	22.2	23.9	

附表 A166　甲 A – E 类墓葬随葬品平均数量分期统计表　　　　单位：件

类型		西汉初期	西汉早期	西汉中期	西汉晚期	新莽至东汉初期	东汉早期	东汉中期	东汉晚期	西汉	东汉	平均	
甲 A 类	甲 A Ⅰ a 型	56	27.6	27				16.5				28.2	9.3
	甲 A Ⅰ b 型	11.5	9.33	6.33	8							8.66	
	甲 A Ⅱ a 型					25		5				15	
	甲 A Ⅱ b 型	9.2	6.82	5.33	7		3	4.4				8.05	
甲 B 类	甲 B Ⅰ a 型		37.0	36.8	39.2	35.9	12	27.8	44.6		14	37.1	19.9
	甲 B Ⅰ b 型	23.3	19.3	22	23.5	33.5	10	16.4	9.1	12		20.0	
	甲 B Ⅱ a 型	1.6	26.9	25.5	21.2	27.5	25.5	20.7	16.8	4.5		23.2	
	甲 B Ⅱ b 型	14.5	9.5	12.7	10.5	12.4	11.8	9.36	12.5	11.7	7	11.1	
甲 C 类	甲 C Ⅰ a 型		424.5	81	34.8	46		31				151.6	33.1
	甲 C Ⅰ b 型		20.5		29							22.2	
	甲 C Ⅱ a 型	52.5	14.8	33.4	21.5	26.3	14.8	22.5		16		27.8	
	甲 C Ⅱ b 型	26.2	14.8	13.0	15.1	9.66	40.5		14.5	7		16.0	
甲 D 类	甲 D Ⅱ a 型		17	9	25.5	21						19.6	20
	甲 D Ⅱ b 型				27	8						20.6	
甲 E 类	甲 E Ⅰ a 型		30.6	34.9	67.1	73		47.6				45.9	26.5
	甲 E Ⅰ b 型		20.8	18	15							20.3	
	甲 E Ⅱ a 型	215	2.3		20	19						43.5	
	甲 E Ⅱ b 型		12.9	7.6	8.5		6.7		12.5			13.6	
随葬品均量		14.9	33.4	23.0	20.7	26.4	16.5	22.1	21.3	10.1	22.2	23.8	

附表 B　考古遗存登记简表

附表 B1　华南王级墓葬登记简表

名称	类型	时期	墓主	方向(°)	墓长（米）	墓宽（米）	面积（平方米）
武夷山牛山 M1	甲 B Ⅰ a/型①	西汉早期	闽越王？	朝西	23		
广州 03GDMM68	甲 B Ⅰ aⅵ型	西汉初期	越族王？	282	15.86	8.9	141.154
广州 83 象岗南越王墓	丙 Daⅵ型	西汉早期	南越王	177	12.5	10.85	135.625
广州 83 凤凰岗 M1	甲 B Ⅰ a 型	西汉早期	南越王？	345	13.8	5.7	78.66
长沙象鼻嘴 M1	甲 C Ⅰ a⊢型	西汉早期	长沙王	267	20.55	18.9	388.395
长沙狮子山西汉墓		西汉早期	长沙王				
长沙扇子山西汉墓		西汉早期	长沙王				
长沙 93 古坟垸西汉墓	甲 C Ⅰ aⅶ型	西汉早期	长沙王后	287	15.98	13.1	209.338
长沙陡壁山 M1	甲 B Ⅰ a/型	西汉中期	长沙王后	280	12.8	10	128
长沙 06 风篷岭西汉墓	甲 C Ⅰ a※型	西汉晚期	长沙王	30.3	19.3	14.6	281.78
西林 72 普陀铜鼓墓	丁 C 类	西汉中期	句町王？		1.7		
西林 69 普驮屯古墓	丁 D 类	西汉	句町王？				

①　关于符号"/"等在表中含义，详见 779 页注释①。

附表 B2　华南列侯墓葬登记简表

名称	类型	时期	墓主	方向(°)	墓长（米）	墓宽（米）	面积（平方米）
长沙马王堆 M2	甲 BⅠa/型	西汉初期	軑侯利苍	正北	11.23	8.9	99.947
长沙马王堆 M3	甲 CⅠaⅶ/型	西汉早期	軑侯利苍之子	正北	16.3	15.45	251.835
长沙马王堆 M1	甲 CⅠa卜型	西汉早期	軑侯利苍之妻	正北	19.5	17.8	347.1
沅陵虎溪山 M1	甲 CⅠaⅶ卜型	西汉早期	沅陵侯吴阳	朝东	17.5	14.2	248.5
莲花 07 安城侯墓	甲 CⅠaⅱ型	西汉中期	安城侯刘苍	坐西朝东	10.9	8.9	97.01
宜春 84 白泥山汉墓	甲 BⅡb 型	西汉中期	疑为宜春侯刘成	240			
零陵刘彊墓	甲 BⅠa/型	西汉中期	泉陵侯刘彊	277	8.9	6.9	61.41
零陵 95YM2	甲 CⅠa※型	西汉晚期	泉陵侯刘庆之妻	279	10.3	9.2	94.76
衡阳天子坟		新莽至东汉初期	传为钟武侯刘圣				
贵县罗泊湾 M1	甲 BⅠa※≡型	西汉早期	名称不详	156	14	9.6	134.4
贵县罗泊湾 M2	甲 EⅠa※⑤型	西汉早期	名称不详		12.72	6.06	77.0832
贺县金钟 M1	甲 BⅠaⅱ⑤※型	西汉早期	名称不详	157	13	8	104

附表 B3　华南县级官吏墓葬登记简表

名称	类型	时期	文字资料	方向(°)	墓长（米）	墓宽（米）	面积（平方米）
常德五里村 M30	甲 EⅡb 型	西汉早期	石印"长沙郤丞"	199	3.9	2.8	10.92
54 长月 M25①		西汉早期	石印"陆梁尉印"		3.14	2.36	7.410
常德 92DWM1	甲 BⅠa 型	西汉中期	石印"临湘之印"	165	4	2.6	10.4
保靖 02-03 清 M1	甲 BⅠa/⑤型	西汉中期	铜壶铭"万岁令第朱五"	189	5.4	4.3	23.22
藤县鸡谷山西汉墓	甲 BⅠb 型	西汉晚期	石印"猛陵囗印"	45	3.9	2.1	8.19
52 长杜 M801		西汉晚期	石印"故陆令印"		5.2	2.9	15.080
53 长子 M23		西汉晚期	石印"广信令印"		3.7	2.1	7.770
54 长魏 M4		西汉晚期	石印"春陵之印"		2.92	2.12	6.190
54 长陈 M1		西汉晚期	石印"临湘令印"		4.5	3	13.500
55 长魏 M19		西汉晚期	石印"荼陵"		3.32	2.86	9.495
58 长杨 M3		西汉晚期	石印"武岗长印"		3.4	2.6	8.840
60 长杨 M6		西汉晚期	石印"逃阳令印"		3.35	2.7	9.045
75 长南 M24		西汉晚期	石印"镡成令印"		3.68	2.56	9.421
60 长子 M2		西汉晚期	石印"桂丞"		3	2.3	6.900
60 长南 M8		西汉晚期	石印"冷道尉印"		2.7	1.9	5.130
64 长五 M6		西汉晚期	石印"攸丞"		2.88	2.2	6.336
长沙 00 王家垅西汉墓	甲 BⅡb 型	西汉	石印"屠陵长印"	北偏东 18	5.6	3.2	17.92
津市 96 津新豹 M2	乙 CⅠaⅵ型	东汉中期	石印"索尉之印"	180	9.4	2.55	23.97
常德 73 常南 M1	乙 FⅡaⅵ型	东汉中期	石印"酉阳长印"	85	5.2	2.04	10.608

①　54 长月 M25 至 64 长五 M6 等 13 座墓葬，均见湖南省博物馆《湖南省博物馆藏古玺印集》，上海书店 1991 年版。

续表

名称	类型	时期	文字资料	方向(°)	墓长(米)	墓宽(米)	面积(平方米)
常德南坪 M63	乙 C I aγi 型	东汉中期	石印"汉寿左尉"、铜印"武乡"	275	7.4	2.65	19.61
常德常南 M10	乙 F II aγi 型	东汉晚期	铜印"临湘右尉"	250	7.44	4.2	31.248
常德常东 M1	乙 F II a 型	东汉	石印"索左尉印""酉阳丞印"	360	5.56	8.74	48.594
常德 95 新安 M2	乙 B I a 型	东汉①	石印"沅南丞印"				

附表 B4　华南其他各级官吏墓葬登记简表

名称	类型	时期	文字资料	方向(°)	墓长(米)	墓宽(米)	面积(平方米)
广州 73 淘金坑 M7	甲 B I b 型	西汉初期	铜印"赵望之""臣望之"	340	4	2.4	9.6
广州 M1070（55 东侨 M6）	甲 B I b 型	西汉早期	铜印"梁奋""臣奋"	180	4	2.1	8.4
广州 M1075（55 东侨 M15）	甲 B I b① 型	西汉早期	玛瑙印"赵安"	62	4.2	2.06	8.652
广州 M1148（55 东侨 M27）	甲 B I a 型	西汉早期	铜印"臣之""得之"	350	3.62	2.02	7.3124
广州 M1180（55 东侨 M49）	甲 B I a※ 型	西汉早期	玉印"李嘉"、陶瓮"常御"	270	7.26	2.98	21.6348
广州 M1048（56 东黄 M3）	甲 B I b≡ 型	西汉早期	漆盒"高乐"、漆尊"番禺"	360	4.45	2.76	12.282
广州 73 淘金坑 M1	甲 A II b 型	西汉早期	"常御""第六"	70	3.1	0.86	2.666
广州 73 淘金坑 M8	甲 B I a 型	西汉早期	"臣于"刻划	240	4.18	2.3	9.614
广州 73 淘金坑 M16	甲 B I b 型	西汉早期	"长秋居室"戳印	340	3.7	2	7.4
广州 97 猫儿岗西汉墓	甲 B I a※③ 型	西汉早期	"工平、工万、工恶、樊口""东南一"至"东南十八""千秋万岁"等漆文		12.5		
广州 M1010（53 北子 M1）	甲 E II b 型	西汉早期	陶鼎"食官第一"	190	3.55	1.48	5.254
长沙 58 长杨铁 M3	甲 B I b 型	西汉早期	玉印"陈平"，滑石印 4 字	270	3.4	2.6	8.84

---

① 据《后汉书·郡国志》，沅南为东汉建武二十五年置。如据此，则该墓当不会早于东汉早期，但因该墓资料报道有限，无法确定其大体下限，因此必能暂以"东汉"标示时期。

名称	类型	时期	文字资料	方向(°)	墓长(米)	墓宽(米)	面积(平方米)
长沙 56B2	甲 B Ⅰ b 型	西汉早期	铜印"刘当居印""刘长孙"	70	3.1	1.62	5.022
长沙 57 左家塘西汉墓	甲 B Ⅰ b 型	西汉早期	玉印"陈閒"		3.8	2.3	8.74
衡阳 86 衡赤 M131	甲 B Ⅰ a 型	西汉早期	铜印"陈达"	24	4.4	3.2	14.08
65 长野 M25		西汉早期	石印"兴里乡印"		3	2.12	6.360
湘乡 65 韶湘 M86	甲 B Ⅱ b 型	西汉中期	玉印"梅墅"	72	2.54	1.84	4.6736
广州 73 淘金坑 M22	甲 B Ⅰ b 型	西汉中期	"官根"印文	344	2.64	2	5.28
合浦 71 望牛岭西汉墓	甲 F aⅵ 型	西汉中期	"九真府、九真府口器"题记、"庸母印"	南偏西 40	25.8	14	361.2
长沙 63 长汤 M1	甲 B Ⅱ a 型	西汉中期	"张端君"系列铭文	100	6.8	5.3	36.04
长沙 56F4	甲 B Ⅰ b 型	西汉中期	铜器"刘孝君"铭	46	7.8	5.66	44.148
广州 M2060（58 西冷 M1）	甲 B Ⅰ b※ 三 型	西汉中期	漆盘"真口长"三字，下接"口君"，铜尊口"真君亦"	210	4.78	2.8	13.384
广州 M2062（55 北横 M25）	甲 B Ⅰ a※ 三 型	西汉中期	铜印"雍顺意印"	82	5.1	3.64	18.564
长沙 59 长柳 M32	甲 B Ⅰ a※ 型	西汉中期	铜器铭"闵瓮主家"		13.56	7.43	100.750
常德 92DWM2	甲 B Ⅰ a 型	西汉中期	石印"安陵君印""陶道之印"	160	4.8	3.4	16.32
合浦堂排 M1	甲 C Ⅰ a ⅱ ④⑥ 型	西汉晚期		150	8.1	6.7	54.27
合浦堂排 M3	甲 B Ⅰ a 型	西汉晚期		280	7.4	4.8	35.52
合浦堂排 M4	甲 B Ⅰ a ⅵ ⅶ 型	西汉晚期		275	6	3.8	22.8
54 长杜 M2		西汉晚期	石印"靖园长印"		3.7	2.1	7.77
55 长侯 M18		西汉晚期	玛瑙印"长沙仆"		4.95	3.57	17.672
55 长潘 M2		西汉晚期	石印"长沙顷庙"		4.96	3.48	17.261
55 长魏 M18		西汉晚期	铜印"上沅渔监"				
56 长冬 M3		西汉晚期	石印"家丞"				
60 长杨 M7		西汉晚期	石印"官司空之印"		4	2.4	9.6

名称	类型	时期	文字资料	方向(°)	墓长(米)	墓宽(米)	面积(平方米)
59 长下 M6		西汉晚期	石印"御府长印"		3.75	2.31	8.663
60 长窑 M1		西汉晚期	石印"宫丞之印"			2.52	
长沙 53 白沙新莽墓	乙 B I a 型	新莽至东汉初期	铜印"傅褒私印"		5.3	2.94	15.582
资兴 78M123	甲 B Ⅱ a※型	东汉早期	铜印"邓克私印"	190	7	3.5	24.5
资兴 78M132	甲 B Ⅱ a 型	东汉早期	铜印"李守私印",银指环"李守"	160	5.3	2.7	14.31
湘乡 87 乡枚 M1	乙 C I aⅵ型	东汉中期	砖铭"零陵太守五官屈府橡金室""阳嘉三年造""门下口泪扬"	250	9.2	3.1	28.52
广州 M5066(55 东茶 M4)	乙 C Ⅱ aⅵⅶ③型	东汉晚期	铜印"周竟印信"	5	9	2.75	24.75
安福 02 车田 M1	乙 B I aⅵⅷ型	东汉晚期	铜印四字,未介绍	朝西	4.9	2.1	10.29
耒阳 56 西郊东汉砖室墓		东汉	铜印"田年"	南偏西 10			
长沙 75 长王 M3	甲 B Ⅱ b 型	西汉	滑石印"都乡啬夫"		2.6	1.6	4.16

附录二　华南地区秦汉考古资料简目[①]

名称	墓葬形制	时期	位置	发掘发现时间
安福 02 车田 M1	乙 B I a ⅵ ⅷ型	东汉晚期	江西安福县枫田镇车田村北	2002 年 5 月 22 日
安福 02 车田 M2	乙 B I a ⅵ ⅷ型	东汉晚期	江西安福县枫田镇车田村北	2002 年 5 月 22 日
安福 02 车田 M3	乙 B I a ⅵ ⅷ型	东汉晚期	江西安福县枫田镇车田村北	2002 年 5 月 22 日
安福安平古城		汉代	江西安福县安平县古城	
安仁庵子具墓群		汉代	湖南安仁县清溪乡红光村	
安仁长龙墓群		汉代	湖南安仁县龙海乡龙海村	
安仁长子岭墓群		汉代	湖南安仁县渡口乡松林村	
安仁冲子岭墓群		汉代	湖南安仁县禾市乡新渡村	
安仁凤岗山墓群		汉代	湖南安仁县排山乡排山村	
安仁浮冲坳墓群		汉代	湖南安仁县清溪乡镜塘村	
安仁蝴蝶形墓群		汉代	湖南安仁县竹山乡茶山村	
安仁虎形坳墓群		汉代	湖南安仁县清溪乡镜塘村	
安仁花园坳墓群		汉代	湖南安仁县清溪乡镜塘村	
安仁井背墓群		汉代	湖南安仁县渡口乡石云村	
安仁李古坳墓群		汉代	湖南安仁县洋际乡新市村	
安仁龙王庙墓群		汉代	湖南安仁县朝阳乡并田村	
安仁栾山墓群		汉代	湖南安仁县清溪乡桥南村	
安仁罗子坳墓群		汉代	湖南安仁县清溪乡黄泥村	

[①] 本表的资料采集标准为：第一，以秦汉时代的考古为准；与地区发展有密切关系的春秋、战国等时代资料也酌情收集；第二，考古报告、考古简报、调查报告、文物地图集、文物志、地方志、个人论文中相关内容均加纳；第三，如《中国文物地图集》与各地县市地方志、文物志等资料中的遗址时代等判定出现不同时，若能据发表资料重新断代者，则重新断代；而若资料发表有限难以断代者，则大体以地方志、文物志为准录入。如厦门市石塘旗尾山遗存点，《中国文物地图集》断代为青铜时代，而《厦门文物志》则断为"青铜时代至汉代"，故据文物志录入。第四，当《中国文物地图集》与各地县市地方志、文物志等资料中遗址的定名出现差异时，则酌情处理。如福建龙海市榜山镇在 2002 年调查中有雩林山遗址，在《中国文物地图集·福建分册》中"万宝山遗址"，以 2002 年调查时名录录入。

为使本表简洁，"地名"栏内各地名中原有的"省""自治区"均加省略；"新莽至东汉初期"简称"新莽"；时代中"至"省略，如"春秋至闽越"，简称为"春秋闽越"，"商周至汉"简称为"商周汉"。

表内各项考古资料的出处，见附录《华南秦汉考古资料编年》的相关条目，表中"发掘发现时间"栏内的各项考古发掘或发现时间，在编年中按时间可行查核；原始资料中未提供"发掘或发现时间"者本表以空白处理；发掘发现时间原报道至日者依原始资料，无日期者仅写主月，跨年者以破折号连接。

表中符号：a 代表有墓道、b 代表无墓道、①代表卵石铺底、②代表腰坑、③代表壁龛、④代表墓底铺沙、⑤代表底铺膏泥、⑥代表底铺木炭草木灰、⑦代表墓底铺朱砂、⑧代表土坑墓底部铺砖、i 代表柱洞、ⅱ代表二层台、ⅳ代表砖木合构、ⅴ代表砖石合构、ⅵ代表甬道、ⅶ代表耳室、ⅷ代表偏墓道、※代表分室、⊥代表横前堂、≡代表分层、≠代表假分层、＼代表墓葬斜壁、卜代表台阶式墓壁。若原始资料中墓葬重号，则以其中一个为原号，在另一个之后加"？"号。

续表

名称	墓葬形制	时期	位置	发掘发现时间
安仁麻田湾墓群		汉代	湖南安仁县城关镇麻田村	
安仁太平山墓群		汉代	湖南安仁县竹山乡竹山村	
安仁桐子山墓群		汉代	湖南安仁县禾市乡泗江村	
安仁乌龟山墓群		汉代	湖南安仁县排山乡高陂村	
安仁新屋墓群		汉代	湖南安仁县渡口乡石云村	
安乡80沙湖口东汉墓		东汉	湖南安乡县安障乡沙湖口	1980年8月
安乡82沙湖口东汉墓		东汉	湖南安乡县安障乡沙湖口	1982年9—12月
安乡82瓦渣岗东汉墓		东汉	湖南安乡县安障乡瓦渣岗	1982年9—12月
安乡82王家湾东汉墓		东汉	湖南安乡县安障乡王家湾	1982年9—12月
安乡82永太垸东汉墓		东汉	湖南安乡县焦圻镇永太垸	1982年9—12月
安乡84东汉墓		东汉	湖南安乡县	1984年
安乡白湖岗墓群		东汉唐	湖南安乡县焦圻镇安金村	
安乡白家岗墓群		汉唐宋	湖南安乡县安造乡白家岗村	
安乡蔡家溪墓群		汉代	湖南安乡县安障乡渔场	
安乡大鲸港墓群		东汉唐宋清	湖南安乡县大鲸港镇朱家洲	
安乡段家屋场墓群		东汉唐	湖南安乡县安障乡丁堤村	
安乡汉代铜镜		汉代	湖南安乡县	1979年
安乡幕府岗墓群		汉代	湖南安乡县安障乡	
安乡石柱岗墓群		汉晋唐	湖南安乡县安障乡新剅口村石柱岗	
安乡书院洲墓群		战国东汉	湖南安乡县城关镇建材厂外滩	
安乡瓦渣岗墓群		汉晋唐	湖南安乡县安障乡车家铺村	
安乡肖家山墓群		东汉唐宋清	湖南安乡县安全乡槐树村	
安乡窑眼头墓群		汉唐宋	湖南安乡县安障乡王家湾村	
安乡余家屋场墓群		东汉唐	湖南安乡县安障乡沙湖口村	
安乡邹家场墓群		东汉宋	湖南安乡县安全乡槐树村	
安乡作唐城		东汉	湖南安乡县安全乡槐树村肖家山	
安远72湾里汉代钱币		汉代	江西安远镇港乡湾里村，县城南20公里	1972年8月至1990年
白沙印妹岭遗址		汉代	海南白沙县云门乡印妹村北边南开河南岸	1986年3月
百色82阳圩汉墓群		汉代	广西百色县阳圩公社街北小山	1982年5月
百色汉代遗物		汉代	广西百色市	
宝安84岗面山东汉墓		东汉	广东宝安县新安镇西乡中学北侧岗面山	1984年4月
宝安84西蔗M10	甲AⅡb型	东汉	广东宝安县新安镇臣田村铁仔山东坡	1984年10月
宝安84西蔗M11	乙BⅠaⅵ型	东汉	广东宝安县新安镇臣田村铁仔山东坡	1984年10月
宝安85咸头岭东汉墓	甲AⅡb型	东汉	广东宝安县大鹏咸头岭东边沙丘	1985年5月
保靖02—03清M1	甲BⅠa/⑤型	西汉中期	湖南湘西保靖县清水坪镇	2002年4月—2003年12月
保靖02—03清M10	甲BⅡb/型	西汉晚期	湖南湘西保靖县清水坪镇	2002年4月—2003年12月
保靖02—03清M100	甲AⅡb型	西汉晚期	湖南湘西保靖县清水坪镇	2002年4月—2003年12月

名称	墓葬形制	时期	位置	发掘发现时间
保靖 02—03 清 M101	甲 C Ⅱ a 型	新莽	湖南湘西保靖县清水坪镇	2002 年 4 月—2003 年 12 月
保靖 02—03 清 M102	甲 B Ⅱ b 型	西汉晚期	湖南湘西保靖县清水坪镇	2002 年 4 月—2003 年 12 月
保靖 02—03 清 M103	甲 B Ⅱ b 型	西汉晚期	湖南湘西保靖县清水坪镇	2002 年 4 月—2003 年 12 月
保靖 02—03 清 M104	甲 B Ⅱ b 型	西汉晚期	湖南湘西保靖县清水坪镇	2002 年 4 月—2003 年 12 月
保靖 02—03 清 M105	甲 B Ⅱ b 型	西汉中期	湖南湘西保靖县清水坪镇	2002 年 4 月—2003 年 12 月
保靖 02—03 清 M106	甲 B Ⅱ b 型	西汉晚期	湖南湘西保靖县清水坪镇	2002 年 4 月—2003 年 12 月
保靖 02—03 清 M107	甲 B Ⅱ b 型	西汉晚期	湖南湘西保靖县清水坪镇	2002 年 4 月—2003 年 12 月
保靖 02—03 清 M108	甲 B Ⅱ b 型	西汉晚期	湖南湘西保靖县清水坪镇	2002 年 4 月—2003 年 12 月
保靖 02—03 清 M109	甲 B Ⅱ b 型	西汉晚期	湖南湘西保靖县清水坪镇	2002 年 4 月—2003 年 12 月
保靖 02—03 清 M11	甲 B Ⅱ a/ 型	西汉晚期	湖南湘西保靖县清水坪镇	2002 年 4 月—2003 年 12 月
保靖 02—03 清 M110	甲 B Ⅱ b 型	西汉晚期	湖南湘西保靖县清水坪镇	2002 年 4 月—2003 年 12 月
保靖 02—03 清 M111	甲 B Ⅱ b 型	西汉晚期	湖南湘西保靖县清水坪镇	2002 年 4 月—2003 年 12 月
保靖 02—03 清 M112	甲 B Ⅱ b 型	西汉晚期	湖南湘西保靖县清水坪镇	2002 年 4 月—2003 年 12 月
保靖 02—03 清 M113	甲 B Ⅱ a 型	西汉晚期	湖南湘西保靖县清水坪镇	2002 年 4 月—2003 年 12 月
保靖 02—03 清 M114	甲 B Ⅱ b 型	西汉晚期	湖南湘西保靖县清水坪镇	2002 年 4 月—2003 年 12 月
保靖 02—03 清 M115	甲 B Ⅱ b 型	西汉晚期	湖南湘西保靖县清水坪镇	2002 年 4 月—2003 年 12 月
保靖 02—03 清 M116	甲 B Ⅰ b 型	西汉晚期	湖南湘西保靖县清水坪镇	2002 年 4 月—2003 年 12 月
保靖 02—03 清 M117	甲 B Ⅱ b 型	西汉晚期	湖南湘西保靖县清水坪镇	2002 年 4 月—2003 年 12 月
保靖 02—03 清 M118	甲 B Ⅱ b 型	西汉晚期	湖南湘西保靖县清水坪镇	2002 年 4 月—2003 年 12 月
保靖 02—03 清 M119	甲 B Ⅱ b/ 型	西汉晚期	湖南湘西保靖县清水坪镇	2002 年 4 月—2003 年 12 月
保靖 02—03 清 M12	甲 B Ⅱ b/ 型	西汉晚期	湖南湘西保靖县清水坪镇	2002 年 4 月—2003 年 12 月
保靖 02—03 清 M120	甲 B Ⅱ b 型	西汉晚期	湖南湘西保靖县清水坪镇	2002 年 4 月—2003 年 12 月
保靖 02—03 清 M121	甲 B Ⅱ b 型	西汉中期	湖南湘西保靖县清水坪镇	2002 年 4 月—2003 年 12 月
保靖 02—03 清 M122	甲 B Ⅱ b 型	西汉中期	湖南湘西保靖县清水坪镇	2002 年 4 月—2003 年 12 月
保靖 02—03 清 M123	甲 B Ⅰ a 型	西汉中期	湖南湘西保靖县清水坪镇	2002 年 4 月—2003 年 12 月
保靖 02—03 清 M124	甲 B Ⅱ a 型	西汉中期	湖南湘西保靖县清水坪镇	2002 年 4 月—2003 年 12 月
保靖 02—03 清 M125	甲 B Ⅱ a 型	新莽	湖南湘西保靖县清水坪镇	2002 年 4 月—2003 年 12 月
保靖 02—03 清 M126	甲 B Ⅱ b 型	西汉晚期	湖南湘西保靖县清水坪镇	2002 年 4 月—2003 年 12 月
保靖 02—03 清 M127	甲 B Ⅱ b 型	西汉晚期	湖南湘西保靖县清水坪镇	2002 年 4 月—2003 年 12 月
保靖 02—03 清 M128	甲 B Ⅱ b 型	西汉晚期	湖南湘西保靖县清水坪镇	2002 年 4 月—2003 年 12 月
保靖 02—03 清 M129	甲 B Ⅱ a 型	西汉晚期	湖南湘西保靖县清水坪镇	2002 年 4 月—2003 年 12 月
保靖 02—03 清 M13	甲 C Ⅰ a 型	西汉晚期	湖南湘西保靖县清水坪镇	2002 年 4 月—2003 年 12 月
保靖 02—03 清 M130	甲 B Ⅱ b 型	西汉中期	湖南湘西保靖县清水坪镇	2002 年 4 月—2003 年 12 月
保靖 02—03 清 M131	甲 B Ⅱ b 型	西汉中期	湖南湘西保靖县清水坪镇	2002 年 4 月—2003 年 12 月
保靖 02—03 清 M132	甲 B Ⅱ b 型	西汉中期	湖南湘西保靖县清水坪镇	2002 年 4 月—2003 年 12 月
保靖 02—03 清 M133	甲 C Ⅱ a 型	西汉晚期	湖南湘西保靖县清水坪镇	2002 年 4 月—2003 年 12 月
保靖 02—03 清 M134	甲 B Ⅱ b 型	西汉晚期	湖南湘西保靖县清水坪镇	2002 年 4 月—2003 年 12 月
保靖 02—03 清 M135	甲 B Ⅱ a 型	西汉中期	湖南湘西保靖县清水坪镇	2002 年 4 月—2003 年 12 月
保靖 02—03 清 M136	甲 B Ⅱ b 型	西汉晚期	湖南湘西保靖县清水坪镇	2002 年 4 月—2003 年 12 月
保靖 02—03 清 M137	甲 B Ⅱ b 型	西汉晚期	湖南湘西保靖县清水坪镇	2002 年 4 月—2003 年 12 月

名称	墓葬形制	时期	位置	发掘发现时间
保靖 02—03 清 M138	甲 B Ⅱ b 型	西汉晚期	湖南湘西保靖县清水坪镇	2002 年 4 月—2003 年 12 月
保靖 02—03 清 M139	甲 C Ⅱ a 型	西汉晚期	湖南湘西保靖县清水坪镇	2002 年 4 月—2003 年 12 月
保靖 02—03 清 M14	甲 B Ⅱ b 型	西汉晚期	湖南湘西保靖县清水坪镇	2002 年 4 月—2003 年 12 月
保靖 02—03 清 M140	甲 B Ⅱ b 型	西汉中期	湖南湘西保靖县清水坪镇	2002 年 4 月—2003 年 12 月
保靖 02—03 清 M141	甲 B Ⅱ b 型	西汉中期	湖南湘西保靖县清水坪镇	2002 年 4 月—2003 年 12 月
保靖 02—03 清 M142	甲 B Ⅱ b 型	西汉中期	湖南湘西保靖县清水坪镇	2002 年 4 月—2003 年 12 月
保靖 02—03 清 M143	甲 B Ⅱ b 型	西汉中期	湖南湘西保靖县清水坪镇	2002 年 4 月—2003 年 12 月
保靖 02—03 清 M144	甲 B Ⅱ b 型	西汉中期	湖南湘西保靖县清水坪镇	2002 年 4 月—2003 年 12 月
保靖 02—03 清 M145	甲 B Ⅱ b 型	西汉中期	湖南湘西保靖县清水坪镇	2002 年 4 月—2003 年 12 月
保靖 02—03 清 M146	甲 B Ⅱ a 型	西汉晚期	湖南湘西保靖县清水坪镇	2002 年 4 月—2003 年 12 月
保靖 02—03 清 M147	甲 A Ⅱ b 型	西汉晚期	湖南湘西保靖县清水坪镇	2002 年 4 月—2003 年 12 月
保靖 02—03 清 M148	甲 B Ⅰ b 型	西汉中期	湖南湘西保靖县清水坪镇	2002 年 4 月—2003 年 12 月
保靖 02—03 清 M149	甲 C Ⅱ a 型	新莽	湖南湘西保靖县清水坪镇	2002 年 4 月—2003 年 12 月
保靖 02—03 清 M15	甲 C Ⅱ b 型	新莽	湖南湘西保靖县清水坪镇	2002 年 4 月—2003 年 12 月
保靖 02—03 清 M150	甲 B Ⅱ a 型	新莽	湖南湘西保靖县清水坪镇	2002 年 4 月—2003 年 12 月
保靖 02—03 清 M151	甲 B Ⅱ b 型	西汉中期	湖南湘西保靖县清水坪镇	2002 年 4 月—2003 年 12 月
保靖 02—03 清 M152	甲 B Ⅱ b 型	西汉中期	湖南湘西保靖县清水坪镇	2002 年 4 月—2003 年 12 月
保靖 02—03 清 M153	甲 B Ⅱ b 型	西汉中期	湖南湘西保靖县清水坪镇	2002 年 4 月—2003 年 12 月
保靖 02—03 清 M154	甲 B Ⅱ b 型	西汉晚期	湖南湘西保靖县清水坪镇	2002 年 4 月—2003 年 12 月
保靖 02—03 清 M155	甲 B Ⅱ b 型	西汉晚期	湖南湘西保靖县清水坪镇	2002 年 4 月—2003 年 12 月
保靖 02—03 清 M156	甲 B Ⅱ a 型	新莽	湖南湘西保靖县清水坪镇	2002 年 4 月—2003 年 12 月
保靖 02—03 清 M157	甲 B Ⅱ b 型	西汉晚期	湖南湘西保靖县清水坪镇	2002 年 4 月—2003 年 12 月
保靖 02—03 清 M158	甲 B Ⅱ b 型	西汉中期	湖南湘西保靖县清水坪镇	2002 年 4 月—2003 年 12 月
保靖 02—03 清 M159	甲 B Ⅱ b 型	西汉中期	湖南湘西保靖县清水坪镇	2002 年 4 月—2003 年 12 月
保靖 02—03 清 M16	甲 B Ⅱ a 型	新莽	湖南湘西保靖县清水坪镇	2002 年 4 月—2003 年 12 月
保靖 02—03 清 M160	甲 B Ⅱ b 型	西汉晚期	湖南湘西保靖县清水坪镇	2002 年 4 月—2003 年 12 月
保靖 02—03 清 M161	甲 B Ⅱ b 型	西汉中期	湖南湘西保靖县清水坪镇	2002 年 4 月—2003 年 12 月
保靖 02—03 清 M162	甲 B Ⅱ 型	西汉晚期	湖南湘西保靖县清水坪镇	2002 年 4 月—2003 年 12 月
保靖 02—03 清 M163	甲 B Ⅱ b 型	西汉晚期	湖南湘西保靖县清水坪镇	2002 年 4 月—2003 年 12 月
保靖 02—03 清 M164	甲 B Ⅱ b 型	西汉晚期	湖南湘西保靖县清水坪镇	2002 年 4 月—2003 年 12 月
保靖 02—03 清 M165	甲 B Ⅱ b 型	西汉中期	湖南湘西保靖县清水坪镇	2002 年 4 月—2003 年 12 月
保靖 02—03 清 M166	甲 B Ⅱ b 型	西汉晚期	湖南湘西保靖县清水坪镇	2002 年 4 月—2003 年 12 月
保靖 02—03 清 M167	甲 B Ⅱ a 型	西汉晚期	湖南湘西保靖县清水坪镇	2002 年 4 月—2003 年 12 月
保靖 02—03 清 M168	甲 B Ⅱ b 型	西汉晚期	湖南湘西保靖县清水坪镇	2002 年 4 月—2003 年 12 月
保靖 02—03 清 M169	甲 C Ⅱ b 型	西汉晚期	湖南湘西保靖县清水坪镇	2002 年 4 月—2003 年 12 月
保靖 02—03 清 M17	甲 B Ⅰ b/ 型	西汉早期	湖南湘西保靖县清水坪镇	2002 年 4 月—2003 年 12 月
保靖 02—03 清 M170	甲 B Ⅱ b 型	西汉晚期	湖南湘西保靖县清水坪镇	2002 年 4 月—2003 年 12 月
保靖 02—03 清 M171	甲 A Ⅱ b 型	西汉晚期	湖南湘西保靖县清水坪镇	2002 年 4 月—2003 年 12 月
保靖 02—03 清 M172	甲 B Ⅱ b⑤⑦型	西汉中期	湖南湘西保靖县清水坪镇	2002 年 4 月—2003 年 12 月
保靖 02—03 清 M173	甲 C Ⅱ b 型	西汉晚期	湖南湘西保靖县清水坪镇	2002 年 4 月—2003 年 12 月

名称	墓葬形制	时期	位置	发掘发现时间
保靖 02—03 清 M174	甲 B Ⅱ b 型	西汉晚期	湖南湘西保靖县清水坪镇	2002 年 4 月—2003 年 12 月
保靖 02—03 清 M175	甲 B Ⅱ a 型	西汉晚期	湖南湘西保靖县清水坪镇	2002 年 4 月—2003 年 12 月
保靖 02—03 清 M176	甲 B Ⅱ b 型	西汉中期	湖南湘西保靖县清水坪镇	2002 年 4 月—2003 年 12 月
保靖 02—03 清 M177	甲 C Ⅱ a 型	新莽	湖南湘西保靖县清水坪镇	2002 年 4 月—2003 年 12 月
保靖 02—03 清 M178	甲 B Ⅱ b 型	新莽	湖南湘西保靖县清水坪镇	2002 年 4 月—2003 年 12 月
保靖 02—03 清 M179	甲 B Ⅱ b 型	西汉晚期	湖南湘西保靖县清水坪镇	2002 年 4 月—2003 年 12 月
保靖 02—03 清 M18	甲 B Ⅱ b/ 型	西汉晚期	湖南湘西保靖县清水坪镇	2002 年 4 月—2003 年 12 月
保靖 02—03 清 M180	甲 B Ⅱ a 型	西汉晚期	湖南湘西保靖县清水坪镇	2002 年 4 月—2003 年 12 月
保靖 02—03 清 M181	甲 B Ⅱ b 型	西汉晚期	湖南湘西保靖县清水坪镇	2002 年 4 月—2003 年 12 月
保靖 02—03 清 M182	甲 B Ⅱ b 型	西汉中期	湖南湘西保靖县清水坪镇	2002 年 4 月—2003 年 12 月
保靖 02—03 清 M183	甲 B Ⅱ b 型	西汉中期	湖南湘西保靖县清水坪镇	2002 年 4 月—2003 年 12 月
保靖 02—03 清 M184	甲 B Ⅱ b 型	西汉晚期	湖南湘西保靖县清水坪镇	2002 年 4 月—2003 年 12 月
保靖 02—03 清 M185	甲 B Ⅱ b 型	西汉晚期	湖南湘西保靖县清水坪镇	2002 年 4 月—2003 年 12 月
保靖 02—03 清 M186	甲 A Ⅰ b 型	西汉晚期	湖南湘西保靖县清水坪镇	2002 年 4 月—2003 年 12 月
保靖 02—03 清 M187	甲 A Ⅱ b 型	西汉晚期	湖南湘西保靖县清水坪镇	2002 年 4 月—2003 年 12 月
保靖 02—03 清 M188	甲 B Ⅱ a 型	西汉中期	湖南湘西保靖县清水坪镇	2002 年 4 月—2003 年 12 月
保靖 02—03 清 M189	甲 B Ⅱ b 型	西汉晚期	湖南湘西保靖县清水坪镇	2002 年 4 月—2003 年 12 月
保靖 02—03 清 M19	甲 B Ⅱ a 型	西汉中期	湖南湘西保靖县清水坪镇	2002 年 4 月—2003 年 12 月
保靖 02—03 清 M190	甲 A Ⅱ b 型	西汉晚期	湖南湘西保靖县清水坪镇	2002 年 4 月—2003 年 12 月
保靖 02—03 清 M191	甲 B Ⅰ b 型	新莽	湖南湘西保靖县清水坪镇	2002 年 4 月—2003 年 12 月
保靖 02—03 清 M192	甲 B Ⅱ b 型	新莽	湖南湘西保靖县清水坪镇	2002 年 4 月—2003 年 12 月
保靖 02—03 清 M193	甲 A Ⅰ b 型	西汉晚期	湖南湘西保靖县清水坪镇	2002 年 4 月—2003 年 12 月
保靖 02—03 清 M194	甲 B Ⅱ b 型	西汉晚期	湖南湘西保靖县清水坪镇	2002 年 4 月—2003 年 12 月
保靖 02—03 清 M195	甲 C Ⅱ a 型	西汉晚期	湖南湘西保靖县清水坪镇	2002 年 4 月—2003 年 12 月
保靖 02—03 清 M196	甲 B Ⅱ a 型	西汉晚期	湖南湘西保靖县清水坪镇	2002 年 4 月—2003 年 12 月
保靖 02—03 清 M197	甲 B Ⅱ b 型	西汉晚期	湖南湘西保靖县清水坪镇	2002 年 4 月—2003 年 12 月
保靖 02—03 清 M198	甲 B Ⅱ b 型	西汉晚期	湖南湘西保靖县清水坪镇	2002 年 4 月—2003 年 12 月
保靖 02—03 清 M199	甲 B Ⅱ b 型	新莽	湖南湘西保靖县清水坪镇	2002 年 4 月—2003 年 12 月
保靖 02—03 清 M2	甲 C Ⅱ a/ 型	西汉中期	湖南湘西保靖县清水坪镇	2002 年 4 月—2003 年 12 月
保靖 02—03 清 M20	甲 B Ⅱ b/ 型	西汉中期	湖南湘西保靖县清水坪镇	2002 年 4 月—2003 年 12 月
保靖 02—03 清 M200	甲 B Ⅱ b 型	西汉晚期	湖南湘西保靖县清水坪镇	2002 年 4 月—2003 年 12 月
保靖 02—03 清 M201	甲 B Ⅱ b 型	西汉晚期	湖南湘西保靖县清水坪镇	2002 年 4 月—2003 年 12 月
保靖 02—03 清 M202	甲 B Ⅱ b 型	西汉晚期	湖南湘西保靖县清水坪镇	2002 年 4 月—2003 年 12 月
保靖 02—03 清 M203	甲 B Ⅱ a 型	西汉晚期	湖南湘西保靖县清水坪镇	2002 年 4 月—2003 年 12 月
保靖 02—03 清 M204	甲 B Ⅱ b 型	西汉晚期	湖南湘西保靖县清水坪镇	2002 年 4 月—2003 年 12 月
保靖 02—03 清 M205	甲 B Ⅱ b 型	西汉晚期	湖南湘西保靖县清水坪镇	2002 年 4 月—2003 年 12 月
保靖 02—03 清 M206	甲 B Ⅱ b 型	西汉晚期	湖南湘西保靖县清水坪镇	2002 年 4 月—2003 年 12 月
保靖 02—03 清 M207	甲 C Ⅱ b 型	新莽	湖南湘西保靖县清水坪镇	2002 年 4 月—2003 年 12 月
保靖 02—03 清 M208	甲 B Ⅱ b 型	西汉晚期	湖南湘西保靖县清水坪镇	2002 年 4 月—2003 年 12 月

名称	墓葬形制	时期	位置	发掘发现时间
保靖 02—03 清 M209	甲 B Ⅱ b 型	西汉晚期	湖南湘西保靖县清水坪镇	2002 年 4 月—2003 年 12 月
保靖 02—03 清 M21	甲 B Ⅱ a/ 型	西汉晚期	湖南湘西保靖县清水坪镇	2002 年 4 月—2003 年 12 月
保靖 02—03 清 M210	甲 B Ⅱ b 型	新莽	湖南湘西保靖县清水坪镇	2002 年 4 月—2003 年 12 月
保靖 02—03 清 M211	甲 B Ⅱ b 型	西汉中期	湖南湘西保靖县清水坪镇	2002 年 4 月—2003 年 12 月
保靖 02—03 清 M212	甲 B Ⅰ b 型	新莽	湖南湘西保靖县清水坪镇	2002 年 4 月—2003 年 12 月
保靖 02—03 清 M213	甲 B Ⅱ b 型	西汉晚期	湖南湘西保靖县清水坪镇	2002 年 4 月—2003 年 12 月
保靖 02—03 清 M214	甲 C Ⅱ b 型	新莽	湖南湘西保靖县清水坪镇	2002 年 4 月—2003 年 12 月
保靖 02—03 清 M215	甲 B Ⅱ b 型	西汉早期	湖南湘西保靖县清水坪镇	2002 年 4 月—2003 年 12 月
保靖 02—03 清 M216	甲 B Ⅱ b 型	西汉早期	湖南湘西保靖县清水坪镇	2002 年 4 月—2003 年 12 月
保靖 02—03 清 M217	甲 B Ⅱ b 型	西汉早期	湖南湘西保靖县清水坪镇	2002 年 4 月—2003 年 12 月
保靖 02—03 清 M218	甲 B Ⅱ b 型	西汉早期	湖南湘西保靖县清水坪镇	2002 年 4 月—2003 年 12 月
保靖 02—03 清 M219	甲 B Ⅱ b 型	西汉早期	湖南湘西保靖县清水坪镇	2002 年 4 月—2003 年 12 月
保靖 02—03 清 M22	甲 B Ⅰ b/ 型	西汉中期	湖南湘西保靖县清水坪镇	2002 年 4 月—2003 年 12 月
保靖 02—03 清 M220	甲 B Ⅱ b 型	西汉晚期	湖南湘西保靖县清水坪镇	2002 年 4 月—2003 年 12 月
保靖 02—03 清 M221	甲 B Ⅱ b 型	西汉早期	湖南湘西保靖县清水坪镇	2002 年 4 月—2003 年 12 月
保靖 02—03 清 M222	甲 C Ⅱ a 型	西汉晚期	湖南湘西保靖县清水坪镇	2002 年 4 月—2003 年 12 月
保靖 02—03 清 M223	甲 C Ⅱ b 型	西汉中期	湖南湘西保靖县清水坪镇	2002 年 4 月—2003 年 12 月
保靖 02—03 清 M224	甲 B Ⅱ b 型	西汉早期	湖南湘西保靖县清水坪镇	2002 年 4 月—2003 年 12 月
保靖 02—03 清 M225	甲 C Ⅰ b 型	西汉晚期	湖南湘西保靖县清水坪镇	2002 年 4 月—2003 年 12 月
保靖 02—03 清 M226	甲 C Ⅱ a 型	西汉早期	湖南湘西保靖县清水坪镇	2002 年 4 月—2003 年 12 月
保靖 02—03 清 M227	甲 B Ⅱ b 型	西汉早期	湖南湘西保靖县清水坪镇	2002 年 4 月—2003 年 12 月
保靖 02—03 清 M228	甲 B Ⅱ b 型	西汉早期	湖南湘西保靖县清水坪镇	2002 年 4 月—2003 年 12 月
保靖 02—03 清 M229	甲 B Ⅱ b 型	西汉晚期	湖南湘西保靖县清水坪镇	2002 年 4 月—2003 年 12 月
保靖 02—03 清 M23	甲 C Ⅱ a 型	新莽	湖南湘西保靖县清水坪镇	2002 年 4 月—2003 年 12 月
保靖 02—03 清 M230	甲 B Ⅱ b 型	西汉早期	湖南湘西保靖县清水坪镇	2002 年 4 月—2003 年 12 月
保靖 02—03 清 M231	甲 B Ⅱ b 型	西汉早期	湖南湘西保靖县清水坪镇	2002 年 4 月—2003 年 12 月
保靖 02—03 清 M232	甲 B Ⅱ b 型	西汉早期	湖南湘西保靖县清水坪镇	2002 年 4 月—2003 年 12 月
保靖 02—03 清 M233	甲 B Ⅱ b 型	西汉早期	湖南湘西保靖县清水坪镇	2002 年 4 月—2003 年 12 月
保靖 02—03 清 M234	甲 B Ⅱ b 型	西汉早期	湖南湘西保靖县清水坪镇	2002 年 4 月—2003 年 12 月
保靖 02—03 清 M235	甲 B Ⅱ b 型	西汉早期	湖南湘西保靖县清水坪镇	2002 年 4 月—2003 年 12 月
保靖 02—03 清 M236	甲 B Ⅱ b 型	西汉早期	湖南湘西保靖县清水坪镇	2002 年 4 月—2003 年 12 月
保靖 02—03 清 M237	甲 B Ⅱ b 型	西汉早期	湖南湘西保靖县清水坪镇	2002 年 4 月—2003 年 12 月
保靖 02—03 清 M238	甲 B Ⅱ b 型	西汉晚期	湖南湘西保靖县清水坪镇	2002 年 4 月—2003 年 12 月
保靖 02—03 清 M239	甲 B Ⅱ b 型	西汉晚期	湖南湘西保靖县清水坪镇	2002 年 4 月—2003 年 12 月
保靖 02—03 清 M24	甲 B Ⅱ b/ 型	西汉晚期	湖南湘西保靖县清水坪镇	2002 年 4 月—2003 年 12 月
保靖 02—03 清 M240	甲 B Ⅱ b 型	西汉早期	湖南湘西保靖县清水坪镇	2002 年 4 月—2003 年 12 月
保靖 02—03 清 M241	甲 B Ⅱ b 型	西汉晚期	湖南湘西保靖县清水坪镇	2002 年 4 月—2003 年 12 月
保靖 02—03 清 M242	甲 B Ⅱ b 型	西汉晚期	湖南湘西保靖县清水坪镇	2002 年 4 月—2003 年 12 月
保靖 02—03 清 M243	甲 C Ⅱ b 型	西汉晚期	湖南湘西保靖县清水坪镇	2002 年 4 月—2003 年 12 月

续表

名称	墓葬形制	时期	位置	发掘发现时间
保靖 02—03 清 M244	甲 BⅡb 型	西汉晚期	湖南湘西保靖县清水坪镇	2002 年 4 月—2003 年 12 月
保靖 02—03 清 M245	甲 BⅡb 型	西汉早期	湖南湘西保靖县清水坪镇	2002 年 4 月—2003 年 12 月
保靖 02—03 清 M246	甲 BⅡb 型	西汉晚期	湖南湘西保靖县清水坪镇	2002 年 4 月—2003 年 12 月
保靖 02—03 清 M247	甲 BⅡb 型	西汉晚期	湖南湘西保靖县清水坪镇	2002 年 4 月—2003 年 12 月
保靖 02—03 清 M248	甲 CⅡb 型	西汉晚期	湖南湘西保靖县清水坪镇	2002 年 4 月—2003 年 12 月
保靖 02—03 清 M249	甲 CⅡa 型	西汉晚期	湖南湘西保靖县清水坪镇	2002 年 4 月—2003 年 12 月
保靖 02—03 清 M25	甲 BⅡb/ 型	西汉中期	湖南湘西保靖县清水坪镇	2002 年 4 月—2003 年 12 月
保靖 02—03 清 M250	甲 BⅡa 型	西汉晚期	湖南湘西保靖县清水坪镇	2002 年 4 月—2003 年 12 月
保靖 02—03 清 M251	甲 BⅡb 型	西汉中期	湖南湘西保靖县清水坪镇	2002 年 4 月—2003 年 12 月
保靖 02—03 清 M252	甲 BⅡb 型	西汉晚期	湖南湘西保靖县清水坪镇	2002 年 4 月—2003 年 12 月
保靖 02—03 清 M253	甲 BⅡa 型	西汉晚期	湖南湘西保靖县清水坪镇	2002 年 4 月—2003 年 12 月
保靖 02—03 清 M254	甲 BⅡb 型	西汉中期	湖南湘西保靖县清水坪镇	2002 年 4 月—2003 年 12 月
保靖 02—03 清 M255	甲 CⅡb 型	西汉早期	湖南湘西保靖县清水坪镇	2002 年 4 月—2003 年 12 月
保靖 02—03 清 M26	甲 BⅡb/ 型	西汉晚期	湖南湘西保靖县清水坪镇	2002 年 4 月—2003 年 12 月
保靖 02—03 清 M27	甲 BⅡb 型	西汉晚期	湖南湘西保靖县清水坪镇	2002 年 4 月—2003 年 12 月
保靖 02—03 清 M28	甲 BⅡb/ 型	西汉中期	湖南湘西保靖县清水坪镇	2002 年 4 月—2003 年 12 月
保靖 02—03 清 M29	甲 BⅡb 型	西汉晚期	湖南湘西保靖县清水坪镇	2002 年 4 月—2003 年 12 月
保靖 02—03 清 M3	甲 BⅡb 型	西汉晚期	湖南湘西保靖县清水坪镇	2002 年 4 月—2003 年 12 月
保靖 02—03 清 M30	甲 BⅡb/ 型	新莽	湖南湘西保靖县清水坪镇	2002 年 4 月—2003 年 12 月
保靖 02—03 清 M31	甲 CⅡaⅱ/ 型	西汉晚期	湖南湘西保靖县清水坪镇	2002 年 4 月—2003 年 12 月
保靖 02—03 清 M32	甲 CⅡaⅱ/ 型	西汉晚期	湖南湘西保靖县清水坪镇	2002 年 4 月—2003 年 12 月
保靖 02—03 清 M33	甲 BⅡa 型	西汉晚期	湖南湘西保靖县清水坪镇	2002 年 4 月—2003 年 12 月
保靖 02—03 清 M34	甲 BⅡb 型	西汉中期	湖南湘西保靖县清水坪镇	2002 年 4 月—2003 年 12 月
保靖 02—03 清 M35	甲 BⅠa 型	西汉中期	湖南湘西保靖县清水坪镇	2002 年 4 月—2003 年 12 月
保靖 02—03 清 M36	甲 BⅡb 型	西汉中期	湖南湘西保靖县清水坪镇	2002 年 4 月—2003 年 12 月
保靖 02—03 清 M37	甲 BⅡa 型	西汉晚期	湖南湘西保靖县清水坪镇	2002 年 4 月—2003 年 12 月
保靖 02—03 清 M38	甲 CⅡa 型	西汉晚期	湖南湘西保靖县清水坪镇	2002 年 4 月—2003 年 12 月
保靖 02—03 清 M39	甲 BⅡa 型	西汉晚期	湖南湘西保靖县清水坪镇	2002 年 4 月—2003 年 12 月
保靖 02—03 清 M4	甲 AⅡb 型	西汉晚期	湖南湘西保靖县清水坪镇	2002 年 4 月—2003 年 12 月
保靖 02—03 清 M40	甲 BⅠb⑤ 型	西汉晚期	湖南湘西保靖县清水坪镇	2002 年 4 月—2003 年 12 月
保靖 02—03 清 M41	甲 BⅡb 型	西汉晚期	湖南湘西保靖县清水坪镇	2002 年 4 月—2003 年 12 月
保靖 02—03 清 M42	甲 BⅠbⅱ⑤ 型	西汉晚期	湖南湘西保靖县清水坪镇	2002 年 4 月—2003 年 12 月
保靖 02—03 清 M43	甲 CⅡa 型	西汉晚期	湖南湘西保靖县清水坪镇	2002 年 4 月—2003 年 12 月
保靖 02—03 清 M44	甲 BⅡb 型	西汉晚期	湖南湘西保靖县清水坪镇	2002 年 4 月—2003 年 12 月
保靖 02—03 清 M45	甲 AⅡb 型	新莽	湖南湘西保靖县清水坪镇	2002 年 4 月—2003 年 12 月
保靖 02—03 清 M46	甲 BⅡb 型	西汉晚期	湖南湘西保靖县清水坪镇	2002 年 4 月—2003 年 12 月
保靖 02—03 清 M47	甲 CⅡa 型	新莽	湖南湘西保靖县清水坪镇	2002 年 4 月—2003 年 12 月
保靖 02—03 清 M48	甲 BⅠaⅱ 型	新莽	湖南湘西保靖县清水坪镇	2002 年 4 月—2003 年 12 月
保靖 02—03 清 M49	甲 BⅡa 型	西汉晚期	湖南湘西保靖县清水坪镇	2002 年 4 月—2003 年 12 月

名称	墓葬形制	时期	位置	发掘发现时间
保靖 02—03 清 M5	甲 B Ⅱ b 型	西汉晚期	湖南湘西保靖县清水坪镇	2002 年 4 月—2003 年 12 月
保靖 02—03 清 M50	甲 B Ⅱ b 型	西汉晚期	湖南湘西保靖县清水坪镇	2002 年 4 月—2003 年 12 月
保靖 02—03 清 M51	甲 B Ⅱ b 型	西汉晚期	湖南湘西保靖县清水坪镇	2002 年 4 月—2003 年 12 月
保靖 02—03 清 M52	甲 B Ⅱ b 型	西汉晚期	湖南湘西保靖县清水坪镇	2002 年 4 月—2003 年 12 月
保靖 02—03 清 M53	甲 B Ⅱ b 型	新莽	湖南湘西保靖县清水坪镇	2002 年 4 月—2003 年 12 月
保靖 02—03 清 M54	甲 B Ⅱ b/型	西汉晚期	湖南湘西保靖县清水坪镇	2002 年 4 月—2003 年 12 月
保靖 02—03 清 M55	甲 C Ⅰ a/型	新莽	湖南湘西保靖县清水坪镇	2002 年 4 月—2003 年 12 月
保靖 02—03 清 M56	甲 C Ⅱ b/型	西汉晚期	湖南湘西保靖县清水坪镇	2002 年 4 月—2003 年 12 月
保靖 02—03 清 M57	甲 B Ⅱ b 型	西汉晚期	湖南湘西保靖县清水坪镇	2002 年 4 月—2003 年 12 月
保靖 02—03 清 M58	甲 B Ⅱ b 型	新莽	湖南湘西保靖县清水坪镇	2002 年 4 月—2003 年 12 月
保靖 02—03 清 M59	甲 B Ⅱ a/型	新莽	湖南湘西保靖县清水坪镇	2002 年 4 月—2003 年 12 月
保靖 02—03 清 M6	甲 A Ⅱ b 型	西汉晚期	湖南湘西保靖县清水坪镇	2002 年 4 月—2003 年 12 月
保靖 02—03 清 M60	甲 B Ⅱ b/型	西汉晚期	湖南湘西保靖县清水坪镇	2002 年 4 月—2003 年 12 月
保靖 02—03 清 M61	甲 C Ⅱ a/型	西汉晚期	湖南湘西保靖县清水坪镇	2002 年 4 月—2003 年 12 月
保靖 02—03 清 M62	甲 B Ⅱ a/型	新莽	湖南湘西保靖县清水坪镇	2002 年 4 月—2003 年 12 月
保靖 02—03 清 M63	甲 B Ⅱ b/型	西汉晚期	湖南湘西保靖县清水坪镇	2002 年 4 月—2003 年 12 月
保靖 02—03 清 M64	甲 C Ⅱ b 型	新莽	湖南湘西保靖县清水坪镇	2002 年 4 月—2003 年 12 月
保靖 02—03 清 M65	甲 D Ⅱ a 型	西汉晚期	湖南湘西保靖县清水坪镇	2002 年 4 月—2003 年 12 月
保靖 02—03 清 M66	甲 B Ⅱ b 型	西汉晚期	湖南湘西保靖县清水坪镇	2002 年 4 月—2003 年 12 月
保靖 02—03 清 M67	甲 B Ⅱ b/型	西汉早期	湖南湘西保靖县清水坪镇	2002 年 4 月—2003 年 12 月
保靖 02—03 清 M68	甲 B Ⅱ b/型	西汉早期	湖南湘西保靖县清水坪镇	2002 年 4 月—2003 年 12 月
保靖 02—03 清 M69	甲 B Ⅱ b/型	西汉晚期	湖南湘西保靖县清水坪镇	2002 年 4 月—2003 年 12 月
保靖 02—03 清 M7	甲 B Ⅱ b 型	西汉晚期	湖南湘西保靖县清水坪镇	2002 年 4 月—2003 年 12 月
保靖 02—03 清 M70	甲 C Ⅱ a/型	西汉晚期	湖南湘西保靖县清水坪镇	2002 年 4 月—2003 年 12 月
保靖 02—03 清 M71	甲 B Ⅱ b/型	新莽	湖南湘西保靖县清水坪镇	2002 年 4 月—2003 年 12 月
保靖 02—03 清 M72	甲 B Ⅱ b 型	西汉早期	湖南湘西保靖县清水坪镇	2002 年 4 月—2003 年 12 月
保靖 02—03 清 M73	甲 B Ⅱ b/型	西汉晚期	湖南湘西保靖县清水坪镇	2002 年 4 月—2003 年 12 月
保靖 02—03 清 M74	甲 B Ⅱ b/型	西汉晚期	湖南湘西保靖县清水坪镇	2002 年 4 月—2003 年 12 月
保靖 02—03 清 M75	甲 B Ⅱ b/型	西汉早期	湖南湘西保靖县清水坪镇	2002 年 4 月—2003 年 12 月
保靖 02—03 清 M76	甲 B Ⅱ b 型	西汉早期	湖南湘西保靖县清水坪镇	2002 年 4 月—2003 年 12 月
保靖 02—03 清 M77	甲 B Ⅱ b 型	西汉早期	湖南湘西保靖县清水坪镇	2002 年 4 月—2003 年 12 月
保靖 02—03 清 M78	甲 C Ⅰ a ⅱ 型	西汉晚期	湖南湘西保靖县清水坪镇	2002 年 4 月—2003 年 12 月
保靖 02—03 清 M79	甲 B Ⅱ b 型	西汉晚期	湖南湘西保靖县清水坪镇	2002 年 4 月—2003 年 12 月
保靖 02—03 清 M8	甲 B Ⅱ b 型	新莽	湖南湘西保靖县清水坪镇	2002 年 4 月—2003 年 12 月
保靖 02—03 清 M80	甲 B Ⅰ a 型	西汉晚期	湖南湘西保靖县清水坪镇	2002 年 4 月—2003 年 12 月
保靖 02—03 清 M81	甲 B Ⅱ a ⅱ 型	西汉晚期	湖南湘西保靖县清水坪镇	2002 年 4 月—2003 年 12 月
保靖 02—03 清 M82	甲 B Ⅱ b 型	西汉晚期	湖南湘西保靖县清水坪镇	2002 年 4 月—2003 年 12 月
保靖 02—03 清 M83	甲 B Ⅱ a 型	西汉晚期	湖南湘西保靖县清水坪镇	2002 年 4 月—2003 年 12 月
保靖 02—03 清 M84	甲 B Ⅰ b 型	西汉晚期	湖南湘西保靖县清水坪镇	2002 年 4 月—2003 年 12 月

续表

名称	墓葬形制	时期	位置	发掘发现时间
保靖 02—03 清 M85	甲 CⅡa 型	西汉晚期	湖南湘西保靖县清水坪镇	2002 年 4 月—2003 年 12 月
保靖 02—03 清 M86	甲 BⅡa 型	西汉晚期	湖南湘西保靖县清水坪镇	2002 年 4 月—2003 年 12 月
保靖 02—03 清 M87	甲 BⅠa 型	西汉晚期	湖南湘西保靖县清水坪镇	2002 年 4 月—2003 年 12 月
保靖 02—03 清 M88	甲 BⅡa 型	西汉中期	湖南湘西保靖县清水坪镇	2002 年 4 月—2003 年 12 月
保靖 02—03 清 M89	甲 CⅡb 型	西汉早期	湖南湘西保靖县清水坪镇	2002 年 4 月—2003 年 12 月
保靖 02—03 清 M9	甲 BⅠb⑤型	西汉中期	湖南湘西保靖县清水坪镇	2002 年 4 月—2003 年 12 月
保靖 02—03 清 M90	甲 BⅡb 型	西汉早期	湖南湘西保靖县清水坪镇	2002 年 4 月—2003 年 12 月
保靖 02—03 清 M91	甲 BⅡb 型	西汉晚期	湖南湘西保靖县清水坪镇	2002 年 4 月—2003 年 12 月
保靖 02—03 清 M92	甲 BⅡa 型	西汉晚期	湖南湘西保靖县清水坪镇	2002 年 4 月—2003 年 12 月
保靖 02—03 清 M93	甲 AⅡb 型	西汉晚期	湖南湘西保靖县清水坪镇	2002 年 4 月—2003 年 12 月
保靖 02—03 清 M94	甲 BⅡb 型	西汉晚期	湖南湘西保靖县清水坪镇	2002 年 4 月—2003 年 12 月
保靖 02—03 清 M95	甲 CⅡa 型	西汉晚期	湖南湘西保靖县清水坪镇	2002 年 4 月—2003 年 12 月
保靖 02—03 清 M96	甲 BⅡb 型	西汉晚期	湖南湘西保靖县清水坪镇	2002 年 4 月—2003 年 12 月
保靖 02—03 清 M97	甲 CⅡb 型	新莽	湖南湘西保靖县清水坪镇	2002 年 4 月—2003 年 12 月
保靖 02—03 清 M98	甲 BⅡb 型	西汉晚期	湖南湘西保靖县清水坪镇	2002 年 4 月—2003 年 12 月
保靖 02—03 清 M99	甲 BⅠa 型	西汉晚期	湖南湘西保靖县清水坪镇	2002 年 4 月—2003 年 12 月
保靖 63 校场坪铜器窖藏		汉代	湖南保靖县砖瓦厂校场坪	1963 年
保靖 75 多落铜器窖藏		汉代	湖南保靖县毛沟公社多落大队	1975 年
保靖 80 尚家铜器窖藏		汉代	湖南保靖县昂洞公社尚家大队	1980 年
保靖 82 要坝西汉墓		西汉	湖南保靖县龙溪公社要坝非山新寨生产队间	1982 年 10 月
保靖 84 保梅洞 M5	乙 AⅠa 型	东汉早期	湖南保靖县梅花乡洞庭村	1984 年 1 月 6 日
保靖 93 四方城汉墓		汉代	湖南保靖县龙溪乡政府南酉水西岸	1993 年 4—8 月
保靖 96BHM1	甲 BⅡb/型	西汉早期	湖南保靖县黄连乡	1996 年
保靖 96BHM2	甲 BⅡb 型	西汉早期	湖南保靖县黄连乡	1996 年
保靖 96BHM3	甲 CⅡb/型	西汉早期	湖南保靖县黄连乡	1996 年
保靖 96BHM4	甲 EⅡb 型	西汉晚期	湖南保靖县黄连乡	1996 年
保靖 96BHM5	甲 BⅡb/型	西汉早期	湖南保靖县黄连乡	1996 年
保靖 97BHM1	甲 BⅡb/型	西汉早期	湖南保靖县黄连乡	1997 年
保靖 97BHM3	甲 BⅡb 型	西汉早期	湖南保靖县黄连乡	1997 年
保靖 97BHM5	甲 AⅡb 型	西汉中期	湖南保靖县黄连乡	1997 年
保靖 97BHM6	甲 BⅡb 型	西汉早期	湖南保靖县黄连乡	1997 年
保靖 97BHM8	甲 BⅡb 型	西汉早期	湖南保靖县黄连乡	1997 年
保靖 97BHM9	甲 AⅡb 型	西汉晚期	湖南保靖县黄连乡	1997 年
保靖 98BHM1	甲 CⅡaⅱ/⑤型	西汉中期	湖南保靖县黄连乡	1998 年
保靖 98BHM10	甲 CⅡa⑤型	西汉晚期	湖南保靖县黄连乡	1998 年
保靖 98BHM11	甲 EⅡb 型	西汉晚期	湖南保靖县黄连乡	1998 年
保靖 98BHM12	甲 BⅡb 型	西汉早期	湖南保靖县黄连乡	1998 年
保靖 98BHM14	甲 AⅡb 型	西汉中期	湖南保靖县黄连乡	1998 年

续表

名称	墓葬形制	时期	位置	发掘发现时间
保靖 98BHM15	甲 E Ⅱ b 型	西汉中期	湖南保靖县黄连乡	1998 年
保靖 98BHM16	甲 E Ⅱ b 型	西汉中期	湖南保靖县黄连乡	1998 年
保靖 98BHM17	甲 E Ⅱ b 型	西汉中期	湖南保靖县黄连乡	1998 年
保靖 98BHM18	甲 C Ⅱ b 型	西汉中期	湖南保靖县黄连乡	199 年 8 月
保靖 98BHM19	甲 E Ⅱ a⑤/型	新莽	湖南保靖县黄连乡	1998 年
保靖 98BHM2	甲 B Ⅱ b 型	西汉早期	湖南保靖县黄连乡	1998 年
保靖 98BHM20	甲 B Ⅰ a ⅱ ⑤/型	西汉晚期	湖南保靖县黄连乡	1998 年
保靖 98BHM3	甲 C Ⅱ a⑤/型	新莽	湖南保靖县黄连乡	1998 年
保靖 98BHM4		西汉中期	湖南保靖县黄连乡	1998 年
保靖 98BHM8	甲 B Ⅱ a⑤型	西汉晚期	湖南保靖县黄连乡	1998 年
保靖 98BHM9	甲 B Ⅱ a/⑤型	西汉中期	湖南保靖县黄连乡	1998 年
保靖栗家坨 M1	甲 B Ⅱ b 型	西汉晚期	湖南湘西保靖县黄连乡栗家坨	1982 年 8 月
保靖栗家坨 M10	甲 B Ⅱ b 型	西汉晚期	湖南湘西保靖县黄连乡栗家坨	1982 年 8 月
保靖栗家坨 M11	甲 B Ⅱ a 型	西汉晚期	湖南湘西保靖县黄连乡栗家坨	1982 年 8 月
保靖栗家坨 M12	甲 B Ⅱ a 型	西汉晚期	湖南湘西保靖县黄连乡栗家坨	1982 年 8 月
保靖栗家坨 M13	甲 B Ⅱ b 型	西汉晚期	湖南湘西保靖县黄连乡栗家坨	1982 年 8 月
保靖栗家坨 M2	甲 B Ⅰ b 型	西汉晚期	湖南湘西保靖县黄连乡栗家坨	1982 年 8 月
保靖栗家坨 M3	甲 B Ⅰ b 型	西汉晚期	湖南湘西保靖县黄连乡栗家坨	1982 年 8 月
保靖栗家坨 M4	甲 B Ⅱ a 型	西汉晚期	湖南湘西保靖县黄连乡栗家坨	1982 年 8 月
保靖栗家坨 M5	甲 B Ⅱ b/型	西汉晚期	湖南湘西保靖县黄连乡栗家坨	1982 年 8 月
保靖栗家坨 M6	甲 B Ⅱ b 型	西汉晚期	湖南湘西保靖县黄连乡栗家坨	1982 年 8 月
保靖栗家坨 M7	甲 B Ⅱ b 型	西汉晚期	湖南湘西保靖县黄连乡栗家坨	1982 年 8 月
保靖栗家坨 M8	甲 B Ⅱ a 型	西汉晚期	湖南湘西保靖县黄连乡栗家坨	1982 年 8 月
保靖栗家坨 M9	甲 B Ⅱ b 型	西汉晚期	湖南湘西保靖县黄连乡栗家坨	1982 年 8 月
保靖四方城 M1	甲 E Ⅱ b ⅱ 型	东汉晚期	湖南保靖县龙溪乡要坝村	
保靖四方城 M22	甲 C Ⅱ b 型	东汉晚期	湖南保靖县龙溪乡要坝村	
保靖四方城 M25	甲 E Ⅱ b ⅱ 型	西汉晚期	湖南保靖县龙溪乡要坝村	
保靖四方城 M30	甲 E Ⅱ b 型	东汉晚期	湖南保靖县龙溪乡要坝村	
保靖四方城 M31	甲 D Ⅱ a/ⅷ型	西汉中期	湖南保靖县龙溪乡要坝村	
保靖四方城 M33	乙 A Ⅰ b 型	东汉早期	湖南保靖县龙溪乡要坝村	
保靖四方城 M34	甲 B Ⅱ b 型	西汉中期	湖南保靖县龙溪乡要坝村	
保靖四方城 M40	甲 C Ⅱ b⑥型	西汉中期	湖南保靖县龙溪乡要坝村	
保靖四方城 M42	甲 B Ⅱ b/型	西汉中期	湖南保靖县龙溪乡要坝村	
保靖四方城 M44	甲 B Ⅱ b 型	西汉中期	湖南保靖县龙溪乡要坝村	
保靖四方城 M45	甲 A Ⅱ b 型	西汉中期	湖南保靖县龙溪乡要坝村	
保靖四方城 M46	甲 B Ⅱ b 型	西汉中期	湖南保靖县龙溪乡要坝村	
保靖四方城 M48	甲 C Ⅱ b 型	西汉中期	湖南保靖县龙溪乡要坝村	
保靖四方城 M62	甲 B Ⅱ b ⅱ /型	西汉中期	湖南保靖县龙溪乡要坝村	
保靖四方城 M64	甲 B Ⅱ b ⅱ /型	西汉晚期	湖南保靖县龙溪乡要坝村	

名称	墓葬形制	时期	位置	发掘发现时间
保靖四方城 M66	甲 D Ⅱ b/ 型	新莽	湖南保靖县龙溪乡要坝村	
保靖四方城 M67	甲 B Ⅱ b 型	西汉中期	湖南保靖县龙溪乡要坝村	
保靖四方城 M71	甲 B Ⅱ b 型	西汉中期	湖南保靖县龙溪乡要坝村	
保靖四方城 M74	甲 B Ⅱ b ⅱ/ 型	西汉中期	湖南保靖县龙溪乡要坝村	
保靖四方城 M77	甲 C Ⅱ b/ 型	西汉晚期	湖南保靖县龙溪乡要坝村	
保靖四方城 M78	甲 B Ⅱ b/ 型	西汉中期	湖南保靖县龙溪乡要坝村	
保靖四方城遗址		汉代	湖南保靖县龙溪乡要坝村	1979 年 9—10 月
保靖四方古城		战国汉代	湖南保靖县龙溪乡政府南西水西岸	1993 年 4—8 月
保靖魏家寨古城		汉代	湖南保靖县清水坪乡魏家寨村酉水河南	1997 年 3 月
北海 93 崇表岭铜鼓		汉代	广西北海市西塘乡崇表岭村	1993 年 1 月
北海盘子岭 M1	乙 C Ⅰ a 型	东汉中期	广西北海市三合口农场盘子岭	1995 年 8—9 月
北海盘子岭 M10	甲 A Ⅰ b ⅳ 型	新莽	广西北海市三合口农场盘子岭	1995 年 8—9 月
北海盘子岭 M11	乙 C Ⅰ a 型	东汉中期	广西北海市三合口农场盘子岭	1995 年 8—9 月
北海盘子岭 M12	甲 A Ⅰ b ⅳ 型	新莽	广西北海市三合口农场盘子岭	1995 年 8—9 月
北海盘子岭 M13	乙 C Ⅰ a ⅵ 型	东汉中期	广西北海市三合口农场盘子岭	1995 年 8—9 月
北海盘子岭 M14	乙 A Ⅰ b 型	东汉中期	广西北海市三合口农场盘子岭	1995 年 8—9 月
北海盘子岭 M15	乙 A Ⅰ b 型	东汉中期	广西北海市三合口农场盘子岭	1995 年 8—9 月
北海盘子岭 M16	乙 C Ⅰ a ⅵ 型	东汉中期	广西北海市三合口农场盘子岭	1995 年 8—9 月
北海盘子岭 M17	乙 C Ⅰ a ⅵ 型	东汉中期	广西北海市三合口农场盘子岭	1995 年 8—9 月
北海盘子岭 M18A	乙 A Ⅰ b 型	东汉中期	广西北海市三合口农场盘子岭	1995 年 8—9 月
北海盘子岭 M18B	乙 A Ⅰ b 型	东汉中期	广西北海市三合口农场盘子岭	1995 年 8—9 月
北海盘子岭 M19	乙 C Ⅰ a ⅵ 型	东汉中期	广西北海市三合口农场盘子岭	1995 年 8—9 月
北海盘子岭 M2	乙 C Ⅰ a 型	东汉中期	广西北海市三合口农场盘子岭	1995 年 8—9 月
北海盘子岭 M20	乙 E Ⅱ a ⅵ ③型	东汉中期	广西北海市三合口农场盘子岭	1995 年 8—9 月
北海盘子岭 M21	乙 C Ⅰ a ⅵ 型	东汉中期	广西北海市三合口农场盘子岭	1995 年 8—9 月
北海盘子岭 M22	乙 D a ⅵ ⅶ 型	东汉中期	广西北海市三合口农场盘子岭	1995 年 8—9 月
北海盘子岭 M23	乙 C Ⅰ a ⅳ ⅵ 型	东汉中期	广西北海市三合口农场盘子岭	1995 年 8—9 月
北海盘子岭 M24	乙 C Ⅰ a ⅵ 型	东汉中期	广西北海市三合口农场盘子岭	1995 年 8—9 月
北海盘子岭 M25	乙 C Ⅰ a ⅵ 型	东汉中期	广西北海市三合口农场盘子岭	1995 年 8—9 月
北海盘子岭 M26	乙 C Ⅰ a ⅵ 型	东汉中期	广西北海市三合口农场盘子岭	1995 年 8—9 月
北海盘子岭 M27	乙 C Ⅰ a ⅵ 型	东汉中期	广西北海市三合口农场盘子岭	1995 年 8—9 月
北海盘子岭 M28	乙 C Ⅰ a ⅵ ⅶ ③型	东汉中期	广西北海市三合口农场盘子岭	1995 年 8—9 月
北海盘子岭 M29	乙 C Ⅰ a ⅵ 型	东汉中期	广西北海市三合口农场盘子岭	1995 年 8—9 月
北海盘子岭 M3	乙 C Ⅰ a ⅵ 型	东汉中期	广西北海市三合口农场盘子岭	1995 年 8—9 月
北海盘子岭 M30	乙 C Ⅰ a ⅵ 型	东汉中期	广西北海市三合口农场盘子岭	1995 年 8—9 月
北海盘子岭 M31	乙 A Ⅰ b 型	东汉中期	广西北海市三合口农场盘子岭	1995 年 8—9 月
北海盘子岭 M32	乙 A Ⅰ b 型	新莽	广西北海市三合口农场盘子岭	1995 年 8—9 月
北海盘子岭 M33	乙 A Ⅰ b 型	东汉中期	广西北海市三合口农场盘子岭	1995 年 8—9 月
北海盘子岭 M34	乙 A Ⅰ b 型	东汉中期	广西北海市三合口农场盘子岭	1995 年 8—9 月

续表

名称	墓葬形制	时期	位置	发掘发现时间
北海盘子岭 M35	乙 C I a vi 型	东汉中期	广西北海市三合口农场盘子岭	1995 年 8—9 月
北海盘子岭 M36	乙 A I b 型	东汉中期	广西北海市三合口农场盘子岭	1995 年 8—9 月
北海盘子岭 M37	乙 C I a vi 型	东汉中期	广西北海市三合口农场盘子岭	1995 年 8—9 月
北海盘子岭 M4	乙 C I a 型	东汉中期	广西北海市三合口农场盘子岭	1995 年 8—9 月
北海盘子岭 M5	乙 C I a vi 型	东汉中期	广西北海市三合口农场盘子岭	1995 年 8—9 月
北海盘子岭 M6	乙 A I b 型	东汉中期	广西北海市三合口农场盘子岭	1995 年 8—9 月
北海盘子岭 M7	乙 C I a 型	东汉中期	广西北海市三合口农场盘子岭	1995 年 8—9 月
北海盘子岭 M8	乙 C I a vi 型	东汉中期	广西北海市三合口农场盘子岭	1995 年 8—9 月
北海盘子岭 M9	乙 A II a 型	新莽	广西北海市三合口农场盘子岭	1995 年 8—9 月
北流铜石岭汉代冶铜遗址		西汉晚期或东汉早期	广西北流县民安公社圭江东岸铜石岭	1977—1978 年、1992 年 4 月
宾阳 55 黎塘铜鼓		汉代	广西贵阳县黎塘镇宾阳第三区供销合作社	1955 年 5 月
博白 84 绿屋屯铜鼓		西汉	广西博白县江宁乡绿屋屯	1984 年 10 月
博白城厢铜鼓		汉代	广西博白县城厢	1969 年 5 月—1984 年 10 月
博白江宁铜鼓		汉代	广西博白县江宁	1969 年 5 月—1984 年 10 月
博白那林铜鼓		汉代	广西博白县那林	1969 年 5 月—1984 年 10 月
博白水鸣铜鼓		汉代	广西博白县水鸣	1969 年 5 月—1984 年 10 月
博白新田铜鼓		汉代	广西博白县新田	1969 年 5 月—1984 年 10 月
博罗 00 黄庄岭嘴头汉代遗址		汉代	广东博罗县罗阳镇黄庄村岭嘴头	2000 年 6—7 月
博罗 00 沙岭山汉代遗址墓葬		汉代	广东博罗县罗阳镇丁口村沙岭山东西坡	2000 年 5—8 月
博罗 79 博铁苏 M1	乙 A I b 型	东汉中期	广东博罗县石湾镇苏岗铁场中学	1979 年 1 月
博罗 79 博铁苏 M2	乙 A I b 型	东汉中期	广东博罗县石湾镇苏岗铁场中学	1979 年 1 月
博罗 79 博铁苏 M3	乙 C I a vi 型	东汉中期	广东博罗县石湾镇苏岗铁场中学	1979 年 1 月
博罗 81 博铁苏 M4	乙 C I a vi 型	东汉中期	广东博罗县石湾镇苏岗铁场中学	1981 年
博罗 81 博铁苏宿 M5	甲 B II b 型	西汉初期	广东博罗县石湾镇苏岗宿岗	1981 年
博罗 88 东坑墩 M1	乙 B I a vi 型	东汉中期	广东博罗县福田镇东坑墩岭嘴山东南坡	1988 年 4 月
博罗 88 东坑墩 M2	乙 C I a vi 型	东汉中期	广东博罗县福田镇东坑墩岭嘴山东南坡	1988 年 4 月
博罗 92 博铁梅 M1	甲 A II b 型	西汉中期	广东博罗县石湾镇苏岗梅墩	1992 年
博罗 92 横河 M1	乙 C I a vi 型	东汉晚期	广东博罗县横河镇刘学村坎尾山南坡	1992 年 2 月
博罗银岗遗址		战国西汉初期	广东博罗县龙溪镇银岗村南东江北岸	1996 年、1998 年
苍梧 87 广平铜鼓		汉代	广西苍梧县广平乡畲金村	1987 年
岑溪 54 铜鼓		西汉	广西岑溪县	1954 年
岑溪 64 大竹汉墓		汉代	广西岑溪市糯垌镇大竹村凤背岭	
岑溪茨菇岭墓群		汉南朝	广西岑溪市糯垌镇新塘村茨菇岭	
岑溪大埌墓群		战国汉	广西岑溪市岑城镇探花村大埌	

名称	墓葬形制	时期	位置	发掘发现时间
岑溪大竹垌口墓群		战国汉	广西糯垌镇大竹村凤背岭	1964 年
岑溪甘冲墓群		汉南朝	广西岑溪市岑城镇甘冲村	
岑溪汉代铜鼓		汉代	广西岑溪市	
岑溪花果山 M1	甲 A Ⅱ b② 型	西汉早期	广西岑溪县糯垌镇糯垌圩北花果山北坡	1991 年 5 月—1992 年 1 月
岑溪花果山 M10	甲 A Ⅱ b② 型	西汉早期	广西岑溪县糯垌镇糯垌圩北花果山北坡	1991 年 5 月—1992 年 1 月
岑溪花果山 M11	甲 A Ⅱ b② 型	西汉早期	广西岑溪县糯垌镇糯垌圩北花果山北坡	1991 年 5 月—1992 年 1 月
岑溪花果山 M12	甲 A Ⅱ b② 型	西汉早期	广西岑溪县糯垌镇糯垌圩北花果山北坡	1991 年 5 月—1992 年 1 月
岑溪花果山 M13	甲 A Ⅱ b② 型	西汉早期	广西岑溪县糯垌镇糯垌圩北花果山北坡	1991 年 5 月—1992 年 1 月
岑溪花果山 M14	甲 A Ⅱ b② 型	西汉早期	广西岑溪县糯垌镇糯垌圩北花果山北坡	1991 年 5 月—1992 年 1 月
岑溪花果山 M2	甲 A Ⅱ b② 型	西汉早期	广西岑溪县糯垌镇糯垌圩北花果山北坡	1991 年 5 月—1992 年 1 月
岑溪花果山 M3	甲 A Ⅱ b② 型	西汉早期	广西岑溪县糯垌镇糯垌圩北花果山北坡	1991 年 5 月—1992 年 1 月
岑溪花果山 M4	甲 A Ⅱ b② 型	西汉早期	广西岑溪县糯垌镇糯垌圩北花果山北坡	1991 年 5 月—1992 年 1 月
岑溪花果山 M5	甲 A Ⅱ b② 型	西汉早期	广西岑溪县糯垌镇糯垌圩北花果山北坡	1991 年 5 月—1992 年 1 月
岑溪花果山 M6	甲 A Ⅱ b② 型	西汉早期	广西岑溪县糯垌镇糯垌圩北花果山北坡	1991 年 5 月—1992 年 1 月
岑溪花果山 M7	甲 A Ⅱ b② 型	西汉早期	广西岑溪县糯垌镇糯垌圩北花果山北坡	1991 年 5 月—1992 年 1 月
岑溪花果山 M8	甲 A Ⅱ b② 型	西汉早期	广西岑溪县糯垌镇糯垌圩北花果山北坡	1991 年 5 月—1992 年 1 月
岑溪花果山 M9	甲 A Ⅱ b② 型	西汉早期	广西岑溪县糯垌镇糯垌圩北花果山北坡	1991 年 5 月—1992 年 1 月
岑溪胜塘顶 M10	乙 B Ⅰ aⅵ 型	东汉晚期	广西岑溪市糯垌镇新塘村东北胜塘顶	2004 年 6—8 月
岑溪胜塘顶 M11	乙 B Ⅰ aⅵ 型	东汉晚期	广西岑溪市糯垌镇新塘村东北胜塘顶	2004 年 6—8 月
岑溪胜塘顶 M2	甲 B Ⅱ a ⅰ ⅱ ①② 型	东汉中期	广西岑溪市糯垌镇新塘村东北胜塘顶	2004 年 6—8 月
岑溪胜塘顶 M3	甲 B Ⅱ a ⅰ ⅱ ①② 型	东汉中期	广西岑溪市糯垌镇新塘村东北胜塘顶	2004 年 6—8 月
岑溪胜塘顶 M4	乙 A Ⅰ aⅵ 型	东汉晚期	广西岑溪市糯垌镇新塘村东北胜塘顶	2004 年 6—8 月
岑溪胜塘顶 M5	甲 B Ⅱ a ⅰ ⅱ ①② 型	东汉中期	广西岑溪市糯垌镇新塘村东北胜塘顶	2004 年 6—8 月
岑溪胜塘顶 M6	乙 B Ⅰ aⅵ 型	东汉晚期	广西岑溪市糯垌镇新塘村东北胜塘顶	2004 年 6—8 月
岑溪胜塘顶 M7	甲 B Ⅱ a①② 型	东汉中期	广西岑溪市糯垌镇新塘村东北胜塘顶	2004 年 6—8 月
岑溪胜塘顶 M8	乙 B Ⅰ aⅵ 型	东汉晚期	广西岑溪市糯垌镇新塘村东北胜塘顶	2004 年 6—8 月

名称	墓葬形制	时期	位置	发掘发现时间
岑溪思英墓群		汉代	广西岑溪市樟木镇思英后山南坡	1964 年
岑溪思英墓群		汉南朝	广西岑溪市樟木镇思英后山南坡	
茶陵 06 衡炎高速东汉墓		东汉	湖南茶陵县大浦镇下东乡马江镇等地	2006 年 7—8 月、2007 年
茶陵 96 一中 M1	甲 D Ⅱ a 型	新莽	湖南茶陵县城关镇县一中校内	1997 年 7—8 月
茶陵 96 一中 M2	甲 B Ⅱ b 型	东汉中期	湖南茶陵县城关县一中校内	1997 年 7—8 月
茶陵 96 一中 M3	乙 B Ⅰ a ⅵ 型	东汉晚期	湖南茶陵县城关镇县一中校内	1997 年 7—8 月
茶陵 96 一中 M4	甲 Bb 型	汉代	湖南茶陵县城关镇县一中校内	1997 年 7—8 月
茶陵濂溪 M1	甲 B Ⅱ b 型	西汉晚期	湖南茶陵县火田乡濂溪村南里许窑背山山腰	1985 年 8 月
茶陵濂溪 M2	甲 C Ⅱ b 型	西汉晚期	湖南茶陵县火田乡濂溪村南里许窑背山山腰	1985 年 8 月
茶陵濂溪 M3	甲 B Ⅱ b 型	西汉晚期	湖南茶陵县火田乡濂溪村南里许窑背山山腰	1985 年 8 月
茶陵濂溪 M4	甲 C Ⅱ b 型	西汉晚期	湖南茶陵县火田乡濂溪村南里许窑背山山腰	1985 年 8 月
茶陵濂溪 M5	甲 B Ⅱ b 型	新莽	湖南茶陵县火田乡濂溪村南里许窑背山山腰	1985 年 8 月
茶陵濂溪 M6	甲 C Ⅱ b 型	新莽	湖南茶陵县火田乡濂溪村南里许窑背山山腰	1985 年 8 月
昌江 05 大仍汉代遗址		汉代	海南昌江县大仍村	2005 年 4 月
昌江 05 排岸汉代遗址		汉代	海南昌江县排岸村	2005 年 4 月
昌江 67 南岭铜鼓		汉代	广东昌江县南岭村	1967 年
昌江 78 波浪沟铜鼓		汉代	海南昌江县十月田镇波浪沟	1978 年 2 月
长沙 00 王家垅西汉墓	甲 B Ⅱ b 型	西汉	湖南长沙市开福区王家垅工地	2000 年 4 月
长沙 00 王家垅西汉墓		西汉	湖南长沙市开福区王家垅工地	2000 年 4 月
长沙 04 东牌楼汉代水井		汉代	湖南长沙市平和堂南东牌楼街北侧华明置业	2004 年 5—6 月
长沙 06 凤蓬岭西汉墓	甲 C Ⅰ a ※ 型	西汉晚期	湖南长沙市望城县星城镇凤蓬岭	2006 年 3—10 月
长沙 51—52 市郊战国西汉墓		战国西汉	湖南长沙市郊区子弹库、东塘等地	1951 年 7 月—1952 年 4 月
长沙 53 白沙新莽墓	乙 B Ⅰ a 型	新莽	湖南长沙市白沙	1953 年冬
长沙 54—55 魏家堆东汉墓		东汉	湖南长沙市南门外黄土岭魏家堆附近	1954 年 11 月—1955 年 2 月
长沙 54—55 魏家堆西汉墓		西汉	湖南长沙市南门外黄土岭魏家堆附近	1954 年 11 月—1955 年 2 月
长沙 54 长杨 M6	甲 E Ⅱ a/ 型	西汉初期	湖南长沙市杨家湾	1954 年 8 月
长沙 54 春夏市郊东汉墓		东汉	湖南长沙市郊区	1954 年上半年
长沙 54 春夏市郊西汉墓		西汉	湖南长沙市郊区	1954 年上半年
长沙 54 春夏市郊新莽墓		新莽	湖南长沙市郊区	1954 年上半年
长沙 54 枫树坪古墓	甲 B Ⅱ b 型	西汉初期	湖南长沙市北郊枫树坪	1954 年 8 月
长沙 54 杨家公山东汉墓	乙 B Ⅱ a ⅵ 型	东汉晚期	湖南长沙市五家岭杨家公山	1954 年 12 月

名称	墓葬形制	时期	位置	发掘发现时间
长沙 54 瀑湾东汉墓	乙 C I aⅵ型	东汉中期	湖南长沙市瀑湾市公共汽车公司西河站	1955 年 6 月
长沙 55AM027	乙 A I a 型	东汉中期	湖南长沙市北郊会春区福安乡丝茅冲	1955 年 2 月
长沙 55 白泥塘 M18	乙 B I aⅵ型	东汉中期	湖南长沙市白泥塘	1955 年 5 月
长沙 55 白泥塘 M21	乙 A I b 型	东汉中期	湖南长沙市白泥塘	1955 年 5 月
长沙 55 长侯中 M018	甲 B I aⅱ型	西汉中期	湖南长沙市南郊侯家塘	1955 年 6—7 月
长沙 55 长容 M013	甲 B Ⅱa 型	西汉晚期	湖南长沙市容园	1955 年 3—5 月
长沙 55 长容 M016	甲 B Ⅱb 型	西汉	湖南长沙市容园	1955 年 3—5 月
长沙 55 长容 M018	甲 B Ⅱb 型	西汉	湖南长沙市容园	1955 年 3—5 月
长沙 55 长容 M020	甲 B Ⅱb 型	西汉	湖南长沙市容园	1955 年 3—5 月
长沙 55 长容东汉墓	乙 B Ⅱaⅵⅶ型	东汉中期	湖南长沙市容园	1955 年 3—5 月
长沙 55 东汉墓	乙 A Ⅱa 型	东汉中期	湖南长沙市	1955 年 7 月
长沙 55 侯家塘东汉墓		东汉	湖南长沙市南郊侯家塘	1955 年 6—7 月
长沙 55 侯家塘西汉墓		西汉	湖南长沙市南郊侯家塘	1955 年 6—7 月
长沙 55 皇坟堆西汉墓	甲 B Ⅱb 型	西汉	湖南长沙市东郊皇坟堆	1955 年冬
长沙 55 丝茅冲汉墓		汉代	湖南长沙市北郊丝茅冲工地第一工区	1955 年 3—5 月
长沙 55 燕子嘴 M13		东汉	湖南长沙市东郊燕子嘴	1955 年冬
长沙 55 燕子嘴 M2	乙 A Ⅱa③型	东汉	湖南长沙市东郊燕子嘴	1955 年冬
长沙 55 燕子嘴 M3		东汉	湖南长沙市东郊燕子嘴	1955 年冬
长沙 55 燕子嘴西汉墓		西汉	湖南长沙市东郊燕子嘴	1955 年冬
长沙 55 雨花亭 M8		东汉晚期	湖南长沙市南郊雨花亭附近工地	1955 年 5—6 月
长沙 56—57 银盆岭西汉墓		西汉	长沙 56—57 银盆岭西汉墓	1956 年 8 月—1957 年 3 月
长沙 56A1?	甲 B Ⅱb 型	西汉	湖南长沙市北郊沙湖桥	1956 年 6—12 月
长沙 56A10	甲 B Ⅱb 型	西汉早期	湖南长沙市北郊沙湖桥	1956 年 6—12 月
长沙 56A11	甲 B Ⅱb 型	西汉早期	湖南长沙市北郊沙湖桥	1956 年 6—12 月
长沙 56A12	甲 B Ⅱb 型	西汉早期	湖南长沙市北郊沙湖桥	1956 年 6—12 月
长沙 56A13	甲 B Ⅱb 型	西汉早期	湖南长沙市北郊沙湖桥	1956 年 6—12 月
长沙 56A14	甲 B I a 型	西汉早期	湖南长沙市北郊沙湖桥	1956 年 6—12 月
长沙 56A15	甲 B I b 型	西汉早期	湖南长沙市北郊沙湖桥	1956 年 6—12 月
长沙 56A16	甲 B I a 型	西汉早期	湖南长沙市北郊沙湖桥	1956 年 6—12 月
长沙 56A17	甲 A I b 型	西汉中期	湖南长沙市北郊沙湖桥	1956 年 6—12 月
长沙 56A18	甲 B I b 型	西汉早期	湖南长沙市北郊沙湖桥	1956 年 6—12 月
长沙 56A2	甲 B Ⅱb 型	西汉早期	湖南长沙市北郊沙湖桥	1956 年 6—12 月
长沙 56A22	甲 B Ⅱb 型	西汉早期	湖南长沙市北郊沙湖桥	1956 年 6—12 月
长沙 56A25	乙 A I b 型	东汉中期	湖南长沙市北郊沙湖桥	1956 年 6—12 月
长沙 56A3	甲 B Ⅱb 型	西汉早期	湖南长沙市北郊沙湖桥	1956 年 6—12 月
长沙 56A31	甲 B Ⅱb 型	西汉早期	湖南长沙市北郊沙湖桥	1956 年 6—12 月
长沙 56A32	甲 B I b 型	西汉早期	湖南长沙市北郊沙湖桥	1956 年 6—12 月

名称	墓葬形制	时期	位置	发掘发现时间
长沙 56A33	甲 B I b 型	西汉中期	湖南长沙市北郊沙湖桥	1956 年 6—12 月
长沙 56A40	甲 C I b 型	西汉中期	湖南长沙市北郊沙湖桥	1956 年 6—12 月
长沙 56A41	乙 E I a ⅵ ⅶ 型	东汉中期	湖南长沙市北郊沙湖桥	1956 年 6—12 月
长沙 56A43	甲 B I b 型	西汉早期	湖南长沙市北郊沙湖桥	1956 年 6—12 月
长沙 56A45	甲 B I a 型	西汉中期	湖南长沙市北郊沙湖桥	1956 年 6—12 月
长沙 56A46	甲 B I b 型	西汉中期	湖南长沙市北郊沙湖桥	1956 年 6—12 月
长沙 56A5	甲 B I b 型	西汉中期	湖南长沙市北郊沙湖桥	1956 年 6—12 月
长沙 56A6	甲 D I b 型	西汉早期	湖南长沙市北郊沙湖桥	1956 年 6—12 月
长沙 56A62	乙 A I b 型	东汉中期	湖南长沙市北郊沙湖桥	1956 年 6—12 月
长沙 56A7	甲 B I b 型	西汉早期	湖南长沙市北郊沙湖桥	1956 年 6—12 月
长沙 56A8	甲 C I b 型	西汉早期	湖南长沙市北郊沙湖桥	1956 年 6—12 月
长沙 56B1	甲 B I b 型	西汉早期	湖南长沙市北郊上大垅	1956 年 6—12 月
长沙 56B2	甲 B I b 型	西汉早期	湖南长沙市北郊上大垅	1956 年 6—12 月
长沙 56B5	甲 B I b 型	西汉早期	湖南长沙市北郊上大垅	1956 年 6—12 月
长沙 56B6	甲 B I b 型	西汉早期	湖南长沙市北郊上大垅	1956 年 6—12 月
长沙 56C1	甲 B Ⅱ a 型	东汉中期	湖南长沙市北郊甘家村	1956 年 6—12 月
长沙 56C10	甲 B I b ⅱ 型	西汉初期	湖南长沙市北郊甘家村	1956 年 6—12 月
长沙 56C3?	甲 B I b 型	西汉中期	湖南长沙市北郊甘家村	1956 年 6—12 月
长沙 56C4	乙 A I b 型	东汉中期	湖南长沙市北郊甘家村	1956 年 6—12 月
长沙 56C8	甲 B I b 型	西汉早期	湖南长沙市北郊甘家村	1956 年 6—12 月
长沙 56C9	乙 A I b 型	东汉中期	湖南长沙市北郊甘家村	1956 年 6—12 月
长沙 56D2	ⅶ	东汉中期	湖南长沙市北郊黑石渡	1956 年 6—12 月
长沙 56D3	乙 B I a 型	东汉中期	湖南长沙市北郊黑石渡	1956 年 6—12 月
长沙 56D5	甲 C I b 型	西汉中期	湖南长沙市北郊黑石渡	1956 年 6—12 月
长沙 56D6	甲 B Ⅱ b 型	西汉初期	湖南长沙市北郊黑石渡	1956 年 6—12 月
长沙 56E2	甲 B I b 型	西汉早期	湖南长沙市北郊焦公庙	1956 年 6—12 月
长沙 56E3	甲 C I b 型	西汉早期	湖南长沙市北郊焦公庙	1956 年 6—12 月
长沙 56F1	乙 B I a 型	新莽	湖南长沙市北郊王家垅	1956 年 6—12 月
长沙 56F4	甲 B I b 型	西汉中期	湖南长沙市北郊王家垅	1956 年 6—12 月
长沙 56F5	甲 B I b 型	西汉中期	湖南长沙市北郊王家垅	1956 年 6—12 月
长沙 56 长出 M02	乙 A I a ⅵ 型	东汉	湖南长沙市东郊五里牌南塘冲	1956 年 12 月
长沙 56 长出 M03	乙 A I a 型	东汉	湖南长沙市东郊五里牌南塘冲	1956 年 12 月
长沙 56 长黄 M51	乙 A Ⅱ a 型	东汉中期	湖南长沙市南郊黄土岭水利学校工地	1956 年
长沙 56 长雷 M01	乙 C I a 型	东汉	湖南长沙市东郊雷家嘴	1956 年 3 月
长沙 56 长雷 M02	乙 Ga ⅵ 型	东汉中期	湖南长沙市东郊雷家嘴	1956 年 3 月
长沙 56 长雷 M03	乙 Ga ⅵ ⅶ 型	东汉中期	湖南长沙市东郊雷家嘴	1956 年 3 月
长沙 56 长子 M22	甲 B I a 型	西汉早期	湖南长沙市五六三九工地	1956 年 8 月
长沙 56 长子 M26	甲 B I b 型	西汉早期	湖南长沙市五六三九工地	1956 年 8 月
长沙 56 长子东汉墓		东汉	湖南长沙市南门外纸园冲 6009 工地	1956 年 9—12 月

续表

名称	墓葬形制	时期	位置	发掘发现时间
长沙 56 长子西汉墓		西汉	湖南长沙市南门外纸园冲 6009 工地	1956 年 9—12 月
长沙 56 陈家大山 M11	甲 E II b ii 型	西汉中期	湖南长沙市浏阳门外陈家大山	1956 年 11 月
长沙 56 陈家大山东汉墓		东汉	湖南长沙市浏阳门外陈家大山	1956 年 11 月
长沙 56 陈家大山西汉墓	甲 E II b 型	西汉	湖南长沙市浏阳门外陈家大山	1956 年 11 月
长沙 56 黄泥坑汉墓		汉代	湖南长沙市浏阳门外黄泥坑	1956 年 3—4 月
长沙 56 南塘冲古墓		东汉六朝	湖南长沙市东郊五里牌南塘冲	1956 年 12 月
长沙 56 砚瓦池东汉墓	乙 A II a 型	东汉晚期	湖南长沙市北门砚瓦池一山坡	1956 年 10 月
长沙 57 长小盲 M001	乙 A II b 型	东汉中期	湖南长沙市南门外小林子冲盲人院工地	1957 年 8 月
长沙 57 陈家大山汉墓		汉代	湖南长沙市东北郊陈家大山	1957 年 8—10 月
长沙 57 桐荫里 M1		新莽	湖南长沙市南郊左家塘基建工地	1957 年
长沙 57 桐荫里西汉墓		西汉	湖南长沙市东郊桐荫里	1957 年
长沙 57 王家垅 M4	甲 B I a⑥ 型	新莽	湖南长沙市北郊王家垅	1957 年
长沙 57 左家塘秦墓	甲 C I a 型	西汉初期	湖南长沙市南郊左家塘基建工地	1957 年 7 月
长沙 57 左家塘西汉墓	甲 B I b 型	西汉早期	湖南长沙市左家塘皮件生产合作社	1957 年 4 月
长沙 58 长五公 M1	甲 C I a 型	西汉中期	湖南长沙市东郊五里牌	1958 年 10—12 月
长沙 58 长五公 M2	甲 B II b 型	西汉晚期	湖南长沙市东郊五里牌	1958 年 10—12 月
长沙 58 长杨铁 M1	甲 B I b 型	西汉早期	湖南长沙市东郊杨家山	1958 年 10—12 月
长沙 58 长杨铁 M3	甲 B I b 型	西汉早期	湖南长沙市东郊杨家山北部	1958 年 10—12 月
长沙 59 长柳 M32	甲 B I a ii ※ 型	西汉中期	湖南长沙市东郊柳家大山	1959 年 5—9 月
长沙 59 长柳 M41	甲 B II b 型	东汉晚期	湖南长沙市东郊柳家大山	1959 年 5—9 月
长沙 59 长柳西汉墓		西汉	湖南长沙市东郊柳家大山	1959 年 5—9 月
长沙 59 长五 M001	甲 B II b 型	西汉中期	湖南长沙市五一路延长线五里牌祇园庵等地	1959 年 8—11 月
长沙 59 长五 M002	甲 C II b 型	西汉中期	湖南长沙市五一路延长线五里牌祇园庵等地	1959 年 8—11 月
长沙 59 长五 M003	甲 C II a 型	西汉	湖南长沙市五一路延长线五里牌祇园庵等地	1959 年 8—11 月
长沙 59 长五 M004	甲 B I b 型	西汉中期	湖南长沙市五一路延长线五里牌祇园庵等地	1959 年 8—11 月
长沙 59 长五 M005	甲 B II a 型	西汉	湖南长沙市五一路延长线五里牌祇园庵等地	1959 年 8—11 月
长沙 59 长五 M006	乙 C I a vi 型	东汉中期	湖南长沙市五一路延长线五里牌李家老屋西	1959 年 8—11 月
长沙 59 长五 M007	甲 B I a/ 型	新莽	湖南长沙市五一路延长线五里牌李家老屋	1959 年 8—11 月
长沙 59 长五 M009	乙 C I a vi 型	东汉中期	湖南长沙市五一路延长线五里牌李家老屋西	1959 年 8—11 月
长沙 59 长五 M010	甲 B I b③ 型	西汉中期	湖南长沙市五一路延长线五里牌祇园庵等地	1959 年 8—11 月
长沙 59 长五 M011	甲 B II a 型	西汉	湖南长沙市五一路延长线五里牌祇园庵等地	1959 年 8—11 月

续表

名称	墓葬形制	时期	位置	发掘发现时间
长沙 59 长五 M012	甲 BⅠa 型	西汉晚期	湖南长沙市五一路延长线五里牌祇园庵等地	1959 年 8—11 月
长沙 59 刘家冲东汉墓	乙 AⅡa 型	东汉晚期	湖南长沙市北郊刘家冲	1959 年 4 月
长沙 60 东屯渡东汉墓	乙 CⅠaⅵ型	东汉晚期	湖南长沙市东屯渡	1960 年 1 月 22 日
长沙 60 砂子塘 M5	甲 BⅡb 型	西汉早期	湖南长沙市南郊砂子塘	1960 年 6 月
长沙 61 长砂 M01	甲 BⅠa③型	西汉早期	湖南长沙市南郊砂子塘长下公路西侧	1961 年 6 月
长沙 63 长汤 M1	甲 BⅡa 型	西汉中期	湖南长沙市小吴门外汤家岭	1963 年 9 月
长沙 64 砂子塘 M1	乙 CⅠa 型	东汉中期	湖南长沙市南郊砂子塘	1964 年 5 月
长沙 64 砂子塘 M2	甲 BⅡa※型	西汉早期	湖南长沙市南郊砂子塘	1964 年 5 月
长沙 67 长子 M67	甲 BⅠb/型	西汉中期	湖南长沙市南门外纸园冲 6009 工地	1956 年 11 月
长沙 74 长阿 M7	甲 BⅡaⅶ型	西汉中期	湖南长沙市东阿弥岭	1974 年
长沙 75 长王 M3	甲 BⅡb 型	西汉	湖南长沙市玉佩龙子山	1975 年
长沙 78 长杨 M304	甲 BⅡa 型	西汉晚期	湖南长沙市杨家山水果仓库扩建工程	1978 年 7 月
长沙 78 金塘坡 M1	乙 BⅠaⅵ型	东汉中期	湖南长沙县望新公社石子大队水渡坪金塘坡	1978 年 2—3 月
长沙 78 金塘坡 M12	乙 BⅠa 型	东汉中期	湖南长沙县望新公社石子大队水渡坪金塘坡	1978 年 2—3 月
长沙 78 金塘坡 M13	乙 BⅠaⅵ型	东汉中期	湖南长沙县望新公社石子大队水渡坪金塘坡	1978 年 2—3 月
长沙 78 金塘坡 M16	乙 BⅠa 型	东汉中期	湖南长沙县望新公社石子大队水渡坪金塘坡	1978 年 2—3 月
长沙 78 金塘坡 M18	乙 AⅠa 型	东汉中期	湖南长沙县望新公社石子大队水渡坪金塘坡	1978 年 2—3 月
长沙 78 金塘坡 M19	乙 AⅠa 型	东汉中期	湖南长沙县望新公社石子大队水渡坪金塘坡	1978 年 2—3 月
长沙 78 金塘坡 M1 东侧墓		东汉中期	湖南长沙县望新公社石子大队水渡坪金塘坡	1978 年 2—3 月
长沙 78 金塘坡 M20	甲 CⅡa 型	东汉中期	湖南长沙县望新公社石子大队水渡坪金塘坡	1978 年 2—3 月
长沙 78 金塘坡 M8	乙 AⅠa 型	东汉中期	湖南长沙县望新公社石子大队水渡坪金塘坡	1978 年 2—3 月
长沙 84 火枣坡东汉墓	乙 GCⅢaⅵ型	东汉晚期	湖南长沙县北山区牌楼乡火枣坡村	1984 年 5 月中旬
长沙 85 左家塘 M1	乙 AⅡaⅵ型	东汉	湖南长沙市左家塘郊区武装部内	1985 年 11 月
长沙 85 左家塘 M2	乙 AⅡaⅵ型	东汉	湖南长沙市左家塘郊区武装部内	1985 年 11 月
长沙 86 火把山 M1	甲 BⅠa③型	西汉早期	湖南长沙市南区沙湖桥火把山	1986 年
长沙 86 火把山 M10	甲 BⅠa 型	西汉初期	湖南长沙市南区沙湖桥火把山	1986 年
长沙 86 火把山 M2	甲 BⅡa 型	西汉早期	湖南长沙市南区沙湖桥火把山	1986 年
长沙 86 火把山 M3	甲 BⅡb 型	西汉早期	湖南长沙市南区沙湖桥火把山	1986 年
长沙 86 火把山 M5	甲 BⅠb 型	西汉早期	湖南长沙市南区沙湖桥火把山	1986 年
长沙 86 火把山 M6	甲 BⅠb 型	西汉早期	湖南长沙市南区沙湖桥火把山	1986 年
长沙 87 五一广场水井		汉代	湖南长沙市中心五一广场地下通道	1987 年 6—11 月
长沙 88 西汉墓		西汉	湖南长沙市市区基建	1988 年 4—6 月

名称	墓葬形制	时期	位置	发掘发现时间
长沙 93 古坟垸西汉墓	甲 C Ⅰ a ⅶ 型	西汉早期	湖南长沙市湘江西岸望城坡古坟垸	1993 年 2—7 月
长沙 97 科文大厦汉井		汉代	湖南长沙市五一广场科文大厦	1997 年 5—6 月
长沙 98 长阿铁 M1	甲 B Ⅱ a 型	西汉早期	湖南长沙市雨花区阿弥岭铁路建设工地	1998 年 8 月
长沙 98 市一中秦墓	甲 A Ⅰ b ⅱ 型	西汉初期	湖南长沙市开福区清水塘路市一中基建工地	1998 年 12 月
长沙 99 白沙岭西汉墓		西汉	湖南长沙市白沙岭长沙电业局宿舍小区	1999 年 3—7 月
长沙 M102	甲 B Ⅱ b 型	西汉中期	湖南长沙市城东兴汉门外二里、蔡家铺以东	1951 年 10 月—1952 年 2 月
长沙 M103	甲 B Ⅱ b/型	西汉晚期	湖南长沙市城东兴汉门外二里、蔡家铺以东	1951 年 10 月—1952 年 2 月
长沙 M104	乙 C Ⅰ a 型	东汉中期	湖南长沙市城东兴汉门外二里、蔡家铺以东	1951 年 10 月—1952 年 2 月
长沙 M108	甲 B Ⅱ b 型	西汉晚期	湖南长沙市城东兴汉门外二里、蔡家铺以东	1951 年 10 月—1952 年 2 月
长沙 M109	甲 B Ⅱ b 型	西汉晚期	湖南长沙市城东兴汉门外二里、蔡家铺以东	1951 年 10 月—1952 年 2 月
长沙 M110	甲 B Ⅱ b/型	西汉早期	湖南长沙市城东兴汉门外二里、蔡家铺以东	1951 年 10 月—1952 年 2 月
长沙 M114	甲 B Ⅱ b/型	西汉中期	湖南长沙市城东兴汉门外二里、蔡家铺以东	1951 年 10 月—1952 年 2 月
长沙 M115	甲 B Ⅱ b/型	西汉早期	湖南长沙市城东兴汉门外二里、蔡家铺以东	1951 年 10 月—1952 年 2 月
长沙 M116	甲 B Ⅱ b 型	西汉晚期	湖南长沙市城东兴汉门外二里、蔡家铺以东	1951 年 10 月—1952 年 2 月
长沙 M119	甲 B Ⅱ b/型	西汉中期	湖南长沙市城东兴汉门外二里、蔡家铺以东	1951 年 10 月—1952 年 2 月
长沙 M122	甲 B Ⅱ b/型	西汉早期	湖南长沙市城东兴汉门外二里、蔡家铺以东	1951 年 10 月—1952 年 2 月
长沙 M201	甲 B Ⅱ a 型	西汉晚期	湖南长沙市城北伍家岭大街以西	1951 年 10 月—1952 年 2 月
长沙 M202	甲 B Ⅱ a ⅱ 型	西汉晚期	湖南长沙市城北伍家岭大街以西	1951 年 10 月—1952 年 2 月
长沙 M203	甲 B Ⅰ a ※ ≡ ⊥ 型	西汉晚期	湖南长沙市城北伍家岭大街以西	1951 年 10 月—1952 年 2 月
长沙 M204	乙 B Ⅰ a 型	东汉中期	湖南长沙市城北伍家岭大街以西	1951 年 10 月—1952 年 2 月
长沙 M205	甲 B Ⅱ b 型	西汉晚期	湖南长沙市城北伍家岭大街以西	1951 年 10 月—1952 年 2 月
长沙 M211	甲 B Ⅰ b ⅰ 型	西汉晚期	湖南长沙市城北伍家岭大街以西	1951 年 10 月—1952 年 2 月
长沙 M212	甲 B Ⅰ a 型	西汉晚期	湖南长沙市城北伍家岭大街以西	1951 年 10 月—1952 年 2 月
长沙 M213	甲 B Ⅱ b/型	西汉早期	湖南长沙市城北伍家岭大街以西	1951 年 10 月—1952 年 2 月
长沙 M214	甲 A Ⅰ b 型	西汉晚期	湖南长沙市城北伍家岭大街以西	1951 年 10 月—1952 年 2 月
长沙 M217	甲 B Ⅱ a 型	西汉晚期	湖南长沙市城北伍家岭大街以西	1951 年 10 月—1952 年 2 月
长沙 M218	甲 B Ⅱ a ⅰ ※ 型	西汉晚期	湖南长沙市城北伍家岭大街以西	1951 年 10 月—1952 年 2 月
长沙 M219	甲 C Ⅱ a 型	西汉晚期	湖南长沙市城北伍家岭大街以西	1951 年 10 月—1952 年 2 月
长沙 M224	甲 B Ⅱ b/型	西汉早期	湖南长沙市城北伍家岭大街以西	1951 年 10 月—1952 年 2 月
长沙 M225	甲 B Ⅱ b/型	西汉早期	湖南长沙市城北伍家岭大街以西	1951 年 10 月—1952 年 2 月
长沙 M226	甲 B Ⅰ a 型	西汉晚期	湖南长沙市城北伍家岭大街以西	1951 年 10 月—1952 年 2 月

续表

名称	墓葬形制	时期	位置	发掘发现时间
长沙 M227	甲 B Ⅱ a/型	西汉早期	湖南长沙市城北伍家岭大街以西	1951 年 10 月—1952 年 2 月
长沙 M228	甲 B Ⅱ b/型	西汉早期	湖南长沙市城北伍家岭大街以西	1951 年 10 月—1952 年 2 月
长沙 M231	甲 B Ⅱ b/型	西汉早期	湖南长沙市城北伍家岭大街以西	1951 年 10 月—1952 年 2 月
长沙 M232	甲 B Ⅱ b/型	西汉中期	湖南长沙市城北伍家岭大街以西	1951 年 10 月—1952 年 2 月
长沙 M235	甲 B Ⅱ b 型	西汉晚期	湖南长沙市城北伍家岭大街以西	1951 年 10 月—1952 年 2 月
长沙 M236	乙 A Ⅰ b 型	东汉早期	湖南长沙市城北伍家岭大街以西	1951 年 10 月—1952 年 2 月
长沙 M239	甲 B Ⅱ a 型	西汉晚期	湖南长沙市城北伍家岭大街以西	1951 年 10 月—1952 年 2 月
长沙 M240	甲 B Ⅱ a 型	西汉晚期	湖南长沙市城北伍家岭大街以西	1951 年 10 月—1952 年 2 月
长沙 M241	甲 B Ⅱ a 型	西汉晚期	湖南长沙市城北伍家岭大街以西	1951 年 10 月—1952 年 2 月
长沙 M242	甲 B Ⅱ b 型	西汉晚期	湖南长沙市城北伍家岭大街以西	1951 年 10 月—1952 年 2 月
长沙 M243	乙 Ga γ i 型	东汉晚期	湖南长沙市城北伍家岭大街以西	1951 年 10 月—1952 年 2 月
长沙 M244	甲 B Ⅱ a 型	西汉晚期	湖南长沙市城北伍家岭大街以西	1951 年 10 月—1952 年 2 月
长沙 M245	甲 B Ⅱ a 型	西汉晚期	湖南长沙市城北伍家岭大街以西	1951 年 10 月—1952 年 2 月
长沙 M251	甲 C Ⅱ b/型	西汉早期	湖南长沙市城北伍家岭大街以西	1951 年 10 月—1952 年 2 月
长沙 M252	甲 B Ⅱ b/型	西汉早期	湖南长沙市城北伍家岭大街以西	1951 年 10 月—1952 年 2 月
长沙 M255	甲 B Ⅱ a 型	西汉晚期	湖南长沙市城北伍家岭大街以西	1951 年 10 月—1952 年 2 月
长沙 M256	甲 B Ⅱ a 型	西汉晚期	湖南长沙市城北伍家岭大街以西	1951 年 10 月—1952 年 2 月
长沙 M259	甲 B Ⅱ a 型	西汉晚期	湖南长沙市城北伍家岭大街以西	1951 年 10 月—1952 年 2 月
长沙 M262	乙 C Ⅰ a γ ii 型	东汉中期	湖南长沙市城北伍家岭大街以西	1951 年 10 月—1952 年 2 月
长沙 M266	甲 B Ⅱ b/型	西汉晚期	湖南长沙市城北伍家岭大街以西	1951 年 10 月—1952 年 2 月
长沙 M267	甲 B Ⅱ a 型	西汉晚期	湖南长沙市城北伍家岭大街以西	1951 年 10 月—1952 年 2 月
长沙 M269	甲 B Ⅱ b 型	西汉晚期	湖南长沙市城北伍家岭大街以西	1951 年 10 月—1952 年 2 月
长沙 M270	甲 B Ⅱ b 型	西汉晚期	湖南长沙市城北伍家岭大街以西	1951 年 10 月—1952 年 2 月
长沙 M271	甲 A Ⅱ b 型	西汉晚期	湖南长沙市城北伍家岭大街以西	1951 年 10 月—1952 年 2 月
长沙 M303	甲 B Ⅱ b/型	西汉中期	湖南长沙市城东南浏阳门外约半里识字岭	1951 年 10 月—1952 年 2 月
长沙 M310	甲 B Ⅱ b/型	西汉中期	湖南长沙市城东南浏阳门外约半里识字岭	1951 年 10 月—1952 年 2 月
长沙 M312	甲 B Ⅱ b 型	西汉晚期	湖南长沙市城东南浏阳门外约半里识字岭	1951 年 10 月—1952 年 2 月
长沙 M327	甲 B Ⅰ a i ※型	西汉晚期	湖南长沙市城东南浏阳门外约半里识字岭	1951 年 10 月—1952 年 2 月
长沙 M332	甲 B Ⅱ b/型	西汉中期	湖南长沙市城东南浏阳门外约半里识字岭	1951 年 10 月—1952 年 2 月
长沙 M333	甲 B Ⅱ b/型	西汉中期	湖南长沙市城东南浏阳门外约半里识字岭	1951 年 10 月—1952 年 2 月
长沙 M334	甲 B Ⅱ a 型	西汉晚期	湖南长沙市城东南浏阳门外约半里识字岭	1951 年 10 月—1952 年 2 月
长沙 M336	甲 B Ⅱ b/型	西汉中期	湖南长沙市城东南浏阳门外约半里识字岭	1951 年 10 月—1952 年 2 月
长沙 M339	甲 B Ⅱ b 型	西汉晚期	湖南长沙市城东南浏阳门外约半里识字岭	1951 年 10 月—1952 年 2 月
长沙 M341	甲 B Ⅰ b 型	西汉早期	湖南长沙市城东南浏阳门外约半里识字岭	1951 年 10 月—1952 年 2 月

名称	墓葬形制	时期	位置	发掘发现时间
长沙 M342	甲 B Ⅱ a/ 型	西汉早期	湖南长沙市城东南浏阳门外约半里识字岭	1951 年 10 月—1952 年 2 月
长沙 M350	甲 B Ⅱ b/ 型	西汉中期	湖南长沙市城东南浏阳门外约半里识字岭	1951 年 10 月—1952 年 2 月
长沙 M351	甲 B Ⅱ b/ 型	西汉中期	湖南长沙市城东南浏阳门外约半里识字岭	1951 年 10 月—1952 年 2 月
长沙 M354	乙 C Ⅰ a 型	东汉中期	湖南长沙市城东南浏阳门外约半里识字岭	1951 年 10 月—1952 年 2 月
长沙 M355	乙 C Ⅰ a 型	东汉中期	湖南长沙市城东南浏阳门外约半里识字岭	1951 年 10 月—1952 年 2 月
长沙 M357	甲 B Ⅱ b 型	西汉晚期	湖南长沙市城东南浏阳门外约半里识字岭	1951 年 10 月—1952 年 2 月
长沙 M401	甲 B Ⅰ a ※ ⊥ 型	西汉晚期	湖南长沙市城东大道南杨家大山	1951 年 10 月—1952 年 2 月
长沙 M402	甲 B Ⅰ a/ 型	西汉早期	湖南长沙市城东大道南杨家大山	1951 年 10 月—1952 年 2 月
长沙 M403	甲 C Ⅱ b/ 型	西汉早期	湖南长沙市城东大道南杨家大山	1951 年 10 月—1952 年 2 月
长沙 M404	甲 B Ⅱ a 型	西汉晚期	湖南长沙市城东大道南杨家大山	1951 年 10 月—1952 年 2 月
长沙 M405	甲 B Ⅱ a 型	西汉晚期	湖南长沙市城东大道南杨家大山	1951 年 10 月—1952 年 2 月
长沙 M407	甲 D Ⅱ a/ 型	西汉早期	湖南长沙市城东大道北五里牌	1951 年 10 月—1952 年 2 月
长沙北津古城		西汉	湖南长沙市郊区三汊矶	1981 年
长沙茶子山 M1	甲 B Ⅱ b 型	西汉早期	湖南长沙市西郊银盆岭区茶子山	1979 年 9 月—1983 年 8 月
长沙茶子山 M10	甲 B Ⅱ a 型	西汉早期	湖南长沙市西郊银盆岭区茶子山	1979 年 9 月—1983 年 8 月
长沙茶子山 M11	甲 C Ⅱ b 型	西汉早期	湖南长沙市西郊银盆岭区茶子山	1979 年 9 月—1983 年 8 月
长沙茶子山 M12	甲 B Ⅱ b 型	西汉早期	湖南长沙市西郊银盆岭区茶子山	1979 年 9 月—1983 年 8 月
长沙茶子山 M14	甲 B Ⅱ a 型	西汉早期	湖南长沙市西郊银盆岭区茶子山	1979 年 9 月—1983 年 8 月
长沙茶子山 M15	甲 A Ⅱ b 型	西汉中期	湖南长沙市西郊银盆岭区茶子山	1979 年 9 月—1983 年 8 月
长沙茶子山 M2	甲 C Ⅱ b 型	西汉早期	湖南长沙市西郊银盆岭区茶子山	1979 年 9 月—1983 年 8 月
长沙茶子山 M3	甲 B Ⅱ b 型	西汉早期	湖南长沙市西郊银盆岭区茶子山	1979 年 9 月—1983 年 8 月
长沙茶子山 M4	甲 B Ⅱ b 型	西汉早期	湖南长沙市西郊银盆岭区茶子山	1979 年 9 月—1983 年 8 月
长沙茶子山 M5	甲 B Ⅱ b 型	西汉早期	湖南长沙市西郊银盆岭区茶子山	1979 年 9 月—1983 年 8 月
长沙茶子山 M6	甲 B Ⅱ a 型	西汉早期	湖南长沙市西郊银盆岭区茶子山	1979 年 9 月—1983 年 8 月
长沙茶子山 M7	甲 B Ⅱ b 型	西汉早期	湖南长沙市西郊银盆岭区茶子山	1979 年 9 月—1983 年 8 月
长沙茶子山 M8	甲 C Ⅱ b 型	西汉早期	湖南长沙市西郊银盆岭区茶子山	1979 年 9 月—1983 年 8 月
长沙茶子山 M9	甲 B Ⅱ b 型	西汉早期	湖南长沙市西郊银盆岭区茶子山	1979 年 9 月—1983 年 8 月
长沙陡壁山 M1	甲 B Ⅰ a/ 型	西汉中期	湖南长沙市长沙咸嘉湖陡壁山	1974 年 12 月—1975 年 1 月
长沙马王堆 M1	甲 C Ⅰ a ⊢ 型	西汉早期	湖南长沙市马王堆	1971 年 1—4 月
长沙马王堆 M2	甲 B Ⅱ a/ 型	西汉初期	湖南长沙市马王堆	1973 年 12 月—1974 年 1 月
长沙马王堆 M3	甲 C Ⅰ a ⅶ/ 型	西汉早期	湖南长沙市马王堆	1973 年 11—12 月
长沙扇子山西汉墓		西汉早期	湖南长沙市长沙市咸嘉湖扇子山	
长沙狮子山西汉墓		西汉早期	湖南长沙市长沙市咸嘉湖狮子山	
长沙桐梓坡 M1	甲 B Ⅱ b 型	西汉早期	湖南长沙市西郊银盆岭区桐梓坡	1979 年 9 月—1983 年 8 月
长沙桐梓坡 M10	甲 A Ⅱ b ③ 型	西汉早期	湖南长沙市西郊银盆岭区桐梓坡	1979 年 9 月—1983 年 8 月
长沙桐梓坡 M12	甲 B Ⅱ b 型	西汉初期	湖南长沙市西郊银盆岭区桐梓坡	1979 年 9 月—1983 年 8 月

名称	墓葬形制	时期	位置	发掘发现时间
长沙桐梓坡 M13	甲 B Ⅱ b 型	西汉早期	湖南长沙市西郊银盆岭区桐梓坡	1979 年 9 月—1983 年 8 月
长沙桐梓坡 M14	甲 B Ⅱ b 型	西汉早期	湖南长沙市西郊银盆岭区桐梓坡	1979 年 9 月—1983 年 8 月
长沙桐梓坡 M15	甲 B Ⅱ b 型	西汉早期	湖南长沙市西郊银盆岭区桐梓坡	1979 年 9 月—1983 年 8 月
长沙桐梓坡 M16	甲 C Ⅱ b 型	西汉早期	湖南长沙市西郊银盆岭区桐梓坡	1979 年 9 月—1983 年 8 月
长沙桐梓坡 M17	甲 B Ⅱ b 型	西汉早期	湖南长沙市西郊银盆岭区桐梓坡	1979 年 9 月—1983 年 8 月
长沙桐梓坡 M18	甲 B Ⅱ b 型	西汉早期	湖南长沙市西郊银盆岭区桐梓坡	1979 年 9 月—1983 年 8 月
长沙桐梓坡 M19	甲 B Ⅱ b 型	西汉早期	湖南长沙市西郊银盆岭区桐梓坡	1979 年 9 月—1983 年 8 月
长沙桐梓坡 M2	甲 B Ⅱ b ii 型	西汉早期	湖南长沙市西郊银盆岭区桐梓坡	1979 年 9 月—1983 年 8 月
长沙桐梓坡 M20	甲 B Ⅱ b 型	西汉早期	湖南长沙市西郊银盆岭区桐梓坡	1979 年 9 月—1983 年 8 月
长沙桐梓坡 M21	甲 B Ⅱ b 型	西汉早期	湖南长沙市西郊银盆岭区桐梓坡	1979 年 9 月—1983 年 8 月
长沙桐梓坡 M22	甲 B Ⅱ b 型	西汉早期	湖南长沙市西郊银盆岭区桐梓坡	1979 年 9 月—1983 年 8 月
长沙桐梓坡 M23	甲 C Ⅱ b 型	西汉早期	湖南长沙市西郊银盆岭区桐梓坡	1979 年 9 月—1983 年 8 月
长沙桐梓坡 M24	甲 B Ⅱ b 型	西汉早期	湖南长沙市西郊银盆岭区桐梓坡	1979 年 9 月—1983 年 8 月
长沙桐梓坡 M25	甲 B Ⅱ b 型	西汉早期	湖南长沙市西郊银盆岭区桐梓坡	1979 年 9 月—1983 年 8 月
长沙桐梓坡 M26	甲 B Ⅱ b 型	西汉早期	湖南长沙市西郊银盆岭区桐梓坡	1979 年 9 月—1983 年 8 月
长沙桐梓坡 M27	甲 B Ⅱ b 型	西汉早期	湖南长沙市西郊银盆岭区桐梓坡	1979 年 9 月—1983 年 8 月
长沙桐梓坡 M28	甲 B Ⅱ b 型	西汉早期	湖南长沙市西郊银盆岭区桐梓坡	1979 年 9 月—1983 年 8 月
长沙桐梓坡 M29	甲 C Ⅱ b ii 型	西汉早期	湖南长沙市西郊银盆岭区桐梓坡	1979 年 9 月—1983 年 8 月
长沙桐梓坡 M3	甲 B Ⅱ b 型	西汉早期	湖南长沙市西郊银盆岭区桐梓坡	1979 年 9 月—1983 年 8 月
长沙桐梓坡 M30	甲 A Ⅱ b ③ 型	西汉早期	湖南长沙市西郊银盆岭区桐梓坡	1979 年 9 月—1983 年 8 月
长沙桐梓坡 M31	甲 B Ⅱ b 型	西汉早期	湖南长沙市西郊银盆岭区桐梓坡	1979 年 9 月—1983 年 8 月
长沙桐梓坡 M32	甲 B Ⅱ b 型	西汉早期	湖南长沙市西郊银盆岭区桐梓坡	1979 年 9 月—1983 年 8 月
长沙桐梓坡 M33	甲 C Ⅱ a 型	西汉早期	湖南长沙市西郊银盆岭区桐梓坡	1979 年 9 月—1983 年 8 月
长沙桐梓坡 M35	甲 B Ⅱ b 型	西汉早期	湖南长沙市西郊银盆岭区桐梓坡	1979 年 9 月—1983 年 8 月
长沙桐梓坡 M36	甲 B Ⅱ b 型	西汉早期	湖南长沙市西郊银盆岭区桐梓坡	1979 年 9 月—1983 年 8 月
长沙桐梓坡 M37	甲 B Ⅱ b 型	西汉早期	湖南长沙市西郊银盆岭区桐梓坡	1979 年 9 月—1983 年 8 月
长沙桐梓坡 M38	甲 B Ⅱ b 型	西汉早期	湖南长沙市西郊银盆岭区桐梓坡	1979 年 9 月—1983 年 8 月
长沙桐梓坡 M39	甲 B Ⅱ a 型	西汉早期	湖南长沙市西郊银盆岭区桐梓坡	1979 年 9 月—1983 年 8 月
长沙桐梓坡 M4	甲 B Ⅱ b 型	西汉早期	湖南长沙市西郊银盆岭区桐梓坡	1979 年 9 月—1983 年 8 月
长沙桐梓坡 M40	甲 B Ⅱ b 型	西汉早期	湖南长沙市西郊银盆岭区桐梓坡	1979 年 9 月—1983 年 8 月
长沙桐梓坡 M41	甲 B Ⅱ b ii 型	西汉早期	湖南长沙市西郊银盆岭区桐梓坡	1979 年 9 月—1983 年 8 月
长沙桐梓坡 M42	甲 B Ⅱ b 型	西汉早期	湖南长沙市西郊银盆岭区桐梓坡	1979 年 9 月—1983 年 8 月
长沙桐梓坡 M43	甲 B Ⅱ b 型	西汉早期	湖南长沙市西郊银盆岭区桐梓坡	1979 年 9 月—1983 年 8 月
长沙桐梓坡 M44	甲 B Ⅱ b 型	西汉早期	湖南长沙市西郊银盆岭区桐梓坡	1979 年 9 月—1983 年 8 月
长沙桐梓坡 M45	甲 B Ⅱ b 型	西汉早期	湖南长沙市西郊银盆岭区桐梓坡	1979 年 9 月—1983 年 8 月
长沙桐梓坡 M46	甲 B Ⅱ b 型	西汉早期	湖南长沙市西郊银盆岭区桐梓坡	1979 年 9 月—1983 年 8 月
长沙桐梓坡 M47	甲 B Ⅰ b 型	西汉早期	湖南长沙市西郊银盆岭区桐梓坡	1979 年 9 月—1983 年 8 月
长沙桐梓坡 M48	甲 B Ⅱ b 型	西汉初期	湖南长沙市西郊银盆岭区桐梓坡	1979 年 9 月—1983 年 8 月
长沙桐梓坡 M49	甲 B Ⅱ b 型	西汉早期	湖南长沙市西郊银盆岭区桐梓坡	1979 年 9 月—1983 年 8 月

续表

名称	墓葬形制	时期	位置	发掘发现时间
长沙桐梓坡 M5	甲 B Ⅱ b 型	西汉早期	湖南长沙市西郊银盆岭区桐梓坡	1979 年 9 月—1983 年 8 月
长沙桐梓坡 M50	甲 A Ⅱ b ③ 型	西汉初期	湖南长沙市西郊银盆岭区桐梓坡	1979 年 9 月—1983 年 8 月
长沙桐梓坡 M51	甲 B Ⅱ b 型	西汉早期	湖南长沙市西郊银盆岭区桐梓坡	1979 年 9 月—1983 年 8 月
长沙桐梓坡 M52	甲 B Ⅱ b 型	西汉早期	湖南长沙市西郊银盆岭区桐梓坡	1979 年 9 月—1983 年 8 月
长沙桐梓坡 M53	甲 B Ⅱ b 型	西汉初期	湖南长沙市西郊银盆岭区桐梓坡	1979 年 9 月—1983 年 8 月
长沙桐梓坡 M54	甲 B Ⅱ b 型	西汉初期	湖南长沙市西郊银盆岭区桐梓坡	1979 年 9 月—1983 年 8 月
长沙桐梓坡 M55	甲 B Ⅱ b 型	西汉初期	湖南长沙市西郊银盆岭区桐梓坡	1979 年 9 月—1983 年 8 月
长沙桐梓坡 M56	甲 B Ⅱ b 型	西汉初期	湖南长沙市西郊银盆岭区桐梓坡	1979 年 9 月—1983 年 8 月
长沙桐梓坡 M57	甲 B Ⅱ b 型	西汉早期	湖南长沙市西郊银盆岭区桐梓坡	1979 年 9 月—1983 年 8 月
长沙桐梓坡 M58	甲 B Ⅱ b 型	西汉早期	湖南长沙市西郊银盆岭区桐梓坡	1979 年 9 月—1983 年 8 月
长沙桐梓坡 M59	甲 B Ⅱ b ③ 型	西汉初期	湖南长沙市西郊银盆岭区桐梓坡	1979 年 9 月—1983 年 8 月
长沙桐梓坡 M6	甲 B Ⅱ b 型	西汉中期	湖南长沙市西郊银盆岭区桐梓坡	1979 年 9 月—1983 年 8 月
长沙桐梓坡 M60	甲 B Ⅱ b 型	西汉初期	湖南长沙市西郊银盆岭区桐梓坡	1979 年 9 月—1983 年 8 月
长沙桐梓坡 M61	甲 B Ⅱ b 型	西汉初期	湖南长沙市西郊银盆岭区桐梓坡	1979 年 9 月—1983 年 8 月
长沙桐梓坡 M62	甲 B Ⅱ b 型	西汉早期	湖南长沙市西郊银盆岭区桐梓坡	1979 年 9 月—1983 年 8 月
长沙桐梓坡 M63	甲 B Ⅱ b ⅱ 型	西汉早期	湖南长沙市西郊银盆岭区桐梓坡	1979 年 9 月—1983 年 8 月
长沙桐梓坡 M64	甲 A Ⅱ b ③ 型	西汉初期	湖南长沙市西郊银盆岭区桐梓坡	1979 年 9 月—1983 年 8 月
长沙桐梓坡 M65	甲 B Ⅱ b 型	西汉早期	湖南长沙市西郊银盆岭区桐梓坡	1979 年 9 月—1983 年 8 月
长沙桐梓坡 M66	甲 B Ⅱ b 型	西汉早期	湖南长沙市西郊银盆岭区桐梓坡	1979 年 9 月—1983 年 8 月
长沙桐梓坡 M68	甲 B Ⅱ b 型	西汉早期	湖南长沙市西郊银盆岭区桐梓坡	1979 年 9 月—1983 年 8 月
长沙桐梓坡 M69	甲 C Ⅱ b 型	西汉早期	湖南长沙市西郊银盆岭区桐梓坡	1979 年 9 月—1983 年 8 月
长沙桐梓坡 M7	甲 B Ⅱ b 型	西汉早期	湖南长沙市西郊银盆岭区桐梓坡	1979 年 9 月—1983 年 8 月
长沙桐梓坡 M71	甲 C Ⅰ a ⅱ / 型	西汉早期	湖南长沙市西郊银盆岭区桐梓坡	1979 年 9 月—1983 年 8 月
长沙桐梓坡 M8	甲 B Ⅱ b 型	西汉早期	湖南长沙市西郊银盆岭区桐梓坡	1979 年 9 月—1983 年 8 月
长沙桐梓坡 M9	甲 B Ⅱ b 型	西汉早期	湖南长沙市西郊银盆岭区桐梓坡	1979 年 9 月—1983 年 8 月
长沙魏家大堆汉墓		汉代	湖南长沙市黄土岭 32 号	
长沙象鼻嘴 M1	甲 C Ⅰ a ╞ 型	西汉早期	湖南长沙市长沙市咸嘉湖	1978 年 9—11 月
长沙银盆岭 M1	甲 B Ⅱ 型	西汉早期	湖南长沙市西郊银盆岭区银盆岭	1979 年 9 月—1983 年 8 月
长沙银盆岭 M2	甲 B Ⅱ b 型	西汉早期	湖南长沙市西郊银盆岭区银盆岭	1979 年 9 月—1983 年 8 月
长沙银盆岭 M3	甲 B Ⅱ b 型	西汉早期	湖南长沙市西郊银盆岭区银盆岭	1979 年 9 月—1983 年 8 月
长沙银盆岭 M4	甲 B Ⅱ b 型	西汉早期	湖南长沙市西郊银盆岭区银盆岭	1979 年 9 月—1983 年 8 月
长沙银盆岭 M5	甲 B Ⅱ b 型	西汉早期	湖南长沙市西郊银盆岭区银盆岭	1979 年 9 月—1983 年 8 月
长沙银盆岭 M6	甲 A Ⅱ b ③ 型	西汉早期	湖南长沙市西郊银盆岭区银盆岭	1979 年 9 月—1983 年 8 月
长沙银盆岭 M7	甲 B Ⅱ b 型	西汉早期	湖南长沙市西郊银盆岭区银盆岭	1979 年 9 月—1983 年 8 月
长沙银盆岭 M8	甲 B Ⅱ b ⅱ 型	西汉早期	湖南长沙市西郊银盆岭区银盆岭	1979 年 9 月—1983 年 8 月
长沙银盆岭 M9	甲 B Ⅱ b 型	西汉早期	湖南长沙市西郊银盆岭区银盆岭	1979 年 9 月—1983 年 8 月
长泰 86 石牛山 M1	甲 B Ⅰ b ① ④ 型	西汉早期	福建长泰县陈巷乡苑山村石牛山西南缓坡	1986 年 10 月
长泰戈林山遗址		春秋闽越	福建长泰县岩溪镇锦鳞村南 1.1 公里戈林山	1986 年

名称	墓葬形制	时期	位置	发掘发现时间
长泰犁头山遗址		春秋闽越	福建长泰县陈巷镇古农村北 500 米	2002 年 6—7 月
长泰墓亭山遗址		春秋闽越	福建长泰县陈巷镇戴堘村西 1.5 公里	1986 年
长泰石牛山遗址		春秋闽越	福建长泰县陈巷镇苑山村溪坪厝东约 300 米	2002 年 6—7 月
长泰西山遗址		春秋闽越	福建长泰县陈巷镇古农村东南 1 公里西山	2002 年 6—7 月
长泰寨前山遗址		春秋闽越	福建长泰县陈巷镇戴堘村东北 1.5 公里	1986 年
长泰座前山遗址		春秋闽越	福建长泰县岩溪镇锦鳞村南 1.5 公里座前山	1986 年
长汀策武乡遗址		新石器、汉	福建长汀县策武乡	1987 年
长汀德联遗址		商周汉	福建长汀县策武乡德联农场北 300 米	1987 年 12 月
长汀德田遗址		商周汉	福建长汀县策武乡德连村西 700 米	1987 年 12 月
长汀和尚地遗址		商周汉	福建长汀县大同镇南里村东北 1 公里	1987 年 12 月
长汀河田汉代遗物		汉代	福建长汀县河田镇	
长汀马坪崬汉代遗物		汉代	福建长汀县马坪崬	
长汀木鱼山遗址		商周汉	福建长汀县师福村西 1.2 公里	1987 年 12 月
长汀南里汉代铁器		汉代	福建长汀县大同乡南里村	
常德 01 黄土山墓地		战国唐宋	湖南常德市鼎城区灌溪乡黄土山	2001 年
常德 54 郭家 M9	乙AⅡa型	东汉	湖南常德市西郊郭家土地	1954 年秋
常德 54 郭家东汉墓		东汉	湖南常德市西郊郭家土地	1954 年秋
常德 54 汉末魏晋墓		汉末魏晋	湖南常德县白马湖乡川子桥乡浚家山等乡	1954 年秋
常德 54 西郊东汉墓	乙BⅡa型	东汉中期	湖南常德县白马湖乡川子桥乡浚家山等乡	1954 年秋
常德 54 西郊延熹三.	乙GCⅠaⅵ型	东汉中期	湖南常德县白马湖乡川子桥乡浚家山等乡	1954 年秋
常德 72 郭家铺东汉墓		东汉	湖南常德县郭家铺乡	1972 年 12 月
常德 73 常南 M1	乙FⅡaⅵ型	东汉中期	湖南常德市南坪公社	1973 年 11 月
常德 77 东郊汉墓		汉代	湖南常德市东郊乡	1977 年 11 月
常德 77 南坪汉墓		汉代	湖南常德县南坪乡	1977 年 11 月
常德 78 东江东汉墓		东汉	湖南常德市东江乡	1978 年
常德 79 东江东汉墓		东汉	湖南常德市东江乡	1979 年
常德 80 南坪汉墓		汉代	湖南常德县南坪乡南坪村	1980 年 2 月
常德 84—86 砖厂古墓		战国汉	湖南常德县良种场砖厂	1984 年 5 月—1988 年 12 月
常德 84—87 岗市古墓		战国汉	湖南常德县岗市砖厂	1984—1987 年
常德 84 丙纶厂汉墓		汉代	湖南常德市丙纶厂	1984 年 11 月
常德 84 常南 M3		西汉中期	湖南常德市南坪公社	1984 年
常德 84 第二纺机厂西汉墓		西汉	湖南常德县常德第二纺织机械厂	1984 年 9—10 月
常德 84 阀门厂汉墓		汉代	湖南常德市阀门厂	1984 年 11 月

名称	墓葬形制	时期	位置	发掘发现时间
常德 84 纺机路西汉墓		西汉	湖南常德县德山纺机路	1984 年 10—12 月
常德 85—86 玻璃厂汉墓		汉代	湖南常德市德山玻璃厂	1985 年 5 月—1986 年 3 月
常德 85—86 德郊西汉墓		西汉	湖南常德市东南 10 公里德郊乡丘陵地带	1985 年 3 月—1986 年 3 月
常德 85—86 岗市战国西汉墓		战国汉	湖南常德县岗市文连村樟树山砖厂	1985 年 4 月—1986 年 2 月
常德 85—87 灌溪砖厂西汉墓		西汉	湖南常德县灌溪乡砖厂	1985—1987 年
常德 85 岗村东汉墓		东汉	湖南常德市白鹤山乡岗村二组	1985 年 11 月
常德 86—88 砖厂西汉墓		西汉	湖南常德市德山砖厂	1986 年 3 月—1988 年 4 月
常德 87—88 酒厂古墓		战国汉	湖南常德县武陵酒厂	1987 年 4 月—1988 年 10 月
常德 87—88 税务局西汉墓		西汉	湖南常德市德山税务局	1987 年 5 月—1988 年 8 月
常德 91 德山 M3	甲 C I b 型	西汉早期	湖南常德市德山常德第二纺织机械厂基建	1991 年 10 月
常德 92DWM1	甲 B I a 型	西汉中期	湖南常德市德山开发区莲花山乡莲花村	1992 年 7—12 月
常德 92DWM2	甲 B I a 型	西汉中期	湖南常德市德山开发区莲花山乡莲花村	1992 年 7—12 月
常德 92DWM3	甲 B I b 型	西汉早期	湖南常德市德山开发区莲花山乡莲花村	1992 年 7—12 月
常德 92 东汉砖窑		东汉中晚	湖南常德市武陵开发区	1992 年 10 月
常德 95 新安 M2	乙 B I a 型	东汉	湖南常德市新安村	1995 年 3—4 月
常德 96 南坪村战国汉墓		战国汉代	湖南常德市南坪乡南坪村	1996 年 7—11 月
常德常东 M1	乙 F II a 型	东汉	湖南常德市东江公社	1977 年 8—9 月
常德常东 M2	乙 B I a 型	东汉晚期	湖南常德市东江公社	1977 年 8—9 月
常德常南 M1	乙 B II a 型	东汉晚期	湖南常德市南坪公社	1977 年 8—9 月
常德常南 M10	乙 F II aγi 型	东汉晚期	湖南常德市南坪公社	1977 年 8—9 月
常德常南 M2	乙 A I b 型	东汉晚期	湖南常德市南坪公社	1977 年 8—9 月
常德常南 M3	乙 A I a 型	东汉早期	湖南常德市南坪公社	1977 年 8—9 月
常德常南 M4	乙 B II aγi 型	东汉早期	湖南常德市南坪公社	1977 年 8—9 月
常德常南 M5	乙 C I aγi 型	东汉晚期	湖南常德市南坪公社	1977 年 8—9 月
常德常南 M6	乙 C I aγi 型	东汉早期	湖南常德市南坪公社	1977 年 8—9 月
常德常南 M9	乙 A I b 型	东汉晚期	湖南常德市南坪公社	1977 年 8—9 月
常德东汉滑石鼎		东汉	湖南常德县	
常德二纺机械厂 M6		西汉中期	湖南常德市二纺机械厂	1984 年
常德二纺机械厂 M8		西汉中期	湖南常德市二纺机械厂	1984 年
常德二纺机械厂 M9		西汉	湖南常德市二纺机械厂	1984 年
常德阀门厂 M3		西汉中期	湖南常德市阀门厂工地	1984 年
常德纺机路 M15		西汉中期	湖南常德市德山纺机路工地	1984 年

续表

名称	墓葬形制	时期	位置	发掘发现时间
常德果脯厂汉墓		西汉中期	湖南常德市落路口市果脯厂	1985 年 6 月
常德汉代玉印		汉代	湖南常德县	
常德护城汉墓		汉代	湖南常德市武陵区护城乡	
常德临沅县城		秦汉	湖南常德市	
常德南坪 M63	乙 C I aⅵ型	东汉中期	湖南常德市区南坪岗穿紫河柳叶大道基建	1998 年底
常德南坪岗东汉墓		东汉	湖南常德市南坪岗、么路铺、穿紫桥一带	
常德南坪岗西汉墓		西汉	湖南常德市南坪岗、么路铺、穿紫桥一带	
常德索县古城		东汉	湖南常德市东门外 30 公里断港头乡城址村	
常德五里村 M30	甲 E Ⅱb 型	西汉早期	湖南常德县灌溪乡五里村南岗市西 150 米	1985 年 4 月
常德物质贸易中心窑址		汉代	湖南常德市武陵路中段常德市物资贸易中心	1994 年 7 月
常德西汉铜镜		西汉	湖南常德县	
常德西门岗汉墓		东汉	湖南常德市西郊护城乡三岔路村西门岗	
常德西门寺东汉墓群		东汉	湖南常德市护城乡三岔路村四组	
常德沅南古城		东汉	湖南常德市长茅岭乡古城山	
潮州二塘龟山遗址		汉代	广东潮州市归湖区金州村二塘龟山	
潮州汉代陶器		汉代	广东潮州市	
郴县 55 东汉墓	乙 B 类	东汉	湖南郴县力新瓷厂	1955 年 8 月
郴州 76 烟厂东汉墓	乙 B I a 型	东汉晚期	湖南郴州市郊公社郴州烟厂基建工地	1976 年 2 月
郴州 80M1	乙 B Ⅱ aⅵ型	东汉早期	湖南郴州市奎马岭郴州地区兽医防疫站冷库	1980 年 1—3 月
郴州 80M2	乙 C I aⅵⅶ型	东汉早期	湖南郴州市奎马岭郴州地区兽医防疫站冷库	1980 年 1—3 月
郴州 80M3	乙 A Ⅱ aⅵ型	东汉早期	湖南郴州市奎马岭郴州地区兽医防疫站冷库	1980 年 1—3 月
郴州 80M4	乙 B I aⅵ型	新莽	湖南郴州市奎马岭郴州地区兽医防疫站冷库	1980 年 1—3 月
郴州 82—83M11	乙 C I aⅵⅶ型	东汉早期	湖南郴州市市区	1982—1983 年
郴州 82—83M12	甲 B Ⅱb 型	新莽	湖南郴州市市区	1982—1983 年
郴州 82—83M6	乙 B I aⅵ型	东汉早期	湖南郴州市化工技术学校市郊斋公岭	1982—1983 年
郴州 82—83M7	乙 C Ⅱ aⅵ型	东汉中期	湖南郴州市郴州地区财税干校市郊三里田	1982—1983 年
郴州 82—83M8	乙 B I aⅵ型	东汉早期	湖南郴州市市区	1982—1983 年
郴州 82—83M9	乙 B I aⅵ型	东汉早期	湖南郴州市市区	1982—1983 年
郴州 95 高山背东汉墓	乙 A I b 型	东汉	湖南郴州市高山背农业局基建工地	1995 年 10 月
郴州 96 筑路工程机械厂汉墓	甲 C Ⅱ a┝型	汉代	湖南郴州市筑路工程机械厂宿舍基建	1996 年 12 月

续表

名称	墓葬形制	时期	位置	发掘发现时间
郴州 97 马家坪东汉墓		东汉	湖南郴州市马家坪北湖公园北侧	1997 年 5—11 月
郴州 97 民政局西汉墓	甲 B Ⅱ a 型	西汉早期	湖南郴州市民政局基建工地	1997 年 1 月
郴州 98 三建秦墓	甲 B Ⅱ b 型	西汉初期	湖南郴州市第三建筑公司住宅一区基建工地	1998 年 8 月
郴州 99 洞尾汉墓		汉代	湖南郴州市苏仙区五里牌乡洞尾村	1999 年 3—12 月
郴州茶山墓群		汉代	湖南郴县五里牌乡洞尾村	
郴州茶园墓群		汉代	湖南郴县华塘镇毫里村	
郴州郴县古城		汉代	湖南郴州市人民东路与北街交叉口一带	传世
郴州邓君墓		东汉	湖南郴州市市郊乡槐树下黄泥塘村	传世
郴州工堂坪墓群		汉代	湖南郴县坳上乡水塘村工堂坪	
郴州汉代遗物		汉代	湖南郴州市	
郴州黄泥塘墓群		汉代	湖南郴州市市郊乡槐树下黄泥村	
郴州刘家冲墓群		汉代	湖南郴州市市郊乡槐树下村	
郴州龙家墓群		汉代	湖南郴县岗脚乡湾塘村	
郴州马家坪东汉墓		东汉	湖南郴州市马家坪	1959 年 12 月上旬
郴州南塔岭墓群		汉代	湖南郴州市郴江乡三里田村	
郴州潘氏墓		西汉	湖南郴州市一种校园内	传世
郴州三角铺墓群		汉代	湖南郴县坳上乡黄泥坳村	
郴州石门坦墓群		汉代	湖南郴县五里牌乡鳌头岭村石门坦	
郴州万花冲墓群		汉代	湖南郴州市城区人民西路	
郴州王家墓群		汉代	湖南郴县小溪乡光明村	
郴州义帝陵		汉代	湖南郴州市文化路西侧	传世
郴州朱家墓群		汉代	湖南郴县坳上乡新丰村	
辰溪 77—95 米家滩古墓		战国汉代	湖南辰溪县辰阳镇米家滩	1977—1995 年
辰溪 80—82 江东古墓		战国汉代	湖南辰溪县方田乡江东村	1980—1982 年
辰溪 80—82 米家滩古墓		战国汉代	湖南辰溪县米家滩	1980—1982 年
城步王家山墓群		东汉	湖南城步县花桥乡石山村谭家坊王家山	
澄海 83 南山墓葬群		汉代	广东澄海县下坑、北陇、龟山丘陵地带	1983 年
澄海大衙汉代陶器		汉代	广东澄海县大衙	
澄海龟山汉代建筑遗址		西汉早期	广东澄海市上华镇北陇村东龟山	1992 年
澄海汉代钱币		汉代	广东澄海县	
澄海南塘汉代陶器		汉代	广东澄海县南塘	
澄海狮山汉代陶器		汉代	广东澄海县狮山	
慈利 87 城关古墓		战国汉代	湖南慈利县城关镇石板、零溪村	1987 年 5—6 月
慈利白公古城		汉代	湖南慈利县城东郊	1993 年 10—11 月
慈利慈姑县治		秦汉	湖南慈利县蒋家坪乡太平村官塌	
慈利汉代遗物		汉代	湖南慈利县	
慈利零阳县治		战国汉代	湖南慈利县城关镇良种场	

名称	墓葬形制	时期	位置	发掘发现时间
慈利石板墓群		战国西汉	湖南慈利县城关镇石板村慈溪村	
慈利殷家岗墓群		东汉	湖南慈利县城关镇双安村殷家岗	
从化岗顶秦汉铜器		秦汉	广东从化县吕田区吕田旧圩岗顶	1983 年 4 月
从化高顶湾山秦汉铜器		秦汉	广东从化县吕田区吕新高顶湾山	秦汉
大庸 81 青天街窖藏		东汉早期	湖南大庸县兴隆公社熊家岗大队青天街	1981 年 10 月中旬
大庸 86 城区东汉墓		东汉	湖南大庸市城区	1986 年 3—12 月
大庸 86 城区西汉墓		西汉	湖南大庸市城区	1986 年 3—12 月
大庸 BM1	乙 B I a vi 型	东汉早期	湖南大庸市城区北正街	1986 年 3 月—1987 年 9 月
大庸 DM1	乙 C I a vi 型	东汉中期	湖南大庸市城区大塔岗邮电公寓	1986 年 3 月—1987 年 9 月
大庸 DM13	乙 B I a 型	东汉早期	湖南大庸市城区大塔岗邮电公寓	1986 年 3 月—1987 年 9 月
大庸 DM14	乙 B I a vi 型	东汉早期	湖南大庸市城区大塔岗邮电公寓	1986 年 3 月—1987 年 9 月
大庸 DM25	乙 C I a vi 型	东汉中期	湖南大庸市城区大塔岗邮电公寓	1986 年 3 月—1987 年 9 月
大庸 DM26	乙 C I a vi 型	东汉中期	湖南大庸市城区大塔岗邮电公寓	1986 年 3 月—1987 年 9 月
大庸 DM3	乙 C I a vi 型	东汉中期	湖南大庸市城区大塔岗邮电公寓	1986 年 3 月—1987 年 9 月
大庸 DM33	乙 A I b 型	东汉早期	湖南大庸市城区大塔岗邮电公寓	1986 年 3 月—1987 年 9 月
大庸 DM35	乙 C I a vi 型	东汉中期	湖南大庸市城区大塔岗邮电公寓	1986 年 3 月—1987 年 9 月
大庸 DM4	乙 B I a vi 型	东汉晚期	湖南大庸市城区大塔岗邮电公寓	1986 年 3 月—1987 年 9 月
大庸 DM40	乙 B I a 型	东汉早期	湖南大庸市城区大塔岗邮电公寓	1986 年 3 月—1987 年 9 月
大庸 DM55	乙 C I a vi 型	东汉中期	湖南大庸市城区大塔岗邮电公寓	1986 年 3 月—1987 年 9 月
大庸 DM56	乙 B I a 型	东汉早期	湖南大庸市城区大塔岗邮电公寓	1986 年 3 月—1987 年 9 月
大庸 DM6	乙 C I a vi 型	东汉中期	湖南大庸市城区大塔岗邮电公寓	1986 年 3 月—1987 年 9 月
大庸 DM62	乙 B I a vi 型	东汉晚期	湖南大庸市城区大塔岗邮电公寓	1986 年 3 月—1987 年 9 月
大庸 DM65	乙 B I a 型	东汉早期	湖南大庸市城区大塔岗邮电公寓	1986 年 3 月—1987 年 9 月
大庸 DM68	乙 B I a vi 型	东汉晚期	湖南大庸市城区大塔岗邮电公寓	1986 年 3 月—1987 年 9 月
大庸 DM7	乙 C I a vi 型	东汉晚期	湖南大庸市城区大塔岗邮电公寓	1986 年 3 月—1987 年 9 月
大庸 DM9	乙 C I a vi 型	东汉中期	湖南大庸市城区大塔岗邮电公寓	1986 年 3 月—1987 年 9 月
大庸 FM1	乙 A I b 型	东汉早期	湖南大庸市城区枫香岗大桥路工地	1986 年 3 月—1987 年 9 月
大庸 FM12	乙 C I a vi 型	东汉中期	湖南大庸市城区枫香岗大桥路工地	1986 年 3 月—1987 年 9 月
大庸 FM14	乙 B I a vi 型	东汉晚期	湖南大庸市城区枫香岗大桥路工地	1986 年 3 月—1987 年 9 月
大庸 LM11	乙 C I a vi 型	东汉中期	湖南大庸市城区落凤坪旅游开发公司停车坪	1986 年 3 月—1987 年 9 月
大庸 LM24	乙 C I a vi 型	东汉中期	湖南大庸市城区落凤坪旅游开发公司停车坪	1986 年 3 月—1987 年 9 月
大庸 LM25	乙 A I b 型	东汉早期	湖南大庸市城区落凤坪旅游开发公司停车坪	1986 年 3 月—1987 年 9 月
大庸 LM7	乙 A I b 型	东汉早期	湖南大庸市城区落凤坪旅游开发公司停车坪	1986 年 3 月—1987 年 9 月
大庸 RM18	乙 C I a vi 型	东汉中期	湖南大庸市城区二亩塘变电站工地	1986 年 3 月—1987 年 9 月

名称	墓葬形制	时期	位置	发掘发现时间
大庸 RM27	乙 C I aⅵ型	东汉晚期	湖南大庸市城区二亩塘变电站工地	1986 年 3 月—1987 年 9 月
大庸 RM3	乙 C I aⅵ型	东汉中期	湖南大庸市城区二亩塘变电站工地	1986 年 3 月—1987 年 9 月
大庸 RM4	乙 B I a 型	东汉早期	湖南大庸市城区二亩塘变电站工地	1986 年 3 月—1987 年 9 月
大庸 RM5	乙 C I aⅵ型	东汉中期	湖南大庸市城区二亩塘变电站工地	1986 年 3 月—1987 年 9 月
大庸 SM1	乙 B I a 型	东汉早期	湖南大庸市城区四亩塘环城路工地	1986 年 3 月—1987 年 9 月
大庸 SM10	乙 A I b 型	东汉早期	湖南大庸市城区四亩塘环城路工地	1986 年 3 月—1987 年 9 月
大庸 SM11	乙 C Ⅱ aⅵ型	东汉晚期	湖南大庸市城区四亩塘环城路工地	1986 年 3 月—1987 年 9 月
大庸 SM12	乙 C I aⅵ型	东汉中期	湖南大庸市城区四亩塘环城路工地	1986 年 3 月—1987 年 9 月
大庸 SM13	乙 A I b 型	东汉早期	湖南大庸市城区四亩塘环城路工地	1986 年 3 月—1987 年 9 月
大庸 SM14	乙 C I aⅵ型	东汉中期	湖南大庸市城区四亩塘环城路工地	1986 年 3 月—1987 年 9 月
大庸 SM15	乙 C I aⅵ型	东汉中期	湖南大庸市城区四亩塘环城路工地	1986 年 3 月—1987 年 9 月
大庸 SM16	乙 C I aⅵ型	东汉中期	湖南大庸市城区四亩塘环城路工地	1986 年 3 月—1987 年 9 月
大庸 SM2	乙 A I aⅵ型	东汉晚期	湖南大庸市城区四亩塘环城路工地	1986 年 3 月—1987 年 9 月
大庸 SM20	乙 C I aⅵ型	东汉中期	湖南大庸市城区四亩塘环城路工地	1986 年 3 月—1987 年 9 月
大庸 SM21	乙 C I aⅵ型	东汉中期	湖南大庸市城区四亩塘环城路工地	1986 年 3 月—1987 年 9 月
大庸 SM3	乙 B I aⅵ型	东汉早期	湖南大庸市城区四亩塘环城路工地	1986 考 3 月—1987 年 9 月
大庸 SM4	乙 B I aⅵ型	东汉早期	湖南大庸市城区四亩塘环城路工地	1986 年 3 月—1987 年 9 月
大庸 SM5	乙 A I b 型	东汉早期	湖南大庸市城区四亩塘环城路工地	1986 年 3 月—1987 年 9 月
大庸 SM6	乙 C I aⅵ型	东汉中期	湖南大庸市城区四亩塘环城路工地	1986 年 3 月—1987 年 9 月
大庸 SM7	乙 C I aⅵ型	东汉中期	湖南大庸市城区四亩塘环城路工地	1986 年 3 月—1987 年 9 月
大庸 SM8	乙 C I aⅵ型	东汉中期	湖南大庸市城区四亩塘环城路工地	1986 年 3 月—1987 年 9 月
大庸 SM9	乙 B I aⅵ型	东汉早期	湖南大庸市城区四亩塘环城路工地	1986 年 3 月—1987 年 9 月
大庸 WM1	乙 Ga ⅵ型	东汉晚期	湖南大庸市城区卫校工地	1986 年 3 月—1987 年 9 月
大庸 WM2	乙 B I aⅵ型	东汉晚期	湖南大庸市城区卫校工地	1986 年 3 月—1987 年 9 月
大庸 WM3	乙 B I aⅵ型	东汉晚期	湖南大庸市城区卫校工地	1986 年 3 月—1987 年 9 月
大庸 WM4	乙 C I aⅵ型	东汉中期	湖南大庸市城区卫校工地	1986 年 3 月—1987 年 9 月
大庸大大 M2	甲 C Ⅱ b 型	西汉中期	湖南大庸市城区大塔岗邮电公寓	1986 年 3 月—1987 年 9 月

续表

名称	墓葬形制	时期	位置	发掘发现时间
大庸大大 M36	甲 B Ⅱ a 型	西汉中期	湖南大庸市城区大塔岗邮电公寓	1986 年 3 月—1987 年 9 月
大庸大大 M37	甲 B Ⅱ b 型	西汉中期	湖南大庸市城区大塔岗邮电公寓	1986 年 3 月—1987 年 9 月
大庸大大 M42	甲 C Ⅱ b 型	西汉中期	湖南大庸市城区大塔岗邮电公寓	1986 年 3 月—1987 年 9 月
大庸大大 M43	甲 B Ⅱ b 型	西汉中期	湖南大庸市城区大塔岗邮电公寓	1986 年 3 月—1987 年 9 月
大庸大大 M46	甲 B Ⅱ b 型	西汉中期	湖南大庸市城区大塔岗邮电公寓	1986 年 3 月—1987 年 9 月
大庸大大 M5	甲 B Ⅱ a 型	西汉中期	湖南大庸市城区大塔岗邮电公寓	1986 年 3 月—1987 年 9 月
大庸大大 M59	甲 B Ⅱ b 型	西汉中期	湖南大庸市城区大塔岗邮电公寓	1986 年 3 月—1987 年 9 月
大庸大大 M66	甲 B Ⅱ a ii 型	西汉中期	湖南大庸市城区大塔岗邮电公寓	1986 年 3 月—1987 年 9 月
大庸大大 M67	甲 C Ⅱ b 型	西汉早期	湖南大庸市城区大塔岗邮电公寓	1986 年 3 月—1987 年 9 月
大庸大落 M12	甲 B Ⅱ b 型	西汉早期	湖南大庸市城区落凤坪旅游开发公司停车坪	1986 年 3 月—1987 年 9 月
大庸大落 M14	甲 B Ⅱ b 型	西汉早期	湖南大庸市城区落凤坪旅游开发公司停车坪	1986 年 3 月—1987 年 9 月
大庸大落 M15	甲 A Ⅱ b 型	西汉早期	湖南大庸市城区落凤坪旅游开发公司停车坪	1986 年 3 月—1987 年 9 月
大庸大落 M17	甲 B Ⅱ b 型	西汉早期	湖南大庸市城区落凤坪旅游开发公司停车坪	1986 年 3 月—1987 年 9 月
大庸大落 M2	甲 B Ⅱ b 型	西汉早期	湖南大庸市城区落凤坪旅游开发公司停车坪	1986 年 3 月—1987 年 9 月
大庸大落 M20	甲 B Ⅱ b 型	西汉早期	湖南大庸市城区落凤坪旅游开发公司停车坪	1986 年 3 月—1987 年 9 月
大庸大落 M26	甲 B Ⅱ b 型	西汉中期	湖南大庸市城区落凤坪旅游开发公司停车坪	1986 年 3 月—1987 年 9 月
大庸大落 M27	甲 B Ⅱ b 型	西汉早期	湖南大庸市城区落凤坪旅游开发公司停车坪	1986 年 3 月—1987 年 9 月
大庸大落 M28	甲 B Ⅱ b 型	西汉中期	湖南大庸市城区落凤坪旅游开发公司停车坪	1986 年 3 月—1987 年 9 月
大庸大落 M6	甲 B Ⅱ b 型	西汉早期	湖南大庸市城区落凤坪旅游开发公司停车坪	1986 年 3 月—1987 年 9 月
大庸大落 M8	甲 C Ⅱ b 型	西汉早期	湖南大庸市城区落凤坪旅游开发公司停车坪	1986 年 3 月—1987 年 9 月
大庸大三 M1	甲 B Ⅱ b 型	西汉初期	湖南大庸市城区三角坪武陵大学	1986 年 3 月—1987 年 9 月
大庸大三 M124	甲 B Ⅱ a 型	西汉中期	湖南大庸市城区三角坪武陵大学	1986 年 3 月—1987 年 9 月
大庸大三 M14	甲 B Ⅱ a ii 型	西汉早期	湖南大庸市城区三角坪武陵大学	1986 年 3 月—1987 年 9 月
大庸大三 M162	甲 C Ⅱ b 型	西汉早期	湖南大庸市城区三角坪武陵大学	1986 年 3 月—1987 年 9 月
大庸大三 M165	甲 B Ⅱ b 型	西汉早期	湖南大庸市城区三角坪武陵大学	1986 年 3 月—1987 年 9 月
大庸大三 M166	甲 B Ⅱ b 型	西汉早期	湖南大庸市城区三角坪武陵大学	1986 年 3 月—1987 年 9 月
大庸大三 M167	甲 B Ⅱ b 型	西汉早期	湖南大庸市城区三角坪武陵大学	1986 年 3 月—1987 年 9 月
大庸大三 M168	甲 B Ⅱ a ii 型	西汉早期	湖南大庸市城区三角坪武陵大学	1986 年 3 月—1987 年 9 月
大庸大三 M169	甲 C Ⅱ a ii 型	西汉早期	湖南大庸市城区三角坪武陵大学	1986 年 3 月—1987 年 9 月
大庸大三 M17	甲 B Ⅱ b 型	西汉早期	湖南大庸市城区三角坪武陵大学	1986 年 3 月—1987 年 9 月
大庸大三 M170	甲 C Ⅱ b 型	西汉早期	湖南大庸市城区三角坪武陵大学	1986 年 3 月—1987 年 9 月
大庸大三 M171	甲 B Ⅱ b 型	西汉早期	湖南大庸市城区三角坪武陵大学	1986 年 3 月—1987 年 9 月
大庸大三 M172	甲 C Ⅱ b 型	西汉早期	湖南大庸市城区三角坪武陵大学	1986 年 3 月—1987 年 9 月

名称	墓葬形制	时期	位置	发掘发现时间
大庸大三 M19	甲 CⅡaⅱ型	西汉早期	湖南大庸市城区三角坪武陵大学	1986 年 3 月—1987 年 9 月
大庸大三 M20	甲 CⅡb 型	西汉早期	湖南大庸市城区三角坪武陵大学	1986 年 3 月—1987 年 9 月
大庸大三 M28	甲 BⅡb 型	西汉初期	湖南大庸市城区三角坪武陵大学	1986 年 3 月—1987 年 9 月
大庸大三 M3	甲 BⅡb 型	西汉初期	湖南大庸市城区三角坪武陵大学	1986 年 3 月—1987 年 9 月
大庸大三 M32	甲 CⅡaⅱ型	西汉早期	湖南大庸市城区三角坪武陵大学	1986 年 3 月—1987 年 9 月
大庸大三 M33	甲 CⅡaⅱ型	西汉早期	湖南大庸市城区三角坪武陵大学	1986 年 3 月—1987 年 9 月
大庸大三 M40	甲 CⅡb 型	西汉早期	湖南大庸市城区三角坪武陵大学	1986 年 3 月—1987 年 9 月
大庸大三 M41	甲 BⅡb 型	西汉早期	湖南大庸市城区三角坪武陵大学	1986 年 3 月—1987 年 9 月
大庸大三 M42	甲 BⅡb 型	西汉早期	湖南大庸市城区三角坪武陵大学	1986 年 3 月—1987 年 9 月
大庸大三 M44	甲 BⅠb 型	新莽	湖南大庸市城区三角坪武陵大学	1986 年 3 月—1987 年 9 月
大庸大三 M59	甲 BⅡb 型	西汉早期	湖南大庸市城区三角坪武陵大学	1986 年 3 月—1987 年 9 月
大庸大三 M64	甲 BⅡaⅱ型	西汉中期	湖南大庸市城区三角坪武陵大学	1986 年 3 月—1987 年 9 月
大庸大三 M67	甲 BⅡb 型	西汉中期	湖南大庸市城区三角坪武陵大学	1986 年 3 月—1987 年 9 月
大庸大三 M69	甲 BⅡb 型	西汉早期	湖南大庸市城区三角坪武陵大学	1986 年 3 月—1987 年 9 月
大庸大三 M85	甲 CⅡaⅱ型	西汉中期	湖南大庸市城区三角坪武陵大学	1986 年 3 月—1987 年 9 月
大庸且住岗遗址		汉代	湖南大庸市且住岗	1986 年
大余车里汉代铜器		汉代	江西浮江车里村	
大余池江古城		西汉	江西大余县池江乡长江村寨上	1982 年
大余南坝汉代陶器		汉代	江西池江乡南坝	
大余团口汉代铜镜		汉代	江西大余县池江乡团口村	
大余杨柳坑汉墓	乙 BⅠa 型	东汉	江西大余县池江乡杨柳村荒田坑	
大余寨上遗址		春秋六朝	江西大余县池江乡长江村	1982 年 1 月
儋县儋耳郡城遗址		汉代	海南儋县三都镇旧州坡新村东 600m	
儋州 03 何宅汉代铜釜		汉代	海南儋州市横山管区何宅村	2003 年 3 月
儋州 94 洛基汉代铜釜		汉代	海南儋州市洛基镇三杆塘河右岸台地	1994 年秋
儋州 99 泊潮汉代铜鼓		汉代	海南儋州市光村镇泊潮村村西北部湾沿岸	1999 年 1 月 24 日
道县白马渡汉代窑址		汉代	湖南道县白马渡乡白马渡村	
道县簸箕山墓群		东汉	湖南道县蚣坝乡关家岭村簸箕山	
道县丰林洞墓群		东汉	湖南道县蚣坝乡后江桥村	
道县关家岭汉代窑址		汉代	湖南道县蚣坝乡关家岭长田铺	
道县红古岭墓群		东汉	湖南道县蚣坝乡金鸡洞村红古岭	
道县后江桥墓群		东汉	海南岛道县蚣坝乡丰林洞村	
道县葫芦田墓群		东汉	湖南道县蚣坝乡葫芦田村	
道县脚子岭墓群		东汉	湖南道县蚣坝乡蚣坝村脚子岭	
道县李家园汉代窑址		汉代	湖南道县富塘乡李家园牛角湾	
道县李子园墓群		东汉	湖南道县蚣坝乡关家岭村李子园	
道县清明山墓群		东汉	湖南道县蚣坝乡关家岭村清明山	

名称	墓葬形制	时期	位置	发掘发现时间
道县沙仈江墓群		东汉	湖南道县蚣坝乡沙仈江	
道县神背山墓群		东汉	湖南道县蚣坝乡关家岭村神背山	
道县石牌楼墓群		汉代	湖南道县营江乡东边村石牌楼	
道县四方碑墓群		汉代	湖南道县营江乡芒头寨村四方碑	
道县唐家墓群		汉代	湖南道县营江乡唐家村、象店山、蒋模岭	
道县土寨岭墓群		东汉	湖南道县蚣坝乡关家岭村土寨岭	
道县下湖洞墓群		东汉	湖南道县蚣坝乡下湖洞村	
道县湘源汉代窑址		汉代	湖南道县上关乡湘源村茶园	
道县熊尚墓		东汉	湖南道县乐福堂乡圳头村将军弄石羊山	
道县焉尾山墓群		东汉	湖南道县蚣坝乡金鸡洞村焉尾山	
道县阳家墓群		汉代	湖南道县营江乡阳家	
道县杨家山墓群		东汉	湖南道县蚣坝乡杨家山	
道县营浦古城		汉代	湖南道县濂溪河与潇水汇合处东北岸	1986 年 9 月
德安九冈岭 M1	乙 B Ⅱ a 型	东汉中期	江西德安县宝塔乡桂林村西北九冈岭	1993 年 5—8 月
德安九冈岭 M2	乙 B Ⅱ a 型	东汉中期	江西德安县宝塔乡桂林村西北九冈岭	1993 年 5—8 月
德安九冈岭 M3	乙 B Ⅱ a 型	东汉中期	江西德安县宝塔乡桂林村西北九冈岭	1993 年 5—8 月
德安九冈岭 M4	乙 B Ⅱ a 型	东汉中期	江西德安县宝塔乡桂林村西北九冈岭	1993 年 5—8 月
德安九冈岭 M5	乙 A Ⅱ a 型	东汉中期	江西德安县宝塔乡桂林村西北九冈岭	1993 年 5—8 月
德安九冈岭 M6	乙 B Ⅰ a 型	东汉中期	江西德安县宝塔乡桂林村西北九冈岭	1993 年 5—8 月
德安九冈岭 M7	乙 A Ⅱ a 型	东汉中期	江西德安县宝塔乡桂林村西北九冈岭	1993 年 5—8 月
德安九冈岭 M8	乙 A Ⅰ b 型	东汉中期	江西德安县宝塔乡桂林村西北九冈岭	1993 年 5—8 月
德安九冈岭 M9	乙 A Ⅰ a 型	东汉中期	江西德安县宝塔乡桂林村西北九冈岭	1993 年 5—8 月
德保82那甲汉代铜斧		汉代	广西德保县那甲公社那甲大队	1982 年 5 月
德保餐甲汉代铜斧		汉代	广西德保县那甲公社餐甲大队	1940 年
德庆72凤村战国墓	甲 A Ⅱ b ② 型	西汉初期	广东德庆县马墟公社凤村落雁山西坡	1972 年初
德庆73都角冲铜鼓		东汉	广东德庆县回龙镇都角冲	1973 年
德庆80官村东汉墓		东汉中期	广东德庆县高良公社官村	1980 年 9 月
德庆82背后山西汉墓		西汉	广东德庆县马圩镇上彭村背后山	1982 年
德庆83文逻东汉铜镜		东汉	广东德庆县永丰镇文逻村东坑山	1983 年 11 月 2 日
德庆大辽 M1	甲 B Ⅱ b ④ ⑥ 型	东汉晚期	广东德庆县新圩公社大桥大队大辽山	1975 年
德庆大辽 M2	甲 B Ⅱ b 型	东汉晚期	广东德庆县城东大辽村	1984 年

名称	墓葬形制	时期	位置	发掘发现时间
德庆大辽 M3	甲 A Ⅱ b 型	东汉晚期	广东德庆县城东大辽村	1989 年
德兴乐安古城		汉代	江西德兴县东北 50 公里银城？	
德兴吴阐古城		汉代	江西德兴县新营乡小吴园村	
电白丁村遗址		汉唐	广东电白县电城镇山兜管理区丁村	
电白热水汉代窑址		汉代	广东电白县麻岗镇热水管理区热水坡	
电白瓮煲岭汉代窑址		汉代	广东电白县七迳镇米粮管理区瓮煲岭	
电白园田遗址		汉唐	广东电白县羊角镇园田、潭段、潭桥管理区	
定南蕉坑东汉墓		东汉中期	江西定南县蕉坑村	1995 年
东安大圆墓群		汉代	湖南东安县塘复乡大园村瓜仔树脚	
东安汉代陶器		汉代	湖南东安县	
东安虎头岭墓群		汉代	湖南东安县鹿马桥镇四塘村虎头岭	
东安黄口坪墓群		汉代	湖南东安县芦洪市镇芦江村黄口坪	
东安西江桥墓群		汉代	湖南东安县西江桥乡西江桥村新屋院子	
东岸东汉铜器		东汉	湖南东安县	
东方05 戈枕汉代遗址		汉代	海南东方市戈枕村	2005 年 4 月
东方07 宝上汉代铜釜		汉代	海南东方市感城镇宝上村北	2007 年 7 月
东方94 福鸠汉代遗址		汉代	海南东方县罗带乡福鸠村西北 300 米	1994 年 4 月
东方荣村遗址		春秋南朝	海南东方市四更镇荣村	1991 年 12 月
东山汉代遗物		汉代	福建东山县	
东莞01 柏洲边东汉墓	乙 E Ⅰ a yi 型	东汉晚期	广东东城区柏洲边村	2001 年 10 月 26—29 日
东莞80 魂坛山东汉墓	乙 A Ⅰ a 型	东汉	广东东莞市东门外魂坛山	1980 年 10 月
东莞88 担杆山东汉墓		东汉	广东东莞市篁头担杆山	1988 年 6 月
东莞88 佛子岭东汉墓		东汉	广东东莞市附城樟村佛子岭	1988 年
东莞89 篁村汉墓	乙 E Ⅱ a 型	东汉晚期	广东东莞市篁村区牛草岭北坡	1989 年 3—4 月
东莞90DHYM1	乙 E Ⅱ a 型	东汉中期	广东东莞市虎门镇丫纱帽山	1990 年 11 月
东莞谭家山东汉墓		东汉	广东东莞市篁头谭家山	
东乡82 詹圩汉代陶器		东汉	江西东乡县詹圩公社	1982 年
东乡汉代铜器		汉代	江西东乡县	
都安58 九如汉代铜器		东汉	广西都安瑶族自治县九如村	
都安汉代铜器		汉代	广西都安瑶族自治县	
都安九如汉墓群		东汉	广西都安瑶族自治县九如村	
都昌72 窖缸地汉墓		汉代	江西都昌县张岭乡东平石岳村附近	1972 年
都昌背后墓葬群		汉代	江西都昌县周溪乡江涛学校背后	
都昌大铺汉墓		汉代	江西都昌县周溪乡泗山大铺	1986 年前

名称	墓葬形制	时期	位置	发掘发现时间
都昌大屋场汉墓群		汉代	江西都昌县周溪乡大屋场村	1983 年前
都昌高家汉墓群		东汉	江西都昌县周溪乡鹋咀高家	1983 年前
都昌观音岭墓群		商周汉	江西都昌县双桥乡双桥村观音岭	
都昌汉代遗物		汉代	江西都昌县	
都昌火烧坦汉墓群		汉代	江西都昌县芬溪乡火烧坦	1986 年前
都昌教场地墓葬群		汉代	江西都昌县张岭乡东平石岳村	1972 年
都昌老鹤树墓葬群		汉代	江西都昌县左里乡新湖村南 0.5 公里老鹤树村	
都昌马垄汉代陶器		汉代	江西都昌县芗溪乡马垄	
都昌七星包汉墓群		汉代	江西都昌县北炎乡七星包	1986 年前
都昌七星墩汉墓群		汉代	江西都昌县汪墩乡源垄村七星埂与杜家岭	
都昌鄡阳城北铜器		汉代	江西都昌县周溪乡汉鄡阳城址东北 500 米左右	1968 年
都昌鄡阳古城		汉代	江西都昌县周溪乡泗山大屋场以南 60m 湖州上	
都昌张七房汉墓		汉代	江西都昌县周溪乡黄湖张七房村	1986 年前
都昌张七房墓群		汉代	江西都昌县东南 40 公里周溪乡黄湖张七房村	
端州 65 南安东汉墓		东汉	广东端州区南安村	1965 年
恩平汉代陶器		西汉	广东恩平县	
番禺 03 沙头 M10		东汉	广东广州市番禺区市桥镇沙头村龟岗东侧	1993 年 5—8 月
番禺 03 沙头 M12		东汉	广东广州市番禺区市桥镇沙头村龟岗东侧	1993 年 5—8 月
番禺 03 沙头 M13		东汉	广东广州市番禺区市桥镇沙头村龟岗东侧	1993 年 5—8 月
番禺 03 沙头 M14		东汉	广东广州市番禺区市桥镇沙头村龟岗东侧	1993 年 5—8 月
番禺 03 沙头 M21		东汉	广东广州市番禺区市桥镇沙头村龟岗东侧	1993 年 5—8 月
番禺 03 沙头 M22		东汉	广东广州市番禺区市桥镇沙头村龟岗东侧	1993 年 5—8 月
番禺 03 沙头 M4		东汉	广东广州市番禺区市桥镇沙头村龟岗东侧	1993 年 5—8 月
番禺 03 沙头 M5		东汉	广东广州市番禺区市桥镇沙头村龟岗东侧	1993 年 5—8 月
番禺 03 沙头 M8		东汉	广东广州市番禺区市桥镇沙头村龟岗东侧	1993 年 5—8 月
番禺 03 沙头 M9		东汉	广东广州市番禺区市桥镇沙头村龟岗东侧	1993 年 5—8 月
番禺 79 石壁东汉墓		东汉	广东番禺县石壁村后岗	1979 年
番禺 83 石壁东汉墓		东汉中期	广东番禺县石壁村	1983 年
番禺 M1（90 番崩 M1）	乙 A I aγi 型	东汉中期	广东广州市番禺区市桥镇崩沙岗	1990 年 1 月
番禺 M10（93 番沙 M7）	乙 Daγi③型	东汉晚期	广东广州市番禺区市桥镇沙头村龟岗东侧	1993 年 5—8 月

名称	墓葬形制	时期	位置	发掘发现时间
番禺 M11（95 番沙 M11）	乙 Daⅵ③型	东汉晚期	广东广州市番禺区市桥镇沙头村龟岗东侧	1994 年 12 月—1995 年 1 月
番禺 M12（95 番沙 M15）	乙 FⅠaⅵ③型	东汉晚期	广东广州市番禺区市桥镇沙头村龟岗东侧	1994 年 12 月—1995 年 1 月
番禺 M13（95 番沙 M16）	乙 EⅡaⅵ型	东汉晚期	广东广州市番禺区市桥镇沙头村龟岗东侧	1994 年 12 月—1995 年 1 月
番禺 M14（95 番沙 M17）	乙 BⅠaⅵ型	东汉中期	广东广州市番禺区市桥镇沙头村龟岗东侧	1994 年 12 月—1995 年 1 月
番禺 M15（95 番沙 M18）	乙 Daⅵ型	东汉晚期	广东广州市番禺区市桥镇沙头村龟岗东侧	1994 年 12 月—1995 年 1 月
番禺 M16（95 番沙 M19）	乙 CⅠaⅵ型	东汉中期	广东广州市番禺区市桥镇沙头村龟岗东侧	1994 年 12 月—1995 年 1 月
番禺 M17（95 番沙 M20）	乙 CⅠaⅵ型	东汉中期	广东广州市番禺区市桥镇沙头村龟岗东侧	1994 年 12 月—1995 年 1 月
番禺 M18（98PZM1）	乙 EⅡaⅵ型	东汉晚期	广东广州市番禺区钟村镇屏山村曾岗	1998 年 5—8 月
番禺 M19（98PCM1）	乙 CⅡaⅵ型	东汉中期	广东广州市番禺区钟村镇屏山村头岗	1998 年 5—8 月
番禺 M2（90 番大 M1）		东汉晚期	广东广州市番禺区大石镇飘峰岗北面工地	1990 年 11 月
番禺 M20（98PCM2）	乙 CⅠaⅵ型	东汉晚期	广东广州市番禺区钟村镇屏山村头岗	1998 年 5—8 月
番禺 M21（98PCM3）	乙 EⅡaⅵ③型	东汉晚期	广东广州市番禺区钟村镇屏山村头岗	1998 年 5—8 月
番禺 M22（98PCM4）	乙 AⅠa 型	东汉中期	广东广州市番禺区钟村镇屏山村头岗	1998 年 5—8 月
番禺 M23（98PCM5）		东汉晚期	广东广州市番禺区钟村镇屏山村头岗	1998 年 5—8 月
番禺 M24（98PCM6）	乙 CⅠaⅵⅶ③型	东汉晚期	广东广州市番禺区钟村镇屏山村头岗	1998 年 5—8 月
番禺 M25（98PSM1）	乙 EⅡaⅵ③型	东汉晚期	广东广州市番禺区钟村镇屏山杉岗	1998 年 5—8 月
番禺 M26（98PSM2）	乙 EⅠaⅵ③型	东汉晚期	广东广州市番禺区钟村镇屏山杉岗	1998 年 5—8 月
番禺 M27（98PSM3）	乙 BⅠaⅵ型	东汉晚期	广东广州市番禺区钟村镇屏山杉岗	1998 年 5—8 月
番禺 M28（98PSM4）	乙 EⅡaⅵ③型	东汉晚期	广东广州市番禺区钟村镇屏山杉岗	1998 年 5—8 月
番禺 M29（98PSM5）	乙 Daⅵ③型	东汉中期	广东广州市番禺区钟村镇屏山杉岗	1998 年 5—8 月
番禺 M3（90 番大 M2）	乙 CⅠaⅵ③型	东汉中期	广东广州市番禺区大石镇飘峰岗北面工地	1990 年 11 月
番禺 M30（98PSM6）	乙 EⅡaⅵ型	东汉晚期	广东广州市番禺区钟村镇屏山杉岗	1998 年 5—8 月
番禺 M31（98PSM7）	乙 CⅠaⅵ③型	东汉晚期	广东广州市番禺区钟村镇屏山杉岗	1998 年 5—8 月
番禺 M32（98PZHM1）	乙 BⅠaⅵ③型	东汉中期	广东广州市番禺区钟村镇屏山竹叶岗	1998 年 5—8 月
番禺 M33（01PYM1）	乙 Daⅵ③型	东汉晚期	广东广州市番禺区南村镇员岗村三把岗	2001 年 4—6 月

名称	墓葬形制	时期	位置	发掘发现时间
番禺 M34(01PYM2)	乙 E II a vi ③型	东汉晚期	广东广州市番禺区南村镇员岗村三把岗	2001 年 4—6 月
番禺 M4(90 番大 M3)	乙 C I a vi 型	东汉中期	广东广州市番禺区大石镇飘峰岗北面工地	1990 年 11 月
番禺 M5(90 番大 M4)	乙 E II a vi ③型	东汉晚期	广东广州市番禺区大石镇飘峰岗北面工地	1990 年 11 月
番禺 M6(93 番沙 M1)	乙 C I a vi ③型	东汉中期	广东广州市番禺区市桥镇沙头村龟岗东侧	1993 年 5—8 月
番禺 M7(93 番沙 M2)	乙 C I a vi 型	东汉中期	广东广州市番禺区市桥镇沙头村龟岗东侧	1993 年 5—8 月
番禺 M8(93 番沙 M3)	乙 E I a vi ③型	东汉晚期	广东广州市番禺区市桥镇沙头村龟岗东侧	1993 年 5—8 月
番禺 M9(93 番沙 M6)	乙 C I a vi ③型	东汉中期	广东广州市番禺区市桥镇沙头村龟岗东侧	1993 年 5—8 月
番禺北亭东汉墓		东汉	广东番禺新造北亭村金斗巷尾山坟头南坡	文物普查
番禺莲花山采石场		汉代	广东番禺县莲花山	传世
分宜 82 弓江汉代陶器		东汉	江西分宜县高岚公社弓江村附近	1982 年 5 月
分宜陈重雷义墓		东汉	江西分宜县洞村乡早木山牛角形里	传世
分宜凤阳墓群		汉唐	江西分宜县凤阳	
分宜双林墓群		汉唐	江西分宜县双林	
分宜西岗汉代窑址		汉代	江西分宜县老县城东北约 3 公里西岗村东	1957 月
分宜洋江墓群		汉唐	江西分宜县洋江	
分宜苑坑墓群		汉唐	江西分宜县苑坑	
封开 00 古池 M2	乙 C I a vi 型	东汉	广东封开县平凤镇古显村委古池村康塘山	2000 年 10—11 月
封开 00 古池 M3	乙 C I a vi 型	东汉	广东封开县平凤镇古显村委古池村康塘山	2000 年 10—11 月
封开 72 封江 M1	甲 B II b ⑥型	东汉晚期	广东封开县江口镇西北 1 公里蛇冲口山腰	1972 年底
封开 72 封江 M2	乙 C I a 型	东汉晚期	广东封开县江口镇西北 1 公里蛇冲口山腰	1972 年底
封开茶子冲遗址		汉代	广东封开县杏花区利宅村塘角嘴山东 0.5 公里	1982 年 6 月
封开传将军博士墓		西汉	广东封开县东南江口职业中学校内	传世
封开佛子岗遗址		汉代	广东封开县杏花区利宅村西 0.5km	1982 年 6 月
封开观地遗址		汉代	广东封开县杏花区三联乡小学后	1982 年 6 月
封开汉代遗物		汉代	广东封开县	
封开苦唫岗遗址		汉代	广东封开县新河乡清水村背	1982 年 6 月
封开利羊墩 H1		战国西汉早期	广东封开县南丰镇利羊墩	1988 年 3 月
封开利羊墩 M10	甲 B II b 型	西汉初期	广东封开县南丰镇利羊墩	1988 年 3 月
封开利羊墩 M13	甲 B II b 型	西汉早期	广东封开县南丰镇利羊墩	1988 年 3 月
封开利羊墩 M17	甲 B II b 型	西汉晚期	广东封开县南丰镇利羊墩	1988 年 3 月

续表

名称	墓葬形制	时期	位置	发掘发现时间
封开利羊墩 M19	甲 BⅡa 型	西汉早期	广东封开县南丰镇利羊墩	1988 年 3 月
封开利羊墩 M2	甲 BⅡb 型	西汉初期	广东封开县南丰镇利羊墩	1988 年 3 月
封开利羊墩 M21	甲 BⅡb 型	西汉初期	广东封开县南丰镇利羊墩	1988 年 3 月
封开利羊墩 M23	甲 BⅡb 型	西汉初期	广东封开县南丰镇利羊墩	1988 年 3 月
封开利羊墩 M24	甲 BⅡb 型	西汉初期	广东封开县南丰镇利羊墩	1988 年 3 月
封开利羊墩 M25	甲 BⅡb 型	西汉初期	广东封开县南丰镇利羊墩	1988 年 3 月
封开利羊墩 M26	甲 BⅡb 型	西汉初期	广东封开县南丰镇利羊墩	1988 年 3 月
封开利羊墩 M27	甲 BⅡb②型	西汉初期	广东封开县南丰镇利羊墩	1988 年 3 月
封开利羊墩 M28	甲 BⅡb 型	西汉初期	广东封开县南丰镇利羊墩	1988 年 3 月
封开利羊墩 M30	甲 BⅡb 型	西汉早期	广东封开县南丰镇利羊墩	1988 年 3 月
封开利羊墩 M34	甲 BⅡb②型	西汉初期	广东封开县南丰镇利羊墩	1988 年 3 月
封开利羊墩 M36	甲 BⅡb 型	西汉早期	广东封开县南丰镇利羊墩	1988 年 3 月
封开利羊墩 M37	甲 BⅡb②型	西汉初期	广东封开县南丰镇利羊墩	1988 年 3 月
封开利羊墩 M38	甲 BⅡb 型	西汉早期	广东封开县南丰镇利羊墩	1988 年 3 月
封开利羊墩 M39	甲 BⅡb 型	西汉早期	广东封开县南丰镇利羊墩	1988 年 3 月
封开利羊墩 M4	甲 BⅡb 型	西汉初期	广东封开县南丰镇利羊墩	1988 年 3 月
封开利羊墩 M45	甲 BⅡb②型	西汉早期	广东封开县南丰镇利羊墩	1988 年 3 月
封开利羊墩 M48	甲 BⅡb 型	西汉初期	广东封开县南丰镇利羊墩	1988 年 3 月
封开利羊墩 M49	甲 BⅡb 型	西汉初期	广东封开县南丰镇利羊墩	1988 年 3 月
封开利羊墩 M5	甲 BⅡb 型	西汉初期	广东封开县南丰镇利羊墩	1988 年 3 月
封开利羊墩 M50	甲 BⅡb 型	西汉初期	广东封开县南丰镇利羊墩	1988 年 3 月
封开利羊墩 M51	甲 BⅡb 型	西汉初期	广东封开县南丰镇利羊墩	1988 年 3 月
封开利羊墩 M52	甲 BⅡb 型	西汉初期	广东封开县南丰镇利羊墩	1988 年 3 月
封开利羊墩 M53	甲 BⅡb 型	西汉早期	广东封开县南丰镇利羊墩	1988 年 3 月
封开利羊墩 M54	甲 BⅡb 型	东汉	广东封开县南丰镇利羊墩	1988 年 3 月
封开利羊墩 M55	甲 BⅡb②型	西汉早期	广东封开县南丰镇利羊墩	1988 年 3 月
封开利羊墩 M56	甲 BⅡb 型	西汉早期	广东封开县南丰镇利羊墩	1988 年 3 月
封开利羊墩 M57	甲 BⅡb 型	西汉初期	广东封开县南丰镇利羊墩	1988 年 3 月
封开利羊墩 M58	甲 BⅡb 型	西汉初期	广东封开县南丰镇利羊墩	1988 年 3 月
封开利羊墩 M8	甲 BⅡb 型	西汉初期	广东封开县南丰镇利羊墩	1988 年 3 月
封开利羊墩 M9	甲 BⅡb 型	西汉初期	广东封开县南丰镇利羊墩	1988 年 3 月
封开利宅后山遗址		汉代	广东清远县杏花区利宅村	1982 年 6 月
封开牛鼻冲遗址		汉代	广东封开县杏花区凤楼乡界塘村西南	1982 年 6 月
封开铺门岗遗址		汉代	广东封开县新合乡铺门岗	1982 年 6 月
封开蛇埇山 M3	甲 BⅡbⅱ型	东汉	广东封开县江口镇西北郊大龙山之南	1983 年 3 月
封开塘角嘴遗址		新石器汉代	广东封开县杏花区利宅村塘角嘴山	1982 年 6 月
封开秃头岗遗址		新石器汉代	广东封开县杏花区利宅村塘角嘴山东南 0.5km	1982 年 6 月

续表

名称	墓葬形制	时期	位置	发掘发现时间
澧县 88 南岳汉墓		汉代	湖南澧县东溪乡南岳村	1987 年
澧县 88 张公庙东汉墓		东汉	湖南澧县张公庙	1988 年 6 月
澧县古城岗古城		战国汉代	湖南澧县闸口乡古城村	
澧县鸡叫古城		战国西汉	湖南澧县涔南乡复兴村	
凤凰 93 汉代錞于		汉代	湖南湘西凤凰县千工坪乡	1993 年 8 月
奉新百家垄墓群		东汉西晋	江西奉新县干洲乡洪川罗家村北百家垄山	1972 年
佛冈 83 摩罗山钱币窖藏		汉代	广东佛冈县摩罗山西北山腰	
佛山 04 青峰岗东汉墓	乙 B I aγi 型	东汉	广东佛山市南海区盐步镇河东乡青峰岗	2004 年 11 月
佛山 72 澜石 M1	乙 E I aγi 型	东汉中期	广东佛山市郊澜石公社砖厂	1972 年 1—2 月
佛山 72 澜石 M2	乙 E Ⅱ aγi 型	东汉中期	广东佛山市郊澜石公社砖厂	1972 年 1—2 月
佛山 72 澜石 M3	乙 E I aγi 型	东汉中期	广东佛山市郊澜石公社砖厂	1972 年 1—2 月
佛山 72 澜石 M4	乙 E Ⅱ aγi 型	东汉中期	广东佛山市郊澜石公社砖厂	1972 年 1—2 月
佛山弼塘村汉墓	甲 B I b 型	东汉	广东佛山市弼塘村大青岗	1976 年
佛山红星戏院东汉墓		东汉	广东佛山市福贤路红星戏院	
佛山澜石 M1	乙 E I aγi ③型	东汉中期	广东佛山市郊澜石圩后八仙岗	1961 年 9 月
佛山澜石 M12	乙 E I aγi 型	东汉晚期	广东佛山市郊澜石圩后大松岗	1962 年 5—6 月
佛山澜石 M13	乙 C I aγi 型	东汉晚期	广东佛山市郊澜石圩后大松岗	1962 年 5—6 月
佛山澜石 M14	乙 E I aγi 型	东汉晚期	广东佛山市郊澜石圩后大松岗	1962 年 5—6 月
佛山澜石 M2	乙 E I aγi 型	东汉中期	广东佛山市郊澜石圩后大松岗	1961 年 9 月
佛山澜石 M3	乙 C I aγi 型	东汉中期	广东佛山市郊澜石圩后大松岗	1962 年 5—6 月
佛山澜石 M4	乙 C I aγi 型	东汉中期	广东佛山市郊澜石圩后大松岗	1962 年 5—6 月
佛山澜石 M5	乙 B Ⅱ aγi 型	东汉中期	广东佛山市郊澜石圩后大松岗	1962 年 5—6 月
佛山澜石 M6	乙 E Ⅱ aγi ③型	东汉中期	广东佛山市郊澜石圩后八仙岗	1962 年 5—6 月
佛山澜石汉墓群		汉代	广东佛山市兰石镇大松、八仙、鼓颡等山岗	
佛山普君圩汉墓群		汉代	广东佛山市普君圩羊毛衫厂	
佛山深村 M1		东汉	广东佛山市深村狮头岗	1960 年
佛山深村 M2		东汉	广东佛山市深村狮头岗	1960 年
扶绥 85 恒丰铜鼓		汉代	广西扶绥县昌平乡四和村恒丰屯西北石柱岭	1985 年
扶绥旧县铜鼓		汉代	广西扶绥县旧县村	1845 年
福安 65 官庄汉代铜钱		汉代	福建福安市韩阳镇官庄村	1965 年
福州北大路汉唐遗址		西汉早期	福建福州市北大路与湖东路交叉口西北角	1999 年 12 月
福州财政厅西汉二期遗迹		西汉早期	福建福州市冶山路财政厅工地	1998 年 12 月—1999 年 2 月
福州财政厅西汉一期遗迹		西汉早期	福建福州市冶山路财政厅工地	1998 年 12 月—1999 年 2 月
福州郭前山遗址		西汉早期	福建福州市晋安区新店镇郭前山	2002 年夏秋
福州汉代陶器		汉代	福建福州市	
福州洪塘 M19	甲 B Ⅱ b 型	东汉晚期	福建福州市洪塘金鸡山南麓	1975 年 1 月

名称	墓葬形制	时期	位置	发掘发现时间
福州洪塘 M22		西汉中期	福建福州市洪塘金鸡山南麓	1975 年 1 月
福州会堂汉代遗址		西汉早期	福建福州市西湖东侧约 30 米湖滨路大会堂	1997 年 8 月
福州建行东汉代遗址		西汉早期	福建福州市建行东 30 米部队宿舍工地	1997 年 10 月
福州建行汉代遗址		西汉早期	福建福州市建行屏山主楼工地	1991 年
福州牛头山汉代遗址		西汉早期	福建福州市洪山镇牛头山	2001 年 8—12 月
福州农业厅汉代遗址		西汉早期	福建福州市福建农业厅	1997 年 10—11 月
福州农展中心汉代遗址		西汉早期	福建福州市华林寺东南约 80 米天马山西北坡	1998 年 8 月
福州磐石山遗址		商周闽越	福建福州市新店镇磐石村东北 200 米	1988 年 1 月
福州屏山农贸市场汉代遗址		西汉早期	福建福州市鼓屏路东屏山农贸市场	1997 年
福州二建汉代遗址		西汉早期	福建福州市冶山路二建综合楼工地	1999 年 1—7 月
福州水产厅汉代遗址		西汉早期	福建福州市冶山路水产厅内	2000 年 1 月
福州新店浮村遗址		商周汉代	福建福州市新店镇浮村北	1957 年 1—3 月
福州新店古城第六次发掘		西汉早期	福建福州市晋安区新店镇新店古城	2003 年 12 月—2004 年 1 月
福州新店古城第三次发掘		西汉早期	福建福州市晋安区新店镇新店古城	1999 年
福州新店古城第五次发掘		西汉早期	福建福州市晋安区新店镇新店古城	2000 年 7—8 月
福州新店古城第一次发掘		西汉早期	福建福州市晋安区新店镇新店古城	1996 年
福州冶山古城		西汉早期	福建福州市冶山路欧冶池东北	1988 年 10 月
抚州阿婆山遗址		汉代	江西赣州市星火大队阿婆山	
抚州抚北汉墓群		汉代	江西抚州市抚北镇上源、金坪、羊坡石等地	
抚州焦化厂遗址		汉代	江西赣州市抚北镇焦化厂	
赣西樟树镇东汉墓		东汉晚期	江西樟树市樟树镇近郊牛头山	1946 年
赣县 86 澄藉西汉钱币窖藏		西汉	江西赣县城东北 44 公里南塘乡澄藉村	1986 年 7 月
赣县 86 澄藉西汉钱币窖藏		西汉	江西赣县南塘乡澄藉村	1986 年 7 月
赣县 90 赣三 M1	乙 A I aγi 型	东汉晚期	江西赣县三溪乡池塘村窑山西坡	1990 年 2 月
赣县 90 赣三 M2	乙 A I aγi 型	东汉晚期	江西赣县三溪乡池塘村窑山西坡	1990 年 2 月
赣县牛栏岗汉墓		汉代	江西赣县江口乡牛罗岗村	
赣州 80 狮形岭汉墓	乙 B I a 型	东汉早期	江西赣州市蟠龙镇武陵村狮形岭	1980 年 10 月
赣州狮形岭汉墓群		汉代	江西赣州市蟠龙镇武陵村狮形岭	
高安 85 城郊古墓		战国西汉	江西高安县城郊区	1985 年春
高安 91 金田铜钱窖藏		东汉	江西高安县大城乡金田村东南约 300m	1991 年 9 月
高安 98 碧落山 M1	甲 B II b 型	西汉晚期	江西高安市高安宾馆内	1998 年 8 月 23 日
高安 98 碧落山 M2	甲 B II b 型	西汉晚期	江西高安市高安宾馆内	1998 年 8 月 23 日
高安郭家山汉墓群		汉代	江西高安师范郭家山	

名称	墓葬形制	时期	位置	发掘发现时间
高明84松咀陶灶		东汉	广东高明县杨梅镇松咀村	
高明87黄村陶瓮		西汉	广东高明县古城坪黄村	1987年5月
高要狗令堂东汉墓	甲BⅡb型	东汉	广东高要市南岸镇狗令堂	1985年1月
高要茅岗建筑遗址		战国秦汉	广东高要县金利公社茅岗大队石角村鱼塘中	1978年10月
高要土地咀东汉墓	甲BⅡb型	东汉中期	广东高要市南岸镇塘山腰东北	1984年10月
高州82长沙汉墓		汉代	广东高州县大井镇长沙	1982年
高州庵堂坡汉墓群		汉代	广东高州县大潮镇大陂峒村背厚庵堂坡	
高州白坟岭汉墓	甲BⅡa型	汉代	广东高州县新垌镇大路坡管理区白坟岭	
高州曹江铜鼓		汉代	广东高州县曹江镇	1965—1985年
高州大坡遗址		汉代	广东高州县大坡	1982—1986年
高州单山岭遗址		汉代	广东高州县东岸镇良岭村	
高州顿梭铜鼓		汉代	广东高州县顿梭镇	1965—1985年
高州柑村遗址		汉代	广东高州县东岸镇柑村	1982—1983年
高州岗地岭汉墓群		汉代	广东高州县平山镇福坑村北部岗地岭	
高州果子园汉墓群		汉代	广东高州县谢鸡镇甘园村果子园岭	
高州后背岭汉墓群		汉代	广东高州县长坡镇旺村坡村后背岭	
高州黄榄山遗址		汉代	广东高州县曹江镇黄榄山	1982—1983年
高州军墟汉墓	甲AⅡb型	汉代	广东高州县大潮镇军墟管理区后岭	
高州良德水库铜鼓		汉代	广东高州县良德水库	1965—1985年
高州良岭遗址		西汉	广东高州县东岸镇良岭村	1976年
高州岭头坪遗址		西汉	广东高州县新垌镇连皮吃北部岭头坪	
高州柳木岭遗址		商周西汉	广东高州县新垌镇云炉圩西北约700m	
高州六备岭汉墓群		汉代	广东高州县南塘镇大塘笃村六备岭	
高州龙岭汉墓群		汉代	广东高州县泗水镇莲角塘村西部龙岭	
高州啰竹岭汉墓群		汉代	广东高州县新垌镇养路工区南部啰竹岭	
高州民胜汉墓群1		汉代	广东高州县谢鸡镇民胜小学东部后背岭	
高州民胜汉墓群2		汉代	广东高州县谢鸡镇民胜小学东南芋地岭	
高州平山铜鼓		汉代	广东高州县平山镇	1965—1985年
高州坡头M1	丙AⅠa型	西汉	广东高州县大井镇长沙管理区坡头村中部	20世纪70年代初
高州坡头M2		西汉	广东高州县大井镇长沙管理区坡头村中部	20世纪70年代初

续表

名称	墓葬形制	时期	位置	发掘发现时间
高州沙地园遗址		西汉	广东高州县新垌镇沙地园村北部	
高州射塘坪遗址		东汉	广东高州县云潭镇云潭中学与云潭卫生院间	
高州狮子岭遗址		西汉	广东高州县石板镇石屋村狮子岭	
高州石板遗址		汉代	广东高州县石板	1982—1986 年
高州潭头遗址		汉代	广东高州县潭头	1982—1986 年
高州新垌遗址		汉代	广东高州县新垌	1982—1986 年
高州元东岭汉墓群		汉代	广东高州县分界镇雷公塘水库西部元东岭	
高州周垌墩遗址		西汉	广东高州县大坡镇周敬村东南周垌墩岭	
恭城 94 东寨铜钟		汉代	广西恭城县莲花乡东寨村	1994 年 3 年
恭城牛路头东汉墓	丙 A Ⅱ a ⅵ 型	东汉晚期	广西恭城县平安乡牛路头	1994 年 3 年
恭城陀塘村汉墓	甲 B Ⅱ b 型	东汉中期	广西恭城县栗木镇陀塘村北山茶林岭	1991 年 5 月中旬
古丈 03 白鹤湾西汉墓		西汉晚期	湖南古丈县河西镇沙湾村猛洞河下游南岸	2003 年 7 年
古丈 86GBM4	甲 D Ⅱ b 型	西汉晚期	湖南湘西自治州古丈县白鹤湾	1986 年
古丈 87GBM1?	甲 B Ⅱ b 型	西汉初期	湖南湘西自治州古丈县白鹤湾	1987 年
古丈 87GBM13	甲 B Ⅱ b 型	西汉初期	湖南湘西自治州古丈县白鹤湾	1987 年
古丈 87GBM14	甲 B Ⅱ b 型	西汉中期	湖南湘西自治州古丈县白鹤湾	1987 年
古丈 87GBM15	甲 C Ⅱ b 型	西汉晚期	湖南湘西自治州古丈县白鹤湾	1987 年
古丈 87GBM16	甲 A Ⅱ b 型	西汉初期	湖南湘西自治州古丈县白鹤湾	1987 年
古丈 87GBM18	甲 B Ⅱ b 型	西汉初期	湖南湘西自治州古丈县白鹤湾	1987 年
古丈 87GBM2?	甲 B Ⅱ b 型	西汉初期	湖南湘西自治州古丈县白鹤湾	1987 年
古丈 87GBM3?	甲 B Ⅱ b 型	西汉初期	湖南湘西自治州古丈县白鹤湾	1987 年
古丈 87GBM4?	甲 B Ⅱ b 型	西汉初期	湖南湘西自治州古丈县白鹤湾	1987 年
古丈 87GBM5?	甲 B Ⅱ a 型	西汉初期	湖南湘西自治州古丈县白鹤湾	1987 年
古丈 87GBM6	甲 B Ⅱ b 型	西汉初期	湖南湘西自治州古丈县白鹤湾	1987 年
古丈 87GBM6?	甲 C Ⅱ b 型	西汉中期	湖南湘西自治州古丈县白鹤湾	1987 年
古丈 87GBM7?	甲 C Ⅱ b 型	西汉晚期	湖南湘西自治州古丈县白鹤湾	1987 年
古丈 87GBM9	甲 C Ⅱ b 型	西汉晚期	湖南湘西自治州古丈县白鹤湾	1987 年
古丈 93GHSM13	甲 C Ⅱ b 型	西汉中期	湖南湘西自治州古丈县白鹤湾	1993 年
古丈 93GHSM17	甲 D Ⅱ b ⅱ ⑤ 型	西汉晚期	湖南湘西自治州古丈县白鹤湾	1993 年
古丈 93GHSM5	甲 B Ⅱ b 型	西汉中期	湖南湘西自治州古丈县白鹤湾	1993 年
古丈 95GHM1	甲 A Ⅱ b 型	西汉中期	湖南湘西自治州古丈县白鹤湾	1995 年
古丈 95GHM2	甲 B Ⅱ b 型	西汉中期	湖南湘西自治州古丈县白鹤湾	1995 年
古丈 95GHM4	甲 C Ⅱ b 型	西汉中期	湖南湘西自治州古丈县白鹤湾	1995 年
古丈 95GHM5	甲 B Ⅱ b 型	西汉中期	湖南湘西自治州古丈县白鹤湾	1995 年
古丈 95GHM6	甲 B Ⅱ b 型	西汉中期	湖南湘西自治州古丈县白鹤湾	1995 年
古丈 95GHM7	甲 E Ⅱ b 型	西汉中期	湖南湘西自治州古丈县白鹤湾	1995 年

名称	墓葬形制	时期	位置	发掘发现时间
古丈河西 M1	甲 C Ⅱ a/型	西汉晚期	湖南古丈县河西镇燕子窝	2003 年 7 月—2004 年 4 月
古丈河西 M10	乙 B Ⅰ a 型	东汉早期	湖南古丈县河西镇燕子窝	2003 年 7 月—2004 年 4 月
古丈河西 M2	甲 C Ⅰ a ⅱ/型	西汉晚期	湖南古丈县河西镇燕子窝	2003 年 7 月—2004 年 4 月
古丈河西 M4		西汉晚期	湖南古丈县河西镇猫儿背	2003 年 7 月—2004 年 4 月
古丈河西 M6	甲 B Ⅱ b 型	西汉晚期	湖南古丈县河西镇猫儿背	2003 年 7 月—2004 年 4 月
古丈河西 M7	甲 B Ⅱ a/型	东汉早期	湖南古丈县河西镇燕子窝	2003 年 7 月—2004 年 4 月
古丈河西 M9	甲 B Ⅱ a/型	东汉早期	湖南古丈县河西镇燕子窝	2003 年 7 月—2004 年 4 月
灌阳丁塘古墓群		汉南朝	广西灌阳县新街乡丁塘口村丁塘	
灌阳古城岗 M1	甲 B Ⅱ b/型	西汉初期	广西灌阳县新街乡湘溪村西约 300 米古城岗	1973 年 12 月
灌阳古城岗古墓群		战国晋	广西灌阳县新建县马家坪村背后古城岗	
灌阳观阳古城		汉代	广西灌阳县新街乡湘溪村西约 300 米古城岗南	1973 年 12 月
灌阳果子园古墓群		汉南朝	广西灌阳县湘溪村背后果子园	
光泽止马东汉墓	甲 C Ⅱ b⑥型	东汉中期	福建光泽县止马乡凤林山麓	1982 年 9 月
广昌千善乡汉墓群		东汉	江西广昌县千善乡	
广昌顺化坪汉墓		东汉	江西广昌县盱江镇顺化坪	
广宁金场东汉墓	甲 B Ⅱ b 型	东汉	广东广宁县洲仔镇金场南侧松岗	1973 年 11 月
广宁龙嘴岗 M1	甲 B Ⅱ b 型	西汉初期	广东广宁县龙嘴岗长荣竹木制品公司	1995 年 6 月
广宁龙嘴岗 M10	甲 B Ⅱ b 型	西汉初期	广东广宁县龙嘴岗长荣竹木制品公司	1996 年 1 月
广宁龙嘴岗 M11	甲 A Ⅱ b 型	西汉初期	广东广宁县龙嘴岗长荣竹木制品公司	1996 年 1 月
广宁龙嘴岗 M12	甲 A Ⅱ b 型	西汉初期	广东广宁县龙嘴岗长荣竹木制品公司	1996 年 1 月
广宁龙嘴岗 M13	甲 A Ⅱ b 型	西汉初期	广东广宁县龙嘴岗长荣竹木制品公司	1996 年 1 月
广宁龙嘴岗 M14	甲 B Ⅱ b/型	西汉初期	广东广宁县龙嘴岗长荣竹木制品公司	1996 年 1 月
广宁龙嘴岗 M15	甲 A Ⅱ b 型	西汉初期	广东广宁县龙嘴岗长荣竹木制品公司	1996 年 1 月
广宁龙嘴岗 M16	甲 B Ⅱ b ⅰ 型	西汉初期	广东广宁县龙嘴岗长荣竹木制品公司	2005 年 1 月
广宁龙嘴岗 M17	甲 B Ⅱ b ⅰ 型	西汉初期	广东广宁县龙嘴岗长荣竹木制品公司	2005 年 1 月
广宁龙嘴岗 M18	甲 A Ⅱ b 型	西汉初期	广东广宁县龙嘴岗长荣竹木制品公司	2005 年 1 月
广宁龙嘴岗 M19	甲 A Ⅱ b①②型	西汉初期	广东广宁县龙嘴岗长荣竹木制品公司	2005 年 1 月
广宁龙嘴岗 M2	甲 B Ⅱ b 型	西汉初期	广东广宁县龙嘴岗长荣竹木制品公司	1995 年 6 月
广宁龙嘴岗 M3	甲 B Ⅱ b 型	西汉初期	广东广宁县龙嘴岗长荣竹木制品公司	1995 年 6 月
广宁龙嘴岗 M4	甲 B Ⅱ b 型	西汉初期	广东广宁县龙嘴岗长荣竹木制品公司	1995 年 6 月

名称	墓葬形制	时期	位置	发掘发现时间
广宁龙嘴岗 M5	甲 B Ⅱ b 型	西汉初期	广东广宁县龙嘴岗长荣竹木制品公司	1995 年 6 月
广宁龙嘴岗 M6	甲 A Ⅱ b 型	西汉初期	广东广宁县龙嘴岗长荣竹木制品公司	1995 年 6 月
广宁龙嘴岗 M7	甲 B Ⅱ b 型	西汉初期	广东广宁县龙嘴岗长荣竹木制品公司	1996 年 1 月
广宁龙嘴岗 M8	甲 A Ⅱ b i ②型	西汉初期	广东广宁县龙嘴岗长荣竹木制品公司	1996 年 1 月
广宁龙嘴岗 M9	甲 A Ⅱ b 型	西汉初期	广东广宁县龙嘴岗长荣竹木制品公司	1996 年 1 月
广宁铜鼓岗 M1	甲 A Ⅱ b 型	西汉初期	广东广宁县东乡镇首约村铜鼓岗	1977 年 7 月
广宁铜鼓岗 M10	甲 B Ⅱ b 型	西汉初期	广东广宁县东乡镇首约村铜鼓岗	1977 年 7 月
广宁铜鼓岗 M11	甲 A Ⅱ b 型	西汉初期	广东广宁县东乡镇首约村铜鼓岗	1977 年 7 月
广宁铜鼓岗 M12	甲 B Ⅱ b 型	西汉初期	广东广宁县东乡镇首约村铜鼓岗	1977 年 7 月
广宁铜鼓岗 M13	甲 A Ⅱ b ②型	西汉初期	广东广宁县东乡镇首约村铜鼓岗	1977 年 7 月
广宁铜鼓岗 M14	甲 A Ⅱ b ②型	西汉初期	广东广宁县东乡镇首约村铜鼓岗	1977 年 7 月
广宁铜鼓岗 M15	甲 B Ⅱ b 型	西汉初期	广东广宁县东乡镇首约村铜鼓岗	1977 年 7 月
广宁铜鼓岗 M16	甲 A Ⅱ b 型	西汉初期	广东广宁县东乡镇首约村铜鼓岗	1977 年 7 月
广宁铜鼓岗 M17	甲 A Ⅱ b 型	西汉初期	广东广宁县东乡镇首约村铜鼓岗	1977 年 7 月
广宁铜鼓岗 M18	甲 A Ⅱ b 型	西汉初期	广东广宁县东乡镇首约村铜鼓岗	1977 年 7 月
广宁铜鼓岗 M19	甲 A Ⅱ b 型	西汉初期	广东广宁县东乡镇首约村铜鼓岗	1977 年 7 月
广宁铜鼓岗 M2	甲 B Ⅱ b 型	西汉初期	广东广宁县东乡镇首约村铜鼓岗	1977 年 7 月
广宁铜鼓岗 M20	甲 A Ⅱ b 型	西汉初期	广东广宁县东乡镇首约村铜鼓岗	1977 年 7 月
广宁铜鼓岗 M21	甲 A Ⅱ b 型	西汉初期	广东广宁县东乡镇首约村铜鼓岗	1977 年 7 月
广宁铜鼓岗 M22	甲 A Ⅱ b 型	西汉初期	广东广宁县东乡镇首约村铜鼓岗	1977 年 7 月
广宁铜鼓岗 M3	甲 A Ⅱ b 型	西汉初期	广东广宁县东乡镇首约村铜鼓岗	1977 年 7 月
广宁铜鼓岗 M4	甲 A Ⅱ b 型	西汉初期	广东广宁县东乡镇首约村铜鼓岗	1977 年 7 月
广宁铜鼓岗 M5	甲 A Ⅱ b 型	西汉初期	广东广宁县东乡镇首约村铜鼓岗	1977 年 7 月
广宁铜鼓岗 M6	甲 A Ⅱ b 型	西汉初期	广东广宁县东乡镇首约村铜鼓岗	1977 年 7 月
广宁铜鼓岗 M7	甲 A Ⅱ b 型	西汉初期	广东广宁县东乡镇首约村铜鼓岗	1977 年 7 月
广宁铜鼓岗 M8	甲 B Ⅱ b ②型	西汉初期	广东广宁县东乡镇首约村铜鼓岗	1977 年 7 月
广宁铜鼓岗 M9	甲 A Ⅱ b ①型	西汉初期	广东广宁县东乡镇首约村铜鼓岗	1977 年 7 月
广州 00 横枝岗 M2	甲 B Ⅰ a 型	西汉中期	广东广州市恒福路人行疗养院内	2000 年 11—12 月
广州 00 横枝岗西汉墓		西汉	广东广州市恒福路人行疗养院内	2000 年 11—12 月
广州 00 禺山市场汉代遗址		东汉	广州市中山四路南侧禺山市场	2000 年 9—12 月
广州 00 越秀北路东汉遗址		东汉	广东广州市大东门东方里	2000 年 7—8 月
广州 02 永福 M10		东汉早期	广东广州市先烈路永福路交界处东侧	2002 年 10—11 月
广州 02 永福 M11	甲 B Ⅰ b 型	西汉	广东广州市先烈路永福路交界处东侧	2002 年 10—11 月
广州 02 永福 M4	甲 B Ⅰ b 型	西汉	广东广州市先烈路永福路交界处东侧	2002 年 10—11 月

名称	墓葬形制	时期	位置	发掘发现时间
广州 02 永福路 M12	甲 BⅠa※型	新莽	广东广州市先烈路与永福路交界处东侧	2002 年 10 月
广州 02 永福路汉墓		东汉晚期	广东广州市先烈路永福路交界处东侧	2002 年 10—11 月
广州 03GDMM68	甲 BⅠaⅵ型	西汉初期	广东广州市农林东路	2003 年 7 月—2005 年 3 月
广州 03 横枝岗 M2	甲 BⅠb①型	西汉	广东广州市横枝岗南缘广播电影电视局工地	2003 年 1—5 月
广州 03 横枝岗 M3	甲 BⅠa※ⅲ型	东汉	广东广州市横枝岗南缘广播电影电视局工地	2003 年 1—5 月
广州 03 横枝岗 M4	乙 Ba 型	东汉	广东广州市横枝岗南缘广播电影电视局工地	2003 年 1—5 月
广州 03 横枝岗 M6	甲 BⅡb 型	西汉	广东广州市横枝岗南缘广播电影电视局工地	2003 年 1—5 月
广州 03 山文头岗 M1A	乙 GDⅠaⅵ型	东汉中期	广东广州市番禺区小谷围北亭村山文头岗	2003 年 7—8 月
广州 03 山文头岗 M1B	乙 GDⅠaⅵ型	东汉中期	广东广州市番禺区小谷围北亭村山文头岗	2003 年 7—8 月
广州 03 园岗 M1	丙 AⅠa①型	西汉初期	广东广州市萝岗镇勒竹村园岗山	2003 年 10 月
广州 03 执信中学东汉墓		东汉	广东广州市执信中学运动场	2003 年 3—7 月
广州 03 执信中学西汉墓		西汉早期	广东广州市执信中学运动场	2003 年 3—7 月
广州 04 永福路 M2	甲 BⅠa 型	西汉晚期	广东广州市永福路 40 号警备干休所建设工地	2004 年 5—8 月
广州 05—06 姚家岗西汉水井		西汉早期	广东广州市东山口姚家岗铁路集团公司	2005 年 11 月—2006 年 4 月
广州 05—07 南海神庙南越遗址		西汉早期	广东广州市黄浦区庙头村南海神庙	2005 年 12 月—2007 年 1 月
广州 05 旧仓巷东汉城墙		东汉	广东广州市旧仓巷	2005 年 7—8 月
广州 05 淘金坑 M11	甲 BⅠa 型	西汉	广东广州市淘金路 42 号淘金花园建设工地	2005 年 5—10 月
广州 05 淘金坑 M15	甲 EⅠa/型	西汉	广东广州市淘金路 42 号淘金花园建设工地	2005 年 5—10 月
广州 05 淘金坑 M5	甲 EⅠa/型	西汉	广东广州市淘金路 42 号淘金花园建设工地	2005 年 5—10 月
广州 05 银行疗养院 M43	甲 BⅠb 型	西汉中期	广东广州市恒福路 117 号广州分行银行疗养院	2005 年 12 月—2006 年 4 月
广州 05 银行疗养院 M46	甲 EⅠa/型	西汉中期	广东广州市恒福路 117 号广州分行银行疗养院	2005 年 12 月—2006 年 4 月
广州 05 中山四路南侧南越国遗址		西汉早期	广东广州市中山四路南侧	2005 年 10—11 月
广州 06 东风东路东汉墓		东汉	广东广州市东风东路南侧	2006 年 6—11 月
广州 06 东风东路西汉墓		西汉早期	广东广州市东风东路南侧	2006 年 6—11 月
广州 06 麓湖 M7	甲 BⅡb 型	东汉早期	广东广州市麓湖公园	2006 年 7—8 月
广州 06 麓湖 M8	甲 BⅡb 型	西汉中期	广东广州市麓湖公园	2006 年 7—8 月
广州 06 麓湖汉墓		汉代	广东广州市麓湖公园	2006 年 7—8 月
广州 06 农林汉代水井		汉代	广东广州市农林上路	2006 年 6—8 月

续表

名称	墓葬形制	时期	位置	发掘发现时间
广州 06 农林上路 M3	甲 B Ⅱ b 型	西汉	广东广州市农林上路	2006 年 6—8 月
广州 06 农林上路 M4	甲 B Ⅱ b 型	西汉	广东广州市农林上路	2006 年 6—8 月
广州 06 农林上路 M5	甲 B Ⅱ b 型	西汉	广东广州市农林上路	2006 年 6—8 月
广州 06 农林上路 M6	甲 B Ⅱ b ※ 型	东汉	广东广州市农林上路	2006 年 6—8 月
广州 06 沙河顶 M3	甲 B Ⅰ a 型	西汉中期	广东广州市沙河顶艺术苑	2006 年 12 月—2007 年 1 月
广州 06 沙河顶 M4	甲 B Ⅱ b ② 型	西汉早期	广东广州市沙河顶艺术苑	2006 年 12 月—2007 年 1 月
广州 06 沙河顶东汉墓		东汉	广东广州市沙河顶艺术苑	2006 年 12 月—2007 年 1 月
广州 06 中大北校区汉墓		汉代	广东广州市中山二路中山大学北校区马棚岗	2006 年 3—6 月
广州 06 中大北校区南越国遗迹		西汉早期	广东广州市中山二路中山大学北校区马棚岗	2006 年 3—6 月
广州 06 中大东汉三国墓		东汉三国	广东广州市中山二路中山大学北校区马棚岗	2006 年 3—6 月
广州 07 中大北校区南越国遗迹		西汉早期	广东广州市中山二路中山大学第一医院工地	2007 年 4—6 月
广州 62 罗岗 M3	甲 B Ⅰ b 型	西汉初期	广东广州市区庄罗岗顶部	1962 年 1 月
广州 62 罗岗 M4	甲 B Ⅰ b 型	西汉初期	广东广州市区庄罗岗顶部	1962 年 1 月
广州 65 马棚岗铜镜		东汉	广东广州市马棚岗	1965 年
广州 73 淘金坑 M1	甲 A Ⅱ b 型	西汉早期	广东广州市东北淘金坑	1973 年 1—2 月
广州 73 淘金坑 M11	甲 B Ⅰ b 型	西汉早期	广东广州市东北淘金坑	1973 年 1—2 月
广州 73 淘金坑 M13	甲 B Ⅰ b 型	西汉早期	广东广州市东北淘金坑	1973 年 1—2 月
广州 73 淘金坑 M14	甲 B Ⅰ b 型	西汉早期	广东广州市东北淘金坑	1973 年 1—2 月
广州 73 淘金坑 M15	甲 B Ⅰ b 型	西汉初期	广东广州市东北淘金坑	1973 年 1—2 月
广州 73 淘金坑 M16	甲 B Ⅰ b 型	西汉早期	广东广州市东北淘金坑	1973 年 1—2 月
广州 73 淘金坑 M17	甲 B Ⅰ a 型	西汉早期	广东广州市东北淘金坑	1973 年 1—2 月
广州 73 淘金坑 M18	甲 B Ⅰ b 型	西汉早期	广东广州市东北淘金坑	1973 年 1—2 月
广州 73 淘金坑 M19	甲 B Ⅰ b 型	西汉早期	广东广州市东北淘金坑	1973 年 1—2 月
广州 73 淘金坑 M20	甲 B Ⅰ a 型	西汉早期	广东广州市东北淘金坑	1973 年 1—2 月
广州 73 淘金坑 M21	甲 B Ⅰ a 型	西汉早期	广东广州市东北淘金坑	1973 年 1—2 月
广州 73 淘金坑 M22	甲 B Ⅱ b 型	西汉中期	广东广州市东北淘金坑	1973 年 1—2 月
广州 73 淘金坑 M23	甲 B Ⅰ b 型	西汉早期	广东广州市东北淘金坑	1973 年 1—2 月
广州 73 淘金坑 M24	甲 B Ⅰ a 型	西汉早期	广东广州市东北淘金坑	1973 年 1—2 月
广州 73 淘金坑 M25	甲 A Ⅰ b 型	西汉初期	广东广州市东北淘金坑	1973 年 1—2 月
广州 73 淘金坑 M26	甲 B Ⅰ a 型	西汉中期	广东广州市东北淘金坑	1973 年 1—2 月
广州 73 淘金坑 M3	甲 B Ⅰ b 型	西汉初期	广东广州市东北淘金坑	1973 年 1—2 月
广州 73 淘金坑 M4	甲 B Ⅰ b 型	西汉初期	广东广州市东北淘金坑	1973 年 1—2 月
广州 73 淘金坑 M6	甲 B Ⅰ b 型	西汉初期	广东广州市东北淘金坑	1973 年 1—2 月
广州 73 淘金坑 M7	甲 B Ⅰ b 型	西汉初期	广东广州市东北淘金坑	1973 年 1—2 月
广州 73 淘金坑 M8	甲 B Ⅰ a 型	西汉早期	广东广州市东北淘金坑	1973 年 1—2 月

名称	墓葬形制	时期	位置	发掘发现时间
广州 73 淘金坑 M9	甲 B I b 型	西汉早期	广东广州市东北淘金坑	1973 年 1—2 月
广州 82 北柳 M11	甲 B I b 型	西汉初期	广东广州市三元里瑶台村柳园岗客车技术站	1982 年 7 月
广州 82 北柳 M12	甲 B II b/ 型	西汉初期	广东广州市三元里瑶台村柳园岗客车技术站	1982 年 7 月
广州 82 北柳 M17	甲 B I b 型	西汉初期	广东广州市三元里瑶台村柳园岗客车技术站	1982 年 7 月
广州 82 北柳 M23	甲 B I a 型	西汉初期	广东广州市三元里瑶台村柳园岗客车技术站	1982 年 7 月
广州 82 北柳 M25	甲 B I b①② 型	西汉初期	广东广州市三元里瑶台村柳园岗客车技术站	1982 年 7 月
广州 82 北柳 M31	甲 B I b 型	西汉初期	广东广州市三元里瑶台村柳园岗客车技术站	1982 年 7 月
广州 82 北柳 M46	甲 A II b i ② 型	西汉初期	广东广州市三元里瑶台村柳园岗客车技术站	1982 年 7 月
广州 82 北柳 M6	甲 B I a① 型	西汉初期	广东广州市三元里瑶台村柳园岗客车技术站	1982 年 7 月
广州 82 北柳汉墓		西汉前期新莽	广东广州市三元里瑶台村柳园岗客车技术站	1982 年 7 月
广州 83 凤凰岗 M1	甲 B I a 型	西汉早期	广东广州市西村凤凰岗广州铁路局机保段	1983 年 5 月
广州 83 象岗南越王墓	丙 Da vi 型	西汉早期	广东广州市象岗山	1983 年 10—11 月
广州 84 沙乐 M1	乙 C I a vi 型	东汉晚期	广东广州市沙河顶广州乐团排练场工地	1984 年 4 月
广州 86 梅花村陶鼓		西汉	广东广州市东山梅花村	1986 年
广州 86 农林东路西汉墓	甲 B I b 型	西汉早期	广东广州市东山农林东路铁路局宿舍	1986 年 10 月
广州 90 光孝寺汉代遗物		汉代	广东广州市光孝寺基建	1990 年 4—7 月
广州 92 长滘西汉遗物		西汉早期	广东广州市天河区长滘乡地段山岗	1992 年 8 月
广州 92 大宝岗 M1	乙 B II a vii 型	东汉中期	广东广州市先烈南路大宝岗	1992 年 10 月
广州 92 大宝岗 M2	乙 A II a iv 型	东汉中期	广东广州市先烈南路大宝岗	1992 年 10 月
广州 92 大宝岗 M7	甲 B I b ii /④ 型	西汉初期	广东广州市先烈南路大宝岗	1992 年 10 月
广州 92 福今路汉墓	甲 B II b 型	西汉初期	广东广州市福今路气象局饭堂	1992 年 2—3 月
广州 92 克山东汉墓	乙 C I a vi vii 型	东汉中期	广东广州市荔湾区西村克山荔湾区铁工厂	1972 年
广州 94 大宝岗 M19	乙 A I a vi 型	东汉晚期	广东广州市先烈南路大宝岗西南坡	1994 年 3—5 月
广州 94 大宝岗 M22	乙 B I a vi 型	东汉晚期	广东广州市先烈南路大宝岗西南坡	1994 年 3—5 月
广州 94 大宝岗 M23	乙 E I a vi③ 型	东汉晚期	广东广州市先烈南路大宝岗西南坡	1994 年 3—5 月
广州 95ZNM2	乙 C I a vi 型	东汉晚期	广东广州市东山农林下路	1995—1996 年
广州 95 寺贝通津墓葬群		汉南朝	广东广州市寺贝通津	1995 年
广州 96 东梅 M8	甲 B I a※≡ 型	西汉晚期	广东广州市东山区梅花村宿舍楼基建工地	1994 年 4—5 月

名称	墓葬形制	时期	位置	发掘发现时间
广州 96 沙坟 M1	乙 C I a ⅵ 型	东汉晚期	广东广州市十九路军抗日阵亡将士坟园	1996 年 10 月
广州 96 狮带岗 M1	甲 B I b 型	西汉中期	广东广州市麓景西路狮带岗	1996 年 5—6 月
广州 97—99 黄花岗 M1	甲 A I a ⅷ 型	西汉初期	广东广州市先烈中路黄花岗一带	1997—1999 年
广州 97—99 黄花岗 M2	乙 C I a ⅵ 型	东汉晚期	广东广州市先烈中路黄花岗一带	1997—1999 年
广州 97—99 黄花岗 M3	乙 C I a ⅵ 型	东汉晚期	广东广州市先烈中路黄花岗一带	1997—1999 年
广州 97—99 黄花岗 M4	乙 E Ⅱ a ⅵ 型	东汉晚期	广东广州市先烈中路黄花岗一带	1997—1999 年
广州 97—99 黄花岗 M5	乙 E Ⅱ a ⅵ 型	东汉晚期	广东广州市先烈中路黄花岗一带	1997—1999 年
广州 97—99 黄花岗 M6	乙 C I a ⅵ 型	东汉晚期	广东广州市先烈中路黄花岗一带	1997—1999 年
广州 97—99 黄花岗 M7	乙 E Ⅱ a ⅵ 型	东汉晚期	广东广州市先烈中路黄花岗一带	1997—1999 年
广州 97—99 黄花岗 M8	乙 C I a ⅵ 型	东汉晚期	广东广州市先烈中路黄花岗一带	1997—1999 年
广州 97 北横 M3	甲 B I b 型	西汉中期	广东广州市横枝岗路 95 号	1997 年 9 月
广州 97 北横 M4	甲 B I b ※ ⊥ 型	西汉中期	广东广州市横枝岗路 95 号	1997 年 9 月
广州 97 北横 M5	甲 D I b 型？	西汉晚期	广东广州市横枝岗路 95 号	1997 年 9 月
广州 97 东黄 M3	乙 C I a ⅵ 型	东汉晚期	广东广州市先烈中路黄花岗东侧上二望岗	1997 年 7—8 月
广州 97 动物园东汉墓		东汉	广东广州市动物园北侧山岗	1997 年 7—8 月
广州 97 猫儿岗西汉墓	甲 B I a ※ ③ 型	西汉早期	广东广州市农林上四横路政府某单位工地	1997 年 1—5 月
广州 97 梅花 M15	甲 B Ⅱ a ⅱ 型	西汉晚期	广东广州市东山梅花村委宿舍楼	1997 年 5 月
广州 97 梅花 M16	乙 C I a ⅵ 型	东汉早期	广东广州市东山梅花村委宿舍楼	1997 年 5 月
广州 97 南海海洋研究所东汉墓	乙 C I a ⅵ ⅶ 型	东汉晚期	广东广州市海珠区新港西路南海海洋研究所	1997 年 3 月
广州 97 十九路军陵园东汉墓	乙 C I a ⅵ 型	东汉	广东广州市沙河顶十九路军陵园西部	1997 年 8—9 月
广州 97 淘金坑汉墓		西汉中晚期	广东广州市淘金坑住宅基地	1997 年 7 月
广州 98 白鹤洞东汉墓	甲 B I b 型	东汉早期	广东广州市广州钢铁股份有限公司白鹤洞	1989 年 12 月
广州 98 秉政街汉代遗址		东汉	广东广州市中山四路秉政街西侧	1998 年 6—8 月
广州 98 东梅 M1	甲 B I a ※ ≡ 型	东汉中期	广东广州市东山梅花村 65 号工地	1998 年 5 月
广州 98 东梅 M3	乙 A Ⅱ a 型	东汉晚期	广东广州市东山梅花村 65 号工地	1998 年 5 月
广州 98 下塘西路东汉墓	乙 E Ⅱ a 型	东汉	广东广州市下塘西路西侧飞鹅岭东侧	1998 年 11 月
广州 98 先烈中路东汉墓		东汉	广东广州市先烈中路 81 号大院工地西侧	1998 年 11—12 月
广州 98 永福路东汉墓		东汉	广东广州市永福路 37 号永福大厦工地	1998 年 10 月
广州 98 中山一路东汉墓	乙 E Ⅱ a ⅵ 型	东汉	广东广州市中山一路 100 号广铁集团工地	1998 年 8—10 月
广州 99—00 龟岗汉代遗址		汉代	广东广州市白云区萝岗镇萝岗村龟岗	1999 年 10 月—2000 年 3 月
广州 99 东山口汉代遗址		汉代	广东广州市东山口立交建设中金城宾馆以东	1999 年 1—3 月 10 日

名称	墓葬形制	时期	位置	发掘发现时间
广州 99 东山口汉唐墓葬		汉唐	广东广州市东山口立交建设中金城宾馆以东	1999 年 1—3 月 10 日
广州 99 东先 M2	甲 B I b 型	西汉初期	广东广州市先烈南路大宝岗华泰宾馆前	1999 年 6—8 月
广州 99 东先 M5	甲 B I b ⅱ／型	西汉晚期	广东广州市先烈南路大宝岗华泰宾馆前	1999 年 6—8 月
广州 99 东先 M6	甲 B Ⅱ b ⅱ／型	西汉初期	广东广州市先烈南路大宝岗华泰宾馆前	1999 年 6—8 月
广州 99 东先 M8	甲 B I a ※型	新莽	广东广州市先烈南路大宝岗华泰宾馆前	1999 年 6—8 月
广州 99 福今路 M3	乙 C Ⅱ a ⅵ ⅶ型	东汉晚期	广东广州市东山福今路 6 号广东气象局院内	1999 年初
广州 99 横枝岗东汉墓		东汉	广东广州市淘金路口至麓湖路口横枝岗西南	1999 年 4—9 月
广州 99 横枝岗西汉墓		西汉	广东广州市淘金路口至麓湖路口横枝岗西南	1999 年 4—9 月
广州 99 南田 M10	甲 C Ⅱ b 型	西汉中期	广东广州市内环南田路段	1999 年 6 月
广州 99 南田 M4	甲 B I a 型	西汉晚期	广东广州市内环南田路段	1999 年 6 月
广州 99 南田 M5	乙 B Ⅱ a 型	东汉晚期	广东广州市内环南田路段	1999 年 6 月
广州 99 南田 M7	甲 B Ⅱ b 型	西汉中期	广东广州市内环南田路段	1999 年 6 月
广州 99 农林下路南越瓦片坑		西汉早期	广东广州市东山区农林下路南端近东山口	1999 年 11 月
广州 M1001（58 东二 M5）	甲 A Ⅱ b 型	西汉早期	广东广州市东郊下二望岗	1958 年
广州 M1002（58 东二 M8）	甲 B Ⅱ b 型	西汉早期	广东广州市东郊下二望岗	1958 年
广州 M1003（54 北保 M4）	甲 E Ⅱ b 型	西汉早期	广东广州市小北登封路保育院	1954 年
广州 M1004（55 北桂 M6）	甲 A Ⅱ b 型	西汉早期	广东广州市大北外桂花岗	1955 年
广州 M1005（55 东侨 M16）	甲 A Ⅱ b 型	西汉早期	广东广州市华侨新村蚬壳岗	1955 年 4—11 月
广州 M1006（54 东红 M14）	甲 B Ⅱ b 型	西汉早期	广东广州市先烈路红花岗	1954 年
广州 M1007（54 东红 M19）	甲 A Ⅱ b 型	西汉早期	广东广州市先烈路红花岗	1954 年
广州 M1008（54 东红 M30）	甲 B Ⅱ b 型	西汉早期	广东广州市先烈路红花岗	1954 年
广州 M1009（58 东二 M6）	甲 E Ⅱ b 型	西汉早期	广东广州市东郊下二望岗	1958 年
广州 M1010（53 北子 M1）	甲 E Ⅱ b 型	西汉早期	广东广州市三元里茶亭子园岗	1953 年
广州 M1011（54 北蚍 M19）	甲 B Ⅱ b 型	西汉早期	广东广州市小北登封路蚍岗	1954 年
广州 M1012（54 北蚍 M22）	甲 A Ⅱ b 型	西汉早期	广东广州市小北登封路蚍岗	1954 年

续表

名称	墓葬形制	时期	位置	发掘发现时间
广州 M1013（60 北马 M12）	甲 AⅡb 型	西汉早期	广东广州市北郊三元里马鹏冈	1960 年 9 月
广州 M1014（60 北马 M13）	甲 EⅡb 型	西汉早期	广东广州市北郊三元里马鹏冈	1960 年 9 月
广州 M1015（55 东侨 M40）		西汉早期	广东广州市华侨新村玉子岗	1955 年 4—11 月
广州 M1016（54 东红 M15）	甲 BⅡb 型	西汉早期	广东广州市先烈路红花岗	1954 年
广州 M1017（54 东红 M16）	甲 BⅡb 型	西汉早期	广东广州市先烈路红花岗	1954 年
广州 M1018（54 东红 M20）	甲 BⅡb 型	西汉早期	广东广州市先烈路红花岗	1954 年
广州 M1019（53 黄鱼 M2）	甲 BⅡb 型	西汉早期	广东广州市先烈路孖鱼岗	1953 年
广州 M1020（54 西后 M21）	甲 BⅡb 型	西汉早期	广东广州市西村后岗	1954 年
广州 M1021（54 北蚧 M25）	甲 BⅡb 型	西汉早期	广东广州市小北登封路蚧岗	1954 年
广州 M1022（53 西石 M13）	甲 BⅠb②型	西汉早期	广东广州市西村石头岗	1953 年
广州 M1023（53 西石 M14）	甲 AⅠb②型	西汉早期	广东广州市西村石头岗	1953 年
广州 M1024（53 西石 M17）	甲 BⅠb②型	西汉早期	广东广州市西村石头岗	1953 年
广州 M1025（53 西石 M20）	甲 BⅠb②型	西汉早期	广东广州市西村石头岗	1953 年
广州 M1026（54 北建 M5）	甲 BⅠb②型	西汉早期	广东广州市建设大马路建设新村	1954 年
广州 M1027（56 东马 M2）	甲 AⅠb 型	西汉早期	广东广州市东山马逿水岗	1956 年
广州 M1028（55 东侨 M14）	甲 BⅠb①型	西汉早期	广东广州市华侨新村玉子岗	1955 年 4—11 月
广州 M1029（55 东侨 M22）	甲 BⅠb①型	西汉早期	广东广州市华侨新村玉子岗	1955 年 4—11 月
广州 M1030（56 东黄 M2）	甲 BⅠb①型	西汉早期	广东广州市先烈路黄花岗公园东北	1956 年 4 月
广州 M1031（58 东二 M7）	甲 BⅠb①型	西汉早期	广东广州市东郊下二望岗	1958 年
广州 M1032（58 东二 M11）	甲 BⅠb①型	西汉早期	广东广州市东郊下二望岗	1958 年
广州 M1033（58 东二 M17）	甲 BⅠb①型	西汉早期	广东广州市东郊下二望岗	1958 年
广州 M1034（55 南元 M13）	甲 BⅠb①型	西汉早期	广东广州市小港路大元岗	1955 年
广州 M1035（53 西石 M33）	甲 EⅠb①型	西汉早期	广东广州市西村石头岗	1953 年
广州 M1036（54 北建 M10）	甲 BⅠb①型	西汉早期	广东广州市建设大马路建设新村	1954 年
广州 M1037（60 北流 M6）	甲 BⅠb①型	西汉早期	广东广州市大北流花桥马骝岗	1960 年

名称	墓葬形制	时期	位置	发掘发现时间
广州 M1038（57 东埔 M2）	甲 E I b 型	西汉早期	广东广州市东山黄埔大道	1957 年
广州 M1039（57 东埔 M3）	甲 B II b 型	西汉早期	广东广州市东山黄埔大道	1957 年
广州 M1040（57 东埔 M4）	甲 E I b 型	西汉早期	广东广州市东山黄埔大道	1957 年
广州 M1041（56 东马 M1）	甲 E I b 型	西汉早期	广东广州市东山马遑水岗	1956 年
广州 M1042（57 东竹 M2）	甲 E I b 型	西汉早期	广东广州市东山竹丝岗	1957 年
广州 M1043（57 东竹 M4）	甲 B II b 型	西汉早期	广东广州市东山竹丝岗	1957 年
广州 M1044（53 东塘 M1）	甲 B I a 型	西汉早期	广东广州市东山先烈路塘望岗	1953 年
广州 M1045（60 东先 M6）	甲 B II b 型	西汉早期	广东广州市东山先烈路十九路军坟场附近	1960 年
广州 M1046（55 东华 M11）	甲 B I b 型	西汉早期	广东广州市东山马棚岗	1955 年
广州 M1047（55 东华 M12）	甲 B I b 型	西汉早期	广东广州市东山马棚岗	1955 年
广州 M1048（56 东黄 M3）	甲 B I b ≡ 型	西汉早期	广东广州市黄花岗公元对面龙颈岗腰部先烈路路基	1956 年 4 月
广州 M1049（56 东惠 M15）	甲 B I b 型	西汉早期	广东广州市东山先烈路惠州坟场	1956 年
广州 M1050（57 东麻 M14）	甲 B I b 型	西汉早期	广东广州市东山先烈路广州动物园麻鹰岗	1957 年
广州 M1051（58 东二 M1）	甲 E I b 型	西汉早期	广东广州市东郊下二望岗	1958 年
广州 M1052（58 东二 M2）	甲 B I b 型	西汉早期	广东广州市东郊下二望岗	1958 年
广州 M1053（58 东二 M4）	甲 B I b 型	西汉早期	广东广州市东郊下二望岗	1958 年
广州 M1054（58 东二 M10）	甲 B I b 型	西汉早期	广东广州市东郊下二望岗	1958 年
广州 M1055（58 东二 M12）	甲 B I b 型	西汉早期	广东广州市东郊下二望岗	1958 年
广州 M1056（58 东二 M13）	甲 B I b 型	西汉早期	广东广州市东郊下二望岗	1958 年
广州 M1057（58 东二 M14）	甲 B II b 型	西汉早期	广东广州市东郊下二望岗	1958 年
广州 M1058（58 东二 M15）	甲 E I b 型	西汉早期	广东广州市东郊下二望岗	1958 年
广州 M1059（58 东二 M16）	甲 E I b 型	西汉早期	广东广州市东郊下二望岗	1958 年
广州 M1060（58 东二 M18）	甲 E I b i ii 型	西汉早期	广东广州市东郊下二望岗	1958 年
广州 M1061（58 东二 M19）	甲 E I b 型	西汉早期	广东广州市东郊下二望岗	1958 年
广州 M1062（54 东红 M7）	甲 B I b 型	西汉早期	广东广州市先烈路红花岗	1954 年

名称	墓葬形制	时期	位置	发掘发现时间
广州 M1063（54 东红 M9）	甲 E I b 型	西汉早期	广东广州市先烈路红花岗	1954 年
广州 M1064（54 东红 M10）	甲 E I b 型	西汉早期	广东广州市先烈路红花岗	1954 年
广州 M1065（55 东侨 M1）	甲 B I b 型	西汉早期	广东广州市华侨新村玉子岗	1955 年 4—11 月
广州 M1066（55 东侨 M2）	甲 B I b 型	西汉早期	广东广州市华侨新村玉子岗	1955 年 4—11 月
广州 M1067（55 东侨 M3）	甲 B I b 型	西汉早期	广东广州市华侨新村玉子岗	1955 年 4—11 月
广州 M1068（55 东侨 M4）	甲 B I b 型	西汉早期	广东广州市华侨新村玉子岗	1955 年 4—11 月
广州 M1069（55 东侨 M5）	甲 B I b 型	西汉早期	广东广州市华侨新村玉子岗	1955 年 4—11 月
广州 M1070（55 东侨 M6）	甲 B I b 型	西汉早期	广东广州市华侨新村玉子岗	1955 年 4—11 月
广州 M1071（55 东侨 M8）	甲 B I b 型	西汉早期	广东广州市华侨新村玉子岗	1955 年 4—11 月
广州 M1072（55 东侨 M11）	甲 E I b 型	西汉早期	广东广州市华侨新村蚬壳岗	1955 年 4—11 月
广州 M1073（55 东侨 M12）	甲 B I b 型	西汉早期	广东广州市华侨新村玉子岗	1955 年 4—11 月
广州 M1074（55 东侨 M13）	甲 E I b 型	西汉早期	广东广州市华侨新村玉子岗	1955 年 4—11 月
广州 M1075（55 东侨 M15）	甲 B I b① 型	西汉早期	广东广州市华侨新村玉子岗	1955 年 4—11 月
广州 M1076（55 东侨 M18）	甲 B I b 型	西汉早期	广东广州市华侨新村蚬壳岗	1955 年 4—11 月
广州 M1077（55 东侨 M19）	甲 E I b 型	西汉早期	广东广州市华侨新村玉子岗	1955 年 4—11 月
广州 M1078（55 东侨 M20）	甲 B I b 型	西汉早期	广东广州市华侨新村玉子岗	1955 年 4—11 月
广州 M1079（55 东侨 M23）	甲 B I b 型	西汉早期	广东广州市华侨新村蚬壳岗	1955 年 4—11 月
广州 M1080（55 东侨 M24）	甲 B I b 型	西汉早期	广东广州市华侨新村蚬壳岗	1955 年 4—11 月
广州 M1081（55 东侨 M30）	甲 B I b 型	西汉早期	广东广州市华侨新村蚬壳岗	1955 年 4—11 月
广州 M1082（55 东侨 M31）	甲 B I b 型	西汉早期	广东广州市华侨新村玉子岗	1955 年 4—11 月
广州 M1083（55 东侨 M32）	甲 B I b 型	西汉早期	广东广州市华侨新村玉子岗	1955 年 4—11 月
广州 M1084（55 东侨 M34）	甲 B I b 型	西汉早期	广东广州市华侨新村玉子岗	1955 年 4—11 月
广州 M1085（55 东侨 M36）	甲 B I b 型	西汉早期	广东广州市华侨新村蚬壳岗	1955 年 4—11 月

名称	墓葬形制	时期	位置	发掘发现时间
广州 M1086（55 东侨 M37）	甲 B Ⅰ b 型	西汉早期	广东广州市华侨新村玉子岗	1955 年 4—11 月
广州 M1087（55 东侨 M41）	甲 C Ⅰ b 型	西汉早期	广东广州市华侨新村玉子岗	1955 年 4—11 月
广州 M1088（55 东侨 M42）	甲 B Ⅰ b 型	西汉早期	广东广州市华侨新村蚬壳岗	1955 年 4—11 月
广州 M1089（55 东侨 M43）	甲 B Ⅰ b 型	西汉早期	广东广州市华侨新村蚬壳岗	1955 年 4—11 月
广州 M1090（55 东侨 M44）	甲 B Ⅰ b 型	西汉早期	广东广州市华侨新村蚬壳岗	1955 年 4—11 月
广州 M1091（55 东侨 M45）	甲 E Ⅰ b 型	西汉早期	广东广州市华侨新村蚬壳岗	1955 年 4—11 月
广州 M1092（55 东侨 M46）	甲 E Ⅰ b 型	西汉早期	广东广州市华侨新村玉子岗	1955 年 4—11 月
广州 M1093（55 东侨 M55）	甲 E Ⅰ b 型	西汉早期	广东广州市华侨新村竹园岗	1955 年 4—11 月
广州 M1094（55 东侨 M57）	甲 B Ⅰ b 型	西汉早期	广东广州市华侨新村竹园岗	1955 年 4—11 月
广州 M1095（55 东侨 M58）	甲 E Ⅰ b 型	西汉早期	广东广州市华侨新村竹园岗	1955 年 4—11 月
广州 M1096（56 南元 M23）	甲 EA Ⅰ b 型	西汉早期	广东广州市小港路大元岗	1956 年
广州 M1097（53 西石 M1）		西汉早期	广东广州市西村石头岗	1953 年
广州 M1098（53 西石 M2）	甲 E Ⅰ b 型	西汉早期	广东广州市西村石头岗	1953 年
广州 M1099（53 西石 M4）	甲 B Ⅰ b 型	西汉早期	广东广州市西村石头岗	1953 年
广州 M1100（53 西石 M8）	甲 B Ⅰ b 型	西汉早期	广东广州市西村石头岗	1953 年
广州 M1101（53 西石 M10）	甲 E Ⅰ b 型	西汉早期	广东广州市西村石头岗	1953 年
广州 M1102（53 西石 M28）	甲 B Ⅰ b 型	西汉早期	广东广州市西村石头岗	1953 年
广州 M1103（53 西石 M31）	甲 B Ⅰ b 型	西汉早期	广东广州市西村石头岗	1953 年
广州 M1104（53 西石 M41）	甲 B Ⅰ b 型	西汉早期	广东广州市西村石头岗	1953 年
广州 M1105（54 西后 M23）	甲 B Ⅰ b 型	西汉早期	广东广州市西村后岗	1954 年
广州 M1106（54 西后 M25）	甲 B Ⅰ b 型	西汉早期	广东广州市西村后岗	1954 年
广州 M1107（58 西铸 M1）	甲 E Ⅰ b 型	西汉早期	广东广州市西村西湾路增埗广州铸造厂	1958 年

名称	墓葬形制	时期	位置	发掘发现时间
广州 M1108（59 西孖 M2）	甲 B I b 型	西汉早期	广东广州市西村王圣堂孖岗	1959 年
广州 M1109（59 西孖 M3）	甲 B I b 型	西汉早期	广东广州市西村王圣堂孖岗	1959 年
广州 M1110（60 西孖 M4）	甲 B I b 型	西汉早期	广东广州市西村王圣堂孖岗	1960 年
广州 M1111（60 西孖 M6）	甲 B I b 型	西汉早期	广东广州市西村王圣堂孖岗	1960 年
广州 M1112（60 西孖 M7）	甲 CE I b/型	西汉早期	广东广州市西村王圣堂孖岗	1960 年
广州 M1113（60 西孖 M8）	甲 B I b 型	西汉早期	广东广州市西村王圣堂孖岗	1960 年
广州 M1114（60 西孖 M9）	甲 B I b 型	西汉早期	广东广州市西村王圣堂孖岗	1960 年
广州 M1115（60 西孖 M10）	甲 B I b 型	西汉早期	广东广州市西村王圣堂孖岗	1960 年
广州 M1116（55 北蛇 M3）	甲 B I b 型	西汉早期	广东广州市建设大马路蛇头岗	1955 年
广州 M1117（55 北蛇 M4）	甲 B I b 型	西汉早期	广东广州市建设大马路蛇头岗	1955 年
广州 M1118（55 北蛇 M5）	甲 B I b 型	西汉早期	广东广州市建设大马路蛇头岗	1955 年
广州 M1119（55 北桂 M7）	甲 B I b 型	西汉早期	广东广州市大北外桂花岗	1955 年
广州 M1120（54 北福 M1）	甲 B I b 型	西汉早期	广东广州市登封路福建山	1954 年
广州 M1121（54 北福 M2）	甲 E I b 型	西汉早期	广东广州市登封路福建山	1954 年
广州 M1122（54 北福 M3）	甲 B I b 型	西汉早期	广东广州市登封路福建山	1954 年
广州 M1123（54 北福 M4）	甲 B I b 型	西汉早期	广东广州市登封路福建山	1954 年
广州 M1124（54 北建 M11）	甲 B I b 型	西汉早期	广东广州市建设大马路建设新村	1954 年
广州 M1125（54 北蚧 M35）	甲 B I b 型	西汉早期	广东广州市小北登封路蚧岗	1954 年
广州 M1126（59 北流 M1）	甲 E I b 型	西汉早期	广东广州市大北流花桥马骝岗	1959 年
广州 M1127（59 北流 M3）	甲 E I b 型	西汉早期	广东广州市大北流花桥马骝岗	1959 年
广州 M1128（59 北流 M5）	甲 B I b 型	西汉早期	广东广州市大北流花桥马骝岗	1959 年
广州 M1129（60 北流 M7）	甲 B I b 型	西汉早期	广东广州市大北流花桥马骝岗	1960 年

名称	墓葬形制	时期	位置	发掘发现时间
广州 M1130（60 北流 M9）	甲 E I b 型	西汉早期	广东广州市大北流花桥马骝岗	1960 年
广州 M1131（60 北流 M11）	甲 B I b 型	西汉早期	广东广州市大北流花桥马骝岗	1960 年
广州 M1132（60 北流 M14）	甲 B I b 型	西汉早期	广东广州市大北流花桥马骝岗	1960 年
广州 M1133（60 北流 M16）	甲 B I b 型	西汉早期	广东广州市大北流花桥马骝岗	1960 年
广州 M1134（60 北马 M1）	甲 B I b≡ 型	西汉早期	广东广州市北郊三元里马鹏冈冈顶	1960 年 9 月
广州 M1135（60 北马 M5）	甲 B I b 型	西汉早期	广东广州市北郊三元里马鹏冈	1960 年 9 月
广州 M1136（60 北马 M6）	甲 B I b 型	西汉早期	广东广州市北郊三元里马鹏冈	1960 年 9 月
广州 M1137（60 北马 M7）	甲 E I b 型	西汉早期	广东广州市北郊三元里马鹏冈	1960 年 9 月
广州 M1138（60 北马 M14）	甲 E I b 型	西汉早期	广东广州市北郊三元里马鹏冈	1960 年 9 月
广州 M1139（60 北马 M15）	甲 B I b 型	西汉早期	广东广州市北郊三元里马鹏冈	1960 年 9 月
广州 M1140（56 东惠 M17）	甲 B I a① 型	西汉早期	广东广州市东山先烈路惠州坟场	1956 年
广州 M1141（57 东麻 M15）	甲 B I a① 型	西汉早期	广东广州市东山先烈路广州动物园麻鹰岗	1957 年
广州 M1142（56 东惠 M18）	甲 E I a 型	西汉早期	广东广州市东山先烈路惠州坟场	1956 年
广州 M1143（56 东惠 M20）	甲 E I a 型	西汉早期	广东广州市东山先烈路惠州坟场	1956 年
广州 M1144（56 东惠 M23）	甲 B I a 型	西汉早期	广东广州市东山先烈路惠州坟场	1956 年
广州 M1145（56 东麻 M7）	甲 E I a 型	西汉早期	广东广州市东山先烈路广州动物园麻鹰岗	1956 年
广州 M1146（57 东麻 M16）	甲 E I a 型	西汉早期	广东广州市东山先烈路广州动物园麻鹰岗	1957 年
广州 M1147（55 东侨 M17）	甲 B I a 型	西汉早期	广东广州市华侨新村蚬壳岗	1955 年 4—11 月
广州 M1148（55 东侨 M27）	甲 B I a 型	西汉早期	广东广州市华侨新村蚬壳岗	1955 年 4—11 月
广州 M1149（55 东侨 M29）	甲 B I a 型	西汉早期	广东广州市华侨新村玉子岗	1955 年 4—11 月
广州 M1150（55 东侨 M33）	甲 B I aⅷ 型	西汉早期	广东广州市华侨新村玉子岗	1955 年 4—11 月
广州 M1151（55 东侨 M39）	甲 B I a 型	西汉早期	广东广州市华侨新村玉子岗	1955 年 4—11 月

续表

名称	墓葬形制	时期	位置	发掘发现时间
广州 M1152（55 东侨 M56）	甲 B I aⅷ型	西汉早期	广东广州市华侨新村竹园岗	1955 年 4—11 月
广州 M1153（55 东梅 M2）	甲 B I a 型	西汉早期	广东广州市东山梅花村	1955 年
广州 M1154（55 东梅 M3）	甲 E I a 型	西汉早期	广东广州市东山梅花村	1955 年
广州 M1155（58 东二 M9）	甲 E I a 型	西汉早期	广东广州市东郊下二望岗	1958 年
广州 M1156（58 东二 M20）	甲 B I aⅷ型	西汉早期	广东广州市东郊下二望岗	1958 年
广州 M1157（58 东二 M21）	甲 B I a 型	西汉早期	广东广州市东郊下二望岗	1958 年
广州 M1158（53 西石 M24）	甲 E I a 型	西汉早期	广东广州市西村石头岗	1953 年
广州 M1159（53 西石 M42）	甲 B I a 型	西汉早期	广东广州市西村石头岗	1953 年
广州 M1160（54 西后 M24）	甲 A I a 型	西汉早期	广东广州市西村后岗	1954 年
广州 M1161（60 西孖 M5）	甲 B I aⅷ型	西汉早期	广东广州市西村王圣堂孖岗	1960 年
广州 M1162（60 西孖 M11）	甲 B I a 型	西汉早期	广东广州市西村王圣堂孖岗	1960 年
广州 M1163（55 北蛇 M6）	甲 B I aⅷ型	西汉早期	广东广州市建设大马路蛇头岗	1955 年
广州 M1164（57 北瑶 M2）	甲 B I a 型	西汉早期	广东广州市三元里瑶台	1957 年
广州 M1165（57 北瑶 M3）	甲 B I a 型	西汉早期	广东广州市三元里瑶台	1957 年
广州 M1166（57 北瑶 M4）	甲 A I b 型	西汉早期	广东广州市三元里瑶台	1957 年
广州 M1167（60 北马 M2）	甲 B I aⅷ型	西汉早期	广东广州市北郊三元里马鹏冈	1960 年 9 月
广州 M1168（60 北马 M8）	甲 B I a 型	西汉早期	广东广州市北郊三元里马鹏冈	1960 年 9 月
广州 M1169（60 北马 M9）	甲 B I a 型	西汉早期	广东广州市北郊三元里马鹏冈	1960 年 9 月
广州 M1170（57 东麻 M13）	甲 B I a※①型	西汉早期	广东广州市东山先烈路广州动物园麻鹰岗	1957 年
广州 M1171（56 东惠 M16）	甲 A I a※型	西汉早期	广东广州市东山先烈路惠州坟场	1956 年
广州 M1172（56 东惠 M22）	甲 B I a※型	西汉早期	广东广州市东山先烈路惠州坟场	1956 年
广州 M1173（56 东麻 M5）	甲 B I a※型	西汉早期	广东广州市东山先烈路广州动物园麻鹰岗	1956 年

名称	墓葬形制	时期	位置	发掘发现时间
广州 M1174（57 东麻 M6）	甲 B I a※⊥型	西汉早期	广东广州市东山先烈路广州动物园麻鹰岗	1957 年
广州 M1175（57 东麻 M8）	甲 B I a※型	西汉早期	广东广州市东山先烈路广州动物园麻鹰岗	1957 年
广州 M1176（57 东麻 M9）	甲 B I a※型	西汉早期	广东广州市东山先烈路广州动物园麻鹰岗	1957 年
广州 M1177（57 东麻 M23）	甲 B I a※型	西汉早期	广东广州市东山先烈路广州动物园麻鹰岗	1957 年
广州 M1178（55 东侨 M7）	甲 A I a※型	西汉早期	广东广州市华侨新村玉子岗	1955 年 4—11 月
广州 M1179（55 东侨 M28）	甲 C I a※ⅷ型	西汉早期	广东广州市华侨新村玉子岗	1955 年 4—11 月
广州 M1180（55 东侨 M49）	甲 B I a※型	西汉早期	广东广州市华侨新村竹园岗	1955 年 4—11 月
广州 M1181（53 西石 M35）	甲 B I a※型	西汉早期	广东广州市西村石头岗	1953 年
广州 M1182（56 东惠 M21）	甲 B I a※≡型	西汉早期	广东广州市东山先烈路惠州坟场	1956 年
广州 M2001（53 东龙 M14）	甲 B Ⅱ b 型	西汉中期	广东广州市先烈路龙生岗	1953 年
广州 M2002（53 东龙 M29）	甲 B Ⅱ b 型	西汉中期	广东广州市先烈路龙生岗	1953 年
广州 M2003（55 南元 M3）	甲 A Ⅱ b 型	西汉中期	广东广州市小港路大元岗	1955 年
广州 M2004（54 西南 M3）	甲 B Ⅱ b 型	西汉中期	广东广州市西村南京路	1954 年
广州 M2005（56 西皇 M8）	甲 B Ⅱ b 型	西汉中期	广东广州市西村水厂路南皇帝冈	1956 年
广州 M2006（57 西皇 M30）	甲 EA Ⅱ b 型	西汉中期	广东广州市西村皇帝冈水厂路北	1957 年
广州 M2007（57 西皇 M49）	甲 A Ⅱ b 型	西汉中期	广东广州市西村皇帝冈水厂路北	1957 年
广州 M2008（55 北横 M1）	甲 A Ⅱ b 型	西汉中期	广东广州市登封路横枝岗	1955 年
广州 M2009（56 东马 M6）	甲 B Ⅱ b 型	西汉中期	广东广州市东山马鞯水岗	1956 年
广州 M2010（56 东华 M22）	甲 E I a 型	西汉中期	广东广州市东山马棚岗	1956 年
广州 M2011（53 东龙 M13）	甲 B I a 型	西汉中期	广东广州市先烈路龙生岗	1953 年
广州 M2012（53 东龙 M20）	甲 B I a 型	西汉中期	广东广州市先烈路龙生岗	1953 年
广州 M2013（53 东龙 M28）	甲 B I a 型	西汉中期	广东广州市先烈路龙生岗	1953 年

续表

名称	墓葬形制	时期	位置	发掘发现时间
广州 M2014（53 东龙 M31）	甲 B I a 型	西汉中期	广东广州市先烈路龙生岗	1953 年
广州 M2015（53 东龙 M38）	甲 B I a 型	西汉中期	广东广州市先烈路龙生岗	1953 年
广州 M2016（54 东红 M12）	甲 A I a 型	西汉中期	广东广州市先烈路红花岗	1954 年
广州 M2017（55 东乌 M1）	甲 E I a 型	西汉中期	广东广州市建设大马路乌龙岗	1955 年
广州 M2018（53 西石 M11）	甲 B I a 型	西汉中期	广东广州市西村石头岗	1953 年
广州 M2019（53 西石 M16）	甲 B I a 型	西汉中期	广东广州市西村石头岗	1953 年
广州 M2020（54 西后 M5）	甲 B I a 型	西汉中期	广东广州市西村后岗	1954 年
广州 M2021（54 西后 M7）	甲 A I a 型	西汉中期	广东广州市西村后岗	1954 年
广州 M2022（54 西后 M16）	甲 E I a 型	西汉中期	广东广州市西村后岗	1954 年
广州 M2023（56 西皇 M2）	甲 B I a 型	西汉中期	广东广州市西村水厂路南皇帝冈	1956 年
广州 M2024（56 西皇 M6）	甲 B I a 型	西汉中期	广东广州市西村水厂路南皇帝冈	1956 年
广州 M2025（57 西皇 M17）	甲 E I a 型	西汉中期	广东广州市西村皇帝冈水厂路北	1957 年
广州 M2026（57 西皇 M32）	甲 EA I a 型	西汉中期	广东广州市西村皇帝冈水厂路北	1957 年
广州 M2027（57 西皇 M39）	甲 B I a 型	西汉中期	广东广州市西村水厂路南皇帝冈	1957 年
广州 M2028（57 西皇 M44）	甲 B I a 型	西汉中期	广东广州市西村皇帝冈水厂路北	1957 年
广州 M2029（54 北横 M2）	甲 B I a 型	西汉中期	广东广州市东北横枝冈冈顶	1954 年 12 月
广州 M2030（54 北横 M4）	甲 E I a ⅷ 型	西汉中期	广东广州市东北横枝冈冈顶	1954 年 12 月
广州 M2031（54 北横 M15）	甲 B I a 型	西汉中期	广东广州市登封路横枝冈	1954 年
广州 M2032（58 北松 M1）	甲 E I b 型	西汉中期	广东广州市三元里松柏岭	1958 年
广州 M2033（60 北流 M13）	甲 E I b 型	西汉中期	广东广州市大北流花桥马骝岗	1960 年
广州 M2034（60 北流 M15）	甲 E I a 型	西汉中期	广东广州市大北流花桥马骝岗	1960 年
广州 M2035（53 东龙 M15）	甲 B I a ※ ≡ 型	西汉中期	广东广州市先烈路龙生岗	1953 年

续表

名称	墓葬形制	时期	位置	发掘发现时间
广州 M2036（53 东龙 M17）	甲 A I a※≡型	西汉中期	广东广州市先烈路龙生岗	1953 年
广州 M2037（54 东红 M27）	甲 B I a※≡型	西汉中期	广东广州市先烈路红花岗	1954 年
广州 M2038（54 东红 M28）	甲 B I a※≡≡Ⅷ 型	西汉中期	广东广州市先烈路红花岗	1954 年
广州 M2039（57 东王 M4）	甲 B I b※≡型	西汉中期	广东广州市先烈路王山岗	1957 年
广州 M2040（55 东华 M5）	甲 B I a※≡型	西汉中期	广东广州市东山马棚岗	1955 年
广州 M2041（55 东华 M6）	甲 B I b※≡型	西汉中期	广东广州市东山马棚岗	1955 年
广州 M2042（55 东华 M10）	甲 B I b※≡型	西汉中期	广东广州市东山马棚岗	1955 年
广州 M2043（56 东华 M23）	甲 B I b※≡型	西汉中期	广东广州市东山马棚岗	1956 年
广州 M2044（53 东龙 M24）	甲 B I a※≡型	西汉中期	广东广州市先烈路龙生岗	1953 年
广州 M2045（53 东龙 M25）	甲 B I a※≡型	西汉中期	广东广州市先烈路龙生岗	1953 年
广州 M2046（53 东龙 M26）	甲 B I a※≡型	西汉中期	广东广州市先烈路龙生岗	1953 年
广州 M2047（53 东龙 M40）	甲 B I a※≡型	西汉中期	广东广州市先烈路龙生岗	1953 年
广州 M2048（53 西石 M12）	甲 E I a※≡型	西汉中期	广东广州市西村石头岗	1953 年
广州 M2049（54 西后 M6）	甲 B I a※≡型	西汉中期	广东广州市西村后岗	1954 年
广州 M2050（56 西皇 M1）	甲 E I a※≡型	西汉中期	广东广州市西村水厂路南皇帝冈	1956 年
广州 M2051（56 西皇 M9）	甲 B I a※≡型	西汉中期	广东广州市西村水厂路南皇帝冈	1956 年
广州 M2052（56 西皇 M10）	甲 B I a※≡型	西汉中期	广东广州市西村水厂路南皇帝冈	1956 年
广州 M2053（56 西皇 M11）	甲 B I a※≡型	西汉中期	广东广州市西村水厂路南皇帝冈	1956 年
广州 M2054（56 西皇 M15）	甲 B I a※≡型	西汉中期	广东广州市西村皇帝冈水厂路北	1956 年
广州 M2055（57 西皇 M28）	甲 E I a※≡型	西汉中期	广东广州市西村皇帝冈水厂路北	1957 年
广州 M2056（57 西皇 M40）	甲 B I b※≡型	西汉中期	广东广州市西村水厂路南皇帝冈	1957 年
广州 M2057（57 西皇 M43）	甲 E I b※≡型	西汉中期	广东广州市西村皇帝冈水厂路北	1957 年

名称	墓葬形制	时期	位置	发掘发现时间
广州 M2058（57 西皇 M45）	甲BⅠa※≡型	西汉中期	广东广州市西村水厂路南皇帝冈	1957 年
广州 M2059（57 西皇 M51）	甲BⅠb※≡型	西汉中期	广东广州市西村水厂路南皇帝冈	1957 年
广州 M2060（58 西冷 M1）	甲BⅠb※≡型	西汉中期	广东广州市西村增埗广州冷冻厂	1958 年
广州 M2061（54 北横 M1）	甲BⅠa※≡型	西汉中期	广东广州市东北横枝冈冈脚	1954 年 12 月
广州 M2062（55 北横 M25）	甲BⅠa※≡型	西汉中期	广东广州市登封路横枝岗	1955 年
广州 M2063（56 北横 M32）	甲BⅠb※≡型	西汉中期	广东广州市登封路横枝岗	1956 年
广州 M2064（57 北横 M35）	甲BⅠa※≡型	西汉中期	广东广州市登封路横枝岗	1957 年
广州 M3001（54 区犀 M1）	甲BⅠa型	西汉晚期	广东广州市东郊区庄犀牛路	1954 年
广州 M3002（55 东华 M8）	甲BⅠa型	新莽	广东广州市东山马棚岗	1955 年
广州 M3003（53 东龙 M46）	甲EⅠa型	西汉晚期	广东广州市先烈路龙生岗	1953 年
广州 M3004（54 东红 M1）	甲BⅠa型	西汉晚期	广东广州市先烈路红花岗	1954 年
广州 M3005（57 南细 M9）	甲EⅠa型	西汉晚期	广东广州市小港新村细岗	1957 年
广州 M3006（54 南纸 M1）	甲BⅠa型	西汉晚期	广东广州市南石头纸厂	1954 年
广州 M3007（55 南元 M10）	甲BⅠa③型	西汉晚期	广东广州市小港路大元岗	1955 年
广州 M3008（55 南元 M11）	甲BⅠa型	西汉晚期	广东广州市小港路大元岗	1955 年
广州 M3009（56 南元 M21）	甲BⅠa型	西汉晚期	广东广州市小港路大元岗	1956 年
广州 M3010（54 西饮 M1）	甲BⅠa型	西汉晚期	广东广州市西村饮料厂	1954 年
广州 M3011（56 北横 M33）	甲BⅠa型	西汉晚期	广东广州市登封路横枝岗	1956 年
广州 M3012（58 北游 M6）	甲BⅠa型	西汉晚期	广东广州市登封路游鱼岗	1958 年
广州 M3013（53 东龙 M33）	甲EⅠa※≡型	西汉晚期	广东广州市先烈路龙生岗	1953 年
广州 M3014（53 东龙 M37）	甲BⅠa※≡型	西汉晚期	广东广州市先烈路龙生岗	1953 年
广州 M3015（53 东龙 M39）	甲BⅠa※≡型	西汉晚期	广东广州市先烈路龙生岗	1953 年

续表

名称	墓葬形制	时期	位置	发掘发现时间
广州 M3016（55 东华 M13）	甲 B I a※≡型	西汉晚期	广东广州市东山马棚岗	1955 年
广州 M3017（55 南元 M2）	甲 E I a※≡型	西汉晚期	广东广州市小港路大元岗	1955 年
广州 M3018（55 南元 M5）	甲 E I a※≡③型	西汉晚期	广东广州市小港路大元岗	1955 年
广州 M3019（55 南元 M6）	甲 B I a※≡型	西汉晚期	广东广州市小港路大元岗	1955 年
广州 M3020（55 南元 M7）	甲 B I a※≡型	西汉晚期	广东广州市小港路大元岗	1955 年
广州 M3021（56 南元 M15）	甲 B I a※≡型	西汉晚期	广东广州市小港路大元岗	1956 年
广州 M3022（56 南元 M20）	甲 B I a※≡型	西汉晚期	广东广州市小港路大元岗	1956 年
广州 M3023（56 南元 M22）	甲 B I a※≡型	西汉晚期	广东广州市小港路大元岗	1956 年
广州 M3024（57 南刘 M3）	甲 E I a※≡型	西汉晚期	广东广州市小港新村刘王殿	1957 年
广州 M3025（57 南刘 M4）	甲 E I a※≡型	西汉晚期	广东广州市小港新村刘王殿	1957 年
广州 M3026（57 南刘 M5）	甲 E I a※≡型	西汉晚期	广东广州市小港新村刘王殿	1957 年
广州 M3027（53 西石 M3）	甲 E I a※≡型	西汉晚期	广东广州市西村石头岗	1953 年
广州 M3028（58 北横 M36）	甲 B I a※≡型	西汉晚期	广东广州市登封路横枝岗	1958 年
广州 M3029（58 北游 M8）	甲 E I a※≡型	新莽	广东广州市登封路游鱼岗	1958 年
广州 M3030（54 南纸 M2）	甲 B I a※≡⊥Ⅷ型	西汉晚期	广东广州市南石头纸厂	1954 年
广州 M3031（55 南元 M4）	甲 B I a※≡⊥型	西汉晚期	广东广州市小港路大元岗	1955 年
广州 M3032（57 南刘 M6）	甲 B I a※≡⊥型	西汉晚期	广东广州市小港新村刘王殿	1957 年
广州 M4001（55 南元 M9）	甲 E I a型	东汉中期	广东广州市小港路大元岗	1955 年
广州 M4002（58 南猛 M2）	甲 B I a型	新莽	广东广州市南石头猛狗岗	1958 年
广州 M4003（58 南钢 M2）	甲 B I a型	东汉中期	广东广州市白鹤洞广州钢铁厂	1958 年
广州 M4004（55 北横 M30）	甲 B I a型	东汉中期	广东广州市登封路横枝岗	1955 年
广州 M4005（53 东龙 M18）	甲 B I a※≡型	东汉中期	广东广州市先烈路龙生岗	1953 年

名称	墓葬形制	时期	位置	发掘发现时间
广州 M4006（54 东红 M29）	甲 B I a※ ≡ 型	新莽	广东广州市先烈路红花岗	1954 年
广州 M4007（53 西石 M18）	甲 E I a※ ≡ 型	东汉中期	广东广州市西村石头岗	1953 年
广州 M4008（54 北建 M13）	甲 BE I a※ ≡ 型	东汉中期	广东广州市建设大马路建设新村	1954 年
广州 M4009（53 西石 M29）	甲 B I a※ ≡ ⊥ 型	东汉中期	广东广州市西村石头岗马岗	1953 年
广州 M4010（57 东王 M6）	甲 B I a※ ≠ 型	东汉中期	广东广州市先烈路王山岗	1957 年
广州 M4011（55 东华 M4）	甲 B I a※ ≠ 型	东汉中期	广东广州市东山马棚岗	1955 年
广州 M4012（53 东龙 M42）	甲 B I a※ ≠ 型	东汉中期	广东广州市先烈路龙生岗	1953 年
广州 M4013（53 东龙 M43）	甲 B I a※ ≠ 型	新莽	广东广州市东郊龙生冈筑路工地	1953 年 11 月 13—29 日
广州 M4014（53 东龙 M45）	甲 B I a※ ≠ 型	东汉中期	广东广州市先烈路龙生岗	1953 年
广州 M4015（53 东龙 M47）	甲 B I a※ ≠ 型	新莽	广东广州市先烈路龙生岗	1953 年
广州 M4016（57 东象 M2）	甲 B I b※ ≠ 型	新莽	广东广州市东山象栏岗	1957 年
广州 M4017（56 东王 M3）	甲 B I b※ ≠ 型	东汉中期	广东广州市先烈路王山岗	1956 年
广州 M4018（55 南细 M5）	甲 B I a※ ≠ 型	东汉中期	广东广州市小港新村细岗	1955 年
广州 M4019（55 南元 M12）	甲 B I a※ ≠ 型	东汉中期	广东广州市小港路大元岗	1955 年
广州 M4020（56 南元 M16）	甲 B I a※ ≠ ⅷ 型	东汉中期	广东广州市小港路大元岗	1956 年
广州 M4021（56 南元 M17）	甲 B I a※ ≠ ⅷ 型	东汉中期	广东广州市小港路大元岗	1956 年
广州 M4022（56 南元 M19）	甲 B I a※ ≠ 型	东汉中期	广东广州市小港路大元岗	1956 年
广州 M4023（57 南刘 M1）	甲 B I a※ ≠ 型	东汉中期	广东广州市小港新村刘王殿	1957 年
广州 M4024（57 南刘 M2）	甲 B I a※ ≠ 型	新莽	广东广州市小港新村刘王殿	1957 年
广州 M4025（54 西后 M12）	甲 B I a※ ≠ 型	东汉中期	广东广州市西村后岗	1954 年
广州 M4026（57 西皇 M27）	甲 B I a※ ≠ 型	东汉中期	广东广州市西村皇帝冈水厂路北	1957 年
广州 M4027（57 西皇 M33）	甲 A I a※ ≠ 型	东汉中期	广东广州市西村皇帝冈水厂路北	1957 年

名称	墓葬形制	时期	位置	发掘发现时间
广州 M4028（57 西皇 M41）	甲 B I a※≠型	新莽	广东广州市西村皇帝冈水厂路北	1957 年
广州 M4029（57 西皇 M42）	甲 B I a※≠型	东汉中期	广东广州市西村皇帝冈水厂路北	1957 年
广州 M4030（55 东侨 M47）	乙 A I a 型	东汉中期	广东广州市华侨新村玉子冈	1955 年 4—11 月
广州 M4031（54 东红 M31）	乙 A I a 型	东汉中期	广东广州市先烈路红花冈	1954 年
广州 M4032（57 东沙 M1）	乙 A I a 型	东汉中期	广东广州市先烈路沙河顶	1957 年
广州 M4033（55 北星 M2）	乙 A I a 型	东汉中期	广东广州市先烈路七星冈	1955 年
广州 M4034（53 黄沙 M1）	乙 A II a 型	东汉中期	广东广州市先烈路三望冈海军坟场	1953 年
广州 M4035（60 东蟠 M1）	乙 A II b 型	东汉中期	广东广州市沙河蟠龙冈	1960 年
广州 M4036（53 西石 M34）	乙 A II a 型	东汉中期	广东广州市西村石头冈	1953 年
广州 M4037（54 越山 M2）	乙 A II a 型	东汉中期	广东广州市北郊大北越秀山北麓	1954 年
广州 M4038（55 东华 M1）	乙 A II a ⅵⅶ型	东汉中期	广东广州市东山马棚冈	1955 年
广州 M4039（54 羊山 M1）	乙 C III a 型	东汉中期	广东广州市东山羊山横路幼儿院运动场	1954 年 11 月
广州 M4040（55 南细 M4）		东汉中期	广东广州市小港新村细冈	1955 年
广州 M4041（55 北横 M16）		东汉中期	广东广州市登封路横枝冈	1955 年
广州 M5001（54 东红 M8）	甲 B I a※≡⊥型	东汉晚期	广东广州市先烈路红花冈	1954 年
广州 M5002（54 南乐 M2）	甲 B I a※≡⊥型	东汉晚期	广东广州市新港路怡乐村	1954 年
广州 M5003（56 东惠 M19）	甲 B I a※≠型	东汉晚期	广东广州市东山先烈路惠州坟场	1956 年
广州 M5004（53 东龙 M19）	甲 A I a※≠型	东汉晚期	广东广州市先烈路龙生冈	1953 年
广州 M5005（53 东龙 M23）	甲 B I a※≠型	东汉晚期	广东广州市先烈路龙生冈	1953 年
广州 M5006（53 东龙 M34）	甲 B I a※≠型	东汉晚期	广东广州市先烈路龙生冈	1953 年
广州 M5007（54 东红 M25）	甲 B I a※≠型	东汉晚期	广东广州市先烈路红花冈	1954 年
广州 M5008（54 南凤 M1）	甲 B I a※≠型	东汉晚期	广东广州市金沙路凤凰冈	1954 年

续表

名称	墓葬形制	时期	位置	发掘发现时间
广州 M5009（55 南元 M14）	甲 B Ⅰ a※≠型	东汉晚期	广东广州市小港路大元岗	1955 年
广州 M5010（56 南元 M18）	甲 B Ⅰ a※≠型	东汉晚期	广东广州市小港路大元岗	1956 年
广州 M5011（57 南元 M24）	甲 B Ⅰ a※≠型	东汉晚期	广东广州市小港路大元岗	1957 年
广州 M5012（57 西皇 M26）	甲 B Ⅰ a※≠型	东汉晚期	广东广州市西村皇帝冈水厂路北	1957 年
广州 M5013（58 北游 M1）	甲 C Ⅰ a※≠型	东汉晚期	广东广州市登封路游鱼岗	1958 年
广州 M5014（56 东惠 M13）	乙 B Ⅰ a 型	东汉晚期	广东广州市东山先烈路惠州坟场	1956 年
广州 M5015（53 北蚬 M1）	乙 A Ⅰ a 型	东汉晚期	广东广州市小北登封路蚬岗	1953 年
广州 M5016（54 北蚬 M37）	乙 G 类	东汉晚期	广东广州市小北登封路蚬岗	1954 年
广州 M5017（54 北蚬 M24）	乙 A Ⅱ a 型	东汉晚期	广东广州市小北登封路蚬岗	1954 年
广州 M5018（54 北蚬 M36）	乙 A Ⅱ a 型	东汉晚期	广东广州市小北登封路蚬岗	1954 年
广州 M5019（55 北星 M5）	乙 A Ⅱ a 型	东汉晚期	广东广州市先烈路七星岗	1955 年
广州 M5020（53 东龙 M1）	乙 A Ⅱ a ⅶ 型	东汉晚期	广东广州市先烈路龙生岗	1953 年
广州 M5021（54 北蚬 M9）	乙 A Ⅱ a ⅶ 型	东汉晚期	广东广州市小北登封路蚬岗	1954 年
广州 M5022（54 北蚬 M20）	乙 A Ⅱ a ⅶ 型	东汉晚期	广东广州市小北登封路蚬岗	1954 年
广州 M5023（54 北蚬 M26）	乙 A Ⅱ a ⅶ 型	东汉晚期	广东广州市小北登封路蚬岗	1954 年
广州 M5024（54 北蚬 M27）	乙 A Ⅱ a ⅵ 型	东汉晚期	广东广州市小北登封路蚬岗	1954 年
广州 M5025（56 北星 M6）	乙 A Ⅱ a ⅵ ⅶ 型	东汉晚期	广东广州市先烈路七星岗	1956 年
广州 M5026（54 北蚬 M18）	乙 A Ⅱ a ⅵ ⅶ 型	东汉晚期	广东广州市小北登封路蚬岗	1954 年
广州 M5027（54 北蚬 M29）	乙 A Ⅱ a ⅵ ⅶ 型	东汉晚期	广东广州市小北登封路蚬岗	1954 年
广州 M5028（57 东竹 M3）	乙 C Ⅰ a ⅵ 型	东汉晚期	广东广州市东山竹丝岗	1957 年
广州 M5029（58 东埔 M5）	乙 C Ⅰ a ⅵ 型	东汉晚期	广东广州市东山黄埔大道	1958 年
广州 M5030（55 东茶 M3）	乙 C Ⅰ a ⅵ 型	东汉晚期	广东广州市沙河茶亭	1955 年

名称	墓葬形制	时期	位置	发掘发现时间
广州 M5031（55 东三 M2）	乙 C I a ⅵ 型	东汉晚期	广东广州市东山三育路	1955 年
广州 M5032（55 东三 M3）	乙 C I a ⅵ 型	东汉晚期	广东广州市东山三育路	1955 年
广州 M5033（60 东先 M5）	乙 C I a ⅵ 型	东汉晚期	广东广州市东山先烈路十九路军坟场附近	1960 年
广州 M5034（54 东红 M13）	乙 C I a ⅵ 型	东汉晚期	广东广州市先烈路红花岗	1954 年
广州 M5035（54 黄鱼 M5）	乙 C I a ⅵ 型	东汉晚期	广东广州市先烈路孖鱼岗	1954 年
广州 M5036（56 东惠 M1）	乙 C I a ⅵ ⅶ 型	东汉晚期	广东广州市东山先烈路惠州坟场	1956 年
广州 M5037（56 东马 M4）	乙 C I a ⅵ 型	东汉晚期	广东广州市东山马遑水岗	1956 年
广州 M5038（55 东茶 M6）	乙 C I a ⅵ ⅶ 型	东汉晚期	广东广州市沙河茶亭	1955 年
广州 M5039（60 东先 M4）	乙 C I a ⅵ ⅶ 型	东汉晚期	广东广州市东山先烈路十九路军坟场附近	1960 年
广州 M5040（54 东金 M1）	乙 C Ⅱ a ⅵ ⅶ 型	东汉晚期	广东广州市东北郊金鸡岭	1954 年
广州 M5041（56 东麻 M2）	乙 C I a ⅵ ⅶ ③ 型	东汉中期	广东广州市东山先烈路广州动物园麻鹰岗	1956 年 11 月
广州 M5042（57 东麻 M10）	乙 C I a ⅵ 型	东汉晚期	广东广州市东山先烈路广州动物园麻鹰岗	1957 年
广州 M5043（57 东麻 M17）	乙 C I a ⅵ ⅶ 型	东汉晚期	广东广州市东山先烈路广州动物园麻鹰岗	1957 年
广州 M5044（57 东麻 M19）	乙 C I a ⅵ 型	东汉晚期	广东广州市东山先烈路广州动物园麻鹰岗	1957 年
广州 M5045（57 东麻 M20）	乙 C I a ⅵ 型	东汉晚期	广东广州市东山先烈路广州动物园麻鹰岗	1957 年
广州 M5046（57 东交 M1）	乙 C I a ⅵ ⅶ 型	东汉晚期	广东广州市沙河交通学校	1957 年
广州 M5047（53 东龙 M8）	乙 C I a ⅵ 型	东汉晚期	广东广州市先烈路龙生岗	1953 年
广州 M5048（53 东龙 M10）	乙 C I a ⅵ ③ 型	东汉晚期	广东广州市先烈路龙生岗	1953 年
广州 M5049（53 东龙 M16）	乙 C I a ⅵ ③ 型	东汉晚期	广东广州市先烈路龙生岗	1953 年
广州 M5050（53 东龙 M27）	乙 C I a ⅵ ③ 型	东汉晚期	广东广州市先烈路龙生岗	1953 年
广州 M5051（53 东龙 M35）	乙 C I a ⅵ ⅶ ③ 型	东汉晚期	广东广州市先烈路龙生岗	1953 年
广州 M5052（53 东龙 M44）	乙 C I a ⅵ 型	东汉晚期	广东广州市先烈路龙生岗	1953 年

名称	墓葬形制	时期	位置	发掘发现时间
广州 M5053（53 东龙 M50）	乙 C I a 型	东汉晚期	广东广州市先烈路龙生岗	1953 年
广州 M5054（60 东沙 M2）	乙 C I a③型	东汉晚期	广东广州市东郊先烈路沙河顶背面土岗	1960 年 3 月
广州 M5055（54 东林 M1）	乙 C I a ⅵ③型	东汉晚期	广东广州市东山农林下路	1954 年
广州 M5056（54 南赤 M1）	乙 C I a ⅵ③型	东汉晚期	广东广州市新港路赤岗	1954 年
广州 M5057（55 南细 M7）	乙 C I a ⅵ③型	东汉晚期	广东广州市小港新村细岗	1955 年
广州 M5058（55 南元 M1）	乙 C I a ⅵ③型	东汉晚期	广东广州市小港路大元岗	1955 年
广州 M5059（54 北蚧 M23）	乙 C I a ⅵ型	东汉晚期	广东广州市小北登封路蚧岗	1954 年
广州 M5060（54 北蚧 M28）	乙 C I a ⅵ③型	东汉中期	广东广州市小北登封路蚧岗	1954 年
广州 M5061（54 越山 M1）	乙 C I a ⅵ型	东汉晚期	广东广州市北郊大北越秀山北麓	1954 年
广州 M5062（55 北桂 M2）	乙 C I a ⅵ ⅶ③型	东汉晚期	广东广州市大北外桂花岗	1955 年
广州 M5063（58 北游 M4）	乙 C I a ⅵ型	东汉晚期	广东广州市登封路游鱼岗	1958 年
广州 M5064（54 东黄 M1）	乙 C II a ⅵ③型	东汉晚期	广东广州市先烈路黄花岗	1954 年
广州 M5065（53 黄鱼 M1）	乙 C II a ⅵ型	东汉中期	广东广州市先烈路孖鱼岗	1953 年
广州 M5066（55 东茶 M4）	乙 C II a ⅵ ⅶ③型	东汉晚期	广东广州市沙河茶亭	1955 年
广州 M5067（56 东惠 M2）	乙 C II a ⅵ③型	东汉晚期	广东广州市东山先烈路惠州坟场	1956 年
广州 M5068（54 南细 M1）	乙 C II a ⅵ ⅶ型	东汉中期	广东广州市小港新村细岗	1954 年
广州 M5069（55 南细 M3）	乙 C II a ⅵ型	东汉晚期	广东广州市小港新村细岗	1955 年
广州 M5070（57 南赤 M2）	乙 C II a ⅵ型	东汉晚期	广东广州市新港路赤岗	1957 年
广州 M5071（57 南赤 M3）	乙 C II a ⅵ ⅶ③型	东汉晚期	广东广州市新港路赤岗	1957 年
广州 M5072（57 南赤 M4）	乙 C II a ⅵ ⅶ型	东汉晚期	广东广州市新港路赤岗	1957 年
广州 M5073（55 南凤 M2）	乙 C II a ⅵ型	东汉晚期	广东广州市金沙路凤凰岗	1955 年
广州 M5074（55 南鹤 M1）	乙 C II a ⅵ型	东汉晚期	广东广州市白鹤洞	1955 年

名称	墓葬形制	时期	位置	发掘发现时间
广州 M5075（55 东茶 M5）	乙 C Ⅱ a ⅵ 型	东汉晚期	广东广州市沙河茶亭	1955 年
广州 M5076（60 东先 M1）	乙 C Ⅱ a ⅵ 型	东汉晚期	广东广州市东山先烈路十九路军坟场附近	1960 年
广州 M5077（54 东执 M1）	乙 Da ⅵ 型	东汉晚期	广东广州市先烈路执信女子中学	1954 年
广州 M5078（58 南中 M1）	乙 Da ⅵ ③ 型	东汉晚期	广东广州市康乐中山大学	1958 年
广州 M5079（57 西皇 M36）	乙 Da ⅵ ③ 型	东汉晚期	广东广州市西村皇帝冈水厂路北	1957 年
广州 M5080（60 东先 M3）	乙 Ga ⅵ ③ 型	东汉晚期	广东广州市东山先烈路十九路军坟场附近	1960 年
广州 M5081（57 东太 M1）	乙 Ga ⅵ ⅶ ③ 型	东汉晚期	广东广州市沙河太平岗	1957 年
广州 M5082（53 西石 M30）		东汉晚期	广东广州市西村石头岗	1953 年
广州 M5083（54 北保 M5）		东汉晚期	广东广州市小北登封路保育院	1954 年
广州 M5085（53 东龙 M5）		东汉晚期	广东广州市先烈路龙生岗	1953 年
广州 M5086（58 南钢 M1）		东汉晚期	广东广州市白鹤洞广州钢铁厂	1958 年
广州 M5087（58 北凤 M1）		东汉晚期	广东广州市登封路凤凰台	1958 年
广州 M5088（54 北建 M12）		东汉晚期	广东广州市建设大马路建设新村	1954 年
广州 M5089（58 北游 M3）		东汉晚期	广东广州市登封路游鱼岗	1958 年
广州 M5090（57 北横 M34）		东汉晚期	广东广州市登封路横枝岗	1957 年
广州北京路南越国遗迹		西汉早期	广东广州市越秀区北京路	2001 年
广州博物馆西汉铜鼓		西汉	广东广州市博物馆	传世
广州东山龟岗汉墓		西汉早期	广东广州市东山龟岗	1916 年
广州海幅寺汉代窑址		西汉中期东汉后期	广东广州市珠江南岸同福中路海幢公园西南	1996 年 7 月—1997 年 4 月
广州黄埔汉代遗物		汉代	广东广州市黄浦区	解放前
广州磨刀坑二号遗址		西汉	广东广州市东北永泰村磨刀坑	1958 年 5 月—1959 年 6 月
广州磨刀坑三号遗址		西汉	广东广州市东北永泰村磨刀坑	1958 年 5 月—1959 年 6 月
广州磨刀坑一号遗址		西汉	广东广州市东北永泰村磨刀坑	1958 年 5 月—1959 年 6 月
广州南海神庙铜鼓		汉代	广东广州市黄浦区南海神庙	唐代
广州南越国 J264		西汉早期	广东广州市中山四路南越国宫署遗址	2004 年 11 月—2005 年 1 月
广州南越国北宫墙		西汉早期	广东广州市中山四路南越国宫署遗址	2006 年
广州南越国宫苑遗址		西汉早期	广东广州市中山四路广州市文化局	1997 年

名称	墓葬形制	时期	位置	发掘发现时间
广州南越国石构水池遗址		西汉早期	广东广州市中山四路广州市长话分局	1995 年
广州南越国水井		西汉早期	广东广州市中山四路广州市长话分局	1995 年
广州南越国一号宫殿等		西汉早期	广东广州市中山四路南越国宫署遗址	2003 年
广州秦汉造船工场遗址		西汉早期	广东广州市中山四路广州市文化局	1975 年 8 月—1976 年 1 月
广州下渡杨孚井		汉代	广东广州市新港路下渡村东约一巷	传世
广州应元路越王井		汉代	广东广州市应元路	传世
广州中山五路南越国遗址		西汉早期	广东广州市中山五路新大新公司	1988 年 9—11 月
贵港 89 选矿厂汉墓		西汉晚期东汉	广西贵港市西 2 公里选矿厂	1989 年
贵港 95 高中汉墓	乙 F I a vi vii 型	东汉晚期	广西贵港市北郊高中新校门前	1995 年 6 月
贵港 95 三堆岭汉墓	甲 B I a 型	汉代	广西贵港市三堆岭	1995 年 8—9 月
贵港孔屋岭 M1	乙 C II a vi vii 型	东汉晚期	广西贵港市公安局新址	1994 年 10—11 月
贵港马鞍岭 M1	甲 B I a 型	东汉中期	广西贵港市火车站所在地马鞍岭	1996 年 12 月—1997 年
贵港马鞍岭 M2	甲 B II a ii ※ 型	东汉晚期	广西贵港市火车站所在地马鞍岭	1996 年 12 月—1997 年
贵港马鞍岭 M3	甲 B I a ※ ⑧ 型	东汉晚期	广西贵港市火车站所在地马鞍岭	1996 年 12 月—1997 年
贵港深钉岭 M1	甲 D II a 型?	西汉中期	广西贵港市深钉岭	1991 年 1—7 月
贵港深钉岭 M10	甲 B I a ii 型	西汉晚期	广西贵港市深钉岭	1991 年 1—7 月
贵港深钉岭 M11	甲 B II a 型	西汉晚期	广西贵港市深钉岭	1991 年 1—7 月
贵港深钉岭 M12	甲 B II a ii 型	西汉晚期	广西贵港市深钉岭	1991 年 1—7 月
贵港深钉岭 M17	乙 C I a vi 型	东汉晚期	广西贵港市深钉岭	1991 年 1—7 月
贵港深钉岭 M19	乙 C I a vi 型	东汉晚期	广西贵港市深钉岭	1991 年 1—7 月
贵港深钉岭 M2	甲 C II a 型	西汉中期	广西贵港市深钉岭	1991 年 1—7 月
贵港深钉岭 M22	乙 C I a vi 型	东汉晚期	广西贵港市深钉岭	1991 年 1—7 月
贵港深钉岭 M26	乙 A I a vi 型	东汉晚期	广西贵港市深钉岭	1991 年 1—7 月
贵港深钉岭 M31	甲 B II a 型	西汉中期	广西贵港市深钉岭	1991 年 1—7 月
贵港深钉岭 M32	甲 B II a 型	东汉中期	广西贵港市深钉岭	1991 年 1—7 月
贵港深钉岭 M36	乙 C II a vi 型	东汉晚期	广西贵港市深钉岭	1991 年 1—7 月
贵港深钉岭 M37	乙 C II a vi 型	东汉晚期	广西贵港市深钉岭	1991 年 1—7 月
贵港深钉岭 M41	甲 D II a 型?	西汉晚期	广西贵港市深钉岭	1991 年 1—7 月
贵港深钉岭 M43	甲 B I a/ 型	西汉晚期	广西贵港市深钉岭	1991 年 1—7 月
贵港深钉岭 M46	甲 A II b 型	西汉晚期	广西贵港市深钉岭	1991 年 1—7 月
贵港深钉岭 M5	乙 C I a vi 型	东汉晚期	广西贵港市深钉岭	1991 年 1—7 月
贵港深钉岭 M7	甲 B I a ※ ⑧ 型	西汉晚期	广西贵港市深钉岭	1991 年 1—7 月
贵港深钉岭 M8	甲 B II a ⑧ 型	西汉晚期	广西贵港市深钉岭	1991 年 1—7 月
贵港深钉岭 M9	甲 B II a 型	西汉晚期	广西贵港市深钉岭	1991 年 1—7 月
贵溪 82 西家湾汉代遗物		东汉	江西贵溪县罗河乡龙山西家湾村	1982 年 11 月
贵县 50 年代东汉墓		东汉	广西贵县城郊	1954—1955 年 4 月

名称	墓葬形制	时期	位置	发掘发现时间
贵县 50 年代西汉墓		西汉	广西贵县城郊	1954—1955 年 4 月
贵县 55 刘吉岭汉墓	甲 B Ⅰ a 型	西汉晚期	广西贵县北门火车站西南刘吉岭	1955 年 11 月
贵县 56 东湖 M2	甲 B Ⅰ a 型	西汉中期	广西贵县东湖	1956 年 4 月
贵县 56 东湖 M4	甲 B Ⅰ a 型	东汉中期	广西贵县东湖	1956 年 4 月
贵县 56 新牛岭 M3	甲 B Ⅱ b 型	西汉中期	广西贵县城北 2 里新牛岭	1956 年 7 月
贵县北门粮仓汉墓	甲 B Ⅰ a 型	东汉	广西贵县北门附近粮仓西墙下	1955 年 11 月 24—29 日
贵县大圩 M1	甲 B Ⅰ b 型	西汉晚期	广西贵县附城公社大圩猪场	1978 年 5—7 月
贵县大圩 M2	甲 B Ⅰ a 型	西汉晚期	广西贵县附城公社大圩猪场	1978 年 5—7 月
贵县大圩 M3	乙 C Ⅰ a ⅵ ⅶ 型	东汉中期	广西贵县附城公社大圩猪场	1978 年 5—7 月
贵县淀粉厂汉墓		东汉	广西贵县淀粉厂	1955 年
贵县二七三 M1	乙 E Ⅰ a ⅵ ⅶ 型	东汉中期	广西贵县广西二七三地质队	1978 年 5—7 月
贵县二七三 M2	乙 C Ⅱ a ⅵ ⅶ 型	东汉中期	广西贵县广西二七三地质队	1978 年 5—7 月
贵县风流岭 M2		汉代	广西贵县风流岭	1977 年
贵县风流岭 M31	甲 B Ⅰ a ⅱ ⅶ 型	西汉中期	广西贵县火车站西 3 公里左右贵县汽车修配厂	1980 年 7—9 月
贵县贵县中学汉墓	甲 B Ⅰ a ① 型	西汉晚期	广西贵县贵县中学高中部	1955 年 2—3 月
贵县加工厂汉墓		汉代	广西贵县加工厂	1976 年
贵县罗泊湾 M1	甲 B Ⅰ a ※ ≡ 型	西汉早期	广西贵县罗泊湾	1976 年 6 月
贵县罗泊湾 M2	甲 E Ⅰ a ※ ⑤ 型	西汉早期	广西贵县罗泊湾	1979 年 4—6 月
贵县煤建 M1	乙 C Ⅰ a ⅵ ⅶ 型	东汉中期	广西贵县煤建公司	1978 年 5—7 月
贵县煤建 M2	乙 C Ⅰ a ⅵ 型	新莽	广西贵县煤建公司	1978 年 5—7 月
贵县煤建 M3	乙 C Ⅰ a 型	新莽	广西贵县煤建公司	1978 年 5—7 月
贵县煤建 M4	乙 C Ⅰ a ⅵ ⅶ 型	东汉中期	广西贵县煤建公司	1978 年 5—7 月
贵县木材 M1	甲 B Ⅰ a 型	新莽	广西贵县木材加工厂	1978 年 5—7 月
贵县木材 M2	乙 E Ⅰ a ⅵ 型	东汉中期	广西贵县木材加工厂	1978 年 5—7 月
贵县南斗村汉墓		东汉	广西贵县南斗村	1957 年
贵县汽路 M5	甲 B Ⅱ b 型	东汉	广西贵县汽路	1955 年 3 月
贵县水电 M10	乙 C Ⅰ a ⅵ ⅶ 型	东汉中期	广西贵县水电设备厂	1978 年 5—7 月
贵县水电 M5	甲 B Ⅰ a ⅷ 型	新莽	广西贵县水电设备厂	1978 年 5—7 月
贵县水电 M6	甲 B Ⅰ b 型	东汉中期	广西贵县水电设备厂	1978 年 5—7 月
贵县水电 M7	甲 B Ⅰ a 型	东汉中期	广西贵县水电设备厂	1978 年 5—7 月
贵县汶井岭 M36		东汉晚期	广西贵县火车站西汶井岭一带	1955 年 10—11 月
贵县汶井岭汉墓	甲 B Ⅱ a ⅳ 型	东汉中期	广西贵县北郊 1 公里汶井岭	1955 年 10 月 23—25 日
贵县汶井岭汉墓群		汉代	广西贵县火车站西汶井岭一带	1955 年 10—11 月
贵县玉仓 M1	甲 C Ⅰ b 型	西汉中期	广西玉林地区农机公司贵县仓库	1978 年 5—7 月
贵县玉仓 M2	甲 B Ⅰ a ④ 型	西汉晚期	广西玉林地区农机公司贵县仓库	1978 年 5—7 月
贵县装运 M1	乙 C Ⅰ a ⅵ ⅶ 型	东汉中期	广西贵县装运公司	1978 年 5—7 月
贵县装运 M2	甲 B Ⅰ a 型	西汉晚期	广西贵县装运公司	1978 年 5—7 月
桂林 63 竹园村 M1	乙 F Ⅰ a ⅵ 型	东汉	广西桂林市雁山乡竹园村后头岭	1963 年三季度
桂林 63 竹园村 M2	乙 F Ⅰ a ⅵ 型	东汉	广西桂林市雁山乡竹园村后头岭	1963 年三季度

名称	墓葬形制	时期	位置	发掘发现时间
桂林 74 东汉铜鼓		东汉	广西桂林市废品站征集	1974 年
桂林汉代铜印		东汉	广西桂林市	旧藏
桂林翙武路 M1	乙 C I aγi 型	东汉晚期	广西桂林市翙武路银河房地产公司基建工地	1999 年 1 月上旬
桂林竹园汉墓群		东汉	广西桂林市朝阳乡竹园村后岭东北,相思江西	1962 年冬
桂平 06 大塘 M3001	ii	汉代	广西桂平市寻旺乡先锋村大塘城西面浔江边	2006 年 6—11 月
桂平 06 大塘城汉墓		汉代	广西桂平市寻旺乡先锋村大塘城西面浔江边	2006 年 6—11 月
桂平 54 江口东汉铜鼓		汉代	广西桂平县	1954 年
桂平 72 江口东汉铜鼓		东汉	广西桂平县江口镇中转站	1972 年
桂平 97 大塘城西汉墓	甲 A II b⑥型	西汉晚期	广西桂平市寻旺乡大塘城村	1997 年 3 月
桂平麻垌铜鼓		汉代	广西桂平县麻垌	
桂平蒙圩铜鼓		汉代	广西桂平县蒙圩	
桂平双井汉代铜器		汉代	广西桂平县白沙双井村	
桂阳车江墓群		汉代	湖南桂阳县泗洲乡崔江村	
桂阳古它岭墓群		汉代	湖南桂阳县浩塘乡何家村	
桂阳南贡墓群		汉代	湖南桂阳县黄沙坪尾砂坝及共和农场南贡村	
桂阳唐家门墓群		汉代	湖南桂阳县敖泉乡汪塘村	
桂阳寨背墓群		汉明	湖南莲塘镇下塘村寨背镞南 300 米	
桂阳族里边江墓群		汉代	湖南桂阳县东城乡瓦僚村	
汉寿 01 武峰山墓葬		战国秦汉	湖南汉寿县聂家桥武峰山	2001 年
汉寿汉代遗物		汉代	湖南汉寿县	
合浦 05 文昌塔 M1	乙 A I b 型	新莽	广西合浦县廉州镇乾江村文昌塔西北岭脚	2005 年 8—9 月
合浦 05 文昌塔 M2	甲 B I a⑤型	西汉晚期	广西合浦县廉州镇乾江村文昌塔西北岭脚	2005 年 8—9 月
合浦 05 文昌塔 M3	甲 B I a 型	西汉晚期	广西合浦县廉州镇乾江村文昌塔西北岭脚	2005 年 8—9 月
合浦 05 文昌塔 M4	甲 B I a 型	西汉晚期	广西合浦县廉州镇乾江村文昌塔西北岭脚	2005 年 8—9 月
合浦 05 文昌塔 M5	甲 B I aγi 型	西汉晚期	广西合浦县廉州镇乾江村文昌塔西北岭脚	2005 年 8—9 月
合浦 05 文昌塔 M6	甲 B I a i 型	西汉晚期	广西合浦县廉州镇乾江村文昌塔西北岭脚	2005 年 8—9 月
合浦 05 文昌塔 M7	乙 A I a 型	东汉晚期	广西合浦县廉州镇乾江村文昌塔西北岭脚	2005 年 8—9 月
合浦 05 文昌塔 M8	甲 B I a i 型	西汉晚期	广西合浦县廉州镇乾江村文昌塔西北岭脚	2005 年 8—9 月
合浦 2003HFM6	甲 B II a 型	东汉早期	广西合浦县丰门岭	2003 年 11—12 月
合浦 57 杨家岭汉墓	乙 A I a 型	东汉中期	广东合浦县杨家岭	1957 年 4 月
合浦 57 钟屋汉墓	乙 A I b 型	东汉中期	广东合浦县廉东乡钟屋	1957 年 4 月

名称	墓葬形制	时期	位置	发掘发现时间
合浦 71 望牛岭西汉墓	甲 Faⅵ型	西汉中期	广西合浦望牛岭炮竹厂	1971 年 10 月
合浦 84 东汉墓		东汉	广西合浦县	1984 年 11—12 月
合浦 84 西汉墓		西汉	广西合浦县	1984 年 11—12 月
合浦 85 凤门岭 M1	甲 BⅡa 型	西汉晚期	广西合浦县凤门岭、望牛岭	1985 年 5—7 月
合浦 85 凤门岭 M2	甲 BⅡa 型	西汉晚期	广西合浦县凤门岭、望牛岭	1985 年 5—7 月
合浦 85 凤门岭 M3	甲 BⅡa 型	西汉晚期	广西合浦县凤门岭、望牛岭	1985 年 5—7 月
合浦 85 凤门岭 M4		东汉	广西合浦县凤门岭、望牛岭	1985 年 5—7 月
合浦 85 凤门岭 M5		东汉	广西合浦县凤门岭、望牛岭	1985 年 5—7 月
合浦 85 凤门岭 M6		东汉	广西合浦县凤门岭、望牛岭	1985 年 5—7 月
合浦 85 凤门岭 M7		东汉	广西合浦县凤门岭、望牛岭	1985 年 5—7 月
合浦 85 凤门岭 M8		东汉	广西合浦县凤门岭、望牛岭	1985 年 5—7 月
合浦 85 望牛岭 M1	甲 BⅡb 型	西汉晚期	广西合浦县凤门岭、望牛岭	1985 年 5—7 月
合浦 85 望牛岭 M2	甲 BⅡb 型	西汉晚期	广西合浦县凤门岭、望牛岭	1985 年 5—7 月
合浦 85 望牛岭 M3	甲 BⅡb 型	西汉晚期	广西合浦县凤门岭、望牛岭	1985 年 5—7 月
合浦 85 望牛岭 M4	甲 BⅡb 型	西汉晚期	广西合浦县凤门岭、望牛岭	1985 年 5—7 月
合浦 85 望牛岭 M5		东汉	广西合浦县凤门岭、望牛岭	1985 年 5—7 月
合浦 86 廉州炮竹厂汉墓	甲 BⅡa 型	西汉晚期	广西合浦县廉州炮竹厂	1985 年 3—4 月
合浦 87—88 文昌塔岭汉墓		汉代	广西合浦县文昌塔岭一带	1987 年 3 月—1988 年 5 月
合浦 87 文昌塔汉墓		汉代	广西合浦县廉州镇乾江村文昌塔西北侧公路	1986 年
合浦 88 母猪岭 M1	乙 BⅠa 型	新莽	广西合浦县母猪岭	1988 年 10 月
合浦 90 母猪岭 M1	甲 BⅠa 型	西汉晚期	广西合浦母猪岭平田小学及第四中学	1990 年
合浦 95 母猪岭 M2	乙 AⅠa 型	东汉中期	广西合浦母猪岭平田小学及第四中学	1995 年
合浦 95 文昌塔 M1	甲 BⅡb 型	西汉晚期	广西合浦县文昌塔岭一带	1995 年 4 月
合浦 95 文昌塔 M2	乙 AⅠb 型	新莽	广西合浦县文昌塔岭一带	1995 年 4 月
合浦 96 母猪岭 M4	甲 BⅠa 型	西汉晚期	广西合浦母猪岭平田小学及第四中学	1996 年
合浦 96 母猪岭 M5	甲 BⅠa 型	西汉晚期	广西合浦母猪岭平田小学及第四中学	1996 年
合浦 96 母猪岭 M6	乙 BⅠaⅳ型	东汉中期	广西合浦母猪岭平田小学及第四中学	1996 年
合浦丰门岭 M1	乙 FⅠaⅵⅶ③型	东汉中期	广西合浦第二麻纺厂内	1986 年 4 月
合浦丰门岭 M10	乙 CⅡa 型	东汉晚期	广西合浦第二麻纺厂内	1986 年 4 月
合浦凤门岭 M21	乙 AⅡb 型	新莽	广西合浦县第二麻纺厂扩建工地	2003—2005 年
合浦凤门岭 M22	乙 CⅠaⅵⅶ③型	东汉中期	广西合浦县第二麻纺厂扩建工地	2003—2005 年
合浦凤门岭 M23A	甲 BⅠ型	西汉晚期	广西合浦县第二麻纺厂扩建工地	2003—2005 年
合浦凤门岭 M23B	甲 BⅠ型	西汉晚期	广西合浦县第二麻纺厂扩建工地	2003—2005 年
合浦凤门岭 M24A	乙 CⅠaⅵ③型	东汉中期	广西合浦县第二麻纺厂扩建工地	2003—2005 年
合浦凤门岭 M24B	乙 AⅠa③型	东汉中期	广西合浦县第二麻纺厂扩建工地	2003—2005 年

续表

名称	墓葬形制	时期	位置	发掘发现时间
合浦风门岭 M25	乙 C Ⅰ a 型	东汉中期	广西合浦县第二麻纺厂扩建工地	2003—2005 年
合浦风门岭 M26	甲 B Ⅰ a 型	西汉晚期	广西合浦县第二麻纺厂扩建工地	2003—2005 年
合浦风门岭 M27	甲 BE Ⅰ a 型	西汉中期	广西合浦县第二麻纺厂扩建工地	2003—2005 年
合浦风门岭 M28	乙 C Ⅰ a③型	东汉中期	广西合浦县第二麻纺厂扩建工地	2003—2005 年
合浦汉墓群		汉代	广西合浦县环城乡中站、杨家山、禁山、平田	
合浦红岭头 M11		汉代	广西合浦县环城乡红岭头	1988 年 11 月
合浦红岭头 M34	甲 B Ⅱ b 型	西汉晚期	广西合浦县红岭头	1988 年 11 月
合浦黄泥岗 M1	乙 C Ⅰ a 型	新莽	广西合浦黄泥岗	1990 年 6 月
合浦九只岭 M2	乙 C Ⅰ aⅵ③型	东汉中期	广西合浦县九只岭	2001 年 7 月
合浦九只岭 M3	乙 C Ⅰ aⅵ③型	东汉中期	广西合浦县九只岭	2001 年 7 月
合浦九只岭 M4A	乙 GC Ⅰ a 型	东汉中期	广西合浦县九只岭	2001 年 7 月
合浦九只岭 M4B	乙 GC Ⅰ a 型	东汉中期	广西合浦县九只岭	2001 年 7 月
合浦九只岭 M5	乙 B Ⅱ a 型	新莽	广西合浦县九只岭	2001 年 7 月
合浦九只岭 M6A	乙 B Ⅱ a 型	东汉中期	广西合浦县九只岭	2001 年 7 月
合浦九只岭 M6B	乙 A Ⅰ a 型	东汉中期	广西合浦县九只岭	2001 年 7 月
合浦罗屋村 M1	乙 C Ⅰ aⅵ③型	东汉晚期	广西合浦县罗屋村西北四方岭	2003 年 11 月
合浦罗屋村 M2	乙 A Ⅰ a 型	东汉晚期	广西合浦县罗屋村西北四方岭	2003 年 11 月
合浦罗屋村 M3	乙 A Ⅱ aⅵ③型	东汉晚期	广西合浦县罗屋村西北四方岭	2003 年 11 月
合浦罗屋村 M4	乙 B Ⅰ aⅵ型	东汉晚期	广西合浦县罗屋村西北四方岭	2003 年 11 月
合浦罗屋村 M5	乙 A Ⅱ aⅵ型	东汉晚期	广西合浦县罗屋村西北四方岭	2003 年 11 月
合浦罗屋村 M6	乙 A Ⅰ b 型	东汉晚期	广西合浦县罗屋村西北四方岭	2003 年 11 月
合浦母猪岭 M1	乙 A Ⅱ a 型	新莽	广西合浦县粮食局直属粮库	1991 年 7—8 月
合浦母猪岭 M2	乙 A Ⅰ aⅱ型	东汉晚期	广西合浦县粮食局直属粮库	1991 年 7—8 月
合浦母猪岭 M3	乙 A Ⅱ a 型	东汉晚期	广西合浦县粮食局直属粮库	1991 年 7—8 月
合浦母猪岭 M4	乙 A Ⅰ a 型	东汉晚期	广西合浦县粮食局直属粮库	1991 年 7—8 月
合浦母猪岭 M5	乙 C Ⅰ aⅵ③型	东汉晚期	广西合浦县粮食局直属粮库	1991 年 7—8 月
合浦母猪岭 M6	乙 A Ⅰ a 型	新莽	广西合浦县粮食局直属粮库	1991 年 7—8 月
合浦七星岭 M10	乙 C Ⅰ aⅵ型	东汉中期	广西合浦禁山七星岭合浦县食糖仓库	1996 年 12 月
合浦七星岭 M11	乙 C Ⅰ aⅵ型	东汉中期	广西合浦禁山七星岭合浦县食糖仓库	1996 年 12 月
合浦七星岭 M12	乙 A Ⅰ b 型	东汉中期	广西合浦禁山七星岭合浦县食糖仓库	1996 年 12 月
合浦七星岭 M2	乙 C Ⅰ aⅵ型	东汉中期	广西合浦禁山七星岭合浦县食糖仓库	1996 年 12 月
合浦七星岭 M3	乙 C Ⅰ aⅵ ⅶ型	东汉中期	广西合浦禁山七星岭合浦县食糖仓库	1996 年 12 月
合浦七星岭 M4	乙 E Ⅰ aⅵ ⅶ型	东汉中期	广西合浦禁山七星岭合浦县食糖仓库	1996 年 12 月
合浦七星岭 M5	乙 C Ⅰ aⅵ型	东汉中期	广西合浦禁山七星岭合浦县食糖仓库	1996 年 12 月

名称	墓葬形制	时期	位置	发掘发现时间
合浦七星岭 M6	乙 C Ⅰ a ⅵ ⅶ 型	东汉中期	广西合浦禁山七星岭合浦县食糖仓库	1996 年 12 月
合浦七星岭 M7	乙 C Ⅰ a ⅵ ⅶ ③型	东汉中期	广西合浦禁山七星岭合浦县食糖仓库	1996 年 12 月
合浦七星岭 M8	乙 Da ⅵ ⅶ ③型	东汉中期	广西合浦禁山七星岭合浦县食糖仓库	1996 年 12 月
合浦七星岭 M9	乙 C Ⅰ a ⅵ 型	东汉中期	广西合浦禁山七星岭合浦县食糖仓库	1996 年 12 月
合浦饲料公司 M7		汉代	广西合浦县饲料公司	不详
合浦堂排 M1	甲 C Ⅰ a ⅱ ④⑥型	西汉晚期	广西合浦县堂排大队东北堂排小学旁边	1975 年秋
合浦堂排 M2A	甲 B Ⅰ a ④⑥型	西汉晚期	广西合浦县廉北大队电站村东	1975 年秋
合浦堂排 M2B	甲 B Ⅰ a ⅶ ④⑥	西汉晚期	广西合浦县廉北大队电站村东	1975 年秋
合浦堂排 M3	甲 B Ⅰ a 型	西汉晚期	广西合浦县冲口大队新村东	1975 年秋
合浦堂排 M4	甲 B Ⅰ a ⅵ ⅶ 型	西汉晚期	广西合浦县冲口大队新村东	1975 年秋
合浦凸鬼岭 M10	甲 B Ⅰ a ⅳ 型	新莽	广西合浦县凸鬼岭合浦自来水净化厂	1999 年 4—5 月
合浦凸鬼岭 M11	甲 C Ⅰ a 型	西汉晚期	广西合浦县凸鬼岭合浦自来水净化厂	1999 年 4—5 月
合浦凸鬼岭 M12	甲 B Ⅰ a 型	西汉晚期	广西合浦县凸鬼岭合浦自来水净化厂	1999 年 4—5 月
合浦凸鬼岭 M13		新莽	广西合浦县凸鬼岭合浦自来水净化厂	1999 年 4—5 月
合浦凸鬼岭 M15		新莽	广西合浦县凸鬼岭合浦自来水净化厂	1999 年 4—5 月
合浦凸鬼岭 M16	乙 C Ⅰ a ⅵ 型	东汉中期	广西合浦县凸鬼岭合浦自来水净化厂	1999 年 4—5 月
合浦凸鬼岭 M17	甲 B Ⅰ a 型	西汉晚期	广西合浦县凸鬼岭合浦自来水净化厂	1999 年 4—5 月
合浦凸鬼岭 M18	乙 A Ⅰ a ⅶ 型	东汉中期	广西合浦县凸鬼岭合浦自来水净化厂	1999 年 4—5 月
合浦凸鬼岭 M19	甲 B Ⅰ a 型	西汉晚期	广西合浦县凸鬼岭合浦自来水净化厂	1999 年 4—5 月
合浦凸鬼岭 M20	乙 A Ⅰ a 型	新莽	广西合浦县凸鬼岭合浦自来水净化厂	1999 年 4—5 月
合浦凸鬼岭 M201A	甲 B Ⅱ a ⅶ 型	西汉晚期	广西合浦凸鬼岭	1984 年 9 月
合浦凸鬼岭 M201B	甲 B Ⅱ b 型	西汉晚期	广西合浦凸鬼岭	1984 年 9 月
合浦凸鬼岭 M202A	甲 B Ⅱ a 型	西汉晚期	广西合浦凸鬼岭	1984 年 9 月
合浦凸鬼岭 M202B	甲 B Ⅱ a 型	西汉晚期	广西合浦凸鬼岭	1984 年 9 月
合浦凸鬼岭 M3	乙 A Ⅰ a 型	新莽	广西合浦县凸鬼岭合浦自来水净化厂	1999 年 4—5 月
合浦凸鬼岭 M4	甲 B Ⅰ a ※ ≠ ⅳ 型	新莽	广西合浦县凸鬼岭合浦自来水净化厂	1999 年 4—5 月
合浦凸鬼岭 M5	甲 B Ⅱ b 型	西汉晚期	广西合浦县凸鬼岭合浦自来水净化厂	1999 年 4—5 月
合浦凸鬼岭 M6	甲 B Ⅰ a ⅶ 型	西汉晚期	广西合浦县凸鬼岭合浦自来水净化厂	1999 年 4—5 月

名称	墓葬形制	时期	位置	发掘发现时间
合浦凸鬼岭 M7	甲 B I a 型	西汉晚期	广西合浦县凸鬼岭合浦自来水净化厂	1999 年 4—5 月
合浦凸鬼岭 M8	乙 B II a 型	东汉中期	广西合浦县凸鬼岭合浦自来水净化厂	1999 年 4—5 月
合浦凸鬼岭 M9	甲 B I b 型	西汉晚期	广西合浦县凸鬼岭合浦自来水净化厂	1999 年 4—5 月
合浦文昌塔 M1		汉代	广西合浦县文昌塔	1985 年 2 月
合浦文昌塔 M70	甲 A II b 型	西汉晚期	广西合浦县文昌塔	1987 年
和平龙湖古墓		西汉初期	广东和平县附城镇龙湖村	1999 年 12 月底
河池 98 汉墓调查		汉代	广西河池地区	1986 年 10—11 月
河池 98 汉墓调查		汉代	广西河池地区	1986 年 10—11 月
河源赵佗古城		汉代	广东河源县双江区桥头乡牛颈筋山	
贺县 84 石壁湾东汉三国墓		东汉三国	广西贺县贺城乡寿峰村石壁湾西南芒栋岭	1984 年 10 月
贺县河东高寨 M1	甲 B I a 型	西汉晚期	广西贺县铺门公社河东村高寨周围	1975 年 12 月—1976 年
贺县河东高寨 M3	甲 B I a 型	西汉晚期	广西贺县铺门公社河东村高寨周围	1975 年 12 月—1976 年
贺县河东高寨 M4	甲 B I b 型	西汉早期	广西贺县铺门公社河东村高寨周围	1975 年 12 月—1976 年
贺县河东高寨 M5	甲 B I a① 型	西汉早期	广西贺县铺门公社河东村高寨周围	1975 年 12 月—1976 年
贺县河东高寨 M6	甲 B I a④ 型	西汉晚期	广西贺县铺门公社河东村高寨周围	1975 年 12 月—1976 年
贺县河东高寨 M7	甲 B I aⅷ 型	西汉早期	广西贺县铺门公社河东村高寨周围	1975 年 12 月—1976 年
贺县河东高寨 M8	甲 B I b 型	西汉早期	广西贺县铺门公社河东村高寨周围	1975 年 12 月—1976 年
贺县河东高寨 M9	甲 B I a 型	西汉早期	广西贺县铺门公社河东村高寨周围	1975 年 12 月—1976 年
贺县金钟 M1	甲 B I aⅱ⑤※ 型	西汉早期	广西贺县铺门公社河东大队金钟村北	1980 年 5—7 月
贺州高屋背岭 M122	甲 B II bⅱ 型	西汉初期	广西贺州市沙田镇田厂村八步至公会公路东	2001 年 11—12 月
贺州高屋背岭 M123	甲 A II b①② 卜 型	西汉初期	广西贺州市沙田镇田厂村八步至公会公路东	2001 年 11—12 月
横峰汉李恂墓		东汉	江西横峰县上畈乡杨家村东北赭亭山	传世
衡东 06 衡炎高速东汉墓		东汉	湖南衡东县大埔镇吴集镇衡阳至炎陵高速公路	2006 年 8—9 月
衡南 06 上门山 M1	乙 B I aⅱ ⅵ 型	东汉晚期	湖南衡南县向阳镇水口村上门山	2006 年 8 月
衡南 88 上壁东汉铜器		东汉	湖南衡南县上壁乡	1988 年
衡南白壁墓群		汉代	湖南衡南县望江乡白壁村	1987 年
衡南茶市墓群		汉代	湖南衡南县茶市镇茶市村	1987 年
衡南大泉墓群		汉代	湖南衡南县隆市乡大泉村	1987 年

续表

名称	墓葬形制	时期	位置	发掘发现时间
衡南高新墓群		汉代	湖南衡南县花桥镇高新村	1987 年
衡南和凤墓群		汉代	湖南衡南县檀市乡和凤村	1987 年
衡南河口墓群		汉代	湖南衡南县黄狮乡河口村	1987 年
衡南花泉墓群		汉代	湖南衡南县望江乡花泉村	1987 年
衡南建伟墓群		汉代	湖南衡南县泉湖乡建伟村	1987 年
衡南老龙头墓群		汉代	湖南衡南县泉溪镇老龙头村	1987 年
衡南茅塘墓群		汉代	湖南衡南县望江乡茅塘村	1987 年
衡南农发墓群		汉代	湖南衡南县九龙乡农发村	1987 年
衡南坪田墓群		汉代	湖南衡南县冠市镇坪田村	1987 年
衡南三冲墓群		汉代	湖南衡南县江口镇三冲村	1987 年
衡南沙龙墓群		汉代	湖南衡南县车江镇沙龙村	1987 年
衡南杉玉墓群		汉代	湖南衡南县接观乡杉玉村	1987 年
衡南石河墓群		汉代	湖南衡南县望江乡石河村	1987 年
衡南石鹿墓群		汉代	湖南衡南县黄竹镇石鹿村	1987 年
衡南柿子墓群		汉代	湖南衡南县相市乡柿子村	1987 年
衡南瓦园墓群		汉代	湖南衡南县廖田乡瓦园村	1987 年
衡南先锋墓群		汉代	湖南衡南县泉湖乡先锋村	1987 年
衡南竹塘墓群		汉代	湖南衡南县洲市乡竹塘村	1987 年
衡南渚溪墓群		汉代	湖南衡南县接观乡渚溪村	1987 年
衡山 76 祝融东汉铜镜		东汉	湖南衡山县祝融乡	
衡阳 04 兴隆 M1	乙 BⅡa 型	东汉	湖南衡阳岳屏乡兴隆村 7 组	2004 年 11 月 12—20 日
衡阳 04 兴隆 M2	乙 BⅡaⅱⅵ 型	东汉中期	湖南衡阳岳屏乡兴隆村 7 组	2004 年 11 月 12—20 日
衡阳 53 蒋家山 M4	乙 EⅡaⅵ 型	东汉中期	湖南衡阳市东苗圃蒋家山	1953 年 9 月
衡阳 54 汉墓		汉代	湖南衡阳市郊五马归槽一带	1954 年 3—7 月
衡阳 56 衡凤 M14		西汉早期	湖南衡阳市凤凰山	1956 年
衡阳 56 衡凤 M16		西汉早期	湖南衡阳市凤凰山	1956 年
衡阳 56 衡凤 M17		西汉早期	湖南衡阳市凤凰山	1956 年
衡阳 56 衡凤 M71		西汉早期	湖南衡阳市凤凰山	1956 年
衡阳 56 衡凤 M72		西汉早期	湖南衡阳市凤凰山	1956 年
衡阳 56 衡凤 M8		西汉早期	湖南衡阳市凤凰山	1956 年
衡阳 56 衡凤 M98		西汉早期	湖南衡阳市凤凰山	1956 年
衡阳 73 豪头山东汉墓	乙 BⅠaⅱⅵ 型	东汉中期	湖南衡阳市西南豪头山	1973 年 3 月
衡阳 73 豪头山汉墓		东汉	湖南衡阳市西南豪头山	1973 年 3 月
衡阳 76 衡道 M1	乙 FⅠaⅵ 型	东汉晚期	湖南衡阳县城西渡镇东北福溪公社道子坪	1976 年 11—12 月
衡阳 85 爱国东汉墓		东汉	湖南衡阳县福溪乡东庄爱国村	1985 年 5 月
衡阳 86 赤石东汉墓		东汉	湖南衡阳市赤石乡西村大鸡坪、小鸡坪等地	1986 年 1—12 月
衡阳 86 赤石西汉墓		西汉	湖南衡阳市赤石乡西村大鸡坪、小鸡坪等地	1986 年 1—12 月

名称	墓葬形制	时期	位置	发掘发现时间
衡阳 86 赤石新莽墓	甲 A Ⅱ a 型	新莽	湖南衡阳市赤石乡西村大鸡坪、小鸡坪等地	1986 年 1—12 月
衡阳 86 衡赤 M131	甲 B Ⅰ a 型	西汉早期	湖南衡阳县赤石乡东风村天门山	1986 年 12 月
衡阳 88 赤石东汉墓		东汉	湖南衡阳县渣江区赤石乡政府附	1988 年 10—12 月
衡阳 88 赤石西汉墓		西汉	湖南衡阳县渣江区赤石乡政府附	1988 年 10—12 月
衡阳 88 赤石新莽墓		新莽	湖南衡阳县渣江区赤石乡政府附	1988 年 10—12 月
衡阳 88 凤凰山东汉墓		东汉	湖南衡阳市南郊凤凰山衡阳探矿机械厂	1988 年 9 月
衡阳 88 凤凰山西汉墓		西汉	湖南衡阳市南郊凤凰山衡阳探矿机械厂	1988 年 9 月
衡阳 88 衡玄 M1	甲 B Ⅰ a 型	西汉早期	湖南衡阳市南郊玄碧塘	1988 年 3 月
衡阳 88 衡玄 M2	甲 C Ⅱ b 型	西汉早期	湖南衡阳市南郊玄碧塘	1988 年 3 月
衡阳 88 衡玄 M3	甲 C Ⅱ b 型	西汉早期	湖南衡阳市南郊玄碧塘	1988 年 3 月
衡阳 88 王家山 M4		东汉中期	湖南衡阳市南岳镇万福村王家山南岳加油站	1988 年 6 月
衡阳 88 王家山东汉墓		东汉	湖南衡阳市南岳镇万福村王家山南岳加油站	1988 年 6 月
衡阳 88 五马归槽西汉墓		西汉中期	湖南衡阳市江东区五马归槽 54088 部队基建	1988 年 3 月
衡阳 88 岳荆 M1	乙 A Ⅰ a 型	东汉中期	湖南南岳区南岳镇荆田村谭家湾旷家山东南	1988 年 4—5 月
衡阳 88 岳荆 M2	乙 A Ⅰ a 型	东汉早期	湖南南岳区南岳镇荆田村谭家湾旷家山东南	1988 年 4—5 月
衡阳 88 岳荆 M3	乙 B Ⅰ a 型	东汉早期	湖南南岳区南岳镇荆田村谭家湾旷家山东南	1988 年 4—5 月
衡阳 88 岳荆 M4	乙 B Ⅰ a ⅵ 型	东汉早期	湖南南岳区南岳镇荆田村谭家湾旷家山东南	1988 年 4—5 月
衡阳 88 岳荆 M5	乙 B Ⅰ a ⅵ ③ 型	东汉早期	湖南南岳区南岳镇荆田村谭家湾旷家山东南	1988 年 4—5 月
衡阳 88 岳荆 M6	乙 B Ⅰ a 型	东汉早期	湖南南岳区南岳镇荆田村谭家湾旷家山东南	1988 年 4—5 月
衡阳 88 岳荆 M7	乙 B Ⅱ a 型	东汉早期	湖南南岳区南岳镇荆田村谭家湾旷家山东南	1988 年 4—5 月
衡阳 88 岳荆 M8	甲 B Ⅱ b 型	东汉早期	湖南南岳区南岳镇荆田村谭家湾旷家山东南	1988 年 4—5 月
衡阳 90 郊新 M1	乙 A Ⅰ a 型	东汉早期	湖南衡阳市新安县金兰村堆子山	1990 年 12 月
衡阳 90 郊新 M10	乙 A Ⅰ a 型	东汉晚期	湖南衡阳市新安县金兰村堆子山	1990 年 12 月
衡阳 90 郊新 M11	乙 A Ⅰ a ⅵ 型	东汉晚期	湖南衡阳市新安县金兰村羊老山	1990 年 12 月
衡阳 90 郊新 M12	乙 A Ⅰ b 型	东汉晚期	湖南衡阳市新安县金兰村堆子山	1990 年 12 月
衡阳 90 郊新 M13	乙 A Ⅰ a 型	东汉晚期	湖南衡阳市新安县金兰村堆子山	1990 年 12 月
衡阳 90 郊新 M14	乙 B Ⅰ a 型	东汉早期	湖南衡阳市新安县金兰村堆子山	1990 年 12 月
衡阳 90 郊新 M2	乙 A Ⅰ a ⅵ 型	东汉晚期	湖南衡阳市新安县金兰村堆子山	1990 年 12 月
衡阳 90 郊新 M3	乙 A Ⅰ a ⅵ 型	东汉晚期	湖南衡阳市新安县金兰村堆子山	1990 年 12 月
衡阳 90 郊新 M4	乙 A Ⅰ a ⅳ 型	东汉中期	湖南衡阳市新安县金兰村堆子山	1990 年 12 月
衡阳 90 郊新 M5	乙 B Ⅰ a 型	东汉晚期	湖南衡阳市新安县金兰村柏树园	1990 年 12 月

名称	墓葬形制	时期	位置	发掘发现时间
衡阳 90 郊新 M6	乙 B I a 型	东汉早期	湖南衡阳市新安县金兰村柏树园	1990 年 12 月
衡阳 90 郊新 M7	乙 A I a 型	东汉晚期	湖南衡阳市新安县金兰村柏树园	1990 年 12 月
衡阳 90 郊新 M8	乙 A I a 型	东汉晚期	湖南衡阳市新安县金兰村堆子山	1990 年 12 月
衡阳 90 郊新 M9	乙 A I a 型	东汉晚期	湖南衡阳市新安县金兰村柏树园	1990 年 12 月
衡阳 AM28	甲 E II a 型	西汉早期	湖南衡阳市苗圃山基地	1981 年 9 月—1982 年 1 月
衡阳 AM3	甲 E II b 型	西汉早期	湖南衡阳市苗圃山基地	1981 年 9 月—1982 年 1 月
衡阳 BM10	甲 E II b 型	西汉早期	湖南衡阳市江东区新民村东五马归槽基地	1981 年 9 月—1982 年 1 月
衡阳 BM11	甲 E II b 型	西汉早期	湖南衡阳市江东区新民村东五马归槽基地	1981 年 9 月—1982 年 1 月
衡阳 BM3	甲 E II b 型	西汉早期	湖南衡阳市江东区新民村东五马归槽基地	1981 年 9 月—1982 年 1 月
衡阳 BM4	甲 E II b 型	西汉早期	湖南衡阳市江东区新民村东五马归槽基地	1981 年 9 月—1982 年 1 月
衡阳 BM5	甲 E II a ii 型	西汉早期	湖南衡阳市江东区新民村东五马归槽基地	1981 年 9 月—1982 年 1 月
衡阳 BM6	甲 E II b 型	西汉早期	湖南衡阳市江东区新民村东五马归槽基地	1981 年 9 月—1982 年 1 月
衡阳 BM7	甲 E II b 型	西汉早期	湖南衡阳市江东区新民村东五马归槽基地	1981 年 9 月—1982 年 1 月
衡阳 BM8	甲 E II a 型	西汉早期	湖南衡阳市江东区新民村东五马归槽基地	1981 年 9 月—1982 年 1 月
衡阳 BM9	甲 E II b 型	西汉早期	湖南衡阳市江东区新民村东五马归槽基地	1981 年 9 月—1982 年 1 月
衡阳茶山坳 M10	乙 B I a 型	东汉中期	湖南衡阳市茶山乡茶山村石村、和平乡新华村	1982 年年底—1984 年
衡阳茶山坳 M11	乙 B I a 型	东汉中期	湖南衡阳市茶山乡茶山村石村、和平乡新华村	1982 年年底—1984 年
衡阳茶山坳 M13	乙 B I a 型	东汉中期	湖南衡阳市茶山乡茶山村石村、和平乡新华村	1982 年年底—1984 年
衡阳茶山坳 M16	乙 B I a 型	东汉中期	湖南衡阳市茶山乡茶山村石村、和平乡新华村	1982 年年底—1984 年
衡阳茶山坳 M18	乙 B I a vi 型	东汉中期	湖南衡阳市茶山乡茶山村石村、和平乡新华村	1982 年年底—1984 年
衡阳茶山坳 M21	乙 B I a 型	东汉中期	湖南衡阳市茶山乡茶山村石村、和平乡新华村	1982 年年底—1984 年
衡阳茶山坳 M26	乙 B I a ii vi 型	东汉中期	湖南衡阳市茶山乡茶山村石村、和平乡新华村	1982 年年底—1984 年
衡阳茶山坳 M29	乙 B I a 型	东汉中期	湖南衡阳市茶山乡茶山村石村、和平乡新华村	1982 年年底—1984 年
衡阳茶山坳 M30	乙 B I a 型	东汉中期	湖南衡阳市茶山乡茶山村石村、和平乡新华村	1982 年年底—1984 年
衡阳茶山坳 M31	甲 B II b 型	东汉中期	湖南衡阳市茶山乡茶山村石村、和平乡新华村	1982 年年底—1984 年
衡阳茶山坳 M5	乙 B I a 型	东汉中期	湖南衡阳市茶山乡茶山村石村、和平乡新华村	1982 年年底—1984 年
衡阳茶山坳 M6	乙 B I a 型	东汉中期	湖南衡阳市茶山乡茶山村石村、和平乡新华村	1982 年年底—1984 年

续表

名称	墓葬形制	时期	位置	发掘发现时间
衡阳茶山坳 M8	乙 B I a 型	东汉中期	湖南衡阳市茶山乡茶山村石村、和平乡新华村	1982 年年底—1984 年
衡阳茶山坳 M9	乙 B I a 型	东汉中期	湖南衡阳市茶山乡茶山村石村、和平乡新华村	1982 年年底—1984 年
衡阳赤石墓群		汉代	湖南衡阳县赤石乡赤石村	
衡阳东风墓群		汉代	湖南衡阳县赤石乡东风村	
衡阳凤凰山 M1	甲 B I b 型	西汉晚期	湖南衡阳市江东区凤凰山探矿小学外	1988 年 5 月
衡阳凤凰山 M2	甲 B I b 型	西汉晚期	湖南衡阳市江东区凤凰山探矿小学外	1988 年 5 月
衡阳凤凰山 M3	甲 B II b 型	西汉晚期	湖南衡阳市江东区凤凰山探矿小学外	1988 年 5 月
衡阳凤凰山 M4	甲 B II b 型	西汉晚期	湖南衡阳市江东区凤凰山探矿小学外	1988 年 5 月
衡阳凤凰山 M5	甲 B I b 型	西汉晚期	湖南衡阳市江东区凤凰山探矿小学外	1988 年 5 月
衡阳凤凰山 M6	甲 B I a 型	东汉早期	湖南衡阳市江东区凤凰山探矿小学外	1988 年 5 月
衡阳凤凰山 M7	甲 B II b 型	东汉早期	湖南衡阳市江东区凤凰山探矿小学外	1988 年 5 月
衡阳凤凰山 M8	甲 B II b 型	西汉晚期	湖南衡阳市江东区凤凰山探矿小学外	1988 年 5 月
衡阳凤凰山 M9	甲 B II a 型	东汉早期	湖南衡阳市江东区凤凰山探矿小学外	1988 年 5 月
衡阳湖溪墓群		汉代	湖南衡阳县赤石乡湖溪村	
衡阳酃县古城		汉代	湖南衡阳市酃湖乡胜利村西	
衡阳天子坟		新莽	湖南衡阳市蒋家山空军 495 医院内	传世
衡阳万福 M1	甲 B II b 型	东汉中期	湖南衡阳市南岳镇万福村王家山东南坡	1987 年 6 月
衡阳万福 M2	乙 B I a 型	东汉中期	湖南衡阳市南岳镇万福村王家山东南坡	1987 年 6 月
衡阳万福 M3	乙 B I a 型	东汉中期	湖南衡阳市南岳镇万福村王家山东南坡	1987 年 6 月
衡阳万福 M4	乙 B I a 型	东汉中期	湖南衡阳市南岳镇万福村王家山东南坡	1987 年 6 月
衡阳万福 M5	乙 B I a 型	东汉中期	湖南衡阳市南岳镇万福村王家山东南坡	1987 年 6 月
衡阳永和古城 A		东汉晚期	湖南衡山县永和乡	1995 年 11 月—1996 年 1 月
衡阳永和古城 B		东汉	湖南衡山县永和乡	1995 年 11 月—1996 年 1 月
衡阳钟武古城		西汉初期	湖南衡阳县赤石乡三湖町	
衡阳重安古城		汉代	湖南衡阳县渣江区鼓峰乡荫棠村寺干上	1985 年 6 月
衡阳洲上墓群		汉代	湖南衡阳县赤石乡洲上村	
洪江 99 小江汉墓		西汉早期东汉中期	湖南洪江市小江村	1999 年 6—7 月
湖口 83 象山东汉墓	乙 C I a 型	东汉中期	江西湖口县象山张村西 200 米处	1983 年 11 月 25 日

名称	墓葬形制	时期	位置	发掘发现时间
湖口柳德昭汉墓		汉代	江西湖口县江桥乡柳德昭村	1982年12月
湖口马妈山汉墓群		汉代	江西湖口县砖厂西马妈山	1982年12月
湖口彭泽古城		汉代	江西湖口县江桥乡柳德昭村梅埠坂	1982年12月
湖口彭泽古城		汉代	江西湖口县江桥乡柳德昭村一带	
花垣74凉水井铜器窖藏		西汉	湖南花垣县三角岩公社凉水井大队	1974年1月29日
花垣83杨家寨铜器窖藏		汉代	湖南花垣县团结公社杨家寨	1983年3月8日
华容城关东汉墓	乙BⅠa③型	东汉中期	湖南华容县城北阴咀山城关镇第四小学内	1986年3月
化州76石宁独木舟		东汉晚期	广东化州县长岐公社石宁村	1976年9月下旬
化州86江口岭汉墓	甲AⅡb型	汉代	广东化州县那务镇东北2.5公里江口岭	
化州长岭遗址		汉代	广东化州县那务镇长岭	1982—1986年
化州长岐独木舟		汉代	广东化州县长岐镇长岐低边	1976—1983年
化州大口坡遗址		汉代	广东化州县那务镇大口坡	1982—1986年
化州甲隆铜鼓		汉代	广东化州县文楼镇甲隆村	1965—1985年
化州江口岭遗址		秦汉	广东化州县那务镇京堂村江口岭	
化州京堂遗址		汉代	广东化州县那务镇京堂	1982—1986年
化州麻里山东汉墓	丁B类	汉代	广东化州县良光镇庙嘴村麻里山	1983年3月
化州牛牯陂独木舟		汉代	广东化州县长岐镇牛牯陂	1976—1983年
化州沙洞铜鼓		汉代	广东化州县那务镇沙洞	1965—1985年
化州石宁独木舟		汉代	广东化州县长岐镇石宁村与下峒村之间	1976—1983年
化州圆田铜鼓		汉代	广东化州县播扬镇园田	1965—1985年
化州中峒独木舟		汉代	广东化州县长岐镇中峒长弯	1976—1983年
怀化84—94迎丰汉墓		汉代	湖南怀化市迎丰村	1984—1994年
怀化M2	甲BⅡb型	西汉中期	湖南怀化市迎行署会堂前空坪、农业处	1984年10月—1985年3月
怀化M5	甲BⅡa型	西汉中期	湖南怀化市迎行署会堂前空坪、农业处	1984年10月—1985年3月
怀化M6	甲BⅡa型	西汉中期	湖南怀化市迎行署会堂前空坪、农业处	1984年10月—1985年3月
怀化西汉墓	甲BⅡb型	西汉中期	湖南怀化市迎行署会堂前空坪、农业处	1984年10月—1985年3月
怀集58三坑M1		东汉	广东怀集县三坑水库主坝左侧山脚茶仔坑	
怀集76马宁东汉墓		东汉	广东怀集县马宁墟东4公里	
怀集83三坑M2		东汉	广东怀集县三坑水库中有营盘山东南	
会昌西江东汉墓	乙BⅠa型	东汉	江西会昌县西江乡南星村松坑	
惠来78潭山汉墓		汉代	广东惠来县城北水尾潭山	1978年11月20日
惠来82港仔铜鼓		东汉	广东惠来县前詹港港仔	1982年10月

名称	墓葬形制	时期	位置	发掘发现时间
惠来釉陶		东汉	广东惠来县	
惠阳广和圩遗址		汉代	广东惠阳县潼湖区广和圩贝丘遗址西南边缘	1986 年
吉安汉代铜器		汉代	江西吉安市	
吉首 83 后头溪铜器窖藏		东汉	湖南湘西吉首县河溪公社岩排大队后	1983 年 3 月 1 日
吉首 98 沙溪大桥汉代遗址		汉代	湖南吉首市 319 国道沙溪大桥	1998 年 6 月
吉首万溶江铜器窖藏		汉代	湖南吉首万溶江公社双合大队黄土园麻园	1981 年 8 月
嘉禾 02 一中汉墓		汉代	湖南嘉禾县一中新址	2002 年
嘉禾 90 钟水东汉墓		东汉	湖南嘉禾县钟水中学	1990 年 12 月底
嘉禾 92 车站东汉墓		东汉	湖南嘉禾县公用型车站	1992 年
嘉禾 93 公安局东汉墓		东汉	湖南嘉禾县公安局	1993 年
嘉禾白珠墓群		汉代	湖南嘉禾县石桥乡白珠村	
嘉禾背干山墓群		汉代	湖南嘉禾县龙塘乡梅溪村	
嘉禾陈家岭墓群		东汉	湖南嘉禾县坦坪乡长溪村	
嘉禾邓家墓群		东汉	湖南嘉禾县广发乡乐仁坊邓家	
嘉禾后龙山墓群		东汉	湖南嘉禾县泮头乡乌塘村后龙山	
嘉禾麻家岭墓群		东汉	湖南嘉禾县泮头乡杨梅干村麻家岭	
嘉禾圆岭墓群		东汉	湖南嘉禾县泮头乡泮头村圆岭	
建瓯 72 水南汉代陶器		西汉	福建建瓯县水南基建工地	1972 年
建瓯抱山遗址		西汉早期	福建建瓯市徐墩镇丰乐村和山边村南鹅抱山	2002 年 10 月
建瓯桂林上后门遗址		西汉	福建建瓯市东风镇桂林村东北 1.2 公里	1987 年
建瓯汉代遗物		汉代	福建建瓯市	
建瓯尾山遗址		西汉早期	福建建瓯市徐墩镇丰乐村和甲科村北坑尾山	2002 年 10 月
建阳后门山遗址		西汉早期	福建建阳市将口镇新建村北后门山	2002 年 8—11 月
建阳老虎岗遗址		新石器闽越	福建建阳市莒口镇庵口村西北老虎岗	2002 年 8—11 月
建阳邵口埔汉代陶器		汉代	福建建阳市将口镇将口邵口埔	1985 年、1986 年
建阳邵口埔遗址		西汉	福建建阳县将口乡将口村南邵口埔砖瓦厂	1986 年 7 月—1988 年
建阳新建古城		西汉早期	建阳新建古城	1982 年
江华码市墓群		汉代	湖南江华瑶族自治县码市镇下湾村辇江村间	
江华秦汉遗物		秦汉	湖南江华瑶族自治县	
江华西汉铁器		西汉	湖南江华瑶族自治县大石桥乡	
江门 09 大朗铜鼓		东汉	广东恩平市大槐镇大朗村坝口自然村	2009 年 9 月 10 日

名称	墓葬形制	时期	位置	发掘发现时间
江门 80 市心里东汉墓		东汉	广东江门市环市乡滘头村市心里	1980 年 3 月
江永谢沐县治		西汉	湖南江永县上甘棠村	1986 年
揭东鼎盖山遗址		汉代	广东揭东县云路、埔田、曲溪镇交界处	
揭东虎仔汉代遗物		汉代	广东揭东县曲溪镇虎仔	
揭东华美沙丘遗址		商周两汉	广东揭东县地都镇华美村西	2003 年
揭东九杜汉代遗物		汉代	广东揭东县新亨镇九杜	
揭东马头崇遗址		战国两汉	广东揭东县埔田镇车田村北	
揭东三虎山遗址		汉代	广东揭东县玉窖镇与潮州交界处	
揭东新岭矿场遗址		战国两汉	广东揭东县新亨镇至新西河水库一代	20 世纪 50—80 年代
揭东寨山西汉墓	甲 B I b⑤型	西汉晚期	广东揭东县白塔镇寨山	
揭西 40 南森秦墓		西汉初期	广东揭西县坪上镇南森村小学	1940 年
揭西 60 南森秦墓		西汉初期	广东揭西县坪上镇南森村	1960 年
揭西赤岭埔遗址		东周南越国	广东揭西县坪上镇赤岭埔	2007 年
揭阳鼎盖山遗址		西汉	广东揭阳县埔田镇庵后村车田溪旁鼎盖山	
揭阳汉代铜镜		汉代	广东揭阳县	
揭阳龙石汉墓		汉代	广东揭阳县东山区龙石村	
揭阳面头岭 M10		西汉初期	广东揭阳县云路镇中夏村面头岭	1986 年 3 月
揭阳面头岭 M11		西汉初期	广东揭阳县云路镇中夏村面头岭	1986 年 3 月
揭阳面头岭 M12		西汉初期	广东揭阳县云路镇中夏村面头岭	1986 年 3 月
揭阳面头岭 M14	甲 B II b⑥型	西汉初期	广东揭阳县云路镇中夏村面头岭	1986 年 6 月
揭阳面头岭 M15		西汉初期	广东揭阳县云路镇中夏村面头岭	1985 年
揭阳面头岭 M2		西汉初期	广东揭阳县云路镇中夏村面头岭	1973—1987 年
揭阳面头岭 M26	甲 A II b 型	西汉初期	广东揭阳市揭东县云路镇中夏村北面头岭	2003—2004 年
揭阳面头岭 M28		西汉初期	广东揭阳市揭东县云路镇中夏村北面头岭	1986 年 3 月
揭阳面头岭 M4		西汉初期	广东揭阳县云路镇中夏村面头岭	1973—1987 年
揭阳面头岭 M5		西汉初期	广东揭阳县云路镇中夏村面头岭	1973—1987 年
揭阳面头岭 M6		西汉初期	广东揭阳县云路镇中夏村面头岭	1973—1987 年
揭阳面头岭 M7		西汉初期	广东揭阳县云路镇中夏村面头岭	1973—1987 年
揭阳面头岭 M8		西汉初期	广东揭阳县云路镇中夏村面头岭	1973—1987 年
揭阳面头岭 M9		西汉初期	广东揭阳县云路镇中夏村面头岭	1973—1987 年
揭阳婆坟汉代遗物		汉代	广东揭阳县东山区龙石村婆坟	
揭阳三虎山遗址		西汉	广东揭阳县玉窖镇半洋村三虎山	
揭阳石马圩铜镜		汉代	广东揭阳市梅云镇石马圩	
揭阳下埔墘遗址		战国两汉	广东揭阳县仙桥镇平林村西	
揭阳张厝坟遗址		战国两汉	广东揭阳县仙桥镇平林村西北	
金溪中队汉代陶器		汉代	江西金溪县中队	

名称	墓葬形制	时期	位置	发掘发现时间
金秀 56 平道铜鼓		东汉	广西金秀县长垌乡平道村	1956 年
金秀官坡古墓群		汉代	广西金秀县长垌乡平道村	1956 年
津市 78 车渚古墓		东汉南朝	湖南澧县新洲乡车渚村县良种场	1978 年 3—7 月
津市 89 杨家湾东汉墓		东汉	湖南津市新洲镇豹鸣村七组杨家湾	1989 年 6 月 2—5 日
津市 92 白龙泉西汉墓		西汉	湖南津市市肖家湖西岸白龙泉	1992 年 4—12 月
津市 92 白龙泉新莽东汉墓		新莽东汉	湖南津市市肖家湖西岸白龙泉	1992 年 4—12 月
津市 92 豹鸣新莽东汉墓		新莽东汉	湖南津市市肖家湖西岸豹鸣村	1992 年 4—12 月
津市 92 花山寺西汉墓		西汉早期	湖南津市市肖家湖东岸花山寺	1992 年 4—12 月
津市 92 肖家湖 M17	甲 C Ⅱ a 型	西汉	湖南津市市肖家湖	1992 年 4—12 月
津市 96 津新豹 M2	乙 C Ⅰ a ⅵ 型	东汉中期	湖南津市市新洲镇豹鸣村湘北干线基建	1996 年 8 月
津市 98 豹鸣东汉墓	乙 B Ⅰ a ⅵ 型	东汉	湖南津市市新洲豹鸣村	1998 年 8 月
津市白龙泉墓群		汉晋	湖南津市市新洲镇白龙泉村肖家湖石子岭	
津市包山岭墓群		汉代	湖南津市渡口镇八宝村	
津市城内村墓群		东汉	湖南津市市新洲镇城内村	
津市东汉铜镜		东汉中晚期	湖南津市市	
津市花山寺 M11	甲 B Ⅱ b 型	西汉早期	湖南津市市新洲镇花山寺	2000 年 4 月
津市花山寺 M2	甲 B Ⅱ b 型	西汉早期	湖南津市市新洲镇花山寺	2000 年 4 月
津市花山寺 M3	甲 B Ⅱ b 型	西汉早期	湖南津市市新洲镇花山寺	2000 年 4 月
津市花山寺 M4	甲 B Ⅱ b 型	西汉初期	湖南津市市新洲镇花山寺	2000 年 4 月
津市花山寺 M5	甲 B Ⅱ b 型	西汉早期	湖南津市市新洲镇花山寺	2000 年 4 月
津市花山寺 M6	甲 B Ⅱ b 型	西汉早期	湖南津市市新洲镇花山寺	2000 年 4 月
津市花山寺 M7	甲 B Ⅱ b 型	西汉早期	湖南津市市新洲镇花山寺	2000 年 4 月
津市花山寺 M8	甲 B Ⅱ b 型	西汉初期	湖南津市市新洲镇花山寺	2000 年 4 月
津市沙儿嘴墓群		汉代	湖南津市白衣乡建国村	
津市沙人嘴墓群		汉代	湖南津市李家铺乡箭楼村	
津市天子岗墓群		汉代	湖南津市新洲镇天子岗	
津市土地庙墓群		汉代	湖南津市市渡口镇渡口村	
津市拖枪口墓群		汉代	湖南津市白衣乡建国村	
进贤猪母岭遗址		秦汉	江西进贤县衙前乡读田村偏南三华里猪母岭	
靖安 89 塘埠铜钱窖藏		东汉	江西靖安县官庄乡塘埠村	1989 年 1 月
靖县 80 段桥錞于		东汉早期	湖南靖县飞山公社春明大队段桥生产队	1980 年夏
靖州 91 团结 M1	甲 B Ⅱ a 型	西汉中期	湖南怀化地区靖州县江东乡团结村枫树脚	1991 年 6 月
靖州 91 团结 M2	甲 B Ⅰ b 型	西汉中期	湖南怀化地区靖州县江东乡团结村枫树脚	1991 年 6 月
靖州 91 团结 M3	甲 B Ⅰ a 型	西汉中期	湖南怀化地区靖州县江东乡团结村枫树脚	1991 年 6 月

续表

名称	墓葬形制	时期	位置	发掘发现时间
靖州 94 团结 M4	甲 A I b 型	西汉中期	湖南怀化地区靖州县江东乡团结村枫树脚	1994 年
靖州 94 团结 M5	甲 B I a 型	西汉中期	湖南怀化地区靖州县江东乡团结村枫树脚	1994 年
靖州 96—94 粮食局汉墓		汉代	湖南靖州县江东乡、县粮食局	1986—1994 年
靖州红心墓群		战国西汉	湖南靖州县飞山乡红心村二组距火车站 30	
九江 56 铜钾		西汉早期	江西九江地区	1956 年
九江 80 玉兔山 M1	乙 A II a 型	东汉晚期	江西九江县东北玉兔山县造纸厂	1980 年 5 月
九江 80 玉兔山 M2		东汉晚期	江西九江县东北玉兔山县造纸厂	1980 年 5 月
九江 80 玉兔山 M3	甲 A I b⑧型	东汉晚期	江西九江县东北玉兔山县造纸厂	1980 年 5 月
九江 84 富民西汉陶器		汉代	江西九江县富民林场	1984 年
九江柴桑古城		汉代	江西九江县下马回岭乡马头村荆林街一带	1981 年 5 月
九江城子汉代铜器		汉代	江西九江县城子镇	1983 年
九江国棉五厂汉代铜器		汉代	江西九江市国棉五厂	1986 年 1 月
九江汉代陶器		东汉	江西九江县	1977 年
九江汉代遗物		汉代	江西九江市	
九江浆粕厂汉代铜器		汉代	江西九江市浆粕厂	1984 年
九江毛纺厂汉代铜器		汉代	江西九江市毛纺厂	1989 年 12 月
九江荞麦岭墓群		东汉	江西九江县马回岭乡富民林场荞麦岭	1980 年 10 月
来宾 89 榕树山铜鼓		汉北宋	广西来宾县北五乡上马寨村西北 3 公里榕树山东	1989 年 7 月
来宾东汉铜鼓		东汉	广西来宾县	
蓝山 87 变电站墓群		汉代	湖南蓝山县变电站	
蓝山城头岭古城		汉代	湖南蓝山县总市乡下坊村	1987 年
蓝山氮肥厂墓群		汉代	湖南蓝山县东北氮肥厂	
蓝山凤凰岭墓群		汉代	湖南蓝山县城东北牛承村凤凰岭一带	
蓝山古城墓群		汉代	湖南蓝山县城东北古城村东北	
蓝山龄道古城		西汉	湖南蓝山县	
蓝山南平古城		西汉	湖南蓝山县城腹村	1987 年
蓝山五里牌墓群		汉代	湖南蓝山县城东北五里牌毛皮峰	
蓝山竹山湖墓群		汉代	湖南蓝山县城东北城腹竹山湖	
乐安 86 排下汉墓		西汉	江西乐安县戴坊镇耸溪村排下农场山坡	1986 年春
乐安 88 街上汉代铜钱		汉代	江西乐安县万坊乡	1988 年 9 月
乐安 88 麻山汉代铜钱		汉代	江西乐安县万崇乡街上村	1988 年 10 月
乐安汉代遗物		西汉	江西乐安县	
乐昌对面山 M10	甲 B II a 型	西汉初期	广东乐昌市河南乡大拱坪村对面山麻纺厂	1987 年 6 月—1988 年

名称	墓葬形制	时期	位置	发掘发现时间
乐昌对面山 M100	甲 BⅡa 型	西汉晚期	广东乐昌市河南乡大拱坪村对面山麻纺厂	1987 年 6 月—1988 年
乐昌对面山 M101	甲 BⅡa 型	西汉晚期	广东乐昌市河南乡大拱坪村对面山麻纺厂	1987 年 6 月—1988 年
乐昌对面山 M102	甲 BⅡa 型	西汉晚期	广东乐昌市河南乡大拱坪村对面山麻纺厂	1987 年 6 月—1988 年
乐昌对面山 M103	甲 BⅡa 型	西汉晚期	广东乐昌市河南乡大拱坪村对面山麻纺厂	1987 年 6 月—1988 年
乐昌对面山 M104	甲 BⅡa 型	西汉晚期	广东乐昌市河南乡大拱坪村对面山麻纺厂	1987 年 6 月—1988 年
乐昌对面山 M105	甲 AⅡb 型	西汉初期	广东乐昌市河南乡大拱坪村对面山麻纺厂	1987 年 6 月—1988 年
乐昌对面山 M106	甲 BⅡa 型	西汉初期	广东乐昌市河南乡大拱坪村对面山麻纺厂	1987 年 6 月—1988 年
乐昌对面山 M107	甲 BⅡa 型	西汉晚期	广东乐昌市河南乡大拱坪村对面山麻纺厂	1987 年 6 月—1988 年
乐昌对面山 M109	甲 BⅡa 型	西汉晚期	广东乐昌市河南乡大拱坪村对面山麻纺厂	1987 年 6 月—1988 年
乐昌对面山 M11	甲 BⅡb 型	西汉初期	广东乐昌市河南乡大拱坪村对面山麻纺厂	1987 年 6 月—1988 年
乐昌对面山 M110	甲 BⅡbⅱ 型	西汉初期	广东乐昌市河南乡大拱坪村对面山麻纺厂	1987 年 6 月—1988 年
乐昌对面山 M112	甲 AⅡb 型	西汉初期	广东乐昌市河南乡大拱坪村对面山麻纺厂	1987 年 6 月—1988 年
乐昌对面山 M113	甲 BⅡa 型	西汉晚期	广东乐昌市河南乡大拱坪村对面山麻纺厂	1987 年 6 月—1988 年
乐昌对面山 M114	甲 BⅡb 型	东汉晚期	广东乐昌市河南乡大拱坪村对面山麻纺厂	1987 年 6 月—1988 年
乐昌对面山 M115	甲 BⅡb 型	东汉早期	广东乐昌市河南乡大拱坪村对面山麻纺厂	1987 年 6 月—1988 年
乐昌对面山 M116	甲 BⅡb 型	西汉晚期	广东乐昌市河南乡大拱坪村对面山麻纺厂	1987 年 6 月—1988 年
乐昌对面山 M118	甲 BⅡbⅱ 型	西汉初期	广东乐昌市河南乡大拱坪村对面山麻纺厂	1987 年 6 月—1988 年
乐昌对面山 M12	甲 AⅡb 型	西汉初期	广东乐昌市河南乡大拱坪村对面山麻纺厂	1987 年 6 月—1988 年
乐昌对面山 M121	甲 BⅡa 型	西汉初期	广东乐昌市河南乡大拱坪村对面山麻纺厂	1987 年 6 月—1988 年
乐昌对面山 M122	甲 BⅡb 型	东汉早期	广东乐昌市河南乡大拱坪村对面山麻纺厂	1987 年 6 月—1988 年
乐昌对面山 M123	甲 BⅡb 型	东汉早期	广东乐昌市河南乡大拱坪村对面山麻纺厂	1987 年 6 月—1988 年
乐昌对面山 M124	甲 BⅡb 型	东汉晚期	广东乐昌市河南乡大拱坪村对面山麻纺厂	1987 年 6 月—1988 年
乐昌对面山 M125	甲 BⅡb 型	东汉早期	广东乐昌市河南乡大拱坪村对面山麻纺厂	1987 年 6 月—1988 年
乐昌对面山 M126	甲 BⅡb 型	东汉晚期	广东乐昌市河南乡大拱坪村对面山麻纺厂	1987 年 6 月—1988 年
乐昌对面山 M129	甲 AⅡb 型	西汉初期	广东乐昌市河南乡大拱坪村对面山麻纺厂	1987 年 6 月—1988 年

名称	墓葬形制	时期	位置	发掘发现时间
乐昌对面山 M130	甲 B Ⅱ b 型	西汉晚期	广东乐昌市河南乡大拱坪村对面山麻纺厂	1987 年 6 月—1988 年
乐昌对面山 M131	甲 B Ⅱ b 型	西汉晚期	广东乐昌市河南乡大拱坪村对面山麻纺厂	1987 年 6 月—1988 年
乐昌对面山 M132	甲 B Ⅱ b 型	东汉早期	广东乐昌市河南乡大拱坪村对面山麻纺厂	1987 年 6 月—1988 年
乐昌对面山 M134	甲 B Ⅱ b 型	西汉晚期	广东乐昌市河南乡大拱坪村对面山麻纺厂	1987 年 6 月—1988 年
乐昌对面山 M136	甲 B Ⅱ a 型	西汉晚期	广东乐昌市河南乡大拱坪村对面山麻纺厂	1987 年 6 月—1988 年
乐昌对面山 M137	甲 B Ⅱ b 型	东汉早期	广东乐昌市河南乡大拱坪村对面山麻纺厂	1987 年 6 月—1988 年
乐昌对面山 M138	甲 B Ⅱ b 型	西汉初期	广东乐昌市河南乡大拱坪村对面山麻纺厂	1987 年 6 月—1988 年
乐昌对面山 M139	甲 B Ⅱ b 型	东汉晚期	广东乐昌市河南乡大拱坪村对面山麻纺厂	1987 年 6 月—1988 年
乐昌对面山 M140	甲 B Ⅱ b 型	东汉早期	广东乐昌市河南乡大拱坪村对面山麻纺厂	1987 年 6 月—1988 年
乐昌对面山 M142	甲 B Ⅱ b 型	东汉早期	广东乐昌市河南乡大拱坪村对面山麻纺厂	1987 年 6 月—1988 年
乐昌对面山 M143	甲 B Ⅱ b 型	西汉晚期	广东乐昌市河南乡大拱坪村对面山麻纺厂	1987 年 6 月—1988 年
乐昌对面山 M144	甲 B Ⅱ b 型	东汉早期	广东乐昌市河南乡大拱坪村对面山麻纺厂	1987 年 6 月—1988 年
乐昌对面山 M145	甲 B Ⅱ a 型	西汉晚期	广东乐昌市河南乡大拱坪村对面山麻纺厂	1987 年 6 月—1988 年
乐昌对面山 M147	甲 A Ⅱ b 型	西汉初期	广东乐昌市河南乡大拱坪村对面山麻纺厂	1987 年 6 月—1988 年
乐昌对面山 M149	甲 B Ⅱ b ⅱ 型	西汉初期	广东乐昌市河南乡大拱坪村对面山麻纺厂	1987 年 6 月—1988 年
乐昌对面山 M150	甲 B Ⅱ b ③ 型	西汉初期	广东乐昌市河南乡大拱坪村对面山麻纺厂	1987 年 6 月—1988 年
乐昌对面山 M152	甲 B Ⅱ b 型	东汉早期	广东乐昌市河南乡大拱坪村对面山麻纺厂	1987 年 6 月—1988 年
乐昌对面山 M153	甲 B Ⅱ b 型	西汉晚期	广东乐昌市河南乡大拱坪村对面山麻纺厂	1987 年 6 月—1988 年
乐昌对面山 M154	甲 B Ⅱ a 型	东汉早期	广东乐昌市河南乡大拱坪村对面山麻纺厂	1987 年 6 月—1988 年
乐昌对面山 M155	甲 B Ⅱ b 型	东汉晚期	广东乐昌市河南乡大拱坪村对面山麻纺厂	1987 年 6 月—1988 年
乐昌对面山 M156	甲 B Ⅱ b 型	东汉晚期	广东乐昌市河南乡大拱坪村对面山麻纺厂	1987 年 6 月—1988 年
乐昌对面山 M157	甲 B Ⅱ b 型	东汉晚期	广东乐昌市河南乡大拱坪村对面山麻纺厂	1987 年 6 月—1988 年
乐昌对面山 M158	甲 B Ⅱ b 型	西汉晚期	广东乐昌市河南乡大拱坪村对面山麻纺厂	1987 年 6 月—1988 年
乐昌对面山 M159	甲 B Ⅱ a 型	东汉早期	广东乐昌市河南乡大拱坪村对面山麻纺厂	1987 年 6 月—1988 年
乐昌对面山 M16	甲 B Ⅱ b 型	西汉晚期	广东乐昌市河南乡大拱坪村对面山麻纺厂	1987 年 6 月—1988 年

名称	墓葬形制	时期	位置	发掘发现时间
乐昌对面山 M160	甲 B Ⅱ a 型	西汉晚期	广东乐昌市河南乡大拱坪村对面山麻纺厂	1987 年 6 月—1988 年
乐昌对面山 M162	甲 B Ⅱ a 型	西汉晚期	广东乐昌市河南乡大拱坪村对面山麻纺厂	1987 年 6 月—1988 年
乐昌对面山 M164	甲 B Ⅱ a 型	西汉晚期	广东乐昌市河南乡大拱坪村对面山麻纺厂	1987 年 6 月—1988 年
乐昌对面山 M165	甲 B Ⅱ a 型	西汉晚期	广东乐昌市河南乡大拱坪村对面山麻纺厂	1987 年 6 月—1988 年
乐昌对面山 M166	甲 B Ⅱ b 型	西汉晚期	广东乐昌市河南乡大拱坪村对面山麻纺厂	1987 年 6 月—1988 年
乐昌对面山 M167	甲 B Ⅱ a 型	西汉晚期	广东乐昌市河南乡大拱坪村对面山麻纺厂	1987 年 6 月—1988 年
乐昌对面山 M168	甲 B Ⅱ b 型	西汉晚期	广东乐昌市河南乡大拱坪村对面山麻纺厂	1987 年 6 月—1988 年
乐昌对面山 M169	甲 B Ⅱ b 型	东汉晚期	广东乐昌市河南乡大拱坪村对面山麻纺厂	1987 年 6 月—1988 年
乐昌对面山 M17	甲 A Ⅱ b 型	西汉晚期	广东乐昌市河南乡大拱坪村对面山麻纺厂	1987 年 6 月—1988 年
乐昌对面山 M171	甲 B Ⅱ b 型	东汉晚期	广东乐昌市河南乡大拱坪村对面山麻纺厂	1987 年 6 月—1988 年
乐昌对面山 M172	甲 B Ⅱ b 型	西汉晚期	广东乐昌市河南乡大拱坪村对面山麻纺厂	1987 年 6 月—1988 年
乐昌对面山 M173	甲 B Ⅱ a 型	东汉早期	广东乐昌市河南乡大拱坪村对面山麻纺厂	1987 年 6 月—1988 年
乐昌对面山 M174	甲 B Ⅱ a 型	东汉早期	广东乐昌市河南乡大拱坪村对面山麻纺厂	1987 年 6 月—1988 年
乐昌对面山 M175	甲 B Ⅱ b 型	西汉晚期	广东乐昌市河南乡大拱坪村对面山麻纺厂	1987 年 6 月—1988 年
乐昌对面山 M176	甲 B Ⅱ b 型	西汉晚期	广东乐昌市河南乡大拱坪村对面山麻纺厂	1987 年 6 月—1988 年
乐昌对面山 M177	甲 B Ⅱ b ⅱ 型	西汉初期	广东乐昌市河南乡大拱坪村对面山麻纺厂	1987 年 6 月—1988 年
乐昌对面山 M178	甲 B Ⅱ a 型	西汉晚期	广东乐昌市河南乡大拱坪村对面山麻纺厂	1987 年 6 月—1988 年
乐昌对面山 M179	甲 B Ⅱ b 型	东汉晚期	广东乐昌市河南乡大拱坪村对面山麻纺厂	1987 年 6 月—1988 年
乐昌对面山 M18	甲 A Ⅱ b 型	西汉初期	广东乐昌市河南乡大拱坪村对面山麻纺厂	1987 年 6 月—1988 年
乐昌对面山 M180	甲 A Ⅱ b 型	西汉初期	广东乐昌市河南乡大拱坪村对面山麻纺厂	1987 年 6 月—1988 年
乐昌对面山 M181	甲 B Ⅱ b ⅱ 型	西汉初期	广东乐昌市河南乡大拱坪村对面山麻纺厂	1987 年 6 月—1988 年
乐昌对面山 M182	甲 A Ⅱ b 型	西汉初期	广东乐昌市河南乡大拱坪村对面山麻纺厂	1987 年 6 月—1988 年
乐昌对面山 M185	甲 B Ⅱ a 型	西汉晚期	广东乐昌市河南乡大拱坪村对面山麻纺厂	1987 年 6 月—1988 年
乐昌对面山 M186	甲 B Ⅱ a 型	东汉早期	广东乐昌市河南乡大拱坪村对面山麻纺厂	1987 年 6 月—1988 年
乐昌对面山 M187	甲 B Ⅱ b ⅱ 型	西汉初期	广东乐昌市河南乡大拱坪村对面山麻纺厂	1987 年 6 月—1988 年

名称	墓葬形制	时期	位置	发掘发现时间
乐昌对面山 M188	甲 B Ⅱ a 型	西汉晚期	广东乐昌市河南乡大拱坪村对面山麻纺厂	1987 年 6 月—1988 年
乐昌对面山 M189	甲 B Ⅱ b 型	西汉晚期	广东乐昌市河南乡大拱坪村对面山麻纺厂	1987 年 6 月—1988 年
乐昌对面山 M191	甲 A Ⅱ b 型	西汉初期	广东乐昌市河南乡大拱坪村对面山麻纺厂	1987 年 6 月—1988 年
乐昌对面山 M192	甲 A Ⅱ b 型	西汉初期	广东乐昌市河南乡大拱坪村对面山麻纺厂	1987 年 6 月—1988 年
乐昌对面山 M193	甲 B Ⅱ b 型	东汉早期	广东乐昌市河南乡大拱坪村对面山麻纺厂	1987 年 6 月—1988 年
乐昌对面山 M194	甲 A Ⅱ b 型	西汉初期	广东乐昌市河南乡大拱坪村对面山麻纺厂	1987 年 6 月—1988 年
乐昌对面山 M195	甲 B Ⅱ a 型	西汉晚期	广东乐昌市河南乡大拱坪村对面山麻纺厂	1987 年 6 月—1988 年
乐昌对面山 M196	甲 B Ⅱ a 型	东汉早期	广东乐昌市河南乡大拱坪村对面山麻纺厂	1987 年 6 月—1988 年
乐昌对面山 M197	甲 B Ⅱ b 型	西汉晚期	广东乐昌市河南乡大拱坪村对面山麻纺厂	1987 年 6 月—1988 年
乐昌对面山 M198	甲 B Ⅱ b 型	东汉晚期	广东乐昌市河南乡大拱坪村对面山麻纺厂	1987 年 6 月—1988 年
乐昌对面山 M2	甲 A Ⅱ b 型	西汉初期	广东乐昌市河南乡大拱坪村对面山麻纺厂	1987 年 6 月—1988 年
乐昌对面山 M20	甲 A Ⅱ b 型	西汉初期	广东乐昌市河南乡大拱坪村对面山麻纺厂	1987 年 6 月—1988 年
乐昌对面山 M200	甲 B Ⅱ a 型	西汉晚期	广东乐昌市河南乡大拱坪村对面山麻纺厂	1987 年 6 月—1988 年
乐昌对面山 M201	甲 B Ⅱ a 型	西汉初期	广东乐昌市河南乡大拱坪村对面山麻纺厂	1987 年 6 月—1988 年
乐昌对面山 M202	甲 B Ⅱ b 型	西汉初期	广东乐昌市河南乡大拱坪村对面山麻纺厂	1987 年 6 月—1988 年
乐昌对面山 M203	甲 B Ⅱ b 型	西汉晚期	广东乐昌市河南乡大拱坪村对面山麻纺厂	1987 年 6 月—1988 年
乐昌对面山 M204	甲 B Ⅱ a 型	东汉早期	广东乐昌市河南乡大拱坪村对面山麻纺厂	1987 年 6 月—1988 年
乐昌对面山 M205	甲 B Ⅱ b 型	西汉晚期	广东乐昌市河南乡大拱坪村对面山麻纺厂	1987 年 6 月—1988 年
乐昌对面山 M206	甲 B Ⅱ b 型	东汉晚期	广东乐昌市河南乡大拱坪村对面山麻纺厂	1987 年 6 月—1988 年
乐昌对面山 M207	甲 A Ⅱ b 型	西汉初期	广东乐昌市河南乡大拱坪村对面山麻纺厂	1987 年 6 月—1988 年
乐昌对面山 M21	甲 B Ⅱ a 型	西汉晚期	广东乐昌市河南乡大拱坪村对面山麻纺厂	1987 年 6 月—1988 年
乐昌对面山 M22	甲 A Ⅱ b 型	西汉晚期	广东乐昌市河南乡大拱坪村对面山麻纺厂	1987 年 6 月—1988 年
乐昌对面山 M25	甲 B Ⅱ b 型	东汉晚期	广东乐昌市河南乡大拱坪村对面山麻纺厂	1987 年 6 月—1988 年
乐昌对面山 M26	甲 B Ⅱ b 型	西汉初期	广东乐昌市河南乡大拱坪村对面山麻纺厂	1987 年 6 月—1988 年
乐昌对面山 M27	甲 B Ⅱ b 型	西汉晚期	广东乐昌市河南乡大拱坪村对面山麻纺厂	1987 年 6 月—1988 年

名称	墓葬形制	时期	位置	发掘发现时间
乐昌对面山 M28	甲 B Ⅱ b 型	西汉晚期	广东乐昌市河南乡大拱坪村对面山麻纺厂	1987 年 6 月—1988 年
乐昌对面山 M29	甲 B Ⅱ b 型	西汉晚期	广东乐昌市河南乡大拱坪村对面山麻纺厂	1987 年 6 月—1988 年
乐昌对面山 M3	甲 B Ⅱ b 型	西汉晚期	广东乐昌市河南乡大拱坪村对面山麻纺厂	1987 年 6 月—1988 年
乐昌对面山 M30	甲 B Ⅱ b 型	西汉晚期	广东乐昌市河南乡大拱坪村对面山麻纺厂	1987 年 6 月—1988 年
乐昌对面山 M31	甲 B Ⅱ b 型	西汉初期	广东乐昌市河南乡大拱坪村对面山麻纺厂	1987 年 6 月—1988 年
乐昌对面山 M32	甲 A Ⅱ b 型	西汉初期	广东乐昌市河南乡大拱坪村对面山麻纺厂	1987 年 6 月—1988 年
乐昌对面山 M33	甲 B Ⅱ b 型	东汉早期	广东乐昌市河南乡大拱坪村对面山麻纺厂	1987 年 6 月—1988 年
乐昌对面山 M34	甲 B Ⅱ a 型	西汉晚期	广东乐昌市河南乡大拱坪村对面山麻纺厂	1987 年 6 月—1988 年
乐昌对面山 M35	甲 B Ⅱ b 型	西汉晚期	广东乐昌市河南乡大拱坪村对面山麻纺厂	1987 年 6 月—1988 年
乐昌对面山 M36	甲 A Ⅱ b 型	西汉初期	广东乐昌市河南乡大拱坪村对面山麻纺厂	1987 年 6 月—1988 年
乐昌对面山 M37	甲 B Ⅱ b 型	西汉晚期	广东乐昌市河南乡大拱坪村对面山麻纺厂	1987 年 6 月—1988 年
乐昌对面山 M38	甲 A Ⅱ b 型	西汉晚期	广东乐昌市河南乡大拱坪村对面山麻纺厂	1987 年 6 月—1988 年
乐昌对面山 M39	甲 B Ⅱ b 型	西汉晚期	广东乐昌市河南乡大拱坪村对面山麻纺厂	1987 年 6 月—1988 年
乐昌对面山 M41	甲 B Ⅱ b 型	西汉晚期	广东乐昌市河南乡大拱坪村对面山麻纺厂	1987 年 6 月—1988 年
乐昌对面山 M44	甲 B Ⅱ b 型	东汉早期	广东乐昌市河南乡大拱坪村对面山麻纺厂	1987 年 6 月—1988 年
乐昌对面山 M45	甲 B Ⅱ b 型	西汉晚期	广东乐昌市河南乡大拱坪村对面山麻纺厂	1987 年 6 月—1988 年
乐昌对面山 M46	甲 A Ⅱ b 型	西汉初期	广东乐昌市河南乡大拱坪村对面山麻纺厂	1987 年 6 月—1988 年
乐昌对面山 M47	甲 B Ⅱ b 型	西汉晚期	广东乐昌市河南乡大拱坪村对面山麻纺厂	1987 年 6 月—1988 年
乐昌对面山 M48	甲 A Ⅱ b 型	西汉初期	广东乐昌市河南乡大拱坪村对面山麻纺厂	1987 年 6 月—1988 年
乐昌对面山 M5	甲 B Ⅱ a 型	西汉晚期	广东乐昌市河南乡大拱坪村对面山麻纺厂	1987 年 6 月—1988 年
乐昌对面山 M50	甲 B Ⅱ b 型	西汉晚期	广东乐昌市河南乡大拱坪村对面山麻纺厂	1987 年 6 月—1988 年
乐昌对面山 M52	甲 A Ⅱ b 型	西汉初期	广东乐昌市河南乡大拱坪村对面山麻纺厂	1987 年 6 月—1988 年
乐昌对面山 M53	甲 B Ⅱ b 型	西汉初期	广东乐昌市河南乡大拱坪村对面山麻纺厂	1987 年 6 月—1988 年
乐昌对面山 M54	甲 A Ⅱ b 型	西汉晚期	广东乐昌市河南乡大拱坪村对面山麻纺厂	1987 年 6 月—1988 年
乐昌对面山 M55	甲 B Ⅱ b 型	西汉晚期	广东乐昌市河南乡大拱坪村对面山麻纺厂	1987 年 6 月—1988 年

名称	墓葬形制	时期	位置	发掘发现时间
乐昌对面山 M56	甲 B Ⅱ b 型	西汉晚期	广东乐昌市河南乡大拱坪村对面山麻纺厂	1987 年 6 月—1988 年
乐昌对面山 M57	甲 A Ⅱ b 型	西汉晚期	广东乐昌市河南乡大拱坪村对面山麻纺厂	1987 年 6 月—1988 年
乐昌对面山 M58	甲 A Ⅱ b 型	东汉早期	广东乐昌市河南乡大拱坪村对面山麻纺厂	1987 年 6 月—1988 年
乐昌对面山 M6	甲 B Ⅱ b 型	西汉晚期	广东乐昌市河南乡大拱坪村对面山麻纺厂	1987 年 6 月—1988 年
乐昌对面山 M60	甲 A Ⅱ b① 型	西汉初期	广东乐昌市河南乡大拱坪村对面山麻纺厂	1987 年 6 月—1988 年
乐昌对面山 M61	甲 B Ⅱ aⅷ 型	西汉初期	广东乐昌市河南乡大拱坪村对面山麻纺厂	1987 年 6 月—1988 年
乐昌对面山 M62	甲 B Ⅱ b 型	西汉晚期	广东乐昌市河南乡大拱坪村对面山麻纺厂	1987 年 6 月—1988 年
乐昌对面山 M64	甲 A Ⅱ b 型	西汉初期	广东乐昌市河南乡大拱坪村对面山麻纺厂	1987 年 6 月—1988 年
乐昌对面山 M66	甲 A Ⅱ b 型	西汉初期	广东乐昌市河南乡大拱坪村对面山麻纺厂	1987 年 6 月—1988 年
乐昌对面山 M67	甲 A Ⅱ b 型	西汉初期	广东乐昌市河南乡大拱坪村对面山麻纺厂	1987 年 6 月—1988 年
乐昌对面山 M68	甲 B Ⅱ b 型	西汉晚期	广东乐昌市河南乡大拱坪村对面山麻纺厂	1987 年 6 月—1988 年
乐昌对面山 M69	甲 B Ⅱ b 型	西汉晚期	广东乐昌市河南乡大拱坪村对面山麻纺厂	1987 年 6 月—1988 年
乐昌对面山 M7	甲 A Ⅱ b 型	西汉初期	广东乐昌市河南乡大拱坪村对面山麻纺厂	1987 年 6 月—1988 年
乐昌对面山 M70	甲 B Ⅱ b 型	西汉晚期	广东乐昌市河南乡大拱坪村对面山麻纺厂	1987 年 6 月—1988 年
乐昌对面山 M71	甲 B Ⅱ b 型	西汉初期	广东乐昌市河南乡大拱坪村对面山麻纺厂	1987 年 6 月—1988 年
乐昌对面山 M72	甲 A Ⅱ b 型	西汉晚期	广东乐昌市河南乡大拱坪村对面山麻纺厂	1987 年 6 月—1988 年
乐昌对面山 M73	甲 B Ⅱ a 型	西汉初期	广东乐昌市河南乡大拱坪村对面山麻纺厂	1987 年 6 月—1988 年
乐昌对面山 M74	甲 B Ⅱ b 型	西汉初期	广东乐昌市河南乡大拱坪村对面山麻纺厂	1987 年 6 月—1988 年
乐昌对面山 M75	甲 B Ⅱ b 型	西汉初期	广东乐昌市河南乡大拱坪村对面山麻纺厂	1987 年 6 月—1988 年
乐昌对面山 M76	甲 B Ⅱ b 型	西汉晚期	广东乐昌市河南乡大拱坪村对面山麻纺厂	1987 年 6 月—1988 年
乐昌对面山 M78	甲 B Ⅱ b 型	西汉晚期	广东乐昌市河南乡大拱坪村对面山麻纺厂	1987 年 6 月—1988 年
乐昌对面山 M8	甲 B Ⅱ a 型	西汉晚期	广东乐昌市河南乡大拱坪村对面山麻纺厂	1987 年 6 月—1988 年
乐昌对面山 M80	甲 B Ⅱ a 型	西汉晚期	广东乐昌市河南乡大拱坪村对面山麻纺厂	1987 年 6 月—1988 年
乐昌对面山 M81	甲 B Ⅱ b 型	西汉晚期	广东乐昌市河南乡大拱坪村对面山麻纺厂	1987 年 6 月—1988 年
乐昌对面山 M83	甲 B Ⅱ b 型	西汉晚期	广东乐昌市河南乡大拱坪村对面山麻纺厂	1987 年 6 月—1988 年

名称	墓葬形制	时期	位置	发掘发现时间
乐昌对面山 M84	甲 B Ⅱ b 型	西汉晚期	广东乐昌市河南乡大拱坪村对面山麻纺厂	1987 年 6 月—1988 年
乐昌对面山 M85	甲 B Ⅱ a 型	西汉晚期	广东乐昌市河南乡大拱坪村对面山麻纺厂	1987 年 6 月—1988 年
乐昌对面山 M86	甲 B Ⅱ a 型	西汉晚期	广东乐昌市河南乡大拱坪村对面山麻纺厂	1987 年 6 月—1988 年
乐昌对面山 M87	甲 A Ⅱ b 型	西汉初期	广东乐昌市河南乡大拱坪村对面山麻纺厂	1987 年 6 月—1988 年
乐昌对面山 M88	甲 A Ⅱ b 型	西汉初期	广东乐昌市河南乡大拱坪村对面山麻纺厂	1987 年 6 月—1988 年
乐昌对面山 M89	甲 B Ⅱ b 型	西汉晚期	广东乐昌市河南乡大拱坪村对面山麻纺厂	1987 年 6 月—1988 年
乐昌对面山 M9	甲 A Ⅱ b 型	东汉早期	广东乐昌市河南乡大拱坪村对面山麻纺厂	1987 年 6 月—1988 年
乐昌对面山 M90	甲 B Ⅱ b ⅱ 型	西汉初期	广东乐昌市河南乡大拱坪村对面山麻纺厂	1987 年 6 月—1988 年
乐昌对面山 M91	甲 A Ⅱ b 型	西汉初期	广东乐昌市河南乡大拱坪村对面山麻纺厂	1987 年 6 月—1988 年
乐昌对面山 M92	甲 B Ⅱ b 型	西汉晚期	广东乐昌市河南乡大拱坪村对面山麻纺厂	1987 年 6 月—1988 年
乐昌对面山 M93	甲 B Ⅱ b 型	东汉早期	广东乐昌市河南乡大拱坪村对面山麻纺厂	1987 年 6 月—1988 年
乐昌对面山 M94	甲 B Ⅱ a 型	西汉初期	广东乐昌市河南乡大拱坪村对面山麻纺厂	1987 年 6 月—1988 年
乐昌对面山 M95	甲 B Ⅱ b 型	西汉初期	广东乐昌市河南乡大拱坪村对面山麻纺厂	1987 年 6 月—1988 年
乐昌对面山 M96	甲 B Ⅱ b 型	东汉早期	广东乐昌市河南乡大拱坪村对面山麻纺厂	1987 年 6 月—1988 年
乐昌对面山 M97	甲 B Ⅱ a 型	东汉早期	广东乐昌市河南乡大拱坪村对面山麻纺厂	1987 年 6 月—1988 年
乐昌对面山 M98	甲 B Ⅱ a 型	西汉晚期	广东乐昌市河南乡大拱坪村对面山麻纺厂	1987 年 6 月—1988 年
乐昌对面山 M99	甲 B Ⅱ a 型	西汉初期	广东乐昌市河南乡大拱坪村对面山麻纺厂	1987 年 6 月—1988 年
乐昌任嚣城遗址		秦汉	广东乐昌县乐城西武江西岸	
乐昌洲仔古城		西汉早期	广东乐昌县河南村洲仔	1988 年 6 月
乐东 83 西汉银印		西汉	广东乐东县志仲镇谭培村	1983 年 5 月
乐东延德西汉珠饰		西汉	海南乐东县延德旧城遗址	
乐平 80 韩家东汉墓	乙 A Ⅰ a ⅵ 型	东汉晚期	江西乐平县凤凰山垦殖场韩家大队乌鸦扑地	1980 年冬
乐平乐平古城		东汉	江西乐平县戴村	
耒阳 03 水东江 M5		东汉晚期	湖南耒阳市水东江园艺场	2003 年 6 月 4 日—7 月 2 日
耒阳 03 水东江东汉墓		东汉晚期	湖南耒阳市水东江园艺场	2003 年 6 月 4 日—7 月 2 日
耒阳 06 廖家山 M1	乙 F Ⅱ a ⅵ 型	东汉晚期	湖南耒阳市余庆乡栗树村廖家山	2006 年 8—9 月
耒阳 06 廖家山 M2	乙 C Ⅰ a ⅵ ⅶ 型	东汉晚期	湖南耒阳市余庆乡栗树村廖家山	2006 年 8—9 月
耒阳 55 西郊东汉土坑墓		东汉	湖南耒阳县西郊南段	1955 年 4—5 月

名称	墓葬形制	时期	位置	发掘发现时间
耒阳 56 西郊东汉砖室墓		东汉	湖南耒阳市西郊	1956 年 4—5 月
耒阳 84 城郊东汉墓		东汉	湖南耒阳县城郊长广公路、陈家窝、齐家岭	1984 年 6—12 月
耒阳 84 城郊西汉墓		西汉	湖南耒阳县城郊长广公路、陈家窝、齐家岭	1984 年 6—12 月
耒阳 84 耒电鹿 M1	乙 B Ⅰ a 型	东汉晚期	湖南耒阳市东南城关镇鹿岐村耒阳火电厂	1984 年 5 月
耒阳 84 耒电鹿 M2	乙 A Ⅰ a 型	东汉晚期	湖南耒阳市东南城关镇鹿岐村耒阳火电厂	1984 年 5 月
耒阳 84 耒电鹿 M3	乙 B Ⅰ a 型	东汉晚期	湖南耒阳市东南城关镇鹿岐村耒阳火电厂	1984 年 5 月
耒阳 84 耒电鹿 M4	乙 B Ⅰ a 型	东汉晚期	湖南耒阳市东南城关镇鹿岐村耒阳火电厂	1984 年 5 月
耒阳 85 东汉墓		东汉	湖南耒阳县城关镇附近东鹿村鸡子山	1985 年
耒阳 85 西汉墓		西汉	湖南耒阳县城关镇附近东鹿村鸡子山	1985 年
耒阳 85 新莽墓		新莽	湖南耒阳县城关镇附近东鹿村鸡子山	1985 年
耒阳 86 城郊东汉墓		东汉	湖南耒阳县城郊某部队后勤处营房工地	1986 年 5—9 月
耒阳 86 城郊西汉墓		西汉	湖南耒阳县城郊某部队后勤处营房工地	1986 年 5—9 月
耒阳 87 聂洲村东汉墓		东汉	湖南耒阳市市区西南 2 公里聂洲村阴间巷山西坡	1987 年 7—8 月
耒阳 91 耒竹 M1	乙 B Ⅰ a ⅱ ⅵ 型	东汉晚期	湖南耒阳县花石坳乡竹园山南坡	1991 年 8 月
耒阳 91 耒竹 M2	乙 B Ⅰ a ⅱ ⅵ 型	东汉晚期	湖南耒阳县花石坳乡竹园山南坡	1991 年 8 月
耒阳 91 耒竹 M3	乙 B Ⅰ a ⅵ 型	东汉晚期	湖南耒阳县花石坳乡竹园山南坡	1991 年 8 月
耒阳 99 三村东汉墓		东汉	湖南耒阳县公平镇三村	1999 年 3—12 月
耒阳 LXM2	乙 C Ⅰ a ⅱ ⅵ 型	东汉晚期	湖南耒阳市东鹿村 18 组水东江园艺场监狱新址	2003 年 6—7 月
耒阳 LXM3	乙 C Ⅰ a ⅵ 型	东汉晚期	湖南耒阳市东鹿村 18 组水东江园艺场监狱新址	2003 年 6—7 月
耒阳 LXM4	乙 C Ⅰ a ⅵ 型	东汉晚期	湖南耒阳市东鹿村 18 组水东江园艺场监狱新址	2003 年 6—7 月
耒阳 LXM5	乙 C Ⅰ a ⅵ 型	东汉晚期	湖南耒阳市东鹿村 18 组水东江园艺场监狱新址	2003 年 6—7 月
耒阳 M1	乙 A Ⅰ a ⅱ ⅵ 型	东汉晚期	湖南耒阳市市政府院内	1984—1988 年
耒阳 M10	乙 A Ⅰ a 型	东汉中期	湖南耒阳市市区	1984—1988 年
耒阳 M101	乙 A Ⅰ b 型	东汉晚期	湖南耒阳市市区	1984—1988 年
耒阳 M102	乙 C Ⅱ a ⅵ 型	东汉晚期	湖南耒阳市耒阳砖厂	1984—1988 年
耒阳 M103	乙 B Ⅰ a ⅵ 型	东汉晚期	湖南耒阳市市区	1984—1988 年
耒阳 M104	乙 C Ⅰ a ⅱ ⅵ 型	东汉晚期	湖南耒阳市耒阳砖厂	1984—1988 年
耒阳 M106	乙 A Ⅱ a 型	东汉晚期	湖南耒阳市市区	1984—1988 年
耒阳 M107	乙 A Ⅰ a 型	东汉晚期	湖南耒阳市市区	1984—1988 年
耒阳 M108	甲 B Ⅱ b 型	东汉中期	湖南耒阳市市区	1984—1988 年

续表

名称	墓葬形制	时期	位置	发掘发现时间
耒阳 M113	乙 A Ⅱ a 型	东汉晚期	湖南耒阳市市区	1984—1988 年
耒阳 M118	甲 B Ⅱ b 型	东汉中期	湖南耒阳市市区	1984—1988 年
耒阳 M119	甲 B Ⅱ a 型	新莽	湖南耒阳市市区	1984—1988 年
耒阳 M120	甲 B Ⅱ a 型	东汉中期	湖南耒阳市市区	1984—1988 年
耒阳 M122	甲 A Ⅱ b 型	东汉中期	湖南耒阳市市区	1984—1988 年
耒阳 M123	甲 B Ⅱ a 型	东汉中期	湖南耒阳市市区	1984—1988 年
耒阳 M125	甲 B Ⅱ a 型	东汉中期	湖南耒阳市市区	1984—1988 年
耒阳 M126	甲 B Ⅱ a 型	东汉中期	湖南耒阳市市区	1984—1988 年
耒阳 M127	甲 B Ⅱ a 型	东汉中期	湖南耒阳市市区	1984—1988 年
耒阳 M128	甲 B Ⅱ a 型	东汉中期	湖南耒阳市市区	1984—1988 年
耒阳 M129	甲 B Ⅱ a 型	东汉中期	湖南耒阳市市区	1984—1988 年
耒阳 M130	甲 B Ⅱ a 型	东汉中期	湖南耒阳市市区	1984—1988 年
耒阳 M131	甲 B Ⅱ a 型	东汉中期	湖南耒阳市市区	1984—1988 年
耒阳 M133	乙 B Ⅰ a 型	东汉晚期	湖南耒阳市市区	1984—1988 年
耒阳 M134	甲 B Ⅱ a 型	东汉中期	湖南耒阳市市区	1984—1988 年
耒阳 M135	甲 B Ⅱ a 型	东汉中期	湖南耒阳市市区	1984—1988 年
耒阳 M136	乙 Ba 型	东汉晚期	湖南耒阳市市区	1984—1988 年
耒阳 M137	甲 B Ⅱ a 型	东汉中期	湖南耒阳市市区	1984—1988 年
耒阳 M138	甲 B Ⅱ a 型	东汉中期	湖南耒阳市市区	1984—1988 年
耒阳 M139	甲 B Ⅱ b 型	东汉中期	湖南耒阳市市区	1984—1988 年
耒阳 M140	甲 B Ⅱ a 型	东汉中期	湖南耒阳市市区	1984—1988 年
耒阳 M141	甲 B Ⅱ a 型	东汉中期	湖南耒阳市市区	1984—1988 年
耒阳 M142	甲 B Ⅱ b 型	东汉中期	湖南耒阳市市区	1984—1988 年
耒阳 M143	甲 B Ⅱ b 型	东汉中期	湖南耒阳市市区	1984—1988 年
耒阳 M145	甲 B Ⅱ b 型	东汉中期	湖南耒阳市市区	1984—1988 年
耒阳 M146	甲 B Ⅱ b 型	东汉中期	湖南耒阳市市区	1984—1988 年
耒阳 M147	甲 B Ⅱ a 型	东汉中期	湖南耒阳市市区	1984—1988 年
耒阳 M148	甲 B Ⅱ b 型	东汉中期	湖南耒阳市市区	1984—1988 年
耒阳 M149	甲 B Ⅱ b 型	东汉中期	湖南耒阳市市区	1984—1988 年
耒阳 M150	甲 B Ⅱ a 型	东汉中期	湖南耒阳市市区	1984—1988 年
耒阳 M151	甲 B Ⅱ a 型	东汉中期	湖南耒阳市市区	1984—1988 年
耒阳 M152	甲 B Ⅱ a 型	东汉中期	湖南耒阳市市区	1984—1988 年
耒阳 M153	乙 B Ⅱ a 型	东汉晚期	湖南耒阳市市区	1984—1988 年
耒阳 M156	甲 B Ⅱ a 型	东汉早期	湖南耒阳市市区	1984—1988 年
耒阳 M158	甲 B Ⅱ a 型	东汉中期	湖南耒阳市市区	1984—1988 年
耒阳 M159	甲 B Ⅱ a 型	东汉中期	湖南耒阳市市区	1984—1988 年
耒阳 M160	甲 B Ⅱ a 型	东汉中期	湖南耒阳市市区	1984—1988 年
耒阳 M161	甲 B Ⅱ a 型	东汉中期	湖南耒阳市市区	1984—1988 年
耒阳 M162	甲 B Ⅱ a 型	东汉中期	湖南耒阳市市区	1984—1988 年

续表

名称	墓葬形制	时期	位置	发掘发现时间
耒阳 M163	甲 B Ⅱ a 型	东汉中期	湖南耒阳市市区	1984—1988 年
耒阳 M164	甲 B Ⅱ a 型	东汉中期	湖南耒阳市市区	1984—1988 年
耒阳 M166	乙 B Ⅰ a 型	东汉晚期	湖南耒阳市市区	1984—1988 年
耒阳 M167	乙 A Ⅰ b 型	东汉晚期	湖南耒阳市市区	1984—1988 年
耒阳 M170	乙 B Ⅰ a ⅱ ⅵ 型	东汉中期	湖南耒阳市市区	1984—1988 年
耒阳 M172	甲 B Ⅱ a 型	东汉中期	湖南耒阳市市区	1984—1988 年
耒阳 M173	乙 A Ⅰ b 型	东汉晚期	湖南耒阳市市区	1984—1988 年
耒阳 M174	乙 A Ⅰ b 型	东汉晚期	湖南耒阳市市区	1984—1988 年
耒阳 M175	乙 A Ⅰ b 型	东汉晚期	湖南耒阳市市区	1984—1988 年
耒阳 M180	乙 A Ⅰ b 型	东汉晚期	湖南耒阳市市区	1984—1988 年
耒阳 M185	乙 B Ⅰ a 型	东汉晚期	湖南耒阳市市区	1984—1988 年
耒阳 M186	甲 B Ⅱ a 型	东汉中期	湖南耒阳市市区	1984—1988 年
耒阳 M188	乙 A Ⅰ b 型	东汉晚期	湖南耒阳市市区	1984—1988 年
耒阳 M19	乙 A Ⅱ a 型	东汉晚期	湖南耒阳市市区	1984—1988 年
耒阳 M192	乙 B Ⅰ a 型	东汉晚期	湖南耒阳市市区	1984—1988 年
耒阳 M195	甲 B Ⅱ a 型	东汉中期	湖南耒阳市市区	1984—1988 年
耒阳 M196	乙 A Ⅰ a 型	东汉晚期	湖南耒阳市市区	1984—1988 年
耒阳 M197	甲 B Ⅱ a 型	东汉中期	湖南耒阳市市区	1984—1988 年
耒阳 M198	甲 B Ⅱ a/ 型	东汉中期	湖南耒阳市城关镇鹿岐村黄家山	1984—1988 年
耒阳 M218	乙 B Ⅰ a 型	东汉晚期	湖南耒阳市市区	1984—1988 年
耒阳 M224	乙 A Ⅰ a 型	东汉晚期	湖南耒阳市市区	1984—1988 年
耒阳 M226	乙 A Ⅰ a 型	东汉晚期	湖南耒阳市市区	1984—1988 年
耒阳 M23	甲 B Ⅱ a 型	东汉中期	湖南耒阳市市区	1984—1988 年
耒阳 M230	乙 B Ⅰ a ⅵ 型	东汉晚期	湖南耒阳市市区	1984—1988 年
耒阳 M238	乙 B Ⅱ a 型	东汉晚期	湖南耒阳市市区	1984—1988 年
耒阳 M24	甲 B Ⅱ a 型	东汉中期	湖南耒阳市市区	1984—1988 年
耒阳 M241	乙 B Ⅰ a 型	东汉晚期	湖南耒阳市市区	1984—1988 年
耒阳 M25	乙 E Ⅰ a ⅱ ⅵ 型	东汉晚期	湖南耒阳市市政府院内	1984—1988 年
耒阳 M251	甲 B Ⅱ a 型	东汉中期	湖南耒阳市市区	1984—1988 年
耒阳 M253	乙 A Ⅰ a 型	东汉晚期	湖南耒阳市市区	1984—1988 年
耒阳 M256	甲 B Ⅱ a 型	东汉中期	湖南耒阳市市区	1984—1988 年
耒阳 M257	甲 C Ⅰ a 型	东汉中期	湖南耒阳市城关镇金星村大王山	1984—1988 年
耒阳 M260	甲 C Ⅱ a 型	新莽	湖南耒阳市城关镇金星村大王山	1984—1988 年
耒阳 M261	甲 B Ⅱ a/ 型	新莽	湖南耒阳市城关镇金星村大王山	1984—1988 年
耒阳 M268	甲 B Ⅱ a 型	东汉中期	湖南耒阳市市区	1984—1988 年
耒阳 M269	甲 B Ⅱ a 型	东汉中期	湖南耒阳市市区	1984—1988 年
耒阳 M271	乙 A Ⅰ a 型	东汉晚期	湖南耒阳市市区	1984—1988 年
耒阳 M272	甲 B Ⅱ a 型	东汉中期	湖南耒阳市市区	1984—1988 年
耒阳 M273	甲 B Ⅱ a 型	东汉中期	湖南耒阳市市区	1984—1988 年

名称	墓葬形制	时期	位置	发掘发现时间
耒阳 M274	甲 BⅡa 型	东汉中期	湖南耒阳市市区	1984—1988 年
耒阳 M275	甲 BⅡa 型	东汉中期	湖南耒阳市市区	1984—1988 年
耒阳 M276	甲 BⅡa 型	东汉中期	湖南耒阳市市区	1984—1988 年
耒阳 M278	甲 AⅡb 型	东汉中期	湖南耒阳市市区	1984—1988 年
耒阳 M279	乙 AⅠa 型	东汉晚期	湖南耒阳市市区	1984—1988 年
耒阳 M280	甲 BⅡa 型	东汉中期	湖南耒阳市市区	1984—1988 年
耒阳 M281	甲 BⅡa 型	东汉中期	湖南耒阳市市区	1984—1988 年
耒阳 M283	乙 AⅠb 型	东汉晚期	湖南耒阳市市区	1984—1988 年
耒阳 M284	甲 BⅡa 型	东汉中期	湖南耒阳市市区	1984—1988 年
耒阳 M286	甲 BⅡa 型	东汉中期	湖南耒阳市市区	1984—1988 年
耒阳 M287	甲 BⅡa 型	东汉中期	湖南耒阳市市区	1984—1988 年
耒阳 M288	乙 BⅠa 型	东汉中期	湖南耒阳市市区	1984—1988 年
耒阳 M289	乙 BⅠa 型	东汉晚期	湖南耒阳市市区	1984—1988 年
耒阳 M31	甲 BⅡa 型	东汉中期	湖南耒阳市市区	1984—1988 年
耒阳 M328	甲 BⅡa 型	东汉中期	湖南耒阳市市区	1984—1988 年
耒阳 M336	甲 BⅡb 型	东汉中期	湖南耒阳市市区	1984—1988 年
耒阳 M34	甲 BⅡa 型	东汉中期	湖南耒阳市市区	1984—1988 年
耒阳 M340	甲 BⅡa 型	东汉中期	湖南耒阳市市区	1984—1988 年
耒阳 M351	乙 AⅠa 型	东汉晚期	湖南耒阳市市区	1984—1988 年
耒阳 M354	甲 BⅡa 型	东汉中期	湖南耒阳市市区	1984—1988 年
耒阳 M357	乙 BⅠa 型	东汉中期	湖南耒阳市市区	1984—1988 年
耒阳 M361	乙 AⅠa 型	东汉中期	湖南耒阳市市区	1984—1988 年
耒阳 M362	甲 BⅡa 型	东汉中期	湖南耒阳市市区	1984—1988 年
耒阳 M363	乙 AⅠa 型	东汉中期	湖南耒阳市市区	1984—1988 年
耒阳 M364	乙 BⅠa 型	东汉中期	湖南耒阳市市区	1984—1988 年
耒阳 M365	甲 BⅡa 型	东汉中期	湖南耒阳市市区	1984—1988 年
耒阳 M369	乙 AⅠa 型	东汉晚期	湖南耒阳市市区	1984—1988 年
耒阳 M37	甲 BⅡa 型	东汉中期	湖南耒阳市市区	1984—1988 年
耒阳 M375	乙 AⅠaⅵ型	东汉晚期	湖南耒阳市耒阳师范	1984—1988 年
耒阳 M376	甲 BⅡa 型	东汉中期	湖南耒阳市市区	1984—1988 年
耒阳 M377	乙 AⅠb 型	东汉晚期	湖南耒阳市市区	1984—1988 年
耒阳 M379	乙 AⅠb 型	东汉晚期	湖南耒阳市市区	1984—1988 年
耒阳 M381	甲 BⅡa 型	东汉中期	湖南耒阳市市区	1984—1988 年
耒阳 M386	乙 AⅠa 型	东汉晚期	湖南耒阳市市区	1984—1988 年
耒阳 M387	乙 AⅠa 型	东汉中期	湖南耒阳市市区	1984—1988 年
耒阳 M388	乙 AⅡa 型	东汉中期	湖南耒阳市市区	1984—1988 年
耒阳 M389	乙 CⅠaⅱⅵ型	东汉晚期	湖南耒阳市樟皇岭	1984—1988 年
耒阳 M390	乙 AⅡa 型	东汉晚期	湖南耒阳市市区	1984—1988 年
耒阳 M391	乙 AⅠa 型	东汉晚期	湖南耒阳市市区	1984—1988 年

名称	墓葬形制	时期	位置	发掘发现时间
耒阳 M393	甲 C Ⅱ a 型	东汉中期	湖南耒阳市市区	1984—1988 年
耒阳 M395	乙 A Ⅰ a 型	东汉晚期	湖南耒阳市市区	1984—1988 年
耒阳 M397	甲 B Ⅱ b ⑧ 型	东汉中期	湖南耒阳市聂州村阴家巷	1984—1988 年
耒阳 M400	甲 B Ⅱ a 型	东汉中期	湖南耒阳市市区	1984—1988 年
耒阳 M402	乙 A Ⅰ b 型	东汉晚期	湖南耒阳市市区	1984—1988 年
耒阳 M403	乙 A Ⅰ b 型	东汉晚期	湖南耒阳市市区	1984—1988 年
耒阳 M405	乙 B Ⅰ a 型	东汉中期	湖南耒阳市耒阳铁合金厂	1984—1988 年
耒阳 M43	甲 B Ⅱ b 型	东汉中期	湖南耒阳市市区	1984—1988 年
耒阳 M48	甲 B Ⅱ a 型	东汉中期	湖南耒阳市市区	1984—1988 年
耒阳 M51	甲 B Ⅱ a ⅱ ⑧ 型	东汉中期	湖南耒阳市政府院内	1984—1988 年
耒阳 M52	甲 B Ⅱ a 型	东汉中期	湖南耒阳市市区	1984—1988 年
耒阳 M56	乙 B Ⅰ a 型	东汉晚期	湖南耒阳市市区	1984—1988 年
耒阳 M59	乙 B Ⅰ a 型	东汉晚期	湖南耒阳市市区	1984—1988 年
耒阳 M7	乙 A Ⅱ a 型	东汉晚期	湖南耒阳市市区	1984—1988 年
耒阳 M72	甲 C Ⅱ b 型	东汉中期	湖南耒阳市市区	1984—1988 年
耒阳 M73	甲 B Ⅱ a 型	东汉中期	湖南耒阳市市区	1984—1988 年
耒阳 M74	甲 B Ⅱ b 型	东汉中期	湖南耒阳市市区	1984—1988 年
耒阳 M82	乙 A Ⅰ b 型	东汉晚期	湖南耒阳市市区	1984—1988 年
耒阳 M84	乙 A Ⅰ b 型	东汉晚期	湖南耒阳市市区	1984—1988 年
耒阳 M9	乙 B Ⅰ a 型	东汉晚期	湖南耒阳市市区	1984—1988 年
耒阳 M90	乙 A Ⅰ b 型	东汉晚期	湖南耒阳市市区	1984—1988 年
耒阳 M92	乙 B Ⅰ a 型	东汉中期	湖南耒阳市市区	1984—1988 年
耒阳 M97	甲 B Ⅱ a 型	东汉中期	湖南耒阳市市区	1984—1988 年
耒阳蔡伦墓		东汉	湖南耒阳市插秧机制造厂家属区前	传世
耒阳东汉遗物		东汉	湖南耒阳市	
耒阳花石坳 M1	乙 B Ⅰ a 型	东汉早期	湖南耒阳县花石坳北面山坡上	1955 年 6—7 月
耒阳花石坳 M10	甲 B Ⅱ a 型	西汉晚期	湖南耒阳县花石坳北面山坡上	1955 年 6—7 月
耒阳花石坳 M12	甲 B Ⅱ a 型	西汉晚期	湖南耒阳县花石坳北面山坡上	1955 年 6—7 月
耒阳花石坳 M13	甲 B Ⅱ b 型	西汉晚期	湖南耒阳县花石坳北面山坡上	1955 年 6—7 月
耒阳花石坳 M14	乙 B Ⅰ a γⅰ 型	东汉早期	湖南耒阳县花石坳北面山坡上	1955 年 6—7 月
耒阳花石坳 M4	甲 B Ⅱ b 型	西汉晚期	湖南耒阳县花石坳北面山坡上	1955 年 6—7 月
耒阳花石坳 M5	乙 B Ⅱ a 型	东汉早期	湖南耒阳县花石坳北面山坡上	1955 年 6—7 月
耒阳花石坳 M6	甲 B Ⅱ a 型	西汉晚期	湖南耒阳县花石坳北面山坡上	1955 年 6—7 月
耒阳花石坳 M7	乙 A Ⅰ b 型	东汉早期	湖南耒阳县花石坳北面山坡上	1955 年 6—7 月
耒阳花石坳 M9	丁 A 类	西汉晚期	湖南耒阳县花石坳北面山坡上	1955 年 6—7 月
耒阳耒花营 M1	乙 B Ⅰ a γⅰ 型	东汉中期	湖南耒阳县金南乡、花石坳乡	1955 年 4—7 月
耒阳耒野营 M15	丙 Ba 型	东汉中期	湖南耒阳县金南乡、花石坳乡	1955 年 4—7 月
耒阳耒野营 M5	乙 C Ⅰ a γⅰ 型	东汉中期	湖南耒阳县金南乡、花石坳乡	1955 年 4—7 月
冷水滩 06 小河口 M1		东汉	湖南冷水滩市高溪市镇小河口村	2006 年 5—6 月
冷水滩 06 小河口 M2		东汉	湖南冷水滩市高溪市镇小河口村	2006 年 5—6 月

名称	墓葬形制	时期	位置	发掘发现时间
冷水滩 06 小河口 M3		东汉	湖南冷水滩市高溪市镇小河口村	2006 年 5—6 月
冷水滩 06 小河口 M4		东汉	湖南冷水滩市高溪市镇小河口村	2006 年 5—6 月
冷水滩 06 小河口 M5	甲 B Ⅱ b 型	西汉	湖南冷水滩市高溪市镇小河口村	2006 年 5—6 月
黎川汉车马纹砖		汉代	江西黎川县县城光明巷尾、县郊廖家排	
醴陵 2003BDM1	乙 B Ⅰ a 型	东汉早期	湖南醴陵市八步桥乡大屋垅村牛垭山	2003 年 10—12 月
醴陵 2003BDM2	乙 B Ⅰ a 型	东汉早期	湖南醴陵市八步桥乡大屋垅村牛垭山	2003 年 10—12 月
醴陵 75 烈士塔东汉铜镜		东汉	湖南醴陵市城区烈士塔大队	1975 年
醴陵 83 金庙岭东汉墓	乙 B Ⅰ a 型	东汉中期	湖南醴陵县渌江乡企石村金庙岭	1983 年 8 月下旬
醴陵醴陵古城		东汉	湖南醴陵市转步乡古城村	
醴陵醴陵侯古城		西汉	湖南醴陵市转步乡古城村东汉城址北侧	1986 年
醴陵楠竹山窑址		汉代	湖南醴陵市新阳乡楠竹山村	
荔浦 73 马岭古墓		汉南朝	广西荔浦县马岭镇永明、凤凰、新寨境内,荔	1973 年
荔浦 91 古城汉墓		汉代	广西荔浦县新坪乡炮竹厂旁坡地	1991 年 11 月
荔浦 91 新坪汉墓	丙 Ba 型、丙 Bb 型	汉代	广西荔浦县新坪乡炮竹厂旁坡地	1991 年 11 月
荔浦汉代陶器		汉代	广西荔浦县	
荔浦花篢古墓群		汉南朝	广西荔浦县花寨乡大垌村一带龙吊村附近	1965 年
荔浦马岭古墓群		汉南朝	广西荔浦县马岭镇永明、凤凰、新寨境内	1965 年
连城后门山遗址		商周西汉	福建连城县宣和乡培田村西北 500 米	1987 年 11 月
连城周屋汉代陶器		汉代	福建连城县文亨乡周屋山	
连江山堂西汉独木舟		西汉初期	福建连江县浦口公社山堂大队鳌江南岸	1974 年 12 月—1975 年
连平城西汉墓	乙 B Ⅰ a 型	东汉	广东连平县城西坡地	
连平黄潭寺汉墓	乙 B Ⅰ a 型	东汉	广东连平县城郊黄潭寺	
连平乌石坳汉墓	乙 B Ⅰ a 型	东汉	广东连平县城郊乌石坳	
连平西门岗汉墓	乙 B Ⅰ a 型	东汉	广东连平县城郊西门岗	
连平新龙汉墓	乙 B Ⅰ a 型	东汉	广东连平县新龙梁屋山坡	
连山大布山汉墓		汉代	广东连山县吉田镇大布田	
连山汉代陶器		战国晚期西汉初期	广东连山县	
连山平头岭汉墓		汉代	广东连山县禾洞镇铺庄村平头岭	
连山新石村遗址		秦汉	广东连山县吉田镇新石村	
连州龙嘴汉墓	甲 B Ⅰ b ②⑤型	西汉早期	广东连州市连州镇龙嘴竹仔墩	1995 年 5—6 月
涟源连道古城		汉代	湖南涟源县杨家滩镇	
涟源阴台遗址		汉代	湖南涟源县杨家滩梅林村一组	

续表

名称	墓葬形制	时期	位置	发掘发现时间
莲花07安城侯墓	甲CⅠaⅱ型	西汉中期	江西莲花县工业园区老虎坳罗汉山	2007年5月
莲花58展览馆汉代陶器		汉代	江西莲花县展览馆	1958年
莲花76六模西汉墓		西汉	江西莲花县六模村	1976年
莲花79塘头东汉墓	乙BⅠa型	东汉	江西莲花县琴水乡塘头村	1979年
廉江04多别东汉瓮棺葬	丁B类	东汉	广东廉江市青平镇多别村大山斜岭	2004年2月10日—4月
廉江85德耀汉墓	乙BⅠa型	东汉	广东廉江县高桥区德耀东村东面晒场边	1985年
廉江陂仔东汉瓮棺葬	丁B类	东汉	广东廉江市青平镇陂仔村	未介绍
廉江文河坡东汉墓	丁B类	东汉	广东廉江县石岭区文河村北面800m	
临澧合丰汉墓		东汉中期	湖南临澧县修梅乡合丰村	
临澧宋玉古城		战国西汉	湖南临澧县望城乡宋玉村	
临澧宋玉墓群		战国汉代	湖南临澧县望城乡宋玉村	
临高01文联汉代铜釜		汉代	海南临高县东英乡文连村	2001年11月
临高72抱才汉代铜釜		汉代	海南调楼乡抱才村	1972年8月
临高84拥武汉代铜鼓		汉代	海南临高县马袅乡拥武村	1984年3月
临武渡头古城		秦汉	湖南临武县汾市乡渡头村雷公岭	
临武汉代遗物		汉代	湖南临武县	
临武牛窝岭墓群		汉代	湖南临武县汾市乡渡头村	
临武寺冲墓群		汉代	湖南临武县土地乡寺冲西北300m	
临武左阁头墓群		汉代	湖南临武县武水乡左阁头村	
临湘88鹞子坡M14	甲BⅡb型	东汉	湖南临湘县江南乡鸭栏村义子山与鹞子坡	1988年9月
临湘88鹞子坡M15	甲AⅡb型	东汉	湖南临湘县江南乡鸭栏村义子山与鹞子坡	1988年9月
临湘88鹞子坡M16	乙AⅠb型	东汉	湖南临湘县江南乡鸭栏村义子山与鹞子坡	1988年9月
临湘88鹞子坡M8	甲AⅡb型	东汉	湖南临湘县江南乡鸭栏村义子山与鹞子坡	1988年9月
临湘汉代铜器		汉代	湖南临湘市	1987年
临湘鸡形湾遗址		汉代	湖南临湘市聂市镇东红村源潭河西岸鸡形湾	
灵川马山M1	甲BⅡb②/型	西汉初期	广西灵川县大圩镇上力脚村北	2001年2月
灵川马山M2	甲BⅡbⅱ①②型	西汉初期	广西灵川县大圩镇上力脚村北	2001年2月
灵川马山M3	甲BⅡbⅱ/①②型	西汉初期	广西灵川县大圩镇上力脚村北	2001年2月
灵川马山M4	甲AⅡb②型	西汉初期	广西灵川县大圩镇上力脚村北	2001年2月
灵川马山M5	甲AⅡbⅱ/②型	西汉初期	广西灵川县大圩镇上力脚村北	2001年2月
灵川马山M6	甲BⅡbⅰⅱ/型	西汉初期	广西灵川县大圩镇上力脚村北	2001年2月
灵川马山M7	甲BⅡbⅰ②/型	西汉初期	广西灵川县大圩镇上力脚村北	2001年2月
灵川三街古墓群		汉代	广西灵川县三街镇北1.5公里	
灵山62绿水铜鼓		秦汉	广西灵山县绿水公社绿水村	1962年

续表

名称	墓葬形制	时期	位置	发掘发现时间
灵山 74 桥山铜鼓		汉唐	广西灵山县武利公社桥山村	1974 年
灵山 74 双凤铜鼓		汉唐	广西灵山县旧州公社双凤村	1974 年
灵山 77 睦象铜鼓		汉唐	广西灵山县佛子公社睦象村	1977 年
灵山 80 石龙铜鼓		汉唐	广西灵山县三海公社石龙村	1980 年
灵山 82 六槛铜鼓		汉唐	广西灵山县伯劳公社六槛村	1982 年 2 月
灵山 83 那谐铜鼓		汉唐	广西灵山县太平公社那谐村	1983 年 5 月 20 日
灵山 84 宁屋山铜鼓		汉唐	广西灵山县旧州公社宁屋山村	1984 年 3 月
灵山 84 石基铜鼓		汉唐	广西灵山县平南公社石基村	1984 年 7 月
灵山 84 谭龙铜鼓		汉唐	广西灵山县丰塘公社谭龙村	1984 年 3 月 20 日
灵山 86 白木铜鼓		汉唐	广西灵山县三海乡白木村	1986 年 2 月 6 日
灵山 86 大丰铜鼓		汉唐	广西灵山县丰塘乡大丰村	1986 年 6 月 1 日
灵山 87 长基铜鼓		汉唐	广西灵山县灵山旧州乡长基村	1987 年 6 月 18 日
灵山 87 富致岭铜鼓		汉唐	广西灵山县旧州乡富致岭	1987 年 8 月 24 日
灵山 87 六颜铜鼓		汉唐	广西灵山县丰塘乡六颜村	1987 年
灵山 88 高华铜鼓		汉唐	广西灵山县丰塘乡高华村	1988 年 4 月 8 日
灵山 88 珠理铜鼓		汉唐	广西灵山县武利镇珠理村	1988 年 4 月 2 日
灵山 90 天顶山铜鼓		汉唐	广西灵山县檀圩镇天顶山村	1990 年 3 月
灵山 93 六谭铜鼓		汉唐	广西灵山县平南乡六谭村	1993 年 3 月
灵山汉代铜鼓		汉唐	广西灵山县	
灵山稔坡铜鼓		汉唐	广西灵山县新圩公社稔坡村	20 世纪 70 年代
灵山石塘铜鼓		汉唐	广西灵山县石塘公社石塘村	20 世纪 70 年代
陵水 78 英军 M12	丁 B 类	东汉	广东海南陵水县土曲湾军屯坡	1978 年 8—11 月
陵水 78 英军 M14	丁 B 类	东汉	广东海南陵水县土曲湾军屯坡	1978 年 8—11 月
陵水 78 英军 M23	丁 B 类	东汉	广东海南陵水县土曲湾军屯坡	1978 年 8—11 月
陵水 78 英军 M24	丁 B 类	东汉	广东海南陵水县土曲湾军屯坡	1978 年 8—11 月
陵水 78 英军 M26	丁 B 类	东汉	广东海南陵水县土曲湾军屯坡	1978 年 8—11 月
陵水 78 英军 M28	丁 B 类	东汉	广东海南陵水县土曲湾军屯坡	1978 年 8—11 月
陵水 78 英军 M30	丁 B 类	东汉	广东海南陵水县土曲湾军屯坡	1978 年 8—11 月
陵水 78 英军 M5	丁 B 类	东汉	广东海南陵水县土曲湾军屯坡	1978 年 8—11 月
陵水 78 英军 M6	丁 B 类	东汉	广东海南陵水县土曲湾军屯坡	1978 年 8—11 月
陵水 93 福湾汉代遗物		汉代	海南陵水县英州镇福湾开发区福湾村东北	1993 年 3 月
陵水 93 福湾汉墓	丁 B 类	汉代	海南陵水县英州镇福湾开发区	1993 年 3 月
陵水 93 军屯汉代遗物		汉代	海南陵水县英州镇福湾开发区军屯村东	1993 年 3 月
陵水 95 军屯汉墓		汉代	海南陵水县福湾开发区赤岭港海滨国际度假村	1995 年 7 月
零陵 62 牛角坝东汉墓		东汉	湖南零陵县牛角坝乡公路旁	1962 年
零陵 65 造纸厂东汉墓		东汉	湖南零陵县河西造纸厂	1965 年
零陵 65 造纸厂新莽墓		新莽	湖南零陵县河西造纸厂	1965 年
零陵 78 大祖山东汉墓		东汉	湖南零陵县珠山区医院大祖山	1978 年

名称	墓葬形制	时期	位置	发掘发现时间
零陵 80 古木塘东汉墓		东汉	湖南零陵县古木塘村	1980 年
零陵 80 造纸厂汉墓		汉代	湖南零陵县河西造纸厂	1965 年
零陵 95YM2	甲 C Ⅰ a ※ 型	西汉晚期	湖南永州市芝山区永州监狱建材红砖厂	1995 年
零陵北门墓群		东汉	湖南零陵县城郊北门看守所附近山头	20 世纪 50—60 年代
零陵东门外一号墓	乙 B Ⅰ a ⅱ 型	东汉早期	湖南零陵县东门外第四中学运动场	1956 年 2 月
零陵花果山墓群		东汉	湖南零陵县花果山	20 世纪 50—60 年代
零陵李家园新莽墓	乙 B Ⅰ a 型	新莽	湖南零陵县李家园	1963 年 2 月
零陵刘彊墓	甲 B Ⅰ a / 型	西汉中期	湖南永州市芝山区永州监狱建材红砖厂	1984 年
零陵柳子庙 M1	乙 A Ⅰ a 型	东汉早期	湖南零陵县柳子庙一带	1963 年 2—3 月
零陵柳子庙 M2	乙 A Ⅰ b 型	东汉早期	湖南零陵县柳子庙一带	1963 年 2—3 月
零陵柳子庙 M3		东汉早期	湖南零陵县柳子庙一带	1963 年 2—3 月
零陵柳子庙 M4	乙 C Ⅰ a 型	东汉早期	湖南零陵县柳子庙一带	1963 年 2—3 月
零陵柳子庙 M5		东汉早期	湖南零陵县柳子庙一带	1963 年 2—3 月
零陵柳子庙 M6		东汉早期	湖南零陵县柳子庙一带	1963 年 2—3 月
零陵柳子庙 M7	乙 GC Ⅰ a ⅵ ⅶ 型	东汉	湖南零陵县柳子庙一带	1963 年 2—3 月
零陵柳子庙 M8		东汉早期	湖南零陵县柳子庙一带	1963 年 2—3 月
零陵柳子庙 M9		东汉早期	湖南零陵县柳子庙一带	1963 年 2—3 月
零陵木材公司墓群		东汉	湖南零陵县木材公司	20 世纪 50—60 年代
零陵木材公司西汉墓	甲 B Ⅱ a 型	西汉晚期	湖南永州市木材公司院内	1988 年 4 月
零陵泉陵古城		汉代	湖南零陵县东风大桥东南泉陵街	传世
零陵新亭子墓群		东汉	湖南零陵县东门茆江桥村新亭子	20 世纪 50—60 年代
零陵一中墓群		东汉	湖南零陵县一中	20 世纪 50—60 年代
鄨县 82 河西汉墓		西汉	湖南鄨县河西	1982 年
鄨县 82 沔渡汉墓		汉代	湖南鄨县沔渡公社	1982 年
鄨县 83 仓背汉墓		汉代	湖南鄨县沔渡公社仓背大队黄烟堡	1983 年
鄨县 84 蔬菜汉墓		汉代	湖南鄨县城关镇蔬菜村	1984 年
柳江 81 镇西铜鼓		东汉	广西柳江县百朋公社镇西大队	1981 年
柳江 83 新安 M1	甲 B Ⅱ a ① 型	东汉	广西柳江县里雍公社新安大队小田头村	1983 年 11 月 2—28 日
柳江 83 新安 M10	甲 B Ⅱ a ① 型	东汉	广西柳江县里雍公社新安大队小田头村	1983 年 11 月 2—28 日
柳江 83 新安 M2		东汉	广西柳江县里雍公社新安大队小田头村	1983 年 11 月 2—28 日
柳江 83 新安 M3	甲 B Ⅱ a ① 型	东汉	广西柳江县里雍公社新安大队小田头村	1983 年 11 月 2—28 日
柳江 83 新安 M4	甲 B Ⅱ a ① 型	东汉	广西柳江县里雍公社新安大队小田头村	1983 年 11 月 2—28 日
柳江 83 新安 M5	甲 B Ⅱ a ① 型	东汉	广西柳江县里雍公社新安大队小田头村	1983 年 11 月 2—28 日

名称	墓葬形制	时期	位置	发掘发现时间
柳江 83 新安 M6	甲 BⅡa① 型	东汉	广西柳江县里雍公社新安大队小田头村	1983 年 11 月 2—28 日
柳江 83 新安 M7		东汉	广西柳江县里雍公社新安大队小田头村	1983 年 11 月 2—28 日
柳江 83 新安 M8		东汉	广西柳江县里雍公社新安大队小田头村	1983 年 11 月 2—28 日
柳江 83 新安 M9		东汉	广西柳江县里雍公社新安大队小田头村	1983 年 11 月 2—28 日
柳江 83 新安古墓		东汉	广西柳江县里雍镇新安村	1983 年
柳江新安古墓群		东汉	广西柳江县白沙乡大塘城至水山村长约 8 公里	1983 年
柳州 64 飞鹅铜鼓		东汉	广西柳州市飞鹅路	1964 年 3 月 25 日
柳州 73 东汉铜鼓		东汉	广西柳州市柳州物资二级站	1972 年
柳州 83 东汉铜鼓		东汉	广西跃进路废旧物资门市部	1983 年
柳州汉代铜器		汉代	广西柳州市	
柳州九头村 M1	甲 BⅠa 型	西汉中期	广西柳州市东南九头村西	1982 年冬
柳州九头山汉墓 A	甲 BⅠa 型	东汉中期	广西柳州市东南九头山东北	1983 年 10 月
柳州九头山汉墓 B	甲 BⅠa 型	东汉中期	广西柳州市东南九头山东北	1983 年 10 月
龙川 04 亨田东汉墓	甲 BⅡb 型	东汉早期	广东河源市龙川县佗城镇亨渡村亨田自然村	2004 年 10 月 25 日—11 月
龙川窟境古墓群		秦汉	广东龙川县黄布镇窟境	
龙川灵江古墓		秦汉	广东龙川县佗城镇灵江村	
龙川龙川古城		汉代	广东龙川县佗城镇	
龙川马箭岗古墓群		汉代	广东龙川县佗城镇马箭岗	
龙川坪岭头古墓群		秦汉	广东龙川县紫市镇坪岭头	
龙川园田古墓群		秦汉	广东龙川县回龙镇园田	
龙海汉代陶器		东汉	福建龙海博物馆	
龙海雩林山遗址		西汉	福建龙海市榜山镇雩林山	2002 年 6—7 月
龙门 74 黄岗岭战国墓		西汉初期	广东龙门县平陵镇路滩小学黄岗岭	1974 年 11 月
龙山 02J1		西汉初期	湖南湘西龙山县里耶镇	2002 年 4 月
龙山 02 大板 M1	甲 BⅡa 型	西汉晚期	湖南湘西龙山县里耶镇大板村	2002 年 9—11 月
龙山 02 大板 M10	甲 CⅡaⅱ 型	西汉晚期	湖南湘西龙山县里耶镇大板村	2002 年 9—11 月
龙山 02 大板 M11	甲 BⅡa 型	东汉早期	湖南湘西龙山县里耶镇大板村	2002 年 9—11 月
龙山 02 大板 M12	甲 EⅡb 型	西汉晚期	湖南湘西龙山县里耶镇大板村	2002 年 9—11 月
龙山 02 大板 M14	甲 CⅡa 型	东汉早期	湖南湘西龙山县里耶镇大板村	2002 年 9—11 月
龙山 02 大板 M15	甲 BⅡb 型	东汉早期	湖南湘西龙山县里耶镇大板村	2002 年 9—11 月
龙山 02 大板 M16	甲 BⅡb 型	新莽	湖南湘西龙山县里耶镇大板村	2002 年 9—11 月
龙山 02 大板 M17	甲 BⅡb 型	东汉早期	湖南湘西龙山县里耶镇大板村	2002 年 9—11 月
龙山 02 大板 M18	甲 BⅡb 型	东汉早期	湖南湘西龙山县里耶镇大板村	2002 年 9—11 月
龙山 02 大板 M2	甲 BⅡb 型	东汉早期	湖南湘西龙山县里耶镇大板村	2002 年 9—11 月
龙山 02 大板 M20	甲 CⅡa 型	新莽	湖南湘西龙山县里耶镇大板村	2002 年 9—11 月
龙山 02 大板 M21	甲 CⅡb 型	东汉早期	湖南湘西龙山县里耶镇大板村	2002 年 9—11 月

续表

名称	墓葬形制	时期	位置	发掘发现时间
龙山 02 大板 M22	甲 C Ⅱ a 型	新莽	湖南湘西龙山县里耶镇大板村	2002 年 9—11 月
龙山 02 大板 M23	甲 B Ⅱ a 型	东汉早期	湖南湘西龙山县里耶镇大板村	2002 年 9—11 月
龙山 02 大板 M25	甲 B Ⅱ aⅷ型	新莽	湖南湘西龙山县里耶镇大板村	2002 年 9—11 月
龙山 02 大板 M26	甲 C Ⅱ a 型	东汉早期	湖南湘西龙山县里耶镇大板村	2002 年 9—11 月
龙山 02 大板 M27	甲 B Ⅱ aⅷ型	东汉早期	湖南湘西龙山县里耶镇大板村	2002 年 9—11 月
龙山 02 大板 M28	甲 D Ⅱ a 型	新莽	湖南湘西龙山县里耶镇大板村	2002 年 9—11 月
龙山 02 大板 M29	甲 C Ⅱ aⅷ型	东汉早期	湖南湘西龙山县里耶镇大板村	2002 年 9—11 月
龙山 02 大板 M30	甲 B Ⅱ b 型	东汉早期	湖南湘西龙山县里耶镇大板村	2002 年 9—11 月
龙山 02 大板 M31	甲 B Ⅱ a 型	新莽	湖南湘西龙山县里耶镇大板村	2002 年 9—11 月
龙山 02 大板 M33	甲 B Ⅱ a 型	新莽	湖南湘西龙山县里耶镇大板村	2002 年 9—11 月
龙山 02 大板 M34	甲 B Ⅱ a 型	新莽	湖南湘西龙山县里耶镇大板村	2002 年 9—11 月
龙山 02 大板 M35	甲 C Ⅱ aⅷ型	东汉早期	湖南湘西龙山县里耶镇大板村	2002 年 9—11 月
龙山 02 大板 M37	甲 B Ⅱ a 型	西汉晚期	湖南湘西龙山县里耶镇大板村	2002 年 9—11 月
龙山 02 大板 M38	甲 C Ⅱ a 型	西汉晚期	湖南湘西龙山县里耶镇大板村	2002 年 9—11 月
龙山 02 大板 M39	甲 E Ⅱ b 型	东汉早期	湖南湘西龙山县里耶镇大板村	2002 年 9—11 月
龙山 02 大板 M40	甲 E Ⅱ a 型	西汉晚期	湖南湘西龙山县里耶镇大板村	2002 年 9—11 月
龙山 02 大板 M43	甲 B Ⅱ aⅷ型	东汉早期	湖南湘西龙山县里耶镇大板村	2002 年 9—11 月
龙山 02 大板 M44	甲 C Ⅱ aⅷ型	东汉早期	湖南湘西龙山县里耶镇大板村	2002 年 9—11 月
龙山 02 大板 M45	甲 B Ⅱ b 型	东汉早期	湖南湘西龙山县里耶镇大板村	2002 年 9—11 月
龙山 02 大板 M46	甲 B Ⅱ aⅷ型	新莽	湖南湘西龙山县里耶镇大板村	2002 年 9—11 月
龙山 02 大板 M47	甲 C Ⅱ aⅷ型	西汉晚期	湖南湘西龙山县里耶镇大板村	2002 年 9—11 月
龙山 02 大板 M48	甲 D Ⅱ a 型	西汉晚期	湖南湘西龙山县里耶镇大板村	2002 年 9—11 月
龙山 02 大板 M49	甲 CE Ⅱ aⅷ型	新莽	湖南湘西龙山县里耶镇大板村	2002 年 9—11 月
龙山 02 大板 M5	甲 C Ⅱ a 型	东汉早期	湖南湘西龙山县里耶镇大板村	2002 年 9—11 月
龙山 02 大板 M51	甲 B Ⅱ b 型	东汉早期	湖南湘西龙山县里耶镇大板村	2002 年 9—11 月
龙山 02 大板 M52	甲 B Ⅱ aⅷ型	东汉早期	湖南湘西龙山县里耶镇大板村	2002 年 9—11 月
龙山 02 大板 M54	甲 B Ⅱ a 型	东汉早期	湖南湘西龙山县里耶镇大板村	2002 年 9—11 月
龙山 02 大板 M57	甲 B Ⅱ aⅷ型	东汉早期	湖南湘西龙山县里耶镇大板村	2002 年 9—11 月
龙山 02 大板 M61	甲 E Ⅱ b 型	东汉早期	湖南湘西龙山县里耶镇大板村	2002 年 9—11 月
龙山 02 大板 M62	甲 B Ⅱ a 型	西汉晚期	湖南湘西龙山县里耶镇大板村	2002 年 9—11 月
龙山 02 大板 M63	甲 B Ⅱ aⅷ型	新莽	湖南湘西龙山县里耶镇大板村	2002 年 9—11 月
龙山 02 大板 M64	甲 E Ⅰ bⅱ型	西汉晚期	湖南湘西龙山县里耶镇大板村	2002 年 9—11 月
龙山 02 大板 M65	甲 E Ⅱ b 型	东汉早期	湖南湘西龙山县里耶镇大板村	2002 年 9—11 月
龙山 02 大板 M66	甲 B Ⅱ aⅷ型	东汉早期	湖南湘西龙山县里耶镇大板村	2002 年 9—11 月
龙山 02 大板 M69	甲 B Ⅱ aⅷ型	东汉早期	湖南湘西龙山县里耶镇大板村	2002 年 9—11 月
龙山 02 大板 M70	甲 B Ⅱ b 型	东汉早期	湖南湘西龙山县里耶镇大板村	2002 年 9—11 月
龙山 02 大板 M71	甲 B Ⅱ b 型	东汉早期	湖南湘西龙山县里耶镇大板村	2002 年 9—11 月
龙山 02 大板 M8	甲 C Ⅰ aⅱ型	新莽	湖南湘西龙山县里耶镇大板村	2002 年 9—11 月
龙山 02 大板 M9	甲 Ga 型	西汉晚期	湖南湘西龙山县里耶镇大板村	2002 年 9—11 月

名称	墓葬形制	时期	位置	发掘发现时间
龙山 57 汉代錞于		汉代	湖南龙山县白羊公社红星大队甲子山	1957 年 4 月
龙山 75 甲子山錞于		汉代	湖南龙山县白羊公社红星大队甲子山	1975 年 4 月
龙山 78 光明铜盒		西汉	湖南龙山县水坝公社光明大队	1978 年
龙山 78 他砂窖藏		西汉	湖南龙山县他砂公社他砂大队第七生产队	1978 年 8 月 27 日
龙山里耶古城		秦汉	湖南湘西龙山县里耶镇	2002 年 4 月
龙岩白沙遗址		秦汉	福建龙岩市白沙中学后山	
龙岩秦汉遗物		秦汉	福建龙岩市	
龙岩厦老遗址		秦汉	福建龙岩市雁石镇厦老村	
龙岩小池遗址		秦汉	福建龙岩市小池镇南坂岗	
隆回范家山墓群		汉代	湖南隆回县桃花坪乡澄水村范家坟山至氮肥厂	
隆回中洲墓群		汉代	湖南隆回县长铺乡中洲村岸边台地	
娄底 95 南阳东汉墓	乙 B Ⅰ aⅵ型	东汉	湖南娄底市东北西阳乡南阳村供销社仓库后面	1995 年 8 月
娄底大廓子汉墓		东汉	湖南娄底市茶园乡茶园村西	
娄底梁家仑东汉墓		东汉	湖南娄底市茶园乡石塘村梁家仑西南	
娄底杉山园东汉墓		东汉	湖南娄底市小碧乡十字村杉山园	
娄底蛇形湾汉墓		东汉	湖南娄底市小碧乡镇南村东南	
泸溪 57 汉代铜器		西汉	湖南泸溪县	1957 年
泸溪 96LPYM2	甲 B Ⅱ b 型	西汉早期	湖南湘西自治州泸溪县浦市镇桐木垅	1996 年
泸溪 97LPTM51	甲 B Ⅱ b 型	西汉中期	湖南湘西自治州泸溪县浦市镇桐木垅	1997 年
泸溪 97LPTM54	甲 B Ⅱ b 型	西汉中期	湖南湘西自治州泸溪县浦市镇桐木垅	1997 年
泸溪 97LPTM55	甲 B Ⅱ b 型	西汉中期	湖南湘西自治州泸溪县浦市镇桐木垅	1997 年
泸溪 97LPTM61	甲 B Ⅱ b 型	西汉早期	湖南湘西自治州泸溪县浦市镇桐木垅	1997 年
泸溪 97LPTM67	甲 B Ⅱ b 型	西汉中期	湖南湘西自治州泸溪县浦市镇桐木垅	1997 年
泸溪 97LPTM69	甲 B Ⅱ b 型	西汉中期	湖南湘西自治州泸溪县浦市镇桐木垅	1997 年
泸溪 97LPTM70	甲 B Ⅱ b 型	西汉中期	湖南湘西自治州泸溪县浦市镇桐木垅	1997 年
泸溪 97LPTM73	甲 B Ⅱ b 型	西汉早期	湖南湘西自治州泸溪县浦市镇桐木垅	1997 年
泸溪 97LPTM74	甲 B Ⅱ b 型	西汉晚期	湖南湘西自治州泸溪县浦市镇桐木垅	1997 年
泸溪 97LPTM75	甲 B Ⅱ b 型	西汉晚期	湖南湘西自治州泸溪县浦市镇桐木垅	1997 年

名称	墓葬形制	时期	位置	发掘发现时间
泸溪儿婆塘汉墓		汉代	湖南泸溪县上堡乡儿婆塘村左侧坡顶	
陆川汉代铜鉴		汉代	广西陆川县	
鹿寨58里坦东汉墓		东汉	广西鹿寨县四排乡里坦	1958年
鹿寨85中渡铜鼓		西汉	广西鹿寨县中渡镇石灰	1985年5月18日
鹿寨里坦汉墓群		东汉	广西鹿寨县四排乡里坦	1958年
罗定73水摆汉墓		汉代	广东罗定县水摆村	1973年
罗定77水摆汉墓	甲BⅠb型	西汉	广东罗定县罗镜区水摆村水田中	
罗定南门垌M3	甲BⅡb型	西汉初期	广东罗定县太平公社南门垌山口外	1977年冬
罗定秦汉遗物		秦汉	广东罗定县分界区细寨悬冈脚砖厂	
麻阳洞脑墓群		汉代	湖南麻阳苗族自治县绿溪口乡袁郊村北	1987年
麻阳江志坟遗址		汉代	湖南麻阳苗族自治县兰里镇江坪村东	
麻阳岭上遗址		汉代	湖南麻阳苗族自治县花园村西	
麻阳瓦冲遗址		汉代	湖南麻阳苗族自治县兰里镇所住村东	
茂名镇盛圩饰件		汉代	广东茂名市茂南区镇盛圩	1965—1985年
汨罗73清泉汉墓		东汉	湖南汨罗市川山坪公社清泉大队	1973年
汨罗81大垅汉代铜器		东汉	湖南汨罗山长乐公社大垅大队	1981年
汨罗83M1	甲BⅡb型	西汉初期	湖南汨罗县范家园乡永青村	1983年9—10月
汨罗83M10	甲BⅡb型	西汉早期	湖南汨罗县范家园乡永青村	1983年9—10月
汨罗83M11	甲BⅡb型	西汉初期	湖南汨罗县范家园乡永青村	1983年9—10月
汨罗83M12	甲CⅡb型	西汉初期	湖南汨罗县范家园乡永青村	1983年9—10月
汨罗83M13	甲BⅡb型	西汉初期	湖南汨罗县范家园乡永青村	1983年9—10月
汨罗83M15	甲BⅡb型	西汉早期	湖南汨罗县范家园乡永青村	1983年9—10月
汨罗83M16	甲CⅡa型	西汉初期	湖南汨罗县范家园乡永青村	1983年9—10月
汨罗83M17	甲BⅡb型	西汉早期	湖南汨罗县范家园乡永青村	1983年9—10月
汨罗83M19	甲BⅡb/型	西汉初期	湖南汨罗县范家园乡永青村	1983年9—10月
汨罗83M2	甲BⅡb型	西汉初期	湖南汨罗县范家园乡永青村	1983年9—10月
汨罗83M20	甲BⅠa型	西汉初期	湖南汨罗县范家园乡永青村	1983年9—10月
汨罗83M21	甲BⅡb型	西汉早期	湖南汨罗县范家园乡永青村	1983年9—10月
汨罗83M22	甲BⅡb型	西汉初期	湖南汨罗县范家园乡永青村	1983年9—10月
汨罗83M23	甲BⅡa/⑤型	西汉晚期	湖南汨罗县范家园乡永青村	1983年9—10月
汨罗83M24	甲BⅡb型	西汉初期	湖南汨罗县范家园乡永青村	1983年9—10月
汨罗83M25	甲BⅡb型	西汉早期	湖南汨罗县范家园乡永青村	1983年9—10月
汨罗83M27	甲BⅡb型	西汉早期	湖南汨罗县范家园乡永青村	1983年9—10月
汨罗83M29	甲CⅡb型	西汉初期	湖南汨罗县范家园乡永青村	1983年9—10月
汨罗83M3	甲BⅡb型	西汉初期	湖南汨罗县范家园乡永青村	1983年9—10月
汨罗83M32	甲BⅡb型	西汉初期	湖南汨罗县范家园乡永青村	1983年9—10月

名称	墓葬形制	时期	位置	发掘发现时间
汨罗 83M34	甲 B Ⅱ b 型	西汉初期	湖南汨罗县范家园乡永青村	1983 年 9—10 月
汨罗 83M36	甲 C Ⅱ a 型	西汉初期	湖南汨罗县范家园乡永青村	1983 年 9—10 月
汨罗 83M37	甲 B Ⅱ b 型	西汉初期	湖南汨罗县范家园乡永青村	1983 年 9—10 月
汨罗 83M38	甲 B Ⅱ b 型	西汉初期	湖南汨罗县范家园乡永青村	1983 年 9—10 月
汨罗 83M39	甲 B Ⅱ b 型	西汉初期	湖南汨罗县范家园乡永青村	1983 年 9—10 月
汨罗 83M4	甲 C Ⅱ b 型	西汉早期	湖南汨罗县范家园乡永青村	1983 年 9—10 月
汨罗 83M40	甲 B Ⅰ a 型	西汉早期	湖南汨罗县范家园乡永青村	1983 年 9—10 月
汨罗 83M5	甲 C Ⅱ b 型	西汉初期	湖南汨罗县范家园乡永青村	1983 年 9—10 月
汨罗 83M6	甲 B Ⅰ a/ 型	西汉早期	湖南汨罗县范家园乡永青村	1983 年 9—10 月
汨罗 83M7	甲 B Ⅱ b 型	西汉晚期	湖南汨罗县范家园乡永青村	1983 年 9—10 月
汨罗 83M8	甲 C Ⅱ b 型	西汉初期	湖南汨罗县范家园乡永青村	1983 年 9—10 月
汨罗 83M9	甲 B Ⅱ b 型	西汉早期	湖南汨罗县范家园乡永青村	1983 年 9—10 月
汨罗汉代陶器		汉代	湖南汨罗市	
闽侯古城古灵城址		西汉早期	福建闽侯县南通镇古城村南 2 公里	1960 年 1 月
闽侯庙后山 M1	甲 C Ⅱ b 型	东汉晚期	福建闽侯县荆溪镇关口村南福铁路附近	1958 年
闽侯庙后山 M4	甲 B Ⅱ b 型	东汉晚期	福建闽侯县荆溪镇关口村南福铁路附近	1958 年
闽侯庄边山 60M3	甲 B Ⅱ b/ 型	西汉早期	福建闽侯榕岸乡庄边山	1960 年 1 月
闽侯庄边山 82M16	甲 B Ⅰ b 型	西汉初期	福建闽侯县榕岸村庄边山	1982—1983 年
闽侯庄边山 82M18	甲 B Ⅰ b 型	西汉早期	福建闽侯县榕岸村庄边山	1982—1983 年
闽侯庄边山 82M33	甲 B Ⅱ b 型	西汉初期	福建闽侯县榕岸村庄边山	1982—1983 年
闽侯庄边山 82M35	甲 B Ⅱ b 型	西汉早期	福建闽侯县榕岸村庄边山	1982—1983 年
闽侯庄边山 82M39	甲 B Ⅱ b 型	西汉早期	福建闽侯县榕岸村庄边山	1982—1983 年
闽侯庄边山 82M47	甲 B Ⅱ b 型	西汉早期	福建闽侯县榕岸村庄边山	1982—1983 年
闽侯庄边山 82M49	甲 B Ⅱ b 型	西汉早期	福建闽侯县榕岸村庄边山	1982—1983 年
闽侯庄边山 82M50	甲 B Ⅰ b 型	西汉早期	福建闽侯县榕岸村庄边山	1982—1983 年
闽侯庄边山遗址		新石器闽越	福建闽侯县榕岸村庄边山	1982—1983 年
南昌 03JTM1	乙 A Ⅱ a 型	东汉晚期	江西南昌市蛟桥镇江西交通职业技术学校	2003 年 8 月
南昌 03JTM2	乙 A Ⅱ a 型	东汉中期	江西南昌市蛟桥镇江西交通职业技术学校	2003 年 8 月
南昌 03JTM3	乙 A Ⅱ a 型	东汉晚期	江西南昌市蛟桥镇江西交通职业技术学校	2003 年 8 月
南昌 03JTM4	乙 A Ⅱ a 型	东汉中期	江西南昌市蛟桥镇江西交通职业技术学校	2003 年 8 月
南昌 57 老福山汉墓	乙 B Ⅰ a 型	新莽	江西南昌市老福山	1957 年 3 月
南昌 58 第四中学汉墓	乙 C Ⅰ aⅵ型	东汉	江西南昌市丁公路第四中学教学楼前	1958 年 4 月 23 日
南昌 58 第五交通路汉墓	乙 F Ⅰ aⅵⅶ型	东汉	江西南昌市第五交通路之南人民公园之东	1958 年 3 月 5 日
南昌 58 食品厂东汉墓		东汉晚期	江西南昌市食品厂工地	1958 年 6 月 6—27 日

名称	墓葬形制	时期	位置	发掘发现时间
南昌 58 张家山东汉墓	乙 A Ⅱ a 型	东汉	江西南昌市江西纺织厂背后张家山	1958 年 4 月 17—23 日
南昌 59 青云谱东汉墓		东汉	江西南昌市青云谱工地	1959 年 12 月上旬
南昌 64 进顺汉墓	甲 B Ⅱ a⑤ 型	西汉中期	江西南昌市湖坊公社进顺大队	1964 年 7 月
南昌 64 老福山汉墓	甲 B Ⅰ a 型	西汉中期	江西南昌老福山	1964 年 10 月 7 日
南昌 65 梦山东汉墓		东汉晚期	江西南昌市梦山水库	1965 年 10 月
南昌 72 南 M1	乙 B Ⅰ a 型	东汉早期	江西南昌市薛家岭	1972 年 6—7 月
南昌 72 南 M2	乙 GC Ⅰ aⅵⅶ 型	东汉中期	江西南昌市青云谱施家窑	1972 年 6—7 月
南昌 73 第四机床厂汉墓	甲 B Ⅱ b 型	西汉	江西南昌市江西第四机床厂人防工地	1973 年 9 月
南昌 73 丁 M1	乙 A Ⅱ aⅵ 型	东汉晚期	江西南昌市抚河东岸,具体位置不详	1973 年年初
南昌 73 丁 M2	乙 A Ⅱ a 型	东汉晚期	江西南昌市抚河东岸,具体位置不详	1973 年年初
南昌 73 七里村汉墓	乙 C Ⅰ aⅵ 型	东汉	江西南昌市塘山东社七里大队	1973 年冬
南昌 87 老福山汉墓		西汉晚期	江西南昌公交公司	1987 年 1 月
南昌第一交通路东汉墓	乙 C Ⅰ aⅵ 型	东汉早期	江西南昌市第一交通路	1964 年 12 月
南昌纺织厂汉墓		东汉	江西南昌市纺织厂	20 世纪 50 年代早中期
南昌灌婴城遗址		汉代	江西南昌市火车南站东南约 4 公里皇城寺一带	
南昌汉代铜器		东汉	江西南昌市博物馆	
南昌京家山 M1	甲 B Ⅱ b 型	新莽	江西南昌市京家山市罐头啤酒厂	1986 年 8 月
南昌京家山 M2	甲 B Ⅱ b 型	新莽	江西南昌市京家山市罐头啤酒厂	1986 年 8 月
南昌京山 M1	乙 A Ⅰ a 型	东汉中期	江西南昌市京山	1981 年之前
南昌七里街 M1	乙 B Ⅰ a 型	东汉	江西南昌市七里街	20 世纪 50 年代早中期
南昌青云谱 M1	乙 A Ⅱ a 型	东汉早期	江西南昌市青云谱地区	1960 年上半年
南昌青云谱 M2	乙 A Ⅱ a 型	东汉晚期	江西南昌市青云谱地区	1960 年上半年
南昌青云谱 M3	乙 A Ⅱ a 型	东汉晚期	江西南昌市青云谱地区	1960 年上半年
南昌青云谱 M4	乙 A Ⅱ a 型	东汉中期	江西南昌市青云谱地区	1960 年上半年
南昌青云谱 M5	乙 A Ⅱ a 型	新莽	江西南昌市青云谱地区	1960 年上半年
南昌青云谱 M6	乙 A Ⅱ a 型	东汉中期	江西南昌市青云谱地区	1960 年上半年
南昌青云谱 M8	乙 A Ⅱ a 型	东汉早期	江西南昌市青云谱地区	1960 年上半年
南昌青云谱 M9	乙 A Ⅱ a 型	东汉中期	江西南昌市青云谱地区	1960 年上半年
南昌丝网塘 M1	乙 C Ⅰ a 型	东汉晚期	江西南昌市丝网塘	1965 年年初
南昌丝网塘 M2	乙 B Ⅱ a 型	东汉晚期	江西南昌市丝网塘	1965 年年初
南昌塘山 M3	乙 B Ⅱ a 型	东汉中期	江西南昌市塘山	1981 年之前
南昌塘山 M4	甲 B Ⅱ b 型	东汉早期	江西南昌市塘山	1981 年之前
南昌下尧东汉墓	乙 B Ⅱ a 型	东汉晚期	江西南昌市青云谱乡下尧砖厂	1983 年 10 月
南昌星光东汉墓	乙 A Ⅱ aⅵ 型	东汉中期	江西南昌市塘山公社星光大队青山湖畔	1965 年 1 月 8 日
南昌永河 M1	甲 C Ⅱ 型	西汉中期	江西南昌市东郊塘山公社永河大队	1973 年 1—7 月

名称	墓葬形制	时期	位置	发掘发现时间
南昌永河 M13	甲 B I b 型	西汉中期	江西南昌市东郊塘山公社永河大队	1973 年 1—7 月
南昌永河 M14	甲 B II b※型	西汉中期	江西南昌市东郊塘山公社永河大队	1973 年 1—7 月
南昌永河 M15	甲 B I b 型	西汉中期	江西南昌市东郊塘山公社永河大队	1973 年 1—7 月
南昌永河 M19		西汉中期	江西南昌市东郊塘山公社永河大队	1973 年 1—7 月
南昌永河 M2	甲 C II a 型	西汉中期	江西南昌市东郊塘山公社永河大队	1973 年 1—7 月
南昌永河 M3	甲 C II b 型	西汉中期	江西南昌市东郊塘山公社永河大队	1973 年 1—7 月
南昌永河 M4	甲 B I b 型	西汉中期	江西南昌市东郊塘山公社永河大队	1973 年 1—7 月
南昌永河 M5	甲 B I b 型	西汉中期	江西南昌市东郊塘山公社永河大队	1973 年 1—7 月
南昌永河 M6	甲 B I b 型	西汉中期	江西南昌市东郊塘山公社永河大队	1973 年 1—7 月
南昌永河 M7	甲 B I b 型	西汉中期	江西南昌市东郊塘山公社永河大队	1973 年 1—7 月
南昌永河 M8	甲 B I b 型	西汉中期	江西南昌市东郊塘山公社永河大队	1973 年 1—7 月
南昌永河 M9	甲 B I b 型	西汉中期	江西南昌市东郊塘山公社永河大队	1973 年 1—7 月
南昌招贤 M2	乙 A I a 型	东汉中期	江西南昌市招贤	1981 年之前
南海 51 铜鼓		汉代	广东南海县征集	1951 年
南海平洲 M1	甲 B II b 型	东汉中期	广东南海县平洲马祠堂山	1964 年 12 月
南海平洲 M3	甲 C II b/型	东汉早期	广东南海县平洲马祠堂山	1964 年 12 月
南海平洲 M4	甲 B I a 型	西汉晚期	广东南海县平洲马祠堂山	1964 年 12 月
南海平洲 M5	甲 B I b/型	东汉早期	广东南海县平洲马祠堂山	1964 年 12 月
南海平洲 M6	甲 A II b 型	东汉早期	广东南海县平洲马祠堂山	1964 年 12 月
南海平洲 M7	甲 A II b 型	东汉早期	广东南海县平洲马祠堂山	1964 年 12 月
南靖汉代陶器		汉代	福建南靖县	
南康 82 黄屋几头汉墓		东汉	江西南康县龙回黄屋几头屋背山	1982 年
南康 82 莲花汉墓		汉代	江西南康县西华乡莲花村	1982 年
南康 82 岭背汉墓	乙 B I a 型	东汉	江西南康县蓉江镇岭背村杉树岭	1982 年
南康 86 坪塘汉墓		汉代	江西南康市金鸡镇坪塘村	
南康荒塘 M1	乙 B I aⅵ型	东汉晚期	江西南康县三益乡荒塘村,东距 105 国道 500 米	1994 年 1 月
南康荒塘 M2	乙 B I aⅵ型	东汉晚期	江西南康县三益乡荒塘村,东距 105 国道 500 米	1994 年 1 月
南康荒塘 M3	乙 B I aⅵ型	东汉晚期	江西南康县三益乡荒塘村,东距 105 国道 500 米	1994 年 1 月
南康岭背西汉墓	甲 B II b 型	西汉初期	江西南康县蓉江镇岭背大队朱屹里杉树岭	1982 年 9 月
南宁 62 心圩铜鼓		汉代	广西南宁市心圩公社振兴大队	1962 年 3 月 17 日

续表

名称	墓葬形制	时期	位置	发掘发现时间
南宁88三江西汉墓		西汉中期	广西南宁市三江村北面小姑岭	1988年12月中旬
南平汉代遗物		东汉	福建南平市	
南雄82黄竹潭遗址		东汉唐宋	广东南雄县水口镇西北200m黄竹潭	1982年
南雄82龙口山M1	乙BⅠaⅵ型	东汉早期	广东南雄县乌迳镇新田村龙口山与甘埠山周围	1982年10月
南雄82龙口山M2	乙BⅠa型	东汉晚期	广东南雄县乌迳镇新田村龙口山与甘埠山周围	1982年10月
南雄82龙口山M3	甲BⅡb型	西汉	广东南雄县乌迳镇新田村龙口山与甘埠山周围	1982年10月
南雄甘埠山遗址		东汉西晋	广东南雄县乌迳镇新田村甘埠山	1984年10月
南雄汉代遗物		东汉	广东南雄县	
南雄梅鋗古城		汉代	广东南雄县梅岭镇中站村	传世
宁都莲湖墓葬群		东汉西晋	江西宁都县石上莲湖	
宁冈82漕水陇东汉墓	乙AⅠb型	东汉	江西宁冈县城南半公里漕水陇	1982年3月
宁冈尹亚汉墓	乙BⅠa型	东汉	江西龙市镇尹亚村后山坡上	20世纪50年代末
宁乡95一环路汉墓		汉代	湖南宁乡县一环路学庵段山坡	1995年
宁乡96石长长常墓群		汉代	湖南宁乡县石长铁路、长常高速公路宁乡境内	1996年
宁乡东汉陶器		东汉	湖南宁乡县	
宁乡汉代遗物		汉代	湖南宁乡县	
宁乡尚书遗址		汉代	湖南宁乡县巷子口乡巷市村尚书组	
宁远春陵古城		西汉	湖南宁远县柏家坪镇柏家村	1983年
宁远春陵侯墓		西汉中期	湖南宁远县柏加坪镇柏家井村西	
宁远大阳河墓群		东汉	湖南宁远县大阳洞乡岭角村大阳河两岸	
宁远汉代陶器		汉代	湖南宁远县	
宁远泠道古城		西汉	湖南宁远县东城乡培泽村	1981年
宁远千家坪墓群		汉代	湖南宁远县仁和乡黄家洞村千家坪	
彭泽汉代铁器		东汉	江西彭泽县天红乡	
彭泽汉晋陶器		汉晋	江西彭泽县黄岭乡	
彭泽仙真岩遗址		汉代	江西彭泽县龙宫洞管理处	
平和汉代陶器		东汉	福建平和博物馆	
平江96边山东汉墓		东汉	湖南平江县安达镇边山村	1996年5—7月
平江96边山西汉墓		西汉	湖南平江县安达镇边山村	1996年5—7月
平江96牛形山汉墓		西汉初期	湖南平江县官塘农场牛形山	1996年5—7月
平江汉昌古城		东汉	湖南平江县安定镇永安村	
平乐05木棺汀东汉墓	乙BⅠaⅵ型	东汉	广西平乐县平乐镇同乐村北木棺汀	2005年9月
平乐大林古墓群		东汉南北朝	广西平乐县桥亭乡大林村	1987年
平乐二塘汉代铜器		东汉	广西平乐县二塘镇灯火岭	

名称	墓葬形制	时期	位置	发掘发现时间
平乐金盏陶屋		汉代	广西平乐县青龙乡金盏村	
平乐乐州古城 A		战国唐	广西平乐县附城乡南洲糖柞村荔江、漓江交汇处	1988 年 8 月
平乐乐州古城 B		战国唐	广西平乐县附城乡南洲糖柞村荔江、漓江交汇	1988 年 8 月
平乐马田古墓群		东汉	广西平乐县青龙乡马田村南北面。婆山村碓丫	1983 年
平乐平地铜洗		汉代	广西平乐县青龙乡平地村	
平乐平乐汉代铜镜		汉代	广西平乐县平乐镇	
平乐沙子汉代铜钱		汉代	广西平乐县沙子镇二塘镇	
平乐兴隆古墓群		汉南北朝	广西平乐县桥亭乡兴隆村东南公路沿线两侧旱	1980 年
平乐阳安古墓群		战国晋代	广西平乐县阳安乡西北梅花岭	1986 年
平乐银山岭 M1	甲 B Ⅱ b①②型	西汉初期	广西平乐县张家公社燕水大队银山岭	1974 年 11—12 月
平乐银山岭 M10	甲 A Ⅱ b②型	西汉初期	广西平乐县张家公社燕水大队银山岭	1974 年 11—12 月
平乐银山岭 M100	甲 B Ⅱ b ⅰ ⅱ①②型	西汉中期	广西平乐县张家公社燕水大队银山岭	1974 年 11—12 月
平乐银山岭 M101	甲 B Ⅱ b ⅱ/型	西汉中期	广西平乐县张家公社燕水大队银山岭	1974 年 11—12 月
平乐银山岭 M102	甲 B Ⅱ b ⅱ②型	西汉初期	广西平乐县张家公社燕水大队银山岭	1974 年 11—12 月
平乐银山岭 M103	甲 A Ⅱ b②型	西汉初期	广西平乐县张家公社燕水大队银山岭	1974 年 11—12 月
平乐银山岭 M104	甲 B Ⅱ b 型	西汉初期	广西平乐县张家公社燕水大队银山岭	1974 年 11—12 月
平乐银山岭 M105	甲 B Ⅰ a 型	东汉中期	广西平乐县张家公社燕水大队银山岭	1974 年 11—12 月
平乐银山岭 M106	甲 A Ⅱ b②型	西汉初期	广西平乐县张家公社燕水大队银山岭	1974 年 11—12 月
平乐银山岭 M107	甲 A Ⅱ b②型	西汉初期	广西平乐县张家公社燕水大队银山岭	1974 年 11—12 月
平乐银山岭 M108	甲 B Ⅱ b②型	西汉初期	广西平乐县张家公社燕水大队银山岭	1974 年 11—12 月
平乐银山岭 M109	甲 A Ⅱ b②型	西汉初期	广西平乐县张家公社燕水大队银山岭	1974 年 11—12 月
平乐银山岭 M11	甲 A Ⅱ b②型	西汉初期	广西平乐县张家公社燕水大队银山岭	1974 年 11—12 月
平乐银山岭 M110	甲 B Ⅱ b②型	西汉初期	广西平乐县张家公社燕水大队银山岭	1974 年 11—12 月
平乐银山岭 M111	甲 A Ⅱ b 型	西汉晚期	广西平乐县张家公社燕水大队银山岭	1974 年 11—12 月
平乐银山岭 M112	甲 B Ⅰ b ⅱ①型	东汉中期	广西平乐县张家公社燕水大队银山岭	1974 年 11—12 月
平乐银山岭 M113	甲 A Ⅱ b②型	西汉初期	广西平乐县张家公社燕水大队银山岭	1974 年 11—12 月

名称	墓葬形制	时期	位置	发掘发现时间
平乐银山岭 M114	甲 B Ⅱ b ⅰ ⅱ ② 型	西汉初期	广西平乐县张家公社燕水大队银山岭	1974 年 11—12 月
平乐银山岭 M115	甲 B Ⅱ b ⅰ ⅱ ① ② 型	西汉初期	广西平乐县张家公社燕水大队银山岭	1974 年 11—12 月
平乐银山岭 M116	甲 B Ⅰ a ⅱ ① 型	东汉中期	广西平乐县张家公社燕水大队银山岭	1974 年 11—12 月
平乐银山岭 M117	甲 B Ⅰ a ⅰ ⅳ ① 型	新莽	广西平乐县张家公社燕水大队银山岭	1974 年 11—12 月
平乐银山岭 M118	甲 B Ⅱ b 型	西汉初期	广西平乐县张家公社燕水大队银山岭	1974 年 11—12 月
平乐银山岭 M119	甲 B Ⅱ b ②／型	西汉初期	广西平乐县张家公社燕水大队银山岭	1974 年 11—12 月
平乐银山岭 M120	甲 A Ⅱ b ② 型	西汉初期	广西平乐县张家公社燕水大队银山岭	1974 年 11—12 月
平乐银山岭 M121	甲 A Ⅱ b ② 型	西汉初期	广西平乐县张家公社燕水大队银山岭	1974 年 11—12 月
平乐银山岭 M122	甲 B Ⅰ a ⅱ 型	西汉晚期	广西平乐县张家公社燕水大队银山岭	1974 年 11—12 月
平乐银山岭 M124	甲 B Ⅰ a ⅱ 型	西汉晚期	广西平乐县张家公社燕水大队银山岭	1974 年 11—12 月
平乐银山岭 M125	甲 B Ⅰ a 型	西汉晚期	广西平乐县张家公社燕水大队银山岭	1974 年 11—12 月
平乐银山岭 M126	甲 B Ⅱ b ⅰ ⅱ ① ② 型	西汉初期	广西平乐县张家公社燕水大队银山岭	1974 年 11—12 月
平乐银山岭 M127	甲 B Ⅱ b ②／型	西汉中期	广西平乐县张家公社燕水大队银山岭	1974 年 11—12 月
平乐银山岭 M128	甲 B Ⅰ a ① 型	西汉晚期	广西平乐县张家公社燕水大队银山岭	1974 年 11—12 月
平乐银山岭 M129	甲 A Ⅱ b ② 型	西汉初期	广西平乐县张家公社燕水大队银山岭	1974 年 11—12 月
平乐银山岭 M13	甲 A Ⅱ b ② 型	西汉初期	广西平乐县张家公社燕水大队银山岭	1974 年 11—12 月
平乐银山岭 M130	甲 A Ⅱ b／② ③ 型	西汉初期	广西平乐县张家公社燕水大队银山岭	1974 年 11—12 月
平乐银山岭 M131	甲 B Ⅱ b ⅱ 型	西汉早期	广西平乐县张家公社燕水大队银山岭	1974 年 11—12 月
平乐银山岭 M132	甲 A Ⅱ b 型	西汉早期	广西平乐县张家公社燕水大队银山岭	1974 年 11—12 月
平乐银山岭 M133	甲 B Ⅰ a／型	西汉晚期	广西平乐县张家公社燕水大队银山岭	1974 年 11—12 月
平乐银山岭 M134	甲 B Ⅰ a ⅱ 型	东汉中期	广西平乐县张家公社燕水大队银山岭	1974 年 11—12 月
平乐银山岭 M135	甲 A Ⅱ b ② 型	西汉初期	广西平乐县张家公社燕水大队银山岭	1974 年 11—12 月
平乐银山岭 M136	甲 B Ⅰ a 型	东汉中期	广西平乐县张家公社燕水大队银山岭	1974 年 11—12 月
平乐银山岭 M137	甲 B Ⅰ b 型	西汉中期	广西平乐县张家公社燕水大队银山岭	1974 年 11—12 月
平乐银山岭 M138	甲 A Ⅱ b 型	西汉早期	广西平乐县张家公社燕水大队银山岭	1974 年 11—12 月

续表

名称	墓葬形制	时期	位置	发掘发现时间
平乐银山岭 M139	甲 B I a 型	西汉晚期	广西平乐县张家公社燕水大队银山岭	1974 年 11—12 月
平乐银山岭 M14	甲 B II b 型	西汉初期	广西平乐县张家公社燕水大队银山岭	1974 年 11—12 月
平乐银山岭 M141	甲 B I a 型	西汉晚期	广西平乐县张家公社燕水大队银山岭	1974 年 11—12 月
平乐银山岭 M142	甲 B II b②型	西汉中期	广西平乐县张家公社燕水大队银山岭	1974 年 11—12 月
平乐银山岭 M143	甲 B I a/型	东汉中期	广西平乐县张家公社燕水大队银山岭	1974 年 11—12 月
平乐银山岭 M144	甲 A II b 型	西汉初期	广西平乐县张家公社燕水大队银山岭	1974 年 11—12 月
平乐银山岭 M145	甲 B II b ii ①②型	西汉初期	广西平乐县张家公社燕水大队银山岭	1974 年 11—12 月
平乐银山岭 M146	甲 A II b②型	西汉初期	广西平乐县张家公社燕水大队银山岭	1974 年 11—12 月
平乐银山岭 M147	甲 A II b②型	西汉初期	广西平乐县张家公社燕水大队银山岭	1974 年 11—12 月
平乐银山岭 M148	甲 B I a※型	新莽	广西平乐县张家公社燕水大队银山岭	1974 年 11—12 月
平乐银山岭 M149	甲 A I b②型	西汉中期	广西平乐县张家公社燕水大队银山岭	1974 年 11—12 月
平乐银山岭 M15	甲 B II b②型	西汉初期	广西平乐县张家公社燕水大队银山岭	1974 年 11—12 月
平乐银山岭 M150	甲 B I a 型	西汉晚期	广西平乐县张家公社燕水大队银山岭	1974 年 11—12 月
平乐银山岭 M151	甲 A II b 型	西汉初期	广西平乐县张家公社燕水大队银山岭	1974 年 11—12 月
平乐银山岭 M152	甲 A II b②型	西汉初期	广西平乐县张家公社燕水大队银山岭	1974 年 11—12 月
平乐银山岭 M153	甲 B II b ii ②型	西汉初期	广西平乐县张家公社燕水大队银山岭	1974 年 11—12 月
平乐银山岭 M154	甲 A II b②型	西汉初期	广西平乐县张家公社燕水大队银山岭	1974 年 11—12 月
平乐银山岭 M155	甲 A II b②型	西汉初期	广西平乐县张家公社燕水大队银山岭	1974 年 11—12 月
平乐银山岭 M156	甲 A II b②型	西汉初期	广西平乐县张家公社燕水大队银山岭	1974 年 11—12 月
平乐银山岭 M157	甲 A II b 型	西汉早期	广西平乐县张家公社燕水大队银山岭	1974 年 11—12 月
平乐银山岭 M158	甲 B II b②型	西汉初期	广西平乐县张家公社燕水大队银山岭	1974 年 11—12 月
平乐银山岭 M159	甲 A II b②型	西汉初期	广西平乐县张家公社燕水大队银山岭	1974 年 11—12 月
平乐银山岭 M16	甲 B II b 型	西汉初期	广西平乐县张家公社燕水大队银山岭	1974 年 11—12 月
平乐银山岭 M160	甲 A II b②型	西汉初期	广西平乐县张家公社燕水大队银山岭	1974 年 11—12 月
平乐银山岭 M161	甲 A II b/②型	西汉初期	广西平乐县张家公社燕水大队银山岭	1974 年 11—12 月

名称	墓葬形制	时期	位置	发掘发现时间
平乐银山岭 M162	甲 A Ⅱ b② 型	西汉初期	广西平乐县张家公社燕水大队银山岭	1974 年 11—12 月
平乐银山岭 M163	甲 A Ⅱ b② 型	西汉初期	广西平乐县张家公社燕水大队银山岭	1974 年 11—12 月
平乐银山岭 M164	甲 A Ⅱ b/② 型	西汉初期	广西平乐县张家公社燕水大队银山岭	1974 年 11—12 月
平乐银山岭 M165	甲 B Ⅰ a 型	东汉中期	广西平乐县张家公社燕水大队银山岭	1974 年 11—12 月
平乐银山岭 M166	甲 A Ⅱ b② 型	西汉初期	广西平乐县张家公社燕水大队银山岭	1974 年 11—12 月
平乐银山岭 M167	甲 B Ⅱ b ⅱ② 型	西汉初期	广西平乐县张家公社燕水大队银山岭	1974 年 11—12 月
平乐银山岭 M168	甲 B Ⅱ b②/ 型	西汉初期	广西平乐县张家公社燕水大队银山岭	1974 年 11—12 月
平乐银山岭 M17	甲 A Ⅰ b ⅱ② 型	西汉初期	广西平乐县张家公社燕水大队银山岭	1974 年 11—12 月
平乐银山岭 M18	甲 A Ⅱ b② 型	西汉初期	广西平乐县张家公社燕水大队银山岭	1974 年 11—12 月
平乐银山岭 M2	甲 B Ⅰ a ⅱ 型	西汉晚期	广西平乐县张家公社燕水大队银山岭	1974 年 11—12 月
平乐银山岭 M20	甲 B Ⅱ b ⅱ 型	西汉初期	广西平乐县张家公社燕水大队银山岭	1974 年 11—12 月
平乐银山岭 M21	甲 A Ⅱ b② 型	西汉初期	广西平乐县张家公社燕水大队银山岭	1974 年 11—12 月
平乐银山岭 M22	甲 A Ⅱ b② 型	西汉初期	广西平乐县张家公社燕水大队银山岭	1974 年 11—12 月
平乐银山岭 M23	甲 B Ⅱ b 型	西汉中期	广西平乐县张家公社燕水大队银山岭	1974 年 11—12 月
平乐银山岭 M24	甲 B Ⅱ b ⅱ② 型	西汉初期	广西平乐县张家公社燕水大队银山岭	1974 年 11—12 月
平乐银山岭 M25	甲 A Ⅱ b② 型	西汉初期	广西平乐县张家公社燕水大队银山岭	1974 年 11—12 月
平乐银山岭 M26	甲 B Ⅱ b② 型	西汉初期	广西平乐县张家公社燕水大队银山岭	1974 年 11—12 月
平乐银山岭 M27	甲 A Ⅱ b①② 型	西汉早期	广西平乐县张家公社燕水大队银山岭	1974 年 11—12 月
平乐银山岭 M28	甲 A Ⅱ b ⅱ ①② 型	西汉初期	广西平乐县张家公社燕水大队银山岭	1974 年 11—12 月
平乐银山岭 M29	甲 A Ⅱ b/ 型	西汉初期	广西平乐县张家公社燕水大队银山岭	1974 年 11—12 月
平乐银山岭 M3	甲 B Ⅱ b ⅱ 型	西汉初期	广西平乐县张家公社燕水大队银山岭	1974 年 11—12 月
平乐银山岭 M30	甲 B Ⅱ b 型	西汉初期	广西平乐县张家公社燕水大队银山岭	1974 年 11—12 月
平乐银山岭 M31	甲 A Ⅱ b/② 型	西汉初期	广西平乐县张家公社燕水大队银山岭	1974 年 11—12 月
平乐银山岭 M33	甲 B Ⅱ b 型	西汉晚期	广西平乐县张家公社燕水大队银山岭	1974 年 11—12 月
平乐银山岭 M34	甲 B Ⅱ b② 型	西汉初期	广西平乐县张家公社燕水大队银山岭	1974 年 11—12 月

续表

名称	墓葬形制	时期	位置	发掘发现时间
平乐银山岭 M35	甲 A Ⅱ b ② 型	西汉初期	广西平乐县张家公社燕水大队银山岭	1974 年 11—12 月
平乐银山岭 M36	甲 A Ⅱ b ② 型	西汉初期	广西平乐县张家公社燕水大队银山岭	1974 年 11—12 月
平乐银山岭 M37	甲 B Ⅱ b ⅱ ② 型	西汉初期	广西平乐县张家公社燕水大队银山岭	1974 年 11—12 月
平乐银山岭 M4	甲 B Ⅱ b ⅱ ② 型	西汉初期	广西平乐县张家公社燕水大队银山岭	1974 年 11—12 月
平乐银山岭 M40	甲 A Ⅱ b 型	西汉初期	广西平乐县张家公社燕水大队银山岭	1974 年 11—12 月
平乐银山岭 M41	甲 B Ⅱ b ⅱ ② 型	西汉初期	广西平乐县张家公社燕水大队银山岭	1974 年 11—12 月
平乐银山岭 M42	甲 A Ⅱ b ② 型	西汉初期	广西平乐县张家公社燕水大队银山岭	1974 年 11—12 月
平乐银山岭 M43	甲 A Ⅱ b/② 型	西汉初期	广西平乐县张家公社燕水大队银山岭	1974 年 11—12 月
平乐银山岭 M44	甲 A Ⅱ b 型	西汉早期	广西平乐县张家公社燕水大队银山岭	1974 年 11—12 月
平乐银山岭 M45	甲 A Ⅱ b①② 型	西汉早期	广西平乐县张家公社燕水大队银山岭	1974 年 11—12 月
平乐银山岭 M46	甲 A Ⅱ b/② 型	西汉初期	广西平乐县张家公社燕水大队银山岭	1974 年 11—12 月
平乐银山岭 M47	甲 A Ⅱ b 型	西汉早期	广西平乐县张家公社燕水大队银山岭	1974 年 11—12 月
平乐银山岭 M48	甲 A Ⅱ b ② 型	西汉早期	广西平乐县张家公社燕水大队银山岭	1974 年 11—12 月
平乐银山岭 M49	甲 A Ⅱ b 型	西汉初期	广西平乐县张家公社燕水大队银山岭	1974 年 11—12 月
平乐银山岭 M5	甲 B Ⅱ b 型	西汉早期	广西平乐县张家公社燕水大队银山岭	1974 年 11—12 月
平乐银山岭 M50	甲 A Ⅱ b 型	西汉初期	广西平乐县张家公社燕水大队银山岭	1974 年 11—12 月
平乐银山岭 M51	甲 A Ⅱ b ② 型	西汉早期	广西平乐县张家公社燕水大队银山岭	1974 年 11—12 月
平乐银山岭 M52	甲 B Ⅰ a/ 型	东汉中期	广西平乐县张家公社燕水大队银山岭	1974 年 11—12 月
平乐银山岭 M53	甲 B Ⅰ a ⅱ 型	东汉中期	广西平乐县张家公社燕水大队银山岭	1974 年 11—12 月
平乐银山岭 M54	甲 B Ⅱ b ② 型	西汉初期	广西平乐县张家公社燕水大队银山岭	1974 年 11—12 月
平乐银山岭 M55	甲 B Ⅱ b ⅰ ⅱ 型	西汉初期	广西平乐县张家公社燕水大队银山岭	1974 年 11—12 月
平乐银山岭 M56	甲 A Ⅱ b ② 型	西汉初期	广西平乐县张家公社燕水大队银山岭	1974 年 11—12 月
平乐银山岭 M57	甲 A Ⅱ b ② 型	西汉初期	广西平乐县张家公社燕水大队银山岭	1974 年 11—12 月
平乐银山岭 M58	甲 B Ⅱ b 型	西汉初期	广西平乐县张家公社燕水大队银山岭	1974 年 11—12 月
平乐银山岭 M59	甲 A Ⅱ b 型	西汉早期	广西平乐县张家公社燕水大队银山岭	1974 年 11—12 月

续表

名称	墓葬形制	时期	位置	发掘发现时间
平乐银山岭 M6	甲 B Ⅱ b 型	西汉初期	广西平乐县张家公社燕水大队银山岭	1974 年 11—12 月
平乐银山岭 M60	甲 B Ⅱ b ② / 型	西汉初期	广西平乐县张家公社燕水大队银山岭	1974 年 11—12 月
平乐银山岭 M61	甲 A Ⅱ b ② 型	西汉初期	广西平乐县张家公社燕水大队银山岭	1974 年 11—12 月
平乐银山岭 M63	甲 A Ⅱ b / ② 型	西汉初期	广西平乐县张家公社燕水大队银山岭	1974 年 11—12 月
平乐银山岭 M64	甲 B Ⅱ b ⅰ ⅱ ② 型	西汉初期	广西平乐县张家公社燕水大队银山岭	1974 年 11—12 月
平乐银山岭 M65	甲 B Ⅱ b ⅱ ① ② 型	西汉初期	广西平乐县张家公社燕水大队银山岭	1974 年 11—12 月
平乐银山岭 M69	甲 B Ⅱ b / 型	西汉初期	广西平乐县张家公社燕水大队银山岭	1974 年 11—12 月
平乐银山岭 M7	甲 B Ⅱ b ⅱ ① ② 型	西汉初期	广西平乐县张家公社燕水大队银山岭	1974 年 11—12 月
平乐银山岭 M70	甲 A Ⅱ b / ② 型	西汉初期	广西平乐县张家公社燕水大队银山岭	1974 年 11—12 月
平乐银山岭 M71	甲 B Ⅱ b ⅱ ② 型	西汉初期	广西平乐县张家公社燕水大队银山岭	1974 年 11—12 月
平乐银山岭 M73	甲 A Ⅱ b 型	西汉初期	广西平乐县张家公社燕水大队银山岭	1974 年 11—12 月
平乐银山岭 M74	甲 B Ⅱ b ⅰ ⅱ ② 型	西汉初期	广西平乐县张家公社燕水大队银山岭	1974 年 11—12 月
平乐银山岭 M75	甲 B Ⅱ b ⅱ ② 型	西汉初期	广西平乐县张家公社燕水大队银山岭	1974 年 11—12 月
平乐银山岭 M76	甲 A Ⅱ b 型	西汉初期	广西平乐县张家公社燕水大队银山岭	1974 年 11—12 月
平乐银山岭 M77	甲 A Ⅱ b ② 型	西汉初期	广西平乐县张家公社燕水大队银山岭	1974 年 11—12 月
平乐银山岭 M78	甲 A Ⅱ b / ② 型	西汉初期	广西平乐县张家公社燕水大队银山岭	1974 年 11—12 月
平乐银山岭 M79	甲 A Ⅱ b ② 型	西汉初期	广西平乐县张家公社燕水大队银山岭	1974 年 11—12 月
平乐银山岭 M8	甲 C Ⅱ b ⅱ ① ② 型	西汉初期	广西平乐县张家公社燕水大队银山岭	1974 年 11—12 月
平乐银山岭 M80	甲 A Ⅱ b ② 型	西汉初期	广西平乐县张家公社燕水大队银山岭	1974 年 11—12 月
平乐银山岭 M81	甲 B Ⅱ b ② 型	西汉初期	广西平乐县张家公社燕水大队银山岭	1974 年 11—12 月
平乐银山岭 M82	甲 B Ⅱ b ⅱ ① ② 型	西汉初期	广西平乐县张家公社燕水大队银山岭	1974 年 11—12 月
平乐银山岭 M83	甲 A Ⅱ b ② 型	西汉早期	广西平乐县张家公社燕水大队银山岭	1974 年 11—12 月
平乐银山岭 M84	甲 A Ⅱ b ② 型	西汉初期	广西平乐县张家公社燕水大队银山岭	1974 年 11—12 月
平乐银山岭 M85	甲 A Ⅱ b ② 型	西汉初期	广西平乐县张家公社燕水大队银山岭	1974 年 11—12 月
平乐银山岭 M86	甲 A Ⅱ b ② 型	西汉初期	广西平乐县张家公社燕水大队银山岭	1974 年 11—12 月

名称	墓葬形制	时期	位置	发掘发现时间
平乐银山岭 M87	甲 BⅡbⅱ①②型	西汉中期	广西平乐县张家公社燕水大队银山岭	1974 年 11—12 月
平乐银山岭 M88	甲 AⅡb 型	西汉初期	广西平乐县张家公社燕水大队银山岭	1974 年 11—12 月
平乐银山岭 M9	甲 AⅡb 型	西汉初期	广西平乐县张家公社燕水大队银山岭	1974 年 11—12 月
平乐银山岭 M90	甲 AⅡb 型	西汉初期	广西平乐县张家公社燕水大队银山岭	1974 年 11—12 月
平乐银山岭 M91	甲 AⅡb②型	西汉初期	广西平乐县张家公社燕水大队银山岭	1974 年 11—12 月
平乐银山岭 M92	甲 AⅡb②型	西汉初期	广西平乐县张家公社燕水大队银山岭	1974 年 11—12 月
平乐银山岭 M93	甲 AⅡb②型	西汉初期	广西平乐县张家公社燕水大队银山岭	1974 年 11—12 月
平乐银山岭 M94	甲 BⅡbⅰⅱ②型	西汉中期	广西平乐县张家公社燕水大队银山岭	1974 年 11—12 月
平乐银山岭 M95	甲 AⅡb/②型	西汉初期	广西平乐县张家公社燕水大队银山岭	1974 年 11—12 月
平乐银山岭 M96	甲 AⅡbⅱ型	西汉初期	广西平乐县张家公社燕水大队银山岭	1974 年 11—12 月
平乐银山岭 M97	甲 BⅡbⅰⅱ②型	西汉中期	广西平乐县张家公社燕水大队银山岭	1974 年 11—12 月
平乐银山岭 M98	甲 AⅡb/②型	西汉初期	广西平乐县张家公社燕水大队银山岭	1974 年 11—12 月
平乐银山岭 M99	甲 AⅡb/②型	西汉初期	广西平乐县张家公社燕水大队银山岭	1974 年 11—12 月
平乐张家古墓群		战国晚期秦汉	广西平乐县张家镇曙光小学至村东南	1974 年
平乐张家汉代陶器		汉代	广西平乐县张家镇	
平南 87 六陈汉代冶铁遗址		汉代	广西平南县六陈乡坡嘴村屋背岭、登塘村六穴岭	1987 年 12 月
平南古楼村汉墓群		东汉	广西平南县同和乡古楼村	
平南苏村汉墓群		汉代	广西平南县官成镇苏村	
平南周村汉墓群		汉代	广西平南县东华乡周村	
平潭东占遗址		汉唐	福建平潭县白青乡东占村	1985 年
萍乡 73 龙台汉墓		汉代	江西萍乡市龙台乡	1973 年
萍乡 75M4	乙 BⅠaⅵ型	东汉晚期	江西萍乡市湘东镇河洲村大坡里砖厂附近	1975 年 4 月
萍乡 76 芦溪钱范		西汉晚期	江西萍乡市湘东区麻山	1976 年 8 月
萍乡 81 塘溪东汉墓	乙 BⅠaⅵ型	东汉中期	江西萍乡市湘东区广寒寨乡塘溪小学旁	1981 年 6 月
萍乡 82 赤山汉代铜钱		汉代	江西萍乡市赤山	1982 年
萍乡城下东汉墓		东汉中期	江西萍乡市城下村	
萍乡登岸东汉墓		东汉	江西萍乡市登岸村	
萍乡沽塘东汉墓		东汉	江西萍乡市沽塘村	
萍乡河洲汉墓	乙 BⅠaⅵ型	东汉	江西萍乡市河洲村	1975 年 4 月

名称	墓葬形制	时期	位置	发掘发现时间
萍乡芦溪古城		汉代三国	江西萍乡市芦溪镇古城村	
萍乡芦溪汉墓群		汉代	江西萍乡市芦溪	
萍乡青坪东汉墓		东汉	江西萍乡市青坪村	
萍乡三里台汉墓		汉代	江西萍乡市三里台	
萍乡三田西汉墓		西汉	江西萍乡市三田村	
萍乡万新东汉墓		东汉	江西萍乡市万新村	
鄱阳83东汉墓		东汉	江西鄱阳县	1983年
鄱阳85莲花山东汉墓		东汉	江西鄱阳县莲花山	1985年
鄱阳英布古城		汉代	江西波阳县西北百五十里,谢家滩区英家	
莆田汉灶		汉代	福建莆田市仙游县博物馆	1986年
莆田越王台遗址		汉代	福建莆田县白沙镇宝阳村古院山	
浦城82技校汉代陶器		汉代	福建浦城县技工学校	1982年
浦城场后山遗址		商周汉	福建浦城县莲塘镇吕处坞村北1公里	1987年
浦城大窑后遗址		商周汉	福建浦城县管厝乡口窑村东南2公里	1987年
浦城汉代铜镜		西汉	福建浦城县	
浦城汉阳城遗址		西汉早期	福建浦城县仙阳镇溪东村大王塝山	1980—1993年间
浦城汉阳古城		西汉	福建浦城县临江镇锦城村西500米	1961年
浦城后山遗址		商周闽越	福建浦城县石陂镇象口村西南山岗	2002年7月
浦城金鸡山遗址		西汉早期	福建浦城县临江镇锦江村南晒谷坪南500米	1980—1993年间
浦城南浦越王台遗址		商周汉	福建浦城县南埔镇政府驻地东隅仙楼山	1958年
浦城桥头山遗址		西汉早期	福建浦城县临江镇锦江村东南临浦溪东岸山岗	2002年7月
浦城晒谷坪遗址		西汉早期	福建浦城县临江镇锦江村南晒谷坪	2002年7月
浦城下沙遗址		商周汉	福建浦城县莲塘镇下沙村南	1987年
浦城野山子遗址		商周汉	福建浦城县临江镇锦江村	1987年
浦城越王山M1		西汉早期	福建浦城县金鸡山南麓基建工地	1980—1993年间
普宁松柏围汉墓	甲BⅡb型	东汉晚期	广东普宁市里湖镇松柏围	
普宁新莽铜钱		新莽	广东普宁县	
祁东砖塘墓群		汉代	湖南祁东县砖塘乡驻地葵花园、砖塘学校等地	1970年前后
祁阳85广福钱币窖藏		东汉晚期	湖南大忠桥镇广福村稻田	1985年12月
祁阳87断桥铜镜		汉代	湖南祁阳县大忠桥区胜利乡断桥	1987年3月
祁阳白树村汉代窑址		汉代	湖南祁阳县汪家乡白树村	
祁阳下百田汉代窑址		汉代	湖南祁阳县肖家村下百田	

名称	墓葬形制	时期	位置	发掘发现时间
铅山汉镜		东汉晚期	江西铅山县博物馆	
清江 72 武陵 M1	乙 A Ⅱ a 型	东汉晚期	江西清江县樟树镇东南武陵	1972 年 3 月
清江 72 武陵 M2	乙 A Ⅱ a 型	东汉晚期	江西清江县樟树镇东南武陵	1972 年 3 月
清江 76 九十九阜峰东汉墓		东汉	江西清江县中洲乡九十九阜峰	1976 年
清江汉平古城		东汉	江西清江县中洲乡门楼里村	1975 年、1982 年
清江樟树镇汉墓	甲 B Ⅱ b 型	东汉为主	江西樟树市南	20 世纪 50 年代早中期
清远 74 新洲东汉墓		东汉中期	广东清远县新洲镇围背山	1974 年 2 月
清远 77 石角东汉墓	甲 B Ⅱ b 型	东汉	广东祁阳县江口镇黄洞石角村	1977 年 5 月
清远 82 秀田铜器		东汉	广东清远县风云乡秀田村白水寨望勾嘴山	1982 年 5 月 12 日
琼口博抚古城		西汉	海南琼山市龙塘镇东北约 4 公里博抚村北	1995 年 9—12 月
琼中汉代陶器		汉代	海南琼中县	
曲江 63 摇松岭西汉墓	甲 B Ⅱ b 型	西汉晚期	广东曲江县马坝西南摇松岭	1963 年秋
曲江 73 南华寺 M7	甲 B Ⅱ b 型	西汉晚期	广东曲江县南华寺	1973 年 10 月
曲江 84 前东汉墓		东汉	广东曲江县	1963—1984 年
曲江 84 前西汉墓	甲 B Ⅱ b 型	西汉	广东曲江县	1963—1984 年
曲江 89 天王山东汉墓		东汉中期	广东曲江县南华天王山	1989 年
曲江 94 群星东汉墓	甲 B Ⅱ b 型	东汉中期	广东曲江县樟市镇群星管理区朱屋西南 100 米	1994 年 11 月
曲江鹤颈岭遗址		秦汉	广东曲江县黄坑鹤颈岭（南雄县油田镇鹅颈岭）	
曲江石下村东汉墓		东汉中期	广东曲江县龙归镇石下村	
曲江天王山东汉墓		东汉	广东曲江县南华寺天王山	1963—1984 年
曲江月岭遗址		秦汉	广东曲江县周田镇月岭	
全南 82 田螺岗汉墓	乙 B Ⅱ a 型	东汉	江西全南县造纸厂北侧 170 田螺岗	1982 年
全州 77 左家汉墓群		汉代	广西全州县凤凰公社左家坪	1977 年
全州 86 大新汉代铜钱窖藏		汉代	广西洲仔镇全州城郊乡大新村	1986 年
全州 97 龙尾巴 M2	乙 A Ⅱ a vi 型	东汉	广西全州县凤凰乡湾里村石子桥西龙尾巴山岭	1997 年 9—10 月
全州 97 龙尾巴 M4		东汉	广西全州县凤凰乡湾里村石子桥西龙尾巴山岭	1997 年 9—10 月
全州 97 龙尾巴 M5	甲 B Ⅱ b 型	东汉	广西全州县凤凰乡湾里村石子桥西龙尾巴山岭	1997 年 9—10 月
全州 97 龙尾巴东汉墓		东汉	广西全州县凤凰乡湾里村石子桥西龙尾巴山岭	1997 年 9—10 月
全州梅子坳古墓群		汉晋	广西全州县咸水乡梅子坳山下	1963 年
全州洮阳古城		汉代	广西全州梅潭村后山岗	
全州西汉铜镜		西汉	广西全州县	
全州永岁汉墓		东汉	广西全州县永岁村	1966 年

名称	墓葬形制	时期	位置	发掘发现时间
饶平汉代石研		汉代	广东饶平县	
仁化87覆船岭汉墓	甲AⅡb型	汉代	广东仁化县长江镇南1公里覆船岭山南坡	1987年
仁化城口古城		西汉早期	广东仁化县城口镇	
容县大岭岗铜鼓		汉唐	广西容县六王乡六王村大岭岗	
容县田寮山铜钱窖藏		东汉	广西容县松山乡慈堂村	1978年
容县五一铜鼓		汉代	广西容县容厢乡五一村	
容县西山06汉唐冶铜遗址		汉唐	广西容县容西乡西山村	2006年7—9月
容县西山冶铜遗址		汉唐	广西容县容西乡西山村	1977—1978年
融安82黄家寨汉墓		汉代	广西融安县大巷公社黄家寨	1982年
汝城邓家墓群		汉代	湖南汝城县附城乡邓家村	
汝城屋背岭墓群		汉代	湖南汝城县土桥乡土桥村	
汝城下青山墓群		汉代	湖南汝城县井坡乡下青村	
瑞昌赤岗岭M1	乙BⅠaⅶ型	东汉中期	江西瑞昌县横港赤岗岭中段	1985年前
瑞昌何湾M2	甲AⅡb型	东汉中期	江西瑞昌县范镇河湾村后竹林内	1985年前
瑞昌南阳汉代铜器		东汉	江西瑞昌县南阳乡	1986年7月
瑞金陂山岗汉墓群		东汉	江西瑞金市壬田镇中潭村	1973年
三江洋洞屯汉墓	甲BⅡb型	东汉中期	广西三江县老堡乡洋洞屯	1986年1月
三水东汉陶器		东汉	广东三水县	调拨
三水金本东汉陶器		东汉	广东三水县金本村竹丝岗	
桑植90何家坪铜钱窖藏		汉代	湖南桑植县澧源镇何家坪	1990年2月
桑植98双溪桥铜器窖藏		东汉	湖南桑植县刘家坪白族乡双溪桥	1998年1月
桑植菜园田作坊遗址		汉代	湖南张家界市桑植县城西县水电局院内东南角	1992年5月—1998年8月
桑植南岔墓群		西汉	湖南桑植县南岔乡南岔村伍家湾一带	1960年
桑植朱家台西汉墓		西汉	湖南桑植县县城朱家台庙湾	1988年2月
桑珠朱家大田作坊遗址		汉代	湖南张桑植县城西朱家台朱家大田长征路	1992年5月—1998年8月
汕头汉代铜洗		汉代	广东汕头市	
上犹82M1		东汉中期	江西上犹县梅水公社水陂大队敦背生产队	1982年3—4月
上犹82M10		东汉中期	江西上犹县梅水公社洋田大队横岗生产队	1982年3—4月
上犹82M11		东汉中期	江西上犹县梅水公社洋田生产队岗岗山	1982年3—4月
上犹82M2		东汉中期	江西上犹县梅水公社水陂大队敦背生产队	1982年3—4月
上犹82M3		东汉中期	江西上犹县梅水公社水陂大队敦背生产队	1982年3—4月
上犹82M4		东汉中期	江西上犹县梅水公社水陂大队敦背生产队	1982年3—4月

名称	墓葬形制	时期	位置	发掘发现时间
上犹 82M5		东汉中期	江西上犹县梅水公社水陂大队敦背生产队	1982 年 3—4 月
上犹 82M7		东汉中期	江西上犹县梅水公社水陂大队高堂背山	1982 年 3—4 月
上犹 82M8		东汉中期	江西上犹县梅水公社水陂大队高堂生产队	1982 年 3—4 月
上犹 82M9		东汉中期	江西上犹县梅水公社水陂大队老屋生产队	1982 年 3—4 月
韶关 03 医械厂 M7	甲 B Ⅱ b 型	西汉中期	广东韶关市韶关医疗器械厂	2003 年 6—8 月
韶关 06SDM9	甲 A Ⅱ b 型	东汉	广东韶关市武江区西河东岗岭	2006 年 7—9 月
韶关 66 西地 M12	乙 A Ⅱ a 型	东汉中期	广东韶关市西河地区地质队后山	1965—1966 年
韶关 66 西地 M13	乙 B Ⅱ aⅵ 型	东汉中期	广东韶关市西河地区地质队后山	1965—1966 年
韶关 66 西狗 M16	乙 B Ⅰ aⅵ 型	东汉中期	广东韶关市西河地区狗子岭	1965—1966 年
韶关 66 西黄 M10	甲 B Ⅱ b 型	东汉中期	广东韶关市西河地区黄泥塘	1965—1966 年
韶关 66 西黄 M11	甲 B Ⅱ b 型	东汉中期	广东韶关市西河地区黄泥塘	1965—1966 年
韶关 66 西黄 M12	甲 B Ⅱ b 型	西汉晚期	广东韶关市西河地区黄泥塘	1965—1966 年
韶关 66 西黄 M13	甲 B Ⅱ b 型	东汉中期	广东韶关市西河地区黄泥塘	1965—1966 年
韶关 66 西黄 M9	甲 B Ⅱ a 型	西汉晚期	广东韶关市西河地区黄泥塘	1965—1966 年
韶关 66 西技	乙 Ba 型	东汉中期	广东韶关市西河地区技工学校	1965—1966 年
韶关 66 西水 M14	乙 B Ⅰ aⅵ 型	东汉中期	广东韶关市西河地区水泥厂	1965—1966 年
韶关 66 西水 M15	乙 B Ⅰ a 型	东汉中期	广东韶关市西河地区水利水电局	1965—1966 年
韶山 90 槐星东汉遗物		东汉	湖南韶山市银田乡槐星村	1990 年 5—8 月
韶山黑皮冲墓群		战国汉代	湖南湘潭市韶山区永义乡白玉村黑皮冲	
韶山新塘山墓群		东汉	湖南韶山市韶山乡韶山村	
邵东 00 千家丛山 M16	甲 C Ⅱ b 型	西汉晚期	湖南邵东县廉江千家丛山	2000 年 8—9 月
邵东 00 千家丛山汉墓		汉代	湖南邵东县廉江千家丛山	2000 年 8—9 月
邵东冷水东汉墓	乙 C Ⅰ aⅵⅶ 型	新莽	湖南邵东县魏家桥乡冷水村	1989 年 5 月
邵东昭阳侯城		西汉	湖南邵东县黄陂桥乡同意村	
邵武 86 汉代遗物		西汉早期	福建邵武市越王村北 1.5 公里山坡	1986 年 10 月
邵武 95 斗米山 M29	甲 B Ⅱ b① 型	西汉早期	福建邵武市沿山镇百樵村东北斗米山	1995 年春秋
邵武斗米山汉代遗存		汉代	福建邵武市沿山镇百樵村东北斗米山	1995 年春秋
邵武故县古城		汉代	福建邵武市水北镇故县村	传世
邵武汉代陶器		汉代	福建邵武市	
邵武水北越王台遗址		汉代	福建邵武市水北镇	1956 年
邵阳 86 鸟山坪汉墓		汉代	湖南邵阳市高崇山乡鸟山村	1986 年
邵阳夫夷侯国古城		西汉	湖南邵阳县小溪市乡梅洲村	
邵阳河边墓群		汉代	湖南邵阳县河边乡河边村	
邵阳黄家山汉墓		汉代	湖南邵阳市鸡笼乡新民村黄家山	1987 年
邵阳祭旗坡墓群		东汉南北朝	湖南邵阳市城南乡百花村祭旗坡	

名称	墓葬形制	时期	位置	发掘发现时间
邵阳金称市墓群		汉代	湖南邵阳县金称市镇金元、金良、金洲等村	
邵阳神滩 M1		东汉	湖南邵阳市神滩村姜家山资江二桥引桥	1995 年 12 月—1996 年 1 月
邵阳神滩 M2		东汉	湖南邵阳市神滩村姜家山资江二桥引桥	1995 年 12 月—1996 年 1 月
邵阳神滩 M3	乙 A I a 型	东汉	湖南邵阳市神滩村姜家山资江二桥引桥	1995 年 12 月—1996 年 1 月
邵阳神滩 M4		东汉	湖南邵阳市神滩村姜家山资江二桥引桥	1995 年 12 月—1996 年 1 月
邵阳杨田 M1	甲 C II a 型	东汉早期	湖南邵阳市城步县花桥乡杨田村	1991 年 7 月
邵阳竹元墓群		汉代	湖南邵阳县千秋乡竹元村	
深圳红花园 M12	乙 B I a vi 型	东汉中期	广东深圳市南头红花园	1981 年冬
深圳红花园 M13		东汉中期	广东深圳市南头红花园	1981 年冬
深圳红花园 M14		东汉中期	广东深圳市南头红花园	1981 年冬
深圳红花园 M15		东汉中期	广东深圳市南头红花园	1981 年冬
深圳红花园 M3	乙 A II a vi 型	东汉中期	广东深圳市南头红花园	1981 年冬
深圳红花园 M4	乙 E II a vi 型	东汉中期	广东深圳市南头红花园	1981 年冬
深圳红花园 M5	乙 C I a vi 型	东汉中期	广东深圳市南头红花园	1981 年冬
深圳红花园 M6	甲 A II b 型	东汉中期	广东深圳市南头红花园	1981 年冬
深圳红花园 M9	甲 A II b 型	西汉中期	广东深圳市南头红花园	1981 年冬
石门 06 阳泉汉晋墓		汉晋	湖南石门县阳泉乡犀湾堡崔家堡张家堡等	2006 年 8—12 月
石门 76 俄公山铜器窖藏		东汉	湖南石门县磨石乡俄公山 903.8m	1976 年 4 月
石门 76 桅岗东汉墓		东汉	湖南石门县皂角市镇桅岗村	1976 年
石门 77 营盘岗汉墓		东汉	湖南石门县燕子山乡营盘岗村小学	1977 年
石门 84 南坪河錞于		汉代	湖南石门县南坪河乡南坪河村	1984 年
石门 86 太子坡錞于		汉代	湖南石门县易家渡镇太子坡	1986 年
石门 86 张家堡东汉墓		东汉	湖南石门县阳泉乡普德村张家堡	1986 年
石门 89 金盆村錞于窖藏		汉代	湖南石门县雁池乡金盆村书房咀	1989 年 10 月中旬
石门凤凰古城		汉代	湖南石门县阳泉乡普德桥村	1986 年
石门青草坪墓群		战国西汉	湖南石门县石公桥镇北 3 公里青草坪村	1987 年
石门营盘岗墓群		东汉	湖南石门县燕子山乡营盘岗村	1986 年
石门张家堡墓群		汉代	湖南石门县阳泉乡普德村张家堡	
始兴 61—62 白石坪战国遗址		西汉初期	广东始兴县白凤塘村白石坪山	1961 年 12 月—1962 年
始兴 85 旱头岭 M1	甲 B II b ① 型	西汉初期	广东始兴县沈所宝塔山西侧旱头岭	1985 年 7 月
始兴 87 白石坪遗址调查		西汉初期	广东始兴县东 3 公里左右白石坪山	1987 年 6 月

续表

名称	墓葬形制	时期	位置	发掘发现时间
始兴 90—92 白石坪战国遗址		西汉初期	广东始兴县东 3 公里左右白石坪山	1990 年、1992 年
始兴长江岭遗址		秦汉	广东始兴县江口长江岭	
始兴高留村 M1	②	西汉初期	广东始兴县顿岗镇高留村	1980 年夏
始兴高留村 M2	②	西汉初期	广东始兴县顿岗镇高留村	1980 年夏
始兴高留村 M3	②	西汉初期	广东始兴县顿岗镇高留村	1980 年夏
始兴高留村 M4	②	西汉初期	广东始兴县顿岗镇高留村	1980 年夏
始兴禾场岭 M1	甲 B Ⅱ b 型	西汉晚期	广东始兴县姚村坳禾场岭	1985—1986 年 10 月
始兴禾场岭 M2	甲 B Ⅱ b 型	西汉晚期	广东始兴县姚村坳禾场岭	1985—1986 年 10 月
始兴禾场岭 M3	甲 B Ⅱ b 型	西汉晚期	广东始兴县姚村坳禾场岭	1985—1986 年 10 月
始兴禾场岭 M4	乙 B Ⅰ a 型	东汉	广东始兴县姚村坳禾场岭	1985—1986 年 10 月
始兴禾场岭 M5	甲 B Ⅱ b 型	西汉晚期	广东始兴县姚村坳禾场岭	1985—1986 年 10 月
始兴禾场岭汉南朝墓葬群		汉南朝	广东始兴县白石坪村禾场岭	1985 年 4 月
始兴犁头咀遗址		汉代	广东始兴县城郊罗围犁头咀	1982 年
始兴犁头嘴古城		汉代	广东始兴县罗围犁头嘴浈江墨江交汇处	1983 年
始兴刨花板厂 M1	甲 B Ⅱ b 型	西汉晚期	广东始兴县刨花板厂	1995 年 8—12 月
始兴刨花板厂 M2	甲 B Ⅱ b 型	西汉晚期	广东始兴县刨花板厂	1995 年 8—12 月
始兴刨花板厂 M3	甲 B Ⅱ b 型	西汉晚期	广东始兴县刨花板厂	1995 年 8—12 月
始兴刨花板厂 M4	甲 B Ⅱ b 型	西汉晚期	广东始兴县刨花板厂	1995 年 8—12 月
始兴刨花板厂 M5	甲 B Ⅱ b 型	西汉晚期	广东始兴县刨花板厂	1995 年 8—12 月
始兴刨花板厂 M6	甲 B Ⅱ b 型	西汉晚期	广东始兴县刨花板厂	1995 年 8—12 月
始兴刨花板厂 M7	乙 B Ⅰ a ⅵ 型	东汉	广东始兴县刨花板厂	1995 年 8—12 月
始兴斜潭坝遗址		秦汉	广东始兴县斜潭坝	
始兴圆岭 88M12	甲 B Ⅱ a ① 型	西汉初期	广东始兴县造纸厂圆岭扩建工地	1988 年秋
始兴圆岭 88M13	甲 B Ⅱ a ① 型	西汉初期	广东始兴县造纸厂圆岭扩建工地	1988 年秋
始兴圆岭 88M15	甲 B Ⅱ a ① 型	西汉初期	广东始兴县造纸厂圆岭扩建工地	1988 年秋
始兴圆岭 M1	甲 B Ⅱ b ①② 型	西汉初期	广东始兴县造纸厂圆岭扩建工地	20 世纪 80 年代
始兴圆岭 M2	甲 B Ⅱ b 型	西汉初期	广东始兴县造纸厂圆岭扩建工地	20 世纪 80 年代
始兴造纸厂 M1	乙 A Ⅰ a ⅵ ⅷ 型	东汉中期	广东始兴县始兴造纸厂	1989 年 7 月
始兴造纸厂 M10	甲 B Ⅱ b 型	西汉中期	广东始兴县始兴造纸厂	1989 年 7 月
始兴造纸厂 M11	甲 B Ⅱ b 型	西汉中期	广东始兴县始兴造纸厂	1989 年 7 月
始兴造纸厂 M12	甲 B Ⅱ b 型	东汉中期	广东始兴县始兴造纸厂	1989 年 7 月
始兴造纸厂 M13	甲 B Ⅱ b 型	东汉中期	广东始兴县始兴造纸厂	1989 年 7 月
始兴造纸厂 M14	甲 B Ⅱ b ⑥ 型	东汉中期	广东始兴县始兴造纸厂	1989 年 7 月
始兴造纸厂 M15	甲 A Ⅱ b 型	东汉中期	广东始兴县始兴造纸厂	1989 年 7 月
始兴造纸厂 M16	甲 B Ⅱ b 型	西汉中期	广东始兴县始兴造纸厂	1989 年 7 月
始兴造纸厂 M17	甲 B Ⅱ b 型	西汉中期	广东始兴县始兴造纸厂	1989 年 7 月
始兴造纸厂 M18	甲 B Ⅱ b 型	西汉中期	广东始兴县始兴造纸厂	1989 年 7 月

名称	墓葬形制	时期	位置	发掘发现时间
始兴造纸厂 M19	甲 B Ⅱ b 型	西汉中期	广东始兴县始兴造纸厂	1989 年 7 月
始兴造纸厂 M2	乙 A Ⅰ a ⅵ ⅷ型	东汉中期	广东始兴县始兴造纸厂	1989 年 7 月
始兴造纸厂 M3	乙 A Ⅰ a ⅵ 型	东汉中期	广东始兴县始兴造纸厂	1989 年 7 月
始兴造纸厂 M4	甲 B Ⅱ b 型	西汉中期	广东始兴县始兴造纸厂	1989 年 7 月
始兴造纸厂 M5	甲 B Ⅱ b 型	东汉中期	广东始兴县始兴造纸厂	1989 年 7 月
始兴造纸厂 M6	甲 C Ⅱ b 型	东汉中期	广东始兴县始兴造纸厂	1989 年 7 月
始兴造纸厂 M7	甲 B Ⅱ b 型	东汉中期	广东始兴县始兴造纸厂	1989 年 7 月
始兴造纸厂 M8	甲 B Ⅱ b 型	东汉中期	广东始兴县始兴造纸厂	1989 年 7 月
始兴造纸厂 M9	甲 B Ⅱ b 型	西汉中期	广东始兴县始兴造纸厂	1989 年 7 月
始兴寨头遗址		西汉初期	广东始兴县寨头村	1983 年
双峰 81 小富东汉墓	乙 B Ⅰ b 型	东汉	湖南双峰县小富乡嘉祥村翠鸟坪坡地	
双峰 86 岩家东汉墓		东汉	湖南双峰县永丰镇岩家村	
双峰 95 三塘铺东汉墓		东汉	湖南双峰县三塘铺镇	1995 年 6 月
双峰 95 三塘铺西汉墓		西汉	湖南双峰县三塘铺镇	1995 年 6 月
双峰 95 走马街东汉墓		东汉	湖南双峰县西北 11 公里走马街镇空心砖厂	1995 年 11—12 月
双峰和合窑址		西汉	湖南双峰县锁石乡和合村三角塘水库底坡	
顺昌大干白石遗址		汉代	福建顺昌县大干镇白石村北 100 米	1987 年
顺昌桔子园遗址		西汉早期	福建顺昌县大干镇白石村北北山桔子园	2002 年 12 月
顺德 63SM1	甲 B Ⅱ b 型	西汉晚期	广东顺德县勒流镇沙富村三台岗	1963 年 3 月
顺德 73XM1		东汉	广东顺德县陈村镇庄头村西淋山	1973 年 11 月
顺德 73XM2	甲 A Ⅱ b 型	东汉中期	广东顺德县陈村镇庄头村西淋山	1973 年 11 月
顺德 73XM3		东汉	广东顺德县陈村镇庄头村西淋山	1973 年 11 月
顺德 73XM4	甲 B Ⅱ b 型	东汉	广东顺德县陈村镇庄头村西淋山	1973 年 11 月
顺德 73 碧梧西汉遗址		西汉	广东顺德县杏坛镇逢简管理区碧梧村	1972—1973 年
顺德 73 龙潭二村西汉遗址		西汉	广东顺德县龙潭管理区二村鱼塘	1973 年
顺德 73 石涌村东汉遗址		东汉	广东顺德县疏勒镇富裕管理区石涌村	1973 年
顺德 75GM1	甲 B Ⅱ b 型	东汉中期	广东顺德县勒流镇连村官山	1975 年 3 月
顺德 75SM3	甲 B Ⅱ b 型	东汉早期	广东顺德县勒流镇沙富村蓼笃岗	1975 年 11 月
顺德 77XM5		东汉	广东顺德县陈村镇庄头村西淋山	1977 年 12 月
顺德 78SM5	乙 C Ⅰ a ⅵ ⅶ③型	东汉早期	广东顺德县勒流镇沙富村凤嘴岗	1978 年 8 月
顺德 78ZM1	乙 C Ⅰ a 型	东汉	广东顺德县大良镇西猪仔岗	1978 年 8 月
顺德 81 蟹岗汉墓		东汉晚期	广东顺德县北滘镇蟹岗南侧	1981 年
顺德 83 蟹岗 M1		东汉	广东顺德县北窖镇蟹岗	1983 年 1 月
顺德 83 蟹岗 M2		东汉	广东顺德县北窖镇蟹岗	1983 年 1 月
顺德 83 蟹岗 M3		东汉	广东顺德县北窖镇蟹岗	1983 年 1 月

名称	墓葬形制	时期	位置	发掘发现时间
顺德 83 蟹岗 M4		东汉	广东顺德县北窖镇蟹岗	1983 年 1 月
顺德 84XM6		东汉	广东顺德县陈村镇庄头村西淋山	1984 年
顺德陈村汉墓		东汉早期	广东顺德县陈村区西淋山采石场	1985 年 9 月
顺德沙富 M10		东汉	广东顺德县勒流镇沙富村蓼笃岗	1963—1985 年
顺德沙富 M11		东汉	广东顺德县勒流镇沙富村蓼笃岗	1963—1985 年
顺德沙富 M12		东汉	广东顺德县勒流镇沙富村蓼笃岗	1963—1985 年
顺德沙富 M13		东汉	广东顺德县勒流镇沙富村蓼笃岗	1963—1985 年
顺德沙富 M14		东汉	广东顺德县勒流镇沙富村蓼笃岗	1963—1985 年
顺德沙富 M15	乙 C I a ⅵ ⅶ 型	东汉中期	广东顺德县勒流镇沙富村凤嘴岗	1963—1985 年
顺德沙富 M2		东汉	广东顺德县勒流镇沙富村	1963—1985 年
顺德沙富 M4		东汉	广东顺德县勒流镇沙富村蓼笃岗	1963—1985 年
顺德沙富 M6		东汉	广东顺德县勒流镇沙富村蓼笃岗	1963—1985 年
顺德沙富 M7		东汉	广东顺德县勒流镇沙富村蓼笃岗	1963—1985 年
顺德沙富 M8		东汉	广东顺德县勒流镇沙富村蓼笃岗	1963—1985 年
顺德沙富 M9		东汉	广东顺德县勒流镇沙富村蓼笃岗	1963—1985 年
四会 74 高地园东汉墓	乙 A I a 型	东汉中期	广东四会县龙湾镇江明区高地园	1974 年 8 月
四会汉代陶器		汉代	广东四会县	
四会江明 M1	甲 B I b 型	西汉初期	广东四会市龙湾镇江明村小土岗	1974 年 8 月
四会江明 M2	甲 B I b 型	西汉初期	广东四会市龙湾镇江明村小土岗	1974 年 8 月
绥宁陈家村遗址		汉代	湖南绥宁县李熙桥镇陈家村武阳河右岸	
绥宁大田墓群		汉代	湖南绥宁县盐井乡大田村	
绥宁老祖山墓群		汉代	湖南绥宁县盐井乡下村老祖山	
绥宁龙口墓群		汉代	湖南绥宁县黄土矿乡同乐村龙口	
绥宁自然遗址		汉代	湖南绥宁县黄土矿乡自然村	
遂川 56 天子地 M2	乙 B Ⅱ a 型	东汉	江西遂川县天子地	1956 年
遂川 76 左溪秦戈		秦代	江西遂川县藻林公社鹅溪大队车头坟左溪	1976 年春
遂川汉代铜器		汉代	江西遂川县	
遂川天子地汉墓	乙 B I a 型	东汉为主	江西遂川县天子地	20 世纪 50 年代早中期
遂溪汉代陶器		汉代	广东遂溪县	
遂溪西边山墓葬群		东汉隋唐	广东遂溪县界炮圩西 2 公里西边山村背	
泰和 05—06 木梓山汉墓		东汉晚期	江西泰和县碧溪镇老居村木梓山	2005 年 12 月—2006 年 1 月
泰和白口古城		汉代六朝	江西泰和县西南 3km 赣江南岸	20 世纪 80 年代
泰和靓碑汉墓群		东汉	江西泰和县灌溪乡靓碑村后红米岭	
泰和黄土岭遗址		汉代	江西泰和县上圮乡上圮黄土岭	
泰和岭子脑汉墓	乙 B I a ⅵ 型	东汉中期	江西泰和县沙村乡江南村岭子脑西北	
泰和屯洲遗址		秦汉	江西泰和县马市镇屯洲	

名称	墓葬形制	时期	位置	发掘发现时间
泰和油居遗址		秦汉	江西泰和县苏溪乡油居	
泰和源洲遗址		秦汉	江西泰和县马市镇源洲	
泰和锺埠遗址		秦汉	江西泰和县樟塘乡锺埠	
泰和珠琳遗址		秦汉	江西泰和县塘洲镇龙口村珠琳	
泰宁栖真岩丹炉遗址		汉代	福建泰宁县杉城镇长兴村	传世
桃江 90 腰子仓 M1	甲 C I a ii 型	汉代	湖南桃江县陶谷山乡腰子崙村罗家山山顶	1990 年 11—12 月
桃江 90 腰子仓 M2	甲 B II a ii 型	东汉	湖南桃江县陶谷山乡腰子崙村罗家山山顶	1990 年 11—12 月
桃源 75 大池塘东汉铜器		东汉	湖南桃源县大水田公社大池塘大队山竹湾	1975 年 4 月
桃源 84 黄楚西汉墓		西汉	湖南桃源县茅草街乡黄楚村	1984 年 9 月
桃源 86 竹园东汉铜器		东汉晚期	湖南桃源县兴隆街乡竹园村九组	1986 年 12 月
桃源 88 枫树二砖厂西汉墓		西汉	湖南桃源县枫树乡二砖厂	1988 年 7 月
桃源采菱城西汉墓		西汉	湖南桃源县青林乡黄楚金鸡两村	1983 年以来
桃源采菱城遗址		战国西汉	湖南桃源县青林乡黄楚金鸡两村	1985 年
桃源二里岗 M10	甲 B II b 型	西汉晚期	湖南桃源县城关镇二里岗村桃千公路工地	1987 年 9 月
桃源二里岗 M11	甲 B I b 型	西汉早期	湖南桃源县城关镇二里岗村桃千公路工地	1987 年 9 月
桃源二里岗 M14	甲 B II b 型	西汉早期	湖南桃源县城关镇二里岗村桃千公路工地	1987 年 9 月
桃源二里岗 M17	甲 B II b 型	西汉晚期	湖南桃源县城关镇二里岗村桃千公路工地	1987 年 9 月
桃源二里岗 M18	甲 C II b 型	西汉早期	湖南桃源县城关镇二里岗村桃千公路工地	1987 年 9 月
桃源二里岗 M2	甲 B I b 型	西汉早期	湖南桃源县城关镇二里岗村桃千公路工地	1987 年 9 月
桃源二里岗 M3	甲 B II b 型	西汉中期	湖南桃源县城关镇二里岗村桃千公路工地	1987 年 9 月
桃源二里岗 M4	甲 B II b 型	西汉早期	湖南桃源县城关镇二里岗村桃千公路工地	1987 年 9 月
桃源二里岗 M5	甲 B I b 型	西汉早期	湖南桃源县城关镇二里岗村桃千公路工地	1987 年 9 月
桃源二里岗 M6		西汉晚期	湖南桃源县城关镇二里岗村桃千公路工地	1987 年 9 月
桃源汉代铜釜		东汉中期	湖南桃源县	
桃源马鞍坡墓群		东汉宋元	湖南桃源县三汉港乡马鞍村马鞍坡台地	1985 年
桃源狮子山 M10	甲 B II b 型	西汉晚期	湖南桃源县茅草街乡政府偏东狮子山	1984 年 9—10 月
桃源狮子山 M12	甲 B II b 型	西汉晚期	湖南桃源县茅草街乡政府偏东狮子山	1984 年 9—10 月
桃源狮子山 M14	甲 B II b 型	西汉中期	湖南桃源县茅草街乡政府偏东狮子山	1984 年 9—10 月

续表

名称	墓葬形制	时期	位置	发掘发现时间
桃源狮子山 M16	甲 B Ⅱ b 型	西汉晚期	湖南桃源县茅草街乡政府偏东狮子山	1984 年 9—10 月
桃源狮子山 M17	甲 B Ⅱ b 型	西汉中期	湖南桃源县茅草街乡政府偏东狮子山	1984 年 9—10 月
桃源狮子山 M18	甲 B Ⅱ b 型	西汉中期	湖南桃源县茅草街乡政府偏东狮子山	1984 年 9—10 月
桃源狮子山 M21	甲 B Ⅱ b 型	西汉晚期	湖南桃源县茅草街乡政府偏东狮子山	1984 年 9—10 月
桃源狮子山 M23	甲 B Ⅱ b 型	西汉晚期	湖南桃源县茅草街乡政府偏东狮子山	1984 年 9—10 月
桃源狮子山 M30	甲 C Ⅱ b 型	西汉晚期	湖南桃源县茅草街乡政府偏东狮子山	1984 年 9—10 月
桃源狮子山 M33	甲 C Ⅱ b 型	西汉晚期	湖南桃源县茅草街乡政府偏东狮子山	1984 年 9—10 月
桃源狮子山 M34	甲 B Ⅱ b 型	西汉中期	湖南桃源县茅草街乡政府偏东狮子山	1984 年 9—10 月
桃源狮子山 M46	甲 B Ⅱ b 型	西汉晚期	湖南桃源县茅草街乡政府偏东狮子山	1984 年 9—10 月
桃源狮子山 M56	甲 B Ⅱ b 型	西汉晚期	湖南桃源县茅草街乡政府偏东狮子山	1984 年 9—10 月
桃源狮子山 M6	甲 B Ⅱ b 型	西汉中期	湖南桃源县茅草街乡政府偏东狮子山	1984 年 9—10 月
桃源狮子山 M67	甲 B Ⅱ b 型	西汉中期	湖南桃源县茅草街乡政府偏东狮子山	1984 年 9—10 月
桃源狮子山 M68	甲 B Ⅱ a/ 型	西汉晚期	湖南桃源县茅草街乡政府偏东狮子山	1984 年 9—10 月
桃源狮子山 M7	甲 B Ⅱ b 型	西汉晚期	湖南桃源县茅草街乡政府偏东狮子山	1984 年 9—10 月
桃源王家岭墓群		东汉	湖南桃源县枫树乡回维村王家岭岗嘴	1985 年
藤县 46 古竹铜鼓		东汉	广西藤县象棋古竹	1946 年
藤县 51 志成铜鼓		东汉	广西藤县和平志成	1951 年
藤县 54 濛江铜鼓		东汉	广西藤县濛江	1954 年
藤县 64 古龙铜鼓		东汉	广西藤县古龙	1964 年
藤县 64 濛江铜鼓		东汉	广西藤县濛江	1964 年
藤县 70 田心铜鼓		东汉	广西藤县古龙田心大塘	1970 年
藤县 73 钛白粉厂汉墓		汉代	广西藤县县城钛白粉厂	1973 年
藤县 73 新兴铜鼓		东汉	广西藤县天平新兴	1973 年 9 月 1 日
藤县 74 甘村铜鼓		东汉	广西藤县象棋甘村副头岭	1974 年
藤县 74 濛江铜鼓		东汉	广西藤县濛江新城横村冷水冲	1974 年 8 月 6 日
藤县 74 四方铜鼓		东汉	广西藤县平福四方	1974 年
藤县 74 杨村铜鼓		东汉	广西藤县埌南杨村	1974 年 9 月
藤县 75 濛江铜鼓		东汉	广西藤县濛江	1975 年
藤县 79 广播站汉墓		汉代	广西藤县广播站	1979 年 10 月
藤县 79 后背山汉墓		汉代	广西藤县鸡谷山后背山	1979 年 10 月
藤县 79 庆旺铜鼓		东汉	广西藤县新庆庆旺	1979 年

续表

名称	墓葬形制	时期	位置	发掘发现时间
藤县 79 四州铜鼓		东汉	广西藤县新庆庆旺	1979 年
藤县 79 钛白粉厂汉墓		汉代	广西藤县县城钛白粉厂	1979 年 12 月
藤县 79 新洲头汉墓		汉代	广西藤县新洲头	1979 年 12 月
藤县 81 三益铜鼓		东汉	广西藤县天平三益	1981 年 3 月
藤县 83 罗算铜鼓		东汉	广西藤县岭景罗算	1983 年 7 月
藤县 87 红砖厂汉墓		汉代	广西藤县红砖厂	1987 年
藤县 87 藤中汉墓		汉代	广西藤县藤县中学	1987 年 11 月
藤县安宁铜鼓		东汉	广西藤县城关安宁莲塘村旁冲	民国
藤县鸡谷山西汉墓	甲 B I b 型	西汉晚期	广西藤县藤城镇鸡谷山东坡县委党校篮球场北	1986 年 1 月 16 日
藤县胜西矿场汉墓	乙 A I b 型	东汉中期	广西藤县胜西矿场	1979 年 12 月
田东甘莲 M1		西汉中期	广西田东祥周公社甘莲大队锅盖岭	1977 年 6 月
田东甘莲 M2	甲 A II b 型	西汉中期	广西田东祥周公社甘莲大队锅盖岭	1977 年 6 月
田林战国铜钺		战国西汉	广西田林县平塘乡达洞屯	
铜鼓 82 隘口汉墓		东汉	江西铜鼓县古桥乡隘口村百村	1982 年
铜鼓 82 芭蕉汉墓		东汉	江西铜鼓县大塅乡芭蕉村上芭蕉	1982 年
铜鼓 82 金星汉墓		东汉	江西铜鼓县石桥乡金星村蓝家源	1982 年
铜鼓 82 杨塅汉墓		东汉	江西铜鼓县丰田乡杨塅村岗子上	1982 年
铜鼓 82 永宁汉墓		东汉	江西铜鼓县永宁镇上仓街卢家	1982 年
铜鼓汉代遗物		东汉	江西铜鼓县	
万安 88 湖州汉代铜钱		汉代	江西万安县枧头村湖州	1988 年 3 月
万安东汉铜镜		东汉	江西万安县	
万载东汉遗物		东汉	江西万载县	
万载泉塘东汉墓	乙 A I a vi 型	东汉中期	江西万载县泉塘村西北曾家湾	1982 年 7 月
万载曾家湾汉墓群		东汉	江西万载县双桥乡昌田村西曾家湾	
文昌 00 珠潭铜鼓		汉代	海南文昌县罗豆镇珠潭村村东	2000 年 12 月 21 日
翁源 84 老书排东汉墓	乙 B I a 型	东汉	广东翁源县三华乡会联村老书排岭	1984 年 6 月
翁源东汉遗物		东汉	广东翁源县	
吴川东隅新村东汉墓	丁 B 类	东汉	广东吴川县塘尾镇东隅村西南方村口	
吴川南蛇岭遗址		东汉	广东吴川县塘尾镇东隅村南蛇岭	
梧州 65 市郊铜鼎		西汉	广西梧州市郊	1965 年
梧州 73 火山铜碗		东汉	广西梧州火山石油站宿舍	1973 年
梧州 73 铜镜		东汉	广西梧州市区	1973 年
梧州 90 富民坊西汉墓	甲 B II b 型	西汉	广西梧州市富民坊锻压机床厂	1990 年 9 月
梧州白石村汉墓		东汉	广西梧州市白石村	1959 年
梧州大塘 M1	甲 B II b 型	东汉	广西梧州市大塘村	1977 年前
梧州大塘 M3	甲 B II b 型	东汉	广西梧州市大塘村	1977 年前

名称	墓葬形制	时期	位置	发掘发现时间
梧州大塘 M4	甲 B Ⅱ b ⅱ 型	东汉	广西梧州市大塘村	1977 年前
梧州富民坊汉代窑址		汉代	广西梧州市富民坊光学仪器厂	1977 年
梧州河西汉墓发掘点	甲 B Ⅱ b 型	东汉	广西梧州市河西	1977 年前
梧州河西松山东汉墓		东汉	广西梧州河西松山	1979 年 10 月
梧州鹤头山 M1	甲 B Ⅱ a④⑥型	东汉晚期	广西梧州市鹤头山梧州市胜利酒厂	1973 年 11 月
梧州鹤头山 M2	甲 B Ⅱ a ⅱ／②型	东汉晚期	广西梧州市鹤头山梧州市胜利酒厂	1973 年 11 月
梧州钱鑑 M2	甲 B Ⅱ b 型	东汉中期	广西梧州钱鑑村	1977 年前
梧州旺步 M1	甲 B Ⅱ b 型	东汉中期	广西梧州市旺步村	1977 年前
梧州旺步 M2	甲 B Ⅱ b⑧型	东汉中期	广西梧州市旺步村	1977 年前
梧州云盖山汉墓		东汉	广西梧州市云盖山	1965 年
五华狮雄山汉代遗址		西汉早期	广东五华县华城镇东南 2 公里狮雄山	1984—1990 年 12 月
武冈板桥遗址		汉代	湖南武冈县秦桥乡板桥村	
武冈东汉铜器		东汉	湖南武冈县	
武冈都梁侯国古城		汉代	湖南武冈县新东乡七里村	
武平大坪岗下背崠遗址		秦汉	福建中堡乡大坪村东北 200m	1958 年
武平汉代遗物		汉代	福建武平县	
武平刘屋遗址		商周西汉	福建武平县万安乡五里村东 1.1 公里	1988 年 1 月
武平眉村汉代陶器		汉代	福建武平县平川镇画眉村狮形壁下山	
武平始通汉代陶器		汉代	福建武平县城厢乡始通村丰口园墩崠	
武平士敬壁下山遗址		秦汉	福建武平县平川镇且富坊偏西 1 公里	1958 年
武平世下寨遗址		秦汉	福建城厢乡东山下村东北约 200m	1958 年
武平寨顶遗址		秦汉	福建十方镇彭寨村东北约 100m	1987 年
武宣 66 东渡铜鼓		东汉	广西武宣县东渡马头	1966 年
武宣 88 石崖铜鼓		东汉	广西武宣县东乡乡石崖村	1988 年 1 月
武宣金岗古墓群		汉代	广西武宣县河马乡竹园村金岗	
武宣勒马古城		汉代	广西武宣县武宣县三里乡勒马村	1986 年 12 月
武宣勒马汉墓群		西汉中晚期东汉初期	广西武宣县三里乡勒马村龙头村间黔江东	1986 年 12 月
武宣七里屯汉墓群		汉代	广西武宣县桐岭乡湾龙村黔江西岸七里屯	1986 年 12 月
武宣七星古墓群		东汉	广西武宣县二塘乡老七星村七星	
武宣上坪岭古墓群		汉代	广西武宣县上坪岭村食粥岭上上坪岭	
武宣湾龙古墓群		汉代	广西武宣县桐岭乡湾龙村湾龙	
武宣下坪岭古墓群		汉代	广西武宣县上坪岭村食粥岭上下坪岭	

名称	墓葬形制	时期	位置	发掘发现时间
武宣尊头古墓群		汉代	广西武宣县东乡乡尊头村东侧尊头	
武夷村后山西汉窑址		西汉早期	福建武夷山市兴田镇城村后山	1996 年 12 月—1997 年 2 月
武夷山宝山汉代遗址		西汉早期	福建崇安县城村汉城遗址西南元宝山东坡	1980 年 11 月
武夷山北岗二号建筑遗址		西汉早期	福建崇安县城村汉城遗址东城门外北侧	1981 年 10 月
武夷山北岗一号建筑遗址		西汉早期	福建崇安县城村汉城遗址东城门外北侧	1985 年 10 月—1986 年 8 月
武夷山长头垅遗址		西汉早期	福建武夷山市武夷镇公馆村北 1.5 公里	1987 年
武夷山朝阳遗址		商周、西汉	福建武夷山市武夷山华侨农场朝阳管区北	1982 年
武夷山大布山遗址		商周、西汉	福建武夷山市五夫镇五夫村东北 1 公里	1982 年
武夷山大园地汉代遗址		西汉早期	福建武夷山市兴田镇城村大园地	2002 年
武夷山渡头墓地	甲 A Ⅱ b ② 型	西汉早期	福建崇安县汉城遗址崇阳溪东岸渡头村南	
武夷山福林岗 M1	甲 A Ⅱ b ② 型	西汉早期	福建崇安县汉城遗址南墙外福林岗西麓	
武夷山福林岗 M1		西汉早期	福建崇安县汉城遗址南墙外福林岗西麓	
武夷山斧头山 M1	甲 B Ⅱ a 型	西汉早期	福建武夷山市兴田镇城村汉城遗址北部崇阳溪北岸	1999—2003 年
武夷山岗上遗址		商周、西汉	福建武夷山市兴田镇南岸村东 1 公里	1982 年
武夷山高胡南坪甲组建筑		西汉早期	福建崇安县城村汉城遗址中	1981 年 8 月 11 日—1982 年
武夷山黄柏后遗址		商周、西汉	福建武夷山市武夷镇黄柏村北	1982 年
武夷山回回坡遗址		西汉早期	福建武夷山市武夷镇角亭村东 500 米回回坡	2002 年 8—10 月
武夷山坑头东遗址		商周、西汉	福建武夷山市武夷镇坑头村东 1 公里	1958 年
武夷山坑子里遗址		商周、西汉	福建武夷山市上梅乡上梅村北 1.5 公里	1982 年
武夷山苦竹林遗址		商周、西汉	福建武夷山市吴屯乡苦竹林村东 500 米	1982 年
武夷山梅溪山遗址		商周、西汉	福建武夷山市武夷镇梅溪村东 500 米	1987 年
武夷山门前园 03 发掘区		西汉早期	福建武夷山市兴田镇城村门前园	2003 年
武夷山庙下山遗址		西汉	福建武夷山市武夷镇华侨农场朝阳管区北	1958 年
武夷山牛栏后山 M1	甲 B Ⅱ a ⅱ ※ 型	西汉早期	福建武夷山市兴田镇牛栏后山山包	1999—2003 年
武夷山牛栏后山 M2	甲 A Ⅱ a ※ 卜型	西汉早期	福建武夷山市兴田镇牛栏后山山包	1999—2003 年

续表

名称	墓葬形制	时期	位置	发掘发现时间
武夷山牛山 M1	甲 B I a/型	西汉早期	福建武夷山市兴田镇城村崇安汉城遗址东北牛山山顶	2001 年 11 月
武夷山前园 81 发掘区		西汉早期	福建崇安县城村汉城门前园	1981 年 10 月
武夷山三姑遗址		西汉早期	福建武夷山市武夷乡三姑村东南	20 世纪 50、80 年代
武夷山畲头后门山遗址		西汉早期	福建武夷山市兴田镇南岸村畲头村后门山	2002 年 8—10 月
武夷山亭子后 M1	甲 B Ⅱ a※型	西汉早期	福建武夷山市兴田镇崇阳溪对岸	1999—2003 年
武夷山蜈蚣钳遗址		西汉早期	福建武夷山市兴田镇南岸村后门山遗址北	2002 年 8—10 月
武夷山雾林山遗址		商周、西汉	福建武夷山市武夷镇丘墩村东 1 公里	1987 年
武夷山下寺岗一号建筑遗址		西汉早期	福建崇安县城村汉城遗址东城门外北侧	1994 年秋—1996 年 1 月
武夷山新亭园 M1	甲 B I a/型	西汉早期	福建武夷山市兴田镇新亭园	2003 年 11 月—2004 年
武夷山新亭园 M2	甲 B I a 型	西汉早期	福建武夷山市兴田镇新亭园	2003 年 11 月—2004 年
武夷山新亭园 M3	甲 A I a※/型	西汉早期	福建武夷山市兴田镇新亭园	2003 年 11 月—2004 年
武夷山新亭园 M4	甲 B I a/型	西汉早期	福建武夷山市兴田镇新亭园	2003 年 11 月—2004 年
武夷山岩头亭西汉窑址		西汉早期	福建武夷山市兴田镇岩头亭	2001 年 8—9 月
武夷山杨梅口遗址		商周秦汉	福建武夷山市兴田镇仙店村西南林尾后山	2002 年 8—10 月
婺源汉代遗物		汉代	江西婺源县	
婺源汉吴芮墓		西汉	江西婺源县镇头乡鸡山	
婺源茅坦庄 M2	甲 E Ⅱ b 型	西汉中期	江西婺源县茅坦庄	2004 年 11 月至 2005 年
婺源铜钱窖藏		西汉早期	江西婺源县东北隅	1971 年秋
西林 69 普驮屯古墓	丁 D 类	西汉	广西西林县普驮屯	1969 年 12 月 15 日
西林 72 普陀铜鼓墓	丁 C 类	西汉中期	广西西林县八达公社普合大队普陀粮站晒场	1972 年 7 月
峡江大西头汉墓群		汉代	江西峡江县水边镇大西头村北	
霞浦汉代遗物		汉代	福建霞浦县	
厦门汉代陶器		西汉	福建厦门市	
厦门黑山遗址		商周宋	福建厦门市杏林区海沧镇钟山村东南黑山南麓	1987 年 1 月
厦门后溪山遗址		春秋闽越	福建厦门同安区大同街道后溪	2002 年 6—7 月
厦门龙须坑遗址		汉唐	福建厦门市海沧镇慈济东宫后山涧溪上游	
厦门旗尾山遗址		商周闽越	福建厦门市海沧镇石塘村南	1987 年
厦门石草山遗址		商周隋唐	福建厦门市海沧镇石塘村东南石草山	1987 年 1 月
仙游龙穿城遗址		汉代	福建仙游县游洋镇里洋村东北 m	
仙游蛇湾遗址		汉代	福建仙游县钟山镇鸣和村南蛇湾城址	1958 年
芗城汉代陶器		汉代	福建漳州市芗城区	
香港李郑屋汉墓	乙 E I a vi ③型	东汉中期	香港九龙深水埗	1955 年 8 月
湘潭 76 间子铜器		汉代	湖南湘潭县古城公社间子	

续表

名称	墓葬形制	时期	位置	发掘发现时间
湘潭 92 易俗河春秋秦汉墓		春秋秦汉	湖南湘潭县易俗河汽车站	1992 年 4—12 月
湘潭坝塘山墓群		东汉	湖南湘潭县古城乡莳竹塘村	
湘潭白神圫山墓群		东汉晋代	湖南湘潭县射埠乡湾塘村	
湘潭百花咀墓群		汉代	湖南湘潭县青山桥镇青山村	
湘潭百人圫墓群		东汉	湖南湘潭县乌石乡天明村	
湘潭半边街墓群		东汉	湖南湘潭县花石镇极星村东北	
湘潭塝塘墓群		东汉	湖南湘潭县白圫乡草塘村	
湘潭宝塔山墓群		东汉	湖南湘潭县花桥乡花桥村	
湘潭长塘墓群		东汉	湖南湘潭县马家堰乡龙凤村	
湘潭陈家老屋墓群		东汉	湖南湘潭县梅林乡谷丰村	
湘潭城墙湾墓群		东汉	湖南湘潭县霞岭乡霞岭村	
湘潭船形山墓群		东汉	湖南湘潭县明道乡五家嘴村	
湘潭祠堂岭墓群		东汉	湖南湘潭县石鼓乡将军村	
湘潭大岭塘墓群		东汉	湖南湘潭县南谷乡小荆村	
湘潭大陀山墓群		东汉	湖南湘潭县晓南乡草衣村	
湘潭大瓦屋墓群		东汉	湖南湘潭县歇马乡高家坪	
湘潭大王岭墓群		汉代	湖南湘潭县古塘桥乡董泉村	
湘潭戴家山墓群		东汉	湖南湘潭县环山乡彭何村	
湘潭丁家杀墓群		汉代	湖南湘潭市昭山乡黄茅村	
湘潭丁家湾墓群		东汉	湖南湘潭县白圫乡双马村	
湘潭董家铺子山墓群		东汉	湖南湘潭县留田乡中加村	
湘潭堆子墓群		东汉	湖南湘潭县梅林乡京广村	
湘潭二亩冲墓群		汉代	湖南湘潭县荆洲乡旷家村	
湘潭二亩冲遗址		东周汉代	湖南湘潭县荆州乡旷家村	
湘潭凤形山墓群		东汉	湖南湘潭县青山桥镇凤坪村	
湘潭高司岭墓群		东汉	湖南湘潭县双板桥乡高司村	
湘潭高衣塘墓群		东汉	湖南湘潭县较场乡大圫村	
湘潭高衣塘山墓群		东汉晋代	湖南湘潭县较场乡大圫村	
湘潭葛坡墓群		东汉晋代	湖南湘潭县白石铺乡新荷村	
湘潭古城遗址		汉代	湖南湘潭县古城乡古城村	
湘潭古塘窑址		汉代	湖南湘潭县杨嘉桥镇张弓塘村	
湘潭管沙墓群		东汉	湖南湘潭县旺冲乡圆湖村	
湘潭广塘墓群		东汉	湖南湘潭县白圫乡坑山村	
湘潭韩家坳墓群		战国汉代	湖南湘潭县龙口乡董家坪村韩家坳	
湘潭荷塘湾墓群		东汉	湖南湘潭县旺冲乡荷花村	
湘潭荷叶庵墓群		东汉	湖南湘潭县方上桥乡方上桥村	
湘潭荷叶湾墓群		汉代	湖南湘潭县方上桥乡霞塘村	
湘潭黑泥井墓群		汉代	湖南湘潭县云湖桥镇新南村	

续表

名称	墓葬形制	时期	位置	发掘发现时间
湘潭红家屋场墓群		东汉	湖南湘潭县黄荆坪乡辰山村	
湘潭黄茶冲墓群		东汉	湖南湘潭县茶恩寺乡茶恩村	
湘潭黄花坪墓群		东汉	湖南湘潭县花石镇罗汉山村	
湘潭黄茅坑墓群		战国汉代	湖南湘潭县易俗河镇	
湘潭黄旗墓群		东汉	湖南湘潭县旺冲乡荷花村	
湘潭黄竹墓群		东汉	湖南湘潭县梅林乡黄竹村	
湘潭箭楼墓群		东汉晋代	湖南湘潭县仙女乡长龙村	
湘潭接连山墓群		东汉	湖南湘潭县土桥乡泉井村	
湘潭接龙山墓群		东汉	湖南湘潭县荷塘乡荷塘村	
湘潭金龙墓群		东汉晋代	湖南湘潭县杨嘉桥镇金龙村	
湘潭康家岭墓群		东汉晋代	湖南湘潭县郭家桥乡新堤村	
湘潭康家墓群		东汉	湖南湘潭县云湖桥镇楚家村	
湘潭老鸭塘墓群		东汉	湖南湘潭县分水坳乡分水坳村	
湘潭乐山墓群		战国汉代	湖南湘潭县雁坪乡雁坪村	
湘潭雷公塘墓群		东汉	湖南湘潭县易俗河乡京竹村	
湘潭李家坝遗址		汉代	湖南湘潭县双板桥乡双江口村	
湘潭立新墓群		东汉	湖南湘潭县留田乡红卫村	
湘潭六方岭墓群		汉代	湖南湘潭县云湖桥镇王家村	
湘潭六门塘墓群		东汉	湖南湘潭县谭家山镇茅亭村	
湘潭六亩丘墓群		汉代	湖南湘潭县易俗河镇京竹村	
湘潭鲁家山墓群		汉代	湖南湘潭县易俗河镇京竹村	
湘潭罗家大岭墓群		战国汉代	湖南湘潭县古塘桥乡上星村	
湘潭罗家公屋墓群		东汉	湖南湘潭县龙口乡潭溪村	
湘潭罗家塘墓群		东汉晋代	湖南湘潭县梅林乡谷塘铺村	
湘潭麻圫墓群		东汉	湖南湘潭县较场乡天垅村	
湘潭马兰墓群		东汉	湖南湘潭县留田乡南桥村	
湘潭马桥墓群		东汉	湖南湘潭县白圫乡马桥村	
湘潭麦子丛山墓群		东汉	湖南湘潭县列家桥乡新桅村	
湘潭猫耳朵山墓群		东汉晋代	湖南湘潭县响水乡公塘村	
湘潭毛塘墓群		东汉	湖南湘潭县长岭乡新泉村	
湘潭门前山墓群		东汉	湖南湘潭县明道乡森梅村	
湘潭庙七堆遗址		汉代	湖南湘潭县青山桥镇高屯村	
湘潭庙嘴上墓群		东汉	湖南湘潭县南谷乡陈蒲村	
湘潭莫家槽坳里墓群		东汉	湖南湘潭县响水乡郑家村	
湘潭南塘山墓群		东汉	湖南湘潭县碧泉乡白塘村	
湘潭南无宫墓群		东汉唐代	湖南湘潭县塔岭乡黄石村	
湘潭倪家坟山墓群		东汉	湖南湘潭县云湖桥镇石井铺村	
湘潭弄子嘴墓群		东汉	湖南湘潭县景泉乡红家山村	
湘潭排楼山墓群		东汉	湖南湘潭县方上桥乡高泉村	

名称	墓葬形制	时期	位置	发掘发现时间
湘潭漭塘墓群		东汉	湖南湘潭县云湖桥镇新南村	
湘潭炮台岭墓群		东汉	湖南湘潭县响水乡红星村	
湘潭七里铺墓群		东汉	湖南湘潭县云湖桥镇七里铺村	
湘潭岂凡宫墓群		东汉	湖南湘潭县白云乡宝塔村	
湘潭千冲坳墓群		汉代	湖南湘潭县古塘桥乡西林村	
湘潭青山岭墓群		汉代	湖南湘潭县双板桥乡芦花村	
湘潭三河墓群		东汉	湖南湘潭县明道乡栗山村	
湘潭杉山围子墓群		东汉	湖南湘潭县土桥乡新桥村	
湘潭上竹山墓群		东汉	湖南湘潭县方上桥乡方上桥村	
湘潭蛇嘴山墓群		东汉	湖南湘潭县白圫乡中塘村	
湘潭深塘墓群		东汉	湖南湘潭县姜畲镇姜畲村	
湘潭狮子山墓群		汉代	湖南湘潭县荆洲乡旷家村	
湘潭石桥湾墓群		东汉	湖南湘潭县古城乡莲花村	
湘潭汤家瓦屋墓群		汉代	湖南湘潭县雁坪乡羊鹿村	
湘潭桃花坪遗址		汉代	湖南湘潭县青山桥镇青山村	
湘潭天堂坳墓群		东汉晋代	湖南湘潭县霞岭乡天塘村	
湘潭同心墓群		战国汉代	湖南湘潭市排头乡同心村	
湘潭桐子山墓群		东汉	湖南湘潭县黄荆坪乡霞山村	
湘潭湾背山墓群		东汉	湖南湘潭县石鼓乡万家村	
湘潭王家祠堂墓群		东汉	湖南湘潭县泉塘子乡棋盘村	
湘潭文家岭墓群		东汉	湖南湘潭县射埠乡烟塘村	
湘潭屋场山墓群		东汉	湖南湘潭县歇马乡竹塘村	
湘潭五亩冲墓群		东汉	湖南湘潭县楠竹山乡北岸村	
湘潭伍家湾墓群		东汉	湖南湘潭县环山乡广林村	
湘潭虾公塘墓群		东汉晋代	湖南湘潭县明道乡道贯村	
湘潭先锋岭墓群		东汉	湖南湘潭县龙口乡九如村	
湘潭新壁墓群		东汉	湖南湘潭县继述桥乡群台村	
湘潭新桥墓群		东汉	湖南湘潭县长岭乡棠霞村	
湘潭新维山墓群		东汉	湖南湘潭县白圫乡光荣村	
湘潭新义墓群		东汉	湖南湘潭县射埠乡湾塘村	
湘潭兴建墓群		东汉	湖南湘潭县长岭乡钢铁村	
湘潭杏子冲墓群		东汉	湖南湘潭县南谷乡公和村	
湘潭鸭婆塘墓群		东汉	湖南湘潭县龙口乡长寿村	
湘潭烟土岭墓群		东汉	湖南湘潭县郭家桥乡黄龙桥村	
湘潭燕窝墓群		东汉	湖南湘潭县泉塘子乡泉塘子村	
湘潭杨家老屋墓群		东汉	湖南湘潭县杨嘉桥镇九江村	
湘潭杨家老屋墓群		东汉	湖南湘潭县烟山乡大安村	
湘潭杨么山墓群		汉代	湖南湘潭县易俗河镇烟塘村	
湘潭窑坳里墓群		东汉	湖南湘潭县古塘桥乡大坝村	

名称	墓葬形制	时期	位置	发掘发现时间
湘潭窑夹巷子墓群		东汉	湖南湘潭县旺冲乡合霞村	
湘潭窑圫子墓群		东汉	湖南湘潭县景泉乡羊塘村	
湘潭野鸭坡墓群		东汉唐	湖南湘潭市霞城乡新造村	
湘潭义坟山墓群		汉代	湖南湘潭县易俗河镇义坟山	
湘潭尹家山墓群		战国汉代	湖南湘潭县列家桥乡上月村	
湘潭印上墓群		东汉	湖南湘潭县九华乡郭家村	
湘潭雍家老屋墓群		东汉	湖南湘潭县排头乡普通场	
湘潭玉龙寺墓群		汉代	湖南湘潭县云湖桥镇石马咀村	
湘潭芋头岭墓群		东汉	湖南湘潭县茶园乡茅亭村	
湘潭月形山墓群		东汉	湖南湘潭县锦石乡文佳村	
湘潭云峰庵墓群		战国汉代	湖南湘潭县云湖桥乡山塘村	
湘潭云湖岭墓群		东汉	湖南湘潭县云湖桥镇石井铺村	
湘潭赵家祠堂墓群		东汉	湖南湘潭县盐埠乡涓江村	
湘潭赵家坪后山墓群		东汉	湖南湘潭县石鼓乡朱山村	
湘潭周家墓群		东汉	湖南湘潭县云湖桥镇石马嘴村	
湘潭株树山墓群		东汉	湖南湘潭县白圫乡杨梓村	
湘潭竹山墓群		东汉	湖南湘潭县日华乡涌江村	
湘潭竹叶塘墓群		东汉	湖南湘潭县歇马乡竹塘村	
湘潭字堂山墓群		东汉	湖南湘潭县晓南乡上方村	
湘潭左家墓群		东汉	湖南湘潭县南谷乡烧汤河村	
湘乡00新塘湾东汉墓		东汉	湖南湘乡市棋梓桥镇泥溪村新塘湾	2000年9月
湘乡00新塘湾汉代窑址		汉代	湖南湘乡市棋梓桥镇泥溪村新塘湾	2000年9月
湘乡58可心亭M10	甲BⅠb型	西汉中期	湖南湘乡县可心亭	1958年10月
湘乡58可心亭M11	甲BⅡb型	西汉中期	湖南湘乡县可心亭	1958年10月
湘乡58可心亭M23	甲BⅡaⅷ型	西汉中期	湖南湘乡县可心亭	1958年10月
湘乡58可心亭M8	甲EⅡb型	西汉中期	湖南湘乡县可心亭	1958年10月
湘乡58可心亭汉墓		西汉	湖南湘乡县可心亭	1958年10月
湘乡58赵家山M13	甲BⅠb/型	西汉晚期	湖南湘乡县城西3公里可心亭赵家山	1958年10—12月
湘乡58赵家山汉墓		汉代	湖南湘乡县城西3公里可心亭赵家山	1958年10—12月
湘乡65韶湘M77	甲BⅡb型	西汉晚期	湖南湘乡城北红崙上、城西义冢山	1965年下半年
湘乡65韶湘M78	甲BⅡb型	西汉晚期	湖南湘乡城北红崙上、城西义冢山	1965年下半年
湘乡65韶湘M79	甲BⅡb型	西汉中期	湖南湘乡城北红崙上、城西义冢山	1965年下半年
湘乡65韶湘M80	甲BⅡb型	西汉中期	湖南湘乡城北红崙上、城西义冢山	1965年下半年
湘乡65韶湘M81	甲BⅡb型	西汉中期	湖南湘乡城北红崙上、城西义冢山	1965年下半年
湘乡65韶湘M82	甲BⅡb型	西汉中期	湖南湘乡城北红崙上、城西义冢山	1965年下半年
湘乡65韶湘M83	甲BⅠb型	西汉中期	湖南湘乡城北红崙上、城西义冢山	1965年下半年
湘乡65韶湘M84	甲BⅡb型	西汉中期	湖南湘乡城北红崙上、城西义冢山	1965年下半年

续表

名称	墓葬形制	时期	位置	发掘发现时间
湘乡 65 韶湘 M85	甲 B Ⅱ b 型	西汉中期	湖南湘乡城北红崙上、城西义冢山	1965 年下半年
湘乡 65 韶湘 M86	甲 B Ⅱ b 型	西汉中期	湖南湘乡城北红崙上、城西义冢山	1965 年下半年
湘乡 65 韶湘 M87	甲 B Ⅱ a 型	西汉晚期	湖南湘乡城北红崙上、城西义冢山	1965 年下半年
湘乡 65 韶湘 M88	甲 B Ⅱ a 型	西汉晚期	湖南湘乡城北红崙上、城西义冢山	1965 年下半年
湘乡 65 韶湘 M89	甲 B Ⅱ a 型	西汉晚期	湖南湘乡城北红崙上、城西义冢山	1965 年下半年
湘乡 65 韶湘 M90	甲 B Ⅱ a 型	西汉晚期	湖南湘乡城北红崙上、城西义冢山	1965 年下半年
湘乡 65 韶湘 M91	乙 A Ⅰ b 型	新莽	湖南湘乡县新坳	1965 年下半年
湘乡 65 韶湘 M92	乙 B Ⅰ a 型	新莽	湖南湘乡城北 1 公里红崙上	1965 年下半年
湘乡 84—86 义冢山东汉墓		东汉	湖南湘乡县西北湘乡铝厂工人村义冢山	1984—1986 年
湘乡 84—86 义冢山西汉墓		西汉	湖南湘乡县西北湘乡铝厂工人村义冢山	1984—1986 年
湘乡 84—86 义冢山新莽墓		新莽	湖南湘乡县西北湘乡铝厂工人村义冢山	1984—1986 年
湘乡 87 乡枚 M1	乙 C Ⅰ a ⅵ 型	东汉中期	湖南湘乡市城关镇枚坪村	1987 年 11 月
湘乡曹家洲墓群		战国东汉	湖南湘乡县苏坡乡厚河村	
湘乡罗家坟山东汉墓	乙 C Ⅰ a 型	东汉晚期	湖南湘乡县犀角罗家坟山	1960 年 2 月
湘乡牛形山墓群		战国宋	湖南湘乡县金塘村牛形山	1958 年起
湘阴 57 永和古墓		东汉	湖南湘阴县河市乡永和社	1957 年 3 月 28 日
湘阴 88 白梅村东汉窑址		东汉	湖南湘阴县樟树港白梅村马草坡鱼尾洲岸	1988 年 12 月
湘阴 88 青竹寺东汉瓷窑		东汉中晚期	湖南湘阴县西南安靖乡青竹寺湘江湾河东	1988 年 11 月
湘阴汉代铜镜		汉代	湖南湘阴县	
湘阴黄坟洲墓群		东汉	湖南湘阴县洞庭围洞庭中学围墙外	1973 年
湘阴潘家嘴墓群		汉代	湖南湘阴县玉华乡凤形村	
湘阴瓦窑湾墓群		东汉	湖南湘阴县城关镇瓦窑湾二纸厂内	
象州 74 崇山铜鼓		东汉	广西象州县寺村公社崇山村	1974 年 4 月 5—7 日
象州 74 寺村铜鼓		东汉	广西象州县寺村公社寺村小学内	1974 年 4 月 5—7 日
象州 78 罗汉铜鼓		东汉	广西象州县中平公社罗汉村水田中	1978 年冬
象州 85 岭南石室墓		东汉	广西象州县大乐乡岭南村	1985 年 10 月
象州 85 岭南土坑墓		东汉	广西象州县大乐乡岭南村	1985 年 10 月
象州 86 鸡沙汉墓		东汉	广西象州县象州镇鸡沙村	1986 年 12 月
象州 89 苏村铜鼓		汉代	广西象州县中平乡苏村西面	1989 年 1 月 11 日
象州大普化铜鼓		东汉	广西象州县中平乡大普化村北面	
象州腊村汉代窑址		汉代	广西象州县运江乡那敖村腊村柳江东岸	1981 年
象州岭南汉墓群		汉代	广西象州县大乐乡岭南村	1981 年 10 月
象州瓦厂汉代窑址		西汉晚期两晋	广西象州县运江镇瓦厂村西 150 柳江东岸	1981 年 10 月

名称	墓葬形制	时期	位置	发掘发现时间
新化 82 洋溪汉代铜器		汉代	湖南新化县洋溪镇洋溪河畔	1982 年
新化周家台汉墓		汉代	衡南县新化县枫林乡月照村周家台	
新化周家台墓群		汉代	湖南新化县枫林乡月照村周家台	
新晃五里小坑遗址		秦汉	湖南新晃侗族自治县鱼市镇五里卡小坑	
新建昌邑古城		西汉中期	江西新建县铁河乡陶家村	1960 年 3 月
新建赤城遗址		汉代	江西新建县铁河乡赤城村赤城遗址	
新建铁河墓城		汉代宋	江西新建县铁河乡舒家山紫金城东北	
新建铁河墓群		汉清	江西新建县铁河乡东红村铁河	
新建窑河墓群		汉代	江西新建县昌邑乡窑河村窑河	
新建游塘遗址		汉魏	江西新建县昌邑乡游塘村游塘	
新宁 83 白沙钱币窖藏		东汉晚期	湖南新宁县白沙园艺场	1983 年春
新宁白沙铜钱窖藏		汉代	湖南新宁县白沙县农科所	1983 年
新宁大埠头墓群		汉代	湖南新宁县军田乡毛坪村大埠头	
新宁登仙坳墓群		汉代	湖南新宁县安山乡石桥村	
新宁猴子塘墓群		汉代	湖南新宁县清江桥乡大田村	
新宁后花园墓群		汉代	湖南新宁县巡田乡西蒋村	
新宁狮子岩洞穴遗址		汉代	湖南新宁县靖位乡靖位村	
新宁桃子园墓群		汉代	湖南新宁县丰田乡坪丰村	
新宁王家山墓群		汉宋	湖南新宁县明天请早炉山村王家山	
新邵诚实墓群		东汉	湖南新邵县壕塘乡诚实村	
新邵刘什坝墓群		东汉	湖南新邵县陈家坊乡刘什坝村	
新邵茅坪墓群		东汉	湖南新邵县陈家坊乡茅坪村	
新邵王家坪墓群		东汉	湖南新邵县土桥乡王家坪村	
新田骥村墓群		东汉	湖南新田县骥村镇	
新田枧头墓群		东汉	湖南新田县枧头镇	
新田金陵墓群		东汉	湖南新田县金陵乡	
新田金盆圩墓群		东汉	湖南新田县金盆圩	
新田十字墓群		东汉	湖南新田县十字乡	
新田十字圩东汉墓		东汉	湖南新田县十字乡十字圩西侧	
新田石羊墓群		东汉	湖南新田县石羊镇	
新田下漕洞墓群		东汉	湖南新田县下漕洞镇	
新兴白鹿台遗址		汉代	广东新兴县集成区南塘村	
新兴计岗铜镜		西汉	广东新兴县陇塘乡计岗	1983 年
新兴桥亭岗东汉墓	甲 B Ⅱ b④⑥型	东汉	广东新兴县环城镇西郊 1 公里桥亭岗	1983 年 10 月
新兴象岗西汉陶器		西汉	广东新兴县西北角象岗	1984 年 10 月
新余南安 M4	乙 B Ⅰ a 型	东汉中期	江西新余市南安乡赵家山西坡	2001 年 8—10 月

名称	墓葬形制	时期	位置	发掘发现时间
新余南安东汉砖窑		东汉	江西新余市南安乡赵家山东坡	2001 年 9 月 15—20 日
新余沿江路西汉墓	甲 B Ⅱ b 型	西汉中期	江西新余市魁星路北东盛德房地产公司	2001 年 8 月 3 日
信宜 65 横源铜鼓		汉代	广东信宜县新堡镇横源村	1965 年 7 月
信宜北界东汉墓		东汉	广东信宜县北界镇	
信宜大垌铜鼓		汉代	广东信宜县水口镇大垌村	1964—1995 年
信宜高山村遗址		汉代	广东信宜县北界镇高山村	1982—1983 年
信宜汉代遗物		汉代	广东信宜县	
信宜横岗铜鼓		汉代	广东信宜县东镇镇横岗村	1965—1985 年
信宜林屋铜鼓		汉代	广东信宜县旺沙镇林屋	1965—1985 年
信宜湾涌铜鼓		汉代	广东信宜县丁堡乡湾涌	1965—1985 年
信宜新村坡西汉墓	丙 Ca 型	西汉	广东信宜县北界镇东村新村坡	
信宜新村坡遗址		汉代	广东信宜县北界镇东村新村坡	1982—1983 年
兴安 74 石马坪汉墓	乙 B Ⅰ a 型	东汉早期	广西兴安县溶江公社莲塘大队村北石马坪	1974 年 3 月
兴安 83 界首汉墓		东汉	广西兴安县界首公社界首大队黄家屋脊	1983 年 10—11 月
兴安汉代遗物		汉代	广西兴安县	
兴安架枧田屯汉代窑址		汉代	广西兴安县护城乡架枧田屯	
兴安界首古墓群		东汉南朝	广西兴安县界首镇北靠小宅村南	1962 年
兴安七里圩古城		汉代	广西兴安县溶江镇秦城遗址七里圩南	1990 年至 1996 年
兴安石马坪 M10	甲 B Ⅰ a 型	新莽	广西兴安县溶江镇莲塘村大园村南	1983 年 11 月—1984 年
兴安石马坪 M11A	甲 C Ⅱ b 型	西汉早期	广西兴安县溶江镇莲塘村大园村南	1983 年 11 月—1984 年
兴安石马坪 M11B	甲 C Ⅱ b 型	西汉早期	广西兴安县溶江镇莲塘村大园村南	1983 年 11 月—1984 年
兴安石马坪 M12	甲 B Ⅰ a 型	西汉晚期	广西兴安县溶江镇莲塘村大园村南	1983 年 11 月—1984 年
兴安石马坪 M13	甲 B Ⅱ b 型	西汉晚期	广西兴安县溶江镇莲塘村大园村南	1983 年 11 月—1984 年
兴安石马坪 M14	甲 B Ⅱ b 型	西汉晚期	广西兴安县溶江镇莲塘村大园村南	1983 年 11 月—1984 年
兴安石马坪 M15	乙 B Ⅰ a 型	东汉中期	广西兴安县溶江镇莲塘村大园村南	1983 年 11 月—1984 年
兴安石马坪 M16	乙 B Ⅰ a 型	东汉中期	广西兴安县溶江镇莲塘村大园村南	1983 年 11 月—1984 年
兴安石马坪 M17	甲 B Ⅰ a 型	西汉早期	广西兴安县溶江镇莲塘村大园村南	1983 年 11 月—1984 年
兴安石马坪 M18	甲 B Ⅰ a 型	西汉晚期	广西兴安县溶江镇莲塘村大园村南	1983 年 11 月—1984 年
兴安石马坪 M19	甲 B Ⅰ a 型	西汉晚期	广西兴安县溶江镇莲塘村大园村南	1983 年 11 月—1984 年
兴安石马坪 M1A	甲 B Ⅰ a 型	新莽	广西兴安县溶江镇莲塘村大园村南	1983 年 11 月—1984 年

名称	墓葬形制	时期	位置	发掘发现时间
兴安石马坪 M1B	甲 B Ⅰ a 型	新莽	广西兴安县溶江镇莲塘村大园村南	1983 年 11 月—1984 年
兴安石马坪 M2	甲 B Ⅱ b 型	东汉中期	广西兴安县溶江镇莲塘村大园村南	1983 年 11 月—1984 年
兴安石马坪 M20	乙 A Ⅰ a 型	东汉中期	广西兴安县溶江镇莲塘村大园村南	1983 年 11 月—1984 年
兴安石马坪 M21	甲 C Ⅰ a 型	新莽	广西兴安县溶江镇莲塘村大园村南	1983 年 11 月—1984 年
兴安石马坪 M22	甲 B Ⅱ b 型	西汉早期	广西兴安县溶江镇莲塘村大园村南	1983 年 11 月—1984 年
兴安石马坪 M23	甲 B Ⅰ a 型	西汉早期	广西兴安县溶江镇莲塘村大园村南	1983 年 11 月—1984 年
兴安石马坪 M25	甲 B Ⅰ a 型	东汉中期	广西兴安县溶江镇莲塘村大园村南	1983 年 11 月—1984 年
兴安石马坪 M3	乙 B Ⅱ aⅵ型	东汉中期	广西兴安县溶江镇莲塘村大园村南	1983 年 11 月—1984 年
兴安石马坪 M4	甲 B Ⅱ b 型	西汉晚期	广西兴安县溶江镇莲塘村大园村南	1983 年 11 月—1984 年
兴安石马坪 M5	乙 B Ⅰ aⅵ型	东汉中期	广西兴安县溶江镇莲塘村大园村南	1983 年 11 月—1984 年
兴安石马坪 M6	甲 B Ⅰ a 型	西汉晚期	广西兴安县溶江镇莲塘村大园村南	1983 年 11 月—1984 年
兴安石马坪 M7	乙 A Ⅱ a 型	东汉中期	广西兴安县溶江镇莲塘村大园村南	1983 年 11 月—1984 年
兴安石马坪 M8	甲 B Ⅰ a 型	东汉中期	广西兴安县溶江镇莲塘村大园村南	1983 年 11 月—1984 年
兴安石马坪 M9	甲 B Ⅰ a 型	东汉中期	广西兴安县溶江镇莲塘村大园村南	1983 年 11 月—1984 年
兴安石马坪古墓群		汉代	广西兴安县溶江镇莲塘村旁	
兴安田心村汉墓		东汉	广西兴安县田心村	1965 年
兴安通济古城		西汉早期	广西兴安县溶江镇通济村与太和堡之间	1990 年至 1996 年
兴国窑棚背汉墓	乙 C Ⅰ aⅵ型	东汉晚期	江西兴国县永丰乡茶石村窑棚背	
星子城东汉墓群		汉代	江西星子县城东	
星子红星汉墓群		汉代	江西星子县横塘乡咀上查村	
星子龙溪汉墓群		汉代	江西星子县蛟塘乡龙溪	
星子钱湖汉墓群		汉代	江西星子县温泉乡港口李村钱湖	
星子温泉汉墓群		东汉	江西星子县温泉乡东山村委员会观门郭村正北	1975 年
星子斜川汉墓群		东汉	江西星子县白鹿乡河东村斜川	
修水 61 长窝岭西汉墓		西汉	江西修水县上奉镇山背村长窝岭	1961 年
修水 61 山背 M1	甲 A Ⅱ b 型	东汉早期	江西修水县山背养鸭场遗址	1961 年 4 月
修水 61 张家坳 M2	甲 C Ⅱ b 型	东汉早期	江西修水县张家坳背山墩	1961 年 8 月
修水 64 横山铁器		新莽	江西修水县古市镇张墩横山	1964 年
修水 64 横山铁器		新莽	江西修水县樟段大队垅上村南横山	1964 年夏
修水 76 坪上东汉墓	乙 B Ⅰ aⅵ型	东汉	江西修水县渣津镇西南	1976 年 1 月

名称	墓葬形制	时期	位置	发掘发现时间
修水 81 南峰汉墓	乙 B I a 型	新莽	江西修水县南峰村桥亭屋后	1981 年
修水 82 跑马场东汉墓	乙 B I a 型	东汉	江西修水县上奉镇石街村跑马场	1982 年
修水汉代遗物		汉代	江西修水县	
修水汉镜		东汉晚期	江西修水县博物馆	未介绍
修水黄沙墩墓群	乙 B I a 型	东汉	江西修水县全丰镇黄沙墩	
修水南峰墓群	乙 B I a 型	东汉	江西修水县全丰镇南峰村	1981 年
修水跑马场汉墓群		东汉	江西修水县上奉镇石街村跑马场	1982 年
修水坪上汉墓群		东汉	江西修水县渣津街南 500 米, 267 地质队驻地	1976 年
修水上奉西汉墓	甲 B II b 型	西汉中期	江西修水县上奉公社	1961 年 2 月 7 日
修水寅卯埂墓群	乙 B I a 型	东汉	江西修水县全丰镇寅卯埂	
徐闻 02 二桥发掘		汉代	广东徐闻县五里乡二桥村	2002 年 12 月—2003 年 1 月
徐闻 03 灰场东汉墓	乙 B I a 型	东汉中期	广东徐闻县五里乡二桥村东北灰场	2003 年 6 月
徐闻 82 华丰岭东汉墓		东汉	广东徐闻县大黄区华丰村华丰岭	
徐闻 93 二桥 M1 ˙	甲 B II b i ii 型	西汉中期	广东徐闻县五里镇二桥村	1993 年 10—11 月
徐闻 93 二桥 M2		西汉中期	广东徐闻县五里镇二桥村	1993 年 10—11 月
徐闻 93 二桥 M3	甲 B II a/ 型	西汉中期	广东徐闻县五里镇二桥村	1993 年 10—11 月
徐闻 M1	乙 B I a 型	东汉早期	广东徐闻县迈陈公社华丰村南	1973 年冬—1974 年
徐闻 M10	乙 A I a 型	东汉早期	广东徐闻县迈陈公社华丰村南	1973 年冬—1974 年
徐闻 M11	丙 Ba 型	东汉早期	广东徐闻县迈陈公社华丰村南	1973 年冬—1974 年
徐闻 M12	乙 B I a 型	东汉早期	广东徐闻县迈陈公社华丰村南	1973 年冬—1974 年
徐闻 M13	乙 A I a 型	东汉早期	广东徐闻县迈陈公社华丰村南	1973 年冬—1974 年
徐闻 M14	乙 B I a 型	东汉早期	广东徐闻县迈陈公社华丰村南	1973 年冬—1974 年
徐闻 M15	甲 B II b 型	东汉早期	广东徐闻县迈陈公社华丰村南	1973 年冬—1974 年
徐闻 M16	丙 A I a v 型	东汉早期	广东徐闻县迈陈公社华丰村南	1973 年冬—1974 年
徐闻 M17	乙 A I a 型	东汉早期	广东徐闻县迈陈公社华丰村南	1973 年冬—1974 年
徐闻 M18	丙 Ba v 型	东汉早期	广东徐闻县迈陈公社华丰村南	1973 年冬—1974 年
徐闻 M19	乙 B I a 型	东汉早期	广东徐闻县迈陈公社华丰村南	1973 年冬—1974 年
徐闻 M2	丙 Ba v 型	东汉早期	广东徐闻县迈陈公社华丰村南	1973 年冬—1974 年
徐闻 M20	乙 B I a 型	东汉早期	广东徐闻县迈陈公社华丰村南	1973 年冬—1974 年
徐闻 M21	乙 B I a 型	东汉早期	广东徐闻县迈陈公社华丰村南	1973 年冬—1974 年
徐闻 M22	乙 B I a 型	东汉早期	广东徐闻县迈陈公社华丰村南	1973 年冬—1974 年
徐闻 M23	乙 A I a 型	东汉早期	广东徐闻县迈陈公社华丰村南	1973 年冬—1974 年
徐闻 M24	乙 B I a 型	东汉早期	广东徐闻县迈陈公社华丰村南	1973 年冬—1974 年
徐闻 M25	乙 A I a 型	东汉早期	广东徐闻县迈陈公社华丰村南	1973 年冬—1974 年
徐闻 M26	乙 B I a 型	东汉早期	广东徐闻县迈陈公社华丰村南	1973 年冬—1974 年
徐闻 M27	乙 A I a 型	东汉早期	广东徐闻县迈陈公社华丰村南	1973 年冬—1974 年
徐闻 M28	乙 B I a 型	东汉早期	广东徐闻县迈陈公社华丰村南	1973 年冬—1974 年
徐闻 M29	乙 B I a 型	东汉早期	广东徐闻县迈陈公社华丰村南	1973 年冬—1974 年

续表

名称	墓葬形制	时期	位置	发掘发现时间
徐闻 M3	乙 B Ⅰ a 型	东汉早期	广东徐闻县迈陈公社华丰村南	1973 年冬—1974 年
徐闻 M30	乙 B Ⅰ a 型	东汉早期	广东徐闻县迈陈公社华丰村南	1973 年冬—1974 年
徐闻 M31	乙 A Ⅰ a 型	东汉早期	广东徐闻县迈陈公社华丰村南	1973 年冬—1974 年
徐闻 M32	乙 B Ⅰ a 型	东汉早期	广东徐闻县迈陈公社华丰村南	1973 年冬—1974 年
徐闻 M33	乙 B Ⅰ a 型	东汉早期	广东徐闻县迈陈公社华丰村南	1973 年冬—1974 年
徐闻 M34	乙 B Ⅰ a 型	东汉早期	广东徐闻县迈陈公社华丰村南	1973 年冬—1974 年
徐闻 M35	乙 A Ⅰ a 型	东汉中期	广东徐闻县龙塘公社红坎村北	1973 年冬—1974 年
徐闻 M36	乙 B Ⅰ a 型	东汉中期	广东徐闻县龙塘公社红坎村北	1973 年冬—1974 年
徐闻 M37	乙 B Ⅰ a 型	东汉中期	广东徐闻县龙塘公社红坎村北	1973 年冬—1974 年
徐闻 M38	乙 A Ⅰ a 型	东汉中期	广东徐闻县龙塘公社红坎村北	1973 年冬—1974 年
徐闻 M39	乙 A Ⅰ a 型	东汉中期	广东徐闻县龙塘公社红坎村北	1973 年冬—1974 年
徐闻 M4	乙 B Ⅰ a 型	东汉早期	广东徐闻县迈陈公社华丰村南	1973 年冬—1974 年
徐闻 M40	乙 B Ⅰ a 型	东汉中期	广东徐闻县龙塘公社红坎村北	1973 年冬—1974 年
徐闻 M41	乙 B Ⅰ a 型	东汉中期	广东徐闻县龙塘公社红坎村北	1973 年冬—1974 年
徐闻 M42	乙 B Ⅰ a 型	东汉中期	广东徐闻县龙塘公社红坎村北	1973 年冬—1974 年
徐闻 M43	乙 B Ⅰ a 型	东汉中期	广东徐闻县龙塘公社红坎村北	1973 年冬—1974 年
徐闻 M44	乙 B Ⅰ a 型	东汉中期	广东徐闻县龙塘公社红坎村北	1973 年冬—1974 年
徐闻 M45	乙 B Ⅰ a 型	东汉中期	广东徐闻县龙塘公社红坎村北	1973 年冬—1974 年
徐闻 M46	乙 A Ⅰ a 型	东汉中期	广东徐闻县龙塘公社红坎村北	1973 年冬—1974 年
徐闻 M47	乙 B Ⅰ a 型	东汉早期	广东徐闻县附城公社槟榔埚村	1973 年冬—1974 年
徐闻 M48	乙 B Ⅰ a 型	东汉早期	广东徐闻县附城公社槟榔埚村	1973 年冬—1974 年
徐闻 M49	乙 A Ⅰ a 型	东汉早期	广东徐闻县附城公社槟榔埚村	1973 年冬—1974 年
徐闻 M5	乙 A Ⅰ a 型	东汉早期	广东徐闻县迈陈公社华丰村南	1973 年冬—1974 年
徐闻 M50	乙 B Ⅰ a 型	东汉早期	广东徐闻县附城公社槟榔埚村	1973 年冬—1974 年
徐闻 M51	乙 A Ⅰ a 型	东汉早期	广东徐闻县附城公社槟榔埚村	1973 年冬—1974 年
徐闻 M6	乙 B Ⅰ a 型	东汉早期	广东徐闻县迈陈公社华丰村南	1973 年冬—1974 年
徐闻 M7	乙 B Ⅰ a 型	东汉早期	广东徐闻县迈陈公社华丰村南	1973 年冬—1974 年
徐闻 M8	乙 A Ⅰ a 型	东汉早期	广东徐闻县迈陈公社华丰村南	1973 年冬—1974 年
徐闻 M9	丙 A Ⅰ a Ⅴ 型	东汉早期	广东徐闻县迈陈公社华丰村南	1973 年冬—1974 年
徐闻二桥遗址		西汉早中期	广东徐闻县五里镇二桥村	1993 年 10—11 月
徐闻南湾遗址		西汉早中期	广东徐闻县五里镇南湾村	1993 年 10—11 月
徐闻仕尾遗址		西汉早\中期	广东徐闻县五里镇仕尾村	1993 年 10—11 月
溆浦 78 溆马 M100	甲 B Ⅱ b 型	西汉中期	湖南溆浦县马田坪茅坪坳等地	1978 年 7 月—1979 年春
溆浦 78 溆马 M102	甲 B Ⅱ b 型	西汉中期	湖南溆浦县马田坪茅坪坳等地	1978 年 7 月—1979 年春
溆浦 78 溆马 M103	甲 B Ⅱ b 型	西汉中期	湖南溆浦县马田坪茅坪坳等地	1978 年 7 月—1979 年春
溆浦 78 溆马 M104	甲 B Ⅱ b 型	西汉中期	湖南溆浦县马田坪茅坪坳等地	1978 年 7 月—1979 年春
溆浦 78 溆马 M106	甲 B Ⅱ b 型	西汉中期	湖南溆浦县马田坪茅坪坳等地	1978 年 7 月—1979 年春
溆浦 78 溆马 M107	甲 B Ⅱ b 型	西汉中期	湖南溆浦县马田坪茅坪坳等地	1978 年 7 月—1979 年春
溆浦 78 溆马 M108	甲 B Ⅱ b 型	西汉中期	湖南溆浦县马田坪茅坪坳等地	1978 年 7 月—1979 年春

名称	墓葬形制	时期	位置	发掘发现时间
溆浦 78 溆马 M109	甲 B Ⅱ b 型	西汉中期	湖南溆浦县马田坪茅坪坳等地	1978 年 7 月—1979 年春
溆浦 78 溆马 M110	甲 B Ⅱ b 型	西汉中期	湖南溆浦县马田坪茅坪坳等地	1978 年 7 月—1979 年春
溆浦 78 溆马 M112	甲 B Ⅱ b 型	西汉中期	湖南溆浦县马田坪茅坪坳等地	1978 年 7 月—1979 年春
溆浦 78 溆马 M113	甲 B Ⅱ b 型	西汉中期	湖南溆浦县马田坪茅坪坳等地	1978 年 7 月—1979 年春
溆浦 78 溆马 M116	甲 B Ⅱ b 型	西汉中期	湖南溆浦县马田坪茅坪坳等地	1978 年 7 月—1979 年春
溆浦 78 溆马 M122	甲 B Ⅱ b 型	西汉中期	湖南溆浦县马田坪茅坪坳等地	1978 年 7 月—1979 年春
溆浦 78 溆马 M125	甲 C Ⅱ a 型	西汉中期	湖南溆浦县马田坪茅坪坳等地	1978 年 7 月—1979 年春
溆浦 78 溆马 M127	甲 B Ⅱ b 型	西汉中期	湖南溆浦县马田坪茅坪坳等地	1978 年 7 月—1979 年春
溆浦 78 溆马 M23	甲 C Ⅱ b 型	西汉中期	湖南溆浦县马田坪茅坪坳等地	1978 年 7 月—1979 年春
溆浦 78 溆马 M24	甲 B Ⅰ a ├ 型	西汉初期	湖南溆浦县马田坪丰收大队罗家塘山丘	1978 年 7 月—1979 年春
溆浦 78 溆马 M29	甲 B Ⅱ b 型	西汉中期	湖南溆浦县马田坪茅坪坳等地	1978 年 7 月—1979 年春
溆浦 78 溆马 M31	甲 B Ⅱ b 型	西汉中期	湖南溆浦县马田坪茅坪坳等地	1978 年 7 月—1979 年春
溆浦 78 溆马 M32	甲 B Ⅱ b 型	西汉早期	湖南溆浦县马田坪茅坪坳、中林、松树坡	1978 年 7 月—1979 年春
溆浦 78 溆马 M33	甲 B Ⅱ a 型	西汉中期	湖南溆浦县马田坪茅坪坳等地	1978 年 7 月—1979 年春
溆浦 78 溆马 M34	甲 B Ⅱ b 型	西汉早期	湖南溆浦县马田坪茅坪坳、中林、松树坡	1978 年 7 月—1979 年春
溆浦 78 溆马 M34?	甲 B Ⅱ b 型	西汉中期	湖南溆浦县马田坪茅坪坳等地	1978 年 7 月—1979 年春
溆浦 78 溆马 M35	甲 B Ⅱ b 型	西汉中期	湖南溆浦县马田坪茅坪坳等地	1978 年 7 月—1979 年春
溆浦 78 溆马 M37	甲 C Ⅱ a 型	西汉早期	湖南溆浦县马田坪茅坪坳、中林、松树坡	1978 年 7 月—1979 年春
溆浦 78 溆马 M39	甲 B Ⅱ b 型	西汉早期	湖南溆浦县马田坪茅坪坳、中林、松树坡	1978 年 7 月—1979 年春
溆浦 78 溆马 M41	甲 B Ⅱ b 型	西汉中期	湖南溆浦县马田坪茅坪坳等地	1978 年 7 月—1979 年春
溆浦 78 溆马 M42	甲 B Ⅱ b 型	西汉早期	湖南溆浦县马田坪茅坪坳、中林、松树坡	1978 年 7 月—1979 年春
溆浦 78 溆马 M45	甲 B Ⅱ b 型	西汉早期	湖南溆浦县马田坪茅坪坳、中林、松树坡	1978 年 7 月—1979 年春
溆浦 78 溆马 M46	甲 B Ⅱ b 型	西汉中期	湖南溆浦县马田坪茅坪坳等地	1978 年 7 月—1979 年春
溆浦 78 溆马 M49	甲 B Ⅱ b 型	西汉中期	湖南溆浦县马田坪茅坪坳等地	1978 年 7 月—1979 年春
溆浦 78 溆马 M5	甲 C Ⅱ a 型	新莽	湖南溆浦县马田坪茅坪坳、侯家坳	1978 年 7 月—1979 年春
溆浦 78 溆马 M50	甲 B Ⅱ b 型	西汉中期	湖南溆浦县马田坪茅坪坳等地	1978 年 7 月—1979 年春
溆浦 78 溆马 M51	甲 B Ⅱ b 型	西汉中期	湖南溆浦县马田坪茅坪坳等地	1978 年 7 月—1979 年春
溆浦 78 溆马 M56	甲 B Ⅱ b 型	西汉中期	湖南溆浦县马田坪茅坪坳等地	1978 年 7 月—1979 年春
溆浦 78 溆马 M6	甲 B Ⅱ b 型	西汉中期	湖南溆浦县马田坪茅坪坳等地	1978 年 7 月—1979 年春
溆浦 78 溆马 M62	甲 B Ⅱ b 型	西汉中期	湖南溆浦县马田坪茅坪坳等地	1978 年 7 月—1979 年春
溆浦 78 溆马 M63	甲 C Ⅱ b 型	西汉中期	湖南溆浦县马田坪茅坪坳等地	1978 年 7 月—1979 年春
溆浦 78 溆马 M66	甲 C Ⅱ a 型	新莽	湖南溆浦县马田坪茅坪坳、侯家坳	1978 年 7 月—1979 年春
溆浦 78 溆马 M7	甲 B Ⅱ b 型	西汉中期	湖南溆浦县马田坪茅坪坳等地	1978 年 7 月—1979 年春
溆浦 78 溆马 M71	甲 B Ⅱ b 型	西汉中期	湖南溆浦县马田坪茅坪坳等地	1978 年 7 月—1979 年春
溆浦 78 溆马 M75	甲 B Ⅱ b 型	西汉中期	湖南溆浦县马田坪茅坪坳等地	1978 年 7 月—1979 年春

续表

名称	墓葬形制	时期	位置	发掘发现时间
溆浦 78 溆马 M78	甲 B Ⅱ b 型	西汉中期	湖南溆浦县马田坪茅坪坳等地	1978 年 7 月—1979 年春
溆浦 78 溆马 M79	甲 B Ⅱ b 型	西汉中期	湖南溆浦县马田坪茅坪坳等地	1978 年 7 月—1979 年春
溆浦 78 溆马 M81	甲 B Ⅱ b 型	西汉中期	湖南溆浦县马田坪茅坪坳等地	1978 年 7 月—1979 年春
溆浦 78 溆马 M84	甲 C Ⅱ b 型	西汉中期	湖南溆浦县马田坪茅坪坳等地	1978 年 7 月—1979 年春
溆浦 78 溆马 M85	甲 B Ⅱ b 型	西汉中期	湖南溆浦县马田坪茅坪坳等地	1978 年 7 月—1979 年春
溆浦 78 溆马 M9	甲 B Ⅱ b 型	西汉早期	湖南溆浦县马田坪茅坪坳、中林、松树坡	1978 年 7 月—1979 年春
溆浦 78 溆马 M9？	甲 B Ⅱ b 型	西汉中期	湖南溆浦县马田坪茅坪坳等地	1978 年 7 月—1979 年春
溆浦 78 溆马 M93	甲 B Ⅱ b 型	西汉中期	湖南溆浦县马田坪茅坪坳等地	1978 年 7 月—1979 年春
溆浦 78 溆马 M94	甲 B Ⅱ b 型	西汉中期	湖南溆浦县马田坪茅坪坳等地	1978 年 7 月—1979 年春
溆浦 78 溆马 M95	甲 C Ⅱ b 型	西汉中期	湖南溆浦县马田坪茅坪坳等地	1978 年 7 月—1979 年春
溆浦 78 溆马 M97	甲 B Ⅱ b 型	西汉中期	湖南溆浦县马田坪茅坪坳等地	1978 年 7 月—1979 年春
溆浦 78 溆马 M98	甲 B Ⅱ b 型	西汉中期	湖南溆浦县马田坪茅坪坳等地	1978 年 7 月—1979 年春
溆浦 80—90 大江口古墓		汉代	湖南溆浦县江口镇与溡水湾之间	1980—1990 年
溆浦 82 溆马 M1	甲 B Ⅱ b 型	西汉中期	湖南溆浦县马田坪公社散水塘大队	1982 年 10—12 月
溆浦 82 溆马 M2	甲 B Ⅱ b 型	西汉中期	湖南溆浦县马田坪公社散水塘大队	1982 年 10—12 月
溆浦 82 溆马 M6	甲 B Ⅱ b 型	西汉中期	湖南溆浦县马田坪公社散水塘大队	1982 年 10—12 月
溆浦 82 溆马 M7	甲 B Ⅱ b 型	西汉中期	湖南溆浦县马田坪公社散水塘大队	1982 年 10—12 月
溆浦 83 江口 M10	甲 B Ⅱ b 型	西汉中期	湖南溆浦县江口镇大江坪村松树坡等地	1983 年 3 月—1984 年
溆浦 83 江口 M15	甲 B Ⅱ a 型	西汉中期	湖南溆浦县江口镇大江坪村松树坡等地	1983 年 3 月—1984 年
溆浦 83 江口 M5	甲 B Ⅱ b 型	西汉中期	湖南溆浦县江口镇大江坪村松树坡等地	1983 年 3 月—1984 年
溆浦大江口 M1	甲 B Ⅰ b 型	西汉晚期	湖南溆浦县大江口维尼纶厂电石厂变电站	1990 年 3 月
溆浦大江口 M2	甲 B Ⅰ b 型	西汉晚期	湖南溆浦县大江口维尼纶厂电石厂变电站	1990 年 3 月
溆浦大江口 M3	甲 B Ⅱ a 型	西汉晚期	湖南溆浦县大江口维尼纶厂电石厂变电站	1990 年 3 月
溆浦大江口 M4	甲 B Ⅰ b 型	西汉晚期	湖南溆浦县大江口维尼纶厂电石厂变电站	1990 年 3 月
溆浦大江口 M5	甲 B Ⅰ b 型	西汉晚期	湖南溆浦县大江口维尼纶厂电石厂变电站	1990 年 3 月
溆浦大江口 M6	甲 B Ⅰ a 型	西汉晚期	湖南溆浦县大江口维尼纶厂电石厂变电站	1990 年 3 月
溆浦大江口 M7	甲 B Ⅱ b 型	西汉晚期	湖南溆浦县大江口维尼纶厂电石厂变电站	1990 年 3 月
溆浦大江口 M8	甲 B Ⅰ b 型	西汉晚期	湖南溆浦县大江口维尼纶厂电石厂变电站	1990 年 3 月
溆浦大江口 M9	甲 B Ⅰ a 型	西汉晚期	湖南溆浦县大江口维尼纶厂电石厂变电站	1990 年 3 月

名称	墓葬形制	时期	位置	发掘发现时间
溆浦江口墓群		战国西汉	湖南溆浦县江口镇与浞水湾乡间沅水西岸	
溆浦马田坪墓群		春秋西汉	湖南溆浦县马田坪乡茅坪坳至横岩	1958 年
溆浦茅坪坳 M1	甲 B Ⅱ b 型	西汉	湖南溆浦县茅坪坳	1988 年 3 月
溆浦茅坪坳 M10	甲 A Ⅱ b 型	西汉	湖南溆浦县茅坪坳	1988 年 3 月
溆浦茅坪坳 M13	甲 C Ⅱ b 型	西汉	湖南溆浦县茅坪坳	1988 年 3 月
溆浦茅坪坳 M19	甲 B Ⅱ b 型	西汉	湖南溆浦县茅坪坳	1988 年 3 月
溆浦茅坪坳 M20	甲 E Ⅰ a 型	西汉晚期	湖南溆浦县茅坪坳	1988 年 3 月
溆浦茅坪坳 M24	甲 C Ⅱ b 型	西汉	湖南溆浦县茅坪坳	1988 年 3 月
溆浦茅坪坳 M26	甲 B Ⅰ b 型	西汉	湖南溆浦县茅坪坳	1988 年 3 月
溆浦茅坪坳 M31	甲 B Ⅱ a 型	西汉晚期	湖南溆浦县茅坪坳	1988 年 3 月
溆浦茅坪坳 M32	甲 B Ⅱ a 型	西汉晚期	湖南溆浦县茅坪坳	1988 年 3 月
溆浦茅坪坳 M5	甲 B Ⅰ b 型	西汉	湖南溆浦县茅坪坳	1988 年 3 月
溆浦茅坪坳 M6	甲 B Ⅱ b 型	西汉	湖南溆浦县茅坪坳	1988 年 3 月
溆浦茅坪坳 M7	甲 B Ⅰ a 型	西汉晚期	湖南溆浦县茅坪坳	1988 年 3 月
溆浦义陵古城		汉代	湖南溆浦县马田坪乡梁家坡村	
寻乌 82 澄江汉墓	乙 B Ⅰ a 型	东汉	江西寻乌县澄江圩东北江背排	1982 年
寻乌汉代铁器		汉代	江西寻乌县	
崖县 78 藤番 M10	丁 B 类	东汉	广东海南崖县土曲湾番岭坡	1978 年 8—11 月
崖县 78 藤番 M11	丁 B 类	东汉	广东海南崖县土曲湾番岭坡	1978 年 8—11 月
崖县 78 藤番 M9	丁 B 类	东汉	广东海南崖县土曲湾番岭坡	1978 年 8—11 月
阳春 01 荔枝村汉代遗址		东汉	广东阳春市春城镇七星管理区荔枝村	2001 年 7 月
阳春 01 榕树头汉代遗址		东汉	广东阳春市春城镇高朗管理区榕树头	2001 年 7 月
阳春古旧塘遗址		汉代	广东阳春县春湾镇古旧塘村北	1989 年 4—5 月
阳东 09 周亨铜鼓		东汉	广东阳东县大八镇周亨村	2009 年 4 月 13 日
阳江 79 钓月铜钱窖藏		东汉	广东阳江县塘坪镇钓月村前蕉园	
阳山 84 蒲芦州东汉墓	乙 B Ⅰ aⅵ型	东汉晚期	广东阳山县岭背镇蒲芦州村二村	1984 年 2 月
阳山贵龙东汉墓		东汉	广东阳山县黎埠镇贵龙村青段	1981 年
阳山汉代器物		汉代	广东阳山县	
阳山连陂汉代陶器		汉代	广东阳山县新圩镇连陂村陂头	
阳山畔水铜镜		东汉	广东阳山县阳城镇畔水	
阳山畔水铜钱		秦汉	广东阳山县县文化局	
阳山山背东汉铜器		东汉	广东阳山县杜步镇东江村山背	
阳山上坪汉代钱币		汉代	广东阳山县东山乡上坪	1975 年 8 月
阳山上坪秦代钱币		秦代	广东阳山县东山乡上坪	
阳山上坪新莽钱币		新莽	广东阳山县东山乡上坪	1975 年 8 月
阳山文化局铜钱		汉代	广东阳山县县文化局	
阳山云额咀东汉铜器		汉代	广东阳山县东江云额咀	1973 年 12 月 14 日

名称	墓葬形制	时期	位置	发掘发现时间
阳朔 05YGLM1	乙 B I a ⅵ型	东汉晚期	广西阳朔县高田镇龙盘岭	2005 年 9—10 月
阳朔 05YGLM10	甲 B Ⅱ a ※/型	东汉早期	广西阳朔县高田镇龙盘岭	2005 年 9—10 月
阳朔 05YGLM11	乙 C I a ⅵ型	东汉晚期	广西阳朔县高田镇龙盘岭	2005 年 9—10 月
阳朔 05YGLM12	乙 B I a ⅵ型	东汉晚期	广西阳朔县高田镇龙盘岭	2005 年 9—10 月
阳朔 05YGLM14	乙 C I a ⅵ型	东汉晚期	广西阳朔县高田镇龙盘岭	2005 年 9—10 月
阳朔 05YGLM15	乙 A Ⅱ a ⅵ型	东汉晚期	广西阳朔县高田镇龙盘岭	2005 年 9—10 月
阳朔 05YGLM16	乙 B I a ⅵ ⅷ型	东汉晚期	广西阳朔县高田镇龙盘岭	2005 年 9—10 月
阳朔 05YGLM17	甲 B Ⅱ a/型	东汉早期	广西阳朔县高田镇龙盘岭	2005 年 9—10 月
阳朔 05YGLM18	甲 E Ⅱ b/型	东汉晚期	广西阳朔县高田镇龙盘岭	2005 年 9—10 月
阳朔 05YGLM19	甲 B I b ※⑧型	新莽	广西阳朔县高田镇龙盘岭	2005 年 9—10 月
阳朔 05YGLM2	甲 A Ⅱ b 型	东汉早期	广西阳朔县高田镇龙盘岭	2005 年 9—10 月
阳朔 05YGLM20	甲 E Ⅱ a 型	东汉早期	广西阳朔县高田镇龙盘岭	2005 年 9—10 月
阳朔 05YGLM21	甲 E Ⅱ b ※①型	东汉早期	广西阳朔县高田镇龙盘岭	2005 年 9—10 月
阳朔 05YGLM22	乙 B I a ⅵ型	东汉晚期	广西阳朔县高田镇龙盘岭	2005 年 9—10 月
阳朔 05YGLM26	甲 E Ⅱ b ※/型	东汉晚期	广西阳朔县高田镇龙盘岭	2005 年 9—10 月
阳朔 05YGLM27	甲 E Ⅱ b ※/型	东汉晚期	广西阳朔县高田镇龙盘岭	2005 年 9—10 月
阳朔 05YGLM28	丙 B a ⅴ 型	东汉晚期	广西阳朔县高田镇龙盘岭	2005 年 9—10 月
阳朔 05YGLM29A	甲 E Ⅱ a 型	东汉早期	广西阳朔县高田镇龙盘岭	2005 年 9—10 月
阳朔 05YGLM29B	甲 E Ⅱ a 型	东汉早期	广西阳朔县高田镇龙盘岭	2005 年 9—10 月
阳朔 05YGLM3	甲 B Ⅱ a/型	东汉早期	广西阳朔县高田镇龙盘岭	2005 年 9—10 月
阳朔 05YGLM30	乙 A I a ⅵ型	东汉晚期	广西阳朔县高田镇龙盘岭	2005 年 9—10 月
阳朔 05YGLM31	乙 A I a 型	东汉晚期	广西阳朔县高田镇龙盘岭	2005 年 9—10 月
阳朔 05YGLM32	甲 E Ⅱ b ※型	东汉早期	广西阳朔县高田镇龙盘岭	2005 年 9—10 月
阳朔 05YGLM4	甲 B Ⅱ a ※/型	东汉早期	广西阳朔县高田镇龙盘岭	2005 年 9—10 月
阳朔 05YGLM5	甲 E Ⅱ a ※/型	东汉中期	广西阳朔县高田镇龙盘岭	2005 年 9—10 月
阳朔 05YGLM6	乙 B I a ⅵ型	东汉晚期	广西阳朔县高田镇龙盘岭	2005 年 9—10 月
阳朔 05YGLM7	甲 B Ⅱ b 型	东汉晚期	广西阳朔县高田镇龙盘岭	2005 年 9—10 月
阳朔 05YGLM8	甲 A Ⅱ a/型	东汉晚期	广西阳朔县高田镇龙盘岭	2005 年 9—10 月
阳朔 05YGLM9	乙 C I a ⅵ型	东汉晚期	广西阳朔县高田镇龙盘岭	2005 年 9—10 月
阳朔 05YGXM1	丙 B a ⅵ ⅷ型	东汉晚期	广西阳朔县高田镇乐响村南缓坡	2005 年 9—10 月
阳朔 05YGXM2	丙 B a ⅵ型	东汉晚期	广西阳朔县高田镇乐响村南缓坡	2005 年 9—10 月
阳朔 05YGXM3	丙 C a ⅵ型	东汉晚期	广西阳朔县高田镇乐响村南缓坡	2005 年 9—10 月
阳朔 05YGXM4	丙 C a ⅵ型	东汉早期	广西阳朔县高田镇乐响村南缓坡	2005 年 9—10 月
阳朔 05YGXM5	丙 C a ⅵ型	东汉晚期	广西阳朔县高田镇乐响村南缓坡	2005 年 9—10 月
阳朔 05 龙盘岭东汉窑址		东汉	广西阳朔县高田镇龙盘岭村后山龙盘岭	2005 年 9 月
阳朔 70 书家堡铜钱		西汉	广西阳朔县兴坪书家堡	1970 年
阳朔 85 沙子溪铜钱		东汉	广西阳朔县沙子溪边	1985 年
阳朔 95 立山 M1	乙 B I a 型	东汉	广西阳朔是高田乡立山南麓	1995 年 6 月
宜春 82 曹家岭东汉墓		东汉早期	江西宜春市湛郎街道曹家岭东坡	1982 年 7 月

名称	墓葬形制	时期	位置	发掘发现时间
宜春 82 西布东汉墓		东汉	江西宜春市城西 17 公里西村镇西布坟山上	1982 年
宜春 83 厚田古墓		西汉宋	江西宜春市厚田乡	1983 年春夏
宜春 83 天井窝汉墓群		西汉	江西宜春市湛郎街道天井窝后山东南坡	1983 年
宜春 83 新屋岭东汉陶器		东汉	江西宜春市湖田乡石湖村新屋岭下后山	1983 年夏
宜春 84—86 曹家岭东汉墓		东汉	江西宜春市湛郎街道曹家岭东坡	1984—1986 年
宜春 84 白泥山汉墓	甲 B I b 型	西汉中期	江西宜春市北袁山支脉白泥山	1984 年 11 月
宜春 84 白泥山西汉铜器		西汉初期	江西宜春市秀江北岸白泥山	1984 年 10 月
宜春 84 厚田西汉铜器		西汉	江西宜春市下浦乡厚田村	1984 年 12 月 29 日
宜春 85 天符西汉陶器		西汉	江西宜春市灵泉街道天符巷	1985 年 4 月
宜春 85 亭子岭西汉铜器		西汉	江西宜春市下浦乡厚田村亭子岭	1985 年 4 月 10 日
宜春 88 宜坝 M11	乙 B I a 型	东汉	江西宜春市东郊下浦乡徐田村桐树塘	1988 年 5—9 月
宜春 88 宜坝 M12	乙 B I a ⅵ型	东汉	江西宜春市东郊下浦乡徐田村桐树塘	1988 年 5—9 月
宜春 88 宜坝 M15	乙 B I a ⅵ ⅷ型	东汉	江西宜春市东郊下浦乡徐田村桐树塘	1988 年 5—9 月
宜春 88 宜坝 M16	乙 B I a ⅵ ⅷ型	东汉	江西宜春市东郊下浦乡徐田村桐树塘	1988 年 5—9 月
宜春 88 宜坝 M20	乙 B I a 型	东汉	江西宜春市东郊下浦乡徐田村狗形岭	1988 年 5—9 月
宜春 88 宜坝 M24	乙 C I a ⅵ型	东汉	江西宜春市东郊下浦乡徐田村桐树塘	1988 年 5—9 月
宜春 88 宜坝 M28	乙 C I a ⅵ型	东汉中期	江西宜春市东郊下浦乡徐田村桐树塘	1988 年 5—9 月
宜春 88 宜坝 M29	乙 B I a 型	东汉	江西宜春市东郊下浦乡徐田村桐树塘	1988 年 5—9 月
宜春 88 宜坝 M34	乙 B I a ⅵ ⅷ型	东汉	江西宜春市东郊下浦乡徐田村金钟形	1988 年 5—9 月
宜春 88 宜坝 M35	乙 B I a 型	东汉	江西宜春市东郊下浦乡徐田村梅花形	1988 年 5—9 月
宜春 88 宜坝 M39	乙 B I a 型	东汉	江西宜春市东郊下浦乡徐田村桐树塘	1988 年 5—9 月
宜春 88 宜坝 M40	乙 C I a ⅵ型	东汉	江西宜春市东郊下浦乡徐田村院山里	1988 年 5—9 月
宜春 88 宜坝 M44	乙 B I a 型	东汉	江西宜春市东郊下浦乡徐田村金钟形	1988 年 5—9 月
宜春 88 宜坝 M45	乙 B I a 型	东汉	江西宜春市东郊下浦乡徐田村苗圃	1988 年 5—9 月
宜春 88 宜坝 M46	乙 B I a ⅵ型	东汉	江西宜春市东郊下浦乡徐田村金钟形	1988 年 5—9 月
宜春 88 宜坝 M49	乙 B I a ⅵ ⅷ型	东汉	江西宜春市东郊下浦乡徐田村院山里	1988 年 5—9 月

名称	墓葬形制	时期	位置	发掘发现时间
宜春 88 宜坝 M54	乙 B Ⅰ aⅵ型	东汉	江西宜春市东郊下浦乡徐田村苗圃	1988 年 5—9 月
宜春 88 宜坝 M57	乙 B Ⅰ aⅵ型	东汉	江西宜春市东郊下浦乡徐田村金钟形	1988 年 5—9 月
宜春 88 宜坝 M58	乙 B Ⅰ a 型	东汉	江西宜春市东郊下浦乡徐田村中园里	1988 年 5—9 月
宜春 88 宜坝 M59	乙 B Ⅰ aⅵ型	东汉	江西宜春市东郊下浦乡徐田村苗圃	1988 年 5—9 月
宜春 88 宜坝 M60	乙 B Ⅰ a 型	东汉	江西宜春市东郊下浦乡徐田村梅花形	1988 年 5—9 月
宜春 88 宜坝 M61	乙 B Ⅰ a 型	东汉	江西宜春市东郊下浦乡徐田村中园里	1988 年 5—9 月
宜春 88 宜坝 M63	乙 C Ⅰ aⅵ型	东汉中期	江西宜春市东郊下浦乡徐田村娘娘形	1988 年 5—9 月
宜春 88 宜坝 M70	乙 C Ⅱ aⅵ型	东汉晚期	江西宜春市东郊下浦乡徐田村梅花形	1988 年 5—9 月
宜春 88 宜坝 M73	乙 B Ⅰ a 型	东汉晚期	江西宜春市东郊下浦乡徐田村苗圃	1988 年 5—9 月
宜春 88 宜坝 M77		东汉早期	江西宜春市东郊下浦乡徐田村八灶土	1988 年 5—9 月
宜春 88 宜坝 M78	乙 B Ⅰ a 型	东汉	江西宜春市东郊下浦乡徐田村苗圃	1988 年 5—9 月
宜春 88 宜坝 M79	乙 B Ⅰ aⅵ型	东汉	江西宜春市东郊下浦乡徐田村狗形岭	1988 年 5—9 月
宜春 88 宜坝 M87	乙 B Ⅰ aⅵ型	东汉	江西宜春市东郊下浦乡徐田村梅花形	1988 年 5—9 月
宜春 88 宜坝 M88	乙 B Ⅰ a 型	东汉	江西宜春市东郊下浦乡徐田村梅花形	1988 年 5—9 月
宜春 88 宜坝 M9	乙 B Ⅰ aⅵ型	东汉	江西宜春市东郊下浦乡徐田村桐树塘	1988 年 5—9 月
宜春 88 宜坝 M92	乙 B Ⅰ aⅵ型	东汉	江西宜春市东郊下浦乡徐田村梅花形	1988 年 5—9 月
宜春曹家岭汉墓群		汉代	江西宜春市湛郎街道曹家岭东坡	
宜春梁溪东汉墓	乙 B Ⅰ aⅵ型	东汉中期	江西宜春市南庙乡邮桥村梁溪团山	1989 年 9 月 28 日
宜春天井窝西汉墓		西汉	江西宜春市湛郎街道天井窝后山东南坡	
宜春西布汉墓群		东汉	江西宜春市城西 17 公里西村镇西布坟山	1963 年
宜春袁京墓		东汉	江西宜春市城北 2 公里大袁山	传世
宜丰 82 梨树汉墓		东汉中期	江西宜丰县石市乡梨树村	1982 年
宜丰 82 石市 M1		东汉	江西宜丰县石市乡开发区农贸市场台基下	1992 年
宜丰 82 石市 M2		东汉	江西宜丰县石市乡开发区石市营业所左侧	1992 年
宜丰 82 石市 M3	乙 A Ⅱ aⅵ型	东汉	江西宜丰县石市乡开发区农贸市场右侧	1992 年

名称	墓葬形制	时期	位置	发掘发现时间
宜丰袁家梅子真墓	丙 A I a 型	西汉晚期	江西宜丰县潭山乡路边村袁家	传世
宜章 90 松柏汉墓		汉代	湖南宜章县麻田镇松柏村	
宜章邓家山墓群		汉代	湖南宜章县赤石乡赤石村	
宜章松柏墓群		汉代	湖南宜章县麻田乡松柏村	
宜章粟山下墓群		汉代	湖南宜章县沙坪乡坳背村	
宜章一六墓群		汉代	湖南宜章县一六乡汽车站	
宜州 77 良山冲铜鼓		东汉	广西宜州市矮山乡良山冲	1977 年 2 月 2 日
宜州德胜古墓群		汉代	广西宜州市德胜中学南德胜	
弋阳葛阳古城		东汉	江西弋阳县花亭乡陶湾村(今五里店一带)	
弋阳汉赭亭侯音墓		东汉	江西弋阳县西双窟头(西港桥西200m)	
益阳 57 益陆 M001	甲 A II b 型	东汉	湖南益阳市陆贾山三里桥小学基建	1957 年 7 月
益阳 57 益陆 M002		东汉晚期	湖南益阳市	1957 年
益阳 57 益陆 M003	甲 B II a③型	西汉早期	湖南益阳市陆贾山三里桥小学基建	1957 年 7 月
益阳 80 益刘场 M1		东汉	湖南益阳市刘场	1980 年
益阳 81 益大 M1	乙 E II avi③型	东汉晚期	湖南益阳县东南羊舞岭公社大明大队	1981 年
益阳 82 内衣厂汉墓		西汉	湖南益阳市内衣厂	1982 年
益阳 86 益赫房 M16		西汉	湖南益阳市赫山镇	1986 年
益阳 87 莱子坝西汉墓		西汉	湖南益阳县郝山镇莱子坝县科技馆工地	1987 年 11—12 月
益阳 87 益赫科 M10		西汉	湖南益阳市赫山镇	1987 年
益阳 87 益赫人大 M5		东汉	湖南益阳市赫山镇	1987 年
益阳 88 天成垸县医院西汉墓		西汉	湖南益阳县天成垸乡县人民医院基建工地	1988 年 11—12 月
益阳 88 益赫府 M1		汉代	湖南益阳市赫山镇	1988 年
益阳 88 益赫科 M18		东汉	湖南益阳市赫山镇	1988 年
益阳 88 益赫科 M22		西汉	湖南益阳市赫山镇	1988 年
益阳 88 益羊资铜镜		西汉	湖南益阳市羊角乡	1988 年
益阳 89 益赫科 M4		西汉	湖南益阳市赫山镇	1989 年
益阳 91 大海塘秦墓		西汉初期	湖南益阳市桃花仑大海塘	1991 年 8—10 月
益阳 91 益赫义 M27		汉代	湖南益阳市赫山镇	1991 年
益阳赫山庙 M17	甲 B II b 型	新莽	湖南益阳市天成垸公社赫山庙	1978 年 8—9 月
益阳赫山庙 M18	甲 A II b 型	西汉晚期	湖南益阳市天成垸公社赫山庙	1978 年 8—9 月
益阳赫山庙 M22	甲 C II a 型	西汉晚期	湖南益阳市天成垸公社赫山庙	1978 年 8—9 月
益阳赫山庙 M23	乙 B I a 型	东汉晚期	湖南益阳市天成垸公社赫山庙	1978 年 8—9 月
益阳赫山庙 M25	甲 C I a 型	西汉晚期	湖南益阳市天成垸公社赫山庙	1978 年 8—9 月
益阳赫山庙 M27	甲 B II b 型	西汉晚期	湖南益阳市天成垸公社赫山庙	1978 年 8—9 月
益阳赫山庙 M28	乙 C I avi 型	东汉晚期	湖南益阳市天成垸公社赫山庙	1978 年 8—9 月

名称	墓葬形制	时期	位置	发掘发现时间
益阳铁铺岭古城		战国汉代	湖南益阳市三里桥西铁铺岭	
益阳新桥山东汉墓	乙 Ba 型	东汉	湖南益阳县新河桥镇新桥山益阳县氮肥厂	1978 年 6 月
益阳营棚山遗址		战国汉代	湖南益阳市桃花仑东北营棚山至铁铺岭	1981 年 9 月
英德 60 帽子峰东汉墓	乙 AⅠb 型	东汉早期	广东英城县英城帽子峰	
英德灯盏窝遗址		汉代	广东高州县泗水镇长岗岭村与里林村间	
英德狗了冲遗址		秦汉	广东英德县白沙狗了冲	
英德河江渡遗址		秦汉	广东英德县浛洸区光明乡河江渡	
英德连江口遗址		汉代	广东英德县连江口江口嘴	1962 年 10 月
英德上围仔遗址		秦汉	广东英德县桥头镇上围仔	
英德狮岗遗址		汉代早期	广东英德县大湾区中步乡狮岗	
英德太平坪遗址		秦汉	广东英德县白沙太平坪	
英德下步遗址		汉代早期	广东英德县连江区下步乡下步	
英德兴隆村遗址		秦汉	广东英德县大湾镇兴隆村	
英德鱼咀遗址		西汉中晚期	广东英德县浛洸区鱼咀乡政府背后山岗	
邕宁 89 岜卡岭铜鼓		汉代	广西邕宁县吴圩镇康宁村敢绿屯岜卡岭	1989 年 2 月
永春汉代遗物		西汉	福建永春县	
永福波村汉墓群		汉代	广西永福县苏桥乡波村西南锣鼓坪波村	
永顺 96YWGM10	甲 CⅡb 型	西汉中期	湖南永顺县王村镇公馆坪台地	1996 年 8 月—2002 年 3 月
永顺 96YWGM11	丙 Baⅴ 型	东汉早期	湖南永顺县王村镇公馆坪台地	1996 年 8 月—2002 年 3 月
永顺 96YWGM9	甲 BⅡb 型	西汉中期	湖南永顺县王村镇公馆坪台地	1996 年 8 月—2002 年 3 月
永顺 96YWWM8	甲 BⅡb 型	西汉早期	湖南永顺县王村镇五里牌台地	1996 年 8 月—2002 年 3 月
永顺水坝遗址		汉代	湖南永顺县车坪乡车坪村符家组灵溪河东	
永顺王村东汉墓		东汉	湖南永顺县王村镇西水北岸	1960—1972 年
永顺王村墓群		汉代	湖南永顺县王村镇西水北岸	
永顺王村西汉墓		西汉	湖南永顺县王村镇西水北岸	1960—1972 年
永顺酉阳古城		汉代	湖南永顺县王村镇西水北岸	
永新 63 粟湖东汉墓	乙 AⅠb 型	东汉晚期	江西永新县粟湖大队古城村旁古城岭	1963 年 11 月
永新程家西汉墓		西汉	江西永新县台岭乡程家村西爬岭	
永新东陂福塘屋墓群		东汉	江西永新县东陂福塘屋	
永新高溪松山岭墓群		东汉	江西永新县高溪松山岭	
永新官陂东汉墓	乙 BⅠaⅵ 型	东汉	江西永新县怀忠乡官陂村盖石岭	
永新合田大坪里墓群		东汉	江西永新县合田乡大坪里	
永新莲塘后山墓群		东汉	江西永新县莲塘后山	
永新潞江泡口岭墓群		东汉	江西永新县潞江泡口岭	
永新洛溪松山岭墓群		东汉	江西永新县洛溪松山岭	

名称	墓葬形制	时期	位置	发掘发现时间
永新曲江鼓浪巷墓群		东汉	江西永新县曲江鼓浪巷	
永新沙市庙岭墓群		东汉	江西永新县沙市庙岭	
永新石鼓陂后山墓葬		东汉	江西永新县泉塘石鼓陂后山	
永新塘边后坳墓葬		东汉	江西永新县塘边后坳	
永新塘内庙岭墓群		东汉	江西永新县高市乡塘内庙岭	
永新象形新居墓群		东汉	江西永新县象形乡新居陈家	
永新雅岭后山墓群		东汉	江西永新县雅岭后山	
永新姚家马鞍岭墓群		东汉	江西永新县烟阁乡姚家村马鞍岭	
永新永新古城遗址		东汉	江西永新县沙市乡下排村澧田镇南城洲头村间	
永新樟桥蛇形岭墓群		东汉	江西永新县樟桥蛇形岭	
永兴 85 永马段 M1		东汉	湖南永兴县马田镇国道 107 线	1985 年
永兴 85 永马段 M2		东汉	湖南永兴县马田镇国道 107 线	1985 年
永兴 85 永马段 M3		东汉	湖南永兴县马田镇国道 107 线	1985 年
永兴 85 永马段 M4		东汉	湖南永兴县马田镇国道 107 线	1985 年
永兴 99 罗塘东汉墓		东汉	湖南永兴县麻田镇罗塘	1999 年 3—12 月
永兴枫树殿墓群		汉代	湖南永兴县鲤鱼塘镇东山村何家村枫树殿	1986 年
永兴高溪墓群		汉代	湖南永兴县悦来乡高溪村	
永兴禁山里墓群		汉代	湖南永兴县碧塘乡碧塘村	
永兴廊水墓群		汉代	湖南永兴县悦来乡爱好村	
永兴罗塘墓群		汉代	湖南永兴县马田镇和平村	
永兴马田墓群		汉代	湖南永兴县马田镇	
永兴玛瑙江墓群		汉代	湖南永兴县洞口乡洞口村	
永兴南石头墓群		汉代	湖南永兴县三塘乡徐家村	
永兴神头岭东汉墓群		东汉	湖南永兴县湘阴渡镇松柏村谢家组神头岭	1986 年
永兴神头岭西汉墓群		西汉	湖南永兴县湘阴渡镇松柏村谢家组神头岭	1986 年
永兴小祠堂墓群		汉代	湖南永兴县马田镇罗家村	
永兴燕子山墓群		汉代	湖南永兴县油麻乡平乐村	
永兴羊牯岭墓群		汉代	湖南永兴县碧塘乡周家村	
永兴中果山墓群		汉代	湖南永兴县洞口乡洞口村	
永州 01 羊角井至马家汉墓		西汉中三国	湖南祁阳县大忠桥羊角村刘家至冷水滩区伊塘	2001 年 1—7 月
永州 06 瓦岭 M1	甲 B Ⅱ a 型	西汉	湖南永州市芝山区富家桥镇青山桥村瓦岭	2006 年 4—5 月
永州 06 瓦岭 M2	甲 B Ⅱ b 型	西汉	湖南永州市芝山区富家桥镇青山桥村瓦岭	2006 年 4—5 月
永州 06 瓦岭 M4	甲 B Ⅱ b 型	西汉	湖南永州市芝山区富家桥镇青山桥村瓦岭	2006 年 4—5 月
永州 85M30	甲 B Ⅱ b 型	东汉	湖南永州市东郊鹞子岭三监基建工地	1985 年 10、12 月

名称	墓葬形制	时期	位置	发掘发现时间
永州 85 三监东汉墓		东汉	湖南永州市东郊鹞子岭三监基建工地	1985 年 10、12 月
永州长塘墓群		东汉	湖南永州市长塘	
永州东汉遗物		东汉	湖南永州市	
永州东湘桥墓群		东汉	湖南永州市珠山区东湘桥	
永州汉代遗物		汉代	湖南永州市文物工作队	
永州火湘桥墓群		东汉	湖南永州市火湘桥	
永州龙伯高墓		东汉	湖南永州市妇幼保健站左侧	传世
永州马子江墓群		东汉	湖南永州市马子江	
永州毛溪桥墓群		东汉	湖南永州市毛溪桥	
永州石岩头墓群		东汉	湖南永州市石岩头	
永州梳子铺墓群		东汉	湖南永州市梳子铺	
永州水市桥墓群		东汉	湖南永州市水市桥	
永州西汉遗物		西汉	湖南永州市	
永州西头墓群		东汉	湖南永州市西头村	
永州鹞子岭西汉墓群		西汉	湖南永州市城北第三监狱木材公司南津渡	
永州珠山墓群		东汉	湖南永州市珠山	
攸县 85 网岭镇汉墓		汉代	湖南攸县网岭镇新网岭、八鸡岭、驼背岭	1985 年 7—11 月
攸县 86 里旺钱范		西汉	湖南攸县网岭镇里旺村双江口河畔	1986 年
攸县风塔五铢钱范		西汉中期	湖南攸县柏树下公社风塔大队井边生产队	1977 年 8 月
攸县杨家洲墓群		汉代	湖南攸县网岭镇杨家洲村	1985 年
于都 82 利村汉代陶器		东汉	江西于都县新陂会香所钟金丰家	1982 年 7 月
于都 82 新陂东汉陶器		东汉	江西余江县新陂会香所	1982 年 7 月
于都 83 水头东汉墓	乙 AⅡa 型	东汉	江西于都县岭背乡水头圩西黄土岗 1 公里	1983 年 4 月
于都古田坪于都县治遗址		汉代	江西赣州市县城北郊古田坪村	1982 年
余江 83 邓埠铜钱窖藏		汉代	江西余江县邓埠镇水稻原种场场院大队	
玉林 77 新桥铜鼓		汉代	广西玉林县新桥乡新桥村大岭脚	1977 年 8 月
玉林 80 龙安铜灯		西汉	广西玉林县郊区公社龙安大队茶山	1980 年 8 月
玉林 82 龙胆汉代铜器		汉代	广西玉林县龙安乡龙胆村	1982 年
玉林 93 莲塘坪铜鼓		汉代	广西玉林市沙田乡六龙村莲塘坪十五塘冲	1993 年 2 月
玉林文昌阁铜鼓		汉代	广西玉林县文昌阁	传世
玉山墩头汉代陶器		汉代	江西玉山县樟树公社墩头大队	1983 年 4 月
郁南车站背山东汉墓	甲 BⅡb 型	东汉	广东郁南县南江口汽车站背山坡上	1982 年

名称	墓葬形制	时期	位置	发掘发现时间
沅陵 80 木马岭汉墓		汉代	湖南沅陵县太常乡木马岭	1980 年
沅陵 84 丁家庙铜器窖藏		东汉	湖南沅陵县城北丁家庙白寺	1984 年 9 月
沅陵 90 太常西汉墓		西汉	湖南沅陵县太常乡木马岭农场及窑头村	1990 年 11—12 月
沅陵 91 木马岭西汉墓		西汉	湖南沅陵县木马岭	1991 年 10—12 月
沅陵 93 窑头古墓		战国西汉	湖南沅陵县太常乡窑头村花果山牧马岭	1993 年
沅陵牯牛坪墓群		战国汉代	湖南沅陵县太常乡木马岭村	1986 年
沅陵红土包墓群		战国汉代	湖南沅陵县太常乡窑头村沅水二级台地	1986 年
沅陵虎溪山 M1	甲 C I a ⅶ ├ 型	西汉早期	湖南沅陵县城关镇西	1999 年 6—9 月
沅陵花果山墓群		战国汉代	湖南沅陵县太常乡验匠湾村二级台地	1986 年
沅陵瞿家包墓群		汉代	湖南沅陵县太常乡朝瓦溪村舒家	
沅陵明溪口遗址		汉代	湖南沅陵县明溪口镇明溪口村窝背塔和大秧田	
沅陵木马岭墓群		战国汉代	湖南沅陵县太常乡木马岭村打钟包等地	
沅陵渠坎上墓群		战国汉代	湖南沅陵县太常乡窑头村境内沅水西岸	
沅陵田家庄遗址		汉代	湖南沅陵县乌宿乡太平庵村田家庄	
沅陵瓦匠坪遗址		汉代	湖南沅陵县乌宿乡乌宿村孙家包瓦匠坪	
沅陵五里亭墓群		汉代	湖南沅陵县凉水井镇五里亭村	1986 年
沅陵窑头古城		战国西汉	湖南沅陵县太常乡窑头村	1986 年
岳阳 83 洞庭苎麻纺织厂西汉墓		西汉	湖南岳阳市洞庭苎麻纺织厂	1983 年 3 月 11 日—4 月 2 日
岳阳 88 七里山汉代陶窑		东汉	湖南岳阳市七里山洞庭湖河漫滩	1988 年 3 月
岳阳太平嘴遗址		战国汉代	湖南岳阳市云溪区路口乡塘村	
云浮 63 古宠窑址		汉代	广东云浮县安塘镇古宠村	1963 年 3 月
云浮古宠墓葬群		汉六朝	广东云浮县安塘镇古宠村西南山坡地带	
云浮汉代遗物		汉代	广东云浮县	
云浮南乡铜鼓		汉代	广东云浮县六都镇南乡	
云浮托洞铜鼎		汉代	广东云浮县托洞乡龙母庙对面崩龙山	
增城 00 岗尾东汉墓		东汉	广东增城市三江镇岗尾村大岗南坡	2000 年 11 月
增城 00 围岭东汉墓		东汉中期	广东增城市围岭广惠高速公路 A7 标段 K28	2000 年 1 月
增城 03 狮头岭 M1	乙 F I a ⅵ 型	东汉晚期	广东增城市三江镇狮头岭	2003 年 3 月
增城 05 沙埔南越国墓	甲 B I b 型	西汉早期	广东增城市新塘镇沙埔村	2005 年 4 月

名称	墓葬形制	时期	位置	发掘发现时间
增城 72 梅花岭墓葬群		东汉	广东增城县三江镇梅花岭	1972 年
增城 73 鲤鱼岭东汉墓群		东汉	广东增城县荔城镇罗岗村鲤鱼岭	1973 年
增城 88 新大 M1	乙 E Ⅱ a vi 型	东汉中期	广东广州市增城县新塘镇北面大统岗	1988 年 3 月
增城 88 新大 M2	乙 C Ⅰ a vi ③型	东汉中期	广东广州市增城县新塘镇北面大统岗	1988 年 3 月
增城 93 卢山西汉墓		西汉	广东增城县新塘镇大敦村卢山	1993 年 2 月
增城 93 下云岭东汉墓		东汉	广东增城县福和镇下云岭	1993 年 4 月
增城汉代陶器		东汉	广东增城县	
增城金兰寺 M1	甲 B Ⅰ a※＝型	东汉中期	广东增城县三江公社金兰寺村	1958 年 8 月
增城金兰寺 M2	乙 A Ⅱ a 型	东汉晚期	广东增城县三江公社金兰寺村	1958 年 8 月
增城金兰寺 M5	乙 C Ⅰ a vi 型	东汉晚期	广东增城县三江公社金兰寺村	1961 年 8 月
增城西瓜岭遗址		西汉初期	广东增城县太平农场西瓜岭村东南鬼仔坪	1962 年 7 月
漳浦汉代陶器		汉代	福建浦城县	
樟树 53 郭里汉墓		西汉	江西樟树市郭里村樟树农业学校校址	1953 年
樟树 75—79 东汉墓		东汉	江西樟树市中洲乡吴平故城旁	1975—1979 年
樟树 75—79 西汉墓		西汉	江西樟树市中洲乡门楼里吴平故城旁	1975—1979 年
樟树吴平古墓群		西汉隋	江西樟树市中洲乡吴平故城旁	1975—1979 年
樟树薛家渡东汉墓	乙 A Ⅱ b 型	东汉晚期	江西樟树市薛家渡北	1996 年 7 月
昭平 76 大同汉墓		汉代	广西昭平县凤凰乡大同村木埠坪	1976 年
昭平 78 大坪岭汉代遗物		汉代	广西昭平县北陀大平岭	1978 年
昭平白马山 M15	丙 B a vi 型	东汉晚期	广西昭平县巩桥镇岩头村西南白马山山麓	2004 年 11 月—2005 年
昭平风清 M10	甲 B Ⅰ b 型	东汉晚期	广西昭平县北陀公社风清村大坪岭	1976—1978 年
昭平风清 M11	甲 B Ⅰ b 型	东汉晚期	广西昭平县北陀公社风清村大坪岭	1976—1978 年
昭平风清 M12	甲 B Ⅰ b 型	东汉晚期	广西昭平县北陀公社风清村大坪岭	1976—1978 年
昭平风清 M13	甲 B Ⅰ b 型	东汉晚期	广西昭平县北陀公社风清村大坪岭	1976—1978 年
昭平风清 M14	甲 B Ⅱ b 型	东汉中期	广西昭平县北陀公社风清村大坪岭	1976—1978 年
昭平风清 M2	甲 B Ⅰ b 型	东汉晚期	广西昭平县北陀公社风清村枫树岭	1976—1978 年
昭平风清 M3	甲 B Ⅰ b 型	东汉晚期	广西昭平县北陀公社风清村枫树岭	1976—1978 年
昭平风清 M6	甲 B Ⅰ b 型	东汉晚期	广西昭平县北陀公社风清村大坪岭	1976—1978 年
昭平风清 M7	甲 B Ⅰ b 型	东汉晚期	广西昭平县北陀公社风清村大坪岭	1976—1978 年

名称	墓葬形制	时期	位置	发掘发现时间
昭平风清 M8	甲 B Ⅰ b 型	东汉晚期	广西昭平县北陀公社风清村大坪岭	1976—1978 年
昭平风清 M9	甲 B Ⅰ b 型	东汉晚期	广西昭平县北陀公社风清村大坪岭	1976—1978 年
昭平界塘 M1	乙 C Ⅰ aⅵ 型	东汉中期	广西昭平县黄姚公社界塘大队岩头村	1963 年
昭平界塘 M2	丙 Ba ⅵ 型	东汉晚期	广西昭平县黄姚公社界塘大队岩头村	1963 年
昭平乐群 M1	乙 B Ⅰ a 型	东汉晚期	广西昭平县北陀公社乐群村付屋岭等地	1976—1978 年
昭平乐群 M10	甲 B Ⅰ a 型	东汉中期	广西昭平县北陀公社乐群村付屋岭等地	1976—1978 年
昭平乐群 M11	甲 B Ⅰ a 型	东汉中期	广西昭平县北陀公社乐群村付屋岭等地	1976—1978 年
昭平乐群 M12	甲 B Ⅱ b 型	东汉中期	广西昭平县北陀公社乐群村付屋岭等地	1976—1978 年
昭平乐群 M13	丙 A Ⅰ a 型	东汉晚期	广西昭平县北陀公社乐群村付屋岭等地	1976—1978 年
昭平乐群 M14	丙 A Ⅰ a 型	东汉晚期	广西昭平县北陀公社乐群村付屋岭等地	1976—1978 年
昭平乐群 M2	丙 Ca 型	东汉晚期	广西昭平县北陀公社乐群村付屋岭等地	1976—1978 年
昭平乐群 M3	丙 Ca 型	东汉晚期	广西昭平县北陀公社乐群村付屋岭等地	1976—1978 年
昭平乐群 M4	丙 Ba 型	东汉晚期	广西昭平县北陀公社乐群村付屋岭等地	1976—1978 年
昭平乐群 M5	甲 B Ⅱ b 型	东汉晚期	广西昭平县北陀公社乐群村付屋岭等地	1976—1978 年
昭平乐群 M6	甲 E Ⅰ aⅷ 型	东汉中期	广西昭平县北陀公社乐群村付屋岭等地	1976—1978 年
昭平乐群 M8	甲 B Ⅰ a 型	东汉晚期	广西昭平县北陀公社乐群村付屋岭等地	1976—1978 年
昭平乐群 M9	甲 B Ⅱ b 型	东汉晚期	广西昭平县北陀公社乐群村付屋岭等地	1976—1978 年
昭平窑子墩墓葬群		汉代	广西昭平县凤凰乡大同村木埠坪	1976 年
肇庆 04ZKM6	甲 B Ⅱ b 型	西汉晚期	广东肇庆市康乐中路	2004 年
肇庆 04ZKM7	甲 B Ⅰ bⅰ※⑤型	新莽	广东肇庆市康乐中路	2004 年
肇庆 04ZKM9	甲 B Ⅱ b 型	东汉中期	广东肇庆市康乐中路	2004 年
肇庆东汉陶瓶		东汉	广东肇庆市	1979 年
肇庆龟顶山东汉墓	甲 A Ⅱ b 型	东汉	广东肇庆市西郊龟顶山东麓钢铁厂锅炉房	1973 年
肇庆汉代铜钱		汉代	广东肇庆市	1980 年年初
肇庆建设三路东汉墓	甲 B Ⅱ b 型	东汉	广东肇庆市建设三路机床厂住宅区	1984 年
肇庆松山古墓	甲 B Ⅰ b②型	西汉初期	广东肇庆市睦岗镇北岭松山脚下	1972 年 11 月
政和大兰柯遗址		商周西汉	福建政和县东平镇前蓬村西北 100 米	1986 年

名称	墓葬形制	时期	位置	发掘发现时间
政和东面山遗址		商周秦汉	福建政和县星溪镇东峰村北庙下东面山	2002 年 12 月
政和后科林遗址		西汉早期	福建政和县东平镇护田村郑源后科林	2002 年 12 月
政和后科林遗址		西汉早期	福建政和县东平镇护田村郑源后科林	2002 年 12 月
政和黄泥岭遗址		商周秦汉	福建政和县石屯镇长城村北黄泥岭	2002 年 12 月
政和金鸡山遗址		商周秦汉	福建政和县石屯镇长城村北黄泥岭金鸡山	2002 年 12 月
政和鱼池堆山遗址		西汉早期	福建政和县东平镇护田村郑源北鱼池堆山	2002 年 12 月
芷江 83 七里桥汉墓		西汉	湖南芷江侗族自治县城东七里桥村	1983 年 6 月
芷江大步头汉墓		西汉	湖南芷江侗族自治县大步头	1982—1988 年
芷江桂花台汉墓		西汉	湖南芷江侗族自治县桂花台	1982—1988 年
芷江空布界汉墓		西汉	湖南芷江侗族自治县空布界	1982—1988 年
中山古鹤陶碗		汉代	广东中山市三乡镇古鹤村	
中山平顶汉代遗物		汉代	广东中山市翠亨村镇平顶	
中山陶鼎		汉代	广东中山市征集	
中山小隐陶罐		汉代	广东中山市张家边区小隐	
中山崖口陶罐		汉代	广东中山市翠亨村镇崖口	
中山涌边陶器		汉代	广东中山市沙溪镇涌边村	
钟山 90 张屋 M1	丙 Ba 型	汉代	广西钟山县燕塘乡张屋村西	1990 年 9 月
钟山 90 张屋 M2	甲 BⅡb 型	汉代	广西钟山县燕塘乡张屋村西	1990 年 9 月
钟山伏船岭汉墓	丙 Baⅵ 型	东汉晚期	广西钟山县英家镇伏船岭	2002 年 11 月
钟山汉代遗物		汉代	广西钟山县	
钟山县铜镜出土点		西汉晚期	广西钟山县公安乡平安村	1987 年 12 月
钟山张屋 M1	甲 BⅡb 型	东汉中期	广西钟山县张屋村	1994 年 7—8 月
钟山张屋 M10	甲 BⅡaⅷ型	东汉中期	广西钟山县张屋村	1994 年 7—8 月
钟山张屋 M11	甲 AⅡb 型	东汉中期	广西钟山县张屋村	1994 年 7—8 月
钟山张屋 M13	甲 BⅡb 型	东汉中期	广西钟山县张屋村	1994 年 7—8 月
钟山张屋 M16	甲 AⅡb 型	东汉中期	广西钟山县张屋村	1994 年 7—8 月
钟山张屋 M19	甲 BⅡa 型	东汉中期	广西钟山县张屋村	1994 年 7—8 月
钟山张屋 M21	甲 BⅡa 型	东汉中期	广西钟山县张屋村	1994 年 7—8 月
钟山张屋 M22	甲 BⅡaⅷ型	东汉中期	广西钟山县张屋村	1994 年 7—8 月
钟山张屋 M23	甲 BⅠa 型	东汉中期	广西钟山县张屋村	1994 年 7—8 月
钟山张屋 M24	甲 AⅠa 型	东汉中期	广西钟山县张屋村	1994 年 7—8 月
钟山张屋 M26	甲 BⅡb 型	东汉中期	广西钟山县张屋村	1994 年 7—8 月
钟山张屋 M27	甲 BⅡb 型	东汉中期	广西钟山县张屋村	1994 年 7—8 月
钟山张屋 M28	丙 Ca 型	东汉晚期	广西钟山县张屋村	1994 年 7—8 月
钟山张屋 M29	甲 BⅡa② 型	东汉中期	广西钟山县张屋村	1994 年 7—8 月

名称	墓葬形制	时期	位置	发掘发现时间
钟山张屋 M30	甲 C Ⅱ a ② 型	东汉中期	广西钟山县张屋村	1994 年 7—8 月
钟山张屋 M34	甲 B Ⅱ b ② 型	东汉中期	广西钟山县张屋村	1994 年 7—8 月
钟山张屋 M35	甲 A Ⅱ a ② 型	东汉中期	广西钟山县张屋村	1994 年 7—8 月
钟山张屋 M4	丙 Ba 型	东汉晚期	广西钟山县张屋村	1994 年 7—8 月
钟山张屋 M5	甲 A Ⅱ b 型	东汉中期	广西钟山县张屋村	1994 年 7—8 月
钟山张屋 M6	甲 B Ⅱ b 型	东汉中期	广西钟山县张屋村	1994 年 7—8 月
钟山张屋 M7	甲 A Ⅱ b 型	东汉中期	广西钟山县张屋村	1994 年 7—8 月
钟山张屋 M9	甲 A Ⅱ b 型	东汉中期	广西钟山县张屋村	1994 年 7—8 月
珠海金鼎汉代遗物		东汉	广东珠海市金鼎麒麟山	1991 年前
珠海牛婆湾汉代遗物		汉代	广东珠海市淇澳岛牛婆湾	1986 年
珠海十五湾汉代遗物		西汉晚期	广东珠海市桂山岛十五湾	1986 年
珠海石冲湾汉代遗物		汉代	广东珠海市外伶仃岛石冲湾	1986 年
珠海唐家汉代遗物		东汉	广东珠海市唐家镇后环渔村东南沙堤	1991 年前
资兴 55 许家洞东汉墓		东汉	湖南资兴县许家洞车站附近	1955 年 11 月中旬
资兴 78M1	乙 B Ⅰ a γi 型	东汉晚期	湖南资兴县木根桥东江西北岸小山岗上	1978—1980 年
资兴 78M10	甲 B Ⅱ a 型	西汉中期	湖南资兴县旧市、木根桥	1978—1980 年
资兴 78M100	甲 B Ⅱ a 型	西汉中期	湖南资兴县旧市、木根桥	1978—1980 年
资兴 78M101	甲 B Ⅱ a 型	西汉中期	湖南资兴县旧市、木根桥	1978—1980 年
资兴 78M102	甲 B Ⅱ a 型	西汉中期	湖南资兴县旧市、木根桥	1978—1980 年
资兴 78M103	甲 B Ⅱ a 型	东汉中期	湖南资兴县旧市	1978—1980 年
资兴 78M105	甲 C Ⅱ a ※ 型	西汉中期	湖南资兴县旧市、木根桥	1978—1980 年
资兴 78M106	甲 B Ⅱ a 型	东汉中期	湖南资兴县厚玉资兴江北岸小山丘上	1978—1980 年
资兴 78M107	甲 B Ⅱ a 型	东汉中期	湖南资兴县厚玉资兴江北岸小山丘上	1978—1980 年
资兴 78M108	甲 B Ⅱ a 型	西汉中期	湖南资兴县旧市、木根桥	1978—1980 年
资兴 78M109	甲 B Ⅱ a 型	东汉中期	湖南资兴县厚玉资兴江北岸小山丘上	1978—1980 年
资兴 78M11	甲 B Ⅱ b 型	西汉早期	湖南资兴县旧市、木根桥	1978—1980 年
资兴 78M110	甲 C Ⅱ a ※ 型	新莽	湖南资兴县旧市、木根桥	1978—1980 年
资兴 78M111	甲 B Ⅱ a 型	西汉中期	湖南资兴县旧市、木根桥	1978—1980 年
资兴 78M112	甲 B Ⅱ a 型	西汉中期	湖南资兴县旧市、木根桥	1978—1980 年
资兴 78M113	甲 C Ⅱ a 型	西汉中期	湖南资兴县旧市、木根桥	1978—1980 年
资兴 78M114	甲 C Ⅱ a ※ 型	西汉中期	湖南资兴县旧市、木根桥	1978—1980 年
资兴 78M115	甲 C Ⅱ a ※ 型	西汉中期	湖南资兴县旧市、木根桥	1978—1980 年
资兴 78M116	甲 B Ⅱ a ※ 型	西汉中期	湖南资兴县旧市、木根桥	1978—1980 年
资兴 78M118	甲 B Ⅱ a 型	西汉中期	湖南资兴县旧市、木根桥	1978—1980 年
资兴 78M120	甲 B Ⅱ a 型	东汉中期	湖南资兴县旧市	1978—1980 年
资兴 78M121	甲 C Ⅱ a 型	新莽	湖南资兴县旧市、木根桥	1978—1980 年

名称	墓葬形制	时期	位置	发掘发现时间
资兴78M122	甲CⅡa※型	新莽	湖南资兴县旧市、木根桥	1978—1980年
资兴78M123	甲BⅡa※型	东汉早期	湖南资兴县旧市	1978—1980年
资兴78M124	甲BⅡa型	西汉中期	湖南资兴县旧市、木根桥	1978—1980年
资兴78M125	甲BⅡa※型	西汉中期	湖南资兴县旧市、木根桥	1978—1980年
资兴78M126	甲BⅡa型	东汉中期	湖南资兴县厚玉资兴江北岸小山丘上	1978—1980年
资兴78M127	甲BⅡa型	东汉中期	湖南资兴县厚玉资兴江北岸小山丘上	1978—1980年
资兴78M128	甲BⅡa型	东汉早期	湖南资兴县厚玉资兴江北岸小山丘上	1978—1980年
资兴78M129	甲BⅡa型	东汉中期	湖南资兴县厚玉资兴江北岸小山丘上	1978—1980年
资兴78M13	甲BⅡa型	西汉中期	湖南资兴县旧市、木根桥	1978—1980年
资兴78M130	甲BⅡa型	东汉中期	湖南资兴县厚玉资兴江北岸小山丘上	1978—1980年
资兴78M131	甲BⅡa型	东汉中期	湖南资兴县厚玉资兴江北岸小山丘上	1978—1980年
资兴78M132	甲BⅡa型	东汉早期	湖南资兴县旧市	1978—1980年
资兴78M133	甲BⅡa型	东汉中期	湖南资兴县旧市	1978—1980年
资兴78M134	乙BⅠa型	东汉晚期	湖南资兴县木根桥东江西北岸小山岗上	1978—1980年
资兴78M136	甲CⅡa型	西汉中期	湖南资兴县旧市、木根桥	1978—1980年
资兴78M137	甲CⅡa※型	西汉中期	湖南资兴县旧市、木根桥	1978—1980年
资兴78M138	甲BⅡa型	西汉中期	湖南资兴县旧市、木根桥	1978—1980年
资兴78M139	甲CⅡa※型	西汉中期	湖南资兴县旧市、木根桥	1978—1980年
资兴78M14	甲BⅡa型	西汉中期	湖南资兴县旧市、木根桥	1978—1980年
资兴78M140	甲BⅡa型	新莽	湖南资兴县旧市、木根桥	1978—1980年
资兴78M141	甲BⅡa※型	新莽	湖南资兴县旧市、木根桥	1978—1980年
资兴78M142	甲BⅡa型	西汉中期	湖南资兴县旧市、木根桥	1978—1980年
资兴78M143	甲BⅡa型	西汉中期	湖南资兴县旧市、木根桥	1978—1980年
资兴78M144	甲CⅡa※型	西汉中期	湖南资兴县旧市、木根桥	1978—1980年
资兴78M145	甲CⅡa※型	西汉中期	湖南资兴县旧市、木根桥	1978—1980年
资兴78M146	甲BⅡa※型	新莽	湖南资兴县旧市、木根桥	1978—1980年
资兴78M147	甲CⅡa※型	新莽	湖南资兴县旧市、木根桥	1978—1980年
资兴78M148	甲BⅡa型	西汉中期	湖南资兴县旧市、木根桥	1978—1980年
资兴78M149	甲CⅡa※型	西汉中期	湖南资兴县旧市、木根桥	1978—1980年
资兴78M15	甲BⅠb型	西汉早期	湖南资兴县旧市、木根桥	1978—1980年
资兴78M150	甲BⅡa型	东汉晚期	湖南资兴县旧市	1978—1980年
资兴78M151	甲BⅡa※型	西汉中期	湖南资兴县旧市、木根桥	1978—1980年
资兴78M152	甲CⅡa型	西汉中期	湖南资兴县旧市、木根桥	1978—1980年
资兴78M153	甲CⅡa※型	新莽	湖南资兴县旧市、木根桥	1978—1980年
资兴78M154	甲BⅡaⅱ型	东汉中期	湖南资兴县旧市	1978—1980年

名称	墓葬形制	时期	位置	发掘发现时间
资兴 78M155	甲 C Ⅱ a ※ 型	西汉中期	湖南资兴县旧市、木根桥	1978—1980 年
资兴 78M156	甲 B Ⅱ a ※ 型	新莽	湖南资兴县旧市、木根桥	1978—1980 年
资兴 78M157	甲 B Ⅱ a 型	西汉中期	湖南资兴县旧市、木根桥	1978—1980 年
资兴 78M158	甲 B Ⅱ a 型	东汉中期	湖南资兴县旧市	1978—1980 年
资兴 78M16	甲 B Ⅱ a 型	西汉中期	湖南资兴县旧市、木根桥	1978—1980 年
资兴 78M160	甲 B Ⅱ a 型	新莽	湖南资兴县旧市、木根桥	1978—1980 年
资兴 78M161	甲 B Ⅱ a 型	西汉中期	湖南资兴县旧市、木根桥	1978—1980 年
资兴 78M163	甲 B Ⅱ a 型	新莽	湖南资兴县旧市、木根桥	1978—1980 年
资兴 78M167	甲 B Ⅱ b 型	西汉早期	湖南资兴县旧市、木根桥	1978—1980 年
资兴 78M17	甲 B Ⅱ a 型	西汉中期	湖南资兴县旧市、木根桥	1978—1980 年
资兴 78M173	甲 C Ⅱ a ※ 型	新莽	湖南资兴县旧市、木根桥	1978—1980 年
资兴 78M174	甲 B Ⅱ a 型	西汉中期	湖南资兴县旧市、木根桥	1978—1980 年
资兴 78M176	甲 B Ⅱ a 型	西汉中期	湖南资兴县旧市、木根桥	1978—1980 年
资兴 78M178	甲 B Ⅱ a 型	东汉晚期	湖南资兴县旧市	1978—1980 年
资兴 78M179	甲 B Ⅱ a 型	新莽	湖南资兴县旧市、木根桥	1978—1980 年
资兴 78M18	甲 B Ⅱ a 型	新莽	湖南资兴县旧市、木根桥	1978—1980 年
资兴 78M180	甲 B Ⅱ a 型	东汉晚期	湖南资兴县旧市	1978—1980 年
资兴 78M183	甲 B Ⅱ a 型	西汉中期	湖南资兴县旧市、木根桥	1978—1980 年
资兴 78M184	甲 B Ⅱ a 型	西汉中期	湖南资兴县旧市、木根桥	1978—1980 年
资兴 78M185	甲 B Ⅱ a ※ 型	西汉中期	湖南资兴县旧市、木根桥	1978—1980 年
资兴 78M188	甲 B Ⅱ a 型	西汉中期	湖南资兴县旧市、木根桥	1978—1980 年
资兴 78M189	甲 B Ⅱ a ※ 型	新莽	湖南资兴县旧市、木根桥	1978—1980 年
资兴 78M19	甲 C Ⅱ a 型	新莽	湖南资兴县旧市、木根桥	1978—1980 年
资兴 78M191	甲 B Ⅱ a 型	西汉中期	湖南资兴县旧市、木根桥	1978—1980 年
资兴 78M192	甲 B Ⅱ a 型	新莽	湖南资兴县旧市、木根桥	1978—1980 年
资兴 78M194	甲 B Ⅱ a 型	西汉中期	湖南资兴县旧市、木根桥	1978—1980 年
资兴 78M195	甲 B Ⅱ a 型	新莽	湖南资兴县旧市、木根桥	1978—1980 年
资兴 78M196	甲 B Ⅱ a 型	西汉中期	湖南资兴县旧市、木根桥	1978—1980 年
资兴 78M197	甲 B Ⅱ a 型	西汉中期	湖南资兴县旧市、木根桥	1978—1980 年
资兴 78M198	甲 C Ⅱ a 型	新莽	湖南资兴县旧市、木根桥	1978—1980 年
资兴 78M199	甲 B Ⅱ a 型	新莽	湖南资兴县旧市、木根桥	1978—1980 年
资兴 78M2	甲 B Ⅱ a 型	西汉中期	湖南资兴县旧市、木根桥	1978—1980 年
资兴 78M20	甲 C Ⅱ a 型	西汉中期	湖南资兴县旧市、木根桥	1978—1980 年
资兴 78M200	甲 B Ⅱ a 型	西汉中期	湖南资兴县旧市、木根桥	1978—1980 年
资兴 78M201	甲 B Ⅱ a 型	东汉中期	湖南资兴县旧市	1978—1980 年
资兴 78M203	甲 B Ⅱ b 型	西汉早期	湖南资兴县旧市、木根桥	1978—1980 年
资兴 78M204	乙 C Ⅱ a ⅱ ⅵ 型	东汉中期	湖南资兴县旧市	1978—1980 年
资兴 78M205	甲 B Ⅱ a 型	西汉中期	湖南资兴县旧市、木根桥	1978—1980 年
资兴 78M207	甲 B Ⅱ a 型	西汉中期	湖南资兴县旧市、木根桥	1978—1980 年

续表

名称	墓葬形制	时期	位置	发掘发现时间
资兴78M209	甲BⅡa型	新莽	湖南资兴县旧市、木根桥	1978—1980年
资兴78M21	甲BⅡa型	西汉中期	湖南资兴县旧市、木根桥	1978—1980年
资兴78M210	甲CⅡa型	新莽	湖南资兴县旧市、木根桥	1978—1980年
资兴78M211	甲BⅡa型	西汉中期	湖南资兴县旧市、木根桥	1978—1980年
资兴78M214	甲BⅡa型	东汉中期	湖南资兴县旧市	1978—1980年
资兴78M215	甲BⅡa型	西汉中期	湖南资兴县旧市、木根桥	1978—1980年
资兴78M217	甲BⅡa型	西汉中期	湖南资兴县旧市、木根桥	1978—1980年
资兴78M218	甲BⅡa型	新莽	湖南资兴县旧市、木根桥	1978—1980年
资兴78M219	甲BⅡa型	东汉晚期	湖南资兴县旧市	1978—1980年
资兴78M22	甲BⅡa型	西汉中期	湖南资兴县旧市、木根桥	1978—1980年
资兴78M221	甲BⅡa型	东汉晚期	湖南资兴县旧市	1978—1980年
资兴78M222	甲CⅡa※型	西汉中期	湖南资兴县旧市、木根桥	1978—1980年
资兴78M223	甲BⅡa※型	西汉中期	湖南资兴县旧市、木根桥	1978—1980年
资兴78M227	甲CⅡa型	西汉中期	湖南资兴县旧市、木根桥	1978—1980年
资兴78M23	甲BⅠb型	西汉早期	湖南资兴县旧市、木根桥	1978—1980年
资兴78M231	甲CⅡa型	西汉中期	湖南资兴县旧市、木根桥	1978—1980年
资兴78M235	甲BⅡa型	东汉晚期	湖南资兴县旧市	1978—1980年
资兴78M236	甲BⅡa型	东汉晚期	湖南资兴县旧市	1978—1980年
资兴78M237	甲BⅡa型	新莽	湖南资兴县旧市、木根桥	1978—1980年
资兴78M238	甲BⅡa型	东汉中期	湖南资兴县旧市	1978—1980年
资兴78M239	甲BⅡa型	新莽	湖南资兴县旧市、木根桥	1978—1980年
资兴78M24	甲BⅡa型	新莽	湖南资兴县旧市、木根桥	1978—1980年
资兴78M240	甲BⅡa型	西汉中期	湖南资兴县旧市、木根桥	1978—1980年
资兴78M241	甲BⅡa型	西汉中期	湖南资兴县旧市、木根桥	1978—1980年
资兴78M243	甲AⅠb型	西汉早期	湖南资兴县旧市、木根桥	1978—1980年
资兴78M244	甲CⅡa型	新莽	湖南资兴县旧市、木根桥	1978—1980年
资兴78M247	甲BⅡa型	新莽	湖南资兴县旧市、木根桥	1978—1980年
资兴78M248	甲BⅡa型	东汉中期	湖南资兴县旧市	1978—1980年
资兴78M25	甲CⅡa型	新莽	湖南资兴县旧市、木根桥	1978—1980年
资兴78M250	甲BⅡa型	新莽	湖南资兴县旧市、木根桥	1978—1980年
资兴78M251	甲BⅡa型	西汉中期	湖南资兴县旧市、木根桥	1978—1980年
资兴78M252	甲BⅡa型	西汉中期	湖南资兴县旧市、木根桥	1978—1980年
资兴78M253	甲BⅡa型	西汉中期	湖南资兴县旧市、木根桥	1978—1980年
资兴78M255	甲BⅡa型	新莽	湖南资兴县旧市、木根桥	1978—1980年
资兴78M256	甲BⅡa型	新莽	湖南资兴县旧市、木根桥	1978—1980年
资兴78M257	甲BⅡa型	东汉中期	湖南资兴县旧市	1978—1980年
资兴78M258	甲BⅡa型	东汉中期	湖南资兴县旧市	1978—1980年
资兴78M259	甲BⅡa型	东汉中期	湖南资兴县旧市	1978—1980年
资兴78M26	甲BⅡa型	西汉中期	湖南资兴县旧市、木根桥	1978—1980年

名称	墓葬形制	时期	位置	发掘发现时间
资兴 78M260	甲 C Ⅱ a 型	新莽	湖南资兴县旧市、木根桥	1978—1980 年
资兴 78M261	甲 B Ⅱ a 型	东汉晚期	湖南资兴县旧市	1978—1980 年
资兴 78M263	甲 C Ⅱ a 型	西汉中期	湖南资兴县旧市、木根桥	1978—1980 年
资兴 78M264		新莽	湖南资兴县东江水电工程建设	1979 年
资兴 78M265	甲 B Ⅱ a 型	新莽	湖南资兴县旧市、木根桥	1978—1980 年
资兴 78M266	甲 B Ⅱ a 型	新莽	湖南资兴县旧市、木根桥	1978—1980 年
资兴 78M268	甲 B Ⅱ a 型	新莽	湖南资兴县旧市、木根桥	1978—1980 年
资兴 78M269	甲 C Ⅱ a 型	西汉中期	湖南资兴县旧市、木根桥	1978—1980 年
资兴 78M27	甲 B Ⅱ a 型	西汉中期	湖南资兴县旧市、木根桥	1978—1980 年
资兴 78M270	甲 B Ⅱ a 型	东汉中期	湖南资兴县旧市	1978—1980 年
资兴 78M271	甲 C Ⅱ a 型	新莽	湖南资兴县旧市、木根桥	1978—1980 年
资兴 78M272	甲 B Ⅱ a 型	东汉早期	湖南资兴县旧市	1978—1980 年
资兴 78M273	甲 B Ⅱ a 型	东汉中期	湖南资兴县旧市	1978—1980 年
资兴 78M274	甲 B Ⅱ a 型	东汉中期	湖南资兴县旧市	1978—1980 年
资兴 78M277	甲 C Ⅱ a 型	西汉中期	湖南资兴县旧市、木根桥	1978—1980 年
资兴 78M278	甲 B Ⅱ a 型	东汉晚期	湖南资兴县旧市	1978—1980 年
资兴 78M279	甲 B Ⅱ a 型	新莽	湖南资兴县旧市、木根桥	1978—1980 年
资兴 78M28	甲 C Ⅱ a 型	西汉中期	湖南资兴县旧市、木根桥	1978—1980 年
资兴 78M280	甲 C Ⅱ a 型	西汉中期	湖南资兴县旧市、木根桥	1978—1980 年
资兴 78M281	甲 B Ⅱ a 型	东汉中期	湖南资兴县旧市	1978—1980 年
资兴 78M282	甲 B Ⅱ a 型	东汉中期	湖南资兴县旧市	1978—1980 年
资兴 78M283	甲 C Ⅱ a 型	西汉中期	湖南资兴县旧市、木根桥	1978—1980 年
资兴 78M284	甲 B Ⅱ a 型	新莽	湖南资兴县旧市、木根桥	1978—1980 年
资兴 78M287	甲 B Ⅱ a 型	东汉中期	湖南资兴县旧市	1978—1980 年
资兴 78M288	甲 B Ⅱ a 型	西汉中期	湖南资兴县旧市、木根桥	1978—1980 年
资兴 78M289	甲 B Ⅱ a 型	东汉中期	湖南资兴县旧市	1978—1980 年
资兴 78M29	甲 C Ⅱ a ※ 型	西汉中期	湖南资兴县旧市、木根桥	1978—1980 年
资兴 78M290	甲 B Ⅱ a 型	西汉中期	湖南资兴县旧市、木根桥	1978—1980 年
资兴 78M291	甲 B Ⅱ a 型	西汉中期	湖南资兴县旧市、木根桥	1978—1980 年
资兴 78M292	甲 B Ⅱ a 型	东汉中期	湖南资兴县旧市	1978—1980 年
资兴 78M293	甲 B Ⅱ a 型	东汉中期	湖南资兴县旧市	1978—1980 年
资兴 78M294	甲 B Ⅱ a ※ 型	东汉中期	湖南资兴县旧市	1978—1980 年
资兴 78M295	甲 C Ⅱ a ※ 型	新莽	湖南资兴县旧市、木根桥	1978—1980 年
资兴 78M296	甲 B Ⅰ a ⑥ 型	东汉早期	湖南资兴县旧市	1978—1980 年
资兴 78M297	甲 B Ⅱ a 型	东汉早期	湖南资兴县旧市	1978—1980 年
资兴 78M298	甲 B Ⅱ a 型	东汉中期	湖南资兴县旧市	1978—1980 年
资兴 78M299	甲 B Ⅱ a 型	西汉中期	湖南资兴县旧市、木根桥	1978—1980 年
资兴 78M3	甲 C Ⅱ a 型	西汉中期	湖南资兴县旧市、木根桥	1978—1980 年
资兴 78M30	甲 B Ⅱ a ※ 型	西汉中期	湖南资兴县旧市、木根桥	1978—1980 年

名称	墓葬形制	时期	位置	发掘发现时间
资兴78M300	甲CⅡa型	新莽	湖南资兴县旧市、木根桥	1978—1980年
资兴78M302	甲BⅠa型	东汉中期	湖南资兴县旧市	1978—1980年
资兴78M303	甲BⅡa型	西汉中期	湖南资兴县旧市、木根桥	1978—1980年
资兴78M304	甲CⅡa型	东汉早期	湖南资兴县旧市	1978—1980年
资兴78M305	甲BⅡa型	东汉中期	湖南资兴县旧市	1978—1980年
资兴78M306	甲BⅡa型	东汉中期	湖南资兴县旧市	1978—1980年
资兴78M309	甲BⅡa型	新莽	湖南资兴县旧市、木根桥	1978—1980年
资兴78M31	甲CⅡa型	西汉中期	湖南资兴县旧市、木根桥	1978—1980年
资兴78M310	甲BⅡa型	东汉中期	湖南资兴县旧市	1978—1980年
资兴78M311	甲BⅡa型	新莽	湖南资兴县旧市、木根桥	1978—1980年
资兴78M313	甲BⅡa型	东汉中期	湖南资兴县旧市	1978—1980年
资兴78M314	乙CⅡaⅵ型	东汉中期	湖南资兴县旧市	1978—1980年
资兴78M317	甲BⅡa型	西汉中期	湖南资兴县旧市、木根桥	1978—1980年
资兴78M319	甲CⅡa型	西汉中期	湖南资兴县旧市、木根桥	1978—1980年
资兴78M329	甲BⅡa型	西汉中期	湖南资兴县旧市、木根桥	1978—1980年
资兴78M33	甲CⅡa※型	西汉中期	湖南资兴县旧市、木根桥	1978—1980年
资兴78M331	甲BⅡa型	东汉中期	湖南资兴县旧市	1978—1980年
资兴78M332	甲CⅡa※型	新莽	湖南资兴县旧市、木根桥	1978—1980年
资兴78M333	甲CⅡa型	新莽	湖南资兴县旧市、木根桥	1978—1980年
资兴78M334	甲BⅡa型	西汉中期	湖南资兴县旧市、木根桥	1978—1980年
资兴78M335	甲BⅡa型	东汉中期	湖南资兴县旧市	1978—1980年
资兴78M336	甲CⅡa型	西汉中期	湖南资兴县旧市、木根桥	1978—1980年
资兴78M338	甲BⅡa型	东汉中期	湖南资兴县旧市	1978—1980年
资兴78M34	甲CⅡa※型	西汉中期	湖南资兴县旧市、木根桥	1978—1980年
资兴78M340	甲BⅡa型	西汉中期	湖南资兴县旧市、木根桥	1978—1980年
资兴78M342	甲BⅡa型	西汉中期	湖南资兴县旧市、木根桥	1978—1980年
资兴78M343	甲BⅡa型	东汉中期	湖南资兴县旧市	1978—1980年
资兴78M344	甲CⅡa型	东汉中期	湖南资兴县旧市	1978—1980年
资兴78M346	甲BⅡa型	新莽	湖南资兴县旧市、木根桥	1978—1980年
资兴78M35	甲CⅡa※型	新莽	湖南资兴县旧市、木根桥	1978—1980年
资兴78M350	乙AⅠaⅵ型	东汉晚期	湖南资兴县旧市	1978—1980年
资兴78M351	甲BⅡa型	西汉中期	湖南资兴县旧市、木根桥	1978—1980年
资兴78M358	甲BⅡa型	东汉中期	湖南资兴县旧市	1978—1980年
资兴78M36	甲BⅡa※型	新莽	湖南资兴县旧市、木根桥	1978—1980年
资兴78M360	甲BⅡa型	西汉中期	湖南资兴县旧市、木根桥	1978—1980年
资兴78M364	甲BⅠb型	西汉早期	湖南资兴县旧市、木根桥	1978—1980年
资兴78M366	甲BⅡa型	西汉中期	湖南资兴县旧市、木根桥	1978—1980年
资兴78M368	甲BⅡa型	东汉晚期	湖南资兴县旧市	1978—1980年
资兴78M370	甲BⅡa型	东汉晚期	湖南资兴县旧市	1978—1980年

名称	墓葬形制	时期	位置	发掘发现时间
资兴 78M372	甲 B Ⅱ a 型	西汉中期	湖南资兴县旧市、木根桥	1978—1980 年
资兴 78M376	甲 B Ⅱ a ⅳ 型	东汉晚期	湖南资兴县旧市	1978—1980 年
资兴 78M378	甲 B Ⅱ a 型	东汉晚期	湖南资兴县旧市	1978—1980 年
资兴 78M38	甲 C Ⅱ a ※ 型	新莽	湖南资兴县旧市、木根桥	1978—1980 年
资兴 78M380	甲 B Ⅱ a 型	东汉早期	湖南资兴县旧市	1978—1980 年
资兴 78M384	甲 B Ⅱ a 型	西汉中期	湖南资兴县旧市、木根桥	1978—1980 年
资兴 78M39	甲 B Ⅱ a 型	西汉中期	湖南资兴县旧市、木根桥	1978—1980 年
资兴 78M392	甲 B Ⅱ a 型	新莽	湖南资兴县旧市、木根桥	1978—1980 年
资兴 78M394	甲 B Ⅱ a 型	东汉中期	湖南资兴县旧市	1978—1980 年
资兴 78M395	甲 B Ⅱ a ※ 型	西汉中期	湖南资兴县旧市、木根桥	1978—1980 年
资兴 78M396	甲 B Ⅱ a 型	东汉晚期	湖南资兴县旧市	1978—1980 年
资兴 78M397	甲 B Ⅱ a ⅱ 型	东汉晚期	湖南资兴县旧市	1978—1980 年
资兴 78M399	甲 B Ⅱ a 型	新莽	湖南资兴县旧市、木根桥	1978—1980 年
资兴 78M4	甲 B Ⅱ b 型	西汉早期	湖南资兴县旧市、木根桥	1978—1980 年
资兴 78M401	甲 B Ⅱ b 型	东汉晚期	湖南资兴县旧市	1978—1980 年
资兴 78M404	甲 C Ⅱ a ※ 型	西汉中期	湖南资兴县旧市、木根桥	1978—1980 年
资兴 78M405	甲 B Ⅱ a 型	东汉晚期	湖南资兴县旧市	1978—1980 年
资兴 78M407	甲 B Ⅱ a ※ 型	新莽	湖南资兴县旧市、木根桥	1978—1980 年
资兴 78M408	甲 B Ⅱ a 型	新莽	湖南资兴县旧市、木根桥	1978—1980 年
资兴 78M41	甲 B Ⅱ a 型	西汉中期	湖南资兴县旧市、木根桥	1978—1980 年
资兴 78M411	甲 C Ⅱ a ※ 型	西汉中期	湖南资兴县旧市、木根桥	1978—1980 年
资兴 78M415	甲 B Ⅱ a 型	东汉中期	湖南资兴县旧市	1978—1980 年
资兴 78M416	甲 B Ⅱ a 型	西汉中期	湖南资兴县旧市、木根桥	1978—1980 年
资兴 78M418	甲 B Ⅱ a 型	东汉中期	湖南资兴县旧市	1978—1980 年
资兴 78M419	甲 B Ⅱ a ※ 型	西汉中期	湖南资兴县旧市、木根桥	1978—1980 年
资兴 78M42	甲 C Ⅱ a ※ 型	西汉中期	湖南资兴县旧市、木根桥	1978—1980 年
资兴 78M420	甲 B Ⅱ a 型	东汉早期	湖南资兴县旧市	1978—1980 年
资兴 78M421	甲 B Ⅱ b 型	西汉早期	湖南资兴县旧市、木根桥	1978—1980 年
资兴 78M423	甲 B Ⅱ a 型	西汉中期	湖南资兴县旧市、木根桥	1978—1980 年
资兴 78M424	甲 B Ⅱ a 型	东汉早期	湖南资兴县旧市	1978—1980 年
资兴 78M425	甲 C Ⅱ a ※ 型	西汉中期	湖南资兴县旧市、木根桥	1978—1980 年
资兴 78M426	甲 B Ⅱ a 型	西汉中期	湖南资兴县旧市、木根桥	1978—1980 年
资兴 78M427	甲 C Ⅱ a ※ 型	西汉中期	湖南资兴县旧市、木根桥	1978—1980 年
资兴 78M428	甲 B Ⅱ a ※ 型	新莽	湖南资兴县旧市、木根桥	1978—1980 年
资兴 78M429	甲 B Ⅱ a 型	西汉中期	湖南资兴县旧市、木根桥	1978—1980 年
资兴 78M43	甲 B Ⅱ a 型	西汉中期	湖南资兴县旧市、木根桥	1978—1980 年
资兴 78M430	甲 B Ⅱ a ※ 型	东汉早期	湖南资兴县旧市	1978—1980 年
资兴 78M433	甲 B Ⅱ a ※ 型	东汉早期	湖南资兴县旧市	1978—1980 年
资兴 78M434	甲 C Ⅱ a 型	新莽	湖南资兴县旧市、木根桥	1978—1980 年

续表

名称	墓葬形制	时期	位置	发掘发现时间
资兴 78M435	甲 A Ⅱ a 型	新莽	湖南资兴县旧市、木根桥	1978—1980 年
资兴 78M439	甲 B Ⅱ a 型	东汉早期	湖南资兴县旧市	1978—1980 年
资兴 78M44	甲 B Ⅱ b 型	西汉早期	湖南资兴县旧市、木根桥	1978—1980 年
资兴 78M440	甲 B Ⅱ b ⅱ 型	西汉早期	湖南资兴县旧市、木根桥	1978—1980 年
资兴 78M441	甲 B Ⅱ a ※ 型	新莽	湖南资兴县旧市、木根桥	1978—1980 年
资兴 78M442	甲 B Ⅱ a 型	西汉中期	湖南资兴县旧市、木根桥	1978—1980 年
资兴 78M443	甲 B Ⅱ a ※ 型	新莽	湖南资兴县旧市、木根桥	1978—1980 年
资兴 78M444	甲 B Ⅱ a 型	西汉中期	湖南资兴县旧市、木根桥	1978—1980 年
资兴 78M446	甲 C Ⅱ a ※ 型	西汉中期	湖南资兴县旧市、木根桥	1978—1980 年
资兴 78M448	甲 B Ⅱ a 型	东汉晚期	湖南资兴县厚玉资兴江北岸小山丘上	1978—1980 年
资兴 78M45	甲 B Ⅱ a 型	新莽	湖南资兴县旧市、木根桥	1978—1980 年
资兴 78M46	甲 B Ⅱ a 型	西汉中期	湖南资兴县旧市、木根桥	1978—1980 年
资兴 78M460	甲 B Ⅱ a 型	西汉中期	湖南资兴县旧市、木根桥	1978—1980 年
资兴 78M463	甲 B Ⅱ a 型	西汉中期	湖南资兴县旧市、木根桥	1978—1980 年
资兴 78M465	甲 B Ⅱ a 型	新莽	湖南资兴县旧市、木根桥	1978—1980 年
资兴 78M466	甲 C Ⅱ a 型	西汉中期	湖南资兴县旧市、木根桥	1978—1980 年
资兴 78M47	甲 C Ⅱ a 型	西汉中期	湖南资兴县旧市、木根桥	1978—1980 年
资兴 78M470	甲 B Ⅰ b 型	西汉早期	湖南资兴县旧市、木根桥	1978—1980 年
资兴 78M473	甲 B Ⅱ a 型	东汉早期	湖南资兴县旧市	1978—1980 年
资兴 78M477	甲 B Ⅱ a 型	西汉中期	湖南资兴县旧市、木根桥	1978—1980 年
资兴 78M479	甲 B Ⅱ a 型	新莽	湖南资兴县旧市、木根桥	1978—1980 年
资兴 78M48	甲 B Ⅱ a ※ 型	新莽	湖南资兴县旧市、木根桥	1978—1980 年
资兴 78M484	甲 B Ⅱ a 型	西汉中期	湖南资兴县旧市、木根桥	1978—1980 年
资兴 78M487	甲 B Ⅱ a 型	西汉中期	湖南资兴县旧市、木根桥	1978—1980 年
资兴 78M489	甲 B Ⅱ a 型	东汉晚期	湖南资兴县旧市	1978—1980 年
资兴 78M49	甲 B Ⅱ a ※ 型	东汉早期	湖南资兴县旧市	1978—1980 年
资兴 78M491	甲 B Ⅱ b 型	西汉早期	湖南资兴县旧市、木根桥	1978—1980 年
资兴 78M495	甲 B Ⅱ a 型	新莽	湖南资兴县旧市、木根桥	1978—1980 年
资兴 78M496	乙 A Ⅰ a ⅵ 型	东汉晚期	湖南资兴县木根桥东江西北岸小山岗上	1978—1980 年
资兴 78M497	乙 A Ⅱ a ⅱ ⅵ 型	东汉晚期	湖南资兴县木根桥东江西北岸小山岗上	1978—1980 年
资兴 78M498	乙 B Ⅰ a ⅵ 型	东汉晚期	湖南资兴县木根桥东江西北岸小山岗上	1978—1980 年
资兴 78M499	乙 B Ⅰ a ⅱ ⅷ 型	东汉晚期	湖南资兴县木根桥东江西北岸小山岗上	1978—1980 年
资兴 78M5	甲 B Ⅱ a 型	西汉中期	湖南资兴县旧市、木根桥	1978—1980 年
资兴 78M50	甲 B Ⅱ a 型	西汉中期	湖南资兴县旧市、木根桥	1978—1980 年
资兴 78M500	甲 B Ⅱ a 型	西汉中期	湖南资兴县旧市、木根桥	1978—1980 年
资兴 78M501	甲 B Ⅱ a 型	西汉中期	湖南资兴县旧市、木根桥	1978—1980 年

续表

名称	墓葬形制	时期	位置	发掘发现时间
资兴78M502	甲BⅡb型	新莽	湖南资兴县旧市、木根桥	1978—1980年
资兴78M503	甲CⅡb型	西汉中期	湖南资兴县旧市、木根桥	1978—1980年
资兴78M504	甲BⅡb型	新莽	湖南资兴县旧市、木根桥	1978—1980年
资兴78M505	甲BⅡb型	西汉中期	湖南资兴县旧市、木根桥	1978—1980年
资兴78M507	甲BⅡa型	东汉晚期	湖南资兴县木根桥东江西北岸小山岗上	1978—1980年
资兴78M508	甲BⅡa型	东汉晚期	湖南资兴县木根桥东江西北岸小山岗上	1978—1980年
资兴78M509	甲BⅡa型	西汉中期	湖南资兴县旧市、木根桥	1978—1980年
资兴78M51	甲BⅡa型	新莽	湖南资兴县旧市、木根桥	1978—1980年
资兴78M511	乙AⅠaⅱⅵ型	东汉晚期	湖南资兴县木根桥东江西北岸小山岗上	1978—1980年
资兴78M512	甲BⅡb型	西汉中期	湖南资兴县旧市、木根桥	1978—1980年
资兴78M513	甲BⅡb型	西汉早期	湖南资兴县旧市、木根桥	1978—1980年
资兴78M515	乙AⅠaⅷ型	东汉晚期	湖南资兴县木根桥东江西北岸小山岗上	1978—1980年
资兴78M516	甲BⅡb型	西汉中期	湖南资兴县旧市、木根桥	1978—1980年
资兴78M517	甲BⅡa型	西汉中期	湖南资兴县旧市、木根桥	1978—1980年
资兴78M518	甲BⅡb型	西汉早期	湖南资兴县旧市、木根桥	1978—1980年
资兴78M52	甲CⅡa※型	新莽	湖南资兴县旧市、木根桥	1978—1980年
资兴78M520	甲BⅡa⑧型	东汉晚期	湖南资兴县木根桥东江西北岸小山岗上	1978—1980年
资兴78M521	甲BⅡa型	东汉中期	湖南资兴县木根桥东江西北岸小山岗上	1978—1980年
资兴78M522	甲BⅡa型	东汉中期	湖南资兴县木根桥东江西北岸小山岗上	1978—1980年
资兴78M523	甲BⅡa型	东汉中期	湖南资兴县木根桥东江西北岸小山岗上	1978—1980年
资兴78M524	甲BⅡa型	东汉中期	湖南资兴县旧市	1978—1980年
资兴78M525	甲BⅡa型	新莽	湖南资兴县旧市、木根桥	1978—1980年
资兴78M53	甲BⅡa型	新莽	湖南资兴县旧市、木根桥	1978—1980年
资兴78M530	甲BⅡa型	东汉早期	湖南资兴县旧市	1978—1980年
资兴78M54	甲CⅡa※型	西汉中期	湖南资兴县旧市、木根桥	1978—1980年
资兴78M544	甲BⅡb型	西汉早期	湖南资兴县旧市、木根桥	1978—1980年
资兴78M549	甲BⅡa型	东汉中期	湖南资兴县旧市	1978—1980年
资兴78M55	甲BⅡa型	西汉中期	湖南资兴县旧市、木根桥	1978—1980年
资兴78M550	甲BⅡa型	西汉中期	湖南资兴县旧市、木根桥	1978—1980年
资兴78M556	甲BⅡb型	西汉早期	湖南资兴县旧市、木根桥	1978—1980年
资兴78M56	甲CⅡa型	新莽	湖南资兴县旧市、木根桥	1978—1980年
资兴78M566	甲BⅡa型	西汉中期	湖南资兴县旧市、木根桥	1978—1980年
资兴78M57	甲BⅡa型	西汉中期	湖南资兴县旧市、木根桥	1978—1980年
资兴78M570	甲BⅡa型	西汉中期	湖南资兴县旧市、木根桥	1978—1980年
资兴78M577	甲BⅡa型	东汉中期	湖南资兴县旧市	1978—1980年

名称	墓葬形制	时期	位置	发掘发现时间
资兴 78M578	甲 B Ⅱ b 型	西汉早期	湖南资兴县旧市、木根桥	1978—1980 年
资兴 78M58	甲 B Ⅱ a 型	新莽	湖南资兴县旧市、木根桥	1978—1980 年
资兴 78M580	甲 B Ⅱ a 型	西汉早期	湖南资兴县旧市、木根桥	1978—1980 年
资兴 78M581	甲 B Ⅱ b 型	西汉中期	湖南资兴县旧市、木根桥	1978—1980 年
资兴 78M582	甲 C Ⅱ a ※ 型	新莽	湖南资兴县旧市、木根桥	1978—1980 年
资兴 78M59	甲 B Ⅱ a 型	西汉中期	湖南资兴县旧市、木根桥	1978—1980 年
资兴 78M6	甲 B Ⅱ a 型	西汉中期	湖南资兴县旧市、木根桥	1978—1980 年
资兴 78M60	甲 B Ⅱ a 型	新莽	湖南资兴县旧市、木根桥	1978—1980 年
资兴 78M61	甲 B Ⅱ a 型	西汉中期	湖南资兴县旧市、木根桥	1978—1980 年
资兴 78M62	甲 B Ⅱ a 型	新莽	湖南资兴县旧市、木根桥	1978—1980 年
资兴 78M63	甲 C Ⅱ a 型	西汉中期	湖南资兴县旧市、木根桥	1978—1980 年
资兴 78M64	甲 C Ⅱ a ※ 型	新莽	湖南资兴县旧市、木根桥	1978—1980 年
资兴 78M65	甲 B Ⅱ a 型	西汉中期	湖南资兴县旧市、木根桥	1978—1980 年
资兴 78M66	甲 B Ⅱ a 型	西汉中期	湖南资兴县旧市、木根桥	1978—1980 年
资兴 78M67	甲 B Ⅱ a 型	西汉中期	湖南资兴县旧市、木根桥	1978—1980 年
资兴 78M68	甲 B Ⅱ a 型	东汉晚期	湖南资兴县旧市	1978—1980 年
资兴 78M69	甲 B Ⅱ b 型	西汉早期	湖南资兴县旧市、木根桥	1978—1980 年
资兴 78M7	甲 C Ⅱ a 型	新莽	湖南资兴县旧市、木根桥	1978—1980 年
资兴 78M70	甲 D Ⅱ aⅷ型	西汉早期	湖南资兴县旧市、木根桥	1978—1980 年
资兴 78M71	甲 C Ⅱ a 型	西汉中期	湖南资兴县旧市、木根桥	1978—1980 年
资兴 78M72	甲 B Ⅱ a 型	西汉中期	湖南资兴县旧市、木根桥	1978—1980 年
资兴 78M73	甲 B Ⅱ a 型	新莽	湖南资兴县旧市、木根桥	1978—1980 年
资兴 78M74	甲 B Ⅱ a 型	西汉中期	湖南资兴县旧市、木根桥	1978—1980 年
资兴 78M8	甲 B Ⅱ a 型	西汉中期	湖南资兴县旧市、木根桥	1978—1980 年
资兴 78M80	甲 B Ⅱ a 型	新莽	湖南资兴县旧市、木根桥	1978—1980 年
资兴 78M81	甲 C Ⅱ a 型	西汉中期	湖南资兴县旧市、木根桥	1978—1980 年
资兴 78M82	甲 B Ⅱ a 型	新莽	湖南资兴县旧市、木根桥	1978—1980 年
资兴 78M88	甲 C Ⅱ a 型	新莽	湖南资兴县旧市、木根桥	1978—1980 年
资兴 78M89	甲 C Ⅱ a 型	西汉中期	湖南资兴县旧市、木根桥	1978—1980 年
资兴 78M90	甲 B Ⅱ a 型	西汉中期	湖南资兴县旧市、木根桥	1978—1980 年
资兴 78M91	甲 B Ⅱ a 型	东汉早期	湖南资兴县厚玉资兴江北岸小山丘上	1978—1980 年
资兴 78M92	甲 B Ⅱ a 型	新莽	湖南资兴县旧市、木根桥	1978—1980 年
资兴 78M93	甲 C Ⅱ a ※ 型	西汉中期	湖南资兴县旧市、木根桥	1978—1980 年
资兴 78M94	甲 B Ⅱ a 型	东汉早期	湖南资兴县旧市	1978—1980 年
资兴 78M95	甲 C Ⅱ a ※ 型	西汉中期	湖南资兴县旧市、木根桥	1978—1980 年
资兴 78M96	甲 B Ⅱ a 型	新莽	湖南资兴县旧市、木根桥	1978—1980 年
资兴 78M97	甲 B Ⅱ a 型	东汉中期	湖南资兴县旧市	1978—1980 年
资兴 78M98	甲 B Ⅱ a 型	西汉中期	湖南资兴县旧市、木根桥	1978—1980 年
资兴 78M99	甲 B Ⅱ a 型	东汉中期	湖南资兴县旧市	1978—1980 年

名称	墓葬形制	时期	位置	发掘发现时间
资兴矮口墓群		汉代	湖南资兴市旧市乡旧市村	
资兴白屋山墓群		汉代	湖南资兴市鲤鱼江镇粟脚村	
资兴茶山墓群		汉代	湖南资兴市厚玉乡厚玉村	
资兴何黎山墓群		汉代	湖南资兴市木根桥乡龙泉村	
资兴黄茅山墓群		汉代	湖南资兴市木根桥乡罗围村	
资兴老屋背墓群		汉代	湖南资兴市旧市乡旧市村	
资兴廖家湾墓群		汉代	湖南资兴市鲤鱼江镇粟脚村	
资兴茅坪墓群		汉代	湖南资兴市木根桥乡罗围村	
资兴沙洲墓群		汉代	湖南资兴市厚玉乡厚玉村	
资兴仙图头山墓群		汉代	湖南资兴市厚玉乡厚玉村	

附录三　华南地区秦汉考古资料编年[①]

1845 年，广西壮族自治区扶绥县旧县村出土铜鼓 1 件。[②]

1912 年，广东省郁南县替滨新乐村、桂河木薑村、罗顺顺坦村各发现铜鼓 1 面。[③]

1916 年，广东省广州市东山龟岗发现西汉早期木椁墓 1 座。[④]

1921 年，湖南省桑植县汩湖乡黄河村寮竹湾发现錞于 1 对。[⑤]

1935 年，广西壮族自治区田东县祥周乡仑圩村发现战国墓葬。[⑥]

1940 年，广东省揭西县平山镇南森尖田尾村之北赤埔岭发现 24 座秦代墓葬。[⑦]

1946 年，广西壮族自治区藤县象棋古竹出土东汉铜鼓 1 面。[⑧]

1946 年左右，江西省樟树镇近郊牛头山发现汉晋古墓，其中有初平年号。[⑨]

1949 年前，广西壮族自治区藤县城关安宁莲塘村旁冲出土东汉铜鼓 1 面。[⑩]

20 世纪 40 年代，广西壮族自治区德保县那甲公社餐甲大队汉代铜斧。[⑪]

1950 年末，江西省宁冈县龙市镇尹亚村清理汉墓 1 座。[⑫]

1951 年，广东省南海县征集铜鼓 1 面。[⑬]

---

① 本编年据以下原则排序：第一，各考古发现的时间先后，原资料未标明发现月份者，依《资治通鉴》例，系其于该年之末；同月中亦以发现时间先后排序，无日期者系于该月之末；历经多年发掘、跨月发掘的项目，以结束发掘的时间先后排序；如多项跨年度发掘均结束于同一时间，则据各项发掘的开始时间先后排序；发掘时间完全相同者，以广东、广西壮族自治区、湖南、江西、福建、海南为序，各省区之内以省会为首。第二，以原资料中地名为准，名称、隶属有变，如合浦旧属广东后属广西壮族自治区、县改区、公社改乡镇等情况，均不做随改。第三，以秦汉考古资料为主，同时适当收录战国等时代资料。第四，考古资料时代均据原始资料，不进行时代调整。第五，考古资料的数量均据原始资料，原资料未提供数量者空缺。各地新出地方志若无出版社信息，则空缺。

② 扶绥县志编纂委员会：《扶绥县志》，广西人民出版社 1989 年版，第 405 页。

③ 郁南县地方志编纂委员会：《郁南县志》，广东人民出版社 1995 年版，第 801 页。

④ 东山区地方志编纂委员会：《广州市东山区志》，广东人民出版社 2007 年版，第 518 页。

⑤ 桑植县史志办公室：《桑植县志》，海天出版社 2000 年版，第 472—473 页。

⑥ 田东县志编纂委员会：《田东县志》，广西人民出版社 1998 年版，第 732 页。

⑦ 广东省汕头市地方志编纂委员会：《汕头市志》，新华出版社 1999 年版，第 260 页。揭西县志办公室：《揭西县志》，广东人民出版社 1994 年版，第 589 页。

⑧ 藤县志编纂委员会：《藤县志》，广西人民出版社 1996 年版，第 587 页。

⑨ 《赣西发现汉晋古墓》，《燕京学报》第 31 期，第 231 页，1946 年 12 月。据其自注，该消息乃转引自是年 12 月 9 日天津大公报。

⑩ 藤县志编纂委员会：《藤县志》，广西人民出版社 1996 年版，第 587 页。

⑪ 德保县志编纂委员会：《德保县志》，广西人民出版社 1998 年版，第 575 页。

⑫ 宁冈县地方志编纂委员会：《宁冈县志》，中共中央党校出版社 1995 年版，第 888 页。

⑬ 南海市地方志编纂委员会：《南海县志》，中华书局 2000 年版，第 1062 页。

1951 年，广西壮族自治区藤县和平志成出土东汉铜鼓 1 面。[①]

1951 年 7—1952 年 2 月，湖南省长沙市郊区子弹库、东塘等地清理战国、西汉等时代墓葬 596 座。[②]

1951 年 10—1952 年 2 月，湖南省长沙市陈家大山、伍家岭、识字岭、五里牌、徐家湾等地清理战国墓 100 座、汉墓 45 座。[③]

1952 年 9 月，湖南省长沙市东郊龙洞坡清理战国墓 1 座。[④]

1952 年，湖南省长沙市南郊扫把塘清理战国墓 1 座。[⑤]

1952 年，湖南省衡阳市发现汉代酃县故城遗址。[⑥]

1953 年 5 月，湖南省长沙市南郊仰天湖清理战国墓 1 座。[⑦]

1953 年 7 月，湖南省长沙市仰天湖南省工程公司基建工地发掘战国墓 1 座。[⑧]

1953 年 9 月，湖南省衡阳市东苗圃蒋家山清理战国东汉墓 11 座。[⑨]

1953 年 9 月，江西省樟树镇发现西汉墓。[⑩]

1953 年 11 月，广东省广州市龙生冈清理东汉墓 2 座。[⑪]

1953 年冬，湖南省长沙市北郊白沙发掘新莽墓 1 座。[⑫]

1953 年，广东省广州市西村石头岗清理汉墓 25 座、广州市西村石头岗马岗清理汉墓 1 座、广州市先烈路龙生岗清理汉墓 34 座、广州市东山先烈路塘望岗清理汉墓 1 座、广州市先烈路三望岗海军坟场清理汉墓 1 座、广州市三元里茶亭子园岗清理汉墓 1 座。[⑬]

1953 年，江西省樟树市郭里村樟树农业学校校址发现汉墓。[⑭]

[①]　藤县志编纂委员会：《藤县志》，广西人民出版社 1996 年版，第 587 页。

[②]　《长沙市郊发现大批战国和西汉时代的文物》，《文物参考资料》1952 年第 6 期，第 152 页。

[③]　中国科学院考古研究所：《长沙发掘报告》，科学出版社 1957 年版。

[④]　顾铁符：《长沙 52·826 号墓在考古学上诸问题》，《文物参考资料》1954 年第 10 期，第 68—70 页。

[⑤]　高至喜：《记长沙、常德出土弩机的战国墓——兼谈有关弩机、弓矢的几个问题》，《文物》1964 年第 6 期，第 33—45 页。

[⑥]　衡阳市郊区志编纂委员会：《衡阳市郊区志》，湖南出版社 1997 年版，第 505 页。衡阳市志编纂委员会：《衡阳市志》，湖南人民出版社 1998 年版，第 2792 页。

[⑦]　湖南省文物管理委员会：《长沙出土的三座大型木椁墓》，《考古学报》1957 年第 1 期，第 93—101 页。湖南省文物管理委员会：《长沙仰天湖第 25 号木椁墓》，《考古学报》1957 年第 2 期，第 85—94 页。

[⑧]　《长沙仰天湖战国墓发现大批竹简及彩绘木俑、雕刻花纹》，《文物参考资料》1954 年第 3 期，第 53 页。

[⑨]　湖南省文物管理委员会：《衡阳苗圃蒋家山古墓清理简报》，《文物参考资料》1954 年第 6 期，第 53—56 页。李正光：《湖南衡阳苗圃蒋家山发现战国及东汉时代墓葬》，《文物参考资料》1954 年第 4 期，第 120—121 页。江东区志编纂委员会：《江东区志》，黄山书社 1999 年版，第 403 页。衡阳市郊区志编纂委员会：《衡阳市郊区志》，湖南出版社 1997 年版，第 504—505 页。衡阳市志编纂委员会：《衡阳市志》，湖南人民出版社 1998 年版，第 2795 页。

[⑩]　《江西樟树镇南郊发现西汉古墓》，《光明日报》1953 年 9 月 21 日 3 版。

[⑪]　《广州市郊发现巨大的东汉木椁古墓》，《文物参考资料》1954 年第 1 期，第 98—99 页（据尾注，其转引自《光明日报》1953 年 12 月 23 日）。广州市文物管理委员会：《广州市龙生冈 43 号东汉木椁墓》，《考古学报》1957 年第 3 期，第 141—153 页。广州市文物管理委员会、广州市博物馆：《广州汉墓》，文物出版社 1981 年版。广州市东山区地方志编纂委员会：《广州市东山区志》，广东人民出版社 1999 年版，第 627—628 页。东山区地方志编纂委员会：《广州市东山区志》，广东人民出版社 2007 年版，第 517 页。广州市地方志编纂委员会：《广州市志 16》，广州出版社 1999 年版，第 533—538 页。

[⑫]　吴铭生：《长沙发现新莽时代墓葬》，《考古通讯》1956 年第 3 期，第 57 页。吴铭生：《长沙郊区发现王莽时期的木质》，《文物参考资料》1954 年第 3 期，第 124—125 页。

[⑬]　广州市文物管理委员会、广州市博物馆：《广州汉墓》，文物出版社 1981 年版。广州市白云区地方志编纂委员会：《广州市白云区志》，广东人民出版社 2001 年版，第 944 页。广州市荔湾区地方志编纂委员会：《广州市荔湾区志》，广东人民出版社 1998 年版，第 616 页。广州市地方志编纂委员会：《广州市志 16》，广州出版社 1999 年版，第 533 页。

[⑭]　《江西樟树镇南郊发现西汉古墓》，《光明日报》1953 年 9 月 21 日 3 版。

1954 年 4—5 月，湖南省耒阳县西郊南段清理战国墓 2 座、东汉墓 9 座。①

1954 年 6 月，湖南省长沙市市郊左家公山清理战国墓 1 座。②

1954 年 2—7 月，湖南省衡阳市清理战国墓 103、汉墓 14 座。③

1954 年上半年，湖南省长沙市郊区清理西汉墓 59、新莽墓 2、东汉墓 37 座。④

1954 年 8 月，湖南省长沙市杨家湾清理汉墓 1 座。⑤

1954 年 8 月，湖南省长沙市北郊枫树坪清理秦至汉初墓葬 1 座。⑥

1954 年 8 月，湖南省常德县郊区发掘东汉墓 2 座、汉末及魏晋墓 9 座。⑦

1954 年 9 月，广东省广州市南郊南石头清理西汉木椁墓 2 座。⑧

1954 年 11 月，广东省广州市东山羊山横路幼儿院运动场发掘东汉墓 1 座。⑨

1954 年 12 月，广东省广州市东北郊横枝冈清理汉墓 4 座。⑩

1954 年 12 月，湖南省长沙市五家岭杨家公山清理东汉墓 1 座。⑪

1954 年，广东省广州市小北登封路保育院清理汉墓 2 座、广州市先烈路红花岗清理汉墓 18 座、广州市西村后岗清理汉墓 9 座、广州市西村南京路清理汉墓 1 座、广州市建设大马路建设新村清理汉墓 5 座、广州市东郊区庄犀牛路清理汉墓 1 座、广州市南石头纸厂清理汉墓 2 座、广州市小港新村细岗清理汉墓 1 座、广州市西村饮料厂清理汉墓 1 座、广州市北郊大北越秀山北麓清理汉墓 2 座、广州市东郊东山羊山岗清理汉墓 1 座、广州市新港路怡乐村清理汉墓 1 座、广州市金沙路凤凰岗清理汉墓 2 座、广州市东北郊金鸡岭清理汉墓 1 座、广州市东山农林下路清理汉墓 1 座、广州市先烈路执信女子中学清理汉墓 1 座、广州市新港路赤岗清理汉墓 1 座、广州市先烈路黄花岗清理汉墓 1 座、广州市登封路福建山发掘汉墓 4 座。⑫

1954 年，广西壮族自治区桂平县出土东汉铜鼓 1 面。⑬

1954 年，广西壮族自治区岑溪县出土西汉五铢钱纹铜鼓 1 面。⑭

---

① 湖南省文物管理委员会：《耒阳西郊古墓清理简报》，《文物参考资料》1956 年第 1 期，第 37—42 页。

② 湖南省文物管理委员会：《长沙出土的三座大型木椁墓》，《考古学报》1957 年第 1 期，第 93—101 页。湖南省文物管理委员会：《长沙左家公山的战国木椁墓》，《文物参考资料》1954 年第 12 期，第 5—19 页。

③ 《湖南省文物清理工作组清理衡阳市郊古墓情况》，《文物参考资料》1954 年第 10 期，第 148—149 页。

④ 《湖南省文管会文物工作队上半年的工作概况》，《文物参考资料》1954 年第 10 期，第 146—147 页。

⑤ 湖南省文物管理委员会：《长沙杨家湾 M006 清理简报》，《文物参考资料》1954 年第 12 期，第 20—46 页。

⑥ 杨谦：《长沙北郊发现大型古代木椁墓葬》，《文物参考资料》1954 年第 10 期，第 147—148 页。

⑦ 罗敦静：《湖南常德县发现古代砖室墓》，《文物参考资料》1954 年第 11 期，第 147 页。湖南省文物管理委员会：《湖南常德西郊古墓葬群清理小结》，《文物参考资料》1955 年第 5 期，第 51—56 页。常德市地方志编纂委员会：《常德地区志·文物志》，中国文史出版社 1995 年版，第 190 页。文物志登记为 1954 年 9 月。

⑧ 广州市文物管理委员会：《广州南郊南石头西汉木椁墓清理简报》，《文物参考资料》1955 年第 8 期，第 85—94 页。

⑨ 广州市文物管理委员会：《广州东山东汉墓清理简报》，《考古通讯》1956 年第 7 期，第 12—17 页。广州市地方志编纂委员会：《广州市志 16》，广州出版社 1999 年版，第 538—539 页。

⑩ 广州市文物管理委员会：《广州市东北郊西汉木椁墓发掘简报》，《考古通讯》1955 年第 4 期，第 40—46 页。广州市文物管理委员会、广州市博物馆：《广州汉墓》，文物出版社 1981 年版。

⑪ 李正光：《长沙五家岭杨家公山发现东汉砖室墓》，《文物参考资料》1955 年第 4 期，第 119 页。高至喜、吴铭生：《长沙汉墓中发现瓷质饰物》，《文物参考资料》1956 年第 2 期，第 73—74 页。

⑫ 广州市文物管理委员会、广州市博物馆：《广州汉墓》，文物出版社 1981 年版。广州市海珠区地方志编纂委员会：《广州市海珠区志》，广东人民出版社 2000 年版，第 595 页。广州市东山区地方志编纂委员会：《广州市东山区志》，广东人民出版社 1999 年版，第 626—627 页。东山区地方志编纂委员会：《广州市东山区志》，广东人民出版社 2007 年版，第 517 页。广州市地方志编纂委员会：《广州市志 16》，广州出版社 1999 年版，第 534—537 页。

⑬ 桂平县文管所 陈小波：《东汉牛橇骑士、鹭鸟羽人纹铜鼓》，《文物》1982 年第 1 期，第 37 页。

⑭ 广西壮族自治区文物管理委员会编：《广西出土文物》，文物出版社 1978 年版，图 114，第 13 页。

1954 年，广西壮族自治区藤县濛江出土东汉铜鼓 1 面。[①]

1954 年，湖南省长沙市南郊左家公山清理战国墓 1 座。[②]

1953—1954 年，广东省广州市先烈路孖鱼岗清理汉墓 3 座，广东省广州市小北登封路蚧岗清理汉墓 16 座。[③]

1955 年 2 月，湖南省长沙市北郊会春区福安乡丝茅冲一代清理东汉墓 1 座。[④]

1954 年 11—1955 年 2 月，湖南省长沙市南门外黄土岭魏家堆附近清理战国墓 19 座、西汉墓 13 座、东汉墓 2 座。[⑤]

1955 年 2—3 月，广西壮族自治区贵县中学高中部清理汉墓 1 座。[⑥]

1955 年 3 月，广西壮族自治区贵县汽路清理汉墓 M5。[⑦]

1955 年 4 月，湖南省耒阳县西郊、奉国寺、野屋塘等地清理周、汉等时代墓葬 11 座。[⑧]

1954—1955 年 4 月，广西壮族自治区贵县清理西汉墓 25 座、东汉墓 104 座。[⑨]

1955 年 5 月，广西壮族自治区桂阳县黎塘镇宾阳第三区供销社发现铜鼓 1 面。[⑩]

1955 年 5 月，湖南省长沙市白泥塘清理东汉墓 2 座。[⑪]

1955 年 3—5 月，湖南省长沙市烈士公园南端容园清理西汉墓 3 座、东汉墓 2 座。[⑫]

1955 年 3—5 月，湖南省长沙市北郊丝茅冲工地第一工区清理战国墓 62 座、汉墓 6 座。[⑬]

1955 年 5—6 月，湖南省长沙市南郊雨花亭工地清理东汉墓 1 座。[⑭]

1955 年 6 月，湖南省长沙市溁湾市公共汽车公司西河站清理东汉墓 1 座。[⑮]

1955 年 4—7 月，湖南省耒阳县金南乡、花石坳乡清理汉墓。[⑯]

1955 年 6—7 月，湖南省长沙市南郊侯家塘清理战国墓 10 座、西汉墓 4 座、东汉墓 1 座。[⑰]

[①] 藤县志编纂委员会：《藤县志》，广西人民出版社 1996 年版，第 587 页。

[②] 戴亚东：《长沙市南郊发现战国时代铁剑》，《文物参考资料》1954 年第 7 期，第 134 页。

[③] 广州市文物管理委员会、广州市博物馆：《广州汉墓》，文物出版社 1981 年版。广州市东山区地方志编纂委员会：《广州市东山区志》，广东人民出版社 1999 年版，第 628 页。东山区地方志编纂委员会：《广州市东山区志》，广东人民出版社 2007 年版，第 518 页。

[④] 《湖南长沙北郊发现战国至唐、宋时代大批墓葬，省文管会正在进行清理中》，《文物参考资料》1955 年第 5 期，第 162—163 页。

[⑤] 李正光：《湖南省文物工作队在长沙市南门外魏家堆附近清理一批战国至元代的墓葬》，《文物参考资料》1955 年第 10 期，第 131—132 页。

[⑥] 黄增庆：《广西贵县木樟墓清理简报》，《考古通讯》1956 年第 4 期，第 18—20 页。

[⑦] 黄启善：《广西发现的汉代玻璃器》，《文物》1992 年第 9 期，第 46—48 页。

[⑧] 罗敦静：《湖南耒阳县发现周、汉等时代墓葬及古代石斧》，《文物参考资料》1955 年第 8 期，第 163—164 页。

[⑨] 广西省文物管理委员会：《广西贵县汉墓的清理》，《考古学报》1957 年第 1 期，第 155—162 页。

[⑩] 艾末：《广西贵阳县第三区供销合作社收购的废铜中发现古代铜鼓一面》，《文物参考资料》1955 年第 8 期，第 165 页。

[⑪] 周世荣：《长沙市白泥塘发现东汉砖墓》，《考古通讯》1956 年 3 月，第 58 页。

[⑫] 周世荣：《长沙容园两汉、六朝、隋、唐、宋墓清理简报》，《考古通讯》1958 年第 5 期，第 11—17 页。

[⑬] 丝茅冲工作小组：《长沙北郊丝茅冲工地第一工区的古代墓葬》，《文物参考资料》1955 年第 11 期，第 46—56 页。

[⑭] 高至喜：《长沙南郊雨花亭附近的东汉、六朝、唐墓》，《考古通讯》1956 年第 6 期，第 67—69 页。

[⑮] 《长沙溁湾市发现的东汉砖墓》，《文物参考资料》1954 年第 12 期，第 166 页。

[⑯] 湖南省文物管理委员会：《湖南耒阳东汉墓清理简报》，《考古通讯》1956 年第 4 期，第 21—31 页。罗敦静：《湖南耒阳县发现周、汉等时代墓葬及古代石斧》，《文物参考资料》1955 年第 8 期，第 163—164 页。

[⑰] 湖南省文物管理委员会：《被盗掘过的古墓葬，是否还值得清理——记 55 长侯中 M018 号墓发掘》，《文物参考资料》1955 年第 10 期，第 37—41 页。方继成：《长沙侯家塘 M018 号墓的年代问题》，《考古通讯》1957 年第 11 期，第 50—52 页。

1955 年 6—7 月，湖南省耒阳县花石坳北面山坡上清理汉魏墓葬 14 座。①

1955 年 7 月，湖南省长沙市砚瓦池清理战国墓 1 座。②

1955 年 7 月，湖南省长沙市清理汉墓 1 座。③

1955 年 8 月，香港李郑屋汉墓清理。④

1955 年 8 月，湖南省郴县力新瓷厂发现汉墓 1 座。⑤

1955 年 10 月 23—25 日，广西壮族自治区贵县北郊汶井岭清理汉墓 1 座。⑥

1955 年 11 月 24—29 日，广西壮族自治区贵县北门附近粮仓西墙下清理汉墓 1 座。⑦

1955 年 11 月，广西壮族自治区贵县北门火车站西南刘吉岭清理汉墓 1 座。⑧

1955 年 11 月，湖南省资兴县许家洞车站附近清理东汉墓 1 座。⑨

1955 年 10—11 月，广西壮族自治区贵县火车站西汶井岭清理汉墓 17 座。⑩

1955 年冬，湖南省长沙市东郊燕子嘴、皇坟堆清理汉墓 14 座。⑪

1955 年，广东省广州市大北外桂花岗清理汉墓 3 座、广州市建设大马路蛇头岗清理汉墓 4 座、广州市东山梅花村清理汉墓 2 座、广州市小港新村细岗清理汉墓 4 座、广州市先烈路七星岗清理汉墓 2 座、广州市沙河茶亭清理汉墓 4 座、广州市东山三育路清理汉墓 2 座、广州市白鹤洞清理汉墓 1 座、广州市建设大马路乌龙岗清理汉墓 1 座。⑫

20 世纪 50 年代早中期，江西南昌七里街、樟树市、遂川县天子地等地清理汉墓。⑬

1956 年 2 月，湖南省零陵县第四中学运动场发掘东汉墓 1 座。⑭

1956 年 3 月，湖南省长沙市东郊雷家嘴清理东汉墓 3 座。⑮

1956 年 4 月，广西壮族自治区贵县东湖清理多座汉墓，报道 2 座。⑯

1956 年 3—4 月，广东省广州市先烈路黄花岗清理汉墓 2 座。⑰

---

① 湖南省文物管理委员会：《耒阳花石坳的汉魏墓葬》，《考古通讯》1956 年第 3 期，第 64—70 页。

② 《湖南长沙砚瓦池发现战国木椁墓》，《文物参考资料》1955 年第 9 期，第 163—164 页。

③ 高至喜、吴铭生：《长沙汉墓中发现瓷质饰物》，《文物参考资料》1956 年第 2 期，第 73—74 页。

④ 香港历史博物馆：《李郑屋汉墓》，政府物流服务署 2005 年版。

⑤ 李正光：《湖南郴县发现古墓》，《文物参考资料》1955 年第 10 期，第 132 页。

⑥ 梁友仁：《广西贵县汶井岭东汉墓的清理》，《考古通讯》1958 年第 2 期，第 47—49 页。

⑦ 梁友仁：《广西贵县发现汉墓一座》，《考古通讯》1956 年第 4 期，第 39 页。

⑧ 梁友仁：《广西贵县发现汉墓》，《考古通讯》1956 年第 3 期，第 57 页。

⑨ 罗敦静：《湖南资兴县发现汉墓》，《文物参考资料》1956 年第 2 期，第 74 页。

⑩ 梁友仁：《广西贵县清理了一批由西汉至宋代的墓葬》，《文物参考资料》1956 年第 2 期，第 74—75 页。

⑪ 周世荣：《长沙东郊两汉墓简介》，《考古》1963 年第 12 期，第 684—685 页。

⑫ 广州市文物管理委员会、广州市博物馆：《广州汉墓》，文物出版社 1981 年版。广州市东山区地方志编纂委员会：《广州市东山区志》，广东人民出版社 1999 年版，第 628 页。东山区地方志编纂委员会：《广州市东山区志》，广东人民出版社 2007 年版，第 518 页。广州市地方志编纂委员会：《广州市志 16》，广州出版社 1999 年版，第 540 页。

⑬ 江西省文物管理委员会：《江西的汉墓与六朝墓葬》，《考古学报》1957 年第 1 期，第 163—168 页。

⑭ 湖南省文物管理委员会：《湖南零陵东门外汉墓清理简报》，《考古通讯》1957 年第 1 期，第 27—31 页。湖南省永州市、冷水滩市地方志联合编纂委员会：《零陵县志》，中国社会科学出版社 1992 年版，第 539 页。

⑮ 张鑫如：《长沙东郊雷家嘴东汉墓的清理》，《考古通讯》1958 年第 2 期，第 42—43 页。

⑯ 何乃汉：《广西贵县东湖两汉墓的清理》，《考古通讯》1957 年第 2 期，第 58—60 页。

⑰ 黎金：《广州市先烈路发现西汉至唐古墓 5 座》，《文物参考资料》1956 年第 6 期，第 80—82 页。广州市文物管理委员会：《广州黄花岗 003 号西汉木椁墓发掘简报》，《考古通讯》1958 年第 4 期，第 32—40 页。广州市文物管理委员会、广州市博物馆：《广州汉墓》，文物出版社 1981 年版。

1956 年 3—4 月，湖南省长沙市浏阳门外黄泥坑清理战国墓 12 座、汉墓 8 座。[①]

1956 年 7 月，广西壮族自治区贵县新牛岭清理汉墓 1 座。[②]

1956 年 7 月，湖南省泸溪县大陂流与松柏潭之间大吉坳出土战国铜器窖藏。[③]

1956 年 8 月，湖南省长沙市五六三九工地清理西汉墓 2 座。[④]

1956 年 8 月，湖南省长沙市南郊黄土岭清理战国墓 1 座。[⑤]

1956 年 8 月，湖南省长沙市市郊紫檀铺清理战国墓 1 座。[⑥]

1956 年 9 月，湖南省长沙市省银行干校清理战国墓 1 座。[⑦]

1956 年 10 月，湖南省长沙市北门砚瓦池一代清理东汉墓 1 座。[⑧]

1956 年 11 月，广东省广州市先烈路广州动物园麻鹰岗清理东汉墓 1 座。[⑨]

1956 年 11 月，湖南省长沙市南门外 6009 工地清理西汉墓 1 座。[⑩]

1956 年 11 月，湖南省长沙市浏阳门外陈家大山清理战国墓 4 座、西汉墓 2 座、东汉墓 1 座。[⑪]

1956 年 12 月，湖南省长沙市东郊五里牌南塘冲东山坡上清理东汉至南朝墓 8 座。[⑫]

1956 年 6—12 月，湖南省长沙市北郊沙湖桥一代清理战国墓 61 座、西汉墓 34 座、东汉墓 9 座。[⑬]

1956 年 9—12 月，湖南省长沙市南门外纸园冲 6009 工地清理战国墓 11 座、西汉墓 30 座、东汉墓 4 座。[⑭]

1956 年 11—12 月，湖南省长沙市砚瓦池工地清理战国墓 2 座。[⑮]

1956 年，广东省广州市东山马逴水岗清理汉墓 4 座、广州市登封路七星岗清理汉墓 1 座、广州市先烈路王山岗清理汉墓 1 座、广州市新港路赤岗清理汉墓 1 座、广州市东山先烈路惠州坟场清理汉墓 12 座。[⑯]

1956 年，广西壮族自治区贵县加工厂清理东汉墓。[⑰]

---

① 湖南省文物管理委员会：《长沙黄泥坑战国、汉、唐宋墓葬清理简报》，《考古通讯》1956 年第 6 期，第 36—42 页。湖南省文物管理委员会：《长沙黄泥坑第二十号墓清理简报》，《文物参考资料》1956 年第 11 期，第 36—39 页。

② 黄增庆：《广西贵县新牛岭第三号西汉墓葬》，《文物参考资料》1957 年第 2 期，第 64—65 页。

③ 湖南省泸溪县志编纂委员会：《泸溪县志》，社会科学文献出版社 1993 年版，第 443 页。

④ 吴铭生：《长沙西汉墓内发现"郢爰"、"郢称"》，《考古通讯》1956 年第 6 期，第 64—65 页。

⑤ 周世荣：《长沙黄土岭战国墓的清理》，《考古通讯》1957 年第 7 期，第 19—21 页。

⑥ 湖南省文物管理委员会：《湖南长沙紫檀铺战国墓清理简报》，《考古通讯》1957 年第 1 期，第 19—22 页。

⑦ 吴铭生：《长沙战国墓木椁上发现"烙印"文字》，《文物参考资料》1956 年第 12 期，第 78—79 页。

⑧ 张鑫如：《湖南长沙砚瓦池古墓的清理》，《考古通讯》1957 年第 5 期，第 71—75 页。

⑨ 广州市文物管理委员会：《广州动物园东汉建初元年墓清理简报》，《文物》1959 年第 11 期，第 14—18 页。广州市文物管理委员会、广州市博物馆：《广州汉墓》，文物出版社 1981 年版。广州市东山区地方志编纂委员会：《广州市东山区志》，广东人民出版社 1999 年版，第 628 页。东山区地方志编纂委员会：《广州市东山区志》，广东人民出版社 2007 年版，第 517 页。广州市地方志编纂委员会：《广州市志 16》，广州出版社 1999 年版，第 539 页。

⑩ 湖南省文物管理委员会：《湖南长沙西汉墓清理简报》，《考古通讯》1957 年第 4 期，第 30—32 页。

⑪ 周世荣：《长沙陈家大山战国、西汉、唐、宋墓清理》，《文物参考资料》1959 年第 4 期，第 206—207 页。

⑫ 湖南省文物管理委员会：《湖南长沙南塘冲古墓清理简报》，《考古通讯》1958 年第 3 期，第 1—3 页。

⑬ 李正光、彭青野：《长沙沙湖桥一带古墓发掘报告》，《考古学报》1957 年第 4 期，第 33—67 页。

⑭ 湖南省文物管理委员会：《湖南长沙纸园冲工地古墓清理小结》，《考古通讯》1957 年第 5 期，第 40—48 页。

⑮ 张鑫如：《湖南长沙砚瓦池古墓的清理》，《考古通讯》1957 年第 5 期，第 71—75 页。

⑯ 广州市文物管理委员会、广州市博物馆：《广州汉墓》，文物出版社 1981 年版。

⑰ 蒋廷瑜：《广西汉代玻璃器》，《收藏家》2000 年第 10 期，第 11—15 页。

1956 年，广西壮族自治区梧州市云盖山清理汉墓。①

1956 年，广西壮族自治区金秀县长垌乡平道村出土东汉铜鼓 1 件。②

1956 年，湖南省长沙市北郊烈士公园基建中清理战国墓 1 座。③

1956 年，湖南省长沙市南郊黄土岭水利学校清理东汉墓 1 座。④

1956 年，湖南省衡阳市凤凰山清理西汉墓 7 座。⑤

1956 年，江西省九江地区收集西汉扁壶。⑥

1956 年，江西省遂川县天子地清理汉墓。⑦

1956 年，福建省邵武市水北镇发现越王台遗址。⑧

1952—1956 年，湖南省长沙市在南郊清理楚墓 209 座。⑨

1955—1956 年，广东省广州市东山马棚岗清理汉墓 11 座。⑩

1957 年 1 月，江西省分宜县老县城北 3 公里西岗村东 200 米发现汉代窑址。⑪

1957 年 3 月，湖南省湘阴县河市乡永和社发现古墓，4 月调查古罗城遗址。⑫

1957 年 3 月，江西省南昌市老福山清理汉墓 1 座。⑬

1957 年 1—3 月，福建省福州市湖前乡浮村清理发现汉代建筑遗物。⑭

1956 年 8 月—1957 年 3 月，湖南省长沙市河西岳北乡银盆岭裕湘纱厂和内衣长工地清理战国墓 25、西汉墓 108 座。⑮

1957 年 4 月，广东省合浦县杨家岭、廉东乡钟屋各清理汉墓 1 座。⑯

1957 年 4 月，湖南省长沙市左家塘皮件生产合作社工地清理西汉墓 1 座。⑰

1957 年 4 月，湖南省龙山县白羊公社红星大队甲子山出土汉代錞于。⑱

1955 年 4—11 月、1956 年 1 月—1957 年 5 月，广东省广州市华侨新村玉子岗、竹园岗、蚬

---

① 广西壮族自治区文物管理委员会编：《广西出土文物》，文物出版社 1978 年版，图 117、118，第 13 页。

② 柳州地区地方志编纂委员会：《柳州地区志》，广西人民出版社 2000 年版，第 660 页。金秀瑶族自治县志编纂委员会：《金秀瑶族自治县志》，中央民族学院出版社 1992 年版，第 486 页。

③ 罗敦静：《湖南长沙发现战国和六朝的洞室墓》，《考古通讯》1958 年第 2 期，第 41 页。

④ 吴铭生：《长沙黄土岭发现东汉墓》，《考古通讯》1957 年第 4 期，第 59—60 页。

⑤ 高至喜：《长沙、衡阳西汉墓中发现铁"半两"钱》，《文物》1963 年第 11 期，第 48—49 页。

⑥ 彭适凡：《江西收集的西汉铜钾》，《文物》1978 年第 7 期，第 92—93 页。

⑦ 遂川县志编纂委员会：《遂川县志》，江西人民出版社 1996 年版，第 810 页。

⑧ 越王台遗址，国家文物局：《中国文物地图集·福建分册》下册，福建省地图出版社 2007 年版，第 587 页。南平市地方志编纂委员会：《南平地区志》，方志出版社 2004 年版，第 2368 页。

⑨ 湖南省博物馆：《长沙楚墓》，《考古学报》1959 年第 3 期，第 41—58 页。

⑩ 广州市文物管理委员会、广州市博物馆：《广州汉墓》，文物出版社 1981 年版。

⑪ 分宜县地方志办公室：《分宜县志》，黄山书社 2007 年版，第 1216 页。

⑫ 湖南省文物管理委员会：《湖南湘阴古罗城的调查及试掘》，《考古通讯》1958 年第 2 期，第 10—14 页。

⑬ 刘玲：《江西南昌市郊清理一座汉墓》，《考古》1964 年第 2 期，第 89 页。

⑭ 曾凡：《福州浮村遗址的发掘》，《考古学报》1958 年第 2 期，第 17—27 页。浮村遗址，国家文物局：《中国文物地图集·福建分册》，福建省地图出版社 2007 年版，第 45 页。该遗址出土建筑材料，发掘报告初步判断为六朝遗物，从描述看，应为汉代。文物地图集将该遗址时代定为"青铜时代—汉代"。

⑮ 罗张：《长沙市岳北乡银盆岭出土了大批文物》，《文物》1957 年第 11 期，第 82 页。

⑯ 杨豪：《广东合浦发现东汉砖墓》，《考古通讯》1958 年第 6 期，第 52—53 页。

⑰ 吴铭生：《长沙左家塘西汉墓出土玉件》，《文物参考资料》1957 年第 8 期，第 85 页。

⑱ 湘西土家族苗族自治州地方编纂委员会：《湘西州志》，湖南人民出版社 1999 年版，第 1116 页。

壳岗等地清理西汉墓一批。①

　　1957 年 7 月 10 日，湖南省益阳市陆贾山三里桥小学基建中发掘墓葬 3 座。②

　　1957 年 7 月，湖南省长沙市南郊左家塘基建工地清理秦墓 1 座。③

　　1957 年 7 月，湖南省益阳市陆贾山清理东汉末三国墓 1 座。④

　　1957 年 8 月，湖南省长沙市南门外小林子冲盲人院工地清理战国墓 14 座、东汉墓 1 座。⑤

　　1957 年 8 月，湖南省长沙市烈士公园红土山顶清理战国墓 3 座。⑥

　　1957 年 8 月，湖南省长沙市建设局南郊宿舍工地清理战国 1 座。⑦

　　1957 年 8—10 月，湖南省长沙市东北郊陈家大山清理战国墓 21 座、汉墓 13 座。⑧

　　1957 年，广东省广州市东山黄埔大道清理汉墓 3 座、广州市小港新村刘王殿清理汉墓 6 座、广州市小港新村细岗清理汉墓 1 座、广州市先烈路王山岗清理汉墓 2 座、广州市东山象栏岗清理汉墓 1 座、广州市三元里瑶台清理汉墓 3 座、广州市先烈路沙河顶清理汉墓 1 座、广州市沙河交通学校清理汉墓 1 座、广州市沙河太平岗清理汉墓 1 座、广州市新港路赤岗清理汉墓 2 座、广州市东山竹丝岗清理汉墓 3 座。⑨

　　1957 年，广西壮族自治区贵县南斗村清理汉墓。⑩

　　1957 年，湖南省长沙市北郊王家垅清理东汉墓、东郊桐荫里清理西汉墓多座。⑪

　　1957 年，湖南省长沙市左家塘新生砖侧内清理战国墓 1 座。⑫

　　1957 年，湖南省长沙市广济桥清理战国墓 1 座。⑬

　　1957 年，湖南省益阳市陆贾山清理西汉墓、东汉墓各 1 座。⑭

　　1957 年，湖南省泸溪县出土汉代铜器。⑮

　　1957 年，福建省福州市新店镇浮村清理发掘浮村遗址。⑯

　　1955—1957 年，广东省广州市小港路大元岗清理汉墓 23 座。⑰

　　① 麦英豪：《广州华侨新村西汉墓》，《考古学报》1958 年第 6 期，第 39—75 页。广州市文物管理委员会、广州市博物馆：《广州汉墓》，文物出版社 1981 年版。东山区地方志编纂委员会：《广州市东山区志》，广东人民出版社 2007 年版，第 517 页。广州市地方志编纂委员会：《广州市志 16》，广州出版社 1999 年版，第 535—536 页。
　　② 周世荣：《湖南益阳市郊发现汉墓》，《考古》1959 年第 2 期，第 109—110 页。
　　③ 张中一：《长沙发现一座秦代木椁墓》，《文物》1958 年第 10 期，第 73 页。湖南省文物管理委员会：《长沙左家塘秦代木椁墓清理简报》，《考古》1959 年第 9 期，第 456—458 页。
　　④ 益阳市志编纂委员会：《益阳市志》，中国文史出版社 1990 年版，第 462 页。
　　⑤ 湖南省文物工作委员会：《湖南长沙小林子冲战国、东汉、唐墓清理简报》，《考古通讯》1958 年第 12 期，第 28—34 页。
　　⑥ 周世荣：《长沙烈士公园清理的战国墓葬》，《考古通讯》1958 年第 6 期，第 47—49 页。
　　⑦ 周世荣、文道义：《57 长子 17 号墓清理简报》，《文物》1960 年第 1 期，第 63—64 页。
　　⑧ 湖南省文物管理委员会：《湖南长沙陈家大山战国墓葬清理简报》，《考古通讯》1958 年第 9 期，第 57—61 页。
　　⑨ 广州市文物管理委员会、广州市博物馆：《广州汉墓》，文物出版社 1981 年版。
　　⑩ 广西壮族自治区文物管理委员会编：《广西出土文物》，文物出版社 1978 年，图 142，第 16 页。
　　⑪ 彭青野：《湖南省文管会在长沙清理了一批古墓》，《文物》1957 年第 5 期，第 86—87 页。
　　⑫ 高至喜：《记长沙、常德出土弩机的战国墓——兼谈有关弩机、弓矢的几个问题》，《文物》1964 年第 6 期，第 33—45 页。
　　⑬ 湖南省文物管理委员会：《长沙广济桥第五号战国木椁墓清理简报》，《文物参考资料》1957 年第 2 期，第 59—63 页。
　　⑭ 益阳市志编纂委员会：《益阳市志》，中国文史出版社 1990 年版，第 463 页。
　　⑮ 湘西土家族苗族自治州地方志编纂委员会：《湘西州志》，湖南人民出版社 1999 年版，第 1117 页。
　　⑯ 曾凡：《福州浮村遗址的发掘》，《考古学报》1958 年第 2 期，第 17—27 页。
　　⑰ 广州市文物管理委员会、广州市博物馆：《广州汉墓》，文物出版社 1981 年版。广州市地方志编纂委员会：《广州市志 16》，广州出版社 1999 年版，第 537 页。

1956—1957 年，广东省广州市东山先烈路广州动物园麻鹰岗汉墓 15 座。①

1956 年 10 月—1957 年，广东省广州市西村元江马路旁皇帝冈清理西汉墓葬一批。②

1958 年 1 月，湖南省长沙市烈士公园烈士纪念塔基建工地清理楚汉墓葬 17 座。③

1958 年 2 月，湖南省湘乡县城西可心亭赵家山清理西汉墓 1 座。④

1958 年 3 月，江西省南昌市第五交通路之南人民公园之东发现汉代墓葬。⑤

1958 年 4 月 23 日，江西省南昌市丁公路第四中学教学大楼前发现汉墓 1 座。⑥

1958 年 4 月 17—23 日，江西省南昌市纺织厂背后张家山清理汉墓 1 座。⑦

1958 年 6 月 6—27 日，江西省南昌市食品厂工地清理东汉墓 1 座。⑧

1958 年 5 月—1959 年 6 月，广东省广州市东北永泰村磨刀坑调查汉代遗址 3 处。⑨

1958 年 7 月，广西壮族自治区都安县九如村出土汉代铜器。⑩

1958 年 10 月，湖南省湘乡县可心亭清理汉墓 24 座。⑪

1958 年 10—12 月，湖南省长沙市东北郊清理战国墓 11 座、北郊清理西汉墓 5 座。⑫

1958 年，广东省广州市东郊下二望岗清理汉墓 20 座、广州市登封路横枝岗清理汉墓 5 座、广州市南石头猛狗岗清理汉墓 1 座、广州市白鹤洞广州钢铁厂清理汉墓 2 座、广州市三元里松柏岭清理汉墓 1 座、广州市登封路游鱼岗清理汉墓 5 座、广州市西村增埗广州冷冻厂清理汉墓 1 座、广州市东山黄埔大道清理汉墓 1 座、广州市康乐中山大学清理汉墓 1 座、广州市登封路凤凰台清理汉墓 1 座、广州市西村西湾路增埗广州铸造厂清理汉墓 1 座。⑬

1958 年，广东省怀集县三坑水库发现东汉墓 1 座。⑭

1958 年，广西壮族自治区鹿寨县四排乡里坦发现汉墓群，发掘东汉墓 3 座。⑮

---

① 广州市文物管理委员会、广州市博物馆：《广州汉墓》，文物出版社 1981 年版。广州市地方志编纂委员会：《广州市志 16》，广州出版社 1999 年版，第 535 页。

② 广州市文物管理委员会：《广州皇帝冈西汉木椁墓发掘简报》，《考古通讯》1958 年第 4 期，第 22—29 页。广州市文物管理委员会：《广州西村皇帝冈 42 号木椁墓发掘简报》，《考古通讯》1958 年第 6 期，第 37—43 页；广州市文物管理委员会、广州市博物馆：《广州汉墓》，文物出版社 1981 年版。广州市荔湾区地方志编纂委员会：《广州市荔湾区志》，广东人民出版社 1998 年版，第 616—617 页。广州市地方志编纂委员会：《广州市志 16》，广州出版社 1999 年版，第 537 页。

③ 高至喜：《长沙烈士公园 3 号木椁墓清理简报》，《文物》1959 年第 10 期，第 65—70 页。

④ 湘乡县博物馆文物工作队：《湖南湘乡可心亭赵家山西汉墓》，《考古》1959 年第 12 期，第 687 页。

⑤ 南昌市地方志编纂委员会：《南昌市志》，方志出版社 1997 年版，第 524 页。

⑥ 同上。西湖区地方志编纂委员会：《西湖区志》，方志出版社 2002 年版，第 668 页。

⑦ 李科友《江西考古调查发掘大事记（1956—1985）》，江西省考古学会《江西省考古学会成立大会暨学术研讨会论文集》，《江西历史文物》1986 年，第 131 页。

⑧ 同上。

⑨ 广州市文物管理委员会：《广州磨刀坑汉代遗址调查》，《考古》1961 年第 5 期，第 284—285 页。

⑩ 都安瑶族自治县志编纂委员会：《都安瑶族自治县志》，广西人民出版社 1993 年版，第 737 页。

⑪ 湘乡县博物馆：《湖南湘乡可心亭汉墓》，《考古》1966 年第 5 期，第 243—247 转 270。湘潭市地方志编纂委员会：《湘潭市志》，中国文史出版社 1997 年版，第 137 页。

⑫ 湖南省博物馆：《长沙市东北郊古墓葬发掘简报》，《考古》1959 年第 12 期，第 649—654 页。

⑬ 广州市文物管理委员会、广州市博物馆：《广州汉墓》，文物出版社 1981 年版。广州市天河区地方志编纂委员会：《广州市天河区志》，广东人民出版社 1998 年版，第 682 页。

⑭ 怀集县地方志办公室：《怀集县志》，广东人民出版社 1993 年版，第 621 页。

⑮ 鹿寨地方志编纂委员会：《鹿寨县志》，广西人民出版社 1996 年版，第 644 页。

1958 年，湖南省常德市德山清理战国中晚期墓葬 1 座。[①]

1958 年，湖南省溆浦县马田坪乡试掘马田坪墓群。[②]

1958 年，江西省莲花县展览馆出土汉代陶器。[③]

1958 年，福建省闽侯县荆溪镇关口村南福铁路附近清理汉墓 2 座。[④]

1958 年，福建省仙游县钟山镇鸣和村南 1.5 公里发现蛇湾城址。[⑤]

1958 年，福建省仙游县榜头镇泉山村西北 1500 米发现鸡子城遗址。[⑥]

1958 年，福建省浦城县南埔镇政府驻地东隅仙楼山发现越王台遗址。[⑦]

1958 年，福建省武夷山市兴田镇仙店村西南 1 公里发现杨梅口遗址、武夷镇坑头村东 1 公里发现坑头东遗址、武夷华侨农场朝阳管区北发现庙下山遗址。[⑧]

1958 年，福建省武平县城厢乡东山下村东北 250 米发现世下寨遗址。[⑨]、平川镇且富坊偏西 1 公里发现士敬壁下山遗址、中堡乡大坪村东北约 200 米发现大坪岗下辈峎遗址。[⑩]

1954—1958 年，广东省广州市登封路横枝岗清理汉墓 13 座。[⑪]

1958 年起，湖南省湘乡县湘黔铁路与一五五处工程建设，在牛形山墓群清理西汉墓 7 座。[⑫]

1959 年 4 月，湖南省长沙市北郊刘家冲清理东汉墓 1 座。[⑬]

1959 年 6 月，江西省清江县田家村发现战国铜兵器。[⑭]

1959 年 5—9 月，湖南省长沙市东郊柳家大山清理战国墓 32 座、西汉墓 19 座。[⑮]

1959 年 8—11 月，湖南省长沙市五里牌清理战国墓 3 座、西汉墓 5 座、新莽墓 1 座、东汉墓 2 座。[⑯]

1959 年 12 月，湖南省郴州市马家坪清理楚汉六朝墓葬。[⑰]

---

① 高至喜：《记长沙、常德出土弩机的战国墓——兼谈有关弩机、弓矢的几个问题》，《文物》1964 年第 6 期，第 33—45 页。

② 溆浦县县志编纂委员会：《溆浦县志》，社会科学文献出版社 1993 年版，第 560 页。湖南省怀化地区地方志编纂委员会：《怀化地区志》，生活·读书·新知三联书店 1999 年版，第 2010 页。

③ 莲花县志编纂委员会：《莲花县志》，江西人民出版社 1989 年版，第 660—661 页。

④ 黄汉杰：《福建荆溪乡庙后山古墓清理》，《考古》1959 年第 6 期，第 282—284 页。庙后山汉墓，福建省地方志编纂委员会：《福建省志·文物志》，方志出版社 2002 年版，第 61 页。

⑤ 蛇湾城址，国家文物局：《中国文物地图集·福建分册》下册，福建省地图出版社 2007 年版，第 492 页。仙游县地方志编纂委员会：《仙游县志》，方志出版社 1995 年版，第 1003 页。

⑥ 仙游县地方志编纂委员会：《仙游县志》，方志出版社 1995 年版，第 1003 页。

⑦ 越王台遗址，国家文物局：《中国文物地图集·福建分册》下册，福建省地图出版社 2007 年版，第 630 页。

⑧ 杨梅口遗址、坑头东遗址、庙下山遗址，国家文物局：《中国文物地图集·福建分册》下册，福建省地图出版社 2007 年版，第 596—597 页。杨梅口遗址 2002 年复查时称林尾后山遗址。杨梅口遗址、庙下山遗址。武夷山市市志编纂委员会：《武夷山市志》，中国统计出版社 1994 年版，第 991 页。

⑨ 武平县县志编纂委员会：《武平县志》，中国大百科全书出版社 1993 年版，第 712、723 页。

⑩ 同上书，第 712 页。

⑪ 广州市文物管理委员会、广州市博物馆：《广州汉墓》，文物出版社 1981 年版。

⑫ 湘潭市地方志编纂委员会：《湘潭市志》，中国文史出版社 1997 年版，第 136—137 页。

⑬ 罗张：《长沙北郊东汉墓中出土的铜尺》，《考古》1959 年第 12 期，第 687—688 页。

⑭ 程应麟、秦光杰：《江西清江出土一批铜兵器》，《考古》1976 年第 5 期，第 384 页。

⑮ 湖南省博物馆：《长沙柳家大山古墓葬清理简报》，《文物》1960 年第 3 期，第 51—55 页。

⑯ 湖南省博物馆：《长沙五里牌古墓葬清理简报》，《文物》1960 年第 3 期，第 38—50 页。

⑰ 张中一：《湖南郴州市马家坪古墓清理》，《考古》1961 年第 9 期，第 496 转 503 页。

1959 年 12 月上旬，江西省南昌市青云谱工地清理东汉墓 2 座。①

1959 年 11—12 月，福建省崇安县城村发掘汉代古城遗址。②

1959 年，广西壮族自治区梧州市白石村清理汉墓。③

1959 年，广西壮族自治区柳州市人民银行行长陆昌达捐赠汉代錞于。④

20 世纪 50 年代，广东省英德县沙口区清溪乡狗了冲发现汉代遗址。⑤

1960 年 1 月 22 日，湖南省长沙市东屯渡清理东汉墓 1 座。⑥

1960 年 1 月，福建省闽侯榕岸乡庄边山清理发现墓葬 1 座。⑦

1960 年 2 月，湖南省湘乡县西郊罗家坟山清理东汉墓 1 座。⑧

1960 年 3 月，广东省广州市东郊先烈路沙河顶背面土岗上清理汉墓 1 座。⑨

1960 年 3 月，江西省新建县鄱阳湖西岸调查昌邑古城。⑩

1960 年 6 月，湖南省长沙市山字头清理汉墓 1 座。⑪

1960 年上半年，江西南昌市青云谱地区发掘汉墓 8 座。⑫

1960 年 9 月，广东省广州市北郊三元里马鹏冈清理西汉墓 11 座。⑬

1960 年，广东省佛山市深村狮头岗清理东汉墓 2 座。⑭

1960 年，广东省英德县英城帽子峰清理东汉墓 1 座。⑮

1960 年，广东省广州市东山先烈路十九路军坟场附近清理汉墓 5 座、广州市先烈路沙河顶清理汉墓 1 座、广州市沙河蟠龙岗清理汉墓 1 座、广州市三元里马鹏岗清理汉墓 9 座。⑯

---

① 李科友《江西考古调查发掘大事记（1956—1985）》，江西省考古学会《江西省考古学会成立大会暨学术研讨会论文集》，《江西历史文物》1986 年，第 133 页。

② 福建省文物管理委员会：《福建崇安城村汉城遗址试掘》，《考古》1960 年第 10 期，第 1—9 转 52 页。

③ 广西壮族自治区文物管理委员会编：《广西出土文物》，文物出版社 1978 年版，图 115、116，第 13 页。

④ 柳州市地方志编纂委员会：《柳州市志6》，广西人民出版社 1999 年版，第 429 页。

⑤ 英德县地方志编纂委员会：《英德县志》，广东人民出版社 2006 年版，第 749—750 页。

⑥ 张中一：《长沙东屯渡清理了一座东汉砖室墓》，《文物》1960 年第 5 期，第 88—89 页。

⑦ 福建省文物管理委员会：《闽侯庄边山新石器时代遗址试掘简报》，《考古》1961 年第 1 期，第 40—45 页。欧谭生：《闽侯庄边山汉墓因为战国楚墓》，《福建文博》1990 年第 1 期，第 31—36 页。

⑧ 湘乡县博物馆、文素心：《湘乡西郊发现东汉墓》，《考古》1965 年第 12 期，第 656—657 页。

⑨ 广州市文物管理委员会：《广州东郊沙河汉墓发掘简报》，《文物》1961 年第 2 期，第 54—57 页。广州市文物管理委员会、广州市博物馆：《广州汉墓》，文物出版社 1981 年版。

⑩ 柏泉、红中：《江西新建昌邑古城调查记》，《考古》1960 年第 7 期，第 39 页。江西省文化艺术志编辑室：《江西省文化艺术志》，新华出版社 1999 年版，第 54—55 页。新建县志编纂委员会：《新建县志（1985—2002）》，江西人民出版社 2006 年版，第 793 页。

⑪ 高至喜：《长沙、衡阳西汉墓中发现铁"半两"钱》，《文物》1963 年第 11 期，第 48—49 页。

⑫ 江西文物管理委员会：《江西南昌青云谱汉墓》，《考古》1960 年第 10 期，第 24—29 页。李科友《江西考古调查发掘大事记（1956—1985）》，江西省考古学会《江西省考古学会成立大会暨学术研讨会论文集》，《江西历史文物》1986 年，第 133 页。

⑬ 广州市文物管理委员会：《广州三元里马鹏冈西汉墓清理简报》，《考古》1962 年第 10 期，第 523—528 转 547 页。广州市文物管理委员会、广州市博物馆：《广州汉墓》，文物出版社 1981 年版。广州市地方志编纂委员会：《广州市志16》，广州出版社 1999 年版，第 682 页。

⑭ 深村汉墓，佛山市博物馆：《佛山市文物志》，广东科技出版社 1991 年版，第 21 页。佛山市地方志编纂委员会：《佛山市志》，广东人民出版社 1994 年版，第 1746 页。

⑮ 英德县地方志编纂委员会：《英德县志》，广东人民出版社 2006 年版，第 752 页。

⑯ 广州市文物管理委员会、广州市博物馆：《广州汉墓》，文物出版社 1981 年版。

1960 年，广东省揭西县坪上镇南森村赤岭埔清理秦墓 4 座。①

1960 年，湖南省桑植县南岔乡南岔村伍家湾发现西汉墓群。②

1959—1960 年，广东省广州市大北流花桥马骝岗清理汉墓 11 座、广东省广州市西村王圣堂孖岗清理汉墓 10 座。③

20 世纪 60 年代初，广东省英德县浛洸区鱼咀乡政府背后山岗发现西汉遗址。④

1961 年 2 月 7 日，江西省修水县上奉公社清理一座土坑墓。⑤

1961 年 6 月下旬，湖南省长沙市南郊砂子塘清理西汉墓 1 座。⑥

1961 年 4—8 月，江西省修水县山背养鸭场、张家坳村背山坳各清理汉墓 1 座。⑦

1958 年 8 月—1961 年 8 月，广东省增城县三江公社金兰寺村清理汉墓 3 座。⑧

1961 年，广东省顺德县疏勒镇龙眼管理区永安岗发现春秋战国贝丘遗址。⑨

1961 年，江西省修水县上奉镇山背村长窝岭清理西汉墓 1 座。⑩

1961 年，福建省临江镇锦城村西 500 米发现汉阳城址。⑪

1962 年 1 月，广东省广州市东郊罗岗清理秦墓 2 座。⑫

1962 年 2—3 月，广东省清远县三江公社马头岗发现春秋墓 1 座。⑬

1962 年 3 月 17 日，广西壮族自治区南宁市心圩公社振兴大队北岭出土汉代铜鼓。⑭

1961 年 12 月—1962 年 4 月，广东省始兴县白石坪清理战国遗址。⑮

---

① 广东省汕头市地方志编纂委员会：《汕头市志》，新华出版社 1999 年版，第 260 页。揭西县志办公室：《揭西县志》，广东人民出版社 1994 年版，第 589 页。

② 桑植县史志办公室：《桑植县志》，海天出版社 2000 年版，第 473 页。

③ 广州市文物管理委员会、广州市博物馆：《广州汉墓》，文物出版社 1981 年版。

④ 英德县地方志编纂委员会：《英德县志》，广东人民出版社 2006 年版，第 749 页。韶关市地方志编纂委员会：《韶关市志》，中华书局 2001 年版，第 2138 页。

⑤ 刘玲、关节：《江西修水西汉墓清理》，《考古》1962 年第 4 期，第 196 转 200 页。修水县志编纂委员会：《修水县志》，海天出版社 1991 年版，第 537—538 页。李科友《江西考古调查发掘大事记（1956—1985）》，江西省考古学会《江西省考古学会成立大会暨学术研讨会论文集》，《江西历史文物》1986 年，第 134 页。

⑥ 湖南省博物馆：《长沙砂子塘西汉墓发掘简报》，《文物》1963 年第 2 期，第 13—24 页。

⑦ 彭适凡：《江西修水发现东汉墓》，《考古》1962 年第 4 期，第 197 页。修水县志编纂委员会：《修水县志》，海天出版社 1991 年版，第 538 页。

⑧ 广东省文物管理委员会：《广东增城金兰寺汉墓发掘报告》，《考古》1966 年第 1 期，第 29—32 页。

⑨ 顺德市地方志编纂委员会：《顺德县志》，中华书局 1996 年版，第 1110 页。

⑩ 修水县志编纂委员会：《修水县志》，海天出版社 1991 年版，第 537—538 页。

⑪ 汉阳城址，国家文物局：《中国文物地图集·福建分册》下册，福建地图出版社 2007 年版，第 630 页。据该图及介绍，汉阳城址位于浦城南部的锦城村西。而林忠干、赵洪章 1993 年在考古的调查简报中，汉阳城址则位于浦城北部的仙阳镇溪东村大王垱山，南北差距甚大。此外，中国文物地图集中，溪东村大王垱山仅有土墩墓，无其他遗迹；而在林忠干、赵洪章简报中，锦城村仅有金鸡山遗址，而从其介绍的遗址规格看，与地图集汉阳城址基本吻合，应为同一遗址的不同称谓。而在 2008 年北京星球地图出版社出版的福建省地图册"浦城县"中，汉阳城址标注在浦城北相当于溪东村的位置。增城市地方志编纂委员会：《增城县志》，广东人民出版社 1995 年版，第 798 页。

⑫ 广州市文物管理委员会：《广州东郊罗岗秦墓发掘简报》，《考古》1962 年第 8 期，第 404—406 页。广州市东山区地方志编纂委员会：《广州市东山区志》，广东人民出版社 1999 年版，第 626 页。东山区地方志编纂委员会：《广州市东山区志》，广东人民出版社 2007 年版，第 516 页。

⑬ 广东省文物管理委员会：《广东清远发现周代青铜器》，《考古》1963 年第 2 期，第 57—61 页。

⑭ 《心圩发掘的汉代铜鼓》，《广西日报》1962 年 4 月 11 日。

⑮ 莫稚：《广东始兴白石坪山战国遗址》，《考古》1963 年第 4 期，第 217—220 页。广东省文物管理委员会、中央美术学院美术史美术理论系：《广东增城、始兴的战国遗址》，《考古》1964 年第 3 期，第 143—151 转 160 页。

1961 年 9 月—1962 年 6 月，广东省佛山市郊澜石圩后大松岗、八仙岗各清理东汉墓 9 座。①

1962 年 7 月，广东省增城县西南太平农场西瓜岭村东南鬼仔坪发掘战国遗址。②

1962 年 7 月，广东省灵山县绿水公社发现秦汉铜鼓。③

1962 年 10 月，广东省英德县连江口发现汉代遗址。④

1962 年，广西壮族自治区兴安县界首镇调查发现界首古墓群。⑤

1962 年，湖南省零陵县牛角坝乡发现东汉墓多座。⑥

1963 年 2 月，湖南省零陵县李家园清理新莽墓 1 座。⑦

1963 年 3 月，广东省顺德县勒流镇沙富村三台岗清理汉墓 1 座。⑧

1963 年 3 月，广东省云浮县安塘镇古宠村发现窑址。⑨

1963 年 2—3 月，湖南省零陵县柳子庙一带清理东汉墓 9 座。⑩

1963 年 9 月，湖南省长沙市小吴门外汤家岭清理西汉墓 1 座。⑪

1963 年 11 月，江西省永新县埠前公社粟湖大队古城村旁古城岭上，清理东汉墓 1 座。⑫

1963 年秋，广东省曲江县马坝西南摇松岭清理西汉墓 1 座。⑬

1963 年三季度，广西壮族自治区桂林市雁山乡竹园村后头岭清理东汉墓 2 座。⑭

1963 年，广西壮族自治区全州县咸水乡梅子坳发现古墓群。⑮

1963 年，广西壮族自治区昭平县黄姚公社界塘大队岩头村清理汉墓 2 座。⑯

1963 年，湖南省保靖县砖瓦厂在校场坪发现汉代铜器窖藏。⑰

1963 年，江西省宜春市城西 17 公里西村镇西布坟山发现汉墓群。⑱

---

①　广东省文物管理委员会：《广东佛山市郊澜石东汉墓发掘报告》，《考古》1964 年第 9 期，第 448—457 页。佛山市地方志编纂委员会：《佛山市志》，广东人民出版社 1994 年版，第 1745—1746 页。

②　广东省文物管理委员会、中央美术学院美术史美术理论系：《广东增城、始兴的战国遗址》，《考古》1964 年第 3 期，第 143—151 转 160 页。

③　曾广亿：《秦汉时期的大型铜鼓》，《光明日报》1962 年 7 月 3 日。

④　梁明杰：《广东连江口发现汉代遗址》，《考古》1964 年第 8 期，第 421—422 页。英德县地方志编纂委员会：《英德县志》，广东人民出版社 2006 年版，第 749 页。韶关市地方志编纂委员会：《韶关市志》，中华书局 2001 年版，第 2140 页。

⑤　兴安县地方志编纂委员会：《兴安县志》，广西人民出版社 2002 年版，第 547 页。

⑥　湖南省永州市、冷水滩市地方志联合编纂委员会：《零陵县志》，中国社会科学出版社 1992 年版，第 540 页。

⑦　周世荣：《湖南零陵李家园发现新莽墓》，《考古》1964 年第 9 期，第 478 页。

⑧　广东省博物馆、顺德县博物馆：《广东顺德县汉墓的调查和清理》，《文物》1991 年第 4 期，第 47—63 转 46 页。顺德市地方志编纂委员会：《顺德县志》，中华书局 1996 年版，第 1110 页。

⑨　云浮县地方志编纂委员会：《云浮县志》，广东人民出版社 1995 年版，第 696 页。

⑩　周世荣：《湖南零陵出土的东汉砖墓》，《考古》1964 年第 9 期，第 480—482 页。

⑪　湖南省博物馆：《长沙汤家岭西汉墓清理报告》，《考古》1966 年第 4 期，第 181—188 页。

⑫　程应林、彭适凡：《江西永新清理一座东汉墓》，《考古》1964 年第 8 期，第 423—424 页。李科友《江西考古调查发掘大事记（1956—1985）》，江西省考古学会《江西省考古学会成立大会暨学术研讨会论文集》，《江西历史文物》1986 年，第 135 页。

⑬　广东省文物管理委员会：《广东曲江马坝的一座西汉墓》，《考古》1964 年第 6 期，第 318—319 页。

⑭　阳吉昌：《三十年来桂林市重大考古发现及研究》，《桂林文博》1994 年第 1 期，第 10—18 页。桂林市地方志编纂委员会：《桂林市志》，中华书局 1997 年版，第 2980 页，志载墓葬发掘时间在 1962 年冬。

⑮　全州县志编纂委员会：《全州县志》，广西人民出版社 1998 年版，第 749 页。

⑯　广西壮族自治区博物馆、昭平县文物管理所：《广西昭平东汉墓》，《考古学报》1989 年第 2 期，第 213—229 页。

⑰　保靖县征史修志领导小组：《保靖县志》，中国文史出版社 1990 年版，第 302 页。

⑱　宜春市地方志编纂委员会：《宜春市志》，南海出版公司 1990 年版，第 739 页。

1964 年 2 月，广东省临高城北 5 公里皇桐岭发现汉代铜釜 2 件。①

1964 年 3 月 25 日，广西壮族自治区柳州市飞鹅路出土东汉铜鼓。②

1964 年 5 月，湖南省长沙市南郊砂子塘清理汉墓 2 座。③

1964 年 6 月，江西省修水县古市公社樟段大队坹上村南横山发现铁器窖藏。④

1964 年 7 月，江西省南昌市湖坊公社进顺大队清理西汉墓葬 1 座。⑤

1964 年 10 月 7 日，江西省南昌老福山清理汉墓 1 座。⑥

1964 年 10 月，广东省清远县三坑公社马头岗清理春秋墓 1 座。⑦

1964 年 12 月，江西省南昌市第一交通路清理东汉墓 1 座。⑧

1964 年 12 月，广东省南海县平洲马祠堂清理汉墓 6 座。⑨

1964 年，广西壮族自治区藤县古龙、濛江各出土东汉铜鼓 1 面。⑩

1964 年，广西壮族自治区岑溪市糯峒镇大竹村凤背岭、樟木镇思英后山各清理汉墓 1 座。⑪

1964 年，江西省修水县古市镇张塅横山出土新莽铁器。⑫

1965 年 1 月 8 日，南昌市东郊塘山公社星光大队清理东汉墓 1 座。⑬

1965 年 1 月，江西省南昌市南郊丝网塘清理汉墓 2 座。⑭

1965 年 5 月中旬，湖南省龙山县召市公社川洞出土虎钮錞于。⑮

1965 年 7 月，广东省信宜县新堡镇横源村出土汉代铜鼓。⑯

1965 年下半年，湖南省湘乡城北 1 公里红崙上、城西 1.5 公里义冢山清理西汉墓 14 座、新莽墓 1 座、湘乡县新坳清理新莽墓 1 座。⑰

---

① 梁明杰：《广东临高出土汉代青铜釜》，《考古》1964 年第 9 期，第 476—477 页。

② 柳州市地方志编纂委员会：《柳州市志 6》，广西人民出版社，第 429 页。

③ 湖南省博物馆：《长沙南郊砂子塘汉墓》，《考古》1965 年第 3 期，第 116—118 页。

④ 江西省文物管理委员会：《江西修水出土战国青铜乐器和汉代铁器》，《考古》1965 年第 6 期，第 265—267 页。李科友《江西考古调查发掘大事记（1956—1985）》，江西省考古学会《江西省考古学会成立大会暨学术研讨会论文集》，《江西历史文物》1986 年，第 135 页。

⑤ 南昌市郊区志编纂委员会：《南昌市郊区志》，方志出版社 2002 年版，第 288 页。

⑥ 江西省文物管理委员会：《江西南昌老福山西汉木椁墓》，《考古》1965 年第 6 期，第 268—272 转 300 页。南昌市地方志编纂委员会：《南昌市志》，方志出版社 1997 年版，第 522 页。李科友《江西考古调查发掘大事记（1956—1985）》，江西省考古学会《江西省考古学会成立大会暨学术研讨会论文集》，《江西历史文物》1986 年，第 135 页。

⑦ 广东省文物管理委员会：《广东清远的东周墓葬》，《考古》1964 年第 3 期，第 138—142 页。

⑧ 江西省文物管理委员会、陈文华、陈柏泉：《南昌市郊东汉墓清理》，《考古》1965 年第 11 期，第 591—594 页。南昌市地方志编纂委员会：《南昌市志》，方志出版社 1997 年版，第 524 页。西湖区地方志编纂委员会：《西湖区志》，方志出版社 2002 年版，第 669 页。

⑨ 广东省博物馆、曾广亿：《广东南海汉墓发掘简报》，《文物资料丛刊 4》，文物出版社 1981 年版，第 89—97 页。

⑩ 藤县志编纂委员会：《藤县志》，广西人民出版社 1996 年版，第 587 页。

⑪ 岑溪市志编纂委员会：《岑溪市志》，广西人民出版社 1996 年版，第 867 页。

⑫ 江西省修水县志编纂委员会：《修水县志》，海天出版社 1991 年版，第 541 页。

⑬ 江西省文物管理委员会、陈文华、陈柏泉：《南昌市郊东汉墓清理》，《考古》1965 年第 11 期，第 591—594 页。

⑭ 江西省博物馆：《江西南昌市南郊汉六朝墓清理简报》，《考古》1966 年第 3 期，第 147—151 转 166 页。李科友《江西考古调查发掘大事记（1956—1985）》，江西省考古学会《江西省考古学会成立大会暨学术研讨会论文集》，《江西历史文物》1986 年，第 135 页。

⑮ 龙山县修志办公室：《龙山县志》，龙山县印刷厂 1985 年版，第 500 页。

⑯ 信宜县地方志编纂委员会：《信宜县志》，广东人民出版社 1993 年版，第 830 页。茂名市地方志编纂委员会：《茂名市志》，生活·读书·新知三联书店 1997 年版，第 1524 页。

⑰ 原韶山灌区文物工作队：《湖南湘乡汉墓》，《文物资料丛刊 2》，文物出版社 1978 年版，第 92—100 页。

1965 年 10 月，江西省南昌市新建梦山水库东侧清理东汉墓 14 座。①

1965 年，广东省广州市马棚岗出土东汉铜镜。②

1965 年，广东省肇庆市端州区南安村清理东汉墓 1 座。③

1965 年，广西壮族自治区兴安县田心村清理汉墓。④

1965 年，广西壮族自治区梧州市郊出土西汉铜鼎。⑤

1965 年，广西壮族自治区荔浦县马岭镇永明、凤凰、新寨境内发现汉墓群。⑥

1965 年，广西壮族自治区荔浦县花寨乡大垌村一带发现汉墓群。⑦

1966 年，广西壮族自治区全州县永岁清理汉墓。⑧

1966 年，广西壮族自治区武宣县东渡马头出土东汉铜鼓。⑨

1965 年，湖南省零陵县河西造纸厂清理东汉墓 15 座、新莽墓 1 座。⑩

1965 年，福建省福安市韩阳镇官庄村出土汉代钱币。⑪

1965—1966 年，广东省韶关市清理汉墓 11 座。⑫

1967 年，广东省昌江县南岭出土汉代铜鼓。⑬

1967 年，湖南石门县二都宝塔出土錞于。⑭

1969 年 12 月 15 日，广西壮族自治区西林县百色至西林公路普驮屯清理铜棺葬。⑮

20 世纪 50—60 年代，湖南零陵县城郊发现或发掘北门看守所附近山头北门墓群、花果山花果山墓群、东门苘江桥村新亭子发掘新亭子墓群、一中墓群。⑯

1970 年，广西壮族自治区阳朔县兴坪书家堡出土西汉五铢。⑰

1970 年，广西壮族自治区藤县古龙田心大塘出土东汉铜鼓 1 面。⑱

1970 年前后，湖南省祁东县砖塘乡政府驻地葵花园、砖塘学校、供销社和公路两侧发现汉墓群。⑲

---

① 李科友《江西考古调查发掘大事记（1956—1985）》，江西省考古学会《江西省考古学会成立大会暨学术研讨会论文集》，《江西历史文物》1986 年，第 135 页。

② 广州市地方志编纂委员会：《广州市志 16》，广州出版社 1999 年版，第 673 页。

③ 肇庆市地方志编纂委员会：《肇庆市志》，广东人民出版社 1999 年版，第 1158 页。

④ 广西壮族自治区文物管理委员会编：《广西出土文物》，文物出版社 1978 年版，图 145，第 16 页。

⑤ 黄贵贤：《广西梧州出土的汉代铜器》，《收藏家》2000 年第 6 期，第 62—65 页。

⑥ 荔浦县地方志编纂委员会：《荔浦县志》，生活·读书·新知三联书店 1996 年版，第 815 页。

⑦ 同上。

⑧ 广西壮族自治区文物管理委员会编：《广西出土文物》，文物出版社 1978 年版，图 124、126、127，第 14 页。

⑨ 柳州市地方志编纂委员会：《柳州市志 6》，广西人民出版社 1999 年版，第 429—430 页。

⑩ 湖南省永州市、冷水滩市地方志联合编纂委员会：《零陵县志》，中国社会科学出版社 1992 年版，第 539 页。

⑪ 福建省福安市地方志编纂委员会：《福安市志》，方志出版社 1999 年版，第 952 页。

⑫ 杨豪：《广东韶关西河汉墓发掘》，《考古学集刊 1》，中国社会科学出版社 1981 年版，第 143—157 页。

⑬ 海口市地方志编纂委员会：《海口市志》，方志出版社 2004 年版，第 1918 页。

⑭ 龙西斌、高中晓：《石门、慈利出土錞于简介》，《湖南考古辑刊 3》，岳麓书社 1986 年版，第 261—263 页。

⑮ 蒋廷瑜：《广西民族考古研究综述》，《民族研究动态》1988 年第 1 期。顾朴光：《广西西林出土西汉青铜面具考》，《民族艺术》1994 年第 4 期，第 180—181 页。西林县地方志编纂委员会：《西林县志》，广西人民出版社 2006 年版，第 960 页。

⑯ 湖南省永州市、冷水滩市地方志联合编纂委员会：《零陵县志》，中国社会科学出版社 1992 年版，第 540 页。

⑰ 阳朔县志编纂委员会：《阳朔县志》，广西人民出版社 1988 年版，第 368 页。

⑱ 藤县志编纂委员会：《藤县志》，广西人民出版社 1996 年版，第 587 页。

⑲ 祁东县志编纂委员会：《祁东县志》，中国文史出版社 1992 年版，第 415 页。

20 世纪 70 年代初，广东省高州县大井镇长沙管理区坡头村中部发现西汉墓 2 座。①

1971 年 2 月，湖南省长沙市东区浏城桥清理楚墓 1 座。②

1971 年 1—4 月，湖南省长沙市东郊五里牌马王堆清理西汉墓 1 座。③

1971 年 10 月，广西壮族自治区合浦县炮竹厂清理汉墓 1 座。④

1971 年秋，江西省婺源东北隅发现五铢钱窖藏。⑤

1972 年初，广东省德庆县马墟公社凤村大队落雁山清理战国墓 1 座。⑥

1972 年 1—2 月，广东省佛山市郊澜石公社砖厂清理 4 座汉墓。⑦

1972 年 3 月，江西省清江樟树镇西南 4 公里武陵清理东汉墓 2 座。⑧

1972 年 7 月，广西壮族自治区西林县八达公社普合大队普陀粮站晒场清理汉墓 1 座。⑨

1972 年 6—7 月，江西省南昌市薛家岭、施家窑清理汉墓 2 座。⑩

1972 年 8 月，广东省临高县调楼公社抱才大队发现汉代铜釜。⑪

1972 年 12 月，广东省肇庆市西郊睦岗镇北岭松山清理战国墓 1 座。⑫

1972 年 12 月，湖南省长沙市工农桥居民点清理战国墓 1 座。⑬

1972 年 12 月，湖南省常德县郭家铺乡清理东汉墓 5 座。⑭

1972 年冬，广东省封开县江口镇西北郊大龙山西发现东汉墓 2 座。⑮

---

① 高州市地方志编纂委员会：《高州县志》，中华书局 2006 年版，第 1513 页。茂名市地方志编纂委员会：《茂名市志》，生活·读书·新知三联书店 1997 年版，第 1515 页。

② 湖南省博物馆：《长沙浏城桥一号墓》，《考古学报》1972 年第 1 期，第 59—72 页。

③ 湖南省博物馆、中国科学院考古研究所、文物编辑委员会：《长沙马王堆一号汉墓发掘简报》，文物出版社 1972 年版。考古编辑部：《关于长沙马王堆一号汉墓的座谈纪要》，《考古》1972 年第 5 期，第 37—42 页。湖南省博物馆、中国科学院考古研究所：《长沙马王堆一号汉墓》，文物出版社 1973 年版。

④ 广西壮族自治区文物考古写作小组：《广西合浦西汉木椁墓》，《考古》1972 年第 5 期，第 20—30 页。

⑤ 杨浩、查冠久：《"番汉兴"洗——汉越民族关系的历史见证》，《南方文物》1995 年第 1 期，第 91—92 页。

⑥ 广东省博物馆、德庆县文化局、徐恒彬、杨少祥、榻富崇：《广东德庆发现战国墓》，《文物》1973 年第 9 期，第 18—22 页。落雁山战国墓，肇庆市文物志编纂委员会：《肇庆文物志》，广东省新闻出版局 1996 年版，第 47—48 页。德庆县地方志编纂委员会：《德庆县志》，广东人民出版社 1996 年版，第 642 页。肇庆市地方志编纂委员会：《肇庆市志》，广东人民出版社 1999 年版，第 1157 页。

⑦ 广东省博物馆：《广东佛山市郊澜石东汉墓清理简报》，《文物资料丛刊 4》，文物出版社 1981 年版，第 98—103 页。佛山市地方志编纂委员会：《佛山市志》，广东人民出版社 1994 年版，第 1745—1746 页。

⑧ 黄颐寿：《江西清江武陵东汉墓》，《考古》1976 年第 5 期，第 331—334 页。江西省清江县志编纂委员会：《清江县志》，上海古籍出版社 1989 年版，第 475 页。李科友《江西考古调查发掘大事记（1956—1985）》，江西省考古学会《江西省考古学会成立大会暨学术研讨会论文集》，《江西历史文物》1986 年，第 136 页。

⑨ 广西壮族自治区文物工作队：《广西西林县普陀铜鼓墓葬》，《文物》1978 年第 9 期，第 43—51 页。

⑩ 程应林：《江西南昌市区汉墓发掘简报》，《文物资料丛刊 1》，文物出版社 1977 年版，第 114—121 转 133 页。

⑪ 广东省博物馆、杨耀林：《海南岛发现汉代铜釜》，《文物》1979 年第 4 期，第 92 页。郝思德、陈佩：《临高县文连汉代铜釜》，《中国考古学年鉴 2002》，文物出版社 2003 年版，第 307—308 页。

⑫ 松山战国墓，肇庆市文物志编纂委员会：《肇庆文物志》，广东省新闻出版局 1996 年版，第 49—50 页。肇庆市端州区地方志编纂委员会：《肇庆市志》，广东人民出版社 1996 年版，第 732 页。肇庆市地方志编纂委员会：《肇庆市志》，广东人民出版社 1999 年版，第 1157 页。

⑬ 长沙市文物工作队：《长沙工农桥一号战国楚墓》，《文物》1983 年第 6 期，第 37—44 页。

⑭ 常德市地方志编纂委员会：《常德地区志·文物志》，中国文史出版社 1995 年版，第 191 页。

⑮ 《广东封开县江口汉墓及封川隋墓发掘简报》，《文物资料丛刊 1》，文物出版社 1977 年版，第 71—75 页。蛇埇山东汉墓，肇庆市文物志编纂委员会：《肇庆文物志》，广东省新闻出版局 1996 年版，第 51 页。肇庆市地方志编纂委员会：《肇庆市志》，广东人民出版社 1999 年版，第 1158 页。封开县地方志编纂委员会：《封开县志》，广东人民出版社 1998 年版，第 817 页。

1972 年，广东省广州市西村克山荔湾区铁工厂清理东汉墓 1 座。①

1972 年，广东省增城县三江镇梅花岭清理东汉墓 4 座。②

1972 年，广西壮族自治区桂平县江口中转站收购东汉铜鼓 1 面。③

1972 年，江西省奉新县干洲乡洪川罗家村北百家垄山中部发现汉晋墓群。④

1972 年，江西省都昌县张岭乡东平石岳村发现汉墓。⑤

1972 年，福建省建瓯县水南基建工地出土西汉陶器。⑥

1960—1972 年，湖南省永顺县王村镇清理两汉墓葬。⑦

1973 年初，江西省南昌市抚河东岸清理东汉墓 2 座。⑧

1973 年 2 月，广东省连南县城东北三江镇后山原省农机三场基建中清理战国墓 1 座。⑨

1973 年 1—2 月，广东省广州市东北淘金坑清理汉墓 22 座。⑩

1973 年 3 月，湖南省衡阳市西南豪头山清理东汉墓 5 座。⑪

1973 年 5 月，湖南省长沙市子弹库湖南林业勘察设计院内清理战国墓 1 座。⑫

1973 年 7 月，广东省四会县大旺农场鸟旦山清理战国墓 1 座。⑬

1973 年 1—7 月，江西南昌市东郊塘山公社永河大队清理汉墓 13 座。⑭

1973 年 9 月 1 日，广西壮族自治区藤县天平新兴出土东汉铜鼓 1 面。⑮

1973 年 9 月，江西省南昌市江西第四机床厂发现西汉墓 1 座。⑯

1973 年 10 月，广东省曲江南华寺清理西汉墓 1 座。⑰

1973 年 10 月，广西壮族自治区荔浦县马岭镇马岭古墓群清理墓葬 10 座。⑱

---

①　广州市荔湾区地方志编纂委员会：《广州市荔湾区志》，广东人民出版社 1998 年版，第 617 页。广州市地方志编纂委员会：《广州市志 16》，广州出版社 1999 年版，第 539 页。

②　增城市地方志编纂委员会：《增城县志》，广东人民出版社 1995 年版，第 801 页。

③　桂平县文管所，陈小波：《东汉牛撬骑士、鹭鸟羽人纹铜鼓》，《文物》1982 年第 1 期，第 37 页。

④　奉新县地方志编纂委员会：《奉新县志》，南海出版社 1991 年版，第 588 页。江西省文化艺术志编辑室：《江西省文化艺术志》，1994 年版，第 67—68 页。

⑤　江西省都昌县县志编纂委员会：《都昌县志》，新华出版社 1993 年版，第 429 页。

⑥　建瓯县地方志编纂委员会：《建瓯县志》，中华书局 1994 年版，第 730 页。

⑦　永顺县志编纂委员会：《永顺县志》，湖南出版社 1995 年版，第 471 页。

⑧　江西省博物馆：《江西南昌东汉、东吴墓》，《考古》1978 年第 3 期，第 158—163 页。

⑨　连南县志办公室：《连南瑶族自治县志》，广东人民出版社 1996 年版，第 646、649—650 页。

⑩　广州市文物管理处：《广州淘金坑的西汉墓》，《考古学报》1974 年第 1 期，第 145—172 页。广州市东山区地方志编纂委员会：《广州市东山区志》，广东人民出版社 1999 年版，第 627 页。东山区地方志编纂委员会：《广州市东山区志》，广东人民出版社 2007 年版，第 517 页。广州市地方志编纂委员会：《广州市志 16》，广州出版社 1999 年版，第 536 页。

⑪　张欣如：《湖南衡阳豪头山发现东汉永元十四年墓》，《文物》1977 年第 2 期，第 93—94 期。

⑫　湖南省博物馆：《长沙子弹库战国木椁墓》，《文物》1974 年第 2 期，第 36—40 页。

⑬　广东省博物馆：《广东四会鸟旦山战国墓》，《考古》1975 年第 2 期，第 102—108 页。鸟旦山战国墓，肇庆市文物志编纂委员会：《肇庆文物志》，广东省新闻出版局 1996 年版，第 45—46 页。四会县地方志编纂委员会：《四会县志》，广东人民出版社 1996 年版，第 796—797 页。肇庆市地方志编纂委员会：《肇庆市志》，广东人民出版社 1999 年版，第 1156 页。

⑭　江西省博物馆：《南昌东郊西汉墓》，《考古学报》1976 年第 2 期，第 171—185 页。南昌市地方志编纂委员会：《南昌市志》，方志出版社 1997 年版，第 523 页。李科友《江西考古调查发掘大事记（1956—1985）》，江西省考古学会《江西省考古学会成立大会暨学术研讨会论文集》，《江西历史文物》1986 年，第 136 页。

⑮　藤县志编纂委员会：《藤县志》，广西人民出版社 1996 年版，第 587 页。

⑯　南昌市地方志编纂委员会：《南昌市志》，方志出版社 1997 年版，第 523—524 页。

⑰　广东省博物馆：《广东曲江南华寺古墓发掘简报》，《考古》1983 年第 7 期，第 601—608 页。

⑱　荔浦县地方志编纂委员会：《荔浦县志》，生活·读书·新知三联书店 1996 年版，第 815 页。

1973 年 11 月，广东省顺德县陈村镇庄头村西淋山发现汉墓 4 座，清理 1 座，采集 3 座。①

1973 年 11 月，广东省广宁县洲仔镇金场南侧松岗金场新河工地发现东汉墓 1 座。②

1973 年 11 月，广西壮族自治区梧州市鹤头山梧州市胜利酒厂清理汉墓 2 座。③

1973 年 11 月，湖南省常德市南坪清理汉墓多座。④

1973 年 12 月 14 日，广东省阳山县东江云额咀出土青铜釜。⑤

1973 年 12 月，广西壮族自治区灌阳县新街乡湘溪村西约 300 米古城岗清理战国墓 1 座。⑥

1973 年冬，江西省南昌市塘山公社七里大队发现东汉墓葬。⑦

1973 年，广东省肇庆市西郊龟顶山东麓钢铁厂锅炉房发现东汉墓 1 座。⑧

1973 年，广东省顺德县杏坛镇龙潭管理区二村发现西汉遗址。⑨

1973 年，广东省顺德县疏勒镇富裕管理区石涌村发现东汉遗址。⑩

1973 年，广东省增城县荔城镇罗岗村鲤鱼岭清理东汉墓葬。⑪

1973 年，广东省德庆县回龙镇都角冲发现东汉铜鼓。⑫

1973 年，广东省罗定县水摆清理汉墓 1 座。⑬

1973 年，广西壮族自治区柳州市物资二级站发现东汉铜鼓。⑭

1973 年，广西壮族自治区藤县钛白粉厂基建清理汉墓。⑮

1973 年，广西壮族自治区梧州市火山脚石油站宿舍出土东汉五铢钱纹铜碗。⑯

1973 年，广西壮族自治区梧州市出土东汉规矩纹铜镜 1 面。⑰

1973 年，湖南省湘西自治州保靖县黄连乡清理墓葬。⑱

---

① 广东省博物馆、顺德县博物馆：《广东顺德县汉墓的调查和清理》，《文物》1991 年第 4 期，第 47—63 转 46 页。

② 金场东汉墓，肇庆市文物志编纂委员会：《肇庆文物志》，广东省新闻出版局 1996 年版，第 52—53 页。广宁县地方志编纂委员会：《广宁县志》，广东人民出版社 1994 年版，第 753 页。顺德市地方志编纂委员会：《顺德县志》，中华书局 1996 年版，第 1110 页。据顺德县志载，当时发现东汉墓十多座，清理 4 座。肇庆市地方志编纂委员会：《肇庆市志》，广东人民出版社 1999 年版，第 1158 页。

③ 梧州市博物馆、李乃贤：《广西梧州市鹤头山东汉墓》，《文物参考资料 4》，文物出版社 1981 年版，第 135—142 页。

④ 湖南省博物馆：《湖南常德南坪东汉酉阳长墓》，《考古》1980 年第 4 期，第 339—342 页。应国斌：《常德市志》，湖南人民出版社 2002 年版，第 681 页。

⑤ 阳山县地方志编纂委员会：《阳山县志》，中华书局 2003 年版，第 1046 页。

⑥ 广西文物考古研究所、灌阳县文物管理所：《灌阳县古城岗战国墓》，《广西考古文集（第三辑）》，科学出版社 2007 年版，第 94—100 页。灌阳县志编委办公室：《灌阳县志》，新华出版社 1995 年版，第 609 页。

⑦ 南昌市地方志编纂委员会：《南昌市志》，方志出版社 1997 年版，第 524 页。

⑧ 龟顶山东汉墓，肇庆市文物志编纂委员会：《肇庆文物志》，广东省新闻出版局 1996 年版，第 50 页。肇庆市地方志编纂委员会：《肇庆市志》，广东人民出版社 1999 年版，第 1158 页。

⑨ 顺德市地方志编纂委员会：《顺德县志》，中华书局 1996 年版，第 1110 页。

⑩ 同上。

⑪ 增城市地方志编纂委员会：《增城县志》，广东人民出版社 1995 年版，第 801 页。

⑫ 德庆县地方志编纂委员会：《德庆县志》，广东人民出版社 1996 年版，第 649 页。

⑬ 肇庆市地方志编纂委员会：《肇庆市志》，广东人民出版社 1999 年版，第 1158 页。

⑭ 柳州市地方志编纂委员会：《柳州市志 6》，广西人民出版社，第 429 页。

⑮ 藤县志编纂委员会：《藤县志》，广西人民出版社 1996 年版，第 590 页。

⑯ 黄贵贤：《广西梧州出土的汉代铜器》，《收藏家》2000 年第 6 期，第 62—65 页。

⑰ 同上。

⑱ 《保靖县文物志初稿》，转引自湘西自治州文物管理处、保靖县文物管理所《湖南保靖黄连古墓葬发掘报告》，《湖南考古 2002》，岳麓书社 2004 年版，第 230—253 页。

1973 年，湖南省汨罗山川山坪公社清泉大队清理东汉墓。①

1973 年，湖南省湘阴县洞庭围洞庭中学围墙外发现黄坟洲墓群。②

1973 年，江西省瑞金市壬田镇中滩村发现东汉墓群。③

1973 年，江西省萍乡市龙台乡清理汉墓 1 座。④

1972—1973 年，广东省顺德县杏坛镇逢简管理区碧梧村发现西汉遗址。⑤

1973 年 11—1974 年初，湖南省长沙市马王堆清理二、三号墓。⑥

1973 年冬—1974 年春，广东省徐闻县迈陈公社华丰村清理汉墓 34 座、龙塘公社红坎村清理汉墓 12 座、附城公社槟榔埇村清理汉墓 5 座。⑦

1974 年 1 月 29 日，湖南省花垣县三角岩公社凉水井大队清理西汉铜器窖藏。⑧

1974 年 2 月，广东省清远县新洲镇围背山清理东汉墓 1 座。⑨

1974 年 3 月，广西壮族自治区兴安县溶江公社莲塘大鬼村北石马坪清理汉墓 1 座。⑩

1974 年 4 月 5—7 日，广西壮族自治区象州县寺村公社寺村小学校园内、崇山村南 700 米荒岭各出土铜鼓 1 件。⑪

1974 年 8 月 6 日，广西壮族自治区藤县濛江新城横村冷水冲出土东汉铜鼓 1 面。⑫

1974 年 8 月，广东省四会市龙湾镇江明村小土岗清理战国墓 2 座、东汉墓 1 座。⑬

1974 年 9 月，广西壮族自治区藤县埌南杨村出土东汉铜鼓 1 面。⑭

1974 年 10 月，湖南省长沙市城东工农桥附近识字岭基建工地清理战国墓 2 座。⑮

1974 年 11 月，广东省龙门县平陵镇路滩小学黄岗岭发现战国墓 1 座。⑯

1974 年，广东省信宜县竹山镇黎圩遗址出土西周铜器。⑰

1974 年，广西壮族自治区桂林征集东汉铜鼓 1 件。⑱

1974 年，广西壮族自治区藤县平福四方出土东汉铜鼓 1 面。⑲

---

① 汨罗市志编纂委员会：《汨罗市志》，方志出版社 1995 年版，第 490 页。
② 湘阴县志编纂委员会：《湘阴县志》，生活·读书·新知三联书店 1995 年版，第 786 页。
③ 瑞金市编纂委员会：《瑞金市志》，三秦出版社 2007 年版，第 494 页。瑞金县志编纂委员会：《瑞金县志》，中央文献出版社 1993 年版，第 708 页。
④ 湘东区地方志编纂委员会：《湘东区志（1971—2002）》，方志出版社 2007 年版，第 944 页。
⑤ 顺德市地方志编纂委员会：《顺德县志》，中华书局 1996 年版，第 1110 页。
⑥ 湖南省博物馆、中国科学院考古研究所：《长沙马王堆二、三号汉墓发掘简报》，《文物》1974 年第 7 期，第 39—48 转 63 页。《马王堆二、三号汉墓发掘的主要收获》，《考古》1975 年第 1 期，第 47—57 转 61 页。
⑦ 广东省博物馆：《广东徐闻东汉墓》，《考古》1977 年第 4 期，第 268—277 页。另据县志记载，从 1973—1982 年，先后两次清理汉墓 90 座，徐闻县志编纂委员会：《徐闻县志》，广东人民出版社 2000 年版，第 694 页。
⑧ 花垣县志编纂委员会：《花垣县志》，生活·读书·新知三联书店 1993 年版，第 518 页。
⑨ 清远市地方志编纂委员会：《清远县志》1995 年，第 852 页。
⑩ 兴安县文化馆、李铎玉：《兴安县溶江公社石马坪汉墓出土一件铜鐎壶》，《文物》1975 年第 5 期，第 93—94 页。
⑪ 柳州地区地方志编纂委员会：《柳州地区志》，广西人民出版社 2000 年版，第 660 页。
⑫ 藤县志编纂委员会：《藤县志》，广西人民出版社 1996 年版，第 587 页。
⑬ 高地园战国墓，肇庆市文物志编纂委员会：《肇庆文物志》，广东省新闻出版局 1996 年版，第 46 页。四会县地方志编纂委员会：《四会县志》，广东人民出版社 1996 年版，第 797 页。
⑭ 藤县志编纂委员会：《藤县志》，广西人民出版社 1996 年版，第 587 页。
⑮ 单先进、熊传新：《长沙识字岭战国墓》，《考古》1977 年第 1 期，第 62—64 页。
⑯ 龙门县地方志编纂委员会：《龙门县志》，新华出版社 1995 年版，第 653、659 页。
⑰ 茂名市地方志编纂委员会：《茂名市志》，生活·读书·新知三联书店 1997 年版，第 1524 页。
⑱ 桂林市地方志编纂委员会：《桂林市志》，中华书局 1997 年版，第 3019—3020 页。
⑲ 藤县志编纂委员会：《藤县志》，广西人民出版社 1996 年版，第 587 页。

1974 年，广西壮族自治区藤县象棋甘村副头岭出土东汉铜鼓 1 面。①

1974 年，广西壮族自治区灵山县旧州公社双凤村出土铜鼓 1 面。②

1974 年，广西壮族自治区灵山县武利公社桥山村出土铜鼓 1 面。③

1974 年，广西壮族自治区平乐张家镇东南曙光小学至村东南大岭一带发现古墓群。④

1974 年，广西壮族自治区平乐银山岭清理战国两汉墓葬 168 座。⑤

1974 年，湖南省长沙市树木岭清理战国墓 1 座、阿弥岭清理西汉墓 1 座。⑥

1974 年，福建省龙岩市白沙遗址出土秦汉石器。⑦

1974 年 12 月—1975 年 1 月，湖南省长沙市岳麓山公社咸家湖大队陡壁山清理西汉墓 1 座。⑧

1974 年 12 月—1975 年 1 月，福建连江县浦口公社山堂大队砖瓦厂工人在鳌江南岸距鳌江 1 公里的云居山山麓发现西汉独木舟 1 艘。⑨

1975 年 1 月，福建省福州市洪塘金鸡山南麓清理东汉墓 2 座。⑩

1975 年 3 月，广东省顺德县勒流镇连村官山发现汉墓 2 座，清理 1 座。⑪

1975 年 4 月，湖南省桃源县大水田公社大池塘大队山竹湾生产队桃水塘田坳中出土东汉铜器。⑫

1975 年 4 月，湖南省龙山县白羊公社红星大队甲子山出土汉代錞于。⑬

1975 年 4 月，江西省萍乡市湘东镇河洲村清理东汉墓 9 座。⑭

---

① 藤县志编纂委员会：《藤县志》，广西人民出版社 1996 年版，第 587 页。

② 灵山县志编纂委员会：《灵山县志》，广西人民出版社 2000 年版，第 1162 页。

③ 同上。

④ 平乐县地方志编纂委员会：《平乐县志》，方志出版社 1995 年版，第 637 页。

⑤ 广西壮族自治区文物工作队：《平乐银山岭战国墓》，《考古学报》1978 年第 2 期，第 211—251 页；《平乐银山岭汉墓》，《考古学报》1978 年第 4 期，第 467—495 页。据介绍，发掘共清理墓葬 165 座，在括号内自注"编号一百六十八，其中有三个废号"。这 165 墓共包含战国墓 110 座，汉墓 45 座，晋墓 1 座，时代不明者 9 座。报告未介绍废号的编号。从报告所附墓葬登记表看，M12、19、32、38、39、62、66、67、68、72、89、123、140 等 13 座墓葬不见。在《银山岭墓坑分布图》中，M12、19、32、38、39、62、66、67、68、72、82、89、123、152 等 14 座墓葬不见。而 M140 虽不见于登记表而见于分布图。因此从上述梳理看，除 M82、152 外，M12、19、32、38、39、62、66、67、68、72、89、123 等 12 座墓葬，很可能即包含了 3 个废号和 9 座时代不明的墓葬。此外在分布图中，M3 西北有一座墓葬的编号印制不清，从残存编号数字的上半部看，可能即为 M82；分布图南北有两座墓葬被标为 M116，结合不见于大图而见于其右下角小图中 M165 处于冲沟西侧的相对位置看，分布图中南侧的 M116 可能应是 M165。

⑥ 湖南省博物馆：《长沙树木岭战国墓阿弥岭西汉墓》，《考古》1984 年第 9 期，第 790—797 页。

⑦ 龙岩地区地方志编纂委员会：《龙岩地区志》，上海人民出版社 1992 年版，第 765 页。

⑧ 长沙市文物局文物组：《长沙咸家湖西汉曹㛄墓》，《文物》1979 年第 3 期，第 1—16 页。

⑨ 福建省博物馆、连江县文化馆：《福建连江发掘西汉独木舟》，《文物》1979 年第 2 期，第 95 页。黄天柱、林宗鸿：《连江独木舟初探》，《福建文博》1980 年第 1 期，第 28—30 转 26 页。

⑩ 曾凡：《福州洪塘金鸡山汉墓》，《考古》1992 年第 10 期，第 900—907 转 899 页。金鸡山汉墓，福建省地方志编纂委员会：《福建省志·文物志》，方志出版社 2002 年版，第 61 页。

⑪ 广东省博物馆、顺德县博物馆：《广东顺德县汉墓的调查和清理》，《文物》1991 年第 4 期，第 47—63 转 46 页。顺德市地方志编纂委员会：《顺德县志》，中华书局 1996 年版，第 1111 页。

⑫ 高至喜：《湖南桃源大池塘东汉铜器》，《考古》1983 年第 7 期，第 609—611 页。应国斌：《常德市志》，湖南人民出版社 2002 年版，第 679 页。

⑬ 龙山县修志办公室：《龙山县志》，龙山县印刷厂 1985 年版，第 500 页。

⑭ 湘东区地方志编纂委员会：《湘东区志（1971—2002）》，方志出版社 2007 年版，第 949 页。萍乡市地方志编纂委员会：《萍乡市志》，方志出版社 1996 年版，第 1054 页。

1974 年 3 月—1975 年 6 月，江西省清江县东 10 公里牛头山清理战国墓 4 座。①

1975 年 8 月，广东省阳山县东山镇上坪出土秦汉钱币。②

1975 年秋，广西壮族自治区合浦环城公社堂排至冲口之间清理汉墓 4 座。③

1975 年 11 月，广东省顺德县勒流镇沙富村勒流中学分校操场附近蓡笃岗清理汉墓 1 座。④

1975 年，广东省怀集县西北 14 公里蓝钟河和冷坑河汇合处栏马山发现春秋墓 1 座。⑤

1975 年，广东德庆县新圩公社大桥大队大辽山发现东汉墓 1 座。⑥

1975 年，广东省郁南县东坝龙塘村出土战国铜鼓 1 面。⑦

1975 年，广东省阳山县七拱镇卫生院出土战国铜剑。⑧

1975 年，广西壮族自治区藤县濛江出土东汉铜鼓 1 面。⑨

1975 年，湖南省长沙市长沙市咸嘉湖龙王北岸扇子山清理畜俑坑 1 座。⑩

1975 年，湖南省长沙市桐梓坡附近 0.5 公里玉佩龙子山清理西汉墓数座。⑪

1975 年，湖南省醴陵市城区烈士塔大队出土东汉铜镜。⑫

1975 年，湖南省保靖县毛沟公社多落大队发现汉代铜器窖藏。⑬

1975 年，湖南省保靖县梅花公社龚家湾大队发现虎钮錞于。⑭

1975 年，江西省清江县中洲乡门楼里村调查汉平县治。⑮

1975 年 8 月—1976 年 1 月，广东省广州市文化局建筑工地清理秦汉造船工场遗址。⑯

1976 年 1 月，江西省修水县渣津街南地质队驻地清理东汉墓 1 座。⑰

1976 年 2 月，广东省阳山县阳城镇畔水石寨出土春秋铜匜。⑱

---

① 江西省博物馆、清江县博物馆：《江西清江战国墓清理简报》，《考古》1977 年第 5 期，第 310—312 页。

② 阳山县地方志编纂委员会：《阳山县志》，中华书局 2003 年版，第 1047—1050 页。

③ 广西壮族自治区文物工作队：《广西合浦县堂排汉墓发掘简报》，《文物资料丛刊 4》，文物出版社 1981 年版，第 46—56 页。

④ 广东省博物馆、顺德县博物馆：《广东顺德县汉墓的调查和清理》，《文物》1991 年第 4 期，第 47—63 转 46 页。

⑤ 怀集县地方志办公室：《怀集县志》，广东人民出版社 1993 年版，第 621 页。肇庆市地方志编纂委员会：《肇庆市志》，广东人民出版社 1999 年版，第 1157 页。

⑥ 广东省博物馆：《广东德庆大辽山发现东汉文物》，《考古》1981 年第 4 期，第 372—375 页。大辽山墓葬群，肇庆市文物志编纂委员会：《肇庆文物志》，广东省新闻出版局 1996 年版，第 53—54 页。德庆县地方志编纂委员会：《德庆县志》，广东人民出版社 1996 年版，第 642 页。肇庆市地方志编纂委员会：《肇庆市志》，广东人民出版社 1999 年版，第 1157 页。

⑦ 郁南县地方志编纂委员会：《郁南县志》，广东人民出版社 1995 年版，第 801 页。

⑧ 阳山县地方志编纂委员会：《阳山县志》，中华书局 2003 年版，第 1047—1050 页。

⑨ 藤县志编纂委员会：《藤县志》，广西人民出版社 1996 年版，第 587 页。

⑩ 单先进：《湖南长沙咸嘉湖扇子山畜俑坑》，《农业考古》2001 年第 1 期，第 283—284 页。

⑪ 长沙市文物工作队：《长沙西郊桐梓坡汉墓》，《考古学报》1986 年第 1 期，第 61—93 页。

⑫ 醴陵市志编纂委员会：《醴陵市志》，湖南出版社 1995 年版，第 792 页。

⑬ 保靖县征史修志领导小组：《保靖县志》，中国文史出版社 1990 年版，第 302 页。

⑭ 同上。

⑮ 江西省清江县志编纂委员会：《清江县志》，上海古籍出版社 1989 年版，第 474—475 页。

⑯ 广州市文物管理处、中山大学考古专业 75 届工农兵学员：《广州秦汉造船工场遗址试掘》，《文物》1977 年第 4 期，第 1—17 页。广州市越秀区地方志编纂委员会：《广州市越秀区志》，广东人民出版社 2000 年版，第 687 页。

⑰ 修水县志编纂委员会：《修水县志》，海天出版社 1991 年版，第 538 页。九江市地方志编纂委员会：《九江市志》，凤凰出版社 2004 年版，第 869 页。

⑱ 阳山县地方志编纂委员会：《阳山县志》，中华书局 2003 年版，第 1047 页。广州市地方志编纂委员会：《广州市志 16》，广州出版社 1999 年版，第 500—501 页。

1976 年 2 月,湖南省郴州市郊公社郴州烟厂工地发现东汉墓葬 1 座。①

1976 年 3 月,广东省佛冈县高岗公社新联大队旗岭山发现战国铜剑。②

1976 年 4 月,湖南省长沙市杨家山原长沙酱厂附近清理春秋晚期墓 1 座。③

1976 年 4 月,湖南省石门县磨石乡俄公山发现铜器窖藏。④

1976 年 6 月,广西壮族自治区贵县清理罗泊湾 M1。⑤

1976 年 8 月,萍乡市博物馆拣选了出土于湘东区麻山的一件西汉五铢钱铜范。据介绍,当地清理了汉墓 200 余座,其中芦溪、赤山、湘东等地还有汉墓群存在。⑥

1976 年 9 月下旬,广东省化州县长岐公社石宁村发现 6 艘东汉独木舟。⑦

1975 年 12 月和 1976 年 6—11 月,广西壮族自治区贺县铺门公社河东村高寨周围清理汉墓 9 座,报道 8 座。⑧

1976 年 11—12 月,湖南省衡阳县城西渡镇东北福溪公社蒸水下游东岸道子坪清理汉墓多座。⑨

1976 年,广东省佛山市弼塘村大青岗清理东汉墓 1 座。⑩

1976 年,广东省高州县东岸镇良岭村发现汉代滑石量具加工遗址。⑪

1976 年,广东省怀集县马宁墟东 4 公里龙　岗东坡发现东汉墓 1 座。⑫

1976 年,广东省增城县石滩镇岗贝村天麻山出土战国编钟。⑬

1976 年,广东省龙门县永汉镇红星村鸦鹊围鬼王亭发现战国铜器。⑭

1976 年,广西壮族自治区容县六王乡六王村龙井出土战国钮钟。⑮

1976 年,广西壮族自治区都安县九如村发现汉代墓葬群。⑯

---

① 湖南省博物馆:《湖南郴州市郊东汉墓发掘简报》,《考古》1982 年第 2 期,第 252—254 页。应国斌:《常德市志》,湖南人民出版社 2002 年版,第 679 页。

② 佛冈县地方志编纂委员会:《佛冈县志》,中华书局 2003 年版,第 724 页。

③ 长沙铁路车站建设工程文物发掘队:《长沙新发现春秋晚期的钢剑和铁器》,《文物》1978 年第 10 期,第 44—47 页。

④ 龙西斌、高中晓:《石门、慈利出土錞于简介》,《湖南考古辑刊 3》,岳麓书社 1986 年版,第 261—263 页。

⑤ 广西壮族自治区博物馆:《广西贵县罗泊湾汉墓》,文物出版社 1988 年版。广西壮族自治区文物工作队:《广西贵县罗泊湾一号墓发掘简报》,《文物》1978 年第 9 期,第 25—42 页。

⑥ 刘敏华:《西汉五铢钱铜范》,《江西历史文物》1987 年第 2 期,第 109—110 页。

⑦ 湛江地区博物馆、化州县文化馆:《广东省化州县石宁村发现六艘东汉独木舟》,《文物》1979 年第 12 期,第 29—31 页。茂名市地方志编纂委员会:《茂名市志》,生活·读书·新知三联书店 1997 年版,第 1524 页。化州市地方志编纂委员会:《化州县志》,广东人民出版社 1996 年版,第 839 页。县志载独木舟为东汉至魏晋间。

⑧ 广西壮族自治区文物工作队、贺县文化局:《广西贺县河东高寨西汉墓》,《文物参考资料 4》,文物出版社 1981 年版,第 29—45 页。

⑨ 湖南省博物馆:《湖南衡阳县道子坪东汉墓发掘简报》,《文物》1981 年第 12 期,第 35—37 页。衡阳市志编纂委员会:《衡阳市志》,湖南人民出版社 1998 年版,第 2795 页。衡阳县志编纂委员会:《衡阳县志》,黄山书社 1994 年版,第 527 页。

⑩ 弼塘村汉墓,佛山市博物馆:《佛山市文物志》,广东科技出版社 1991 年版,第 21 页。佛山市地方志编纂委员会:《佛山市志》,广东人民出版社 1994 年版,第 1746 页。

⑪ 高州市地方志编纂委员会:《高州县志》,中华书局 2006 年版,第 1510 页。茂名市地方志编纂委员会:《茂名市志》,生活·读书·新知三联书店 1997 年版,第 1509—1510 页。

⑫ 怀集县地方志办公室:《怀集县志》,广东人民出版社 1993 年版,第 621 页。

⑬ 增城市地方志编纂委员会:《增城县志》,广东人民出版社 1995 年版,第 798 页。

⑭ 龙门县地方志编纂委员会:《龙门县志》,新华出版社 1995 年版,第 657 页。

⑮ 容县志编纂委员会:《容县志》,广西人民出版社 1993 年版,第 955 页。

⑯ 都安瑶族自治县志编纂委员会:《都安瑶族自治县志》,广西人民出版社 1993 年版,第 737 页。

1976 年，广西壮族自治区昭平县凤凰乡大同村木埠坪发掘汉墓。①

1976 年，湖南省石门县皂角市镇桅岗村清理东汉墓。②

1976 年，湖南省衡山县祝融乡出土东汉铜镜。③

1976 年，湖南省保靖县簸其公社出土虎钮錞于。④

1976 年，湖南省湘潭县古城公社间子出土汉代铜盆。⑤

1976 年，江西省莲花县六模村发现西汉墓葬。⑥

1976 年，江西省清江县中洲乡门楼里村九十九阜峰发掘东汉墓 2 座。⑦

1976 年，江西省湖口县砖瓦厂西马妈山发现汉墓群。⑧

1976 年，江西省遂川县藻林公社鹅溪大队干部在左溪河岸发现青铜兵器。⑨

1977 年 2 月，广西壮族自治区宜州市矮山乡良山冲出土东汉铜鼓 1 面。⑩

1977 年 5 月，广东省罗定县罗敬区水摆村发现西汉墓 1 座。⑪

1977 年 6 月，广西壮族自治区田东县祥周公社甘莲公社锅盖岭发现战国墓 2 座。⑫

1977 年 6 月，广西壮族自治区玉林市新桥乡大岭脚出土汉代铜鼓 1 面。⑬

1977 年 6 月，广西壮族自治区兴安县溶江镇秦城遗址水街北端大溶江与灵渠汇合处调查发现水街古城。⑭

1977 年 7 月，广东省广宁县东乡镇首约村铜鼓岗清理战国墓 22 座。⑮

1977 年 7 月，湖南省长沙市窑岭省京剧团工地清理春秋晚期墓 1 座。⑯

1977 年 8 月，湖南省攸县柏树下公社风塔大队井边生产队发现西汉五铢钱范。⑰

---

① 昭平县志编纂委员会：《昭平县志》，广西人民出版社 1992 年版，第 491 页。

② 石门县地方志编纂委员会办公室：《石门县志》，中国文史出版社 1993 年版，第 550 页。

③ 衡山县县志编纂委员会：《衡山县志》，岳麓书社 1994 年版，第 578 页。

④ 保靖县征史修志领导小组：《保靖县志》，中国文史出版社 1990 年版，第 302 页。

⑤ 湘潭县地方志编纂委员会：《湘潭县志》，湖南出版社 1995 年版，第 776 页。

⑥ 莲花县志编纂委员会：《莲花县志》，江西人民出版社 1989 年版，第 660 页。

⑦ 江西省清江县志编纂委员会：《清江县志》，上海古籍出版社 1989 年版，第 474—475 页。

⑧ 江西省湖口县志编纂委员会：《湖口县志》，江西人民出版社 1992 年版，第 662 页。

⑨ 江西省博物馆、遂川县文化馆：《记江西遂川出土的几件秦代铜兵器》，《考古》1978 年第 1 期，第 65—67 页。李科友《江西考古调查发掘大事记（1956—1985）》，江西省考古学会《江西省考古学会成立大会暨学术研讨会论文集》，《江西历史文物》1987 年版，第 137 页。

⑩ 广西壮族自治区宜州市地方志编纂委员会：《宜州市志》，广西人民出版社 1998 年版，第 739 页。

⑪ 罗定县地方志编纂委员会：《罗定县志》，广东人民出版社 1994 年版，第 560 页。

⑫ 广西壮族自治区文物工作队：《广西田东发现战国墓葬》，《考古》1979 年第 6 期，第 492—494 页。田东县志编纂委员会：《田东县志》，广西人民出版社 1998 年版，第 732 页。

⑬ 玉林市地方志编纂委员会：《玉林市志》，广西人民出版社 1993 年版，第 1086 页。

⑭ 广西壮族自治区文物工作队、兴安县博物馆：《广西兴安县秦城遗址七里圩王城城址的勘探与发掘》，《考古》1998 年第 11 期，第 34—47 页。

⑮ 广东省博物馆：《广东广宁县铜鼓岗战国墓》，《考古学集刊 1》，中国社会科学出版社 1981 年版，第 111—119 页。铜鼓岗墓群，肇庆市文物志编纂委员会：《肇庆文物志》，广东省新闻出版局 1996 年版，第 49 页。广宁县地方志编纂委员会：《广宁县志》，广东人民出版社 1994 年版，第 754 页。肇庆市地方志编纂委员会：《肇庆市志》，广东人民出版社 1999 年版，第 1157 页。

⑯ 长沙铁路车站建设工程文物发掘队：《长沙新发现春秋晚期的钢剑和铁器》，《文物》1978 年第 10 期，第 44—47 页。

⑰ 湖南省博物馆、李孔璧：《湖南攸县发现西汉五铢钱铜范》，《文物》1984 年第 1 期，第 46 页。

1977 年 8—9 月，湖南省常德市东江公社、南坪公社清理东汉墓 10 座。①

1977 年 11 月，湖南省常德市东郊乡、常德县南坪乡清理汉墓 38 座。②

1977 年 12 月，广东省顺德县陈村镇庄头村西淋山发现汉墓 1 座。③

1977 年 12 月，广东省罗定县太平公社南门垌附近发现战国墓 3 座。④

1977 年，广东省清远县江口镇黄洞石角村后发现东汉墓 1 座。⑤

1977 年，广东省揭西县坪上镇赤岭村新榕小学发现战国兵器。⑥

1977 年，广西壮族自治区梧州富民坊清理汉代印纹陶窑址。⑦

1977 年，广西壮族自治区贵县风流岭清理 M2。⑧

1977 年，广西壮族自治区灵山县佛子公社睦象村出土铜鼓 1 面。⑨

1977 年，广西壮族自治区全州县凤凰公社左家坪清理一批汉代墓葬。⑩

1977 年，湖南省石门县燕子山乡营盘岗村小学挖毁 10 座汉墓。⑪

1977 年，江西省九江县收藏东汉陶器。⑫

1977 年前，广西壮族自治区梧州市旺步、大塘、河西、钱鑑等地清理东汉墓十余座。⑬

1977 年冬—1978 年春，广西壮族自治区北流县民安公社圭江东岸铜石岭清理汉代冶铜遗址。⑭

1977 年—1978 年，广西壮族自治区容县容西乡西山村调查冶铜遗址。⑮

1978 年 2 月，湖南省长沙市杨家山水果仓库清理西汉墓 1 座。⑯

1978 年 2 月，海南省十月田镇波浪沟出土汉代铜鼓。⑰

1978 年 3 月，广东省廉江县营仔公社下洋大队出土铜鼓 1 件。⑱

1978 年 2—3 月，湖南省长沙县望新公社石子大队水渡坪生产队金塘坡清理战国墓 17 座、

---

①　湖南省博物馆：《湖南常德东汉墓》，《考古学集刊 1》，中国社会科学出版社 1981 年版，第 158—176 页。应国斌：《常德市志》，湖南人民出版社 2002 年版，第 681 页。

②　常德市地方志编纂委员会：《常德地区志·文物志》，中国文史出版社 1995 年版，第 191 页。

③　广东省博物馆、顺德县博物馆：《广东顺德县汉墓的调查和清理》，《文物》1991 年第 4 期，第 47—63 转 46 页。

④　广东省博物馆：《广东罗定出土一批战国青铜器》，《考古》1983 年第 1 期，第 43—48 转 29 页。南门垌墓群，肇庆市文物志编纂委员会：《肇庆文物志》，广东省新闻出版局 1996 年版，第 45—46 页。罗定县地方志编纂委员会：《罗定县志》，广东人民出版社 1994 年版，第 589—560 页。肇庆市地方志编纂委员会：《肇庆市志》，广东人民出版社 1999 年版，第 1156 页。

⑤　清远市地方志编纂委员会：《清远县志》，1995 年版，第 852 页。

⑥　揭西县志办公室：《揭西县志》，广东人民出版社 1994 年版，第 579 页。

⑦　梧州市博物馆、李乃贤：《广西梧州富民坊汉代印纹陶窑址发掘》，《中国古代窑址调查发掘报告集》，文物出版社 1984 年版，第 174—178 页。

⑧　蒋廷瑜：《广西汉代玻璃器》，《收藏家》2000 年第 10 期，第 11—15 页。

⑨　灵山县志编纂委员会：《灵山县志》，广西人民出版社 2000 年版，第 1162 页。

⑩　全州县志编纂委员会：《全州县志》，广西人民出版社 1998 年版，第 752 页。

⑪　常德市地方志编纂委员会：《常德地区志·文物志》，中国文史出版社 1995 年版，第 76 页。

⑫　九江县志编纂委员会：《九江县志》，新华出版社 1996 年版，第 571 页。

⑬　梧州市博物馆：《广西梧州市近年来出土的一批汉代文物》，《文物》1977 年第 2 期，第 70—71 页。

⑭　广西壮族自治区文物工作队：《广西北流铜石岭汉代冶铜遗址的试掘》，《考古》1985 年第 5 期，第 404—410 转 404 页。

⑮　容县志编纂委员会：《容县志》，广西人民出版社 1993 年版，第 954 页。

⑯　湖南省博物馆：《长沙杨家山 304 号汉墓清理简报》，《考古学集刊 1》，中国社会科学出版社 1981 年版，第 139—142 页。

⑰　海南省昌江黎族自治县地方志编纂委员会：《昌江县志》，1998 年版，第 716 页。

⑱　廉江市地方志编纂委员会：《廉江县志》，广东人民出版社 1995 年版，第 646 页

东汉墓 8 座。①

1978 年 3—7 月，湖南省澧县新洲乡车渚村县良种场清理东汉南朝墓 35 座。②

1978 年 5—7 月，广西壮族自治区贵县水电设备厂清理汉墓 4 座、贵县煤建公司清理汉墓 4 座、贵县装运公司清理汉墓 2 座、玉林地区农机公司贵县仓库清理汉墓 2 座、贵县木材加工厂清理汉墓 2 座、贵县附城公社大圩猪场清理汉墓 3 座、广西壮族自治区二七三地质队清理汉墓 2 座。③

1978 年 6—7 月，湖南省益阳县新河桥镇新桥山清理战国墓 25 座、东汉墓 1 座。④

1978 年 8 月 27 日，湖南省龙山县他砂公社他砂大队发现西汉铜器窖藏。⑤

1978 年 8 月，广东省顺德县勒流镇沙富村凤嘴岗清理汉墓 1 座。⑥

1978 年 8 月，广东省顺德县大良镇西猪仔岗清理汉墓 1 座。⑦

1975 年 8 月，广东省阳山县东山上坪出土汉代钱币。⑧

1978 年 8—9 月，湖南省益阳市天成垸公社赫山庙清理战国墓 22 座、西汉墓 4 座、新莽墓 1 座、东汉墓 2 座。⑨

1978 年 10 月，广东省高要县金利公社茅岗大队石角村鱼塘中清理战国秦汉建筑遗址 1 处。⑩

1978 年 11 月 20 日，广东省惠来县城北水尾潭山清理汉墓 1 座。⑪

1978 年 8—11 月，广东省海南岛陵水、崖县交界的土曲湾军屯坡、番岭坡发现东汉瓮棺 12 座。⑫

1978 年 9—11 月，湖南省长沙市湘江西岸铜盆湖西象鼻嘴山清理西汉墓 1 座。⑬

1976—1978 年，广西壮族自治区昭平县北陀公社乐群村清理汉墓 13 座、风清村清理汉墓 11 座。⑭

1978 年冬，广西壮族自治区象州县中平公社罗汉村水田出土汉代铜鼓 1 件。⑮

---

① 湖南省博物馆：《长沙金塘坡东汉墓发掘简报》，《考古》1979 年第 5 期，第 427—434 页。
② 常德市地方志编纂委员会：《常德地区志·文物志》，中国文史出版社 1995 年版，第 203 页。
③ 广西壮族自治区文物工作队：《广西贵县北郊汉墓》，《考古》1985 年第 3 期，第 197—215 页。
④ 湖南省博物馆、益阳县文化馆：《湖南益阳战国两汉墓》，《考古学报》1981 年第 4 期，第 519—548 页。
⑤ 龙山县修志办公室：《龙山县志》，龙山县印刷厂 1985 年版，第 500 页。
⑥ 广东省博物馆、顺德县博物馆：《广东顺德县汉墓的调查和清理》，《文物》1991 年第 4 期，第 47—63 转 46 页。顺德市地方志编纂委员会：《顺德县志》，中华书局 1996 年版，第 1111 页。据该县志载，1973—1978 年，在凤嘴岗、衣禄岗发现东汉墓 13 座。
⑦ 广东省博物馆、顺德县博物馆：《广东顺德县汉墓的调查和清理》，《文物》1991 年第 4 期，第 47—63 转 46 页。顺德市地方志编纂委员会：《顺德县志》，中华书局 1996 年版，第 1111 页。
⑧ 阳山县地方志编纂委员会：《阳山县志》，中华书局 2003 年版，第 1047 页。
⑨ 湖南省博物馆、益阳县文化馆：《湖南益阳战国两汉墓》，《考古学报》1981 年第 4 期，第 519—548 页。
⑩ 广东省博物馆、杨豪、杨耀林：《广东高要县茅岗水上木构建筑遗址》，《文物》1983 年第 12 期，第 31—46 页。杨豪：《茅岗遗址远古居民族属考》，《文物》1983 年第 12 期，第 47—49 页。高要县地方志编纂委员会：《高要县志》，广东人民出版社 1996 年版，第 729 页。
⑪ 广东省汕头市地方志编纂委员会：《汕头市志》，新华出版社 1999 年版，第 260 页。惠来县地方志编纂委员会：《惠来县志》，新华出版社 2002 年版，第 669 页。
⑫ 曾广亿：《海南岛东汉瓮棺发掘考略》，《文博通讯》1979 年版；《陵水县出土一批古代文物》，《文博通讯》1978 年版。转引自广东省博物馆《广东文物考古资料选辑 2》1989 年版，第 300—303 页。
⑬ 湖南省博物馆：《长沙象鼻嘴一号西汉墓》，《考古学报》1981 年第 1 期，第 111—130 页。
⑭ 广西壮族自治区博物馆、昭平县文物管理所：《广西昭平东汉墓》，《考古学报》1989 年第 2 期，第 213—229 页。
⑮ 柳州地区地方志编纂委员会：《柳州地区志》，广西人民出版社 2000 年版，第 660 页。象州县志编纂委员会：《象州县志》，知识出版社 1994 年版，第 619 页。

1978 年，广东省海南岛陵水县光坡公社岭门农场发现战国铜鼓。①

1978 年，广西壮族自治区容县松山乡慈堂村发现铜钱窖藏。②

1978 年，广西壮族自治区昭平县北陀大平岭出土汉代文物。③

1978 年，湖南省常德县东江乡清理东汉墓。④

1978 年，湖南省龙山县水坝公社光明大队出土西汉铜盒。⑤

1978 年，湖南省零陵县珠山区医院背后大祖山发现东汉墓数座。⑥

1979 年 1 月，广东省博罗县石湾镇苏岗铁场中学清理东汉墓 3 座。⑦

1979 年 2 月，湖南省慈利县长建村村西化子坡发现錞于 1 件。⑧

1978 年 7 月—1979 年春，湖南省溆浦县马田坪清理战国西汉墓 119 座。⑨

1979 年 4—6 月，广西壮族自治区贵县清理罗泊湾 M2。⑩

1979 年 10 月，广西壮族自治区梧州市河西松山清理东汉墓 1 座。⑪

1979 年 10 月，广西壮族自治区藤县县广播站清理汉墓。⑫

1979 年 9—10 月，湖南省保靖县试掘龙溪乡要坝村迁陵古城四方城。⑬

1979 年 12 月，广西壮族自治区藤县胜西矿场清理汉墓 1 座。⑭

1979 年 12 月，广西壮族自治区藤县东南 1 公里钛白粉厂后山发掘汉墓 1 座。⑮

1979 年 12 月，广西壮族自治区藤县藤城新洲头发掘汉墓。⑯

1975—1979 年，江西省樟树市中洲乡吴平故城旁清理汉墓。⑰

1979 年，广东省郁南县桂圩镇社村大竹山清理战国墓 1 座。⑱

1979 年，广东省番禺县石壁村后岗发现东汉墓 1 座。⑲

---

① 曾广亿：《陵水县出土一批古代文物》，《文博通讯》1978 年版。转引自广东省博物馆《广东文物考古资料选辑 2》1989 年版，第 303 页。

② 容县志编纂委员会：《容县志》，广西人民出版社 1993 年版，第 955 页。

③ 昭平县志编纂委员会：《昭平县志》，广西人民出版社 1992 年版，第 492 页。

④ 常德市地方志编纂委员会：《常德地区志·文物志》，中国文史出版社 1995 年版，第 181 页。

⑤ 龙山县修志办公室：《龙山县志》，龙山县印刷厂 1985 年版，第 500 页。

⑥ 湖南省永州市、冷水滩市地方志联合编纂委员会：《零陵县志》，中国社会科学出版社 1992 年版，第 540 页。

⑦ 杨豪：《秦置博罗县石湾镇 铁场考古春秋》，岭南美术出版社 2007 年版，第 80—113 页。肇庆市端州区地方志编纂委员会：《肇庆市志》，广东人民出版社 1996 年版，第 651 页。

⑧ 龙西斌、高中晓：《石门、慈利出土錞于简介》，《湖南考古辑刊 3》，岳麓书社 1986 年版，第 261—263 页。

⑨ 湖南省博物馆、怀化地区文物工作队：《湖南溆浦马田坪战国西汉墓发掘报告》，《湖南考古辑刊 2》，岳麓书社 1984 年版，第 38—69 页。

⑩ 广西壮族自治区博物馆：《广西贵县罗泊湾汉墓》，文物出版社 1988 年版。广西壮族自治区文物工作队：《广西贵县罗泊湾二号汉墓》，《考古》1984 年第 2 期，第 355—364 页。

⑪ 黄贵贤：《广西梧州出土的汉代铜器》，《收藏家》2000 年第 6 期，第 62—65 页。

⑫ 藤县志编纂委员会：《藤县志》，广西人民出版社 1996 年版，第 585 页。

⑬ 保靖县征史修志领导小组：《保靖县志》，中国文史出版社 1990 年版，第 302、304 页。

⑭ 黄汉超：《广西藤县出土一批汉代文物》，《文物》1981 年第 3 期，第 45 页。藤县志编纂委员会：《藤县志》，广西人民出版社 1996 年版，第 585 页。

⑮ 藤县志编纂委员会：《藤县志》，广西人民出版社 1996 年版，第 585 页。

⑯ 同上。

⑰ 江西省文化艺术志编辑室：《江西省文化艺术志》，1994 年版，第 67 页。

⑱ 社村战国墓，肇庆市文物志编纂委员会：《肇庆文物志》，广东省新闻出版局 1996 年版，第 48 页。

⑲ 番禺市地方志办公室：《番禺县志》，广东人民出版社 1995 年版，第 747 页。

1979 年，广东省阳江县塘坪镇钓月村蕉园发现东汉钱币窖藏。①

1979 年，广东省肇庆市征集东汉陶器。②

1979 年，广西壮族自治区藤县新庆庆旺出土东汉铜鼓 1 面。③

1979 年，湖南省常德县东江清理新莽墓。④

1979 年，湖南省安乡县征集西汉铜镜。⑤

1979 年，江西省莲花县琴水乡堂头村清理东汉墓 1 座。⑥

20 世纪 70 年代，广西壮族自治区灵山县新圩公社稔坡村、石塘公社石塘村各出土铜鼓 1 面。⑦

1980 年 1 月，广西壮族自治区宾阳县甘棠公社上塘大队韦坡村清理战国墓 2 座。⑧

1980 年 2 月，湖南省常德县南坪乡南坪村清理汉墓 37 座。⑨

1980 年 3 月，湖南省安化县苍场乡江溪村出土錞于。⑩

1980 年 3 月，广东省江门市环市乡滘头村市心里发现东汉墓 1 座。⑪

1980 年 3 月，广西壮族自治区象州县罗秀乡军田村下那曹屯社员在小河旁发掘出战国铜器陶器。⑫

1980 年 1—3 月，湖南省郴州市奎马岭山坡郴州地区兽医防疫站冷库清理汉墓 4 座。⑬

1980 年 5 月，江西省九江县东北玉兔山县造纸厂清理东汉墓 3 座。⑭

1980 年 7 月，广东省从化县吕田区新高顶湾山出土战国、秦汉铜器。⑮

1980 年 5—7 月，广西壮族自治区贺县铺门公社河东大队金钟村北清理汉墓 1 座。⑯

1980 年 8 月，湖南省安乡县安障乡沙湖口清理东汉墓 4 座。⑰

1980 年 8 月，广西壮族自治区玉林县郊区公社龙安大队发现汉代铜灯。⑱

1980 年夏，湖南省靖县飞山公社春明大队段桥生产队发现錞于。⑲

① 阳江市地方志编纂委员会：《阳江县志》，广东人民出版社 2000 年版，第 997 页。
② 肇庆市端州区地方志编纂委员会：《肇庆市志》，广东人民出版社 1996 年版，第 651 页。
③ 藤县志编纂委员会：《藤县志》，广西人民出版社 1996 年版，第 587 页。
④ 常德市地方志编纂委员会：《常德地区志·文物志》，中国文史出版社 1995 年版，第 160 页。
⑤ 同上书，第 161 页。
⑥ 莲花县志编纂委员会：《莲花县志》，江西人民出版社 1989 年版，第 658 页。
⑦ 灵山县志编纂委员会：《灵山县志》，广西人民出版社 2000 年版，第 1162 页。
⑧ 广西壮族自治区文物工作队：《广西宾阳县发现战国墓葬》，《考古》1983 年第 2 期，第 146—148 页。
⑨ 常德市地方志编纂委员会：《常德地区志·文物志》，中国文史出版社 1995 年版，第 160、194 页。
⑩ 湖南省益阳地区地方志编纂委员会：《益阳地区志》，新华出版社 1997 年版，第 643 页。
⑪ 江门市地方志编纂委员会：《江门市志》，广东人民出版社 1998 年版，第 1412 页。
⑫ 蓝日勇：《象州县发现一批战国文物》，《广西文物》1987 年第 2 期，第 27—28 页。
⑬ 郴州地区文物工作队：《湖南郴州市奎马岭汉墓的发掘》，《考古学集刊 2》，中国社会科学出版社 1982 年版，第 99—105 页。
⑭ 梁蔼立：《九江县玉兔山发掘一批古墓葬》，《江西历史文物》1981 年第 1 期，第 31—32 转 36 页。
⑮ 从化县地方志编纂委员会：《从化县志》，广东人民出版社 1994 年版，第 858—859 页。
⑯ 广西壮族自治区文物工作队、广西壮族自治区贺县文物管理所：《广西贺县金钟一号汉墓》，《考古》1986 年第 3 期，第 221—229 页。
⑰ 常德市地方志编纂委员会：《常德地区志·文物志》，中国文史出版社 1995 年版，第 206 页。
⑱ 玉林县文管所、罗大坚：《广西玉林县出土西汉羊形铜灯》，《文物》1983 年第 1 期，第 60 页。
⑲ 熊传新：《记湘西新发现的虎钮錞于》，《江汉考古》1983 年第 2 期，第 38—43 页。

1980 年 7—9 月，广西壮族自治区贵县汽车修配厂内风流岭清理汉墓 1 座。①

1980 年 9 月，广东德庆县高良公社官村大队发现东汉墓 1 座。②

1980 年夏，广东省始兴县顿岗镇高留村清理战国墓。③

1980 年 10 月，广东省东莞市东门外魂坛山清理东汉墓 1 座。④

1980 年 10 月，湖南省溆浦县大江口镇湖南省维尼纶厂基建工地发现战国墓 1 座。⑤

1980 年 10 月，江西省九江县沙河街南马回岭乡富民村林场荞麦岭墓葬群清理墓葬 5 座。⑥

1980 年 10 月，江西省赣州市蟠龙公社武陵大队狮子岭清理一座东汉早期画像砖墓。⑦

1980 年 11 月，福建省崇安县城村汉城城外西部元宝山清理遗址一处。⑧

1978—1980 年，湖南省资兴县旧市、木根桥两地清理战国墓 80 座⑨、西汉墓 256 座⑩、东汉墓 107 座。⑪

1980 年冬，江西省乐平县凤凰山垦殖场乌鸦扑地发现东汉晚期墓葬 1 座。⑫

1980 年，广西壮族自治区桥亭乡兴隆村东南发现古墓群。⑬

1980 年，广西壮族自治区灵山县三海公社石龙村出土铜鼓 1 面。⑭

1980 年，湖南省长沙市火车新站邮电大楼基建清理战国墓 1 座。⑮

1980 年，湖南省沅陵县太常乡木马岭清理汉墓 4 座。⑯

1980 年，湖南省益阳县刘场清理东汉墓 1 座。⑰

---

①　广西壮族自治区文物工作队：《广西贵县风流岭三十一号西汉墓清理简报》，《考古》1984 年第 1 期，第 59—62 转 68 页。

②　杨耀林、谭永业：《广东德庆汉墓出土一件陶船模型》，《文物》1983 年第 10 期，第 96 页。官村东汉墓，肇庆市文物志编纂委员会：《肇庆文物志》，广东省新闻出版局 1996 年版，第 51—52 页。德庆县地方志编纂委员会：《德庆县志》，广东人民出版社 1996 年版，第 643 页，载该墓发现于 6 月。肇庆市地方志编纂委员会：《肇庆市志》，广东人民出版社 1999 年版，第 1158 页。

③　庞海青：《始兴县战国墓清理简报》，《广东文物》2005 年第 1 期，第 57—60 页。

④　东莞市地方志编纂委员会：《东莞市志》，广东人民出版社 1995 年版，第 1154 页。

⑤　湖南省博物馆、张欣如：《溆浦大江口镇战国巴人墓》，《湖南考古辑刊 2》，岳麓书社 1984 年版，第 37—38 页。

⑥　九江市地方志编纂委员会：《九江市志》，凤凰出版社 2004 年版，第 869 页。九江县志编纂委员会：《九江县志》，新华出版社 1996 年版，第 566 页。

⑦　赣州市博物馆、薛翘、张嗣介：《赣州发现汉代画象砖墓》，《江西历史文物》1981 年第 3 期，第 37—39 页。薛翘、张嗣介：《江西赣州汉代画像砖墓》，《考古》1982 年第 6 期，第 51—52 页。赣州市地方志编纂委员会：《赣州市志》，中国文史出版社 1999 年版，第 1032 页。李科友《江西考古调查发掘大事记（1956—1985）》，江西省考古学会《江西省考古学会成立大会暨学术研讨会论文集》，《江西历史文物》1986 年，第 140 页。

⑧　福建博物院、福建闽越王城博物馆：《武夷山城村汉城遗址发掘报告（1980—1996）》，福建人民出版社 2004 年版，第 5 页。

⑨　湖南省博物馆：《湖南资兴旧市战国墓》，《考古学报》1983 年第 1 期，第 93—124 页。

⑩　湖南省博物馆、湖南省文物考古研究所：《湖南资兴西汉墓》，《考古学报》1995 年第 4 期，第 453—502 页。傅举有：《湖南资兴新莽墓中发现大布黄千铁钱》，《文物》1981 年第 10 期，第 92 页。

⑪　湖南省博物馆：《湖南资兴东汉墓》，《考古学报》1984 年第 1 期，第 53—120 页。

⑫　乐平县文物陈列室、罗瑞祥：《乐平清理一座汉墓》，《江西历史文物》1987 年第 1 期，第 8 页。乐平县志编纂委员会：《乐平县志》，上海古籍出版社 1987 年版，第 365—366 页。

⑬　平乐县地方志编纂委员会：《平乐县志》，方志出版社 1995 年版，第 637 页。

⑭　灵山县志编纂委员会：《灵山县志》，广西人民出版社 2000 年版，第 1162 页。

⑮　长沙市文物工作队：《长沙市五里牌战国木椁墓》，《湖南考古辑刊 1》，岳麓书社 1982 年版，第 32—36 转 38 页。

⑯　沅陵县地方志编纂委员会：《沅陵县志》，中国社会科学出版社 1993 年版，第 626 页。

⑰　益阳县地方志编纂委员会：《益阳县志》，湖南人民出版社 1999 年版，第 705 页。

1980 年，湖南省常德县南坪乡清理汉墓。①

1980 年，湖南省保靖县昂洞公社尚家大队发现汉代铜器窖藏。②

1980 年，湖南省零陵县河西造纸厂左侧清理汉代砖石墓 1 座。③

1980 年，湖南省零陵县朝阳乡古木塘发现东汉墓 1 座。④

1980 年，福建省武夷山市兴田镇城村遗址南城墙外西南福林岗发现汉代墓葬。⑤

20 世纪 80 年代初，广东省肇庆出土汉代铜钱。⑥

1981 年 1 月，广西壮族自治区北流县白马乡龙安村上村坪岭侧发现战国铜质人首柱形器。⑦

1981 年 3 月，广西壮族自治区荔浦县兴坪公社兴坪大队石灰岩洞穴中发现汉晋钱币窖藏。⑧

1981 年 3 月，广西壮族自治区藤县天平三益出土东汉铜鼓 1 面。⑨

1981 年 5 月，江西省九江县沙河街南 25 公里马回岭乡马头村荆林街调查柴桑城址。⑩

1981 年 6 月，江西省萍乡市广寒寨乡塘溪村清理东汉墓 1 座。⑪

1981 年 8 月，湖南省湘西土家族苗族自治州吉首县万溶江公社双合大队黄土园麻圆发现铜器窖藏。⑫

1981 年 9 月，湖南省益阳市城区桃花仑东北营棚山至铁铺岭一带清理战国两汉遗址。⑬

1981 年 10 月中旬，湖南省大庸县兴隆公社熊家岗大队青天街生产队发现窖藏錞于。⑭

1981 年 10 月，广西壮族自治区象州县运江镇瓦厂村西 150 柳江东岸发现汉代窑址。⑮

1981 年 10 月，广西壮族自治区象州县大乐乡岭南村发现汉墓群。⑯

1981 年 10 月，福建省崇安县城村东南门前园清理探沟 7 条，发现汉代建筑群遗址。⑰

1981 年冬，江西省都昌县周溪乡泗山大队大屋场村以南 60 米湖洲发现汉鄡阳城址。⑱

---

① 常德市地方志编纂委员会：《常德地区志·文物志》，中国文史出版社 1995 年版，第 160、168 页。

② 保靖县征史修志领导小组：《保靖县志》，中国文史出版社 1990 年版，第 302 页。

③ 湖南省永州市、冷水滩市地方志联合编纂委员会：《零陵县志》，中国社会科学出版社 1992 年版，第 540 页。

④ 同上。

⑤ 南平市地方志编纂委员会：《南平地区志》，方志出版社 2004 年版，第 2388 页。福建博物院、福建闽越王城博物馆：《武夷山城村汉城遗址发掘报告（1980—1996）》，福建人民出版社 2004 年版。

⑥ 肇庆市端州区地方志编纂委员会：《肇庆市志》，广东人民出版社 1996 年版，第 651 页。

⑦ 唐国风，《北流县出土战国铜质人首柱形器》，《广西文物》1987 年第 3、4 期合刊，第 65—66 页。

⑧ 广西壮族自治区博物馆、于凤芝：《广西荔浦县发现汉晋窖藏古铜钱》，《文物》1984 年第 11 期，第 40 页。

⑨ 藤县志编纂委员会：《藤县志》，广西人民出版社 1996 年版，第 587 页。

⑩ 九江县志编纂委员会：《九江市志》，新华出版社 1996 年版，第 565 页。

⑪ 湘东区地方志编纂委员会：《湘东区志（1971—2002）》，方志出版社 2007 年版，第 949 页。

⑫ 湘西土家族苗族自治州、林时九：《湘西吉首出土錞于》，《文物》1984 年第 11 期，第 75 页。

⑬ 益阳市志编纂委员会：《益阳市志》，中国文史出版社 1990 年版，第 462 页。湖南省益阳地区地方志编纂委员会：《益阳地区志》，新华出版社 1997 年版，第 642 页。

⑭ 熊传新：《记湘西新发现的虎钮錞于》，《江汉考古》1983 年第 2 期，第 38—43 页。大庸县地方志编纂委员会：《大庸县志》，生活·读书·新知三联书店 1995 年版，第 633 页。

⑮ 象州县志编纂委员会：《象州县志》，知识出版社 1994 年版，第 613 页。

⑯ 同上书，第 615 页。

⑰ 福建博物院、福建闽越王城博物馆：《武夷山城村汉城遗址发掘报告（1980—1996）》，福建人民出版社 2004 年版，第 5 页。

⑱ 都昌县文物管理委员会、周振华：《鄡阳城址初步考察》，《江西历史文物》1983 年第 1 期，第 32—34 转 26 页。九江市地方志编纂委员会：《九江市志》，凤凰出版社 2004 年版，第 867 页。江西省都昌县县志编纂委员会：《都昌县志》，新华出版社 1993 年版，第 428 页。江西省文化艺术志编辑室：《江西省文化艺术志》，1994 年版，第 55 页。

1981 年冬，广东省深圳市南头红花园清理汉墓 9 座。①

1980—1981 年，湖南省益阳县东南羊舞岭公社七里桥大队农机厂工地清理战国墓 1 座、县办砖厂清理战国墓 1 座、大明大队胜利生产队北山坡清理东汉墓 1 座。②

1981 年，广东省博罗县石湾镇苏岗宿岗清理东汉墓 1 座、铁场中学清理东汉墓 1 座。③

1981 年，广东省阳山县黎埠镇龙青段发现东汉墓 1 座。④

1981 年，广东省顺德县北滘镇蟹岗南侧发现东汉墓 1 座。⑤

1981 年，广东省澄海县吕田海螺山出土战国铜剑。⑥

1981 年，广西壮族自治区象州县运江乡那敖村腊村柳江东岸调查发现汉代窑址。⑦

1981 年，广西壮族自治区柳江县百朋公社镇西大队出土东汉铜鼓 1 面。⑧

1981 年，湖南省汨罗山长乐公社大垅大队出土汉代铜器。⑨

1981 年，湖南省双峰县小富乡嘉祥村翠鸟坪清理东汉墓。⑩

1981 年，湖南省宁远县调查发现泠道县故城。⑪

1981 年，江西省修水县南峰村桥亭屋清理汉墓 1 座。⑫

1981 年之前，江西省南昌市在市郊京山、塘山、招贤清理四座汉墓。⑬

1981 年 9 月—1982 年 1 月，湖南省衡阳市苗圃山基地、江东区新民村东五马归槽基地一带清理古墓 56 座。⑭

1981 年 10 月—1982 年 1 月，福建省崇安县城村在试掘基础上发掘高胡南坪甲组建筑遗址。⑮

1982 年 1 月，江西省大余县发现西汉南野古城。⑯

---

① 广东省博物馆、深圳博物馆：《深圳市南头红花园汉墓发掘简报》，《文物》1990 年第 11 期，第 29—38 页。

② 益阳地区文物工作队：《益阳羊舞岭战国东汉墓清理简报》，《湖南考古集刊 2》，岳麓书社 1984 年版，第 70—80 转 86 页。湖南省益阳地区地方志编纂委员会：《益阳地区志》，新华出版社 1997 年版，第 644 页。

③ 杨豪：《秦置博罗县石湾镇 铁场考古春秋》，岭南美术出版社 2007 年版，第 80—113 页。

④ 阳山县地方志编纂委员会：《阳山县志》，中华书局 2003 年版，第 1046 页。

⑤ 顺德市地方志编纂委员会：《顺德县志》，中华书局 1996 年版，第 1111 页。

⑥ 从化县地方志编纂委员会：《从化县志》，广东人民出版社 1994 年版，第 858 页。

⑦ 广西壮族自治区文物工作队：《大藤峡水库初步设计阶段淹没区文物调查报告》，《广西文物》1987 年第 1 期，第 25—28 页。

⑧ 柳江县志编纂委员会：《柳江县志》，广西人民出版社 1991 年版，第 549 页。

⑨ 汨罗市志编纂委员会：《汨罗市志》，方志出版社 1995 年版，第 489 页。

⑩ 娄底地区地方志编纂委员会：《娄底地区志》，湖南人民出版社 1997 年版，第 1357 页。

⑪ 泠道县故城，国家文物局：《中国文物地图集·湖南分册》，湖南地图出版社 1997 年版，第 331 页。宁远县西汉泠道故城遗址，湖南省地方志编纂委员会：《湖南省志·文物志》，湖南出版社 1995 年版，第 59 页。零陵地区地方志编纂委员会：《零陵地区志》，湖南人民出版社 2001 年版，第 1467 页。湖南省宁远县地方志编纂委员会：《宁远县志》，社会科学文献出版社 1993 年版，第 461 页。

⑫ 修水县志编纂委员会：《修水县志》，海天出版社 1991 年版，第 538 页。

⑬ 唐山、志凡：《南昌地区的四座东汉墓》，《江西历史文物》1981 年第 2 期，第 39—41 页。江西省博物馆：《江西南昌地区东汉墓》，《考古》1981 年第 5 期，第 426—428 页。

⑭ 衡阳市博物馆：《衡阳市苗圃五马归槽茅坪古墓发掘简报》，《考古》1984 年第 10 期，第 880—886 页。江东区志编纂委员会：《江东区志》，黄山书社 1999 年版，第 404 页。衡阳市郊区志编纂委员会：《衡阳市郊区志》，湖南出版社 1997 年版，第 504—505 页。衡阳市志编纂委员会：《衡阳市志》，湖南人民出版社 1998 年版，第 2795 页。

⑮ 福建博物院、福建闽越王城博物馆：《武夷山城村汉城遗址发掘报告（1980—1996）》，福建人民出版社 2004 年版，第 5 页。

⑯ 李科友《江西考古调查发掘大事记（1956—1985）》，江西省考古学会《江西省考古学会成立大会暨学术研讨会论文集》，《江西历史文物》1986 年，第 140 页。

1982 年 1 月，江西省大余县池江乡长江村寨上发现汉代古城址。①

1982 年初，广东省佛冈县汤塘公社圩咀村发现战国遗物。②

1982 年 2 月 10 日，广西壮族自治区柳州市柳邕路五里卡废旧物资仓库拣选战国铜钟。③

1982 年 2 月，广西壮族自治区灵山县伯劳公社六槛村出土铜鼓 1 面。④

1982 年 3 月，广东省德庆县官圩镇旺寮山清理战国墓 1 座。⑤

1982 年 3 月，广东省廉江县新华公社大环岭出土战国铜器。⑥

1982 年 3 月，江西省宁冈县县城南半公里清理汉墓 1 座。⑦

1982 年 3、4 月间，江西省上犹县梅水公社水陂大队、洋田大队发现汉墓多座。⑧

1982 年 5 月，广西壮族自治区百色县阳圩公社街北小山发现 9 座汉墓。⑨

1982 年 5 月，广西壮族自治区德保县那甲公社那甲大队发现汉代铜斧。⑩

1982 年 5 月，江西省分宜县高岚公社弓江村出土汉代陶器。⑪

1982 年 5 月 12 日后，广东省清远县鱼坝区风云乡秀田村白水寨望勾嘴山半山腰发现铜器数件。⑫

1982 年 6 月，广东省封开县杏花区多个地点发现汉代遗址和墓葬。⑬

1982 年 6 月，江西省宜丰县潭山乡路边村袁家调查梅子真墓。⑭

1982 年 7 月，广东省广州市三元里瑶台村柳园岗客车技术站清理南越国墓葬 43 座、西汉墓 1 座。⑮

1982 年 7 月，江西省于都县利村公社发现汉代陶器。⑯

---

①　大余县博物馆、张小平：《大余县发现西汉南野古城址》，《江西历史文物》1984 年第 2 期，第 31—33 页。李科友《江西考古调查发掘大事记（1956—1985）》，江西省考古学会《江西省考古学会成立大会暨学术研讨会论文集》，《江西历史文物》1986 年，第 140 页。

②　佛冈县地方志编纂委员会：《佛冈县志》，中华书局 2003 年版，第 725 页。

③　柳州市地方志编纂委员会：《柳州市志 6》，广西人民出版社，第 428 页。

④　灵山县志编纂委员会：《灵山县志》，广西人民出版社 2000 年版，第 1162 页。

⑤　旺寮山战国墓，肇庆市文物志编纂委员会：《肇庆文物志》，广东省新闻出版局 1996 年版，第 48 页。德庆县地方志编纂委员会：《德庆县志》，广东人民出版社 1996 年版，第 642 页。

⑥　廉江市地方志编纂委员会：《廉江县志》，广东人民出版社 1995 年版，第 646 页。

⑦　宁冈县地方志编纂委员会，《宁冈县志》，1995 年版，第 888 页。

⑧　上犹县文化馆、李坊洪：《上犹县东汉墓群的调查》，《江西历史文物》1984 年第 2 期，第 35—36 页。江西省上犹县志编纂委员会：《上犹县志》1992 年版，第 796 页。李科友《江西考古调查发掘大事记（1956—1985）》，江西省考古学会《江西省考古学会成立大会暨学术研讨会论文集》，《江西历史文物》1986 年，第 140 页。

⑨　百色市志编纂委员会：《百色市志》，广西人民出版社 1993 年版，第 776 页。

⑩　德保县志编纂委员会：《德保县志》，广西人民出版社 1998 年版，第 575 页。

⑪　分宜县志编纂委员会：《分宜县志》，档案出版社 1993 年版，第 449 页。

⑫　清远县博物馆：《清远县出土东汉铜器和铜钱》，《广州文博通讯》1984 年第 3 期，第 34—35 页。

⑬　杨式挺、邓增魁，《广东封开县杏花河两岸古遗址调查与试掘》，《考古学集刊 6》，中国社会科学出版社 1989 年版，第 63—82 页。

⑭　江西省宜丰县地方史志编纂委员会：《宜丰县志》，中国大百科全书出版社 1989 年版，第 669 页。江西省宜丰县文化局：《宜丰县文化艺术志》，1992 年版，第 353 页。

⑮　黄淼章：《广州瑶台柳园岗西汉墓发掘记要》，《广州考古五十年文选》，广州出版社 2003 年版，第 538—551 页。广州市白云区地方志编纂委员会：《广州市白云区志》，广东人民出版社 2001 年版，第 944 页。广州市地方志编纂委员会：《广州市志 16》，广州出版社 1999 年版，第 536—537 页。

⑯　江西省赣州市地方志编纂委员会：《赣州地区志》，新华出版社 1994 年版，第 2659 页。

1982 年 7 月，江西省万载县泉塘大队清理东汉墓一座。①

1982 年 7 月，江西省万载县双桥乡昌田村西曾家湾清理汉墓 1 座。②

1982 年 7 月，江西省宜春市湛郎街道曹家岭东坡清理东汉墓 3 座。③

1982 年 7 月，江西省宜春市西村镇西布清理汉墓 7 座。④

1982 年 7 月，江西省余江县新陂会香所征集东汉陶器。⑤

1982 年 8 月，广东省五华县棉洋圩东南罗城乡雄鸡拔翼岭采集春秋战国遗物。⑥

1982 年 8 月，广东省廉江县石城公社飞鼠田大队狗屎坟荒岭出土铜鼓。⑦

1982 年 8 月，湖南省湘西土家族苗族自治州保靖县黄连乡栗家坨清理西汉墓 13 座。⑧

1982 年 8 月，湖南省桃江县武潭乡大河口村出土战国铁锛。⑨

1982 年 9 月，福建省光泽县止马乡凤林山南麓发现东汉墓 1 座。⑩

1982 年 9 月，江西省南康县蓉江镇岭背大队朱屹里杉树岭清理汉墓 1 座。⑪

1982 年 10 月，广东省南雄县乌迳镇新田村发现汉墓 3 座。⑫

1982 年 10 月，广东省惠来县前詹港海滩下发现东汉铜鼓。⑬

1982 年 10 月，广东省龙门县地派镇政府对面细水坑发现战国陶器。⑭

1982 年 10 月，湖南省保靖县龙溪公社要坝大队非山和新寨生产队之间的四方城墓地清理战国墓 12 座、西汉墓 2 座。⑮

1982 年 11 月，江西省贵溪县罗河乡龙山西家湾村发现汉砖。⑯

1982 年 12 月，江西省湖口县江桥乡柳德昭村梅埠坂发现彭泽城址及汉墓。⑰

1982 年 10—12 月，湖南省溆浦县马田坪公社散水塘大队清理西汉墓 4 座。⑱

1982 年 10—12 月，湖南省安乡县安障乡瓦渣岗、王家湾、沙湖口、焦圻镇永太垸清理东汉

① 刘建、黄英豪、陈美英：《万载县曾家湾东汉墓》，《江西历史文物》1987 年第 3 期，第 20 页。

② 江西省万载县志编纂委员会：《万载县志》，江西人民出版社 1988 年版，第 552 页。

③ 宜春市地方志编纂委员会：《宜春市志》，南海出版公司 1990 年版，第 739 页。

④ 同上。

⑤ 于都县志编纂委员会：《于都县志》，新华出版社 1991 年版，第 544—545 页。

⑥ 五华县地方志编纂委员会：《五华县志》，广东人民出版社 1991 年版，第 536 页。

⑦ 廉江市地方志编纂委员会：《廉江县志》，广东人民出版社 1995 年版，第 646 页

⑧ 湘西土家族苗族自治州文物工作队：《湖南保靖栗家坨西汉墓发掘简报》，《考古》1985 年第 9 期，第 782—789 页。

⑨ 桃江县志编纂委员会：《桃江县志》，中国社会科学出版社 1993 年版，第 447 页。

⑩ 陈远志、林贤炳：《光泽县止马乡发现东汉墓》，《福建文博》1987 年第 1 期，第 33—34 页。南平市地方志编纂委员会：《南平地区志》，方志出版社 2004 年版，第 2389 页。光泽县地方志编纂委员会：《光泽县志》，群众出版社 1994 年版，第 438 页。

⑪ 南康县文化馆、黄默彬：《南康县清理一座西汉墓》，《江西历史文物》1984 年第 2 期，第 33—34 页。

⑫ 南雄县地方志编纂委员会：《南雄县志》，广东人民出版社 1991 年版，第 713—714 页。

⑬ 惠来县地方志编纂委员会：《惠来县志》，新华出版社 2002 年版，第 669 页。揭阳考古队、揭阳市文化局：《揭阳的远古与文明—榕江先秦两汉考古图谱》，公元出版有限公司 2003 年版，第 139 页。

⑭ 龙门县地方志编纂委员会：《龙门县志》，新华出版社 1995 年版，第 657 页。

⑮ 湘西土家族苗族自治州文物工作队：《湘西保靖县四方城战国墓发掘简报》，《湖南考古辑刊 3》，岳麓书社 1986 年版，第 122—126 页。保靖县征史修志领导小组：《保靖县志》，中国文史出版社 1990 年版，第 302 页。县志载，黄连发掘汉墓 16 座。

⑯ 李寅生：《贵溪县志》，中国科学技术出版社 1996 年版，第 1119 页。

⑰ 江西省湖口县志编纂委员会：《湖口县志》，江西人民出版社 1992 年版，第 662 页。

⑱ 湖南省博物馆：《湖南溆浦马田坪战国、西汉墓》，《文物资料丛刊 10》，文物出版社 1987 年版，第 88—103 页。

墓4座。[①]

1982年冬，广西壮族自治区柳州市东南3公里九头村西清理汉墓1座。[②]

1980—1982年，湖南省辰溪县近郊米家滩、方田乡江东村清理战国汉代墓葬48座。[③]

1982年，广东省郁南县南江口汽车站背山坡清理东汉墓1座。[④]

1982年，广东省徐闻县清理汉墓39座。[⑤]

1982年，广东省南雄县水口镇西北200米处黄竹潭发现汉代遗迹。[⑥]

1982年，广东省德庆县马圩镇上彭村背后山清理汉墓1座。[⑦]

1982年，广东省始兴县城郊罗围犁头咀发现汉代遗址。[⑧]

1982年，广东省封开县杏花镇岭脚村牛围山清理春秋瓮棺葬群。[⑨]

1982年，广东省高州县大井镇长沙发现汉代墓葬。[⑩]

1982年，广西壮族自治区融安县大巷公社黄家寨发现汉墓。[⑪]

1982年，广西壮族自治区玉林市龙安乡龙胆村出土汉代铜灯。[⑫]

1982年，广西壮族自治区田东县祥周乡联福村大索屯北土岭发现战国墓。[⑬]

1982年，广西壮族自治区田东县调查确认，1935年在祥周乡仑圩村出土铜鼓等遗物。[⑭]

1982年，湖南省怀化市地区农业处食堂屋侧和行署会堂前侧空坪清理西汉墓2座。[⑮]

1982年，湖南省新化县洋溪镇洋溪河畔出土汉代铜器。[⑯]

1982年，湖南省益阳市内衣厂清理西汉墓2座。[⑰]

1982年，湖南省鄜县河西、沔渡清理汉墓。[⑱]

1982年，江西赣州市县城北郊古田坪村发现汉代于都县治遗址。[⑲]

1982年，江西省清江县中洲乡门楼里村调查汉平县治。[⑳]

---

① 常德市地方志编纂委员会：《常德地区志·文物志》，中国文史出版社1995年版，第206页。

② 柳州市博物馆：《广西柳州市九头村一号汉墓》，《文物》1984年第4期，第50—52页。

③ 辰溪县志编纂委员会：《辰溪县志》，生活·读书·新知三联书店1994年版，第678页。湖南省怀化地区地方志编纂委员会：《怀化地区志》，生活·读书·新知三联书店1999年版，第2011页。

④ 车站背山东汉墓，肇庆市文物志编纂委员会：《肇庆文物志》，广东省新闻出版局1996年版，第52页。肇庆市地方志编纂委员会：《肇庆市志》，广东人民出版社1999年版，第1158页。

⑤ 据县志载，从1973—1982年，先后两次清理汉墓90座，见徐闻县志编纂委员会《徐闻县志》，广东人民出版社2000年版，第694—698页。因1973年清理墓葬已知有51座，因此1982年清理以39座计算。

⑥ 南雄县地方志编纂委员会：《南雄县志》，广东人民出版社1991年版，第711页。

⑦ 德庆县地方志编纂委员会：《德庆县志》，广东人民出版社1996年版，第642页。

⑧ 韶关市地方志编纂委员会：《韶关市志》，中华书局2001年版，第2119页。

⑨ 肇庆市地方志编纂委员会：《肇庆市志》，广东人民出版社1999年版，第1157页。封开县地方志编纂委员会：《封开县志》，广东人民出版社1998年版，第816页。

⑩ 茂名市地方志编纂委员会：《茂名市志》，生活·读书·新知三联书店1997年版，第1524页。

⑪ 柳州地区地方志编纂委员会：《柳州地区志》，广西人民出版社2000年版，第660页。

⑫ 玉林市地方志编纂委员会：《玉林市志》，广西人民出版社1993年版，第1086页。

⑬ 田东县志编纂委员会：《田东县志》，广西人民出版社1998年版，第732页。

⑭ 田东县志编纂委员会：《田东县志》，广西人民出版社1998年版，第732页。

⑮ 怀化地区文物工作队：《湖南怀化西汉墓》，《文物》1988年第10期，第57—67页。

⑯ 新化县志编纂委员会：《新化县志》，湖南出版社1996年版，第939页。

⑰ 益阳市志编纂委员会：《益阳市志》，中国文史出版社1990年版，第462页。

⑱ 鄜县志编纂委员会：《鄜县志》，中国社会科学出版社1994年版，第470页。

⑲ 江西省赣州市地方志编纂委员会：《赣州地区志》，新华出版社1994年版，第2634页。

⑳ 江西省清江县志编纂委员会：《清江县志》，上海古籍出版社1989年版，第474—475页。

1982 年，江西省东乡县詹圩公社出土汉代陶壶。①

1982 年，江西省全南县县城造纸厂正北 170 田螺岗清理东汉墓葬。②

1982 年，江西省宜春市石市乡梨树村发现永和五年墓。③

1982 年，江西省铜鼓县永宁镇上仓街卢家、石桥乡金星村蓝家源、丰田乡杨塅村岗子上、大塅乡芭蕉村上芭蕉、古桥乡隘口村百村发现东汉墓。④

1982 年，江西省南康县蓉江镇岭背村杉树岭清理西汉墓 1 座。⑤

1982 年，江西省南康县龙回镇黄屋几天屋背山发现汉墓群。⑥

1982 年，江西省南康县西华乡莲花村发现汉墓。⑦

1982 年，江西省修水县上奉镇石街村跑马场发现汉墓群，清理 1 座墓葬。⑧

1982 年，江西省峡江县水边镇大西头汉墓群出土陶器。⑨

1982 年，江西省寻乌县澄江圩东北江背排发现东汉墓。⑩

1982 年，江西省永新县发现怀中乡官陂村盖石岭东汉墓、漳桥蛇形岭墓葬群、莲塘后山墓葬群、雅岭后山墓葬群、高溪松山岭墓葬群、塘边后坳墓葬群、洛溪松山岭墓葬群、泉塘石鼓陂墓葬群、东陂福塘屋墓葬群、合田乡大坪里墓葬群、沙市庙岭墓葬群、象形乡新居陈家墓葬群、高市乡塘内庙岭墓葬群、潞江泡口岭墓葬群、曲江鼓浪巷墓葬群、烟阁乡姚家村马鞍岭墓葬群。⑪

1982 年，江西省赤山出土五铢钱 300 余公斤。⑫

1982 年，福建省浦城县技工学校出土汉代陶器。⑬

1982 年，福建省闽侯县南通镇古城村南 2 公里发现古灵城址。⑭

1982 年，福建省仙游县游洋镇里洋村东北 8000 米发现龙穿城遗址。⑮

1982 年，福建省建阳市将口镇新建村东北 100 米发现平山遗址。⑯

1982 年，福建省武夷山市兴田镇南岸村东 1 公里发现岗上遗址、南岸村南 2 公里发现畲头遗址、武夷华侨农场朝阳管区北 200 米发现朝阳遗址、武夷镇黄柏村北发现黄柏后遗址、五夫镇

---

① 江西省东乡县史志编纂委员会：《东乡县志》，1989 年版，第 443 页。

② 胡春旺、温运汉：《全南县志》，江西人民出版社 1995 年版，第 572 页。

③ 石市乡志编纂委员会：《石市乡志》，1993 年版，第 179 页。

④ 铜鼓县志编纂委员会：《铜鼓县志》，南海出版公司 1989 年版，第 576 页。

⑤ 南康县志编纂委员会：《南康县志》，1993 年版，第 514—515 页。

⑥ 同上书，第 515 页。

⑦ 南康县志编纂委员会：《南康县志》，1993 年版，第 514—515 页。

⑧ 修水县志编纂委员会：《修水县志》，海天出版社 1991 年版，第 538 页。

⑨ 峡江县地方志编纂委员会：《峡江县志》，中共中央党校出版社 1995 年版，第 781—782 页。

⑩ 寻乌县志编纂委员会：《寻乌县志》，新华出版社 1996 年版，第 384 页。

⑪ 永新县志编纂委员会：《永新县志》，新华出版社 1992 年版，第 618 页。

⑫ 刘敏华：《西汉五铢钱铜范》，《江西历史文物》1987 年第 2 期，第 109—110 页。

⑬ 浦城县地方志编纂委员会：《浦城县志》，中华书局 1994 年版，第 1068 页。南平市地方志编纂委员会：《南平地区志》，方志出版社 2004 年版，第 2415—2416 页。

⑭ 古灵城址，国家文物局：《中国文物地图集·福建分册》下册，福建省地图出版社 2007 年版，第 86 页。

⑮ 仙游县地方志编纂委员会：《仙游县志》，方志出版社 1995 年版，第 1003 页。

⑯ 杨琮：《福建建阳平山汉代遗址调查》，《考古》1990 年第 2 期，第 106—110 页。平山遗址，国家文物局：《中国文物地图集·福建分册》下册，福建省地图出版社 2007 年版，第 615 页。据 2002 年复查，该遗址已被破坏不存。建阳县地方志编纂委员会：《建阳县志》，群众出版社 1994 年版，第 764 页。

五夫村发现大布山遗址、吴屯乡苦竹林村东 500 米发现苦竹林遗址、上梅乡上梅村北 1.5 公里发现坑子里遗址。①

1983 年 1 月，广东省顺德县北窖镇蟹岗发现汉墓 4 座。②

1983 年 3 月 1 日，湖南省湘西土家族苗族自治州吉首县河溪公社岩排大队后头溪生产队发现铜器窖藏。③

1983 年 3 月 8 日，湖南省花垣县团结公社杨家寨后发现汉代铜器窖藏。④

1983 年 3 月，广东省封开县江口镇西北郊大龙山西发现东汉墓 1 座。⑤

1983 年 3 月，广东省化州县良光镇庙嘴村发现汉墓 1 座。⑥

1983 年 3 月，江西省宁都县大沽乡小沽村出土钱币窖藏。⑦

1983 年 3 月 11 日—4 月 24 日，湖南省岳阳市洞庭苎麻纺织厂清理西汉墓 67 座。⑧

1983 年 4 月，广东省佛冈县摩罗山西北发现汉代钱币窖藏。⑨

1983 年 4 月，广东省从化县吕田区吕田旧圩岗顶出土秦汉铜器。⑩

1983 年 4 月，广东省封开县杏花镇斑石管理区龙塘旁猛虎头山岗发现春秋墓。⑪

1983 年 4 月，江西省于都县岭背乡水头圩西 1 公里黄土岗发现东汉墓葬。⑫

1983 年 4 月，江西省玉山县樟树公社墩头大队出土汉代陶器。⑬

1983 年春，湖南省新宁县白沙园艺场发现汉代窖藏铜钱。⑭

1983 年 5 月 20 日，广西壮族自治区灵山县太平公社那谐村出土铜鼓 1 面。⑮

1983 年 5 月，广东省广州市西村凤凰岗清理西汉墓 1 座。⑯

1983 年 5 月，广东省始兴县顿岗镇寨头张屋发现战国墓。⑰

---

① 岗上遗址、畲头遗址、朝阳遗址、黄柏后遗址、大布山遗址、苦竹林遗址、坑子里遗址，国家文物局：《中国文物地图集·福建分册》下册，福建省地图出版社 2007 年版，第 596—597 页。畲头遗址 2002 年复查时称畲头后门山遗址。黄柏后遗址，在《武夷山市志》中，又称果园后门山遗址，见武夷山市市志编纂委员会《武夷山市志》，中国统计出版社 1994 年版，第 991 页。

② 广东省博物馆、顺德县博物馆：《广东顺德县汉墓的调查和清理》，《文物》1991 年第 4 期，第 47—63 转 46 页。

③ 林时九：《湘西吉首出土东汉窖藏铜器》，《湖南考古辑刊 3》，岳麓书社 1986 年版，第 265 转 272 页。

④ 花垣县志编纂委员会：《花垣县志》，生活·读书·新知三联书店 1993 年版，第 518 页。

⑤ 蛇埇山东汉墓，肇庆市文物志编纂委员会：《肇庆文物志》，广东省新闻出版局 1996 年版，第 51 页。肇庆市地方志编纂委员会：《肇庆市志》，广东人民出版社 1999 年版，第 1158 页。封开县地方志编纂委员会：《封开县志》，广东人民出版社 1998 年版，第 817 页。

⑥ 茂名市地方志编纂委员会：《茂名市志》，生活·读书·新知三联书店 1997 年版，第 1515、1524 页。化州市地方志编纂委员会：《化州县志》，广东人民出版社 1996 年版，第 841 页，载该墓发现于 1983 年 3 月。

⑦ 蒿爱华：《宁都县新出土一批古钱》，《江西历史文物》1984 年第 2 期，第 106 页。

⑧ 张中一：《岳阳市洞庭苎麻纺织厂西汉墓》，《中国考古学年鉴 1984》，文物出版社 1984 年版，第 147 页。

⑨ 佛冈县地方志编纂委员会：《佛冈县志》，中华书局 2003 年版，第 725 页。

⑩ 从化县地方志编纂委员会：《从化县志》，广东人民出版社 1994 年版，第 859 页。

⑪ 封开县地方志编纂委员会：《封开县志》，广东人民出版社 1998 年版，第 816 页。

⑫ 于都县志编纂委员会：《于都县志》，新华出版社 1991 年版，第 538 页。

⑬ 何细贵：《上饶地区志》，方志出版社 1997 年版，第 1603 页。

⑭ 杨平怀：《湖南新宁县出土汉代窖藏铜钱》，《考古》1984 年第 12 期，第 1137 页。

⑮ 灵山县志编纂委员会：《灵山县志》，广西人民出版社 2000 年版，第 1162 页。

⑯ 广州市文物管理委员会：《广州西村凤凰岗西汉墓发掘简报》，《广州文物考古集》，文物出版社 1998 年版，第 197—206 页。

⑰ 始兴县志办公室：《始兴县志》，广东人民出版社 1997 年版，第 816 页。韶关市地方志编纂委员会：《韶关市志》，中华书局 2001 年版，第 2119 页。

1983 年 5 月，广东省乐东县志仲镇谭培村发现西汉"朱庐执刲"银印。①

1983 年 6 月，湖南省石门县新关镇安乐村熊家岗发现铜器窖藏。②

1983 年 6 月，湖南省芷江县城东七里桥村清理西汉墓。③

1983 年 7 月，广西壮族自治区藤县岭景罗算出土东汉铜鼓 1 面。④

1983 年 8 月，广东省佛冈县石角镇科旺乡村民在大庙峡果场发现西周铜铙。⑤

1983 年 8 月下旬，湖南省醴陵县渌江乡企石村金庙岭发现东汉墓 1 座。⑥

1979 年 9 月—1983 年 8 月，湖南省长沙市西郊银盆岭区桐梓坡、银盆岭、茶子山清理西汉墓 95 座。⑦

1983 年夏，江西省宜春市湖田乡石湖村新屋岭下后山出土西汉陶器。⑧

1983 年春夏，江西省宜春市厚田乡清理西汉至宋墓葬 50 余座。⑨

1983 年 9 月，广东省德庆县永丰镇宿岸村发现周代窖藏。⑩

1983 年 10 月，广东省新兴县环城镇西郊 1 公里桥亭岗清理东汉墓 1 座。⑪

1983 年 10 月，广东省新兴县桥亭岗清理东汉墓 1 座。⑫

1983 年 10 月，广西壮族自治区柳州市东南九头山东北清理汉墓 1 座。⑬

1983 年 10 月，江西省南昌市青云谱乡下尧砖厂发现东汉墓一座。⑭

1983 年 9—10 月，湖南省汨罗县范家园乡永青村、楚塘乡楚塘村清理墓葬 101 座。⑮

1983 年秋，湖南省桃源县郝坪乡欧家堉发现东汉铜器窖藏 1 处。⑯

1983 年 11 月 2 日，广东省德庆县永丰镇文逻村东坑山发现东汉铜镜。⑰

1983 年 11 月 25 日，江西省湖口县象山张村西 200 米山坡上，发现东汉永初七年七月纪年

---

① 郝思德、王大新：《乐东县西汉"朱庐执刲"银印》，《中国考古学年鉴 1995》，文物出版社 1997 年版，第 209 页。海南省乐东黎族自治县地方志编纂委员会：《乐东县志》，新华出版社 2002 年版，第 707 页。

② 龙西斌、高中晓：《石门、慈利出土錞于简介》，《湖南考古辑刊 3》，岳麓书社 1986 年版，第 261—263 页。应国斌：《常德市志》，湖南人民出版社 2002 年版，第 679 页。

③ 芷江侗族自治县县志编纂委员会：《芷江县志》，生活·读书·新知三联书店 1993 年版，第 586 页。

④ 藤县志编纂委员会：《藤县志》，广西人民出版社 1996 年版，第 587 页。

⑤ 佛冈县地方志编纂委员会：《佛冈县志》，中华书局 2003 年版，第 724 页。

⑥ 湖南省博物馆：《醴陵、株洲发现汉晋墓葬》，《湖南考古辑刊 3》，岳麓书社 1986 年版，第 127—131 页。

⑦ 长沙市文物工作队：《长沙西郊桐梓坡汉墓》，《考古学报》1986 年第 1 期，第 61—93 页。

⑧ 宜春市地方志编纂委员会：《宜春市志》，南海出版公司 1990 年版，第 741 页。

⑨ 李科友《江西考古调查发掘大事记（1956—1985）》，江西省考古学会《江西省考古学会成立大会暨学术研讨会论文集》，《江西历史文物》1986 年，第 142 页。

⑩ 德庆县地方志编纂委员会：《德庆县志》，广东人民出版社 1996 年版，第 649 页。

⑪ 桥亭岗东汉墓，肇庆市文物志编纂委员会：《肇庆文物志》，广东省新闻出版局 1996 年版，第 52 页。新兴县地方志编纂委员会：《新兴县志》，广东人民出版社 1993 年版，第 598 页。

⑫ 肇庆市地方志编纂委员会：《肇庆市志》，广东人民出版社 1999 年版，第 1158 页。

⑬ 柳州市博物馆：《柳州市郊东汉墓》，《考古》1985 年第 9 期，第 790—792 页。谢崇安：《柳州市九头山东汉墓》，《中国考古学年鉴 1984》，文物出版社 1984 年版，第 152 页。柳州市地方志编纂委员会：《柳州市郊区志》，方志出版社 2004 年版，第 605—606 页，志载该墓 1982、1983 两年度清理。柳州市地方志编纂委员会：《柳州市志 6》，广西人民出版社 1999 年版，第 409、429 页。

⑭ 许智范：《南昌考古散记》，《江西历史文物》1984 年第 1 期，第 4—9 页。

⑮ 湖南省博物馆：《汨罗县东周、秦、西汉、南朝墓发掘报告》，《湖南考古辑刊 3》，岳麓书社 1986 年版，第 45—86 转 167 页。汨罗市志编纂委员会：《汨罗市志》，方志出版社 1995 年版，第 488 页。

⑯ 桃源县文化馆：《桃源县发现汉代铜器和晋代印章》，《湖南考古辑刊 3》，岳麓书社 1986 年版，第 276—277 页。

⑰ 德庆县地方志编纂委员会：《德庆县志》，广东人民出版社 1996 年版，第 649 页。

墓 1 座。①

1983 年 11 月 2—28 日，广西壮族自治区柳江县里雍公社新安大队小田头村清理汉墓 10 座。②

1983 年 11 月，广东省罗定县罗平圩镇横峒村背夫山清理战国墓 1 座。③

1983 年 10—11 月，广东省广州市象岗山清理南越王赵眜墓。④

1983 年 10—11 月，广西壮族自治区兴安石马坪清理东汉墓 12 座、界首公社界首大队黄家屋脊二甲山清理汉墓 5 座。⑤

1983 年 10—12 月，湖南省长沙市东郊张公岭清理战国墓葬 65 座。⑥

1982—1983 年，湖南省郴州市郴州地区化工技术学校市郊斋公岭、郴州地区财税干校市郊三里田清理汉墓 6 座。⑦

1983 年，广东省始兴县寨头村发现战国遗址。⑧

1983 年，广东省番禺县钟村红砖二厂在石壁村发现东汉墓 1 座。⑨

1983 年，广东省番禺县新造北亭村金斗巷尾山坟头梁家祠后发现东汉墓 1 座。⑩

1983 年，广东省罗定县分界区细寨悬冈脚清理战国墓 1 座。⑪

1983 年，广东省始兴县太平镇西北约 5 公里罗围村西南 300 米发现汉代遗址。⑫

1983 年，广东省新兴县陇塘乡计岗出土西汉铜镜。⑬

1983 年，广东省化州县长岐镇石宁村与下峒村之间、长崎堤边、牛股陂和中峒长弯河发现

① 石钟山管理处，杨赤宇：《湖口县象山东汉纪年墓》，《江西历史文物》1986 年第 1 期，第 17—21 页。江西省湖口县志编纂委员会：《湖口县志》，江西人民出版社 1992 年版，第 662 页。李科友《江西考古调查发掘大事记（1956—1985）》，江西省考古学会《江西省考古学会成立大会暨学术研讨会论文集》，《江西历史文物》1986 年，第 143 页。

② 覃彩銮：《柳江县新安汉墓》，《中国考古学年鉴 1984》，文物出版社 1984 年版，第 152 页。广西壮族自治区文物工作队：《大藤峡水库初步设计阶段淹没区文物调查报告》，《广西文物》1987 年第 1 期，第 25—28 页。年鉴报道为 10 座，调查报告为 7 座。

③ 广东省博物馆、罗定县文化局：《广东罗定背夫山战国墓》，《考古》1986 年第 3 期，第 210—220 页。背夫山战国墓，肇庆市文物志编纂委员会：《肇庆文物志》，广东省新闻出版局 1996 年版，第 47 页。邱立诚：《罗带乡罗平区战国墓》，《中国考古学年鉴 1984》，文物出版社 1984 年版，第 148—149 页。罗定县地方志编纂委员会：《罗定县志》，广东人民出版社 1994 年版，第 560 页。肇庆市地方志编纂委员会：《肇庆市志》，广东人民出版社 1999 年版，第 1156—1157 页。

④ 广州象岗汉墓发掘队：《西汉南越王墓发掘初步报告》，《考古》1984 年第 3 期，第 222—230 页。广州市文物管理委员会、中国社会科学院考古研究所、广东省博物馆：《西汉南越王墓》，文物出版社 1991 年版。黄展岳：《广州市象岗山西汉南越王墓》，《中国考古学年鉴 1984》，文物出版社 1984 年版，第 149—150 页。广州市地方志编纂委员会：《广州市志 16》，广州出版社 1999 年版，第 533 页。广州市越秀区地方志编纂委员会：《广州市越秀区志》，广东人民出版社 2000 年版，第 686—687 页。

⑤ 广西壮族自治区文物工作队、兴安县博物馆：《兴安石马坪汉墓》，《广西考古文集》，文物出版社 2004 年版，第 238—258 页。蒋廷瑜：《兴安县石马坪、界首晋墓群》，《中国考古学年鉴 1984》，文物出版社 1984 年版，第 152—153 页。

⑥ 黄纲正：《长沙市张公岭战国墓群》，《中国考古学年鉴 1984》，文物出版社 1984 年版，第 146 页。

⑦ 湖南省郴州地区文物工作队：《湖南郴州汉墓清理简报》，《考古》1985 年第 8 期，第 708—720 页。

⑧ 庞海青：《始兴县战国墓清理简报》，《广东文物》2005 年第 1 期，第 57—60 页。

⑨ 番禺市地方志办公室：《番禺县志》，广东人民出版社 1995 年版，第 746—747 页。

⑩ 番禺市地方志办公室：《番禺县志》，广东人民出版社 1995 年版，第 751 页。

⑪ 罗定县地方志编纂委员会：《罗定县志》，广东人民出版社 1994 年版，第 560 页。

⑫ 始兴县志办公室：《始兴县志》，广东人民出版社 1997 年版，第 815—816 页。邱立诚、廖晋雄、刘建安：《始兴县罗围犁头嘴汉代城址》，《考古学年鉴 1989》，文物出版社 1990 年版，第 231 页。韶关市地方志编纂委员会：《韶关市志》，中华书局 2001 年版，第 2140 页，志载遗址发现于 1983 年，考古学年鉴载发现于 1984—1988 年。

⑬ 新兴县地方志编纂委员会：《新兴县志》，广东人民出版社 1993 年版，第 605 页。

汉代独木舟。①

　　1983 年，广东省澄海县西北 1.5 公里下坑、北陇、龟山一带发现汉代墓葬。②

　　1983 年，广东省揭西县坪上镇赤岭村新榕小学发现战国兵器。③

　　1983 年，广西壮族自治区柳州市跃进路废旧物资门市部征集东汉铜鼓。④

　　1983 年，广西壮族自治区平乐青龙乡马田村发现古墓群。⑤

　　1983 年，广西壮族自治区柳江县里雍新安发现东汉墓 1 座。⑥

　　1983 年，湖南省新宁县白沙镇县农科所出土汉代钱币。⑦

　　1983 年，湖南省酃县沔渡公社仓背大队黄烟堡清理汉墓。⑧

　　1983 年，湖南省宁远县发现西汉春陵故城遗址。⑨

　　1983 年，江西省九江市九江毛纺厂出土汉代铜印。⑩

　　1983 年，江西省波阳县发现汉墓。⑪

　　1983 年，江西省宜春市湛郎街道天井窝后山东南坡发现汉墓群。⑫

　　1983 年，江西省余江县邓埠镇水稻原种场发现汉代铜钱窖藏。⑬

　　1959 年、1982—1983 年，福建省闽侯县竹岐乡春风村清理汉墓 9 座。⑭

　　1964—1983 年，广西壮族自治区藤县县城厂矿基建出土汉代陶器。⑮

　　1982—1983 年，福建省闽侯县榕岸村庄边山清理墓葬 8 座。⑯

　　1983 年后，湖南省桃源县青林回族维吾尔乡黄楚、金鸡村采菱村清理战国、西汉墓。⑰

　　1982 年底—1984 年初，湖南省衡阳市茶山乡茶山村石村、和平乡新华村等地清理东汉墓 14 座。⑱

---

①　茂名市地方志编纂委员会：《茂名市志》，生活·读书·新知三联书店 1997 年版，第 1524 页。

②　广东省汕头市地方志编纂委员会：《汕头市志》，新华出版社 1999 年版，第 260 页。

③　揭西县志办公室：《揭西县志》，广东人民出版社 1994 年版，第 579 页。

④　柳州市地方志编纂委员会：《柳州市志 6》，广西人民出版社 1999 年版，第 429 页。

⑤　平乐县地方志编纂委员会：《平乐县志》，方志出版社 1995 年版，第 637 页。

⑥　柳江县志编纂委员会：《柳江县志》，广西人民出版社 1991 年版，第 549 页。

⑦　新宁县志编纂委员会：《新宁县志》，湖南出版社 1995 年版，第 621 页。

⑧　酃县志编纂委员会：《酃县志》，中国社会科学出版社 1994 年版，第 470 页。

⑨　春陵侯故城，国家文物局：《中国文物地图集·湖南分册》，湖南地图出版社 1997 年版，第 331 页。宁远县西汉春陵故城遗址，湖南省地方志编纂委员会：《湖南省志·文物志》，湖南出版社 1995 年版，第 58—59 页。零陵地区地方志编纂委员会：《零陵地区志》，湖南人民出版社 2001 年版，第 1467 页。湖南省宁远县地方志编纂委员会：《宁远县志》，社会科学文献出版社 1993 年版，第 461 页。

⑩　九江市地方志编纂委员会：《九江市志》，凤凰出版社 2004 年版，第 944 页。

⑪　何细贵：《上饶地区志》，方志出版社 1997 年版，第 1603 页。

⑫　宜春市地方志编纂委员会：《宜春市志》，南海出版公司 1990 年版，第 739 页。

⑬　江西省余江县志编纂委员会：《余江县志》，江西人民出版社 1993 年版，第 649 页。

⑭　庄边山墓群，国家文物局：《中国文物地图集·福建分册》下册，福建省地图出版社 2007 年版，第 87 页。

⑮　藤县志编纂委员会：《藤县志》，广西人民出版社 1996 年版，第 587 页。

⑯　林公务：《福建闽侯庄边山的古墓群》，《东南文化》1991 年第 1 期，第 218—231 页。

⑰　常德市地方志编纂委员会：《常德地区志·文物志》，中国文史出版社 1995 年版，第 41 页。

⑱　衡阳市博物馆：《湖南衡阳市茶山坳东汉至南朝墓的发掘》，《考古》1986 年第 12 期，第 1079—1093 页。衡阳市郊区志编纂委员会：《衡阳市郊区志》，湖南出版社 1997 年版，第 505 页。衡阳市志编纂委员会：《衡阳市志》，湖南人民出版社 1998 年版，第 2795 页。

1980 年 9 月—1984 年 1 月，福建省崇安县兴田公社城村汉城进行了系统勘探和重点发掘。①

1983 年 3 月—1984 年元月，湖南省溆浦县江口镇大江坪村松树坡等地清理战国西汉墓葬 26 座。②

1984 年 1 月 6 日，湖南省保靖县梅花乡洞庭村发掘东汉墓 1 座。③

1984 年 1 月，广东省清远县江口区独树乡高中埔村发现东汉窖藏。④

1984 年 2 月，广东省阳山县岭背镇芦州冲二村发现东汉墓 1 座。⑤

1984 年 2 月，广西壮族自治区田东县祥周公社大索屯南面虎头山清理战国墓 2 座。⑥

1984 年 3 月 20 日，广西壮族自治区灵山县丰塘公社谭龙村出土铜鼓 1 面。⑦

1984 年 3 月，广东省兴宁县新圩区鬼树窝崩岗发现战国编钟。⑧

1984 年 3 月，广东省临高县马袅乡拥武村发现汉代铜鼓。⑨

1984 年 3 月，广西壮族自治区灵山县旧州公社宁屋山村出土铜鼓 1 面。⑩

1984 年 4 月，广东省五华县棉洋圩东南罗城乡雄鸡拔翼岭采集春秋战国遗物。⑪

1984 年 4 月，广东省宝安县新安镇西乡中学北侧山岗发现汉墓 1 座。⑫

1984 年 5 月中旬，湖南省长沙县北山区牌楼乡火枣坡村清理东汉墓 1 座。⑬

1984 年 5 月，湖南省耒阳市东南城关镇鹿岐村耒阳火电厂清理东汉墓 4 座。⑭

1984 年 6 月，广东省翁源县三华乡会联村老书排岭发现战国墓 1 座。⑮

1984 年 7 月，广西壮族自治区灵山县平南公社石基村出土铜鼓 1 面。⑯

1984 年 7 月，湖南省桃源县武装部发现东汉铜洗 1 件。⑰

1984 年 8 月，广东省广州市沙河顶广州乐团排练场工地清理东汉墓 1 座。⑱

1984 年 8 月，湖南省永州市鹞子山清理西汉刘彊墓。⑲

1984 年 9 月，广西壮族自治区合浦县凸鬼岭清理汉墓 2 座。⑳

① 福建省博物馆崇安城村汉城考古队：《（1980—1981）崇安城村汉城遗址考古主要收获》，《福建文博》，第 1—4 页；福建省博物馆：《崇安城村汉城探掘简报》，《文物》1985 年第 1 期，第 37—47 页。

② 溆浦县文化局：《溆浦江口战国西汉墓》，《湖南考古辑刊 3》，岳麓书社 1986 年版，第 112—121 页。

③ 保靖县博物馆，刘长治：《保靖县发现东汉砖室墓》，《湖南考古辑刊 3》，岳麓书社 1986 年版，第 270—272 页。

④ 清远县博物馆：《清远县出土东汉铜器和铜钱》，《广州文博通讯》1984 年第 3 期，第 34—35 页。广东清远出土汉代窖藏铜钱》，《考古》1986 年第 8 期，第 761 页。

⑤ 阳山县地方志编纂委员会：《阳山县志》，中华书局 2003 年版，第 1047、1053—1054 页。

⑥ 蓝日勇：《田东县大索屯战国墓》，《中国考古学年鉴 1985》，文物出版社 1985 年版，第 205 页。

⑦ 灵山县志编纂委员会：《灵山县志》，广西人民出版社 2000 年版，第 1162 页。

⑧ 杨少祥：《兴宁县出土战国铜编钟》，《中国考古学年鉴 1985》，文物出版社 1985 年版，第 203 页。

⑨ 王明忠、叶帆：《临高县拥武汉代铜鼓》，《中国考古学年鉴 2002》，文物出版社 2003 年版，第 308 页。

⑩ 灵山县志编纂委员会：《灵山县志》，广西人民出版社 2000 年版，第 1162 页。

⑪ 五华县地方志编纂委员会：《五华县志》，广东人民出版社 1991 年版，第 536 页。

⑫ 宝安县地方志编纂委员会：《宝安县志》，广东人民出版社 1997 年版，第 733—734 页。

⑬ 长沙市文物工作队：《长沙县北山区东汉砖室墓清理记》，《湖南考古辑刊 3》，岳麓书社 1986 年版，第 265—275 页。

⑭ 衡阳市文物工作队：《湖南耒阳城关发现东汉墓》，《南方文物》1992 年第 2 期，第 20—24 转 61 页。

⑮ 翁源县地方志编纂委员会：《翁源县志》，广东人民出版社 1997 年版，第 699 页。

⑯ 灵山县志编纂委员会：《灵山县志》，广西人民出版社 2000 年版，第 1162 页。

⑰ 桃源县文化馆：《桃源县发现汉代铜器和晋代印章》，《湖南考古辑刊 3》，岳麓书社 1986 年版，第 276—277 页。

⑱ 广东省博物馆：《广州沙河顶发现一座东汉墓》，《考古》1986 年第 1 期，第 1094—1098 页。尚杰：《广州市郊沙河东汉墓》，《中国考古学年鉴 1985》，文物出版社 1985 年版，第 204 页。

⑲ 零陵地区文物工作队：《湖南永州市鹞子山西汉"刘彊"墓》，《考古》1990 年第 11 期，第 1002—1011 页。

⑳ 广西壮族自治区博物馆、合浦县博物馆：《广西合浦县凸鬼岭清理两座汉墓》，《考古》1986 年第 9 期，第 792—799 页。

1984 年 9 月，广西壮族自治区武宣县勒马村清理汉墓 6 座。①

1984 年 9 月，广西壮族自治区兴安石马坪清理汉墓 11 座。②

1984 年 9 月，湖南省桃源县茅草街乡黄楚村清理西汉墓 18 座。③

1984 年 9 月，湖南省沅陵县县城北丁家庙白寺发现錞于 1 件。④

1984 年 10 月，广东省南雄县乌迳镇新田村甘埠山发现汉代遗址。⑤

1984 年 10 月，广东省新兴县西北角象岗出土西汉陶器。⑥

1984 年 10 月，广东省宝安县新安镇臣田村铁仔山清理东汉墓 2 座。⑦

1984 年 10 月，广西壮族自治区贵县博白县江宁乡绿屋屯出土西汉铜鼓 1 面。⑧

1984 年 10 月，广西壮族自治区贺县贺城乡寿峰村石壁湾西南芒栋岭清理东汉三国墓 11 座。⑨

1984 年 10 月，江西省宜春市白尼山清理发现汉代铜器。⑩

1984 年 10 月，江西宜春市秀江北岸白泥山出土青铜钾、青铜剑各 1。⑪

1984 年 9—10 月，湖南省桃源县茅草街乡政府偏东 2 公里狮子山清理汉墓。⑫

1984 年 9—10 月，湖南省常德第二纺织机械厂清理西汉墓 5 座。⑬

1969 年 5 月—1984 年 10 月，广西壮族自治区博白县江宁、新田、城厢、水鸣、那林出土 5 面汉代铜鼓。⑭

1984 年 11 月，广东省高要市南岸镇塘山腰东北土地咀高要师范校舍扩建中发现东汉墓 1 座。⑮

1984 年 11 月，湖南省常德市丙纶厂清理汉墓 1 座、阀门厂清理汉墓 3 座。⑯

---

① 郑超雄：《武宣县勒马村六座汉墓》，《中国考古学年鉴 1985》，文物出版社 1985 年版，第 206—207 页。广西壮族自治区文物工作队：《大藤峡水库初步设计阶段淹没区文物调查报告》，《广西文物》1987 年第 1 期，第 25—28 页。

② 广西壮族自治区文物工作队、兴安县博物馆：《兴安石马坪汉墓》，《广西考古文集》，文物出版社 2004 年版，第 238—258 页。蒋廷瑜：《兴安县石马坪汉墓》，《中国考古学年鉴 1985》，文物出版社 1985 年版，第 207—208 页。

③ 常德市地方志编纂委员会：《常德地区志·文物志》，中国文史出版社 1995 年版，第 192 页。

④ 夏湘军：《湖南沅陵发现一件錞于》，《考古》1986 年第 8 期，第 702 页。

⑤ 南雄县地方志编纂委员会：《南雄县志》，广东人民出版社 1991 年版，第 711 页。韶关市地方志编纂委员会：《韶关市志》，中华书局 2001 年版，第 2138 页。

⑥ 新兴县地方志编纂委员会：《新兴县志》，广东人民出版社 1993 年版，第 605 页。

⑦ 宝安县地方志编纂委员会：《宝安县志》，广东人民出版社 1997 年版，第 733 页。

⑧ 博白县志编纂委员会：《博白县志》，广西人民出版社 1994 年版，第 901 页。

⑨ 覃义生：《贺县石壁湾东汉三国墓》，《中国考古学年鉴 1985》，文物出版社 1985 年版，第 208 页。

⑩ 黄颐寿：《江西宜春出土西汉铜钾、铜剑》，《考古》1986 年第 6 期，第 571 页。

⑪ 黄颐寿：《宜春出土西汉青铜钾》，《江西历史文物》1985 年第 2 期，第 35 页。李科友《江西考古调查发掘大事记（1956—1985）》，江西省考古学会《江西省考古学会成立大会暨学术研讨会论文集》，《江西历史文物》1986 年，第 143 页。

⑫ 湖南省文物考古研究所、常德市文物工作队、桃源县文化局、桃花源文管所：《桃源县狮子山汉墓发掘报告》，《湖南考古辑刊 5》，岳麓书社 1989 年版，第 86—98 页。郑元日：《桃源县黄楚城战国西汉墓》，《中国考古学年鉴 1985》，文物出版社 1985 年版，第 199 页。

⑬ 常德市地方志编纂委员会：《常德地区志·文物志》，中国文史出版社 1995 年版，第 195 页。湖南省常德地区文物工作队、段成昌、肖俊兰：《常德汉墓出土一批滑石器》，《考古与文物》1989 年第 2 期，第　页。

⑭ 博白县志编纂委员会：《博白县志》，广西人民出版社 1994 年版，第 901 页。

⑮ 陈大同：《高要南岸镇出土东汉铜镜铭文释读》，《广东文博》1985 年第 1 期，第 41—42 页。土地咀东汉墓，肇庆市文物志编纂委员会：《肇庆文物志》，广东省新闻出版局 1996 年版，第 53 页。高要县地方志编纂委员会：《高要县志》，广东人民出版社 1996 年版，第 729 页，县志载该墓的发掘时间为 1984 年 10 月，与其他文献不同。肇庆市地方志编纂委员会：《肇庆市志》，广东人民出版社 1999 年版，第 1158 页。

⑯ 常德市地方志编纂委员会：《常德地区志·文物志》，中国文史出版社 1995 年版，第 196 页。

1984 年 11 月，江西省宜春市北袁山支脉白泥山上清理西汉木椁墓一座。①

1984 年 12 月，广东省佛冈县石角区东二乡东二小学后发现战国墓葬 1 座。②

1984 年 12 月，江西省宜春市下浦乡后田村桐树下发现西汉铜镜。③

1984 年 11—12 月，广西壮族自治区合浦清理汉墓 8 座。④

1984 年 6—12 月，湖南省耒阳县城郊长广公路、陈家窝、齐家岭等地清理西汉墓 29 座、东汉墓 86 座。⑤

1984 年 10—12 月，湖南省常德市德山纺机路清理西汉墓 2 座。⑥

1984 年，广东省顺德县陈村镇庄头村西淋山发现汉墓 1 座。⑦

1984 年，广东省肇庆市建设三路机床厂住宅区清理东汉墓 1 座。⑧

1984 年，广东德庆县新圩公社大桥大队大辽山发现东汉墓 1 座。⑨

1984 年，广东省高明县杨梅镇松咀村出土东汉陶灶。⑩

1984 年，湖南省石门县南坪河乡南坪河村出土汉代錞于。⑪

1984 年，湖南省鄞县城关镇蔬菜村清理汉墓。⑫

1984 年，湖南省安乡县东汉墓出土铜印。⑬

1984 年，江西省九江市浆粕厂出土汉代铜器。⑭

1984 年，江西省九江县富民林场采集西汉陶器。⑮

1963—1984 年，广东省曲江县清理西汉墓 1 座、东汉墓 5 座。⑯

1985 年 1 月，广东省高要市南岸镇狗令堂清理东汉墓 1 座。⑰

1984 年 12 月—1985 年 1 月，福建省崇安县城村汉城东城墙清理探沟。⑱

---

① 黄颐寿、谢志杰：《宜春西汉木椁墓》，《江西历史文物》1986 年第 1 期，第 12—16 页。李科友：《江西考古调查发掘大事记（1956—1985）》，江西省考古学会《江西省考古学会成立大会暨学术研讨会论文集》，《江西历史文物》1986 年，第 144 页。

② 佛冈县地方志编纂委员会：《佛冈县志》，中华书局 2003 年版，第 726 页。

③ 宜春市地方志编纂委员会：《宜春市志》，南海出版公司 1990 年版，第 740 页。

④ 蓝日勇：《合浦县发掘八座汉墓》，《中国考古学年鉴 1985》，文物出版社 1985 年版，第 206 页。

⑤ 熊传新、冯玉辉：《耒阳市城郊春秋至元代墓葬》，《中国考古学年鉴 1985》，文物出版社 1985 年版，第 199 页。

⑥ 常德市地方志编纂委员会：《常德地区志·文物志》，中国文史出版社 1995 年版，第 194 页。湖南省常德地区文物工作队、段成昌、肖俊兰：《常德汉墓出土一批滑石器》，《考古与文物》1989 年第 2 期，第 54 页。

⑦ 广东省博物馆、顺德县博物馆：《广东顺德县汉墓的调查和清理》，《文物》1991 年第 4 期，第 47—63 转 46 页。

⑧ 建设三路东汉墓，肇庆市文物志编纂委员会：《肇庆文物志》，广东省新闻出版局 1996 年版，第 50—51 页。

⑨ 大辽山墓葬群，肇庆市文物志编纂委员会：《肇庆文物志》，广东省新闻出版局 1996 年版，第 53—54 页。德庆县地方志编纂委员会：《德庆县志》，广东人民出版社 1996 年版，第 643 页。肇庆市地方志编纂委员会：《肇庆市志》，广东人民出版社 1999 年版，第 1157 页。

⑩ 高明县地方志编纂委员会：《高明县志》，广东人民出版社 1995 年版，第 685 页。

⑪ 应国斌：《常德市志》，湖南人民出版社 2002 年版，第 679 页。

⑫ 鄞县志编纂委员会：《鄞县志》，中国社会科学出版社 1994 年版，第 470 页。

⑬ 常德市地方志编纂委员会：《常德地区志·文物志》，中国文史出版社 1995 年版，第 161 页。

⑭ 九江市地方志编纂委员会：《九江市志》，凤凰出版社 2004 年版，第 938 页。

⑮ 九江县志编纂委员会：《九江县志》，新华出版社 1996 年版，第 571 页。

⑯ 曲江县地方志编纂委员会：《曲江县志》，中华书局 1999 年版，第 886 页。县志载共清理 7 座墓葬，其中 2 座西汉墓，因南华寺西汉墓已有 1 座发表简报，因此此处不再将其列入。

⑰ 狗令堂东汉墓，肇庆市文物志编纂委员会：《肇庆文物志》，广东省新闻出版局 1996 年版，第 53 页。肇庆市地方志编纂委员会：《肇庆市志》，广东人民出版社 1999 年版，第 1158 页。

⑱ 福建博物院、福建闽越王城博物馆：《武夷山城村汉城遗址发掘报告（1980—1996）》，福建人民出版社 2004 年版，第 6 页。

1985 年 2 月，广西壮族自治区合浦县清理文昌塔 M1。①

1984 年 10 月—1985 年 3 月，湖南省怀化市迎丰公路农业处围墙范围内清理西汉墓 10 座。②

1985 年 4 月，广东省广州市花果山岗顶清理西汉墓 1 座。③

1985 年 4 月，广东省始兴县白石坪村禾场岭发现汉南朝墓葬。④

1985 年 4 月，湖南省常德县灌溪乡五里村南岗市西 150 米樟树山东北坡发现西汉墓。⑤

1985 年 4 月，江西省宜春市下浦乡厚田村亭子岭出土西汉铜器。⑥

1985 年 4 月，江西省宜春市灵泉街道天符巷出土西汉陶器。⑦

1985 年 3—4 月，广西壮族自治区合浦县廉州炮竹厂清理西汉墓 1 座。⑧

1985 年春，江西省高安县城郊区清理战国西汉墓葬。⑨

1985 年 5 月 18 日，广西壮族自治区鹿寨县中渡镇发现西汉铜鼓。⑩

1985 年 5 月，广东省宝安县咸头岭村沙丘发现东汉墓 1 座。⑪

1985 年 5 月，湖南省衡阳县福溪乡东庄爱国村清理东汉墓 10 座。⑫

1985 年 6 月，湖南省常德市落路口市果脯厂清理汉墓。⑬

1985 年 6 月，湖南省衡阳县渣江区鼓峰乡荫棠村寺干上发现古重安城遗址。⑭

1985 年 7 月，广东省始兴县沈所宝塔山西侧旱头岭发现战国墓葬。⑮

1985 年 5—7 月，广西壮族自治区合浦县风门岭、望牛岭清理汉墓 13 座。⑯

1985 年 8 月，湖南省茶陵县火田乡濂溪村南里许窑背山山腰发掘汉墓 6 座。⑰

1985 年 9 月，广东省顺德县陈村区西淋山采石场发现东汉墓 1 座。⑱

1985 年 10 月，广西壮族自治区武鸣县马头乡马头圩南 300 米安等秧山清理战国墓 98 座。⑲

---

① 蒋廷瑜：《广西汉代玻璃器》，《收藏家》2000 年第 10 期，第 11—15 页。

② 怀化地区文物工作队：《湖南怀化西汉墓》，《文物》1988 年第 10 期，第 57—67 页。

③ 《广州市西汉墓》，《中国考古学年鉴 1986》，文物出版社 1988 年版，第 186 页。

④ 始兴县志办公室：《始兴县志》，广东人民出版社 1997 年版，第 816 页。韶关市地方志编纂委员会：《韶关市志》，中华书局 2001 年版，第 2119 页。

⑤ 常德地区文物工作队、常德县文化馆：《湖南常德县清理西汉墓葬》，《考古》1987 年第 5 期，第 429—433 期。

⑥ 宜春市地方志编纂委员会：《宜春市志》，南海出版公司 1990 年版，第 741 页。

⑦ 同上书，第 745 页。

⑧ 蓝日勇：《合浦县廉州炮竹厂西汉晚期墓》，《中国考古学年鉴 1986》，文物出版社 1988 年版，第 190 页。

⑨ 李科友：《江西考古调查发掘大事记（1956—1985）》，江西省考古学会《江西省考古学会成立大会暨学术研讨会论文集》，《江西历史文物》1986 年，第 144 页。

⑩ 柳州地区地方志编纂委员会：《柳州地区志》，广西人民出版社 2000 年版，第 660 页。鹿寨地方志编纂委员会：《鹿寨县志》，广西人民出版社 1996 年版，第 644 页。

⑪ 宝安县地方志编纂委员会：《宝安县志》，广东人民出版社 1997 年版，第 733 页。

⑫ 冯玉辉：《衡阳县爱国村东汉古墓》，《中国考古学年鉴 1986》，文物出版社 1988 年版，第 179—180 页。

⑬ 湖南省常德地区文物工作队、段成昌、肖俊兰：《常德汉墓出土一批滑石器》，《考古与文物》1989 年第 2 期。

⑭ 冯玉辉：《衡阳县古重安城遗址》，《中国考古学年鉴 1986》，文物出版社 1988 年版，第 180—181 页。衡阳市志编纂委员会：《衡阳市志》，湖南人民出版社 1998 年版，第 2792 页。

⑮ 始兴县志办公室：《始兴县志》，广东人民出版社 1997 年版，第 816 页。韶关市地方志编纂委员会：《韶关市志》，中华书局 2001 年版，第 2119 页。

⑯ 黄启善：《合浦县风门岭、望牛岭汉墓》，《中国考古学年鉴 1986》，文物出版社 1988 年版，第 190—191 页。

⑰ 湖南省文物考古研究所、茶陵县文化局：《湖南茶陵县濂溪汉墓的发掘》，《考古》1996 年第 6 期，第 16—21 页。

⑱ 广东省博物馆、顺德县博物馆：《广东顺德陈村汉墓的清理》，《文物》1991 年第 12 期，第 73—75 页。

⑲ 广西壮族自治区文物工作队、南宁市文物管理委员会、武鸣县文物管理所：《广西武鸣马头等秧山战国墓群发掘简报》，《文物》1988 年第 12 期，第 14—22 页。武鸣县志编纂委员会：《武鸣县志》，广西人民出版社 1998 年版，第 809 页。

1985 年 10 月，广西壮族自治区象州县大乐乡岭南村清理 5 座墓葬。①

1985 年 10 月，湖南省长沙市北区留芳岭湖南医学院附属一医院内清理战国墓 1 座。②

1985 年 11 月，湖南省常德县白鹤山乡岗村二组清理东汉墓 1 座。③

1985 年 11 月，湖南省永顺县普查发现车坪乡车坪村符家组水坝遗址等 8 处汉代遗址。④

1985 年 7—11 月，湖南省攸县网岭镇清理两汉墓葬 51 座。⑤

1985 年 12 月，广西壮族自治区藤县鸡谷山出土汉代铜剑。⑥

1985 年 12 月，湖南省祁阳县大忠桥镇广福村稻田发现东汉铜钱窖藏。⑦

1985 年 10—12 月，湖南省永州市东郊鹞子岭省三监基建工地清理东汉墓 3 座。⑧

1982 年 8 月—1985 年 12 月，福建省崇安县城村进一步清理高胡南坪甲组建筑遗址。⑨

1985 年，广东省翁源县坝仔镇芙蓉下角垄发现战国墓 1 座。⑩

1985 年，广东省阳山县岭背镇蒲芦州吊水寨出土战国铜矛。⑪

1985 年，广东省镇龙镇塘村羊　出土战国编钟。⑫

1985 年，广东省廉江县高桥区东村东面晒场发现东汉墓。⑬

1985 年，广西壮族自治区阳朔县沙子溪村边出土钱币窖藏。⑭

1985 年，广西壮族自治区扶绥县昌平乡四和村恒丰屯西北石柱岭出土铜鼓 1 面。⑮

1985 年，湖南省怀化地区靖州苗族侗族自治县江东乡团结村枫树脚清理战国墓。⑯

1985 年，湖南省耒阳县城关镇附近的东面和东北面的东鹿村鸡子山、鹿岐村窑场坳、金牌村面粉厂、枚桥村、三架祖屋山、金星村大王山清理古墓 124 座，其中西汉 14、新莽 3、东汉 39 座。⑰

1985 年，湖南省永兴县马田镇国道 107 线公路清理东汉墓 4 座。⑱

1985 年，湖南省桃源县青林回族维吾尔族乡调查采菱城。⑲

---

①　象州县志编纂委员会：《象州县志》，知识出版社 1994 年版，第 615 页。

②　何强：《长沙市留芳岭战国木椁墓》，《中国考古学年鉴 1986》，文物出版社 1988 年版，第 176 页。

③　常德市地方志编纂委员会：《常德地区志·文物志》，中国文史出版社 1995 年版，第 197 页。

④　永顺县志编纂委员会：《永顺县志》，湖南出版社 1995 年版，第 470 页。

⑤　郑之日：《攸县网岭镇东周、两汉墓葬》，《中国考古学年鉴 1986》，文物出版社 1988 年版，第 177—178 页。

⑥　藤县志编纂委员会：《藤县志》，广西人民出版社 1996 年版，第 587 页。

⑦　祁阳浯溪文物管理所：《湖南祁阳县出土汉代窖藏钱币》，《考古》1987 年第 7 期，第 661 页。

⑧　刘华元、王凤元：《永州市三座汉墓》，《中国考古学年鉴 1986》，文物出版社 1988 年版，第 180 页。

⑨　福建博物院、福建闽越王城博物馆：《武夷山城村汉城遗址发掘报告（1980—1996）》，福建人民出版社 2004 年版，第 6 页。福建省博物馆：《崇安城村汉城探掘简报》，《文物》1985 年第 1 期，第 37—47 页。闽朴：《崇安汉代城址》，《中国考古学年鉴 1986》，文物出版社 1988 年版，第 133 页。

⑩　翁源县地方志编纂委员会：《翁源县志》，广东人民出版社 1997 年版，第 699 页。

⑪　阳山县地方志编纂委员会：《阳山县志》，中华书局 2003 年版，第 1046 页。

⑫　增城市地方志编纂委员会：《增城县志》，广东人民出版社 1995 年版，第 798 页。

⑬　廉江市地方志编纂委员会：《廉江县志》，广东人民出版社 1995 年版，第 653 页。

⑭　阳朔县志编纂委员会：《阳朔县志》，广西人民出版社 1988 年版，第 368 页。

⑮　扶绥县志编纂委员会：《扶绥县志》，广西人民出版社 1989 年版，第 405 页。

⑯　怀化地区文物管理处、靖州县文物管理所：《湖南靖州县团结村战国西汉墓》，《考古》1998 年第 5 期，第 27—35 页。

⑰　唐先华、冯玉辉：《耒阳县城关战国至宋代墓葬》，《中国考古学年鉴 1986》，文物出版社 1988 年版，第 178—179 页。

⑱　永兴县志编纂委员会：《永兴县志》，中国城市出版社 1994 年版，第 599—600 页。

⑲　常德市地方志编纂委员会：《常德地区志·文物志》，中国文史出版社 1995 年版，第 41 页。

1985 年，湖南省桃源县枫树维吾尔族回族乡回维村王家岭岗嘴发现东汉墓群。①

1985 年，湖南省桃源县三汊港乡马鞍村马鞍坡台地调查发现东汉宋代墓群。②

1985 年，湖南省攸县网岭镇杨家洲村调查发现杨家洲墓群。③

1985 年，湖南省东安县发现西江桥乡西江桥村新屋院子墓群、鹿马桥镇四塘村虎头岭墓群、塘复乡大园村瓜仔树脚墓群、芦洪市镇芦江村黄口坪墓群。④

1985 年，湖南省临湘市聂市镇东红村源潭河西岸发现鸡形湾遗址。⑤

1985 年，江西省波阳县莲花山发现汉墓。⑥

1985 年，福建省平潭县白青乡东占村发现东占遗址。⑦

1985 年，福建省福州市古城村发现汉代城址。⑧

1985 年，福建省建阳县将口镇将口村邵口埠遗址出土汉代陶器。⑨

1965—1985 年，广东省信宜县东镇镇横港村、丁堡乡湾涌、旺沙镇林屋村、水口镇大垌村、高州县顿梭镇、曹江镇、平山镇、良德水库、化州县文楼镇甲隆、播扬镇园田、那务镇沙洞、茂名市茂南区镇盛圩出土铜鼓、玛瑙珠。⑩

1985 年前，江西省瑞昌县横港赤岗岭、范镇何湾清理东汉墓各 1 座。⑪

1963—1985 年，广东顺德县疏勒镇沙富村清理汉墓多座。⑫

1985 年 4—1986 年 2 月，湖南省常德县岗市五里村樟树山清理战国西汉墓 101 座。⑬

1986 年 1 月 16 日，广西壮族自治区藤县藤城镇鸡谷山东坡县委党校篮球场北 1.2 米处清理西汉墓 1 座。⑭

1986 年 1 月，广西壮族自治区三江侗族自治县老堡乡洋洞屯发现汉墓 1 座。⑮

1986 年 1 月，湖南省双峰县永丰镇岩家村清理东汉墓 1 座。⑯

1986 年 1 月，江西省九江市国棉五厂出土汉代铜器。⑰

---

① 常德市地方志编纂委员会：《常德地区志·文物志》，中国文史出版社 1995 年版，第 75 页。

② 同上。

③ 株洲市地方志编纂委员会：《株洲市志·教科文》，湖南出版社 1996 年版，第 416 页。

④ 东安县志编纂委员会：《东安县志》，湖南出版社 1995 年版，第 656 页。

⑤ 临湘市志编纂委员会：《临湘市志》，湖南出版社 1996 年版，第 581 页。

⑥ 何细贵：《上饶地区志》，方志出版社 1997 年版，第 1603 页。

⑦ 东占遗址、国家文物局：《中国文物地图集·福建分册》下册，福建省地图出版社 2007 年版，第 111 页。

⑧ 《福州市古城村汉代古城址》，《中国考古学年鉴 1986》，文物出版社 1988 年版，第 133—134 页。

⑨ 南平市地方志编纂委员会：《南平地区志》，方志出版社 2004 年版，第 2415 页。建阳县地方志编纂委员会：《建阳县志》，群众出版社 1994 年版，第 773 页。

⑩ 茂名市地方志编纂委员会：《茂名市志》，生活·读书·新知三联书店 1997 年版，第 1524 页。

⑪ 瑞昌县博物馆、刘礼纯：《瑞昌县发现两座东汉墓》，《江西历史文物》1985 年第 1 期，第 24 转 22 页。江西瑞昌发现两座东汉墓》，《考古》1986 年第 8 期，第 762—763 页。

⑫ 广东省博物馆、顺德县博物馆：《广东顺德县汉墓的调查和清理》，《文物》1991 年第 4 期，第 47—63 转 46 页。

⑬ 刘廉银：《常德县岗市樟树山战国西汉墓群》，《中国考古学年鉴 1987》，文物出版社 1988 年版，第 219 页。

⑭ 藤县博物馆：《广西藤县鸡谷山西汉墓》，《南方文物》1993 年第 4 期，第 8—13 页。藤县志编纂委员会：《藤县志》，广西人民出版社 1996 年版，第 588 页。

⑮ 自治区文物工作队、三江县民族文物管理委员会：《广西三江侗族自治县发现东汉墓葬》，《广西文物》1987 年第 3、4 期合刊，第 58—59 页。张宪文：《三江县洋洞东汉墓》，《中国考古学年鉴 1987》，文物出版社 1988 年版，第 232 页。三江侗族自治县志编纂委员会：《三江侗族自治县志》，中央民族学院出版社 1992 年版，第 703—704 页。

⑯ 娄底地区地方志编纂委员会：《娄底地区志》，湖南人民出版社 1997 年版，第 1362 页。

⑰ 九江市地方志编纂委员会：《九江市志》，凤凰出版社 2004 年版，第 938 页。

1986年2月6日，广西壮族自治区灵山县三海乡白木村出土铜鼓1面。①

1986年3月，广东省连南县西北三江镇城西乡诸美冲营平发现战国墓1座。②

1986年3月，广东省白沙县元门乡印妹村北边南开河南岸约100米台地上发现印妹岭遗址。③

1986年3月，湖南省华容县城北1公里阴咀山城关镇第四小学内发现东汉墓1座。④

1985年3月—1986年3月，湖南省常德市德郊乡清理西汉墓3座。⑤

1985年5月—1986年3月，湖南省常德市德山玻璃厂清理汉墓2座。⑥

1985年11月—1986年3月，广西壮族自治区武鸣县马头乡马头圩东北0.5公里元龙坡清理西周春秋墓葬350座。⑦

1986年4月，广西壮族自治区合浦县第二麻纺厂清理汉墓10座。⑧

1986年春，江西省乐安县戴坊镇耸溪村清理汉墓1座。⑨

1986年5月，湖南省桃江县大栗港乡杨家嘴村出土战国錞于。⑩

1986年6月1日，广西壮族自治区灵山县丰塘乡大丰村出土铜鼓1面。⑪

1986年6月，江西省南昌市京家山市罐头啤酒厂基建工地清理汉墓两座。⑫

1986年7月，江西省赣县城东北44公里南塘乡澄藉村出土汉代铜钱。⑬

1986年7月，江西省瑞昌县南阳乡出土汉代铜器。⑭

1986年5—7月，湖南省长沙市南区沙湖桥火把山清理楚墓1座，西汉墓6座。⑮

1986年8月，广东省化州县那务镇江口岭发现汉墓1座。⑯

1985年10月—1986年8月，福建省崇安县城村汉城清理东城门外北侧北岗建筑基址。⑰

1986年5—9月，湖南省耒阳县城郊某部队后勤处营房工地清理西汉墓2、东汉墓13座。⑱

---

① 灵山县志编纂委员会：《灵山县志》，广西人民出版社2000年版，第1162页。
② 连南县志办公室：《连南瑶族自治县志》，广东人民出版社1996年版，第646、650页。
③ 海南省白沙黎族自治县地方志编纂委员会：《白沙县志》，南海出版公司1992年版，第290页。
④ 华容县文化馆：《华容发现东汉墓葬和遗物》，《江汉考古》1992年第2期，第94—95页。
⑤ 杨启乾：《常德市德郊东周西汉墓》，《中国考古学年鉴1987》，文物出版社1988年版，第215页。
⑥ 常德市地方志编纂委员会：《常德地区志·文物志》，中国文史出版社1995年版，第196页。
⑦ 广西壮族自治区文物工作队、南宁市文物管理委员会、武鸣县文物管理所：《广西武鸣马头元龙坡墓葬发掘简报》，《文物》1988年第12期，第1—13页。武鸣县志编纂委员会：《武鸣县志》，广西人民出版社1998年版，第809页。
⑧ 合浦县博物馆：《广西合浦县丰门岭10号汉墓发掘简报》，《考古》1995年第3期，第226—230转283页。
⑨ 黄爱宗、梁惠民：《乐安出土的古兵器》，《江西文物》1989年第3期，第117页。
⑩ 桃江县志编纂委员会：《桃江县志》，中国社会科学出版社1993年版，第446页。
⑪ 灵山县志编纂委员会：《灵山县志》，广西人民出版社2000年版，第1162页。
⑫ 江西省文物工作队、南昌市博物馆：《南昌市京家山汉墓》，《考古》1989年第8期，第693—698页。
⑬ 赖斯清：《江西赣县出土汉代钱币》，《考古》1992年第8期，第858页。
⑭ 九江市地方志编纂委员会：《九江市志》，凤凰出版社2004年版，第938页。
⑮ 长沙市文物工作队：《长沙火把山楚墓》，《湖南文物3》，湖南大学出版社1988年版，第93—106页。何强：《长沙市火把山战国汉墓》，《中国考古学年鉴1987》，文物出版社1988年版，第218—219页。
⑯ 化州市地方志编纂委员会：《化州县志》，广东人民出版社1996年版，第841页。茂名市地方志编纂委员会：《茂名市志》，生活·读书·新知三联书店1997年版，第1515页。
⑰ 福建省博物馆、厦门大学人类学系考古专业：《崇安汉城北岗一号建筑遗址》，《考古学报》1990年第3期，第339—369页；杨琮：《崇安县城村汉城北岗遗址考古发掘的新收获》，《福建文博》1988年第1期，第23—28页。杨琮：《武夷山麓的汉代闽越国古城》，《江西文物》1989年第1期，第96—97转30页。阳春：《崇安县汉代古城北岗建筑遗址》，《中国考古学年鉴1987》，文物出版社1988年版，第166页。
⑱ 陈明庆：《耒阳县城郊战国汉宋墓葬》，《中国考古学年鉴1987》，文物出版社1988年版，第219页。

1986 年 10 月，广东省广州市东山农林东路铁路宿舍工地清理西汉木椁墓 1 座。①

1986 年 10 月，广东省连南县西北佛子冲民族小学校内清理战国墓 1 座。②

1986 年 10 月，广西壮族自治区合浦母猪岭清理新莽墓葬 1 座。③

1986 年 10 月，福建省长泰县陈巷乡古农村犁头山西南坡清理战国中晚期墓葬 1 座、陈巷乡苑山村石牛山清理西汉初期墓 1 座。④

1986 年 10 月，福建省邵武市越王村北 1.5 公里山坡发现汉代遗物。⑤

1985—1986 年 10 月，广东省始兴县姚村坳禾场岭清理汉墓 5 座。⑥

1986 年 11 月，湖南省长沙市北区荷花池长沙师范学校院内基建清理战国墓 1 座。⑦

1986 年 10—11 月，广西壮族自治区河池地区调查发现汉代墓葬多处。⑧

1986 年 12 月，广东省翁源县坝仔镇芙蓉下角垄发现战国墓 1 座。⑨

1986 年 12 月，广西壮族自治区武宣县桐岭乡湾龙村黔江西岸七里屯调查发现汉墓群、武宣县三里乡勒马村调查发现勒马汉代古城⑩、象州县运江乡牙村瓦长柳江东岸⑪。

1986 年 12 月，广西壮族自治区象州县象州镇鸡沙村发现汉墓。⑫

1986 年 12 月，湖南省桃源县兴隆街乡竹园村九组发现东汉铜器。⑬

1986 年 12 月，湖南省衡阳县赤石乡东风村天门山清理西汉墓 1 座。⑭

1986 年 12 月，福建省龙海县榜山乡雩林村许林头社燕仔尾尖山发现西汉遗址。⑮

1986 年 1—12 月，湖南省衡阳市赤石乡西村大鸡坪、小鸡坪、鹅公岭等地清理西汉墓 42 座、新莽墓 1 座、东汉墓 39 座。⑯

---

① 黄淼章：《广州东山西汉木椁墓发掘记》，《广州文博》1988 年第 4 期，第 55—56 页。
② 连南县志办公室：《连南瑶族自治县志》，广东人民出版社 1996 年版，第 646、650 页。
③ 合浦县博物馆：《合浦新近发现的汉代玻璃器》，《广西文物》1991 年第 3、4 期合刊，第 66 页。
④ 福建省博物馆：《漳州发现商周、西汉墓葬》，《福建文博》2001 年第 1 期，第 7—12 页。
⑤ 乌阪城遗址：《邵武市志》，群众出版社 1993 年版，第 1116—1117 页。
⑥ 始兴县博物馆：《广东始兴县禾场岭发现东汉墓》，《考古》1991 年第 1 期，第 87—89 页。广东省始兴博物馆、王晓华：《广东始兴县禾场岭西汉墓清理简报》，《考古与文物》1992 年第 2 期，第 26—28 页。
⑦ 张一兵：《长沙市荷花池战国木椁墓》，《中国考古学年鉴 1987》，文物出版社 1988 年版，第 217—218 页。
⑧ 罗坤馨：《河池地区文物普查》，《中国考古学年鉴 1987》，文物出版社 1988 年版，第 233 页。
⑨ 翁源县地方志编纂委员会：《翁源县志》，广东人民出版社 1997 年版，第 699 页。
⑩ 广西壮族自治区文物工作队：《大藤峡水库初步设计阶段淹没区文物调查报告》，《广西文物》1987 年第 1 期，第 25—28 页。左少荣：《武宣县志》，广西人民出版社 1995 年版，第 628 页。
⑪ 广西壮族自治区文物工作队：《大藤峡水库初步设计阶段淹没区文物调查报告》，《广西文物》1987 年第 1 期，第 25—28 页。
⑫ 柳州地区地方志编纂委员会：《柳州地区志》，广西人民出版社 2000 年版，第 659 页。象州县志编纂委员会：《象州县志》，知识出版社 1994 年版，第 619 页。
⑬ 王英党：《湖南桃源县出土一批东汉铜器》，《考古》1993 年第 7 期，第 658—659 页。应国斌：《常德市志》，湖南人民出版社 2002 年版，第 679 页。
⑭ 衡阳市博物馆：《湖南衡阳县赤石天门山西汉墓发掘简报》，《江汉考古》2005 年第 4 期，第 19—24 页。衡阳市志编纂委员会：《衡阳市志》，湖南人民出版社 1998 年版，第 2795 页。
⑮ 福建省龙海县地方志编纂委员会：《龙海县志》，东方出版社 1993 年版，第 860 页。福建博物院：《2002 年度厦、漳闽越遗存调查》，《福建文博》2004 年第 1 期，第 66—71 页。国家文物局主编：《中国文物地图集·福建分册》，福建省地图出版社 2007 年版，第 295—296 页。其中龙海市榜山镇雩林山遗址在《中国文物地图集·福建分册》中与万宝山遗址合并登记，见万宝山遗址，国家文物局：《中国文物地图集·福建分册》下册，福建省地图出版社 2007 年版，第 229—230 页。
⑯ 冯玉辉：《衡阳县赤石乡东周两汉墓》，《中国考古学年鉴 1987》，文物出版社 1988 年版，第 216 页。衡阳市志编纂委员会：《衡阳市志》，湖南人民出版社 1998 年版，第 2795 页。

1986 年 3—12 月，湖南省大庸市城区清理西汉墓 63、东汉墓 34 座。①

1986 年冬，湖南省沅陵县太常乡窑头村中码头调查黔中郡遗址。②

1986 年，广东省广州市东山梅花村出土西汉陶鼓。③

1986 年，广东省中山市三乡镇古鹤出土陶碗。④

1986 年，广东省惠阳县潼湖区广和圩蚬壳角调查发现汉代遗址。⑤

1986 年，广东省珠海市在珠海海岛调查中，在淇澳岛牛婆湾、外伶仃岛石冲湾均发现汉代遗物。⑥

1986 年，广西壮族自治区全州城郊乡大新村发现汉代铜钱窖藏。⑦

1986 年，广西壮族自治区平乐县阳安乡西北梅花岭发现汉墓群。⑧

1986 年，湖南省湘西自治州古丈县白鹤湾清理战国西汉墓 18 座。⑨

1986 年，湖南省江永县上甘棠村发现谢沐县治遗址。⑩

1986 年，湖南省石门县阳泉乡普德桥村调查发现凤凰城古城。⑪

1986 年，湖南省永兴县湘阴渡镇松柏村调查神头岭墓群。⑫

1986 年，湖南省永兴县鲤鱼塘镇东山村调查枫树殿墓群。⑬

1986 年，湖南省沅陵县太常乡验匠湾村台地花果山发现墓群。⑭

1986 年，湖南省沅陵县太常乡木马岭村发现战国汉代墓群。⑮

1986 年，湖南省沅陵县太常乡窑头村沅水西岸渠坎上发现战国汉代墓群。⑯

1986 年，湖南省沅陵县凉水井镇五里亭村发现汉代墓群。⑰

1986 年，湖南省益阳县赫山镇清理西汉墓 1 座。⑱

1986 年，湖南省石门县易家渡镇太子坡出土汉代錞于。⑲

① 贺刚、宋谋年：《大庸市城区战国至明代墓葬》，《中国考古学年鉴1987》，文物出版社1988年版，第220页。
② 窑头城址，国家文物局：《中国文物地图集·湖南分册》，湖南地图出版社1997年版，第437页沅陵县窑头故城遗址。湖南省地方志编纂委员会：《湖南省志·文物志》，湖南出版社1995年版，第60页。地图集记录其时代为战国。沅陵县地方志编纂委员会：《沅陵县志》，中国社会科学出版社1993年版，第626页。
③ 广州市地方志编纂委员会：《广州市志16》，广州出版社1999年版，第684页。
④ 中山市博物馆：《中山历史文物图集》，香港大公报印1991年版，第37页。
⑤ 崔勇、罗玉华：《惠阳县潼湖区考古调查简记》，《广东文博》1990年第1期，第16—22页。
⑥ 珠海海岛考古调查，珠海市博物馆、广东省文物考古研究所、广东省博物馆编：《珠海考古发现与研究》，广东人民出版社1991年版，第183—205页。
⑦ 全州县志编纂委员会：《全州县志》，广西人民出版社1998年版，第753页。
⑧ 平乐县地方志编纂委员会：《平乐县志》，方志出版社1995年版，第636—637页。
⑨ 湘西自治州文物管理处、古丈县文物管理所：《古丈县白鹤湾战国西汉墓发掘报告》，《湖南考古2002》，岳麓书社2004年版，第147—173页。
⑩ 江永县志编纂委员会：《江永县志》，方志出版社1995年版，第601页。
⑪ 常德市地方志编纂委员会：《常德地区志·文物志》，中国文史出版社1995年版，第45页。
⑫ 郴州地区地方志编纂委员会：《郴州地区志》，中国社会科学出版社1996年版，第1634页。永兴县志编纂委员会：《永兴县志》，中国城市出版社1994年版，第600页。
⑬ 同上。
⑭ 沅陵县地方志编纂委员会：《沅陵县志》，中国社会科学出版社1993年版，第626页。
⑮ 同上。
⑯ 同上。
⑰ 同上。
⑱ 益阳县地方志编纂委员会：《益阳县志》，湖南人民出版社1999年版，第704页。
⑲ 应国斌：《常德市志》，湖南人民出版社2002年版，第679页。

1986 年，湖南省石门县燕子山乡营盘岗村发现东汉墓群。①

1986 年，湖南省石门县阳泉乡普德村张家堡清理东汉墓 1 座。②

1986 年，湖南省攸县网岭镇里旺村双江口河畔出土西汉五铢钱范。③

1986 年，湖南省大庸县普查发现且住岗遗址。④

1986 年，湖南省醴陵市转步乡古城村调查东汉醴陵城址。⑤

1986 年，湖南省邵阳市高崇山乡鸟山村清理汉墓 1 座。⑥

1986 年，湖南省道县调查营浦故城。⑦

1986 年，江西省南康市金鸡镇坪塘村发现汉墓 1 座。⑧

1986 年，福建省政和县星溪乡庙下村东 150 米发现庙下遗址、东平镇前蓬村西北 100 米发现大兰柯遗址、郑源村北 1 公里发现后科林山遗址、石屯镇长城村西北 800 米发现金鸡山遗址。⑨

1986 年，福建省建阳县将口镇将口村邵口埔置出土汉代陶器。⑩

1986 年，福建省仙游县收藏汉代陶灶 1 个。⑪

1982—1986 年，广东省高州县新垌镇、石板镇、潭头镇、大坡镇，化州县那务镇京堂村、长岭村、大口坡村，信宜县北界镇新村坡、高山村窑址出土汉代陶器。⑫

1984—1986 年，湖南省湘乡县湘乡铝厂工人村义冢山清理西汉墓 1 座、东汉墓 1 座、新莽墓 1 座。⑬

1984—1986 年，江西省宜春市湛郎街道曹家岭清理东汉墓 4 座。⑭

1986 年前，江西省都昌县在汪墩乡、芬溪乡、北炎乡、周溪乡等地发现多出汉墓群。⑮

1987 年 1 月，江西省南昌市老福山地区市公交公司工地清理土坑木一座。⑯

1987 年 1 月，福建省厦门市杏林区海沧镇石塘村南调查发现旗尾山遗存点、石头村东南发

---

① 常德市地方志编纂委员会：《常德地区志·文物志》，中国文史出版社 1995 年版，第 76 页。
② 石门县地方志编纂委员会办公室：《石门县志》，中国文史出版社 1993 年版，第 550 页。
③ 株洲市地方志编纂委员会：《株洲市志·教科文》，湖南出版社 1996 年版，第 421 页。
④ 大庸县地方志编纂委员会：《大庸县志》，生活·读书·新知三联书店 1995 年版，第 635 页。
⑤ 醴陵市志编纂委员会：《醴陵市志》，湖南出版社 1995 年版，第 789 页。
⑥ 邵阳市郊区志编纂委员会：《邵阳市郊区志》，中国文史出版社 1996 年版，第 325 页。
⑦ 营浦故城，国家文物局：《中国文物地图集·湖南分册》，湖南地图出版社 1997 年版，第 343 页。道县西汉营浦故城遗址，湖南省地方志编纂委员会：《湖南省志·文物志》，湖南出版社 1995 年版，第 59—60 页。文物志认为营浦故城在今道县县城东南，文物地图集标注营浦故城在今道县西南，从文物志。湖南省道县县志编纂委员会：《道县志》，中国社会科学出版社 1994 年版，第 649 页。
⑧ 南康市地方志编纂委员会：《南康市志》，武汉出版社 2005 年版，第 828 页。
⑨ 庙下遗址、大兰柯遗址、后科林山遗址、金鸡山遗址，国家文物局：《中国文物地图集·福建分册》下册，福建省地图出版社 2007 年版，第 648 页。2002 年复查，庙下遗址称谓东面山遗址、后科林山遗址称谓后科林遗址、
⑩ 南平市地方志编纂委员会：《南平地区志》，方志出版社 2004 年版，第 2415 页。建阳县地方志编纂委员会：《建阳县志》，群众出版社 1994 年版，第 773—774 页。
⑪ 福建省莆田市地方志编纂委员会：《莆田市志》，方志出版社 2001 年版，第 2514 页。仙游县地方志编纂委员会：《仙游县志》，方志出版社 1995 年版，第 1018 页。
⑫ 茂名市地方志编纂委员会：《茂名市志》，生活·读书·新知三联书店 1997 年版，第 1524 页。
⑬ 湘乡县志编纂委员会：《湘乡县志》，湖南出版社 1993 年版，第 817 页。
⑭ 宜春市地方志编纂委员会：《宜春市志》，南海出版公司 1990 年版，第 739 页。
⑮ 王友松：《都昌县的汉墓》，《江西历史文物》1986 年第 2 期，第 150 页。
⑯ 许智范：《南昌市老福山西汉墓》，《江西历史文物》1987 年第 3 期，第 11—12 转 7 页。

现石草山遗存点、在钟山村东南发现黑山遗存点。①

1987 年 3 月，湖南省祁阳县大忠桥区胜利乡断桥发现到汉代铜镜。②

1987 年 3 月，湖南省临湘市征集汉代铜器。③

1987 年 5 月，广东省高明县古城坪黄村出土汉代陶瓮。④

1987 年 5—6 月，湖南省慈利县城关镇石板、零溪村清理战国汉墓 36 座。⑤

1987 年 6 月 18 日，广西壮族自治区灵山县旧州乡长基村出土铜鼓 1 面。⑥

1987 年 6 月，广东省始兴县白石坪山调查战国遗址。⑦

1987 年 6 月，湖南省衡阳市南岳镇万福村王家山东南坡清理东汉墓 5 座。⑧

1987 年 8 月 24 日，广西壮族自治区灵山县旧州乡富致岭出土铜鼓 1 面。⑨

1987 年 7—8 月，湖南省耒阳市市区西南聂洲村阴间巷清理东汉墓 2 座。⑩

1987 年 9 月，湖南省桃源县城关镇二里岗村桃千公路工地清理战国西汉墓葬。⑪

1987 年 9 月，湖南省新化县胜利乡芦家排出土战国錞于。⑫

1986 年 3 月—1987 年 9 月，湖南省大庸市城区三角坪武陵大学、大塔岗邮电公寓、落凤坪旅游开发公司停车坪等工地清理西汉墓 49 座⑬，在大塔岗邮电公寓、四亩塘环城路、二亩塘变电站、枫香岗大桥路、北正街、卫校等工地清理东汉墓 53 座⑭。

1987 年 11 月，福建省连城县宣和乡培田村西北 500 米发现后门山遗址。⑮

1987 年 11 月，广西壮族自治区藤县中学清理汉墓。⑯

1987 年 11 月，湖南省湘乡市城关镇枚坪村发掘东汉墓 1 座。⑰

1987 年 11 月，湖南省临湘市出土汉代铜器。⑱

① 厦门市文物管理委员会、厦门市文化局：《厦门文物志》，文物出版社 2003 年版，第 52 页。厦门市地方志编纂委员会：《厦门市志》，方志出版社 2004 年版，第 3167 页。

② 杨仕衡：《湖南祁阳县发现汉代铜镜》，《考古》1989 年第 4 期，第 379 页。

③ 临湘市志编纂委员会：《临湘市志》，湖南出版社 1996 年版，第 583 页。

④ 高明县地方志编纂委员会：《高明县志》，广东人民出版社 1995 年版，第 685 页。

⑤ 常德市地方志编纂委员会：《常德地区志·文物志》，中国文史出版社 1995 年版，第 207 页。慈利县志编纂委员会：《慈利县志》，农业出版社 1990 年版，第 497 页。

⑥ 灵山县志编纂委员会：《灵山县志》，广西人民出版社 2000 年版，第 1162 页。

⑦ 廖晋雄：《广东始兴战国遗址调查》，《考古与文物》1993 年第 1 期，第 6—10 页。

⑧ 衡阳市文物工作队：《湖南南岳万福村东汉墓》，《考古》1992 年第 5 期，第 471—475 页。陈明庆：《南岳特区万福村东汉墓》，《中国考古学年鉴 1988》，文物出版社 1989 年版，第 218 页。

⑨ 灵山县志编纂委员会：《灵山县志》，广西人民出版社 2000 年版，第 1162 页。

⑩ 向新民：《耒阳市聂洲村战国、东汉墓》，《中国考古学年鉴 1989》，文物出版社 1990 年版，第 217—218 页。

⑪ 常德市文物工作队：《湖南桃源县二里岗战国西汉墓发掘报告》，《江汉考古》1995 年第 2 期，第 7—18 页。常德市地方志编纂委员会：《常德地区志·文物志》，中国文史出版社 1995 年版，第 199 页。

⑫ 新化县志编纂委员会：《新化县志》，湖南出版社 1996 年版，第 939 页。娄底地区地方志编纂委员会：《娄底地区志》，湖南人民出版社 1997 年版，第 1362 页。

⑬ 湖南省考古研究所、湘西自治州文物队、大庸市文管所：《1986—1987 大庸城区西汉墓发掘报告》，《湖南考古辑刊 5》，岳麓书社 1989 年版，第 99—124 页。

⑭ 湖南省文物考古研究所、湘西自治州文物队、大庸市文物管理所：《湖南大庸东汉砖室墓》，《考古》1994 年第 12 期，第 1078—1096 页。

⑮ 后门山遗址，国家文物局：《中国文物地图集·福建分册》下册，福建省地图出版社 2007 年版，第 725 页。

⑯ 藤县志编纂委员会：《藤县志》，广西人民出版社 1996 年版，第 590 页。

⑰ 湘潭市文物工作队：《湘乡市近郊发现纪年东汉墓》，《湖南文物 3》，湖南大学出版社 1988 年版，第 89—92 页。

⑱ 临湘市志编纂委员会：《临湘市志》，湖南出版社 1996 年版，第 583 页。

1987 年 6—11 月，湖南省长沙市五一广场清理汉代水井 6 眼。①

1987 年 12 月，广西壮族自治区钟山县公安乡平安村出土汉代规矩纹铜镜 1 面。②

1987 年 12 月，广西壮族自治区平南县六陈乡坡嘴村屋背岭、登塘村六穴岭一带发现汉代冶铁遗址。③

1987 年 12 月，福建省长汀县策武乡河梁村南 500 米发现牛斗头遗址、德连村西 700 米发现德田遗址、德联农场北 300 米发现德联遗址、大同镇南里村东北 1 公里发现和尚地遗址、师福村西 1.2 公里发现木鱼山遗址。④

1987 年 11—12 月，湖南省益阳县郝山镇莱子坝清理西汉墓 15 座。⑤

1984 年 10 月—1987 年 12 月，湖南省常德县良种场砖厂清理战国汉墓 43 座。⑥

1987 年，广东省中山市张家边区营口出土战国陶瓿。⑦

1987 年，广东省仁化县长江镇南 1 公里覆船岭清理汉墓 1 座。⑧

1987 年，广西壮族自治区苍梧县广平乡畲金村出土汉代铜鼓 1 面。⑨

1987 年，广西壮族自治区平乐桥亭乡大林村发现古墓群。⑩

1987 年，广西壮族自治区灵山县丰塘乡六颜村出土铜鼓 1 面。⑪

1987 年，广西壮族自治区藤县红砖厂清理汉墓。⑫

1987 年，湖南省益阳县郝山镇人大清理东汉墓 1 座⑬、郝山镇清理西汉墓 1 座⑭。

1987 年，湖南省湘西自治州古丈县白鹤湾清理战国西汉墓 13 座。⑮

1987 年，湖南省石门县石公桥镇北 3 公里青草坪村发现战国西汉墓群。⑯

1987 年，湖南省澧县东溪乡南岳村清理汉墓 2 座。⑰

1987 年，湖南省邵阳市鸡笼乡新民村黄家山清理汉墓 1 座。⑱

---

① 张一兵：《长沙五一广场东周至明代水井》，《中国考古学年鉴 1988》，文物出版社 1989 年版，第 216 页。

② 莫测镜：《广西钟山发现西汉规矩镜》，《考古》1992 年第 9 期，第 802 页。

③ 郑超雄：《平南县六陈汉代冶铁遗址》，《中国考古学年鉴 1989》，文物出版社 1990 年版，第 236—237 页。平南县志编纂委员会：《平南县志》，广西人民出版社 1993 年版，第 773 页。

④ 牛斗头遗址、德田遗址、德联遗址、和尚地遗址、木鱼山遗址，国家文物局：《中国文物地图集·福建分册》下册，福建省地图出版社 2007 年版，第 715 页。牛斗头遗址 2002 年经复查确认为墓地。德联遗址，2002 年称为江下对面山遗存。

⑤ 胡平：《益阳县郝山镇莱子坝战国西汉墓》，《中国考古学年鉴 1988》，文物出版社 1989 年版，第 215—216 页。

⑥ 常德市地方志编纂委员会：《常德地区志·文物志》，中国文史出版社 1995 年版，第 196 页。

⑦ 中山市博物馆：《中山历史文物图集》，香港大公报印 1991 年版，第 37 页。

⑧ 仁化县志编纂委员会办公室县志编辑室编：《仁化县志》，1992 年版，第 632 页。中共仁化县长江镇委员会、仁化县长江镇人民政府：《长江镇志》，1995 年版，第 382 页。

⑨ 罗德振：《苍梧县发现汉代铜鼓》，《广西文物》1987 年第 2 期，第 76 页。

⑩ 平乐县地方志编纂委员会：《平乐县志》，方志出版社 1995 年版，第 637 页。

⑪ 灵山县志编纂委员会：《灵山县志》，广西人民出版社 2000 年版，第 1162 页。

⑫ 藤县志编纂委员会：《藤县志》，广西人民出版社 1996 年版，第 590 页。

⑬ 益阳县地方编纂委员会：《益阳县志》，湖南人民出版社 1999 年版，第 704 页。

⑭ 同上书，第 705 页。

⑮ 湘西自治州文物管理处、古丈县文物管理所：《古丈县白鹤湾战国西汉墓发掘报告》，《湖南考古 2002》，岳麓书社 2004 年版，第 147—173 页。龙京沙：《古丈县白鹤湾战国西汉墓》，《中国考古学年鉴 1988》，文物出版社 1989 年版，第 216—217 页。

⑯ 常德市地方志编纂委员会：《常德地区志·文物志》，中国文史出版社 1995 年版，第 74 页。

⑰ 同上书，第 204 页。

⑱ 邵阳市郊区志编纂委员会：《邵阳市郊区志》，中国文史出版社 1996 年版，第 325 页。

1987 年，湖南省麻阳县绿溪口乡洞脑发现汉代墓群。①

1987 年，湖南省蓝山县调查发现西汉南平故城遗址②、蓝山城头岭城址③、蓝山县西汉龁道故城遗址④。

1987 年，湖南省衡南县调查发现泉湖乡先锋村、花桥镇高新村、接观乡渚溪村、隆氏乡大泉村、檀市乡和凤村、接观乡杉玉村、相市乡柿子村、车江镇沙龙村、泉溪镇老龙头村、泉湖乡建伟村、九龙乡农发村、茶市镇茶市村、黄竹镇石鹿村、冠市镇坪田村、洲市乡竹塘村、黄狮乡河口村、江口镇三冲村、望江乡石河村、白璧村、茅塘村、花泉村、廖田乡瓦园村墓群。⑤

1987 年，福建省建瓯市东风镇桂林村东北 1.2 公里发现上后门遗址、徐墩镇山边村东 1 公里发现溪尾山遗址。⑥

1987 年，福建省顺昌县大干镇白石村北 100 米发现白石遗址。⑦

1987 年，福建省浦城县莲塘镇吕处坞村北 1 公里发现场后山遗址、下沙村南发现下沙遗址、临江镇锦城村发现野山子遗址、管厝乡口窑村东南 2 公里发现大窑后遗址。⑧

1987 年，福建省武夷山市武夷镇梅溪村东 500 米发现梅溪山遗址⑨、丘墩村东 1 公里发现雾林山遗址、公馆村北 1.5 公里发现长头垅遗址⑩。

1987 年，福建省长汀县策武乡发现策武乡遗址。⑪

1987 年，福建省武平县十方镇彭寨村东北约 100 米发现寨顶遗址。⑫

1973—1987 年，广东省揭阳县云路镇中夏村面头岭清理战国墓 15 座、仙桥镇平林村狗屎埔山清理战国墓 1 座。⑬

1984—1987 年，湖南省常德县岗市砖厂清理战国汉墓 247 座。⑭

---

①　麻阳苗族自治县志编纂委员会：《麻阳县志》，生活·读书·新知三联书店 1994 年版，第 695 页。

②　南平故城，国家文物局：《中国文物地图集·湖南分册》，湖南地图出版社 1997 年版，第 353 页。蓝山县西汉南平故城遗址，湖南省地方志编纂委员会：《湖南省志·文物志》，湖南出版社 1995 年版，第 58 页。零陵地区地方编纂委员会：《零陵地区志》，湖南人民出版社 2001 年版，第 1466 页。蓝山县志编纂委员会：《蓝山县志》，中国社会科学出版社 1995 年版，第 607 页。

③　城头岭城址，国家文物局：《中国文物地图集·湖南分册》，湖南地图出版社 1997 年版，第 353 页。蓝山县志编纂委员会：《蓝山县志》，中国社会科学出版社 1995 年版，第 607 页。

④　蓝山县西汉龁道故城遗址，湖南省地方志编纂委员会：《湖南省志·文物志》，湖南出版社 1995 年版，第 58 页。蓝山县志编纂委员会：《蓝山县志》，中国社会科学出版社 1995 年版，第 607 页。

⑤　湖南省衡南县志编纂委员会：《衡南县志》，中国社会科学出版社 1992 年版，第 570 页。

⑥　上后门遗址、溪尾山遗址，国家文物局：《中国文物地图集·福建分册》下册，福建省地图出版社 2007 年版，第 607 页。溪尾山遗址，2002 年复查时命名为坑尾山遗址。福建闽越王城博物馆：《南平市闽越遗存调查》，《福建文博》2004 年第 1 期，第 6—45 页。

⑦　白石遗址、国家文物局：《中国文物地图集·福建分册》下册，福建省地图出版社 2007 年版，第 619 页。该遗址 2002 年复查时未报到，但另提到在白石村北 200 米有北山桔子园遗址，从 2 遗址时代相近且空间距离亦不远推测，其可能同属一个遗址。

⑧　场后山遗址、下沙遗址、野山子遗址、大窑后遗址、越王台遗址，国家文物局：《中国文物地图集·福建分册》下册，福建省地图出版社 2007 年版，第 630 页。

⑨　武夷山市市志编纂委员会：《武夷山市志》，中国统计出版社 1994 年版，第 991 页。

⑩　梅溪山遗址、雾林山遗址、长头垅遗址、国家文物局：《中国文物地图集·福建分册》下册，福建省地图出版社 2007 年版，第 597 页。长头垅遗址 2002 年复查时已不见。

⑪　长汀县地方志编纂委员会：《长汀县志》，生活·读书·新知三联书店 1993 年版，第 799 页。

⑫　武平县县志编纂委员会：《武平县志》，中国大百科全书出版社 1993 年版，第 712 页。

⑬　广东省博物馆、汕头市文管会、揭阳县博物馆：《广东揭阳县战国墓》，《考古》1992 年第 3 期，第 220—226 页。

⑭　常德市地方志编纂委员会：《常德地区志·文物志》，中国文史出版社 1995 年版，第 195 页。

1985—1987 年，湖南省常德县灌溪乡砖厂清理西汉墓 66 座。①

1987 年 6 月—1988 年 1 月，广东省乐昌市南郊河南乡大拱坪村对面山麻纺厂清理东周秦汉墓 191 座。②

1988 年 1 月，广西壮族自治区武宣县东乡乡石崖村出土东汉铜鼓。③

1988 年 1 月，福建省福州市晋安区新店镇磐石村发现磐石山遗址。④ 古城村南麓近古城一侧山坡，出土汉代方格纹硬陶罐。⑤

1988 年 1 月，福建省武平县万安乡五里村东 1.1 公里发现刘屋遗址。⑥

1988 年 2 月，湖南省桑植县朱家台庙湾清理西汉墓 9 座。⑦

1988 年 3 月，广东省广州市增城县新塘镇北面大统岗调查发现两座东汉砖室墓。⑧

1988 年 3 月，广东省封开县南丰镇利羊墩清理战国秦汉墓葬 43 座。⑨

1988 年 3 月，湖南省岳阳市郊七里山下洞庭湖河滩清理汉代陶窑 1 座。⑩

1988 年 3 月，湖南省衡阳市南郊玄碧塘清理西汉墓 3 座。⑪

1988 年 3 月，湖南省溆浦县茅坪坳清理西汉墓 12 座。⑫

1988 年 3 月，湖南省衡阳市江东区五马归槽 54088 部队基建清理西汉墓 3 座。⑬

1988 年 3 月，江西万安县枧头村湖州村民在取土发现铜钱窖藏，附近有汉墓群遗址。⑭

1988 年 3 月，福建省龙岩市小池镇南坂岗遗址出土秦汉陶器。⑮

1988 年 4 月 2 日，广西壮族自治区灵山县武利镇珠理村出土铜鼓 1 面。⑯

1988 年 4 月 8 日，广西壮族自治区灵山县丰塘乡高华村出土铜鼓 1 面。⑰

---

①　常德市地方志编纂委员会：《常德地区志·文物志》，中国文史出版社 1995 年版，第 198 页。

②　广东省文物考古研究所、乐昌市博物馆、韶关市博物馆：《广东乐昌市对面山东周秦汉墓》，《考古》2000 年第 6 期，第 37—61 页。邱立诚、崔勇：《乐昌县对面山东周至唐代墓葬》，《中国考古学年鉴 1988》，文物出版社 1989 年版，第 224—225 页。乐昌县地方志编纂委员会：《乐昌县志》，广东人民出版社 1994 年版，第 532 页。

③　柳州地区地方志编纂委员会：《柳州地区志》，广西人民出版社 2000 年版，第 660 页。左少荣：《武宣县志》，广西人民出版社 1995 年版，第 632 页。

④　磐石山遗址，国家文物局：《中国文物地图集·福建分册》下册，福建省地图出版社 2007 年版，第 45 页。

⑤　福州市地方志编纂委员会：《福州市志》，方志出版社 1999 年版，第 488 页。

⑥　刘屋遗址，国家文物局：《中国文物地图集·福建分册》下册，福建省地图出版社 2007 年版，第 704 页。武平县县志编纂委员会：《武平县志》，中国大百科全书出版社 1993 年版，第 712 页。

⑦　桑植县史志办公室：《桑植县志》，海天出版社 2000 年版，第 473 页。

⑧　广州市文物管理委员会考古队、增城县博物馆：《广州增城县新塘东汉墓发掘简报》，《广州文博》1989 年第 3 期，第 1—4 页。增城市地方志编纂委员会：《增城县志》，广东人民出版社 1995 年版，第 801 页。

⑨　杨式挺、崔勇、邓增魁：《广东封开利羊墩墓葬群发掘简报》，《南方文物》1995 年第 3 期，第 1—16 页。崔勇、吴海贵：《封开县利羊墩战国至西汉早期墓葬群》，《考古学年鉴 1989》，文物出版社 1990 年版，第 229 页。年鉴报到发掘时间为 1988 年 12 月，墓葬数量为 44 座。肇庆市地方志编纂委员会：《肇庆市志》，广东人民出版社 1999 年版，第 1156 页。封开县地方志编纂委员会：《封开县志》，广东人民出版社 1998 年版，第 816—817 页。

⑩　符炫：《岳阳市郊七里山河滩东周至东汉窑场遗址》，《中国考古学年鉴 1989》，文物出版社 1990 年版，第 217 页。

⑪　衡阳市文物工作队：《湖南衡阳市玄碧塘西汉墓清理简报》，《考古》1995 年第 3 期，第 214—219 页。

⑫　怀化市文物事业管理处：《湖南溆浦县茅坪坳战国西汉墓》，《考古》1999 年第 8 期，第 29—46 页。杨祖沛：《溆浦县茅坪坳战国西汉墓葬》，《中国考古学年鉴 1989》，文物出版社 1990 年版，第 215—216 页。年鉴报道西汉墓为 11 座。

⑬　贺兴武：《衡阳市五马归槽西汉墓》，《中国考古学年鉴 1989》，文物出版社 1990 年版，第 219 页。

⑭　陈凯华：《万安县发现汉代铜钱窖藏》，《江西文物》1990 年第 1 期，第 116 页。

⑮　龙岩地区地方志编纂委员会：《龙岩地区志》，上海人民出版社 1992 年版，第 766 页。

⑯　灵山县志编纂委员会：《灵山县志》，广西人民出版社 2000 年版，第 1162 页。

⑰　同上。

1988 年 4 月，广东省博罗县福田镇东坑墩岭嘴山东南坡清理汉墓 2 座。①

1988 年 4 月，湖南省永州市木材公司院内清理西汉墓 1 座。②

1986 年 3 月—1988 年 4 月，湖南省常德市德山砖厂清理西汉墓 1 座。③

1986 年 7 月和 1988 年 4 月，福建省建阳县将口乡将口村邵口埔调查汉代遗址。④

1988 年 5 月，湖南省衡阳市江东区凤凰山探矿小学外清理汉墓 9 座。⑤

1987 年 3 月—1988 年 5 月，广西壮族自治区合浦文昌塔一带清理汉墓 227 座。⑥

1988 年 4—5 月，湖南省衡阳市南岳区南岳镇荆田村谭家湾旷家山东南坡清理东汉墓 8 座。⑦

1988 年 6 月，广东省东莞市堑头担杆山发现东汉墓 1 座。⑧

1988 年 6 月，湖南省衡阳市南岳镇西南 1 公里万福村王家山南岳加油站清理东汉墓 5 座。⑨

1988 年 6 月，湖南省澧县张公庙清理东汉墓 1 座。⑩

1988 年 4—6 月，湖南省长沙市市区基建中清理西汉墓一批。⑪

1988 年 6 月，广东省乐昌县河南村洲仔清理汉代建筑遗址。⑫

1988 年二季度，广西壮族自治区阳朔县高田乡响乐村土岭上清理东汉墓 7 座。⑬

1988 年 7 月，湖南省桃源县枫树二砖厂清理西汉墓 2 座。⑭

1987 年 5 月—1988 年 8 月，湖南省常德市德山税务局清理西汉墓 3 座。⑮

1988 年 8 月，广西壮族自治区平乐调查附城乡南洲糖榨村乐州古城。⑯

1988 年 9 月，湖南省临湘县江南乡鸭栏村长江南岸义子山与鹞子坡县农药厂清理东汉墓 4 座。⑰

1988 年 9 月，湖南省衡阳市南郊凤凰山衡阳探矿机械厂内清理西汉墓 6、东汉墓 4 座。⑱

---

① 广东省博物馆、博罗县博物馆：《广东博罗县福田镇东汉墓发掘简报》，《考古》1993 年第 4 期，第 381—384 页。龙家有、刘建安、何斌：《博罗县墩岭嘴东汉墓》，《考古学年鉴 1989》，文物出版社 1990 年版，第 232—233 页。肇庆市端州区地方志编纂委员会：《肇庆市志》，广东人民出版社 1996 年版，第 646 页。

② 唐解国：《湖南永州市西汉墓出土铜镜》，《南方文物》1998 年第 2 期，第 125 页。

③ 常德市地方志编纂委员会：《常德地区志·文物志》，中国文史出版社 1995 年版，第 197 页。

④ 谢道华、王治平：《建阳县邵口埔汉代遗址调查简报》，《福建文博》1990 年第 1 期，第 43—44 页。建阳县地方志编纂委员会：《建阳县志》，群众出版社 1994 年版，第 764—765 页。

⑤ 衡阳市文物工作队：《湖南衡阳市凤凰山汉墓发掘简报》，《考古》1993 年第 3 期，第 239—247 页。

⑥ 黄启善：《广西发现的汉代玻璃器》，《文物》1992 年第 9 期，第 46—48 页。韦仁义：《合浦县文昌塔汉墓》，《中国考古学年鉴 1988》，文物出版社 1989 年版，第 227 页。梁旭达：《合浦县文昌塔汉墓群》，《中国考古学年鉴 1989》，文物出版社 1990 年版，第 237 页。

⑦ 衡阳市文物工作队：《湖南衡阳荆田村东汉墓》，《考古》1991 年第 10 期，第 919—926 页。唐先华：《衡阳市荆田村东汉墓》，《中国考古学年鉴 1989》，文物出版社 1990 年版，第 221—222 页。

⑧ 东莞市地方志编纂委员会：《东莞市志》，广东人民出版社 1995 年版，第 1154 页。

⑨ 向新民、陈明庆：《衡阳市王家山东汉墓》，《中国考古学年鉴 1989》，文物出版社 1990 年版，第 221 页。

⑩ 常德市地方志编纂委员会：《常德地区志·文物志》，中国文史出版社 1995 年版，第 205 页。

⑪ 宋少华：《长沙市西汉墓葬》，《中国考古学年鉴 1989》，文物出版社 1990 年版，第 219—220 页。

⑫ 刘建安、邱立诚、崔勇、刘钦迟：《乐昌县河南村洲仔汉代建筑遗址》，《考古学年鉴 1989》，文物出版社 1990 年版，第 229—230 页。

⑬ 阳吉昌：《三十年来桂林市重大考古发现及研究》，《桂林文博》1994 年第 1 期，第 10—18 页。

⑭ 常德市地方志编纂委员会：《常德地区志·文物志》，中国文史出版社 1995 年版，第 199 页。

⑮ 同上书，第 198 页。

⑯ 平乐县文物所管理、黄志荣：《乐州古城调查》，《广西文物》1991 年第 3、4 期合刊，61—62 页。

⑰ 何钦法：《临湘县鹞子坡东周、东汉墓》，《中国考古学年鉴 1989》，文物出版社 1990 年版，第 218—219 页。

⑱ 朱建中：《衡阳市凤凰山两汉墓葬》，《中国考古学年鉴 1989》，文物出版社 1990 年版，第 220 页。

1988 年 9 月，江西乐安县万坊乡村民取土发现铜钱窖藏。①

1988 年 5—9 月，江西省宜春市东郊下浦乡徐田村坝上、布立上、钟家湾修建宜春造纸厂时清理东汉墓 32 座。②

1988 年 10 月，广西壮族自治区象州县罗秀乡下那槽村旁水利沟出土战国铜矛。③

1988 年 10 月，江西乐安县万崇乡街上村村民在取土发现铜钱窖藏。④

1988 年 10 月，福建省福州市冶山路欧冶池东北发现西汉建筑台基。⑤

1988 年 10 月，福建省龙岩市雁石镇厦老中学后山出土秦汉石器。⑥

1987 年 4 月—1988 年 10 月，湖南省常德市武陵酒厂清理战国西汉墓 15 座。⑦

20 世纪 80 年代，广东省始兴县造纸厂圆岭清理战国墓 2 座、1988 年秋清理战国墓 3 座。⑧

1988 年 11 月，广西壮族自治区合浦红岭头清理汉墓 1 座。⑨

1988 年 11 月，湖南省湘阴县西南 4 公里安靖乡青竹寺湘江湾河东岸发现东汉青瓷窑址。⑩

1988 年 9—11 月，广东省广州市中山五路百货商店建筑工地清理发现汉代建筑遗址。⑪

1988 年 9—11 月，福建省崇安县城村汉城遗址清理北岗二号遗址。⑫

1988 年 12 月中旬，湖南省湘阴县樟树港白梅村马草坡鱼尾洲对岸发现东汉窑址。⑬

1988 年 12 月，广西壮族自治区南宁市三江村北面小姑岭打谷场发掘西汉墓 1 座。⑭

1988 年 10—12 月，湖南省衡阳县渣江区赤石乡政府附近清理西汉墓 27、新莽墓 9、东汉墓 24 座。⑮

1988 年 11—12 月，湖南省益阳县天成垸乡县人民医院基建工地清理西汉墓 14 座。⑯

---

① 黄爱宗、梁惠民：《一批汉代铜钱在乐安出土》，《东南文化》1992 年第 2 期，第 201—205 页。黄爱宗、梁惠民：《江西乐安出土汉晋铜钱》，《四川文物》1992 年第 2 期，第 63—66 页。

② 江西省文物考古研究所、宜春市博物馆：《江西宜春下埠坝上古墓群发掘报告》，《江西文物》1991 年第 2 期，第 1—27 页。李科友《宜春市下浦古墓群》，《中国考古学年鉴 1989》，文物出版社 1990 年版，第 168 页。

③ 象州县志编纂委员会：《象州县志》，知识出版社 1994 年版，第 619 页。

④ 陈飞、罗春生：《江西乐安县出土汉代窖藏铜钱》，《江西文物》1991 年第 3 期，第 76—77 页。

⑤ 冶山汉城遗址，国家文物局：《中国文物地图集·福建分册》下册，福建省地图出版社 2007 年版，第 1 页。

⑥ 龙岩地区地方志编纂委员会：《龙岩地区志》，上海人民出版社 1992 年版，第 765 页。

⑦ 常德市地方志编纂委员会：《常德地区志·文物志》，中国文史出版社 1995 年版，第 198 页。

⑧ 庞海青：《始兴县战国墓清理简报》，《广东文物》2005 年第 1 期，第 57—60 页。

⑨ 合浦县博物馆：《合浦新近发现的汉代玻璃器》，《广西文物》1991 年第 3、4 期合刊，第 66 页。

⑩ 周世荣、刘咏池、周晓赤：《湘阴县青竹寺东汉青瓷窑址》，《中国考古学年鉴 1989》，文物出版社 1990 年版，第 222—223 页。

⑪ 全洪：《广州市中山五路南越国建筑遗迹清理简报》，《广州考古五十年文选》，广州出版社 2003 年版，第 366—373 页。黄淼章、黄兆强：《广州新出土半两、大泉二千铜钱》，《广州文博》1989 年第 1 期，第 37 页。广州市博物馆：《广州市中山五路汉代建筑遗址》，《中国考古学年鉴 1989》，文物出版社 1990 年版，第 231—232 页。

⑫ 福建省博物馆、厦门大学人类学系：《崇安汉城北岗二号建筑遗址》，《文物》1992 年第 8 期，第 20—34 页。杨琮：《崇安县城汉城北岗二号建筑遗址》，《中国考古学年鉴 1990》，文物出版社 1991 年版，第 228—229 页。

⑬ 周世荣、刘咏池、周晓赤：《湘阴县白梅东汉宋代窑址》，《中国考古学年鉴 1989》，文物出版社 1990 年版，第 223—224 页。

⑭ 郭顺利：《南宁市三江村西汉墓》，《中国考古学年鉴 1990》，文物出版社 1991 年版，第 294 页。郭顺利：《南宁市小姑岭发现西汉墓》，《广西文物》1990 年第 3 期，第 84 页。

⑮ 陈明庆：《衡阳县赤石春秋至东汉墓葬》，《中国考古学年鉴 1989》，文物出版社 1990 年版，第 215 页。衡阳市志编纂委员会：《衡阳市志》，湖南人民出版社 1998 年版，第 2795 页。

⑯ 邓建强：《益阳县天成垸战国、西汉墓群》，《中国考古学年鉴 1989》，文物出版社 1990 年版，第 216 页。

1988 年，湖南省益阳县羊资出土西汉铜镜、郝山镇清理西汉墓 1 座、东汉墓 1 座①、汉墓 1 座②。

1988 年，广东省东莞市附城镇樟村佛子岭发现东汉墓 1 座。③

1988 年，湖南省衡南县上壁乡发现东汉铜器。④

1983—1988 年，湖南省芷江县桂花台、空布界、大步头清理西汉墓 7 座。⑤

1984—1988 年，广东省始兴县罗围村犁头嘴调查发现汉代遗址。⑥

1984—1988 年，湖南省耒阳市在市区及附近多处地点清理东汉墓 149 座。⑦

1989 年 1 月，广西壮族自治区象州县中平乡苏村西侧出土铜鼓 1 件。⑧

1989 年 1 月，江西省靖安县官庄乡塘埠村发现铜钱窖藏。⑨

1989 年 2 月，广西壮族自治区邕宁县吴圩镇康宁村敢绿屯西南 2 公里岜卡岭发现铜鼓 1 件。⑩

1989 年 3 月，广西壮族自治区鹿寨县黄冕乡驻地北约 3 公里洛清江北岸二级台地发现战国铜器。⑪

1989 年 3—4 月，广东省东莞市篁村区牛草岭清理汉墓 1 座。⑫

1989 年 5 月，湖南省邵东县魏家桥乡冷水村清理东汉墓 1 座。⑬

1989 年 4—5 月，广东省阳春县春湾镇古旧塘村清理汉代遗址。⑭

1989 年 6 月 2—5 日，湖南省津市新洲豹鸣村七组杨家湾清理东汉墓 2 座。⑮

1989 年 7 月，广东省始兴县始兴造纸厂清理汉墓 20 座。⑯

1989 年 7 月，广西壮族自治区来宾县北五乡上马寨村西北 3 公里榕树山东麓发现铜鼓 1 件。⑰

1989 年 8 月，湖南省长沙市红龙山基建工地清理战国墓 3 座。⑱

1989 年 9 月中旬，江西省乐安县敖溪镇、供坊乡发现钱币窖藏。⑲

---

① 益阳县地方志编纂委员会：《益阳县志》，湖南人民出版社 1999 年版，第 705 页。
② 同上书，第 704 页。
③ 东莞市地方志编纂委员会：《东莞市志》，广东人民出版社 1995 年版，第 1154 页。
④ 湖南省衡南县志编纂委员会：《衡南县志》，中国社会科学出版社 1992 年版，第 568 页。
⑤ 芷江侗族自治县县志编纂委员会：《芷江县志》，生活·读书·新知三联书店 1993 年版，第 586 页。
⑥ 邱立诚、廖晋雄、刘建安：《始兴县罗围犁头嘴汉代城址》，《考古学年鉴 1989》，文物出版社 1990 年版，第 231 页。
⑦ 衡阳市博物馆：《湖南耒阳市东汉墓发掘报告》，《考古学集刊 13》，中国大百科全书出版社 2000 年版，第 100—166 页。
⑧ 柳州地区地方志编纂委员会：《柳州地区志》，广西人民出版社 2000 年版，第 660 页。
⑨ 何标瑞：《靖安出土一批古钱币》，《江西文物》1989 年第 3 期，第 118 页。
⑩ 蒋廷瑜：《邕宁县岜卡岭铜鼓》，《中国考古学年鉴 1990》，文物出版社 1991 年版，第 295 页。
⑪ 李月樵：《鹿寨县黄冕战国铜器》，《中国考古学年鉴 1990》，文物出版物 1991 年版，第 293—294 页。
⑫ 吴海贵：《东莞篁村汉墓》，《中国考古学年鉴 1990》，文物出版社 1991 年版，第 288—289 页。东莞市地方志编纂委员会：《东莞市志》，广东人民出版社 1995 年版，第 1154 页。
⑬ 曾少华：《湖南邵东县冷水村发现一座东汉墓》，《考古》1992 年第 10 期，第 954—955 页。
⑭ 广东省博物馆文物队：《阳春汉代遗址及明清墓葬发掘简报》，《广东文博》1990 年第 1 期，第 6—11 页。
⑮ 常德市地方志编纂委员会：《常德地区志·文物志》，中国文史出版社 1995 年版，第 160、202 页。
⑯ 廖晋雄：《广东始兴县汉墓清理简报》，《考古》1993 年第 5 期，第 385—397 页。
⑰ 杨向东：《来宾县榕树山铜鼓》，《中国考古学年鉴 1990》，文物出版社 1991 年版，第 295 页。
⑱ 长沙市文物工作队：《长沙市红龙山战国墓发掘简报》，《江汉考古》1992 年第 3 期，第 26—28 页。
⑲ 黄爱宗、罗春生：《乐安出土一批古铜钱》，《江西历史文物》1984 年第 2 期，第 15—18 页。

1989 年 9 月 28 日，江西省宜春市南庙乡邮桥村梁溪团山发现东汉墓 1 座。①

1989 年 10 月，湖南省石门县雁池乡金盆村书房咀发现錞于 2 件。②

1989 年 12 月，广东省广州市芳村区广州钢铁股份有限公司白鹤洞山顶清理东汉墓 1 座。③

1989 年 12 月，江西省九江县城子镇出土汉代铜器。④

1989 年，广东曲江南华天王山清理东汉墓 1 座。⑤

1989 年，广东德庆县新圩公社大桥大队大辽山发现东汉墓 1 座。⑥

1989 年，广西壮族自治区贵港市西 2 公里选矿厂清理汉墓 9 座。⑦

1989 年，湖南省益阳县郝山镇清理西汉墓 1 座。⑧

20 世纪 50、80 年代，福建省武夷山市武夷乡三姑村东南调查闽越国遗址。⑨

1990 年 1 月，广东省番禺县市桥镇崩沙岗清理汉墓 1 座。⑩

1990 年 2 月，湖南省桑植县澧源镇何家坪发现汉代铜钱窖藏。⑪

1990 年 2 月，江西省赣县三溪乡池塘村窑下山西坡清理东汉墓 2 座。⑫

1990 年 3 月，湖南省溆浦县大江口省维尼纶厂电石厂变电站清理西汉墓 9 座。⑬

1990 年 3 月，广西壮族自治区灵山县檀圩镇天顶山村出土铜鼓 1 面。⑭

1990 年 5 月，广东省徐闻县五里乡二桥、仕尾村调查汉代遗址。⑮

1990 年 5 月，广西壮族自治区岑溪县南渡镇盘古村后山坡清理战国墓 1 座。⑯

1990 年 6 月，广西壮族自治区合浦县黄泥岗清理汉墓 1 座。⑰

1990 年 4—7 月，广东省广州市光孝寺清理发现汉代遗物。⑱

---

① 曾和生：《江西宜春东汉墓清理简报》，《南方文物》1993 年第 3 期，第 10—12 转 5 页。

② 石门县博物馆：《湖南石门县出土窖藏錞于》，《考古》1994 年第 2 期，第 176 页。应国斌：《常德市志》，湖南人民出版社 2002 年版，第 679 页。

③ 广州市芳村区地方志编纂委员会：《广州市芳村区志》，广东人民出版社 1997 年版，第 427 页。

④ 九江市地方志编纂委员会：《九江市志》，凤凰出版社 2004 年版，第 938 页。

⑤ 吴孝斌：《曲江县出土的东汉至南朝时期铜镜》，《广东文物》1999 年第 1 期，第 99—100 转 78 页。

⑥ 大辽山墓葬群，肇庆市文物志编纂委员会：《肇庆文物志》，广东省新闻出版局 1996 年版，第 53—54 页。肇庆市地方志编纂委员会：《肇庆市志》，广东人民出版社 1999 年版，第 1157 页。

⑦ 蓝日勇：《贵港市选矿厂汉代墓葬》，《中国考古学年鉴 1990》，文物出版社 1991 年版，第 294 页。

⑧ 沅陵县地方志编纂委员会：《沅陵县志》，中国社会科学出版社 1993 年版，第 626 页。

⑨ 武夷山市市志编纂委员会：《武夷山市志》，中国统计出版社 1994 年版，第 991 页。福建闽越王城博物馆：《南平市闽越遗存调查》，《福建文博》2004 年第 1 期，第 6—45 页。

⑩ 广州市文物考古研究所、广州市番禺区文管会办公室：《番禺汉墓》，科学出版社 2006 年版。番禺市地方志办公室：《番禺县志》，广东人民出版社 1995 年版，第 751 页。

⑪ 桑植县地方志编纂委员会办公室：《桑植县志》，昆仑出版社 2005 年版，第 549 页。

⑫ 赖斯清：《江西赣县三溪东汉墓》，《南方文物》1993 年第 1 期，第 18—20 页。赣县博物馆、赖斯清：《江西赣县三溪发现两座东汉墓》，《考古》1996 年第 12 期，第 87 转 96 页。

⑬ 怀化地区文物工作队、溆浦县文物管理所：《1990 年湖南溆浦大江口战国西汉墓发掘简报》，《考古》1994 年第 1 期，第 23—33 页。

⑭ 灵山县志编纂委员会：《灵山县志》，广西人民出版社 2000 年版，第 1162 页。

⑮ 邱立诚、尚杰：《徐闻县汉唐遗址调查记》，《广东文博》1990 年第 1 期，第 12—15 页。邱立诚、尚杰：《徐闻县五里乡汉至唐宋时期遗址》，《中国考古学年鉴 1991》，文物出版社 1992 年版，第 258—259 页。徐闻县志编纂委员会：《徐闻县志》，广东人民出版社 2000 年版，第 690—691 页。

⑯ 刘统载：《岑溪县凤根山战国墓》，《中国考古学年鉴 1991》，文物出版社 1992 年版，第 263 页。

⑰ 合浦县博物馆：《合浦新近发现的汉代玻璃器》，《广西文物》1991 年第 3、4 期合刊，第 66 页。合浦县地方志编纂委员会：《合浦县志》，广西人民出版社 1994 年版，第 687 页。

⑱ 古运泉、李岩：《广州市光孝寺汉至清代遗址》，《中国考古学年鉴 1991》，文物出版社 1992 年版，第 259—260 页。

1990 年 5—8 月，湖南省韶山市银田乡槐星村出土东汉遗物。①

1990 年 9 月，广西壮族自治区梧州市富民坊锻压机床厂内清理西汉墓 1 座。②

1990 年 9 月，广西壮族自治区钟山县燕塘乡张屋村西约 300 米平乐至贺县公路北 1.5 米清理汉墓 2 座。③

1990 年 11 月，广东省东莞市虎门镇丫纱帽山清理汉墓 1 座。④

1990 年 11 月，广东省广州市番禺区大石镇飘峰岗北面工地清理汉墓 4 座。⑤

1990 年 11 月，湖南省沅陵县太常乡窑头村调查黔中郡城址。⑥

1990 年 12 月底，湖南省嘉禾县钟水中学清理东汉墓 3 座。⑦

1990 年 12 月，湖南省衡阳市新安县金兰村清理汉墓 14 座。⑧

1990 年 11—12 月，广西壮族自治区兴安县溶江镇调查试掘秦城汉代遗址。⑨

1990 年 11—12 月，湖南省沅陵县太常乡木马岭农场及窑头村清理西汉墓 3 座。⑩

1990 年 11—12 月，湖南省桃江县陶谷山乡腰子崙村罗家山山顶清理汉墓 2 座。⑪

1984—1990 年 12 月，广东五华县华城镇狮雄山调查、发掘汉代建筑遗址。⑫

1972 年春—1990 年 9 月，江西安远县城南 20 公里的镇岗乡湾里村在 200 平方米缓坡区域内四次发现汉代窖藏铜钱。⑬

1990 年，湖南省宜章县马田松柏汉墓群清理汉墓 6 座。⑭

1980—1990 年，湖南省溆浦县江口镇大江口墓群清理东周汉墓 40 余座。⑮

1991 年前，广东省珠海市金鼎麒麟山、唐家后环等地分别发现汉代遗物。⑯

---

① 韶山市地方志编纂委员会：《韶山志》，中国大百科全书出版社 1993 年版，第 287 页。

② 罗德振：《梧州市富民坊西汉墓》，《中国考古学年鉴 1991》，文物出版社 1992 年版，第 264 页。

③ 郑超雄：《钟山县张屋汉墓》，《中国考古学年鉴 1991》，文物出版社 1992 年版，第 265 页。

④ 广东省文物考古研究所、东莞市博物馆：《广东东莞虎门东汉墓》，《考古》1991 年第 11 期，第 38—42 转 96 页。崔勇、龙家有：《东莞市丫纱帽山东汉墓》，《中国考古学年鉴 1991》，文物出版社 1992 年版，第 258 页。

⑤ 广州市文物考古研究所、广州市番禺区文管会办公室：《番禺汉墓》，科学出版社 2006 年版。番禺市地方志办公室：《番禺县志》，广东人民出版社 1995 年版，第 751 页。

⑥ 沅陵县志续编版编纂委员会：《沅陵县志（1988—1997）》，湖南人民出版社 2001 年版，第 390 页。

⑦ 嘉禾县志编纂委员会：《嘉禾县志 1989—2002 年》，湖南人民出版社 2007 年版，第 459 页。

⑧ 衡阳市文物工作队：《湖南衡阳市郊新安县东汉墓》，《考古》1994 年第 3 期，第 207—215 页。唐先华：《衡阳市郊金兰村东汉墓》，《中国考古学年鉴 1993》，文物出版社 1995 年版，第 216—217 页。年鉴报道为 15 座。

⑨ 谢日万：《兴安县秦城汉代遗址》，《中国考古学年鉴 1991》，文物出版社 1992 年版，第 263—264 页。兴安县地方志编纂委员会：《兴安县志》，广西人民出版社 2002 年版，第 546 页。

⑩ 郭伟民：《沅陵太常楚汉墓葬》，《中国考古学年鉴 1991》，文物出版社 1992 年版，第 254 页。

⑪ 曹伟：《桃江县腰子崙汉代墓葬》，《中国考古学年鉴 1991》，文物出版社 1992 年版，第 255 页。

⑫ 广东省文物考古研究所、广东省博物馆、五华县博物馆：《广东五华狮雄山汉代建筑遗址》，《文物》1991 年第 11 期，第 27—37 页。邱立诚：《五华县雄狮山汉代遗址》，《中国考古学年鉴 1985》，文物出版社 1985 年版，第 203—204 页。刘建安、邱立诚：《五华县雄狮山汉代建筑遗址》，《中国考古学年鉴 1986》，文物出版社 1988 年版，第 186—187 页。邱立诚、冯孟钦、刘成基：《五华县狮雄山汉代建筑遗址》，《中国考古学年鉴 1991》，文物出版社 1992 年版，第 257 页。五华县地方志编纂委员会：《五华县志》，广东人民出版社 1991 年版，第 534 页。梅州市地方志编纂委员会：《梅州市志》，广东人民出版社 1999 年版，第 1574 页。

⑬ 钟荣昌：《江西安远湾里出土汉代窖藏铜钱》，《南方文物》1993 年第 1 期，第 103—104 页。

⑭ 宜章县志编纂委员会：《宜章县志 1989—2000 年》，湖南人民出版社 2005 年版，第 516 页。

⑮ 湖南省怀化地区地方志编纂委员会：《怀化地区志》，生活·读书·新知三联书店 1999 年版，第 2010 页。

⑯ 珠海市博物馆、广东省文物考古研究所、广东省博物馆编：《金鼎、唐家镇发现的汉代遗物》，《珠海考古发现与研究》，广东人民出版社 1991 年版，第 169—172 页。

1991 年 5 月中旬，广西壮族自治区恭城县栗木镇陀塘村清理汉墓 1 座。①

1991 年 6 月，湖南省怀化地区靖州苗族侗族自治县江东乡团结村枫树脚清理西汉墓 3 座。②

1991 年 7 月，湖南省邵阳市城步县花桥乡杨田村清理汉墓 1 座。③

1991 年 1—7 月，广西壮族自治区贵港市深钉岭清理汉墓 20 座。④

1991 年 8 月，广西壮族自治区大新县昌明乡昌明村钦龙屯西 200 米婆交坡中部清理战国墓 1 座。⑤

1991 年 8 月，湖南省耒阳县花石坳乡竹园山南坡清理东汉墓 3 座。⑥

1991 年 8 月，湖南省长沙市北区留芳岭湖南医科大学附属第一医院内清理战国墓 2 座。⑦

1991 年 7—8 月，广西壮族自治区合浦县粮食局直属粮库清理汉墓 6 座。⑧

1991 年 9 月，江西省高安县大城乡金田村东南约 300 米出土汉代铜钱。⑨

1991 年 10 月，湖南省常德市德山常德第二纺织机械厂基建清理西汉墓 1 座。⑩

1991 年 8—10 月，湖南省益阳市大海塘清理秦墓 2 座。⑪

1991 年 11 月，广西壮族自治区荔浦县城关镇古城村谢家厂屯河白杨堆屯附近荔浦至新坪公路两旁坡地清理汉墓 8 座，新坪乡炮竹厂旁坡地清理汉墓 1 座。⑫

1991 年 12 月，海南省东方市荣村试掘，发现东汉早期地层。⑬

1991 年 10—12 月，湖南省沅陵县木马岭清理西汉墓 33 座。⑭

---

① 恭城瑶族自治县文物管理所、俸艳：《广西恭城瑶族自治县栗木镇陀塘村发现汉墓》，《考古》2002 年第 7 期，第 91—92 页。

② 怀化地区文物管理处、靖州县文物管理所：《湖南靖州县团结村战国西汉墓》，《考古》1998 年第 5 期，第 27—35 页。

③ 邵阳市文物管理处：《邵阳市城步花桥汉墓发掘》，《湖南考古 2002》，岳麓书社 2004 年版，第 470—473 页。邵阳市文物局，申小娟：《湖南邵阳市城步花桥乡发现一座东汉墓》，《考古》2007 年第 10 期，第 91—93 页。

④ 广西壮族自治区文物工作队、贵港市文物管理所：《广西贵港深钉岭汉墓发掘报告》，《考古学报》2006 年第 1 期，第 83—114 页。自治区文物工作队、陈左眉：《贵港市发现东汉钱纹砖墓》，《广西文物》1992 年第 1 期，第 69 页。陈左眉：《贵港市深钉岭古墓》，《中国考古学年鉴 1992》，文物出版社 1994 年版，第 293 页。该年鉴介绍发掘墓葬 48 座。发掘报告介绍："1954—1956 年修筑黎湛铁路，在贵县火车站一带铁路沿线发掘汉墓 200 多座。20 世纪 80 年代，配合贵县高中等单位建设，陆续清理了上百座古墓。1991 年 1—7 月，为了配合南宁—梧州二级公路建设，在深钉岭一带发现古墓葬 40 多座，其中经正式发掘的两汉墓葬仅 20 座，南朝墓 4 座，明清墓 4 座，此外被推土机破坏的古墓葬约有 14 座。"该报告即为此次 20 座汉墓的发掘资料。另曾有报道，在这次墓葬发掘中的 M13 疑为东汉墓，不仅墓砖上有模印钱纹，而且还在钱纹砖内发现了一枚残断的泥质五铢冥钱，见陈左眉《贵港市发现东汉钱纹砖墓》，《广西文物》1992 年第 1 期，第 69 页。而从之后作者整理并执笔发表的该批墓葬中的汉墓发掘报告看，此墓未被包括，表明认识有了改变。

⑤ 领博：《大新县婆交坡战国墓》，《中国考古学年鉴 1992》，文物出版社 1994 年版，第 290 页。

⑥ 衡阳市文物工作队、耒阳县文物管理所：《湖南耒阳竹园东汉墓》，《南方文物》1993 年第 11 期，第 8—17 页。向新民：《耒阳市竹园东汉墓》，《中国考古学年鉴 1993》，文物出版社 1995 年版，第 217—218 页。

⑦ 邱东联：《长沙市留芳岭战国木椁墓》，《中国考古学年鉴 1992》，文物出版社 1994 年版，第 278 页。

⑧ 广西文物工作队、合浦县博物馆：《广西合浦县母猪岭东汉墓》，《考古》1998 年 5 期。李珍：《合浦县母猪岭东汉墓》，《中国考古学年鉴 1992》，文物出版社 1994 年版，第 292—293 页。

⑨ 肖锦秀：《高安大城出土汉代铜钱》，《南方文物》1998 年第 1 期，第 113 转 115 页。

⑩ 孙泽宏：《常德市德山战国西汉墓》，《中国考古学年鉴 1992》，文物出版社 1994 年版，第 280—281 页。

⑪ 潘茂辉：《益阳市大海圹东周、秦墓》，《中国考古学年鉴 1992》，文物出版社 1994 年版，第 279 页。

⑫ 邱龙：《荔浦县古城、新坪汉墓》，《中国考古学年鉴 1992》，文物出版社 1994 年版，第 291—292 页。

⑬ 海南省文物考古研究所：《海南东方市荣村遗址试掘简报》，《考古》2003 年第 4 期，第 12—23 页。王大新、郑瑶新：《东方县荣村付龙园新石器时代至汉代遗址》，《中国考古学年鉴 1995》，文物出版社 1997 年版，第 95 页。郝思德、王大新：《东方市荣村汉代遗址》，《中国考古学年鉴 1999》，文物出版社 2001 年版，第 268 页。

⑭ 胡建军、郭伟民：《沅陵木马岭战国、西汉墓葬》，《中国考古学年鉴 1992》，文物出版社 1994 年版，第 279—280 页。

1991 年 11—12 月，福建省福州市省建行屏山主楼工地发现汉初宫殿遗址。①

1991 年，湖南省沅陵县太常乡窑头村试掘黔中郡城址。②

1991 年，湖南省益阳县郝山镇清理汉墓 1 座。③

1986—1991 年，福建省崇安县城村汉城清理东城门北侧门墩。④

1991 年 5 月—1992 年元月，广西壮族自治区岑溪县糯峒镇糯峒圩北 300 米左右花果山北坡清理战国晚期墓葬 14 座。⑤

1992 年 2 月，广东省博罗县横河镇刘学村坎尾山清理汉墓 1 座。⑥

1992 年 2—3 月，广东省广州市福今路气象局饭堂施工中清理汉墓 1 座。⑦

1992 年 4 月，广西壮族自治区北流县民安乡铜石岭西面山脚调查清理汉代矿冶遗址。⑧

1992 年 8 月，广东省广州市天河区长湴乡广州绕城高速工地发现汉代文物。⑨

1992 年 10 月，广东省广州市先烈南路大宝岗华泰宾馆清理汉墓 3 座。⑩

1992 年 10 月，湖南省常德市武陵开发区清理东汉砖窑 1 处。⑪

1992 年 12 月中旬，江西省高安县相城乡城郊高速公路路基附近发现铜钱窖藏。⑫

1992 年 4—12 月，湖南省湘潭县易俗河汽车站清理战国秦汉墓 41 座。⑬

1992 年 4—12 月，湖南省津市市肖家湖东西两岸花山寺、白龙泉、豹鸣村清理两汉墓 45 座。⑭

1992 年 7—12 月，湖南省常德市德山经济技术开发区桃林路莲花山乡莲花村汪家山清理西汉墓 3 座。⑮

1992 年 9—12 月，湖南省永州市市区鹞子岭省第三监狱红砖厂内清理西汉墓 1 座。⑯

1992 年，江西省宜春市石市乡开发区清理汉墓 3 座。⑰

---

① 欧谭生、郑国珍：《福州冶山汉初宫殿遗址》，《中国考古学年鉴 1992》，文物出版社 1993 年版，第 221 页。福州市地方志编纂委员会：《福州市志》，方志出版社 1999 年版，第 488 页。鼓楼区地方志编纂委员会：《福建省福州市·鼓楼区志》，方志出版社 2001 年版，第 1094 页。福州市地方志编纂委员会：《福州市志》，方志出版社 1998 年版，第 488 页。

② 沅陵县志续编版编纂委员会：《沅陵县志（1988—1997）》，湖南人民出版社 2001 年版，第 390 页。

③ 沅陵县地方志编纂委员会：《沅陵县志》，中国社会科学出版社 1993 年版，第 626 页。

④ 福建博物院、福建闽越王城博物馆：《武夷山城村汉城遗址发掘报告（1980—1996）》，福建人民出版社 2004 年版，第 6 页。

⑤ 广西壮族自治区文物工作队、岑溪县文物管理所：《岑溪花果山战国墓清理简报》，《广西考古文集》，文物出版社 2004 年版，第 213—227 页。谢日万：《岑溪县花果山战国墓》，《中国考古学年鉴 1992》，文物出版社 1994 年版，第 289—290 页。

⑥ 刘成基：《博罗县横河镇东汉、隋和初唐墓》，《中国考古学年鉴 1993》，文物出版社 1995 年版，第 225—226 页。

⑦ 全洪：《广州市福今路西汉木椁墓》，《中国考古学年鉴 1993》，文物出版社 1995 年版，第 224 页。

⑧ 蒋廷瑜：《北流县铜石岭汉代矿冶遗址》，《中国考古学年鉴 1993》，文物出版社 1995 年版，第 230—231 页。

⑨ 全洪：《广州市长湴新石器地点和西汉文物》，《中国考古学年鉴 1993》，文物出版社 1995 年版，第 221 页。

⑩ 广州市文物考古研究所：《广州市先烈南路大宝岗汉墓发掘简报》，《广州文物考古集》，文物出版社 1998 年版，第 235—261 页。全洪、麦小云：《广州市大宝岗汉六朝墓葬》，《中国考古学年鉴 1993》，文物出版社 1995 年版，第 224—225 页。

⑪ 常德市博物馆考古部，王永彪、潘能雁：《湖南常德市东汉砖窑遗址》，《考古》1997 年第 7 期，第 82—83 页。

⑫ 肖锦秀：《江西高安发现铜钱窖藏》，《南方文物》1997 年第 2 期，第 125—126 页。

⑬ 周能：《湘潭易俗河春秋战国秦汉墓群》，《中国考古学年鉴 1993》，文物出版社 1995 年版，第 213—214 页。

⑭ 谭远辉：《津市市肖家湖两汉墓葬》，《中国考古学年鉴 1993》，文物出版社 1995 年版，第 215—216 页。

⑮ 湖南省文物考古研究所：《湖南常德德山西汉墓发掘报告》，《江汉考古》1997 年第 2 期，第 133—140 页。胡建军：《常德德山战国、西汉墓群》，《中国考古学年鉴 1993》，文物出版社 1995 年版，第 214 页。

⑯ 贺刚、王凤元：《零陵永州鹞子岭一号西汉墓》，《中国考古学年鉴 1993》，文物出版社 1995 年版，第 214—215 页。

⑰ 石市乡志编纂委员会：《石市乡志》，1994 年版，第 179 页。

1992 年，广东省广宁县江屯圩背面菩萨咀发现战国墓两座。①

1992 年，广东省博罗县石湾镇苏岗梅墩清理东汉墓 1 座。②

1992 年，湖南省嘉禾县公用型车站清理东汉墓 3 座。③

1988—1992 年，广东省澄海市上华镇北陇村东龟山清理汉代建筑遗址。④ 年代延续时间较长。

1990—1992 年，广东省始兴县白石坪山调查战国遗址。⑤

1993 年 1 月，广西壮族自治区北海市西塘乡崇表岭村出土汉代铜鼓。⑥

1993 年 2 月，广东省增城县新塘镇大敦村卢山清理西汉墓。⑦

1993 年 2 月，广西壮族自治区玉林市沙田乡六龙村莲塘坪南 1 公里十五塘冲发现铜鼓。⑧

1993 年 3 月，广西壮族自治区灵山县平南乡六谭村出土铜鼓 1 面。⑨

1993 年 3 月，海南省陵水县英州镇福湾开发区发现汉代瓮棺葬群 1 处。⑩

1993 年 4 月，广东省增城县福和镇下云岭发现东汉墓葬。⑪

1993 年 4 月，广西壮族自治区田东县右江北岸祥周乡联福村小学前 10 米发现战国墓葬。⑫

1993 年 8 月，湖南省湘西凤凰县千工坪乡出土汉代錞于。⑬

1993 年 4—8 月，湖南省保靖县龙溪乡政府南侧汉迁陵县古城清理战国汉代遗址。⑭

1993 年 5—8 月，广东省广州市番禺区市桥镇沙头村龟岗东侧清理汉墓 6 座。⑮

1993 年 5—8 月，江西省德安县宝塔乡桂林村西北九冈岭清理东汉墓 9 座。⑯

1993 年 11 月，海南省东方市罗带乡罗带村发现汉代铜釜。⑰

---

① 菩萨咀战国墓，肇庆市文物志编纂委员会：《肇庆文物志》，广东省新闻出版局 1996 年版，第 48—49 页。

② 杨豪：《秦置博罗县石湾镇 铁场考古春秋》，岭南美术出版社 2007 年版，第 80—113 页。

③ 嘉禾县志编纂委员会：《嘉禾县志 1989—2002》，湖南人民出版社 2007 年版，第 459 页。

④ 广东省文物考古研究所、澄海市博物馆、汕头市文物管理委员会：《广东澄海龟山汉代建筑遗址》，《文物》2004 年第 2 期，第 27—39 页。刘建安、邱立诚、黄伟雄：《澄海县上华龟山汉代建筑遗址》，《考古学年鉴 1989》，文物出版社 1990 年版，第 230—231 页。邱立诚、吴海贵：《澄海县龟山汉代建筑遗址》，《中国考古学年鉴 1993》，文物出版社 1995 年版，第 222—223 页。广东省汕头市地方志编纂委员会：《汕头市志》，新华出版社 1999 年版，第 252 页。澄海县地方志编纂委员会：《澄海县志》，广东人民出版社 1992 年版，第 791 页。

⑤ 廖晋雄：《广东始兴县白石坪山战国晚期遗址》，《考古》1996 年第 9 期，第 29—36 页。

⑥ 北海市地方志编纂委员会：《北海市志》，广西人民出版社 2002 年版，第 1481 页。

⑦ 增城市地方志编纂委员会：《增城县志》，广东人民出版社 1995 年版，第 801—802 页。

⑧ 林强：《玉林市莲塘坪铜鼓》，《中国考古学年鉴 1994》，文物出版社 1997 年版，第 261 页。

⑨ 灵山县志编纂委员会：《灵山县志》，广西人民出版社 2000 年版，第 1162 页。

⑩ 郝思德、王大新：《陵水县福湾开发区新石器时代遗址及汉唐墓葬》，《中国考古学年鉴 1995》，文物出版社 1997 年版，第 209 页。

⑪ 增城市地方志编纂委员会：《增城县志》，广东人民出版社 1995 年版，第 802 页。

⑫ 韦江：《田东县联福村战国墓葬》，《中国考古学年鉴 1994》，文物出版社 1997 年版，第 258—259 页。田东县志编纂委员会：《田东县志》，广西人民出版社 1998 年版，图版。县志载出土于 3 月 17、18 日。

⑬ 湘西土家族苗族自治州地方志编纂委员会：《湘西州志》，湖南人民出版社 1999 年版，第 1116 页。

⑭ 龙京沙：《保靖县四方城战国至明清遗址》，《中国考古学年鉴 1994》，文物出版社 1997 年版，第 246 页。

⑮ 陈伟汉：《番禺沙头汉墓的发掘及其意义》，《中国文物报》1997 年 10 月 19 日。广州市文物考古研究所、广州市番禺区文管会办公室：《番禺汉墓》，科学出版社 2006 年版。

⑯ 江西省文物考古研究所、江西省德安县博物馆：《江西德安九冈岭汉墓群》，《南方文物》1998 年第 3 期，第 1—14 页。

⑰ 郝思德、黄扬琼：《东方市罗带村汉代青铜釜》，《中国考古学年鉴 2003》，文物出版社 2004 年版，第 274—275 页。

1993 年 10—11 月，广东省徐闻县五里镇仕尾村、二桥村、南湾村清理汉代遗址、墓葬。①

1993 年 10—11 月，湖南省慈利县东部调查白公城遗址。②

1993 年 12 月，湖南省长沙市湘江西岸望城坡古坟垸清理长沙王室墓 1 座。③

1993 年 10—12 月，湖南省郴州市南郊坳上清理战国越人墓 21 座。④

1993 年，湖南省湘西自治州古丈县白鹤湾清理战国西汉墓 3 座。⑤

1993 年，湖南省湘西自治州保靖县龙溪乡要坝村清理墓葬多座。⑥

1993 年，湖南省嘉禾县公安局清理东汉墓 3 座。⑦

1993 年，湖南省沅陵县太常乡窑头村花果山和牧马岭一带清理战国西汉古墓 200 余座。⑧

1980—1993 年，福建省浦城县调查了汉阳城、越王山、金鸡山等 3 处遗址。⑨

1994 年 1 月，广东省龙川县附城镇中心村园墩埂清理战国墓 2 座。⑩

1994 年 1 月，江西省南康县三益乡荒塘村清理东汉墓 1 座。⑪

1994 年 3 月，广西壮族自治区恭城县平安乡牛路头发现东汉石室墓 1 座⑫，莲花乡东寨村出土汉代羊角钮铜钟 1 件。⑬

1994 年 4 月，海南省东方县罗带乡福鸠村西北发现汉代遗址。⑭

1994 年 3—4 月，湖南省长沙市东区白泥塘湖南省人民政府院内基建清理战国墓 2 座、东汉墓 3 座。⑮

1994 年 1—5 月，广东省广州市先烈南路大统岗清理汉墓 4 座。⑯

1994 年 3—5 月，广东省广州市先烈南路大宝岗清理汉墓 6 座。⑰

---

① 广东省文物考古研究所、湛江市博物馆、徐闻县博物馆：《广东徐闻县五里镇汉代遗址》，《文物》2000 年第 9 期，第 35—41 页。崔勇：《徐闻二桥村汉代遗址与汉代徐闻港的关系》，《岭南文史》2000 年第 4 期，第 34—38 页。杨少祥：《徐闻县五里乡汉代遗址》，《考古学年鉴 1994》，文物出版社 1997 年版，第 254 页。

② 向桃初：《慈利白公城遗址》，《中国考古学年鉴 1994》，文物出版社 1997 年版，第 245—246 页。

③ 宋少华、李鄂权：《西汉长沙王室墓》，《中国考古学年鉴 1994》，文物出版社 1997 年版，第 247—249 页。

④ 龙福廷：《郴州市南郊战国越人墓地》，《中国考古学年鉴 1994》，文物出版社 1997 年版，第 245 页。

⑤ 湘西自治州文物管理处、古丈县文物管理所：《古丈县白鹤湾战国西汉墓发掘报告》，《湖南考古 2002》，岳麓书社 2004 年版，第 147—173 页。周密：《古丈县河西沙湾战国及西汉墓》，《中国考古学年鉴 1994》，文物出版社 1997 年版，第 245—246 页。该年鉴报道西汉墓 3 座，新莽墓 1 座。

⑥ 湘西自治州文物管理处、保靖县文物管理所：《保靖四方城战国、汉代墓葬发掘报告》，《湖南考古 2002》，岳麓书社 2004 年版，第 174—224 页。

⑦ 嘉禾县志编纂委员会：《嘉禾县志 1989—2002》，湖南人民出版社 2007 年版，第 459 页。

⑧ 沅陵县志续编版编纂委员会：《沅陵县志（1988—1997）》，湖南人民出版社 2001 年版，第 391 页。

⑨ 林忠干、赵洪章：《福建浦城三处古遗址调查简报》，《考古》1993 年第 2 期，第 122—127 转 188 页。

⑩ 古运泉、崔勇、邓宏文：《龙川县园墩埂战国墓地》，《中国考古学年鉴 1994》，文物出版社 1997 年版，第 253 页。

⑪ 赣州地区博物馆、南康县博物馆：《江西南康县荒塘东汉墓》，《考古》1996 年第 9 期，第 37—45 页。南康市地方志编纂委员会：《南康市志》，武汉出版社 2005 年版，第 828 页。

⑫ 广西恭城县文管所、俸艳：《广西恭城县牛路头发现一座东汉石室墓》，《考古》1998 年第 1 期，第 90—91 页。

⑬ 恭城县文物管理所、俸艳：《广西恭城县东寨村发现一件羊角钮铜钟》，《考古》2001 年第 9 期，第 95 页。

⑭ 王大新、曾会琼：《东方县福鸠村右坝新石器时代至汉代遗址》，《中国考古学年鉴 1995》，文物出版社 1997 年版，第 208—209 页。

⑮ 长沙市文物工作队：《长沙市白泥塘 5 号战国墓发掘简报》，《文物》1995 年第 12 期，第 17—26 页。

⑯ 邝桂荣：《广州市大统岗东汉至南朝墓葬》，《中国考古学年鉴 1995》，文物出版社 1997 年版，第 200—201 页。

⑰ 广州市文物考古研究所：《广州市先烈南路大宝岗汉墓发掘简报》，《广州文物考古集》，文物出版社 1998 年版，第 235—261 页。

1994 年 6 月 15 日，广西壮族自治区田东县林峰乡和同村大岑坡出土铜鼓 1 面。①

1994 年 6 月 16 日，广西壮族自治区田东县林峰乡和同村大岑坡出土西周编钟 1 件。②

1994 年 7 月，湖南省常德市武陵路中段常德市物资贸易中心大楼基建中发现汉代砖窑。③

1994 年 7—8 月，广西壮族自治区钟山县张屋清理东汉墓 22 余座。④

1994 年秋，海南省儋州市洛基镇三杆塘河右岸台地发现汉代铜釜。⑤

1994 年 11 月，广东曲江樟市镇群星朱屋清理东汉墓 1 座。⑥

1994 年 10—11 月，广西壮族自治区贵港市公安局新址清理汉墓 1 座。⑦

1994 年，湖南省怀化地区靖州苗族侗族自治县江东乡团结村枫树脚清理西汉墓 2 座。⑧

1984—1994 年，湖南省怀化市迎丰村清理汉墓 19 座。⑨

1986—1994 年，湖南省靖州县江东乡、县粮食局等地清理汉墓 5 座。⑩

1994 年 12 月—1995 年 1 月，广东省广州市番禺区市桥镇沙头村龟岗东侧清理汉墓 5 座。⑪

1995 年 1 月，广西壮族自治区阳朔县高田乡立山南麓清理汉墓 1 座。⑫

1995 年 1 月，江西省安远县镇岗乡罗山村发现战国铜器。⑬

1995 年 4 月，广西壮族自治区合浦县西南 3 公里文昌塔清理汉墓 2 座。⑭

1995 年 3—4 月，湖南省常德市新安村清理东汉墓 1 座。⑮

1995 年 6 月，广西壮族自治区贵港市高中新校门旁清理东汉墓 1 座。⑯

1995 年 6 月，湖南省双峰县三塘铺镇清理西汉墓 4 座。⑰

1995 年 5—6 月，广东省连州市连州镇龙嘴竹仔墩破坏汉墓 1 座。⑱

---

① 田东县志编纂委员会：《田东县志》，广西人民出版社 1998 年版，图版。

② 同上。

③ 常德市文物处、常德市博物馆：《湖南常德市城区发现汉代砖窑》，《江汉考古》1998 年第 2 期，第 16—17 转 49 页。龙朝彬：《常德市区发现汉代砖窑》，《中国考古学年鉴 1995》，文物出版社 1997 年版，第 193 页。

④ 广西壮族自治区文物工作队、钟山县博物馆：《广西钟山县张屋东汉墓》，《考古》1998 年第 11 期，第 60—69 页。李珍：《钟山县张屋汉墓》，《中国考古学年鉴 1995》，文物出版社 1997 年版，第 213 页。年鉴报道为 25 座墓葬。

⑤ 王大新、张林彬：《儋州市洛基汉代铜釜》，《中国考古学年鉴 2002》，文物出版社 2003 年版，第 308 页。

⑥ 曲江县博物馆：《广东曲江樟市群星东汉墓》，《南方文物》2000 年第 1 期，第 4—5 页。

⑦ 广西壮族自治区文物工作队、贵港市文物管理所：《广西贵港市孔屋岭东汉墓》，《考古》2005 年第 11 期，第 42—50 页。陈文：《贵港市孔屋岭东汉墓》，《中国考古学年鉴 1995》，文物出版社 1997 年版，第 214 页。年鉴报道为 12 月发掘。

⑧ 怀化地区文物管理处、靖州县文物管理所：《湖南靖州县团结村战国西汉墓》，《考古》1998 年第 5 期，第 27—35 页。

⑨ 湖南省怀化地区地方志编纂委员会：《怀化地区志》，生活·读书·新知三联书店 1999 年版，第 2017 页。

⑩ 同上。

⑪ 陈伟汉：《番禺沙头汉墓的发掘及其意义》，《中国文物报》1997 年 10 月 19 日。广州市文物考古研究所、广州市番禺区文管会办公室：《番禺汉墓》，科学出版社 2006 年版。

⑫ 《阳朔立山发现古墓》，《桂林文博》1995 年第 1 期，第 76 页。

⑬ 钟荣昌：《江西安远出土战国青铜器》，《南方文物》1993 年第 1 期，第 126 页。

⑭ 梁旭达：《合浦文昌塔汉墓》，《中国考古学年鉴 1996》，文物出版社 1998 年版，第 223—224 页。

⑮ 柴焕波、尹检顺：《常德市新安村二号东汉墓》，《中国考古学年鉴 1996》，文物出版社 1998 年版，第 210 页。

⑯ 陈文：《贵港市高中新校门东汉墓》，《中国考古学年鉴 1996》，文物出版社 1998 年版，第 224—225 页。

⑰ 张春龙：《双峰县三塘铺镇西汉墓》，《中国考古学年鉴 1996》，文物出版社 1998 年版，第 208 页。娄底地区地方志编纂委员会：《娄底地区志》，湖南人民出版社 1997 年版，图版。

⑱ 吴海贵：《连州汉墓被毁清理后记》，《广东文物》1996 年第 2 期，第 47—48 页。邱立诚、吴海贵：《连州市龙嘴竹仔墩西汉墓》，《中国考古学年鉴 1996》，文物出版社 1998 年版，第 219—220 页。

1995 年 5—6 月，福建省崇安县城村汉城清理东城门。①

1995 年 7 月，海南省陵水县福湾开发区赤岭港海滨国际度假村工地清理汉代瓮棺葬 3 座。②

1995 年 8 月，湖南省娄底市西阳乡南阳村供销社仓库后面发现东汉墓 1 座。③

1995 年 8—9 月，广西壮族自治区北海市盘子岭清理汉墓 37 座。④

1995 年 8—9 月，广西壮族自治区贵港市北郊三堆岭清理汉墓 1 座。⑤

1995 年春秋，福建省邵武市沿山镇百樵村斗米山清理汉墓 1 座、灰坑 1 个。⑥

1995 年 10 月，湖南省郴州市高山背农业局基建工地清理东汉墓 1 座。⑦

1995 年 12 月，湖南省永州市芝山区永州监狱建材红砖厂清理西汉墓 1 座。⑧

1995 年 7—12 月，广东省广州市中山四路忠佑大街建筑工地清理南越国遗迹。⑨

1995 年 8—12 月，广东省始兴县刨花板厂清理汉墓 7 座。⑩

1995 年 9—12 月，海南省琼山市龙塘镇东北 4 公里博抚北发现汉代城址。⑪

1995 年 11—12 月，湖南省双峰县西北 11 公里走马街镇空心砖厂清理东汉墓 9 座。⑫

1995 年，广东省广州市寺贝通津清理汉南朝墓 8 座。⑬

1995 年，湖南省宁乡县一环路学庵段清理汉至明清墓葬群。⑭

1995 年，湖南省湘西自治州古丈县白鹤湾清理战国西汉墓 6 座。⑮

1995 年，湖南省湘西自治州保靖县龙溪乡要坝村清理墓葬多座。⑯

1995 年，江西省定南县蕉坑村清理东汉墓一座。⑰

1977—1995 年，湖南省辰溪县辰阳镇米家滩清理战国汉墓 90 余座。⑱

1982—1995 年，湖南省黔阳县黔城镇清理清理东周、秦汉墓群。⑲

① 福建博物院、福建闽越王城博物馆：《武夷山城村汉城遗址发掘报告（1980—1996）》，福建人民出版社 2004 年版，第 6 页。武夷山市市志编纂委员会：《武夷山市志》，中国统计出版社 1994 年版，第 975 页。

② 郝思德、王大新：《陵水县军屯村汉唐墓葬》，《中国考古学年鉴 1996》，文物出版社 1998 年版，第 221 页。

③ 朱梅一：《娄底市南阳村东汉墓》，《中国考古学年鉴 1996》，文物出版社 1998 年版，第 211 页。娄底地区地方志编纂委员会：《娄底地区志》，湖南人民出版社 1997 年版，图版。

④ 广西壮族自治区文物工作队：《广西北海市盘子岭东汉墓》，《考古》1998 年第 11 期，第 48—59 页。彭书琳：《合浦县盘子岭汉墓》，《中国考古学年鉴 1996》，文物出版社 1998 年版，第 224 页。年鉴报到为 38 座墓葬，地点属合浦县。

⑤ 陈文：《贵港三堆岭汉墓》，《中国考古学年鉴 1996》，文物出版社 1998 年版，第 223 页。

⑥ 福建省博物馆：《邵武斗米山的汉唐遗存》，《福建文博》2002 年第 1 期，第 1—12 页。

⑦ 龙福廷、谢晓玲：《郴州市高山背东汉墓》，《中国考古学年鉴 1996》，文物出版社 1998 年版，第 210—211 页。

⑧ 湖南省文物考古研究所、永州市芝山区文物管理所：《湖南永州市鹞子岭二号西汉墓》，《考古》2001 年第 4 期，第 45—62 页。郭伟民、郑元日：《永州鹞子岭二号汉墓》，《中国考古学年鉴 1996》，文物出版社 1998 年版，第 208—209 页。

⑨ 陈伟汉：《广州南越国宫署遗址》，《中国考古学年鉴 1996》，文物出版社 1998 年版，第 218—219 页。

⑩ 始兴县博物馆、廖晋雄：《广东始兴县刨花板厂汉墓》，《考古》2000 年第 5 期，第 91—94 页。

⑪ 郝思德、王大新：《琼山市博抚村汉代城址》，《中国考古学年鉴 1996》，文物出版社 1998 年版，第 220—221 页。

⑫ 朱梅一：《双峰县空心砖厂东汉墓群》，《中国考古学年鉴 1996》，文物出版社 1998 年版，第 211 页。

⑬ 东山区地方志编纂委员会：《广州市东山区志》，广东人民出版社 2007 年版，第 518 页。

⑭ 宁乡县地方志编纂委员会：《宁乡县志 1986—2002 年》，方志出版社 2008 年版，第 485 页。

⑮ 湘西自治州文物管理处、古丈县文物管理所：《古丈县白鹤湾战国西汉墓发掘报告》，《湖南考古 2002》，岳麓书社 2004 年版，第 147—173 页。

⑯ 湘西自治州文物管理处、保靖县文物管理所：《保靖四方城战国、汉代墓葬发掘报告》，《湖南考古 2002》，岳麓书社 2004 年版，第 174—224 页。

⑰ 赣南地区历史文化研究室：《赣南文物考古五十年》，《南方文物》2001 年第 4 期，第 100—104 页。

⑱ 湖南省怀化地区地方志编纂委员会：《怀化地区志》，生活·读书·新知三联书店 1999 年版，第 2010 页。

⑲ 同上。

1990—1995 年，湖南省沅陵县太常乡木马岭清理战国、汉墓数百座。①

1994 年秋—1996 年 1 月，福建省崇安县城村清理下寺岗一号遗址。②

1995 年 6 月—1996 年 1 月，广东省广宁县龙嘴岗清理战国墓 15 座。③

1995 年 11 月—1996 年 1 月，湖南省衡山县永和乡调查永和东汉古城。④

1995 年 12 月—1996 年 1 月，湖南省邵阳市神滩村姜家山资江二桥引桥工地清理的东汉墓 4 座。⑤

1996 年 4 月，湖南省湘西自治州保靖县黄连乡清理墓葬。⑥

1996 年 4—5 月，广东省广州市东山区梅花村宿舍楼基建工地里清理汉墓 1 座。⑦

1996 年 6 月，湖南省泸溪县浦市镇南新街清理汉墓 6 座。⑧

1996 年 5—6 月，广东省广州市麓景西路狮带岗清理西汉墓 1 座。⑨

1996 年 5—6 月，湖南省京珠高速长岳段沿线临湘、岳阳、汨罗、平江、长沙等五县市调查发现 2 处汉墓群。⑩

1996 年 5—7 月，湖南省平江县官塘农场牛形山清理战国晚期西汉初期墓葬 22 座、安达镇边山村清理汉墓 4 座⑪。

1996 年 7 月，江西省樟树市薛家渡北清理东汉墓 1 座。⑫

1996 年 8 月，湖南省津市市新洲镇豹鸣村湘北干线基建中清理东汉墓 1 座。⑬

1996 年 7—8 月，湖南省茶陵县城关镇县一中校内清理汉墓 4 座。⑭

1996 年夏，湖南省湘西自治州泸溪县浦市镇桐木垅清理墓葬 21 座。⑮

1996 年 10 月，广东省广州市沙河顶十九路军抗日阵亡将士坟园管理处办公楼拆除中发现汉墓 1 座。⑯

---

① 湖南省怀化地区地方志编纂委员会：《怀化地区志》，生活·读书·新知三联书店 1999 年版，第 2011 页。

② 福建博物院、福建闽越王城博物馆：《武夷山城村汉城遗址发掘报告（1980—1996）》，福建人民出版社 2004 年版，第 6 页。

③ 广东省文物考古研究所、广宁县博物馆：《广东广宁县龙嘴岗战国墓》，《考古》1998 年第 7 期，第 45—49 页。

④ 尹检顺：《衡山永和东汉古城》，《中国考古学年鉴 1996》，文物出版社 1998 年版，第 209—210 页。

⑤ 邵阳市文物管理处：《邵阳市郊区东汉南朝砖室墓》，《湖南考古 2002》，岳麓书社 2004 年版，第 420—426 页。

⑥ 湘西自治州文物管理处、保靖县文物管理所：《湖南保靖黄连古墓葬发掘报告》，《湖南考古 2002》，岳麓书社 2004 年版，第 230—253 页。

⑦ 广州市文物考古研究所：《广州东山梅花村八号墓发掘简报》，《广州文物考古集》，文物出版社 1998 年版，第 262—281 页。

⑧ 龙京沙：《泸溪浦市战国汉墓》，《中国考古学年鉴 1997》，文物出版社 1999 年版，第 203 页。

⑨ 广州市文物考古研究所：《广州狮带岗西汉土坑墓发掘简报》，《广州文物考古集》，文物出版社 1998 年版，第 207—212 页。

⑩ 尹检顺：《京珠高速公路长沙至岳阳段考古调查》，《中国考古学年鉴 1997》，文物出版社 1999 年版，第 199—200 页。

⑪ 郭胜斌、欧继凡：《平江牛形山边山古墓群》，《中国考古学年鉴 1997》，文物出版社 1999 年版，第 204 页。

⑫ 江西省文物考古研究所、江西省樟树市博物馆：《江西樟树薛家渡东汉墓》，《南方文物》1998 年第 3 期，第 15—19 页。

⑬ 津市市文物管理所：《津市市新洲豹鸣村东汉墓》，《湖南考古 2002》，岳麓书社 2004 年版，第 411—419 页。

⑭ 席道合：《茶陵县城关镇汉墓》，《中国考古学年鉴 1997》，文物出版社 1999 年版，第 205 页。

⑮ 湘西自治州文物管理处、泸溪县文管所：《泸溪桐木垅战国、汉墓发掘报告》，《湖南考古 2002》，岳麓书社 2004 年版，第 254—288 页。

⑯ 广州市文物考古研究所：《广州市沙河顶汉墓发掘简报》，《广州文物考古集》，文物出版社 1998 年版，第 213—221 页。

1996 年 10 月，广西壮族自治区武宣县三里乡勒马村东南调查汉代城址。①

1996 年 7—11 月，湖南省常德市武陵区北约 1 公里南坪乡南坪村清理战国汉墓 50 余座。②

1996 年 9—11 月，广东省广州市横枝岗 1 号原远东风扇厂内东侧基建发现汉墓 9 座。③

1996 年 9—11 月，广东省广州市南越国宫署清理水井等遗迹。④

1996 年 11—12 月，广东省博罗县龙溪镇银岗村清理战国遗址。⑤

1996 年 12 月，湖南省郴州市筑路工程机械厂宿舍基建发现汉墓 1 座。⑥

1996 年 12 月，广西壮族自治区合浦禁山七星岭合浦县食糖仓库清理汉墓 11 座。⑦

1996 年，湖南省宁乡县石长铁路、长常高速公路宁乡境内清理西汉古墓群 8 处。⑧

1990—1996 年，广西壮族自治区合浦在城南母猪岭地区清理汉墓 10 座，发表 5 座。⑨

1990—1996 年，广西壮族自治区兴安县溶江镇调查通济古城等秦城遗址，对七里圩王城城址进行测绘、勘探与发掘。⑩

1995—1996 年，广东省广州市东山农林下路清理东汉墓 1 座。⑪

1996 年 12 月—1997 年 1 月，广西壮族自治区贵港市火车站所在地马鞍岭清理汉墓 3 座。⑫

1996 年 12 月—1997 年 2 月，福建省武夷山市兴田镇城村后山清理汉代陶窑 3 座。⑬

1997 年 1 月，湖南省郴州市民政局基建工地清理汉墓 1 座。⑭

1997 年 3 月，广东省广州市海珠区新港西路中国科学院南海海洋研究所清理东汉墓 1 座。⑮

1997 年 3 月，广西壮族自治区桂平市寻旺乡大塘城村清理西汉墓 1 座。⑯

1997 年 3 月，湖南省湘西自治州保靖县黄连乡清理墓葬。⑰

---

① 张旭、黄文信：《武宣汉代城址》，《中国考古学年鉴 1997》，文物出版社 1999 年版，第 215—216 页。

② 文智：《常德市穿紫河战国汉墓群》，《中国考古学年鉴 1997》，文物出版社 1999 年版，第 202 页。

③ 广州市文物考古研究所：《广州横枝岗古墓群发掘简介》，《广州文物考古集》，文物出版社 1998 年版，第 320—321 页。

④ 陈伟汉、陈春丽：《广州市南越国宫署遗址》，《中国考古学年鉴 1998》，文物出版社 2000 年版，第 194—195 页。广州市地方志编纂委员会：《广州市志 16》，广州出版社 1999 年版，第 503、618 页。

⑤ 广东省文物考古研究所：《广东博罗银岗遗址发掘简报》，《文物》1998 年第 7 期，第 17—30 页。

⑥ 龙福廷：《郴州市汉墓》，《中国考古学年鉴 1997》，文物出版社 1999 年版，第 204—205 页。

⑦ 广西壮族自治区文物工作队：《广西合浦县禁山七星岭东汉墓葬》，《考古》2004 年第 4 期，第 37—45 页。

⑧ 宁乡县地方志编纂委员会：《宁乡县志 1986—2002》，方志出版社 2008 年版，第 485 页。

⑨ 广西壮族自治区合浦县博物馆：《广西合浦县母猪岭汉墓的发掘》，《考古》2007 年第 2 期，第 19—38 页。

⑩ 广西壮族自治区文物工作队、兴安县博物馆：《广西兴安县秦城遗址七里圩王城城址的勘探与发掘》，《考古》1998 年第 11 期，第 34—47 页。李珍：《兴安秦城城址的考古发现与研究》，《广西考古文集》，文物出版社 2004 年版，第 330—336 页。李珍：《兴安县秦城遗址》，《中国考古学年鉴 1992》，文物出版社 1994 年版，第 290—291 页。李珍：《兴安县秦城王城遗址》，《中国考古学年鉴 1994》，文物出版社 1997 年版，第 259—260 页。李珍、彭书林：《兴安县秦城遗址》，《中国考古学年鉴 1997》，文物出版社 1999 年版，第 215 页。

⑪ 广州市文物考古研究所：《广州东山农林下路汉、南朝墓地发掘报告》，《广州文博论丛 (2)》，广州出版社 2005 年版，第 8—12 页。

⑫ 广西壮族自治区文物工作队：《广西贵港市马鞍岭东汉墓》，《考古》2002 年第 3 期，第 34—45 页。林强：《贵港市马鞍岭东汉墓》，《中国考古学年鉴 1998》，文物出版社 2000 年版，第 212 页。

⑬ 福建博物院、福建闽越王城博物馆：《福建武夷山市城村西汉窑址发掘简报》，《考古》2003 年第 12 期，第 51—60 页。

⑭ 龙福廷：《郴州市出土泥质"半两"钱》，《中国考古学年鉴 1998》，文物出版社 2000 年版，第 188—189 页。

⑮ 全洪：《广州市南海海洋研究所内东汉墓》，《中国考古学年鉴 1998》，文物出版社 2000 年版，第 199 页。

⑯ 彭书林：《桂平市大塘城村汉墓》，《中国考古学年鉴 1998》，文物出版社 2000 年版，第 211—212 页。

⑰ 湘西自治州文物管理处、保靖县文物管理所：《湖南保靖黄连古墓葬发掘报告》，《湖南考古 2002》，岳麓书社 2004 年版，第 230—253 页。

1997 年 3 月，湖南省保靖县清水坪乡魏家寨酉水河南岸调查汉代城址。①

1996 年 7 月—1997 年 4 月，广东省广州市珠江南岸同福中路北侧海幢公园西南角清理汉代窑场。②

1997 年 5 月，广东省广州市东山梅花村省委宿舍楼清理汉墓 2 座。③

1997 年 5—6 月，湖南省长沙市五一广场科文大厦清理汉代水井 17 口。④

1997 年 7 月，广东省广州市淘金坑村住宅基地清理汉墓 6 座。⑤

1997 年 8 月，福建省福州市西湖东侧湖滨路大会堂工地发现汉代遗迹。⑥

1997 年 7—8 月，广东省广州市动物园北部山岗清理东汉墓 2 座。⑦

1997 年 7—8 月，广东省广州市先烈中路浙江大厦西侧工地清理东汉墓 2 座。⑧

1997 年 9 月，广东省广州市横枝岗路 95 号清理西汉墓 3 座。⑨

1997 年 8—9 月，广东省广州市沙河顶十九路军陵园西部清理东汉墓 1 座。⑩

1997 年 10 月，福建省福州市鼓屏路东侧，32100 部队宿舍工地发现汉代遗迹。⑪

1997 年 9—10 月，广西壮族自治区全州县凤凰乡湾里村石子桥西龙尾巴山岭上清理东汉墓 6 座。⑫

1997 年 5—11 月，湖南省郴州市马家坪北湖公园北侧清理东汉墓 5 座。⑬

1997 年 10—11 月，福建省福州市农业厅宿舍工地发现汉代建筑遗址。⑭

1997 年冬，湖南省湘西自治州泸溪县浦市镇桐木垅清理墓葬 146 座。⑮

1997 年，湖南省湘西自治州保靖县龙溪乡要坝村清理墓葬多座。⑯

---

① 龙京沙：《保靖魏家寨汉代城址》，《中国考古学年鉴 1998》，文物出版社 2000 年版，第 189 页。

② 广州市文物考古研究所：《广州海幢寺汉代窑场遗址的发掘》，《考古学报》2003 年第 3 期，第 373—400 页。朱海仁、张强禄：《广州市海幢寺汉代窑场遗址》，《中国考古学年鉴 1998》，文物出版社 2000 年版，第 197—198 页。广州市海珠区地方志编纂委员会：《广州市海珠区志》，广东人民出版社 2000 年版，第 591 页。

③ 马建国：《广州市东山梅花村汉墓》，《中国考古学年鉴 1998》，文物出版社 2000 年版，第 198 页。

④ 宋少华、黄朴华：《长沙市五一广场东汉简牍》，《中国考古学年鉴 1998》，文物出版社 2000 年版，第 189 页。

⑤ 金国：《广州市淘金坑汉墓葬》，《中国考古学年鉴 1998》，文物出版社 2000 年版，第 197 页。

⑥ 黄荣春：《闽越源流考略》，海潮摄影艺术出版社 2002 年版，第 198 页。

⑦ 全洪：《广州市动物园东汉、南朝和唐代墓葬》，《中国考古学年鉴 1998》，文物出版社 2000 年版，第 199—200 页。

⑧ 广州市文物考古研究所：《广州黄花岗东汉砖室墓发掘简报》，《广州文物考古集》，文物出版社 1998 年版，第 222—234 页。朱海仁、黄兆强：《广州市黄花岗东汉宋墓葬》，《中国考古学年鉴 1998》，文物出版社 2000 年版，第 200—201 页。

⑨ 广州市文物考古研究所：《广州横枝岗西汉墓的发掘》，《广州文博》2002 年第 2 期，第 12—24 页。广州市文物考古研究所：《广州市横枝岗西汉墓的清理》，《考古》2003 年第 5 期，第 35—43 页。朱海仁、马建国：《广州市横枝岗西汉、南朝和唐墓》，《中国考古学年鉴 1998》，文物出版社 2000 年版，第 196—197 页。

⑩ 邓斌：《广州市十九路军陵园东汉砖室墓》，《中国考古学年鉴 1998》，文物出版社 2000 年版，第 199 页。

⑪ 黄荣春：《闽越源流考略》，海潮摄影艺术出版社 2002 年版，第 198—199 页。

⑫ 陈文：《全州县龙尾巴汉墓群》，《中国考古学年鉴 1998》，文物出版社 2000 年版，第 213 页。

⑬ 龙福廷：《郴州市马家坪战国时期和东汉、宋代墓葬》，《中国考古学年鉴 1998》，文物出版社 2000 年版，第 188 页。

⑭ 黄荣春：《闽越源流考略》，海潮摄影艺术出版社 2002 年版，第 198 页。

⑮ 湘西自治州文物管理处、泸溪县文管所：《泸溪桐木垅战国、汉墓发掘报告》，《湖南考古 2002》，岳麓书社 2004 年版，第 254—288 页。龙京沙：《泸溪县浦市镇战国汉墓》，《中国考古学年鉴 1998》，文物出版社 2000 年版，第 187—188 页。年鉴报道战国墓 29 座、汉墓 13 座。

⑯ 湘西自治州文物管理处、保靖县文物管理所：《保靖四方城战国、汉代墓葬发掘报告》，《湖南考古 2002》，岳麓书社 2004 年版，第 174—224 页。

1997 年，福建省福州市屏山农贸市场工地发现大量汉代遗物。①

1995—1997 年，广东省广州市中山四路广州市文化局、广州市长话分局清理南越国宫署遗址。②

1998 年 1 月，湖南省桑植县刘家坪白族乡双溪桥出土东汉铜器窖藏。③

1998 年 1—3 月，广东省广州市中山五路清理发现东汉城墙。④

1998 年 1—4 月，广东省博罗县龙溪镇银岗村清理战国遗址。⑤

1998 年春，湖南省湘西自治州泸溪县浦市镇桐木垅清理墓葬 15 座。⑥

1998 年 5 月，广东省广州市东山梅花村 65 号工地清理汉墓 2 座。⑦

1998 年 4—5 月，湖南省湘西自治州保靖县黄连乡清理墓葬。⑧

1997 年 1 月—1998 年 5 月，广东省广州市农林上四横路省政府某单位建筑工地清理汉墓 1 座。⑨

1998 年 6 月，湖南省吉首市沙溪大桥改线工程发现汉代遗址。⑩

1998 年 8 月 23 日，江西高安锦江北岸高安宾馆内清理汉墓 2 座。⑪

1998 年 8 月，湖南省长沙市雨花区阿弥岭铁路公司基建工地清理西汉墓 1 座。⑫

1998 年 8 月，湖南省郴州市第三建筑公司住宅一区基建工地清理秦墓 1 座。⑬

1998 年 8 月，湖南省津市市新洲豹鸣村清理东汉墓 1 座。⑭

1998 年 8 月，福建省福州市华林寺东南约 80 米天门山西北坡福建农业发展交流中心工地发现汉代遗迹、墓葬。⑮

---

① 福建省博物馆、福建省昙石山遗址博物馆、福州市晋安区文管会：《福建福州市新店古城发掘简报》，《考古》2001 年第 3 期，第 13—25 页。欧谭生：《福州闽越故城发现一批文字瓦当—为闽越国冶在福州提供新证据》，《中国文物报》1997 年12 月 31 日。

② 广州市文物考古研究所、南越王宫博物馆筹建办公室：《广州南越国宫署遗址 1995—1997 年发掘简报》，《文物》2000年第 9 期，第 4—24 页。南越王宫博物馆筹建处、广州市文物考古研究所：《南越宫苑遗址 1995—1997 考古发掘报告》，文物出版社 2008 年版。

③ 桑植县地方志编纂委员会办公室：《桑植县志》，昆仑出版社 2005 年版，第 549 页。

④ 冯永驱：《广州市中山五路东汉至南朝城墙遗址》，《中国考古学年鉴 1999》，文物出版社 2001 年版，第 255—256 页。

⑤ 广东省文物考古研究所：《广东博罗银岗遗址第二次发掘》，《文物》2000 年第 6 期，第 4—16 页。

⑥ 湘西自治州文物管理处、泸溪县文管所：《泸溪桐木垅战国、汉墓发掘报告》，《湖南考古 2002》，岳麓书社 2004 年版，第 254—288 页。

⑦ 广州市文物考古研究所：《广州东山梅花村东汉墓的发掘报告》，《广州文博论丛（2）》，广州出版社 2005 年版，第1—7 页。朱海仁、马建国：《广州市东山梅花村东汉木椁墓》，《中国考古学年鉴 1999》，文物出版社 2001 年版，第 255 页。

⑧ 湘西自治州文物管理处、保靖县文物管理所：《湖南保靖黄连古墓葬发掘报告》，《湖南考古 2002》，岳麓书社 2004 年版，第 230—253 页。

⑨ 丁巍：《广州市东山猫儿岗西汉大型木椁墓》，《中国考古学年鉴 1998》，文物出版社 2000 年版，第 195—196 页。广州市文物考古研究所：《广州东山发现西汉南越国大型木椁墓出土大批珍贵漆木器》，《广州文物考古集》，文物出版社 1998 年版，第 308—310 页。东山区地方志编纂委员会：《广州市东山区志》，广东人民出版社 2007 年版，第 518 页。

⑩ 龙京沙：《吉首市沙溪大桥新石器时代及汉至明清时期遗址》，《中国考古学年鉴 1999》，文物出版社 2001 年版，第242 页。

⑪ 江西省文物考古研究所、江西省高安市博物馆：《江西高安碧落山西汉墓》，《南方文物》2002 年第 2 期，第 5—7 页。

⑫ 黎石生：《长沙市雨花区阿弥岭西汉墓》，《中国考古学年鉴 1999》，文物出版社 2001 年版，第 244—245 页。

⑬ 龙福廷：《郴州市秦墓》，《中国考古学年鉴 1999》，文物出版社 2001 年版，第 242 页。

⑭ 彭佳：《津市市新洲豹鸣东汉墓》，《中国考古学年鉴 1999》，文物出版社 2001 年版，第 245—246 页。

⑮ 黄荣春：《闽越源流考略》，海潮摄影艺术出版社 2002 年版，第 199 页。

1992 年 5 月—1998 年 8 月，湖南省张家界市桑植县城西朱家台发掘汉代铁器铸造作坊遗址。①

1998 年 5—8 月，广东省广州市番禺区钟村镇屏山二村杉岗工业开发区清理汉墓 15 座。②

1998 年 6—8 月，广东省广州市中山四路秉政街西侧清理汉代木构建筑遗迹。③

1998 年 10 月，广东省广州市永福路 37 号永福大厦工地清理东汉墓 2 座。④

1998 年 8—10 月，广东省广州市东山区中山一路 100 号广铁集团工地发掘东汉墓 3 座。⑤

1998 年 11 月，广东省广州市下塘四路西侧飞鹅岭东麓发掘东汉墓 1 座。⑥

1998 年 12 月，湖南省长沙市开福区清水塘路市一中基建工地清理战国墓 5 座、秦墓 1 座。⑦

1998 年 11—12 月，广东省广州市先烈中路 81 号大院工地西侧清理东汉墓 4 座。⑧

1998 年底，湖南省常德市区南坪岗穿紫河柳叶大道基建中清理古墓 80 余座。⑨

1998 年，湖南省湘西自治州保靖县龙溪乡要坝村清理墓葬多座。⑩

1999 年初，广东省广州市东山福今路 6 号广东省气象局大院内清理东汉墓 1 座。⑪

1999 年 1 月上旬，广西壮族自治区桂林市翊武路清理汉墓 1 座。⑫

1999 年 1 月 24 日，海南省儋州市光村镇泊潮村北部湾沿岸发现汉代铜鼓。⑬

1999 年 2 月，广东省广州市番禺区市桥镇沙头村龟岗东侧清理汉墓 1 座。⑭

1998 年 11 月—1999 年 2 月，福建省福州市冶山东侧省政府机关事务局宿舍工地清理发现汉代遗址。⑮

1999 年 3—4 月，海南省琼山市调查发掘了龙塘镇博抚村珠崖岭古城址⑯，通过发掘确定，李琳 1999 年认为此城为汉珠崖郡的治所所在的认识无法成立⑰。

1999 年 4—5 月，广西壮族自治区合浦县凸鬼岭合浦自来水净化厂清理汉墓 17 座。⑱

---

① 张家界市文物工作队：《湖南桑植朱家台汉代铁器铸造作坊遗址发掘报告》，《考古学报》2003 年第 3 期，第 401—426 页。

② 广州市文物考古研究所、番禺博物馆：《广东番禺屏山东汉墓发掘报告》，《考古学集刊（14）》，文物出版社 2004 年版，第 161—190 页。广州市文物考古研究所、广州市番禺区文管会办公室：《番禺汉墓》，科学出版社 2006 年版。廖明泉、张强禄：《番禺市屏山二村东汉墓群和明代村落遗址》，《中国考古学年鉴 1999》，文物出版社 2001 年版，第 259—260 页。

③ 陈伟汉：《广州市中山四路秉政街汉代木构建筑遗迹》，《中国考古学年鉴 1999》，文物出版社 2001 年版，第 254 页。

④ 张金国：《广州市永福路东汉、南朝、唐代墓葬》，《中国考古学年鉴 1999》，文物出版社 2001 年版，第 256—257 页。

⑤ 全洪：《广州市东山汉至五代遗迹和墓葬》，《中国考古学年鉴 1999》，文物出版社 2001 年版，第 257—258 页。

⑥ 邝桂荣：《广州市下塘西路汉唐墓》，《中国考古学年鉴 1999》，文物出版社 2001 年版，第 256 页。

⑦ 黎石生、马代忠：《长沙市清水塘路市一中战国、秦墓》，《中国考古学年鉴 1999》，文物出版社 2001 年版，第 244 页。

⑧ 朱海仁：《广州市先烈中路东汉至明代墓葬》，《中国考古学年鉴 1999》，文物出版社 2001 年版，第 258—259 页。

⑨ 常德市博物馆：《湖南常德南坪"汉寿左尉"墓清理简报》，《江汉考古》2004 年第 1 期，第 23—27 页。

⑩ 湘西自治州文物管理处、保靖县文物管理所：《保靖四方城战国、汉代墓葬发掘报告》，《湖南考古 2002》，岳麓书社 2004 年版，第 174—224 页。

⑪ 广州市文物考古研究所：《广州东山福今路古墓发掘简报》，《广州文博》2002 年第 2 期，第 1—11 页。

⑫ 广西壮族自治区文物工作队、桂林市文物工作队：《广西桂林市翊武路砖室墓清理简报》，《广西考古文集 2》，科学出版社 2006 年版，第 372—380 页。市文物工作队：《桂林市翊武路砖室墓发掘简报》，《桂林文博》1999 年第 2 期，第 41—46 页。

⑬ 郝思德、张林彬：《儋州市泊潮汉代铜鼓》，《中国考古学年鉴 2002》，文物出版社 2003 年版，第 309 页。

⑭ 广州市文物考古研究所、广州市番禺区文管会办公室：《番禺汉墓》，科学出版社 2006 年版。

⑮ 黄荣春：《闽越源流考略》，海潮摄影艺术出版社 2002 年版，第 199—200 页。

⑯ 海南省文物考古研究所、琼山市文化广电体育局：《海南琼山市珠崖岭古城址 1999 年发掘简报》，《考古》2003 年第 4 期，第 24—32 页。

⑰ 李琳：《汉代珠崖郡治城址考》，《考古与文物》1999 年第 1 期，第 72—77 页。

⑱ 广西壮族自治区文物工作队、合浦县博物馆：《合浦县凸鬼岭汉墓发掘简报》，《广西考古文集》，文物出版社 2004 年版，第 265—285 页。

1998 年 12 月—1999 年 5 月，福建省福州市冶山路财政厅工地清理发现西汉建筑遗迹。①

1999 年 6 月，广东省广州市内环南田路段清理汉墓 4 座。②

1999 年 1—7 月，福建省福州市冶山路省二建工地发现西汉早期建筑遗迹。③

1999 年 3—7 月，湖南省长沙市白沙岭长沙电业局宿舍小区清理战国墓 30 座、西汉墓 17 座。④

1999 年 6—7 月，湖南省洪江市洪江电站淹没区清理汉墓 45 座。⑤

1999 年 6—8 月，广东省广州市先烈南路大宝岗华泰宾馆前基建工地清理汉墓 4 座。⑥

1999 年 4—9 月，广东省广州市淘金路口至麓湖路口横枝岗西南清理西汉墓 5 座、东汉墓 5 座。⑦

1999 年 6—9 月，湖南省沅陵县城关镇西清理虎溪山一号墓。⑧

1999 年 1—3 月、10 月，广东省广州市东山口立交建设中金城宾馆以东、东山区人民医院以南山岗地带清理汉晋南朝唐代墓葬 13 座、清理南越国水井 3 口、东汉灰坑 1。⑨

1999 年 9—10 月，广东省英德市大站镇大兰管理区滑塘村、佛冈县石角塘管理区佛子前坡地发现战国遗物。⑩

1999 年 11 月，广东省广州市东山区农林下路南端东侧近东山口清理发现南越瓦片坑。⑪

1999 年 12 月，广东省和平县附城镇龙湖村发现战国墓 1 座。⑫

1999 年 12 月，福建省福州市北大路与湖东路交叉口西北角发掘汉唐遗迹。⑬

1999 年 3—12 月，湖南省耒阳市公平镇三村清理东汉墓 12 座、郴州市苏仙区五里牌乡洞尾村清理两汉墓 7 座、永兴县马田镇镇罗塘清理东汉墓 6 座。⑭

1996—1999 年，福建省福州市晋安区新店镇新店古城进行了 3 次发掘。⑮

---

① 福建博物院、福州市文物考古工作队：《福州冶山路财政厅工地发掘简报》，《福建文博》2005 年增刊，第 1—12 页；张勇：《关于冶山路财政厅工地考古的几个问题》，《福建文博》2005 年增刊，第 251—254 页。鼓楼区地方志编纂委员会：《鼓楼区志》，方志出版社 2001 年版，第 1094 页。

② 广州市文物考古研究所：《广州南田路古墓葬》，《华南考古 1》，文物出版社 2004 年版，第 199—221 页。

③ 福建博物院、福州市文物考古工作队：《福州冶山路省二建工地发掘简报》，《福建文博》2005 年增刊，第 13—24 转 63 页。

④ 李鄂权：《长沙市白沙岭战国及西汉墓葬》，《中国考古学年鉴 2000》，文物出版社 2002 年版，第 218—219 页。

⑤ 张春龙：《洪江市小江村汉墓群》，《中国考古学年鉴 2000》，文物出版社 2002 年版，第 223 页。

⑥ 广州市文物考古研究所：《广州先烈南路汉墓发掘简报》，《广州文博》2002 年第 4 期，第 1—18 页。广州市文物考古研究所：《广州市先烈南路汉晋南朝墓葬》，《羊城考古发现与研究（一）》，文物出版社 2005 年版，第 49—72 页。

⑦ 关舜甫：《广州市横枝岗汉至唐代及清代墓群》，《中国考古学年鉴 2001》，文物出版社 2002 年版，第 243—244 页。

⑧ 湖南省文物考古研究所、怀化市文物处、沅陵县博物馆：《沅陵虎溪山一号汉墓发掘简报》，《文物》2003 年第 1 期，第 36—55 页。郭伟民：《沅陵虎溪山一号汉墓发掘记》，《文物天地》1999 年第 6 期，第 34—37 页；《沅陵县虎溪山一号汉墓》，《中国考古学年鉴 2000》，文物出版社 2002 年版，第 221—222 页。

⑨ 丁巍：《广州市东山口东汉至唐代墓群及汉代遗址》，《中国考古学年鉴 2001》，文物出版社 2002 年版，第 244—245 页。东山区地方志编纂委员会：《广州市东山区志》，广东人民出版社 2007 年版，第 519 页。

⑩ 冯孟钦：《英佛公路沿线文物调查》，《中国考古学年鉴 2000》，文物出版社 2002 年版，第 224 页。

⑪ 邝桂荣：《广州东山农林下路南越瓦片坑清理记》，《广州考古五十年文选》，广州出版社 2003 年版，第 405—412 页。

⑫ 陈子昂：《和平发现战国时期土坑墓》，《广东文物》2001 年第 1 期，第 160 页。

⑬ 福州市文物考古工作队：《福州北大路汉唐遗址发掘简报》，《福建文博》2005 年增刊，第 16—28 页。

⑭ 胡建军：《京珠高速公路耒宜段两汉墓葬》，《中国考古学年鉴 2000》，文物出版社 2002 年版，第 222—223 页。

⑮ 福建省博物馆、福建省昙石山遗址博物馆、福州市晋安区文管会：《福建福州市新店古城发掘简报》，《考古》2001 年第 3 期，第 13—25 页。欧谭生、黄荣春：《福州新店古城考古又获有新发现—发掘出战国晚期冶炼遗址及汉初城墙》，《福建史志》1999 年第 1 期，第 63—64 页。欧谭生：《福州新店闽越故城》，《中国考古学年鉴 1997》，文物出版社 1999 年版，第 150—152 页。欧谭生、黄荣春：《福州市新店古城》，《中国考古学年鉴 1999》，文物出版社 2001 年版，第 186—187 页。福州市地方志编纂委员会：《福州市志 7》，方志出版社 1999 年版，第 488 页。

1997—1999 年，广东省广州市先烈中路黄花岗一带清理汉墓 8 座。①

2000 年 1 月，广东省增城市围岭广惠高速公路 A7 标段 K28 地段清理东汉墓 10 座。②

2000 年 1 月，福建省福州市冶山路省水产厅内清理汉代灰坑 3 个。③

1999 年 10 月—2000 年 3 月，广东省广州市白云区萝岗镇萝岗村龟岗广州北二环高速公路工地发现汉代遗迹。④

2000 年 4 月，湖南省长沙市考古队王家垅清理西汉墓 1 座。⑤

2000 年 4 月，湖南省津市市新洲镇花山寺清理战国西汉墓葬 12 座。⑥

2000 年 2—4 月，广东省博罗县石湾镇田心村清理战国墓 5 座。⑦

2000 年 2—5 月，广东省广州市中山四路儿童乐园清理南越国宫署遗址。⑧

2000 年 6 月，湖南省长沙市东牌楼街新世纪商贸城基建中发现东周夯土城墙。⑨

2000 年 6—7 月，广东省博罗县罗阳镇黄庄村清理汉代遗址。⑩

2000 年 5—8 月，广东省博罗县罗阳镇丁口村沙岭山东西坡上清理战国、汉代墓葬、遗址。⑪

2000 年 7—8 月，广东省广州市大东门东方里清理东汉遗址。⑫

2000 年 7—8 月，福建省福州市晋安区新店镇新店古城进行了第 5 次发掘。⑬

2000 年 9 月，湖南省湘乡市棋梓桥镇泥溪村新塘湾清理汉代窑址 2、东汉墓 6 座。⑭

2000 年 8—9 月，湖南省邵东县廉桥镇千家丛山清理两汉墓葬 53 座。⑮

2000 年 2—10 月，广东省博罗县城东北浪头管理区黄庄村横岭山发掘先秦墓葬。⑯

2000 年 11 月，广东省增城市三江镇岗尾村大岗南坡清理东汉墓 5 座。⑰

2000 年 10—11 月，广东省封开县平凤镇古显村委古池村康塘山发掘汉墓 2 座。⑱

2000 年 12 月 21 日，海南省文昌县罗豆镇珠潭村村东发现汉代铜鼓。⑲

① 广州市文物考古研究所：《广州黄花岗汉唐墓葬发掘报告》，《考古学报》2004 年第 4 期，第 451—483 页。

② 全洪：《增城市围岭史前遗址和东汉墓葬》，《中国考古学年鉴 2001》，文物出版社 2002 年版，第 235—236 页。

③ 福州市文物考古工作队：《2000 年福州冶山路古遗址发掘简报》，《福建文博》2005 年增刊，第 68—78 页。

④ 冯永驱、陈伟汉、朱海仁：《广州市白云区萝岗先秦至明清时期遗址和墓葬》，《中国考古学年鉴 2001》，文物出版社 2002 年版，第 237 页。

⑤ 黄朴华、马代忠：《长沙市西汉"屏陵长印"墓》，《中国考古学年鉴 2001》，文物出版社 2002 年版，第 230 页。

⑥ 津市市文物管理所：《湖南津市花山寺战国西汉墓清理简报》，《江汉考古》2006 年第 1 期，第 21—25 页。

⑦ 李子文：《博罗县田心新石器时代至清代遗址》，《中国考古学年鉴 2001》，文物出版社 2002 年版，第 236 页。

⑧ 中国社会科学院考古研究所、广州市文物考古研究所、南越王宫博物馆筹建处：《广州南越国宫署遗址 2000 年发掘报告》，《考古学报》2002 年第 2 期，第 235—259 页。张金国、廖明全：《广州市儿童公园内南越至唐宋时期建筑基址》，《中国考古学年鉴 2001》，文物出版社 2002 年版，第 240—241 页。

⑨ 邱东联、马代忠：《长沙市东周夯土城墙》，《中国考古学年鉴 2001》，文物出版社 2002 年版，第 229—230 页。

⑩ 李子文：《博罗县岭嘴头汉代遗址》，《中国考古学年鉴 2001》，文物出版社 2002 年版，第 241—242 页。

⑪ 刘成基：《博罗县沙岭山战国、汉代及明清遗址》，《中国考古学年鉴 2001》，文物出版社 2002 年版，第 239—240 页。

⑫ 廖明全：《广州市越秀北路东汉至明清遗址》，《中国考古学年鉴 2001》，文物出版社 2002 年版，第 246 页。

⑬ 福建博物院、晋安区文管会：《福州新店古城遗址第五次发掘报告》，《福建文博》2003 年第 1 期，第 26—39 页。

⑭ 胡建军：《湘乡市新塘湾汉窑和汉墓》，《中国考古学年鉴 2001》，文物出版社 2002 年版，第 231—232 页。

⑮ 胡建军：《邵东县千家丛山两汉墓群》，《中国考古学年鉴 2001》，文物出版社 2002 年版，第 231 页。

⑯ 吴海贵：《博罗县横岭山先秦墓葬》，《中国考古学年鉴 2001》，文物出版社 2002 年版，第 238—239 页。

⑰ 全洪：《增城市岗尾东汉墓》，《中国考古学年鉴 2001》，文物出版社 2002 年版，第 245 页。

⑱ 冯孟钦：《封开县平凤康塘山汉晋墓》，《中国考古学年鉴 2001》，文物出版社 2002 年版，第 242—243 页。

⑲ 张昆荣、林春：《文昌市珠潭村汉代铜鼓》，《中国考古学年鉴 2001》，文物出版社 2002 年版，第 257 页。

2000 年 9—12 月，广东省广州市中山西路南侧禺山市场清理东汉遗址。①

2000 年 11—12 月，广东省广州市恒福路省人行疗养院内清理西汉墓 3 座。②

2001 年 2 月，广西壮族自治区灵川县大圩镇上力脚村北清理汉墓 7 座。③

2001 年 4—6 月，广东省广州市番禺区南村镇员岗村三把岗清理汉墓 2 座。④

2001 年 7 月，广东省阳春市春城镇高朗管理区榕树头村菠萝旱岭北坡、七星管理区荔枝村菠萝山北坡清理汉代遗址。⑤

2001 年 7 月，广西壮族自治区合浦县九只岭清理汉墓 5 座。⑥

2001 年 1—7 月，湖南省永州市祁阳县大忠桥镇羊角村刘家至冷水滩区伊塘镇马家村清理西汉中期至三国时期墓葬 165 座。⑦

2001 年 8 月 3 日，江西省新余市沿江路改造工程盛德房地产公司一号工地发现西汉墓 1 座。⑧

2001 年 8—9 月，福建省武夷山市兴田镇岩头亭清理西汉窑址。⑨

2001 年 10 月 26—29 日，广东省东城区柏洲边村清理东汉墓 1 座。⑩

2001 年 8—10 月，江西省新余市南安乡赵家山清理东汉墓一座，其中 9 月 15—20 日清理东汉砖窑一座。⑪

2001 年 9—10 月，江西省泰和县调查了白口汉城遗址。⑫

2001 年 11 月，福建省武夷山市兴田镇城村崇安汉城东北牛山清理闽越墓葬。⑬

2001 年 11 月，海南省临高县东英乡文连村发现汉代铜釜。⑭

2001 年 11—12 月，广西壮族自治区贺州市高屋背岭清理汉墓 2 座，并钻探发现墓葬 129 座。⑮

---

① 陈伟汉、朱海仁：《广州市禺山市场汉、唐、宋代遗址》，《中国考古学年鉴 2001》，文物出版社 2002 年版，第 246—247 页。

② 马建国：《广州市横枝岗西汉、东晋、唐宋墓葬》，《中国考古学年鉴 2001》，文物出版社 2002 年版，第 242 页。

③ 广西壮族自治区文物工作队、桂林市文物工作队、灵川县文物管理所：《灵川马山古墓清理简报》，《广西考古文集》，文物出版社 2004 年版，第 228—237 页。桂林市文物管理委员会、桂林市文物工作队、灵川县文物管理所：《广西灵川马山古墓葬清理简报》，《桂林文博》2001 年第 2 期，第 54—61 页。

④ 广州市文物考古研究所：《番禺员岗村东汉墓》，《华南考古 1》，文物出版社 2004 年版，第 222—247 页。广州市文物考古研究所、广州市番禺区文管会办公室：《番禺汉墓》，科学出版社 2006 年版。

⑤ 刘成基、崔勇：《阳春市春城镇汉代遗址》，《中国考古学年鉴 2002》，文物出版社 2003 年版，第 300 页。

⑥ 广西壮族自治区文物工作队、合浦县博物馆：《广西合浦县九只岭东汉墓》，《考古》2003 年第 10 期，第 57—77 页。

⑦ 周能：《永州羊角井至马家汉墓群》，《中国考古学年鉴 2002》，文物出版社 2003 年版，第 297 页。

⑧ 徐若华：《江西新余发现西汉墓》，《南方文物》2005 年第 4 期，第 12—13 页。

⑨ 福建闽越王城博物馆：《武夷山城村岩头亭西汉窑址发掘简报》，《福建文博》2006 年第 3 期，第 11—15 页。

⑩ 冯孟钦：《东莞市东城区柏洲边村东汉墓》，《中国考古学年鉴 2002》，文物出版社 2003 年版，第 300—301 页。

⑪ 江西省文物考古研究所、江西省新余市博物馆：《江西新余东汉窑炉、东汉至隋唐墓葬清理简报》，《南方文物》2003 年第 2 期，第 48—53 页。

⑫ 徐长青、于江安、肖用桁：《江西泰和白口汉城勘察记》，《南方文物》2003 年第 1 期，第 2—4 页。肖用桁：《白口汉城探源—庐陵文化起源之谜》，《南方文物》2004 年第 1 期，第 81—83 页。

⑬ 林连芝：《武夷山闽越王城遗址墓葬考古新收获》，《福建文博》2005 年第 3 期，第 13—18 页。

⑭ 郝思德、陈佩：《临高县文连汉代铜釜》，《中国考古学年鉴 2002》，文物出版社 2003 年版，第 307—308 页。

⑮ 广西壮族自治区文物工作队、贺州市博物馆：《贺州市高屋背岭古墓群勘探与试掘》，《广西考古文集》，文物出版社 2004 年版，第 259—264 页。

2001 年 8—12 月，福建省福州市洪山镇打铁桥村北侧西洪路西南牛头山清理汉代遗址。①

2001 年，湖南省常德市鼎城区灌溪乡黄土山和汉寿县聂家桥武峰山清理战国至唐宋墓葬117 座。②

1996 年 8 月—2002 年 3 月，湖南省永顺县城南清理战国两汉墓 11 座。③

2002 年 4 月，湖南省长沙市展览馆路三公里路段清理战国墓 1 座。④

2002 年 5 月 22 日，江西省安福县枫田镇车田村北清理东汉墓 3 座。⑤

2002 年 5—6 月，湖南省湘西土家族苗族自治州龙山县里耶镇麦茶村清理战国墓 236 座。⑥

2002 年 6—7 月，福建省平和县文峰镇龙山村龟仔山、龙海市榜山镇雩林山遗址、南靖县梅林乡长教官洋村虎头山遗址、长泰县陈巷镇以北至岩溪镇以南、龙津溪以西的陈巷镇古农村北500 米犁头山、苑山村溪坪厝东约 300 米石牛山、戴墘东北 1.5 公里寨前山、古农村东南 1 公里西山、戴墘西 1.5 公里墓亭山、岩溪镇锦鳞村南 1.5 公里座前山、锦鳞村南 1.1 公里戈林山、厦门同安区大同街道过溪村寨仔山、大同街道后溪山等地调查闽越国遗存。⑦

2002 年 7 月，福建省浦城县临江镇锦江村南晒谷坪、金鸡山、桥头山、石陂镇象口村西南后山、建瓯市吉阳镇宅墩村东南放解同、政和县东平镇护田村郑源自然村北鱼池堆山、东平镇护田村郑源自然村北后科林、石屯镇长城村北黄泥岭、黄泥岭西 500 米金鸡山、星溪镇东峰村北约 500 米庙下东面山、武夷山市武夷镇角亭村东 500 米回回坡、兴田镇仙店村西南林尾后山、南岸村畲头村东北后门山、后门山北约 200 米蜈蚣钳、顺昌县大干镇白石村北 200 米北山桔子园调查、复查闽越国遗存。⑧

2002 年 10 月，福建省建瓯市调查徐墩镇丰乐村和山边自然村南鹅抱山、徐墩镇丰乐村和甲科自然村北坑尾山遗址。⑨

2002 年 10 月，广东省广州市先烈路与永福路交界处东侧清理汉墓 7 座，其中新莽墓 1 座。⑩

2002 年 5—10 月，福建省仙游县城关镇东北约 6 公里，泉山村西南约 800 米的鸡子城遗存进行复查，有汉代石器和陶器发现。⑪

2002 年夏秋，福建省福州市晋安区新店镇郭前山调查发现战国至汉初文化遗存。⑫

①　黄荣春：《闽越源流考辨》，海潮摄影艺术出版社 2002 年版，第 205—207 页。福建博物院：《福建考古的回顾与思考》，《考古》2003 年第 12 期，第 7—18 页。

②　《常德市鼎城区黄土山和汉寿县武峰山战国至唐宋墓葬》，《中国考古学年鉴2002》，文物出版社 2003 年版，第 296 页。

③　永顺县文物管理所：《永顺县王村战国两汉墓清理简报》，《湖南考古 2002》，岳麓书社 2004 年版，第 463—469 页。

④　宋少华、马代忠：《长沙市三公里楚墓》，《中国考古学年鉴 2003》，文物出版社 2004 年版，第 259—260 页。

⑤　安福县文化局：《江西安福枫田清理东汉墓》，《南方文物》2004 年第 1 期，第 4—6 页。

⑥　湖南省文物考古研究所：《里耶发掘报告》，岳麓书社 2007 年版。

⑦　福建博物院：《2002 年度厦、漳闽越遗存调查》，《福建文博》2004 年第 1 期，第 66—71 页。国家文物局：《中国文物地图集·福建分册》，福建省地图出版社 2007 年版，第 295—296 页。其中龙海市榜山镇雩林山遗址在中国文物地图集·福建分册中与万宝山遗址合并登记，见万宝山遗址、国家文物局《中国文物地图集·福建分册》下册，福建省地图出版社 2007 年版，第 229—230 页。

⑧　福建闽越王城博物馆：《南平市闽越遗存调查》，《福建文博》2004 年第 1 期，第 6—45 页。南岸畲头后门山遗址，又见，武夷山市市志编纂委员会《武夷山市志》，中国统计出版社 1994 年版，第 991 页。

⑨　福建闽越王城博物馆：《南平市闽越遗存调查》，《福建文博》2004 年第 1 期，第 6—45 页。

⑩　张金国、全洪、马建国：《广州永福路王莽、三国时期墓葬清理既要》，《广州考古五十年文选》，广州出版社 2003 年版，第 614—629 页。

⑪　福建博物院：《仙游鸡子城遗存调查报告》，《福建文博》2004 年第 1 期，第 46—50 页。

⑫　福建博物院：《福州郭前山遗址调查》，《福建文博》2004 年第 1 期，第 72—75 页。

2002 年 4—11 月，湖南省湘西土家族苗族自治州龙山县里耶镇清理战国至秦代古城，清理 J1，出土大量秦代简牍。①

2002 年 4—11 月，福建省在闽西长汀县策武乡河龙村牛斗头村北小山南坡发现与闽越文化相关的战国秦汉时期文化遗存，提出处于福建、广东、江西交接地带的"闽西地区就可能是南海国的重要区域"，认为在该地"所发现的这个时段的文化遗存，就可能涉及到南海国文化遗存问题"。②

2002 年 8—11 月，福建省建阳市调查将口镇新建村北后门山、莒口镇庵口村西北老虎岗遗址。③

2002 年 9—11 月，广西壮族自治区钟山县英家镇伏船岭清理汉墓 1 座。④

2002 年 9—11 月，湖南省湘西土家族苗族自治州龙山县里耶镇大坂村酉水二级台地清理两汉墓葬 70 座。⑤

2002 年 10—11 月，广东省广州市先烈路永福路交界处东侧清理汉墓 7 座。⑥

2002 年，福建省武夷山市兴田镇城村大园地清理发现汉代遗迹。⑦

2002 年，湖南省嘉禾县一中清理汉墓 2 座。⑧

2002 年 12 月—2003 年 1 月，广东省徐闻县五里乡二桥村清理汉代遗址。⑨

2003 年 3 月，广东省增城市三江镇狮头岭清理东汉墓 1 座。⑩

2003 年 3 月，福建省武夷山市兴田镇城村门前园清理发现汉代遗迹。⑪

2003 年 3 月，海南省儋州市中和镇横山管区何宅村发现汉代铜釜。⑫

2003 年 1—5 月，广东省广州市横枝岗南缘广东广播电影电视局工地清理汉墓 4 座。⑬

2003 年 6 月，广东省徐闻县五里乡二桥村东北灰场清理东汉墓 1 座。⑭

---

① 湖南省文物考古研究所：《里耶发掘报告》，岳麓书社 2007 年版。湖南省文物考古研究所、湘西土家族苗族自治州文物处、龙山县文物管理处：《湖南龙山里耶战国——秦代古城一号井发掘简报》，《文物》2003 年第 1 期，第 4—35 页。湖南省文物考古研究所：《湖南龙山县里耶战国秦汉城址及秦代简牍》，《考古》2003 年第 7 期，第 15—19 页。柴焕波：《湘西龙山县里耶战国秦汉古城》，《中国考古学年鉴 2003》，文物出版社 2004 年版，第 260—261 页。张春龙：《湘西龙山县里耶战国古城 1 号井》，《中国考古学年鉴 2003》，文物出版社 2004 年版，第 261—263 页。柴焕波：《湘西里耶战国秦汉城址及墓葬》，《中国考古学年鉴 2004》，文物出版社 2005 年版，第 285—286 页。

② 福建博物院：《闽西考古调查报告》，《福建文博》2004 年第 1 期，第 51—65 页。

③ 福建闽越王城博物馆：《南平市闽越遗存调查》，《福建文博》2004 年第 1 期，第 6—45 页。

④ 广西壮族自治区文物工作队、钟山县博物馆：《广西钟山县英家马山头、伏船岭发掘的三座古墓葬》，《广西考古文集 2》，科学出版社 2006 年版，第 360—371 页。

⑤ 湖南省文物考古研究所：《里耶发掘报告》，岳麓书社 2007 年版。胡建军：《龙山县大坂村汉墓群》，《中国考古学年鉴 2003》，文物出版社 2004 年版，第 263—264 页。

⑥ 《广州市永福路汉唐墓葬》，《中国考古学年鉴 2003》，文物出版社 2004 年版，第 269 页。

⑦ 福建闽越王城博物馆：《2002 年城村大园地遗址发掘简报》，《福建文博》2006 年第 1 期，第 11—17 页。

⑧ 嘉禾县志编纂委员会：《嘉禾县志 1989—2002 年》，湖南人民出版社 2007 年版，第 459 页。

⑨ 刘成基：《徐闻县二桥汉代遗址》，《中国考古学年鉴 2003》，文物出版社 2004 年版，第 268—269 页。

⑩ 全洪、张小锋、朱家振：《增城市狮头岭东汉砖室墓》，《中国考古学年鉴 2004》，文物出版社 2005 年版，第 302—303 页。

⑪ 福建闽越王城博物馆：《2003 年门前园遗址探掘简报》，《福建文博》2005 年第 3 期，第 19—26 页。

⑫ 郝思德、蒋斌：《儋州市何宅村汉代铜釜》，《中国考古学年鉴 2004》，文物出版社 2005 年版，第 315—316 页。

⑬ 马建国：《广州市横枝岗汉、东晋、南朝、唐代墓葬》，《中国考古学年鉴 2004》，文物出版社 2005 年版，第 301—302 页。

⑭ 徐闻县文化局、徐闻县博物馆：《徐闻县五里乡二桥村灰场东汉墓清理报告》，《广东文物》2004 年第 1 期，第 33—36 页。

2003 年 6 月 24 日—7 月 20 日，湖南省耒阳市水东江园艺场清理东汉墓 4 座。①

2003 年 7 月，湖南省古丈县河西镇沙湾村猛洞河下游南岸清理西汉墓 6 座。②

2003 年 3—7 月，广东省广州市执信中学运动场清理汉墓 32 座。③

2003 年 6—7 月，湖南省耒阳市东鹿村 18 组水东江园艺场湖南监狱新址清理东汉墓 4 座。④

2003 年 8 月，江西省南昌市昌北区蛟桥镇昌北开发区北侧江西省交通职业技术学校南部山丘清理东汉墓 4 座。⑤

2003 年 6—8 月，广东省韶关市韶关医疗器械厂清理汉墓 1 座。⑥

2003 年 7—8 月，广东省广州市番禺区小谷围北亭村山文头岗清理东汉墓 1 座。⑦

2003 年 10 月，广东省广州市萝岗镇勒竹村园岗山清理越人墓 1 座。⑧

2003 年 11 月，广西壮族自治区合浦县罗屋村清理汉墓 6 座。⑨

2003 年 10—12 月，湖南省醴陵市八步桥乡大屋垅村牛垭山清理东汉墓 2 座。⑩

2003 年 11—12 月，广西壮族自治区合浦县丰门岭清理汉墓 1 座。⑪

2002 年 12 月—2003 年 12 月，湖南省保靖县清水坪镇清理西汉墓 225 座。⑫

2003 年，广东省广州市中山四路南越国宫署遗址清理汉代遗迹多处。⑬

2003 年，广东省揭东县地都镇华美村西调查了一处商周至两汉遗址。⑭

1999—2003 年，福建省武夷山市兴田镇城村崇安汉城遗址附近清理亭子后、牛栏后山、斧头山等地清理闽越墓葬。⑮

2003 年 11 月—2004 年 2 月，福建省武夷山市兴田镇城村崇安汉城遗址西南新亭园发掘 4 座墓葬。⑯

---

① 唐先华：《耒阳市水东江东汉墓》，《中国考古学年鉴 2004》，文物出版社 2005 年版，第 288—289 页。

② 杨辉：《古丈县白鹤湾西汉墓群》，《中国考古学年鉴 2004》，文物出版社 2005 年版，第 286—287 页。

③ 全洪、邝桂荣：《广州市执信中学运动场西汉至清代墓葬》，《中国考古学年鉴 2004》，文物出版社 2005 年版，第 300—301 页。

④ 湖南省耒阳市文物处：《湖南耒阳市郊发现东汉墓》，《南方文物》2007 年第 3 期，第 35—41 转 118 页。

⑤ 张文江：《南昌市江西省交通职业技术学院东汉墓群》，《中国考古学年鉴 2004》，文物出版社 2005 年版，第 216—218 页。

⑥ 韶关市博物馆：《韶关医疗器械厂汉至晋代墓葬发掘简报》，《广东文物》2005 年第 2 期，第 4—8 页。

⑦ 广州市文物考古研究所：《番禺小谷围岛山文头岗东汉墓》，《羊城考古发现与研究（一）》，文物出版社 2005 年版，第 88—106 页。

⑧ 广州市文物考古研究所：《广州东郊萝岗镇园岗山越人墓发掘简报》，《广州文博》2005 年第 1 期，第 65—71 页。覃杰：《广州市东二环高速公路秦汉之际越人石椁墓》，《中国考古学年鉴 2004》，文物出版社 2005 年版，第 299 页。

⑨ 广西壮族自治区文物工作队、合浦县博物馆：《广西合浦县罗屋村古墓葬发掘报告》，《广西考古文集 2》，科学出版社 2006 年版，第 313—323 页。

⑩ 江少华：《醴陵市牛垭山汉墓和塘泉晋墓》，《中国考古学年鉴 2004》，文物出版社 2005 年版，第 288 页。

⑪ 谢广维、熊昭明：《合浦县丰门岭六号汉墓》，《中国考古学年鉴 2004》，文物出版社 2005 年版，第 313 页。

⑫ 湖南省文物考古研究所：《里耶发掘报告》，岳麓书社 2007 年版。《保靖县清水坪西汉墓》，《中国考古学年鉴 2004》，文物出版社 2005 年版，第 287 页。

⑬ 广州市文物考古研究所、中国社会科学院考古研究所、南越王宫博物馆筹建处：《广州市南越国宫署遗址 2003 年发掘简报》，《考古》2007 年第 3 期，第 15—31 页。

⑭ 揭阳考古队、揭阳市文化广电新闻出版局：《揭东县华美沙丘遗址调查报告》，《揭阳考古（2003—2005）》，科学出版社 2005 年版，第 181—189 页。

⑮ 林连芝：《武夷山闽越王城遗址墓葬考古新收获》，《福建文博》2005 年第 3 期，第 13—18 页。

⑯ 同上。《武夷山汉代闽越国贵族墓葬》，《中国考古学年鉴 2004》，文物出版社 2005 年版，第 209 页。

2004 年 2 月 10 日—4 月 6 日，广东省廉江市青平镇多别村大山斜岭清理东汉瓮棺葬。①

2003 年 7 月—2004 年 4 月，湖南省湘西自治州古丈县河西镇小康村建设中清理战国两汉墓 10 墓。②

2003 年 12 月—2004 年 6 月，福建省福州市晋安区新店镇新店古城进行了第 6 次发掘。③

2004 年 5—6 月，湖南省长沙市市中心五一广场东南侧东牌楼北侧平和堂南侧走马楼西侧清理汉代水井 16 口，J7 中出土东汉木简。④

2004 年 5—8 月，广东省广州市永福路 40 号广州警备干休所建设工地清理西汉墓 1 座。⑤

2004 年 6—8 月，广西壮族自治区岑溪市糯垌镇胜塘顶清理汉墓 9 座。⑥

2004 年 10 月 25 日—11 月 3 日，广东省河源市龙川县佗城镇亨渡村亨田自然村发现东汉墓 1 座。⑦

2004 年 11 月 12—20 日，湖南省衡阳市岳屏乡兴隆村 7 组清理东汉墓 2 座。⑧

2004 年 11 月，广东省佛山市南海区盐步镇河东乡青峰岗清理东汉墓 1 座。⑨

2004 年 11 月—2005 年 1 月，广东省肇庆市康乐中路清理汉墓 3 座。⑩

2004 年 11 月—2005 年 1 月，广西壮族自治区昭平县巩桥镇岩头村西南约 300 米白马山山麓缓坡清理东汉墓 1 座。⑪

2004 年 11 月—2005 年 1 月，江西省婺源县茅坦庄遗址清理 1 座西汉中期偏早阶段墓葬。⑫

2003—2004 年，广东省揭阳市揭东县云路镇中夏村北面头岭清理墓葬 11 座。⑬

2004 年 11 月—2005 年 1 月，广东省广州市南越国宫署遗址清理南越国水井 1 口，出土南越

---

① 冯孟钦：《渝湛高速粤境段新石器时代遗址和汉、唐宋墓葬》，《中国考古学年鉴 2005》，文物出版社 2006 年版，第 294—295 页。

② 湘西自治州文物管理处、古丈县文物管理所：《湘西古丈河西战国、汉墓发掘简报》，《江汉考古》2007 年第 2 期，第 19—31 转 76 页。

③ 福建博物院：《福建新店古城遗址第六次发掘报告》，《福建文博》2005 年第 3 期，第 1—12 页。

④ 何佳：《长沙市东牌楼 J7 东汉纪年简牍》，《中国考古学年鉴 2005》，文物出版社 2006 年版，第 289—290 页。长沙市文物考古研究所：《长沙东牌楼 7 号古井（J7）发掘简报》，《文物》2005 年第 12 期，第 4—14 页。

⑤ 广州市考古研究所：《广州市永福路汉唐墓葬发掘简报》，《羊城考古发现与研究（一）》，文物出版社 2005 年版，第 73—87 页。

⑥ 广西壮族自治区文物工作队、岑溪市文物管理所：《广西岑溪市糯垌镇胜塘顶东汉墓发掘简报》，《广西考古文集 2》，科学出版社 2006 年版，第 285—312 页。

⑦ 广东省文物考古研究所、龙川县博物馆：《广东龙川县佗城东汉墓清理报告》，《四川文物》2005 年第 5 期，第 3—8 页。

⑧ 刘冬华：《衡阳市东汉纪年砖室墓》，《中国考古学年鉴 2005》，文物出版社 2006 年版，第 289 页。

⑨ 崔勇、卢莜红、邝炎桥：《南海区青峰岗东汉墓》，《中国考古学年鉴 2005》，文物出版社 2006 年版，第 297 页。

⑩ 广东省文物考古研究所：《肇庆古墓》，科学出版社 2008 年版。尚杰：《肇庆市康乐中路汉至南朝墓葬》，《中国考古学年鉴 2005》，文物出版社 2006 年版，第 297—298 页。

⑪ 广西壮族自治区文物考古研究所、昭平县文物管理所：《昭平县篁竹、白马山古墓葬发掘报告》，《广西考古文集（第三辑）》，科学出版社 2007 年版，第 386—411 页。

⑫ 江西省文物考古研究所、江西省婺源县博物馆：《江西婺源县茅坦庄遗址汉、唐、宋、清墓清理简报》，《南方文物》2007 年第 1 期，第 23—27 页。

⑬ 揭阳考古队、揭阳市文化广电新闻出版局：《揭东县面头岭墓地发掘报告》，《揭阳考古（2003—2005）》，科学出版社 2005 年版，第 51—102 页。

国木简百余枚。①

2003 年 7 月—2005 年 3 月，广东省广州市农林东路清理南越国人字顶木椁墓 1 座。②

2003—2005 年，广西壮族自治区合浦县第二麻纺厂扩建工地清理汉墓 8 座。③

2005 年 1 月，广东省广宁县龙嘴岗墓地清理战国墓 4 座。④

2005 年 4 月，广东省增城市新塘镇沙埔村清理南越国墓葬 1 座。⑤

2005 年 4 月，海南省昌江、东方、乐东调查了东方市戈枕、排岸、大仍等汉代遗址。⑥

2005 年 8 月，海南省西环线叉亚段改造沿线调查发现汉代遗址 1 处。⑦

2005 年 7—8 月，广东省广州市旧仓巷清理东汉城墙。⑧

2005 年 8—9 月，广西壮族自治区合浦县廉州镇乾江村文昌塔西北侧二级公路下方岭脚地带清理汉墓 8 座。⑨

2005 年 9 月，广西壮族自治区阳朔县高田镇龙盘岭村后山清理东汉窑址。⑩

2005 年 9 月，广西壮族自治区平乐县平乐镇同乐村北木棺汀清理东汉等时期墓葬。⑪

2005 年 5—10 月，广东省广州市淘金路 42 号淘金花园建设工地清理西汉墓 3 座。⑫

2005 年 9—10 月，广西壮族自治区阳朔县高田镇龙盘岭清理墓葬 32 座、乐响清理墓葬 5 座。⑬

2005 年 10—11 月，广东省广州市中山四路南侧北京路清理南越国遗迹。⑭

2005 年 11—12 月，广西壮族自治区宾阳县东南古城村调查试掘城址 1 座。⑮

2005 年 12 月—2006 年 1 月，江西省泰和县碧溪镇老居村木梓山清理汉代墓葬 1 座。⑯

---

① 广州市文物考古研究所、中国社会科学院考古研究所、南越王宫博物馆筹建处：《广州市南越国宫署遗址西汉木简发掘简报》，《考古》2006 年第 3 期，第 3—13 页。广州市文物考古研究所、中国社会科学院考古研究所、南越王宫博物馆筹建处：《南越国宫署遗址出土木简》，《羊城考古发现与研究（一）》，文物出版社 2005 年版，第 31—34 页。

② 广州市文物考古研究所：《广州市农林东路南越国人字顶木椁墓》，《羊城考古发现与研究（一）》，文物出版社 2005 年版，第 35—48 页。丁巍：《广州市农林东路南越国人字顶大墓》，《中国考古学年鉴 2006》，文物出版社 2007 年版，第 323—324 页。

③ 广西壮族自治区文物工作队、合浦县博物馆：《合浦风门岭汉墓 2003—2005 发掘报告》，科学出版社 2006 年版。

④ 广东省文物考古研究所：《肇庆古墓》，科学出版社 2008 年版。

⑤ 关舜甫、廖明全：《增城市沙埔南越国时期木椁墓》，《中国考古学年鉴 2006》，文物出版社 2007 年版，第 322—323 页。

⑥ 郝思德、蒋斌：《昌化江大广坝水利灌区石器时代及汉唐宋遗址》，《中国考古学年鉴 2006》，文物出版社 2007 年版，第 335 页。

⑦ 郝思德、王明忠：《西环铁路叉亚段改造工程沿线新石器时代及汉唐宋元遗址》，《中国考古学年鉴 2006》，文物出版社 2007 年版，第 336 页。

⑧ 朱海仁、邝桂荣：《广州市旧仓巷东汉至宋代城墙》，《中国考古学年鉴 2006》，文物出版社 2007 年版，第 326 页。

⑨ 广西壮族自治区文物考古研究所、合浦县博物馆：《2005 年合浦县文昌塔汉墓发掘报告》，《广西考古文集（第三辑）》，科学出版社 2007 年版，第 101—131 页。

⑩ 何安益：《阳朔县龙盘岭东汉窑址》，《中国考古学年鉴 2006》，文物出版社 2007 年版，第 329—330 页。

⑪ 何安益：《平乐县木棺汀东汉至明清墓葬》，《中国考古学年鉴 2006》，文物出版社 2007 年版，第 331—332 页。

⑫ 冯建国：《广州市淘金花园西汉至清代墓葬》，《中国考古学年鉴 2006》，文物出版社 2007 年版，第 325 页。

⑬ 广西壮族自治区文物考古研究所、桂林市文物工作队、阳朔县文物管理所：《2005 年阳朔县高田镇古墓葬发掘报告》，《广西考古文集（第三辑）》，科学出版社 2007 年版，第 132—225 页。何安益：《阳朔县乐响东汉时期墓葬、阳朔县龙盘岭东汉西晋墓葬》，《中国考古学年鉴 2006》，文物出版社 2007 年版，第 330—331 页。

⑭ 张金国：《广州市中山四路南越国与南汉国遗址》，《中国考古学年鉴 2006》，文物出版社 2007 年版，第 324 页。

⑮ 广西壮族自治区文物考古研究所、南宁市博物馆、宾阳县文物管理所：《宾阳县领方古城址调查与试掘》，《广西考古文集（第三辑）》，科学出版社 2007 年版，第 322—336 页。

⑯ 张文江：《泰和县木梓山汉代和清代墓葬》，《中国考古学年鉴 2006》，文物出版社 2007 年版，第 233—234 页。

2006 年 3—6 月，广东省广州市中山大学北校区马棚岗清理南越国遗迹、汉代墓葬。①

2005 年 11 月—2006 年 4 月，广东省广州市东山口姚家岗广州铁路集团公司综合楼工地清理西汉水井 7 口。②

2005 年 12 月—2006 年 4 月，广东省广州市恒福路 117 号中国人民银行广州分行银行疗养院清理汉墓 2 座。③

2006 年 4—5 月，湖南省龙山县里耶镇里耶古城一号井清理井台遗迹。④

2006 年 4—5 月，湖南省永州市芝山区富家桥镇青山桥村瓦岭清理西汉墓 3 座。⑤

2006 年 5—6 月，湖南省冷水滩市高溪市镇小河口村清理西汉墓 1 座、东汉墓 4 座。⑥

2006 年 5—7 月，湖南省邵阳县白仓镇邵永高速白仓互通范围内清理东汉墓 30 座。⑦

2006 年 8 月，湖南省衡南县向阳镇水口村上门山清理东汉墓葬 4 座。⑧

2006 年 6—8 月，广东省广州市农林上路清理汉唐墓葬水井。⑨

2006 年 7—8 月，广东省广州市麓湖公园清理西汉墓 2 座。⑩

2006 年 7—9 月，广东省韶关市武江区西河东岗岭清理东汉墓 1 座。⑪

2006 年 7—9 月，广西壮族自治区容县容西乡西山村清理汉唐冶铜遗址。⑫

2006 年 8—9 月，湖南省耒阳市余庆乡栗树村廖家山清理汉墓 2 座。⑬

2006 年 8—9 月，湖南省衡东县大埔镇吴集镇衡阳至炎陵高速公路路段清理东汉墓 19 座。⑭

2006 年 3—10 月，湖南省长沙市望城县星城镇风篷岭发掘西汉长沙国王后墓 1 座。⑮

2006 年 6—11 月，广东省广州市东风东路南侧清理西汉墓 30 座、东汉墓 15 座。⑯

2006 年 6—11 月，广西壮族自治区桂平市寻旺乡先锋村大塘城西面浔江边清理汉墓 8 座。⑰

2006 年 8—12 月，湖南省石门县阳泉乡犀湾堡、崔家堡、张家堡、胡家堡清理汉晋墓葬 135 座。⑱

---

① 张金国：《广州市马棚岗南越国至明代遗址和墓葬》，《中国考古学年鉴 2007》，文物出版社 2008 年版，第 368 页。冯永驱、张金国：《中山大学北校区汉至六朝墓葬》，《中国考古学年鉴 2007》，文物出版社 2008 年版，第 373—374 页。
② 全洪、马建国、朱汝田：《广州市东山口西汉至明代水井》，《中国考古学年鉴 2007》，文物出版社 2008 年版，第 369—370 页。
③ 冯永驱、马建国：《广州市恒福路银行疗养院工地西汉木椁墓》，《中国考古学年鉴 2007》，文物出版社 2008 年版，第 368—369 页。
④ 柴焕波：《里耶古城一号井井台遗迹》，《中国考古学年鉴 2007》，文物出版社 2008 年版，第 352—353 页。
⑤ 贺刚：《永州市瓦岭汉代南朝墓》，《中国考古学年鉴 2007》，文物出版社 2008 年版，第 358—359 页。
⑥ 贺刚：《冷水滩市老祖坡汉代墓葬》，《中国考古学年鉴 2007》，文物出版社 2008 年版，第 354—355 页。
⑦ 袁伟：《邵永高速公路白仓东汉墓葬》，《中国考古学年鉴 2007》，文物出版社 2008 年版，第 356 页。
⑧ 高成林：《衡南县上门山东汉南朝墓葬》，《中国考古学年鉴 2007》，文物出版社 2008 年版，第 359 页。
⑨ 易西兵：《广州市农林上路汉唐宋墓葬和水井》，《中国考古学年鉴 2007》，文物出版社 2008 年版，第 376—377 页。
⑩ 易西兵：《广州市麓湖公园汉晋南朝墓葬》，《中国考古学年鉴 2007》，文物出版社 2008 年版，第 374—375 页。
⑪ 刘志远、卜工：《韶关市西河东岗岭汉至明清墓葬》，《中国考古学年鉴 2007》，文物出版社 2008 年版，第 377 页。
⑫ 杨清平：《容县西山汉至唐代冶铜遗址》，《中国考古学年鉴 2007》，文物出版社 2008 年版，第 386—387 页。
⑬ 高成林：《耒阳市廖家山汉墓》，《中国考古学年鉴 2007》，文物出版社 2008 年版，第 355—356 页。
⑭ 张兴国：《衡东县衡炎高速公路段东汉墓葬》，《中国考古学年鉴 2007》，文物出版社 2008 年版，第 357 页。
⑮ 长沙市文物考古研究所、望城县文物管理局：《湖南望城风篷岭汉墓发掘简报》，《文物》2007 年第 12 期，第 21—41 页。何佳：《望城县风篷岭西汉长沙国王后墓》，《中国考古学年鉴 2007》，文物出版社 2008 年版，第 353—354 页。
⑯ 邝桂荣：《广州市东风路西汉至清代墓葬》，《中国考古学年鉴 2007》，文物出版社 2008 年版，第 371—372 页。
⑰ 谢广维、林强：《桂平市大塘城新石器时代汉代与明清时期遗址》，《中国考古学年鉴 2007》，文物出版社 2008 年版，第 385—386 页。
⑱ 尹检顺、张兴国：《石门县阳泉汉晋墓葬》，《中国考古学年鉴 2007》，文物出版社 2008 年版，第 357—258 页。

2005 年 12 月—2007 年 1 月，广东省广州市黄浦区庙头村南海神庙清理出南越国时期遗迹。①

2006 年 7—8 月、2007 年 1 月，湖南省茶陵县衡炎高速公路大浦镇下东乡、马江镇等地清理东汉墓 5 座。②

2006 年 12 月—2007 年 1 月，广东省广州市沙河顶艺术苑清理西汉墓 2 座、东汉墓 2 座。③

2007 年 5 月，江西省莲花县工业园区老虎坳罗汉山清理西汉墓 1 座。④

2007 年 4—6 月，广东省广州市中山二路北侧中山大学附属第一医院工地清理南越国时期灰坑 1 个、水井三口。⑤

2007 年 7 月，广东省揭西县坪上镇赤岭埔调查东周至南越国时期遗址。⑥

2007 年 7 月，海南省东方市感城镇宝上村村北发现汉代铜釜。⑦

2009 年 4 月 13 日，广东省阳东县大八镇周亨村发现汉代铜鼓。⑧

2009 年 9 月 10 日，广东省恩平市大槐镇大朗村坝口自然村大帽鼓山发现铜鼓。⑨

不明发现时间墓葬、墓葬群：

广东曲江县龙归镇石下村东汉墓⑩、揭东县白塔镇寨山木椁墓、普宁市里湖镇松柏围汉墓⑪、中山市下沙战国墓葬⑫、佛山市澜石汉墓群⑬、城区汉墓⑭、红星影剧院汉墓⑮、高州新垌镇大坡

---

① 全洪、朱家振：《广州市南海神庙南越时期及宋明清遗址及码头》，《中国考古学年鉴 2007》，文物出版社 2008 年版，第 366—367 页。广州市文物考古研究所、黄浦区文化广电新闻出版局：《南海神庙古遗址古码头》，广州出版社 2006 年版。

② 张兴国：《茶陵县衡炎高速公路段东汉及明代墓葬》，《中国考古学年鉴 2007》，文物出版社 2008 年版，第 359—360 页。

③ 易西兵：《广州市沙河顶汉六朝墓葬》，《中国考古学年鉴 2007》，文物出版社 2008 年版，第 375—376 页。

④ 李育远：《莲花县西汉安城侯墓》，《中国考古学年鉴 2008》，文物出版社 2009 年版，第 233—234 页。

⑤ 张金国：《中山大学附属第一医院工地南越南汉遗址和六朝明清墓葬》，《中国考古学年鉴 2008》，文物出版社 2009 年版，第 329—330 页。

⑥ 揭阳考古队、揭阳市文化广电新闻出版局：《揭西县赤岭埔遗址调查报告》，《揭阳考古（2003—2005）》，科学出版社 2005 年版，第 190—197 页。

⑦ 郝思德、王翠娥：《东方市感城镇汉代铜釜》，《中国考古学年鉴 2008》，文物出版社 2009 年版，第 346—347 页。

⑧ 《河床中惊现古代铜鼓，鼓面鼓身均有缜密花纹》，《中国经济网》2009 年 4 月 16 日，http：//www.ce.cn/culture/list02/02/news/200904/16/t20090416_18817626.shtml。

⑨ 《江门恩平发现大型东汉铜鼓，鼓面直径超一米》，《中国考古网》2009 年 9 月 15 日转载，http：//www.kaogu.cn/cn/detail.asp? Productid=10598。

⑩ 吴孝斌：《曲江县出土的东汉至南朝时期铜镜》，《广东文物》1999 年第 1 期，第 99—100 转 78 页。

⑪ 邱立诚：《澄海龟山汉代遗址》，广东人民出版社 1997 年版。揭阳考古队、揭阳市文化局：《揭阳的远古与文明—榕江先秦两汉考古图谱》，公元出版有限公司 2003 年版，第 132—133 页。

⑫ 中山市博物馆：《中山历史文物图集》，香港大公报印 1991 年版，第 38 页。

⑬ 澜石汉墓群，佛山市博物馆：《佛山市文物志》，广东科技出版社 1991 年版，第 20—21 页。佛山市地方志编纂委员会：《佛山市志》，广东人民出版社 1994 年版，第 1745—1746 页。

⑭ 城区汉墓，佛山市博物馆：《佛山市文物志》，广东科技出版社 1991 年版，第 21 页。佛山市地方志编纂委员会：《佛山市志》，广东人民出版社 1994 年版，第 1746 页。

⑮ 红星影剧院汉墓，佛山市博物馆：《佛山市文物志》，广东科技出版社 1991 年版，第 21 页。佛山市地方志编纂委员会：《佛山市志》，广东人民出版社 1994 年版，第 1746 页。

管理区白坟岭汉墓[1]、养路工区南部啰竹岭汉墓群、泗水镇莲角塘村西部龙岭汉墓群、大潮镇军墟管理区后岭军墟汉墓、大陂垌村庵堂坡饭豆岭庵堂坡汉墓群、平山镇福坑村北部岗地岭汉墓群、长坡镇旺村坡村后背岭汉墓群、谢鸡镇民胜小学东部后背岭和东南部芋地岭民胜汉墓群、甘园村果子园岭果子园汉墓群、分界镇雷公塘水库西部元东岭汉墓群、南通镇大塘笃村六备岭汉墓群[2]、龙川县佗城马箭岗、宝塘、大坪山、津头坝、雷公坳战国墓、紫市坪岭头、佗城灵江、黄布宦境、回龙园田秦汉墓[3]、信宜县北界镇东村新村西汉墓[4]、北界镇东汉墓[5]、云浮县安塘镇古宠村墓葬群[6]、东莞市东门外堑头谭家山发现东汉墓[7]、龙川县紫市镇紫市中学操场战国墓[8]、连山县吉田大布田、禾洞铺庄村平头岭汉墓[9]、吴川县塘尾镇东隅村南蛇岭东汉墓[10]。

广西壮族自治区岑溪市岑城镇探花村大瑯[11]、岑城镇甘冲村墓葬群、糯垌镇花果山墓葬群、糯垌镇大竹村凤背岭墓葬群、糯垌镇新塘村茨菇岭墓葬群[12]、樟木镇思英后山南坡墓葬群[13]、合浦古墓群[14]、合浦县饲料公司 M7[15]、武宣县三里乡勒马村与龙头村之间黔江东岸勒马汉墓群、桐岭乡湾龙村湾龙古墓群、二塘乡老七星村七星古墓群、东乡乡尊头村东侧尊头古墓群、上坪岭村食粥岭上上坪岭古墓群、河马乡竹园村金岗古墓群[16]、灌阳县新建县马家坪村背后古城岗古墓群、湘溪村背后果子园古墓群、新街乡丁塘口村丁塘古墓群[17]、宜州市德胜中学南德胜古墓群[18]、金秀县桐木镇官坡古墓群[19]、灵川县三街镇汉代墓葬群[20]、平南县官成镇苏村苏村汉墓群、东华乡周村周村汉墓群、同和乡古楼村古楼村汉墓群[21]、永福县苏桥乡波村西南锣鼓坪波村汉墓群[22]。

湖南省新化县枫林乡月照村周家台墓群[23]、衡阳市凤凰山汉墓群、汝城县外沙乡冲头村八份仙墓地、井坡乡下青村下青山墓地、附城乡邓家村邓家墓群、土桥乡土桥村屋背岭墓葬、临武

① 高州市地方志编纂委员会：《高州县志》，中华书局 2006 年版，第 1513—1514 页。茂名市地方志编纂委员会：《茂名市志》，生活·读书·新知三联书店 1997 年版，第 1515 页。

② 高州市地方志编纂委员会：《高州县志》，中华书局 2006 年版，第 1514 页。

③ 龙川县地方志编纂委员会：《龙川县志》，广东人民出版社 1994 年版，第 468 页。

④ 信宜县地方志编纂委员会：《信宜县志》，广东人民出版社 1993 年版，第 825 页。茂名市地方志编纂委员会：《茂名市志》，生活·读书·新知三联书店 1997 年版，第 1515 页。

⑤ 信宜县地方志编纂委员会：《信宜县志》，广东人民出版社 1993 年版，图版。

⑥ 云浮县地方志编纂委员会：《云浮县志》，广东人民出版社 1995 年版，第 697 页。

⑦ 东莞市地方志编纂委员会：《东莞市志》，广东人民出版社 1995 年版，第 1154 页。

⑧ 龙川县地方志编纂委员会：《龙川县志》，广东人民出版社 1994 年版，第 468 页。

⑨ 连山壮族瑶族自治县地方志编纂委员会：《连山壮族瑶族自治县志》，生活·读书·新知三联书店 1997 年版，第 711 页。

⑩ 吴川市地方志编纂委员会：《吴川县志》，中华书局 2001 年版，第 817—818 页。

⑪ 岑溪市志编纂委员会：《岑溪市志》，广西人民出版社 1996 年版，第 867 页。

⑫ 同上书，第 868 页。

⑬ 同上书，第 867 页。

⑭ 合浦县地方志编纂委员会：《合浦县志》，广西人民出版社 1994 年版，第 686—687 页。

⑮ 黄启善：《广西古代玻璃制品之研究》，《广西文物》1987 年第 1 期，第 53—65 页。

⑯ 左少荣：《武宣县志》，广西人民出版社 1995 年版，第 629 页。

⑰ 灌阳县志编委办公室：《灌阳县志》，新华出版社 1995 年版，第 605 页。

⑱ 广西壮族自治区宜州市地方志编纂委员会：《宜州市志》，广西人民出版社 1998 年版，第 740 页。

⑲ 金秀瑶族自治县县志编纂委员会：《金秀瑶族自治县志》，中央民族学院出版社 1992 年版，第 486 页。

⑳ 灵川县地方志编纂委员会：《灵川县志》，广西人民出版社 1997 年版，第 817 页。

㉑ 平南县县志编纂委员会：《平南县志》，广西人民出版社 1993 年版，第 773 页。

㉒ 永福县县志编纂委员会：《永福县志》，新华出版社 1996 年版，第 781 页。

㉓ 新化县县志编纂委员会：《新化县志》，湖南出版社 1996 年版，第 940 页。

县武水乡左阁头村左阁头墓群①、汾市乡渡头村牛窝岭墓群②、宜章县一六乡汽车站一六墓群、麻田乡松柏村松柏墓群、赤石乡赤石村邓家山墓群、沙坪乡坳背村栗山下墓群、郴州市市郊乡槐树下黄泥村黄泥塘墓群、郴州市郴江乡三里田村南塔岭墓群、城区人民西路万花冲墓群、市郊乡槐树下村刘家冲墓群③、桂阳县浩塘乡何家村古它岭墓群④、敖泉乡汪塘村唐家门墓群⑤、东城乡瓦僚村族里边江墓群、泗洲乡崔江村车江墓群⑥、嘉禾县石桥乡白珠村白珠墓群、龙塘乡梅溪村背干山墓群⑦、郴县五里牌乡鳌头岭村石门坦墓群、五里牌乡洞尾村茶山墓群、岗脚乡湾塘村龙家墓群、小溪乡光明村王家墓群、坳上乡新丰村朱家墓群、坳上乡水塘村工堂坪墓群、坳上乡黄泥坳村三角铺墓群、华塘镇毫里村茶园墓群⑧、资兴市鲤鱼江镇粟脚村白屋山墓群、旧市乡旧市村矮口墓群、旧市乡旧市村老屋背墓群、木根桥乡罗围村黄茅山墓群、木根桥乡罗围村茅坪墓群、鲤鱼江镇粟脚村廖家湾墓群、厚玉乡厚玉村仙图头山墓群、厚玉乡厚玉村茶山墓群⑨、木根桥乡龙泉村何黎山墓群、厚玉乡厚玉村沙洲墓群⑩、永兴县洞口乡洞口村玛瑙江墓群、洞口乡洞口村中果山墓群、县三塘乡徐家村南石头墓群、悦来乡爱好村廊水墓群、悦来乡高溪村高溪墓群、油麻乡平乐村燕子山墓群、马田镇和平村罗塘墓群、马田镇罗家村小祠家墓群、碧塘乡罗家村羊牯岭墓群、碧塘乡碧塘村禁山里墓群⑪、安仁县渡口乡石云村井背墓群⑫、渡口乡石云村新屋墓群、渡口乡松林村长子岭墓群、清溪乡镜塘村虎形坳墓群、清溪乡镜塘村花园坳墓群、清溪乡桥塘村浮冲坳墓群、清溪乡桥南村栾山墓群、清溪乡红光村庵子具墓群、排山乡高陂村乌龟山墓群、龙海乡龙海村长龙墓群、竹山乡竹山村太平山墓群、竹山乡茶山村蝴蝶形墓群、朝阳乡并田村龙王庙墓群、禾市乡泗江村桐子山墓群、禾市乡新渡村冲子岭墓群、排山乡排山村凤岗山墓群、城关镇麻田村麻田湾墓群、清溪乡黄泥村罗子坳墓群、洋际乡新市村李古坳墓群⑬。

湖南省永州市城北鹞子岭古墓群、珠山墓群、东湘桥墓群、梳子铺墓群、排龙山墓群、水市桥墓群、火湘桥墓群、石岩头墓群、毛溪桥墓群、长塘墓群、西头墓群、马子江墓群、水口乡墓群⑭、道县松坝乡沙仂江墓群、松坝乡杨家山墓群、松坝乡关家岭村土寨岭墓群、松坝乡李子园墓群、松坝乡神背山墓群、松坝乡清明山墓群墓群、松坝乡簸萁山墓群、松坝乡金鸡洞村焉尾山墓群、松坝乡金鸡洞村红古岭墓群、松坝乡丰林洞村墓群、松坝乡松坝村脚子岭墓群、松坝乡葫芦田村墓群、松坝乡下湖洞村墓群、营江乡唐家村墓群、营江乡象店山墓群、营江乡

---

① 郴州地区地方志编纂委员会：《郴州地区志》，中国社会科学出版社 1996 年版，第 1633 页。
② 同上。临武县志编写组：《临武县志》，中南工业大学出版社 1989 年版，第 368 页。县志称为"牛丫岭"。
③ 郴州地区地方志编纂委员会：《郴州地区志》，中国社会科学出版社 1996 年版，第 1633 页。
④ 同上。湖南省桂阳县志编纂委员会：《桂阳县志 1989—2000 年》，五洲传播出版社 2004 年版，第 466 页。
⑤ 郴州地区地方志编纂委员会：《郴州地区志》，中国社会科学出版社 1996 年版，第 1633 页。
⑥ 同上。湖南省桂阳县志编纂委员会：《桂阳县志 1989—2000 年》，五洲传播出版社 2004 年版，第 466 页。
⑦ 郴州地区地方志编纂委员会：《郴州地区志》，中国社会科学出版社 1996 年版，第 1633 页。嘉禾县志编纂委员会：《嘉禾县志》，黄山书社 1994 年版，第 510 页。
⑧ 郴州地区地方志编纂委员会：《郴州地区志》，中国社会科学出版社 1996 年版，第 1634 页。郴县志编纂委员会：《郴县志》，中国社会出版社 1995 年版，第 664 页。
⑨ 郴州地区地方志编纂委员会：《郴州地区志》，中国社会科学出版社 1996 年版，第 1634 页。
⑩ 同上。资兴市地方志编纂委员会：《资兴市志》，湖南人民出版社 1999 年版，第 760 页。
⑪ 郴州地区地方志编纂委员会：《郴州地区志》，中国社会科学出版社 1996 年版，第 1634 页。
⑫ 同上。
⑬ 同上书，第 1635 页。
⑭ 零陵地区地方志编纂委员会：《零陵地区志》，湖南人民出版社 2001 年版，第 1472 页。

蒋模岭墓群、营江乡阳家墓群、营江乡芒头寨村四方碑墓群、营江乡东边村石牌楼墓群、江华县码市镇下湾村墓群、宁远县大阳洞乡岭角村大阳河墓群①、蓝山县城东北五里牌墓群②、城关镇古城西侧东汉墓群③、新邵县西北土桥乡王家坪墓群、陈家坊乡刘拾坝村、茅坪村、壕塘乡诚实村墓群④、湘阴县玉华镇凤形村潘家嘴墓群、城关瓦窑湾二纸板厂内瓦窑湾墓群⑤、溆浦县江口镇江口古墓群⑥、新田县枧头墓群、十字墓群、金盆圩墓群、石羊墓群、下漕洞墓群、骥村墓群、金陵墓群⑦、沅陵县太常乡朝瓦溪村舒家瞿家包墓群⑧、新田县十字乡十字圩村东汉墓⑨、临澧县修梅乡合丰村汉墓⑩、常德市武陵区护城乡汉墓⑪、老码头墓群、莲花池墓群、茅湾区墓群、五一村墓群、护城乡三岔路村西门岗墓群、护城乡三岔路村四组西门寺东汉墓群⑫、常德县南坪岗墓群⑬。

湖南省津市新洲镇城内村发现东汉墓群、新洲镇白龙泉村肖家湖西岸石子岭东南汉晋墓群⑭、新洲镇天子岗墓群⑮、李家铺乡箭楼村沙人嘴墓群、白衣乡建国村拖枪口墓群、沙儿嘴墓群、渡口镇八宝村包山岭墓群、渡口镇渡口村土地庙墓群⑯、湘潭县云湖桥山塘村云峰庵墓群、龙口乡家坪村韩家坳墓群⑰、排头乡同心村墓群⑱、湘潭市韶山区永义乡白玉村黑皮冲墓群⑲、昭山乡黄茅村丁家杀墓群、霞城乡新造村野鸭坡墓群、韶山区韶山乡韶山村新塘山墓群⑳、易俗河镇黄茅坑墓群、雁坪乡雁坪村乐山墓群、古塘桥乡上星村罗家大岭墓群、列家桥乡上月村尹家山墓群、云湖桥镇王家村六方岭墓群、易俗河乡京竹村鲁家山墓群、易俗河镇义坟山墓群、荆洲乡旷家村狮子山墓群、雁坪乡羊鹿村汤家瓦屋墓群、青山桥镇青山村百花咀墓群、易俗河乡京竹村六亩丘墓群、易俗河镇烟塘村杨么山墓群、古塘桥乡董泉村大王岭墓群、双板桥乡芦花村青山岭墓群、荆洲乡旷家村二亩冲墓群、方上桥乡霞塘村荷叶湾墓群、云湖桥镇石马咀村玉龙寺墓群、云湖桥镇新南村黑泥井墓群、古塘桥乡西林村千冲坳墓群、歇马乡竹塘村屋场山

① 零陵地区地方志编纂委员会：《零陵地区志》，湖南人民出版社 2001 年版，第 1472 页。
② 同上。
③ 蓝山县志编纂委员会：《蓝山县志》，中国社会科学出版社 1995 年版，第 609 页。
④ 新邵县志编纂委员会：《新邵县志》，人民出版社 1994 年版，第 584 页。
⑤ 湘阴县志编纂委员会：《湘阴县志》，生活·读书·新知三联书店 1995 年版，第 786 页。
⑥ 溆浦县县志编纂委员会：《溆浦县志》，社会科学文献出版社 1993 年版，第 560 页。
⑦ 新田县志编纂委员会：《新田县志》，新华出版社 1995 年版，第 482 页。
⑧ 沅陵县地方志编纂委员会：《沅陵县志》，中国社会科学出版社 1993 年版，第 626 页。
⑨ 新田县志编纂委员会：《新田县志》，新华出版社 1995 年版，第 482 页。
⑩ 应国斌：《常德市志》，湖南人民出版社 2002 年版，第 693 页。常德市地方志编纂委员会：《常德地区志·文物志》，中国文史出版社 1995 年版，第 162 页。
⑪ 应国斌：《常德市志》，湖南人民出版社 2002 年版，第 692 页。
⑫ 常德市志编纂委员会：《常德市志》，中国科学技术出版社 1993 年版，第 705 页。
⑬ 常德县志编纂委员会：《常德县志》，中国文史出版社 1992 年版，第 508—509 页。常德市地方志编纂委员会：《常德地区志·文物志》，中国文史出版社 1995 年版，第 74—75 页。
⑭ 常德市地方志编纂委员会：《常德地区志·文物志》，中国文史出版社 1995 年版，第 76 页。津市志编纂委员会：《津市志》，教育科学出版社 1993 年版，第 660 页。
⑮ 津市志编纂委员会：《津市志》，教育科学出版社 1993 年版，第 660 页。
⑯ 津市志编纂委员会：《津市志》，教育科学出版社 1993 年版，第 661 页。
⑰ 湘潭市地方志编纂委员会：《湘潭市志》，中国文史出版社 1997 年版，第 136 页。湘潭县地方志编纂委员会：《湘潭县志》，湖南出版社 1995 年版，第 770 页。
⑱ 同上。
⑲ 湘潭市地方志编纂委员会：《湘潭市志》，中国文史出版社 1997 年版，第 136 页。
⑳ 同上书，第 137 页。

墓群、碧泉乡白塘村南塘山墓群、古塘桥乡大坝村窑坳里墓群、双板桥乡高司村高司岭墓群、石鼓乡万家村墓群、霞岭乡霞岭村城墙弯墓群、校场乡大垅村高衣塘墓群、射埠乡烟塘村文家岭墓群、石鼓乡将军村祠堂岭墓群、石鼓乡朱山村赵家坪后山墓群、茶恩寺乡茶恩村黄茶冲墓群、花桥乡花桥村宝塔山墓群、花石镇罗汉山村黄花坪墓群、明道乡栗山村三河墓群、明道乡五家嘴村船形山墓群、晓南乡草衣村大陀山墓群、土桥乡泉井村接连山墓群、歇马乡竹塘村竹叶塘墓群、歇马乡高家坪村大瓦屋墓群、景泉乡红家山村弄子嘴墓群、方上桥乡高泉村牌楼山墓群、方上桥乡方上桥村荷叶庵墓群、上竹山墓群、锦石乡文佳村月形山墓群、土桥乡新桥村杉山围子墓群、黄荆坪乡霞山村桐子山墓群、青山桥镇凤坪村凤形山墓群、环山乡彭何村戴家山墓群、湘潭县环山乡广林村伍家湾墓群、排头乡藕塘村雍家老屋墓群、分水乡分水坳村老鸭塘墓群、龙口乡九如村先锋岭墓群、龙口乡潭溪村罗家公屋墓群、楠竹山乡北岸村五亩冲墓群、响水乡红星村炮台岭墓群、九华乡郭家村印上墓群、旺冲乡合霞村窑夹巷子墓群、旺冲乡莜里村黄旗墓群、旺冲乡荷花村荷塘湾墓群、长岭乡钢铁村兴建墓群、长岭乡棠霞村新桥墓群、长岭乡新泉村毛塘墓群、梅林乡京竹村堆子墓群、梅林乡黄竹村黄竹墓群、杨嘉桥镇九江村杨家老屋墓群、易俗河乡京竹村雷公塘墓群、梅林乡谷丰村陈家老屋墓群、烟山乡大安村杨家老屋墓群、郭家桥乡黄龙桥村烟土岭墓群、留田乡中加村董家铺子山墓群、茶园乡茅亭村芋头岭墓群、南谷乡陈蒲村庙嘴上墓群、留田乡南桥村马兰墓群、日华乡潇江村竹山墓群、留田乡红卫村立新墓群、南谷乡烧汤河村左家墓群、南谷乡公和村杏子冲墓群①、南谷乡小荆村大岭塘墓群、响水乡郑家村莫家槽坳里墓群、姜畲镇姜畲村深塘墓群、泉塘子乡棋盘村王家祠堂墓群、泉塘子乡泉塘子村燕窝墓群、白圫乡双马村丁家湾墓群、白圫乡光荣村新维山墓群、白圫乡杨梓村株树山墓群、白圫乡中塘村蛇嘴子山墓群、白圫乡草塘村塝塘墓群、白圫乡马桥村马桥墓群、白圫乡坑山村广塘墓群、古城乡莲花村石桥湾墓群、古城乡莳竹塘村坝塘山墓群、列家桥乡新桅村麦子丛山墓群、云湖桥镇新南村滂塘墓群、荷塘乡荷塘村接龙山墓群、云湖桥镇石井铺村倪家坟山墓群、花石镇极星村半边街墓群、云湖桥镇楚家村康家墓群、云湖桥镇石马嘴村周家墓群、乌石乡天明村百人圫墓群、云湖桥镇七里铺村七里铺墓群、较场乡天垅村麻圫墓群、晓南乡上方村字堂山墓群、旺冲乡圆湖村管沙墓群、黄荆坪乡辰山村红家屋场墓群、射埠乡湾塘村新义墓群、继述桥乡群台村新壁墓群、景泉乡羊塘村窑圫子墓群②、明道乡森梅村门前山墓群、马家堰乡龙凤村长塘墓群、盐埠乡涓江村赵家祠堂墓群、白云乡宝塔村岂凡宫墓群、谭家山镇茅亭村六门塘墓群、龙口乡长寿村鸭婆塘墓群、射埠乡湾塘村白神圫山墓群、郭家桥乡新堤村唐家岭墓群、霞岭乡天塘村天堂坳墓群、仙女乡长龙村箭楼墓群、较场乡大垅村高衣塘山墓群、杨嘉桥镇金龙村金龙墓群、白石铺乡新荷村葛坡墓群、响水乡公塘村猫耳朵山墓群、明道乡道贯村虾公塘墓群、塔岭乡黄石村南无宫墓群③。

湖南省桂阳县莲塘镇下塘村寨背墓群、泗洲乡灌江村后山灌江墓群、浩塘乡何家村西古宅岭墓群、黄沙坪尾砂坝、共和农场南贡村南贡墓群④、石门县阳泉乡普德村张家堡墓群⑤、湘乡

---

① 湘潭县地方志编纂委员会：《湘潭县志》，湖南出版社 1995 年版，第 772 页。
② 同上书，第 773 页。
③ 同上书，第 774 页。
④ 湖南省桂阳县志编纂委员会：《桂阳县志 1989—2000 年》，五洲传播出版社 2004 年版，第 466 页。
⑤ 石门县地方志编纂委员会办公室：《石门县志》，中国文史出版社 1993 年版，第 550 页。

县苏坡乡厚河村曹家洲墓群①、安乡县城关镇建材厂外滩书院洲墓群、安造乡丁堤村段家屋场墓群、安造乡白家岗村白家岗墓群、安障乡王家湾村窑眼头墓群、安障乡新刟口村石柱岗墓群、车家铺村瓦渣岗墓群、安障乡渔场蔡家溪墓群、安障乡幕府岗墓群、安全乡槐树村邹家场墓群、焦圻镇安金村白湖岗墓群、大鲸港镇朱家洲大鲸港墓群②。

湖南省城步县花桥乡石山村谭家坊王家山墓群③、隆回县桃花坪乡澄水村范家山墓群④、长铺乡中洲村中洲墓群⑤、慈利县城关镇双安村殷家岗墓群⑥、靖州苗族侗族自治县飞山乡红心村二组战国汉墓群⑦、绥宁县黄土矿乡同乐村龙山墓群、盐井乡大田村墓群、盐井乡下村老祖山墓群⑧、宁远县仁和乡黄家洞村千家坪墓群⑨、邵阳县金称市镇金元、金良、金州村墓群、河边乡河边村、千秋乡竹园村墓群⑩、嘉禾县泮头乡乌塘村后龙山墓群、杨梅干村麻家岭墓群、泮头村圆岭墓群、广发乡乐仁坊邓家墓群、坦坪乡长溪村陈家岭墓群⑪、衡阳县金兰寺镇高田村亚塘岭战国墓群、赤石乡赤石、洲上、胡溪、东风村墓群⑫、邵阳市城南乡百花村古祭旗坡墓群⑬、临武县土地乡寺冲西北墓群⑭、娄底市小碧乡十字村杉山园墓群、茶园乡石塘村童家组梁家仑墓群⑮、茶园乡茶园村西大廓子汉墓、小碧乡镇南村东南蛇形湾汉墓⑯。

江西省抚州市抚北汉墓群⑰、赣州市蟠龙镇武陵村狮形岭汉墓群⑱、宁都县石上莲湖墓葬群⑲、赣县江口乡牛栏岗村古墓⑳、都昌县双桥乡双桥村观音岭墓群、周溪乡黄湖张七房村墓葬群㉑、江陶村背后墓葬群、左里乡新湖村南0.5公里老鹤树村墓葬群、张岭乡东平石岳村窖缸地墓葬群㉒、星子县温泉乡东山村观门郭村温泉墓葬群㉓、城东汉墓群、白鹿乡河东村斜川东汉墓群、蛟塘乡龙溪汉墓群、横塘乡咀上查村汉墓群、温泉乡港口李村钱湖汉墓群㉔、新建县铁河乡

① 湘乡县志编纂委员会:《湘乡县志》,湖南出版社1993年版,第816页。
② 安乡县志编纂委员会:《安乡县志》,新华出版社1994年版,第510页。
③ 城步苗族自治县志编纂委员会:《城步县志》,湖南出版社1996年版,第525页。
④ 隆回县志编纂委员会:《隆回县志》,中国城市出版社1994年版,第520页。
⑤ 同上书,第520—521页。
⑥ 慈利县志编纂委员会:《慈利县志》,农业出版社1990年版,第497页。
⑦ 靖州苗族侗族自治县县志编纂委员会:《靖州县志》,生活·读书·新知三联书店1994年版,第723页。
⑧ 绥宁县志编纂委员会:《绥宁县志》,方志出版社1997年版,第614页。
⑨ 湖南省宁远县地方志编纂委员会:《宁远县志》,社会科学文献出版社1993年版,第461页。
⑩ 邵阳县志编纂委员会:《邵阳县志》,社会科学文献出版社1993年版,第523页。
⑪ 嘉禾县志编纂委员会:《嘉禾县志》,黄山书社1994年版,第510页。
⑫ 衡阳县志编纂委员会:《衡阳县志》,黄山书社1994年版,第527页。
⑬ 邵阳市地方志编纂委员会:《邵阳市志》,湖南人民出版社1997年版,第559页。邵阳市郊区编纂委员会:《邵阳市郊区志》,中国文史出版社1996年版,第325页。
⑭ 临武县志编写组:《临武县志》,中南工业大学出版社1989年版,第368页。
⑮ 湖南省娄底市志编纂委员会:《娄底市志》,中国社会出版社1997年版,第644页。
⑯ 国家文物局:《中国文物地图集·湖南分册》,湖南地图出版社1997年版,第271页。
⑰ 抚州市地方志编纂委员会:《抚州市志》,中共中央党校出版社1993年版,第441—442页。
⑱ 赣州市地方志编纂委员会:《赣州市志》,中国文史出版社1999年版,第1032页。
⑲ 江西省赣州市地方志编纂委员会:《赣州地区志》,新华出版社1994年版,第2636页。
⑳ 同上书,第2661页。
㉑ 九江市地方志编纂委员会:《九江市志》,凤凰出版社2004年版,第868页。
㉒ 江西省都昌县地方志编纂委员会:《都昌县志》,新华出版社1993年版,第429页。
㉓ 九江市地方志编纂委员会:《九江市志》,凤凰出版社2004年版,第869页。
㉔ 江西省星子县志编纂委员会:《星子县志》,江西人民出版社1990年版,第458页。

东红村铁河古墓群、昌邑乡游塘村游塘遗址、昌邑乡窑河村窑河古墓群①、铁河乡铁河墓城②、广昌县盱江镇顺化坪汉墓、千善乡汉墓群③、分宜县洋江、双林、凤阳、苑坑发现汉唐墓群④、大余县池江乡杨柳村汉墓⑤、萍乡市三里台汉墓、三田村西汉墓、万新村西汉墓、城下东汉永平十五年汉墓、青坪村东汉墓、登岸村东汉墓、沽塘村东汉墓⑥、会昌县西江乡南星村松坑清理东汉墓⑦、泰和县灌溪乡觊碑村汉墓群、沙河乡江南村岭子脑汉墓⑧、永新县台岭乡程家村西爬岭西汉墓⑨、兴国县永丰乡茶石村窑棚背汉墓⑩、修水县渣津街汉墓群⑪。

不明发现时间遗址

广东省揭东县埔田镇车田村马头岽遗址⑫、揭阳县张厝坟遗址、下埔墩遗址⑬、揭东县鼎盖山、三虎山遗址⑭、潮州市归湖区金舟二塘龟山西汉印纹硬陶遗址⑮、高州市新垌镇云炉墟遗址⑯、良坑村岭头坪遗址、沙地园村沙地园遗址、曹江镇银塘村黄榄山遗址、大潮镇射塘坪村射塘坪遗址、云台镇东部大坡遗址、大坡镇周敬村周垌墩遗址、石板镇石屋村狮子岭遗址、泗水镇长岗岭村与里林村之间单山岭和白坟岭上单山岭遗址⑰、化州县江口岭遗址⑱、英德县英西浛洸区光明乡河江渡遗址⑲、桥头区板铺乡龙口村灯盏窝发现汉代遗址、连江区下步乡下部遗址⑳、大湾区中步乡狮岗遗址㉑、遂溪县界炮圩西边山村西边山墓葬群㉒、韶关市东山区龙石村汉墓㉓、

① 新建县志编纂委员会：《新建县志（1985—2002）》，江西人民出版社 2006 年版，第 793 页。
② 江西省文化艺术志编辑室：《江西省文化艺术志》，新华出版社 1994 年版，第 67 页。
③ 江西省广昌县县志编纂委员会：《广昌县志》，上海社会科学出版社 1994 年版。
④ 分宜县地方志办公室：《分宜县志》，黄山书社 2007 年版，第 1216 页。分宜县志编纂委员会：《分宜县志》，档案出版社 1993 年版，第 448 页。
⑤ 江西省大余县县志编纂委员会：《大余县志》，三环出版社 1990 年版，第 592 页。
⑥ 萍乡市地方志编纂委员会：《萍乡市志》，方志出版社 1996 年版，第 1054 页。
⑦ 会昌县志编纂委员会：《会昌县志》，新华出版社 1993 年版，第 477 页。
⑧ 泰和县地方志编纂委员会：《泰和县志》，中共中央党校出版社 1993 年版，第 761 页。
⑨ 永新县志编纂委员会：《永新县志》，新华出版社 1992 年版，第 618 页。
⑩ 江西省兴国县县志编纂委员会：《兴国县志》，上海书店 1987 年版，第 680 页。
⑪ 修水县县志编纂委员会：《修水县志》，海天出版社 1991 年版，第 538 页。
⑫ 揭阳考古队、揭阳市文化广电新闻出版局：《揭东县先秦两汉遗址调查报告》，《揭阳考古（2003—2005）》，科学出版社 2005 年版，第 129—180 页。
⑬ 揭阳考古队、揭阳市文化广电新闻出版局：《揭阳市古遗址调查报告》，《揭阳考古（2003—2005）》，科学出版社 2005 年版，第 112—128 页。
⑭ 揭阳考古队、揭阳市文化局：《揭阳的远古与文明—榕江先秦两汉考古图谱》，公元出版有限公司 2003 年版，第 132 页。
⑮ 二塘龟山西汉印纹硬陶遗址：《潮州市文物志》，1985 年版，第 2—10 页。广东省汕头市地方志编纂委员会：《汕头市志》，新华出版社 1999 年版，第 252 页。潮州市地方志编纂委员会：《潮州市志》，广东人民出版社 1995 年版，第 1506 页。
⑯ 高州市地方志编纂委员会：《高州县志》，中华书局 2006 年版，第 1495 页。茂名市地方志编纂委员会：《茂名市志》，生活·读书·新知三联书店 1997 年版，第 1508 页。
⑰ 同上。
⑱ 化州市地方志编纂委员会：《化州县志》，广东人民出版社 1996 年版，第 839 页。茂名市地方志编纂委员会：《茂名市志》，生活·读书·新知三联书店 1997 年版，第 1508 页。
⑲ 英德县地方志编纂委员会：《英德县志》，广东人民出版社 2006 年版，第 749 页。韶关市地方志编纂委员会：《韶关市志》，中华书局 2001 年版，第 2138 页。
⑳ 英德县地方志编纂委员会：《英德县志》，广东人民出版社 2006 年版，第 750 页。韶关市地方志编纂委员会：《韶关市志》，中华书局 2001 年版，第 2138 页。
㉑ 同上。
㉒ 遂溪县地方志编纂委员会：《遂溪县志》，中华书局 2003 年版，第 836 页。
㉓ 揭阳县地方志编纂委员会：《揭阳县志》，广东人民出版社 1993 年版，第 604 页。

揭阳市县玉窖镇半洋村三虎山遗址、埔田镇庵后村车田溪旁鼎盖山遗址①、韶关市曲江县黄坑鹤颈岭遗址、周天月岭遗址、始兴县斜潭坝遗址、江口长江岭遗址、英德县白沙太平坪遗址、桥头上围仔遗址、大湾兴隆村遗址、洽洸鱼嘴村遗址、洽洸河江渡遗址、白沙狗了冲遗址、连江口下步村遗址、桥头灯盏窝遗址、连山县吉田新石村遗址、南雄县乌迳甘埠山遗址②、电白县电城镇山兜管理区丁村遗址、羊角镇园田、潭段、潭桥管理区园田遗址③、七迳镇米粮管理区瓮煲岭汉代窑址④、麻岗镇热水管理区热水坡汉代窑址⑤、廉江县石岭区文河村东汉墓⑥、连平县城郊西门岗、黄潭寺、乌石坳、坡地、新龙梁屋山坡等地汉墓⑦、吴川县塘尾镇东隅村南蛇岭遗址⑧。

　　广西壮族自治区全州梅潭村后山岗汉洮阳古城⑨、灌阳县新街乡湘溪村雀儿山前观阳古城⑩、兴安县护城乡架枧田屯汉代窑址⑪。

　　湖南省长沙汉北津城遗址⑫、邵东县昭阳侯国故城遗址⑬、常德市西南长茅岭乡古城山沅南故城遗址⑭、常德市东汉索县故城遗址⑮、常德县张若城⑯、溆浦县义陵故城遗址⑰、益阳市铁铺岭古城遗址⑱、祁阳县肖家村下百田窑址、祁阳县汪家乡白树村汉代窑址⑲、道县蚣坝乡关家岭长田铺窑址、道县富塘乡李家园牛角湾窑址、道县白马渡乡白马渡村窑址、道县上关乡湘源村茶园里窑址⑳、沅陵县乌宿乡乌宿村瓦匠坪遗址、沅陵县乌宿乡太平庵村田家庄遗址、衡南县沅

① 广东省汕头市地方志编纂委员会：《汕头市志》，新华出版社1999年版，第252页。
② 韶关市地方志编纂委员会：《韶关市志》，中华书局2001年版，第2138页。
③ 广东省电白县地方志编纂委员会：《电白县志》，中华书局2000年版，第900页。
④ 同上书，第900—901页。
⑤ 同上书，第901页。
⑥ 廉江市地方志编纂委员会：《廉江县志》，广东人民出版社1995年版，第653页。
⑦ 连平县地方志编纂委员会：《连平县志》，中华书局2001年版，第505—506页。
⑧ 吴川市地方志编纂委员会：《吴川县志》，中华书局2001年版，第816页。
⑨ 全州县志编纂委员会：《全州县志》，广西人民出版社1998年版，第749页。
⑩ 灌阳县志编委办公室：《灌阳县志》，新华出版社1995年版，第605页。
⑪ 兴安县地方志编纂委员会：《兴安县志》，广西人民出版社2002年版，第547页。
⑫ 长沙汉代北津城遗址，湖南省地方志编纂委员会：《湖南省志·文物志》，湖南出版社1995年版，第56页。望城县地方志编纂委员会：《望城县志》，生活·读书·新知三联书店1995年版，第650页。
⑬ 邵东县昭阳侯国故城遗址，湖南省地方志编纂委员会：《湖南省志·文物志》，湖南出版社1995年版，第57页。邵东县志编纂委员会：《邵东县志》，中国城市出版社1993年版，第482页。邵阳市地方志编纂委员会：《邵阳市志》，湖南人民出版社1997年版，第556页。
⑭ 常德市沅南故城遗址，湖南省地方志编纂委员会：《湖南省志·文物志》，湖南出版社1995年版，第57页。常德县志编纂委员会：《常德县志》，中国文史出版社1992年版，第49页。常德市地方志编纂委员会：《常德地区志·文物志》，中国文史出版社1995年版，第46页。
⑮ 常德市东汉索县故城遗址，湖南省地方志编纂委员会：《湖南省志·文物志》，湖南出版社1995年版，第57页。应国斌：《常德市志》，湖南人民出版社2002年版，第678页。常德市地方志编纂委员会：《常德地区志·文物志》，中国文史出版社1995年版，第44—45页。
⑯ 常德县志编纂委员会：《常德县志》，中国文史出版社1992年版，第49页。
⑰ 溆浦县义陵故城遗址，湖南省地方志编纂委员会：《湖南省志·文物志》，湖南出版社1995年版，第60页。义陵县故城，国家文物局：《中国文物地图集·湖南分册》，湖南地图出版社1997年版，第442页。溆浦县县志编纂委员会：《溆浦县志》，社会科学文献出版社1993年版，第559页。
⑱ 益阳市铁铺岭古城遗址，湖南省地方志编纂委员会：《湖南省志·文物志》，湖南出版社1995年版，第60页。铁铺岭城址，国家文物局：《中国文物地图集·湖南分册》，湖南地图出版社1997年版，第244页。
⑲ 零陵地区地方志编纂委员会：《零陵地区志》，湖南人民出版社2001年版，第1468页。
⑳ 同上。

陵县明溪口镇明溪口村窝背塔和大秧田遗址①、新晃侗族自治县鱼市镇五里卡小坑秦汉遗址②、新宁县军田乡毛坪村大埠头墓群、马头桥乡炉山村王家山墓群③、靖位乡靖位村狮子岩洞穴遗址、安山乡石桥村登仙坳遗址、丰田乡坪乡村桃子园遗址、巡田乡西蒋村后花园遗址、清江桥乡大田村猴子塘墓群④。

湖南省临澧县望城乡宋玉城⑤、安乡县安全乡槐树村肖家山作唐城古城⑥、醴陵市转步乡古城村醴陵故城遗址⑦、新阳乡楠竹山村楠竹山窑址⑧、岳阳市云溪区路口乡省塘村太平嘴遗址⑨、平江县安定镇永安村汉昌古城⑩、澧县涔南乡闸口乡古城村古城岗遗址⑪、武冈县新东乡七里村汉都梁侯国遗址⑫、秦桥乡板桥村遗址⑬、绥宁县李熙桥镇陈家村武阳河右岸遗址、绥宁县黄土矿乡自然村遗址⑭、双峰县锁石乡和合村三角塘水库底坡西汉窑址⑮、湘潭县荆州乡旷家村二亩冲遗址⑯、青山桥镇青山村桃花坪遗址、青山桥镇高屯村庙七堆遗址、双板桥乡双江口村李家坝遗址、杨嘉桥镇张弓塘村古塘窑址、湘潭县古城乡古城村古城遗址⑰、湖南省临武县汾市乡渡头雷公岭秦汉城址⑱、麻阳县瓦冲、花园村岭、江志坟遗址⑲、涟源县杨家滩镇汉连道县古城、杨家滩梅林村一组阴台遗址⑳、宁乡县巷子口乡巷式村尚书组遗址㉑。

江西省赣州市抚北镇焦化厂汉代遗址、赣州市星火大队阿婆山汉代遗址㉒、大余县城东北29公里池江乡长江村寨上遗址㉓、萍乡市芦溪镇古城村遗址㉔、进贤县衙前乡读田村偏南三华里猪母岭遗址㉕、泰和县樟塘乡锺埠遗址、塘洲镇龙口村珠琳遗址、苏溪乡油居遗址、马市镇源洲遗址、屯洲遗址、上圯乡上圯黄土岭遗址㉖、新建县铁河乡赤城村赤城遗址㉗、

① 沅陵县乌宿区公所:《沅陵县乌宿区志》,中国文史出版社1992年版,第317页。
② 新晃侗族自治县地方志编纂委员会:《新晃县志》,生活·读书·新知三联书店1993年版,第677页。
③ 新宁县志编纂委员会:《新宁县志》,湖南出版社1995年版,第619页。
④ 同上书,第621页。
⑤ 常德市地方志编纂委员会:《常德地区志·文物志》,中国文史出版社1995年版,第44页。
⑥ 同上书,第47页。
⑦ 株洲市地方志编纂委员会:《株洲市志·教科文》,湖南出版社1996年版,第414页。
⑧ 同上。醴陵市志编纂委员会:《醴陵市志》,湖南出版社1995年版,第793页。
⑨ 岳阳市地方志编纂委员会:《岳阳市志》,中央文献出版社2003年版,第101页。
⑩ 同上书,第103页。
⑪ 常德市地方志编纂委员会:《常德地区志·文物志》,中国文史出版社1995年版,第43页。澧县地方志编纂委员会:《澧县志》,社会科学文献出版社1993年版,第663页。
⑫ 武冈县志编纂委员会:《武冈县志》,中华书局1997年版,第612页。
⑬ 同上。
⑭ 绥宁县志编纂委员会:《绥宁县志》,方志出版社1997年版,第614页。
⑮ 双峰县志编纂委员会:《双峰县志》,中国文史出版社1993年版,第523页。
⑯ 湘潭县地方志编纂委员会:《湘潭县志》,湖南出版社1995年版,第768页。
⑰ 湘潭县地方志编纂委员会:《湘潭县志》,湖南出版社1995年版,第769页。
⑱ 临武县志编写组:《临武县志》,中南工业大学出版社1989年版,第367页。
⑲ 麻阳苗族自治县志编纂委员会:《麻阳县志》,生活·读书·新知三联书店1994年版,第695页。
⑳ 涟源市志编纂委员会:《涟源市志》,湖南人民出版社1998年版,第646页。
㉑ 湖南省宁乡县志编纂委员会:《宁乡县志》,中国大百科全书出版社1995年版,第483页。
㉒ 抚州市地方志编纂委员会:《抚州市志》,中共中央党校出版社1993年版,第442页。
㉓ 江西省大余县志编纂委员会:《大余县志》,三环出版社1990年版,第590页。
㉔ 萍乡市地方志编纂委员会:《萍乡市志》,方志出版社1996年版,第1053页。
㉕ 江西省进贤县史志编纂委员会:《进贤县志》,江西人民出版社1989年版,第447页。
㉖ 泰和县地方志编纂委员会:《泰和县志》,中共中央党校出版社1993年版,第759页。
㉗ 新建县志编纂委员会:《新建县志(1985—2002)》,江西人民出版社2006年版,第793页。

龙岩市小池南坂岗、雁石厦老、白沙中学后山遗址①、厦门市杏林区海沧镇慈济东宫龙须坑遗址②、武平县平川镇画眉坑村狮形壁下山遗址③。

不明发现时间遗物

广东省广州市黄埔出土铜弩机、璧、铁剑④、云浮县六都乡南乡出土铜鼓⑤、托洞乡龙母庙对面崩龙山汉代铜鼎⑥、阳山县新圩镇三所平头岭战国铜钺、新圩镇连陂村陂头出土汉代陶罐、岭背镇蒲芦州出土战国铜矛、黎埠镇贵龙出土东汉铜盆、杜步镇东江山背出土东汉铜釜、阳城镇县文化局出土汉代五铢⑦、三水县金本村竹丝岗出土东汉陶器⑧、高州县新垌镇柳木岭、曹江镇黄榄山、东岸镇柑村、化州县那务镇京堂村江口岭、信宜县北界镇东村新村坡出土陶器石器⑨、龙川县佗城镇走马岗出土陶纺轮⑩、澄海县龟山、大衙、狮山、南塘出土汉代陶器⑪、揭阳市梅云镇石马圩铜镜⑫、惠来县出土釉陶⑬、中山市平顶出土汉代遗物⑭、崖口出土战国陶瓮⑮、汉代陶罐⑯、下沙出土战国陶瓮、陶罐⑰、张家边区小隐出土汉代陶罐⑱、沙溪镇涌边村出土汉代陶罐⑲。

广西壮族自治区象州县中平乡大普化村出土汉代铜鼓⑳、钟山县出土汉代遗物㉑、容县容厢乡五一村出土汉代铜鼓㉒、六王乡六王村大岭岗铜鼓㉓、灵山乡华埌村陈村出土铜鼓㉔、杨梅镇红石村大庙岗出土铜鼓㉕、平乐张家镇银山岭出土战国铜鼎㉖、青龙乡平地村出土汉代铜洗㉗、青龙乡金盏村出土汉代陶屋㉘、张家镇出土汉代陶器㉙、二塘镇灯火岭出土汉代铜器㉚、平乐镇

① 龙岩地区地方志编纂委员会：《龙岩地区志》，上海人民出版社1992年版，第759页。
② 厦门市地方志编纂委员会：《厦门市志》，方志出版社2004年版，第3167页。
③ 武平县县志编纂委员会：《武平县志》，中国大百科全书出版社1993年版，第717、723页。
④ 广州市黄浦区地方志编纂委员会：《广州市黄浦区志》，广东人民出版社1999年版，第596页。
⑤ 云浮县地方志编纂委员会：《云浮县志》，广东人民出版社1995年版，第697页。
⑥ 同上书，第698页。
⑦ 阳山县地方志编纂委员会：《阳山县志》，中华书局2003年版，第1047—1050页。
⑧ 三水县地方志编纂委员会：《三水县志》，广东人民出版社1995年版，第1190页。
⑨ 茂名市地方志编纂委员会：《茂名市志》，生活·读书·新知三联书店1997年版，第1524页。
⑩ 龙川县地方志编纂委员会：《龙川县志》，广东人民出版社1994年版，第474页。
⑪ 澄海县地方志编纂委员会：《澄海县志》，广东人民出版社1992年版，第803页。
⑫ 揭阳考古队、揭阳市文化局：《揭阳的远古与文明—榕江先秦两汉考古图谱》，公元出版有限公司2003年版，第140页。
⑬ 同上书，第139页。
⑭ 中山市博物馆：《中山历史文物图集》，香港大公报印1991年版，第42—43页。
⑮ 同上书，第36页。
⑯ 同上书，第41页。
⑰ 同上书，第36—37页。
⑱ 同上书，第40页。
⑲ 同上书，第44页。
⑳ 柳州地区地方志编纂委员会：《柳州地区志》，广西人民出版社2000年版，第660页。象州县志编纂委员会：《象州县志》，知识出版社1994年版，第619页。
㉑ 钟山县志编纂委员会：《钟山县志》，广西人民出版社1995年版，第630页。
㉒ 容县志编纂委员会：《容县志》，广西人民出版社1993年版，第956页。
㉓ 同上。
㉔ 同上。
㉕ 同上。
㉖ 平乐县地方志编纂委员会：《平乐县志》，方志出版社1995年版，第637页。
㉗ 同上。
㉘ 同上。
㉙ 同上。
㉚ 同上。

出土汉代铜器①、沙子镇二塘镇出土汉代铜钱②、二塘镇出土汉代铜器③、平南县出土铜鼓④、桂平县白沙双井村汉代铜器、麻垌、蒙圩、县城附近出土铜鼓⑤、西林县那劳镇洞坚寨铜鼓 1 面⑥。

湖南省新化县周家台墓群出土陶器⑦、江华瑶族大石桥乡出土西汉铁剑⑧、宁远县汪井乡出土铜鼎⑨、安乡县汉代铜镜⑩、桃源县汉代铜釜⑪、常德县汉代遗物⑫、慈利县蒋家坪乡战国镈于⑬。

江西省赣县江口乡牛栏岗村汉墓、都昌县芗溪乡马垄出土汉代陶器⑭、大余县浮江车里村出土汉代铜器⑮、池江乡南坝出土汉代陶器⑯、池江乡图庵口村出土汉代铜镜⑰、金溪县中队出土汉代陶器⑱、彭泽县黄岭乡出土汉代铁器、汉晋陶器⑲。

福建省武平县出土汉代陶器⑳、长汀县河田镇出土汉代遗物㉑、大同乡南里村出土汉代铁器㉒、城郊马坪崃出土汉代遗物㉓、连城县文亨乡周屋山采集汉代陶器㉔、漳州市芗城区汉代陶罐㉕、武平县城厢乡始通村丰口园墩崃出土汉代陶器㉖。

海南省乐东县延德旧城遗址出土汉代玛瑙串饰㉗、琼中县仓汉代陶器㉘。

传世遗址

广东省广州市应元路越王井、新港路下渡村东约一巷杨孚井㉙、番禺县莲花山采石场遗址㉚、

---

①　平乐县地方志编纂委员会：《平乐县志》，方志出版社 1995 年版，第 638 页。

②　同上。

③　同上。

④　平南县志编纂委员会：《平南县志》，广西人民出版社 1993 年版，第 774—775 页。

⑤　桂平县志编纂委员会：《桂平县志》，广西人民出版社 1991 年版，第 738 页。

⑥　西林县地方志编纂委员会：《西林县志》，广西人民出版社 2006 年版，第 962 页。

⑦　新化县志编纂委员会：《新化县志》，湖南出版社 1996 年版，第 939 页。

⑧　零陵地区地方志编纂委员会：《零陵地区志》，湖南人民出版社 2001 年版，第 1497 页。

⑨　同上书，第 1496 页。

⑩　应国斌：《常德市志》，湖南人民出版社 2002 年版，第 692 页。

⑪　同上。

⑫　常德县志编纂委员会：《常德县志》，中国文史出版社 1992 年版，第 511 页。常德市地方志编纂委员会：《常德地区志·文物志》，中国文史出版社 1995 年版，第 161 页。

⑬　慈利县志编纂委员会：《慈利县志》，农业出版社 1990 年版，图版。

⑭　江西省都昌县县志编纂委员会：《都昌县志》，新华出版社 1993 年版，第 434 页。

⑮　江西省大余县县志编纂委员会：《大余县志》，三环出版社 1990 年版，第 595 页。

⑯　同上书，第 595—596 页。

⑰　同上书，第 595 页。

⑱　金溪县县志编纂领导小组：《金溪县志》，新华出版社 1992 年版，第 450 页。

⑲　彭泽县志编纂委员会：《彭泽县志》，新华出版社 1992 年版，第 453 页。

⑳　龙岩地区地方志编纂委员会：《龙岩地区志》，上海人民出版社 1992 年版，第 1386 页。

㉑　同上书，第 1390—1391 页。长汀县地方志编纂委员会：《长汀县志》，生活·读书·新知三联书店 1993 年版，第 798、815 页。

㉒　同上书，第 1390 页。同上。

㉓　长汀县地方志编纂委员会：《长汀县志》，生活·读书·新知三联书店 1993 年版，第 814—815 页。

㉔　连城县地方志编纂委员会：《连城县志》，群众出版社 1993 年版，第 801 页。

㉕　漳州市芗城区地方志编纂委员会：《芗城区志》，方志出版社 1999 年版，第 1611 页。漳州市地方志编纂委员会：《漳州市志》，中国社会科学出版社 1999 年版，第 2323 页。

㉖　武平县县志编纂委员会：《武平县志》，中国大百科全书出版社 1993 年版，第 723 页。

㉗　海南省乐东黎族自治县地方志编纂委员会：《乐东县志》，新华出版社 2002 年版，第 708 页。

㉘　琼中黎族苗族自治县地方志编纂委员会：《琼中县志》，海南摄影艺术出版社 1995 年版，第 663 页。

㉙　广州市地方志编纂委员会：《广州市志 16》，广州出版社 1999 年版，第 619 页。

㉚　番禺市地方志办公室：《番禺县志》，广东人民出版社 1995 年版，第 748—749 页。广州市地方志编纂委员会：《广州市志 16》，广州出版社 1999 年版，第 501 页。

仁化县城口镇古秦城①、龙川县龙川城②河源县双江区桥头乡牛颈筋山赵佗故城③、南雄县梅岭镇中站村梅鋗城遗址④、新兴县集成区南塘村（旧名越王殿村）白鹿台遗址⑤、乐昌县乐城西任嚣城遗址⑥、仁化县城口古秦城遗址⑦。

湖南省郴县县城遗址⑧、慈利县城关镇良种场汉零阳县治⑨、澧县涔南乡复兴村鸡叫城⑩、慈利县蒋家坪乡太平村慈姑县治⑪、郴县安和乡新田岭五马垅遗址⑫、邵阳县小溪市乡梅洲村西汉夫夷侯国遗址⑬、零陵县东风大街东南泉陵街泉陵县治遗址⑭。

江西省南昌市灌婴城遗址⑮、德兴县新营乡小吴园村吴阐城遗址⑯、新建乡乐安故城⑰、波阳县谢家滩区英家英布城遗址⑱、弋阳县花亭乡陶湾村五里店葛阳县城遗址⑲、安福县安平县古城遗址⑳、平乐县县治遗址㉑、彭泽县仙真岩㉒、永新县沙市乡下排村与澧田镇南城洲头村之间高洲汉永新县治遗址㉓。

福建省云霄县火田镇北盘陀岭蒲葵关遗址㉔、泰宁县杉城镇长兴村栖真岩炼丹炉遗址㉕、邵武市水北镇故县村乌阪城址㉖、莆田县白沙镇宝阳村古院山越王台遗址㉗。

海南省儋县三都镇旧州坡新村东 600 米儋耳郡城遗址㉘。

---

① 仁化县志编纂委员会办公室县志编辑室编：《仁化县志》1992 年 12 月，第 632 页。韶关市地方志编纂委员会：《韶关市志》，中华书局 2001 年版，第 2140 页。

② 龙川县地方志编纂委员会：《龙川县志》，广东人民出版社 1994 年版，第 460 页。

③ 河源县地方志编纂委员会：《河源县志》，广东人民出版社 2000 年版，第 977 页。

④ 南雄县地方志编纂委员会：《南雄县志》，广东人民出版社 1991 年版，第 711 页。

⑤ 新兴县地方志编纂委员会：《新兴县志》，广东人民出版社 1993 年版，第 597 页。

⑥ 韶关市地方志编纂委员会：《韶关市志》，中华书局 2001 年版，第 2140 页。乐昌地方志编纂委员会：《乐昌县志》，广东人民出版社 1994 年版，第 531 页。

⑦ 韶关市地方志编纂委员会：《韶关市志》，中华书局 2001 年版，第 2140 页。

⑧ 郴州地区地方志编纂委员会：《郴州地区志》，中国社会科学出版社 1996 年版，第 1628—1629 页。郴州市志编纂委员会：《郴州市志》，黄山书社 1994 年版，第 557 页。郴县志编纂委员会：《郴县志》，中国社会出版社 1995 年版，第 662 页。

⑨ 常德市地方志编纂委员会：《常德地区志·文物志》，中国文史出版社 1995 年版，第 42 页。

⑩ 同上书，第 42—43 页。

⑪ 慈利县志编纂委员会：《慈利县志》，农业出版社 1990 年版，第 496 页。

⑫ 郴县志编纂委员会：《郴县志》，中国社会出版社 1995 年版，第 663 页。

⑬ 邵阳县志编纂委员会：《邵阳县志》，社会科学文献出版社 1993 年版，第 523 页。

⑭ 湖南省永州市、冷水滩市地方志联合编纂委员会：《零陵县志》，中国社会科学出版社 1992 年版，第 530 页。

⑮ 南昌市地方志编纂委员会：《南昌市志》，方志出版社 1997 年版，第 522 页。南昌市郊区志编纂委员会：《南昌市郊区志》，方志出版社 2002 年版，第 288 页。

⑯ 何细贵：《上饶地区志》，方志出版社 1997 年版，第 1590 页。

⑰ 同上书，第 1590—1591 页。德兴市地方志编纂委员会：《德兴县志》，光明日报出版社 1993 年版，第 866 页。

⑱ 何细贵：《上饶地区志》，方志出版社 1997 年版，第 1591 页。

⑲ 同上。

⑳ 安福县县志编纂委员会：《安福县志》，中共中央党校出版社 1995 年版，第 648 页。

㉑ 乐平县志编纂委员会：《乐平县志》，上海古籍出版社 1987 年版，第 365 页。

㉒ 彭泽县志编纂委员会：《彭泽县志》，新华出版社 1992 年版，第 454 页。

㉓ 永新县志编纂委员会：《永新县志》，新华出版社 1992 年版，第 613 页。

㉔ 蒲葵关遗址，国家文物局：《中国文物地图集·福建分册》下册，福建省地图出版社 2007 年版，第 301 页。福建省云霄县地方志编纂委员会：《云霄县志》，方志出版社 1999 年版，第 1085 页。

㉕ 栖真岩炼丹炉遗址，国家文物局：《中国文物地图集·福建分册》下册，福建省地图出版社 2007 年版，第 542 页。

㉖ 乌阪城址，国家文物局：《中国文物地图集·福建分册》下册，福建省地图出版社 2007 年版，第 587 页。乌阪城遗址，邵武市地方志编纂委员会：《邵武市志》，群众出版社 1993 年版，第 1116—1117 页。

㉗ 莆田县地方志编纂委员会：《莆田县志》，中华书局 1994 年版，第 930 页。

㉘ 海南省儋州市地方志编纂委员会：《儋县志》，新华出版社 1996 年版，第 623 页。

传世墓葬

广东省封开县将军博士墓①。

湖南衡阳蒋家山空军495医院内钟武侯刘圣墓（天子坟）②、郴州文化路西侧义帝陵③、郴州市郊乡槐树下黄泥塘村后东汉交州刺史灯君墓④、郴州市第一中学校园内西汉苏母潘氏元君墓⑤、宁远县柏加坪镇柏家井村舂陵侯墓⑥、永州市妇幼保健站左侧龙伯高墓墓群⑦、道县乐福堂乡圳头村将军弄石羊山熊尚墓墓群⑧、泸溪县上堡乡儿婆塘村左侧坡顶汉墓⑨、耒阳市插秧机制造厂蔡伦墓⑩。

江西省分宜县洞村乡霞贡村陈重雷义墓⑪、宜春市大袁山东汉袁士京墓⑫、弋阳县双窟头汉赭亭侯音墓⑬、横峰县上畈乡杨家村东汉李恂墓⑭、婺源县镇头乡鸡山吴芮墓⑮。

福建省南平市汉闽越王墓⑯。

博物馆收藏：

广东省广州市黄浦区南海神庙藏铜鼓⑰、广州市博物馆藏西汉、东汉铜鼓⑱、番禺县大石镇礼村首次铜鼓⑲、龙川县龙母镇白佛铜斧、紫市树头坪铜剑、陶器、佗城走马岗陶纺轮、丰稔战国铜镜⑳、罗定县馆藏秦汉陶器、铜器㉑、南雄县收藏秦汉遗物㉒、翁源县首次东汉遗物㉓、云浮

①　将军博士墓，肇庆市文物志编纂委员会：《肇庆文物志》，广东省新闻出版局1996年版，第51页。肇庆市地方志编纂委员会：《肇庆市志》，广东人民出版社1999年版，第1158页。封开县地方志编纂委员会：《封开县志》，广东人民出版社1998年版，第817页。

②　江东区志编纂委员会：《江东区志》，黄山书社1999年版，第403页。衡阳市郊区志编纂委员会：《衡阳市郊区志》，湖南出版社1997年版，第505页。

③　郴州地区地方志编纂委员会：《郴州地区志》，中国社会科学出版社1996年版，第1630—1631页。郴州市志编纂委员会：《郴州市志》，黄山书社1994年版，第557—558页。郴县志编纂委员会：《郴县志》，中国社会出版社1995年版，第664页。

④　同上书，第1631页。同上书，第558页。

⑤　同上书，第558页。

⑥　零陵地区地方志编纂委员会：《零陵地区志》，湖南人民出版社2001年版，第1473页。湖南省宁远县地方志编纂委员会：《宁远县志》，社会科学文献出版社1993年版，第461页。

⑦　同上。湖南省永州市、冷水滩市地方志联合编纂委员会：《零陵县志》，中国社会科学出版社1992年版，第538页。

⑧　零陵地区地方志编纂委员会：《零陵地区志》，湖南人民出版社2001年版，第1473页。

⑨　湖南省泸溪县县志编纂委员会：《泸溪县志》，社会科学文献出版社1993年版，第444页。

⑩　耒阳市地方志编纂委员会：《耒阳市志》，中国社会科学出版社1993年版，第746页。

⑪　分宜县地方志办公室：《分宜县志》，黄山书社2007年版，第1229页。分宜县志编纂委员会：《分宜县志》，档案出版社1993年版，第449页。

⑫　宜春市地方志编纂委员会：《宜春市志》，南海出版公司1990年版，第730—731页。

⑬　弋阳县县志编纂委员会：《弋阳县志》，南海出版公司1991年版，第504页。

⑭　横峰县志编纂委员会：《横峰县志》，浙江人民出版社1992年版，第570页。

⑮　婺源县志编纂委员会：《婺源县志》，档案出版社1993年版，第508页。

⑯　南平市志编纂委员会：《南平市志》，中华书局1994年版，第1445页。

⑰　广州市黄浦区地方志编纂委员会：《广州市黄浦区志》，广东人民出版社1999年版，第596—597页。

⑱　广州市地方志编纂委员会：《广州市志16》，广州出版社1999年版，第670—671页。

⑲　番禺市地方志办公室：《番禺县志》，广东人民出版社1995年版，第747—748页。

⑳　龙川县地方志编纂委员会：《龙川县志》，广东人民出版社1994年版，第474页。

㉑　罗定县地方志编纂委员会：《罗定县志》，广东人民出版社1994年版，第593页。

㉒　南雄县地方志编纂委员会：《南雄县志》，广东人民出版社1991年版，第721—722页。

㉓　翁源县地方志编纂委员会：《翁源县志》，广东人民出版社1997年版，第706页。

县收藏汉代遗物①、遂溪县藏汉代陶器②、四会县藏两汉陶器③、阳山县藏汉代遗物④、饶平县藏汉代石研、汕头市藏汉代铜洗、揭阳县藏汉代铜镜、澄海县藏汉代铜钱、普宁县藏新莽铜钱⑤、潮州市藏汉代陶器⑥、肇庆市藏汉代钱币⑦、省恩平市藏汉代陶器⑧、连山藏汉代陶器⑨、廉江县长山农场出土铜鼓⑩、封开县藏汉代遗物⑪。

广西壮族自治区柳州市藏汉代铜镜⑫、桂林市藏汉代铜印⑬、岑溪县藏战国、汉代铜器⑭、玉林市文昌阁旧藏铜鼓⑮、环江县龙岩乡收藏铜鼓⑯、全州市西汉铜镜⑰、钦州市藏铜鼓⑱、灵山县藏铜鼓⑲、荔浦县汉代陶器⑳、都安县藏汉代铜器㉑、来宾县藏战国铜矛、东汉铜鼓㉒、田林县藏战国至西汉铜钺㉓、藤县汉代遗物㉔、兴安县藏汉代遗物㉕、陆川汉代铜鉴㉖。

湖南省汨罗市藏汉代陶器㉗、郴州市汉代遗物㉘、津市东汉铜镜㉙、湘阴县藏汉代铜镜㉚、东安县汉代陶器㉛、东汉铜器㉜、宁乡县仓东汉陶器㉝、慈利县藏汉代遗物㉞、武冈县东汉铜器㉟、

---

① 云浮县地方志编纂委员会：《云浮县志》，广东人民出版社 1995 年版，第 697 页。
② 遂溪县地方志编纂委员会：《遂溪县志》，中华书局 2003 年版，第 839 页。
③ 四会县地方志编纂委员会：《四会县志》，广东人民出版社 1996 年版，第 805 页。
④ 阳山县地方志编纂委员会：《阳山县志》，中华书局 2003 年版，第 1047—1048 页。
⑤ 广东省汕头市地方志编纂委员会：《汕头市志》，新华出版社 1999 年版，第 300 页。
⑥ 同上书，第 301 页。
⑦ 肇庆市端州区地方志编纂委员会：《肇庆市志》，广东人民出版社 1996 年版，第 651 页。
⑧ 恩平县地方志编纂委员会办公室：《恩平县志》，方志出版社 2004 年版，第 621 页。
⑨ 连山壮族瑶族自治县地方编纂委员会：《连山壮族瑶族自治县志》，生活·读书·新知三联书店 1997 年版，第 712 页。
⑩ 廉江市地方志编纂委员会：《廉江县志》，广东人民出版社 1995 年版，第 646 页。
⑪ 封开县地方志编纂委员会：《封开县志》，广东人民出版社 1998 年版，第 822—823 页。
⑫ 柳州市地方志编纂委员会：《柳州市志6》，广西人民出版社 1999 年版，第 429 页。
⑬ 桂林市地方志编纂委员会：《桂林市志》，中华书局 1997 年版，第 3019 页。
⑭ 岑溪市志编纂委员会：《岑溪市志》，广西人民出版社 1996 年版，第 869 页。
⑮ 玉林市地方志编纂委员会：《玉林市志》，广西人民出版社 1993 年版，第 1086 页。
⑯ 环江毛南族自治县志编纂委员会：《环江毛南族自治县志》，广西人民出版社 2002 年版，第 824 页。
⑰ 全州县志编纂委员会：《全州县志》，广西人民出版社 1998 年版，第 752 页。
⑱ 钦州市地方志编纂委员会：《钦州市志》，广西人民出版社 2000 年版，第 1184 页。
⑲ 灵山县志编纂委员会：《灵山县志》，广西人民出版社 2000 年版，第 1162 页。
⑳ 荔浦县地方志编纂委员会：《荔浦县志》，生活·读书·新知三联书店 1996 年版，第 818 页。
㉑ 都安瑶族自治县志编纂委员会：《都安瑶族自治县志》，广西人民出版社 1993 年版，第 739 页。
㉒ 来宾县志编纂委员会：《来宾县志》，知识出版社 1996 年版，第 548 页。
㉓ 田林县地方志编纂委员会：《田林县志》，广西人民出版社 1996 年版，第 803 页。
㉔ 藤县志编纂委员会：《藤县志》，广西人民出版社 1996 年版，第 585 页。
㉕ 兴安县地方志编纂委员会：《兴安县志》，广西人民出版社 2002 年版，第 546 页。
㉖ 陆川县地方志编纂委员会：《陆川县志》，广西人民出版社 1996 年版，第 766 页。
㉗ 汨罗市志编纂委员会：《汨罗市志》，方志出版社 1995 年版，第 490 页。
㉘ 郴州市志编纂委员会：《郴州市志》，黄山书社 1994 年版，第 566—567 页。
㉙ 常德市地方志编纂委员会：《常德地区志·文物志》，中国文史出版社 1995 年版，第 161 页。
㉚ 湘阴县志编纂委员会：《湘阴县志》，生活·读书·新知三联书店 1995 年版，第 789 页。
㉛ 东安县志编纂委员会：《东安县志》，湖南出版社 1995 年版，第 660 页。
㉜ 同上书，第 659 页。
㉝ 宁乡县地方志编纂委员会：《宁乡县志 1986—2002》，方志出版社 2008 年版，第 484 页。
㉞ 慈利县志编纂委员会：《慈利县志》，农业出版社 1990 年版，第 500 页。
㉟ 武冈县志编纂委员会：《武冈县志》，中华书局 1997 年版，第 616 页。

宁远县汉代陶器①、汉寿县汉代遗物②、江华县藏秦汉铜器③、临武县藏东汉铜镜④、耒阳市藏东汉遗物⑤、宁乡县汉代遗物⑥。

江西省南昌市博物馆藏东汉铜器⑦、吉安市藏汉代铜器⑧、九江市博物馆藏汉代遗物⑨、婺源县藏汉代陶器⑩、都昌县藏汉代遗物⑪、东乡县藏汉代铜器⑫、万安县藏东汉铜镜⑬、铜鼓县藏汉代遗物⑭、遂川县藏汉代铜器⑮、万载县藏东汉遗物⑯、乐安县藏汉代遗物⑰、寻乌县藏汉代铁器⑱、修水县藏汉代遗物⑲。

福建省福州市藏汉代陶器⑳、南平市藏汉代陶器㉑、龙岩市藏秦汉陶器㉒、邵武市藏汉代陶器㉓、建瓯市藏汉代遗物㉔、东山县藏汉代遗物㉕、霞浦县藏汉代陶器㉖、南平市收藏汉代遗物㉗、浦城县藏汉代铜器㉘、漳浦县藏汉代陶器㉙、南靖县藏汉代陶器㉚、厦门市藏汉代陶器㉛、漳州市龙海博物馆藏汉代陶器㉜、平和博物馆藏汉代陶器㉝、永春县藏汉代遗物㉞。

---

① 湖南省宁远县地方志编纂委员会：《宁远县志》，社会科学文献出版社1993年版，第463页。
② 汉寿县志编纂委员会：《汉寿县志》，人民出版社1993年版，第390页。
③ 湖南省江华瑶族自治县县志编纂委员会：《江华瑶族自治县志》，中国城市出版社1994年版，第493页。
④ 临武县志编写组：《临武县志》，中南工业大学出版社1989年版，第369页。
⑤ 耒阳市地方志编纂委员会：《耒阳市志》，中国社会科学出版社1993年版，第747页。
⑥ 湖南省宁乡县志编纂委员会：《宁乡县志》，中国大百科全书出版社1995年版，第485页。
⑦ 南昌市地方志编纂委员会：《南昌市志》，方志出版社1997年版，第544页。
⑧ 吉安市地方志编纂委员会：《吉安市志》，珠海出版社1997年版，第786页。
⑨ 九江市地方志编纂委员会：《九江市志》，凤凰出版社2004年版，第931、938页。
⑩ 何细贵：《上饶地区志》，方志出版社1997年版，第1603页。婺源县志编纂委员会：《婺源县志》，档案出版社1993年版，第506页。
⑪ 江西省都昌县县志编纂委员会：《都昌县志》，新华出版社1993年版，第434—435页。
⑫ 江西省东乡县史志编纂委员会：《东乡县志》，江西人民出版社1989年版，第444—445页。
⑬ 万安县志编纂委员会：《万安县志》，黄山书社1996年版，第723页。
⑭ 铜鼓县志编纂委员会：《铜鼓县志》，南海出版公司1989年版，第579—580页。
⑮ 遂川县志编纂委员会：《遂川县志》，江西人民出版社1996年版，第811页。
⑯ 江西省万载县志编纂委员会：《万载县志》，江西人民出版社1988年版，第555—556页。
⑰ 江西省乐安县志编纂委员会：《乐安县志》，江西人民出版社1989年版，第385页。
⑱ 寻乌县志编纂委员会：《寻乌县志》，新华出版社1996年版，第386页。
⑲ 修水县志编纂委员会：《修水县志》，海天出版社1991年版，第540—541页。
⑳ 福州市地方志编纂委员会：《福州市志》，方志出版社1998年版，第579页。
㉑ 南平市地方志编纂委员会：《南平市志》，中华书局1994年版，第1454—1455页。南平市地方志编纂委员会：《南平地区志》，方志出版社2004年版，第2416页。
㉒ 龙岩地区地方志编纂委员会：《龙岩地区志》，上海人民出版社1992年版，第765—766页。
㉓ 南平市地方志编纂委员会：《南平地区志》，方志出版社2004年版，第2415页。
㉔ 同上书，第2416页。建瓯县地方志编纂委员会：《建瓯县志》，中华书局1994年版，第728、730页。
㉕ 东山县地方志编纂委员会：《东山县志》，中华书局1994年版，第668页。
㉖ 福建省霞浦县地方志编纂委员会：《霞浦县志》，方志出版社1999年版，第913页。
㉗ 南平市志编纂委员会：《南平市志》，中华书局1994年版，第1454—1455页。
㉘ 浦城县地方志编纂委员会：《浦城县志》，中华书局1994年版，第1070页。
㉙ 漳浦县地方志编纂委员会：《漳浦县志》，方志出版社1998年版，第961页。
㉚ 南靖县地方志编纂委员会：《南靖县志》，新华书店1997年版，第1054页。
㉛ 厦门市地方志编纂委员会：《厦门市志》，方志出版社2004年版，第3208页。
㉜ 漳州市地方志编纂委员会：《漳州市志》，中国社会科学出版社1999年版，第2323—2324页。
㉝ 漳州市地方志编纂委员会：《漳州市志》，中国社会科学出版社1999年版，第2324页。
㉞ 永春县志编纂委员会：《永春县志》，语文出版社1990年版，第864页。

附录四　原始资料中所见问题处理举隅^①

（一）江西南昌市东郊塘山公社永河大队汉墓

汉墓13座，报道的陶器部分：Ⅴ式罐共5件，登记表仅4件；报道中无Ⅵ式罐，登记表中M3有Ⅵ式罐2件。报道罐76件，登记表仅72件。陶盒正文12件，登记表14件。Ⅱ式壶正文4件，登记表2件。正文Ⅳ式罐2件，登记表M13中1件，正文描述其为2件。Ⅱ式罐正文57件，登记表49件。Ⅲ式罐正文4件，登记表6件。Ⅲ式双系罐正文9件，登记表7件。对以上问题，如正文描述无误则按正文，如无法判定，则依登记表。

（二）江西南昌青云谱汉墓

6座墓没有尺寸，仅有规格范围。登记时以最小值录入。简报无墓葬登记表，除M1、M6、M8有平面图可参考外，其余各墓出土器物种类、数量均不详。介绍器物，除少数墓葬外，大部分器物未介绍所出自墓葬，无法录入登记。银环、鎏金铜盒等均未介绍出自何墓。

（三）江西德安九冈岭汉墓

双系罐文字介绍中A型中介绍M6:2，下面B型中又介绍同器，登记表记为B型。泥质硬陶罐中B型1式，登记表中M1有，但据文字描述，M1中应为2式。

（四）南康荒塘M2

报道共12陶罐，分类中只有10个（原统计中不含双系罐，在包含双系罐后，也仅11。）

（五）平乐银山岭墓葬

M83腰坑报道长320厘米，当误，因墓底长仅为260厘米，推测腰坑长32厘米。

《银山岭战国墓墓葬登记总表》说明1"随葬器物栏内的罗马数字是件数，未写件数的是一件"，但据表内容，参照《银山岭汉墓登记表》说明文字，《银山岭战国墓墓葬登记总表》内罗马数字乃器物型式，非件数。正文介绍玉器为玉玦，登记表、正文附图文字说明均为"玉块"，据图当以玉玦为正。

---

① 本表是对在秦汉华南考古地理信息系统建设的录入资料过程中发现较大问题及处理过程的随手记录，限于篇幅，仅列出代表性问题，无法尽举。

1. 战国墓部分

陶罐正文 13 个见 13 座墓，登记表 12 件出 12 座墓中；Ⅰ式鼎正文 10 件，登记表 9 件；Ⅱ式盒正文分 a、b 式，a 式 18 件，b 式 37 件，合计 55 件，登记表中未分 a、b，总数 55 件；Ⅱ式陶杯正文 148 件，登记表 145 件；Ⅲ式陶杯正文 6 件，登记表 9 件；Ⅰ式钵正文 19 件，登记表 18 件；Ⅰ式纺轮正文 25 件，登记表 24 件，Ⅱ式纺轮正文 11 件，登记表 12 件。

铜剑，Ⅰ式正文 7 件，《铜剑登记表》7 件，墓葬登记表 6 件，其差异为 M108∶15，该剑在墓葬登记表中为Ⅳ式，在铜剑登记表中为Ⅰ式；Ⅱ式正文 1 件，《铜剑登记表》1 件，墓葬登记表为 2 件，差异为 M78 中铜剑，《铜剑登记表》登记该墓出土 1 件铜剑，而墓葬登记表则登记为 2 件；Ⅲ式正文、《铜剑登记表》均 1 件，墓葬登记表为 2 件，差异为 M78。Ⅳ式正文、《铜剑登记表》均 35 件，墓葬登记表为 36 件，差异为 M108。Ⅴ式正文、登记表为 2 件，墓葬登记表为 1 件，其中正文描述铜剑出为 M57、M108，而《铜剑登记表》登记铜剑出 M157、M108，墓葬登记表仅 M57。从上述看情况看，M108 应出土有 2 把铜剑，其中 1 把为Ⅰ式，1 把为Ⅴ式。如是，则正好Ⅰ式为 7 件、Ⅳ式为 35 件、Ⅴ式为 2 件，与正文记述 M108 出土两把铜剑一致。而 M78 则应只有 1 把Ⅳ式铜剑。

正文 M74∶11 的相关数据，在铜剑登记表中为 M71∶5，录入时以登记表为准。

Ⅱ式铜矛正文 9 件、墓葬登记表 9 件，《铜矛登记表》仅 8 件，未登记 M21 出土铜矛，当以墓葬登记表为准；墓葬登记表 M85 出土铜矛未登记型式，铜矛登记表登记其为Ⅵ式，当以铜矛登记表为准。

铜盆，正文 7 件，登记表 6 件，录入以登记表为准。

铜勺，Ⅰ式正文 8 件，登记表 6 件，另有 6 件Ⅰ式勺柄；M110 铜勺登记表中未分式；M115、119、151 出土勺柄未分式。

盖弓帽，Ⅰ式正文 4 件，登记表 5 件，以登记表为准。

铜镦，Ⅲ式正文 2 件，登记表 2 件，正文叙述的 M4∶11 不见于登记表，因此该式铜镦当为 3 件。登记表 M4 出土铜镦 1 件属Ⅱ式，正文亦有描述，故从另有一枚属Ⅲ式情况看，M4 当出土铜镦 2 枚。

铜斧，登记表 M74 出土 2 件，分属Ⅰ、Ⅳ式，但正文均属Ⅰ式，以正文为正。Ⅳ式正文 1 件，出土于 M29，登记表中另有 M74 出土 1 件属Ⅳ式，据上文，则Ⅳ式仅 M29 出土 1 件。

铁锄，正文Ⅳ式 4 件，登记表中 3 件；正文铁锄分 4 式，登记表中出现Ⅴ式，出土于 M56 中，分析认为，其当为Ⅳ式。

玉玦，正文分三式，登记表不分式，录入以登记表为准。正文有叙述者，以正文为准。M158∶3，正文描述该玉玦边长 5、孔径 15 厘米，孔径不确，当为 1.5 厘米。

Ⅰ式鼎正文 8 件，登记表 7 件。

战国墓登记表铜器栏内有勺柄，正文介绍铜器时为勺。

2. 平乐银山岭汉墓部分

陶罐Ⅲ式正文介绍 M117 出土五件，登记表为 3 件，以登记表为准录入。

陶盒，正文不分式，登记表分式，以正文为准录入。

陶魁，正文 1 件，登记表 2 件，以登记表为准录入。

陶鐎壶，当为陶盉，按陶盉录入。

直腹罐，正文 2 件，登记表 1 件，以正文为准。

铁钩，正文 4 件，登记表 2 件，正文 M53 出土 2 件，登记表 1 件。M53 以 2 件，M132 以 1 件，共 3 件录入。铁锄，I 式正文 3 件，登记表 2 件；Ⅲ式正文 2 件，登记表 3 件，以登记表为准录入。

铁刀均为短刀，按短刀录入。

铁环正文一对，登记表 1 个，按正文录入。

石炉、石槽，以方盒登记录入。玉坠，以玉饰登记录入。

（六）合浦凸鬼岭汉墓

无墓葬登记表，据 M201、M202 平面图，M201A 出土铁锸 3 件、铁刀 2 件，M201B 出土铁剪 1 件，M202A 出土铁釜 1 件，共出土铁器 7 件。而简报遗物部分，记述出土铁刀 3 件、铁锸 4 件、铁剪 1 件，共 8 件，与平面图明显不合。据平面图，M201A、M202A、B 均出土铜壶 1 件，而正文介绍铜壶仅出土 1 件。据图，M201A、M202A 均出土铜盉 1 件，正文介绍铜盉仅 1 件；3 墓出土陶壶共 8 件，正文记述 7 件。据图，M201A 出土陶罐 8 件、M201B 出土陶罐 3 件、M202A 出土陶罐 7 件（不含四耳陶罐在内）、M202B 出土陶罐 7 件，共 25 件，而正文描述 4 墓共出土陶罐 12 件。

（七）合浦母猪岭诸墓

简报正文叙述出土器物约 184 件，登记表 186 件。I 式铜鼎正文、图一四均记述为 M54:14，据登记表及图四，其当为 M5:14。铜镜正文 5 件，登记表 6 件，以登记表录入，据 M1 平面图，正文所缺铜镜应为 M1:5。

（八）合浦九只岭汉墓

简报铜鐎壶正文 3 件，登记表 1 件，以登记表为准录入；铜长颈壶，正文记述出于 M5，登记表不见，据平面图及正文录入；铜盆正文记述 M6A 出土两盆，不见登记表，以正文为准录入；M5、M6B 登记表中均有平底盆，据正文及附图，其当为平底盘；铜圜底杯，正文记述 2 件，登记表仅 M5 有 1 件，据图 M6 有铜杯 1 件，登记表为盘 1，当为圜底杯；铜镜，登记表 M6A 出土铜镜 1 枚，M6B 出土 2 枚，附图亦同，正文中 M6B 出土铜镜 2 枚，M6A 出土 1 枚，查铜镜编号，当以 M6B 出土 1 枚为正。铜印，登记表、附图 M5 均有铜印，正文不录，误。正文有铜耳，记述 6 件，登记表 M5 有铜耳杯 2 件、铜耳 2 件，M6A 有铜耳 1 件，合计为 5 件。泡钉，正文 12 枚，M5 出土 11 枚，M6B 出土 1 枚，登记表 M5 无泡钉，M6B 出土 12 枚，附图 M5 出土 1 枚，M6B 无泡钉。无法核校，以正文描述为准录入。铁棺钉，正文、登记表、附图均未介绍出自何墓，无法录入。

陶鼎，正文共 2 件，登记表 3 件，据图，登记表中 M6B 所列陶鼎不确。鐎壶，正文 2 件，登记表 3 件，据附图，登记表中 M5 中鐎壶不存在。

竹算筹，正文、登记表均不载出于何墓。据其出长颈壶判定，当出自 M5。

（九）合浦母猪岭东汉墓

简报壶共 5 件，分 2 式，正文 I 式 3 件，Ⅱ式 2 件，登记表 I 式 2 件，Ⅱ式 3 件，以登记表为准录入。M1 出土陶罐，附图、登记表均为 14 件，正文陶罐描述部分仅 12 件，登记表中 2 件未分式，正文缺失者乃此。

（十）合浦堂排汉墓

简报长颈壶正文 1 件，M2B 出土，登记表 M2B 长颈壶 2 件。查附图，应为一件，登记表误。肉红石髓珠，正文共 99 件，登记表 M2A 中 45 件，M2B 中珠 43 件，狮 6 件，共 94 件。据正文描述，登记表 M2B 玛瑙珠后的"鹅 5"当为肉红石髓质，与前述 94 件共 99 件，与正文合。

（十一）丰门岭汉墓

报告 M27 出土铜盉，按鐎壶登记录入。M23 分 AB 两座墓葬，出土遗物在登记表中未分开登记，以致无法确定各墓出土各种器物具体形式的数量，无法录入。铜泡钉，正文 3 件，但平面图中仅 M23B 有 2 件，因此按 M23A 出 1 件录入。铜饼，正文 10 件，未记述每墓出土数量，无法录入，未录入。铁环，正文 8 个，均属 M23A，但据 M23B 平面图，58 件为铜、铁环。M23，正文报道滑石器 23B 出土 59 件，据正文分类合计，为 58 件，以吊桶应入石井内计，当为 57 件。正文与分类合计差 1 件。

M24，正文有器盖 9 件，未指出为 A、B 墓内各出几件，登记表亦无反映，平面图也无 24A 的出土器物编号说明。按平面图上 24B 中的出土器物分布看，其中无器盖，正文 9 件器盖当为 24A 所出，以此录入。

（十二）灵川马山

M3 正文先述墓中出土随葬品 12 件，后分述则为 11 件，陶器描述中有 M3 出土陶盒，不见于前文分述，以陶盒计当为 12 件，以 12 件录入。正文介绍铁器出土 2 件，未介绍出土铁器品种，无平面图。据后文铁器描述，其出土铁器当为铁刀 2 件，据此录入。

灵川马山 M5，正文介绍出土器物 6 件外，盗洞填土中尚有铁斧 1 件。而据平面图，铁斧出自墓底。因此以铁斧为墓葬随葬品登记。

灵川马山 M6，正文述墓中出土随葬品 6 件，后分述则为 5 件，以 5 件录入。

正文介绍陶罐 9 件，其中 II 式 3 件，介绍两件，据其他描述及平面图，另 1 件当出自 M4，据此录入。正文介绍陶杯 7 件，M1 出土 1 件，但据前文描述，M1 仅出陶盒 1 件，无陶杯。而据各墓出土器物合计，陶杯共 5 件。以 5 件录入。正文介绍出土铜器 7 件，而分述 5 件，另 3 件为残器，其中 1 件出自 M1，与 M1 文字描述同，另 1 件于 M3，有一残器，而另 1 件则不见于各墓描述，不知何出，以 7 件录入。

（十三）合浦罗屋村

铁钉，正文 4 件，出于 M1、M4、M5，登记表出土于 M1、M3、M4，M1 出土 1 件，对照后，以 M1 出土 2 件，M3、M4 出土各 1 件登记。琉璃珠，正文 73 枚，又述 M1、M6 不出，正文述 M2 出土 3 枚，M3 出土 1 枚，则 M4 当出土 69 枚。以此录入。M1 登记表出土琉璃珠，以后文叙述看，当不出琉璃珠。

（十四）岑溪糯垌镇胜塘顶汉墓

铁削，正文 2 件，登记表 1 件，据正文，M3 当有铁削，据此录入。陶罐，正文 19 件，登记表共 12 件，差 7 件。Ⅰ 式 12 件，登记表 7 件，差 5 件；Ⅴ 式 4 件，登记表 1 件，差 3 件，以登记表为准录入。

（十五）合浦禁山七星岭汉墓

简报无墓葬登记表，数座正文未描述的墓葬，无法录入。M8 出土莲花形器，以器盖登记录入。耳杯，正文描述出土共 3 件，但从文字看只知 M4 出土 2 件，另 1 件出土单位不详，无法录入。罐，正文介绍 4 件，其中 2 件出自 M8，另 2 件未介绍出土单位。据简报中各墓文字描述及平面图，M4 出土罐 3、M12 出土罐 1 件，因此墓葬出土陶罐至少当有 8 件，以此录入。M8 正文出土陶器 7 件，而遗物部分介绍出土器物仅 5 件，其余 2 件不明。

（十六）兴安石马坪汉墓

简报登记表仅登记出土遗物，无墓葬方向、规格、墓道、封土等信息，除正文有描述的墓葬外，其余墓葬阙如。M1A 正文报道出土 18 件器物，登记表 17 件；M1B 正文出土 33 件，登记表 20 件；M21，正文出土 82 件，登记表 59 件；

陶罐，Ⅰ 式正文 2 件，登记表 Ⅰ 式罐 M1A 出 1 件、M1B 出 2 件、M11B 出 1 件、M21 出 1 件，共 5 件，差 3 件；Ⅱ 式，正文 4 件，登记表 M1A、1B、11B、21、22 各出 2 件、M9、19 各出 4 件，共 18 件，差 14 件；Ⅲ 式，正文 9 件，登记表 M8、12 出土 2 件、M18 出土 3 件，共 7 件，差 2 件；Ⅳ 式，正文、登记表均 3 件；Ⅴ 式正文 3 件，登记表 M4 出土 2 件、M20 出土 1 件、M25 出土 3 件，共 6 件，差 3 件。正文共 21 件，登记表共 39 件，差 18 件，以登记表为准录入。另登记表中 M2、3、5、16 各出 1 件、M10 出 4 件、M15 出 3 件，共 11 件陶罐未登记所属型式。

双耳罐，Ⅱ 正文 2 件，其中 1 件为 M18 出土，登记表中无，据正文录入。

带流罐，正文 1 件，M20 出土 1 件，登记表无，据正文录入。

双耳瓮，正文 1 件，M20 出土 1 件，登记表无，据正文录入。登记表中 M10 所登记的双耳瓮与正文不符，当误。

四系瓮，正文无总数，登记表 M4 出土 2 件、M18 出土 1 件、M25 出土 1 件，共 4 件，据登记表录入。

釜，正文 16 件，登记表 13 件，以登记表为准录入。

Ⅰ 式壶，正文 14 件，登记表 16 件，以登记表为准录入。

Ⅱ 式壶，正文 6 件，登记表 5 件，以登记表为准录入。

正文另述 3 件壶中的 M21 陶壶、M22 竖耳壶，登记表不录，据正文录入。

圜底壶，正文 4 件，登记表中 M11A、22、23 各出土 2 件、M11B 出土 1 件，共 7 件，据登记表录入。

Ⅰ 式鼎，正文 6 件，登记表 5 件；Ⅱ 式鼎，正文 2 件，M21 出土 1 件，M17 登记表有鼎 2 件，无型式，其中 1 件正文介绍为 Ⅱ 式，据正文录入。

碗，正文 3 件，登记表 3 件，另 M20 登记表中有 "豆（碗 2）"，正文以碗叙述，则碗当有 5

件，据登记表为准录入，共 5 件。

豆，正文 5 件，登记表 4 件（不含 M20 登记表中豆（碗 2））。M20 登记表中有"豆（碗 2），正文叙述 M20:5 为豆，与前述为碗不同。以附图看，其与碗同，按碗登记。

铁鼎，正文 M21、M14 各出土 1 件，登记表 M12、M14 各出土 1 件，以登记表为准录入。

铁釜架，正文分为 2 式，登记表中不分式，以登记表为准录入。正文 I 式釜架介绍中 M1:10，未分 M1A、1B，无法录入。

铁刀，正文 1 件，登记表 2 件；铁环首刀，正文 13 件，登记表 18 件，以登记表为准录入。

鎏金饼，正文未介绍材质，以泥金饼登记录入。

（十七）合浦凸鬼岭汉墓

M6，正文墓道下端比墓室低 0.3 米，据附图，当为比墓室高 0.3 米。

该简报无墓葬登记表，正文未介绍的墓葬规格、各墓出土器物情况均不详，以正文有报道者录入。砖室墓，正文先报道共 7 座，后分述则为 8 座，查核后可知，应以 7 座作准，I 型砖室墓中有 M14 不确。

陶樽，正文 6 件，M19 出土 5 件，另 1 件出土单位不详。

陶灶，正文 3 件，据图及正文仅知 2 件；陶仓、陶灯，正文 2 件，据图及正文均仅知 1 件；陶屋，正文 6 件，据图及正文，M3 有屋 2 件、残片 1 件、屋顶 2 件；M4 陶屋 1 件、M8 陶屋 2 件、屋顶 2 件，其中 M3:7 为陶厕，其他陶屋不详。

陶盂，正文 16 件，据图及正文仅知 12 件；其分 3 型，因无登记表，多数墓葬出土陶盂形制不明。正文 M4:20 为陶盂，但据附图，其当为陶罐。陶瓮，正文 7 件，据图及正文仅知 6 件（据正文 M6:7 为陶瓮，图下注为陶片，若更正，则与正文相符。）。陶壶，正文 21 件，据图及正文仅知 16 件。

铁剑，正文 2 件，据图及正文仅知 M4 出土 1 件；铁钉，正文 3 件，据图及正文仅知 M6 出土 1 件；铁削，正文 7 件，据图及正文仅知 M3、4、6 出土 4 件，据此录入。

玛瑙穿饰，正文 2 件，但未报到出土单位，无法录入。玉管，正文 1 件，未报到出土单位，据图 M3、4 均出土玉管，以 M4 出土录入。

铜樽，正文 4 件，据图及正文仅知 3 件；铜镜，正文 10 件，据图及正文仅知 8 件；铜壶，正文 2 件，据图及正文仅知 1；铜鐎壶，正文 3 件，据图及正文仅知 2 件；铜鼎，正文 3 件，据图及正文仅知 1 件；铜盘，正文 3 件，据图及正文仅知 2 件，均据图及正文录入。铜盆，正文 2 件，M11 出土 1 件，据图，M11 出土者为盘，据正文当改为盆。

（十八）贺县河东高寨汉墓

西汉早期墓，无墓葬登记表。

陶瓮，正文 24 件，据 M5、7、8、9 附图，共有陶瓮 21 件，则 M4 当有陶瓮 3 件。

陶罐，正文 30 件，据附图，共有陶罐 32 件，又正文述 M4 出土 1 件，故当有陶罐 33 件。

陶盒，正文 19 件，据 M5、7、8 附图，共有陶盒 15 件，则 M4 当有陶盒 4 件。

陶三足盒，正文 14 件，据 M5、7、8、9 附图，共有陶盒 12 件，则 M4 当有三足盒 2 件。

陶瓿，正文 4 件，据 M5、7、8、9 附图，共有陶瓿 2 件，则 M4 当有陶瓿 2 件。

陶壶，正文 9 件，据 M5、7、8、9 附图，共有陶壶 7 件，则 M4 当有陶壶 2 件。

陶钫，正文 7 件，据 M5、7、8、9 附图，共有陶钫 5 件，则 M4 当有陶钫 2 件。

陶鼎，正文 9 件，据 M5、7、8、9 附图，共有陶鼎 5 件，则 M4 当有陶鼎 4 件。

陶釜、甑，正文 3 件，据 M5、7、8、9 附图，共有陶釜、甑 1 件，则 M4 当有陶釜、甑 2 件。

陶盆，正文 6 件，据 M5、7、8、9 附图，共有陶盆 4 件，则 M4 当有陶盆 2 件。

陶钵，正文 2 件、陶豆 1 件，据 M5、7、8、9 附图，无陶钵、陶豆，则 M4 当有陶钵 2 件、陶豆 1 件。

陶纺轮，正文 2 件，据 M5、7、8、9 附图，共有陶纺轮 1 件，则 M4 当有陶纺轮 1 件。

铜鼎、铜剑，正文 6 件，据 M5、7、8、9 附图，共有铜鼎、剑 5 件，则 M4 当有铜鼎、剑各 1 件。

铜勺，正文 3 件，据 M5、7、8、9 附图，共有铜勺 2 件，则 M4 当有铜勺 1 件。

铜镜，正文 4 件，据 M5、7、8、9 附图，共有铜镜 3 件，则 M4 当有铜镜 1 件。

铜熏炉、铜扣正文均指出为 M4 出土，铜牌饰，正文 2 件，据 M5、7、8、9 附图，各墓均无，则当为 M4 出土。

玉管，正文 2 件，据 M5、7、8、9 附图，共有玉管 1 件，则 M4 当有玉管 1 件。

玉环，正文 2 件，据 M5、7、8、9 附图，共有玉环 2 件。正文报道 2 件玉环均出 M8，则 M8 玉环当为 2 件。据图，M5:34 为玉环，正文介绍此为玉璧，以玉璧登记录入。

铁削，正文 3 件，据 M5、7、8、9 附图，共有铁削 1 件，则 M4 当有铁削 2 件。

西汉后期墓

陶瓮，正文 5 件，据 M3 附图有陶瓮 4 件，正文又有 M6 出土陶瓮 1 件。

陶罐，正文 24 件，据 M3 附图有陶罐 12 件，正文 M1、6 各述陶罐 1 件，另 10 件陶罐归属不明；陶壶，正文 7 件，据 M3 附图有陶壶 4 件，正文 M6 有陶壶 1 件，另 2 件陶壶归属不明；陶鼎正文 3 件，陶瓿正文 2 件，据 M3 附图，无陶鼎、陶瓿，正文 M1、6 各有陶鼎 1 件，M1 有陶瓿 1 件，则另 1 件陶鼎、陶瓿归属不明；陶盂，正文 6 件，据 M3 附图，M3 有陶盂 4 件，正文 M6 有陶盂 1 件，另 1 件盂归属不明，无法录入。

铜碗、五铢钱，玉龙均未报道出土单位，无法录入。

（十九）钟山张屋东汉墓

陶壶，Ⅱ式，正文 2 件，登记表 4 件；Ⅲ式，正文 18 件，登记表 16 件；Ⅱ陶罐，正文 4 件，登记表 3 件，以登记表为准录入。陶灯，M1 登记表无，正文有，以正文为准录入。

铁刀，正文 2 件，登记表 3 件，以登记表为准录入。

（二十）贵港马鞍岭东汉墓

墓道宽度均误。

双耳罐，Ⅲ式，正文 2 件，登记表 1 件，以登记表为准录入。

陶碗，正文不分式，4 件，登记表分式 5 件，以登记表数量、正文不分式录入。

登记表 M2 铜器有"带 1 件、钩 1 件"，当为带钩 1 件，据此录入。

铁钉，正文 15 件，登记表各墓仅书若干，据登记表录入。

水晶珠，正文 3 件，无出土墓葬单位，登记表、墓葬平面图诸墓均无。据 M3 图，其 16—19、52—56 为玛瑙珠，而登记表该墓玛瑙珠为 5 件，另有料珠 3 件，因此其中当有不属于玛瑙珠和料珠，疑为水晶珠，据此登记。

料珠，正文 3 件，无出土墓葬单位，登记表 M3 出土 3 颗，正合，然墓葬图上无料珠，料珠见 M1，疑 M1 墓葬图误，应为玛瑙珠，而料珠应为 M3 出土，据此登记录入。

（二十一）贵港深钉岭汉墓报告

前后室墓，正文 3 座，分别为 M17、19、22，登记表为 M5、17、19；前室双后室墓，正文 3 座，登记表为 M36、37，少 1 座。登记表中无 M22，如前后室墓中 M22，则 M5 当为前室双后室墓，登记表误，据此修改录入。

M26，登记表遗物与墓葬平面图不一，据图录入。

铜鍪，正文 2 件，登记表 1 件，以登记表为准录入。

铜鼎，正文 3 件，登记表 6 件，以登记表为准录入。Ⅱ式正文 2 件，登记表 1 件，以表为准录入。

铜鐎壶，正文 1 件，出自 M12，登记表 M12 无鐎壶，其他墓葬共出鐎壶 5 件，见 M10、M11、M31、M43。查附图，M12：12 确为鐎壶，则鐎壶当共出 6 件。M12 登记表遗漏鐎壶。

铜釜，正文 1 件，登记表 2 件，以表为准录入。

带柄鼎，正文 1 件，出自 M12。登记表为"带柄锅"，附图为"带柄鼎"，以带柄锅录入。

铜锅，正文无，登记表 M10、M31 均各有 1 件，据表录入。

铜熏炉，正文 1 件，出自 M39，附图无 M39，当误。据表，M1、M43 各出熏炉 1 件，据表录入。

铜壶，正文 2 件，出自 2 墓，登记表 10 件，出自 5 墓，据表录入。

铜尊，正文 3 件，其中Ⅱ式 2 件，登记表尊 5 件，Ⅰ、Ⅱ式各 1 件，其他 3 件无型式，据表录入。

铜三足盘，正文 3 件，登记表 4 件，据表录入。

铜盂，正文 1 件，为 M10：49，不见于登记表，墓葬平面图为陶盂，登记表该墓陶器部分无陶盂。疑墓葬平面图误、登记表漏，据正文录入。

铜盆，正文 1 件，为 M12：15，不见于登记表。据墓葬平面图，确为铜盆，登记表误，据正文及图录入。

铜碗，正文 4 件，Ⅰ、Ⅱ各 2 件，登记表共 15 件，Ⅰ式 3 件，Ⅱ式 1 件，据表录入。

铜勺，正文 1 件，登记表 2 件，据表录入。

铺首，正文 2 件，登记表 1 件，据表录入。

铜环，正文 1 件，登记表 2 件，据表录入。

泡钉，正文 8 件，登记表 2 件，据表录入。

铜剑，正文 3 件，登记表 2 件，据表录入。

铜环首刀，正文 3 件，登记表 2 件，据表录入。

铜矛，正文"11 件，出于 M10、M43。"登记表 14 件，出于 M10、M11、M43，据表录入。

铜戟，正文 3 件，出于 M10、M43，登记表 1 件，M43 中无。据墓葬平面图，M43 有 2 件，登记表误，据此录入。

铜镜，昭明镜，正文 5 件，其中 I 式 2 件，据表 I 式为 3 件，据此录入；四乳四螭镜，为 M39 出土，该报告中无 M39。当误，不录；登记表除正文已介绍各铜镜外，尚有 5 件镜，据表录入。

据表，正文未介绍铜带钩、铜杯、铜灯、铜镞、铜屋、铜弩机、铜盘、铜钵、铜桶等器。

铁环，正文 1 件，登记表 5 件，据表录入。

铁环首刀，正文 4 件，登记表 3 件。正文介绍 M6:3 为环首刀，登记表中无 M6，应非汉墓，故铁环首刀，当为 3 件，据此录入。

木勺，正文 2 件，登记表 1 件，据表录入。

玛瑙饰，正文 "24 枚，出于 M2、M12、M31 等墓"，据表，玛瑙饰出自 M9、M31，共 7 枚。未介绍玛瑙珠，据登记表，玛瑙珠共 66 枚，出自 M2、8、9、10、12、41，据表录入。

玛瑙耳珰，正文 "6 枚，出于 M9、M12、M19 等墓"，登记表出自 M9、M12、M43、M46，共 7 枚，据表录入。

琥珀虎饰，正文 3 件，出于 M8、M10、M12，登记表、墓葬平面图 M8 均无此物，据表录入。

水晶，正文扁柱体水晶 10 件，出于 M12、M43，六菱形水晶 6 件，出于 M2、M10、M12。据登记表，M2、M9、M12 出水晶，M10、M41 出水晶珠。M43 登记表及墓葬平面图均无水晶。综合判断，M2、M10 所出为六菱形水晶，M12 出扁柱体和六菱形水晶，M9、M41 不详，据此录入。

金珠，正文 3 粒，出于 M12，登记表 5 粒，出于 M2、M12，据表录入。

银戒指，正文 8 枚，出于 M12、M19。登记表 4 枚，出于 M8、M9、M12，据表录入。

玻璃耳檕，5 枚，M8、M43 出土。登记表、墓葬平面图均无，故未录入。

玻璃珠，登记表做料珠，不统一。玻璃双连珠，正文 19 粒；玻璃三联珠，正文 1 粒，登记表均无，据表录入。

骨珠，正文 2 粒，登记表无，据正文录入。

骨管，正文 4 件，登记表 8 件，据表录入。

陶罐，A II 式，正文 5 件，登记表 2 件，据表录入。A III 式，正文 4 件，登记表 2 件，据表录入。B 型，正文 14 件，登记表 4 件，据表录入。

双耳罐，正文 10 件，登记表 3 件，正文及平面图 M8:28 为双耳罐，据表及此录入。

小罐，正文 16 件，登记表 6 件，据表录入。

陶盂，正文 5 件，登记表 3 件，据表录入。

陶井，A 型，正文 10 件，登记表 6 件；正文 I 式 2 件，登记表 1 件；正文 II 式 8 件，登记表 1 件，据表录入。

陶灶，正文 10 件，可复原 5 件，登记表 8 件，据表录入。

陶屋，正文 4 件，登记表 6 件，据表录入。

出土遗物 "（一）陶器 2. 釉陶器"，除鼎外，其余壶、无耳罐、有耳罐、尊、鐎壶、瓶、熏炉、杯等都专门注明 "泥质灰陶"，显与釉陶器不合，推测可能是 "泥质灰陶" 之误。

Ⅳ式釉陶鼎，正文 2 件，登记表无。正文述 M8 出土，登记表 M8 有鼎 2 件，但未指明为釉陶鼎，据正文，其当为该式陶鼎，据此录入。

AaⅡ釉陶壶，正文 2 件，登记表 1 件；AbⅡ釉陶壶，正文 2 件，登记表 3 件；BⅢ釉陶壶，正文 4 件，登记表 1 件；BⅥ釉陶壶，正文 2 件，登记表 1 件，均据表录入。

Aa 釉陶无耳罐，正文 3 件，登记表 1 件；B 釉陶无耳罐，正文 10 件，登记表 7 件，据表录入。

AⅡ釉陶有耳罐，正文 5 件，登记表 1 件（登记表为Ⅱ釉陶双耳罐，无 A），据表录入。

B 釉陶有耳罐，正文 8 件，登记表 1 件，正文述 M8 有 2 件，则登记表 1 件误，当为 2 件，据此录入。正文又介绍 M50∶3 件，此墓非汉墓，此处不当出现，误。

釉陶尊，正文Ⅰ、Ⅱ式各 2 件，登记表各 1 件，据表录入。

釉陶熏炉、釉陶杯，正文均 2 件，登记表均 1 件，据表录入。

（二十二）广西贵县北郊汉墓

大圩 M1，平面图有铁钉 8 件、铜环 1 件，而登记表无铁钉、铜环。以平面图中铜环、铁钉数量为准录入。

玉仓 M2，平面图有铁钉 30 件、铜铺首 2 件、铜泡钉 8 件、陶碗 1 件、陶釜 1 件，均不见于登记表；而登记表中陶罐为 10 件，另有陶盘 1 件、坛 2 件、铁镢 1 件，平面图中陶罐为 9 件，无陶盘、陶坛、铁镢。以登记表中陶罐、坛、盘、铁镢数量，以平面图中铁钉、铜铺首、铜泡钉、陶碗、陶釜数量录入。

水电 M5，平面图中有陶罐 9 件，登记表中为罐 4 件、四耳罐 2 件、双耳罐 1 件、坛 1 件；平面图有陶猪圈，登记表无；平面图铜碗 3 件，登记表 1 件，平面图金珠 2 件，登记表 3 件。以平面图中陶猪圈、铜碗数量、登记表中金珠数量录入。

煤建 M2，平面图有陶盘，登记表无，据此补入；平面图无陶瓦，登记表有，据表录入。

木材 M2，平面图陶盖为 2 件，登记表 1 件，据图录入。

二七三 M1，平面图陶罐 12 件，登记表 6 件；陶勺 2 件，登记表 1 件；平面图有陶釜 1 件、陶盖 5 件，登记表无；登记表有陶瓶，平面图无，陶罐数量、陶釜、陶盖、陶勺据平面图录入，陶瓶据图录入。

陶罐，Ⅰ式正文 7 件，登记表 3 件；Ⅱ式正文 15 件，登记表 17 件；Ⅳ式正文 3 件，登记表 5 件，据表录入。

陶四耳罐，Ⅲ式正文 4 件，登记表 1 件；Ⅳ式正文 2 件，登记表 6 件；Ⅴ式正文 5 件，登记表 4 件，据表录入。

陶直身罐，Ⅰ式正文 1 件，登记表 4 件；Ⅱ式正文 4 件，登记表 6 件；Ⅲ式正文 4 件，Ⅳ式正文 1 件，登记表均无。Ⅰ式、Ⅳ式正文均 1 件，出自二七三 M1，据此录入，而登记表水电 M7 出Ⅰ式自误无疑；Ⅲ式正文介绍二七三 M1 出土 1 件，据此录入。据正文，水电 M7 中 1 件为Ⅱ式，因该墓实无Ⅰ式，故将其 4 件以Ⅱ式登记；登记表二七三 M1 中原为Ⅱ式，据正文，其除 1 件Ⅰ式、1 件Ⅳ式外，还有 1 件Ⅲ式，因此其余 3 件陶罐以Ⅲ式登记。即，二七三 M1 中有Ⅰ式、Ⅳ式各 1，Ⅲ式 4 件。亦即，直身罐出自水电 M7 和二七三 M1，其中水电 M7 中 4 件均为Ⅱ式，而二七三 M1 的 6 件中，Ⅰ、Ⅳ式各 1 件，Ⅲ式 4 件，据此录入。

陶壶，Ⅲ式正文 2 件，登记表 8 件；Ⅳ式正文 4 件，登记表 6 件，据表录入。

陶勺，Ⅰ式正文 2 件，登记表 1 件，据表录入。

陶仓，正文 4 件，登记表 5 件，据表录入。

陶屋，正文 7 件，Ⅰ式正文 3 件，登记表 2 件；Ⅱ式正文 4 件，登记表 3 件，据表录入。

陶纺轮，正文 18 件，登记表 9 件，据表录入。

陶器盖，正文 5 件，登记表 4 件，据表录入。

铜镜，Ⅱ式正文 4 件，登记表 5 件；Ⅴ式正文 3 件，登记表 4 件；Ⅵ式正文 1 件，登记表 2 件，均据表录入。

铁剑，正文 1 件，登记表 2 件；铁发叉，正文 2 件，登记表 1 件，据表录入。

玛瑙珠，正文 46 件，未介绍出土单位，登记表 21 件，据表录入。

玛瑙珰，正文 5 件，未介绍出土单位，登记表 2 件，据表录入。

料珠，正文 41 件，未介绍出土单位，登记表共 57 件，出自 5 座墓葬，据表录入。

水晶珠，正文 2 件，未介绍出土单位。登记表水电仪 M5 出土水晶，故据正文录入。

玻璃珰，正文 2 件，鎏金铜串珠，正文 10 件，均未介绍出土单位，登记表无，无法录入。

（二十三）广西昭平东汉墓

风清 M7，登记表陶盖 8 件，平面图 7，据表录入。

乐群 M8，登记表铁刀 1 件，平面图 2 件，据图录入。登记表该墓墓室长 4.8、宽 2.9，正文其宽 4.76、宽 3.12，据正文录入。

陶壶，Ⅰ式正文 4 件，登记表 2 件，据表录入。乐群 M12 登记表有"Ⅱ双耳壶"，正文无此型式，按Ⅱ式壶登记录入。Ⅱ式正文 6 件，登记表 6 件，增加 M12 上述壶后，则为 7 件，据此录入。

陶直身罐，Ⅰ式正文 13 件，登记表 12 件；Ⅲ式正文 4 件，登记表 6 件，据表录入。

陶双耳罐，Ⅱ式正文 16 件，登记表 8 件，据表录入；Ⅳ式正文 1 件，出土于风清 M10，登记表 3 件，出土于风清 M7、乐群 M9，无风清 M10，据正文，风清 M10 当出土此式陶罐，则该式数量则应为 3 件。风清 M10 原登记为Ⅵ式，误，据此录入；Ⅴ式正文 5 件，登记表 3 件，据表录入；Ⅵ式正文 1 件，登记表 2 件，据表录入。

陶碗，正文 2 件，登记表 1 件。正文述乐群 M12 出土陶碗，登记表为铜碗。又铜碗正文 5 件，含乐群 M12 铜碗在内，登记表铜碗为 6 件，因此判断乐群 M12 确为陶碗，非铜碗，据此录入。

陶钵，正文 2 件，登记表 1 件，据表录入。

陶釜，Ⅱ式正文出自乐群 M10，据表当为风清 M10，据表录入。

陶熏炉，正文标示出土自风 M1，登记表及正文，均无此墓，无法录入。

陶豆，正文 7 件，登记表 5 件，据表录入。

陶盂，正文 4 件，登记表 1 件；正文风清 M11 出土 1 件，登记表该墓无陶盂，陶盂见风清 M14，据登记表录入。

纺轮，正文 12 件，登记表 14 件，据表录入。

铜钱：

半两钱，正文出土自"凤1"，但登记表中并无凤1，无法录入。

五铢钱，正文855枚，登记表共563枚，据表录入。

大泉五十正文2枚、货泉正文9枚，无出土单位，登记表货泉6枚，出自凤清M2。凤清M7正文未介绍出土大泉五十，配图中有1枚出自该墓，其余不详。

东汉五铢正文637枚、剪轮五铢正文217枚，无出土单位，登记表均无。据正文，凤清M2中当出剪轮五铢2枚，凤清M7中当出东汉五铢1枚，据此录入。

报告附图一二，其2枚赤仄五铢、3枚东汉五铢均标注为"凤7：16"，当误。

玛瑙珠，正文8粒，登记表13粒，据表录入。

乐群M5、凤清M9、凤清M10、12、13、14，登记表中时代均为东汉，正文为东汉晚期，据正文录入。

（二十四）广东封开利羊墩简报

平面图中无M54、M58，有两个M39、M55，以位于北侧的M39和其西北的M55分别为M54、M58。

前文报道战国墓约30座、西汉早期11座、西汉晚期和东汉墓各1座、南朝墓2座、唐宋墓3座、明清墓9座，共57座，与全部58座差1座。

正文战国早期1座、战国中期7座、战国晚期19座、西汉早期10座、战国晚期至西汉早期3座、西汉晚期1座、东汉时期1座、南朝2座、唐代2座、宋代1座，共47座。与58座相比，有3座墓无时代。其中西汉早期墓相差1座。

无墓葬登记表、出土器物登记表。

M45，前文介绍腰坑内无器物，结语部分介绍有器物。

罐，介绍共21件，正文介绍10件，其他11件出土地点不详，无法录入。

Ⅶ式罐，介绍"（M19：2）3件形式相同"，未介绍三件是否同为M19出土，以均M19出土录入。

碗、钵，正文描述二者合计12件，下文介绍钵2、碗4件，其余出土地点不详，无法录入。

瓷碗钵，合计7件，下文介绍中未区分碗、钵，介绍7件，以碗统一登记。

瓷杯，正文7件，介绍6件，其余1件出土点不详，无法录入。

瓷盅，正文15件，介绍8件，结语介绍M34出土5件，则共介绍13件，其余2件出土点不详，无法录入。

铜刮刀，9件，介绍5件，其余4件出土点不详，无法录入。

铜钺，7件，介绍4件，其余3件出土点不详，无法录入。

铜短剑，6件，介绍4件，其余2件出土点不详，无法录入。

铜镞，9件，介绍5件，其余4件出土点不详，无法录入。

玉石环玦，简报将环、玦合并介绍，以玉玦录入。

砺石，14件，出自4座墓葬，未介绍每墓出土数量，以每墓1件录入。

陶纺轮，6件，出自3座墓葬，未介绍每墓出土数量，以每墓1件录入。

（二十五）始兴县造纸厂汉墓简报

铁矛，正文3件，登记表无。登记表中M14所出矛为陶质，据正文当为铁矛，据此录入。

铁刀，前文 3 件分 3 式，登记表Ⅲ式 1 件、Ⅱ式 2 件、Ⅰ式 1 件，M11 还有 1 件未分式，共 5 件，以登记表录入。其中 M14 所出刀，登记表中为陶质，据正文当为铁刀，据正文录入。

铜杯，正文口径 85 厘米，当为 8.5 厘米。

陶罐，正文以大小分类为大罐、小罐，其下分式，而登记表中并无反映，仅有分式，且分式描述与正文多有不同。

小罐，Ⅰ式见 M3∶13，登记表无。

联罐，正文 17 件，登记表 19 件，以登记表为准录入。登记表中 M17、M20 中出土连罐未分式。据图，均为单罐。

陶壶，正文 9 件分 5 式，登记表 9 件，但仅 5 件分式，另 4 件不分式。

陶盆，正文 4 件分 3 式，其中Ⅰ式 2 件其余各 1 件。登记表 5 件，Ⅰ式 1 件，Ⅱ式 3 件，据表录入。

陶碗，正文 4 件分 4 式，登记表 6 件，据表录入。

陶釜，正文 3 件，登记表 4 件，据表录入。

（二十六）乐昌对面山墓葬群

墓葬以墓坑形制分型，Ⅰ型为带腰坑，Ⅱ型带二层台、Ⅲ型为窄坑、Ⅳ为宽坑、Ⅴ型为刀字形、Ⅵ型为凸字形，其中Ⅰ、Ⅱ型均为特征，与后面墓型存在交叉。

Ⅰ型为带腰坑，Ⅱ型带二层台，但按所介绍墓葬的规格，均当为窄坑，据之录入。2 型中未介绍规格的墓葬，按长方形竖穴土坑墓登记。

（二十七）深圳红花园汉墓

陶碗，正文 M3 出土 3 件，平面图 4 件，M3∶8 为陶碗。陶盆，正文 M3 出土 3 件，平面图 2 件，M3∶8 为陶盆，以正文为碗录入。

（二十八）广东广宁龙嘴岗战国墓简报

陶碗，Ⅰ式正文 5 件，登记表 4 件；Ⅱ式正文 2 件，登记表 3 件，据表录入。Ⅵ式正文 1 件，出 M11，登记表无，据正文录入。

铜镞，Ⅰ式正文 10 件，登记表 5 件；Ⅱ式正文 1 件，登记表 3；Ⅲ式正文 2 件，登记表 5 件，据表录入。

铜钺，Ⅰ式正文 3 件，登记表 4 件；

铜斧，Ⅰ式正文 12 件，登记表 11 件；Ⅱ式正文 9 件，登记表 7 件；Ⅲ式正文 2 件，登记表 3 件，据表录入。

铜削刀，Ⅰ型正文 7 件，登记表 6 件；Ⅱ型正文 26 件，登记表 25 件，据表录入。

铜刮刀，Ⅰ型正文 33 件，登记表 34 件；Ⅱ型正文 7 件，登记表 8 件，

（二十九）韶关西河汉墓

带盖双耳直腹罐，正文 8 件，登记表 12 件，据表录入。

陶鼎，正文 2 件，登记表 3 件，据表录入。

壶，正文 11 件，登记表陶壶 12 件，小口陶壶 1 件，正文描述中无小口陶壶，数量据表录入，形制均以陶壶录入。

纺轮，正文 2 件，登记表 9 件，据表录入。

网坠，正文 3 件，登记表西黄 M11 有纺坠 1 件。正文介绍西黄 M12 出土 2 件网坠，但附图无网坠出土。

铜钱，正文分三式，登记表中无反映，无法录入。

（三十）99 广州东先简报

四耳罐，正文介绍出土 15 件，分述为 M4 出土 7 件、M8 出土 8 件，下文叙述中则为 M5、M8。据简报前言，M4 为南朝墓，因此此处当为 M5 出土 7。

四耳展唇罐，介绍出土 3 件，分 2 式。但仅介绍 1 式 1 件出 M5，2 式未介绍，无法录入。

（三十一）广州 73 淘金坑汉墓

陶罐，登记表在某类器物中出现数型时，未登记各型器物的具体数量，有的可以综合分析后计算出各型的数目：如 M4 登记表为"3（ⅠⅢ）"，据正文，M4 出土Ⅰ型陶罐 2，因此该墓Ⅲ型陶罐当仅出土 1 件；M14 登记表为"2（ⅢⅣ）"，则可知各型均仅出土 1 件；但如 M22"7（ⅢⅣⅤ）"，则仅可据正文Ⅴ型陶罐共 9 件，其中 M26 出土 6 件推断，M22 出土Ⅴ型罐 3 件，而 M22 ⅢⅣ型的数量则难以确定。同样，M1"4（ⅢⅣ）"、M24"4（ⅢⅣ）"则均难以据正文和其他墓葬而判断其各型陶罐的具体出土数量。但，假如 M1、22、24 出土的Ⅲ、Ⅳ型陶罐均为 2 件，那符合正文各型陶罐的数量推测，据此录入。

三足罐，正文叙述 7 件中 6 件硬陶 1 件软陶，但下文和登记表均不显示何墓出土为软陶，登录时均以硬陶录入。

陶瓿，正文叙述 8 件出自 8 座墓中，分 3 型，而下文叙述中Ⅰ型 2 件，Ⅱ型 5 件，共 7 件，无Ⅲ型，但有异型 1 件。登记表中Ⅰ型 2 件，Ⅱ型 4 件、Ⅲ型 1 件，异型 1 件，各处描述均不相同。登记时以Ⅰ型 2 件，Ⅱ型 5 件、异型 1 件录入，登记表中的Ⅲ型以Ⅱ型录入（因正文 M19 的陶瓿在Ⅱ型中叙述）。

陶盒，正文载 22 件出 17 座墓中，除 6 件型式不辨外分二型，其中Ⅰ型 2 件，记"出 4 号墓"，Ⅱ型未载数量，另有异型 1 件。据其描述，22 件除 6 件后当为 16 件，而异型 1 件，则 15 件参加分型，如是则Ⅱ型应为 13 件。据登记表，M4 出Ⅰ型陶盒仅 1 件；各墓所出Ⅱ型陶盒共 10 件。各型合计共 18 件，与正文所述 22 件相差 4 件，据表录入。

陶壶，正文载 26 件出 14 座墓中，除 9 件型式不辨外分 5 型，其中Ⅰ型 2 件、Ⅱ型 3 件、Ⅲ型 9 件、Ⅳ型 4 件、Ⅴ型 1 件，前后不合。因除 9 件外则有 17 件参加分型，而各型合计为 19 件，相差 2 件。而据登记表，Ⅰ型 2 件、Ⅱ型 5 件、Ⅲ型 7 件、Ⅳ型 4 件、Ⅴ型 1 件，共 19 件，5 件型式不明，共 24 件。正文与表相比，Ⅱ型、Ⅲ型及型式不明陶壶的数量均不一致。正文Ⅲ型下有 M7，则登记表当误，如是则Ⅱ型 3 件，Ⅲ型 9 件，二者相合，据此录入。型式不明陶壶，据表录入。

陶钫，正文载 13 件出 11 座墓中，其中Ⅰ型 2 件出 M4，而登记表 M4 仅 1 件，从正文看，其三型合计 13 件，前后相合，据正文录入。

（三十二）番禺汉墓

墓葬登记表中，墓室规格中对高度记述多注"残"字，但同样很多不注（不注数据明显应"残"）。对各不注明的内容，视情况确定后修改录入，不一一列举。

陶勺，将在其他简报中称为勺和匏勺的合并，A 为勺，B 为匏勺，分开录入。

耳杯，M15 墓葬介绍、登记表中均载其出土耳杯 8 个，但 P257—261 介绍耳杯部分仅有 7 个。查核发现，Ab 型耳杯中总数 36，下文叙述仅 35 个，因此应是 M15 少写了一个耳杯，据其出土 8 枚耳杯录入。

（三十三）广州汉墓

55 东侨 M47，原简报附图中无此墓，报告新旧编号对照表（下称对照表）中为 M4030，报告附图中无此墓，但出现了在对照表、墓葬登记表（下称登记表）中均不存在的 M4045，因此疑 M4045 所在之点当即为 M4030（M47），据此录点。

55 东侨 M36，原简报附图无此墓，据报告对照表为 M1085，据报告图中 M1085 选点后发现，此墓所在位置即在 55 东侨简报附图中出现的两个 M16 的西侧 M16。据报告，此 M16 当为 M36，亦即 M1085。

58 先烈路下二望岗墓葬，无墓葬平面分布图，录入时在二望岗择点录入。

54 小北登封路保育院墓葬，无墓葬平面分布图，录入时在登封路西侧择点录入。

55 大北外桂花岗墓葬，无墓葬平面分布图，录入时在桂花岗择点录入。

54 先烈路红花岗墓葬，无墓葬平面分布图，录入时在红花岗择点录入。

该报告登记表，器物分型式后的括号内写型式，之外写数量，各型式器物的具体数量不明。录入时采取如下方式：

第一，括号后数字为单数者，能平分者平分，如 M1069 出土"半两钱（Ⅱ、Ⅲ）120"，则按 Ⅱ 60、Ⅲ 60 枚录入；

第二，数字不能平分，则近似平分，如 M3006 出土"五铢钱（Ⅰ、Ⅱ）95"，则按 Ⅰ 47、Ⅱ 48 枚录入；又如 M1044 出土"半两钱（Ⅰ、Ⅱ、Ⅲ）13"，不能平分，则分为 Ⅰ 3、Ⅱ 4、Ⅲ 6 枚录入；

第三，正文有记述或可推知各型器物的具体数量，则以此为准。如 M1181 登记"半两钱（Ⅱ、Ⅲ）68"，正文 P158 记述"Ⅱ型的只见七枚，其余多为Ⅲ型"，则据此录入。又如 M5080 出土铁刀，登记"（Ⅰ、Ⅱ）4"，而 P451 页记述Ⅱ型 3 件，则Ⅰ型自当为 1 件，据此录入。

铜镜，M1178，墓葬登记表为"Ⅳ1"型，P156 铜镜登记表为"Ⅸ1"型，据此录入。

M1097、M1099 出连弧纹镜，P150 正文介绍为羽状纹地，而 P156 铜镜登记表则登记为圆涡纹地，据正文录入。

M4026，墓葬登记表铜镜为"（Ⅺ3）"，正文Ⅺ型铜镜不分式，不存在第 3 式，登记表误。据东汉前期铜镜登记表，其当为"ⅩⅤ3"型，据此录入。

M4014，墓葬登记表铜镜为"（Ⅻ1、2）"，正文为 ⅩⅢ1、2，据正文录入。

M4037，墓葬登记表铜镜为"（ⅪⅤ）"，正文铜镜登记表为"ⅩⅤ"，据正文叙述，当以ⅪⅤ为正，据此录入。此外 M4013：丙 11、M4021：1、M4035：11、M4005：16、M4003：3 共 5 面铜

镜，在铜镜登记表中均为"ⅩⅤ"，俱误。

M5018，墓葬登记表铜镜为"铜镜（篁）"，铜镜登记表为规矩四灵镜。

M5001，墓葬登记表铜镜为"（ⅪⅤ1）"、铜镜登记表为"ⅩⅤ1"，而据正文当为"ⅩⅥ1"，据此录入。

M5078，墓葬登记表有铜镜、五铢钱、金指环，而据正文，铜镜、五铢钱、金指环均出自M5079，登记表误。

漆盘正文分型式，登记表不分。

M2041登记表出土砾石2件，正文未介绍。

P353介绍M4037、M4036中出土蓝色琉璃珰各1，登记表中M4037仅出土玛瑙珰，据登记表，当为M4017。

M2050，登记表有残木器，P249为"簪形木器"。

铁锄刃，M1005登记表出1件，P163叙述出4件，据正文录入。M2010、M2017，有图无介绍。

银指环，M5079所出登记表为Ⅵ型，据正文，当为Ⅳ型，据此录入。

M2064，墓葬登记表出土陶盒为"（Ⅱ）4"，但Ⅱ型下分4式，无直接Ⅱ型者。Ⅱ型11件，其下1式1件、2式1件、3式4件、4式5件。据表，4式仅4件，因此M2064当为Ⅱ型4式，据此录入。

陶囷，P419述东汉后期出土陶囷"全属Ⅱ型"，登记表中M5057、M5071均仅登记"囷"而未记述型，据正文录入。

陶盂，Ⅱ型，西汉前期为敛口侈唇折腹圜底，西汉中期为侈口扁圆腹或折腹小平底。形制完全不一，但均属Ⅱ型，且西汉中期在描述时讲"与西汉前期同型的相类"。异型，P414介绍共8件，但M5069登记表为"异8"，误，当为1件。

陶盆，西汉早期Ⅱ型介绍共59件，但登记表仅24件，据表录入。

陶瓿，正文P122介绍M1150所出的一件特大，但登记表中M1150没有陶瓿出土。正文介绍瓿出土于四十三座墓中，经统计墓葬登记表，除M1150外已有43座墓出土陶瓿，因此此处疑误，不录入。

陶温酒樽，Ⅱ型2式，正文介绍"三件，出于三座墓"，据登记表，M3017出土2件、M3019出土1件，共3件，正文误，据表录入。M5073，登记表温酒樽有"Ⅵ?"，当正文无"Ⅵ"型，疑为Ⅳ型，据此录入。M5071，登记表温酒樽有"（Ⅴ）3"，但据正文，此当为"Ⅴ3"，据此录入。

陶仓，西汉后期Ⅰ型2式，正文介绍有4件，登记表为8件，据表录入。东汉后期，正文介绍"有五件残缺"，登记表为6件；Ⅰ型1式，正文为28件，登记表为27件，据表录入。

（三十四）武夷新亭园墓葬

武夷新亭园M1，出土器物介绍有14件，分述相加为13件。

武夷新亭园M2，出土器物介绍有20件，分述相加为14件。

（三十五）光泽止马东汉墓

出土器物先介绍有11件，分述相加为10件，据分述录入。

（三十六）茶陵县濂溪汉墓

陶Ⅱ式壶，正文11件，并述3件残破，登记表8件，据表录入。正文述2件泥质陶，9件釉陶，未述何墓所出为釉陶，均以釉陶录入。

陶罐，正文8件，登记表7件，据表录入。

双耳罐，正文3件釉陶、2件灰胎硬陶，登记表未显示具体情况，均以釉陶录入。

陶钵，正文4件，登记表3件，据表录入。

陶尊，正文出自M3，登记表中无，据正文录入。

陶器盖，正文6件，登记表5件，据表录入。

纺轮，正文10件，登记表14件，据表录入。

铁釜，正文4件，登记表3件，据表录入。

（三十七）湖南益阳新桥山墓墓地

陶敦，Ⅰ式正文6件，登记表7件；Ⅱ式正文11件，登记表10件，据表录入；Ⅲ式，正文6件，登记表3件。正文陶敦分3式，登记表中有Ⅳ式。登记表中M21为Ⅳ式，但正文介绍为Ⅲ式，故以登记表中的Ⅳ式为Ⅲ式进行登记。

陶壶，Ⅰ式正文7件，登记表5件。M21登记表为Ⅱ式，正文描述为Ⅰ式，据正文以Ⅰ式录入。Ⅲ式，正文11件，登记表10件，据表录入。

陶豆，Ⅰ式正文24件，登记表19件。Ⅱ式正文5件，登记表6件，M2登记表Ⅲ式，正文Ⅱ式，据表录入。正文陶豆分2式，登记表分3式，登记表中第Ⅲ式见M2和M23，其中M2的据正文当为Ⅱ式，而M23的则以Ⅰ式录入。

陶盘，正文9件，登记表8件，据表录入。

陶合，正文2件均出M10，登记表3件分出自3墓，据表录入。

铜戈，Ⅲ式，正文8件，登记表7件，据表录入。Ⅴ式，正文3件，登记表2件；登记表M9为Ⅲ式，但正文介绍M9:5为Ⅴ式，如是则Ⅴ式正好3件，不过Ⅲ式则变为6件。

铜镞，Ⅰ式，正文5件，登记表11件，据表录入；Ⅱ式，正文9件，登记表8件，据表录入。Ⅲ式，正文10件，登记表3件，据表录入。

铜戈鐏，正文2件，登记表1件，据表录入。

（三十八）湖南益阳赫山庙墓地战国墓

陶鼎，Ⅱ式，正文12件，登记表13件，据表录入。

陶敦，Ⅰ式，正文9件，登记表10件，据表录入。Ⅱ式，正文5件，登记表6件，据表录入。

陶壶，Ⅳ式，正文9件，登记表8件，据表录入。Ⅴ式，正文11件，登记表10件，据表录入。

陶豆，Ⅰ式，正文叙述与新Ⅲ式豆同，但新桥山墓地无Ⅲ式豆，无法录入。Ⅲ式，正文11件，登记表14件，据表录入。

陶匜，正文3件，登记表1件，据表录入。

陶勺，Ⅰ式，正文 2 件，登记表 8 件，据表录入。Ⅱ式，正文 3 件，登记表 10 件，据表录入。

铜镞，Ⅱ式，正文 4 件，登记表 2 件，据表录入。登记表 M14 无铜镞，正文有，据此录入。

残铁器，正文 3 件，登记表 1 件，据正文录入。

（三十九）湖南益阳赫山庙西汉墓

陶合，正文 11 件，登记表 14 件，据表录入。

陶壶，Ⅰ式，正文 6 件，登记表 2 件，据表录入。M22 陶壶登记表均为Ⅲ式，但正文介绍 M22：10 为Ⅰ式，据此录入。Ⅱ式，正文 2 件，登记表 3 件，据表录入。Ⅲ式，正文 6 件，登记表 4 件，而其中 M22 有 1 件据正文为Ⅰ式，故Ⅲ式为 3 件，据此录入。Ⅳ式，正文 2 件出 M18，登记表无，据正文录入。

陶鐎壶，正文称鐎盉，登记表为鐎壶，据表录入。

陶罐，Ⅰ式，正文 10 件，登记表 8 件，据表录入。正文介绍 M25：56 为Ⅲ式，登记表无，据表录入。Ⅳ式，正文 5 件，登记表 6 件，据表录入。

陶灶，Ⅱ式，正文 2 件，登记表 1 件，据表录入。

陶井，正文不分式，登记表分 2 式，据正文录入。

陶炉，正文不分式，登记表分 2 式。

陶灯，正文出 M25，登记表 M25 作炉，据正文录入。

陶匜，正文 2 件，登记表 1 件，据表录入。

铜钱，正文 1 串，出 M18，登记表出 M18、M23、M25，据表录入。

铁刀，正文 M22 出 2 件，登记表 1 件，据表录入。正文铁刀不分式，登记表 M22 为Ⅱ式，据正文录入。

滑石璧，正文 M25 出土 2 件，登记表 1 件，据正文录入。

（四十）湖南桃源狮子山汉墓

陶鼎，B 型Ⅰ式，正文 2 件，登记表 1 件，据表录入。

陶壶，Ⅳ式，正文 2 件，登记表 3 件，据表录入。Ⅴ式，正文 16 件，登记表 15 件，据表录入。

陶盒，B 型Ⅰ式，正文 2 件，登记表 4 件，据表录入。C 型Ⅱ式，正文 3 件，登记表 2 件。正文 M68 出土 2 件，登记表 1 件，据正文录入。

陶盆，Ⅰ式，正文 2 件，出自 M12、M23，登记表 M23 无陶盆，据正文录入。Ⅱ式，正文 4 件，登记表 5 件，据表录入。

陶钫，Ⅰ式，正文 29 件，登记表 30 件，据表录入。

彩绘陶钫，正文 4 件，登记表 3 件，据表录入。

彩绘陶壶，正文 4 件，登记表无，据正文录入。

陶罐，A 型Ⅰ式，正文 26 件，登记表 29 件，据表录入。B 型Ⅰ式，正文 11 件，登记表 23 件，据表录入。Ⅱ式，正文 14 件，登记表 5 件，据表录入。

长方形陶灶，Ⅱ式，正文 5 件，登记表 1 件，据表录入。Ⅲ式，正文 2 件，登记表 5 件。

陶井，Ⅱ式，正文 4 件，登记表 3 件，据表录入。正文 M56 出土 Ⅴ 式井，登记表井不分式，据正文录入。

陶熏炉，M68 登记表为Ⅰ式 2 件，正文为 B 型 1 件，型式据正文，数量据登记表录入。

泥金饼，M12、46、56 登记表无，正文有，据正文录入。

泥钱，M68 登记表无，正文有，据正文录入。

泥金版，M68 登记表无，正文有，据正文录入。

铜钱，M68 登记表无，正文有，据正文录入。

铁刀、铁锸，M68 登记表无，正文有，据正文录入。

铁棺钉，M56 登记表为铁器，正文为棺钉，据正文录入。

石哨，正文出 M68，登记表无，据正文录入。

石璧，M68 登记表无，正文 2 件，据正文录入。M16 登记表 1 件，正文先述除 M68 外均为 1 件，后述 M16 出土Ⅰ、Ⅱ式各 1，以 M16 出土Ⅱ式 1 件录入。登记表、正文均未介绍 M7 出土滑石璧形制，以Ⅲ式录入。

（四十一）湖南常德东汉墓

铜刀，Ⅰ式，正文 2 件，登记表 1 件，据表录入。Ⅲ式，正文 2 件，登记表 4 件，据表录入。

陶罐，Ⅰ式，正文 16 件，登记表 14 件，据表录入。Ⅱ式，正文 10 件，登记表 12 件，据表录入。Ⅲ式，正文 3 件，登记表 6 件，据表录入。Ⅳ式，正文 3 件，登记表 2 件，据表录入。

陶盆，Ⅰ式，正文 3 件，登记表 2 件，据表录入。

陶壶，Ⅰ式，正文 3 件，登记表 2 件，据表录入。Ⅱ式，正文 1 件，登记表 2 件，据表录入。Ⅲ式，正文 2 件，登记表 3 件，据表录入。

陶耳杯，Ⅱ式，正文 6 件，登记表 7 件，据表录入。

陶灯，Ⅲ式，正文 2 件，常南 M5 登记表为 1 件，据正文当为 2 件，据此录入。

陶釜，正文 6 件，登记表 5 件，据表录入。

陶猪圈，以陶厕登记录入。

陶屋，Ⅰ式，正文 3 件，登记表 2 件，据表录入。Ⅱ式，正文 3 件，其中常南 M1 出土 1 件，而登记表 3 件中无常南 M1，据表录入。

陶案，Ⅰ式，正文 4 件，登记表 3 件，据表录入。

陶灶，登记表常南 M10 为Ⅰ式，据正文当为Ⅲ式，据此录入。

砺石，正文 2 件，登记表 3 件，据表录入。

水晶珠，Ⅰ式，正文 4 件，登记表 2 件，据表录入。Ⅲ式，正文 1 件，登记表无；常东 M1 有Ⅱ式，然据正文，Ⅱ式出自常东 M2，因此疑 M1 中所出为Ⅲ式，据此录入。

琥珀饰，正文 6 件，登记表 3 件，据表录入。正文 2 件动物形，4 件小珠，登记表不显示，以动物录入。

（四十二）湖南衡阳玄碧塘西汉墓

陶罐，Ⅰ式，正文 11 件，登记表 5 件，据表录入。Ⅱ式，正文 2 件，登记表 9 件，据表录入。

陶坛，Ⅰ式，正文21件，登记表5件，据表录入。Ⅱ式，正文1件，登记表19件，据表录入。

陶鼎，Ⅰ式，正文6件，登记表1件，据表录入。Ⅲ式，正文2件，登记表4件，据表录入。

陶盒，Ⅱ式，正文4件，登记表2件，据表录入。Ⅳ式，正文2件，登记表4件，据表录入。

（四十三）湖南溆浦马田坪西汉晚期墓

陶鼎，Ⅰ式，正文13件，登记表12件，据表录入。Ⅱ式，正文14件，登记表13件，据表录入。Ⅲ式，正文7件，登记表10件，据表录入。

陶壶，Ⅰ式，正文14件，登记表12件，据表录入。Ⅱ式，正文17件，登记表21件，据表录入。Ⅳ式，正文12件，登记表11件，据表录入。

方壶，以钫录入。

陶锺，Ⅰ式，正文出自M40，登记表出自M41，据表录入。

陶钵，Ⅰ式，正文出自M23，登记表出自M29，据表录入。

陶镳壶，正文8件，登记表7件，据表录入。

博山炉，正文6件，登记表5件，据表录入。

陶灶，Ⅱ式，正文4件，登记表3件，据表录入。

陶井，Ⅰ式，正文4件，登记表9件，据表录入。Ⅱ式，正文2件，登记表5件，据表录入。Ⅲ式，正文9件，登记表2件，据表录入，正文M81为该式，登记表为Ⅰ式，据表录入。

硬陶罐，正文88件，登记表87件，据表录入。

滑石耳杯，正文2件，出自M30，登记表西汉晚期墓无M30，无法录入。

滑石璧，正文52件，登记表54件，据表录入。

滑石兽面，正文12件，登记表10件，据表录入。

铜盘，正文M94出土，登记表做铜盆，据正文录入。

（四十四）湖南耒阳花石坳汉魏墓葬

无墓葬登记表，无墓葬平面图，各墓具体规格、出土器物种类、数量情况不详，以正文介绍录入。正文未介绍出土单位的，如珠子、银钏、铜镜等，均无法录入。

M2、3、7、11，正文介绍墓葬规则最大3.9、最小3.6，宽0.8—1.2米，以长3.9、宽1.2米录入。

M9，正文先介绍该墓出土6件器物，其中陶缸4、盂1、钵1，而在介绍陶器时又介绍该墓还出土一件陶杯，而14墓则仅出土1件陶缸，前后矛盾。

（四十五）湖南耒阳竹园东汉墓

无墓葬登记表，M1、M2有平面图，出土器物种类、数量据图确定；M3无墓葬平面图，出土器物种类、数量据正文文字描述推定。

陶罐，墓葬平面图为陶罐，正文为陶缸，据平面图录入。A 型 Ⅲ 式，介绍 M3∶2 为该式，而平面图 M3∶2 为鸡笼，故正文误。核对陶罐数目后，此陶罐当为 M2 出土。

（四十六）湖南湘乡汉墓

陶熏炉，正文 M78 两件，登记表 1 件，据正文录入。

陶锺，M92 正文有陶锺，登记表无，据正文录入。

（四十七）江西宜春下埔坝上古墓

正文 M77 为东汉墓，登记表为宋墓，据正文录入。

登记表遗物数量与正文分述各类器物的种类、数量，除陶案、陶水井、陶权、陶纺轮、铜印、铁釜、滑石璧 7 类器物正文、登记表前后一致外，均前后不合（见下）。因差距甚大，器物表以登记表为准录入，分类器物登记以正文为准。

陶双唇罐，正文 M70 出土 3 件。登记表 M20 出土 1 件、M63、78 各出土 1 件、M70 出土 3 件、M77 出土 2 件。

陶壶，正文 3 件，M70 出 1 件、M73 出 3 件，登记表 M73 出 2 件。

陶罐，正文 M9 出土 3 件、M12、24、49、79 各出土 1 件、M16、28 各出土 2 件、M70 出土 5 件。登记表 M9、24、73 各出土 4 件，M12、16 无、M28 出土 13 件、M70 出土 1 件、M79 出土 2 件、M77 出土 1 件。

陶坛，正文 2 件，M28、70 各出 1 件。登记表 M20、34、54、59、70、77、88、92 各出 1 件，M49 出土 2 件。

陶缸，正文 1 件，M15 出土，登记表无。

陶鼎，正文 M70 出土 1 件，登记表无，据正文录入。

陶盆，正文 3 件，M70、79、28 各 1 件，登记表 M70、79 均无。

陶盏，正文 2 件，出 M12，登记表无，登记表陶盏 M40 出 1 件。

陶釜，正文 3 件，出 M63、11、28，登记表 M9、11 各出 1 件。

陶仓，正文 2 件，出 M28、70。登记表 M24、28、63、70 各出 1 件。

陶把杯，正文 3 件，M24 出 1 件、M28 出 2 件。登记表 M24 为带把钵、M28 出土杯 1 件。

陶灶，正文 1 件，出 M9。登记表 M9、28、40、63、77 各出 1 件。

陶甑，正文 4 件，M24、40 各出 1 件，M28 出 2 件。登记表 M20、28、40 各出 1 件。

陶水桶，正文 2 件，M28、40 各出 1 件。登记表 M40 出 1 件，未录入。

陶耳杯，正文 4 件，出 M28。登记表 M28 出 4 件、M63 出 1 件。

陶灯，正文 3 件，M79 出 2 件，M77 出 1 件。登记表 M9、24、70、79 各出 1 件。

陶管，正文 1 件，出 M79，登记表无，未录入。

青瓷双唇罐，正文 M49 出土 3 件、M28、70、92 各出土 1 件。登记表 M20 出土 2 件。

青瓷壶，正文 M73 出土 1 件，登记表无。

青瓷罐，正文 M78、88、92 各出土 1 件，登记表 M54、88 各出土 1 件。

青瓷缸，正文 M63 出土 1 件，登记表无。

青瓷钵，正文 M78 出土 2 件，M88 出土 1 件。登记表 M78 出土 2 件。

铜釜，正文 M9 出土 1 件，登记表无。

铜镜，正文 M77 出土 1 件，登记表 M77 为 2 件，据表录入。

铁刀，正文 M9、70、79 各出土 1 件。登记表 M9、11、20、29、73 各出土 1 件，M70 出土 3 件。

铁匕首，正文 M70 出土 1 件，登记表无。

黛研，正文 M15、28 各出土 2 件、M73 出土 1 件。登记表 M92 出土 2 件。

银发钗，正文 M11 出土 1 件。登记表 M29 出土 1 件。

银戒指，登记表 M28 出土 1 件，正文无。

铜钱，正文 M11 出土 15 枚，登记表 M79 出土 7 枚。

（四十八）汨罗秦汉墓

二层台，正文介绍四周均有二层台的 4 座，两边有二层台的 7 座，5 座两边有台阶无头龛，共 18 座有二层台，登记表 21 座有二层台，登记表未区分二层台形制。

铁码钉，正文介绍 M7、9、10、13、19 有码钉，登记表无，据正文录入。

陶盒，Ⅳ式，正文 17 座墓 63 件，登记表 15 座 53 件，据表录入。Ⅵ式，正文 3 座墓 8 件，登记表 5 座墓 15 件，据表录入。

陶壶，Ⅳ式，正文 6 座墓 23 件，登记表 5 座墓 22 件，据表录入。Ⅶ式，正文 4 座墓 10 件，登记表 3 座墓 8 件，据表录入。

陶罐，Ⅷ式，正文 11 座墓 41 件，登记表 10 座墓 36 件，登记表 M9 为Ⅶ式 4 件，但正文介绍Ⅶ式出自 M16、M23，故该墓所出当为Ⅷ式，则登记表Ⅷ式陶罐出自 11 座墓 40 件，据表录入。

陶匕，正文 16 件，登记表 12 件，据表录入。

铜鍪，正文 2 件，登记表 1 件，据表录入。

铜砝码，正文 2 件，登记表 1 件，据表录入。

（四十九）汨罗东周墓

陶鬲，正文 M68 出土 1 件，登记表 M68 出土物为陶罐，陶鬲为 M67 出土，据表录入。

陶罐，AⅡ式，正文 4 件，登记表 3 件，据表录入。AⅣ式，正文 2 件，登记表 4 件，据表录入。CⅡ式，正文 6 件，登记表 5 件，据表录入。CⅢ式，正文 5 件，登记表 4 件，据表录入。CⅣ式，正文 2 件，登记表 3 件，据表录入。CⅣ式，正文 M50 出土 2 件，登记表 1 件，据表录入。

陶钵，Ⅰ式，正文 3 件，登记表 2 件，正文 M76 出土 1 件，登记表无，据正文录入。Ⅳ式，正文 3 件，出自 M33、49、58。登记表 2 件，出自 M46、M58，据表录入。M33 据正文录入。

陶鼎，Ⅱ式正文 4 件，登记表 5 件，据表录入。Ⅲ式正文 11 件，登记表 13 件，据表录入。

陶壶，Ⅲ式正文 2 件，登记表 6 件，据表录入。

陶豆，Ⅱ式正文 3 件，登记表 2 件，据表录入。

陶勺，正文 8 件，登记表 6 件，据表录入。

铜壶，正文 1 件，登记表 2 件，据正文录入。

铜镞，正文 2 件，登记表 1 件。登记表 M14 出土铁镞、铤，据正文，当为铁铤铜镞，据正文录入。

（五十）耒阳东汉墓

陶鼎，X式，正文 6 件，登记表 7 件，据表录入。

陶壶，CIV式，正文 5 件，登记表 4 件，据表录入。CVI式，正文 1 件，登记表 2 件，据表录入。异II式，正文 2 件，登记表 3 件，据表录入。

温壶，II式，正文 2 件，登记表 1 件，据表录入。

陶罐，AII式，正文 8 件，登记表 9 件，据表录入。BI式，正文 6 件，登记表 7 件，据表录入。BII式，正文 5 件，登记表 6 件，据表录入。BIV式，正文 16 件，登记表 12 件，据表录入。BV式，正文 18 件，登记表 19 件，据表录入。CII式，正文 1 件，登记表 2 件，据表录入。

陶坛，AI式，正文 13 件，登记表 16 件，据表录入。AII式，正文 16 件，登记表 17 件，据表录入。AIII式，正文 83 件，登记表 82 件，据表录入。BI式，正文 8 件，登记表 10 件，据表录入。

陶瓮，正文 5 件，登记表 7 件，据表录入。

陶瓿，I式，正文 7 件，登记表 10 件，据表录入。

陶钵，AIV式，正文 3 件，登记表 4 件，据表录入。

陶碗，AII式，正文 3 件，登记表 4 件，据表录入。AIII式，正文 5 件，登记表 7 件，据表录入。

陶杯，AI式，正文 2 件，登记表 5 件，据表录入。AII式，正文 1 件，登记表 5 件，据表录入。BII式，正文 3 件，登记表 9 件，据表录入。CI式，正文 2 件，登记表 1 件，据表录入。CII式，正文 2 件，登记表 3 件，据表录入。

陶盘，I式，正文 5 件，登记表 2 件，据表录入。II式，正文 4 件，登记表 3 件，据表录入。III式，正文 2 件，登记表 3 件，据表录入。IV式，正文 2 件，登记表 1 件，据表录入。

陶碟，I式，正文 3 件，登记表 2 件，据表录入。

陶盂，I式，正文 3 件，登记表 2 件，据表录入。II式，正文 5 件，登记表 6 件，据表录入。

陶釜，I式，正文 17 件，登记表 16 件，据表录入。II式，正文 9 件，登记表 7 件，据表录入。III式，正文 2 件，登记表 3 件，据表录入。IV式，正文 4 件，登记表 3 件，据表录入。VI式，正文 3 件，登记表 2 件，据表录入。另 M127 出 1 件 BVI式釜，M260 出 1 件 AI式釜，正文中无此分类。

陶灯，AI式，正文 21 件，登记表 17 件，据表录入。AII式，正文 1 件，登记表 2 件，据表录入。BI式，正文 1 件，登记表 2 件，据表录入。

陶甑，I式，正文 21 件，登记表 22 件，据表录入。III式，正文 6 件，登记表 8 件，据表录入。

陶三足釜，II式，正文 3 件，登记表 2 件，据表录入。III式，正文 3 件，登记表 4 件，据表录入。

陶鐎壶，I式，正文 1 件，登记表 2 件，据表录入。

陶熏炉，Ⅰ式，正文 3 件，登记表 5 件，据表录入。Ⅱ式，正文 1 件，登记表 2 件，据表录入。

陶灶，Ⅰ式，正文 14 件，登记表 15 件，据表录入。Ⅱ式，正文 22 件，登记表 24 件，据表录入。

陶井，Ⅰ式，正文 7 件，登记表 8 件，据表录入。Ⅱ式，正文 13 件，登记表 14 件，据表录入。Ⅲ式，正文 17 件，登记表 16 件，据表录入。Ⅳ式，正文 4 件，登记表 5 件，据表录入。

陶仓，AⅠ式，正文 3 件，登记表 4 件，据表录入。

陶屋，Ⅰ式，正文 13 件，登记表 14 件，据表录入。Ⅲ式，正文 1 件，登记表 3 件，据表录入。Ⅳ式，正文 12 件，登记表 9 件，据表录入。登记表有Ⅵ式 1 件，正文无，当为Ⅳ式，据此录入。

陶猪圈，Ⅰ式，正文 21 件，登记表 18 件，据表录入。Ⅲ式，正文 7 件，登记表 5 件，据表录入。Ⅳ式，正文 9 件，登记表 4 件，据表录入。Ⅴ式，正文 2 件，登记表 1 件，据表录入。

陶鸡鸭笼，Ⅰ式，正文 19 件，登记表 20 件，据表录入。Ⅱ式，正文 3 件，登记表 4 件，据表录入。Ⅲ式，正文 3 件，登记表 6 件，据表录入。Ⅴ式，正文 1 件，登记表 2 件，据表录入。

陶狗，Ⅱ式，正文 7 件，登记表 1 件，据表录入。登记表另有 2 件狗未分式。

陶猪，Ⅰ式，正文 2 件，登记表 3 件，据表录入。Ⅱ式，正文 41 件，登记表 30 件，据表录入。

陶鸡，正文 18 件，登记表 11 件，据表录入。

陶鸭，正文 9 件，登记表 4 件，据表录入。

铜碗，正文 10 件，登记表 8 件，据表录入。

铜洗，正文 1 件，登记表 4 件，据表录入。

铜三足釜，正文 7 件，登记表 6 件，据表录入。

铜灯，Ⅰ式，正文 1 件，登记表无。Ⅱ式，正文 1 件，登记表 3 件，据表录入。登记表中另有 1 件铜灯未分式。

铁刀，正文 4 件，登记表 3 件，据表录入。

铁锸，正文 3 件，登记表 2 件，据表录入。

银镯，正文 3 件，登记表 2 件，据表录入。

玉珠，Ⅰ式，正文 7 件，登记表 3 件，据表录入。Ⅱ式，正文 2 件，登记表 1 件，据表录入。

玛瑙瑱，正文 5 件，登记表 2 件，据表录入。

琉璃瑱，正文 17 件，登记表 14 件，据表录入。

琥珀珠，Ⅲ式，正文 2 件，登记表 3 件，据表录入

琉璃珠，Ⅰ式，正文 60 件，登记表 48 件，据表录入。Ⅱ式，正文 4 件，登记表 10 件，据表录入。Ⅲ式，正文 1 件，登记表 3 件，据表录入。Ⅳ式，正文 1 件，登记表 3 件，据表录入。

玛瑙珠，Ⅰ式，正文 83 件，登记表 37 件，据表录入。Ⅲ式，正文 3 件，登记表 39 件，据表录入。

（五十一）溆浦 83 江口战国墓

陶罐，Ⅰ式，正文 13 件，登记表 12 件，据表录入。Ⅱ式，正文 2 件，登记表 3 件，据表

录入。

陶豆，Ⅱ式，正文 12 件，登记表 10 件，据表录入。Ⅴ式，正文 5 件，登记表 4 件，据表录入。Ⅵ式，正文 4 件，登记表 8 件，据表录入。Ⅶ式，正文 12 件，登记表 14 件，据表录入。正文 M22：1 为该式陶豆，登记表为Ⅱ式，据表录入。

陶鼎，Ⅱ式，正文 3 件，登记表 5 件，据表录入。Ⅲ式，正文 6 件，登记表 4 件，据表录入。

陶敦，Ⅱ式，正文 2 件，登记表 1 件，据表录入。Ⅲ式，正文 4 件，登记表 5 件，据表录入。正文该式介绍 M14：3，登记表 M14 无敦，据表不录。

陶盒，Ⅱ式，正文 1 件，登记表 1 件。正文介绍 M8：5 为陶盒，登记表 M8 无陶盒，该式陶盒出自 M24，据表录入。

陶壶，Ⅳ式，正文 2 件，登记表 4 件，据表录入。正文 M20：9 残碎，形制不明，登记表为Ⅳ式，据表录入。Ⅴ式，正文 1 件，登记表无。正文 M18：1 为该式，登记表为Ⅰ式，据正文录入。

陶匜，正文 2 件，登记表 1 件。正文 M14：4 为陶匜，登记表 M14 无陶匜，据表录入。

陶匕，正文 2 件，登记表 1 件，据表录入。

铜剑，Ⅲ式，正文 1 件，登记表无。正文该式出自 M26，登记表无，据正文录入。

（五十二）郴州 82—83 汉墓

M6，正文介绍出土陶盒 2，为 M6：17、18，墓葬平面图为陶盆，以陶盒录入。正文介绍 M6：9 为陶碗，墓葬平面图为陶釜，以陶碗录入。正文介绍 M6：1 为陶囷，墓葬平面图为陶仓，以陶囷录入。

陶罐，Ⅲ式，正文 6 件，介绍 M9 出土一件，未介绍其他 5 件出土墓葬。据 M6 墓葬平面图，其出土陶罐 4 件，据正文该墓所出 1 件为Ⅳ式，则其他 3 件当为Ⅲ式，据此录入。其余 2 件Ⅲ陶罐出土墓葬难以判定，无法录入。

陶瓿，正文 4 件，仅介绍 M6 出土 1 件，其余 3 件出土墓葬不明，无法录入。

陶釜，正文 3 件，仅介绍 M6 出土 1 件，其余 2 件出土墓葬不明，无法录入。

（五十三）衡阳五马归槽茅坪古墓

第一类墓

陶纺轮，正文出土 2 件，无登记表，仅知 M2 出土 1 件，另一件出土墓葬不详，无法录入。

第二类墓

陶壶，正文出土三件，无登记表，未介绍出土墓葬，无法录入。

陶钵，正文介绍出土有陶钵，但未介绍具体形制、出土墓葬、出土数量，无法录入。

第三类墓

无登记表，各类器物具体出土墓葬、数量不详，无法尽录。以已报道出土墓葬者录入。

遗物介绍中出现 AM27、AM3、AM7、AM33 等四座不属第三类墓的墓葬。因 AM7、AM27 均属第一类墓，此处不当出现，以 AM17 为准录入。AM33 属第二类墓葬，此处不当出现，以 AM23 为准录入。AM3 属第四类墓葬，此处不当出现，以 AM23 为准录入。

第四类墓

正文介绍该类墓 18 座，下文分述仅 11 座，以分述为准录入。

无登记表，各类器物具体出土墓葬、数量不详，无法尽录。以已报道出土墓葬者录入。

遗物介绍中出现 BM17 一座不存在的墓葬，以 BM7 为准录入。

（五十四）湘西保靖四方城 82 战国墓

陶豆，Ⅱ 式，正文 13 件，登记表 21 件，据表录入。

陶壶，Ⅳ 式，正文 3 件，登记表无。登记表有 Ⅵ 式 1 件，正文无该式，且正文亦介绍为 M4 出土，故其当为 Ⅳ 式，据此录入。Ⅴ 式，正文 3 件，登记表 5 件，据表录入。

陶钵，正文分式，登记表不分。Ⅰ 式，正文 2 件，介绍 M13∶3 为该式，登记表该墓无陶钵。据正文录入。

（五十五）永顺王村战国两汉墓

陶鼎，正文分 3 式，登记表不分，以正文介绍及附图显示情况录入。

陶盒，正文分 2 式，登记表不分，以正文介绍及附图显示情况录入。Ⅱ 式，正文 1 件，登记表无，据正文出自 M9，据正文表录入。

陶壶，正文分 3 式，登记表不分，以正文介绍及附图显示情况录入。

陶豆，正文 3 件，分 2 式，登记表 4 件，不分式，以正文介绍、附图及登记表显示情况录入。

陶罐，正文 7 件，登记表 8 件，据表录入。正文介绍可修复者 3 件，未介绍具体出土墓葬，除已介绍者外，其他无法录入。

陶勺，正文 3 件，登记表 1 件，据表录入。

陶灶，正文 1 件，登记表 2 件，据表录入。

（五十六）古丈县白鹤湾战国墓

A 型 Ⅱ 式墓，正文、登记表均介绍 86GBM9 属该式，但该墓为长方形竖穴土坑墓，墓宽 1.7 米，并非窄坑墓，当属 b 形 Ⅱ 式墓，原分类有误。

战国墓与西汉墓均有 87GBM1—7，重号，西汉墓在墓号后加 "?" 以示区别。

陶鼎，正文分 A、B、C 三型，登记表中无，仅有 Ⅰ、Ⅱ 式。A 形，正文 1 件，出自 87GBM20，登记表该墓所出为 Ⅰ 式 2 件；B 型，正文 5 件，其中 1 件出自 87GBM8，登记表该墓所出为 Ⅱ 式 2 件；C 型，正文 1 件，出自 87GBM8，登记表该墓所出为 Ⅱ 式 2 件。M8、M20 陶鼎以正文描述录入，其他墓葬所出陶鼎型式无法录入。

陶敦，正文分 Ⅰ、Ⅱ 式：Ⅰ 式 2 件，介绍 87GBM20 出土 1 件；Ⅱ 式 4 件，介绍 86GBM17 出土 1 件。登记表多数墓出土陶敦未分式，其分式者多与正文不一：86GBM10 出 A 式敦 1 件、86GBM11 出 AⅡ 式敦 1 件。另 87GBM8 还出 Ⅲ 式敦 2 件。登记表仅 87GBM20 出 Ⅰ 式敦 2 件与正文基本相合。此外正文介绍 86GBM17 出土有 Ⅱ 式陶敦 86GBM17，但登记表该墓陶敦未分式，二者不一。86GBM17、87GBM20 所出以正文为准录入，其他各墓所出陶敦型式无法录入。

陶壶，正文分 A、B 二型，A 型 2 件，不分式，如 86GBM10∶1；B 型分 2 式，Ⅰ 式 1 件，出自87GBM20:5，Ⅱ式4件，如86GBM17:2。登记表多数壶不分式，分式者与正文多不一致：B Ⅰ式壶有86GBM2出土1件、86GBM10出土1件、86GBM17出土2件，共4件；87GBM20出B型2件，不分式；此外还有86GBM20出土CⅡ式1件，86GBM13出AⅢ式1件等正文不存在的陶壶型式。86GBM10:1、86GBM17:2、87GBM20:5以正文描述录入，其他各墓所出陶壶型式无法录入。

陶钵，正文A型1件，为86GBM18:2，登记表不分型；B型1件，为87GBM11:1，登记表该型为2件；C形Ⅱ式1件，为86GBM20:2，登记表不分型式。正文陶钵共4件，登记表共5件。86GBM18:2、87GBM11:1、86GBM20:2及正文、登记表一致的86GBM14:4以正文描述录入，87GBM11另外一件以登记表为准录入。

陶豆，A型Ⅰ式，正文3件，2件墓号不清，登记表86GB M14该式3件，据表录入。A型Ⅱ式，正文3件，2件残甚。登记表除87GBM17出土该式2件外，不见该式，据表录入。A型Ⅲ式，正文1件，出自86GBM13，登记表该墓所出陶豆不分式，据正文录入。B型，正文2件，出自86GBM2、86GBM10，登记表此二墓所出均不分式，据正文录入；登记表87GBM20出土B型豆2件，据表录入。

陶罐，A型Ⅱ式，正文2件，1件墓号不清，1件出自86GBM11，登记表该墓所出不分式，据正文录入。B型Ⅰ式，正文3件，墓号不清，登记表无，无法录入。Ⅱ式3件，介绍86GBM21所出1件，登记表也仅此一件，据此录入。C型，正文3件，墓号不清，登记表无，无法录入。D型，正文1件，出自86GBM1，登记表该墓所出不分式，据正文录入。此外，登记表86GBM18有A型罐，不分式，无法录入。

（五十七）古丈县白鹤湾西汉墓

铜壶，正文1件，墓号不清，无法录入。

陶鼎，A型Ⅰ式，正文2件，登记表1件，据表录入。Ⅱ式，正文2件，登记表1件，据表录入。B型Ⅰ式，正文1件，登记表2件，据表录入。Ⅱ式，正文2件，墓号不清，登记表无，无法录入。

陶壶，B型，正文5件，登记表9件，据表录入。C型，正文1件，墓号不清，登记表无，无法录入。D型，正文3件，登记表5件，据表录入。

陶钫，Ⅰ式，正文6件，登记表1件，据表录入。

陶豆，A型，正文3件，登记表1件，据表录入。B型Ⅱ式，正文2件，墓号不清，登记表无，无法录入。

陶盒，Ⅱ式，正文1件出自95GHM17，登记表无此墓，当为95GHM7，据此录入。Ⅲ式，正文1件，墓号不清，登记表无，无法录入。

陶罐，B型，正文1件，登记表4件，据表录入。D型，正文1件，登记表3件，据表录入。E型，正文1件，登记表3件，据表录入。

陶盉，B型，正文1件，登记表3件，据表录入。

陶井，正文2件，登记表4件，据表录入。

陶博山炉，正文2件，登记表无，登记表为熏炉2，据正文录入。

滑石璧，Ⅰ式，正文1件，93GHSM17:1，登记表该墓所出滑石璧不分式，据正文录入。Ⅱ

式，正文墓号不清，登记表无，无法录入。

（五十八）泸溪桐木垅汉墓

陶壶，Ⅳ式，正文2件，登记表无。据正文，登记表登记为Ⅵ式的M70所出当为Ⅳ式，据此录入。Ⅴ式，正文无，登记表4件，据正文，当为残碎，据此录入。

陶钫，Ⅳ式，正文无，登记表4件，据正文，当为残碎，据此录入。

陶井，Ⅰ式，正文1件，登记表2件，据表录入。Ⅱ式，正文2件，登记表1件，据表录入。Ⅳ式，正文1件，登记表无，据正文，登记表中M70所登记的Ⅲ式井出当为该式，据正文录入。

陶盂，正文2件残碎形制不辨，登记表1件，据表录入。

博山炉，正文均为博山炉，登记表仅M2为博山炉，其他为炉，据正文录入。

（五十九）保靖黄连古墓葬

遗物，正文分型式，登记表无，据正文介绍情况录入，难以确定者无法录入。

陶罐，正文分陶罐、硬陶罐，登记表不分，据正文介绍情况录入，难以确定者无法录入。

陶熏炉，正文熏炉，登记表有炉、有熏炉。据熏炉录入。A型，正文1件，出自96M2，附图同，登记表该墓无熏炉，据正文录入。正文熏炉共4件，登记表共5件，加96M2后则为6件，据此录入。

陶甑，正文7件，登记表8件，据表录入。

铜泡钉，正文98M9出土，登记表无，据表录入。

铁钺，正文出自98M11，登记表出自98M10，据表录入。

铁刀，正文96M2出土1件，登记表无，据正文录入。

（六十）保靖四方城西汉墓

陶鼎，Ⅰ式，正文3件，登记表5件，Ⅳ式，正文2件，登记表无，据正文，登记表M64登记的Ⅰ式鼎2件当为Ⅳ式鼎，据此录入。Ⅴ式，正文1件，登记表无。

陶盒，Ⅰ式，正文2件，登记表1件，据表录入。

陶壶，Ⅰ式，正文5件，登记表6件。Ⅱ式，正文5件，登记表4件。据正文，登记表M42登记的Ⅰ式壶3件中当有1件为Ⅱ式，据此录入。Ⅳ式，正文4件，登记表5件，正文M77出有此式陶壶，据登记表，M77所出Ⅴ式，故此处当为M71，据此录入。Ⅵ式，正文3件，登记表1件，据表录入。

陶钫，Ⅰ式，正文6件，登记表5件，据表录入。Ⅱ式，正文3件，登记表2件，据表录入。Ⅲ式，正文1件，登记表3件，据表录入。

陶鐎壶，正文分2式，登记表不分，正文有介绍者据正文，未介绍者无法录入。

陶硬陶罐，正文分二类，登记表大多不分，仅M45登记AⅡ1件，M46登记AⅠ1件、M71登记AⅠ2件，M77登记A6件。此外正文附图十九第13为Ⅰ式、14为Ⅱ式、15为Ⅲ式，16为Ⅳ式，与正文难以对应。正文已介绍者据正文，未介绍者无法录入。此外登记表M62有罐B，以硬陶罐为A，则其当为泥质灰陶，据此录入。

陶罐，正文 21 件，其中陶硬陶罐正文 13 件，登记表 20 件，泥质灰陶罐正文 8 件，登记表 1 件，据表录入。

陶钵，正文 11 件，登记表 10 件，据表录入。

陶灶，正文分 2 式，登记表先分 A、B 型，各型下再分式，前后无法对应。正文有介绍者据正文，未介绍者无法录入。登记表 M71 出土陶灶 1 件，据正文当至少 2 件，据此录入。正文图二十一 11 为 A Ⅲ 式陶灶，登记表西汉墓无 M33，M33 为东汉墓，登记表其所处陶灶为 B Ⅱ 式，A Ⅲ 式为 M71 所出，正文无该式介绍，无法录入。

陶釜，正文 15 件，分 2 式，未介绍各式陶釜的具体数量。Ⅰ 式，登记表 1 件，正文附图二十一第 14 为该式釜，注为 M77 所出。登记表 M77 所出为 Ⅲ 2 件，无该式。因仅有附图而正文无描述，无法录入。Ⅱ 式，登记表 8 件，据此录入。正文附图二十一第 16 有该式釜，标注为 M74 所出，为陶灶所配，登记表无陶灶，据正文录入。

陶甑，正文 8 件，分 2 式，未介绍各式陶甑的具体数量。Ⅰ 式，登记表 3 件，据表录入。Ⅱ 式，登记表 2 件，据此录入。正文附图二十一第 15 为该式甑，标注为 M33 所出。M33 为东汉墓，不当在此，故不录。

陶井，正文 6 件，分 2 式，未介绍各式陶井的具体数量。Ⅰ 式，登记表 4 件，据表录入。Ⅱ 式，登记表 2 件，据此录入。

铜镞，正文 2 件，登记表未显示数量，据正文录入。

铜泡钉，正文不分式，登记表分式，据正文录入。

铜钱，五铢，正文分三式，附图有第四式，登记表不显示分式情况，正文或附图有介绍者据正文，未介绍者无法录入。

滑石璧，Ⅰ 式，正文 8 件，登记表 6 件，据表录入。Ⅱ 式，正文 3 件，登记表 1 件，据此录入。Ⅲ 式，正文 3 件，登记表 1 件，据表录入。Ⅳ 式，正文 3 件，登记表 2 件，正文附图二十五为该式，标注为 M25 所出，据此录入。另有 5 件滑石璧，登记表中未分式。M62 有 3 件，M25 有 2 件。

（六十一）保靖四方城东汉墓

鐎壶，正文前后两件，从描述看，前面介绍为壶，后文介绍为鐎壶，据此录入。

陶硬陶罐，2 件，正文出自 M33，登记表无，据正文录入。

陶圈，正文介绍与厕在一起，登记表分开，以陶厕录入。

陶俑，羊，正文 1 只，登记表 2 只，据正文录入。犬，正文 2 只，登记表 1 只，据正文录入。人，正文 1，登记表无，据正文录入。

铜五铢，正文 33 枚，登记表 30 枚，据正文录入。

（六十二）大庸城区西汉墓

陶鼎，A 型 Ⅳ 式，正文 M42：4 为该式，登记表无该式，据表当为 M40，据此录入。B 型，正文 33 件，登记表 32 件，据表录入。C 型，正文 19 件，登记表 22 件，据表录入。D 型，正文 7 件，登记表 6 件，正文大落 M28 有该型鼎，登记表为甑，据正文，M28 所出当为鼎而非甑，据正文录入。E 型，正文 8 件，登记表 7 件，正文大落 M28 有 D 型鼎而登记表为甑，据正文 M28

所出为鼎而非甗，登记表甗有 E 型，据前，则甗当为鼎，故 M28 有该型鼎出土，据此录入。

陶豆，正文分 2 式，登记表不分，正文有介绍者据正文，未介绍着无法录入。

陶盒，正文 36 件分两型，登记表 26 件参与分型，据表录入。此外还有 10 件无型式。

陶壶，A 型，正文 20 件，登记表 23 件；B 型，正文 1 件，登记表 11 件，据表录入。

陶钫，A 型，正文 15 件，登记表 16 件，据表录入。B 型，正文 9 件，登记表 6 件，据表录入。B 型Ⅱ式，正文介绍大落 M8：2 为该式，登记表为 A 型Ⅱ式，据正文录入。登记表有 8 件无型式。

陶鐎壶，登记表大三 M162 登记为Ⅱ式，为标注为 A、B 何型，无法录入。

陶盆，正文 21 件，登记表 21 件，据表录入。深腹盆，A 型，正文 5 件，登记表 5 件，据表录入。B 型，正文 3 件，登记表 3 件，据表录入。

陶罐，Ⅶ式，正文 6 件，登记表 6 件，据表录入。Ⅷ式，正文 2 件，登记表 4 件，据表录入。

陶钵，Ⅱ式，正文 1 件，登记表 2 件，据表录入。

陶釜，B 型Ⅰ式，正文 4 件，登记表 3 件，据表录入。

陶井，正文 12 件，登记表 10 件，据表录入。Ⅰ式，正文 3 件，大三 M67 出土 1 件，登记表无，据表录入。

陶灯，正文 10 件，登记表 7 件，据表录入。Ⅱ式，正文 2 件，登记表 3 件。Ⅳ式，正文 3 件，登记表 1 件，据正文，登记表中登记为Ⅱ式的 M42 所出当为Ⅳ式，据此录入。

陶灶，Ⅱ式，正文 5 件，登记表 6 件，据表录入。

铜盆，正文大三 M67 出土 1 件，登记表无，据正文录入。

铜博山炉，正文 M44 出土，登记表中记为"炉"，据正文录入。

铜带钩，正文 4 件，登记表 3 件，据表录入。

铁削，正文大三 M14 出土 1 件，登记表出自大三 M19，据正文录入。

（六十三）大庸城区东汉墓

釉陶甑，Ⅰ式，正文 3 件，登记表 2 件，正文 DM27：1 为该式，登记表不分式，据正文录入。

釉陶盆，正文 2 件，登记表 1 件。正文 SM9 出土 1 件，登记表该墓无遗物，据正文录入。

釉陶盘，正文 3 件，登记表 2 件，据表录入。

釉陶鸡笼，正文出自 DM125，登记表为 DM25，据表录入。

陶罐，Ⅱ式，正文 2 件，登记表 3 件，据表录入。

陶盂，正文 2 件，登记表无，正文介绍 SM11 出土 1 件，登记表无，据正文录入。

陶井，Ⅱ式，正文 1 件，登记表无，正文介绍 LM25 出土 1 件，登记表无，据正文录入。

陶灶，Ⅱ式，正文 3 件，登记表 4 件，据表录入。

硬陶瓮，正文 3 件，登记表 2 件，正文介绍 DM9 出土 1 件，登记表无，据正文录入。

滑石璧，正文 4 件，登记表 3 件，据表录入。

（六十四）资兴西汉墓

陶鼎，A 型，Ⅲ式，正文 112 件，登记表 110 件，据表录入。Ⅴ式，正文 168 件，登记表

160 件，据表录入。C 型，Ⅰ式，正文 21 件，登记表 34 件，据表录入。Ⅱ式，正文 38 件，登记表 26 件，据表录入。D 型，Ⅱ式，正文 4 件，登记表 5 件，据表录入。Ⅳ式，正文 10 件，登记表 11 件，据表录入。异型鼎，正文 2 件，登记表 3 件，据表录入。

陶盒，B 型，Ⅱ式，正文 13 件，登记表 12 件，据表录入。Ⅲ式，正文 137 件，登记表 127 件，据表录入。Ⅳ式，正文 146 件，登记表 161 件，据表录入。C 型，Ⅰ式，正文 21 件，登记表 25 件，据表录入。Ⅱ式，正文 108 件，登记表 106 件，据表录入。登记表 M479 有 CⅣ式 3 件，正文无相应描述，无法录入。

陶壶，A 型，Ⅲ式，正文 8 件，登记表 5 件，据表录入。B 型，Ⅰ式，正文 5 件，登记表 6 件，据表录入。Ⅳ式，正文 26 件，登记表 27 件，据表录入。Ⅵ式，正文 5 件，登记表 6 件，据表录入。C 型，Ⅰ式，正文 90 件，登记表 91 件，据表录入。Ⅲ式，正文 62 件，登记表 66 件，据表录入。Ⅳ式，正文 47 件，登记表 44 件，据表录入。登记表 M110 有 CⅥ式 4 件，正文无相应描述，无法录入。D 型，Ⅰ式，正文 44 件，登记表 42 件，据表录入。Ⅱ式，正文 12 件，登记表 11 件，据表录入。

陶豆，Ⅱ式，正文 2 件，登记表 1 件，据表录入。

陶罐：

敞口罐，Ⅰ式，正文 956 件，登记表 390 件，据表录入。Ⅱ式，正文 849 件，登记表 1433 件，据表录入。Ⅲ式，正文 415 件，登记表 315 件。Ⅳ式，正文 597 件，登记表 816 件，据表录入。

广口罐，Ⅱ式，正文 15 件，登记表 44 件，据表录入。

短颈罐，Ⅱ式，正文 3 件，登记表 9 件，据表录入。Ⅲ式，正文 2 件，登记表 3 件，据表录入。

罍形罐，Ⅱ式，正文 2 件，登记表 3 件，据表录入。Ⅲ式，正文 6 件，登记表 8 件，据表录入。

卷唇罐，Ⅰ式，正文 4 件，登记表 3 件，据表录入。Ⅱ式，正文 5 件，登记表 3 件，据表录入。

双耳罐，Ⅰ式，正文 2 件，登记表 1 件，据表录入。Ⅲ式，正文 17 件，登记表 12 件，据表录入。Ⅴ式，正文 8 件，登记表 9 件，据表录入。

三耳罐，登记表 M80 有Ⅲ三耳罐 1，正文无，形制不详。

四耳罐，Ⅰ式，正文 72 件，登记表 60 件，据表录入。Ⅱ式，正文 15 件，登记表 17 件，据表录入。Ⅲ式，正文 19 件，登记表 22 件，据表录入。登记表 M183 有Ⅳ式 3 件，M125 有"四双耳罐" 2 件，正文均无描述，形制不详。

陶坛，Ⅰ式，正文 269 件，登记表 261 件，据表录入。Ⅲ式，正文 12 件，登记表 10 件，据表录入。Ⅳ式，正文 5 件，登记表 6 件，据表录入。

陶瓮，Ⅰ式，正文 5 件，登记表 7 件，据表录入。

陶钵，Ⅰ式，正文 66 件，登记表 75 件，据表录入。Ⅱ式，正文 21 件，登记表 27 件，据表录入。

陶釜，Ⅰ式，正文 107 件，登记表 108 件，据表录入。Ⅱ式，正文 36 件，登记表 43 件，据表录入。Ⅲ式，正文 3 件，登记表 4 件，据表录入。Ⅳ式，正文 24 件，登记表 7 件，据表录入。

Ⅵ式，正文 10 件，登记表 19 件，据表录入。

陶甑，Ⅱ式，正文 21 件，登记表 18 件，据表录入。Ⅲ式，正文 85 件，登记表 84 件，据表录入。Ⅳ式，正文 45 件，登记表 57 件，据表录入。Ⅵ式，正文 1 件，登记表 4 件，据表录入。

陶杯，Ⅳ式，正文 4 件，登记表 5 件，据表录入。Ⅴ式，正文 1 件，登记表 2 件。据表录入。

陶小口瓶，Ⅰ式，正文 48 件，登记表 47 件，据表录入。Ⅱ式，正文 18 件，登记表 3 件，据表录入。Ⅲ式，正文 8 件，登记表 6 件，据表录入。M346，正文描述出土小口瓶为 6 件，登记表为 7 件。

陶勺，Ⅰ式，正文 1 件，登记表 2 件，据表录入。

陶贮酒器，Ⅰ式，正文 20 件，登记表 21 件，据表录入。Ⅱ式，正文 18 件，登记表 20 件，据表录入。Ⅲ式，正文 3 件，登记表 4 件，据表录入。

陶俑灯，正文 M40，登记表 M42，据登记表录入。

陶猪圈，正文 M30 出土 1 件，登记表为陶猪，据正文录入。

陶权，Ⅰ式，正文 6 件，登记表 8 件，据表录入。

陶纺轮，Ⅰ式，正文 6 件，登记表 17 件，据表录入。Ⅱ式，正文 12 件，登记表 112 件，据表录入。Ⅲ式，正文 8 件，登记表 7 件，据表录入。Ⅳ式，正文 64 件，登记表 60 件，据表录入。

铜鼎，正文 7 件，登记表 6 件，据表录入。

铜碗，Ⅱ式，正文 3 件，登记表 5 件，据表录入。

铜洗，正文 9 件，登记表 10 件，据表录入。

铜铃，Ⅱ式，正文 12 件，登记表 14 件，据表录入。

铜泡钉，正文 8 件，登记表 10 件，据表录入。

铜刀，Ⅰ式，正文介绍 M57 出土 1 把，登记表无，据正文录入。Ⅱ式，正文 3 件，登记表 3 件，另登记表 M479 所出为 Ⅰ式，正文为 Ⅱ式，据正文录入。

铜矛，Ⅱ式，正文 11 件，登记表 10 件，据表录入。Ⅲ式，正文 1 件，登记表 2 件，据表录入。

铜镜，正文 M237 出土铜镜 1 枚，登记表无，据正文录入。

铁支架，正文 5 件，登记表 6 件，据表录入。

铁削，Ⅰ式，正文 5 件，登记表 6 件，据表录入。

铁柄刀，正文 202 件，登记表 198 件，据表录入。

铁环首刀，Ⅰ式，正文 144 件，登记表 182 件，据表录入。Ⅱ式，正文 1 件，登记表 4 件，据表录入。另有 2 件柄环首刀 M105，M142 未分式。

铁矛，Ⅰ式，正文 12 件，登记表 5 件，据正文录入。Ⅱ式，正文 5 件，登记表 8 件，据表录入。Ⅲ式，正文 12 件，登记表 14 件，据表录入。Ⅳ式，正文 8 件，登记表 7 件，据表录入。Ⅴ式，正文 9 件，登记表 10 件，据表录入。

铜半两，正文出自 13 座墓，登记表 12 座，据表录入。

铜货布，正文出自 M443，登记表无，据正文录入。

（六十五）资兴东汉墓

陶鼎，Ⅱ式，正文14件，登记表13件，据表录入。Ⅲ式，正文12件，登记表9件，据表录入。Ⅵ式，正文3件，登记表2件，正文M120出土该式一件，登记表无，据正文录入。登记表M132有2件陶鼎未分型式，但据正文，当为Ⅲ式，据此录入。

陶壶，Ⅱ式，正文28件，登记表29件，据表录入。Ⅲ式，正文29件，登记表28件，据表录入。Ⅳ式，正文14件，登记表17件，据表录入。

陶罐：

盘口罐，正文4件，登记表3件，据表录入。

带盖双耳、四耳罐，Ⅰ式，正文33件，登记表30件，据表录入。

陶瓿，Ⅰ式，正文11件，登记表13件，据表录入。Ⅱ式，正文34件，登记表27件，据表录入。Ⅲ式，正文51件，登记表59件，据表录入。Ⅳ式，正文7件，登记表13件，据表录入。

陶坛，Ⅰ式，正文10件，登记表8件，据表录入。正文介绍M530出土该式1件，登记表无，据正文录入。

陶瓮，正文2件，登记表3件，据表录入。

陶钵，Ⅰ式，正文66件，登记表64件，据表录入。Ⅳ式，正文2件，登记表3件，据表录入。

陶杯，Ⅰ式，正文4件，登记表2件；Ⅱ式，正文5件，登记表7件。登记表M314出土2件均Ⅱ式，据正文，当均为Ⅰ式，据此录入。

陶把杯，Ⅰ式，正文43件，登记表40件，据表录入。

陶圈足杯，Ⅱ式，正文20件，登记表16件，据表录入。

陶耳杯，Ⅰ式，正文8件，登记表5件，据表录入。Ⅱ式，正文8件，登记表13件，据表录入。Ⅲ式，正文4件，登记表4件，正文介绍M128出土1件为该式，据正文录入。

陶碟，Ⅰ式，正文9件，登记表7件，据表录入。

陶碗，Ⅰ式，正文6件，登记表5件，据表录入。

陶权，Ⅰ式，正文10件，登记表11件，据表录入。

陶釜，Ⅱ式，正文18件，登记表16件，据表录入。Ⅲ式，正文17件，登记表21件，据表录入。Ⅳ式，正文4件，登记表5件，据表录入。Ⅴ式，正文8件，登记表9件，据表录入。

陶三足釜，Ⅰ式，正文4件，登记表2件，据表录入。登记表M296有无型式三足釜1件，形制不明。

陶甑，Ⅰ式，正文6件，登记表5件，据表录入。

陶釜架，正文4件，登记表2件。正文介绍M3O2出土1件，登记表无，据正文录入。

陶猪，Ⅰ式，正文2件，登记表4件，据表录入。

陶羊，正文3件，登记表1件。正文介绍M498出土2件，登记表无，据正文录入。

陶灶，Ⅱ式，正文25件，登记表23件，据表录入。

陶井，Ⅰ式，正文2件，登记表1件，据表录入。

陶屋，Ⅳ式，正文4件，登记表5件，据表录入。

陶盘，Ⅰ式，正文50件，登记表49件，据表录入。Ⅲ式，正文3件，登记表12件，据表录入。

瓷高足杯，正文35件，登记表33件，据表录入。

铜碗，Ⅰ式，正文3件，登记表2件，据表录入。

铜杯，正文2件，登记表1件，据表录入。

铜环，正文3件，登记表5件，据表录入。

铜铃，Ⅱ式，正文3件，登记表9件，据表录入。

铜矛，Ⅱ式，正文2件，登记表1件，据表录入。

铜环首刀，正文6件，登记表5件，据表录入。

铜五铢，Ⅰ式，正文2件，登记表1件，据表录入。Ⅱ式，正文25件，登记表5件，据表录入。Ⅲ式，正文424件，登记表255件，据表录入。Ⅳ式，正文817件，登记表820件。Ⅴ型，正文262件，登记表729件。登记表M91、120有铜钱1枚，未介绍具体种类，M289登记30枚铜钱未介绍种类。M521有1枚五铢钱，未介绍种类，形制不明，无法录入。

铜镜，Ⅲ式，正文13件，登记表14件，据表录入。Ⅴ型，正文7件，登记表8件，据表录入。

铁刀，Ⅱ式，正文69件，登记表65件，据表录入。Ⅲ式，正文51件，登记表70件，据表录入。Ⅳ式，正文2件，登记表4件。正文介绍M394出土该式1件，登记表无，据正文录入。

铁环首刀，Ⅰ式，正文35件，登记表33件，据表录入。Ⅱ式，正文41件，登记表43件，据表录入。Ⅲ式，正文54件，登记表69件，据表录入。

铁剑，Ⅱ式，正文10件，登记表11件，据表录入。

铁矛，Ⅲ式，正文4件，登记表6件，据表录入。

铁棺钉，正文30件，登记表33件，据表录入。

铁斧，正文3件，登记表2件，据表录入。

铁釜，正文29件，登记表30件，据表录入。

铁支架，正文40件，登记表39件，据表录入。

铅权，Ⅰ式，正文8件，登记表7件，据表录入。Ⅲ式，正文M524出土3件，登记表出土2件，据正文录入。

玉珠，Ⅰ式，正文9件，登记表8件，据表录入。Ⅱ式，正文3件，登记表2件，正文介绍M302出土3件该式玉珠，登记表为2件，据正文录入。Ⅲ式，正文12件，登记表13件，据正文录入。

玛瑙耳珰，正文7件，登记表6件，据表录入。

琉璃珠，正文125件，登记表120件，据表录入。

（六十六）长沙59五里牌古墓群

长沙59长五M014，铜器出土数量，登记表与正文不一，以正文为准录入。

西汉墓正文铜镜5件，登记表7件，据表录入。正文铜镜分为2式，登记表无，无法录入。

铁刀，正文1件，登记表2件，据表录入。

长沙59长五M012，登记表有铜盆，正文无，正文为铜盒，据正文录入。

陶鼎，正文11件，登记表10件，据表录入。

陶盒，正文9件，登记表11件，据表录入．

陶壶，正文13件，登记表11件，据表录入。

陶罐，正文23件，登记表24件，据表录入。

陶钵、陶鍑、陶灶，正文有，登记表无，无法录入。

（六十七）长沙火把山汉墓

无出土器物登记表。

陶鼎，2式12件，出于M2、3、6，未介绍各墓出土数量，据附图，M3出土6件，则M2、3按各出3件录入。

陶盒，2式12件，出土M2、3、5、10，其中M3出土3件、M10出土7件，其余2墓按各出1件录入。

陶壶，共3式14件，未介绍各式出土何墓，据各墓出土陶壶情况录入。

陶钫，出土10件，据附图M3出土2件，M10出土2件，M1无，则M2、5、6按1、2、2件录入。

陶罐，出土41件分5式，其中1、5式均为M10出土，而其他3式未介绍出自何墓。据附图M1出土2件，M3出土7件，M10出土13件，共22件，则M2、5、6按6、6、7件录入。但各墓所出为何式无法确定，以简报有介绍者录入。

陶釜，出土4件分2式，其中3件可确定出自何墓，另外1件无法确定，无法录入。

陶鐎壶，出土2件，M10出土1件，附图无，据正文录入。

陶方炉，出土1件，M10出土，附图无，据正文录入。

陶勺，M10正文出土3件，附图1件，据正文录入。

（六十八）长沙沙湖桥西汉墓

陶壶，87件，分4式，均未介绍各式出土墓葬，登记表亦未显示墓中陶壶分式情况，无法以分式情况录入。除图版有显示陶壶出土的墓葬外，其他形制无法录入。

双耳陶坛，正文无出土单位，登记表无。据图版出自A16，据此录入。

四耳陶坛，正文无出土单位，登记表无。据图版出自F4，据此录入。

陶钵，正文9，登记表6件，据表录入。

陶钫，正文17件，登记表15件，据表录入。

陶豆，正文3件，登记表4件，据表录入。

陶灶，正文5件，登记表6件，据表录入。

陶熏炉，正文分熏炉、博山炉，熏炉2件，博山炉7件，登记表博山炉1件，熏炉7座，据表录入。

铜灯，正文分2式，登记表未分，除图版有介绍形式的铜灯外，其他墓葬出土铜灯的形制无法录入。

铜博山炉，正文2件，登记表1件，据表录入。登记表有1件铜熏炉，正文无，无法录入。

鎏金铜泡，正文2件，登记表无，无法录入。

铜钫，正文介绍有出土，登记表无，无法录入。

铁勺，正文 2 件，登记表 1 件，据表录入。

铁剑，正文 4 件，1 件完好，未介绍出土墓葬，无法录入。

（六十九）长沙沙湖桥东汉墓

陶壶，正文 14 件，登记表 15 件，据表录入。正文分 2 式，均未介绍各式出土墓葬，登记表亦未显示墓中陶壶分式情况，无法以分式情况录入。除图版有显示陶壶出土的墓葬外，其他形制无法录入。

陶仓，正文 3 件分 2 式，均未介绍各式出土墓葬，登记表亦未显示分式情况，无法以分式情况录入。

陶钵，正文 3 件，登记表 2 件，据表录入。

铁釜，正文 5 件，登记表 2 件，据表录入。据正文 C9 出土 1 件，登记表无，据正文录入。

铁刀，正文 11 件，登记表 9 件，据表录入。

（七十）长沙桐梓坡汉墓

滑石璧，正文 6 件，登记表 6 件。正文桐梓坡 M35、M31 各出土 1 件，登记表均无，据此录入。如是，则滑石璧共出土 8 件。

陶鼎，Ⅱb 式，正文 2 件，介绍桐 46 出土 1 件，登记表该式为桐 5 出土 2 件，而桐 46 出土为Ⅳb2 件，据登记表录入。

Ⅱc 式，正文 4 件，登记表 4 件。正文介绍桐 30 出土 1 件，登记表为Ⅱa，据登记表录入。

Ⅴb，正文 8 件，登记表 6 件，据表录入。

陶盒，Ⅰb，正文 4 件，登记表 5 件，据表录入。

陶壶，Ⅳb，正文 5 件，登记表无。正文介绍银 M3 出土有该式陶壶，但登记表中该墓所出仅登记Ⅳ，未分小式。因登记表中属Ⅳ式而未分小式的陶壶共 5 件，与Ⅳb 数量正合，故以Ⅳb 登记。Ⅳd，正文 2 件，登记表 1 件。正文介绍桐 46 出土 1 件，登记表该墓无该式，据正文补充录入。Ⅷb 正文 55 件，登记表 50 件。登记表桐 9 有Ⅷb4 件，但未指出为何种器物，按登记表体例，当为陶壶，据此录入。登记表中茶 15 出土 1 件仅登记Ⅷ，未分式，以 b 式录入，正和该式 55 件的总数。

陶罐，Ⅰa 式，正文 8 件，登记表 11 件，据表录入。Ⅰb 式，正文 8 件，登记表 7 件，据表录入。Ⅲ式，正文 13 件，登记表 13 件，正文介绍桐 43 出土有该式陶罐，而登记表无，如是则该式陶罐当有 14 件，据登记表及正文录入。Ⅳa，正文 83 件，登记表 75 件，据表录入。登记表，桐 4 有Ⅵ式 2 件，正文无该式，形制无法录入。

陶小罐，Ⅰ式，正文 2 件，登记表 1 件。正文介绍茶 3 出土小罐为该式，登记表未分式，据正文录入。Ⅱ式，正文 1 件，登记表无。正文介绍桐 32 出土该式小罐，登记表无，据正文录入。

硬陶罐，Ⅰ式，正文 7 件，登记表 5 件，据表录入。登记表桐 58 出土 2 件未分式，形制无法录入。

陶钫，Ⅱa，正文 4 件，登记表 6 件，据表录入。Ⅱb，正文 2 件，登记表 1 件，据表录入。正文陶钫有 8 件形式不明，登记表 6 件，据表录入。

陶甑，Ⅱ式，正文 2 件，登记表 1 件，正文介绍桐 9 出土该式陶甑，登记表为桐 39 为该式，而桐 9 出土为Ⅲa式，正文无该式。据正文，以Ⅱ式录入。

陶釜，Ⅰa式，正文 2 件，登记表 3 件，据表录入。Ⅰb式，正文 2 件，登记表 2 件，正文另有桐 13 出土该式，登记表无，据正文录入。Ⅰc式，正文 6 件，登记表 5 件，据表录入。

陶豆，Ⅰa，正文 5 件，登记表 4 件，据表录入。Ⅱ式，正文 2 件，分 2 小式。此外登记表桐 32 出土 1 件陶豆，为该式，但不分小式。

陶鐎壶，Ⅰa，正文 1 件，登记表 2 件，据表录入。

陶熏炉，Ⅰa，正文 2 件，登记表 1 件，据表录入。正文介绍茶 9 出土 1 件该式陶熏炉，登记表无，据正文录入。Ⅱ式，正文 2 件，登记表 2 件，登记表银 2 所出为该式，正文为Ⅲ式，据此Ⅱ式为 1 件。Ⅲ式，正文 2 件，登记表 2 件，正文银 2 为该式，则该式共 3 件。

陶勺，Ⅰ式，正文 11 件，登记表 8 件，据表录入。正文桐 47 出土该式，登记表无，据正文录入。Ⅱc，正文 13 件，登记表 13 件，正文介绍茶 4 出土有该式陶勺，登记表无，据正文录入。

（七十一）长沙发掘报告

正文器物分式，登记表中很多不显示分式情况。登记表中未显示分式情况的器物，器物形制情况无法录入。

1. 战国墓

陶鼎，Ⅴ式，正文未介绍出土数量，介绍 M237 有该式陶鼎出土。登记表未显示分式情况，据正文录入。登记表介绍 M248 出土陶鼎 3 件，属Ⅲ、Ⅵ式，未介绍各式的具体数量，以Ⅲ式 1、Ⅵ式 2 件数量录入。

陶勺，正文分 2 式，登记表 M273 有Ⅴ式，正文无，形制无法录入。

陶碟，正文 M223 出土 2 件，登记表 1 件，据正文录入。

铜镦，正文 6 件，登记表 1 件，据表录入。

铜鐏，正文 3 件，登记表 6 件，据表录入。

铜镞，正文介绍 M330 出土 4 件，登记表 3 件，据正文录入。

铜天平盘，正文 1 件，出自 M101，登记表无，据正文录入。

嵌银铜饰，正文 1 件，出自 M406，登记表无，据正文录入。

铜铃，正文 2 件，出自 M124、128，登记表 M124 无铜铃，据正文录入；M128 登记表无，无法录入。

登记表 M406 登记表璧 1 件，无材质，正文 3 件，据正文录入。

铁环，正文 1 件，出自 M406，登记表无，据正文录入。

铅皮冥钱，正文 2 件，出自 M406，登记表无，据正文录入。

铅皮木耳，正文 3 件，出自 M406，登记表无，据正文录入。

2. 西汉早期墓

陶盒，正文分泥质灰陶和厚胎泥质红陶，分别介绍，但登记表不分胎质。除在正文介绍厚胎泥质红陶中所介绍的陶盒外，其他陶盒均以泥质陶盒录入。正文不分式，登记表 M228、231分式，据正文录入。

陶罐，正文分泥质陶和厚胎泥质陶、泥质硬陶，分别介绍，但登记表仅分式而不分胎质。除正文介绍厚胎泥质陶罐、泥质硬陶中介绍的陶罐外，其他陶罐以泥质陶罐进行录入。

陶罐，Ⅰ式，正文介绍 M403 出土该式陶罐，登记表无，据正文录入。

陶盉，正文 1 件，登记表无，据正文录入。

陶器盖，正文 1 件，登记表无，据正文录入。

陶甑，正文 1 件，登记表无，据正文录入。

陶壶，正文分泥质陶壶和厚胎泥质陶壶，分别分式介绍，但登记表仅分式而不分胎质。除厚胎泥质陶壶分式中介绍的陶壶外，其他陶壶均以泥质陶壶的分式情况进行录入。

厚胎泥质陶壶，Ⅰ式，正文 1 件，出自 M251，登记表未分陶质，仅有 1 件，而据前文，该墓已有 1 件陶壶为Ⅰ式泥质灰陶，故该墓当有 2 件陶壶，据正文录入。

陶熏炉，正文 M4O3 出土 1 件，登记表无，据正文录入。

陶敦，正文未介绍，登记表 M332 为Ⅲ式 1 件，无法录入。

无字泥板，正文 M231、251 均有出土，登记表无，据正文录入。

铜镜，登记表 M342 出土 1 件，正文 2 件，据正文录入。M122 正文为Ⅵ式，登记表未分式，据正文录入。

滑石璧，正文 M402 出土Ⅰ式 1 件，登记表为Ⅲ式，据正文录入。正文 M403 出土为Ⅰ式，登记表不分式，据正文录入。登记表 M115、227、341 为陶璧，正文为滑石璧，据正文录入。

3. 西汉后期墓

陶壶，正文分 2 式，登记表中 M404 有Ⅲ式，形制无法录入。

陶灶，正文 M401 为Ⅰ式，登记表为Ⅱ式，据正文录入。

陶猪，正文 M245 出土 1 件，登记表无，据正文录入。

铜五铢，正文分 2 式，登记表未显示，形制无法录入。

石盆，正文 M109 出土 3 件，登记表 1 件，据正文录入。

石研，正文 M401 出土 1 件，登记表无，据正文录入。

4. 东汉墓

陶碗，正文 M243 出土 1 件，登记表无，据正文录入。

陶釜，正文介绍 M205 出土 1 件，但不仅 M205 为西汉后期墓，且 M205 登记表中无釜，仅陶灶。从此釜规格看，似为陶灶上附属之物。

陶盒、陶盉、陶罐、陶井、陶屋、陶猪圈，正文 M262 出土，登记表无，据正文录入。

陶壶，正文 M243 出土，登记表无，据正文录入。

玻璃佩管，正文 M243 出土，登记表 M262 出土，据正文录入。

（七十二）里耶大板汉墓

器物分型分式，但仅介绍各型特点（多数各型具体特点亦不介绍），未介绍各式特点。各式以所介绍的具体器物为准录入。

陶鼎，A 型Ⅰ式，正文 3 件，登记表 4 件，据表录入。

陶壶，B 型，Ⅰ式，正文 5 件，登记表 4 件；Ⅱ式，正文 3 件，登记表 5 件，据表录入。C 形，Ⅰ式，正文 5 件，登记表 4 件；Ⅱ式，正文 2 件，并介绍均出自 M49，但登记表 4 件，除 M49 外 M16、23 有出土本式双耳壶，据表录入。D 型，Ⅱ式，正文 3 件，登记表 1 件，据表录入。

圜底罐，Ⅰ式，正文 4 件，登记表 1 件；Ⅱ式，正文 2 件，登记表 4 件，据表录入。

陶罐，A 型，Ⅱ式，正文 1 件，登记表无，正文介绍出自 M19，据正文录入。B 型，Ⅱ式，正文 11 件，登记表 10 件，据表录入。

异形罐，正文 5 件，登记表 8 件，据表录入。

陶熏炉，正文介绍为熏炉，分式介绍为博山炉，登记表中有熏炉有博山炉，据附图形制，当为博山炉，以博山炉录入。Ⅰ式，正文 2 件，登记表 2 件，正文介绍 M64 出土 1 件，登记表 M64 为博山炉。

陶鐎壶，正文 6 件，登记表 5 件；Ⅰ式，正文 2 件，登记表 4 件；Ⅱ式，正文 4 件，登记表 1 件，据表录入。

陶盘，正文 4 件，登记表 5 件；Ⅰ式，正文 3 件，登记表 2 件；Ⅱ式，正文 1 件，登记表 2 件，据表录入。另外 M62 登记有 B 盘，正文无对应型式，无法录入。

陶碗，正文 1 件，登记表无，据正文录入。

陶井，正文 11 件，登记表 10 件。

夹砂硬陶罐，分如下型：

A 型，Ⅰ式，正文 5 件，登记表 6 件；Ⅱ式，正文 21 件，登记表 2 件。登记表有本式釉陶罐 18 件。据正文Ⅱ式介绍，M8 出土本式 1 件，登记表为釉陶罐。故据正文将登记表中本式釉陶罐均以硬陶罐录入；Ⅲ式，正文 9 件，登记表 2 件，登记表有本式釉陶罐 4 件。据正文Ⅱ式介绍，M18 出土本式 1 件，登记表为釉陶罐。故据正文将登记表中本式釉陶罐均以硬陶罐录入。

B 型，Ⅰ式，正文 7 件，登记表 10 件；Ⅲ式，正文 9 件，登记表 3 件，登记表有本式釉陶罐 8 件。据正文介绍，M18 出土本式 1 件，登记表为釉陶罐。故据正文将登记表中本式釉陶罐均以硬陶罐录入。

C 型，Ⅰ式，正文 6 件，登记表 5 件；Ⅱ式，正文 23 件，登记表 18 件。

D 型，Ⅰ式，正文 23 件，登记表 22 件；Ⅱ式，正文 12 件，登记表 14 件；Ⅲ式，正文 29 件，登记表 30 件，据表录入。

铜盆，A 型，Ⅰ式，正文 2 件，登记表 1 件；Ⅱ式，正文 4 件，登记表 5 件。B 型，Ⅰ式，正文 1 件，登记表 2 件，据表录入。

铜釜，Ⅰ式，正文 3 件，登记表 2 件，据表录入。

铜鍪，Ⅰ式，正文 4 件，登记表 6 件；Ⅱ式，正文 8 件，登记表 9 件，据表录入。

铜钫，正文 M28 出土铜钫可复原，登记表仅登记钫盖，据正文录入。

铜灯，正文 2 件出自 2 墓，登记表 3 件出自 3 墓，据表录入。

铁削，正文 3 件出自 3 墓，登记表 4 件出自 4 墓，据表录入。

滑石璧，A 型，Ⅰ式，正文 12 件，登记表 14 件；Ⅱ式，正文 9 件，登记表 15 件，据表录入。

B 型，Ⅰ式，正文 2 件，登记表 1 件，正文介绍 M9 出土该式 1 件，登记表 2 件，据正文录入；Ⅱ式，正文 8 件，登记表 10 件，M35 正文为该式，登记表为 A 型，据正文录入。Ⅲ式，正文 8 件，登记表 10 件，据表录入。

C 型，Ⅰ式，正文 2 件，登记表 3 件，据表录入。

D 型，Ⅱ式，正文 5 件，登记表 6 件，据表录入。

大泉五十，Ⅰ式，正文 M49 出土 1 件，登记表无，据正文录入。

（七十三）里耶麦茶墓地

陶鼎：B 型，Ⅱ式，正文 19 件，登记表 18 件，据表录入。正文不明型式的有 18 件，登记表 32 件，据表录入。

陶敦，A 型，正文 21 件，登记表 22 件，据表录入。正文不明型式的有 7 件，登记表 10 件，据表录入。

陶钵，A 型，Ⅰ式，正文 2 件，登记表 3 件；Ⅲ式，正文 7 件，登记表 6 件，据表录入。B 型，Ⅰ式，正文 8 件，登记表 7 件；Ⅱ式，正文 14 件，登记表 13 件；Ⅲ式，正文 7 件，登记表 9 件，据表录入。

陶盒，正文 12 件，登记表 8 件。正文 A 型Ⅱ式 2 件，未介绍何墓所出，登记表无，据表录入。

陶豆，A 型，正文 247 件，登记表 268 件；B 型，正文 69 件，登记表 66 件；正文未分型式者 9 件，登记表 53 件；正文共 334 件，登记表 388 件，据表录入。

陶盖豆，正文 5 件，登记表 8 件，据登记表录入。正文不分型式，登记表分型式。

陶壶，A 型，Ⅰ式，正文 13 件，登记表 10 件；Ⅱ式，正文 65 件，登记表 63 件，据表录入。登记表 M122 有 A 型壶 1 件，不分式，据表录入。正文陶壶 139 件，19 件不能分辨器形，登记表 21 件不分型式，据表录入。

陶罐，A 型，Ⅱ式，正文 19 件，登记表 24 件；C 型，Ⅰ式，正文 2 件，登记表 1 件，据表录入。登记表有 4 座墓各出土 1 件 A 型不分式罐、1 座墓出土 C 型不分式罐，据表录入。正文出土陶罐 81 件，8 件不可分型式，登记表 9 件不分型式，据表录入。

铜铺首，正文 M330 出土 1 枚，登记表无，据正文录入。

铜剑，正文 4 件分 3 型，登记表不显示分型情况，据正文录入。

铜镜，正文 7 件分 3 型，登记表不显示分型情况，据正文录入。

铜带钩，正文 5 件，登记表 6 件，据表录入。

漆器，正文 M40 出土 1 件，登记表无，据正文录入。

（七十四）里耶清水坪汉墓

陶鼎，A 型，Ⅰ式，正文 3 件，登记表 4 件；Ⅱ式，正文 3 件，登记表 1 件，正文介绍 M183、242 各有 1 件为该式，登记表不分式，据表录入。D 型，正文 3 件，登记表 1 件，据表录入。E 型，Ⅱ式，正文 6 件，登记表 7 件；Ⅲ式，正文 4 件，登记表 3 件，据表录入。正文 128 件型式不明，登记表 131 件，据表录入。

陶盒，A 型，Ⅰ式，正文 38 件，登记表 31 件；Ⅱ式，正文 7 件，登记表 3 件；B 型，Ⅱ式，正文 11 件，登记表 9 件；D 型，正文 4 件，登记表 2 件。据表录入。正文 B 型分二式，登记表 M191 有 BⅢ式 1 件，型式无法录入。正文陶盒 129 件，其中 71 件可分型式，则 58 件型式不明，登记表 72 件型式不明，据表录入。

陶壶，A 型，Ⅰ式，正文 39 件，登记表 47 件；Ⅱ式，正文 25 件，登记表 58 件；B 型，Ⅰ式，正文 6 件，登记表 15 件；Ⅱ式，正文 8 件，登记表 11 件；Ⅲ式，正文 4 件，登记表 5 件；C 型，正文 9 件，登记表 26 件；Ⅱ式，正文 4 件，登记表 3 件，据表录入。正文陶壶 286 件，

103 件分型式，183 件型式不明，登记表 184 件型式不明，据表录入。

M8，登记表有 A I 式釉瓷壶，正文无介绍，形制无法录入。M102 有 B 式釉瓷壶 3 件，正文无介绍，形制无法录入。

陶钫，A 型，I 式，正文 39 件，登记表 36 件，据表录入；正文 M20 出土该式 1 件，登记表无，据正文录入。B 型，正文 3 件，登记表 3 件，登记表 M31 另有 1 件 Ba 陶钫，正文无，型式无法录入。正文陶钫 204，85 件可分型式，119 件型式不明，登记表 118 件，据表录入。

陶盆，I 式，正文 7 件，登记表 5 件；II 式，正文 12 件，登记表 8 件；正文陶盆 31，19 件可分型式，12 件型式不明，登记表 10 件，据表录入。正文 M121 出土陶盆 1 件，登记表无，据正文录入。

陶钵，A 型，正文 16 件，登记表 12 件；正文陶钵 24 件，18 件分型式，6 件型式不明，登记表 12 件型式不明，据表录入。

陶鐎壶，A 型，I 式，正文 19 件，登记表 17 件；II 式，正文 10 件，登记表 9 件；B 型，II 式，正文 5 件，登记表 4 件；C 型，I 式，正文 3 件，登记表 2 件，据表录入。正文鐎壶 56 件，45 件可分型式，11 件型式不明，登记表 16 件型式不明，据表录入。

硬陶罐，Aa 型，正文 81 件，登记表 81 件，正文介绍 M44 出土 1 件，登记表无，据正文录入。Ab 型，正文 79 件，登记表 83 件；Ba，正文 70 件，登记表 67 件；Bb，正文 112 件，登记表 108 件；C I 式，正文 15 件，登记表 14 件；II 式，正文 25 件，登记表 26 件；F 型，正文 3 件，登记表 4 件，据表录入。正文 72 件不能分型式，登记表 75 件，据表录入。

硬陶壶，正文 81 件，分 4 型。登记表均无显示，与陶壶混同介绍，无法分开录入。

陶博山炉，A 型，I 式，正文 12 件，登记表 13 件；II 式，正文 22 件，登记表 19 件；C 型，正文 2 件，登记表 3 件，据表录入。正文 64 件，47 件可分型式，17 件型式不明，登记表 23 件型式不明，据表录入。

陶灯，A 型，I 式，正文 23 件，登记表 22 件；II 式，正文 8 件，登记表 11 件；B 型，正文 10 件，登记表 9 件；正文 50 件，41 件可分型式，9 件型式不明，登记表 10 件，据表录入。

陶灶，A 型，I 式，正文 15 件，登记表 18 件；II 式，正文 24 件，登记表 23 件；III 式，正文 25 件，登记表 26 件；正文 129 件，84 件分型式，25 件型式不明，登记表 42 件型式不明，据表录入。

陶釜，I 式，正文 38 件，登记表有 12 件，另 M20 出 A I 釜 2 件；II 式，正文 39 件，登记表 18 件；正文 87 件，77 件可分型式，10 件型式不明，登记表 15 件型式不明，据表录入。

陶甑，I 式，正文 14 件，登记表 8 件；II 式，正文 1 件，登记表 2 件；III 式，正文 11 件，登记表 5 件，据表录入。VI 式，正文 3 件，登记表无，正文 M18 出土 1 件该式陶甑，登记表为 III 式，据正文录入。正文陶甑 37 件，29 件可分型式，8 件型式不明，登记表 7 件型式不明，据表录入。

陶井，A 型，I 式，正文 19 件，登记表 17 件；II 式，正文 6 件，登记表 5 件；B 型，正文 8 件，登记表 7 件，据表录入。正文陶井 57 件，33 件可分型式，24 件型式不明，登记表 29 件型式不明，据表录入。

陶金饼，I 式，正文 11 件，登记表 3 件，据表录入。正文 M42 出土 4 件，据正文录入；II 式，正文 14 件，登记表 2 件，M22、31 均 1 件，正文分别出 5、9 件，据正文录入；III 式，正文

13 件，登记表 3 件，据表录入，登记表 M84 出土 1 件，正文 2 件，据正文录入。

铜鼎，Aa 型，正文 9 件，登记表 7 件；Ab 型，正文 14 件，登记表 13 件；正文 40 件，39 件可分型式，1 件型式不明，登记表 2 件，据表录入。另有 3 件为 A 型，无具体型式。

铜壶，Aa 型，正文 22 件，登记表 20 件；Ab 型，正文 8 件，登记表 7 件，正文 M44 出土该式 1 件，登记表无，据正文录入。

铜钫，B 型，正文 27 件，登记表 25 件，据表录入。正文 48 件，46 可分型式，2 件型式不明，登记表 5 件形制不明，据表录入。

铜鍪，B 型，Ⅰ式，正文 7 件，登记表 4 件，据表录入。正文 M3 出土该式 1 件，登记表无，据正文录入。Ⅱ式，正文 23 件，登记表 22 件，据表录入。登记表 M74 出土铜鍪 2 件，分别为 A Ⅰ式、Ⅱ式，正文另有 C 型 1 件，据正文录入，按 3 件录入。正文铜鍪 186 件，136 件可分型式，50 件型式不明，登记表 54 件不分型式，据表录入。

铜洗，A 型，正文 42 件，登记表 39 件，据表录入。正文 M95 出土该式 1 件，登记表无，据正文录入。B 型，正文 7 件，登记表 1 件，据表录入。正文 M111 出土该式 1 件，登记表无，据正文录入。正文铜洗 96 件，51 件型式不明，45 件型式不明，登记表 52 件型式不明，据表录入。

铜卮，正文 2 件，登记表 3 件，据表录入。

铜甑鍑，正文 6 套，登记表 3 套，据表录入，正文 M44 有 1 套，登记表为铜灶，据正文录入。

铜鐎壶，B 型，正文 11 件，登记表 10 件，正文 M84 出土该式 1 件，登记表无，据正文录入。

铜泡钉，正文 20 件，出自 17 座墓葬中。登记表 19 件出自 19 座墓葬中，据表录入。

铜五铢，正文分 4 型多式，登记表不分型式，除正文有显示的情况外，其余墓葬出土铜钱的形制、数量均无法录入。

铜大布黄千钱，正文 28 件，出自 5 座墓中，登记表 4 座墓出土，未介绍具体数量，据表录入。

滑石璧，A 型，Ⅰ式，正文 17 件，登记表 20 件；B 型，Ⅰ式，正文 8 件，登记表 6 件；Ⅱ式，正文 64 件，登记表 82 件；Ⅲ式，正文 83 件，登记表 88 件；正文滑石璧 243 件，190 件可分型式，53 件不分型式，登记表 29 件型式不明，据表录入。

石研，M64 登记表中无研石，正文有，据正文录入。

铁釜，Ⅰ式，正文 8 件，登记表 7 件；正文 M88 出土该式 1 件，登记表无，据正文录入。

铁灯，Ⅰ式，正文 6 件，登记表 5 件，正文 M250 出土该式 1 件，登记表未分型式，据正文录入。

铁斧，正文 4 件，登记表 3 件，正文 M11 出土铁斧 1 件，登记表为石斧，据正文以铁斧录入。

环首铁刀，正文 2 件，登记表 3 件，据表录入。

铁棺钉，正文 5 件，登记表 22 件，据表录入。正文 M22 出土 3 件，登记表 1 件，据正文录入。

木勺，正文 1 件，出自 M48，登记表无，据正文录入。

后　记

　　本书是我 2007—2010 年度在复旦大学随周振鹤先生攻读博士学位的学位论文，也是我从 2000 年 2 月开始参加广州南越国宫署遗址发掘和资料整理以来对秦汉华南社会发展问题一系列思考的阶段性总结。本书无论从选题、框架搭建，还是到文本写作、文字修改，至始至终都得到周振鹤先生的悉心指导，先生在课程学习、论文指导中严谨尚实治学态度的言传身教，将使我终身受益！

　　感谢 2006 年底周天游、王子今先生的大力推荐和周振鹤先生的不弃愚钝，使我能在硕士毕业 8 年后再入校园，开展博士研究生阶段的学习。感谢 1996 年以来周天游、王子今先生对我持续的生活关怀和学业支持。

　　感谢在我在职攻读博士学位时，给予大力支持和无私帮助的中国社会科学院考古研究所时任齐肇业书记、王巍所长、白云翔副所长、陈星灿副所长。

　　感谢中国社会科学院考古研究所学部委员刘庆柱先生，1998 年与先生相识以来始终如一的关怀和指导，是我在学术道路上不断前进的重要动力。

　　感谢我就学前所在的中国社会科学院考古所华南二队的队长白云翔研究员，2002 年以来在广州发掘工地、在北京办公室、在悦宾、在剧人之家等茶余酒后的一次次激励和指点，给了我开展博士论文研究巨大的动力和支持。

　　感谢从 2008 年以来不厌我烦，指导我学习 ArcView、ArcMap、ENVI 等软件的中国社会科学院考古研究所刘建国研究员。我现在还无法想象，如果没有刘建国先生所授相关软件的技术支撑，我收集的数以千计的华南考古资料的整理和分析，究竟要多久才能完成——先生所授的 GIS 这把利器，不仅是我按时圆满完成相关数据分析和文本写作的基础，也是博士论文能开展相关研究、绘制大量地图、图表的最重要的技术保障，更成为我 2011 年以来在西安之所以能同时开展多项考古工作的最基础保障。

　　感谢中国社会科学院考古研究所张建峰先生，无论何时，总能给予我足够的技术支持，使我不致因偶尔出现的电脑故障耽误写作。

　　感谢中国社会科学院考古研究所刘涛先生，不仅承担了与我论文写作时间完全撞车的我们共同完成的国家社科基金项目出版前的繁琐校对，且不辞辛苦的帮我扫描图片、校读文本、提出建议，使我的博士论文能按期完成。

　　感谢中国社会科学院考古研究所图书室、西安研究室图书室、复旦大学图书馆、复旦大学历史系图书室、历史地理研究所图书室各位老师的辛勤劳动，使我能在较短时间内利用各馆的丰富藏书，完成博士论文所需资料的集中收集。

感谢西北大学赵斌博士、厦门大学杨玲博士、南京大学王晓琪博士、首都师范大学后晓荣博士，每当我写作中突然发现某条资料一时无着，无论是一个短信、一个电话，还是一份简单之极的 Email，总能及时代我查找、邮寄而来，使我繁苦的论文写作不断被温暖的友谊所滋润。

感谢复旦大学徐建平博士 2009 年 3 月在我收集地图资料时的无私帮助。

感谢陕西省铜川市考古研究所陈晓捷先生对我预答辩文本的认真校读。

感谢陕西师范大学历史文化学院郭长波、郭罗同学在 2009 年 11 月中旬—2010 年 4 月上旬期间利用周末、元旦等休息时间帮我完成繁琐耗时的复印资料梳理和初稿文本校对。感谢西北大学高铁泰同学 2010 年 3 月上旬帮我完成遗物数据和参考文献的初步梳理。

感谢复旦大学北区 119 楼 402 室舍友刘竞飞、金晓东、曾绍皇的热情帮助和互相鼓励。竞飞的厨艺、晓东与绍皇的诗歌、从酒铺打回的黑杜黄酒，不仅成为我读博期间的温馨回忆，也养成了我一入秋即欲饮黄酒的另一个"乡愁"和习惯。

感谢在复旦大学求学期间诸师长同学的无私帮助，使我的学习生活充实快乐！

感谢奶奶、感谢老姨父老姨、感谢父母、感谢姑父姑姑、感谢妹妹妹婿、感谢弟弟弟媳等亲人对我长期以来的鼓励和支持，使我能多年一贯心无旁骛的安心工作学习、完成论文！

感谢对论文提出宝贵意见的盲审专家，感谢上海大学历史系谢维扬教授审读论文并主持我 2010 年 6 月 4 日的论文答辩，感谢上海师范大学历史系严耀中教授，复旦大学高蒙河教授、钱林书教授、李晓杰教授作为答辩委员对论文的认真审读和提问，各位先生的意见是我后期修改的重要方向。

2008 年，承中山大学历史人类学研究中心郑君雷教授美意，本论文的部分内容得到其所承担的教育部人文社会科学重点研究基地项目"秦汉帝国岭南边疆的考古人类学研究"支持。2009 年 10 月，我以博士论文的预期为基础，以《秦汉华南区域考古研究》为题申请的 2010—2012 年度"中国社会科学院基础研究学者资助计划"于 2010 年 1 月获得批准，并于 2012 年底顺利结题。

从 2011 年开始，根据考古所领导安排而回到西安的我，开始与西安同行一起开展阿房宫与上林苑的考古工作，虽丰实厚重的关中黄土不断给予我一个又一个巨大惊喜，但日益繁重的田野工作也使得我原来充满信心的论文修订和补充计划渐成镜花水月。多年来，除我曾将论文的一些章节抽出发表以征求学界意见外，就基本未对论文进行过像样的再操作。本书无论考古材料，还是相关的论述均大体保持在 2010 年 6 月答辩论文时的基本模样。出版前，我抽时间增加了原论文没有的墓葬、遗址插图及附录四，并针对评阅委员、答辩委员提出的意见进行了文字修改，对 2010 年以后所刊考古资料和相关论述的吸收则几乎阙如，原来计划的针对出土遗物的更多分析也无暇开展，是为遗憾。

在本书编辑过程中，我现所在考古队的张朋祥、凡秀平、韩海鸥、祝军辉、刘贤鹏、吕兵兵等同事，或插图扫描、清描，或在文字校对上都助我甚多；中国社会科学出版社郭鹏先生、赵女士，无论在全书版式确定，还是对文字内容，都给出了大量闪烁着专业精神的宝贵意见，默默无闻帮我完善文本。在此，我向各位同事和先生致以深深的谢意。

谨以此书，献给我敬爱的奶奶。

刘　瑞

2016 年 6 月 22 日

补　记

　　博士毕业后，一开始自己是想将论文好好修改一下，特别是想把之前因答辩文本篇幅已大而砍掉的已做出的很多种器类的分析补充进去（如陶器分析中现只有对陶容器的分析，而实际上其他类陶器的分析已基本做完），还有就是增加同样因答辩文本已很厚大而没有插入的各种类型墓葬和器物的插图。但日益繁重的考古项目将这个美好的愿望狠狠击穿，于是在踌躇了一段时间后，只好"理智"的放弃了前述的想法，并不断"安慰"自己，如再没有限制的诸如一个一个器类的增加下去，那回头即使出版也不会有几个人能耐心的通读下去——在地理信息系统的支持下逐个器类的展开分析实在说不上有什么值得称道的困难。

　　于是到 2014 年夏天的时候，在得到刘庆柱、白云翔先生推荐后，我申请了中国社会科学院的学术出版资助，幸获批准。承郭鹏先生厚爱，到 2015 年春天我已经完成了与中国社会科学出版社的出版协议签订。由于在签订协议前，郭鹏先生已提前对我提交文稿进行了认真的编辑处理，因此协议签订不久，我就拿到了全书的第一次校稿，但校对的进程却出乎意料的缓慢。其原因，一是我负责的田野考古项目当然不能中断，二是我还是想给书稿进行了一些必要的修改和补充，特别是增加必不可少的插图，三是在申请出版资助前的 2014 年 3 月下旬，中华书局和刘庆柱先生刚刚商定了未央宫出土骨签的出版事宜，而承蒙先生厚爱，自 2011 年起就让我参加到先生主持的国家社科基金重点项目"汉长安城遗址骨签考古研究"之中，因此在商定出版后，我即开始协助刘庆柱、李毓芳先生进行这批非常重要出土资料的整理和出版工作。面对厚厚一沓的校稿，我只能见缝插针的进行文本补充、修改和校对。不过非常幸运的是，我得到了考古出身且曾长期从事考古的郭鹏先生的充分理解，于是校稿就几乎以一年完成一个校次的速度慢慢的提交给他。

　　2014 年 6 月，我申请的国家社科基金项目"秦封泥分期与秦职官郡县重构研究"获批，2014 年 11 月，承王子今先生厚爱，让我在先生主持的国家社科基金重大项目"秦统一及其历史意义再研究"中作为子课题负责人从考古学角度开展秦统一的考古学研究。这样，作为这两个课题内容之中的，秦汉疆域重要组成部分的华南地区出土封泥及区域研究，就正为我已完成的这本博士论文所涵盖，因此我就在两个课题的资助下，慢慢对论文进行了力所能及的补充校订。现在所出版的文本，也就自然是上述两个课题的阶段性成果。

　　虽然一直很是遗憾没有能尽如初心所想的那样给本题目以足够的补充，但我也知道任何一项研究都有它的必要界限，结论当然都只是阶段性成果。事物是发展的，奢求通过某次研究而立不易之说的想法当然虚妄，但通过研究发现和阐明一些事物发展的规律却为研究者心所向往。如用"一百个"事物能提出并证实规律，那或许没有必要再用"一万个"事物进行不停补充。

于是，我不再执着于给论文不断添加新的内容。

2010 年完成论文答辩之后，虽然我没有再大规模的收集新考古资来继续充实地理信息系统，但自己还是持续关注着华南秦汉考古的进展。幸运的是，近 10 年来不断增多的华南秦汉考古资料，不断验证和充实着本论文提出的有关结论。几年来，我曾将论文的一些章节抽出发表于《考古学集刊》《西部考古》《唐都学刊》《新世纪的中国考古学·续：王仲殊先生九十华诞纪念论文集》等期刊文集，收到很多师友的肯定和让我尽快出版论文的鼓励。

对如是篇幅且放置多年论文进行修订是一个可想象的痛苦过程，本身已处工作极限的郭鹏先生的不断鼓励和专业化意见，让论文更加精炼和层次清晰。在论文最后的校对过程中，考古队同事张朋祥帮我校对修订了插图、图表，杨超超、郭锟铖帮我核对了引文和参考文献，使我减轻了不少的压力，对此我满怀感激。

希望自己以后能有精力换个区域进行类似的研究，想来应会有很多意想不到的发现。

刘 瑞

2018 年 8 月 12 日补记